HERRMANN · KRÄMER (HRSG.)

Festschrift für Christian Kirchberg

Christian Kirchberg

Festschrift für Christian Kirchberg zum 70. Geburtstag am 5. September 2017

herausgegeben von

Dirk Herrmann und Achim Krämer

BOORBERG

Bibliografische Information der Deutschen Nationalbibliothek | Die Deutsche Nationalbibliothek verzeichnet diese Publikation in der Deutschen Nationalbibliografie; detaillierte bibliografische Daten sind im Internet über www.dnb.de abrufbar.

ISBN 978-3-415-06079-1

Foto von Christian Kirchberg auf S. 2 © privat | Satz: Olaf Mangold Text&Typo, 70374 Stuttgart | Druck und Bindung: Beltz Bad Langensalza GmbH, Neustädter Straße 1–4, 99947 Bad Langensalza

Richard Boorberg Verlag GmbH & Co KG | Scharrstraße 2 | 70563 Stuttgart
Stuttgart | München | Hannover | Berlin | Weimar | Dresden
www.boorberg.de

Zueignung

Den 70. Geburtstag von *Christian Kirchberg* nehmen Freunde, Kollegen und Weggefährten zum Anlass, ihm eine Festschrift zu widmen, welche zu unserer großen Freude die volle Bandbreite seines beruflichen und wissenschaftlichen Wirkens umfasst.

Christian Kirchberg wurde am 5. September 1947 in Berlin-Lichterfelde als zweites Kind von vier Kindern des späteren Oberregierungsrats Dr. Erich Kirchberg und seiner Ehefrau Anneliese geb. Holst geboren. Grundschule und Gymnasium absolvierte er in Berlin und setzte den Schulbesuch dann ab 1961 auf dem Görres-Gymnasium in Koblenz fort, wohin sein Vater auf eigenen Wunsch in das Wehrmedizinalamt versetzt worden war. Im Herbst 1966 legte er dort das Abitur ab und verpflichtete sich anschließend als Zeitsoldat für drei Jahre bei der Bundeswehr, wo er eine Ausbildung zum Fernmeldeoffizier erhielt. Nach Absolvierung der Heeres-Offiziersschule in Hamburg leitete er in seinem letzten Dienstjahr in Koblenz die Unteroffiziersausbildung in einem Fernmeldebatallion.

Christian Kirchberg wurde in eine Familie hineingeboren, in der die Liebe zur Natur eine lange Tradition hat. Der bereits 1968 verstorbene Vater war lange Jahre Vorsitzender der Deutschen Entomologischen Gesellschaft sowie des Volksbundes Naturschutz, sein Bruder war Förster, ein Großonkel ebenfalls und ein Vorfahre sogar „Jäger auf dem Schloss". Hier liegen die Wurzeln seines großen Wissens und seiner steten Neugier zu allen Fragen über Fauna und Flora und dies führte auch zu seinem ursprünglichen Wunsch, Forstwissenschaft zu studieren. Nach der Bundeswehrzeit entschied sich *Christian Kirchberg* dann aber doch für das Studium der Rechtswissenschaften und der politischen Wissenschaften in Freiburg und Genf. In Freiburg begegnete er seiner späteren Frau Renate. Beide legten im Sommer 1975 das Erste Juristische Staatsexamen ab. Unmittelbar im Anschluss hieran wurde geheiratet. Noch während der Referendarzeit wurde die Tochter Johanna geboren, die heute eine erfolgreiche Psychiaterin in Regensburg ist. Renate Kirchberg wurde im Sommer 1978 Richterin, zunächst beim Amtsgericht Emmendingen, dann beim Landgericht Freiburg. *Christian Kirchberg* war im Institut für öffentliches Recht der Universität Freiburg als wissenschaftlicher Mitarbeiter am Lehrstuhl von Prof. Dr. Bullinger tätig und blieb dort bis zur Vollendung seiner von Prof. Dr. Hollerbach betreuten Dissertation über den „Badischen Verwaltungsgerichtshof im Dritten Reich" (Juli 1980). 1979 wurde die Tochter Elena geboren, heute ebenfalls erfolgreiche Rechtsanwältin und Fachanwältin für Urheber- und Medienrecht in München, 1992 die Tochter Maria, die in Berlin ihren Bachelor in Philosophie erwarb und nunmehr in Regensburg Rechtswissenschaften studiert. Renate

Kirchberg wurde Familienrichterin am Amtsgericht Karlsruhe-Durlach und beendete diese Tätigkeit im Jahre 2014.

1980 entschied sich *Christian Kirchberg* schweren Herzens, seine Zelte im geliebten Freiburg abzubrechen, um in Karlsruhe mit Rechtsanwalt Heinrich Deubner die inzwischen renommierte und erfolgreiche Kanzlei Deubner & Kirchberg zu gründen. Einen Schwerpunkt der Tätigkeit des Jubilars bildet das Verfassungsrecht, hinzu kommen: Staatskirchenrecht, Kirchliches Dienstrecht, Kommunales Verfassungsrecht, Öffentliches Bau- und Bauplanungsrecht, Staatshaftungsrecht sowie Anwaltsrecht, Verwaltungsverfahrens- und Verwaltungsprozessrecht. Zahlreiche Veröffentlichungen belegen dies. Daneben übernahm *Christian Kirchberg* eine Reihe wichtiger Ämter: Er wurde im Jahre 2003 zum Vorsitzenden des Anwaltsgerichtshofs Baden-Württemberg berufen und ist seit 2011 dessen Präsident, er ist Vorsitzender des Verfassungsrechtsausschusses und des Menschenrechtsausschusses der Bundesrechtsanwaltskammer, Vorsitzender des Herausgeber-Beirats der BRAK-Mitteilungen, Mitglied des erweiterten Vorstands der Juristischen Studiengesellschaft Karlsruhe, Mitglied im Umweltbeirat der Evangelischen Landeskirche in Baden, Lehrbeauftragter für das Fach „Öffentliches Medienrecht" am KIT und dort seit 2007 Honorarprofessor. Zudem war er Vorstandsmitglied der AG Verwaltungsrecht im DAV, Landesgruppe Baden-Württemberg (1993–2017), Dozent für das Fach „Staatshaftungsrecht" bei der Deutschen Anwaltsakademie (1997–2000) und Mitglied des baden-württembergischen Prüfungsausschusses „Fachanwalt für Verwaltungsrecht" (1987–2001). Alle diese Verpflichtungen hat der Jubilar trotz seiner Arbeitsbelastung stets bereitwillig und mit großem Einsatz übernommen. Dies gilt auch für seine vielfältigen Aktivitäten im außerjuristischen Bereich – etwa seine Mitgliedschaft im Verwaltungsrat des Badischen Konservatoriums Karlsruhe und im Chor sowie Förderkreis der Stadtkirche Durlach, aber auch in weiteren kulturellen Vereinigungen, namentlich der bildenden Kunst.

Christian Kirchberg verbindet die Neugier des Wissenschaftlers mit der Freude des Praktikers am „Kampf ums Recht". Er ist Anwalt aus Leidenschaft – kompetent und streitbar, aber nie streitsüchtig und hat dies in vielen bedeutenden Verfahren, vor allem auch vor dem Bundesverfassungsgericht und dem Bundesverwaltungsgericht, unter Beweis gestellt, wo er seit langem ein hoch geschätzter Prozessvertreter ist. Was ihn dabei besonders auszeichnet und weshalb sein Rat gesucht wird, ist nicht nur seine juristische Kompetenz, sondern ebenso seine kritische Sensibilität bei der Bewertung rechtlicher Konflikte.

Privat ist er von einer inspirierenden Lebensfreude, ein begeisterter Familienvater, hingebungsvoller Großvater und uns allen ein treuer, einfühlsamer und stets hilfsbereiter Freund. Schließlich soll auch nicht verschwiegen werden, dass der Jubilar über eine beneidenswerte physische Kondition verfügt. So unternimmt er als aktiver Radsportler zusammen mit einem Kollegen jährlich mindestens eine mehrtägige, strapaziöse Radtour, an deren Ende beide von ihren Ehefrauen in Empfang genommen werden.

Wir bekennen gerne, dass wir Freunde und Kollegen die Intensität, mit der *Christian Kirchberg* lebt und wirkt, ohne jede Einschränkung bewundern, ja beneiden. Das Leben währt, wie Psalm 90 sagt, „siebenzig Jahr und wenn es hoch kommt, sind es achtzig Jahre". Wir sind aber sicher, dass hiermit dem Jubilar noch lange kein Limit gesetzt ist. In diesem Sinne: Ad multos annos.

5. September 2017 — Achim Krämer und Dirk Herrmann
Karlsruhe

Inhaltsverzeichnis

II. Öffentliches Baurecht

IV. Varia

Autorenverzeichnis

Prof. Dr. Jan Bergmann, LL.M.eur., Vorsitzender Richter am Verwaltungsgerichtshof Baden-Württemberg, Mannheim

Prof. Dr. Hans-Jörg Birk, Rechtsanwalt, Fachanwalt für Verwaltungsrecht, Eisenmann Wahle Birk & Weidner, Stuttgart

Prof. Dr. Dr. h.c. Joachim Bornkamm, Vorsitzender Richter am Bundesgerichtshof a.D., Freiburg

Dr. Christian-Dietrich Bracher, Rechtsanwalt, Fachanwalt für Verwaltungsrecht, Rechtsanwälte Redeker Sellner Dahs, Bonn

Dr. Thomas Burmeister, Rechtsanwalt, Fachanwalt für Verwaltungsrecht, Rechtsanwälte Bender Harrer Krevet, Freiburg

Prof. Dr. Thomas Dreier, M.C.J. (New York University), Direktor des Instituts für Informations- und Wirtschaftsrecht, Karlsruher Institut für Technologie (KIT), Honorarprofessor Albert-Ludwigs-Universität Freiburg

Helmut Ebersbach, Rechtsanwalt, Fachanwalt für Bau- und Architektenrecht, Rechtsanwälte Deubner & Kirchberg, Karlsruhe

Ullrich Eidenmüller, Bürgermeister a.D., Rechtsanwalt, Rechtsanwälte Caemmerer Lenz, Karlsruhe

Volker Ellenberger, Präsident des Verwaltungsgerichtshofs Baden-Württemberg, Mannheim

Dr. Werner Finger, Rechtsanwalt, Fachanwalt für Verwaltungsrecht, Rechtsanwälte Deubner & Kirchberg, Karlsruhe

Prof. Dr. Thomas Fischer, Vorsitzender Richter am Bundesgerichtshof a.D., Karlsruhe

Alexandra Fridrich, Rechtsanwältin, Fachanwältin für Verwaltungsrecht, Rechtsanwälte Fridrich Bannasch & Partner, Freiburg

Prof. Dr. Reinhard Gaier, Richter des Bundesverfassungsgerichts a.D., Karlsruhe

Dr. Doris Geiersberger, Rechtsanwältin, Geiersberger Glas & Partner, Rechtsanwälte, Rostock, Vorsitzende der AG der Präsidentinnen und Präsidenten der Anwaltsgerichtshöfe a.D.

Stephan Göcken, Rechtsanwalt, Bundesrechtsanwaltskammer, Berlin

Dr. Malte Graßhof, Präsident des Verwaltungsgerichts Sigmaringen

Prof. Dr. Norbert Gross, Docteur en Droit (Univ. Grenoble), Rechtsanwalt beim Bundesgerichtshof a.D., ehem. Präsident der Rechtsanwaltskammer beim Bundesgerichtshof, Karlsruhe

Prof. Dr. Gerd Hager, Direktor des Regionalverbands Mittlerer Oberrhein, Karlsruhe

Andrea Hermesmeier, Ltd. Stadtrechtsdirektorin, Stadt Stuttgart

Dr. Dirk Herrmann, Rechtsanwalt, Fachanwalt für Verwaltungsrecht, Rechtsanwälte Deubner & Kirchberg, Karlsruhe

Dr. Michael Hoppe, Richter am Verwaltungsgerichtshof Baden-Württemberg, Mannheim

Frank Johnigk, Rechtsanwalt, Bundesrechtsanwaltskammer, Berlin

Prof. Dr. Achim Krämer, Rechtsanwalt beim Bundesgerichtshof a. D., Karlsruhe

Dr. Michael Krenzler, Rechtsanwalt, Dr. Fettweis & Sozien Rechtsanwälte, Freiburg, Präsident der Rechtsanwaltskammer Freiburg und Vizepräsident der Bundesrechtsanwaltskammer

Prof. Dr. Jürgen Kühling, LL. M., Lehrstuhl für Öffentliches Recht, Immobilienrecht, Infrastrukturrecht und Informationsrecht, Universität Regensburg

Prof. Dr. Wolfgang Kuhla, Rechtsanwalt und Notar, Fachanwalt für Verwaltungsrecht, Raue LLP Rechtsanwälte, Berlin

Prof. Dr. Christofer Lenz, Rechtsanwalt, Fachanwalt für Verwaltungsrecht, Oppenländer Rechtsanwälte, Stuttgart

Prof. Dr. Dr. h. c. Gertrude Lübbe-Wolff, Richterin des Bundesverfassungsgerichts a. D., Lehrstuhl für Öffentliches Recht, Universität Bielefeld

Dr. Winfried Porsch, Rechtsanwalt, Fachanwalt für Verwaltungsrecht, Rechtsanwälte Dolde & Partner, Stuttgart

Prof. Dr. Michael Quaas, M. C. L., Rechtsanwalt, Fachanwalt für Verwaltungsrecht und Fachanwalt für Medizinrecht, Anwaltskanzlei Quaas & Partner, Stuttgart

Prof. Dr. Dr. h. c. Klaus Rennert, Präsident des Bundesverwaltungsgerichts, Leipzig

Marco Röder, Rechtsanwalt, Fachanwalt für Bau- und Architektenrecht, Rechtsanwälte Deubner & Kirchberg, Karlsruhe

Prof. Dr. Friedrich Schoch, Institut für Öffentliches Recht – Abt. 4 (Verwaltungsrecht), Albert-Ludwigs-Universität Freiburg

Prof. Dr. Indra Spiecker genannt Döhmann, LL.M. (Georgetown University), Lehrstuhl für Öffentliches Recht, Informationsrecht, Umweltrecht, Verwaltungswissenschaften, Direktorin Forschungsstelle Datenschutz, Goethe-Universität Frankfurt am Main

Dr. h. c. Gerhard Strate. Rechtsanwalt, Hamburg

Dr. Eva Stüer, Rechtsanwältin, Fachanwältin für Verwaltungsrecht, Münster/ Osnabrück

Prof. Dr. Bernhard Stüer, Rechtsanwalt und Notar, Fachanwalt für Verwaltungsrecht, Münster/Osnabrück

Dr. Gerhard Teufel, Generalsekretär der Studienstiftung a. D., Ettlingen

Prof. Dr. Michael Uechtritz, Rechtsanwalt, Fachanwalt für Verwaltungsrecht, Rechtsanwälte Gleiss Lutz, Stuttgart

Prof. Dr. Joachim Wieland, Rektor und Inhaber des Lehrstuhls für Öffentliches Recht, Finanz- und Steuerrecht, Deutsche Universität für Verwaltungswissenschaften Speyer

Prof. Dr. Jörg Winter, Oberkirchenrat i. R., Karlsruhe

Prof. Dr. Michaela Wittinger, Professur für Öffentliches Recht (insbesondere Staats- und Europarecht) an der Hochschule des Bundes für öffentliche Verwaltung, Fachbereich Bundeswehrverwaltung, Mannheim

Prof. Dr. Rüdiger Zuck, Of Counsel, Anwaltskanzlei Zuck, Stuttgart

I. Verfassungsrecht

Das Gemeinsame Europäische Asylsystem und Artikel 16 a GG

Jan Bergmann

„Die Welt verändert sich. Wir werden noch viel mehr Zuwanderung haben!“[1]. Wolfgang Schäubles Einschätzung passt zur aktuellen Asylstatistik. Die Zahl der Asylsuchenden in der Bundesrepublik und in Europa ist in den letzten Jahren gewaltig gestiegen. In der EU stieg die Zahl der Asylantragsteller von ca. 200.000 im Jahr 2008 auf rund 300.000 im Jahr 2011, auf rund 600.000 im Jahr 2014, bis auf wohl deutlich über 1,5 Millionen im letzten Jahr und seither. Die Entwicklung in Deutschland verlief hierzu zunächst relativ parallel, von ca. 50.000 im Jahr 2008, auf rund 100.000 im Jahr 2011 und auf rund 200.000 im Jahr 2014. Ab 2015 jedoch verlagerte sich der Flüchtlingsstrom vor allem gen Deutschland, sodass wohl bis zu Million Menschen kamen und die allseits bekannten Verwaltungs- und Versorgungsengpässe entstanden, die das Land bis zur Schließung der Balkanroute am 10.03.2016 in Atem hielten. Aber trotz Grenzschließung und Türkei-Abkommen kamen auch 2016 rund 500.000 Menschen auf dem Asylwege ins Bundesgebiet. Des Weiteren verzeichnet Eurostat noch immer über 500.000 offene Asylverfahren in Deutschland. Die Menschen, die zu uns kommen, sind zu rund 70 % männlich und im Alter zwischen 18 und 34 Jahren. Weit mehr als die Hälfte haben keinerlei Bildungsabschluss, was ein Schlaglicht auf die große Gesellschaftsaufgabe der Integration wirft. Im Rahmen der Europäischen Union soll dies alles mit dem Gemeinsamen Europäischen Asylsystem (GEAS) geschafft werden. Ein System, das derzeit jedoch alles andere als rund läuft. Zudem ein System, das die Frage nach der Abschaffung des in Art. 16 a GG geregelten deutschen Asylgrundrechts aufwirft, welches für Flüchtlinge in der Praxis keinen Mehrwert entfaltet, weil Schutz faktisch nur noch über Europarecht vermittelt wird.

I. Primärrechtliche Grundlagen und Genfer Flüchtlingskonvention

Das GEAS hat seine primärrechtlichen Grundlagen in den Art. 77 bis 80 des Vertrags über die Arbeitsweise der EU (AEUV), die aus den Asylprogrammen des Europäischen Rates von Tampere (1999), Haag (2005) und Stockholm

1 *Schäuble*, zit. nach Die Zeit Nr. 40 v. 22.09.2016, S. 3.

(2010) entstanden sind. Hiernach entwickelt die Union „eine gemeinsame Politik im Bereich Asyl, subsidiärer Schutz und vorübergehender Schutz, mit der jedem Drittstaatsangehörigen, der internationalen Schutz benötigt, ein angemessener Status angeboten und die Einhaltung des Grundsatzes der Nicht-Zurückweisung gewährleistet werden soll. Diese Politik muss mit dem Genfer Abkommen vom 28. Juli 1951 und dem Protokoll vom 31. Januar 1967 über die Rechtsstellung der Flüchtlinge sowie den anderen einschlägigen Verträgen im Einklang stehen." Nach Art. 80 AEUV gilt für diese Asyl-„Politik der Union und ihre Umsetzung der Grundsatz der Solidarität und der gerechten Aufteilung der Verantwortlichkeiten unter den Mitgliedstaaten, einschließlich in finanzieller Hinsicht." Eine Solidaritätsmaxime, von der die Realität sehr weit entfernt ist, weil viele EU-Mitgliedstaaten die sogenannte Flüchtlingskrise vor allem als deutsches Problem ansehen.

Die rechtliche Basis des GEAS ist nach den EU-Verträgen also ausdrücklich die Genfer Flüchtlingskonvention (GFK). Deren wichtigster Grundsatz – das sog. Refoulement-Verbot – ist in Art. 33 normiert. Hiernach darf kein Flüchtling „auf irgendeine Weise über die Grenzen von Gebieten ausgewiesen oder zurückgewiesen werden, in denen sein Leben oder seine Freiheit wegen seiner Rasse, Religion, Staatsangehörigkeit, seiner Zugehörigkeit zu einer bestimmten sozialen Gruppe oder wegen seiner politischen Überzeugung bedroht sein würde", jedenfalls nicht, bevor sein Flüchtlingsstatus bestandskräftig geklärt ist. Nach dem ergänzenden sog. Pönalisierungsverbot aus Art. 31 GFK darf ein Asylbewerber zudem grundsätzlich nicht allein deshalb bestraft werden, weil er ohne erforderliches Visum eingereist ist, sofern er sich umgehend hernach bei den Behörden meldet und Asyl beantragt.

II. Asylverfahrens- und Aufnahmerichtlinie, Eurodac- und Dublin III-Verordnung

Auf dieser völkerrechtlichen Basis baut das europarechtliche GEAS auf, ein durchaus ausdifferenziertes „Deluxe-System", das in den aktuellen Zeiten des „Massenzustroms", wie die Richtlinie 2001/55/EG dies formuliert, auch in wohlhabenden Staaten nur mit großer Kraftanstrengung aufrechterhalten werden kann. Das GEAS regelt europaweit die rechtlichen Vorgaben ab dem systemaktivierenden Wort „Asyl" bis hin zur Legalisierung des Aufenthalts oder eben der Abschiebung[2]. Beantragt der Schutzsuchende in einem EU-Mitgliedstaat Asyl, so kommt er umgehend in den Genuss der Verfahrensgarantien der Asylverfahrens-RL 2013/32/EU. In diesem EU-Sekundärrechtsakt sind u. a. der Zugang zum Asylverfahren, ein Informations- und Beratungsan-

---

2 Ausführlich kommentiert in: *Bergmann/Dienelt*, AuslR, 11. Aufl. 2016, Vorb AsylG Rn. 20 ff.

spruch, die Anforderungen an die Prüfung und Entscheidungen der Asylbehörde sowie persönliche Anhörungs- und Rechtsberatungsrechte normiert. Ist das hier geregelte Asylverfahren eingeleitet, greift die Aufnahme-RL 2013/33/EU, die etwa die menschenwürdige Unterbringung, den Anspruch auf materielle Leistungen, auf medizinische Grundversorgung sowie auf Bildung und Beschäftigungsmöglichkeiten normiert. Bei der Erstaufnahme muss nach der Eurodac-VO 603/2013/EU sogleich die Registrierung und Fingerabdruckspeicherung im Luxemburger EU-Großcomputer vorgenommen werden, damit die Zuordnung eines Flüchtlings zu einem bestimmten EU-Mitgliedstaat sichergestellt, mithin das sog. „Asylum-Shopping" verhindert wird. Denn mithilfe der Eurodac-Registrierungen wird vom Aufnahmestaat dann anhand der Regelungen der Dublin III-VO 604/2013/EU die Zuständigkeit für das konkrete Asylverfahren bestimmt. Diese richtet sich primär nach menschenrechtlichen Grundsätzen wie dem Minderjährigen- bzw. Familienschutz. „Nehmen" muss jeder Dublinstaat aber auch einen Antragsteller, dem man zuvor einmal eine Aufenthaltserlaubnis zur Einreise in die EU erteilt hatte. Greifen diese Spezialnormen nicht, gilt schließlich im Sinne eines Auffangtatbestandes die Zuständigkeit des Staates der Ersteinreise auf EU-Territorium, was eine Zuständigkeit Deutschlands bei Einreise auf dem Landweg eigentlich grundsätzlich ausschließt. Kommt das Bundesamt für Migration und Flüchtlinge (BAMF), die deutsche Dublin-Behörde, bei ihrer Prüfung deshalb zu dem Ergebnis, ein anderer Dublin-Staat sei eigentlich zuständig, lässt sie den Antragsteller mit Hilfe einer Abschiebungsanordnung unverzüglich durch die Ausländerbehörden der Bundesländer in diesen Staat überstellen, falls dieser Aufnahmestaat der Überstellung des Asylantragstellers zustimmt. Die Dublin-Verordnung setzt zur Beschleunigung der Zuständigkeitsklärung enge Fristen. Nach einem Eurodac-Treffer hat der überstellende Staat regelmäßig nur zwei Monate Zeit zur Überstellungsanfrage an den Zielstaat. Hat dieser der Überstellung zugestimmt, muss die Überstellung dann regelmäßig in sechs Monaten durchgeführt werden.

III. Flüchtlingseigenschaft und subsidiärer Schutz nach der Qualifikationsrichtlinie sowie Komplementärer Schutz

Kann der Antragsteller etwa wegen Fristablaufs oder sonstiger Hindernisse nicht in den anderen Dublinstaat (rück-)überstellt werden oder tritt Deutschland, was es nach Art. 17 der Dublin III-VO (derzeit noch[3]) jederzeit darf, selbst in das Asylverfahren ein, oder ist Deutschland nach den Dublin-Regelungen etwa bei EU-Ersteinreise auf dem Luftweg ohnehin zuständig, prüft

3 Die Kommission plant mit der Dublin IV-VO die Abschaffung dieses allgemeinen Selbsteintrittsrechts.

das BAMF nunmehr den Asylantrag inhaltlich anhand der Normen der Qualifikations-RL 2011/95/EU. In dieser Richtlinie sind die Vorgaben für die Anerkennung des internationalen Schutzes ausdifferenziert, wie er in der Genfer Flüchtlingskonvention skizziert ist. Unter den internationalen Schutz wird primär die Zuerkennung der Flüchtlingseigenschaft gefasst. „Flüchtling" in diesem Sinne ist vor allem jeder „Drittstaatsangehörige, der aus der begründeten Furcht vor Verfolgung wegen seiner Rasse, Religion, Nationalität, politischen Überzeugung oder Zugehörigkeit zu einer bestimmten sozialen Gruppe sich außerhalb des Landes befindet, dessen Staatsangehörigkeit er besitzt, und den Schutz dieses Landes nicht in Anspruch nehmen kann oder wegen dieser Furcht nicht in Anspruch nehmen will". Um die Flüchtlingseigenschaft zu erlangen, die viele Vorteile beinhaltet, wie etwa eine zumindest dreijährige Aufenthaltserlaubnis, die Erlangung eines Flüchtlingspasses zum Reisen sowie den vollen Familiennachzug, muss der Antragsteller mithin persönlich verfolgt sein. Diese Frage der persönlichen Verfolgung ist vom BAMF bzw. hernach den Verwaltungsgerichten unter Nutzung aller in Betracht kommender Erkenntnismittel im Einzelfall aufzuklären. Eine Aufgabe, die aufgrund vielfältiger faktischer Schwierigkeiten immer wieder alles andere als leicht ist. Zentral hierbei ist die Frage der Glaubwürdigkeit des Antragstellers sowie der Glaubhaftigkeit seines Vortrags.

Kann dem Antragsteller seine „Geschichte" nicht geglaubt werden, ist weiter zu prüfen, ob ihm der ebenfalls in der Qualifikations-RL 2011/95/EU geregelte sog. Subsidiäre Schutz zuerkannt werden kann, was eine Aufenthaltserlaubnis von mindestens einem Jahr zur Folge hat. Subsidiär schutzberechtigt ist jeder Drittstaatsangehörige, bei dem ohne persönliche Verfolgung aufgrund der Situation im Heimatstaat ein stichhaltiger Grund, d. h. ein „real risk" besteht für die Zufügung eines ernsthaften Schadens insbesondere durch Tod, Folter oder Krieg. Bürgerkriegsflüchtlinge sind mithin typischerweise (zumindest) subsidiär schutzberechtigt. Ihr Aufenthalt wird von der Qualifikations-Richtlinie allerdings als nur auf Zeit hin angelegt angesehen, weswegen hier europarechtlich etwa der Familiennachzug eingeschränkt werden kann[4]. In der Praxis spielt die subsidiäre Schutzberechtigung freilich – jedenfalls derzeit – noch eine nur kleine Rolle. Im ersten Halbjahr 2016 wurden in Deutschland rund 40 % aller Asylanträge ganz abgelehnt. Beinahe 50 % der Antragsteller, insbesondere sehr viele Syrer, wurden formal gemäß § 3 AsylG als Flüchtlinge anerkannt. Der subsidiäre Schutz nach § 4 AsylG wurde hingegen nur weiteren 8 % aller Antragsteller zuerkannt[5]. Weiteren 2 % der Antragsteller wurde schließlich weder die Flüchtlingseigenschaft noch der subsidiäre Schutz zuerkannt, jedoch der sog. – national garantierte

---

4 Was Deutschland mit Inkrafttreten des Asylpakets II am 17.03.2016 bis 16.03.2018 gemäß § 104 Abs. 13 AufenthG gemacht hat.

5 Seit dem 2. Halbjahr 2016 wurde nun offenbar aber über 70 % der Syrer nur noch subsidiärer Schutz gewährt.

– Komplementäre Schutz gemäß § 60 Abs. 7 AufenthG gewährt. Denn eine Aufenthaltserlaubnis von ebenfalls zunächst einem Jahr bekommt jeder Antragsteller, der im Heimatstaat erheblichen konkreten Gefahren für Leib, Leben oder Freiheit ausgesetzt ist. Dies kann etwa der Fall sein, wenn ein Antragsteller an einer lebensbedrohenden Krankheit leidet, die im Heimatstaat nicht angemessen behandelt werden kann. Handelt es sich um allgemeine Gefahren, die im Wesentlichen sämtliche Menschen im Heimatstaat trifft, wie etwa eine Hungersnot, dann wird der Komplementäre Schutz gewährt, wenn die Abschiebung des Antragstellers „sehenden Auges in den sicheren Tod oder zu schwersten Verletzungen“ führen würde[6].

IV. Rückführungsrichtlinie und Abschiebung

Kann der Antragsteller weder die Voraussetzungen der Zuerkennung der Flüchtlingseigenschaft noch des Subsidiären Schutzes noch des Komplementären Schutzes glaubhaft machen, wird sein Asylantrag, gegebenenfalls (zur Verfahrensbeschleunigung) als „offensichtlich unbegründet“, abgelehnt und die Abschiebung in den Heimatstaat oder einen anderen aufnahmebereiten Staat angedroht. Reist der abgelehnte Asylbewerber trotz Ausreiseaufforderung und Abschiebungsandrohung dann nicht freiwillig aus, soll er unverzüglich durch die Ausländerbehörden der Bundesländer in den Heimatstaat abgeschoben werden. Hierbei sind die Verfahrensgarantien der Rückführungs-RL 2008/115/EG zu beachten, die dem Antragsteller etwa das Recht auf angemessene Befristung des durch die Abschiebung regelmäßig ausgelösten Einreise- und Aufenthaltsverbots gewähren.

Die von der Politik immer wieder lautstark geforderten „konsequenten Abschiebungen“ stoßen in der Praxis allerdings an faktische Grenzen. Zum einen lassen bis zu 80 % der abgelehnten Antragsteller ihre Personalpapiere verschwinden, was zunächst recht mühsame Passbeschaffungsmaßnahmen durch die Ausländerbehörden mit gegebenenfalls zwangsweiser Vorführung bei der Heimatbotschaft sowie die Duldungserteilung erzwingt. Zum anderen wollen viele, vor allem ärmere Staaten der Welt ihre abgelehnten Asylbewerber gar nicht mehr zurücknehmen. Diese Staaten verweigern die Ausstellung insbesondere eines „Laissez-passer“, ohne den die passlose Einreise und also auch eine Abschiebung in den Heimatstaat unmöglich ist. Denn viele Familien in den armen Staaten dieser Welt leben gerade von den Auslandsüberweisungen der Asylbewerber etwa mittels „Western Union“ oder „moneygram“ und würden bei Ausbleiben dieser Auslandsüberweisungen mangels Sozialhilfesystemen darben. Dies aber könnte ein Revolutionspotential erzeu-

6 Vgl. BVerwG, – 1 C 18.05 –, Juris.

gen, an dem die herrschenden Regime keinerlei Interesse haben. So liegt die Abschiebungsquote trotz aller Bemühungen von Politik und Behörden aktuell selten über 20 % der ausreisepflichtigen Ausländer. Andersherum gesehen bedeutet dies in der Praxis, dass auch ohne Asyl eine reelle Chance auf ein Hierbleiben besteht, ist die Einreise erst einmal gelungen.

V. Vier GEAS-Grundsätze

Das auf der Genfer Flüchtlingskonvention basierende, im Rahmen der Europäischen Union derzeit durch die skizzierte Asylverfahrens-RL 2013/32/EU, die Aufnahme-RL 2013/33/EU, die Eurodac-VO 603/2013/EU, die Dublin III-VO 604/2013/EU, die Qualifikations-RL 2011/95/EU sowie die Rückführungs-RL 2008/115/EG ausdifferenzierte Gemeinsame Europäische Asylsystem basiert auf folgenden Grundsätzen: (1) Kein Flüchtling hat das Recht, sich den ihm genehmen EU-Asylstaat auszuwählen. Nach den Vorgaben der Dublin III-Verordnung ist vielmehr der zuständige Aufnahmestaat bindend gesetzlich vorgegeben. Meist ist dies der Staat der Ersteinreise oder jedenfalls der Eurodac-Erstregistrierung, was übrigens die in der Praxis sehr oft mangelhafte Registrierung etwa in Griechenland oder Italien erklärt, soll nicht das Risiko der Rücknahmepflicht geschaffen werden. (2) Flüchtlingsschutz ist nicht nur nach dem Grundgesetz zwingend, sondern vor allem auch nach dem bindenden Völkerrecht der Genfer Flüchtlingskonvention. Flüchtlingsschutz muss zudem effektiv ausgebaut sein, weil etwa die Europäische Menschenrechtskonvention des Europarates zum effektiven Rechtsschutz verpflichtet. Die von extremen Politikern geforderte Abschaffung des Flüchtlingsschutzes wäre mithin ein offener Rechtsbruch. (3) Dem europarechtlichen GEAS ist eine zahlenmäßige Obergrenzen der Flüchtlingsaufnahme wesensfremd. Denn der internationale Flüchtlingsschutz ist ein Individualrecht, das jedem Schutzberechtigten der Welt zusteht, und das nicht von Aufnahmekapazitäten abhängt. Allerdings erlaubt Art. 26 des Schengener Grenzkodex bei Außengrenzmängeln bis zu zwei Jahren die Durchführung nationaler Grenzkontrollen. Und Art. 13 des Schengener Grenzkodex lässt im Extremfall der Gefährdung der öffentlichen Sicherheit oder Ordnung als Ultima Ratio die Einreiseverweigerung zu, wenn der Flüchtling aus einem sicheren Drittstaat einreisen will, wozu derzeit alle Deutschland umgebenden Staaten zählen. (4) Das GEAS trennt rechtlich zwischen aufenthaltsberechtigten Flüchtlingen und subsidiär Schutzberechtigten einerseits sowie nicht aufenthaltsberechtigten Armutsflüchtlingen andererseits. Eine politisch außerordentlich heikle Trennung, die in der Praxis zu mannigfachen Schwierigkeiten führt, weil bei vielen Flüchtlingen der Welt Motivbündel für die Flucht verantwortlich sind und sich jeder Armutsflüchtling natürlich zunächst GEAS-konform auf Verfolgung beruft.

VI. Aktuelle Praxisprobleme

Dass das Gemeinsame Europäische Asylsystem derzeit in der Praxis nicht richtig funktioniert, ist offenkundig. Das Dublin-System wird von den besonders betroffenen Südländern etwa durch eurodac-widrige Nichtregistrierung bzw. sogar die Unterstützung des Weitertransports gen Deutschland unterlaufen. Aber auch die Anerkennungspraxis gleicht einem Roulettespiel: Obwohl alle EU-Mitgliedstaaten mit denselben EU-Rechtsakten arbeiten, wurden 2015 Gesamtschutzquoten gemessen in einer Bandbreite von 10 % (Ungarn) über 40 % (Deutschland) bis 65 % (Italien). Besonders krass ist das Beispiel der Gruppe der Iraker, von denen im EU-Schnitt 54 % als schutzberechtigt anerkannt wurden, in Griechenland aber nur 3 %, in Italien hingegen 93 %. Wohlgemerkt die gleiche Flüchtlingsgruppe mit sicher ganz überwiegend dem gleichen Verfolgungsvortrag bei Anwendung der gleichen Qualifikationsrichtlinie – ein rechtspolitischer Skandal. Dass etwa Ungarn so wenige Antragsteller als Flüchtlinge oder subsidiär Schutzberechtigte anerkennt, mag mit der flüchtlingskritischen Grundeinstellung der derzeitigen dortigen Regierung bzw. Bevölkerungsmehrheit zusammenhängen. Dass Italien umgekehrt so viele Antragsteller als Flüchtlinge oder subsidiär Schutzberechtigte anerkennt, mag auch damit zusammenhängen, dass nach Anerkennung die europarechtliche Pflicht zur Versorgung gemäß der Aufnahmerichtlinie grundsätzlich endet, d. h. diese Anerkannten nun – ausgestattet nur mit einer Aufenthalts- und Arbeitsgenehmigung – „auf die Straße geschickt“ werden können. Viele berichten, derzeit gebe es kaum Schlimmeres, als in Italien internationalen Schutz zu erlangen, denn dann drohe aufgrund des schlechten Arbeitsmarktes Betteln und Obdachlosigkeit. Nachvollziehbare Reaktion ist dann die Weiterwanderung insbesondere nach Deutschland (derzeit vor allem über die Schweiz) sowie die Stellung eines erneuten Asylantrags, der allerdings im Ergebnis erfolglos bleiben dürfte, weil man innerhalb der EU nicht zweimal als Flüchtling anerkannt werden kann. Der Rücküberstellung nach Italien allerdings wird sich dann häufig durch Untertauchen in Verbindung mit Schwarzarbeit entzogen („Sans Papiers“).

An Lösungsvorschlägen mangelt es in der politischen Diskussion nicht. Am überzeugendsten scheint der Vorschlag von Dörig/Langenfeld[7] der Vollharmonisierung des EU-Flüchtlingsrechts („aus durch nationale Gesetze umzusetzenden Richtlinien werden allgemeinverbindliche Verordnungen“) in Verbindung mit der ausschließlichen Entscheidungskompetenz von EU-Verfahrenszentren an den EU-Außengrenzen („Hot-Spots und Rechtskontrolle nur durch den Europäischen Gerichtshof“) in Verbindung mit dichteren EU-Außengrenzen („Ausbau von Frontex“) in Verbindung mit der Erweiterung des legalen EU-Zugangs („kontingentierte humanitäre Visa“). Ein ideal-

7 *Dörig/Langenfeld*, NJW 2016, 1 ff.

typisches Modell des europäischen Flüchtlingsschutzes, das allerdings einen weitgreifenden europapolitischen Konsens in der Europäischen Union voraussetzt, der aktuell in sehr weiter Ferne scheint.

VII. Das deutsche Asylgrundrecht abschaffen?

Und welche praktische Rolle spielt im Gemeinsamen Europäischen Asylsystem das in den 1990er-Jahren mühsam reformierte Asylgrundrecht der deutschen Verfassung? Überhaupt keine. In der Verwaltungspraxis und der Gerichtspraxis „stört" es allenfalls, ohne für die Schutzsuchenden irgendeinen relevanten Mehrwert entfalten zu können. Standardmäßig wird Art. 16a GG als Antrag Nr. 2 zwar kumulativ, aber gesondert zum Antrag Nr. 1 auf Zuerkennung der Flüchtlingseigenschaft und vor dem ersten Hilfsantrag auf Gewährung subsidiären Schutzes geprüft. Inhaltlich ist es allerdings mit dem Schutzbereich der europarechtlichen Flüchtlingseigenschaft bis auf die subjektiven Nachfluchtgründe[8] weitgehend deckungsgleich, ja bezüglich der hier nur erfassten <quasi>-staatlichen Verfolgung sogar enger. In Folge gibt es praktisch keine Asylanerkennung ohne Zuerkennung der Flüchtlingseigenschaft, jedoch bei Einreise auf dem Landweg, d.h. notwendig über einen sicheren Drittstaat, regelmäßig die Zuerkennung der Flüchtlingseigenschaft ohne Asylanerkennung. Damit das Asylgrundrecht im GEAS nicht wirklich „stört", hat der EuGH in seinem Urteil „B. und D."[9] am 09.11.2010 entschieden, dass der nationale Asylausspruch grundsätzlich keinen Flüchtlingsstatus mehr vermitteln darf, sondern nur noch ein nationales Aufenthaltsrecht. Diese „andere Form des Schutzes, zu deren Gewährung die Mitgliedstaaten befugt sind", dürfe „indessen nicht ... mit der Rechtsstellung des Flüchtlings im Sinne der (Qualifikations-)Richtlinie verwechselbar sein." Denn nur dann, wenn eine „klare Unterscheidung des nationalen Schutzes von dem Schutz gemäß der Richtlinie besteht", würde das deutsche Asylgrundrecht das europarechtlich geschaffene GEAS „nicht beeinträchtigen".[10] Das mithin auch rechtspolitisch vom EuGH gewissermaßen herabgestufte deutsche Asylrecht kann heute also nicht nur faktisch in der Asylpraxis, sondern auch dogmatisch vom unionsrechtlichen Flüchtlingsschutz als verdrängt gelten. Hinzu kommt, dass die neugefasste Qualifikations-Richtlinie 2011/95/EU den subsidiären Schutz deutlich aufgewertet hat, sodass eine weitere Annäherung zwischen Flüchtlingsstatus und subsidiärem Schutzstatus erfolgte. Das deutsche Asylgrundrecht hat damit ein weiteres Mal an Bedeutung verloren. Ohnehin findet effektiver Flüchtlingsschutz zwischenzeitlich längst nicht

8 Vgl. § 28 Abs. 1 und Abs. 1a AsylG.
9 EuGH, Rs. C-57/09, Rn. 115ff.
10 A.a.O. Rn. 119f.

primär mehr in Karlsruhe am BVerfG, sondern in Luxemburg am EuGH sowie beim EGMR in Straßburg statt. Auch in Straßburg wurden in den letzten Jahren bahnbrechende Urteile pro Flüchtlingsschutz gefällt, iÜ durchaus in kritischer Distanz zum EU-Asylsystem, insbesondere der Dublin III-VO[11]. Vom BVerfG waren lange Jahre vergleichbare Stimmen nicht zu hören; erst seit Kurzem gibt es entsprechende Ansätze, die den Flüchtlingsschutz allerdings – gerade wegen des anwendungsvorrangigen GEAS – über das in Art. 3 Abs. 1 GG verankerte Willkürverbot konstruieren (müssen)[12]. In den Medien wird deshalb davon gesprochen, das BVerfG habe das deutsche Asylgrundrecht ohnehin schon am 14.05.1996 „sterben lassen“[13]. Dass Art. 16a GG zur Disposition des verfassungsändernden Gesetzgebers steht und die durch Art. 79 Abs. 3 GG gezogene Grenze nicht dadurch verletzt würde, dass Flüchtlingen Schutz vor politischer Verfolgung nicht durch eine grundrechtliche Gewährleistung geboten wird, hat das BVerfG ausdrücklich entschieden[14]. Sollte man vor diesem Hintergrund Art. 16a GG aus der Verfassung nehmen, wie manche Politiker fordern, oder sperrt vor allem die deutsche Holocaust-Vergangenheit die diesbezügliche Harmonisierung des Flüchtlingsrechtes? Einerseits spricht die bessere Funktionsfähigkeit des GEAS für eine Abschaffung des deutschen Asylgrundrechtes. Andererseits „schadet“ Art. 16a GG nicht wesentlich und könnte eines Tages wieder Wirkungen entfalten, sollte der unionsrechtliche Schutz an Effizienz verlieren. Ein Szenario, das angesichts der flüchtlingspolitischen Divergenzen in der EU sowie des Brexit leider niemand sicher ausschließen kann. Zudem hätte die Abschaffung des deutschen Asylgrundrechts politische Symbolwirkung, die kein Mensch ernstlich wollen kann. Lösen wir die Probleme also besser weiterhin rechtsdogmatisch!

---

11 EGMR, U. v. 21.1.2011 – 30696/09, M. S. S. u.U. v. 23.2.2012 – 27765/09, *Hirsi Jamaa* u.a.

12 BVerfG, B. v. 17.9.2014 – 2 BvR 1795/14 u. B. v. 17.4.2015 – 2 BvR 602/15, beide juris.

13 Tag der Grundsatzurteile zu Art. 16a GG; *Prantl*, SZ v. 27.01.2011, S. 4.

14 BVerfGE 94, 102, Rn. 210.

Art. 33 Abs. 2 GG im Streit um funktionelle Ämter ohne Einfluss auf Beförderungsexpektanzen

Christian-Dietrich Bracher

I. Einführung

Die Thematik betrifft zwei Grundkonstellationen:

Ein Beamter, Richter oder Soldat strebt die Versetzung oder Umsetzung in ein anderes funktionelles Amt (in der Regel einen anderen Dienstposten) an, das der Wertigkeit seines statusrechtlichen Amts entspricht. In dem angestrebten funktionellen Amt kann er ebenso oder ebenso wenig wie in seinem bisherigen funktionellen Amt befördert werden. Dennoch kann er an der Veränderung ein erhebliches Interesse haben, z. B. weil er die Aufgaben des angestrebten Amts für interessanter, seinen Fähigkeiten besser entsprechend oder aus anderen Gründen für attraktiver hält, weil er eine Zusammenarbeit mit seinen gegenwärtigen Vorgesetzten oder Kollegen beenden möchte oder weil er einen Wechsel des Dienstorts anstrebt. Das Interesse kann sich auch daraus ergeben, dass er in dem angestrebten Amt bessere Möglichkeiten sieht, seine Eignung für höherwertige Aufgaben zu entwickeln oder zu belegen als bei einem Verbleib in der bisherigen Position; dabei kann der Gesichtspunkt der Verbesserung der Verwendungsbreite eine Rolle spielen.

Der Dienstherr möchte dem Beamten, Richter oder Soldaten ein anderes funktionelles Amt übertragen, das der Wertigkeit seines statusrechtlichen Amts entspricht. Wenn nicht das bisherige funktionelle Amt infolge organisatorischer Veränderungen wegfällt, beruht eine solche Maßnahme häufig auf der Absicht, das bisherige funktionelle Amt des Beschäftigten mit einem anderen Beschäftigten zu besetzen, den der Dienstherr für besser geeignet hält, oder auf der Erwägung, der Beschäftigte sei für die Wahrnehmung anderer Aufgaben besser geeignet oder werde an anderer Stelle dringender benötigt. Unabhängig von solchen konkreten Eignungs- und Bedarfsüberlegungen streben die Dienstherren vielfach auch Veränderungen der dienstlichen Aufgaben der Beschäftigten an, weil sie nach ihrer Auffassung der effektiven Wahrnehmung dieser Aufgaben (auch unter Berücksichtigung der Förderung der Verwendungsbreite) grundsätzlich entgegenkommen. Derartige Maßnahmen werden von den Beschäftigten häufig abgelehnt, weil sie die Fortführung ihrer bisherigen Tätigkeit bevorzugen oder den Wechsel des Dienstorts ablehnen, an dem die neuen Aufgaben wahrzunehmen wären. Einfluss auf Beförderungsaussichten haben sie, sofern das neue funktionelle Amt geringer bewertet ist als das bisherige funktionelle Amt. In dieser Fallgestaltung hat die Versetzung bzw. Umsetzung unmittelbaren Einfluss auf Beförderungsaussichten; sie wird daher im Folgenden nicht untersucht.

Nach dem gegenwärtigen Stand der Rechtsprechung des Bundesverfassungsgerichts und des Bundesverwaltungsgerichts ist Art. 33 Abs. 2 GG bei derartigen Entscheidungen in der Regel nicht zu berücksichtigen. Diese Rechtsprechung bedarf der Überprüfung.

II. Entwicklung der Rechtsprechung

Bis in die 1990er Jahre hinein wurde Art. 33 Abs. 2 GG in gerichtlichen Entscheidungen über Versetzungs- und Umsetzungsanträge von Beamten, Richtern oder Soldaten und in Entscheidungen über Klagen gegen Versetzungen und Umsetzungen überhaupt nicht thematisiert, sofern mit der angestrebten oder angegriffenen Maßnahme keine Veränderung von Beförderungsaussichten verbunden war. Vielmehr wurde hervorgehoben, dass die unveränderte Ausübung übertragener dienstlicher Aufgaben nicht zu den hergebrachten Grundsätzen des Berufsbeamtentums gehöre und der Beamte nur einen Anspruch auf ermessensfehlerfreie Entscheidung über eine Versetzung oder Umsetzung habe[1]. Zunächst wurde angenommen, nicht einmal durch Beförderungsmöglichkeiten auf dem bisherigen Dienstposten, die auf dem neuen Dienstposten nicht bestehen, werde das Ermessen des Dienstherrn eingeschränkt[2]. In den 1980er Jahren begann sich in der Rechtsprechung der Wehrdienstsenate die Auffassung durchzusetzen, dass das Ermessen des Dienstherrn durch Art. 33 Abs. 2 GG eingeschränkt werde, wenn durch Versetzung oder Umsetzung ein Dienstposten übertragen oder entzogen wird, auf dem der durch diese Maßnahme betroffene Beschäftigte befördert werden kann[3]. Im Anschluss an diese Entwicklung wurde die Anwendung von Art. 33 Abs. 2 GG auch dann erwogen und in der Rechtsprechung der Oberverwaltungsgerichte unterschiedlich beurteilt, wenn ein Dienstposten ohne Beschränkung auf Beförderungsbewerber ausgeschrieben worden war und sich auf diesen Dienstposten u. a. Personen beworben hatten, die bereits ein der Wertigkeit des ausgeschriebenen Dienstpostens entsprechendes statusrechtliches Amt innehatten. In der Rechtsprechung der Oberverwaltungsgerichte war lange streitig, ob dann Art. 33 Abs. 2 GG auch im Verhältnis zu denjenigen Bewerbern anzuwenden sei, die das der Wertigkeit des ausgeschriebenen Dienstpostens entsprechende statusrechtliche Amt bereits innehaben[4]. Dies

1 Vgl. z. B. BVerwG, ZBR 1968, 218.

2 BVerwGE 60, 144, 151; 89, 199, 201.

3 BVerwGE 76, 243, 246; 76, 336, 340; vgl. auch BVerwG 09.08.1989 – 1 WB 9.88 – juris Rn. 55; BVerwG 21.11.1995 Buchholz 236.1 § 3 Nr. 7.

4 Vgl. die Nachweise bei BVerwGE 95, 73, 84.

entspricht heute der Rechtsprechung des Bundesverwaltungsgerichts[5]. Allerdings beruht die Bindung an Art. 33 Abs. 2 GG nach seiner Auffassung dann allein auf der durch die Ausschreibung dokumentierten freien Entscheidung des Dienstherrn, die dieser in Wahrnehmung seiner Organisationsgewalt getroffen hat[6]. Demgegenüber hat das Bundesarbeitsgericht zunächst die Auffassung vertreten, Art. 33 Abs. 2 GG gelte generell auch für die Entscheidung über die Übertragung einer anderen Funktion innerhalb des öffentlichen Dienstes, wenn damit für einen die Versetzung begehrenden Bewerber keine höhere Vergütung verbunden sei[7].

Das Bundesverwaltungsgericht hat seine Auffassung, ein Eignungsvergleich sei nicht geboten, wenn über die Besetzung eines Dienstpostens durch „schlichte Umsetzung oder Versetzung“ entschieden werden solle, ohne dass durch die Übertragung des Dienstpostens eine Beförderungschance eröffnet wird, erstmals im Urteil vom 28.10.2004 begründet. In dieser Entscheidung hat es zwar ausgeführt, die verfassungsrechtlich gewährleistete exekutive Organisationsgewalt könne sich nur im Rahmen der verfassungsrechtlichen Vorgaben entfalten, zu denen Art. 33 Abs. 2 GG gehöre. Diese Position hat es aber gleichzeitig durch die Erklärung eingeschränkt, die Organisationsgewalt ermächtige „den Dienstherrn, die im Haushaltsplan ausgewiesenen Stellen nach organisations- und verwaltungspolitischen Bedürfnissen zu bewirtschaften“. Diese „Gestaltungsfreiheit“ umfasse „das Wahlrecht, Stellen entweder durch Umsetzung und Versetzung oder aber im Wege eines Auswahlverfahrens nach Maßgabe von Art. 33 Abs. 2 GG zu besetzen“. Umsetzungen und Versetzungen würden „vom Anwendungsbereich von Art. 33 Abs. 2 GG nicht erfasst“[8]. Im Urteil vom 25.11.2004 hat das Bundesverwaltungsgericht den Hinweis hinzugefügt, dass „sich der Amtsbegriff des Art. 33 Abs. 2 GG nur auf das Statusamt“ erstrecke, ohne dies weiter zu begründen[9].

Das Bundesarbeitsgericht hat seine Rechtsprechung zur Anwendung von Art. 33 Abs. 2 GG auf Verwendungsentscheidungen, die nicht mit einer höheren Vergütung verbunden sind, im Urteil vom 23.01.2007 unter Bezugnahme

---

5 Vgl. z.B. BVerwG 21.06.2007 Buchholz 11 Art. 33 Abs. 2 Nr. 35; BVerwG 27.09.2011 Buchholz 232.1 § 48 Nr. 1; BVerwGE 153, 246, 250f.; auf der Grundlage dieser Rechtsprechung wird teilweise auch im Verhältnis zwischen mehreren „Umsetzungsbewerbern“ einstweiliger Rechtsschutz gewährt, vgl. OVG Münster 11.02.2016 – 1 B 1206/15 – juris.

6 Vgl. BVerwGE 153, 246, 250f.; in Bezug auf Soldaten BVerwG 26.09.2000 Buchholz 236.1 § 3 Nr. 23; BVerwG 20.08.2003 Buchholz 236.1 § 3 Nr. 32; BVerwGE 136, 36, 38; 136, 204, 207f.; BVerwG 26.11.2015 – 1 WB 34.15 – juris Rn. 24.

7 BAGE 89, 300, 302; 103, 212, 216.

8 BVerwGE 122, 147, 153f. unter Bezugnahme auf die insoweit nicht einschlägige Entscheidung BVerwGE 101, 112, 114; in ähnlicher Weise hat bereits der 1. Wehrdienstsenat im Beschluss vom 20.08.2003 Buchholz 236.1 § 3 Nr. 32 schlagwortartig auf die „Organisations- und Personalhoheit“ des Dienstherrn hingewiesen.

9 BVerwGE 122, 237, 242; in demselben Sinne BVerwG, NVwZ 2016, 460, 461: Art. 33 Abs. 2 GG sei nicht berührt, weil nicht die Vergabe eines Statusamts oder eine diese vorbereitende Entscheidung in Rede stehe.

auf die Rechtsprechung des Bundesverwaltungsgerichts aufgegeben und zur Begründung lediglich ausgeführt, der Bewerbungsverfahrensanspruch bedürfe „einer Abgrenzung zur Organisationsfreiheit des öffentlichen Arbeitgebers“[10]. In einer Kammerentscheidung vom 28.11.2007 hat das Bundesverfassungsgericht unter Hinweis auf die inzwischen übereinstimmende Rechtsprechung des Bundesverwaltungsgerichts und des Bundesarbeitsgerichts ausgeführt: Entscheide sich der Dienstherr, eine Stelle nicht unbeschränkt auszuschreiben, sondern im Wege der Versetzung oder Umsetzung zu besetzen, sei das durchzuführende Auswahlverfahren nicht an den Maßstäben des Art. 33 Abs. 2 GG zu messen. Dem Dienstherrn komme „eine Organisationsfreiheit zu, wie er offene Stellen besetzen“ wolle. Dabei habe er „nach pflichtgemäßem Ermessen das Recht, zwischen Umsetzung, Versetzung oder Beförderung zu wählen. Entscheide „er sich, eine offene Stelle durch vorhandene Bewerber zu besetzen“ und sei „damit kein beruflicher Aufstieg von Bewerbern aus niedrigeren Besoldungsgruppen und keine Statusveränderung verbunden“, so sei er „nicht gehalten, diese Maßnahme an den Maßstäben des Art. 33 Abs. 2 GG auszurichten“. Das gelte „auch im Rahmen der Tätigkeit des in richterlicher Unabhängigkeit handelnden Präsidiums eines Gerichts“, das „im richterlichen Bereich die konkrete Aufgabenzuweisung entsprechend der Tätigkeit des Dienstherrn im Bereich der Beamten“ wahrnehme[11].

In der Konsequenz der Beschränkung des Amtsbegriffs auf das statusrechtliche Amt liegt der Hinweis des 2. Senats des Bundesverwaltungsgerichts, der Dienstherr könne die Bindung einer Auswahlentscheidung zur Besetzung eines Dienstpostens, auf dem die Bewerber befördert werden könnten, an die Auswahlgrundsätze des Art. 33 Abs. 2 GG „vermeiden, wenn er die Dienstpostenvergabe von der Auswahlentscheidung für die Vergabe des Statusamts entkoppelt“ und die Besetzung des Dienstpostens deshalb keine „Vorwirkungen auf die spätere Vergabe des Amts im statusrechtlichen Sinne“ entfaltet[12]. Im Urteil vom 19.11.2015 hat der 2. Senat sogar die Klagebefugnis für eine Klage verneint, mit der der amtsangemessen beschäftigte Kläger die Übertragung eines der Wertigkeit seines statusrechtlichen Amts entsprechenden anderen Dienstpostens begehrt[13]. In der Literatur wird freilich auch (überwiegend ohne nähere Erörterung) formuliert, die Zugangsgarantie des Art. 33 Abs. 2 GG erstrecke sich auf Ämter im statusrechtlichen und funktionellen Sinn[14].

---

10 BAGE 121, 67, 77 unter Bezugnahme auf BAGE 114, 80.

11 BVerfG, NJW 2008, 909. Andere Entscheidungen des BVerfG im Streit um Dienstposten betreffen die Konkurrenz um Dienstposten mit Beförderungsexpektanz, vgl. z. B. BVerfG, NVwZ-RR 2009, 344; BVerfG, NVwZ 2012, 368.

12 BVerwGE 147, 20, 27.

13 BVerwGE 153, 246, 248 ff.

14 *Jachmann* in: von Mangoldt/Klein/Starck, Grundgesetz, Band 2, 6. Aufl. 2010, § 33 Rn. 15; *Wagner*, Das Prinzip der Bestenauslese im öffentlichen Dienst, 2009, S. 61; ebenso mit ausführlicher Begründung *von Roetteken*, ZBR 2015, 154, 156 ff.

III. Tatbestand des Art. 33 Abs. 2 GG

1. Öffentliches Amt

Auf welchen Erwägungen die Auffassung des Bundesverwaltungsgerichts beruht, öffentliches Amt im Sinne von Art. 33 Abs. 2 GG sei nur das „Statusamt“[15], ist der bisher vorliegenden Rechtsprechung nicht zu entnehmen.

Art. 33 Abs. 2 GG hat zwar historische Vorläufer. Diese geben aber zur Bestimmung des Begriffs letztlich nichts her[16]. Auch in den Beratungen des Parlamentarischen Rats wurde der Inhalt offenbar als selbstverständlich vorausgesetzt. Ob die Mitglieder des Parlamentarischen Rats dabei übereinstimmende Vorstellungen hatten, ist unklar.

In Rechtsprechung und Literatur wird allgemein die Auffassung vertreten, der Begriff sei im Hinblick auf seinen Zweck, die Funktions- und Leistungsfähigkeit des Staates zu sichern, weit auszulegen und umfasse z.B. auch Aufgaben in der unmittelbaren oder mittelbaren Staatsverwaltung, die auf der Grundlage eines privatrechtlichen Rechtsverhältnisses oder ohne Vergütung wahrgenommen werden[17]. Dieser Auffassung ist zuzustimmen. Art. 33 Abs. 2 GG hat den Zweck, die bestmögliche Besetzung und damit die Funktionsfähigkeit des öffentlichen Dienstes zu sichern[18]. Dies erfordert es, die Regelung auf alle Positionen anzuwenden, die der Staat zur Wahrnehmung seiner Aufgaben geschaffen hat, sofern sich nicht ausnahmsweise aus anderen verfassungsrechtlichen Bestimmungen (z.B. Art. 63, 64 GG) etwas anderes ergibt[19]. Mit dem genannten Zweck ist freilich die Auffassung nicht vereinbar, Art. 33 Abs. 2 GG beziehe sich nur dann auf die Besetzung funktioneller Ämter, wenn damit Vorwirkungen auf eine spätere Beförderung verbunden sind oder der Dienstherr sich durch eine Ausschreibung an Art. 33 Abs. 2 GG gebunden hat. Denn die sachgerechte und effektive Wahrnehmung der staatlichen Aufgaben hängt primär von der Besetzung der funktionellen Ämter und nur mittelbar von der Besetzung der statusrechtlichen Ämter ab. Konkrete Aufgaben sind den funktionellen Ämtern, den statusrechtlichen Ämtern dagegen

15 BVerwGE 122, 237, 242; 147, 20, 27f.; 153, 246, 250.

16 Dazu näher *von Roetteken*, ZBR 2015, 154ff. Der von *von Roetteken* (ebd. S. 157f.) vertretene Rückgriff auf die Allgemeine Erklärung der Menschenrechte der Vereinten Nationen i.V.m. Art. 25 des Internationalen Pakts über bürgerliche und politische Rechte vom 19.12.1966 bezieht sich auf spätere Rechtsentwicklungen.

17 Vgl. BVerwGE 81, 212, 214ff.; BAGE 103, 212, 215; 104, 295, 299; *Brosius-Gersdorf* in: Dreier (Hrsg.), Grundgesetz-Kommentar, Band II, 3. Aufl. 2015, Art. 33 Rn. 84f.; *Jarass* in: Jarass/ Pieroth, Grundgesetz für die Bundesrepublik Deutschland, 14. Aufl. 2016, Art. 33 Rn. 9; *Sachs* in: Stern, Das Staatsrecht der Bundesrepublik Deutschland, Band IV 2, 2011, S. 1118ff.

18 Vgl. z.B. BVerfG, NVwZ 2016, 682f.; BVerwGE 138, 102, 106f.; 145, 185, 188f.; BVerwG 17.12.2013 Buchholz 449 § 3 Nr. 67 teilweise m.w.N.

19 Eingehend zu den verfassungsrechtlich (vor allem durch das Demokratieprinzip) begründeten Ausnahmen *Sachs* (Fn. 17), S. 1836ff.; zur Besetzung von öffentlichen Ämtern durch Wahlen BVerfG 20.09.2016 – 2 BvR 2453/15 – Rn. 21ff.

ausnahmsweise nur dann zugeordnet, wenn es sich um funktionsgebundene Ämter handelt[20]. Die Auffassung, die Auswahl zwischen Inhabern desselben statusrechtlichen Amts bei der Besetzung von Funktionsämtern derselben Wertigkeit sei für die sachgerechte und effektive Wahrnehmung der staatlichen Funktionen ohne Belang, ist soweit ersichtlich bisher nicht vertreten worden. Sie wäre auch offensichtlich unrichtig. Im Gegenteil hat die bestmögliche Besetzung der Funktionsämter für die Funktionsfähigkeit der staatlichen Institutionen größte Bedeutung, und zwar unabhängig davon, ob die Auswahl auf Inhaber bestimmter statusrechtlicher Ämter beschränkt wird oder nicht.

Neben der Gewährleistung der bestmöglichen Besetzung des öffentlichen Dienstes hat Art. 33 Abs. 2 GG auch den Zweck, dem Interesse der Beschäftigten des öffentlichen Dienstes an einem angemessenen beruflichen Fortkommen durch Begründung grundrechtsgleicher Rechte auf ermessens- und beurteilungsfehlerfreie Einbeziehung in die Bewerberauswahl Rechnung zu tragen[21]. Dies lässt jedoch nicht den Schluss zu, die Vorschrift sei nur anwendbar, wenn die Entscheidung über die Besetzung eines öffentlichen Amtes Auswirkungen auf das berufliche Fortkommen einzelner Beschäftigter habe, weil sie mit einer Beförderung verbunden ist oder eine Beförderungsaussicht unmittelbar begründet, vorenthält oder entzieht. Die Gewährleistung der Gleichbehandlung bei der Förderung des beruflichen Fortkommens der Beschäftigten des öffentlichen Dienstes ist ein wesentliches Instrument zur Sicherung der bestmöglichen Besetzung des öffentlichen Dienstes. Art. 33 Abs. 2 GG kann aber nicht entnommen werden, dass Entscheidungen, die das Fortkommen nicht unmittelbar berühren, den Schutzbereich nicht beträfen, obwohl sie für die sachgerechte und effektive Wahrnehmung der Aufgaben des öffentlichen Dienstes wesentliche Bedeutung haben können.

Eine Beschränkung des Anwendungsbereichs von Art. 33 Abs. 2 GG auf statusrechtliche Ämter lässt sich auch nicht mit der Erwägung rechtfertigen, die Vorschrift konkretisiere das ohnehin gemäß Art. 33 Abs. 5 GG als hergebrachter Grundsatz des Berufsbeamtentums geltende Leistungsprinzip[22]. Denn Art. 33 Abs. 2 GG geht über eine bloß klarstellende Konkretisierung eines hergebrachten Grundsatzes des Berufsbeamtentums hinaus. Weder Gesetzessystematik noch Entstehungsgeschichte der Regelung rechtfertigen ihre Einschränkung im Blick auf ein „hergebrachtes" Verständnis des Leistungsprinzips. Ebenso wenig ist dem Laufbahnprinzip eine derartige Einschränkung zu entnehmen[23].

---

20 Zum Begriff des funktionsgebundenen Amtes BVerwGE 109, 292, 293.

21 BVerfGK 12, 184, 186; BVerfG, NVwZ 2016, 682, 683.

22 Zum Leistungsprinzip als hergebrachtem Grundsatz des Berufsbeamtentums vgl. etwa BVerfGE 62, 374, 384; 121, 205, 226; 130, 263, 296; BVerwGE 24, 235, 239f.

23 Dazu näher *von Roetteken*, ZBR 2015, 154, 159f.

Der Auffassung des Bundesverwaltungsgerichts, der Amtsbegriff des Art. 33 Abs. 2 GG beziehe sich nur auf das Statusamt, ist daher nicht zu folgen[24].

2. Zugang

Der Zugang zu einem öffentlichen Amt erfolgt durch Übertragung dieses Amtes. Auch dieses Element des gesetzlichen Tatbestands ist weit gefasst. Eine Einschränkung auf bestimmte Übertragungsmodalitäten ist weder dem Wortlaut noch dem Zweck des Gesetzes zu entnehmen. Ob der Zugang durch Ernennung, Versetzung, Umsetzung, Abschluss eines privatrechtlichen oder öffentlich-rechtlichen Vertrages oder in anderer Weise erfolgt, ist deshalb für die Anwendung von Art. 33 Abs. 2 GG ohne Belang[25].

Über den „Zugang" zu einem öffentlichen Amt entscheidet der Dienstherr auch dann, wenn er einen Beschäftigten aus dem Amt entfernt. Die Entfernung wird als „actus contrarius" von dem Anwendungsbereich des Art. 33 Abs. 2 GG erfasst[26]. Art. 33 Abs. 2 GG liefe sowohl hinsichtlich seines auf die Funktionsfähigkeit der staatlichen Institutionen gerichteten Schutzzwecks als auch hinsichtlich seiner anspruchsbegründenden subjektiv-rechtlichen Elemente leer, wenn der Zugang ohne Bindung an die Maßstäbe aus Art. 33 Abs. 2 GG wieder rückgängig gemacht werden könnte. Dies bedeutet freilich nicht, dass die am Maßstab von Art. 33 Abs. 2 GG rechtmäßige Übertragung eines öffentlichen Amts grundsätzlich nicht rückgängig gemacht werden dürfte; vielmehr ist auch bei der Entscheidung über die Entziehung des Amts Art. 33 Abs. 2 GG zu beachten[27].

3. Bezug auf jedes einzelne öffentliche Amt

Durch die Worte „zu jedem öffentlichen Amte" macht Art. 33 Abs. 2 GG nicht nur deutlich, dass die Regelung sich auf alle öffentlichen Ämter bezieht, soweit sich nicht aus anderen verfassungsrechtlichen Regelungen etwas ande-

---

24 Diese Auffassung lässt sich im Übrigen auch nicht ohne Weiteres vereinbaren mit der Auffassung des Bundesverfassungsgerichts, maßgebend für die Ermittlung des am besten geeigneten Bewerbers bei Anwendung von Art. 33 Abs. 2 GG sei „der Aufgabenbereich des Amtes, auf den bezogen die einzelnen Bewerber untereinander zu vergleichen sind und anhand dessen die Auswahlentscheidung vorzunehmen ist", BVerfG, NVwZ 2016, 682, 683 und dazu einerseits *von Roetteken*, ZBR 2016, 151, 157, andererseits VGH Mannheim 27.07.2016 – 4 S 1086/16 – juris Rn. 27.

25 A.A. (unter Bezugnahme auf die unter 1. dargestellte Rspr. des BVerfG, des BVerwG und des BAG) *Sachs* (Fn. 17), S. 1832.

26 Implizit BVerfGE 96, 189, 198f.; BVerwGE 76, 336, 340; ausdrücklich *Brosius-Gersdorf* (Fn. 17), Art. 33 Rn. 87; *Jarass* (Fn. 17), Art. 33 Rn. 10; a.A. *Höfling* in: Bonner Kommentar zum Grundgesetz, Art. 33 Abs. 1 bis 3 Rn. 124; *Sachs* (Fn. 17), S. 1832; *Wagner* (Fn. 14), S. 65.

27 Zu einem solchen Fall BVerwGE 76, 243, 246.

res ergibt (oben 1.). Durch das Wort „jedem“ wird die Regelung vielmehr zusätzlich auf jedes einzelne öffentliche Amt bezogen, also auch auf jedes einzelne konkret funktionelle Amt, das der Dienstherr eingerichtet hat. Der gleiche Zugang nach den in Art. 33 Abs. 2 GG normierten Maßstäben wird für jedes einzelne Amt gewährleistet. Ob ein Bewerber ein ähnliches, insbesondere gleichwertiges Amt bereits innehat, ist daher nach dem Wortlaut der Regelung ohne Belang[28]. Ebenso ist es ohne Belang, ob einem Beschäftigten, der gegen seinen Willen versetzt oder umgesetzt werden soll, ein ähnliches, gleichwertiges Amt übertragen werden soll, z. B. weil er nach Auffassung des Dienstherrn für dieses noch besser geeignet ist oder kein geeigneter anderer Beschäftigter gefunden werden kann.

In den Beratungen des Parlamentarischen Rats wurde zur Begründung des Art. 33 Abs. 2 GG zwar ausgeführt, die Vorschrift gebe „das Recht auf ein öffentliches Amt“ wieder[29]. Diese Formulierung könnte dahin verstanden werden, dass es nur um das Recht auf irgendein öffentliches Amt gehen solle. Die ausdrückliche Bezugnahme auf jedes öffentliche Amt schließt eine solche Interpretation aber aus.

4. Nach „seiner Eignung, Befähigung und fachlichen Leistung“

Die Bewertungselemente Eignung, Befähigung und fachliche Leistung beziehen sich auf das Amt, zu dem der Zugang begehrt wird. Die Eignung kann daher nach dem Wortlaut der Vorschrift nicht mit der Begründung verneint werden, ein Bewerber werde an anderer Stelle benötigt. Der Dienstherr mag zwar in einer solchen Situation eine von dem Bewerber angestrebte Veränderung als „ungeeignet“ zur Lösung des Personalbedarfs bewerten. Mit dieser Erwägung kann er aber nicht die Eignung eines Bewerbers im Sinne von Art. 33 Abs. 2 GG verneinen.

IV. In Betracht zu ziehende Einschränkungen des Gleichbehandlungsanspruchs aus Art. 33 Abs. 2 GG

1. Organisationsfreiheit des Dienstherrn

Die Funktionsträger innerhalb der Exekutive und der Judikative bedürfen demokratischer Legitimation[30]. Daher erstreckt sich die Organisationsgewalt der Exekutive zwingend auf die personelle Ausstattung des öffentlichen

28 Unzutreffend daher *von Roetteken*, ZBR 2017, 145, 151 ff.

29 So der Abgeordnete *Dr. von Mangoldt* in der 44. Sitzung des Hauptausschusses, S. 587 der Verhandlungen des Hauptausschusses.

30 Vgl. BVerfGE 135, 155, 221 ff.; BVerfG 20.09.2016 – 2 BvR 2453/15 – Rn. 24 ff. jeweils m. w. N.

Dienstes, also auf die Entscheidung darüber, welche Personen bestimmte Aufgaben innerhalb staatlicher Organisationen wahrzunehmen haben[31]. Die Organisationsgewalt der Exekutive wird aber eingeschränkt durch Art. 33 Abs. 2 GG. Wie das Bundesverfassungsgericht zutreffend ausgeführt hat, können „eignungsfremde Belange, die nicht im Leistungsgrundsatz verankert sind, ... bei der Besetzung öffentlicher Ämter nur Berücksichtigung finden, wenn ihnen ebenfalls Verfassungsrang eingeräumt ist“[32]. Die Organisationsgewalt des Dienstherrn kann sich daher „nur im Rahmen der verfassungsrechtlichen Vorgaben entfalten, zu denen der Leistungsgrundsatz gemäß Art. 33 Abs. 2 GG gehört“[33]. Das Grundgesetz enthält keine allgemeine Gewährleistung einer Organisationsgewalt, die den Anspruch aus Art. 33 Abs. 2 GG einschränkt. Daher werden die Bindungen aus Art. 33 Abs. 2 GG nicht durch die Organisationsgewalt des Dienstherrn begrenzt. Richtig ist zwar der Hinweis des Bundesarbeitsgerichts, der Bewerbungsverfahrensanspruch bedürfe einer Abgrenzung zur Organisationsfreiheit der Exekutive[34]. Diese Abgrenzung ergibt sich aber unmittelbar aus dem Tatbestand des Art. 33 Abs. 2 GG. Die Organisationsfreiheit der Exekutive ist dagegen nicht als einschränkendes Element oder im Wege einer Abwägung den aus Art. 33 Abs. 2 GG sich ergebenden Bindungen entgegenzuhalten.

Der Organisationsfreiheit des Dienstherrn kommt daher im Zusammenhang mit Entscheidungen, die nach Maßgabe von Art. 33 Abs. 2 GG zu treffen sind, Bedeutung nur zu, soweit sie diese Entscheidungen organisatorisch vorbereiten, soweit sie sich auf die Bewertung von Eignung, Befähigung und fachlicher Leistung auswirken oder soweit nach dem Ergebnis einer solchen Bewertung Raum für eine Ermessensentscheidung ohne Verletzung des Anspruchs auf gleichen Zugang verbleibt. Die organisatorische Vorbereitung betrifft vor allem die Entscheidungen über die Einrichtung funktioneller Ämter, die Zuordnung von Aufgaben zu diesen Ämtern und die Bewertung dieser Aufgaben. Sie erstreckt sich auch auf die Bestimmung der Anforderungen an die Eignung zur Wahrnehmung der Aufgaben[35]. Raum für Ermessenserwägungen verbleibt dann, wenn nach dem Ergebnis der vergleichenden Bewertung von Eignung, Befähigung und fachlicher Leistung mehrere Bewerber die vom Dienstherrn bestimmten Anforderungen in gleichem Maße erfüllen. Dadurch wird das Verfassungsgebot des Art. 33 Abs. 2 GG nicht durchbrochen[36]. Für eine Einschränkung des Regelungsgehalts von Art. 33 Abs. 2 GG bei der Entscheidung über die personelle Auswahl bei der Besetzung von

---

31 So i.E. zutreffend BVerwGE 122, 147, 153.

32 BVerfGE 139, 19, 56 m. w. N.

33 So zutreffend BVerwGE 122, 147, 153.

34 BAGE 121, 67, 77.

35 Vgl. BVerfGK 12, 184, 187; BVerfG, NVwZ 2015, 523, 524.

36 Vgl. BVerfG, NVwZ 2013, 1603, 1604; BVerwGE 140, 83, 87 f.; *Höfling* (Fn. 26), Art. 33 Abs. 1 bis 3 Rn. 284 ff.; a. A. *Brosius-Gersdorf* (Fn. 17), Art. 33 Rn. 118 ff.; unklar BVerfGE 139, 19, 56: „eignungsimmanente (Hilfs-) Kriterien“ griffen in den Leistungsgrundsatz nicht ein.

Stellen gibt der Gesichtspunkt der Organisationsfreiheit des Dienstherrn dagegen nichts her[37]. Ebenso wenig rechtfertigt die Organisationsfreiheit des Dienstherrn eine Differenzierung zwischen statusrechtlichen Ämtern und Funktionsämtern bei der Anwendung von Art. 33 Abs. 2 GG.

2. Funktionsfähigkeit des öffentlichen Dienstes

Einschränkungen des Anspruchs auf gleichen Zugang zu jedem öffentlichen Amt könnten sich allerdings aus dem Zweck des Art. 33 Abs. 2 GG ergeben, die Funktionsfähigkeit des öffentlichen Dienstes zu sichern[38].

Nach Auffassung des Bundesarbeitsgerichts müssen Bewerber „eine Einschränkung des durch Art. 33 Abs. 2 GG gewährten Zugangsrechts zu öffentlichen Ämtern hinnehmen, wenn ansonsten die Erfüllung der Aufgaben der öffentlichen Verwaltung unzumutbar behindert würde". Für eine solche Einschränkung müssten „gewichtige personalwirtschaftliche Gründe sprechen". Außerdem dürfe „das Interesse des Bewerbers an seinem beruflichen Fortkommen, das durch Art. 33 Abs. 2 GG geschützt wird, nicht unverhältnismäßig beeinträchtigt werden"[39]. Demgegenüber hat das Bundesverwaltungsgericht die Auffassung vertreten, Art. 33 Abs. 2 GG enthalte „keine Einschränkungen, die den Geltungsbereich des Leistungsgrundsatzes relativieren". Deshalb könnten Belange, die nicht im Leistungsgrundsatz verankert sind, „als immanente Grundrechtsschranke bei der Besetzung öffentlicher Ämter nur Berücksichtigung finden, wenn ihnen ebenfalls Verfassungsrang eingeräumt" sei. Es hat allerdings hinzugefügt, die „Funktionsfähigkeit des Staates und seiner Einrichtungen" sei „ein verfassungsrechtliches Schutzgut, das auch eine Beschränkung des Bewerbungsverfahrensanspruches nach Art. 33 Abs. 2 GG zu rechtfertigen" vermöge. Ein verstärkter Personalbedarf einer einzelnen Dienststelle stelle aber „die Funktionsfähigkeit des Verwaltungsbereichs in aller Regel noch nicht in Frage, dies insbesondere dann nicht, wenn die Möglichkeiten eines dienststellenübergreifenden (überörtlichen oder überregionalen) Ausgleichs nicht erschöpfend in Anspruch genommen" würden[40]. Diese Rechtsprechung des Bundesverwaltungsgerichts beruht auf der Prämisse, dass Art. 33 Abs. 2 GG bei Entscheidungen, die die Besetzung von Funktionsämtern ohne Einfluss auf Beförderungsexpektanzen betreffen, ohnehin nicht anzuwenden sei, sofern der Dienstherr sich nicht selbst an Art. 33 Abs. 2 GG gebunden hat (oben II., III. 1.).

---

37 In diesem Sinne wohl auch BAGE 114, 80, 84 f.; a. A. *Wagner* (Fn. 14), S. 63.

38 Zu diesem Zweck oben III. 1.

39 BAGE 114, 80, 86.

40 BVerwGE 122, 237, 243; ähnlich BVerwGE 124, 99, 104 zur Gefährdung der Wahrnehmung polizeilicher Aufgaben bei Vergabe von Beförderungsämtern nach leistungsbezogenen Kriterien (verneint).

Diese Ansätze begegnen Bedenken, soweit sie die Vorgaben aus Art. 33 Abs. 2 GG in einen Gegensatz zu einem (ohne weitere Präzisierung) außerhalb von Art. 33 Abs. 2 GG verorteten Ziel der Sicherung der Funktionsfähigkeit des öffentlichen Dienstes bringen. Die bestmögliche Besetzung der öffentlichen Ämter dient jedoch gerade der Sicherung der Funktionsfähigkeit der öffentlichen Verwaltung und der Rechtsprechung[41]. Sicherung der Funktionsfähigkeit und bestmögliche Besetzung des öffentlichen Dienstes sind keine gegenläufigen Prinzipien, die zu einem Ausgleich gebracht werden müssten. Vielmehr beruht Art. 33 Abs. 2 GG auf der Vorstellung, dass durch die bestmögliche Besetzung des öffentlichen Dienstes die Funktionsfähigkeit zu gewährleisten ist[42].

Es liegt daher näher, das Ziel der Sicherung des Funktionsinteresses des öffentlichen Dienstes unmittelbar Art. 33 Abs. 2 GG zu entnehmen. Eine Beschränkung des Gleichbehandlungsanspruchs aus einem in Art. 33 Abs. 2 GG selbst verankerten Ziel der Sicherung der Funktionsfähigkeit des öffentlichen Dienstes zieht das Bundesverwaltungsgericht wohl deshalb nicht in Betracht, weil Art. 33 Abs. 2 GG „keine weiteren Strukturprinzipien des öffentlichen Dienstes entnommen werden" könnten, „die den Geltungsanspruch des Leistungsgrundsatzes relativieren"[43]. Dem entspricht es, dass es z. B. auch (ebenso wie das Bundesverfassungsgericht) zur Rechtfertigung allgemeiner gesetzlicher Altersgrenzen allein auf Art. 33 Abs. 5 GG zurückgreift[44] und diese zur Herstellung ausgewogener Altersstrukturen grundsätzlich nicht für zulässig hält, weil ausgewogene Altersstrukturen kein hergebrachter Grundsatz des Berufsbeamtentums seien[45]. Wenn auch Art. 33 Abs. 2 GG allein keine hinreichende Grundlage für die Bestimmung allgemeiner Altersgrenzen bietet, so ist diese Rechtsprechung doch geprägt durch eine unangemessene Zurückhaltung bei der Auslegung von Art. 33 Abs. 2 GG unter Berücksichtigung des Zwecks der Vorschrift. Die bestmögliche Besetzung des öffentlichen Dienstes ist kein Selbstzweck, sondern soll sicherstellen, dass der öffentliche Dienst seine Aufgaben innerhalb der Organisationseinheiten des Staates erfüllen kann. Diese Zielsetzung ist als Strukturprinzip in dem durch Art. 33 Abs. 2 GG normierten Leistungsgrundsatz enthalten. Der Vorschrift kann daher nicht die Verpflichtung des Dienstherrn entnommen werden, Besetzungsentscheidungen zu treffen, die die Fähigkeit des öffentlichen Dienstes beeinträchtigen, die ihm zugewiesenen Aufgaben effektiv wahrzunehmen.

Welche Konsequenzen aus dieser Erkenntnis zu ziehen sind, ist an dieser Stelle nicht umfassend zu untersuchen. Jedenfalls folgt aus dem Bezug des

---

41 Vgl. oben III. 1.; prägnant *Isensee* in: Bachof u. a., Festgabe 25 Jahre BVerwG, 1978, S. 337, 341: Die durch Art. 33 Abs. 2 GG gewährleistete Chancengleichheit „steht im Dienst der Effizienz der Staatsorganisation".

42 So explizit BVerwG 17.12.2013 Buchholz 449 § 3 Nr. 67.

43 BVerwGE 122, 147, 149 f.

44 BVerwGE 122, 147, 149 ff.; vgl. auch BVerwGE 133, 143, 150; BVerfGE 139, 19, 55 ff.

45 BVerwGE 122, 147, 153; kritisch dazu auch *Lorse*, ZBR 2014, 289, 290.

Leistungsprinzips auf die Gewährleistung der Funktionsfähigkeit des öffentlichen Dienstes, dass bei Auswahlentscheidungen zur Besetzung funktioneller Ämter mögliche Auswirkungen auf die Wahrnehmung der bisherigen Aufgaben der Bewerber zu berücksichtigen sind und dass Umsetzungen und Versetzungen nicht zwingend ausgeschlossen sind, wenn sie dazu führen, dass einzelne Positionen mit weniger geeigneten Personen als bisher besetzt sind.

Da Auswirkungen auf die Wahrnehmung der bisherigen Aufgaben der Bewerber nicht in die Eignungsbeurteilung einbezogen werden können (oben III. 4.), sind sie bei der Anwendung des Gleichbehandlungsanspruchs zu berücksichtigen. Dadurch wird der Dienstherr an die Anwendung gleicher Maßstäbe gebunden. Um zu vermeiden, dass die Kontinuität der Wahrnehmung dienstlicher Aufgaben durch starke personelle Fluktuation beeinträchtigt wird, kann er z. B. unter Berücksichtigung der jeweiligen spezifischen Anforderungen und Einarbeitungszeiten vorgeben, dass Bewerbungen auf andere gleichwertige Funktionen erst nach Ablauf einer bestimmten regelmäßigen Verweildauer zu berücksichtigen seien[46]. Unabhängig davon kann der Dienstherr im Einzelfall einer Bewerbung auf einen gleichwertigen Dienstposten z. B. Schwierigkeiten der Nachbesetzung des bisherigen Dienstpostens des Bewerbers oder die Bedeutung der personellen Kontinuität auf diesem Dienstposten, etwa wegen anstehender besonders schwieriger oder besonders bedeutsamer Aufgaben entgegenhalten.

Nach dieser Konzeption werden zwar „eignungsfremde Belange" in die Auswahlentscheidung einbezogen, sofern man die Eignung, wie dies bei Anwendung von Art. 33 Abs. 2 GG geboten ist, allein auf die Anforderungen des zu besetzenden Amtes bezieht. Diese eignungsfremden Belange sind jedoch im Leistungsgrundsatz verankert, weil sie sich aus seinem Zweck ergeben, die Funktionsfähigkeit des öffentlichen Dienstes durch seine bestmögliche Besetzung zu sichern. Die Konzeption steht deshalb nicht in Widerspruch zu der Auffassung des Bundesverwaltungsgerichts, eignungsfremde Belange, die nicht im Leistungsgrundsatz verankert sind, dürften bei der Besetzung öffentlicher Ämter nur Berücksichtigung finden, wenn ihnen ebenfalls Verfassungsrang eingeräumt sei (oben IV. 1.).

Die Konzeption lässt sich nicht auf Entscheidungen über die Besetzung statusrechtlicher Ämter oder höher bewerteter Funktionsämter, mit denen eine Beförderungsaussicht verbunden ist, unmittelbar übertragen. Auch in derartige Entscheidungen sind zwar Gesichtspunkte der Funktionsfähigkeit des öffentlichen Dienstes einzubeziehen. Die Vorenthaltung des Zugangs zu dem angestrebten Beförderungsamt oder Beförderungsdienstposten mit Rücksicht auf übergeordnete Belange der Funktionsfähigkeit des öffentlichen Dienstes beeinträchtigt jedoch in weitaus stärkerem Maße die durch Art. 33

---

46 Vgl. auch zum öffentlichen Interesse an der Kontinuität in der Besetzung der einzelnen Dienstposten BVerwG 16.12.1970 Buchholz 232 § 15 BBG Nr. 7.

Abs. 2 GG geschützten Belange der Bewerber als die Versagung des Zugangs zu einem gleichwertigen Funktionsamt oder die Versetzung oder Umsetzung in ein gleichwertiges Funktionsamt. Dem stärkeren Gewicht der betroffenen grundrechtlich geschützten Belange ist – ähnlich wie im Anwendungsbereich von Art. 3 Abs. 1 GG[47] – durch höhere Anforderungen an die Rechtfertigung einer durch öffentliche Belange motivierten Benachteiligung Rechnung zu tragen; der Umstand, dass die den Gleichbehandlungsanspruch begründende Norm dem Schutz dieser öffentlichen Belange dient, schließt dies nicht aus.

V. Ergebnis

Öffentliches Amt im Sinne von Art. 33 Abs. 2 GG ist nicht nur das statusrechtliche Amt, sondern auch das Funktionsamt. Art. 33 Abs. 2 GG bindet den Dienstherrn deshalb auch bei Entscheidungen über die Besetzung und den Entzug von Funktionsämtern. Bei diesen Entscheidungen hat er die Funktionsfähigkeit der öffentlichen Verwaltung zu berücksichtigen. Er darf daher z.B. das Interesse an personeller Kontinuität auf dem bisherigen Dienstposten eines Bewerbers in seine Entscheidung einbeziehen. Umgekehrt darf er auch im Interesse der Funktionsfähigkeit des öffentlichen Dienstes Versetzungen und Umsetzungen vornehmen, selbst wenn dadurch z.B. ein Dienstposten einem für die Wahrnehmung der Aufgaben des Dienstpostens besonders geeigneten Beamten entzogen und einem weniger geeigneten Beamten übertragen wird. Sofern der Dienstherr eine Entscheidung über die Besetzung eines einzelnen Funktionsamts nicht aufgrund einer allein auf dieses Funktionsamt bezogenen Bestenauslese zugunsten des am besten geeigneten Bewerbers treffen möchte, kann er eine abweichende Besetzungsentscheidung auf das Ziel der Gewährleistung der Funktionsfähigkeit des öffentlichen Dienstes stützen. Dies schränkt seinen Ermessensspielraum bei der Entscheidung über Versetzungen und Umsetzungen zwar ein. Die praktischen Auswirkungen, die sich aus dieser Bindung ergeben, sind gleichwohl begrenzt.

47 Vgl. dazu z.B. BVerfGE 88, 87, 96; 129, 49, 69; 130, 131, 142f.

Camouflage – Rechtssymbolik in der Architektur des Interimsstandortes des Bundesverfassungsgerichts

Thomas Dreier*

I. Einleitung

Das symbolische System des Rechts bedarf zu seiner Repräsentation seinerseits der Symbole. Mögen Textkultur und Abstraktheit des Rechts sich einer bildlichen Darstellung weitgehend verweigern, so übernimmt vor allem die Figur der Justitia die Funktion der Symbolisierung des Rechts. Die weibliche Gestalt mit Augenbinde, Waage und Schwert steht für das Recht als Ganzes ebenso wie für die Gerechtigkeit als der zentralen Forderung und Erwartung an das System des Rechts. Vieles ist dabei jedoch nicht eindeutig geklärt. Ist Justitia weiblich, weil sie als Sinnbild der Gerechtigkeit eine Tugend verkörpert oder weil das Recht gegenüber der Macht schwach ist? Gibt das Schwert – des Henkers? – der Justitia eine scharfe Sanktionsmöglichkeit an die Hand, die ihrer Weiblichkeit zu widersprechen scheint? Lässt die Augenbinde – die sie historisch durchaus nicht immer trug – das Recht als blind erscheinen oder symbolisiert sie die Rechtsprechung ohne Ansehung der Person? Handelt es sich bei all dem schließlich um Aussagen *über* oder um Postulate *an* das Recht?[1] Allerdings dürften immer weniger Rechtsunterworfene in der Lage sein, die vielfach verschränkten Bedeutungsebenen der Justitia-Darstellungen zu entschlüsseln. Der „iconic" bzw. „pictorial turn"[2] mag bildliche Darstellungen zwar wieder mehr in den Mittelpunkt kommunikativen Handelns rücken. Zeiten knapper Aufmerksamkeit hingegen verlangen nach

---

* Die Anregung zu diesem Beitrag habe ich während meines Fellowships am Bonner Käte-Hamburger-Kolleg „Recht als Kultur" unter Leitung von Werner Gephart und Nina Dethloff erhalten. Meinen Co-Fellows Marie Bels, Patrícia Branco und Zoltán Megyeri-Pálffi bin ich für zahlreiche Hinweise zu Dank verpflichtet. Wertvolle Hinweise verdanke ich auch den Richtern des Bundesverfassungsgerichts, seinem Präsidenten Andreas Voßkuhle ebenso wie Johannes Masing und der Richterin Susanne Baer, sowie dem Architekten Arno Lederer, die mir geduldig meine zahlreichen Fragen beantwortet haben. Eva Klinkott vom Staatlichen Hochbauamt Karlsruhe schließlich hat mir Einsicht in den Umbau betreffende Dokumente gewährt.

1 Aus der umfangreichen Literatur zur Justitia s. nur *Jay*, Must Justice Be Blind?, in: Douzinas/Nead, Law and the Image, 1999, S. 19 ff.; *González García*, The Eyes of Justice – Blindfolds and Farsightedness, Vision and Blindness in the Aesthetics of the Law, 2017, sowie *Ullrich*, Von Justitia zu ‚Fair Trade', Art 6/2016, S. 72 f. Zu jüngeren Beispielen der symbolischen Repräsentation von Recht in den USA s. *Resnik/Curtis*, Representing Justice, New Haven/London, 2011, S. 106 ff.

2 *Boehm*, Jenseits der Sprache? – Anmerkungen zur Logik der Bilder, in: Maar/Burda (Hrsg.), Iconic Turn – Die Neue Macht der Bilder, 2004, S. 28; *Mitchell*, The Pictorial Turn, Artforum März 1992, S. 89 ff.

weniger komplexe Symbolen. So überrascht es wenig, dass die Ergebnisliste einer Google-Bildersuche zu den Begriffen „Recht+Bild“ vom Paragraphenzeichen und dem Hammer des Richters angeführt wird, der auf dem Umweg über US-amerikanische Fernsehserien und Filme ins deutsche Bewusstsein getreten sein dürfte.[3]

Die Symbolisierung des Rechts erschöpft sich jedoch nicht in Skulpturen und bildlichen Zeichen. Symbolcharakter kommt zugleich der Architektur von Gerichtsgebäuden zu, also den Bauwerken, die ein Gericht als Institution beherbergen, in denen rechtliche Verfahren ablaufen und in denen Recht gesprochen wird. Zweifellos sind Gerichtsgebäude als öffentlich zugängliche Zweckbauten entsprechend den funktionalen Anforderungen ihrer inhaltlichen Nutzung ausgestaltet. Der Architektur fällt daher zunächst die Aufgabe zu, den Zugang zum Recht zu ermöglichen und den sozialen und kommunikativen Vorgang des Rechtssuchens sowie der Rechtsprechung räumlich vorzustrukturieren. Zugleich geht es aber auch darum, die Besonderheit als Gericht hervorzuheben, also das Gerichtsgebäude als solches erkennbar zu machen. Vor allem wird in der Erkennbarkeit das abstrakte System des Rechts, das im Gericht konkret verhandelt und gesprochen wird, symbolisiert, und die jeweilige Vision von rechtlicher und gerichtlicher Praxis angezeigt. In den Blick rücken dabei zum einen die äußere wie innere symbolische Konfiguration der Räumlichkeiten, in denen Recht prozedural wie materiell erfahrbar wird, und zum anderen deren Ausstattung mit symbolhaften Zeichen.[4] Ihren Höhepunkt erlangte die das Recht symbolisierende Ausgestaltung von Gerichtsgebäuden in Deutschland im 19. Jahrhundert, als die vom Bürgertum dem Adel abgetrotzte zivilrechtliche Gleichheit zu ihrer Legitimation und Festigung des eigenen Anspruchs der Repräsentation in einem symbolischen Architekturprogramm bedurfte, das in seiner Formensprache an die herrschaftliche Prunkarchitektur anknüpfte und diese imitierte. Das Reichsgericht in Leipzig und eine Reihe weiterer Justizpaläste aus dieser Zeit weisen unübersehbare Parallelen zu den kaiserlichen Repräsentationsräumen in Berlin auf.[5] Da öffentlichen Gebäuden in der Hochzeit des Historismus generell tempelartige, neoklassische Fassaden vorgestellt wurden, bestand zugleich das Bedürfnis, ein Gericht durch zusätzliche Bildsymbole an der Fassade von einer Börse, einem Bahnhof und einem Warenhaus zu unterscheiden.

Neue Anforderungen an die Symbolik der Gerichtsarchitektur stellte vor allem die zunehmende funktionale Ausdifferenzierung der Gerichtszweige in

3 S. *Dreier*, Law and Images – Normative Models of Representation and Abstraction, in: Gephart (Hrsg.), Law and the Arts, 2017, S. 155, 161 f.

4 Zur Rechtssymbolik insgesamt s. *Resnik/Curtis*, Representing Justice, 2011.

5 S. dazu nur *Wefing*, Prototyp des Bauens für den demokratisch verfassten Staat, in: Jaeger u. a. (Hrsg.), Transparenz und Würde, 2014, S. 38 ff.

der zweiten Hälfte des 20. Jahrhunderts. Diese trafen zum Jahrtausendwechsel auf verstärkte Sparzwänge, die eine weitgehende Beschränkung auf die Funktionalität und damit einhergehend eine Desakralisierung und Desymbolisierung vor allem neuerer instanzgerichtlicher Gebäude zur Folge hatten und die Gebäude den von Augé beschriebenen „Nicht-Orten“ annäherten.[6] Zugleich bestehen durchaus unterschiedliche nationale Traditionslinien,[7] die sich in der Architektur ebenso widerspiegeln, wie sie in der Bezeichnung der Gerichtsgebäude auf deren Ursprünge oder zumindest Vorgänger verweisen. Am deutlichsten hat sich der Herrschaftsbezug der Justiz noch in der in Frankreich gängigen Bezeichnung „Palais de justice“ erhalten.[8] Das englische „Court house“ lässt dagegen seine Anfänge in der Behausung erkennen, die den seinerzeit reisenden Richtern zur Verfügung gestellt wurde, wohingegen die deutsche Sprache mit der Bezeichnung „Gericht“ für das Gebäude den Namen der Institution vorhält, die im so benannten Gebäude untergebracht ist. Gerichtsgbäude sind insoweit das Produkt ihres zeitlichen, historischen, wirtschaftlichen, rechtlichen, sozialen und kulturellen Kontextes.[9]

Die herausgehobene Stellung eines Verfassungsgerichts bedarf einer anderen architektonischen Symbolik als etwa diejenige auf private Konflikte ausgerichteter Familiengerichte. In der Architektur von Verfassungsgerichten wird über Ländergrenzen hinweg nicht allein das Verständnis von Recht zum Ausdruck gebracht, sondern zugleich das Verfassungsverständnis des jeweiligen Landes wie auch die Stellung zum Ausdruck gebracht, die dem Verfassungsgericht nach dem nationalen Verfassungsverständnis innerhalb des

6 *Augé*, Non-lieux – Introduction à une anthropologie de la surmodernité, 1992 (dt. Nicht-Orte, 2010). – Zum "symbolischen Schweigen" s. *Garapon*, Notes de l'Institut de Hautes Études sur la Justice (IHEJ), Nr. 5, 2013, S. 6, www.ihej.org/wp-content/uploads/2013/06/Antoine_Garapon_Palais_de_justice_NoteIHEJ5_062013.pdf.

7 S. umfassend *Resnik/Curtis* (Fn. 4); *Mulcahy*, Legal Architecture – Justice, due process and the place of law, 2011; *Branco*, Os tribunais como espaços de reconhecimento, funcionalidade e acesso à justiça, 2015, und zusammenfassend *dies.*, Courthouses as Spaces of Recognition, Functionality and Access to Law and Justice, Oñati Socio-legal Series, 6 (3), ssrn.com/Abstract=2812699; *Bels/Branco*, Law and architecture – Courthouse architecture, searching for a new balance between representation and functionality, in: Gephart (Hrsg.), Law and the Arts (Fn. 3), S. 177 ff.; zu Frankreich *Bels*, Les grands projets de la justice française – Stratégies et réalisations architecturales du ministère de la Justice (1991–2001), 2013; *Madranges*, Les Palais de Justice de France, 2011, und *Jacob*, Images de la Justice, 2014; zu den USA *McNamara*, From tavern to courthouse – Architecture & ritual in American Law, 1658–1860, 2004, und *Spaulding*, The Enclosure of Justice – Courthouse Architecture, Due Process, and the Dead Metaphor of Trial, in: Yale Journal of Law & the Humanities, Vol. 24, 2012, S. 101 ff.; zu Ungarn *Megyeri-Pálffi*, 'Following a Model' as an Element of the Hungarian Legal Culture with Special Regard to Gyula Wágner's Judicial Architecture, in: Gephart (Hrsg.), Law and the Arts (Fn. 3), S. 363 ff..

8 Nach einer Periode funktionaler Sachlichkeit im Nachgang zum Mai 1968 ist man auch in Frankreich inzwischen mit den „Cités judiciaires“ zu einer neuen Monumentalität zurückgekehrt; *Bels/Branco* (Fn. 7), 5.3, S. 196 f.

9 *Branco*, Courthouses (Fn. 7), S. 4.

staats- und des verfassungsrechtlichen Gefüges zukommt.[10] Eine nach außen und innen gewichtigere, symbolträchtigere Architektur steht hier allerdings nicht notwendig für ein größeres Gewicht im politischen Machtgefüge des betreffenden Staates. Mitunter wird sogar umgekehrt durch eine besonders pompöse Architektur des nationalen Verfassungsgerichts dessen geringe Bedeutung geradezu verdeckt und die Beanspruchung einer größeren Machtfülle im System staatlicher Gewalten mehr postuliert als repräsentiert.[11]

In Deutschland hat das Verfassungsverständnis des Grundgesetzes seine bauliche Ausformung – nach der anfänglichen Unterbringung (1951–1969) in dem zunächst für einen Unternehmer errichteten Karlsruher Prinz-Max-Palais[12] – in der überaus zurückgenommenen und bescheidenen Pavillon-Architektur des 1966–69 errichteten Baumgarten-Baus im Karlsruher Schlossbezirk erhalten.[13] Mit seiner bewussten Abkehr von der Ehrfurcht gebietenden und den Zugang zum Gericht psychologisch erschwerenden Einschüchterungsarchitektur der Justizpaläste aus der Kaiserzeit wie auch der NS-Zeit erhebt dieses Gebäude in ganz besonderem Maß den Anspruch, durch funktionale Schlichtheit und Transparenz eine demokratische Verfassungsgerichtsbarkeit zu symbolisieren. Die viel Glas einsetzende Architektursprache ermöglicht nicht nur eine doppelte Blickrichtung: Die Arbeit des Gerichts ist von außen beobachtbar und von innen blicken die Richter in das Land hinaus, in und für das sie Recht sprechen. Die gläserne Transparenz symbolisiert zugleich die Zugangsmöglichkeit der Bürger zum Verfassungsgericht im Wege der Verfassungsbeschwerde und die Transparenz der Urteile. Auf diese Weise unterstreicht sie die Legitimität des Gerichts ebenso wie dessen Würde.[14] Nicht ohne Grund ist für die Veröffentlichung aus Anlass des Rückzugs des Gerichts in den umfassend sanierten Baumgarten-Bau der Titel „Transparenz und Würde" gewählt worden.[15] Zusammen mit dem in etwa zeitgleich ent-

10 Die Architektur der Instanzgerichte ist demgegenüber von der Staatsform weitgehend unabhängig; *Branco*, Courthouses (Fn. 7), S. 3.

11 *Voßkuhle*, Gespräch mit dem Autor.

12 Zum Prinz-Max-Palais als Sitz des BVerfG s. *Jaeger*, Anfänge in geborgter Pracht, in: Jaeger u. a. (Fn. 5), S. 44 ff.; https://de.wikipedia.org/wiki/Prinz-Max-Palais_(Karlsruhe).

13 Zu Paul Baumgarten (1900–1984) s. *Wilkens*, Im Geiste des Nie-wieder!, in: Jaeger u. a. (Fn. 5), S. 48 ff.

14 Das schließt im Einzelfall nicht aus, dass die Glasarchitektur die konkrete Arbeit der Richter doch weniger beeinflusst als die Symbolarchitektur dies an sich nahelegt; *Masing*, Gespräch mit dem Autor. – Andererseits haben sich die Mitarbeiter die im Park oft zu beobachtenden Eichhörnchen als ihr Symbol gewählt (sog. „Eichhörnchen-Senat"); *Voßkuhle*, Gespräch mit dem Autor.

15 S. dazu *Verein der Richter des Bundesverfassungsgerichts e. V.* (Hrsg.), Architektur und Rechtsprechung – Das Bundesverfassungsgericht in Karlsruhe, Basel/Boston/Berlin 2004, und darin *Bürklin*, Mit einem Hauch von Internationalität und Modernität, ebda., S. 13 ff., sowie aus der Sicht der im Baumgarten-Bau arbeitenden Richter und Richterinnen *Limbach*, Arbeit im Bundesverfassungsgericht, ebda., S. 45 ff.; *Wefing*, Prototyp des Bauens für den demokratisch verfassten Staat, in: Jaeger (Fn. 5), S. 38 ff.; *Jaeger*, Gläserne Residenz, ebda., S. 58 ff. und *Philipp*, Monument der Antimonumentalität, ebda., S. 182 ff. S. auch die Beschreibung des Gebäude-

standenen Bonner Kanzler-Bungalow des Architekten Sep Ruf repräsentiert der Baumgarten-Bau in Fortführung der Bauhaustradition einen klaren, lichten und minimalistisch unaufgeregten funktionalen Stil, der in seiner Kombination von nicht autoritärem und doch repräsentativem Auftreten für die Architektur der Bonner Republik steht.

Zur Erhaltung und Modernisierung des denkmalgeschützten Ensembles waren ab 2011 umfangreiche Baumaßnahmen erforderlich.[16] Da das Gericht seine Tätigkeit während der Renovierungszeit nicht unterbrechen konnte, stellte sich für den Zeitraum von 2011–2014 die Frage nach einem adäquaten Übergangsquartier. In der Geschichte des Bundesverfassungsgerichts ist dieser temporäre Dienstsitz kaum mehr als ein kurzes Intermezzo. Für die Frage nach der Symbolisierung von Recht in der Gerichtsarchitektur ist der Übergangsbau – in den die sechzehn Richter beider Senate, ihre mehr als 60 wissenschaftlichen Mitarbeiter, das Vorzimmer-Personal, der Direktor, der Präsidialrat und die Pressestelle des Gerichts (insgesamt rund 120 Personen) umgezogen waren[17] – jedoch von besonderem Interesse. Gerade weil es sich bei ihm um ein Provisorium gehandelt hat, das in Zeiten knapper Haushaltsmittel der Sparsamkeit verpflichtet war, lässt sich an ihm mit besonderer Deutlichkeit ablesen, wie viel an Symbolkraft für notwendig erachtet wird, um den Sitz eines so mächtigen Gerichts wie des Bundesverfassungsgerichts nach außen anzuzeigen und in seinem Inneren symbolhaft auszugestalten und auszustatten. Denn „auch der architektonisch Unbewanderte wird eine Kaserne nicht mit dem höchsten Gericht der Republik verwechseln, unabhängig von der baukünstlerischen Qualität, die den Gebäuden innewohnt."[18]

---

ensembles auf den Seiten des BVerfG, www.bundesverfassungsgericht.de/DE/Gebaeude/gebaeude_node.html. – Dazu, dass Glas nicht das einzige Symbol für Transparenz und Öffentlichkeit ist, und dass Glas zugleich negative Konnotationen, insbesondere diejenige des Überwachens, haben kann, s. *Resnik/Curtis* (Fn. 4), S. 340 ff.; zur Kritik der Transparenz s. auch *Branco*, Courthouses (Fn. 7), S. 3 f. Schließlich ist Glas, wie insbesondere das englische Parlamentsgebäude zeigt, nicht zwingende Voraussetzung für eine transparente Ausübung staatlicher Macht.

16 Diese betrafen eine umfassende energetische Sanierung, die weitgehende Erneuerung der Haustechnik und die Verbesserung der Brandsicherheit. Im Sinne des Denkmalschutzes ging es dabei auch um rein funktionale, energiesparende Maßnahmen wie den Einbau einer hochwertigen Wärmeverglasung, intelligenter Jalousien, verborgener Solaranlagen und eines die Nachtkühle speichernden Systems, das diese tagsüber wieder abgibt, anstelle einer klassischen Klimaanlage. Das sanierte Gerichtsgebäude könnte auf diese Weise zum „ökologischen Vorzeigeprojekt" werden, www.zeit.de/online/2009/35/bundesverfassungsgericht-umzug-kaserne; BVerfG, Pressemitteilung Nr. 80/2014 vom 17. September 2014; *Hoffmann*, Baukultur und Energieeffizienz, in: Jaeger u. a. (Fn. 5), S. 82 f. sowie *Jaeger*, Mit Rücksicht und Augenmaß, ebda., S. 84 ff.

17 Die Bibliothek und die ohnehin im angrenzenden Schloss untergebrachte Verwaltung mit in etwa gleich vielen Mitarbeitern und Mitarbeiterinnen blieben hingegen an ihren angestammten Orten.

18 *Lederer* in: BMVBS (Hrsg.), Temporärer Amtssitz Bundesverfassungsgericht, 2011, S. 41.

Mit anderen Worten: Wie viel der Camouflage ist notwendig, aber auch hinreichend,[19] um das ehemalige Casino einer Militärkaserne, auf das die Wahl für den Übergangsbau gefallen war, glaubhaft und überzeugend als Sitz des höchsten deutschen Gerichts herzurichten?

II. Die Entscheidung für den Kasernenbau

Einfachgesetzlich festgeschrieben ist im bundesrepublikanischen Gewaltenteilungsgefüge mit dem Ort Karlsruhe als Sitz des Bundesverfassungsgerichts zunächst der räumliche Standort auch des Übergangsquartiers. Ein Wegzug aus der badischen Stadt kam daher nicht in Betracht.[20] Im symbolischen Kontext ist dann jedoch bereits die Wahl der Kaserne als Standort für das Übergangsdomizil zu sehen. Erörtert wurden die drei Alternativen einer temporären Unterbringung in Containern in unmittelbarer Nachbarschaft zur Großbaustelle, einer externen Anmietung von Büroräumen sowie die Unterbringung in Baulichkeiten, die zuvor militärisch genutzt worden waren.[21]

Eine Containerlösung in Form „mobiler Raumsysteme" war zwar bereits im Baumgarten-Bau für die wissenschaftlichen Mitarbeiter verwirklicht worden.[22] Für das höchste deutsche Gericht wäre die Arbeit „am offenen Herzen" in Nähe zu Baulärm und Staub mit der Würde des Gerichts dagegen kaum zu vereinbaren gewesen. Überdies hätte der Baumgarten-Bau dann nur Zug um Zug saniert werden können. Die damit verbundenen mehrfachen internen Umzüge und Unterbrechungen der Bautätigkeit hätten die Dauer der Sanierung verlängert und nicht unerhebliche Mehrkosten verursacht. Da auch geeignete Objekte zur Fremdanmietung, die den erforderlichen Sicherheitsvorkehrungen entsprachen, auf dem freien Markt nicht zu finden waren, fiel die im Plenum der Richter eingehend diskutierte Entscheidung letztlich zu Gunsten der Herrichtung einer bundeseigenen Immobilie und mithin auf die seit 1996 von der Luftwaffe nicht mehr genutzte und nur noch teilbelegte

---

19 S. *Ramsauer*, Grußwort, in: BMVBS (Fn. 18), 2011, S. 13: „galt es, einem der Verfassungsorgane des Bundes für seine Arbeit bei der demokratischen Rechtsprechung einen würdigen Rahmen für eine Ersatzunterkunft während der Grundsanierung der Stammliegenschaft zu geben"; *Grether/Klinkott*, Finanz-Journal BW, Heft 3/2011, S. 25 f. (= *Grether* in: BMVBS (Fn. 18), S. 29 ff.): „Die Planung und Ausführung der Baumaßnahme erfolgte unter sorgfältiger Abwägung hinsichtlich der Nutzung durch ein Verfassungsorgan der Bundesrepublik Deutschland einerseits und der anvisierten Nutzungsdauer von nur drei Jahren andererseits".

20 § 1 Abs. 2 BVerfGG. – Nach der Wiedervereinigung war kurzzeitig ein Wechsel nach Potsdam erwogen worden, und im Jahr 2000 hatten sich die Richter nach dem Umzug von Regierung und Parlament nach Berlin in einer Abstimmung für den Verbleib in Karlsruhe entschieden.

21 *Grether/Klinkott* (Fn. 19), S. 25 f. – Ein Umzug in das nahegelegene vormalige großherzogliche Schloss verbot sich aus symbolischen Gründen von vorneherein; *Baer*, Gespräch mit dem Autor.

22 *Papier*, Vorwort, in: Verein der Richter des Bundesverfassungsgerichts e.V. (Fn. 15), S. 9.

General-Kammhuber-Kaserne in Karlsruhe.[23] Die Unterbringung in der ehemaligen Kaserne hatte gegenüber der Containerlösung überdies den Vorzug einer wertsteigernden Investition in eine bundeseigene Liegenschaft. Mit dieser Wahl sollte zugleich ein „Anreiz für die weitere städtebauliche Entwicklung des Konversionsgeländes"[24] gesetzt werden.

Von den insgesamt 10 Hektar des Kasernenareals wurde rund ein Drittel für das Übergangsquartier des Bundesverfassungsgerichts hergerichtet. Die Kaserne bot insoweit einen idealen Standort, als drei der 1958 vom Karlsruher Architekturbüro Backhaus und Brosinsky entworfene Gebäude für die Richter und ihre Mitarbeiter sowie das früher als Kino- und Schulungssaal genutzte Lehrsaalgebäude als neuer Sitzungssaal umgestaltet werden konnten.[25] Daher waren auch Kosten für den von März 2010 bis April 2011 durchgeführten Umbau mit 4,7 Mio. Euro nicht übermäßig hoch veranschlagt.[26] Die Sanierung des denkmalgeschützten Baumgarten-Baus schlug dagegen mit rund 55 Mio. zu Buche.[27]

III. Der Übergangs-Bau

1. Bauaufgabe und Auswahl des Architekturkonzepts

Wurden die Verwaltungsbereiche vom zuständigen Staatlichen Hochbauamt Baden-Baden geplant, waren mit der Planung des Umbaus des Lehrsaals zu einem repräsentativen Sitzungssaal sowie mit der Neugestaltung des Foyerbereichs und des Entrees zunächst in einem beschränkten Wettbewerb fünf

---

23 Sitzung der Baukommission v. 25.11.2008. Die geringfügig größere Entfernung der Kaserne zur Stadt hatte zwar die Arbeit der Richter erschwert, war jedoch anders als bei Gerichtsgebäuden insbesondere der Eingangsinstanz unter dem Blickwinkel des Zugangs zum Recht vernachlässigenswert. – Zur Geschichte der Kaserne s. das Karlsruher Stadtwiki, http://ka.stadtwiki.net/General-Kammhuber-Kaserne und die im Bauamt archivierte „Auslobung Mehrfachbeauftragung – Innenarchitektonisches Gestaltungskonzept der öffentlichen Bereiche", S. 10f.

24 *Grether/Klinkott* (Fn. 19), S. 26.

25 www.baunetz.de/architekten/Lederer_Ragnarsdottir_Oei_projekte_1332129.html; übernommen in www.baunetz.de/meldungen/Meldungen-LRO_haben_Kaserne_in_Karlsruhe_umgebaut_1677123.html.

26 Projektiert waren zunächst sogar nur 1,5 Mio. Euro. Die nachfolgend genehmigte Bausumme wurde jedoch eingehalten. Die Finanzierung erfolgte aus dem Konjunkturpaket II der Bundesregierung; s. *Grether/Klinkott* (Fn. 19), S. 26.

27 Die zunächst mit 24 Mio. veranschlagten Kosten hatten sich aufgrund des nachträglich festgestellten, erhöhten Sanierungsbedarfs zunächst auf 44 Mio. Euro verdoppelt und waren dann gegenüber dem Ansatz von 47 Mio. Euro im Jahr 2010 nochmals durch unvorhersehbare notwendige Zusatzarbeiten sowie die allgemeine Preissteigerung im Bausektor bedingt gewesen; s. www.zeit.de/online/2009/35/bundesverfassungsgericht-umzug-kaserne; BVerfG (Fn. 16).

Architekturbüros beauftragt,[28] von denen das Stuttgarter Architekturbüro Lederer, Ragnarsdóttir, Oei (LRO)[29] als Sieger hervorging. Die Ausführung der Konzeption blieb jedoch nicht allein den Architekten überlassen. Da die Ausgestaltung des Gebäudes einen erheblichen Einfluss auf die Arbeitsbedingungen der Verfassungsrichter hatte und vor allem weil das Verfassungsgericht aus dem Justizressort ausgegliedert und insoweit selbstständig ist, waren die Richter über eine aus ihrem Kreis gebildete Baukommission[30] von Anbeginn an in erheblichem Umfang in die Planung mit einbezogen. Wichtige Entscheidungen blieben dem Plenum vorbehalten, das hauptsächlich darauf bestand, dass das Übergangsquartier den Geist des Baumgarten-Baus in geeigneter Weise widerspiegle. Zugleich setzte dieses Zusammenwirken von Bauherrn und Architekten eine Tradition fort, die sich bis in die Antike zurückverfolgen lässt.[31]

Der Entwurf der Architekten bestach nach Ansicht des Bauamtes durch die Einfachheit seines Grundgedankens: „Zur Verbesserung der Raumfunktionen sieht das architektonische Konzept vor, vorgefertigte Gebäudeteile an den Bestand anzudocken. Eines dieser Elemente ist die neue Pforte mit zwei getrennten Eingängen für Gerichtsangehörige und Besucher. Im Bereich des Sitzungssaals schaffen zwei seitliche Anbauten Raumgewinn und natürliche Belichtung. Ein externer Treppenkörper und die neue Presseempore führen zu einer deutlich verbesserten Nutzbarkeit. Das Richterpodium verfügt über eine eigene Erschließung von der Rückseite. Die Wahl weißer Putzflächen, hochwertigen Birkenfurniers und belebend grünen Teppichbodens schafft in den öffentlichen Bereichen ein angenehm natürliches Ambiente, das sich in seiner Erscheinung in die Architektursprache des Bestands einpasst, ohne sich diesem anzubiedern. Die Gestaltung findet sich auch im neuen Plenarsaal in Gebäude B wieder. Sein Erscheinungsbild wird außer dem durch gleiche Pendelleuchten über einem längsovalen Tisch bestimmt."[32] In der

---

28 *Grether/Klinkott* (Fn. 19), S. 26. – Auf die Auslobung (Fn. 23) haben nachfolgend vier Büros Planungen eingereicht.

29 S. www.archlro.de/de. – Bauherr war die Bundesrepublik Deutschland vertreten durch BMVBS, vertreten durch OFD Karlsruhe, Bundesbau BW, Staatliches Hochbauamt Baden-Baden. Die an der Ausführung beteiligten Firmen sind aufgelistet in BMVBS (Fn. 18), S. 49ff.

30 Als deren Mitglieder waren neben den vier Richtern Voßkuhle, Kirchhoff, Gerhardt und Eichberger sowie dem Vertreter des Bauamtes auch Vertreter des Personalrates, der Behinderten- und der Frauenvertretung in die Entscheidungen verantwortlich mit eingebunden; wichtige Fragen wurden in regelmäßigen Abständen dem Plenum der Richter unterbreitet, Detailfragen konnte der Präsident alleine entscheiden; *Voßkuhle*, Gespräch mit dem Autor. – Zu den detaillierten Vorgaben s. die Erläuterung der Bauaufgabe in der Auslobung (Fn. 23), S. 11ff.

31 Vitruv berichtet in der Vorrede zum 2. Buch seiner Architekturtheorie die Anekdote, derzufolge Alexander der Große den vom Architekten Deinokrates vorgelegten Entwurf für die Umgestaltung des Berges Athos in ein Monument des Herrschers zwar für gut, den Ort, an dem der Architekt bauen wollte, jedoch nicht für geeignet hielt. – Zum Grundmotiv des privilegierten Zusammenwirkens von Fürst und Künstler s. *Bredekamp*, Der Künstler als Verbrecher – Ein Element der frühmodernen Rechts- und Staatstheorie, 2008.

32 *Grether/Klinkott* (Fn. 19), S. 26.

Begründung hieß es dazu: „Das Ensemble aus Bestand, Revitalisierungsbereichen und Neubauelementen überzeugt durch seine klare differenzierte Gliederung. Die einzelnen Funktionsbereiche sind eindeutig ablesbar und von hoher gestalterischer Qualität. Das neue Eingangsbauwerk empfängt selbstbewusst, ohne gestalterisch zu überziehen. Die sensible Formgebung in Verbindung mit Licht und Material unterstreicht diesen Aspekt. Alle Räume verbreiten eine helle, freundliche, offene Atmosphäre. Die vorhandenen Raumstrukturen werden mit einfachen architektonischen Eingriffen den geforderten Nutzungen angepasst. Dies ist ein außerordentlich gelungener architektonischer Beitrag für das Bauen im Bestand."[33]

Angesichts der Aufgabe, eine der Bedeutung der Würde des Gerichts entsprechende Architektur zu schaffen, waren, so die Architekten, nicht nur, „neben dem ökonomisch und technisch korrekten Erstellen von Gebäuden, die Erfüllung ästhetischer Bedürfnisse" verlangt, „sondern auch eine Aussage über die Bedeutung, die wir der zukünftigen Einrichtung zuschreiben." Es ging also darum, angesichts des „nicht gerade üppigen" Budgets „mit vertretbarem Aufwand ein zeitgemäßes Ambiente mit angenehmen Arbeitsklima zu schaffen."[34] An dieser Aussage fällt vor allem die bescheidene, geradezu zurückgenommene Umschreibung des Ziels auf. Mit einem „zeitgemäßen Ambiente mit angenehmem Arbeitsklima", das in den Architektur-Fachbesprechungen durchweg gelobt[35] und auch von den dort arbeitenden Richtern bestätigt wird,[36] wird jedenfalls keine großartige Symbolarchitektur angestrebt, die – selbst in ihrer Schlichtheit – beeindrucken will. Mit dem einfache Mittel angedockter Holzkonstruktionen sollte hier eine auch bautechnisch vorübergehende Lösung gefunden werden, die auf kaum mehr als auf fünf Jahre angelegt war.[37]

2. Entfernungen

Die Antwort auf die Frage, wie viel der Camouflage notwendig, aber auch hinreichend ist, um ein ehemaliges Militär-Casino glaubhaft und überzeugend als Sitz des höchsten deutschen Gerichts herzurichten, betrifft nicht allein Hinzufügungen. Sie beginnt vielmehr mit den Dingen, die dazu entfernt wurden. Neben der Entfernung des umzäunenden Stacheldrahtes war

33 Zit. nach der Webseite der Architektenkammer Baden-Württemberg, www.akbw.de/architektur/beispielhaftes-bauen/praemierte-objekte/detail/objekt/temporaerer-amtssitz-bundesverfassungsgericht-4048.html.

34 *Lederer*, Dienstsitz Waldstadt, in: Jaeger u. a. (Fn. 5), S. 74 ff.; *ders.*, in: BMVBS (Fn. 18), S. 41 f.

35 *Baus*, Bühne für die roten Roben, www.german-architects.com/de/projects/view/31062: „spartanisches Arbeitsensemble", „dezent und edel", „nobel".

36 So etwa *Masing* im Gespräch mit dem Autor („ein angenehmer, funktionaler Bau, in den man ‚zur Arbeit' ging", freilich im Gegensatz zu der „ganz anderen Anmutung" des Baumgarten-Baus, der das Gefühl vermittle, einer „herausgehobenen Tätigkeit" nachzugehen).

37 *Lederer*, Gespräch mit dem Autor.

vor allem der seit 1995 auf dem Kasernengelände aufgestellte Starfighter-Kampfjet F 104 G, vom Gelände verbracht worden, der sich nicht als Symbol des Rechts umdeuten ließ und dem die Erinnerung an die zahlreichen Abstürze von Flugzeugen dieses Typs ebenso anhaftete, wie er die Erinnerung an den Bestechungsskandal im Zuge der Anschaffung dieses Waffensystems evozierte.[38]

Stillschweigend „entsorgt" wurde weiterhin der Name der Kaserne, die Ende der 1980er-Jahre nach dem ehemaligen Inspekteur der Luftwaffe, General Kammhuber, benannt worden war.[39] Damit wurde ohne größere inhaltliche Auseinandersetzung zugleich der zunehmenden Kritik der Boden entzogen, die daran Anstoß nahm, dass mit der Namensgebung eine Person geehrt wurde, die sich als Mitglied der Reichswehr 1923 geweigert hatte, gegen den Hitler-Ludendorff-Putsch vorzugehen, und die im 2. Weltkrieg maßgeblich am Aufbau von Hitlers Luftabwehr beteiligt gewesen war.[40] Im Lichte der Symbolkraft, die jenseits der Architektur auch der Namensvergabe an Gerichtsgebäude zukommt, ist auch die wohlklingende Bezeichnung „Dienststelle Waldstadt" nicht zufällig erfolgt, zumal sich das ehemalige Kasernengebäude am Rand der Gemarkung „Oststadt" und nicht auf der Gemarkung „Waldstadt" befindet.[41] Die Baukommission hatte ihre bereits 2008 getroffene Entscheidung damit begründet, dass der Stammsitz am Zirkel im Grünen liege und der Hinweis auf diesen Charakter auch bei der Lage der Kaserne am Wald betont werden sollte.[42] Die Annahme liegt jedoch nicht fern, dass eine Bezeichnung als „Dienststelle Oststadt" selbst 22 Jahre nach dem Fall der Mauer nicht wirklich in Betracht gekommen war.[43]

3. Unverändertes

Erhalten werden konnten dagegen sowohl die Umfriedung des Geländes, die ebenso wie die bauliche Zugangskontrolle auch für die Sicherheit des Bundesverfassungsgerichts von Nutzen war. Lediglich die sicherheitstechnische

38 Zu diesem bereits einmal ersetzten und am 5.2.2010 abgebauten Flugzeug, das nach Germersheim ins Depot verbracht wurde, s. www.916-starfighter.de/Large/Pole/db101po.htm und www.916-starfighter.de/Large/Pole/2100po.htm.

39 Zur Biografie von Josef Kammhuber (1896–1986) s. http://de.wikipedia.org/wiki/Josef_Kammhuber. Dort auch die Formulierung „Der Traditionsname ‚Kammhuber' erlosch".

40 S. nur http://politikforen.net/showthread.php?99785-Politisch-korrekte-Umbenennungen&s=8d54e4675fb54a4d315d6e05141d4d63.

41 Hausnummer 11 auf der Südseite der Rintheimer Querallee liegt am nördlichen Rand der Oststadt, die Waldstadt beginnt dagegen erst auf der nördlichen Seite der Straße; s. zur Kaserne http://ka.stadtwiki.net/General-Kammhuber-Kaserne. – In der Auslobung (Fn. 23), S. 9, war dies noch korrekt angegeben.

42 So *Blohm*, Pressesprecherin des BVerfG, zit. nach BNN 9.8.2012, www.bv-oststadt.de/___bvg.html – Dennoch unterschied sich die Lage am Hardtwald deutlich von derjenigen im Schlosspark; *Baer*, Gespräch mit dem Autor.

43 So auch *Voßkuhle*, Gespräch mit dem Autor.

Überwachung der Anlage musste auf den Stand der 2011 modernsten Technik aufgerüstet werden.

Nur in geringem Umfang der Sanierung bedurften im Weiteren die Bürogebäude. Hier schufen „weiße Wand- und Deckenflächen, anthrazitfarbener Nadelvlies-Teppichboden und bordeauxrote Türen … ein einheitliches Ambiente mit den Merkmalen eines zeitgemäßen Verwaltungsbaus." Zu der planerischen wie im Übrigen auch in der Literatur zur Gerichtsarchitektur immer wieder betonten Vorgabe, „ein möglichst angenehmes Arbeitsklima zu schaffen", mit der die Voraussetzungen für das Gericht als funktionalen Dienstleister geschaffen werden sollten, „gehören auch die neuen Sonnen- und Blendschutzanlagen. Dienende Funktionsbereiche wie Teeküchen und Sanitärräume wurden ebenfalls den heutigen Standards und den öffentlich-rechtlichen Bestimmungen angepasst. Weitere Verbesserungen wurden beim baulichen Brandschutz und der Raumakustik durch abgehängte Deckensegel realisiert. Die stark bewitterten Fassaden der Gebäude und verglasten Gänge machten eine Überarbeitung erforderlich, bei der auch zahlreiche Holzfenster instand gesetzt und blinde Verglasungen ausgetauscht werden mussten."[44]

4. Umgestaltungen und Hinzufügungen

Auch wenn die Besucherbereiche nach den Vorstellungen des Bauamtes repräsentativer zu gestalten waren als die nichtöffentlichen Bereiche, „damit dem Ansehen des Gerichts in der Öffentlichkeit Rechnung getragen wird", [45] sah die Planung der Architekten angesichts der günstigen Ausgangssituation nach deren Aussage insgesamt doch nur „minimale Eingriffe" vor.[46] Das galt auch „hinsichtlich der räumlichen Bedürfnisse, die es in diesem Fall zu erfüllen gab". Insgesamt war die Aufgabe „nicht außergewöhnlich schwierig. Die konstruktiv notwendigen Eingriffe waren überschaubar, da die Substanz eine Grundrissstruktur aufwies, die eine Verwendung der vorhandenen Flächen problemlos ermöglichte. Freilich mussten die technische Ausstattung verbessert und die Böden, Wände und Decken hergerichtet werden; Vorgänge, die sich von einer üblichen Sanierungsmaßnahme nicht unterschieden und keine großen Anforderungen an die Architektur stellten." Dennoch erforderte das vergleichsweise knapp bemessene Budget eine Reihe architektonischer „Kniffe", die im Wesentlichen darin bestanden, „für den Eingang, die zusätzliche Treppe und den notwendigen Verbindungsgang zwischen Verhandlungssaal und den Büroräumen einfache, auf Holzkonstruktionen basierende

44 *Grether/Klinkott* (Fn. 19), S. 26.
45 Ebda.
46 S. Fn. 25.

Bauteile" zu entwickeln, „die an das bestehende Gebäude angedockt wurden."[47]

Da die Besucher zwischen Eingangstor und Gebäude einen recht geräumigen Platz zu überqueren hatten, schoben die Architekten, um den Eingang schon vom Pförtnerhäusschen aus sichtbar zu machen, dem Windfang des Eingangs zum Gebäude als Eingangsprovisorium eine „einfache Holzkonstruktion, flächig beplankt" vor, die sich mit ihren zwei Eingängen „trichterförmig [öffnet], um aus Richtung des Eingangstors den Zugang klar zu kennzeichnen."[48] Damit erscheint der Eingang zum Freiraum hin „sehr viel großzügiger, was nicht ganz unwichtig ist, da das Gericht nur in einem Teil der weitläufigen Anlage untergebracht ist. Somit ist der Eingang nicht nur für die Unterbringung der beiden Sicherheitsschleusen für Personal und Besucher hinreichend vergrößert, sondern schon von weitem erkennbar prägnant in Szene gesetzt. Folgerichtig wird er von den Fernsehkorrespondenten gerne als Hintergrund für ihre ‚Aufsager' benutzt",[49] zumal auf der Front des ebenfalls in Weiß gehaltenen neuen Eingangs in nüchtern schlichtem und zugleich würdevollem Schwarz neben dem Bundesadler als einziges Wort in grafisch einprägsamem Design der Schriftzug „Bundesverfassungsgericht" angebracht war. Die Wahl der Farbe Weiß als Anstrich von Pförtnerhäuschen, neuem Eingangsbereich und Sitzungsgebäude wie auch die unter starker Betonung rechter Winkel ausgestalteten Gebäudeteile entsprachen durchaus dem aktuellen Zeitgeschmack, der bei öffentlichen Gebäuden wie auch im Eigenheimbau vermehrt Anleihen an der Farb- und Formgebung der Bauhaus-Siedlungen (Weißenhof, Dammerstock u. a.) nahm.

Da das Gebäude durchgängig barrierefrei ausgestaltet wurde, musste der Pfortenbereich etwas angehoben werden. Auf diese Weise entstand „eine kleine Platzsituation, die mit drei Fahnenmasten für Ankommende den ersten Eindruck am temporären Amtssitz prägt."[50] Gehisst war dort zur Versinnbildlichung der nationalen wie der europäischen Einbindung neben der deutschen auch das europäische Sternenbanner. Der dritte Flaggenmast blieb, wie schon beim Baumgarten-Bau, für die Fahne ausländischer Gäste reserviert, womit sich das Gericht zugleich als Verfassungsorgan ausweist.

Im Quergang, der das neue Eingangsbauwerk mit zwei Bürotrakten und dem Sitzungssaal verband, wurde das bereits vorhandene 20 Meter breite Farbglasfenster „Fliegende Elemente" der 1971 verstorbenen Karlsruher Künstlerin Clara Kress[51] aus dem Jahr 1961 durch Abdeckung der umgebenden Glaswand transparenter gestellt. Die größere Leuchtkraft ließ die Erinne-

47 *Lederer* (Fn. 34), S. 74 ff.
48 S. Fn. 25.
49 *Lederer* (Fn. 34), S. 74 ff.
50 *Grether/Klinkott* (Fn. 18), S. 26.
51 Zu Leben und Werk von Clara Kress (1899–1971) s. https://de.wikipedia.org/wiki/Clara_Kress.

rung an die frühere Nutzung[52] verblassen und die nicht-rechtliche Symbolik zugunsten einer repräsentativen Empfangsumgebung in den Hintergrund treten.[53] Das einzige Kunstwerk im Übergangsquartier enthielt also keinen symbolischen Bezug zum Recht. Weder der Architekt noch die Richter sahen im Übergangsquartier Bedarf für eine zusätzliche Symbolisierung des Rechts durch Kunstobjekte.

Auch der Sitzungssaal, das der Öffentlichkeit zugängliche Kernstück des umgestalteten Gebäudes, in dem die mündlichen Verhandlungen stattfanden, wurde im Ganzen gesehen sehr sparsam gehalten. Für die Grundausstattung des ehemaligen Kinosaales als Bühne und Zuschauerraum für die Aufführung des Prozessgeschehens zwingend erforderlich war zum einen nur die Richterbank, die auch im Übergangsquartier leicht, wenn auch nicht übermäßig erhöht war, um der distanzierten Würde des Gerichts ebenso Rechnung zu tragen wie den Eindruck einer Einschüchterung zu vermeiden, der über die feierliche Ernsthaftigkeit hinausgeht, wie sie durch das Rot der Roben wie auch durch den formalen Ablauf der Verhandlungen vermittelt wird. Zum anderen wurde, „um mehr Fläche zu gewinnen“,[54] eine geschwungene, in weiß gehaltene Empore unter einer gestaffelten Decke eingebaut. Sie war für die Presse reserviert, die in den mündlichen Verhandlungen und Urteilsverkündungen die Öffentlichkeit repräsentiert. Insgesamt freilich musste die räumliche Dimension des Sitzungssaales im Übergangsquartier erheblich kleiner ausfallen als im Baumgarten-Bau. Neben den 43 Plätzen auf der Pressetribüne fanden im Zuhörerbereich lediglich 120 statt der zuvor 293 Personen (Parteien, Prozessvertreter und Zuschauer) Platz. Der markanteste architektonische Eingriff in die vorherige Struktur des Verhandlungssaales bestand darin, „die seitlichen Stützen, die den Raum mitsamt den Fenstern begrenzten, frei[zustellen]“, indem die Verglasung nach außen, also vor die Stützen“ gesetzt wurde. „Dieser simple Schritt verhalf zu einem visuell großzügigeren und luftigeren Eindruck des ansonsten relativ engen Raums.“[55] Zugleich gelang es damit, die Transparenz des Baumgarten-Baus auch im Übergangsquartier architektonisch auf wirkungsvolle Weise symbolisch nachzubilden. „Selbstverständlich“, so die Architekten, „diente auch die Neugestaltung der Wandverkleidungen, der Beleuchtung und Belichtung und der Bodenbeläge dem Ziel, nicht nur den geforderten Funktionen, sondern gerade der Konversion der ehemaligen Stabsgebäude … zum Bundesverfassungsgericht gerecht zu werden.“ Die unaufdringliche Gestaltung kommt auch in der Wahl der Materialien und der Farbgebung zum Ausdruck. „Birkefurnier und weiß lackierte MDF-Platten, die als Schatullen ausgebildet

52 *Ramsauer* (Fn. 19), S. 13.

53 *Lederer*, Gespräch mit dem Autor.

54 S. Fn. 25.

55 Ebda.

sind, sorgen für eine angenehme Raumatmosphäre",[56] und auch der als Kontrast zur vergleichsweise schlichten Architektur gewählte grüne Teppichboden sollte Freundlichkeit ausstrahlen. Insgesamt war den Architekten mit sparsamen Mitteln eine erstaunliche Übernahme der Grundstruktur des Sitzungssaals im Baumgarten-Bau gelungen, die von den Richtern sowohl im Hinblick auf ihre Arbeit als auch unter dem Blickwinkel der Fortführung einer bewährten Tradition wertgeschätzt wurde.[57]

Die Recht symbolisierende ikonografische Bestückung des Innenraumes war schon im Baumgarten-Bau vergleichsweise sparsam ausgefallen, war der Saal in den Worten der früheren Präsidentin Limbach doch „allein durch Adler und Fahne geschmückt". [58] Mag das 1969 von Hans Kindermann[59] geschaffene, an der Stirnwand im Großen Sitzungssaal asymmetrisch angebrachte Adlerrelief ihrer Ansicht nach auch „weniger Herrschaft als Schutz" symbolisieren,[60] denn zu eleganter Wendigkeit und zum Fliegen war dieser Adler viel zu schwer, so legt die Verwendung des Verbs „geschmückt" eher ein Verständnis von Dekoration nahe als dasjenige einer tiefgehenden Symbolik. Wichtiger ist in symbolischer Hinsicht, dass das Gericht mit Fahne und Wappentier nicht durch ein genuin eigenes Symbol der Dritten Gewalt gekennzeichnet, sondern in beiderlei Hinsicht vielmehr als Staatsorgan ausgewiesen ist.[61] Angesichts dessen musste auch im Übergangsbau über diese minimale Symbolisierung nicht hinausgegangen und sie auch in ihren beiden Bestandteilen nicht verändert werden. So fand sich der Sitzungssaal auch im Übergangsquartier lediglich mit Fahne und Adler geschmückt. Da man den mehrere Tonnen schweren Kindermann-Adler nicht mitnehmen wollte, obwohl die Mitnahme dieses einzig wirklichen Symbols ein Zeichen der Identität des kurzzeitig gewanderten Gerichts hätte sein können, brauchte es eine Ersatzlösung. Der ursprüngliche Vorschlag, den Adler aus dem Birkenfurnier der Stirnwand herauszuschneiden und mehrlagig vorzusetzen und von hin-

---

56 Ebda.

57 So übereinstimmend *Voßkuhle* und *Masing* im Gespräch mit dem Autor. – Die Farbe des Birkefurniers ist nach Aussagen des Architekten „angenehm hell und wird im Licht honigfarben"; sie soll angesichts der Nervosität und Angespanntheit derjenigen, die den Richterspruch erwarten, „wie ein gutes Kleidungsstück wärmen". Die grüne Farbe des Teppichbodens geht nach Aussage von *Lederer* auf den „grünen Tisch" des Regensburger Reichstages zurück und soll anders als im gängigen Sprachgebrauch nicht einen Ort praxisferner Entscheidungen bezeichnen, sondern den Ort der „Verhandlung auf neutralem Boden", an dem „die Beteiligten in der Diskussion zu einem Ergebnis kommen"; Gespräch mit dem Autor.

58 *Limbach* (Fn. 15), S. 46.

59 Hans Kindermann (1911–1997) war Rektor der Staatlichen Akademie der Bildenden Künste Karlsruhe; s. https://de.wikipedia.org/wiki/Hans_Kindermann_(Bildhauer).

60 *Limbach* (Fn. 15), S. 45.

61 Der Adler findet sich – wenngleich in unterschiedlicher Ausgestaltung und Größe – im Bundestag ebenso wie im Bundesrat und in der Standarte des Bundespräsidenten. Im Bundeskanzleramt ist er angeschnitten und nur dezent in der blauen Wand zu sehen, vor der die Kanzlerin Presserklärungen abgibt.

ten zu beleuchten, war vom Präsidenten des Gerichts als „Laubsägearbeit“[62] zurückgewiesen worden.[63] Nach einem „unendlich langen Gestaltungsprozess“[64] hatte man sich dann auf die vom Architekten als Ersatz vorgeschlagene, gänzlich innovative Ausgestaltung verständigen können, den Bundesadler „aus 2.360 Plastikröhrchen zu formen, die aus der Holzwand ragen und jeweils per LED von innen beleuchtet werden können – sobald die Richter den Saal betreten“,[65] und die erlöschen, sobald die Richter den Saal verlassen haben. Mag diese spielerische Lösung auf den ersten Blick auch an das optische Signal eines Sende- oder Tonstudios erinnern, das darum bittet, eine laufende Aufnahme nicht zu stören, so ist die Beleuchtung doch weit mehr als ein dem Zeitgeschmack optischer Reize geschuldeter Lichteffekt. Indem der LED-Adler im Gegensatz zum katholischen „ewigen Licht“ nicht dauernd leuchtet, symbolisiert er zwar nicht das allgegenwärtige Recht als Abstraktum. Vergleichbar der Fahne auf dem Amtssitz von Staatsoberhäuptern, die anzeigt, dass der höchste Repräsentant des Staates physisch anwesend ist, bekräftigt die Adlerbeleuchtung vielmehr die physische Anwesenheit der Richter als Repräsentanten des Staates und wird so zu einem wichtigen Teil der zeremoniellen Selbstinszenierung des Staates in seiner höchsten Form. Es verwundert, dass dieser Adler mit seiner an Aufnahmestudios erinnernden Lichtsymbolik anders als der Adler im deutschen Bundestag keine größeren öffentlichen Diskussionen ausgelöst hat.[66] Erklären lässt sich dies möglicherweise damit, dass den Richtern bei ihrer Entscheidung lediglich ein Plan vorgelegen hatte, wie auch damit, dass es sich trotz Gewöhnungsbedürftigkeit in den Augen mancher Richter nicht um eine auf unabsehbare Zukunft hin ausgerichtete, sondern lediglich um eine Übergangslösung gehandelt hatte.

Bei dem für den ersten Senat reservierten der beiden insgesamt spartanischen Beratungsräume hatte eine an sich kleinere Unstimmigkeit der Möblierung eine größere symbolische Auswirkung. Da anders als zunächst vom

---

62 Dapd-Meldung v. 21.06.2011, zit. nach www.t-online.de/regionales/id_47365856/bundesverfassungsgericht-kurz-vor-dem-umzug.html; *Voßkuhle*, Gespräch mit dem Autor.

63 Damit entfiel zugleich die Notwendigkeit für die vom Architekten zunächst aus Gründen der Symmetrie favorisierte Lösung, die Fahne nicht traditionell an einem Flaggenstock aufzuhängen, sondern sie in einem ebenfalls aus dem Wandfurnier ausgeschnittenen Rechteck von hinten beleuchtet sichtbar zu machen; *Lederer*, Gespräch mit dem Autor.

64 *Lederer* (Fn. 34), S. 74 ff.

65 S. Fn. 62; *Lederer* (Fn. 34), S. 74 ff. – Interessanterweise konnten die Richter dies nicht selbst beobachten, hatten sie im Moment des Betretens des Verhandlungssaales den aufleuchtenden Adler doch bereits ebenso hinter sich gelassen, wie den verlöschenden nach dem Verlassen des Sitzungssaales. Daher konnten sie über die genaue Ausgestaltung der Beleuchtung auch keine Auskunft geben.

66 Nachdem der ursprüngliche Adler des Bildhauers Ludwig Gies (1887–1966) im Zuge des Abrisses des alten Bonner Plenarsaales zertrümmert worden war, hatten sich die Abgeordneten sowohl beim Bonner Neubau wie insbesondere aus Anlass des Umzugs in den ehemaligen Berliner Reichstag für ein der ursprünglichen Form nachempfundenes Wappentier ausgesprochen; s. nur etwa http://www.welt.de/print-welt/article638252/Die-fette-Henne-muss-bleiben.html.

Senat favorisiert aus Platzgründen nicht quadratische, sondern rechteckige Tische angeschafft worden waren, ließ sich das Egalitätsprinzip auf symbolischer Ebene nicht mehr vollständig verwirklichen, nach dem alle Richter des Senats als grundsätzlich gleichberechtigt gelten.[67]

Ebenso wie im Baumgarten-Bau und in allen anderen deutschen Gerichten waren die Beratungszimmer der Richter auch im Übergangsquartier des Verfassungsgerichts der Öffentlichkeit nicht zugänglich. Das Gleiche galt für den Plenarsaal, der im Übergangsbau zugleich für den Empfang von Gästen genutzt wurde. Dass die Maxime der Öffentlichkeit des Verfahrens nicht auch die Beratung der Richter erfasst, rührt in den Worten der ehemaligen Präsidentin des Bundesverfassungsgerichts daher, dass „der Ausschluss der Öffentlichkeit aus dem Beratungszimmer ... der Unabhängigkeit der Richter und Richterinnen“ dient und „das besondere Vertrauen in diese Instanz“ stiftet.[68] Dieses Argument mag, wie der internationale Vergleich erweist, nicht zwingend sein, gibt es doch Länder wie die Schweiz, in denen auch die Urteilsberatung sogar im Beisein der Presse öffentlich ist.[69] Der geschützte Raum ermöglicht jedoch eine unbefangene Diskussion, in der Argumente ausprobiert werden können. Ohnehin besteht in Deutschland eine starke Tradition der Nicht-Personalisierung von Rechtsprechung. Da die Zuweisung von Äußerungen an einzelne Richternamen unter dem Gesichtspunkt der richterlichen Unabhängigkeit als problematisch empfunden wird, erfolgt auch keine Nennung von Richternamen. Vom Ausnahmefall der Sondervoten abgesehen, ergehen Entscheidungen ganz bewusst als Entscheidungen des Spruchkörpers im Namen des Volkes, ohne dass erkennbar wäre, welcher Richter welchen Teil beigetragen hat. Zugleich lässt sich die Abgeschlossenheit der Beratung in der Tradition des Vorhangmotivs möglicherweise sogar als Relikt der religiösen Wurzeln der Rechtsfindung und Rechtsprechung deuten.[70] Bereits der antike Tempel kannte mit der Cella ein abgeschlossenes inneres Sanktuarium, und auch beim Orakel stand der Rat Suchende mit der Quelle, der die Weisheit des Orakels entspringt, nur in mittelbarem Kontakt. Die Abgeschlossenheit des Beratungszimmers hat allerdings die rein praktische Konsequenz, dass das hinter verschlossenen Türen Gesprochene allein im kollektiven Gedächtnis des Spruchkörpers verbleibt und – sofern es nicht

67 Diesen Hinweis verdanke ich Johannes Masing. – Hierüber gab es – soweit bekannt – nur im Ersten Senat einige Diskussionen. Dies mag damit zusammenhängen, dass der Erste Senat insgesamt der Egalität der Richter auch gegenüber der Anciennität ein stärkeres Gewicht beilegt als der Zweite Senat. Diese unterschiedliche Akzentuierung zeigt sich nicht nur in Unterschieden in der Sitzordnung, sondern auch in der Zuständigkeitsverteilung und selbst der Reihenfolge des Rederechts. Jeder der beiden Senate entfaltet hier eine institutionelle, überindividuelle Beharrungskraft, die zugleich als Grundlage der Abgrenzung vom jeweils anderen Senat wirkt.

68 *Limbach* (Fn. 15), S. 46 – S. dazu auch den Beitrag von *Fischer*, in diesem Band S. 571 ff.

69 Zu den Voraussetzungen s. Art. 58 des schweizerischen Bundesgesetzes über das Bundesgericht.

70 So geht etwa auch die Bezeichnung des BVerfG als „Hüter der Verfassung“ auf Genesis 4,9 („meines Bruders Hüter“) zurück.

ausnahmsweise in ein Sondervotum einfließt – nicht Teil des öffentlich geführten rechtlichen Diskurses wird. Die daraus resultierende Differenz zwischen kollektivem Gedächtnis des Gerichts und öffentlich bekannten Ausführungen dürfte letztlich jedoch nicht allzu groß sein. Denn in den Beratungen des Verfassungsgerichts entsteht schon deshalb kein als Kontinuität fortwirkender besonders bedeutungsvoller Subtext, weil die einzelnen Fälle zu verschieden sind und die Identität des Spruchkörpers angesichts der häufigen Richterwechsel ohnehin dem Wandel unterliegt.[71]

5. Auslassungen

Unter dem Blickwinkel rechtlicher Symbolik interessant sind schließlich diejenigen Symbole, die im Baumgarten-Bau vorhanden waren, die im Übergangsquartier jedoch nicht übernommen worden waren. Da bereits der Baumgarten-Bau nur wenige das Recht symbolisierende Elemente enthielt, waren dies naturgemäß nur wenige architektonische Elemente und Einzelobjekte.

So konnte die Lage des Sitzungssaales im Obergeschoss des Baumgarten-Baus angesichts der nur eingeschossigen Höhe des ehemaligen Leersaalgebäudes nicht repliziert werden. Diese bei vielen Gerichtsgebäuden herausgehobene Position mag die Nähe zum Himmel und mithin die sakrale Verantwortung des Gerichts symbolisieren, könnte aber auch eher funktional damit zu erklären sein, dass das Erdgeschoss frühneuzeitlicher Gerichtsgebäude zumeist den Gefängniszellen vorbehalten war.[72] In der Gegenwart erschien diese Art der Heraushebung des Sitzungssaales hingegen verzichtbar. Die Architektur des Übergangsbaus konnte sich insoweit mit der Übernahme der mäßigen Erhöhung der Richterbank gegenüber dem Boden des Sitzungssaals begnügen, um die herausgehobene Stellung der Richter und des Gerichts zu dokumentieren.

An Objekten nicht mit in das Übergangsquertier mitgenommen werden konnten neben dem schweren Kindermann-Adler auch die zuvor im Plenarsaal aufgehängten gemalten Porträts der ehemaligen Präsidenten und Vizepräsidenten des Gerichts. Die „Ahnengalerie" der Schwarz-weiß-Fotografien aller bisher ausgeschiedenen Richter zog dagegen mit um und fand in den Gängen des Übergangsquartiers ihren zwischenzeitlichen Platz, wenn auch in anderer Hängung (statt strikter Chronologie des Ausscheidens ältere Richter oben und jüngere unten). Im Hinblick auf die Symbolik erscheint allerdings weniger dieses Faktum als vielmehr die mediale Inszenierung der seinerzeitigen Abhängung der „Ahnenbilder" interessant, sollte „als Erster … eigentlich der zuletzt aus dem Amt geschiedene Richter Brun-Otto Bryde abge-

71 Diesen Hinweis verdanke ich Johannes Masing.

72 *Bels/Branco* (Fn. 7), S. 186 f.

nommen werden. Weil aber die Lichtverhältnisse für die anwesenden Fernsehkameras bei diesem historischen Akt an einer anderen Stelle der ‚Ahnengalerie' besser waren, traf es dann Ernst Gottfried Mahrenholz und Roman Herzog als Erste."[73]

IV. Rück-Umzug und Rückblick

Sicherlich eher ungewöhnlich war während der Sanierung der Bauzaun – einer der „am negativsten besetzten Signifikanten des urbanen Raums" – auf Anregung der Bauverwaltung von Studenten der Karlsruher Hochschule für Gestaltung (HfG) bespielt und als Folie genutzt worden, um ihre jeweiligen Vorstellungen der „essenziellen Charakteristika des Rechtswesens" ins Bild zu setzen. Ein Werk (Stach) löste die semantische Sprache des Gerichts in seine alphabetisch geordneten Wörter auf und machte so Strukturen der Urteilsdiktion sichtbar, während ein anderes Werk (Erbe, Jähre und Milz) die Bürger auf fotografischem Wege als Träger der Grundrechte vorstellte und so „‚neutrale Aussagen, Anerkennung und Forderung' gegenüber der Autorität des Rechts" ins Bild setzte, während die dritte Arbeit (Gompf) die Transparenz des Baumgartenbaus mit der Gegenüberstellung von Bildern ins Gebäude hinein und aus dem Gebäude hinaus thematisierte.[74]

Der Rückumzug vom Dienstsitz Waldstadt in den Schlossbezirk fand termingerecht im September 2014 statt; nachfolgend wurden auch die in der Übergangszeit ausgelagerten Kunstwerke in das Gerichtsgebäude zurückgeholt.[75] So fand auch die „Ahnengalerie" als Symbol der Identität des Gerichts wieder ihren prominenten angestammten Platz im Foyer des Baumgarten-Baus (lediglich die Fotos der ersten Richtergeneration wurden aus Platzgründen in den neu eingerichteten rechtshistorischen Raum überführt). Keine Mehrheit unter den Richtern fand dagegen der vom Präsidenten bevorzugte Alternativvorschlag, die Ahnengalerie in die Gänge der einzelnen Senate zu überführen, möglicherweise weil sich die Richter dann zu sehr „beobachtet" gefühlt hätten. Damit wurde auch der Plan hinfällig, für das Foyer ein Werk von Gerhard Richter zu erwerben, der seine Bereitschaft dazu offenbar bereits signalisiert hatte.[76] Keinen neuen Platz fand der eigens für den Übergangsbau angefertigte LED-Adler, ist im Sitzungssaal doch nur Platz für ein Wappen-

73 Mitteldeutsche Zeitung vom 19.7.2011, www.mz-web.de/panorama/karlsruhe-bundesverfassungsrichter-packen-die-kisten-7565404.

74 *Albus*, Bauzaunkunst, in: Jaeger u. a. (Fn. 5), S. 140 ff. – Auch hier waren in einem Wettbewerb drei von insgesamt zehn Entwürfen ausgewählt worden.

75 BVerfG (Fn. 16).

76 *Voßkuhle*, Gespräch mit dem Autor.

tier.[77] Auf den alten, liebgewonnenen Holzadler wollten die Richter aus Gründen der Tradition nicht verzichten.

Im Rahmen der Verpflichtung des Staates als Bauherr, einen Teil der Bausumme für „Kunst am Bau" aufzuwenden, fiel die Wahl der Kunstkommission des Verfassungsgerichts auf eigens für den Baumgarten-Bau konzipierte Werke von Franz Ackermann mit den Titeln „Von freien Feldern" und „Zwei Lasten", „Strömung" und „Treffpunkt". Mit ihrer Erstreckung über beide Geschosse verbinden diese Werke nicht nur die beiden Senate miteinander, sondern sie verlängern das Innere in das Äußere (es erscheint eine Baumspitze draußen als Verlängerung des Gemäldes innen) und verbinden so Abstraktes mit Konkretem. Auf diese Weise gelingt dem Künstler einerseits eine „Kommentierung der Architektur" und andererseits „ein physisch erlebbarer ... malerisch-philosophischer Diskurs über die Auflösung zentripetaler, kausal-hierarchischer Ordnungen und Eindeutigkeit" an einem „Ort, der wie kein anderer der Selbstvergewisserung unserer gesellschaftlichen Grundlagen dient".[78]

Die Nachnutzung des Übergangsbaus, der von der Bundesanstalt für Immobilienaufgaben (BImA)[79] verwaltet wird, war zum Zeitpunkt des Umzugs im Jahr 2011 noch ungewiss; anvisiert ist eine Nutzung durch den Bundesgerichtshof während dortiger Sanierungsarbeiten sowie eine Nachnutzung durch das Karlsruher Institut für Technologie, das bereits Räume in der ehemaligen Kaserne gegenüber unterhält. Aus dem Fachkreis der Architekten entstammt der Hinweis, wer „dieses Provisorium endgültig nutzt, ...wäre schlecht beraten, sich ohne Not von den Anbauten zu trennen."[80]

Die Schlichtheit des mehrfach ausgezeichneten[81] Übergangsbaus mag vereinzelte Kritik gefunden haben, die letztlich durchweg das Bedürfnis nach symbolisch sichtbar gemachter Singularität des Übergangsbaus zum Ausdruck bringt.[82] Sicherlich erscheint die Ausgestaltung des Übergangsquartiers

---

77 Der LED-Adler ist laut Auskunft des Präsidenten des Gerichts momentan eingelagert; sollte der BGH in das Übergangsquartier einziehen, könnte er erneut Verwendung finden.

78 Franz Ackermann (geb. 1963), der als Sieger aus dem eigens ausgeschriebenen Wettbewerb hervorging, ist durch seine Professur an der Karlsruher Kunstakademie eng mit der Stadt Karlsruhe verbunden; s. https://de.wikipedia.org/wiki/Franz_Ackermann_(Maler). – BVerfG (Fn. 16); zum Werk Ackermanns s. *Berg*, Auf Augenhöhe, in: *Jaeger* u. a. (Fn. 5), S. 144.

79 www.bundesimmobilien.de.

80 *Baus*, Bühne für die roten Roben, www.german-architects.com/de/projects/view/31062.

81 Hugo-Häring-Auszeichnung 2011; Beispielhaftes Bauen Stadt Karlsruhe 2005 – 2012; Gestaltungspreis der Wüstenrot-Stiftung.

82 S. die Kommentare von Lesern der Webseite BauNetz: „gewisse" oder sogar „gähnende Langeweile"; die Architektur sei „viel zu aufgesetzt" und versprühe „kein Flair"; die Architekten verwendeten „immer wieder dieselben Motive, Details, Materialien", so dass eine „Handschrift" erkennbar sei, anstatt „mal wieder etwas Neues zu ‚erfinden'" (so vor allem in Bezug auf das Treppenhaus: „rundgelutscht"; dieser Vorwurf geht jedoch insoweit fehl, als das Treppenhaus in seinem unteren Teil den breiteren Flur aufnimmt und die Treppe bis zum Wendepunkt auf die normale Treppenbreite verjüngt, so dass das Treppenhaus nicht symmetrisch ausgestaltet ist). Auch der Vorwurf der Kopie wurde erhoben, sei das Pförtnerhäuschen doch „eine kleine

des Bundesverfassungsgerichts auch im Rückblick betrachtet weitgehend von rein funktionalen und wenig symbolträchtigen Erwägungen geprägt. Dennoch war das Übergangsquartier kein gesichtsloser Zweckbau. Gerade die Sparsamkeit explizit rechtlicher Symbolik tradierte und bewahrte während der Übergangszeit die Symbolsprache des Baumgarten-Baus, die dort nach dessen ganz im Geiste des Denkmalschutzes erfolgten Renovierung erhalten geblieben ist. Mit diesem stand es darüber hinaus in der Tradition der bescheiden auftretenden Formensprache der Bonner, selbst in Zeiten der Berliner Republik.[83]

Vielleicht mehr noch als der Baumgarten-Bau war das Übergangsquartier ein Ort zeitloser Ruhe, der zugleich – wenn auch mit bescheideneren Mitteln – für Effizienz und Legitimität, für Transparenz und Würde des obersten deutschen Gerichts einstand. Ohnehin wäre es schwer gefallen, den Übergang gegenüber dem Baumgarten-Bau mit einem Überschuss an Symbolen zu versehen. Symbole lassen sich schließlich nicht einfach designen, sondern müssen der Tradition erwachsen. Der vergleichsweise sparsame Einsatz von Rechtssymbolen hat jedoch weitere tieferliegende Gründe. So fällt es in Zeiten der Bindung der Richter an Recht und Gesetz schwer, offene, unideologische Begriffe wie die der Demokratie und der Gerechtigkeit in visuelle Zeichen zu übersetzen, denen die erwartete Symbolkraft zukommen könnte. Die Rechtsphilosophie hat die Frage nach „der Gerechtigkeit" spätestens seit Rawls ohnehin aufgegeben. Und eine Zeit, in der dem Recht die Aufgabe zuerkannt wird, weithin alltägliches Verhalten unter zumeist rationalen Effizienzgesichtspunkten zu steuern, belässt für Sinnbilder, die diese Tätigkeit symbolisch zum Ausdruck bringen, wenn überhaupt, einen nur recht geringen Spielraum. Die weitgehende Abwesenheit von Symbolen im Gerichtssaal fördert jedenfalls die Konzentration auf die Gedanken und die Rationalität der richterlichen Entscheidungsfindung. Das Visuelle tritt auf diese Weise gegenüber dem Wort des Gesetzes, der mündlichen Verhandlung und des Urteils in den Hintergrund.

So erscheint das höchste deutsche Gericht weniger durch äußerliche Merkmale der Gebäudearchitektur und die einzelnen Gegenstände seiner Innenausstattung symbolisiert, als vielmehr durch sich selbst, durch das feierliche Rot der Roben ebenso wie durch die Autorität der Richter und Richterinnen und vor allem durch das Wort seiner Urteile im Namen des Volkes.

Kopie einer Situation am Staatstheater Darmstadt"; www.baunetz.de/meldungen/Meldungen-LRO_haben_Kaserne_in_Karlsruhe_umgebaut_1677123.html.

83 S. *Bredekamp*, Politische Ikonologie der Grundgesetzes, in: Stolleis (Hrsg.), Herzkammern der Republik – Die Deutschen und das Bundesverfassungsgericht, 2011, S. 9ff.

Die Zweiklassengesellschaft im Vergaberecht – Karlsruhe locuta, causa finita?

Helmut Ebersbach

I. Vergaberechtliche Ausgangslage

Die öffentliche Hand benötigt zur Erfüllung ihrer Aufgaben unterschiedlichste Güter und Dienstleistungen. Deren Beschaffung erfolgt durch privatrechtliche Verträge (Kauf-, Werk- Mietverträge etc.) mit den jeweiligen Anbietern auf dem Markt. Ein eigenes Vertragsrecht für die öffentliche Hand gibt es nicht. Anders als bei Privatpersonen bedarf es aber einer genauen gesetzlichen Regelung, wer letztlich Vertragspartner der öffentlichen Hand wird. Sie ist insoweit nicht frei in ihrer Entscheidung, sondern hat den Auftrag an denjenigen Anbieter zu vergeben, der nach objektiven Kriterien – und nicht dem subjektiven Empfinden der öffentlichen Hand – der geeignetste Anbieter ist. Als Vergaberecht wird die Gesamtheit der Normen bezeichnet, die ein Träger öffentlicher Verwaltung bei der Beschaffung von sachlichen Mitteln und Leistungen, die er zur Erfüllung von Verwaltungsaufgaben benötigt, zu beachten hat. Allerdings bestehen zwischen Deutschland und Europa zwei völlig unterschiedliche Denkweisen zum Vergaberecht:

1. Vergaberecht als Haushaltsrecht

In Deutschland wurzelt das Vergaberecht traditionell im Haushaltsrecht, welches nach § 6 Abs. 1 des Gesetzes über die Grundsätze des Haushaltsrechts des Bundes und der Länder (HGrG) die wirtschaftliche und sparsame Verwendung der Haushaltsmittel – Steuergelder – zum Ziel hat. In den Haushaltsordnungen des Bundes und der Länder sowie den landesrechtlichen Gemeindehaushaltsverordnungen wird die demnach geforderte wirtschaftliche und sparsame Verwendung der Haushaltsmittel dadurch konkretisiert, dass beim Abschluss von Verträgen nach einheitlichen Richtlinien zu verfahren ist (vgl. etwa § 55 Abs. 2 der Bundeshaushaltsordnung, § 55 Abs. 2 der Landeshaushaltsordnung für Baden-Württemberg, § 31 Abs. 2 der Gemeindehaushaltsverordnung für Baden-Württemberg). Zurückgegriffen wurde bisher (erstaunlicherweise) insoweit auf Regelwerke aus privater Hand: den sogenannten Vergabeordnungen, die von Vergabeausschüssen, welche sich aus Vertretern von Bund, Ländern und Gemeinden sowie von Verbänden der Wirtschaft und von Gewerkschaften zusammensetzen, erarbeitet werden. Anwendungsbefehl für die öffentliche Hand erhalten diese Privatarbeiten durch einen vermittelnden hoheitlichen Akt, bspw. eine Verwaltungsvorschrift auf Ministerebene.

Dieser traditionelle verwaltungsinterne Ansatz des deutschen Vergaberechts zeichnet sich dadurch aus, dass er nicht dem Schutz der Bieter dient. Verstöße gegen die „einheitlichen Richtlinien" (= Vergabeordnungen) können daher nicht direkt über das Vergaberecht moniert und sanktioniert werden, sondern allenfalls über den Rückgriff auf allgemein zivilrechtliche Normen, die schon im Anbahnungsstadium eines zukünftigen Vertragsschlusses gelten. Folgerichtig gilt dies auch für die Durchsetzung der sich hiernach ergebenden Rechte; auch insoweit steht „nur" das allgemeine Verfahrens- und Prozessrecht zur Verfügung.

2. Vergaberecht als Wettbewerbsrecht

Dieses Verständnis des Vergaberechts musste unter dem Einfluss des europäischen Gemeinschaftsrechts teilweise aufgegeben werden. Wegen der hohen wirtschaftlichen Bedeutung öffentlicher Aufträge erließ die Europäische Kommission bereits in den 1990er-Jahren Richtlinien, die durch die Gewährleistung eines europaweiten freien und unverfälschten Wettbewerbs um die Vergabe öffentlicher Aufträge der Schaffung eines einheitlichen europäischen Binnenmarktes dienen sollten. Oberstes Ziel des europäischen Vergaberechts ist also nicht die sparsame Beschaffungstätigkeit der öffentlichen Hand, sondern die Schaffung und der Erhalt der Chancengleichheit unter den Teilnehmern des Vergabeverfahrens und damit ein freier Marktzugang für alle interessierten Unternehmer.

Die europäischen Vergaberichtlinien sehen daher die Einräumung von subjektiven Rechten der Bieter vor. Zur Durchsetzung dieser Rechte wurden eigene Rechtsmittelrichtlinien erlassen, nach denen die Mitgliedstaaten ein formelles Nachprüfungsverfahren für die Einhaltung des Verfahrens der Vergabe öffentlicher Aufträge einzurichten haben. Als Mindeststandards wurden unter anderem die Gewährung von einstweiligem Rechtsschutz, die Möglichkeit der Aufhebung rechtswidriger Vergabeentscheidungen und die Gewährung von Schadensersatz festgelegt.

3. Umsetzung in deutsches Recht

Die erstmalige Umsetzung dieser Vorgaben erfolgte zum 01.01.1999 durch Einfügung eines 4. Teils in das Gesetz gegen Wettbewerbsbeschränkungen (GWB). Damit wird den Bietern und Bewerbern das von Europa geforderte Rechtsschutzsystem zur Verfügung gestellt, das darauf zugeschnitten ist, einen bevorstehenden Zuschlag anzugreifen und damit die eigenen Chancen auf den Zuschlag zu wahren.

a) Hierfür sieht zunächst § 134 Abs. 1 GWB vor, dass nach Abschluss der Wertung die unterlegenen Bieter über den Namen des erfolgreichen Bieters und den Grund der vorgesehenen Nichtberücksichtigung ihres Angebots in Textform zu informieren sind und der Vertrag erst 15 Kalendertage nach Absendung der Information – 10 Kalendertage bei Information auf elektronischem Wege oder per Fax – geschlossen werden darf. Ein vor Fristablauf oder ohne Information geschlossener Vertrag ist nichtig.

b) Weiterhin sehen die §§ 155 ff. GWB ein gesondertes vergaberechtliches Rechtsschutzverfahren, das Nachprüfungsverfahren, vor. Zur Nachprüfung sind zunächst die nach § 156 GWB auf Bundes- und auf Landesebene einzurichtenden Vergabekammern berufen. Das Nachprüfungsverfahren wird durch einen Antrag eingeleitet, zu dem gemäß § 160 Abs. 2 GWB jedes Unternehmen befugt ist, das ein Interesse an dem Auftrag hat und eine Verletzung in seinen Rechten nach § 97 Abs. 6 GWB geltend macht, durch die ihm ein Schaden entstanden ist oder zu entstehen droht. Sobald die Vergabekammer den Auftraggeber über den Nachprüfungsantrag in Textform informiert hat, darf dieser gemäß § 169 Abs. 1 GWB den Zuschlag vor einer Entscheidung der Vergabekammer und dem Ablauf der zweiwöchigen Beschwerdefrist des § 172 Abs. 1 GWB nicht erteilen.

c) Gegen die Entscheidung der Vergabekammer ist nach § 171 GWB die sofortige Beschwerde zum Oberlandesgericht eröffnet, die gemäß § 172 Abs. 1 GWB in einer Notfrist von zwei Wochen einzulegen ist. Die Einlegung der sofortigen Beschwerde entfaltet nach § 173 Abs. 1 Satz 1 GWB aufschiebende Wirkung. Ist die Beschwerde begründet, kann das Oberlandesgericht gemäß § 178 Satz 2 GWB selbst in der Sache entscheiden oder die Vergabekammer zur erneuten Entscheidung verpflichten. Des Weiteren enthält § 181 GWB eine besondere Anspruchsgrundlage des übergangenen Bieters auf Ersatz des Vertrauensschadens. Weitergehende Schadensersatzansprüche bleiben unberührt.

4. Die Zweiteilung des Vergaberechts

In den Anwendungsbereich der europäischen Vergaberichtlinien fallen jedoch nicht sämtliche öffentliche Aufträge. Die europäischen Regeln des Vergaberechts gelten erst dann, wenn die in den Richtlinien festgesetzten Schwellenwerte erreicht wurden. Für Vergaben unterhalb der Schwellenwerte verbleibt es demgegenüber bei der traditionellen, haushaltsrechtlich geprägten Rechtslage. Ob und inwieweit den Interessenten Primäransprüche im laufenden Vergabeverfahren zustehen, hängt mangels besonderer Regeln dann von den Vorgaben der allgemeinen Rechtsordnung ab. Soweit sich danach überhaupt Unterlassungsansprüche ergeben können, sind diese faktisch in aller Regel nicht durchsetzbar, da sie jedenfalls mit Erteilung des Zuschlags untergehen. Die erfolglosen Bewerber erfahren von ihrer Nichtberücksichtigung zumeist erst mit oder nach dem Zuschlag. Faktisch sind die erfolglosen Bewerber um eine Auftragsvergabe unterhalb des Schwellenwertes daher in aller Regel vom Primärrechtsschutz ausgeschlossen.

Hieran ändert auch nichts, dass nach der umfassenden Kartellvergaberechtsreform 2016 nun auch die Vergabe öffentlicher Aufträge auf nationaler Ebene reformiert werden. Im Februar 2017 wurde die neue Unterschwellenvergabeordnung (UVgO) für die Vergabe von Liefer- und Dienstleistungen im Bundesanzeiger bekannt gemacht[1], die noch im Frühjahr 2017 in Kraft treten und die bisher geltende Vergabe- und Vertragsordnung für Leistungen (VOL/A Abschnitt 1) ersetzen soll. Von den „alten“ Vergabeordnungen wird dann nur noch die VOB/A übrigbleiben. Doch auch die UVgO wird keinerlei Regelungen zum Rechtsschutz enthalten. Ob und inwieweit den Interessenten Primäransprüche im laufenden Vergabeverfahren zustehen, hängt daher auch weiterhin mangels besonderer Regeln von den Vorgaben der allgemeinen Rechtsordnung ab.

II. Die Entscheidung des Bundesverfassungsgerichts

Das Bundesverfassungsgericht (BVerfG) hat mit Beschluss vom 13.06.2006 entschieden, dass die Primärrechtschutzbeschränkung auf oberschwellige Auftragsvergaben verfassungsgemäß ist. Hierdurch werde weder der Anspruch auf effektiven Rechtsschutz aus Art. 19 Abs. 4 GG noch der im Rechtsstaatsprinzip (Art. 20 Abs. 3 GG) verbürgte allgemeine Justizgewährungsanspruch oder gar Art. 3 Abs. 1 GG verletzt[2]:

1. Vegabestellen als Träger öffentlicher Gewalt

Vergabestellen handeln nicht als Träger öffentlicher Gewalt im Sinne des Art. 19 Abs. 4 GG. Der Staat wird als Nachfrager am Markt tätig, um seinen Bedarf an bestimmten Gütern oder Leistungen zu decken. In dieser Rolle als Nachfrager unterscheidet er sich nicht grundlegend von anderen Marktteilnehmern. Auf seine übergeordnete öffentliche Rechtsmacht greift er bei einer Vergabeentscheidung nicht zurück, so dass kein Anlass besteht, seine Maßnahme als Ausübung öffentlicher Gewalt im Sinne des Art. 19 Abs. 4 GG einzuordnen.

---

1 BAnz AT 07.02.2017 B1.
2 BVerfGE 116, 135–163.

2. Anspruch auf Gleichbehandlung als subjektives Recht der Bieter

Allein der Anspruch auf Gleichbehandlung im Vergabeverfahren (Art. 3 Abs. 1 GG) gibt den Bietern ein subjektives Recht, das im Rahmen des Justizgewährungsanspruchs gerichtlich geltend gemacht werden kann. Ein subjektives Recht der Bieter folgt indes nicht aus der einfachrechtlichen Norm des § 97 Abs. 7 GWB (jetzt: § 97 Abs. 6 GWB). Auch die Berufsfreiheit nach Art. 12 Abs. 1 GG scheidet als Grundlage eines derartigen Rechts aus. Die in der Rechtsordnung vorgesehenen Möglichkeiten des Rechtsschutzes genügen allerdings rechtsstaatlichen Anforderungen.

a) Jede staatliche Stelle hat bei ihrem Handeln, unabhängig von der Handlungsform und dem betroffenen Lebensbereich, die in dem Gleichheitssatz niedergelegte Gerechtigkeitsvorstellung zu beachten. Dieses Handeln ist anders als die in freiheitlicher Selbstbestimmung erfolgende Tätigkeit eines Privaten stets dem Gemeinwohl verpflichtet. Eine willkürliche Ungleichbehandlung kann dem Gemeinwohl nicht dienen. Der staatlichen Stelle, die einen öffentlichen Auftrag vergibt, ist es daher verwehrt, das Verfahren oder die Kriterien der Vergabe willkürlich zu bestimmen.

Darüber hinaus kann die tatsächliche Vergabepraxis zu einer Selbstbindung der Verwaltung führen. Aufgrund dieser Selbstbindung kann den Verdingungsordnungen als den verwaltungsinternen Regelungen über Verfahren und Kriterien der Vergabe eine mittelbare Außenwirkung zukommen[3]. Jeder Mitbewerber muss eine faire Chance erhalten, nach Maßgabe der für den spezifischen Auftrag wesentlichen Kriterien und des vorgesehenen Verfahrens berücksichtigt zu werden. Eine Abweichung von solchen Vorgaben kann eine Verletzung des Art. 3 Abs. 1 GG bedeuten. Insofern verfügt jeder Mitbewerber über ein subjektives Recht, für das effektiver Rechtsschutz gewährleistet werden muss[4].

b) Die in der Rechtsordnung vorgesehenen Möglichkeiten des Rechtsschutzes genügen rechtsstaatlichen Anforderungen. Bei einem Widerstreit zwischen den Belangen des Einzelnen, die für einen möglichst weitgehenden Rechtsschutz streiten, und gegenläufigen Belangen muss der Gesetzgeber entscheiden, ob die allgemeinen in der Rechtsschutzordnung vorgesehenen Schutzmöglichkeiten ausreichen oder aber Sonderregeln geschaffen werden sollen. Der Justizgewährungsanspruch ermöglicht und verlangt in Lagen, in denen unterschiedliche Interessen mehrerer betroffen sind, keine schlichte Maximierung der Rechtsschutzmöglichkeiten des einzelnen Rechtsuchen-

---

3 BVerfGE 73, 280 (299 f.); 111, 54 (108); BVerwGE 35, 159 (161); 104, 220 (223); BGHZ 139, 259 (267); *Dörr*, DÖV 2001, S. 1014 (1017).

4 BVerfG, Beschluss des Ersten Senats vom 23. Mai 2006 – 1 BvR 2530/04 –, BB 2006, S. 1702 (1703).

den. Er zielt vielmehr auf eine sachgerechte Gewichtung und Zuordnung der betroffenen rechtlich geschützten Belange.

c) Nach diesen Maßstäben ist es verfassungsrechtlich nicht zu beanstanden, dass sich der Rechtsschutz im Unterschwellenbereich nach der allgemeinen Rechtsschutzordnung richtet, ohne dass besondere Vorkehrungen für die Durchsetzung von Primärrechtsschutz geschaffen worden sind.

So ist bei der gerichtlichen Kontrolle von Vergabeentscheidungen eine Konfliktlage in einem Rechtsverhältnis zu bewältigen, an dem beteiligt sind: die staatliche Stelle, die den umstrittenen Auftrag vergibt, um ihre öffentlichen Aufgaben zu erfüllen; ferner der erfolgreiche Bieter, der ein Interesse an einer raschen Zuschlagsentscheidung und einer zuverlässigen Vertragserfüllung hat; schließlich erfolglose Bieter, die ein Interesse an möglichst effektivem Schutz ihrer privatrechtlich ausgeformten Verfahrensrechte haben.

Je weiter aber die Rechtsschutzmöglichkeiten der erfolglosen Bieter ausgedehnt werden, desto eher können sowohl die öffentlichen Interessen, denen die Erfüllung des vergebenen Auftrags letztlich dienen soll, als auch die Interessen des erfolgreichen Bieters behindert oder sogar vereitelt werden. Aufgrund des zeitlichen und sächlichen Aufwands, den ein Nachprüfungsverfahren erfordert, kann zudem die Wirtschaftlichkeit der Vergabe leiden. Diese Folgen kann ein solches Verfahren unabhängig davon bewirken, ob sich die Rügen des erfolglosen Bieters letztlich materiell-rechtlich als begründet oder als unbegründet erweisen. Zudem besteht das Risiko, dass der erfolglose Bewerber seine Rechtsschutzmöglichkeiten in sachwidriger oder sogar missbräuchlicher Weise nutzt. Auch dadurch kann die Vergabe unwirtschaftlich oder das Beschaffungsziel ganz verfehlt werden.

Wird andererseits erfolglosen Bietern durch die Verfahrensgestaltung effektiver Primärrechtsschutz versagt, kann das nicht nur die Durchsetzung rechtlich begründeter individueller Anliegen verhindern. Daneben kann auch das öffentliche Interesse an einem rechtmäßigen Handeln der Verwaltung und an einem wirtschaftlichen Umgang mit Haushaltsmitteln beeinträchtigt werden. Den kollidierenden Privatinteressen sowohl des erfolgreichen Bieters als auch der erfolglosen Wettbewerber entspricht jeweils auch ein öffentliches Interesse. Das komplexe Geflecht öffentlicher und privater Interessen kann nicht in einer Weise aufgelöst werden, die alle Interessen gleichermaßen befriedigt.

Im Rahmen dieses Spannungsverhältnisses hat der Gesetzgeber die Grenzen seines Gestaltungsspielraums gewahrt. Er darf das Interesse des erfolglosen Bieters speziell an Primärrechtsschutz im Verhältnis zu den anderen betroffenen Interessen als weniger gewichtig bewerten.

Der erfolglose Bieter ist durch die Auftragsvergabe in einer bloßen Umsatzchance, nicht in seiner persönlichen Rechtsstellung betroffen. Wird der erfolglose Bieter auf einen Schadensersatzanspruch verwiesen, kann sein auf den Erhalt einer Umsatzchance gerichtetes Interesse durch einen solchen

Anspruch grundsätzlich ausgeglichen werden. Im Übrigen darf bei der Abwägung typisierend berücksichtigt werden, dass die einzelne Auftragsvergabe für den Bieter in der Regel lediglich eine Umsatzmöglichkeit unter vielen darstellt.

Müssten für alle Vergaben bestimmte Verfahrensvorkehrungen getroffen werden, um einen effektiven Primärrechtsschutz zu ermöglichen, könnte das die Verwaltungsarbeit erheblich beeinträchtigen. Zum einen würde der Verwaltungsaufwand bei solchen Vergaben steigen. Zum anderen könnte es zu Engpässen bei der Erfüllung öffentlicher Aufgaben kommen, für die die Produkte oder Dienstleistungen, die mittels der Vergabe beschafft werden sollen, benötigt werden.

Darf aber das Interesse des erfolglosen Bieters an einem effektiven Primärrechtsschutz als weniger gewichtig bewertet werden, ist es verfassungsrechtlich nicht zu beanstanden, dass der Gesetzgeber den in der allgemeinen Rechtsordnung verfügbaren Sekundärrechtsschutz als ausreichend angesehen und keine besonderen Vorkehrungen zur Realisierbarkeit von Primärrechtsschutz, etwa durch eine Pflicht zur Information des erfolglosen Bieters vor der Zuschlagserteilung, getroffen hat.

3. Sachliche Rechtfertigung der Zweiteilung des Vergaberechts

Es verstößt schließlich auch nicht gegen Art. 3 Abs. 1 GG, dass der Rechtsschutz oberhalb des Schwellenwertes anders gestaltet ist als bei Vergabeentscheidungen mit Auftragssummen unterhalb des Schwellenwertes. Diese Ungleichbehandlung ist jedenfalls sachlich gerechtfertigt.

a) Das öffentliche Beschaffungswesen dient der wirtschaftlichen Verwendung öffentlicher Mittel. Der mit einem subjektiven Recht ausgestattete Bieter ist insoweit aber nicht nur ein reiner Vorteil: Zwar kann einerseits gerade er mit der Geltendmachung seiner Rechte zur Wirtschaftlichkeit des Vergabeverfahrens beitragen, doch andererseits birgt diese Mobilisierung auch Risiken für die Wirtschaftlichkeit des Beschaffungswesens. Werden rechtmäßige Vergabeverfahren auf Initiative des Einzelnen überprüft, so entstehen Verfahrenskosten, ohne dass diesen Kosten ein Gewinn an Wirtschaftlichkeit gegenüberstünde. Zudem besteht stets die Gefahr, dass die den Konkurrenten eingeräumten Rechtsschutzmöglichkeiten sachwidrig genutzt oder sogar missbraucht werden. Auch darunter kann die Wirtschaftlichkeit des Beschaffungswesens leiden. Weiter kann unabhängig von der Rechtmäßigkeit der Vergabe die Verzögerung, die ein Kontrollverfahren regelmäßig mit sich bringt, ihrerseits Kosten verursachen. Schließlich kann wegen dieser Verzögerung die Erfüllung der öffentlichen Aufgabe, um deretwillen Mittel beschafft werden sollen, beeinträchtigt oder sogar verfehlt werden.

b) Ob und wann aber ein subjektives Recht des Unternehmens auf Einhaltung der Verfahrensregeln die Wirtschaftlichkeit der Vergabe erhöht oder vermindert, erfordert komplexe Bewertungen und Abschätzungen, zu denen der Gesetzgeber berufen ist und bei denen er einen weiten Spielraum genießt. Es ist verfassungsrechtlich nicht zu beanstanden, wenn das Gesetz davon ausgeht, dass der mögliche Ertrag an Wirtschaftlichkeit, den ein solches Verfahren mit sich bringen kann, mit dem Betrag der Beschaffung steigt, und dass der Vorteil bei Vergabeentscheidungen oberhalb der Schwellenwerte typischerweise nicht wegen der Kosten entfällt, die mit der Kontrolle nach §§ 102 ff. GWB verbunden sind. Angesichts dieser Sachlage durfte der Gesetzgeber den Zugang zu dem Kontrollverfahren der §§ 155 ff. GWB in einer typisierenden Regelung davon abhängig machen, dass ein bestimmtes Auftragsvolumen erreicht wird, auch wenn dieses eine bloße Bagatellgrenze übersteigt. Mit der Übernahme der Schwellenwerte, oberhalb derer aus gemeinschaftsrechtlichen Gründen effektiver Primärrechtsschutz gewährleistet werden muss, hat der Gesetzgeber sich an einem für eine bestimmte (grenzüberschreitende) Relevanz der Vergabe geltenden Richtwert orientiert, den er grundsätzlich auch ohne die europarechtlichen Vorgaben hätte wählen können. Die Anknüpfung an die europarechtlich vorgegebene Typisierung begegnet keinen verfassungsrechtlichen Bedenken.

III. Reformbedarf trotz verfassungsrechtlicher Absegnung?

Über zehn Jahre sind nun seit dieser grundlegenden Entscheidung des BVerfG vergangen, was auf dem jungen und hochdynamischen Rechtsgebiet des Vergaberechts einer gefühlten Ewigkeit entspricht und eine kritische Überprüfung aus der (zeitlichen) Distanz rechtfertigt:

1. Primärrechtsschutz kein Allheilmittel

Die richterliche Fortentwicklung des Vergaberechts hat offengelegt, dass der Primärrechtsschutz jedenfalls kein Allheilmittel ist. Vor allem das Zuschlagsverbot und die damit regelmäßig einhergehende Verzögerung des Vergabeverfahrens führen zu erheblichen (Folge-) Problemen, für die es letztlich eine in jeder Hinsicht befriedigende und überzeugende Lösung nicht gibt. So jedenfalls das Resümee des BGH in seinem ersten Grundsatzurteil zu der Frage, ob und ggf. unter welchen Voraussetzungen dem Auftragnehmer einer Bauleistung gegenüber seinem öffentlichen Auftraggeber ein Preisanpassungsanspruch deshalb zusteht, weil die ursprünglich vorgesehene Ausführungszeit wegen eines Vergabenachprüfungsverfahrens und der damit einhergehenden

Verzögerung obsolet geworden ist[5]. Dogmatische Schwierigkeiten bei der Beantwortung ergaben sich deshalb, weil es einerseits dem öffentlichen Auftraggeber grundsätzlich nicht gestattet ist, mit den Bietern über Änderungen der Angebote und Preise zu verhandeln (§ 15 Abs. 3 VOB/B), eine Änderung aber auch dann vorliegt, wenn eine Bauzeit abweichend von den Ausschreibungsbedingungen bestimmt werden soll. Andererseits führt bei europaweiter Ausschreibung ein Nachprüfungsverfahren gemäß §§ 102 ff. GWB zu einem Zuschlagsverbot (§ 115 Abs. 1 GWB), so dass der öffentliche Auftraggeber zum Warten gezwungen ist.

Grundsätzlich ging es dabei um die Frage, wer das Risiko einer Vergabeverzögerung zu tragen hat. Der BGH hat dieses Risiko dem öffentlichen Auftraggeber zugewiesen. Die Verzögerung des Vergabeverfahrens dürfe nicht zu Lasten des Bieters gehen, der sich im Wettbewerb durchgesetzt hat. Die Einrichtung des Vergaberechtsschutzes nach dem Vierten Teil des Gesetzes gegen Wettbewerbsbeschränkungen solle die Rechtsstellung der Bieter gegenüber den Auftraggebern stärken, nicht schwächen. Werde diese Rechtsposition in Anspruch genommen, dürfe das nicht dazu führen, dass die Bieterseite am Ende wirtschaftlich schlechter dasteht als zuvor, indem die Verzögerungskosten auf sie übergewälzt werden. Bestünde diese latente Gefahr, würde der Rechtsschutz dadurch entwertet[6].

Nach dem BGH ist daher ein Vertrag, der eine infolge eines Vergabeverfahrens obsolet gewordene Bauzeit beinhaltet, dahin auszulegen, dass die Parteien den Vertrag dennoch bindend geschlossen haben, über neue, dem eingetretenen Zeitablauf Rechnung tragende Fristen jedoch noch eine Einigung herbeiführen wollen. Die Bauzeit ist deshalb unter Berücksichtigung der Umstände des Einzelfalles anzupassen. Zugleich ist der vertragliche Vergütungsanspruch in Anlehnung an die Grundsätze des § 2 Nr. 5 VOB/B anzupassen[7].

Bei einer verzögerten Vergabe und einer darauf beruhenden Verschiebung des vertraglichen Ausführungszeitraums können sich aber für den Auftragnehmer massiv dessen Einkaufspreise für Baustoffe, Material und Nachunternehmerleistungen erhöhen. Kann der Auftragnehmer diese Kosten nachweisen, sind diese vom öffentlichen Auftraggeber in vollem Umfang zu übernehmen[8]. In einer nachfolgenden Entscheidung hat der BGH diese Grundsätze noch einmal ausdrücklich bestätigt[9].

Hierbei ist es nach der Auffassung des BGH hinzunehmen, dass in dieser Situation unter Umständen der Auftraggeber ex post betrachtet nicht dem wirtschaftlichsten Bieter den Zuschlag erteilt hat, wird doch die Mehrvergü-

---

5 BGH, BauR 2009, 1131.
6 BGH, a. a. O., Rdn 52.
7 BGH, a.a.O, Rdn. 44 ff.
8 BGH, Urteil vom 10.09.2009 – VII ZR 152/08 –, juris.
9 BGH, Urteil vom 08.03.2012 – VII ZR 202/09 –, juris.

tung dann ausschließlich mit dem Vertragspartner unter Ausschluss des Wettbewerbs vereinbart. Dass der wirtschaftlichste Bieter sich im Nachhinein nicht als solcher erweist, sei nichts Außergewöhnliches. Vielmehr sei es bei einem Bauvertrag häufig so, dass sich im Verlauf der Durchführung der Arbeiten Änderungen ergeben, die auch zu Preisänderungen führen. Es sei nie ausgeschlossen, dass sich dadurch im Endergebnis im Gegensatz zum Zeitpunkt des Zuschlags der Auftragnehmer nicht mehr als der Wirtschaftlichste herausstellt. Die damit verbundene Einschränkung des Wettbewerbs sei unvermeidbar. Sie ließe sich in Fällen der vorliegenden Art nur verhindern, indem man bei jeder eingetretenen Verzögerung den Wettbewerb neu eröffnete. Dadurch würde aber der bisher wirtschaftlichste Bieter benachteiligt, weil alle anderen Bieter jetzt in Kenntnis seines Angebots neu bieten könnten; zum anderen eröffnete dies die bereits dargestellte Gefahr einer endlosen Schleife von Vergabeverfahren, die nie durch einen Vertragsschluss beendet werden könnte.

Wenn also das BVerfG konstatiert, dass unter einem Nachprüfungsverfahren die Wirtschaftlichkeit der Vergabe leiden kann, ist dies eher zurückhaltend formuliert.

2. Zweifel an der Entscheidung des BVerfG

Dennoch bleiben Zweifel an der Entscheidung des BVerfG: Es stellt selbst fest, dass unterhalb des Schwellenwertes faktisch die erfolglosen Bewerber um eine Auftragsvergabe in aller Regel vom Primärrechtsschutz ausgeschlossen sind. Bei irreparablen Rechtsverletzungen bietet aber allein vorbeugender Primärrechtsschutz dem subjektiven Recht noch Schutz. Auch das BVerfG hat mehrfach betont, dass gerichtlicher Rechtsschutz der Schaffung vollendeter Tatsachen zuvorkommen muss. Im Vergaberecht befindet sich der von einem Vergaberechtsverstoß – und damit ungleich behandelte – Bieter aber genau in dieser Situation. Wird im Rahmen der Auftragsvergabe der Vertrag mit dem Zuschlag an einen Bieter geschlossen, ist dieser in aller Regel wirksam und kann nicht mehr aufgehoben werden, auch wenn die Vergabe rechtswidrig war und die subjektiven Rechte des erfolglosen Bieters bei der Vergabe verletzt wurden. Denn im Zivilrecht gilt der Grundsatz „pacta sunt servanda“. Die Folgen der Rechtsverletzung können aus diesem Grund nicht rückgängig gemacht werden. Die einzige Möglichkeit, die Manifestierung der Verletzung zu vermeiden, ist, den Abschluss des Beschaffungsvertrages zu verhindern. Effektiver Rechtsschutz bedeutet im Vergaberecht daher immer auch vorbeugender Rechtsschutz.

Der bloße Ersatz des negativen Interesses kann die Rechtsverletzung des Bieters nicht kompensieren. Denn für die Bieter hat die Erlangung eines Auftrages neben der sich hierdurch ergebenden Gewinnmöglichkeit in vielfach anderer Hinsicht eine positive Wirkung. So kann ein erfolgreich ausgeführter

Auftrag das Ansehen in der Branche steigern und bietet Chancen für neue Kontakte. Zudem sammeln die Mitarbeiter wertvolle Erfahrungen und der Betrieb ist ausgelastet. Der ausgeführte Auftrag dient nicht zuletzt als Referenz für die nächste Bewerbung um einen öffentlichen Auftrag. Sekundärrechtsschutz kann all diese mit einem vergaberechtswidrigen Übergehen eines Angebots einhergehenden Verluste für den Bieter nicht ausgleichen[10].

3. Optimierungsmöglichkeiten im bestehenden System

Auch wenn es im Unterschwellenbereich verfassungsrechtlich nicht geboten ist, ein eigenständiges Rechtsschutzsystem zur Verfügung zu stellen, sollte daher das bestehende (allgemeine) System zumindest insoweit optimiert werden, als auch in diesem Rahmen effektiver Primärrechtsschutz möglich ist. Erreicht werden könnte dieser vor allem dadurch, dass auch für Unterschwellenvergaben eine Vorabinformation- mit entsprechender Wartepflicht eingeführt wird. Ebenso sollte auch im Unterschwellenbereich den Bietern ein Akteneinsichtsrecht gewährt werden. Denn ohne Akteneinsicht sind die Bieter oft nicht in der Lage, sofort einen Unterlassungsanspruch schlüssig darzulegen oder gar glaubhaft zu machen, was dem Erlass einer Beschlussverfügung entgegensteht. Andererseits kann ein derartiger Anspruch vielfach auch nicht von vornherein verneint werden. Darüber hinaus sollte die vom OLG Düsseldorf[11] „ins Spiel" gebrachte Zwischenverfügung, also eine Anordnung des Gerichts, befristet bis zum Abschluss des Eilrechtsschutzverfahrens den Zuschlag zu unterlassen, in einem vergaberechtlichen Eilrechtsschutzverfahren nicht allein im Ermessen des Gerichts stehen (§ 938 ZPO), sondern ein Recht des rechtsschutzsuchenden Bieters darstellen, über das das Gericht innerhalb der Wartefrist zu verbescheiden hat.

Effektiver Rechtsschutz hängt schließlich nicht zuletzt von der Kompetenz der mit dem Rechtsanliegen befassten Entscheidungsträger ab. Da im Unterschwellenbereich der Rechtsschutz den Zivilgerichten zugewiesen ist, sollte dort, zumindest auf der Ebene der Landgerichte, vergaberechtlicher Rechtsschutz im Wege der Geschäftsverteilung einem bestimmten Richter oder Spruchkörper zugewiesen werden.

4. Geltung der Grundprinzipien des EG-Primärrechts auch im Unterschwellenbereich

Eine rechtliche Neubewertung der Primärrechtsschutzmöglichkeiten im Unterschwellenbereich könnte schließlich auch deshalb geboten sein, weil nach

10 So auch: *Julia Anna Martlreiter*, Die Europäisierung des vergaberechtlichen Primärrechtsschutzes bei Unterschwellenvergaben, Würzburg, Univ., Diss., 2010/2011, Seite 135.

11 OLG Düsseldorf, NZBau 2010, 531.

der gefestigten Rechtsprechung des Europäischen Gerichtshofs (EuGH) auch für Auftragsvergaben außerhalb des GWB-Vergaberechts, also auch für nationale Auftragsvergaben kein vergaberechtsfreier Raum existiert, sondern auch dort die Grundprinzipien des EG-Primärrechts gelten; nämlich das allgemeine Diskriminierungsverbot, der Wettbewerbsgrundsatz, der Transparenzgrundsatz, der Gleichbehandlungsgrundsatz, der Grundsatz der Verhältnismäßigkeit, der Grundsatz der Nachprüfbarkeit sowie der Begründungspflicht bei ablehnenden Entscheidungen, solange und soweit durch die Auftragsvergabe potenziell Unternehmen auch anderer Mitgliedstaaten betroffen sein können (sogenannte Auftragsvergaben mit grenzüberschreitendem Interesse)[12]. Zwar hat der EuGH einerseits festgestellt, dass es in Ermangelung einer Unionsregelung Sache des innerstaatlichen Rechts der einzelnen Mitgliedstaaten sei, die Rechtsschutzmöglichkeiten zu bestimmen, die den Schutz der Bürger aus dem Unionsrecht erwachsenen Rechte gewährleisten sollen. Doch dürfen die Rechtsschutzmöglichkeiten zum einen nicht weniger günstig ausgestaltet sein als die entsprechenden innerstaatlichen Rechtsschutzmöglichkeiten (Grundsatz der Gleichwertigkeit), zum anderen darf die Ausübung der durch die Unionsrechtsordnung verliehenen Rechte nicht praktisch unmöglich gemacht oder übermäßig erschwert werden (Grundsatz der Effektivität)[13]. Diese Betonung der Effektivität der Rechtsschutzmöglichkeiten könnte früher oder später dazu führen, dass im Unterschwellenbereich wegen europarechtlicher Vorgaben die Primärrechtschutzmöglichkeiten verbessert werden müssen.

12 EuGH, Urteil vom 20. Oktober 2005 – C-264/03 –, juris.
13 EuGH, Urteil vom 13. März 2007 – C-432/05 –, juris.

Das Grundrecht auf Berufsfreiheit in der aktuellen Rechtsprechung des Bundesverfassungsgerichts

Reinhard Gaier

I. Einleitung

Dogmatische Grundlage der Rechtsprechung des Bundesverfassungsgerichts zur Berufsfreiheit ist unverändert das bekannte Apothekenurteil aus dem Jahr 1958.[1] Deshalb stellt sich bisweilen der Eindruck ein, das Grundrecht sei „ausjudiziert" und seither ohne jeden dogmatischen Fortschritt. Diese Annahme liegt neben der Sache; denn selbstverständlich sind die seit dem Apothekenurteil vergangenen inzwischen fast 60 Jahre nicht ohne Entwicklungen verlaufen. Unter mehreren dogmatischen Fragestellungen sollen hier drei näher erörtert werden, die in den letzten Jahren zu Tage getreten und einer Lösung zugeführt worden sind.

1. Wirtschaftlich sinnvolle Betätigung als Berufsvoraussetzung

a) Grundlagen

Unverändert gilt noch immer die schon fast klassische Formel des Bundesverfassungsgerichts, wonach das Grundrecht der Berufsfreiheit die Freiheit eines jeden Einzelnen sichert, „jede Tätigkeit, für die er sich geeignet glaubt, als Beruf zu ergreifen", also „zur Grundlage seiner Lebensführung zu machen."[2] Unter Beruf im Sinne von Art. 12 Abs. 1 GG ist jede Tätigkeit zu verstehen, die auf Dauer angelegt ist und der Schaffung und Erhaltung der Lebensgrundlage dient.[3] Geschützt ist danach jede berufliche Tätigkeit, gleichgültig, ob sie selbständig oder unselbständig ausgeübt wird.[4] Der selbständig Berufstätige genießt dabei Unabhängigkeit in der gesamten Berufsgestaltung: Er hat die freie Verfügung über die eigene Arbeitskraft, kann insbesondere seine Arbeitszeit frei einteilen, trägt aber auch das volle wirtschaftliche Risiko seines Berufs.[5]

Der Blick auf die wirtschaftliche Existenz darf nicht als ausschließlich oder auch nur vorwiegend ökonomische Orientierung des Grundrechts missverstanden werden. Vielmehr betont das Bundesverfassungsgericht, das

1 BVerfGE 7, 377.
2 BVerfGE 7, 377, 397; 30, 292, 334; 54, 301, 313.
3 BVerfGE 105, 252, 265 m.w.N.
4 BVerfGE 7, 377, 398f.; 54, 301, 322; st. Rspr.
5 BVerfGE 16, 286, 294.

Grundrecht der Berufsfreiheit sei „in erster Linie persönlichkeitsbezogen"; durch Art. 12 GG werde das Grundrecht auf freie Entfaltung der Persönlichkeit „im Bereich der individuellen Leistung und Existenzerhaltung" konkretisiert.[6] Trotzdem erlangt nicht schon jede der Selbstverwirklichung dienende Tätigkeit den spezifischen Schutz der Berufsfreiheit. Die ursprüngliche Verwurzelung in der Gewerbefreiheit, die mit der Schaffung des Grundgesetzes um die Erwerbstätigkeit der abhängig Beschäftigten erweitert wurde, bleibt erhalten und findet sich in dem Erfordernis wieder, dass eine berufliche Tätigkeit im Sinne des Art. 12 Abs. 1 GG der Schaffung und Erhaltung einer Lebensgrundlage dienen muss. Rein altruistische Tätigkeiten sind daher ebenso wenig durch Art. 12 Abs. 1 GG geschützt wie Liebhabereien oder Hobbys.[7]

b) Fortentwicklung

Dies führt zu einer interessanten Frage, die im Zusammenhang mit dem Vorlagebeschluss des Bundesgerichtshofs zur Verfassungsmäßigkeit des Sozietätsverbots für Rechtsanwälte aus § 59a Abs. 1 Satz 1 BRAO aufgeworfen wurde. Dort ging es um die Zulässigkeit einer Partnerschaftsgesellschaft zwischen einem Rechtsanwalt einerseits und andererseits einer Ärztin und Apothekerin. Bei einer ersten, eher oberflächlichen Betrachtung können sich Zweifel einstellen, ob es für eine solche – recht ungewöhnliche – interprofessionelle Zusammenarbeit überhaupt eine genügende Nachfrage von Seiten der Mandantschaft gibt.[8] Mit anderen Worten lässt sich fragen, ob das Kriterium einer „wirtschaftlich sinnvollen" Beschäftigung als Voraussetzung für das Vorliegen eines Berufes und damit als Voraussetzung der Einbeziehung in den Schutzbereich des Art. 12 Abs. 1 GG zu fordern ist.

Hinweise dafür finden sich in der früheren Rechtsprechung, nämlich bereits im Apothekenurteil. In dieser Entscheidung wird bei der Definition des Schutzbereichs ohne nähere Begründung festgestellt, dass das Grundrecht der Berufsfreiheit den Schutz der wirtschaftlich sinnvollen Arbeit zum Gegenstand habe: Das Grundrecht „ziele" auf den „Schutz der – wirtschaftlich sinnvollen – Arbeit", mit der „der Einzelne sich einer Tätigkeit widmet, die für ihn Lebensaufgabe und Lebensgrundlage ist und durch die er zugleich seinen Beitrag zur gesellschaftlichen Gesamtleistung erbringt".[9] Wie dieses Kriterium zu verstehen ist und wann eine wirtschaftlich sinnvolle Arbeit vorliegt, wurde nicht näher dargelegt, weil der konkrete Sachverhalt dazu keinen Anlass gab. In nachfolgenden Entscheidungen wurde dieses Kriterium

6 BVerfGE 101, 331, 347 m.w.N.
7 *Scholz* in: Maunz/Dürig, GG, Art. 12 Rn. 31 (Stand: Juni 2006).
8 So etwa *Singer*, DStR 2013, 1857, 1859.
9 BVerfGE 7, 377, 397.

zur Berufsdefinition wieder aufgegriffen,[10] wobei jedoch das Erfordernis einer wirtschaftlich sinnvollen Betätigung zu keiner Zeit bei einer Subsumtion genutzt und entscheidungstragend eingesetzt wurde.

In jüngster Zeit unterbleibt allerdings schon die Erwähnung bei der Umschreibung des Schutzbereichs von Art. 12 GG und bei der begrifflichen Bestimmung einer Tätigkeit als Beruf.[11] Dies steht nicht nur in Übereinstimmung mit der Rechtsprechung des Bundesverwaltungsgerichts,[12] vielmehr erteilt auch die Literatur dem Erfordernis „wirtschaftlich sinnvoller" Betätigung zumindest überwiegend eine Absage.[13] Zur Begründung wird insbesondere ausgeführt, dass sich die Frage, welche Tätigkeit wirtschaftlich sinnvoll sei, kaum objektiv beantworten lasse. Vielmehr befinde jeder Einzelne selbst darüber, welche Tätigkeit er zur Sicherung seiner Lebensgrundlage ergreifen wolle, womit er auch über den wirtschaftlichen Sinn der von ihm gewählten Tätigkeit selbst befinde.[14] Den betreffenden Formulierungen des Bundesverfassungsgerichts sei kein „normativ-verbindlicher Inhalt" zuzumessen, sondern sie sollten als „deskriptiv-tatsächliche Aussage über die typischen Wirkungen einer berufs- und arbeitsrechtlich gegliederten Gesellschaft beziehungsweise ihrer Anteile in der Person des Einzelnen zu verstehen" sein.[15]

Insgesamt erscheint es überzeugender, die wirtschaftliche Sinnhaftigkeit einer Betätigung nur als nähere Ausgestaltung der anerkannten Voraussetzung der „Schaffung und Erhaltung einer Lebensgrundlage" zu sehen.[16] Dies entspricht der Entwicklung dieses Kriteriums im Apothekenurteil. Dort ging es zunächst darum, das „neue" Grundrecht der Berufsfreiheit von der bereits in Art. 111 und Art. 151 Abs. 3 WRV geregelten Gewerbefreiheit zu lösen.[17] Entscheidend für den Schutz der Berufsfreiheit war danach nicht mehr, dass es sich um eine selbständige Tätigkeit handelt; Beruf muss vielmehr jede – auch die in abhängiger Stellung geleistete – Tätigkeit sein, die der Einzelne zur „Grundlage seiner Lebensführung" machen will. Die Beschäftigung muss mit anderen Worten der Schaffung und Erhaltung einer Lebensgrundlage dienen.[18] Dafür ist es erforderlich, aber auch ausreichend, dass es sich um eine auf Dauer angelegte Beschäftigung handelt, die „auf Erwerb gerichtet"[19] ist. In diesem Sinne, also lediglich in ihrer Eignung zur Erwerbserzielung

---

10 Etwa BVerfGE 50, 290, 362 – Mitbestimmungsurteil; BVerfGE 68, 272, 281.

11 So z.B. BVerfGE 97, 228, 252f.; 110, 10, 28; 119, 59, 78; 126, 112, 136.

12 BVerwGE 22, S. 286 zum Beruf des Astrologen; anders noch BVerwGE 21, S. 195, 197.

13 So etwa *Scholz* (Fn. 7), Art. 12 Rn. 34; *Nolte* in: Stern/Becker, GG, Art. 12 Rn. 22; *Stern/Sachs/Dietlein*, Das Staatsrecht der Bundesrepublik Deutschland, Band IV/1: Die einzelnen Grundrechte, S. 1796; *Mann* in: Sachs, GG, 7. Aufl. (2014), Art. 12 Rn. 50; krit. auch *H.-P. Schneider* in: Merten/Papier, Handbuch der Grundrechte, Band V, § 113 Rn. 55 in Fn. 222.

14 *Scholz* (Fn. 7), Art. 12 Rn. 34; *Nolte* (Fn. 13), Art. 12 Rn. 22.

15 So *Scholz* (Fn. 7), Art. 12 Rn. 34.

16 So *Manssen* in: von Mangoldt/Klein/Starck, GG, Bd. 1, 6. Aufl. (2010), Art. 12 Rn. 38.

17 BVerfGE 7, 377, 397.

18 St. Rspr.; vgl. etwa BVerfGE 115, 276, 300; 126, 112, 136.

19 Vgl. BVerfGE 97, 228, 253.

muss eine „wirtschaftlich sinnvolle“ Tätigkeit vorliegen; ob sie letztlich tatsächlich zu diesem Erfolg führt, kann hingegen keine Rolle spielen. Ein nachweisbarer „Beitrag zur gesellschaftlichen Gesamtleistung“ ist nicht erforderlich. Es gilt ein „denkbar weiter Berufsbegriff“, als dessen Kernelemente lediglich die Merkmale der „tendenziellen Dauerhaftigkeit“ und des „potentiellen Lebenserwerbs“ miteinander verbunden sind.[20]

In seiner Entscheidung über die Vorlage zum Sozietätsverbot ist das Bundesverfassungsgericht diesem Ansatz gefolgt; denn das Gericht hat zwar sehr knapp, aber auch sehr deutlich – unter Hinweis auf die in der Literatur vorgebrachten Zweifel – betont, dass es „für den Schutz der Berufsfreiheit unerheblich“ sei, „ob es mit Blick auf die Nachfrage von Seiten der Rechtsuchenden einen ‚hinreichenden Bedarf‘ für derartige Partnerschaften“ zwischen Anwälten und Heilberufen gibt.[21] Im Ergebnis lässt sich also festhalten, dass das Kriterium einer „wirtschaftlich sinnvollen Betätigung“ als tatbestandliche Voraussetzung für den Schutz der Berufsfreiheit keinerlei Bedeutung hat.

2. Berufsbild

a) Grundlagen

Noch eine weitere Linie der Rechtsprechung hat in jüngster Zeit an Konturen gewonnen: Hier geht es um die Frage, unter welchen Voraussetzungen ein eigenständiger Beruf vorliegt. Vorstehend wurde nur das Merkmal einer Tätigkeit erörtert, die Erwerbszwecken dienen soll. Wird diese Voraussetzung bejaht, ist zwar der Schutz der Berufsfreiheit eröffnet, noch nicht geklärt ist aber, ob bei einer Beeinträchtigung der Freiheit einer solchen beruflichen Betätigung nur der Schutz der freien Berufsausübung oder aber der tendenziell strengere Schutz der freien Berufswahl aktiviert wird. Für diese Einordnung ist entscheidend, ob die jeweilige Tätigkeit die Voraussetzungen eines eigenständigen Berufs erfüllt, sodass deren Einschränkung den Zugang zu einem Beruf und damit die Berufswahl beeinträchtigt, oder ob die Tätigkeit nur im Rahmen eines umfassenderen Berufes erfolgt und damit lediglich die freie Berufsausübung betroffen ist.

b) Fortentwicklung

Am Beispiel der Insolvenzverwalter lässt sich das verdeutlichen: Entsprechend der typischen Ausbildung der Berufsträger könnte die Tätigkeit von Insolvenzverwaltern als bloße Nebentätigkeit der Berufsausübung insbesondere von Rechtsanwälten, Steuerberatern, Betriebswirten und Wirtschaftsprüfern zu verstehen sein, sodass Beschränkungen bei der Bestellung zum

20 *H.-P. Schneider* (Fn. 13), § 113 Rn. 55.

21 BVerfG, Beschl. des Ersten Senats vom 12.01.2016 – 1 BvL 6/13 – Rn. 45.

Insolvenzverwalter nur die freie Ausübung eben dieser Berufe betreffen würden. Das Bundesverfassungsgericht hat aber einen anderen Ansatz gewählt und sieht im Amt des Insolvenzverwalters einen eigenständigen Beruf, sodass Beschränkungen in den Zugang zu diesem Beruf und damit in die Freiheit der Berufswahl eingreifen. Dies wurde zunächst in einer Kammerentscheidung festgestellt,[22] ist inzwischen aber in die Rechtsprechung auch des Senats übernommen worden.[23] Zwar gibt es noch immer keine eigene Ausbildung zu dem Beruf des Insolvenzverwalters und noch nicht einmal bestimmte Qualifikationserfordernisse sind geregelt; § 56 Abs. 1 InsO fordert für die Bestellung lediglich eine „für den jeweiligen Einzelfall geeignete, insbesondere geschäftskundige ... natürliche Person". Gleichwohl ist eine zunehmende Spezialisierung gerade für die Tätigkeit als Insolvenzverwalter festzustellen, was für die Annahme eines eigenständigen Berufes entscheidend war. Heute verfügen Insolvenzverwalter typischerweise nicht nur über eine qualifizierende Zusatzausbildung und einschlägige Berufserfahrung, sondern halten häufig auch entsprechend ausgestattete Büros mit besonders geschulter Mitarbeiterschaft bereit. Insolvenzverwaltung wird zwar nicht selten etwa neben dem Beruf als Rechtsanwalt als Zweit- oder Nebenberuf ausgeübt, das steht aber weder der Annahme eines eigenständigen Berufes noch dem vollen Schutz der Berufsfreiheit entgegen.[24]

Hieraus folgt umgekehrt, dass das Gericht weiterhin an seiner Rechtsprechung zur fehlenden Relevanz von gesetzlich geregelten Berufsbildern festhält: Damit eine auf Dauer angelegte und auf die Schaffung und Erhaltung der Lebensgrundlage ausgerichtete Tätigkeit als Beruf anerkannt wird, ist nicht ausschlaggebend, dass der Gesetzgeber bereits ein entsprechendes Berufsbild vorgesehen hat.[25] Nicht maßgebend ist auch, ob der Zugang zu einem Beruf eine spezielle Ausbildung voraussetzt; das Ausbildungserfordernis ist lediglich ein wichtiges Indiz für die Annahme eines eigenständigen Berufes,[26] hat aber keine ausschlaggebende Bedeutung.[27] Fehlt es an einer speziell geregelten Berufsausbildung, so muss das die Annahme eines eigenständigen Berufes nicht ausschließen. Das Gericht zeigt sich damit hinsichtlich der Akzeptanz neuer Berufe offen. Ausdrücklich wird betont, dass der Schutz des Art. 12 GG nicht auf traditionell oder gesetzlich fixierte Berufsbilder beschränkt ist, sondern auch solche Berufe erfasst, die aufgrund der fortschreitenden technischen, sozialen oder wirtschaftlichen Entwicklung neu entstan-

---

22 BVerfGK 4, 1, 8 f.

23 BVerfG, Beschl. des Ersten Senats vom 12.01.2016 – 1 BvR 3102/13 – Rn. 35 f.

24 Vgl. BVerfGE 21, 173, 181; 54, 237, 246; 110, 304, 321.

25 BVerfG, Beschl. des Ersten Senats vom 12.01.2016 – 1 BvR 3102/13 – Rn. 35 unter Hinweis auf BVerfGE 97, 12, 34; 119, 59, 78.

26 BVerfG, Beschl. des Ersten Senats vom 12.01.2016 – 1 BvR 3102/13 – Rn. 35 unter Hinweis auf BVerfGE 17, 269, 274 f.; 119, 59, 78.

27 BVerfG, Beschl. des Ersten Senats vom 12.01.2016 – 1 BvR 3102/13 – Rn. 35.

den sind.[28] Dieser Ansatz ist zwingend; denn gerade ein Grundrecht wie die Berufsfreiheit kann sich der Dynamik des modernen Wirtschafts- und Gesellschaftslebens, aber auch dem technologischen Fortschritt nicht verschließen. Andernfalls käme es zu einer Versteinerung überkommener Berufsbilder, die Berufsfreiheit wäre nicht mehr offen für Entwicklungen und könnte aktuell in weiten Bereichen keinen Schutz mehr gewährleisten.

3. Dreistufenlehre

Schließlich soll das Augenmerk noch auf eine dritte Entwicklung im Bereich der Dogmatik gerichtet werden, nämlich auf eine zunehmende Flexibilisierung der Dreistufenlehre.

a) Grundlagen

Rechtsdogmatische Grundlage der Dreistufenlehre ist die Annahme eines einheitlichen Grundrechts der Berufsfreiheit. Hiervon geht das Bundesverfassungsgericht bekanntermaßen seit dem Apothekenurteil[29] in ständiger Rechtsprechung aus,[30] obwohl der Wortlaut des Art. 12 Abs. 1 GG eher ein anderes Verständnis nahezulegen scheint. Berufswahl und Berufsausübung sind danach nur besondere Ausprägungen der umfassend geschützten Berufsfreiheit. An sich wäre damit eine klare Grenzziehung zwischen Berufswahl einerseits und Berufsausübung andererseits nicht erforderlich. Notwendig soll sie aber trotzdem sein, weil die verschiedenen Gewährleistungen des einheitlichen Grundrechts der Berufsfreiheit insofern Bedeutung erlangen können, als an die Einschränkung der Berufswahl tendenziell höhere Anforderungen gestellt werden als an die Einschränkung der Berufsausübung.

Vor diesem Hintergrund ist die ebenfalls im Apothekenurteil entwickelte Dreistufenlehre[31] als Konkretisierung des Verhältnismäßigkeitsgrundsatzes zu verstehen. Danach gelten für die Rechtfertigung einer Beeinträchtigung der Berufsfreiheit mit wachsender Intensität auch höhere Anforderungen insbesondere für die hiermit verfolgten Gemeinwohlbelange, wobei das einheitliche Grundrecht der Berufsfreiheit in drei ansteigenden Stufen immer stärker beeinträchtigt werden kann: in einer ersten Stufe nur im Bereich der Berufsausübung, in einer zweiten Stufe stärker durch subjektive Berufswahlbeschränkungen und schließlich in einer dritten Stufe am intensivsten durch objektive Berufswahlbeschränkungen.

---

28 BVerfG, Beschl. des Ersten Senats vom 12.01.2016 – 1 BvR 3102/13 – Rn. 36 unter Hinweis auf BVerfGE 97, 12, 25 f.; 119, 59, 78.

29 BVerfGE 7, 377, 401 f.

30 Vgl. etwa BVerfGE 33, 303, 330; 92, 140, 151.

31 BVerfGE 7, 377, 401, 403, 405 ff.

Am wenigsten intensiv ist die Beeinträchtigung der Berufsfreiheit im Bereich der Berufsausübung. Hier ist nicht das „Ob“, sondern nur das „Wie“ beruflicher Tätigkeit betroffen.[32] Eingriffe in die freie Berufsausübung, also auf der ersten Stufe der Berufsfreiheit, können nach der gängigen Formulierung des Bundesverfassungsgerichts schon durch jede vernünftige Erwägung des Gemeinwohls gerechtfertigt sein.[33] Dabei werden auch Gesichtspunkte der Zweckmäßigkeit „in weitem Maße“ akzeptiert;[34] ferner kann der Gesetzgeber bei der Festlegung von ihm verfolgter berufs-, arbeits-, sozial- und wirtschaftspolitischer Ziele einen weiten Gestaltungsspielraum beanspruchen.[35] Deutlich restriktiver verfährt das Gericht bei Eingriffen auf der zweiten Stufe, also bei subjektiven Berufswahlbeschränkungen. Sie machen den Zugang zu einem Beruf oder dessen Fortsetzung[36] von persönlichen Eigenschaften, Fähigkeiten oder Fertigkeiten abhängig.[37] Hierher gehören namentlich das Bestehen bestimmter Prüfungen[38] oder die berufsbezogene Eignung und Zuverlässigkeit[39] als Voraussetzungen für den Zugang oder den Verbleib in einem Beruf. Bei subjektiven Berufswahlbeschränkungen gelten hinsichtlich des legitimen Ziels, das die Regelung verfolgt, strengere Anforderungen; denn sie sind nur zulässig, wenn ein besonders wichtiges oder überragendes Gemeinschaftsgut geschützt werden soll.[40] Besonders enge Voraussetzungen formuliert das Bundesverfassungsgericht schließlich für die dritte Stufe der objektiven Berufswahlbeschränkungen. Hier muss nicht nur auf der Zielebene ein überragend wichtiges Gemeinschaftsgut feststellbar sein; notwendig ist auch eine gesteigerte Gefährdungslage; denn die Regelung muss zur Abwehr nachweisbarer oder höchst wahrscheinlicher schwerer Gefahren für das überragend wichtige Gemeinschaftsgut zwingend geboten sein.[41] Der Grund für die besondere Strenge auf der dritten Stufe wird im Apothekenurteil treffend benannt: Mit diesem „gröbsten und radikalsten Mittel der Absperrung fachlich und moralisch (präsumtiv) voll geeigneter Bewerber“ seien besondere Gefahren wegen des „Eindringens sachfremder Motive“ etwa des Schutzes vor unerwünschter Konkurrenz verbunden.[42]

32 Vgl. *Wieland* in: Dreier, GG, 3. Aufl. (2013), Art. 12 Rn. 84.
33 Vgl. etwa BVerfGE 7, 377, 405 f.; 70, 1, 28; 85, 248, 259; 103, 1, 10.
34 Vgl. BVerfGE 7, 377, 406; 77, 308, 322.
35 Vgl. BVerfGE 37, 1, 20; 109, 64, 85.
36 Vgl. BVerfGE 44, 105, 117 m. w. N.
37 BVerfGE 9, 338, 345; 86, 28, 39.
38 So etwa die Meisterprüfung, vgl. BVerfGE 13, 97, 106 f.; auch BVerfGE 34, 71, 77 f.
39 Vgl. *Jarass* in: Jarass/Pieroth, GG, 14. Aufl. (2016), Art. 12 Rn. 35.
40 BVerfGE 69, 209, 218; 93, 213, 235.
41 BVerfGE 7, 377, 408; 84, 133, 151; 97, 12, 32; 102, 197, 214; 115, 276, 305.
42 BVerfGE 7, 377, 408.

b) Fortentwicklung

Die Stufenlehre im Sinne einer strikten Kategorisierung stößt jedoch schnell an Grenzen. Problematisch ist schon die Einordnung bestimmter Regelungen über den Zugang zu einem Beruf oder den Verbleib in einem Beruf als subjektive oder objektive Beschränkungen der freien Berufswahl. So wird etwa für die Abgrenzung zu objektiven Berufszulassungsvoraussetzungen überwiegend vertreten, dass nicht entscheidend sein soll, ob der Einzelne diese Merkmale beeinflussen kann.[43] Daher werden etwa Altersgrenzen zu den subjektiven Berufszulassungsvoraussetzungen gezählt.[44] Das ist allerdings auf den ersten Blick überraschend und zudem nicht unumstritten,[45] zumal noch im Apothekenurteil selbst als Kennzeichen „objektiver Bedingungen für die Berufszulassung" genannt wird, dass „ihre Erfüllung ... dem Einfluss des Einzelnen schlechthin entzogen" ist.[46]

Doch die Beeinflussbarkeit eines Merkmals scheint in der Tat zu eng und nicht in jeder Hinsicht plausibel. Lässt sich etwa fehlendes Talent für einen bestimmten Beruf beeinflussen? Und sollte wirklich jeder, der deshalb an einer Zugangsprüfung scheitert, nur unter den strengen Anforderungen der dritten Stufe von einem für ihn ungeeigneten Beruf ferngehalten werden? Schon ein Jahr nach dem Apothekenurteil hat dies auch das Bundesverfassungsgericht erkennen müssen und daher Höchstaltersgrenzen, die über den Verbleib im Beruf entscheiden, der Stufe der subjektiven und nicht der objektiven Zulassungsvoraussetzungen zugeordnet.[47] Ausdrücklich soll hiernach die Möglichkeit des Einflusses auf die Erfüllbarkeit „nicht entscheidend" sein, stattdessen soll es von nun an auf „die rechtliche Zurechnung" ankommen: „Wenn es um den Besitz persönlicher Eigenschaften, Fähigkeiten, Fertigkeiten geht, liegt immer eine subjektive Zulassungsvoraussetzung vor." Anschließend wird die rechtliche Wirkung einer beruflichen Altersgrenze pauschal darin gesehen, dass eine Vermutung dafür begründet wird, dass dem Berufsträger von dem genannten Lebensalter an die erforderliche Leistungsfähigkeit für den Beruf fehle.[48] Zwischen einer widerlegbaren und einer nicht widerlegbaren Vermutung will das Gericht hierbei nicht unterscheiden.

Damit werden aber kurzerhand zwei Formen der Zugangsbeschränkung vermengt, die bei genauerem Hinsehen doch grundlegende Unterschiede aufweisen: Bei einer widerlegbaren Vermutung handelt es sich lediglich um eine Beweisregel, die den Berufsträger damit beschwert, ab einem bestimmten Lebensalter seine noch vorhandene Leistungsfähigkeit für den gewählten

---

43 Vgl. *Jarass* (Fn. 39), Art. 12 Rn. 35.

44 Vgl. BVerfGE 9, 338, 345; 64, 72, 82; 80, 257, 264.

45 Vgl. zur Gegenmeinung *Gaier*, Der Beruf des Arztes im Licht der Berufsfreiheit, in: Festschrift für Jaeger (2010), S. 421, 424.

46 BVerfGE 7, 377, 407.

47 BVerfGE 9, 339, 345.

48 BVerfGE 9, 339, 345.

Beruf nachweisen zu müssen. Insoweit liegt tatsächlich nur eine subjektive Beschränkung vor; denn es geht letztlich doch um persönliche Eigenschaften, Fähigkeiten, Fertigkeiten, die vielleicht nicht in letzter Konsequenz beeinflussbar, aber doch individuell jeweils einem Einzelnen zuzurechnen sind. Anders könnten die Dinge aber dann liegen, wenn die Altersgrenze – wie etwa für das Notaramt nach § 48a BNotO – als unwiderlegbare Vermutung gestaltet ist. Auch hier geht es mit dem Lebensalter um eine Eigenschaft der jeweiligen Person, die aber, weil unwiderlegbar, von dem individuellen Leistungsvermögen des Einzelnen völlig gelöst ist. Die Konstellation kommt derjenigen durchaus nahe, bei der eine Altersgrenze überhaupt nicht auf ein alterstypisch gemindertes Leistungsvermögen reagieren soll, sondern nur dazu dient, die Zahl der aktiven Berufsträger zu begrenzen.[49] Bei einer solchen Zugangshürde muss von einer objektiven Bedingung ausgegangen werden.[50] Aber auch dann, wenn eine solch begrenzende Zielsetzung des Gesetzgebers nicht erkennbar ist, die Altersgrenze aber auf der unwiderlegbaren Vermutung mangelnder Leistungsfähigkeit basiert, ist mit ihr die typische Gefahr einer objektiven Berufszugangsbeschränkung verbunden, nämlich die Gefahr der Abschottung eines Berufs auch gegenüber geeigneten Bewerbern. Folgerichtig wäre es daher, eine Höchstaltersgrenze dann der dritten Stufe zuzurechnen, wenn diese als unwiderlegliche Vermutung beruflich ungenügenden Leistungsvermögens auszulegen ist; dies schließt eine Rechtfertigung selbstredend nicht aus,[51] müsste sie aber von strengeren Voraussetzungen abhängig machen.

Ein weiteres Beispiel für praktische Hindernisse der Dreistufenlehre zeigte sich im jüngsten Beschluss des Bundesverfassungsgerichts zum Ausschluss juristischer Personen vom Insolvenzverwalteramt. Dass § 56 Abs. 1 InsO ausschließlich natürliche Personen zur Bestellung als Insolvenzverwalter zulässt, hindert juristische Personen, die insoweit ebenfalls den Schutz der Berufsfreiheit beanspruchen können,[52] an dem Zugang zu diesem Beruf. Es liegt mithin eine Berufswahlbeschränkung vor, die als solche an der Rechtsform des Grundrechtsträgers als juristischer Person anknüpft.[53] Schwierig wird es allerdings bei der Einordnung dieser Beschränkung als subjektiver oder objektiver Bedingung. Bei der Rechtsform handelt es sich unzweifelhaft um eine individuelle Eigenschaft, die aber existentiell und damit schlechthin unbeeinflussbar für die betreffenden Grundrechtsträger ist, weil sie die juristische Person überhaupt erst zu einem Rechtssubjekt macht. Offenkundig versagt hier eine Kategorisierung nach den üblichen drei Stufen. Der Senat

---

49 So etwa die früher geltende Altersgrenze für die Zulassung zum Vertragsarzt nach § 25 Ärzte-ZV.

50 Vgl. *Gaier* (Fn. 45), S. 421, 425 f.; dazu auch BVerfGE 80, 257, 263 f. für die Wartezeit.

51 So etwa für § 48a BNotO, BVerfG, Beschl. der 2. Kammer des Ersten Senats vom 27. Juni 2014 – 1 BvR 1313/14 –, juris, m. w. N.

52 BVerfG, Beschl. des Ersten Senats vom 12. Januar 2016 – 1 BvR 3102/13 – Rn. 34 unter Hinweis auf die ständige Rechtsprechung (BVerfGE 102, 197, 212 f.; 114, 196, 244; 126, 112, 136).

53 BVerfG, Beschl. des Ersten Senats vom 12. Januar 2016 – 1 BvR 3102/13 – Rn. 38.

hat sich dieser wenig zielführenden und letztlich unnötigen Streitfrage dann auch dadurch entzogen, dass er in dem betreffenden Beschluss eine Angemessenheitsprüfung nach dem materiellen Gehalt des konkreten Eingriffs in die Berufsfreiheit vorgenommen hat: Diese sei wegen des nicht gänzlich verschlossenen Marktzutritts für die Beschwerdeführerin „kaum gewichtiger als im Fall einer Begrenzung ihrer freien Berufsausübung."[54] Ebenso flexibel verfährt der Senat bei der Gewichtung des vom Gesetzgeber verfolgten Ziels. Denn dieses wird in der Funktionsfähigkeit der Rechtspflege gesehen und als ein besonders wichtiges Gemeinschaftsgut so bewertet, dass es für Eingriffe in die freie Berufswahl und so auch im konkreten Fall zur Rechtfertigung genügt.[55]

Damit ist der Weg für eine sinnvolle Anwendung der Stufenlehre gezeigt; denn deren Vorgaben dürfen nicht als enges Korsett missverstanden werden. Insbesondere nutzt es wenig, Beeinträchtigungen als schwerwiegende Eingriffe in Form objektiver Berufszugangshindernisse zu definieren, um im Gegenzug etwa eine – inzwischen treffenderweise überholte – wirtschafts- und verkehrspolitische Entscheidung wie die „Erhaltung des Bestandes, der Funktionsfähigkeit und der Wirtschaftlichkeit der Deutschen Bundesbahn" als überragend wichtiges Gemeinschaftsgut charakterisieren zu müssen.[56] Die genaue Einordnung auf eine der drei Stufen mag in einzelnen Fällen nützlich sein, muss es aber nicht immer zum Ziel führen. Flexibilität in der Anwendung ist daher geboten. Dies bedeutet keine Beliebigkeit oder Scheinrationalität, vielmehr muss die Heranziehung der Stufenlehre insbesondere dann auf ihren Grundgedanken zurückgeführt werden, wenn schon die Zuordnung zu einer der drei Stufen deutlichen Schwierigkeiten begegnet oder gar völlig misslingen muss.

Die Stufenlehre ist nicht mehr, aber auch nicht weniger als eine Typisierung der Angemessenheitsprüfung; deshalb ist es zwingend, Konstellationen, die sich der Typisierung entziehen, nach der Grundregel der Verhältnismäßigkeit im engeren Sinne eigenständig zu lösen. Dabei bedarf es zunächst einer Gewichtung des jeweiligen Eingriffs in die Berufsfreiheit, wobei es regelmäßig möglich sein wird, zwischen den beiden in Art. 12 Abs. 1 GG angelegten Grundformen der Berufsausübung und der Berufswahl zu unterscheiden. Ist nur das „Wie" beruflicher Tätigkeit betroffen, so ist der Eingriff regelmäßig weniger schwerwiegend als ein – subjektives oder objektives – Zugangshindernis. Allerdings gibt es auch hier Ausnahmen; insbesondere sind Berufsausübungsregelungen möglich, die derart tiefgehend oder weitgreifend sind, dass sie einer Berufswahlbeschränkung zumindest nahekommen. Hierbei wird die Berufsausübung derart verengt, dass eine sinnvolle

54 BVerfG, Beschl. des Ersten Senats vom 12. Januar 2016 – 1 BvR 3102/13 – Rn. 38.
55 BVerfG, Beschl. des Ersten Senats vom 12. Januar 2016 – 1 BvR 3102/13 – Rn. 42.
56 So BVerfGE 40, 196, 218.

Betätigung in dem betreffenden Beruf praktisch nicht mehr möglich ist.[57] Damit kippt das „Wie“ in ein „Ob“ der beruflichen Betätigung; der Beruf wird faktisch geschlossen. Entsprechend sind auch die Anforderungen an das Gemeinwohlziel zu erhöhen, das mit dem Eingriff in die freie Berufsausübung verfolgt wird. Schlechthin „jede vernünftige Erwägung des Gemeinwohls“ kann danach nicht immer ausreichend sein.

Auch bei flexibler Handhabung der Stufenlehre lässt sich nicht bezweifeln, dass verglichen mit der Berufsausübung Eingriffe in die freie Berufswahl tendenziell schwerwiegender sind. Es gilt die Gefahr sachfremder Motive abzuwehren, die den Zugang zu einem Beruf verstellen können. Diese Gefahr wächst in dem Maße, in dem die Bedingungen für den Zugang zum Beruf den individuellen Möglichkeiten der Betroffenen entzogen sind. Deshalb lassen sich die nötigen Spielräume für flexible Lösungen über eine „Je-desto-Formel“ herstellen: Je weniger die Beherrschung des Zugangshindernisses in den eigenen Kräften der Grundrechtsträger, in ihren individuellen Eigenschaften und Fähigkeiten liegt, desto gewichtiger müssen die legitimen Ziele des Gesetzgebers sein, um den Eingriff in die freie Berufswahl rechtfertigen zu können.

Es entsteht so ein Abwägungsmodell, das die Stufung von Eingriffen in die Berufsausübung einerseits und die Berufswahl andererseits im Einstieg beibehält, gegebenenfalls aber fließende Übergänge zulässt. Insbesondere werden im Bereich der Berufswahl im Einzelfall ebenso schwierige wie unnötige, letztlich doch nur rhetorische Einordnungen als subjektive oder objektive Beschränkungen entbehrlich. Einen ähnlichen Ansatz verfolgt der Erste Senat im Übrigen mit sehr praktikablen Ergebnissen bei Anwendung des allgemeinen Gleichheitssatzes (Art. 3 Abs. 1 GG). Auch hier soll eine „strengere Bindung des Gesetzgebers“ insbesondere dann anzunehmen sein, „wenn die Differenzierung an Persönlichkeitsmerkmale anknüpft, wobei sich die verfassungsrechtlichen Anforderungen umso mehr verschärfen, je weniger die Merkmale für den Einzelnen verfügbar sind …“ Neben anderem soll das Maß der Bindung davon abhängig sein, „inwieweit die Betroffenen in der Lage sind, durch ihr Verhalten die Verwirklichung der Kriterien zu beeinflussen, nach denen unterschieden wird.“[58]

Auf dieser Grundlage, also ohne Einordnung in die Kategorien der Stufenlehre, hat das Bundesverfassungsgericht auch bereits entschieden. So brauchte in dem Beschluss über die Zulässigkeit einer Doppelzulassung als Rechtsanwalts- und Patentanwaltsgesellschaft nicht geklärt zu werden, ob die Freiheit der Berufsausübung oder die freie Berufswahl betroffen war. Dem Senat genügte die Feststellung, dass in die Berufsfreiheit der Beschwerdeführerin eingegriffen wurde. Dies sei der Fall, weil der Beschwerdeführerin in ihrer gegenwärtigen Organisationsform die Zulassung als Rechtsanwalts- und Pa-

57 Vgl. BVerfGE 123, 186, 238f.

58 So grundlegend BVerfGE 129, 49, 69.

tentanwaltsgesellschaft versagt bleibe und damit auch ihre Möglichkeiten beschränkt seien, berufliche Tätigkeiten auszuüben, die Rechts- oder Patentanwälten vorbehalten seien. Allein nach dieser Feststellung konnte der Senat die Verhältnismäßigkeit des Eingriffs in die Berufsfreiheit abschließend prüfen und deren Verfassungswidrigkeit feststellen.[59]

II. Resümee

Die erörterten drei Entwicklungen zum Grundrecht der Berufsfreiheit belegen, dass auch die Rechtsdogmatik mit der Dynamik eines modernen Wirtschaftslebens und einer hochtechnologischen Gesellschaft fortschreiten kann und fortschreiten muss. Nur damit ist sichergestellt, dass sich für jeden Einzelnen der Schutz der Grundrechte auf dem nötigen aktuellen Stand herstellen lässt und die Verfassung auch insoweit ihre Funktion weiterhin erfüllen kann.

59 BVerfGE 135, 90, 111 ff. (Rn. 57 ff.).

Grenzen der Indemnität

Andrea Hermesmeier

Ein Fall aus der kommunalen Praxis

Der Gemeinderat einer baden-württembergischen Gemeinde beschließt in nicht-öffentlicher Sitzung, einen Auftrag in Höhe von 400.000,– € ohne vorherige Ausschreibung an ein örtliches Ingenieurbüro zu vergeben. Stadtrat S, nicht nur Mitglied des Gemeinderats, sondern auch Landtagsabgeordneter, mutmaßt, dass bei dieser Vergabe nicht alles mit rechten Dingen zugegangen ist. Er richtet deshalb in seiner Funktion als Landtagsabgeordneter eine Kleine Anfrage an die Landesregierung, schildert den Sachverhalt und teilt mit, er habe Anhaltspunkte für ein korruptes Verhalten des Ingenieurbüros. Gleichzeitig leitet er die Kleine Anfrage an die örtliche Presse weiter und veröffentlicht sie auf seiner Homepage. Als daraufhin der Gemeinderat ein Ordnungsgeldverfahren wegen Verletzung der gemeinderätlichen Verschwiegenheitspflicht einleitet und das Ingenieurbüro auf Unterlassung klagt, beruft sich Stadtrat S auf den Indemnitätsschutz nach Art. 37 LV BW.[1]

Eine solche Fallgestaltung ist nicht so „exotisch“, wie sie auf den ersten Blick scheinen mag. Dass Landtagsabgeordnete gleichzeitig Mandate in Gemeinderäten oder Kreistagen wahrnehmen, ist durchaus üblich. Vor diesem Hintergrund wirft der oben geschilderte Fall die Frage auf, ob und in welchem Umfang der verfassungsrechtliche Indemnitätsschutz von der Verantwortung für gemeinderechtliche Pflichtverletzungen suspendieren kann. Er ist aber darüber hinaus auch Anlass, allgemein über die Grenzen der Indemnität, insbesondere auch angesichts der Möglichkeiten der (nicht mehr ganz so) neuen Medien nachzudenken. Dieser Aspekt verdient besondere Aufmerksamkeit, wenn die Verschwiegenheitspflicht schützenswerte persönliche Belange Dritter umfasst oder gar ehrverletzende oder verleumderische Äußerungen eines Abgeordneten im Raum stehen.

---

1 Ein ähnlicher Fall lag der Entscheidung des VG Weimar v. 10.03.2010, 3 K 1334/09, zugrunde. Für die vorliegende Festschrift wurde er nach Baden-Württemberg verlegt. Die Ausführungen gelten jedoch für die meisten Bundesländer; Abweichungen sind kenntlich gemacht. Zu weiteren ähnlichen Fallgestaltungen s. z. B. StGH Bremen, DVBl. 1967, 622 ff., BGHZ 75, 384 ff.

I. Kommunalrechtliche Ausgangssituation

Kommunalrechtlich ist die oben geschilderte Situation eindeutig: Gemäß § 17 Abs. 2 S. 1 GemO BW ist ein Stadtrat zur Verschwiegenheit über die Angelegenheiten verpflichtet, deren Geheimhaltung gesetzlich vorgeschrieben, besonders angeordnet oder ihrer Natur nach erforderlich ist. Wurde eine Angelegenheit im Gemeinderat nicht-öffentlich behandelt, so unterliegt diese gemäß § 35 Abs. 2 GemO BW der Verschwiegenheitspflicht, bis der Bürgermeister diese aufhebt – und zwar selbst dann, wenn der Stadtrat selbst der Auffassung ist, dass öffentlich hätte verhandelt werden müssen.[2] Bereits die Weitergabe der nicht-öffentlichen Informationen an die Landesregierung im Rahmen der Kleinen Anfrage stellt tatbestandlich einen Verstoß gegen die Verschwiegenheitspflicht dar; ebenso gilt dies für die Weitergabe an die örtliche Presse und die Veröffentlichung auf der Homepage. Grundsätzlich kann der Gemeinderat bei solchen Verstößen gemäß § 17 Abs. 4 i. V. m. § 16 Abs. 3 GemO BW ein Ordnungsgeld bis zu 1000,– € verhängen. Daran wäre er im Fall eines Stadtrats, der gleichzeitig ein Landtagsmandat bekleidet, allerdings gehindert, wenn dieser insoweit dem Indemnitätsschutz unterfällt und deshalb straflos bleibt.[3]

II. Indemnitätsregelungen im Überblick

Die Indemnität der Landtagsabgeordneten, also ihre Verantwortungsfreiheit für Äußerungen im Parlament und bei Ausübung ihres Mandats, ist in Baden-Württemberg in Art. 37 LV BW geregelt. Auch im Grundgesetz, sämtlichen sonstigen Landesverfassungen und § 36 StGB finden sich entsprechende Normen. Hierbei sind durchaus beachtliche Unterschiede zwischen den einzelnen Regelungen festzustellen, die in der Praxis zum Teil schwierige Abgrenzungsfragen aufwerfen.[4]

So gewährt Art. 46 GG Indemnitätsschutz für Abstimmungen und Äußerungen „im Bundestage oder einem seiner Ausschüsse". Er gilt nicht für verleumderische Beleidigungen. Der Landesgesetzgeber in Baden-Württemberg ist einen Schritt weitergegangen. Der Indemnitätsschutz gemäß Art. 37 LV BW umfasst nicht nur Äußerungen im Parlament und seinen Ausschüssen, sondern generell Äußerungen „in Ausübung des Mandats". Selbst ver-

2 *Bock* in: Kunze/Bronner/Katz, Gemeindeordnung für Baden-Württemberg, § 35 Rn. 17.

3 Die Indemnität schließt lediglich die Verfolgbarkeit, nicht jedoch die Tatbestandsmäßigkeit, Rechtswidrigkeit oder Schuldhaftigkeit eines Verhaltens aus, s. *Klein* in: Maunz/Dürig, Grundgesetz, Art. 46 Rn. 32.

4 S. die Übersicht von *Klein* (Fn. 3), Art. 46 Rn. 20 ff. Dort auch Hinweis auf die Indemnitätsregelungen für die Europaabgeordneten (Rn. 27).

leumderische Beleidigungen fallen – jedenfalls nach dieser Regelung[5] –unter die Indemnität.

Auch in den Verfassungen von Berlin, Brandenburg, Bremen, Hessen, Nordrhein-Westfalen, Rheinland-Pfalz, dem Saarland, Sachsen und Thüringen wird die Indemnität auf alle „in Ausübung des Mandats"[6] getanen Äußerungen erstreckt. In Bremen, Hessen und Rheinland-Pfalz fehlt – wie in Baden-Württemberg–außerdem der Ausschluss verleumderischer Beleidigungen. Die übrigen Verfassungen entsprechen in Sachen Indemnitätsschutz der Regelung des Art. 46 GG. Allein Bayern hat den Schutz weiter eingegrenzt: Gemäß Art. 27 der Verfassung für den Freistaat Bayern gilt dieser nur für Abstimmungen im Parlament.[7]

Eine einfachgesetzliche Indemnitätsregelung (auch) für Landtagsmitglieder, deren Verhältnis zu den Normen der verschiedenen Landesverfassungen durchaus umstritten ist[8], findet sich schließlich in § 36 StGB. Der hier geregelte Strafausschließungsgrund beschränkt sich (entsprechend Art. 46 GG) auf Abstimmungen und Äußerungen im Parlament oder den Ausschüssen und umfasst keine verleumderischen Beleidigungen.

Keine Indemnitätsregelungen lassen sich schließlich der Gemeindeordnung Baden-Württemberg entnehmen.[9] Den Mitgliedern des Gemeinderats, der kein Parlament, sondern Teil der Verwaltung ist[10] , kommt im Hinblick auf diese Rechtsnatur das Privileg der „Verantwortungsfreiheit" im Rahmen ihrer Tätigkeit nicht zugute[11] In unserem Eingangsfall kann daher allein die landesverfassungsrechtlich garantierte Indemnität zur Sanktionslosigkeit des betreffenden Stadtrats führen.

III. Anwendbarkeit des Art. 37 LV BW auf das Ordnungsgeldverfahren gemäß § 16 Abs. 3 GemO BW

Soweit der Indemnitätsschutz des Art. 37 LV BW greift, darf ein Abgeordneter für seine Abstimmungen und seine (auch konkludenten) Äußerungen „außer-

---

5 Zu der Frage, inwieweit dieser Indemnitätsschutz durch § 36 StGB aufgehoben wird, s. u.

6 Zum Teil finden sich etwas andere Formulierungen (z. B. „Ausübung der Abgeordnetentätigkeit" in Art. 94 LV Bremen), die aber inhaltlich keine Abweichung zur Formulierung „Ausübung des Mandats" darstellen.

7 Übersicht bei *Klein* (Fn. 3), Art. 46 Rn. 20.

8 S. die Übersicht des Meinungsstands bei *Klein* (Fn. 3), Art. 46 Rn. 24 sowie Darstellung im Urteil des OLG Celle vom 15.11.2013, 32 Ss 135/13, OLGSt StGB § 36 Nr. 1.

9 *Feuchte* in: Feuchte (Hrsg), Verfassung des Landes Baden-Württemberg, Art. 37, Rn. 10; anders z. B. § 51 Abs. 2 BayGO, der Indemnitätsschutz für die Mitglieder von Gemeinderäten, allerdings beschränkt auf Abstimmungen, gewährt.

10 So explizit § 23 GemO BW; *Sixt* in: Kunze/Bronner/Katz, Gemeindeordnung für Baden-Württemberg, § 24 Rn. 4.

11 OVG Koblenz, NVwZ 1996,1133; BGH, NJW 2006, 2050 (2053).

halb des Landtags nicht zur Verantwortung gezogen werden". Die Regelung stellt die Mitglieder des Parlaments von der rechtlichen Verantwortlichkeit für ihre in Ausübung des Mandats abgegebenen Äußerungen frei und schützt sie vor jeder außerparlamentarischen staatlichen Maßnahme, die sie in ihrem Wirken beeinträchtigen kann. Hierunter fallen nicht nur strafrechtliche, polizeirechtliche oder disziplinarrechtliche Maßnahmen, auch von privater Seite. Auch von privater Seite, etwa dem Ingenieurbüro in unserem Ausgangsfall, kann keine staatliche, insbesondere keine gerichtliche Hilfe mehr in Anspruch genommen werden. Private Unterlassungs- oder Schadensersatzklagen sind damit ebenfalls unzulässig. Nicht ausgeschlossen sind allerdings innerparlamentarische Maßnahmen oder Disziplinarmaßnahmen von Fraktionen.[12]

Bei dem Ordnungsgeld gemäß § 16 Abs. 3 GemO BW handelt es sich zwar weder um eine Geldstrafe nach dem Strafgesetzbuch noch um eine Geldbuße nach dem Ordnungswidrigkeitengesetz. Es ist auch nicht als Zwangsgeld zu qualifizieren, sondern stellt vielmehr eine kommunalrechtliche Sanktion eigener Art dar.[13]. Die Verantwortungsfreiheit nach Art. 37 LV BW bezieht sich jedoch auf sämtliche hoheitlichen Maßnahmen, die eine Sanktionierung des Verhaltens des Abgeordneten zum Ziel haben können. Um eine solche handelt es sich auch bei einem Ordnungsgeld, das vom Gemeinderat als dem Hauptorgan einer Kommunalverwaltung (und damit der Exekutive) beschlossen wird. Art. 37 LV BW schützt daher auch vor einem Ordnungsgeld gemäß § 16 Abs. 3 GemO BW.[14]

IV. Anwendbarkeit des Art. 37 LV BW neben § 36 StGB

Nach wie vor nicht abschließend geklärt ist das Verhältnis des § 36 StGB zu den landesverfassungsrechtlichen Indemnitätsregelungen. Dabei geht es im Wesentlichen um zwei Fragen:

1. Beschränkt sich der Schutz des § 36 StGB nur auf das Strafrecht oder umfasst die Regelung auch Sanktionen anderer Rechtsgebiete (in unserem Ausgangsfall das kommunalrechtliche Ordnungsgeld)?

2. In welchem Verhältnis stehen die landesverfassungsrechtlichen Regelungen zu § 36 StGB? Auch diese Frage ist nicht nur akademischer Natur, sie hat

12 S. zum Ganzen *Klein* (Fn. 3), Art. 46 Rn. 45 ff.; *Feuchte* (Fn. 9), Art. 37 Rn. 11 ff.

13 VG Weimar, Urteil v. 10.03.2010, 3 K 1334/09 WE, Rn. 23, zitiert nach juris für die identische thüringische Rechtslage; *Bock* in: Kunze/Bronner/Katz, Gemeindeordnung für Baden-Württemberg, § 16 Rn. 16; *Aker* in: Aker/Hafner/Notheis, Gemeindeordnung Gemeindehaushaltsverordnung Baden-Württemberg, § 16 GemO Rn. 19.

14 Ebenso VG Weimar (Fn. 13).

– angesichts des oben beschriebenen unterschiedlichen Schutzumfangs der Regelungen – durchaus praktische Bedeutung. Konkret geht es etwa darum, ob ein baden-württembergischer Landtagsabgeordneter – im Rahmen seines Mandats – auch für Äußerungen außerhalb des Parlaments und seiner Ausschüsse und auch bei verleumderischen Beleidigungen Indemnität genießt. Umgekehrt ist zu klären, ob ein bayerischer Abgeordneter trotz der insoweit engeren Fassung der landesrechtlichen Indemnitätsnorm auch für Äußerungen im Parlament allgemein und nicht nur für Abstimmungen Verantwortungsfreiheit erhält.

Bezüglich der ersten Frage scheint der Wortlaut des § 36 StGB („dürfen zu keiner Zeit zur Verantwortung gezogen werden") zunächst für eine umfassende, d.h. über das Strafrecht hinausgehende Verantwortungsfreiheit zu sprechen. Dagegen spricht allerdings die systematische Stellung der Regelung als Strafausschließungsgrund im Strafgesetzbuch, außerdem das Fehlen einer umfassenden Bundeskompetenz zur Regelung der Indemnität.[15] Hinter diesen Gesichtspunkten muss der Hinweis auf die Entstehungsgeschichte des § 36 StGB, namentlich das Ziel des Gesetzgebers nach einer umfassenden Gleichbehandlung der Landtags- und Bundestagsabgeordneten, zurückstehen. Dieses Ziel ist – jedenfalls soweit es über die in der Gesetzgebungskompetenz des Bundes liegenden Angelegenheiten hinausgeht – für den Bundesgesetzgeber nicht erreichbar. Soweit es daher um keine strafrechtlichen Sanktionen geht (wie etwa beim kommunalrechtlichen Ordnungsgeld im Ausgangsfall), kommt § 36 StGB nicht zur Anwendung.[16]

Das Spektrum der zur zweiten Frage vertretenen Auffassungen ist weit.[17] Als überholt und wohl auch unhaltbar[18] dürfte mittlerweile die Auffassung von Rinck[19] anzusehen sein, der § 36 StGB nicht nur als im obigen Sinne alle Rechtsgebiete umfassende, sondern auch als eine die Verfassungsbestimmungen der Länder vollständig beiseite rückende Bestimmung sieht. Anwendbar sei ausschließlich § 36 StGB. Am anderen Ende des Meinungsspektrums wird vertreten, dass dem Bundesgesetzgeber jede Kompetenz zur Regelung der Indemnität der Landtagsabgeordneten fehlt. Folgerichtig könne § 36 StGB neben den landesverfassungsrechtlichen Regelungen gar nicht zur Anwendung kommen, sodass sich die Indemnität dieser Abgeordneten ausschließ-

15 *Magiera* in: Bonner Kommentar zum Grundgesetz, Art. 46 Rn. 50; *Kewenig/Magiera*, Umfang und Regelung der Indemnität eines Abgeordneten, ZParl. 1981, 223 (231).

16 *Klein* (Fn. 3), Art. 46 Rn. 25; *Perron* in: Schönke/Schröder, Strafgesetzbuch, Vorbemerkungen § 36 Rn. 2; ausführlich mit Darstellung der Historie StGH Bremen, DVBl. 1967,622 (623).

17 S. die Übersicht bei *Klein* (Fn. 3),Art. 46 Rn. 24 sowie Darstellung im Urteil des OLG Celle vom 15.11.2013, 32 Ss 135/13, OLGSt StGB § 36 Nr. 1.

18 *Friesenhahn*, Zur Indemnität der Abgeordneten in Bund und Ländern, DÖV 1981, S. 512 (S. 516).

19 *Rinck*, Die Indemnität des Abgeordneten im Bundesstaat des Bonner Grundgesetzes, JZ 1961, 248.

lich nach den jeweiligen Landesverfassungen richtet.[20] In der strafrechtlichen Literatur finden sich differenzierende Auffassungen. Danach soll § 36 StGB nur einen Mindeststandard an Indemnität definieren, der dann zum Tragen kommt, wenn – wie in Bayern – der landesverfassungsrechtliche Indemnitätsschutz hinter § 36 StGB zurückbleibt. In diesem Fall komme dem Abgeordneten der weitergehende Schutz des Strafrechts zugute.[21] Andere wollen darauf abstellen, ob die Tat innerhalb seines Bundeslandes (dann Landesverfassungsrecht) oder in einem anderen Bundesland (dann § 36 StGB) begangen wurde.[22] Eine ausführliche Auseinandersetzung mit den verschiedenen Auffassungen führt an dieser Stelle zu weit. Zuzustimmen ist der wohl überwiegenden Meinung, nach der die bundesrechtliche Regelung des § 36 StGB die landesverfassungsrechtlichen Regelungen im Bereich des Strafrechts verdrängt. Der Bund hat für den Bereich des Strafrechts gemäß Art. 74 Abs. 1 Nr. 1 GG die konkurrierende Gesetzgebungskompetenz. Von dieser hat er, wie sich aus den Gesetzgebungsmaterialien ergibt, mit § 36 StGB umfassend und abschließend Gebrauch gemacht. Das Landesrecht kann daher auf strafrechtlichem Gebiet weder eine Einschränkung noch eine Erweiterung des Indemnitätsschutzes vornehmen.[23] Konkret heißt dies: Gewährt eine landesrechtliche Regelung, wie etwa Art. 37 LV BW, im Vergleich zu § 36 StGB weiteren Indemnitätsschutz, kommt dieser im Bereich des Strafrechts gemäß Art. 31 GG nicht zur Anwendung. Ein baden-württembergischer Abgeordneter unterliegt daher bei strafrechtlich relevanten Äußerungen außerhalb des Parlaments und seinen Ausschüssen und bei verleumderischen Beleidigungen trotz Art. 37 LV BW in vollem Umfang den strafrechtlichen Konsequenzen. Soweit also in unserem Ausgangsfall eine verleumderische Behauptung zum Nachteil des Ingenieurbüros im Raum steht, kommt Indemnitätsschutz nach Art. 37 LV schon wegen der insoweit vorrangigen Regelung des § 36 StGB nicht in Betracht. Umgekehrt genießt ein bayerischer Abgeordneter gemäß § 36 StGB nicht nur (wie die bayerische Verfassung vorsieht) bei Abstimmungen, sondern auch bei sonstigen Äußerungen im Parlament und in den Ausschüssen Strafrechtsschutz.

---

20 *Wolfrum*, Indemnität im Kompetenzkonflikt zwischen Bund und Ländern, DÖV 1982, 674 (680), der § 36 StGB deshalb für verfassungswidrig hält; s. auch weitere Nachw. bei *Magiera* (Fn. 15), Art. 46 Fn. 59.

21 *Joecks* in: Münchener Kommentar zum Strafgesetzbuch, § 36 Rn. 32; in diese Richtung auch *Klein* (Fn. 3), Art. 46 Rn. 25; ebenso *Feuchte* (Fn. 9), Art. 37, Rn. 5, der sich auch gegen eine isolierte Geltung vor den Gerichten und Behörden des jeweiligen Bundeslandes ausspricht (Rn. 6).

22 *Fischer*, Strafgesetzbuch, § 36 Rn. 3.

23 *Magiera* (Fn. 15), Art. 46 Rn. 49 m.w.Nw.; *Braun* in: Kommentar zur Verfassung des Landes Baden-Württemberg, Art. 37 Rn. 4; s. auch Nachweise bei *Häger* in: Leipziger Kommentar zum StGB § 36 Rn. 19; StGH Bremen, DVBl. 1967, 622 (623); OLG Stuttgart, B. v. 22.07.2003, 4 W 32/03; letztlich offen gelassen BGHZ 75, 384 (386).

V. Die sachliche Reichweite des Art. 37 LV BW

Bleibt die Frage, welchen Schutzbereich Art. 37 LV BW in sachlicher Hinsicht für den Abgeordneten eröffnet.

1. Indemnitätsschutz bei Einreichung der Kleinen Anfrage

Dass der Abgeordnete im Rahmen von Abstimmungen und bei Äußerungen im Landtag und seinen Ausschüssen[24], aber auch innerhalb der Fraktion[25] geschützt ist, ergibt sich unmittelbar aus dem Wortlaut des Art. 37 LV BW. Die Form der Äußerung ist dabei unerheblich, sodass der Indemnitätsschutz auch schriftliche Äußerungen umfasst. Eine Kleine Anfrage im Sinne von § 61 GO des Landtags von Baden-Württemberg ist unmittelbarer Bestandteil der parlamentarischen Arbeit und damit als „Äußerung im Landtag" im Sinne des Art. 37 LV BW anzusehen. Eine solche Anfrage ist daher vom Indemnitätsschutz umfasst, und zwar von dem Zeitpunkt an, in dem sie – entsprechend der Geschäftsordnung – in den Geschäftsgang der Landtagsverwaltung gegeben wird.[26] Im Ausgangsfall besteht damit für die Kleine Anfrage als solche Indemnitätsschutz. Der betreffende Doppelmandatsträger kann für den Bruch der kommunalrechtlichen Verschwiegenheitspflichten **gegenüber der Landesregierung** nicht zur Verantwortung gezogen werden. Dies auch dann, wenn zu der Verletzung der Verschwiegenheitspflichten noch Beleidigungstatbestände oder Falschbehauptungen[27] hinzukommen. Die Kleine Anfrage befindet sich ab Einreichung sozusagen im parlamentarischen Rahmen und unterliegt damit Art. 37 LV BW.

2. Indemnitätsschutz bei Veröffentlichungen

Eine andere, kontrovers diskutierte[28] Frage ist, ob bzw. ab wann auch eine entsprechende Pressemitteilung oder Veröffentlichungen auf der Homepage

---

24 Hierunter sind – bei gebotener untechnischer Auslegung – alle Hilfs- oder Unterorgane des Parlaments, also auch Präsidium, Ältestenrat, interfraktionelle Gremien und Besprechungsgruppen zu verstehen, s. *Braun* (Fn. 23), Art. 37 Rn. 13.

25 Dies gilt nach kaum noch bestrittener Meinung wegen der organisatorisch verfestigten Einbeziehung von Fraktionen in die Parlamentsarbeit übrigens auch dann, wenn – wie z. B. in Art. 46 GG – die Fraktion nicht explizit im Gesetz genannt wird, *Klein* (Fn. 3), Art. 46 Rn. 43; *Magiera* (Fn. 15), Art. 46 Rn. 65.

26 VG Weimar, U. v. 10.03.2010, 3 K 1334/09 WE; ausführlich *Kewenig/Magiera* (Fn. 15), ZParl 1981, 223 (228); *Butzer* in: Epping/Hillgruber, GG, Art. 46 Rn. 3.1 mit Darstellung des Meinungsstands.

27 Wobei wegen § 36 StGB bei Verleumdungen – zumindest nach der hier vertretenen Ansicht – trotz des abweichenden Wortlauts des Art. 37 LV kein Strafausschließungsgrund für den Abgeordneten besteht.

28 Meinungsübersicht bei *Butzer* (Fn. 26), Art. 46 Rn. 3.2.

Indemnitätsschutz genießen. Für die baden-württembergische Rechtslage[29] ist dabei zu klären, ob diese Veröffentlichungen „in Ausübung des Mandats“ im Sinne des Art. 37 LV BW erfolgen[30].

a) Handeln in der Funktion des Abgeordneten

Bei der Auslegung dieses Tatbestandsmerkmals besteht zunächst weitgehende[31] Einigkeit, dass Indemnitätsschutz nur dann eingreifen kann, wenn der Abgeordnete gerade in seiner Eigenschaft als Landtagsmitglied handelt. Die Mandatsausübung i. S. d. Art. 37 LV BW kann über die parlamentarische Tätigkeit nicht hinausgehen. Nicht geschützt sind daher Äußerungen, die der Abgeordnete z. B. als Vertreter des Landtags in nicht-parlamentarischen Gremien, als Mitglied der Regierung, als Bewerber um ein Parteiamt, auf Wahlkampfveranstaltungen oder bei der Wahrnehmung von Vereinsfunktionen abgibt.[32] Wenn daher der Stadtrat in unserem Ausgangsfall nicht als Mitglied des Landtags, sondern ausschließlich als Gemeinderatsmitglied tätig ist, besteht kein Indemnitätsschutz. Eine Veröffentlichung nicht-öffentlicher Sitzungsinhalte auf seiner Homepage in der Funktion des Stadtrats ist nicht privilegiert.

b) Jede Öffentlichkeitsarbeit des Abgeordneten als „Ausübung des Mandats?“

Es stellt sich jedoch die Frage, ob jedwedes Handeln in der Funktion als Abgeordneter ein Handeln „in Ausübung des Mandats“ darstellt. Fraglich ist dies insbesondere für den Bereich der Öffentlichkeitsarbeit eines Abgeordneten, die sich heute nicht mehr in der klassischen Pressearbeit erschöpft, sondern dank Internet, Twitter, Facebook und Co. schneller, direkter und umfassender denn je erfolgt. In Teilen der neueren Kommentarliteratur werden im Hinblick auf diese veränderten politischen Kommunikationsprozesse alle Äußerungen als mandatsbezogen angesehen, die sich in den durch das demokratische Repräsentationsprinzip gebotenen wechselseitigen Kommunikationsprozess zwischen den Bürgern und ihren parlamentarischen Repräsentanten einordnen lassen.[33] In der Konsequenz dieser Auffassung liegt es,

---

29 Sowie die Landesverfassungen, die – wie oben dargestellt – ebenfalls die „Ausübung des Mandats“ generell dem Indemnitätsschutz unterstellen.

30 Sofern man sie nicht bereits selbst als Parlamentsäußerung ansieht. So für den Begriff „Äußerung im Bundestag“ in Art. 46 z. B. *Meyer-Hesemann*, Indemnitätsprivileg und Kleine Anfragen von Abgeordneten, DÖV 1981, 288 (290); *Kluth* in: Schmidt-Bleibtreu/Hofmann/Hopfauf, GG, Art. 46 Rn. 7.

31 Weitergehend wohl *Linck* in: Linck u. a. Die Verfassung des Freistaats Thüringen, Art. 55 Rn. 13, für die parallele Regelung des Art. 55 der Thüringer Landesverfassung.

32 *Braun* (Fn. 23), Art. 37 Rn. 13; *Feuchte* (Fn. 9), Art. 37 Rn. 7 ff.

33 *Linck* (Fn. 31), Art. 55 Rn. 13.

nicht nur die klassische Pressearbeit, sondern auch sonstige Formen der Öffentlichkeitsarbeit, wie etwa Veröffentlichungen auf der Homepage, auf Facebook, Tweets etc. dem Indemnitätsschutz zu unterstellen – und zwar unabhängig von einer bereits erfolgten Einbringung in den parlamentarischen Raum. Selbst erst geplante parlamentarische Initiativen sollen nach dieser Auffassung dem Indemnitätsschutz unterfallen[34], erst recht gilt dies dann für die Veröffentlichung einer bereits eingebrachten Kleinen Anfrage wie im Ausgangsfall.

Richtig ist sicherlich, dass sich die Arbeit der Abgeordneten heute nicht mehr nur in mehr oder weniger „internen" Verhandlungen im Parlament vollzieht. Der Dialog mit der Öffentlichkeit über die verschiedenen Medien hat einen hohen Stellenwert und dient letztlich auch der Rückbindung des Abgeordneten an die von ihm repräsentierten Bürger.[35] Fraglich ist aber, ob diese veränderten politischen Kommunikationsprozesse auch zu einer entsprechenden Ausweitung des Mandatsbegriffs in Art. 37 LV BW führen oder ob es nach wie vor eines Bezugs zur Arbeit im Parlament selbst bedarf, um den Indemnitätsschutz zu gewähren.

Bei der Beantwortung dieser Frage hilft der Wortlaut der Verfassung, der Begriff der „Ausübung des Mandats", allein nicht weiter. Was zum „Mandat" im Sinne des Art. 37 LV BW gehört, ist vielmehr unter Berücksichtigung der Entstehungsgeschichte, der ratio legis, aber auch sonstiger Verfassungsnormen und -prinzipien auszulegen. Ein Blick auf die Entstehungsgeschichte der Indemnitätsregelungen in Deutschland[36] zeigt zunächst: Die Indemnität wurde seit jeher dahingehend verstanden, dass ihr Schutz grundsätzlich nur bei Äußerungen innerhalb der Parlamentsorganisation besteht. Schon die Weimarer Verfassung, die den Abgeordneten die Indemnität „in Ausübung ihres Berufs" gewährte, wurde nach damals ganz herrschender Meinung in dieser einschränkenden Weise verstanden. Die Baden-Württembergische Landesverfassung übernahm diese Regelung sachlich unverändert. Eine Ausweitung des Indemnitätsverständnisses auf die gesamte politische Tätigkeit der Abgeordneten war vom damaligen Verfassungsgeber nicht beabsichtigt.[37]

Auch Sinn und Zweck der Indemnitätsregelung legen das Erfordernis eines engen Bezugs zur Arbeit innerhalb des Parlaments nahe. Die Indemnität dient der freien parlamentarischen Willensbildung und damit der Funktionsfähigkeit des Parlaments, nicht aber dem (verständlichen) Bemühen eines Abgeordneten, sich in der Öffentlichkeit zu profilieren.[38] Sie sichert das Recht, in freier Rede und Gegenrede an der politischen Willensbildung mitzuwirken. Hierfür müssen die Abgeordneten ihre Meinungen ohne äußeren

34 *Linck* (Fn. 31), Art. 55 Rn. 13.

35 S. *Butzer* (Fn. 26) Art. 46 Rn. 3.2.

36 Eine solche war bereits in Art. 30 der Reichsverfassung von 1871 enthalten.

37 Ausführlich z. Historie StGH Bremen, DVBl. 1967, 622 (624).

38 *Kewenig/Magiera* (Fn. 15), ZParl. 1981, 223 (226).

Druck in die parlamentarische Auseinandersetzung einbringen und dabei auch scharfe Töne anschlagen dürfen. Mäßigende Maßnahmen müssen dabei dem Parlament selbst vorbehalten bleiben.[39] Ziel ist „außerparlamentarische Verantwortungsfreiheit für innerparlamentarische Tätigkeit".[40] Diese ratio legis spricht dafür, dass nicht jedwede Pressearbeit oder Internetveröffentlichung eines Abgeordneten, nicht jedwede Kommunikation der Parlamentarier mit dem Bürger dem Indemnitätsschutz unterfallen kann.[41] Die Presse oder auch das Internet als solche gehören nicht zum Organismus des Parlaments.[42] Zwar ist durchaus richtig, dass die Kommunikation der Abgeordneten mit dem Bürger heute schneller, umfassender und für die politische Arbeit auch bedeutsamer geworden ist. Gleichwohl ist für die Frage nach dem Umfang des Indemnitätsschutzes eine enge Anbindung an die oben beschriebene ratio legis, sprich an die Funktionsfähigkeit des Parlaments, unerlässlich. Dies gilt nicht trotz, sondern gerade wegen der neuen Kommunikationsformen der politischen Arbeit, die nicht nur neue Möglichkeiten, sondern angesichts ihrer Reichweite und ihrer Nachhaltigkeit auch erhebliche Gefahren mit sich bringen. Die Kehrseite des Indemnitätsschutzes ist nämlich die „justizielle Wehrlosigkeit"[43], die Dritten damit zugemutet wird. Im Ausgangsfall würde etwa der betroffenen Kommune oder den Adressaten ehren- und geschäftsschädigender Behauptungen jede rechtliche Handhabe entzogen. Angesichts der Reichweite der Kommunikationsmittel und des „langen Gedächtnisses" des Internets, in Zeiten von Shit-Storm und Fake-News wiegt diese rechtliche Wehrlosigkeit umso schwerer. Darüber hinaus würde der Indemnitätsschutz im Ausgangsfall auch zu einer Ungleichbehandlung der Gemeinderatsmitglieder mit und ohne Abgeordnetenstatus führen. Erstere können über das – in der Geschäftsordnung des Landtags thematisch wenig eingegrenzte – Instrument der „Kleinen Anfrage" vertrauliche kommunale Angelegenheiten sanktionslos weitergeben und politisch nutzen, während sonstige Gemeinderatsmitglieder ein Ordnungsgeld zu befürchten haben und sich in ihrer politischen Arbeit diesbezüglich zurückhalten müssen.

Die Verantwortungsfreiheit der Abgeordneten für ihre Äußerungen, die zweifelsohne von zentraler Bedeutung für die Funktionsfähigkeit des Parlaments ist, steht – das zeigen unter anderem diese Beispiele – im Widerstreit zu anderen Verfassungsprinzipien, namentlich dem Rechtsstaatsprinzip und dem Gleichheitsgrundsatz.[44] Die Indemnität der Abgeordneten stellt damit einen ausnahmsweisen Verzicht auf die Geltung anderer hochrangiger Verfas-

39 *Klein* (Fn. 3), Art. 46 Rn. 31 m.w.Nw.

40 Nw. bei *Klein* (Fn. 3), Art. 46 Rn. 31 m.w.Nw.

41 H.M., Nachweise s. z.B. *Achterberg/Schulte* in: v. Mangoldt u.a., Art. 46 Rn. 17, Fn. 47; zu weitgehend *Linck* (Fn. 31), Art. 55 Rn. 13 (Pressearbeit insgesamt).

42 So für die Presse *Friesenhahn*, Zur Indemnität der Abgeordneten in Bund und Ländern, ZParl. 1981, 512 (518).

43 *Löwer* in: Löwer/Tettinger, Kommentar zur Verfassung des Landes NRW, Art. 47 Rn. 7.

44 *Feuchte* (Fn. 9), Art. 37 Rn. 3.

sungsprinzipien und Rechte Dritter dar. Als Ausnahmevorschrift ist die Vorschrift daher eng[45] und vor allem – im Sinne einer praktischen Konkordanz – unter dem Gesichtspunkt der möglichst optimalen Wahrung der widerstreitenden Verfassungsprinzipien auszulegen. Indemnität kann im Hinblick auf die damit verbundene Einschränkung der Rechte Dritter sowie des Rechtsstaats- und Gleichheitsprinzips daher nur insoweit gewährt werden, als es für die Funktionsfähigkeit des Parlaments erforderlich ist. Diese enge Auslegung ist – entgegen *Linck*[46]- nicht Ausfluss einer „bloß formalen" Sichtweise der Indemnitätsregelungen, sondern Ergebnis einer Abwägung mit entgegenstehenden Verfassungsprinzipien.

c) Veröffentlichung einer Kleinen Anfrage als „Ausübung des Mandats"?

Fraglich bleibt jedoch, wie eng diese Anbindung im Einzelfall sein muss. Im Ausgangsfall der Veröffentlichung einer Kleinen Anfrage ist konkret zu klären, ob bereits deren bloße Einbringung in den Landtagsbetrieb ausreicht, um den Indemnitätsschutz auch für eine Veröffentlichung auszulösen. Maßgeblich ist auch hier zunächst, in welchem Umfang die oben beschriebene ratio legis eine Veröffentlichung der Anfrage erfordert. Hierzu wurde in der früheren Literatur und Rechtsprechung zu Recht darauf hingewiesen, dass die Funktionsfähigkeit des Parlaments und die Sicherung der dem Abgeordneten zu diesem Zweck zustehenden Rechte, es nicht notwendig machen, dass die Presse bereits vor der parlamentarischen Behandlung einer Anfrage von dieser Kenntnis erlangen.[47] Diese Einschätzung ist nach oben Gesagtem auch unter Berücksichtigung der heutigen Kommunikationsformen zutreffend.

Die enge Anbindung des Indemnitätsschutzes an die parlamentarische Arbeit ist darüber hinaus erforderlich, um die parlamentsinternen Korrektive wirksam werden zu lassen. Die Indemnität bedarf, um Missbräuchen entgegenzuwirken und damit die oben beschriebene rechtliche Wehrlosigkeit Dritter abzumildern, eines Korrektivs.[48] Zu diesem Zweck sehen die parlamentarischen Regelungen, insbesondere die Geschäftsordnung des Landtags, entsprechende Schutzmaßnahmen und Eingriffsmöglichkeiten vor. So wird etwa in § 5 der Datenschutzordnung für den Landtag bestimmt, dass personenbezogene Daten in den Landtagsdrucksachen nicht veröffentlicht und in den öffentlichen Sitzungen nicht behandelt werden dürfen. Konkret heißt dies: Persönliche Daten Dritter werden bei der Veröffentlichung der Kleinen Anfragen anonymisiert. Diese und ähnliche innerparlamentarische Regulative würden umgangen und wirkungslos, wenn der Indemnitätsschutz eine (Presse-)Veröffentlichung bereits ab Einreichung einer schriftlichen Anfrage

45 *Feuchte* (Fn. 9), Art. 37 Rn. 3.
46 *Linck* (Fn. 31), Art. 55 Rn. 13.
47 *Friesenhahn* (Fn. 42), ZParl. 1981, 512 (518) Fn. 24; ähnlich BGHZ 75, 384 ff.
48 StGH Bremen, DVBl. 1967, 622 (625).

umfasste. Diese Auslegung wird übrigens auch durch Art. 33 LV BW bestätigt. Aufgrund des in dieser Vorschrift geregelten Privilegs der Parlamentsberichterstattung darf niemand für wahrheitsgetreue Berichte über die öffentlichen Sitzungen des Landtags und seiner Ausschüsse zur Rechenschaft gezogen werden. Adressaten dieser Norm sind insbesondere auch die Abgeordneten. Art. 33 LV BW beschränkt den Schutzbereich dabei jedoch auf „wahrheitsgemäße Berichte über öffentliche Sitzungen". (Noch) nichtöffentliche Vorgänge, wie etwa Kleine Anfragen vor ihrer Veröffentlichung in den Landtagsdrucksachen, sind von der Privilegierung des Art. 33 LV BW gerade nicht umfasst. Art 33 LV BW würde – zumindest für den Adressatenkreis der Abgeordneten – leerlaufen, wenn bereits die Indemnitätsregelung des Art. 37 LV BW die Veröffentlichung nicht-öffentlicher Vorgänge mitumfasste. Auch der systematische Zusammenhang dieser beiden Regelungen spricht daher für eine engere Auslegung der „Ausübung des Mandats" in Art. 37 LV BW.

Der Indemnitätsschutz nach Art. 37 LV BW umfasst daher die Veröffentlichung schriftlicher Anfragen im Zeitpunkt der Einreichung nicht. Allerdings kann sich der Abgeordnete auf das Privileg der Parlamentsberichterstattung berufen, wenn – und soweit – die schriftliche Anfrage in einer Landtagsdrucksache veröffentlicht oder Gegenstand einer öffentlichen Landtagssitzung war[49]. Auf diese Weise ist auch sichergestellt, dass die parlamentsinternen Schutzmechanismen wirksam werden können.

VII. Fazit

Zusammenfassend bleibt festzustellen: Kommunale Vertraulichkeitsverletzungen von Stadträten, die gleichzeitig Landtagsabgeordnete sind, sind grundsätzlich vom Indemnitätsschutz umfasst, soweit diese in ihrer Funktion als Abgeordneter handeln. Das kommunalrechtlich vorgesehene Ordnungsgeld scheidet in diesen Fällen als Sanktion aus. Auch bloße schriftliche Anfragen an die Landesregierung unterfallen als solche der Indemnität. Ihre Weitergabe an die Presse oder sonstige Veröffentlichungen, etwa auf einer Homepage, sind jedoch erst dann geschützt, wenn und soweit die Frage in einer Landtagsdrucksache veröffentlicht oder in einer öffentlichen Sitzung behandelt wurde.

Eine noch weiter zu diskutierende Frage bleibt, ob und gegebenenfalls wie sich die Veränderung der politischen Kommunikationsformen auf den Umfang des Indemnitätsschutzes auswirken kann. Eine Ausdehnung des Schutzes auf die Öffentlichkeitsarbeit des Abgeordneten insgesamt kann indes wegen der mit diesen Kommunikationswegen verbundenen Gefahren für die Rechte Dritter nicht in Betracht kommen.

---

49 *Kewenig/Magiera* (Fn. 15) ZParl. 1981, 223 (228).

Das Bundesverfassungsgericht und die (überlange) Dauer von gerichtlichen Verfahren

Dirk Herrmann

Christian Kirchberg ist in seiner jahrzehntelangen anwaltlichen Tätigkeit in erheblichem Umfang auch forensisch tätig gewesen. Dabei musste er in vielen Verfahren, sowohl in der Fachgerichtsbarkeit – primär der Verwaltungsgerichtsbarkeit – als auch vor dem Bundesverfassungsgericht lange auf die jeweilige gerichtliche Entscheidung, vor allem in Hauptsacheverfahren, warten. Bemühungen, das Verfahren zu beschleunigen, waren nur selten von Erfolg gekrönt, zumal die richterliche Unabhängigkeit dem zuständigen Richter/Berichterstatter[1] viel Freiheit bei seiner Entscheidung einräumt, wann er den anhängigen Fall bearbeitet. Auch die Gerichtspräsidenten und die Senats- und Kammervorsitzenden haben nur wenige bis keine Einflussmöglichkeiten.

Auch wenn in bestimmten Konstellationen, wie etwa bei einem Vorgehen gegen eine Abbruchsverfügung, die lange Dauer eines verwaltungsgerichtlichen Verfahrens gelegen kommen mag, ist die Gewährung von Rechtsschutz in kurzer Zeit für die Betroffenen grundsätzlich das angestrebte Ziel. *Christian Kirchberg* hat berufspolitisch durch seine Tätigkeit als Vorsitzender der AG „Überlange Verfahrensdauer" bei der Bundesrechtsanwaltskammer, wissenschaftlich[2] und in zahlreichen persönlichen Kontakten mit Richtern der Verfassungs- und Verwaltungsgerichtsbarkeit immer wieder für eine Gewährung von Rechtsschutz in angemessener Zeit gerungen und dabei auch Erfolge erzielt. Es bleibt aber wohl zu konstatieren, dass zahlreiche Verfahren immer noch einen zu langen Zeitraum in Anspruch nehmen und das Bemühen um eine angemessene Verfahrensdauer weitergehen wird bzw. muss.[3]

---

1 Zur Vereinfachung wird jetzt und nachfolgend nur die männliche Form verwandt; mit umfasst sind selbstverständlich auch die weiblichen Pendants.

2 Vgl. z. B. DVBl 2015, 675 ff.: Überlange Verfahrensdauer in der Verwaltungsgerichtsbarkeit – wie wirksam ist der Rechtsschutz nach § 198 GVG?

3 S. auch *Greger*, Überlange Gerichtsverfahren: Handlungsoptionen und Anwaltspflichten, AnwBl 2015, 536 ff.

I. Vorgaben des Grundgesetzes und des Bundesverfassungsgerichts zur Verfahrensdauer

Art. 19 Abs. 4 GG gewährleistet ein Grundrecht auf wirksamen Rechtsschutz gegen Akte der öffentlichen Gewalt, soweit diese in Rechte des Betroffenen eingreifen. Art. 19 Abs. 4 GG enthält ein Grundrecht auf effektiven und möglichst lückenlosen richterlichen Rechtsschutz gegen Akte der öffentlichen Gewalt. Die Rechtsschutzgarantie gilt nicht nur für den ersten Zugang zum Gericht, sondern für die Ausgestaltung des gesamten Verfahrens.[4]

Art. 19 Abs. 4 GG garantiert ferner effektiven und damit rechtzeitigen Rechtsschutz. Wo irreparable Folgen drohen, gehört deshalb die Gewährleistung vorläufigen Rechtsschutzes zu den wesentlichen Bestandteilen der Rechtsschutzgarantie.[5] Zudem ist mit Blick auf die Verfahrensdauer dem Effektivitätsgebot Rechnung zu tragen, weshalb eine gerichtliche Entscheidung binnen angemessener Frist getroffen werden muss.[6]

Das Bundesverfassungsgericht betont, dass wirksamer Rechtsschutz „Rechtsschutz innerhalb angemessener Frist" bedeutet.[7] Dem Grundgesetz lassen sich allerdings keine allgemein gültigen Zeitvorgaben dafür entnehmen, wann von einer überlangen, die Rechtsgewährung verhindernden und damit unangemessenen Verfahrensdauer auszugehen ist. Dies hängt vielmehr von den Umständen des Einzelfalls ab. So ist nach der Rechtsprechung des Bundesverfassungsgerichts vor allem die Bedeutung der Sache, die Auswirkung einer langen Verfahrensdauer für die Beteiligten, die Schwierigkeit des Falles und das Verhalten der Beteiligten, insbesondere etwaige den Beteiligten selbst zuzurechnende Verzögerungen durch die Tätigkeit von Sachverständigen oder sonstigen Dritten entscheidend. Zudem steht dem Richter für die Bearbeitung anhängiger Verfahren grundsätzlich ein Ermessensspielraum zu, innerhalb dessen er aufgrund eigener Gewichtung solcher Faktoren Prioritäten in Abweichung von der Reihenfolge des Eingangs setzen kann.[8] Auf Umstände innerhalb des staatlichen Verantwortungsbereichs, wie etwa eine allgemein angespannte Personalsituation, kann sich der Staat zur Rechtfertigung einer überlangen Verfahrensdauer nicht berufen. Den Gerichten obliegt es, die Gesamtdauer des Verfahrens zu berücksichtigen und sich mit zunehmender Dauer nachhaltig um eine Beschleunigung des Verfahrens zu bemühen.[9]

---

4 Vgl. z. B. BVerfG, Beschl. vom 25.01.2005, NJW 2005, 1999, 2000, ständige Rechtsprechung.

5 Vgl. z. B. BVerfG, Beschl. vom 25.10.1988, BVerfGE 79, 69, 74; Beschl. vom 11.05.2007, BVerfGK, 11, 179, 186.

6 Vgl. dazu auch *Schlette*, Der Anspruch auf Rechtsschutz innerhalb angemessener Frist – Ein neues Prozessgrundrecht auf EG Ebene, EuGRZ 1999, 369 ff.

7 BVerfG, Beschl. vom 16.05.1995, BVerfGE 93, 1, 13; Beschl. vom 29.05.2007, BVerfGK 11, 241, 250.

8 Vgl. zum Ganzen z. B. BVerfG, Beschl. vom 29.03.2005, BVerfGK 5, 155, 159.

9 BVerfG, Beschl. vom 24.09.2009, EuGRZ 2009, 699, 700 zum nicht erfolgten Abschluss eines vor mehr als 9 Jahren eingeleiteten sozialgerichtlichen Verfahrens.

II. Dauer von gerichtlichen Verfahren

Die Dauer der gerichtlichen Verfahren ist (naturgemäß) sehr unterschiedlich. Maßgebend ist nicht nur die Komplexität der jeweiligen Angelegenheit, sondern etwa auch der Gerichtszweig, in dem das Verfahren angesiedelt ist, oder das Bundesland, in dem das entscheidende Gericht seinen Sitz hat. Auch der einzelne Richter ist teilweise ein entscheidender Faktor. In den von den Gerichten veröffentlichten Statistiken spiegelt sich die unangemessen lange Verfahrensdauer von einzelnen Verfahren nur ansatzweise wider. Nachfolgend soll gleichwohl kurz auf die Statistiken des Bundesverfassungsgerichts und der Verwaltungsgerichte eingegangen werden: die Gerichte, bei denen *Christian Kirchberg* am meisten tätig war und ist.

Von den beim Bundesverfassungsgericht in den Jahren 2008–2016 eingegangenen Verfassungsbeschwerden wurden 64 % in einem Jahr erledigt, 22,6 % in 2 Jahren, 5,7 % in 3 Jahren und 2,1 % in mehr als 4 Jahren.[10] In ca. einem Drittel der Verfassungsbeschwerdeverfahren wird somit ein Zeitraum von mehr als einem Jahr bis zur Entscheidung benötigt – nachdem die Beschwerdeführer oftmals bereits eine zeitlich lange (fach)gerichtliche Auseinandersetzung geführt haben. Auch die Bearbeitung von Verfassungsbeschwerden kann durchaus einen längeren Zeitraum in Anspruch nehmen, wenn etwa die Verfassungsbeschwerde zugestellt wird und sich ein reger Austausch zwischen den Parteien (des Ausgangsverfahrens) entwickelt. Nicht mehr nachvollziehbar ist eine lange Bearbeitungsdauer aber dann, wenn die Verfassungsbeschwerde nach mehr als einem Jahr ohne Begründung nicht zur Entscheidung angenommen wird. Insofern stellt sich die Frage, ob das Bundesverfassungsgericht selbst den von ihm formulierten Maßstäben für einen effektiven Rechtsschutz innerhalb angemessener Frist gerecht wird.

Bei den Verwaltungsgerichten ergibt sich eine große Heterogenität der Verfahrensdauer in den einzelnen Bundesländern. Im Jahr 2015 wurden die Allgemeinverfahren (ohne Asyl) deutschlandweit durchschnittlich in 10,6 Monaten erledigt. Dabei benötigten die Gerichte in Rheinland-Pfalz durchschnittlich lediglich 6,2 Monate, während die Verfahrensdauer in Brandenburg durchschnittlich 15,9 Monate betrug. Immerhin waren deutschlandweit 18 % der Verfahren mehr als 18 Monate anhängig. In Rheinland-Pfalz waren dies lediglich 1,6 % der Verfahren, in Brandenburg mehr als 30 %. In Baden-Württemberg betrug die durchschnittliche Verfahrensdauer 8,9 Monate. 16 % der Verfahren dauerten länger als 18 Monate und 0,4 % mehr als 36 Monate.[11]

---

10 www.bundesverfassungsgericht.de/DE/Verfahren/Jahresstatistiken/2016/gb2016/A-IV-3.pdf?__blob=publicationFile&v=2; bei den verbleibenden 5,6 % handelt es sich um Verfassungsbeschwerden, die aus den Jahren 2009–2016 anhängig geblieben sind (Stand: 12.03.2017).

11 www.destatis.de/DE/Publikationen/Thematisch/Rechtspflege/GerichtePersonal/Verwaltungsgerichte2100240157004.pdf?__blob=publicationFile (Stand: 12.03.2017).

Bereits dieser kurze Blick in die Statistiken zeigt auf, dass es durchaus eine erhebliche Zahl an Verfahren gibt, deren Laufzeit Anlass zu der Frage gibt, ob der Rechtsschutz noch innerhalb angemessener Frist gewährt wird.

III. Rechtsschutz bei überlangen Gerichtsverfahren (§ 198 ff. GVG)

1. Regelung im Gesetz

Es bedurfte eines Anstoßes aus Straßburg, um dem Rechtsschutzsuchenden ein Mittel an die Hand zu geben, sich gegen eine überlange Verfahrensdauer zu Wehr zu setzen. Der Europäische Gerichtshof für Menschenrechte hat im Verfahren *Rumpf/Deutschland* im Wege eines sog. Piloturteils festgestellt, dass die überlange Verfahrensdauer in Deutschland ein strukturelles Problem darstellt, zu dessen Lösung noch keine wirksamen gesetzlichen Maßnahmen ergriffen worden seien.[12] Entgegen Art. 13 EMRK gebe es in Deutschland keinen wirksamen Rechtsbehelf gegen überlange zivil- und verwaltungsgerichtliche Verfahren. Deutschland wurde durch das Urteil verpflichtet, spätestens binnen eines Jahres einen Rechtsbehelf (oder mehrere) gegen überlange Gerichtsverfahren zu schaffen.

Mit dem Gesetz über den Rechtsschutz bei überlangen Gerichtsverfahren und strafrechtlichen Ermittlungsverfahren vom 24.11.2011[13] wurde der 17. Titel in das GVG eingefügt. Dieses Gesetz hat entgegen der klaren Präferenz des Europäischen Gerichtshofs für Menschenrechte für einen primären, gegen überlange Verfahrensdauer gerichteten Rechtsbehelf in Form einer Untätigkeitsbeschwerde allerdings lediglich eine Kompensationslösung gebracht. Gemäß § 198 Abs. 1 GVG wird angemessen entschädigt, wer infolge unangemessener Dauer eines Gerichtsverfahrens als Verfahrensbeteiligter einen Nachteil erleidet. Die Angemessenheit der Verfahrensdauer richtet sich nach den Umständen des Einzelfalls, insbesondere nach der Schwierigkeit und Bedeutung des Verfahrens und nach dem Verhalten der Verfahrensbeteiligten und Dritter. Bezugspunkt für die Beurteilung der Angemessenheit ist als maßgeblicher Zeitraum die Gesamtverfahrensdauer, wie sie in § 198 Abs. 6 Nr. 1 GVG definiert ist. Dies hat zur Konsequenz, dass Verzögerungen, die in einem Stadium des Verfahrens oder bei einzelnen Verfahrensabschnitten eingetreten sind, nicht zwingend die Unangemessenheit der Verfahrensdauer bewirken. Es ist vielmehr im Rahmen einer abschließenden Gesamtabwägung insbesondere zu überprüfen, ob Verzögerungen innerhalb einer

12 EGMR, Urt. vom 02.09.2010, NJW 2010, 3355 ff.

13 BGBl I 2302; vgl. auch den Erfahrungsbericht über die Anwendung des Gesetzes durch die Bundesregierung am 17.10.2014 (BT-Drs. 18/2950).

späteren Phase des Verfahrens kompensiert wurden.[14] Die in der Rechtsprechung des EGMR mehrfach anerkannte „Faustformel“ einer Verfahrenslaufzeit von einem Jahr pro Instanz als Anhaltspunkt („rough rule of thumb)[15] wird in der Rechtsprechung der Entschädigungsgerichte der ordentlichen Gerichtsbarkeit[16] und der Verwaltungsgerichtsbarkeit[17] allerdings nicht aufgenommen, wohl aber von der Sozialgerichtsbarkeit[18]. Auch ein Rückgriff auf Statistiken zur durchschnittlichen Dauer verwaltungsgerichtlicher Verfahren wird abgelehnt. Eine solche Laufzeit sei stets auch Ausdruck der den Gerichten jeweils zur Verfügung stehenden Ressourcen, also insbesondere der bereitgestellten personellen und sächlichen Mittel. Der verfassungsrechtliche Anspruch auf eine angemessene Verfahrensdauer dürfe jedoch grundsätzlich nicht von der faktischen Ausstattung der Justiz abhängig gemacht werden. Dies wäre aber im Ergebnis der Fall, wenn für die Ermittlung der angemessenen Verfahrensdauer im Sinne von § 198 Abs. 1 GVG auf eine durchschnittliche Laufzeit abgestellt werde.[19]

Die Entschädigung erhält ein Verfahrensbeteiligter jedoch nur, wenn er bei dem mit der Sache befassten Gericht die Dauer des Verfahrens mit der Verzögerungsrüge gerügt hat (§ 198 Abs. 3 GVG). § 198 Abs. 5 GVG legt fest, dass eine Klage zur Durchsetzung eines Anspruchs nach Abs. 1 frühestens 6 Monate nach Erhebung der Verzögerungsrüge erhoben werden kann. Andererseits wird auch eine Ausschlussfrist bestimmt. Die Klage muss gemäß § 198 Abs. 5 S. 2 GVG spätestens 6 Monate nach Eintritt der Rechtskraft der Entscheidung, die das Verfahren beendet, oder einer anderen Erledigung des Verfahrens erhoben werden.

Erleidet ein Verfahrensbeteiligter einen nachweisbaren Vermögensnachteil infolge der unangemessenen Verfahrensverzögerung, steht ihm eine angemessene Entschädigung in Geld zu.[20] Bei einem immateriellen Schaden, dessen Bestehen gemäß § 198 Abs. 2 S. 1 GVG vermutet wird, wenn ein Gerichtsverfahren unangemessen lange gedauert hat, erhält der Kläger des Entschädigungsprozesses eine pauschalierte Entschädigung von 1200 € für jedes Jahr der Verzögerung. § 198 Abs. 4 GVG bestimmt schließlich, dass eine Wiedergutmachung insbesondere durch die Feststellung des Entschädigungsgerichts möglich ist, dass die Verfahrensdauer unangemessen war. Die Feststellung

14 BGH, Urt. vom 05.12.2013, NJW 2014, 789, 792.

15 Vgl. EGMR, Urt. vom 26.11.2009 – Nr. 13591/05, Nazarov/Russland, Rn. 126; Urt. vom 09.10.2008 – Nr. 62936/00, Moiseyev/Russland, Rn. 160 für ein Strafverfahren; Urt. vom 16. Januar 2003 – Nr. 50034/99, Obasa/Großbritannien – Rn. 35 für ein arbeitsrechtliches Verfahren.

16 BGH, Urt. vom 14.11.2013, NJW 2014, 220, 222.

17 BVerwG, Urt. vom 23.01.2013, NJW 2014, 96, 99.

18 BSG, Urt. vom 03.09.2014, B 10 ÜG 2/13 R, zit. nach Juris, Rn. 46; vgl. auch BSG, Urt. vom 21.02.2013, NJW 2014, 248, 251 zur Verfahrensdauer im Nichtzulassungsbeschwerdeverfahren; anders noch: BSG, Beschl. vom 16.12.2013, B 10 ÜG 13/13 B, zit. nach Juris, Rn. 6.

19 BVerwG, Urt. vom 11.07.2013, NJW 2014, 96, 100.

20 Vgl. dazu auch *Schenke*, Probleme des Rechtsschutzes bei überlangen Gerichtsverfahren, DVBl. 2016, 745 ff.

kann in schwerwiegenden Fällen neben der Entschädigung ausgesprochen werden.

Die Entschädigungsregelung für überlange Verfahren gilt aufgrund von Verweisungen auf das GVG auch in der Fachgerichtsbarkeit und etwa in anwaltsgerichtlichen Verfahren (vgl. § 173 VwGO, §§ 74a Abs. 7, 112g, 116 Abs. 2 BRAO).

1. Rechtsprechung des Bundesverfassungsgerichts

Das Bundesverfassungsgericht hat sich mit der Gewährung von Rechtsschutz bei überlangen Verfahrensdauern auf Grundlage von § 198 GVG bereits mehrfach befasst und dessen Anwendung durch die Gerichte nahezu durchgängig als verfassungsgemäß angesehen.

Ein Beschwerdeführer wurde darauf hingewiesen, dass er zunächst von der Möglichkeit, beim zuständigen Oberlandesgericht eine Klage auf angemessene Entschädigung für infolge unangemessener Dauer eines Gerichtsverfahrens erlittene Nachteile gemäß § 198 Abs. 1, 201 GVG zu erheben, Gebrauch machen müsse, um den Rechtsweg zu erschöpfen. Seine auf die Verletzung seines Anspruchs auf effektiven Rechtsschutzes wegen langer Verfahrensdauer gestützte Verfassungsbeschwerde sei unzulässig.[21] Die Dauer eines erstinstanzlichen Verfahrens vor einem Sozialgericht, in dem das Verfahren über einen Zeitraum von 30 Monaten nicht mehr bearbeitet wurde (und das insgesamt 5 Jahre dauerte), wurde zwar als zeitlich nicht mehr angemessen angesehen. Die Verfassungsbeschwerde wurde aber gleichwohl nicht zur Entscheidung angenommen, weil die Beschwerdeführerin angesichts des zwischenzeitlich abgeschlossenen fachgerichtlichen Verfahrens kein Rechtsschutzbedürfnis mehr für das Ziel habe, eine überlange Verfahrensdauer durch das Bundesverfassungsgericht feststellen zu lassen. Der Annahme einer Wiederholungsgefahr, die ein fortbestehendes Rechtsschutzbedürfnis für das Verfassungsbeschwerdeverfahren begründen könnte, stünden die (neu eingeführten) §§ 198ff. GVG entgegen.[22]

Zwei Verfassungsbeschwerden gegen Entscheidungen des Bundesfinanzhofs wurden ebenfalls nicht zur Entscheidung angenommen[23]. Der Bundesfinanzhof hatte festgehalten, dass bei einem finanzgerichtlichen Klageverfahren, das kontinuierlich betrieben werde, das keine Besonderheiten aufweise

---

21 BVerfG, Beschl. vom 30.05.2012, BVerfGK 19, 424, 426; vgl. zur Subsidiarität der Verfassungsbeschwerde bei unterlassener Entschädigungsklage auch BVerfG, Beschl. vom 16.10.2014, 2 BvR 437/14, zit. nach Juris; Beschl. vom 28.01.2013, NVwZ 2013, 788, 789; Beschl. vom 20.06.2012, 2 BvR 1565/11, zit. nach Juris, Rn. 13ff.; vgl. für Eilverfahren auch BVerfG, Beschl. vom 05.09.2013, NVwZ 2014, 62, 63; Beschl. vom 06.06.2013, 2 BvQ 26/13, zit. nach Juris.

22 BVerfG, Beschl. vom 13.08.2012, EuGRZ 2012, 666, 667.

23 Beschl. vom 01.07.2015, 2 BvR 1495/14, zit. nach Juris; Beschl. vom 28.09.2015, 2 BvR 1738/14, zit. nach Juris.

und das innerhalb von 24 Monaten nach Klageerhebung durch die Zustellung des Urteils beendet werde, von einer angemessenen Verfahrensdauer auszugehen sei. Statistische Durchschnittswerte seien nur von sehr eingeschränkter Aussagekraft für die Beurteilung der Angemessenheit der Verfahrensdauer, weil es auf die Verhältnisse des jeweiligen Einzelfalls ankomme.[24] In dem zweiten Verfahren hat der Bundesfinanzhof den nach § 198 Abs. 2 S. 1 GVG vermuteten Nachteil als widerlegt angesehen, da die Verfahrensdauer dem Kläger ausschließlich gewichtige Vorteile verschafft habe. Der im Ergebnis für den Kläger positive Ausgang des gesamten Rechtsstreits – die Anerkennung der Zivilprozesskosten als außergewöhnliche Belastung – sei nur durch die lange Verfahrensdauer bei dem Finanzgericht ermöglicht worden.[25]

Das Bundesverfassungsgericht hat die unzutreffende Anwendung der §§ 198 ff. GVG durch die Fachgerichte aber auch schon zum Anlass genommen, die Verfassungsbeschwerden zur Entscheidung anzunehmen.

In einem bei einem Landessozialgericht anhängigen Verfahren hat der Kläger einen Anspruch auf Gewährung von Prozesskostenhilfe für eine Klage auf Entschädigung wegen überlanger Dauer eines sozialgerichtlichen Verfahrens geltend gemacht. Der PKH-Antrag wurde abgelehnt. Das Bundesverfassungsgericht hat den ablehnenden Beschluss aufgehoben. Unter Rückgriff auf § 198 Abs. 1 S. 2 GVG, demzufolge die Angemessenheit der Verfahrensdauer sich nach den Umständen des Einzelfalles richtet, verweist das Gericht auf seine Rechtsprechung, wonach Verfahren, bei denen dem Grunde oder der Höhe nach um Fürsorgeleistungen gestritten wird, zu den Rechtsangelegenheiten gehören, die wegen ihrer Natur und ihrer Bedeutung für die Betroffenen besonders zu fördern seien. Eine besondere Bedeutung für den Betroffenen sei auch bei Rechtsstreitigkeiten anzunehmen, die zwar nicht die Sicherung des Existenzminimums beträfen, sondern laufende Sozialleistungen, wie etwa eine Rente der gesetzlichen Rentenversicherung, auf die der Betroffene zur Sicherung seines laufenden Lebensunterhalts angewiesen sei. Das Landessozialgericht habe verkannt, dass eine Untätigkeit des Sozialgerichts über einen Zeitraum von 30 Monaten der Rechtsschutzgarantie des Art. 19 Abs. 4 GG nicht genüge.[26]

Das Bundesverfassungsgericht hat auch ein Urteil des Schleswig-Holsteinischen Oberlandesgerichts aufgehoben, das eine Entschädigungsklage als unbegründet zurückgewiesen hatte. Der Kläger hätte keine wirksame Verzögerungsrüge erhoben, weil seine Ausführungen in Wortlaut und Inhalt nicht eindeutig und unmissverständlich, sondern mindestens mehrdeutig seien und auch als kollegialer Hinweis angesehen werden könnten. Nach Auffassung des Bundesverfassungsgerichts verletzten die seitens des OLG gestellten Anforderungen an die Auslegung des Begriffs der Verzögerungsrüge bei über-

24 BFH, Urt. vom 18.03.2014, BFH/NV 2014, 1050.
25 BFH, Urt. vom 20.11.2013, BFH/NV 2014, 444.
26 BVerfG, Beschl. vom 08.10.2014, NVwZ 2015, 296, 297.

langer Verfahrensdauer den Beschwerdeführer in seinen Rechten aus Art. 2 Abs. 1 GG in Verbindung mit dem Rechtsstaatsprinzip (Art. 20 Abs. 3 GG). Es sei mit dem Anspruch auf wirkungsvollen Rechtsschutz unvereinbar, in der Formulierung eines anwaltlichen Schriftsatzes „bittet unsere Mandantschaft nach dem ... Gesetz über den Rechtsschutz bei überlangen Gerichtsverfahren um die Erhebung einer förmlichen Verzögerungsrüge“ wegen späterer ausdrücklicher Verfahrensrügen in erster Linie nur einen kollegialen Hinweis auf eine noch zu erhebende Verfahrensrüge zu sehen, und zu berücksichtigen, dass bereits in früheren Schriftsätzen auf die Möglichkeit einer überlangen Verfahrensdauer und den Regelungsgehalt der §§ 198 ff. GVG hingewiesen worden war. Durch die Verzögerungsrüge müsse der Betroffene lediglich sein fehlendes Einverständnis mit der Dauer des Verfahrens zum Ausdruck bringen. Eine ausdrückliche Bezeichnung als „Verzögerungsrüge“ sei nicht erforderlich.[27]

IV. Verzögerungsbeschwerde gem. §§ 97 a ff. BVerfGG

1. Regelung im Gesetz

Für die Verfahren vor dem Bundesverfassungsgericht ist die Verzögerungsbeschwerde nicht in den §§ 198 ff. GVG geregelt, sondern in den §§ 97 a ff. BVerfGG. Auch diese Vorschriften wurden durch das Gesetz über den Rechtsschutz bei überlangen Gerichtsverfahren eingefügt.[28] § 97 a BVerfGG soll zwar in erster Linie die Vorgaben der EMRK erfüllen, hat aber eine darüber hinausgehende Reichweite. Art. 6 Abs. 1 EMRK bezieht von seinem Wortlaut das Verbot überlanger Verfahrensdauer nur auf Rechtsstreitigkeiten zivilrechtlicher Natur und strafrechtlicher Anklagen. Solche Begrenzungen enthält § 97 a BVerfGG nicht, sondern erfasst grundsätzlich sämtliche verfassungsgerichtliche Verfahren.[29]

Wer infolge unangemessener Dauer eines Verfahrens vor dem Bundesverfassungsgericht als Verfahrensbeteiligter einen Nachteil erleidet, wird angemessen entschädigt (§ 97 a Abs. 1 S. 1 BVerfGG). Ob die Dauer eines Verfahrens vor dem Bundesverfassungsgericht angemessen ist, richtet sich nach den Umständen des Einzelfalls unter Berücksichtigung der Aufgaben und der Stellung des Bundesverfassungsgerichts (§ 97 a Abs. 1 S. 2 BVerfGG). Bei der Ermittlung und Bewertung der danach relevanten Umstände ist an die Maß-

27 BVerfG, Beschl. vom 17.12.2015, NJW 2016, 2018 ff.

28 BGBl I 2302; vgl. auch *Zuck,* Die verfassungsprozessuale Verzögerungsbeschwerde, NVwZ 2013, 779 ff., der die §§ 97a ff. BVerfGG als überflüssig ansieht.

29 *Lenz/Hansel*, BVerfGG, Kommentar, 2. Aufl. 2015, § 97a, Rn. 6; einschränkend aber BVerfG, Beschwerdekammer, Beschl. vom 30.07.2013, NVwZ 2013, 1479, 1480.

stäbe anzuknüpfen, die das Bundesverfassungsgericht und der EGMR bei der Beurteilung überlanger gerichtlicher Verfahren entwickelt haben.[30] Ansonsten entsprechen die Regelungen im Bundesverfassungsgerichtsgesetz weitestgehend den Regelungen im Gerichtsverfassungsgesetz. Den organisatorischen und verfahrensmäßigen Besonderheiten des verfassungsgerichtlichen Verfahrens trägt die Vorschrift des § 97b Abs. 1 S. 4 BVerfGG Rechnung, nach der die Verzögerungsrüge frühestens 12 Monate nach Eingang des Verfahrens beim Bundesverfassungsgericht erhoben werden kann. Dem liegt der Gedanke zugrunde, dass beim Bundesverfassungsgericht jedenfalls eine Verfahrensdauer von einem Jahr noch nicht als unangemessen lang anzusehen ist.[31]

Der EGMR hat hinsichtlich des Bundesverfassungsgerichts immer wieder zur Dauer von – vor allem – Verfassungsbeschwerde-Verfahren Stellung genommen. Eine Verfahrensdauer beim Bundesverfassungsgericht von 3 Jahren und 9 Monaten sowie von 4 Jahren und 8 Monaten sei insbesondere wegen der besonderen Umstände bei der Wiedervereinigung Deutschlands gerade noch hinnehmbar.[32] Ein Verfahren, das über 11 Jahre gedauert habe, sei jedoch zu lang und eine Verletzung von Art. 6 Abs. 1 EMRK.[33] In einer neueren Entscheidung[34] hat der EGMR die Dauer eines Verfahrens vor dem Bundesverfassungsgericht von viereinhalb Jahren noch als angemessen angesehen. Die Bezeichnung von Verfahrensdauern von 4 und mehr Jahren als angemessen dürfte bei den Beschwerdeführern jedoch auf wenig Verständnis stoßen.

2. Rechtsprechung des Bundesverfassungsgerichts

Von der Möglichkeit der Verzögerungsbeschwerde gemäß § 97a ff. BVerfGG wird nur in einem geringen Umfang Gebrauch gemacht. Im Jahr 2012 – kurz nach Einführung der Verzögerungsbeschwerde, vgl. die Übergangsregelung des § 97e BVerfGG – wurden 33 Eingänge verzeichnet. 28 Beschwerden wurden verworfen, eine zurückgewiesen. Im Jahr 2013 waren nur noch 9 Eingänge zu verzeichnen. Mit dem anhängigen Verfahren aus dem Jahr 2012 wurden insgesamt 10 Beschwerden verworfen. Nicht anders sieht das Bild für das Jahr 2014 aus. 15 Verzögerungsbeschwerden sind eingegangen, 14 wurden verworfen. Im Jahr 2015 waren sogar nur drei Eingänge zu verzeichnen. Drei Beschwerden wurden verworfen. Ansonsten ist das Jahr 2015 ein Ausreißer. Es gab nämlich eine Stattgabe mit einer Entschädigung i.H.v. 3000 € (dazu später). Im Jahre 2016 waren 11 Eingänge zu verzeichnen. Davon wur-

30 Vgl. BVerfG, Beschwerdekammer, Beschl. vom 01.10.2012, NVwZ 2013, 789, 790f.

31 BVerfG, Beschwerdekammer, Beschl. vom 01.10.2012, NVwZ 2013, 789, 791.

32 EGMR, Entscheidung vom 02.03.2000, 52 442/99 – Schwengel/Deutschland und Entscheidung vom 24.01.2002, 5244/99 – Goretzki/Deutschland.

33 EGMR, Urt. vom 06.11.2008, NVwZ 2010, 177, 178.

34 EGMR, Urt. vom 04.09.2014, NJW 2015, 3359ff.

den acht Beschwerden verworfen und eine zurückgewiesen. Zwei Beschwerden waren zum 31.12.2016 noch anhängig.[35]

Die beim Bundesverfassungsgericht für die Verzögerungsrügen zuständige Beschwerdekammer (§ 97c BVerfGG) sieht mithin wenig Veranlassung, in den wenigen bei ihr anhängigen Fällen eine Entschädigung zuzusprechen. In der Regel werden die Beschwerden nicht einmal zurückgewiesen, sondern (nur) verworfen. Bei Juris sind fünf Entscheidungen zu § 97a BVerfGG dokumentiert.

Zwei Verzögerungsbeschwerden, die sich gegen die Dauer zweier Organstreitverfahren richteten, hat das Bundesverfassungsgericht als unzulässig verworfen.[36] Der Beschwerdeführer habe einen Nachteil im Sinne des § 97a Abs. 1 S. 1 BVerfGG nicht substantiiert dargelegt. Die Verzögerungsbeschwerden beträfen Organstreitverfahren, weshalb der Beschwerdeführer gehalten gewesen sei, seine subjektive Betroffenheit durch die behauptete Verfahrensverzögerung darzulegen. Dies sei nicht erfolgt.

Auch die Verfahrensdauer eines Wahlprüfungsverfahrens von ca. 18 Monaten sei nicht zu beanstanden.[37] Aus dem öffentlichen Interesse an der raschen und verbindlichen Klärung der ordnungsgemäßen Zusammensetzung des Parlaments folge kein genereller Bearbeitungsvorrang von Wahlprüfungsverfahren. Richte sich die Wahlprüfungsbeschwerde mittelbar gegen die Vereinbarkeit wahlrechtlicher Regelungen mit dem Grundgesetz, so werde eine angemessene Verfahrensdauer regelmäßig dann anzunehmen sein, wenn eine Entscheidung so rechtzeitig vor Ablauf der Legislaturperiode ergehe, dass eine erforderliche Änderung des Wahlrechts noch vor der nächsten Wahl möglich sei.

Die Dauer eines Verfassungsbeschwerdeverfahrens von viereinhalb Jahren hat das Bundesverfassungsgericht nicht als unangemessene Verfahrensdauer angesehen.[38] Der Berichterstatter, dem das Verfassungsbeschwerdeverfahren zugewiesen worden sei, sei rund ein Jahr und 8 Monate nach Eingang der Verfassungsbeschwerde ausgeschieden. Regelmäßig seien Richter des Bundesverfassungsgerichts in der letzten Phase ihrer 12-jährigen Amtszeit bestrebt, vor ihrem Ausscheiden bereits begonnene umfangreiche Verfahren, namentlich Senatsverfahren, abzuschließen. Dies sei sachdienlich. Nachfolgend sei das Verfahren zurückgestellt worden, um zunächst in einem Parallelverfahren zu entscheiden. Die dadurch bedingte Verfahrensverzögerung um etwa zwei weitere Jahre sei durch sachliche Gründe gerechtfertigt und

35 Vgl. für das Jahr 2016: www.bundesverfassungsgericht.de/DE/Verfahren/Jahresstatistiken/2016/gb2016/A-IX.pdf?__blob=publicationFile&v=2 (Stand: 12.03.2017).

36 BVerfG, Beschwerdekammer, Beschl. vom 30.07.2013, NVwZ 2013 1479f.

37 BVerfG, Beschwerdekammer, Beschl. vom 30. August 2016, 2 BvC 26/14 – VZ 1/16 –, zitiert nach Juris.

38 BVerfG, Beschwerdekammer, Beschl. vom 01.10.2012, NVwZ 2013,789ff.

nicht unangemessen gewesen. Das nachfolgende Verfahren sei in angemessener Dauer verlaufen.[39]

Auch in einem weiteren Fall hat das Bundesverfassungsgericht eine Verfahrenslaufzeit von rund 4 Jahren und 8 Monaten nicht als unangemessen lang angesehen.[40] Der Beschwerdeführer verfolgte im Ausgangsverfahren die Löschung seiner personenbezogenen Daten aus dem staatsanwaltschaftlichen Verfahrensregister und wandte sich überdies gegen die Abgabe einer ihn betreffenden Strafakte an das Landesarchiv des Landes Nordrhein-Westfalen. Drei Monate nach Erhebung der Verzögerungsrüge wurde die Verfassungsbeschwerde nicht zur Entscheidung angenommen. Die anschließend erhobene Verzögerungsbeschwerde wurde zurückgewiesen. In dem unter anderem für das Datenschutzrecht zuständigen Dezernat des Berichterstatters, dem die Verfassungsbeschwerde zugeschrieben worden sei, seien im fraglichen Zeitraum außergewöhnlich viele Verfahren besonderen Umfangs anhängig gewesen, die sehr bedeutsam gewesen seien. Deren vordringliche Erledigung rechtfertige die Zurückstellung von vergleichsweise weniger umfangreichen und weniger bedeutsamen Verfahren wie demjenigen des Beschwerdeführers. Auch lasse die Nichtannahme einer Verfassungsbeschwerde nicht den Rückschluss zu, es habe sich um ein einfaches, keiner substantiellen inhaltlichen Prüfung bedürftiges und damit kurzfristig zu erledigendes Verfahren gehandelt. Dies gelte zumal dann, wenn der Nichtannahmebeschluss – wie vorliegend – mit einer gesetzlich nicht gebotenen Begründung versehen worden sei.

Mit Beschluss vom 20.08.2015 hat das Bundesverfassungsgericht erstmals (und soweit ersichtlich bisher einmalig) eine Beschwerdeführerin wegen der unangemessenen Dauer ihres Verfassungsbeschwerdeverfahrens nach § 97a BVerfGG entschädigt.[41] Das Gericht hat der Beschwerdeführerin eine Entschädigung i. H. v. 3000 € zugesprochen. Ausgehend von den für das fachgerichtliche Verfahren entwickelten Regelungen für die Gewährung von Rechtsschutz innerhalb angemessener Zeit hält das Bundesverfassungsgericht fest, dass diese Regeln dem Grundsatz nach auch für das Bundesverfassungsgericht gelten, das nach Art. 92 GG Teil der rechtsprechenden Gewalt sei. Allerdings würden sie gemäß § 97a Abs. 1 S. 2 BVerfGG modifiziert. In organisatorischer Hinsicht sei beim Bundesverfassungsgericht anders als bei den Fachgerichten eine Kapazitätsausweitung zur Verkürzung der Verfahrensdauer als Reaktion auf gesteigerte Eingangszahlen oder ein Eingreifen des Gesetzgebers grundsätzlich nicht möglich, da die Struktur des Gerichts durch seine Funktion bedingt und durch die Verfassung und das BVerfGG vorgegeben seien. Auch ergäben sich verfahrensmäßige Besonderheiten aus der Auf-

---

39 Kritisch zu dieser Entscheidung: *Zuck*, Die verfassungsprozessuale Verzögerungsbeschwerde, NVwZ 2013, 779, 780 f.

40 BVerfG, Beschwerdekammer, Beschl. vom 08.12.2015, NJW 2016, 2021 f.

41 BVerfG, Beschwerdekammer, Beschl. vom 20.08.2015, NJW 2015, 3361 ff.

gabe der verbindlichen Auslegung der Verfassung, die grundsätzlich in jedem verfassungsgerichtlichen Verfahren eine besonders tiefgehende und abwägende Prüfung erforderten, die einer Verfahrensbeschleunigung ebenfalls Grenzen setze.

Die Verfahrensdauer von insgesamt 30 Monaten sei als unangemessen zu sehen. Zwar erscheine die Gesamtdauer des Verfahrens unter Berücksichtigung der Aufgaben und der Stellung des Bundesverfassungsgerichts für sich gesehen nicht ohne Weiteres unangemessen. Die Unangemessenheit der Dauer des Verfahrens folge aber daraus, dass die Frage der Senatszuständigkeit eineinhalb Jahre ungeklärt blieb und die Sache zudem nach einer Änderung der Geschäftsverteilung für die weitere Dauer von einem Jahr und 10 Monaten nicht an den nunmehr zuständigen Richter des anderen Senats abgegeben worden sei. Lege man den als unangemessen einzustufenden Zeitraum der Verfahrensdauer von zweieinhalb Jahren zugrunde, ergebe sich nach § 97 a Abs. 2 S. 3 BVerfGG ein Entschädigungsbetrag i. H. v. 3000 €. Eine bloße Feststellung, dass und in welchem Umfang die Dauer des Verfassungsbeschwerdeverfahrens unangemessen gewesen sei oder eine Wiedergutmachung auf andere Weise erscheine angesichts der Umstände des Einzelfalls nicht ausreichend.

Es kommt somit auf den Einzelfall und auch darauf an, ob die Beschwerdekammer Gründe findet, weshalb auch ein mehrjähriges Verfassungsbeschwerdeverfahren als zeitlich angemessen eingestuft werden kann. Dass nur eine einzige Entscheidung bisher zugunsten desjenigen ergangen ist, der eine Verzögerungsbeschwerde erhoben hat, legt nahe, dass dieses Rechtsmittel keinen wirklichen Einfluss auf die Verfahrensdauer nehmen wird.

V. Resümee

Auch die Einführung der §§ 198 ff. GVG dürfte nicht zu einer signifikanten Beschleunigung der Gerichtsverfahren beigetragen haben. In der Rechtsprechung des Bundesverfassungsgerichts spielen diese Vorschriften auch keine maßgebliche Rolle. Wie schon zuvor werden Gerichtsentscheidungen, die erst nach einem sehr langen Zeitraum ergehen, einer (Willkür-)Kontrolle unterzogen. In Extremfällen führt dies vereinzelt zur Aufhebung der Entscheidung. Dafür wäre die Einführung der §§ 198 ff. GVG aber nicht erforderlich gewesen. Auch der Feststellung von Zuck, die verfassungsprozessuale Verzögerungsbeschwerde sei überflüssig[42], ist zuzustimmen. Wenn dieses Rechtsmittel auch bei Verfahrensdauern von um die vier Jahre in fünf Jahren nur in einem einzigen Fall Erfolg hat, stellt sich durchaus die Frage nach der Exis-

42 NVwZ 2013, 779, 781.

tenzberechtigung. Die Statistiken zeigen, dass auch weiterhin nicht wenige Verfahren Verfahrensdauern aufweisen, die – auch aus verfassungsrechtlichen Gründen – nicht akzeptiert werden können. *Christian Kirchberg* hat zu Recht festgehalten, dass die sehr geringe Erfolgsquote von Entschädigungsklagen wegen unangemessener Dauer verwaltungsgerichtlicher Verfahren auch und gerade die Akteure in der Verwaltungsgerichtsbarkeit nicht zu der Annahme verleiten darf, das Problem der Dauer verwaltungsgerichtlicher Verfahren habe sich erledigt.[43] Das Erfordernis der (weiteren) Verkürzung der Laufzeiten verfassungs- und verwaltungsgerichtlicher Verfahren ist zusammen mit *Christian Kirchberg* weiterhin zu betonen.

43 DVBl. 2015, 675, 679.

Was darf Satire? – Eine rechtliche Annäherung in Form eines „Ringmodells"*

Jürgen Kühling

I. Einführung

„Was darf Satire?", fragte Kurt Tucholsky in einem Text vom 27. Januar 1919, also eine Woche nach den Wahlen zur Weimarer Nationalversammlung, die eine neue Reichsverfassung ausarbeiten sollte, und damit noch vor deren Inkrafttreten mit ihren liberalen Grundrechten. Tucholskys Antwort auf die Frage war bekanntlich: „Alles". Legt man sich bald 100 Jahre später auf dem Boden des Grundgesetzes diese Frage erneut vor, müsste als knappe Antwort die Formel wohl lauten: „Sicherlich ziemlich viel, aber bestimmt nicht alles". Denn das ist die Quintessenz der Rechtsprechung des Bundesverfassungsgerichts zu den hier einschlägigen Grundrechtskollisionen, die es aufzulösen gilt. So streiten zwar zugunsten der Satirefreiheit der Schutz der Meinungsäußerung aus Art. 5 Abs. 1 S. 1 Hs. 1 GG und der Kunst aus Art. 5 Abs. 3 S. 1 Alt 1 GG. Sie verdrängen regelmäßig entgegenstehende Rechtspositionen und insbesondere das allgemeine Persönlichkeitsrecht und den Ehrschutz aus Art. 5 Abs. 2 GG bzw. Art. 2 Abs. 1 i. V. m. Art. 1 Abs. 1 GG. Die Abwägung im Einzelfall ist gleichwohl schwierig und die gerichtlichen Entscheidungen auch aus Karlsruhe sind keineswegs immer einfach zu prognostizieren. Dabei ist die Frage gerade in den vergangenen Jahren so aktuell wie selten zuvor gewesen. 2015 kam es in der Folge von Mohammed-Karikaturen zu einem blutigen Anschlag auf die Redaktionsräume der französischen Satirezeitschrift „Charlie Hebdo".[1] 2016 führte ein Satirebeitrag Jan Böhmermanns in der ZDF-Sendung „Neo Magazin Royal" zu einer Staatsaffäre.[2]

Das verfassungsrechtliche Credo „im Zweifel für die Freiheit der Äußerung" prägen dabei die Grenzen, die im einfachen Gesetzesrecht und in dessen Vollzug der Satire gesetzt werden können. Diese Grenzen können durch strafrechtliche Verurteilungen, behördliche Verbote oder zivilgerichtliche

---

* *Christian Kirchberg* hat sich in seinem Oeuvre verschiedentlich mit Fragen der Meinungsfreiheit befasst, siehe insbesondere zu den Grenzen der Satire auch mit Blick auf den Fall Böhmermann, *Kirchberg*, Öffentliches Medienrecht mit privatrechtlichen Bezügen: Ein Studienbuch in 12 Lektionen, 2016, S. 48 ff. (50).

1 Schon 2005 hatte der Streit um den Abdruck von zwölf Mohammed-Karikaturen in der dänischen Tageszeitung „Jyllands-Posten", wovon auf einer Mohammed mit einem Turban in Form einer Bombe mit brennender Lunte abgebildet wurde, kontroverse Debatten ausgelöst. In der Folge kam es in Dänemark und im Ausland zu teils friedlichen, teils aber auch gewalttätigen Protesten mit zahlreichen Toten.

2 Dazu sogleich unten III.2.

Untersagungen und Schadensersatzansprüche gezogen werden. Sie unterliegen allesamt einer verfassungsrechtlichen und verfassungsgerichtlichen Kontrolle. Im Folgenden soll ein „Ringmodell" der rechtlichen Bewältigung entsprechender Konflikte skizziert werden. Im inneren Ring stehen die strafrechtlichen Sanktionen satirischer Äußerungen als „ultima ratio"[3] hoheitlicher Intervention (dazu III.). Ebenfalls hohe, wenn auch regelmäßig etwas geringere Anforderungen sind an sonstige hoheitliche Sanktionen satirischer Äußerungen zu stellen, seien es Verbreitungsverbote im Rahmen verwaltungsrechtlicher Maßnahmen, gerichtlich sanktionierte Unterlassungsverfügungen oder zivilrechtliche Schadensersatzansprüche (dazu IV.). Einen weiter greifenden Sanktionsring stellt die ethische Bewertung satirischer Inhalte im Sinne einer sittlichen Beurteilung dar, die keine staatlichen Sanktionen impliziert. In diesen dritten Ring ist auch die selbstregulatorische Tätigkeit des Presserates einzuordnen (dazu V.). Schließlich markieren ergänzende Klugheitsregeln einen vierten Ring. Bevor diese einzelnen Ringe näher beleuchtet werden können, soll ein kurzer Abriss der Geschichte und Funktion der Satire erfolgen, da dies für die folgenden Ausführungen von zentraler Bedeutung ist (dazu II.). Ein Fazit rundet den Beitrag ab (dazu VI.).

II. Ein Schlaglicht auf die Geschichte und Funktion der Satire

Historisch betrachtet hat die Satire sehr früh die Funktion der kritischen Reflektion gesellschaftlicher Zustände erfüllt. Das galt schon in der Antike[4] und die Reichweite der politischen Satire ist durchaus ein wichtiger Gradmesser für die Entwicklung freier und kritischer Medien in einer heranreifenden rechtsstaatlichen Demokratie. In der Weimarer Republik erlebte die politische Satire in Deutschland eine Blütezeit. Zu ihren Vertretern gehörte der eingangs zitierte Kurt Tucholsky. Schon das Reichsgericht musste sich dementsprechend mit dem Wesen der Satire befassen und verwies in einem bekannten Urteil aus dem Jahr 1928 auf ihren übertreibenden Charakter, die Verfremdung des Aussagegehalts durch ein verzerrendes Gewand, aber auch auf die inhaltliche Stoßrichtung, Missstände anzuprangern.[5] Noch heute wird auf die damalige Rechtsprechung des Reichsgerichts verwiesen, da sie wesentliche Elemente der Satire benennt, die auch in der Literaturwissenschaft

---

3 S. dazu kritisch *Gärditz*, JZ 2016, 641 (644) und zustimmend *Landau*, NStZ 2015, 665 (668); grundlegend BVerfGE 39, 1 (46).

4 S. zur historischen Entwicklung und zum Folgenden im Überblick *Oppermann*, Ehrensache Satire. Zur Frage satirischer Ehrbeeinträchtigungen im Strafrecht, 2015, S. 30 ff.

5 RGSt 62, 183 f.

hervorgehoben werden. Das sind namentlich die Schärfe in der Form, der normative Gehalt und Maßstab sowie das Verfremdende.[6]

Prägendes Element der Satire ist es aber nicht nur, dass sie Einfluss zu nehmen versucht auf den Meinungsbildungsprozess. Wichtig ist ihr humorvolles, spielerisches Wesen. Satire will ein „befreiendes Lachen“ ermöglichen, eine Gegenreaktion gerade auf machtvolle Instanzen, sei es in der Politik, Wirtschaft oder in der Kirche. Zugespitzt spricht *Oppermann* von einer friedlichen Aggressions- und Angstbewältigung,[7] die zugleich einen Stabilisierungsbeitrag zu einer wehrhaften, aufgeklärten Gesellschaft leistet. Nicht selten ist die Satire geprägt durch das Ausloten und ultimativ auch die Überschreitung der Grenzen des Zulässigen.[8]

Vor diesem Hintergrund geriet die Satire immer wieder in den Fokus der Justiz – in straf-, zivil-, verwaltungs- und verfassungsgerichtlichen Streitigkeiten. Nicht nur der Redakteur von Tucholsky, Carl von Ossietzky, musste sich in der Weimarer Republik vor Gericht für die Äußerung „Soldaten sind Mörder“ verantworten,[9] sondern auch gegenwärtige Satirebeiträge und -magazine, allen voran die Satirezeitschrift „Titanic“.[10]

---

6 *Gärtner*, Was die Satire darf. Eine Gesamtbetrachtung zu den rechtlichen Grenzen einer Kunstform, 2009, S. 22 ff., auch unter ausführlicher Rezeption der literaturwissenschaftlichen Einordnung sowie der Rechtsprechung des Bundesverfassungsgerichts und der Instanzgerichte; zuletzt etwa *Klass*, AfP 2016, S. 477 (478).

7 *Oppermann* (Fn. 4), S. 41.

8 Vgl. auch *Klass*, AfP 2016, 477 (479).

9 In der Sache ging es um einen Satz aus einer von Tucholsky unter dem Pseudonym *Iganz Wrobel* veröffentlichten Glosse in der zur damaligen Zeit von Carl von Ossietzky herausgegebenen Wochenzeitschrift „Die Weltbühne“; zum Prozess und seine Folgewirkungen zusammenfassend *Hepp*, Der Prozess gegen Carl von Ossietzky 1932 – zur (unendlichen) Geschichte eines Streits, abrufbar im WWW unter der URL http://www.zeit.de/1995/46/Der_Prozess_gegen_Carl_von_Ossietzky_1932_-, letzter Abruf am 3.1.2017. Das Zitat war in der Folge immer wieder Gegenstand satirischer Bezugnahmen und gerichtlicher Auseinandersetzungen; siehe zuletzt etwa zur Bezeichnung eines Bundeswehrsoldaten mit dem Klammerzusatz „geb. Mörder“ in der Satirezeitschrift „Titanic“ BVerfGE 86, 1; siehe ferner BVerfGE 93, 266.

10 So soll allein in der Zeit von 1979 bis 2001 in 40 Gerichtsverfahren gegen das Satiremagazin „Titanic“ die Verbreitung von 28 Ausgaben zumindest teilweise untersagt worden sein, siehe den Beitrag „Satire“ in Wikipedia, letzter Abruf am 2.1.2017; weitere Berichte heben hervor, dass Verurteilungen zu Schadensersatzzahlungen für das Magazin teilweise existenzbedrohend waren, siehe die Hinweise im Bericht vom 15.4.2016 des „br“, abrufbar im WWW unter der URL http://www.br.de/nachrichten/satire-gericht-meinungsfreiheit-100.html, letzter Abruf am 2.1.2017.

III. Die verfassungsrechtlich zulässige Reichweite strafrechtlicher Sanktionen

1. Maßstäbe in der verfassungsgerichtlichen Judikatur

In verfassungsrechtlicher Hinsicht schützen die Meinungsfreiheit aus Art. 5 Abs. 1 S. 1 Hs. 1 GG und die Kunstfreiheit aus Art. 5 Abs. 3 S. 1 Alt. 1 GG die Satire. Das Bundesverfassungsgericht zieht den Schutzbereich der Meinungsfreiheit dabei bekanntlich sehr weit. Auch scharfe und überzogene Äußerungen, polemische und verletzende Inhalte unterfallen dem Schutz der Meinungsfreiheit.[11] Besonders streng sind die Grenzen für die strafrechtliche Ahndung einer Meinungsäußerung. Hier ist zum einen zu gewährleisten, dass die Äußerung des Satirikers sorgfältig herausgearbeitet wird. So „darf Erklärungen kein Inhalt untergeschoben werden, den ihnen ihr Urheber erkennbar nicht beilegen wollte“[12]. Dazu muss in einem ersten Schritt der Aussagekern einer Satire von seiner künstlerischen Einkleidung getrennt werden. Anschließend müssen in einem zweiten Schritt beide Elemente daraufhin überprüft werden, ob Verletzungswirkungen von ihnen ausgehen. Dabei unterliegt der Aussagekern einer strengeren Prüfung als die Einkleidung. Denn die Einkleidung macht ja gerade den satirischen Charakter aus. Sie enthält die Übertreibung und Verzerrung. Diese Differenzierung geht schon auf die Rechtsprechung des Reichsgerichts zurück.[13]

Grundsätzlich ist sodann zwischen der Meinungsfreiheit und dem Persönlichkeitsrecht abzuwägen. Bei einer Schmähkritik kann darauf hingegen verzichtet werden. Daher sind an eine Qualifikation der Äußerung als Schmähkritik hohe Anforderungen zu stellen. Entscheidend ist hierfür, dass es dem Satiriker nicht mehr um die Sache geht, sondern „die Diffamierung der Person im Vordergrund steht.“[14] Erfolgt Satire aber in ihrer traditionellen Perspektive als scharfe, verfremdende Kritik an gesellschaftlichen Gegebenheiten, dann wird eine die Öffentlichkeit wesentlich berührende Frage regelmäßig vorliegen. Ein derart weitgehendes Verständnis der Meinungs- und Kunstfreiheit wird der Funktion dieser Grundrechte in einer liberalen Gesellschaft gerecht. In der Konsequenz bedeutet es, dass die strafrechtliche Ahndung von Satire äußerst selten ist.

---

11 BVerfGE 61, 1 (7); BVerfGE 85, 1 (16).

12 BVerfG, Beschl. v. 1.8.2001, 1 BvR 1906/97, Rn. 18, abrufbar im WWW unter der URL http://www.bverfg.de/e/rk20010801_1bvr190697.html, letzter Abruf 4.1.2017.

13 Siehe den Hinweis in Fn. 5.

14 BVerfG, Beschl. v. 29.6.2003, 1 BvR 2145/02, Rn. 15, abrufbar im WWW unter der URL http://www.bverfg.de/e/rk20030729_1bvr214502.html letzter Abruf 4.1.2017; siehe ferner BVerfGE 82, 272 (284); 93, 266 (294).

2. Das Beispiel der strafrechtlichen Bewertung des Falls Böhmermann

Dies sei mit Blick auf die intensiv diskutierte Frage der Strafbarkeit des „Schmähgedichts“ von Böhmerman als Beleidigung im Sinne des § 185 StGB[15] exemplifiziert. Der erste wesentliche Schritt der rechtlichen Bewertung besteht hier darin, das Schmähgedicht interpretatorisch in den Kontext des Gesamtbeitrags einzuordnen. So ist die Einkleidung besonders komplex. Zwar enthält das Schmähgedicht selbst zweifellos eine „Aneinanderreihung von heute (vor allem) unter männlichen Jugendlichen verbreiteten verbalpornografischen Stereotypen“, sodass „diese Figuren des privaten pubertären Ausagierens der Lust an der Regression“ die breite Öffentlichkeit erreicht hat.[16] Allein die Einleitung, dass der Vortrag des folgenden Gedichts strafbar sei, kann als „disclaimer“ nicht per se eine andere Bewertung begründen. Bleibt man hierbei stehen, ist das Ergebnis einfach und eine Qualifikation als strafbare Beleidigung naheliegend. Aber in dem Beitrag geht es tatsächlich auch um das Ausloten einer freien wehrhaften Demokratie, in der auch Ungeheuerliches, Widerliches und Abschreckendes gesagt werden kann und dies erst recht in Bezug auf einen die Pressefreiheit in seinem Land mit Füßen tretenden Machthaber. Nicht erst dann, wenn Erdogan aufgrund von Menschenrechtsverletzungen den Schutz der persönlichen Ehre verlöre,[17] ist daher eine andere, rechtfertigende Bewertung der Äußerung möglich. Sodann macht das Auseinanderklaffen der Form der Satire und des Aussagekerns die Bewertung so diffizil. Das Seminarhafte, die „quasi-edukatorische“[18] Einbettung des Gedichts, die Stoßrichtung, Erdogan mit den Mitteln der Satire die Grenzen seiner Handlungsfähigkeit im Kampf gegen die Kritik an seiner Person und seiner Regierung aufzuzeigen, das Vermischen obszöner, bodenloser und anlassloser Vorhaltungen mit kritischen Anmerkungen zu tatsächlichen Vorgängen[19] erschweren die eindeutige Beurteilung. Dementsprechend ist das kontextfreie Verbreiten des Gedichts, etwa im Rahmen einer Demonstration, schon viel eher strafrechtlich als Beleidigung zu qualifizieren.[20]

15 Auf die Besonderheiten der Spezialvorschrift des § 103 StGB soll vorliegend nicht eingegangen werden, dessen Streichung geplant ist. Am 16.12.2016 hat der Bundesrat eine entsprechende Gesetzesinitiative beschlossen. Für die Abschaffung plädieren auch zahlreiche Wissenschaftler, siehe etwa *Kühne*, GA 2016, 437 (442).

16 So die treffende Einordnung bei *Ladeur*, ZUM 2016, 775.

17 So die im Ergebnis verworfene Überlegung bei *Ladeur*, ZUM 2016, 775 (776).

18 *Fahl*, NStZ 2016, 313 (316: „quasi-edukatorischen Zusammenhang“); *Schneider/Fleischmann*, jurisPR-ITR 20/2016 Anm. 2 „quasi-edukatorische Einbettung“ unter Hinweis auf Formulierungen („quasi-edukatorischen Gesamtkontext“) bei *Thiele*, Verfassungsblog.de, abrufbar im WWW unter der URL http://verfassungsblog.de/erlaubte-schmaehkritik-die-verfassungsrechtliche-dimension-der-causa-jan-boehmermann/, letzter Abruf am 3.1.2017.

19 So spielt der Vers „Er ist der Mann, der Mädchen schlägt/und dabei Gummimasken trägt.“ auf die gewaltsame Auflösung von Demonstrationen durch türkische Polizisten an, die aufgrund des Einsatzes von Tränengas Schutzmasken trugen.

20 So bestätigte das VG Berlin mit Beschluss v. 14.4.2016, VG 1 L 268.16, DVP 2016, 305, BeckRS 2016, 47225, eine entsprechende Untersagungsverfügung der Versammlungsbehörde, das

Beachtet man sodann, dass das Bundesverfassungsgericht zu Recht von der für die Annahme einer Schmähkritik notwendigen persönlichen Diffamierungsabsicht bei öffentlichkeitsrelevanten Fragen nur selten ausgeht und diese vor allem bei Privatfehden als relevant ansieht,[21] und berücksichtigt man ferner, dass die Äußerung „in jedem denkbaren Sachzusammenhang als bloße Herabsetzung“[22] zu qualifizieren sein muss, scheidet eine Einordnung als Schmähkritik trotz der Überschrift „Schmähgedicht“ im Fall Böhmermann irritierender Weise aus. Gerade in Bezug auf die geäußerten Vorwürfe unanständiger sexueller Verhaltensweisen (insbesondere der Neigungen zur Zoophilie) kann bei einer interpretatorischen Würdigung des Gesamtkontextes kaum angenommen werden, dass Böhmermann diese dem türkischen Ministerpräsidenten ernsthaft unterstellt. Vielmehr liegt es näher, den Gesamtbeitrag anders zu verstehen: Erdogan hat mit dem Versuch einer unzulässigen Einflussnahme auf das öffentlich-rechtliche Fernsehen in Deutschland mit Blick auf die harmlose Satiresendung Extra3 als Spitze der Gefährdung der Menschenrechte einschließlich der Pressefreiheit in der Türkei nach deutschen Maßstäben ein Tabu gebrochen. Diesem Tabubruch tritt Böhmermann aufs Schärfste entgegen mit einem eigenen Tabubruch und erfüllt damit geradezu die Kernfunktion der Satire.[23]

Wenn aber der Charakter einer Schmähkritik zurückzuweisen ist, hat eine Abwägung zu erfolgen. Dabei ist die Ehrverletzung auf den ersten Blick äußerst scharf, gerade angesichts der Anwürfe mit Sexualbezug. Dies ist jedoch aufgrund der aufgezeigten Verfremdungswirkungen des edukatorischen Kontexts, des offensichtlich satirischen Charakters gerade der Textpassagen mit sexuellen Inhalten, die jeglichen Wirklichkeitsbezug vermissen lassen, zu relativieren. Schwer wiegt sodann auf der anderen Seite, dass das Einbestellen des deutschen Botschafters in der Türkei als Reaktion auf eine vollkommen harmlose Satiresendung der ARD, die kritisch gegenüber Erdogan war, seinerseits einen ungeheuerlichen Vorgang darstellt. Auf diesen Tabubruch durfte Böhmermann also durchaus mit einem Tabubruch im Sinne des

---

„Schmähgedicht“ während einer Versammlung gegenüber dem Grundstück der türkischen Botschaft in Berlin als „stille Demonstration mit künstlerischen Schrifttafeln“ zu verbreiten.

21 BVerfG, Beschl. v. 24.7.2013, 1 BvR 444/13, 1 BVR 527/13, Rn. 21, abrufbar im WWW unter der URL http://www.bverfg.de/e/rk20130724_1bvr044413.html letzter Abruf 4.1.2017; Beschl. v. 28.9.2015, 1 BvR 3217/14, Rn. 14, abrufbar im WWW unter der URL http://www.bverfg.de/e/rk20150928_1bvr321714.html, letzter Abruf 4.1.2017.

22 BVerfG, Beschl. v. 5.12.2008, 1 BvR 1318/07, Rn. 16, abrufbar im WWW unter der URL http://www.bverfg.de/e/rk20081205_1bvr131807.html letzter Abruf 4.1.2017; Beschl. v. 12.5.2009, 1 BvR 2272/04, Rn. 35, abrufbar im WWW unter der URL http://www.bverfg.de/e/rk20090512_1bvr227204.html, letzter Abruf am 4.1.2017.

23 So auch die ausführliche Bewertung der Generalstaatsanwaltschaft, S. 10f. abrufbar im WWW unter der offiziellen URL http://www2.mjv.rlp.de/icc/justiz/nav/634/broker.jsp?uMen=634b8374-d698-11d4-a73d-0050045687ab&uCon=a1420dc9-0951-c751-b5e8-0d0102e4e271&uTem=aaaaaaaa-aaaa-aaaa-aaaa-000000000042, letzter Abruf 4.1.2017.

„Rechts zum Gegenschlag"[24] reagieren. Dabei handelte es sich im Übrigen um eine hoch brisante öffentliche Diskussion, die auch vor dem Hintergrund zu sehen ist, dass die gesamte Stoßrichtung des Beitrags auf die Kritik an einer rechtsstaatsfernen Ausübung der Staatsmacht zielt, die einen Angriff auf die Freiheit der Medien im Allgemeinen und der Satire im Besonderen darstellt. Angesichts dieser Umstände sprechen im Ergebnis die besseren Gründe gegen eine strafrechtliche Verurteilung.[25] Die gebotene verfassungskonforme Auslegung des § 185 StGB unter Beachtung der Wechselwirkungslehre[26] streitet demnach für die Freiheit der Meinungsäußerung. Eine zusätzliche Schutzwirkung aufgrund des „Kunstbezugs"[27] ist jenseits der Interpretationsnotwendigkeit verfremdeter satirischer Äußerungen regelmäßig und auch vorliegend gering.

Dieser sehr extreme Fall zeigt exemplarisch: Die Anwendung der Meinungsfreiheit drängt strafrechtliche Verbotstatbestände weitgehend zurück.

3. Exkurs: Weitgehender Schutz der Äußerung auch bei zweifelhaftem Satirecharakter

Ergänzend ist darauf hinzuweisen, dass dabei nicht jede scharfe Meinungsäußerung als Satire zu qualifizieren ist. Doch auch ohne eine derartige Qualifikation zeigen sich rasch die Grenzen der strafrechtlichen Sanktionsfähigkeit. Das lässt sich aufzeigen am Beispiel der Bewertung selbst gebastelter Galgen auf PEGIDA-Demonstrationen, auf denen Warnungen an den ehemaligen Wirtschaftsminister Gabriel und Kanzlerin Merkel[28] ausgesprochen wurden und die von jenem Demonstranten und seinem Anwalt seinerzeit als Satire deklariert wurden. Insoweit ist festzustellen: Satire darf nicht nur nicht alles. Es ist auch nicht alles Satire, was der Autor als solche bezeichnet. Zur

---

24 Kritisch dazu *Hufen*, JuS 2016, 762 (764); BVerfG, Beschl. v. 10.3.2016, 1 BvR 2844/13, Rn. 29, abrufbar im WWW unter der URL http://www.bverfg.de/e/rk20160310_1bvr284413.html, letzter Abruf am 4.1.2017.

25 Ebenso *Rusch/Becker*, AfP 2016, 201 (204); *Christoph*, JuS 2016, 599 (603); a.A. *Fahl*, NStZ 2016, 313 (318).

26 So *Fahl*, NStZ 2016,313 (316); BVerfGE 7, 198 (207 ff.); 61, 1 (10 ff.); 90, 241 (248 ff.); 93, 266 (289 ff.); 124, 300 (320 ff.).

27 So auch *Tinnefeld*, DuD 2016, 376 (377); *Fahl*, NStZ 2016, 313 (316); auf die Kunstfreiheit abstellend *Rusch/Becker*, AfP 2016, 201 (202 f.); *Christoph*, JuS 2016, 599 (601 ff.); *Gärtner* (Fn. 6), S. 87 ff.

28 Die zwei an dem Galgen angebrachten Schilder trugen die Aufschrift: „Reserviert – Angela ‚Mutti' Merkel" und „Reserviert – Siegmar [sic!] ‚das Pack' Gabriel". Auch auf einer Demonstration gegen die Handelsabkommen TTIP und Ceta am 10.10.2015 in Berlin wurde eine blutverschmierte Guillotine von einer bisher unbekannten Person mitgeführt, die die Aufschrift „!Pass! blos auf Sigmar! [sic!]" trägt; vgl. die Berichte abrufbar im WWW unter den URLs http://www.spiegel.de/politik/deutschland/pegida-demo-staatsanwaltschaft-ermittelt-wegen-galgen-a-1057524.html, letzter Abruf 5.1.2017; http://www.spiegel.de/politik/deutschland/gabriel-dgb-verurteilt-ttip-guillotine-a-1057828.html, letzter Abruf 5.1.2017.

Rechtfertigung als Satire führt der Demonstrant an, dass er den Galgen als Symbol für das, was er als „Volksverrat" bezeichnet, verstanden wissen will. Er bestreitet, dass er zu Gewalt aufrufen wolle oder dass er wolle, dass „Merkel und Gabriel etwas Schlimmes passiert". Zudem habe er wegen der „verfehlten Asylpolitik" provozieren wollen. Der Anwalt des mutmaßlichen Täters äußerte sich dahingehend, dass es sich um Satire handele und im übertragenen Sinne gemeint gewesen sei, wobei dieser „übertragene Sinn" unklar bleibt. Es ist jedenfalls nicht recht das Verfremdende erkennbar, der humorvolle, spielerische Umgang mit Aussage und Verkleidung. Die Symbolisierung verlässt gerade den argumentativen Diskurs und gleitet ins rein Aggressive ab. Als Satire ist das kaum zu qualifizieren.

Gleichwohl ist ein strafbares Verhalten eher fraglich. In strafrechtlicher Hinsicht kommen in Betracht § 126 StGB, der die Störung des öffentlichen Friedens durch die Androhung von Straftaten betrifft, sowie § 111 StGB, der die öffentliche Aufforderung zu Straftaten pönalisiert. § 126 StGB schützt nach h.M. den öffentlichen Frieden. Zentrales Tatbestandsmerkmal ist im Rahmen des § 126 Abs. 1 StGB die „Androhung" einer der Katalogtatbestände (hier Nr. 2). Das „Androhen" setzt voraus, dass die angeführten Katalogtatbestände ernstlich, sei es explizit oder implizit, angekündigt bzw. in Aussicht gestellt werden.[29] Sofern keine Androhung der Tatbegehung vorliegt, sondern nur eine Warnung, kommt keine Strafbarkeit nach § 126 Abs. 2 StGB in Betracht. Die Verwirklichung beider Tatbestandsmerkmale ist nach den vorliegenden Informationen sowohl aus rein strafrechtlicher Perspektive und erst Recht unter Berücksichtigung der Wechselwirkungen, die die Meinungsfreiheit entfaltet, sehr fraglich. Denn es handelt sich zwar um eine überspitzte, geschmacklose und verrohte Äußerung im Rahmen des politischen Diskurses zur Asylpolitik, die aber auch als solche gewertet werden muss, und nicht um eine tatsächliche Androhung eines Tötungsdelikts. Vielmehr soll der politischen Ansicht des mutmaßlichen Täters zur Geltung verholfen werden. Es wird nicht der „Eindruck der Ernstlichkeit"[30] erweckt.

§ 111 StGB schützt nach h.M. einerseits das Rechtsgut, das durch die Straftat verletzt wird, zu der aufgefordert wird, und andererseits den inneren Gemeinschaftsfrieden bzw. öffentlichen Frieden.[31] In Betracht kommt hier allenfalls eine Strafbarkeit nach § 111 Abs. 2 StGB, der das erfolglose Auffordern bestraft. Erforderlich ist eine „Aufforderung", d.h. es reicht nicht aus, dass nur eine bestimmte Maßnahme oder Unterlassung gegenüber unbestimmt vielen Menschen befürwortet wird, sondern an diese Personen muss

---

29 *Fischer,* StGB, 64. Auflage 2016, § 126 Rn. 5; *Ostendorf,* in: Kindhäuser/Neumann/Paeffgen, StGB, 4. Aufl. 2013, § 126 Rn. 13; *Sternberg-Lieben,* in: Schönke/Schröder, StGB, 29. Aufl. 2014, § 126 Rn. 5.

30 *Fischer* (Fn. 29), § 126 Rn. 5; ferner *Ostendorf* (Fn. 29), § 126 Rn. 13; *Sternberg-Lieben* (Fn. 29), § 126 Rn. 10.

31 *Fischer* (Fn. 29), § 111 Rn. 1, *Ostendorf* (Fn. 29), § 126 Rn. 1; *Sternberg-Lieben* (Fn. 29), § 126 Rn. 1.

ein Appell erfolgen, der zu einer Straftat führen soll.[32] Dabei reicht es aus, wenn die Aufforderung ernstlich erscheint. Die Darstellung des Galgens fordert aber nicht zur Begehung eines Tötungsdelikts auf, sondern ist in den politischen Diskurs zu stellen, wonach es sich um eine überspitzte, geschmacklose und verrohte Meinungsäußerung handelt, die von den Adressaten der Äußerung auch als solche verstanden wird. Es fehlt an der Ernstlichkeit. Es ist auch höchst fraglich, ob in den Wortlaut der Beschriftung „reserviert für …" eine Aufforderung zur Begehung einer Tat hineingelesen werden kann. Nach dem eigentlichen Wortverständnis wird hier nicht zur Vornahme einer Handlung aufgerufen. Die Tatbestandsvoraussetzungen des § 130 StGB sind ebensowenig erfüllt, da Frau Merkel und Herr Gabriel weder „eine nationale, rassische, religiöse oder durch ihre ethnische Herkunft bestimmte Gruppe" darstellen, noch aufgrund einer Zugehörigkeit zu einer dieser Gruppen angegriffen werden.

Bei den Äußerungen handelt es sich um Meinungsäußerungen im Sinne des Art. 5 Abs. 1 S. 1 Hs. 1 GG, weil diese geprägt sind von den Elementen der Stellungnahme und des Meinens im Rahmen einer geistigen Auseinandersetzung.[33] Da es auf den Wert, die Richtigkeit oder die Vernünftigkeit der Äußerung gerade nicht ankommt und eine Meinung folglich auch dann geschützt wird, wenn sie – wie vorliegend – als wertlos, falsch und gefährlich eingestuft wird, da Art. 5 Abs. 1 GG keine entsprechende Differenzierung enthält,[34] sind die Äußerungen vom Schutzbereich der Meinungsfreiheit umfasst. Normative Anknüpfungspunkte für die Qualifikation von Inhalten fehlen gerade.[35] Das Bundesverfassungsgericht geht zudem von der zutreffenden Annahme aus, dass schon die Vermutung für die Zulässigkeit der freien Rede spricht, wenn die Meinung als Beitrag zum öffentlichen Meinungskampf in einer die Öffentlichkeit wesentlich berührenden Frage geäußert wurde.[36] Auch scharfe und überzogene Äußerungen unterfallen dem Schutz der Meinungsfreiheit. Gerade die Kritik am Staat oder am staatlichen Handeln ist dem Kernbereich der Meinungsfreiheit zuzuordnen.

Da die Meinungsäußerungen jeweils auf politisch motivierten Demonstrationen stattfanden, sind diese in deren Kontext zu rücken. Darum ist die Auslegung als geschmacklose und stark überspitzte Kritik an der Asylpolitik näherliegend als eine tatsächliche Bedrohung mit dem Tod. Diese ist aufgrund der Zurschaustellung der Meinung unter Einsatz der Tötungsinstrumente zwar nicht von der Hand zu weisen. Gerade die Aufschrift der Schilder fordert aber nicht zur Begehung eines Delikts auf. Es existieren damit mehrere

---

32 *Fischer* (Fn. 29), § 111 Rn. 3; *Paeffgen*, in: Kindhäuser/Neumann/Paeffgen, StGB, 4. Aufl. 2013, § 111 Rn. 11 ff.

33 BVerfGE 7, 198 (210).

34 BVerfGE 90, 241 (247).

35 Dazu *Grabenwarter*, in: Maunz/Dürig, GG Kommentar, 74. EL Mai 2015, Art. 5 GG Rn. 73.

36 Kritisch *Glaser*, NVwZ 2012, 1432 (1434).

mögliche Deutungsvarianten. Da diese aber im Kontext der Demonstrationen, des politischen Diskurses und der thematisch aufgeheizten Stimmung stehen, liegt die Auslegung nahe, dass es an der Ernstlichkeit der „Bedrohung" mangelt.

Soweit die Abwägung hier zwischen der Meinungsfreiheit und den geschützten Rechtsgütern des öffentlichen Friedens bzw. des inneren Gemeinschaftsfriedens zu erfolgen hat, ist im Ergebnis der Meinungsfreiheit Vorrang einzuräumen, da die Äußerungen zwar scharf, überspitzt und nach dem allgemeinen Anstandsgefühl unangebracht, gar geschmacklos, allerdings dennoch als grenzwertiger Diskussionsbeitrag zu werten sind. Dabei muss die (persönliche) Einstellung zu dem Inhalt der Demonstration unberücksichtigt bleiben, da diese das Werturteil nicht betrifft. Lediglich soweit eine Abwägung im Rahmen des § 111 StGB zwischen der Meinungsfreiheit und dem Rechtsgut, das durch die (nicht erfolgte) Straftat, zu der aufgefordert wurde, geschützt wird, vorgenommen werden müsste (hier: Kapitalverbrechen entsprechend den §§ 211 ff. StGB), was mangels Einschlägigkeit des § 111 StGB gerade nicht der Fall ist, müsste die Meinungsfreiheit aufgrund der Kollision mit dem Recht auf Leben aus Art. 2 Abs. 2 S. 1 Alt. 1 GG und dem Recht der persönlichen Ehre gegebenenfalls zurücktreten. Solange also keine ernstliche Bedrohung des Lebens bejaht werden kann, scheidet auch hier eine strafrechtliche Ahndung aus. Da diese Bedrohung nicht angenommen werden kann, ist die Grenze zur Strafbarkeit nur tangiert, aber noch nicht überschritten.

Eine für eine Schmähkritik erforderliche Diffamierung, d. h. eine persönliche Herabsetzung Merkels und Gabriels, könnte hingegen schon eher angenommen werden, sodass in der Folge von einer Schmähkritik auszugehen wäre. Aber auch hier kann noch immer das Motiv der politischen Auseinandersetzung unterstellt werden. Allenfalls dann kommt ein strafrechtlich relevanter beleidigender Charakter im Sinne des § 185 StGB in Betracht, wenn die Aussage hinreichend zweifelsfrei so zu verstehen wäre, dass die betreffenden Politiker es aufgrund ihrer Politik, verdient haben sollen zu sterben.

IV. Die verfassungsrechtlich zulässige Reichweite verwaltungsrechtlicher und zivilgerichtlicher Verbote

1. Identische Abwägungsparameter; heterogene Eingriffstiefe

Mit Blick auf eine verwaltungsrechtliche und zivilgerichtliche Bewertung ist darauf hinzuweisen, dass kein grundsätzlich abweichender Maßstab für die Abwägung greift. Der Unterschied besteht lediglich darin, dass die strafrechtliche Sanktion regelmäßig eingriffsintensiver ist als etwa ein zivilrechtliches Unterlassungsgebot oder ein verwaltungsrechtliches Verbreitungsverbot.

Zwar kann die Durchsetzung eines zivilrechtlichen Schadensersatzanspruchs im Einzelfall zu einer quantitativ höheren Sanktion führen als eine strafrechtliche Ahndung in Form einer Geldstrafe. Gleichwohl ist der strafrechtlichen Sanktion – trotz allen Streits über die jeweiligen Straf-[37] und Haftungszwecke[38] – grundsätzlich ein schärferes sozialethisches Unwerturteil immanent als einer haftungsrechtlichen Sanktion. In grundrechtlicher Perspektive stellt die strafrechtliche Sanktion daher regelmäßig den schärferen Eingriff dar.[39]

2. Weitgehende Satirefreiheit auch in zivilrechtlicher und verwaltungsrechtlicher Hinsicht

In der Konsequenz bewirken die oben skizzierten grundrechtlichen Abwägungsparameter eine weitreichende Satirefreiheit auch in verwaltungsrechtlicher (dazu a)) und zivilrechtlicher (dazu b)) Hinsicht.

a) Strafbarkeit als Grundlage verwaltungsrechtlicher Verbreitungsverbote

Bei verwaltungsbehördlichen und -gerichtlichen Entscheidungen werden regelmäßig Strafrecht und Verwaltungsrecht verknüpft.[40] Ein bekannter Fall, der bis vor das Bundesverwaltungsgericht getragen wurde, betraf das Rock-Comical „Das Maria-Syndrom“. Dieses Stück macht auf sehr drastische und obszöne Weise Grund- und Glaubensregeln des katholischen Bekenntnisses wie etwa die Jungfrauengeburt zu seinem Gegenstand. Die Uraufführung jenes Stücks wurde Anfang der 1990er Jahre in Trier auf Antrag des Bistums Trier von der örtlichen Ordnungsbehörde untersagt. Die Behörde sah die konkrete Gefahr einer Verletzung des § 166 StGB. Die Anwendung jener Norm hat zwei wesentliche Voraussetzungen: Erstens das Beschimpfen eines religiösen oder weltanschaulichen Bekenntnisses und zweitens die Störung des öffentlichen Friedens. Letzteres hatte die Ordnungsbehörde seinerzeit angenommen und wurde vor Gericht dahingehend bestätigt, dass jeder seinem Glauben nachgehen können müsse, ohne befürchten zu müssen, „deswegen

37 So den strafrechtlichen Sanktionszwecken im Überblick *Roxin*, Strafrecht AT, Band I, 4. Aufl. 2006, § 3 Rn. 1 ff. und insbesondere Rn. 46 („sozial-ethischer Tadel“).

38 Zu den zivilrechtlichen Haftungszwecken einführend *Brüggemeier*, Haftungsrecht: Struktur, Prinzipien, Schutzbereich, 2006, S. 9 f., die nach allgemeinem Verständnis keine Straf- und Repressionszwecke umfassen, sich aber in ihrer schadenspräventiven Funktion mit strafrechtlichen Präventionszwecken überschneiden.

39 Im Einzelfall kann dies allerdings auch anders sein, wenn etwa die Durchsetzung von Schadensersatzansprüchen die Existenz einer satirischen Zeitschrift gefährdet, dazu am Beispiel der Zeitschrift „Titanic“ den Hinweis in Fn. 9.

40 So auch im Fall der „Schmähgedichtversammlung“ vor der türkischen Botschaft in Berlin; siehe dazu oben Fn. 20.

öffentlich ,diffamiert und ins Abseits gestellt zu werden.'"[41] Ein Beschimpfen des religiösen Bekenntnisses wurde angenommen mit dem Hinweis, dass die handelnden Personen mit der Ex-Novizin Ann-Marie und Me-Ti bewusst eine Parallele zur biblischen Maria und zu Jesus geschaffen hätten. Sodann stellte das Gericht auf die obszöne Handlung und die groben Formulierungen im Sexual- und Fäkalbereich ab. Die Verfassungsbeschwerde wurde ohne Begründung nicht zur Entscheidung angenommen.[42] Letzteres ist bedauerlich. Denn auch wenn das Stück aufgrund der verbalpornografischen Inhalte und zahlreicher Worte aus der Fäkalsprache tatsächlich Elemente eines „privaten pubertären Ausagierens der Lust an der Regression"[43] aufweist, sind die verwaltungsrechtlichen Urteile aus grundrechtlicher Perspektive durchaus angreifbar. Bei der Annahme einer Beschimpfung und der Wertung des Stückes fehlt jedenfalls die Unterscheidung zwischen der äußerst drastischen satirischen Einkleidung und der eigentlichen Aussage. Das ist für die rechtliche Bewertung einer Satire aber – wie aufgezeigt – zentral. Auf der Basis der bisherigen Argumentation sind die damaligen Verbote und ihre gerichtliche Bestätigung wenig überzeugend, gerade wenn man berücksichtigt, dass der Aussagekern des Werkes die kritische Auseinandersetzung mit der katholischen Kirche und unter anderem mit den aus Sicht des Autors bestehenden Gefahren einer mit besonderem Wahrheitsanspruch auftretenden Religion ist.

b) Schwierigkeiten bei der zivilgerichtlichen Grenzziehung

aa) Der Fall Böhmermann und zivilrechtliche Unterlassungsansprüche

Zieht man die oben entwickelten grundrechtlichen Bewertungsparameter heran, überzeugt auch das Urteil des LG Hamburg im Fall Böhmermann nicht, das die Verbreitung weiter Teile des Gedichts im Wege einer einstweiligen Verfügung untersagte.[44] Das Hamburger Gericht bettet das Schmähgedicht nicht hinreichend in den Gesamtkontext des Beitrags ein und berücksichtigt nicht ausreichend die strengen Grenzen des Bundesverfassungsgerichts für die Annahme einer Schmähkritik. Trotz der geringeren Eingriffsintensität eines zivilgerichtlichen Unterlassungsanspruchs vermögen die oben angeführten, für den Schutz der Meinungsfreiheit streitenden Argumente, die zur Verneinung der Strafbarkeit geführt haben, auch in zivilrechtlicher Hinsicht

41 S. BVerwG, Beschl. v. 11.12.1997, 1 B 60/97, NJW 1999, 304–305; OVG Rheinland-Pfalz, Urteil v. 2.12.1996, 11 A 11503/96, NJW 1997, 1174–1176 unter Verweis auf das vorinstanzliche Urteil des VG Trier, Urteil v. 1.3.1996, 1 K 1829/94.

42 BVerfG, Beschl. v. 20.4.1998, 1 BvR 667/98.

43 So die bereits oben zitierte treffende Formulierung in Bezug auf das Schmähgedicht Böhmermanns von *Ladeur*, ZUM 2016, 775 (776).

44 LG Hamburg, Beschl. v. 17.5.2016, 324 O 255/16, ZUM 2016, 774; kritisch dazu *Brauneck*, ZUM 2016, 710 (714 f.); *Klass*, AfP 2016, S. 477 (486 ff., insbesondere 490); zustimmend *Ladeur*, ZUM 2016, 775 (776).

bei der gebotenen grundrechtskonformen analogen Anwendung der §§ 823, 1004 BGB i. V. m. Art. 2 Abs. 1, 1 Abs. 1 GG und Art. 8 EMRK im Rahmen der Wechselwirkungslehre das Persönlichkeitsrecht zurückzudrängen; der Beitrag ist damit in Gänze auch in zivilrechtlicher Hinsicht gerade noch zulässig.

bb) Vergleichbare Probleme der Grenzziehung insbesondere bei religiöser Satire

Ein weiteres, wiederum drastisches Beispiel illustriert gleichermaßen die Schwierigkeiten der zivilrechtlichen Grenzziehung. Der Streit betraf eine Titelseite der Satirezeitschrift „Titanic" zur sogenannten „Vatileaks"-Affäre. Seinerzeit ging es um vertrauliche Dokumente, die aus dem Vatikan ungewollt an die Öffentlichkeit gedrungen waren. Die „Titanic" titelte dazu ein bearbeitetes Foto, auf dem Papst Benedikt XVI. von vorne mit einem großen gelben Fleck auf der Soutane abgebildet wurde und mit dem Zusatz: „Halleluja im Vatikan – Die undichte Stelle ist gefunden!" Auf der Rückseite des Heftes bildete die Zeitschrift ein vergleichbares Foto mit einer Rückansicht des Papstes Benedikt XVI., einem braunen Fleck und dem Zusatz ab: „Noch eine undichte Stelle gefunden!" Der Vatikan verlangte daraufhin von dem Satiremagazin, eine Unterlassungserklärung zu unterschreiben, und verklagte das Magazin vor einem Zivilgericht auf Abgabe jener Erklärung. Als Aussagekern ist hier eine vielschichtige Interpretation möglich. Die Dokumente betrafen u. a. Korruptionsvorwürfe im Vatikan, ein Thema von hohem öffentlichen Interesse. In der Diskussion ging es seinerzeit auch um den Umgang des Vatikans damit und insbesondere um die Identifikation der Quelle der Dokumentendiebstähle. Für die Bewertung relevant ist auch die Frage, ob die Privatperson Ratzinger angegriffen wurde oder der damals noch im Amt befindliche Papst in seiner Funktion als Oberhaupt der römisch-katholischen Kirche und des Staates der Vatikanstadt. Da Letzteres näher liegt, ist die Annahme einer Persönlichkeitsrechtsverletzung wesentlich problematischer. Dann ist es auch schwieriger, die Darstellung als entwürdigend und ehrverletzend in einem Maße zu qualifizieren, dass die Kommunikationsfreiheiten zurücktreten müssten. Auf dem Boden der bisherigen Ausführungen sprechen vielmehr die besseren Argumente dafür, einen Unterlassungsanspruch im Ergebnis nicht als begründet anzusehen.

Für die im Jahr 2015 intensiv geführte Diskussion um die Zulässigkeit der Abbildung von Mohammed-Karikaturen liegen die rechtlichen Konsequenzen hingegen eindeutig auf der Hand. Selbst die besonders problematische Karikatur, bei der Mohammed mit einem Turban abgebildet wurde, der die Form einer Bombe mit brennender Lunte hatte, ist ein Abdruck nach dem Gesagten eindeutig rechtlich zulässig. Das gilt erst recht für den Nachdruck in deutschen Tageszeitungen wie der „Welt", um den Stein des Anstoßes zu dokumentieren. Hier ging es um ein Thema von höchstem öffentlichen Interesse. Persönlichkeitsrechtsverletzungen scheiden aus. Es werden auch keine religiösen Bekenntnisse beschimpft. Der kritische Aussagekern liegt auf der Hand. So geht es um eine Kritik an dem Missbrauch des Islam zur Begründung terroristischer Handlungen einerseits, anderseits aber auf einer weiteren Deutungsebene um den Umgang mancher muslimischer Repräsentanten mit einer kritischen, teils polemischen und verspottenden Auseinandersetzung mit dem Islam selbst. Auch insoweit greift also in einem Umfang eine Kunst- und Meinungsfreiheit, die Verletzungen religiöser Gefühle als notwendiges Übel akzeptiert.

3. Zwischenfazit

Das Zwischenfazit aus verfassungsrechtlicher Sicht ist damit das eingangs Zitierte: Das Recht kann und darf der Satire Grenzen setzen – und setzt sie tatsächlich. Diese sind aber sehr weit. Aus verfassungsrechtlicher Sicht sind damit auch der immer wieder diskutierten Verschärfung[45] des zitierten § 166 StGB Grenzen gesetzt. Der Staat darf nur sehr begrenzt sanktionierend in die freie öffentliche Diskussion satirischer Beiträge eingreifen; das gilt allemal für strafrechtliche Sanktionen, aber auch für verwaltungs- oder zivilgerichtliche Verbreitungsverbote.

V. Ethische Bewertung satirischer Äußerungen; Klugheitsregeln

Das wirft die Frage auf, ob es nicht besser geeignete Institutionen als solche der staatlichen Ordnung gibt, die besonders geschmacklosen satirischen Beiträgen Grenzen setzen können. Damit ist der dritte Ring angesprochen, nämlich der Ring ethischer Bewertungen. Im Pressebereich ist hier vor allem der Presserat zu nennen, der als Selbstregulierungsorgan der Presse Rügen aussprechen kann.[46] Die Rügen enthalten ein ethisches Unwerturteil einer gesellschaftlichen Organisation. Der Presserat hat im Fall des Abdrucks der Mohammed-Karikaturen keine,[47] im Fall des „Titanic"-Covers hingegen sehr wohl eine Rüge[48] ausgesprochen. Jedenfalls ist der Presserat die bessere Instanz, um presseethische Fragen, um die es hier in der Grauzone des Rechts

---

45 S. dazu kritisch *Müller/Pfeffer*, JBÖS 2014/15, 333 (336 ff.); ferner *Heller/Goldbeck*, ZUM 2007, 628 (640 f.).

46 S. Ziffer 16 des Deutschen Presserates, Weitere Informationen zur Tätigkeit des Presserates im WWW unter der URL http://www.presserat.de/presserat/aufgaben-organisation/letzter Abruf am 5.1.2017.

47 S. zusammenfassend den Bericht in der FAZ, abrufbar im WWW unter der URL http://www.faz.net/aktuell/feuilleton/pressekodex-presserat-keine-grenze-bei-mohammed-bildern-ueberschritten-1302809.html, letzter Abruf am 5.1.2017.

48 *Presserat*, Chronik des Deutschen Presserats, 1956 – 2013, S. 31.

auch geht, zu klären. In einer differenzierenden Argumentation kann der Presserat seine Bedenken artikulieren; es ist nicht der Staat, der sich steuernd in öffentliche Diskussionen einmischt. Dieser setzt nur weiter gezogene Grenzen.

Damit durchaus vergleichbar können beim öffentlich-rechtlichen Rundfunk die anstaltsinternen Kontrollinstanzen eingreifen.[49] Im Fall Böhmermann ist es dementsprechend auch keineswegs inkonsistent, dass der Intendant des ZDF den Beitrag als rechtlich zulässig ansieht und Böhmermann in den gerichtlichen Auseinandersetzungen unterstützt, gegebenenfalls auch künftig vergleichbare Beiträge nicht verhindern will, in einer Ex-post-Kontrolle jedoch zu dem Ergebnis kommt, dass aufgrund der Mehrdeutigkeiten des Beitrags, des fraglichen Rückgriffs auf verbalpornografische Elemente und – wohl ungewollt – noch weitergehend sogar latent rassistischer Stereotypen, das Vorhalten des Beitrags in der ZDF-Mediathek nicht als sinnvoll angesehen wird. So seien die Programmrichtlinien und Programmstandards des ZDF, die u.a. den Schutz der Persönlichkeitsrechte verlangen, nicht hinreichend beachtet worden.[50] Auch hier können gute Gründe gegen diese Vorgehensweise angeführt werden – namentlich jene, die bereits im Rahmen des Diskurses rechtlicher Sanktionen genannt wurden und für die dauerhafte Verfügbarkeit eines derartigen grenzwertigen Beitrags streiten. Die höheren Anforderungen in rundfunkethischer Hinsicht im Rahmen einer Selbstkontrolle können jedenfalls eher gegen eine Verbreitung streiten als für die Anwendung des staatlichen Sanktionsinstrumentariums.

Schließlich haben jeder einzelne Satiriker, die betreuenden Redaktionen und zuletzt der Intendant eines Fernsehsenders bzw. der Herausgeber einer Zeitung oder Zeitschrift auch Klugheitsregeln zu beachten. Diese sind in einer multikulturellen, multireligiösen, globalisierten Gesellschaft nicht minder komplex. Ist es sinnvoll, eine entsprechende Karikatur von Mohammed mit einer Bombe im Turban abzudrucken, auch wenn dies zu Verletzungen der religiösen Gefühle und wütenden Protesten bis hin zu Mordanschlägen führt? Spielt der Beitrag von Jan Böhmermann eine sinnvolle Rolle im Streit um die Meinungs-, Presse- und Satirefreiheit?

Dabei soll das „Ringmodell“ keineswegs einer „Selbstzensur“ das Wort reden. Das Konstrukt des „Ringmodells“ eröffnet durch die weite Freiheit vor hoheitlichen Sanktionen vielmehr erst den Freiraum zu weitreichenden Äußerungen, die dann aber auf vielfältige Reaktionen nicht staatlicher Art stoßen können.

49 Die externe Aufsicht der privaten Rundfunkanstalten durch die vormalige „Gemeinsame Stelle Programm, Werbung und Medienkompetenz“ und jetzige ZAK ist dagegen dem zweiten, staatlichen Ring zuzuordnen; s. dazu *Dörr*, in: Dörr/Kreile/Cole, Handbuch Medienrecht, 2. Aufl. 2011, S. 205, 212 ff.

50 S. die Erklärung des ZDF-Intendanten Thomas Bellut, abrufbar im WWW unter der URL http://www.spiegel.de/kultur/tv/jan-boehmermann-zdf-sichert-moderator-unterstuetzung-zu-a-1087450.html, letzter Abruf am 5.1.2017.

VI. Fazit

Auf allen Ebenen, in allen Ringen, den Kernringen der strafrechtlichen Normen sowie den zivil- und verwaltungsrechtlichen Sanktionen des Staates, aber auch den mittleren Ringen der ethischen Bewertungen gesellschaftlicher Instanzen, einschließlich solcher von Selbstregulierungs- oder Selbstkontrollinstitutionen, sowie dem äußersten Ring der Klugheitsregeln, stellen sich demnach komplexe Fragen. Die Grundrechte gebieten eine weitgehende Zurückhaltung in den staatlichen Ringen, die daher deutlich schmäler sind, was mögliche Verbote und Sanktionen anbelangt. Das gilt für die Anwendung des Strafrechts, aber auch für verwaltungs- und zivilrechtliche Sanktionen. Dies führt zu dem nicht einfach von der Hand zu weisenden Einwand, dass eine (zu) weitreichende Freiheit zu einer Verrohung der Diskurse führt. Doch sollte hier auf die weiteren Ringe vertraut werden, sofern diese funktionsadäquat greifen. In den klassischen Medien des Rundfunks und der Presse scheint die Gefahr der Verrohung durch Satire auch sehr fernliegend. So führen die satirischen Beiträge in der nur wenig rezipierten „Titanic" kaum zu negativen Rückwirkungen auf die Diskursqualität. Die Verrohung öffentlicher Diskurse findet dagegen an den neuen „digitalen Stammtischen" von Facebook und Co. (oder auf PEGIDA-Demonstrationen) statt. Ein sowohl aktuelles als auch illustratives Beispiel sind insoweit die rassistischen Ausfälle von Elmar Hörig. Der ehemalige Moderator von Radiosendungen im öffentlich-rechtlichen Rundfunk, der diesen nicht zuletzt wegen fragwürdiger Sprüche im Streit verließ, postete am Vortag des Dritten Advents 2016 ein Bild, das zwei Weihnachtsmänner mit Ku-Klux-Klan-Masken zeigt, vor deren Füßen ein geköpfter dritter Weihnachtsmann aus brauner Schokolade liegt. Zwischen den Weihnachtsmännern mit Ku-Klux-Klan-Masken befindet sich ein Kreuz mit einer brennenden Kerze. Als Text fügte Hörig hinzu: „Nicht vergessen, morgen 3ter Advent. Kerze???" und drei Tränen lachende Emoji. Facebook vermochte darin trotz des offensichtlich rassistischen Inhalts und der Identifikation mit dem nicht nur rassistischen, sondern gewalttätigen Ku-Klux-Klan-Geheimbund keinen Verstoß gegen seine Richtlinien zu erkennen[51]. Der Fall offenbart exemplarisch ein Versagen von Selbstregulierungsmechanismen in den immer mächtiger werdenden sozialen Netzwerken. Dort erfolgen massenhaft Tabubrüche und es findet sich eine humorfreie „Satire" ohne irgendeinen aufklärerischen oder machtkritischen Impetus. Mag die Grenzziehung in den klassischen Medien in den wenigen Einzelfällen eine spannende Frage sein – die Herausforderungen der Zukunft liegen in der Regulierung der neuen Medien.

51 S. *Georgi*, FAZ 17.12.2016, S. 9.

Der Verfassungsrechtsausschuss der Bundesrechtsanwaltskammer und sein Vorsitzender

Christofer Lenz

Von den 70 Jahren, die Christian Kirchberg jetzt vollendet hat, entfallen über 27 auf den Zeitraum, in dem er schon den Vorsitz im Verfassungsrechtsausschuss der Bundesrechtsanwaltskammer (BRAK) ausübt. Die damit verbundene außerordentliche Leistung neben der eigentlichen anwaltlichen Tätigkeit wird am besten gewürdigt, wenn im Folgenden aufgezeigt wird, wie es zur Übernahme des Vorsitzes kam, auf welcher Grundlage der Ausschuss eigentlich tätig ist, was er inhaltlich macht und was das bewirkt.

I. Der Vorsitzende – wie alles anfing

1. Bestimmung ohne Gehör

Am 24.01.1990 schrieb der damals 42-jährige Christian Kirchberg einen Brief an den Hauptgeschäftsführer der BRAK, der wie folgt begann:

> *„Sehr geehrter Herr Kollege Gellner,*
>
> *für Ihre Mitteilung vom 22. Januar 1990 bedanke ich mich. Danach hat das Präsidium der Bundesrechtsanwaltskammer mich zum neuen Vorsitzenden des Verfassungsrechtsausschuss ‚bestimmt'. Ich bin bereit ab 1.1.1990 die Verantwortung für den Verfassungsrechtsausschuss zu übernehmen, hätte es aber gleichwohl begrüßt, wenn man mich der guten Form halber vorher gefragt hätte, ob ich bereit wäre, dieses Amt anzutreten."*

Am Anfang stand also ein Gehörsverstoß durch die als Körperschaft des öffentlichen Rechts grundrechtsgebundene BRAK. Glücklicherweise beruhte die Bestimmungsentscheidung des Präsidiums nicht auf der Gehörsverletzung, weil Christian Kirchberg auch bei der gebotenen vorherigen Befragung erklärt hätte, dass er den Vorsitz übernimmt.

Weiteren Gehörsverletzungen der BRAK hat Christian Kirchberg allerdings dadurch konsequent vorgebeugt, dass er das ihm 1989 mit Wirkung zum 01.01.1990 übertragene Amt des Vorsitzenden bis heute fortgeführt hat, sich also bei Vollendung des 70. Lebensjahres in seinem 28. Jahr als Vorsitzender befindet.

Dazu mag beigetragen haben, dass der seinerzeitige BRAK-Hauptgeschäftsführer Gellner sich bei Christian Kirchberg telefonisch entschuldigte. In seiner Aktennotiz über dieses Telefonat vom 29.01.1990 hieß es:

> *„Ich entschuldigte mich, daß er ohne Absprache und Einholung seines Einverständnisses zum Vorsitzenden bestellt wurde. Ich wies darauf hin, daß Herr Zuck bereits 1988 zu erkennen gegeben habe, daß er im Hinblick auf die angestrebte Präsidentschaft der RAK Stuttgart ausscheiden wolle. Im Einvernehmen mit ihm habe das Präsidium beschlossen, daß er zum 31.12.1989 ausscheidet. Auf seine Anregung sei Dr. Quaas mit Wirkung ab 01.01.1990 in den Ausschuß berufen worden. Auf seinen Vorschlag sei er, Dr. Kirchberg, zum Vorsitzenden bestellt worden. Das Präsidium und auch ich seien aufgrund des damaligen Vortrags von Dr. Eich davon ausgegangen, daß dieses alles zwischen den Herren Zuck, Kirchberg, Quaas und Eich verabredet gewesen sei. Man habe nur damals von einer Bekanntgabe der betroffenen Beschlüsse abgesehen und die Publizierung auf den Termin des Inkrafttretens der neuen Regelung verschoben. Aus diesem Grunde hätte ich nunmehr das Informationsrundschreiben an den Verfassungsrechtsausschuss versandt. Herr Kirchberg bekannte, daß er meinen Anruf erwartet habe und sich darüber freue. Natürlich sei er gerne vorher gefragt worden. Er nehme die Erklärung und Entschuldigung an und damit sei die Sache erledigt.“*

Immerhin lässt sich aufgrund dieses Kommunikationsdefizits nachweisen, dass niemand anderes als der erste Vorsitzende des Ende 1983 eingerichteten Verfassungsrechtsausschusses, Prof. Dr. Rüdiger Zuck, seinerzeit „entschieden“ hatte, dass der Stab des Vorsitzenden von ihm an Christian Kirchberg weitergereicht wird. Das lag zwar wegen dessen anfänglicher Mitgliedschaft im Verfassungsrechtsausschuss nahe, war aber im Hinblick auf die anderen Gründungsmitglieder des Ausschusses (Prof. Dr. Michael Uechtritz, Gleiss Lutz, Stuttgart und Dr. Michael Kleine-Cosack, Hiddemann Kleine-Cosack, Freiburg) nicht alternativlos. Rüdiger Zuck hat, was ihn auszeichnet, der Versuchung widerstanden, den Ausschussvorsitz kanzleiintern an seinen damaligen Sozius Michael Quaas weiterzugeben.

2. Eigene Personalentscheidungen

Gleich in der ersten von ihm geleiteten Sitzung „seines“ Ausschusses begann Christian Kirchberg damit, dessen Zusammensetzung so fortzuentwickeln, wie ihm dies unter dem Aspekt der Schlagkraft angemessen erschien.

Das Protokoll der Sitzung vom 04.04.1990 in Karlsruhe enthält die Ankündigung Christian Kirchbergs, er werde Dr. Christian-Dietrich Bracher (Redeker, Bonn) nach seinem Interesse an einer Ausschussmitarbeit fragen, was erfolgreich verlief. Die im Protokoll weiter wiedergegebene Vorstellung, Dr. Wolfgang Kuhla (Raue, Berlin) „nach einem geeigneten Kandidaten aus Berlin" zu fragen, führte – wenig überraschend – dazu, dass Wolfgang Kuhla selbst Mitglied des Ausschusses wurde.[1]

In den späteren Jahren hinzugekommen sind – mutmaßlich auf Veranlassung des Vorsitzenden – Prof. Dr. Bernhard Stüer, Dr. Michael Moeskes, Dr. Gerhard Strate und ich selbst.

Die steuernde Hand des Vorsitzenden in Personalentscheidungen ist ersichtlich nicht dem Vorwurf ausgesetzt, sich an irgendwelchen Quoten zu orientieren. Das gilt zunächst einmal regional, kommen doch nicht weniger als vier von neun Ausschussmitgliedern aus Baden-Württemberg, davon allein drei aus Stuttgart. Auffällig und bedauerlich ist, dass Frauen bislang nicht gefunden wurden, künftig also sicher intensiver gesucht werden müssen. Dafür hat der Faktor Erfahrung sehr großes Gewicht, blicken doch die meisten aktiven Ausschussmitglieder auf eine Ausschusszugehörigkeit von 25 Jahren und mehr zurück.[2]

Da es keinen Fachanwalt für Verfassungsrecht gibt, überrascht nicht, dass acht Ausschussmitglieder Fachanwälte für Verwaltungsrecht sind; Exot ist soweit Gerhard Strate, der zu den bekannten deutschen Strafverteidigern gehört. Allen Ausschussmitgliedern ist gemein, dass sie in unterschiedlichem Umfang selbst Verfahren vor dem Bundesverfassungsgericht anwaltlich führen und begleiten.

3. Dompteur von acht Berichterstattern

Der Ausschuss arbeitet seit jeher mit einem Berichterstattersystem. Damit ist gemeint, dass der Berichterstatter ein schriftliches Votum vorlegt, welches dann von den anderen Ausschussmitgliedern entweder in einer Präsenzsitzung oder – das überwiegt natürlich – im schriftlichen Verfahren beraten und regelmäßig erheblich verändert wird, alles moderiert und zu einem vorzeigbaren Ende geführt von Christian Kirchberg.

Angesichts von zwischenzeitlich acht einfachen Ausschussmitgliedern ist Christian Kirchberg als Vorsitzender immer mehr in die Rolle eines Domp-

---

1 Das Protokoll dokumentiert auch, dass sich *Christian Kirchberg* auf seine erste Sitzung als Vorsitzender in typisch anwaltlicher Weise vorbereitet hat, indem er sich an den Hauptamtlichen der BRAK vorbei Informationen direkt beim Gericht besorgt hat. Seine Informantin war die seinerzeitige Wissenschaftliche Mitarbeiterin beim Bundesverfassungsgericht, die heutige Bundeswirtschaftsministerin *Brigitte Zypries*, die ihm vor der Sitzung telefonisch die 16 im Dezernat von Bundesverfassungsrichter *Prof. Dr. Dieterich* anhängigen Verfassungsbeschwerden zu Fragen des anwaltlichen Berufsrechts durchgab.

2 Der Verfasser ist trotz Vollendung des 50. Lebensjahrs und 12-jähriger Zugehörigkeit zum Ausschuss immer noch dessen Benjamin.

teurs geraten. Mit Zuckerbrot und (lediglich angedeuteter) Peitsche achtet er auf zeitnahe Erstellung und Beratung der Voten und auf deren Qualität. Er ist deshalb eigentlich ein achtfacher Mitberichterstatter. Wegen des damit verbundenen, gewaltigen Aufwands ist der Ausschuss vor kurzem dazu übergegangen, dass Christian Kirchberg als Vorsitzender grundsätzlich selbst keine Berichterstattungen mehr übernimmt. Auch im Zirkus macht der Dompteur die Kunststücke ja nicht selbst.

II. Rechtliche Grundlagen des Verfassungsrechtsausschusses

1. § 177 Abs. 2 BRAO

Der Verfassungsrechtsausschuss ist kein gesetzlich in der BRAO vorgesehenes Organ der BRAK. Rechtliche Grundlage seiner Bildung durch die BRAK ist deren Organisationsgewalt als Körperschaft des öffentlichen Rechts. Die Organisationsgewalt der BRAK deckt die Bildung und die Tätigkeit von Ausschüssen, soweit sie mit Aufgaben betraut werden, die zu dem legitimen Aufgaben- und Tätigkeitsbereich der BRAK gehören.[3] Dazu gehört der Katalog der Aufgaben in § 177 Abs. 2 BRAO.[4] Besondere Bedeutung hat § 177 Abs. 2 Nr. 5 BRAO. Danach obliegt es der BRAK, Gutachten zu erstatten, die ein Bundesgericht anfordert oder eine an der Gesetzgebung beteiligte Behörde oder Körperschaft des Bundes.

Stellungnahmen, die die BRAK unter Verwendung eines vom Verfassungsrechtsausschuss erarbeiteten Textes auf der Grundlage von § 27a BVerfGG gegenüber dem Bundesverfassungsgericht abgibt, sind solche Gutachten, die ein Bundesgericht angefordert hat.[5] Das gilt auch dann, wenn das Bundesverfassungsgericht der BRAK die Gelegenheit zur Stellungnahme nach § 27a BVerfGG erst gibt, nachdem dies vom Vorsitzenden des Verfassungsrechtsausschusses gegenüber dem Senatsvorsitzenden oder dem Berichterstatter beim Bundesverfassungsgericht angeregt worden ist.[6]

Bei diesen gutachterlichen Stellungnahmen gegenüber dem Bundesverfassungsgericht und anderen Bundesgerichten geht es nicht im Sinne des § 177 Abs. 2 Nr. 1 BRAO darum, die „Auffassung der einzelnen Kammern" und die „Auffassung der Mehrheit" zu ermitteln.

Die Tätigkeit des Verfassungsrechtsausschusses ist aber nicht auf die Erstattung angeforderter Gutachten im Sinne von § 177 Abs. 2 Nr. 5 BRAO be-

---

3 Vgl. BGHZ 33, 380 (384) zum Strafrechtsausschuss der BRAK.

4 Vgl. auch § 7 Abs. 1 S. 2 BRAK-Satzung.

5 *Göcken*, in: Gaier/Wolf/Göcken, Anwaltliches Berufsrecht, 2. Aufl. 2014, § 177, Rn. 35; *Weyland*, in: Feuerich/Weyland, BRAO, 9. Aufl. 2016, § 177, Rn. 33; *Kleine-Cosack*, BRAO, 7. Aufl. 2015, § 177, Rn. 10 ff.

6 Vgl. dazu auch *Lenz/Hansel*, BVerfGG, 2. Aufl. 2015, § 27a, Rn. 8.

schränkt und muss darauf auch nicht beschränkt werden. Davon gehen Kommentarliteratur und Bundesgerichtshof deshalb übereinstimmend aus, weil der Gesetzgeber im Prozess der Entstehung des § 177 Abs. 2 BRAO deutlich zum Ausdruck gebracht hat, dass die BRAK auch die Befugnis hat, sich ungefragt gegenüber dem Gesetzgeber inhaltlich zu positionieren, soweit es um Fragen geht, die im Zusammenhang mit der Rechtspflege stehen.[7] Ausdrücklich entschieden worden ist das durch den Bundesgerichtshof für den Strafrechtsausschuss der BRAK. Der Bundesgerichtshof sieht im Strafrechtsausschuss der BRAK einen „besonderen Ausschuss", der von der BRAK als permanente Institution „zur Beschäftigung mit allen Fragen des Strafrechts und des Strafprozessrechts, eingeschlossen der großen Reform beider Arbeitsgebiete oder standesrechtlicher Fragen der Verteidigung betraut" ist.[8]

2. Ausschuss des Präsidiums

In diesem rechtlichen Rahmen hat die BRAK ihre satzungsgemäß ausgestaltete Organisationsgewalt zulässig ausgeübt, indem sie am 08.09.1983 den Verfassungsrechtsausschuss eingerichtet hat[9] und ihn seither fortführt. Positive Fortführungsentscheidungen trifft das Präsidium alle vier Jahre, wenn es nach Auslaufen der Amtszeit von Vorsitz und Mitgliedern entscheidet, ob es den Ausschuss fortführt und wie es ihn personell besetzt. Die Anwendung einer Regelung in der früheren Organisationssatzung der BRAK (Art. IV Abs. 3 S. 2) hat dazu geführt, dass die Amtszeiten aller Mitglieder von BRAK-Ausschüssen immer am 30.09. des jeweils vierten auf 1987 folgenden Jahres enden. Die aktuelle Berufungsperiode umfasst also den Zeitraum vom 01.10.2015 bis 30.09.2019.

Die Satzung der BRAK erlaubt die Bildung von ständigen Ausschüssen sowohl durch die Hauptversammlung (§ 10 BRAK-Satzung) wie durch das Präsidium (§ 7 Abs. 1 BRAK-Satzung). Während der Strafrechtsausschuss, den es schon vor der Einrichtung der BRAK als Institution der seinerzeitigen „Arbeitsgemeinschaft der Anwaltskammervorstände im Bundesgebiet" gab, als Ausschuss der Hauptversammlung geführt wird[10], ist der Verfassungsrechtsausschuss wie die anderen über 30 themenbezogenen Ausschüsse der BRAK ein Ausschuss des Präsidiums.

---

7 *Göcken* (Fn. 5), § 177, Rn. 2f; BGHZ 33, 380 (384).

8 BGHZ 33, 380 (384).

9 Im Protokoll vom 04.10.1983 über die „122. Präsidialsitzung der Bundesrechtsanwaltskammer" am 08.09.1983 hieß es: „Im Hinblick auf die in letzter Zeit verstärkt eingelegten Verfassungsbeschwerden mit Bezug zum Anwaltsrecht, mit denen die BRAK befasst war und zu denen Stellungnahmen abzugeben waren (z. B. Verfassungsbeschwerden Husmann, Kremer, Verfassungsbeschwerde wegen der Änderung des Rechtsberatungsgesetzes – BRAK-Nr. 78, 79) beschließt das Präsidium einstimmig einen BRAK-Ausschuss für Verfassungsrecht einzurichten."

10 Vgl. zu den Hintergründen BGHZ 33, 380 (382 ff.).

Ein Unterschied liegt darin, dass bei Ausschüssen der Hauptversammlung die Ausschussmitglieder aus Vorschlägen der Kammern zu berufen sind (§ 10 Abs. 2 S. 1 BRAK-Satzung), während das Präsidium bei seinen Ausschüssen in der Besetzung freier ist und auch Personen berufen kann, die nicht von einer Kammer benannt worden sind (§ 7 Abs. 3 S. 1 BRAK-Satzung).

Der Status als Organ des Präsidiums und die freie Bestimmung der Ausschussmitglieder durch das Präsidium gibt dem Ausschuss für seine Arbeit nicht nur die erforderliche Legitimation, sondern gewährleistet auch eine effektive Einbindung des Präsidiums in die Ausschussarbeit. Es wäre wenig praktikabel, wenn der Verfassungsausschuss seine zahlreichen, vom Bundesverfassungsgericht mit kurzen Fristen angeforderten gutachterlichen Stellungnahmen für die BRAK erst abgeben könnte, wenn deren Entwurf zuvor auf einer Sitzung der Hauptversammlung beraten und gebilligt worden ist.[11] Dieser zu satzungsrechtlichem Gewohnheitsrecht (Observanz) gewordenen Praxis entspricht es, dass der Verfassungsrechtsausschuss seine Voten dem Präsidium zur Billigung (genauer gesagt: zur Vergewisserung, dass kein grundlegender Widerspruch erfolgt) vorlegt und sie dann von dem für den Verfassungsrechtsausschuss zuständigen Geschäftsführer der BRAK (Frank Johnigk) im Namen der BRAK herausgeben lässt.

3. Befugnisse der Hauptversammlung gewahrt

Zu Kollisionen mit den Befugnissen der Hauptversammlung (§ 187 BRAO) führt das nicht. Die Erstattung von Gutachten im Sinne von § 177 Abs. 2 Nr. 5 BRAO ist eine Aufgabe, die ihrer Rechtsnatur nach nicht der Versammlung aller Mitgliedskammern, sondern dem Präsidium zugeordnet ist.

Das zeigt deutlich der Vergleich mit der ähnlichen Regelung des § 73 Abs. 2 Nr. 8 BRAO. Danach sind Gutachten, die eine Landesjustizverwaltung, ein Gericht oder eine Verwaltungsbehörde des Landes bei einer Rechtsanwaltskammer anfordert, vom Vorstand zu erstatten, nicht von der Versammlung der Kammermitglieder.[12]

Es bedarf deshalb weder des Rückgriffs auf ein Eilentscheidungsrecht des Präsidiums, wie es früher in Art. IV Abs. 4 der seinerzeitigen Organisationssatzung der BRAK vorgesehen war, noch auf den Gedanken des Geschäfts der laufenden Verwaltung, der angesichts der Frequenz und der Fristgebundenheit der vom Bundesverfassungsgericht angeforderten Stellungnahmen in der Sache tragfähig wäre.

Entsprechend gering ist der Kontakt zwischen dem Verfassungsrechtsausschuss und der Hauptversammlung. Unter dem Vorsitz von Christian Kirch-

---

11 Die Hauptversammlung wird nach § 8 Abs. 1 BRAK-Satzung jährlich mindestens zweimal einberufen.

12 Den Vergleich mit § 73 Abs. 2 Nr. 8 BRAO zieht auch *Kleine-Cosack* (Fn. 5), § 177, Rn. 10.

berg, also in 27 Jahren, hat nur einmal ein Stellungnahmeentwurf des Ausschusses die Gemüter so erregt, dass Christian Kirchberg die Sicht seines Ausschusses vor Abgabe der Stellungnahme in der Hauptversammlung zu erläutern hatte. Es kam wie es kommen musste: Die Hauptversammlung wollte 2002 schlauer sein als Christian Kirchberg, hatte aber die Rechnung ohne das Bundesverfassungsgericht gemacht. Das war für Christian Kirchberg ärgerlich und für die BRAK peinlich. Die Mitglieder von Präsidium und Hauptversammlung haben aber gelernt, dem Verfassungsrechtsausschuss lieber nicht ins Rad zu greifen. Inhaltlich ging es damals um die Frage, ob eine Anwaltssozietät von der Rechtsanwaltskammer verpflichtet werden kann, bei Aufnahme eines Sozietätswechsels unabhängig davon, ob dieser Wechsler die entsprechenden Mandate in seiner alten Kanzlei bearbeitet hat, sämtliche Mandate niederzulegen, bei denen die Altsozietät auf der Gegenseite stand. Das Bundesverfassungsgericht hat diese massive Beschränkung des Sozietätswechsels – heute denken wir: selbstverständlich – als Verletzung der Berufsfreiheit gekippt.[13] Die Mehrheit des Ausschusses wollte auch eine Stellungnahme in diesem Sinne abgeben, aber die Mehrheit der Hauptversammlung hat das dann umgedreht. Es gehört zu den Stärken von Christian Kirchberg, dass er solche Vorgänge objektiv darstellen kann, wir ihn also dazu selbst zu Wort kommen lassen können. In seiner Anmerkung in den BRAK-Mitteilungen zur Entscheidung des Bundesverfassungsgerichts vom 03.07.2003 hieß es:

> *„Auch und gerade die BRAK hatte sich schwer getan, in dieser umkämpften Causa zu einem einheitlichen Meinungsbild zu gelangen. Der mit der Ausarbeitung einer Stellungnahme gegenüber dem BVerfG beauftragte BRAK-Verfassungsrechtsausschuss hatte zunächst mehrheitlich für die Begründetheit der Verfassungsbeschwerde votiert, gleichzeitig aber auch die gegenteilige Mindermeinung des Ausschusses zu Protokoll gegeben. Dem Präsidium erschien die Sache so gewichtig, dass es damit – ausnahmsweise – sogar die (90.) Hauptversammlung befasste. Diese beschloss, in erster Linie berufspolitisch gegenüber dem BVerfG Flagge zu zeigen und sich deshalb dafür auszusprechen, die Verfassungsbeschwerde als unbegründet zurückzuweisen. Die in der Hauptversammlung auch und gerade in Ansehung von internationalen und Großsozietäten artikulierten Befürchtungen bezüglich des Wissenstransfers beim Sozietätswechsel wogen danach schwerer als die aus dem Gebot, gegenläufige Mandate beim Sozietätswechsel niederzulegen, resultierenden Beeinträchtigungen der Grundrechte nicht nur des Sozietätswechslers und der Mitglieder der aufnehmenden Sozietät, sondern auch der beiderseitigen Mandanten.“*[14]

---

13 BVerfGE 108, 150.

14 *Kirchberg*, BRAK-Mitt. 2003, 236 (237).

Rechtlich sind die Interessen der Hauptversammlung und der in ihr organisierten 28 Mitgliedskammern der BRAK dadurch abgesichert, dass der Präsident eine Hauptversammlung einberufen muss, wenn mindestens drei Rechtsanwaltskammern es schriftlich und unter Angabe des Gegenstands beantragen (§ 189 Abs. 1 S. 2 BRAO). Der Umstand, dass die Kammern davon keinen Gebrauch machen, zeigt, dass sie mit der Arbeit des Ausschusses unter dem Vorsitz von Christian Kirchberg über die Jahre hinweg hinreichend zufrieden waren.

III. Arbeit des Ausschusses – hauptsächlich für das Bundesverfassungsgericht

1. Strukturelles

Seinen rechtlichen Grundlagen entsprechend wird der Ausschuss überwiegend reaktiv tätig. Er erarbeitet auf Anfrage schriftliche Stellungnahmen, die im Namen der BRAK abgegeben werden oder BRAK-intern verwendet werden.

Hauptanwendungsfall ist die Erarbeitung von schriftlichen Stellungnahmen, die das Bundesverfassungsgericht auf der Grundlage von § 27a BVerfGG bei der BRAK zu anhängigen verfassungsgerichtlichen Verfahren anfordert.

Ein zweiter Schwerpunkt ist die Beratung nach innen. Das betrifft verschiedene Fragen mit verfassungsrechtlichem Hintergrund, die das Präsidium zur eigenen Absicherung und Meinungsbildung dem Ausschuss vorlegt oder die von der Geschäftsführung der BRAK oder einzelnen Mitgliedskammer an den Ausschuss herangetragen werden. Thematisch reichte das in den letzten Jahren von der Stimmgewichtsänderung in § 190 Abs. 1 BRAO über Fragen der Qualifizierung unterhalb der Fachanwaltschaft und zum Syndikusanwalt bis zu – ausschließlich auf Wunsch der örtlichen Rechtsanwaltskammer behandelten – landesrechtlichen Fragen, etwa der Gerichtsstrukturreform in Mecklenburg-Vorpommern.

Bei der Abgabe von Stellungnahmen zu Gesetzentwürfen ist der Verfassungsrechtsausschuss zurückhaltend und bei weitem nicht so aktiv wie etwa der Strafrechtsausschuss. Der Verfassungsrechtsausschuss erarbeitet Stellungnahmen zu Gesetzentwürfen grundsätzlich nur auf ausdrückliche Anfrage oder bei einer starken Sachnähe zum Prozessrecht des Bundesverfassungsgerichts. So hat der Ausschuss etwa im Jahr 2012 eine ablehnende Stellungnahme zum Gesetzentwurf des Bundesverfassungsgerichts vorgelegt, mit dem eine Mutwillensgebühr eingeführt werden sollte.[15] Bei legislativen Themen arbeiten der Verfassungsrechtsausschuss und einzelne seiner Mit-

15 Vgl. dazu *Lenz/Hansel* (Fn. 6), § 34, Rn. 6.

glieder auch mit anderen Ausschüssen der BRAK und deren Mitgliedern zusammen. Ein Beispiel hierfür ist die Stellungnahme, die die BRAK auf Anforderung des Bundesjustizministeriums im März 2014 zur Evaluierung des Gesetzes über den Rechtsschutz bei überlangen Gerichtsverfahren und strafrechtlichen Ermittlungsverfahren abgegeben hat. An ihr haben Vertreter von sieben Ausschüssen der BRAK mitgewirkt, wobei Christian Kirchberg den Vorsitz geführt hat und der Stellungnahmeteil zu den verfassungsgerichtlichen Verfahren im Verfassungsrechtsausschuss erarbeitet worden ist.[16]

2. Die Zahlen – überwiegende Zuarbeit für den Ersten Senat

Versuche, die Tätigkeit im Einzelnen näher zu quantifizieren, stehen vor dem Problem, dass der Ausschuss dazu keine gesonderte und aussagekräftige Statistik führt. Fest steht jedenfalls, dass der Ausschuss seit der Übernahme des Vorsitzes durch Christian Kirchberg Anfang 1990 bis zum Jahresbeginn 2017 deutlich über 200 eigene Stellungnahmen abgegeben hat. Ungefähr drei Viertel dieser Stellungnahmen sind auf Anforderung des Bundesverfassungsgerichts in dort anhängigen Verfassungsbeschwerde- und konkreten Normenkontrollverfahren abgegeben worden.[17]

a) Zahlen zum Zeitraum von März 2006 bis März 2012

Eine nähere Auswertung des Zeitraums von März 2006 bis März 2012, die ich zur Vorbereitung eines der regelmäßig geführten Gespräche der Verfassungsrechtsausschüsse der BRAK und des Deutschen Anwaltsvereins mit den Richtern des Bundesverfassungsgerichts im April 2012 vorgenommen hatte[18], bestätigte das. Von den in diesem Sechs-Jahres-Zeitraum insgesamt erarbeiteten 45 Stellungnahmen des Ausschusses betrafen 35 beim Bundesverfassungsgericht anhängige Verfahren (78 %).

Repräsentativ ist das Ergebnis dieser Auswertung auch, was die Verteilung der Anforderungen auf die Spruchkörper des Bundesverfassungsgerichts angeht. Es dominiert eindeutig der Erste Senat und hier besonders dessen für (nicht nur anwaltliches) Berufsrecht zuständige 2. Kammer. Da bei Einholung der Stellungnahme weder erkennbar ist noch feststeht, ob später der Senat oder die Kammer entscheidet, muss auf die Verfahren abgestellt werden, die das Bundesverfassungsgericht später auch tatsächlich entschieden hat. Das waren in dem damals untersuchten Zeitraum (2006 bis 2012) 27 Verfahren.

---

16 Die Stellungnahme Nr. 11/2014 ist auf der Homepage der BRAK abrufbar.

17 Die Stellungnahmen aus den Jahren ab 2001 sind auf der Homepage der BRAK abrufbar.

18 Die letzten drei dieser Gespräche fanden am 17.11.2016, am 23.04.2012 und am 07.03.2006 im Bundesverfassungsgericht statt, vgl. die Beiträge von *Lührig* in AnwBl 1/2017, 72, AnwBl 6/2012, 537 und AnwBl 5/2006, 322. Zum Besuch beim Bundesverfassungsgericht am 20.02.2003 vgl. den Beitrag von *Kirchberg*, BRAK-Mitt. 2003, 65 f.

Über 90 % der Verfahren sind vom Ersten Senat oder seinen Kammern entschieden worden (24 Entscheidungen), auf den Zweiten Senat entfielen lediglich drei Entscheidungen. Mehr als die Hälfte der Fälle, zu denen die BRAK eine vom Verfassungsrechtsausschuss erarbeitete Stellungnahme abgegeben hatte, wurden schließlich in der 2. Kammer des Ersten Senats beschieden, also in dem gerichtlichen Spruchkörper, dem mit Prof. Dr. Reinhard Gaier der damals für berufsrechtliche Fragen zuständige Bundesverfassungsrichter angehörte.[19] Neben den 15 von der 2. Kammer des Ersten Senats entschiedenen Fällen sind vier weitere Verfahren von den beiden anderen Kammern des Ersten Senats entschieden worden und ein Verfahren von einer Kammer des Zweiten Senats. Zehn der 27 Verfahren wurden durch Senate entschieden, acht durch den Ersten, zwei durch den Zweiten Senat.

b) Neuere Entwicklungen

An diesem ganz unterschiedlichen Nachfrageverhalten des Ersten und des Zweiten Senats hat sich bis heute kaum etwas geändert. Auch im Zeitraum seit April 2012 bis Januar 2017 kamen knapp 90 % der Stellungnahmeanfragen des Bundesverfassungsgerichts aus dessen Ersten Senat.

Fragt man nach den Ursachen, so scheidet eins jedenfalls aus. Die geringe Zahl der Anforderungen aus dem Zweiten Senat geht nicht auf eine dort fehlende Kenntnis über die Arbeitsweise des Verfassungsrechtsausschusses und über dasjenige zurück, was der Ausschuss durch Stellungnahmen verfahrensfördernd einbringen kann. Christian Kirchberg und der Vorsitzende des DAV-Verfassungsrechtsausschusses, Prof. Dr. Thomas Mayen, laden bei jedem der turnusmäßigen Gesprächen mit dem Präsidenten und den Richtern des Bundesverfassungsgerichts gerade die Richter des Zweiten Senats dazu ein, sich der Zuarbeit des Verfassungsrechtsausschusses in demselben Umfang zu bedienen, wie es der Erste Senat seit langem tut. Darüber hinaus hat der Ausschuss in den letzten Jahren seine zwei bis drei Präsenzsitzungen im Jahr teilweise auch dazu genutzt, mit neu gewählten Richterinnen und Richtern des Bundesverfassungsgerichts Kennenlerngespräche zu führen, und zwar mit den Verfassungsrichtern Monika Hermanns, Prof. Dr. Doris König und Dr. Ulrich Maidowski – zufällig alles Mitglieder des Zweiten Senats.

Möglicherweise liegt das unterschiedliche Anforderungsverhalten der Senate aber auch in den behandelten Themen begründet. Der Zweite Senat erbittet Stellungnahmen praktisch ausschließlich zu Verfahren, die einen strafrechtlichen oder jedenfalls steuerstrafrechtlichen Hintergrund haben.

Der Erste Senat – das war jedenfalls das Ergebnis der Analyse der Stellungnahmen in den Jahren 2006 bis Anfang 2012 – schaltet den Verfassungsrechtsausschuss ein, wenn es um Fragen zum Berufs- und Prozessrecht geht

19 Prof. *Gaier* war auch Gast einer kleinen Feier des Ausschusses zu seinem 25. Jubiläum am 21.11.2008 in Berlin.

(15 Verfahren) oder um Fragen der Vergütung/Beratungshilfe (sieben Verfahren). Überraschend war, dass alle anderen neun Anfragen des Ersten Senats Verfahren mit steuerrechtlichem Hintergrund betrafen.

Seit 2012 ist das Bild allerdings bunter geworden. Erheblichen Aufwand haben dem Ausschuss und seinen Berichterstattern die Stellungnahmen zu den Verfahren zum Atomausstieg (1 BvR 2821/11, 321/12 und 1456/12) sowie zum Braunkohleabbau Garzweiler gemacht (1 BvR 3139/08 und 3386/08), wobei der Ausschuss im Verfahren Garzweiler auch in der mündlichen Verhandlung mitgewirkt hat. Zur Auflockerung der üblichen berufs- und steuerrechtlichen Fragestellungen haben beispielsweise auch die Beteiligungen in Verfahren zur Eigenbedarfskündigung (1 BvR 2851/13), zum Bestellerprinzip bei Wohnraummaklern (1 BvR 1015/15) und zum Sampling beigetragen (1 BvR 1585/13). Bei den Verfassungsbeschwerden gegen den Glücksspielstaatsvertrag (1 BvR 1314/12) wartete der Ausschuss lange gespannt, ob zuerst sein Berichterstatter das Votum vorlegt oder der Erste Senat die Verfahren doch vorher entscheidet. Der Senat war schneller (Beschluss vom 7. März 2017)

IV. Wirkung der Stellungnahmen zu den verfassungsgerichtlichen Verfahren

1. Begrenzte Erkenntnismöglichkeiten

Die Klärung der Frage, welche Wirkungen die Stellungnahmen des Verfassungsrechtsausschusses beim Bundesverfassungsgericht haben, ist schwierig. Wie die internen Abläufe und Beratungen im konkreten Verfahren sind und welche Rolle die Stellungnahmen der BRAK dabei tatsächlich spielen, lässt sich von außen nicht objektiv feststellen. Die Mitglieder des Gerichts betonen immer wieder, wie sehr sie die Stellungnahmen schätzen und wie hilfreich das sei. Was davon bloß Höflichkeit und was ernst gemeint ist, bleibt offen. Skepsis ist deshalb angebracht, weil – um ein Beispiel zu nennen – mit dem Wechsel im Amt des Präsidenten auch die Aussagen dazu wechseln, was von gelegentlich vorkommenden Stellungnahmen des Ausschusses zu halten ist, in denen dieser interne Meinungsverschiedenheiten offenlegt. Während das unter der Präsidentschaft von Prof. Dr. Hans-Jürgen Papier als eher unangebracht und nicht hilfreich bewertet wurde, heißt es unter der Präsidentschaft von Prof. Dr. Andreas Voßkuhle, dass gerade die Offenlegung solcher Meinungsverschiedenheiten innerhalb der Rechtsanwaltschaft interessant sein kann und deshalb vom Gericht solchen Stellungnahmen vorgezogen wird, in denen eine im Ausschuss vertretene Gegenposition gerade keinen Ausdruck findet.

Deshalb bleiben für die Bestimmung der Wirkung der Stellungnahmen letztlich nur zwei harte Kriterien. Erstens der Grad der feststellbaren Übereinstimmung der Ergebnisse von Stellungnahme einerseits und bundesverfassungsgerichtlicher Entscheidung andererseits. Und zweitens die Art und Weise, wie und wo sich das Bundesverfassungsgericht in den schriftlichen Entscheidungsgründen mit dem Vortrag und den Argumenten der BRAK auseinandersetzt.

2. Ergebnisübereinstimmung

a) Zeitraum 2006 bis 2012

Für die schon erwähnte Erhebung der zwischen März 2006 und März 2012 vom Ausschuss votierten und vom Bundesverfassungsgericht entschiedenen Verfahren ergibt sich ein vergleichsweise klares Bild. 19 der 27 Entscheidungen kommen zum selben Ergebnis wie die Stellungnahmen der BRAK, die der Verfassungsrechtsausschuss erarbeitet hat. Diese 70 %ige Ergebnisübereinstimmung ist keine ganz schlechte Quote, wenn man bedenkt, dass jede verfassungsgerichtliche Entscheidung zu einem erheblichen Teil wertungsabhängig ist. Deshalb lohnt auch ein Blick auf die acht Verfahren, in denen das Bundesverfassungsgericht Ergebnisse gefunden hat, die von der Stellungnahme der BRAK abweichen. Zunächst einmal gehen die Abweichungen in beide Richtungen. Fünfmal hat das Gericht die vom Ausschuss gesehenen verfassungsrechtlichen Bedenken nicht geteilt, dreimal hat es aber auch entgegen dem Votum des Ausschusses zugunsten des Beschwerdeführers entschieden. Teilweise liegt das auch an den besseren Erkenntnisquellen des Gerichts. Einem Rechtsanwalt, zu dessen Verfassungsbeschwerde der Ausschuss geteilter Meinung war, wurde eine Missbrauchsgebühr in Höhe von 500 € auferlegt, wobei die dafür maßgeblichen Gründe erst durch die Beiziehung und Auswertung der Akten des Ausgangsverfahrens ersichtlich waren.[20] Auf eine Stellungnahme des Ausschusses zur Begründetheit einer Verfassungsbeschwerde gegen Regelungen des Tabaksteuergesetzes kam es nicht an, weil sich aus der dem Verfassungsrechtsausschuss nicht vorliegenden Stellungnahme des Bundesgerichtshofs ein Subsidiaritätsmangel ergab, da der Beschwerdeführer die Verfassungsmäßigkeit der tabaksteuerrechtlichen Norm nicht zum Gegenstand seiner Nichtzulassungsbeschwerde gemacht hatte.[21]

---

20 Beschluss der 2. Kammer des Ersten Senats vom 17.03.2008 – 1 BvR 3069/06, Rn. 15 und 17 bei juris.

21 Beschluss der 1. Kammer des Ersten Senats vom 30.03.2011 – 1 BvR 1146/08, Rn. 9 und 19 bei juris; siehe dazu auch *Lenz/Gerhard*, StB 2011, 319, 325.

b) Neuere Zeit

Auch in neuerer Zeit deckten sich die vom Bundesverfassungsgericht schließlich gefundenen Ergebnisse überwiegend mit den vom Verfassungsrechtsausschuss erarbeiteten Stellungnahmen der BRAK, auch wenn die Quote etwas rückläufig ist. So lag der Ausschuss aus Sicht des Bundesverfassungsgerichts (oder umgekehrt das Bundesverfassungsgericht aus Sicht des Ausschusses) in den acht im Jahr 2016 von Senaten entschiedenen Fällen fünfmal richtig (Rindfleischetikettierung[22]; § 1906 Abs. 3 BGB[23]; Bestellerprinzip bei Wohnungsvermittlern[24]; Sampling[25] und Bundeskriminalamtsgesetz[26]), dreimal aber auch anders (Atomausstieg[27]; Ausschluss juristischer Personen von der Bestellung zum Insolvenzverwalter[28], Partnerschaftsgesellschaft von Rechtsanwälten mit Ärzten und Apothekern[29]).

Es würde aber ohnehin zu kurz greifen, den „Erfolg" von Stellungnahmen der BRAK nur danach zu bemessen, ob das Gericht im Ergebnis so entschieden hat, wie es der Ausschuss getan hätte. Nach dem von Christian Kirchberg geprägten Verständnis orientiert sich der Ausschuss bei seinen Stellungnahmen nicht an einem rechts- oder berufspolitischen Wunschzettel, sondern votiert so, wie er selbst anstelle des Gerichts entscheiden würde.

Deshalb kann eine wertvolle Funktion der Stellungnahmen der BRAK gerade auch darin liegen, dass eine gegenüber den anderen Stellungnahmen abweichende Sichtweise klar herausgearbeitet und argumentativ unterfüttert wird. Das geschieht entgegen hartnäckig gepflegten Vorurteilen nicht gegen eine „grundrechtliche Liberalisierung"[30], sondern gerade auch in diesem Sinne. Das hat zuletzt etwa das Verfahren um den vom Bundesverfassungsgericht gebilligten Ausschluss juristischer Personen von der Bestellung zum Insolvenzverwalter gezeigt. Unter den vielen abgegebenen Stellungnahmen war es allein die BRAK, welche die Verfassungsbeschwerde ausdrücklich für begründet gehalten hat, was der Erste Senat auch hervorgehoben hat.[31] Gegen eine „grundrechtliche Liberalisierung" waren andere.

---

22 Beschluss des Zweiten Senats vom 21.09.2016 – 2 BvL 1/15, NJW 2016, 3648.

23 Beschluss des Ersten Senats vom 26.07.2016 – 1 BvL 8/15, NJW 2017, 53.

24 Beschluss des Ersten Senats vom 29.06.2016 – 1 BvR 1015/15, DVBl 2016, 1251 mit Anmerkung von *Bernhard Stüer*, der als unser Ausschussberichterstatter auch das Votum erarbeitet hatte.

25 Urteil des Ersten Senats vom 31.05.2016 – 1 BvR 1585/13, NJW 2016, 2247.

26 Urteil des Ersten Senats vom 20.04.2016 – 1 BvR 966/09 u. a., NJW 2016, 1781.

27 Urteil des Ersten Senats vom 06.12.2016 – 1 BvR 2821/11 u. a.

28 Beschluss des Ersten Senats vom 12.01.2016 – 1 BvR 3102/13, NJW 2006, 930.

29 Beschluss des Ersten Senats vom 12.01.2016 – 1 BvL 6/13, NJW 2016, 700.

30 Vgl. die Kritik von *Kleine-Cosack* (Fn. 5), § 175, Rn. 1 und § 177, Rn. 12.

31 Beschluss des Ersten Senats vom 12.01.2016 – 1 BvR 3102/13, Rn. 25 bei juris.

3. Berücksichtigung der Stellungnahmen in den Entscheidungsgründen

Besonders aufschlussreich ist, wie die einzelnen Spruchkörper des Bundesverfassungsgerichts mit den Stellungnahmen der BRAK umgehen, die der Ausschuss erarbeitet hat. Dabei deckt sich der Befund aus dem 2012 analysierten Zeitraum von März 2006 bis März 2012 mit dem, was sich in jüngerer Zeit gezeigt hat.

a) Sachverhaltsteil

Das typische Schicksal einer Stellungnahme besteht darin, dass sie lediglich in den Teil der Entscheidungsgründe Eingang findet, die sich mit der Darstellung des Sachverhalts beschäftigen.

Das ist bei Senatsentscheidungen der Teil A, in dem regelmäßig wiedergegeben wird, wer Stellungnahmen abgegeben hat und mit welcher Stoßrichtung, oft auch unter Nennung eines oder mehrerer zentraler Argumente aus der Stellungnahme.[32]

Bei Kammerentscheidungen ist das Bundesverfassungsgericht mit einer ausdrücklichen Bezugnahme auf Stellungnahmen der BRAK noch zurückhaltender. Teilweise wird lediglich erwähnt, dass der BRAK Gelegenheit zur Stellungnahme gegeben worden ist[33]. Hier kann der Leser also noch nicht einmal erkennen, dass die BRAK eine Stellungnahme abgegeben hat. Neben der Mittelvariante, bei der die abgegebene Stellungnahme der BRAK erwähnt wird, nicht aber ihre Argumentation, gibt es auch Kammerentscheidungen, welche die Argumentation aus der Stellungnahme der BRAK intensiv im Sachverhalt darstellen.[34] Nach welchen Kriterien dies geschieht, ist nicht recht ersichtlich. Wahrscheinlich gibt es auch gar keine einheitlichen Kriterien. Dafür spricht gerade das Verhalten desjenigen Spruchkörpers des Bundesverfassungsgerichts, der die meisten Stellungnahmen der BRAK anfordert und erhält, also die 2. Kammer des Ersten Senats. Wenn diese Kammer etwa in einer Entscheidung, mit der sie eine Verfassungsbeschwerde wegen mangelnder Erschöpfung des Rechtswegs nicht zur Entscheidung annimmt, trotzdem eine inhaltliche Stellungnahme der BRAK unter Entfaltung der zentralen Argumentationslinie des Ausschusses wiedergibt[35], dann leuchtet es umso weniger ein, warum ein drei Monate später von derselben Kammer gefasster

32 Aus neuerer Zeit etwa Urteil des Ersten Senats vom 06.12.2016 – 1 BvR 2821/11 u. a. (Änderung des Atomgesetzes), Rn. 155 bei juris, Beschluss des Zweiten Senats vom 21.09.2016 – 2 BvL 1/15 (Rindfleischetikettierungsgesetz), Rn. 26 bei juris, Beschluss des Ersten Senats vom 26.07.2016 – 1 BvL 8/15 (zu § 1906 Abs. 3 BGB), Rn. 48 bei juris, Beschluss des Ersten Senats vom 29.06.2016 (Bestellerprinzip bei Wohnraumvermittlern), Rn. 34 ff. bei juris und Beschluss des Ersten Senats vom 31.05.2016 – 1 BvR 1585/13 (Sampling), Rn. 39 bei juris.

33 Beschluss der 2. Kammer des Ersten Senats vom 27.05.2016 – 1 BvR 1890/15, Rn. 11 bei juris.

34 Beispiel: Beschluss der 2. Kammer des Ersten Senats vom 25.02.2016 – 1 BvR 1042/15, Rn. 9 bei juris.

35 Beschluss der 2. Kammer des Ersten Senats vom 25.02.2016 – 1 BvR 1042/15, Rn. 9 bei juris.

Beschluss, mit dem einer anderen Verfassungsbeschwerde im Wesentlichen in Übereinstimmung mit der Stellungnahme der BRAK stattgegeben wird, eine Formulierung wählt, die völlig offen lässt, ob die BRAK überhaupt eine Stellungnahme abgegeben hat.[36]

b) Rechtliche Erwägungsgründe (Abschnitte zur Zulässigkeit und zur Begründetheit)

Trotzdem ist diese geschilderte, nicht an erkennbaren Kriterien ausgerichtete dreistufige Behandlungsweise der Stellungnahmen im Sachverhaltsteil der Entscheidungen geradezu opulent, wenn man sie mit dem Umfang vergleicht, in dem das Bundesverfassungsgericht die Stellungnahmen der BRAK in der rechtlichen Würdigung aufgreift, also in den Abschnitten zur Zulässigkeit und zur Begründetheit verfassungsgerichtlicher Verfahren.

Zum ungeschriebenen Geheimverfassungsprozessrecht scheint danach ein informelles Verbot zu gehören, Stellungnahmen von Äußerungsberechtigten und damit auch Stellungnahmen der BRAK in den rechtlichen Erwägungsgründen ausdrücklich aufzugreifen. Daran haben sich im vergangenen Jahr 2016 alle acht Senatsentscheidungen gehalten, obwohl sie im Sachverhaltsteil mehr oder minder ausführlich Stellungnahmen der BRAK geschildert haben. Dasselbe gilt für die fünf Kammerentscheidungen des Jahres 2016, in denen Stellungnahmen der BRAK im Sachverhaltsteil auftauchen. Sie tauchen in diesen Entscheidungen auch nur dort auf.

Entscheidungen, in denen das Bundesverfassungsgericht sich in seinen rechtlichen Erwägungsgründen mit der Stellungnahme der BRAK auseinandersetzt, gleichen also einem vierblättrigen Kleeblatt.

Zuletzt ist ein solcher Fall aufgetreten im Nichtannahmebeschluss der 2. Kammer des Ersten Senats vom 07.04.2015 (1 BvR 1432/10), mit dem eine Verletzung von Art. 3 Abs. 1 und Art. 14 Abs. 1 GG durch kumulative Belastung mit Erbschafts- und Einkommensteuer bei der Vererbung von Zinsansprüchen verneint worden ist. Hier ging es inhaltlich um die Frage, inwieweit Pauschalisierungsüberlegungen „Ungerechtigkeiten" im Einzelfall rechtfertigen können. In diesem Verfahren hat die Kammer in ihren Entscheidungsgründen die Einstufung des Maßes der Ungleichheit durch unseren BRAK-Ausschuss als vergleichsweise „bagatellarisch" ebenso aufgegriffen (Rn. 20) wie die Überlegung, dass die angegriffene Belastung im Fall einer durchschnittlichen Erbschaftssteuer zu einer Belastungswirkung von zwischen 62,85 € und 118,31 € führt (Rn. 21). Nach dem äußeren Eindruck war es also so, dass die teils rechnerischen, teils quantifizierten Bewertungen der BRAK

---

36 Beschluss der 2. Kammer des Ersten Senats vom 27.05.2016 – 1 BvR 1890/15, Rn. 11 bei juris sowie die auf der Homepage der BRAK abrufbare Stellungnahme 44/2015 der BRAK zu diesem Verfahren.

als für die Argumentation hilfreich angesehen und deshalb unter offenem Ausweis der Herkunft verwertet wurden.

Anders lagen die Dinge im Fall von BVerfGE 138, 64, in dem über den Umweg einer Verletzung der Gewährleistung des gesetzlichen Richters aus Art. 101 Abs. 1 S. 2 GG die Jedermann-Verfassungsbeschwerde einer Berliner Behörde (!) gegen die Rechtsprechung des Bundesgerichtshofs in Fällen der sogenannten „isolierten eigentumsverdrängenden Planung“ Erfolg hatte, weil der Bundesgerichtshof sich bei seiner an der Verschonung der Grundrechte privater Eigentümer ausgerichteten Rechtsprechung zu weit von den gesetzlichen Vorgaben entfernt haben soll. Die BRAK hat in ihrer Stellungnahme die Rechtsprechung des Bundesgerichtshofs zwar für einfach-rechtlich bedenklich, aber eben nicht für willkürlich gehalten. Auch der Deutsche Anwaltsverein hatte sich nach einem Votum seines Verfassungsrechtsausschusses so positioniert. Der Erste Senat arbeitet zwar mit diesen beiden Stellungnahmen auch in den rechtlichen Erwägungsgründen, aber nur, um daraus einzelne Überlegungen herauszupicken, die er als Beleg für seine gegenteilige Sichtweise verwendet.[37]

Um schließlich zum nächsten und drittjüngsten Fall zu gelangen, in dem eine Stellungnahme der BRAK nicht nur im Sachverhalt, sondern auch in den rechtlichen Erwägungsgründen behandelt worden ist, muss bis in das Jahr 2008 zurückgegangen werden. Im Beschluss der 2. Kammer des Ersten Senats vom 19.02.2008 war die Erwähnung in der rechtlichen Würdigung deshalb „verdient“, weil sich die Stellungnahme der BRAK zu wenig von der engen Sichtweise der Rechtsanwaltskammer lösen konnte, welche die erfolgreich angegriffene berufsrechtliche Rüge wegen der Versteigerung von Beratungspaketen im Internet durch Rechtsanwälte ausgesprochen hatte.[38]

Insgesamt ist der Befund so, dass das Bundesverfassungsgericht Anlass hat, seine Praxis kritisch zu überdenken. Wenn in einem Zeitraum von zehn Jahren ungefähr 50 Entscheidungen des Bundesverfassungsgerichts Stellungnahmen im Sachverhalt erwähnen, die die BRAK auf Ersuchen des Gerichts gemäß § 27a BVerfGG abgegeben hat, dann stehen ganze drei Erwähnungen und argumentative Auseinandersetzungen in den rechtlichen Erwägungsgründen doch in einem gewissen Kontrast zu der im Gespräch von den Mitgliedern des Bundesverfassungsgerichts immer wieder betonten Bedeutung solcher Stellungnahmen.

Käme es hier zu einer Änderung, dann wäre das nicht nur sachgerecht, sondern zugleich auch eine Würdigung der von Christian Kirchberg geprägten Arbeit „seines“ Verfassungsrechtsausschusses.

37 Beschluss des Ersten Senats vom 16.12.2014 – 1 BvR 2142/11, Rn. 97 bei juris, BVerfGE 138, 64.
38 Beschluss der 2. Kammer des Ersten Senats vom 19.02.2008 – 1 BvR 1886/06, Rn. 25 bei juris.

Das Prinzip der praktischen Konkordanz

Gertrude Lübbe-Wolff

I. Die Väter des Gedankens

Als Vater des Gedankens, dass zwischen konkurrierenden Belangen von Verfassungsrang praktische Konkordanz hergestellt werden müsse, gilt der Freiburger Staatsrechtler Konrad Hesse. Tatsächlich ist er derjenige, der diesen Gedanken mit dem heute bekannten Inhalt entwickelt und ihm mit seinem in zwanzig Auflagen verbreiteten Lehrbuch „Grundzüge des Verfassungsrechts der Bundesrepublik Deutschland" Prominenz in der deutschen Staatsrechtslehre und Eingang in das Grundwissen des deutschen Jurastudenten verschafft hat. Vermutlich war es auch Hesse, der in seiner Zeit als Richter des Bundesverfassungsgerichts dafür gesorgt hat, dass der Begriff der praktischen Konkordanz Eingang in die Rechtsprechung des Bundesverfassungsgerichts fand. Jedenfalls fallen die ersten Entscheidungen des Bundesverfassungsgerichts, in denen das Postulat der Herstellung praktischer Konkordanz eine tragende Rolle spielt, in seine Amtszeit als Richter dieses Gerichts (1975–1987).

Den Ausdruck „praktische Konkordanz" hatte schon vor Hesse der Schweizer Staats- und Kirchenrechtler Richard Bäumlin in seiner 1961 erschienenen kleinen Schrift „Staat, Recht und Geschichte"[1] verwendet, um seine Überzeugung zum Ausdruck zu bringen, dass die Konkretisierung, deren das Verfassungsrecht für seine praktische Wirksamkeit bedarf, kein mechanischer Prozess des Normvollzugs sei, sondern ein Verfahren, das auf der Integration unterschiedlicher Gesichtspunkte (Topoi) beruht: Das Verfassungsrecht, so Bäumlin, sei „nach ‚unten'" – also in Richtung auf die Konkretisierung – „offen, ... indem seine Sätze und schon seine einzelnen Begriffe (‚Freiheit', ‚öffentliche Ordnung', ‚Familienschutz', ‚Gesamtinteresse') als nicht zum vornherein logisch einheitliche, sondern vielmehr nebeneinander stehende Teilantworten, fortwährend weiterer Konkretisierung bedürfen, die nicht bloß ‚anwendet' oder ‚ausführt', sondern in topisch vorgehender Problementwicklung die Teilantworten im geschichtlichen Handeln zu praktischer Konkordanz bringt"[2]. Man hört gleich, dass es sich hier um Literatur aus der Zeit vor dem segensreichen Wirken der analytischen Philosophie handelt.

---

1 *Richard Bäumlin*, Staat, Recht und Geschichte. Eine Studie zum Wesen des geschichtlichen Rechts, entwickelt an den Grundproblemen von Verfassung und Verwaltung, 1961. Hinweis auf diese Quelle bei *Friedrich Müller*, Die Einheit der Verfassung, 1979, S. 76 Fn. 170.

2 *Bäumlin* (Fn. 1), S. 30. In einer Fußnote zu dem zitierten Satz verweist *Bäumlin* auf *Scheuners* Empfehlung einer *harmonisierenden* Verfassungsinterpretation, auf die sich später – anhand etwas jüngerer Äußerungen *Scheuners* – auch *Hesse* in seinen Ausführungen zur „praktischen Konkordanz" bezieht. *Scheuner* ging es dabei nicht nur um eine Harmonisierung unterschiedli-

II. Anknüpfung an die Idee der *concordia*

Bäumlin knüpfte bei der zitierten Überlegung terminologisch an das *decretum Gratiani* an[3], das Hauptwerk des rechtsgelehrten Mönchs Gratian, mit dem im 12. Jahrhundert die Systematisierung und Kodifizierung des Kirchenrechts einsetzte. Gratian selbst hatte dieses Werk, das den ersten Teil des Corpus Iuris Canonici bildet, „Concordia discordantium canonum“ genannt und damit im Titel bezeichnet, worum es ging: um die Herstellung von Übereinstimmung zwischen den vielfach einander widersprechenden kirchlichen Rechtsregeln und Lehren der kanonischen Autoritäten, also um die Integration des Kirchenrechts zu einem harmonischen Ganzen.

Hesse hat die Bäumlinschen Überlegungen in einer Rezension des Buches von Bäumlin, zunächst noch in leicht abweichender Terminologie, aufgegriffen und dabei auch den Bezug zur mittelalterlichen Lehre von der *concordia* hervorgehoben: Es komme „darauf an, die Maßstäbe beim Vollzug des Rechts, in der Rechtswirklichkeit in praktische Konsonanz zu bringen, >concordantia disconcordantium< zu betreiben.“[4]

Die katholische Lehre von der *concordia*, an die Bäumlin und ihm folgend Hesse mit der Anspielung auf das Dekret des Gratian assoziativ anknüpfte, hat überhaupt einen engen Bezug zur Staatsrechtslehre. Ihr Ausgangspunkt ist die Bemühung um die Einheit des katholischen Glaubens und damit auch der katholischen Kirche, die eine theoretische Fortsetzung zum Beispiel in der 1433 erschienenen Schrift „De concordantia catholica“ des Nikolaus von Kues gefunden hat. Im 16. und 17. Jahrhundert – nach der Reformation, als

---

cher verfassungsrechtlicher Gesichtspunkte, sondern auch um die Herstellung von Harmonie im Feld der politischen Gegensätze, also um eine ganz praktisch auf Integration ausgerichtete Verfassungsinterpretation, vgl. *Ulrich Scheuner*, VVdStRL 22 (1965), S. 53: „Demgegenüber muss eine Grundrechtsauslegung von dem Gedanken der interpretativ herzustellenden Einheit und Harmonie der Verfassung ausgehen. Sie muss daher bei den Grundrechten auf die gegenseitige Begrenzung, Zusammenstimmung und die wechselseitige Ergänzung abstellen. Eine Verfassung ist ihrer Intention nach ein auf politische Einigung und Übereinstimmung angelegtes Dokument. Ihre Auslegung muss daher diesen harmonisierenden und integrierenden Charakter tragen.“; *ders.*, VVdStRL 20 (1963), S. 125 f. Angesichts dieses Hintergrundes ist es vermutlich kein Zufall, dass der Rechtsprechung des Bundesverfassungsgerichts zur praktischen Konkordanz vorgeworfen worden ist, sie bleibe „blind für den gesellschaftlichen Konflikt“ (*Andreas Fischer-Lescano*, Kritische Justiz 2008, S. 166 <173>). Wieso das Streben nach einer konfliktentschärfenden Verfassungsauslegung gleichbedeutend sein soll mit Blindheit für existierende Konflikte, erschließt sich allerdings nicht recht. Auch auf eine Verfassungsinterpretation, die dazu neigt, das – gewaltfreie – offene Austragen gesellschaftlicher Konflikte zu unterbinden, läuft die Lehre von der „praktischen Konkordanz“ von ihrer Anlage her keineswegs notwendigerweise hinaus.

3 *Bäumlin* (Fn. 1), S. 28: „Gratians concordantia disconcordantium“ (sic; gemeint: concordantia discordantium) sei „nicht ´Systematisierung´ einer starr gewordenen Kasuistik (ein Ausgang, der topischem Stil freilich immer drohen kann), sondern ein am Fall orientiertes und die verschiedenen vorgegebenen Maßstäbe durch Rückführung auf die tragende und verbindende caritas zu Konkordanz bringendes Entscheiden.“

4 *Konrad Hesse*, Buchbesprechung, JZ 1963, 485 ff. (486). Auch den Fehler in der Bezugnahme auf den ursprünglichen Titel des Werks von *Gratian* (s. Fn. 3) hat Hesse von Bäumlin übernommen.

es mit der Einheit des christlichen Glaubens und der christlichen Kirche vorbei war – wurde die Lehre von der *concordia* aber auch als staatsrechtliche Lehre vertreten: als Lehre von der Eintracht (heute würde man sagen: vom Grundkonsens) als notwendiger Voraussetzung politischer Gemeinschaft[5]. Damals war dabei natürlich an die Eintracht im Glauben gedacht; die Lehre von der *concordia* untermauerte das 1555 im Augsburger Religionsfrieden als Grundsatz des Reichsverfassungsrechts fixierte Postulat, dass die Bürger eines Staates desselben Glaubens sein müssen.

So viel zum historischen Assoziationsgepäck.

III. Bedeutung des Prinzips der praktischen Konkordanz

1. Konrad Hesses Explikation

In der ersten Auflage seines Lehrbuchs „Grundzüge des Staatsrechts" führte Hesse dann 1967 das „Prinzip *praktischer Konkordanz*" als einen Grundsatz ein, der in engem Zusammenhang mit dem – im vorausgehenden Absatz behandelten – Prinzip der Einheit der Verfassung stehe: „verfassungsrechtlich geschützte Rechtsgüter müssen in der verfassungsrechtlichen Problemlösung einander so zugeordnet werden, dass jedes von ihnen Wirklichkeit gewinnt. Wo Kollisionen entstehen, darf nicht in vorschneller ‚Güterabwägung' oder gar abstrakter ‚Wertabwägung' eines auf Kosten des anderen realisiert werden. Vielmehr stellt das Prinzip der Einheit der Verfassung die Aufgabe einer Optimierung: *beiden* Gütern müssen Grenzen gezogen werden, damit beide zu optimaler Wirksamkeit gelangen können. Die Grenzziehungen müssen daher im jeweiligen konkreten Falle verhältnismäßig sein; sie dürfen nicht weitergehen als es notwendig ist, um die Konkordanz beider Rechtsgüter herzustellen." Verhältnismäßigkeit, so Hesse, bezeichne in diesem Zusammenhang eine „Relation zweier variabler Größen", und zwar diejenige, die jener Optimierungsaufgabe am besten gerecht wird, „nicht eine Relation zwischen einem konstanten Zweck und einem oder mehreren variablen ‚Mitteln'".[6]

2. Mehrwert und spezifische Modernität des Prinzips

Halten wir fest: Beim Prinzip der praktischen Konkordanz geht es um den verhältnismäßigen Ausgleich zwischen konfligierenden verfassungsrechtli-

5 Vgl. dazu *Carl J. Friedrich*, Demokratie als Herrschafts- und Lebensform, 2. A. 1966, S. 69ff.

6 *Konrad Hesse*, Grundzüge des Staatsrechts, 1967, S. 28f.; dort S. 28, Fn. 30, die schon erwähnte Bezugnahme auf *Scheuner* (s.o. Fn. 2). Daneben zitiert Hesse an dieser Stelle *Lerche*, Übermaß und Verfassungsrecht, 1961, S. 125ff.

chen Belangen. Wo liegt aber der Unterschied zum Grundsatz der Verhältnismäßigkeit und der Mehrwert diesem Prinzip gegenüber?

Hesses Prinzip der praktischen Konkordanz enthält keine Distanzierung vom Grundsatz der Verhältnismäßigkeit, sondern es zielt auf Klarstellungen in Bezug auf die Reichweite der Anwendbarkeit und die richtige Art und Weise der Anwendung dieses Grundsatzes in einer speziellen Konstellation. Die spezielle Konstellation, um die es geht, ist die, dass auf *beiden* bzw. *allen* Seiten der Abwägung, die vom Grundsatz der Verhältnismäßigkeit verlangt wird, ein Belang von Verfassungsrang steht. Für diese spezielle Konstellation besagt das Prinzip der praktischen Konkordanz vor allem zweierlei:

- Erstens, dass das Verbot einer unverhältnismäßigen Beeinträchtigung nicht nur auf Grundrechte zu beziehen ist, sondern auch auf beliebige sonstige verfassungsrechtlich geschützte Belange, sofern sie eben mit anderen verfassungsrechtlich geschützten Belangen in einen Konflikt geraten, und
- zweitens, dass die verfassungsrechtlich gebotene Abwägung nicht *in abstracto*, sondern konkret, bezogen auf die jeweils betrachteten Fälle oder Fallgruppen, vorzunehmen ist. Es handelt sich hier also um die Absage an einen pauschalen lexikalischen Vorrang bestimmter Verfassungsgüter oder bestimmter Klassen von Verfassungsgütern vor anderen – anders ausgedrückt: um das Gebot einer *differenzierten* Anwendung des Verhältnismäßigkeitsgrundsatzes.

Das ist heute eine Selbstverständlichkeit, die nicht mehr mit der Aufstellung eines speziell darauf zielenden Grundsatzes unterstrichen werden müsste. In den frühen 1960er-Jahren war das aber noch anders. Die Bundesrepublik befand sich damals noch in der Phase der Gewöhnung an das westliche Demokratiemodell und die dazugehörige Institutionalisierung von Grundrechten, die nicht nur auf Papier verbrieft sind, sondern die der Einzelne auf dem Klagewege durchsetzen kann, sogar gegen die Beschlüsse von Regierung und Parlament. Es wogten damals noch die für solche Übergangsphasen typischen ganz abstrakten Debatten über das Verhältnis von Individuum und Gemeinschaft und den Vorrang des einen vor dem anderen, in denen sich die Befürchtung ausdrückte, dass die Betonung individueller Rechte auf eine Preisgabe oder schleichende Erosion der Werte und Interessen der Gemeinschaft hinauslaufen würde. Bezieht man Hesses Prinzip der praktischen Konkordanz auf die Fundamentalfrage des Verhältnisses von Individuum und Gemeinschaft, dann sieht man, dass mit diesem Prinzip eine weise Antwort gegeben wird, nämlich die Aufforderung, die Probleme auf einer niedrigeren Abstraktionshöhe zu verhandeln. Nur damit wird das ermöglicht, worauf es in der Praxis ankommt, nämlich Individual- und Gemeinschaftsinteressen, die im Einzelfall natürlich ständig konfligieren, in ein Verhältnis zueinander zu bringen, das nicht auf pauschale wechselseitige Schädigung oder Unterdrückung der einen oder anderen Seite, sondern auf wechselseitige Stärkung und Steigerung angelegt ist.

Man könnte insofern sagen, dass das Prinzip der praktischen Konkordanz Ausdruck einer Grundüberzeugung moderner Gesellschaften ist. Moderne Gesellschaften behandeln das Verhältnis von Individualinteresse und Gemeinschaftsinteresse nicht als ein Nullsummenspiel, in dem jede Stärkung der einen Seite auf die Schwächung der anderen hinausläuft. Sie gehen von der Möglichkeit wechselseitiger Stärkung und Steigerung, von der Möglichkeit eines *win-win*-Verhältnisses aus. Auf der Nutzung dieser Möglichkeit beruht ihr Erfolg.

IV. „Praktische Konkordanz" in der Rechtsprechung des Bundesverfassungsgerichts

1. Schulwesen

In der Rechtsprechung des Bundesverfassungsgerichts spielt das Prinzip der praktischen Konkordanz, noch ohne das Adjektiv „praktisch", erstmals in drei Entscheidungen aus dem Dezember 1975 eine Rolle, die sämtlich das Verhältnis zwischen verschiedenen – teilweise auch untereinander kollidierenden – Individualgrundrechten (negative und positive Religionsfreiheit, elterliches Erziehungsrecht) und staatlichem Erziehungsauftrag im Schulwesen betrafen[7].

7 Bis zu diesem Zeitpunkt findet sich nur in der ersten wichtigen Entscheidung des Bundesverfassungsgerichts zum Verhältnis von europäischem Gemeinschaftsrecht und nationalem Recht („Solange-I-Beschluss") en passant die Feststellung, aus dem besonderen Verhältnis zwischen Gemeinschaft und Mitgliedstaaten erwachse für die zur Rechtskontrolle berufenen Gerichte – EuGH und BVerfG – die Pflicht, sich um die „Konkordanz beider Rechtsordnungen" zu bemühen (BVerfGE 37, 271 <278>). Expliziter war das Prinzip der praktischen Konkordanz nur im Sachbericht der Entscheidung zum Schwangerschaftsabbruch vorgekommen; hier hatten die Kläger sich auf die „mittlerweile herrschend gewordene Lehre von der praktischen Konkordanz" berufen (vgl. 39, 1 <20>), ohne dass dieser Vortrag aber einen ausdrücklichen Widerhall in der eigentlichen Entscheidungsbegründung gefunden hätte. Solches Nicht-explizit-Aufgreifen eines das Prinzip der praktischen Konkordanz betreffenden Vortrags von Beteiligten oder Äußerungsberechtigten findet sich auch in späteren Entscheidungen, nachdem das Gericht das Prinzip an sich anerkannt hatte, noch häufig, vgl. BVerfGE 57, 220 (238); 69, 315 (331); 73, 206 (219, 251); 77, 65 (70); 82, 54 (56); 85, 36 (49); 94, 166 (184); 95, 220 (231); 108, 282 (286, 289, 292, 293); 117, 202 (215); 118, 277 (299f.); 121, 205 (215); 124, 300 (317); 132, 99 (105); 136, 277 (291), Rn. 31; 138, 296 (314, 317, 319), Rn. 46, 52, 59; 139, 321 (336), Rn. 50;140, 42 (53), Rn. 37 (s. auch a.a.O S. 48, Rn. 22, für die – in der weiteren Entscheidungsbegründung nicht aufgegriffene – Wiedergabe einer revisionsgerichtlichen Bezugnahme auf das Prinzip der praktischen Konkordanz). Dies dürfte eher den erreichten Grad der Selbstverständlichkeit als eine Zurückweisung des Prinzips oder seiner Anwendbarkeit in den konkreten Fallkonstellationen widerspiegeln. Mehrfach wurde das Prinzip auch in Sondervoten herangezogen, ohne dass es in der mehrheitlich getroffenen Entscheidung eine Rolle gespielt hätte, vgl., ohne dass eine Berufung auf das Prinzip in wiedergegebenen Schriftsätzen vorausgegangen wäre, BVerfGE 78, 38 (54ff., 56); 95, 335 (367ff., 403); nach solcher Berufung BVerfGE 108, 282 (314ff., 317); s. auch, dem von der Senatsmehrheit er-

Der ersten[8] dieser Entscheidungen lag eine Verfassungsbeschwerde von Eltern gegen die Einführung der christlichen Gemeinschaftsschule badischer Überlieferung als Regelform der Volksschule im Land Baden-Württemberg zugrunde. „Volksschule“ hieß damals die achtjährige öffentliche Pflichtschule, die jeder durchlaufen muss, der nicht eine entsprechende staatlich genehmigte Privatschule oder ab der fünften Klasse eine weiterführende (zu einem höheren Abschluss führende) Schule besucht. Die betroffenen Eltern sahen durch den Übergang zu dieser Schulform den christlichen Charakter der Schule unzulässig verstärkt und dadurch ihr grundrechtlich geschütztes Recht verletzt, ihre Kinder nach ihren eigenen religiösen oder weltanschaulichen Vorstellungen zu erziehen. Das Bundesverfassungsgericht erklärte die Verfassungsbeschwerde für unbegründet, stützte dies aber auf Gründe, die zugleich Leitlinien für die praktische Ausgestaltung der im Prinzip für verfassungskonform erklärten „christlichen“ Schulform enthielten:

„Da es in einer in pluralistischen Gesellschaft faktisch unmöglich ist, bei der weltanschaulichen Gestaltung der öffentlichen Pflichtschule allen Elternwünschen voll Rechnung zu tragen, muß davon ausgegangen werden, daß sich der Einzelne nicht uneingeschränkt auf das Freiheitsrecht aus Art. 4 GG“ – die Gewahrleistung der Religionsfreiheit – „berufen kann. .... Das im Bereich des Schulwesens unvermeidliche Spannungsverhältnis zwischen negativer und positiver Religionsfreiheit zu lösen, obliegt dem demokratischen Landesgesetzgeber, der ... einen für alle zumutbaren Kompromiß zu suchen hat. Er kann sich bei seiner Regelung daran orientieren, daß einerseits Art. 7 GG“ – dieser Artikel betrifft das Schulwesen und den Religionsunterricht an öffentlichen Schulen – „im Bereich des Schulwesens weltanschaulich-religiöse Einflüsse zuläßt, daß andererseits Art. 4 GG gebietet, bei der Entscheidung für eine bestimmte Schulform weltanschaulich-religiöse Zwänge soweit wie irgend möglich auszuschalten. Beide Vorschriften sind zusammen zu sehen und in der Interpretation aufeinander abzustimmen, weil erst die „Konkordanz“ der in den beiden Artikeln geschützten Rechtsgüter der Entscheidung des Grundgesetzes gerecht wird. Keiner dieser Normen und Grundsätze kommt von vornherein ein Vorrang zu, ...“[9] Dem Landesgesetzgeber sei daher die Einführung christlicher Bezüge bei der Gestaltung der öffentlichen Volksschule nicht schlechthin verboten, möge auch eine Minderheit der Erziehungsberechtigten keine religiöse Erziehung wünschen. Die Schule dürfe aber keine „missionarische“ sein und keine Verbindlichkeit christlicher Glaubensinhalte beanspruchen und müsse auch für andere weltanschauliche

---

zielten Abwägungsergebnis entgegensetzend, dass es im zu entscheidenden Fall nicht um die Herstellung praktischer Konkordanz, sondern um die Grenzen gehe, die Art. 79 Abs. 3 GG für Verfassungsänderungen setze, das Sondervotum zur Entscheidung über den „großen Lauschangriff“, BVerfGE 109, 279 (382 ff., 386 f.).

8 Die Bezeichnung als „erste“ bezieht sich hier nur auf die Reihenfolge des Abdrucks in der amtlichen Sammlung; alle drei Entscheidungen datieren vom selben Tag, dem 17. Dezember 1975.

9 BVerfGE 41, 29 (50 f.).

und religiöse Inhalte und Werte offen sein. Ihr Erziehungsziel dürfe außerhalb des – freiwilligen – Religionsunterrichts nicht christlich-konfessionell fixiert sein. In den profanen Fächern beziehe es sich in erster Linie auf die Anerkennung des Christentums als prägenden Kultur- und Bildungsfaktor, der auch den Gedanken der Toleranz für Andersdenkende einschließe, nicht auf die Glaubenswahrheit.[10]

In ähnlicher Weise wurde in den beiden zeitgleich entschiedenen weiteren Fällen, in denen es um Regelungen zur Schulform in den Ländern Bayern[11] und Nordrhein-Westfalen[12] ging, die Entscheidung jeweils mit der Notwendigkeit der Herstellung von Konkordanz zwischen den Normen der Verfassung begründet.

Auch von den späteren Entscheidungen, in denen das Konkordanzprinzip eine Rolle spielte, betrafen mehrere das Schulwesen: die Zulässigkeit eines Schulgebets[13], die Vereinbarkeit verschiedener die Eltern betreffender schulrechtlicher Regelungen mit dem elterlichen Erziehungsrecht[14] und die Zulässigkeit staatlich verordneter Anbringung von Kruzifixen in staatlichen Pflichtschulen[15]. In den Senatsverfahren zur Kopftuchfrage wurde dagegen nur von Beteiligten und Äußerungsberechtigten und im Sondervotum zur ersten einschlägigen Entscheidung auf das Erfordernis der Herstellung praktischer Konkordanz Bezug genommen.[16]

---

10 A.a.O., S. 51 f.

11 BVerfGE 41, 65 (77 f.).

12 BVerfGE 41, (108).

13 Bejaht unter der Voraussetzung vollkommener Freiwilligkeit BVerfGE 52, 223 (240 ff.); die „Erreichung einer Konkordanz" wird hier nur kursorisch erwähnt (S. 240).

14 BVerfGE 59, 360 (376 ff.; zur praktischen Konkordanz a. a. O. S. 381: „Aus Art. 6 Abs. 2 Satz 1 GG können aber grundsätzlich keine konkreten Ansprüche auf Beteiligung der Eltern an der Schulselbstverwaltung abgeleitet werden. (Absatz) Aus dieser Grundgesetzbestimmung ergibt sich hingegen ein schon in der Sexualkundeentscheidung erwähnter Informationsanspruch der Eltern. Wie im Förderstufenurteil (a. a. O. [183]) dargelegt wurde, sind das individuelle elterliche Erziehungsrecht und der staatliche Erziehungsauftrag in der Schule nach dem Grundsatz der Herstellung praktischer Konkordanz aufeinander abzustimmen mit dem Ziele, die eine Persönlichkeit des Kindes zu bilden. Ein sinnvoll aufeinander bezogenes Zusammenwirken von Eltern und Schule setzt aber gegenseitige Verständigung voraus."

15 Für Schulen, die nicht Bekenntnisschulen sind, verneint, BVerfGE 93, 1 (15 ff.; zur praktischen Konkordanz S. 21 und S. 22 f.).

16 BVerfGE 108, 282 (286, 289, 292, 293, Sondervotum: 317); 138, 296 (314, 317, 319), Rn. 46, 52, 59, betr. jeweils das Kopftuchtragen von Lehrerinnen an öffentlichen Schulen. Für weitere, andere Bereiche betreffende Fälle vom jeweiligen Senat wiedergegebener, aber nicht aufgegriffener Bezugnahmen bzw. bloßer Bezugnahmen in Sondervoten s. o. Fn. 7. Zur Frage des Kopftuchs bei Erzieherinnen in Kindertagesstätten gibt es auch einige veröffentlichte Kammerbeschlüsse; in diesen Beschlüssen, die nur einstimmig ergehen können, finden sich bislang (Stand 30.12.2016) Bezugnahmen auf das Prinzip der praktischen Konkordanz ebenfalls nur bei der Wiedergabe von Vorgetragenem im Sachbericht, s. BVerfG, Beschlüsse der 2. Kammer des Ersten Senats v. 30.7.2003–1 BvR 792/03 –, Rn. 10, juris; v. 18.10.2016–1 BvR 354/11 –, Rn. 12, juris; v. 8.11.2016–1 BvR 3237/13 –, Rn. 10, juris.

In der Kruzifix-Entscheidung findet sich eine gute zusammenfassende Formulierung des Prinzips der praktischen Konkordanz: Der in dem Fall bestehende Konflikt zwischen verschiedenen Trägern des Grundrechts der Glaubensfreiheit sowie zwischen diesem Grundrecht und anderen verfassungsrechtlich geschützten Gütern „ist nach dem Grundsatz praktischer Konkordanz zu lösen, der fordert, daß nicht eine der widerstreitenden Rechtspositionen bevorzugt und maximal behauptet wird, sondern alle einen möglichst schonenden Ausgleich erfahren".[17]

Vermutlich liegt die Heranziehung dieses Prinzips in Fällen aus dem Bereich des Schulwesens deshalb besonders nahe, weil die Gestaltung der schulischen Erziehung – ganz besonders, wenn es um Erziehungsinhalte mit Bezug zur Religion geht – sich meist in einem komplexen Spannungsfeld unterschiedlicher, nach der Interpretation des Bundesverfassungsgerichts durchweg verfassungsrangiger Belange abspielt: Rechte der Eltern und Rechte der Kinder, manchmal auch Rechte der Lehrer, sowie der staatliche Bildungs- und Erziehungsauftrag stehen hier oft sämtlich untereinander in einem – mindestens potentiellen – Konfliktverhältnis.

2. Andere grundrechtskonfliktträchtige Bereiche

Das Prinzip der praktischen Konkordanz ist aber auch sonst herangezogen worden: für das Verhältnis des kirchlichen Selbstbestimmungsrechts[18], der

17 BVerfGE 93, 1 (20).

18 BVerfGE 42, 312 (340). In dem Fall ging es um eine Regelung des bremischen Kirchenrechts, nach der Pfarrer und Kirchenbeamte im Fall der Ausübung eines Abgeordnetenmandats als beurlaubt gelten. Der bremische Staatsgerichtshof hatte diese Regelung für unvereinbar mit bremischen Verfassungsrecht erklärt. Diese Entscheidung wiederum erklärte das Bundesverfassungsgericht für unvereinbar mit dem Grundgesetz, da sie der den Kirchen vom Grundgesetz (Art. 140 GG i. V. m. Art. 137 Abs. 3 der Weimarer Reichsverfassung) eingeräumten Regelungsautonomie nicht hinreichend Rechnung trage. BVerfGE 122, 89 (107), zum Verhältnis von kirchlichem Selbstbestimmungsrecht, Wissenschaftsfreiheit eines Theologieprofessors und Wissenschaftsfreiheit der betreffenden Fakultät. BVerfGE 137, 273 (319, 341), Rn. 124, 177, zum Verhältnis von kirchlichem Selbstbestimmungsrecht und kollidierenden Arbeitnehmerrechten (betr. Kündigung eines nach Scheidung wiederverheirateten Chefarztes einer Klinik in kirchlicher Trägerschaft wegen Verletzung arbeitsvertraglich festgelegter Pflichten zur Anerkennung und Beachtung der Grundsätze der katholischen Glaubens- und Sittenlehre).

Wissenschaftsfreiheit[19], des Urheberrechts[20] und des Grundsatzes der amtsangemessenen Alimentation von Beamten und Richtern[21] zu konfligierenden verfassungsrechtlichen Belangen, das Verhältnis der Kunstfreiheit zum Jugendschutz[22], der Kunstfreiheit zum Schutz der Verfassung[23], der Gleichbehandlungsansprüche eines Bewerbers um ein Insolvenzverwalteramt zum Anspruch auf effektiven Rechtsschutz[24], des grundrechtlichen Schutzes von Geschäftsgeheimnissen zum Anspruch auf effektiven Rechtsschutz[25] und zum Frage- und Informationsrecht des Bundestages und seiner Abgeordneten gegenüber der Regierung,[26] der hergebrachten Grundsätze des Berufsbeamtentums zum Leistungsprinzip[27] und der grundrechtlich geschützten Privatautonomie zu konfligierenden verfassungsrechtlich relevanten Belangen Schutzbedürftiger[28].[29]

19 BVerfGE 128, 1 (41), betr. die Einschränkung der Wissenschaftsfreiheit durch das Gentechnikrecht zum Schutz des Lebens und der Gesundheit von Menschen, der Berufs- und Eigentumsfreiheit möglicher Betroffener und der natürlichen Lebensgrundlagen. Der „Grundsatz der praktischen Konkordanz" wird hier nur abstrakt und kursorisch als der Grundsatz erwähnt, nach dem entsprechende Konflikte zu lösen seien; dass die Wissenschaftsfreiheit im konkreten Fall nicht in verfassungswidriger Weise beschränkt worden sei, wird im Übrigen mit Verweis auf das entsprechende, bezüglich anderer betroffener Grundrechte bereits ohne Rekurs auf diesen Grundsatz erzielte Ergebnis begründet. BVerfGE 136, 338 (368), Rn. 65, betr. hochschulorganisationsrechtliche Vorschriften zu Entscheidungsbefugnissen in Bezug auf Hochschulkliniken.

20 BVerfGE 129, 78 (101 f.), betr. die „Auslegung und Anwendung des Urheberrechts", im konkreten Fall des (angesichts etwaiger konkurrierender Grundrechtspositionen), bei der „diejenige den Vorzug" verdiene, die den Wertentscheidungen der Verfassung entspreche und die die Grundrechte der Beteiligten möglichst weitgehend in praktischer Konkordanz zur Geltung bringe. Der Fall betraf das Verbreitungsrecht des Urhebers nach § 17 UrhG.

21 BVerfGE 139, 64 (124 f.), Rn. 125, betr. die R-Besoldung (Richter) in mehreren Ländern; 140, 240 (294), Rn. 108, betr. die A-Besoldung (Beamte) in mehreren Ländern.

22 BVerfGE 83, 130 (143), betr. die Indizierung eines pornographischen Romans als jugendgefährdend.

23 BVerfGE 77, 240 (255), betr. die Strafbarkeit der Verwendung von Kennzeichen verfassungswidriger Organisationen; hier wurden strafgerichtliche Verurteilungen wegen Verwendung von Kennzeichnung der verbotenen FDJ aufgehoben, weil sie auf unzureichender Berücksichtigung des Umstandes beruhten, dass die Verwendung im Rahmen eines künstlerischen Projekts (Aufführung des „Herrnburger Bericht" von Bertolt Brecht) erfolgte.

24 BVerfGE 116, 1 (21).

25 BVerfGE 115, 205 (234 f.).

26 BVerfGE 137, 185 (258), Rn. 185, betr. Informationen über Entscheidungen zu Rüstungsexportgeschäften.

27 BVerfGE 139, 19 (59), Rn. 81, betr. Einstellungshöchstaltersgrenzen im Öffentlichen Dienst.

28 BVerfGE 89, 214 (232), betr. die gerichtliche Inhaltskontrolle von Bürgschaftserklärungen zum Schutz besonders schwacher Vertragspartner; BVerfGE 97, 169 (176), betr. Regelungen zum Kündigungsschutz; BVerfGE 134, 204 (223), Rn. 68, betr. den Schutz von Urhebern bei Unangemessenheit vertraglich vereinbarter Vergütung.

29 Ausgewertet ist hier nur die Rechtsprechung der Senate, nicht die Kammerrechtsprechung. Beiseitegelassen wurden dabei Entscheidungen, die das Wort „Konkordanz" ohne die spezifische hier behandelte Bedeutung (BVerfGE 113, 273 <304>), im Rahmen einer bloßen Wiedergabe von Äußerungen Dritter (124, 300 <317>; s. auch, aus abgegebenen Stellungnahmen im Verfahren sowie aus der Literatur referierend, BVerfGE 73, 206 <251>; zur Wiedergabe von Bezugnah-

3. Konfliktlösungs- und Konfliktminimierungsdirektive

Besonders interessant ist hier die Entscheidung zum Verhältnis des grundrechtlichen Schutzes von Geschäftsgeheimnissen zum Anspruch auf effektiven Rechtsschutz. In der Sache ging es dabei um die Reichweite der Pflicht der Deutschen Telekom, für die gerichtliche Überprüfung der Festlegung der Entgelte, die sie für die Nutzung ihres Kommunikationsnetzes durch Dritte erhebt, kalkulationsrelevante Unterlagen vorzulegen. In dieser Konstellation besteht das Problem, dass einerseits der Zwang zur Offenlegung grundrechtlich geschützte Geschäfts- und Betriebsgeheimnisse der Telekom berühren, andererseits aber die Möglichkeit der Geheimhaltung die Effektivität des Rechtsschutzes der potentiell entgeltpflichtigen Wettbewerber (und das Regelungsziel der gesetzlichen Vorschriften über die Entgeltfestsetzung) beeinträchtigen würde, weil eine voll wirksame gerichtliche Überprüfung der Entgeltfestsetzung nur auf der Grundlage vollständiger Informationen möglich ist. Im konkreten Fall hatte das Bundesverwaltungsgericht zugunsten einer vollen Offenlegung der Unterlagen entschieden, da die Telekom hierdurch keine nachhaltigen oder gar existenzbedrohenden Nachteile erleide. Das Bundesverfassungsgericht hat in diesem Verfahren, ausgehend vom Grundsatz der praktischen Konkordanz[30], die vom Bundesverwaltungsgericht im konkreten Fall vorgenommene Abwägung zwischen den beteiligten Belangen für unzureichend erklärt. *Nicht* beanstandet wurde dagegen, dass der Gesetzgeber keine Möglichkeit geschaffen hatte, den Konflikt zwischen den betroffenen Grundrechten zu entschärfen bzw. weitestgehend aufzulösen durch Zulassung eines *in-camera*-Verfahrens in der Hauptsache[31], das es den Gerichten ermöglichen würde, die umstrittenen Unterlagen ohne Kenntnisgabe an die gegnerische Partei zu verwerten. Nach Auffassung einer abweichenden Meinung zu dieser Entscheidung[32] wäre genau dies vom Grundsatz der praktischen Konkordanz geboten gewesen.

---

men auf praktische Konkordanz in Beteiligtenvortrag und Stellungnahmen s. o. Fn. 7) oder nur ganz en passant (BVerfGE 81, 298 <308>) erwähnen. Aus der Rechtsprechung der Kammern vgl. als instruktives Beispiel den Beschluss der 2. Kammer des Zweiten Senats vom 6.10.2009–2 BvR 693/09 –, NJW 2010, 220 ff. In dem Fall ging es um ein Hausverbot, das eine Wohnungseigentümergemeinschaft dem Partner der Beschwerdeführerin, einer psychisch kranken Mitbewohnerin und Miteigentümerin des betreffenden Wohnhauses, erteilt hatte, weil es bei dessen Besuchen häufig zu Lärmbelästigungen durch lautstarkes Rufen, Weinen usw. der Beschwerdeführerin kam. Der Beschluss hob die gerichtlichen Entscheidungen, die das (uneingeschränkte) Hausverbot als rechtmäßig bestätigt hatten, wegen Verletzung des Eigentumsgrundrechts der Beschwerdeführerin auf und illustriert die Anforderungen an eine differenzierte Anwendung des Grundsatzes der Verhältnismäßigkeit, die sich aus dem Grundsatz der praktischen Konkordanz ergeben.

30 BVerfGE 115, 205 (234).

31 Die Möglichkeit eines in-camera-Verfahrens besteht nach geltendem Recht (§§ 99 f. VwGO) nur für das Zwischenverfahren über den Aktenvorlageanspruch.

32 BVerfGE 115, 205 (250 ff.).

Diese Entscheidung ist interessant, weil es an sich naheliegt, den Grundsatz praktischer Konkordanz als Gebot möglichst schonender wechselseitiger Zuordnung konfligierender Grundrechtspositionen dahin zu verstehen, dass er sich nicht nur, als Konflikt*lösungs*direktive, auf den Modus der Abwägung innerhalb bestehender Konfliktlagen bezieht, sondern auch, als Konflikt*minimierungs*direktive, die Verpflichtung impliziert, vorhandene Möglichkeiten der Ausräumung der Konfliktlage, also der Befreiung der konfligierenden Belange aus ihrem kontradiktorischen Verhältnis, zu nutzen. Das *in-camera*-Verfahren, das im vorliegenden Fall diese Möglichkeit geboten hätte, hat das Bundesverfassungsgericht aber nicht für verfassungsrechtlich geboten gehalten.

Lässt sich daraus schließen, dass das Prinzip der praktischen Konkordanz in der Rechtsprechung des Bundesverfassungsgerichts nur als Direktive für die Abwägung in gegebenen Konfliktlagen anerkannt ist, ihm aber grundsätzlich keine Verpflichtung – jedenfalls keine Verpflichtung des *Gesetzgebers* – entnommen wird, den institutionellen Rahmen so zu arrangieren, dass Kollisionen nach Möglichkeit vermieden oder minimiert werden?

So muss die Entscheidung, die sich zu dieser Frage nicht explizit äußert, meines Erachtens nicht unbedingt verstanden werden. Ich nehme an, dass eine Verfassungspflicht zur Einführung eines *in-camera*-Verfahrens in diesem Fall deshalb nicht postuliert wurde, weil ein solches Verfahren zwar einerseits geeignet gewesen wäre, Konflikte zwischen Geheimnisschutz des Netzbetreibers und effektivem Rechtsschutz seiner Wettbewerber zu entschärfen, andererseits aber zugleich seine eigenen verfassungsrechtlich relevanten Probleme aufwirft. Ein gerichtliches „Geheimverfahren" beeinträchtigt nämlich andere verfassungsrechtliche und auch grundrechtliche Belange von Gewicht – unter anderem den Anspruch der Gegenpartei auf rechtliches Gehör und die dadurch gewährleistete prinzipielle Beobachtbarkeit des Verhältnisses von Entscheidungsgrundlagen und Entscheidungsausspruch, die nicht zuletzt auch eine wichtige Funktion für die Stabilisierung des richterlichen Berufsethos hat. Über die Frage, ob nicht *in-camera*-Verfahren eine rechtsstaatliche Schattenseite haben, die es verbietet, dem Gesetzgeber den Einsatz dieses Instruments als *verfassungsrechtlich gebotenen* Mechanismus der Konfliktentschärfung vorzuschreiben, lässt sich deshalb zumindest streiten. Auf das Problem des rechtlichen Gehörs weist das Bundesverfassungsgericht in diesem Zusammenhang auch ausdrücklich hin.[33]

Die Entscheidung dürfte deshalb so zu verstehen sein: Sie schließt es keineswegs grundsätzlich aus, dem Gebot der Herstellung praktischer Konkordanz über abwägungsbezogene Direktiven für *gegebene* Konfliktkonstellationen hinaus auch eine Verfassungspflicht zur Nutzung vorhandener Möglichkeiten *institutioneller Konfliktminimierung* zu entnehmen. Sie belässt

33 BVerfG, a. a. O. S. 239.

insoweit aber dem Gesetzgeber den ihm zukommenden Einschätzungsspielraum für die Beurteilung und Abwägung, sofern das in Betracht zu ziehende konfliktentschärfende Arrangement seinerseits problembehaftet ist.

Christian Kirchberg, das Bundesverfassungsgericht und der Tanz der Teufel – Oder: Der Wandel der Zeit 1982 bis 2017

Marco Röder

I. Einleitung

Christian Kirchberg ist einer der wenigen Juristen, die sich schon zu Beginn ihres beruflichen Wirkens auf das Verfassungsrecht spezialisiert haben. Insofern kann es nicht verwundern, wenn in der Überschrift dieses Festschriftbeitrags der Name des Jubilars in einem Atemzug mit dem BVerfG erwähnt wird. Auch die Erwähnung des Wandels der Zeit dürfte sowohl im Zusammenhang mit dem siebzigsten Geburtstag von Christan Kirchberg also auch mit seiner Bedeutung für die Auslegung des Verfassungsrechts nicht zu einem Stirnrunzeln führen. Aber die Erwähnung eines „Tanzes der Teufel"? Wo ist da die Verknüpfung? Kann es überhaupt einen Zusammenhang geben?

Muss der Rechtsanwalt Christian Kirchberg nun befürchten, dass sein diesen Beitrag verfassender Partner dunkle Geheimnisse aus den verborgenen Kellern der 1982 gegründeten Sozietät Deubner & Kirchberg ans Tageslicht bringt? Handelt es sich dabei möglicherweise um bislang gut gehütete Interna des Medienrechtlers Christian Kirchberg, auf die die Welt zwar kein Anrecht hat, die aber gerne genommen und in den sozialen Medien hektisch verbreitet werden?

Soll die Mitwirkung von Christian Kirchberg bei der Einführung des besonderen elektronischen Anwaltspostfaches (beA) durch die Bundesrechtsanwaltskammer kritisch betrachtet werden, wofür er sicher von einigen Kolleginnen und Kollegen „verteufelt" wird? Vielleicht wird damit aber auch die liberale Haltung von Christian Kirchberg in berufsrechtlichen Fragen in den Blick genommen, die nicht immer in das vom Standesdünkel angestaubte Bild der Rechtsanwaltskammern vom Rechtsanwalt gepasst haben mag?

Oder handelt es sich bei dem angesprochenen „Tanz der Teufel" gar um eine Beschwörungszeremonie, die von Rechtsanwälten vor der Einreichung einer Verfassungsbeschwerde zelebriert wird, damit sie auf ihre Mühen bei der Abfassung ihres Schriftsatzes nicht den undankbaren Hinweis *„Die Verfassungsbeschwerde wird nicht zur Entscheidung angenommen"* erhalten?

Nichts davon ist gemeint. Gleichwohl gibt es gleich mehrere – wenngleich auch teilweise nur kuriose – Verbindungen:

- Der „Tanz der Teufel" ist ein Spielfilm, der im Jahre 1982 gedreht wurde – dem Jahr also, in dem Christian Kirchberg mit seinem Partner Heinrich Deubner die Sozietät Deubner & Kirchberg gründete.

- Der Spielfilm „Tanz der Teufel" war darüber hinaus Gegenstand einer Entscheidung des BVerfG[1]. Er hat unabhängig von seiner künstlerischen Qualität auf seine Weise zur Weiterentwicklung der verfassungsrechtlichen Rechtsprechung beigetragen und zu der Klärung der bis dahin tatsächlich umstrittenen Rechtsfrage geführt, ob menschenähnliche Wesen, *„vor allem sogenannte Zombies"*, mit Menschen im Sinne des § 131 StGB gleichzusetzen sind. Das BVerfG hat dies – wen wundert es – verneint. Das Bayerische Staatsministerium hatte dagegen in seiner Stellungnahme zu dem Verfassungsbeschwerdeverfahren die Auffassung vertreten, dass es sich aus Sicht des durchschnittlichen Betrachters bei den im Film dargestellten Zombies um Menschen handele. (Das wirft natürlich die Frage auf, ob im Bayerischen Staatsministerium seinerzeit neben Menschen auch menschenähnliche Wesen – vor allem sogenannte Zombies – tätig waren; dieser Frage kann hier leider nicht weiter nachgegangen werden.)
- Schließlich war die Originalfassung des Spielfilms „Tanz der Teufel" 35 Jahre lang in Deutschland verboten, bis sie schließlich im Jahre 2017 – dem Jahr des siebzigsten Geburtstags des Jubilars – mit einer Altersfreigabe von 16 Jahren erlaubt wurde, also gerade noch so rechtzeitig, dass sie dem Jubilar auf einer DVD zum Geschenk gemacht werden könnte.

II. Christian Kirchberg und das Bundesverfassungsgericht

Das berufliche Wirken von Christian Kirchberg im Verfassungsrecht war und ist nicht darauf beschränkt, den Verfassungsgerichten des Bundes und der Länder immer wieder neue Fragen von hoher verfassungsrechtlicher Relevanz zur Entscheidung vorzulegen. Christian Kirchberg hat darüber hinaus von Beginn seiner anwaltlichen Tätigkeit insbesondere das BVerfG berichtend begleitet. Davon zeugen unter anderem seine 1984 begonnene[2] und dann jährlich folgenden Zusammenfassungen der Rechtsprechung des Bundesverfassungsgerichts, ferner seine rechtspolitischen Erwägungen u. a. zur Entlastung des Bundesverfassungsgerichts durch eine Reform der Verfahrensgrundrechtsbeschwerde[3], sein 1992 veröffentlichter Appell an die Rechtsanwaltschaft, einen wirksamen Beitrag zum Erhalt der Verfassungsbeschwerde zu leisten[4], seine 2007 veröffentlichen Werkstattberichte zur Verfassungsbeschwerde aus anwaltlicher Sicht[5] und nicht zuletzt die Würdigung des

1 BVerfG, Beschl. v. 20.10.1992 – 1 BvR 698/89 – BVerfGE 87, 209.

2 *Kirchberg/Krämer*, Die Rechtsprechung des BVerfG im Jahre 1983, AnwBl. 1984, 578.

3 *Kirchberg*, Die Verfahrensgrundrechtsbeschwerde, KritV 1998, 228.

4 *Kirchberg*, Der Anwalt als Zugangshürde zum Bundesverfassungsgericht, NJW 1992, 3200.

5 *Kirchberg*, Die Verfassungsbeschwerde aus anwaltlicher Sicht – ein Werkstattbericht in 3 Teilen, JA 2007, 753.

Schaffens der Verfassungsrichterin a. D. Jaeger[6] und des Verfassungsrichters a. D. Gaier[7].

Bei alldem hat sich der Verfassungsrechtler und Rechtsanwalt Christian Kirchberg aber seine kritische Distanz zum BVerfG bewahrt. Im Jahre 2005 sah Christian Kirchberg sich gar zu einer handfesten und geharnischten Kritik veranlasst[8]. Was war geschehen? In einem Eilverfahren gegen die Bundestagsauflösung waren die Richter des zuständigen Zweiten Senats für die Klägervertreter nicht nur nicht erreichbar, die Gerichtsverwaltung war gar von den Richtern angewiesen worden, jeden telefonischen Zugang zu verweigern. Christian Kirchberg sah sich daher veranlasst, das BVerfG an das Gebot des effektiven Rechtsschutzes zu erinnern, welches das BVerfG selbst postuliert hat und den Instanzengerichten gar nicht so selten ins Stammbuch schreibt. *„Jeder Instanzenrichter ist für den Antragsteller erreichbar, wenn dieser wissen will: Wird rechtzeitig entschieden werden können?“*, ärgerte sich Christian Kirchberg über die damalige Vorgehensweise und mahnte: *„Auch das BVerfG muss sich an seinen den übrigen Staatsgewalten verordneten Maßstäben messen lassen“.*

Dieser Satz mag (auch) der Verärgerung des Rechtsanwalts Christian Kirchberg über eine ungehörige, auch dem BVerfG nicht zustehende Behandlung der von ihm vertretenen Partei entsprungen sein; gleichwohl ist er richtig und über jeden Wandel der Zeit erhaben.

III. Das Bundesverfassungsgericht und der Tanz der Teufel

> *„Wenn der Gesetzgeber die filmische Darstellung von Gewalt gegen menschenähnliche Wesen (vor allem sogenannte Zombies) hätte unter Strafe stellen wollen, hätte er dies im Wortlaut der Vorschrift zum Ausdruck bringen müssen.“*

Dieser Satz könnte einer beliebigen Talkshow entsprungen sein. Er stammt aber nicht aus den Niederungen der deutschen Unterhaltungslandschaft, sondern von der höchsten Instanz, die über das Grundgesetz wacht: dem Bundesverfassungsgericht.

Das Bundesverfassungsgericht wacht über die Einhaltung des Grundgesetzes für die Bundesrepublik Deutschland. Seit seiner Gründung im Jahr 1951 hat das Gericht dazu beigetragen, der freiheitlich-demokratischen Grundordnung Ansehen und Wirkung zu verschaffen. Das gilt vor allem für die Durchsetzung der Grundrechte. Zur Beachtung des Grundgesetzes sind alle

6 *Kirchberg*, Kehraus im Referat Jaeger, BRAK-Mitt 2005, 2.

7 *Kirchberg*, Das Ende der Ära Gaier beim BVerfG, Brak-Mitt 2016, 275.

8 *Kirchberg/Zuck*, Die Nobody-Organklagen gegen die Bundestagsauflösung – ein Erfahrungsbericht, NJW 2005, 3401.

staatlichen Stellen verpflichtet. Kommt es dabei zum Streit, kann das Bundesverfassungsgericht angerufen werden. Seine Entscheidung ist unanfechtbar. An seine Rechtsprechung sind alle übrigen Staatsorgane gebunden.

Bei seiner Wacht hatte sich das Bundesverfassungsgericht im Jahre 1992 mit der geschnittenen Version des Spielfilms „Tanz der Teufel" zu befassen.

1. Tanz der Teufel – Originalfassung (verboten bis 2017)

Die Handlung des 1982 gedrehten Films „Tanz der Teufel", ist schnell erklärt: Er schildert den Besuch dreier Frauen und zweier Männer in einem im Wald gelegenen Wochenendhaus; dort werden sie durch unerklärliche Erscheinungen beunruhigt. Nach Abspielen einer auf Tonband gesprochenen Zauberformel verwandeln sie sich nacheinander, bis auf einen von ihnen, nehmen Züge nichtmenschlicher Wesen (Zombies) an und verfolgen einander in Vernichtungsabsicht. Die noch nicht derart besessenen Personen (Menschen) erwehren sich der Angriffe, wobei die Besessenen (Zombies) schließlich getötet oder vernichtet werden. Das wird in drastischer Weise dargestellt.

Die Freiwillige Selbstkontrolle der Filmwirtschaft (FSK) befand am 25.11.1983, der Film widerspreche ihren Grundsätzen und empfahl, ihn der Juristenkommission der Spitzenorganisation der Filmwirtschaft vorzulegen, sodass der Film ohne Jugendfreigabe ab 18 Jahren in den Kinos laufen könne. Die Juristenkommission erklärte, der Film sei unbedenklich, weil die dargestellten Personen keine Menschen, sondern bereits Dämonen seien und Dämonen nicht unter § 131 StGB fielen.

§ 131 Abs. 1 StGB i. d. F. vom 02.01.1975 (gültig bis: 31.03.1985) lautete:

> *(1) Wer Schriften (§ 11 Abs. 3), die Gewalttätigkeiten gegen Menschen in grausamer oder sonst unmenschlicher Weise schildern und dadurch eine Verherrlichung oder Verharmlosung solcher Gewalttätigkeiten ausdrücken oder die zum Rassenhaß aufstacheln,*
> *1. verbreitet,*
> *2. öffentlich ausstellt, anschlägt, vorführt oder sonst zugänglich macht,*
> *3. einer Person unter achtzehn Jahren anbietet, überläßt oder zugänglich macht oder*
> *4. herstellt, bezieht, liefert, vorrätig hält, anbietet, ankündigt, anpreist, in den räumlichen Geltungsbereich dieses Gesetzes einzuführen oder daraus auszuführen unternimmt, um sie oder aus ihnen gewonnene Stücke im Sinne der Nummern 1 bis 3 zu verwenden oder einem anderen eine solche Verwendung zu ermöglichen,*
> *wird mit Freiheitsstrafe bis zu einem Jahr oder mit Geldstrafe bestraft.*

Im Frühjahr 1984 lief der „Tanz der Teufel" in den Kinos an und kam zugleich in die Videotheken. Die Filmfassung und die Videofassung dieses Films wurden durch ein Urteil des Landgerichts München I vom 07.10.1985 eingezogen. Der Film verstoße gegen § 131 StGB, weil er Gewalttätigkeiten verharmlose und diese auch in einer die Menschenwürde verletzenden Weise darstelle.

§ 131 Abs. 1 StGB i. d. F. vom 25.02.1985 (gültig bis: 30.11.1994) lautete:

> *(1) Wer Schriften (§ 11 Abs. 3), die zum Rassenhaß aufstacheln oder die grausame oder sonst unmenschliche Gewalttätigkeiten gegen Menschen in einer Art schildern, die eine Verherrlichung oder Verharmlosung solcher Gewalttätigkeiten ausdrückt oder die das Grausame oder Unmenschliche des Vorgangs in einer die Menschenwürde verletzenden Weise darstellt, […] wird mit Freiheitsstrafe bis zu einem Jahr oder mit Geldstrafe bestraft.*

2. Der Tanz der Teufel – geschnittene Fassung

Der Filmverleih legte daraufhin eine geschnittene Fassung des Films der Freiwilligen Selbstkontrolle der Filmwirtschaft vor. Er beantragte, diese Fassung mit „Nicht freigegeben unter 18 Jahren" zu kennzeichnen.

Bei Filmen mit „FSK ab 18"-Freigabe handelt es sich nach den o. g. Grundsätzen der Freiwilligen Selbstkontrolle der Filmwirtschaft (FSK) typischerweise um Filme, bei denen eine andersartige Freigabe deshalb unterblieben ist, weil zu befürchten ist, dass die Nerven überreizt werden, übermäßige Belastungen hervorgerufen werden, die Phantasie über Gebühr erregt, die charakterliche, sittliche oder geistige Erziehung gehemmt, gestört oder geschädigt wird oder die zu falschen oder zu abträglichen Lebenserwartungen führen, ungeachtet dessen, ob es sich um pornographische, gewaltverherrlichende oder anderweitig fragwürdige Filme handelt[9]. Solche Filme können durchaus sozialschädliche Botschaften enthalten, da sie nicht selten Gewalt verherrlichen, einem partnerschaftlichen Rollenverständnis der Geschlechter entgegenstehen, einzelne gesellschaftliche Gruppen diskriminieren oder Sexualität auf ein reines Instrumentarium der Triebbefriedigung reduzieren[10].

Der zuständige Arbeitsausschuss der FSK lehnte die Freigabe unter Hinweis auf die Grundsätze der FSK ab. Nach weiteren Schnitten und erneuter Vorlage hielt der Arbeitsausschuss die dritte geschnittene Fassung des Films für kennzeichnungsfähig. Der Ständige Vertreter der Obersten Landesbehörde war wegen der früheren Beschlagnahme zur Kennzeichnung jedoch nur unter der Voraussetzung bereit, dass die Staatsanwaltschaft – Zentralstelle zur Bekämpfung gewaltverherrlichender, pornographischer und sonstiger jugendgefährdender Schriften – keine strafrechtlichen Bedenken mehr hätte. Die Staatsanwaltschaft lehnte auf ein entsprechendes Ersuchen eine Stellung-

9 OLG Schleswig, Beschl. v. 25.01.2008 – 2 VollzWS 533/07 – juris.
10 OLG Nürnberg, Beschl. v. 04.07.2016 – 2 Ws 681/15 – juris.

nahme ab, weil eine präventive Begutachtung als Vorzensur ausgelegt werden könne; die Videokassette sei nicht vervielfältigungsfähig, werde also offenbar nicht zur Verbreitung bereitgehalten.

Der Ständige Vertreter gab die Videokassette daraufhin zur Kennzeichnung an die zuständige Oberste Landesbehörde weiter, die ihrerseits die Staatsanwaltschaft – Zentralstelle – einschaltete. Die Staatsanwaltschaft vertrat nunmehr die Auffassung, aus dem vom Verleih gestellten Kennzeichnungsantrag folge die Bestimmung der Kassette zur Verbreitung. Sie beantragte die Einziehung der Kassette. Das Amtsgericht entsprach diesem Antrag gemäß den §§ 74 d, 76a StGB, weil jede vorsätzliche Verbreitung des Films in Kenntnis seines Inhalts den Tatbestand des § 131 Abs. 1 Nr. 4 StGB verwirklichen würde. Die dagegen gerichtete sofortige Beschwerde verwarf das Landgericht als unbegründet.

Hiergegen richtete sich die Verfassungsbeschwerde.

3. Die Entscheidung des BVerfG

Das BVerfG hob die angegriffenen Beschlüsse auf, da sie den Filmverleih als Beschwerdeführerin in den Grundrechten aus Art. 5 Abs. 1 Satz 2 GG (Zensurverbot) und Art. 103 Abs. 2 GG (nulla poea sine lege) verletzten. Das BVerfG führte aus, dass der Gesetzgeber mit dem geltenden § 131 StGB die filmische Darstellung von Gewalt gegen menschenähnliche Wesen, insbesondere Zombies, nicht unter Strafe gestellt habe[11]:

> *„Das Tatbestandsmerkmal „Mensch" ist schon deshalb hinreichend bestimmt, weil damit unmißverständlich an den biologischen Begriff des Menschen angeknüpft wird. Dagegen können darunter nicht, wie es in den Beratungen zum Gesetz zur Neuregelung des Jugendschutzes in der Öffentlichkeit vertreten worden ist (vgl. Beschlußempfehlung und Bericht des Ausschusses für Jugend, Familie und Gesundheit, BTDrucks. 10/2546, S. 22), der Phantasie entsprungene, menschenähnliche Wesen verstanden werden. Bereits der Wortsinn schließt eine solche Deutung aus. Wollte man den Begriff „Mensch" anders verstehen, verstieße das gegen das Analogieverbot des Art. 103 Abs. 2 GG (vgl. auch Maurach/Schroeder/Maiwald, Strafrecht, BT, 7. Aufl., 1991, Rdnr. 6; Lenckner, in: Schönke/Schröder, a. a. O., Rdnr. 9; Schroeder, JZ 1990, S. 858). Wenn der Gesetzgeber die filmische Darstellung von Gewalt gegen menschenähnliche Wesen (vor allem sogenannte Zombies) hätte unter Strafe stellen wollen, hätte er dies im Wortlaut der Vorschrift zum Ausdruck bringen müssen."*

Mit anderen Worten und etwas schlichter auf den Punkt gebracht: Gewalt gegen Zombies ist ok.

11 BVerfG (Fn. 1), Rn. 100.

4. Gesetzgeberische Aktivität

Der Gesetzgeber reagierte außergewöhnlich rasch auf diese Entscheidung aus dem Jahre 1992, indem er kurze 11 Jahre später mit einer Änderung des § 131 Abs. 1 StGB auch Zombies unter den Schutz des § 131 StGB stellte. § 131 StGB in der Fassung vom 27.12.2003 (gültig bis: 26.01.2015) sowie in der Fassung vom 21.01.2015 (gültig seit: 27.01.2015) stellt Gewaltdarstellungen, die verherrlichende oder verharmlosende Schilderung von grausamen oder sonst unmenschliche Gewalttätigkeiten gegen **Menschen oder menschenähnliche Wesen** beinhalten unter den dort näher genannten Voraussetzungen unter Strafe.

IV. Der Wandel der Zeit 1982–2017

1. Der Tanz der Teufel und der Wandel der Zeit

Die ungeschnittene, verbotene Originalfassung des 1982 gedrehten Films „Tanz der Teufel" wurde von der FSK am 11.01.2017, 35 Jahre nach ihrem Dreh (und 35 Jahre nach Gründung der Kanzlei Deubner & Kirchberg) nach einer Neuprüfung mit einer Altersfreigabe ab 16 Jahren freigegeben. Sie wurde nicht wieder eingezogen, obwohl nach der aktuellen Gesetzeslage nicht nur die Darstellung von Gewalt gegen Menschen, sondern auch gegen Zombies unter Strafe steht.

Da sich die Gewaltdarstellung in der Originalfassung nicht verändert hat und der Gesetzgeber dafür gesorgt hat, dass nicht nur die verherrlichende Darstellung von grausamen Gewalttätigkeiten gegen Menschen, sondern auch gegen menschenähnliche Wesen (insbesondere: Zombies) unter Strafe gestellt wurde, hat sich also „nur" unser Bild, das wir uns von gewaltverherrlichenden Darstellungen machen, geändert. Liegt dann aber in dieser Veränderung des Bildes, das sich unsere Gesellschaft von gewaltverherrlichender Darstellung macht, nicht zugleich die Verrohung, der die Jugendschutzvorschriften doch zuvor greifen sollen? Ist – mit anderen Worten – die Verrohung also schon so weit fortgeschritten, dass das, was in den 1980er Jahren von der FSK als grausam und gewaltverherrlichend empfunden wurde, heute „normal"? Und bedeutet das nicht, dass in 20 Jahren die heute ausgesprochenen Verbote und Altersfreigaben keinen Bestand mehr haben werden, weil sie nicht mehr verstanden, sondern bestenfalls belächelt werden?

2. Das Verfassungsrecht und der Wandel der Zeit

Auch – und das klingt zunächst einmal überraschend – das Verfassungsrecht selbst unterliegt dem Wandel der Zeit. Damit ist nicht nur die unterschiedliche Gewichtung und Nuancierung der Auslegung des Verfassungsrechts gemeint, die mit jedem Wechsel in der Besetzung der Verfassungsgerichte des Bundes und der Länder einhergehen mögen.

Denn das Verfassungsrecht ist nicht starr, vielmehr unterliegt seine Auslegung dem Wandel der Zeit. Insbesondere können sozialpolitische Trends und Entwicklungen dazu beitragen, dass ein zu einem früheren Zeitpunkt festgestellter verfassungskonformer Zustand sich auf eine Verfassungswidrigkeit hinbewegt und schließlich verfassungswidrig wird[12]. Ein grundlegender Wandel der Lebensverhältnisse oder der allgemeinen Rechtsauffassung kann somit auch dazu führen, dass eine erneute und abweichende verfassungsrechtliche Beurteilung eines bereits verfassungsrechtlich beurteilten Zustands möglich ist[13].

3. Christian Kirchberg und der Wandel der Zeit

Christian Kirchberg hat den Wandel der Zeit 1982–2017 nicht nur miterlebt, er hat ihn mitgeprägt:

Christian Kirchberg hat 1982 zusammen mit Heinrich Deubner eine Anwaltskanzlei gegründet, in der die beiden Gründungsgesellschafter gemeinsam ihren Beruf des Rechtsanwalts bis heute ausüben. Die Sozietät ist längst keine GbR mit zwei Berufsträgern mehr. Sie ist in der erst seit 1995 möglichen Rechtsform als Partnerschaft organisiert. Zwischenzeitlich sind weitere Partner hinzugetreten und der Gründungspartner Heinrich Deubner aus der Partnerschaft ausgetreten.

Christian Kirchberg hat die Zeit erlebt, in der die Rechtsanwaltskammern auf Standesregeln bestanden, die mit der Freiheit der Berufsausübung nicht vereinbar waren, woran erst das BVerfG erinnern musste.

Christian Kirchberg hat noch die Zeit erlebt, in der – für die jüngeren Anwälte völlig undenkbar – mit einer Grundig Stenorette Diktate auf Schallplatte aufgenommen wurden und anschließend auf einer Schreibmaschine getippt wurden. Im Jahre 2016 hat Christian Kirchberg vor Gericht erfolgreich dafür gestritten, dass das beA kommt.

Der Wandel der Zeit ist für sich genommen weder positiv noch negativ. Er ist einfach da. Im Berufsleben des Rechtsanwalts Christian Kirchberg war, ist und bleibt der Wandel eine konstante Größe. Ihm sei noch ein reichliches Maß an Wandel in seinem künftigen Berufsleben gegönnt.

---

12 BVerfG, Urt. v. 12.03.1975 – 1 BvL 15/71 – BVerfGE 39, 169 – 196.
13 Bay. VerfGH, Urt. v. 24.01.2017 – Vf 13 VII 15 – juris.

Medienfreiheit und Datenschutz im Konflikt – Das Medienprivileg des Datenschutzrechts

Indra Spiecker, genannt Döhmann*

I. Einleitung und Würdigung

Christian Kirchberg verfügt über viele Qualitäten. Dazu gehört – neben einem Gespür für die großen Fragen des Rechts – auch die Fähigkeit, anderen diese zu erklären. Nicht von ungefähr hat er viele Jahre lang am Karlsruher Institut für Technologie das Medienrecht unterrichtet und ist er seit 2007 Honorarprofessor ebendort. Zudem hat er einen der ersten Vorträge meiner dortigen Veranstaltungsreihe „Karlsruher Dialog zum Informationsrecht" übernommen; seine darauf basierende Veröffentlichung, die die gleichnamige Schriftenreihe eröffnete, war eine der ersten überhaupt und eine der wegweisenden Beiträge zur sog. „causa Brender"[1].

Das Medienrecht treibt *Christian Kirchberg* immer wieder um, und die Entwicklungen der Digitalisierung und des Internets für dieses Rechtsgebiet sind für ihn Anlass für eine Reihe von wissenschaftlichen und praktischen Überlegungen gewesen.[2] Eine besondere Stellung hat für ihn stets die Rolle der Gerichte und ihr Einfluss auf die Rechtsentwicklung eingenommen.

Der folgende Beitrag gratuliert dem Jubilar, indem er sich mit dem Verhältnis von Medienfreiheit und Datenschutz auseinandersetzt, und dies unter Berücksichtigung der beiden zentralen Entscheidungen des EuGH dazu. Er beginnt mit einer kurzen Schilderung, warum Konflikte gerade zwischen diesen beiden grundrechtlich abgesicherten Rechtspositionen vorprogrammiert sind (II.).[3] Die Europäische Datenschutz-Richtlinie[4], das (noch) geltende Bundesdatenschutzgesetz[5] und die (künftige) Europäische Datenschutz-Grundverordnung[6] sehen jeweils Regelungen für die Ausgestaltung dieses Verhältnisses vor. Trotz der weitgehenden Novellierung des Datenschutzrechts in vielerlei Hinsicht wird sich dieses sog. Medienprivileg (III.) nicht

---

* Mein Dank für Ergänzungen und Recherche geht an Frau stud. iur. *Isabella Mehl*.

1 *Kirchberg*, Der Fall Brender und die Aufsicht über den öffentlich-rechtlichen Rundfunk, 2012.

2 Etwa *Kirchberg*, Bewertungsportale vor Gericht, DVBl. 2016, S. 1289ff.; *Kirchberg*, Inhaltskontrolle, Verantwortlichkeiten und Regulierung im Netz – Entwicklungen und Perspektiven, Die Verwaltung 2008, S. 512ff.

3 S. dazu bereits *Spiecker gen. Döhmann*, Datenschutz im Internet in der Kollision, in: Stiftung Datenschutz (Hrsg.), Zukunft der informationellen Selbstbestimmung, 2016, 137ff.

4 Datenschutz-Richtlinie, EG-Richtlinie 95/46/EG, ABl. L 281 vom 23.11.1995, S. 31–50.

5 Bundesdatenschutzgesetz vom 27.01.1977 (BGBl. I S. 201–214), zul. geändert am 25.02.2015 (BGBl. I S. 162–165).

6 Datenschutz-Grundverordnung, EU-Verordnung 2016/679, ABl. L 119 vom 4.5.2016, S. 1–88.

verändern. Im Kern werden wesentliche Ausgestaltungen den nationalen Gesetzgebern (in Deutschland den Ländern) überlassen, ihnen aber auch ein gesetzgeberischer Auftrag erteilt, das Verhältnis zu konkretisieren. Trotz ersichtlicher Probleme in diesem Bereich ist die Datenschutz-Grundverordnung davon nicht abgewichen. Von besonderer Bedeutung ist daher, wann überhaupt ein über dieses Medienprivileg geschützter Sachverhalt vorliegt und damit Raum für nationale Regelungen bleibt, wann also eine Datenverarbeitung allein zu journalistischen Zwecken erfolgt. Wesentlich dürften zwei Entscheidungen des EuGH sein, um die es hier gehen soll, nämlich die Entscheidung Satamedia von 2008[7] (IV.) und die Entscheidung zu Google Spain von 2015[8] (V.). Daraus lassen sich immerhin einige wenige Kernaussagen entnehmen, die wenigstens Anlass zu begründeten Vermutungen geben, welche Elemente in die Bestimmung der Begrifflichkeiten einfließen können (VI.). Der Beitrag zeigt aber auch, dass die Rechtsprechung bisher eher Abgrenzungen dadurch vorgenommen hat, dass der journalistische Zweck der Datenverarbeitung negativ bestimmt wurde – welche Elemente nämlich dessen Annahme nicht entgegenstehen –, als dass eine echte positive Definition spürbar ist. So bleiben mehr Fragen offen als geklärt werden.

II. Medienfreiheit und Datenschutz: Die Ausgangslage eines unausweichlichen Konflikts

1. Datenschutz-Richtlinie und Datenschutz-Grundverordnung

Schon von jeher sieht die Datenschutz-Richtlinie 95/46 von 1995 in Art. 9 eine Sonderregelung für die Verarbeitung personenbezogener Daten vor, die im Kontext der Verwirklichung der Meinungsfreiheit anfallen: „Die Mitgliedstaaten sehen für die Verarbeitung personenbezogener Daten, die *allein*[9] zu journalistischen […] Zwecken erfolgt, Abweichungen und Ausnahmen von diesem Kapitel[10] sowie von den Kapiteln IV[11] und VI[12] nur insofern vor, als sich dies als notwendig erweist, um das Recht auf Privatsphäre mit den für die Freiheit der Meinungsäußerung geltenden Vorschriften in Einklang zu bringen.“

7 EuGH, Rs. C-73/07, Satakunnan Markkinapörssi und Satamedia, Slg. 2008 I, 09831, ECLI:EU:C:2008:727.

8 EuGH, Rs. C-131/12, Google Spain und Google, ECLI:EU:C:2014:317.

9 Hervorhebung durch die Autorin.

10 Gemeint sind Vorschriften zu den allgemeinen Bedingungen für die Rechtmäßigkeit der Verarbeitung personenbezogener Daten.

11 Gemeint sind Vorschriften zu der Übermittlung personenbezogener Daten in Drittländer.

12 Gemeint sind Vorschriften zu der Kontrollstelle und Gruppe für den Schutz von Personen bei der Verarbeitung personenbezogener Daten.

Ergänzend geben über den Gehalt dieser Vorschrift zwei Textstellen in den Erwägungsgründen Auskunft: In Erwägungsgrund 17 wird klargestellt, dass auch die Verarbeitung von *Ton- und Bilddaten*[13] für journalistische [...] Zwecke Art. 9 unterfällt. Diese Vorschrift ist vor allem für die Bestimmung des sachlichen Anwendungsbereichs der Richtlinie von Bedeutung, wird darüber doch geklärt, dass es auf die Darstellungsform der Daten nicht ankommt.

Für den vorliegenden Beitrag weist Erwägungsgrund 37 mehr Gehalt auf: „Für die Verarbeitung personenbezogener Daten zu journalistischen, [...] Zwecken, insbesondere im audiovisuellen Bereich, sind *Ausnahmen von bestimmten Vorschriften dieser Richtlinie*[14] vorzusehen, soweit sie erforderlich sind, um die Grundrechte der Person mit der Freiheit der Meinungsäußerung und insbesondere der Freiheit, Informationen zu erhalten oder weiterzugeben, die insbesondere in Art. 10 der Europäischen Konvention zum Schutze der Menschenrechte und der Grundfreiheiten garantiert ist, *in Einklang zu bringen*[15]. *Es obliegt deshalb den Mitgliedstaaten*[16], unter Abwägung der Grundrechte Ausnahmen und Einschränkungen festzulegen, die bei den allgemeinen Maßnahmen zur Rechtmäßigkeit der Verarbeitung von Daten, bei den Maßnahmen zur Übermittlung der Daten in Drittländer sowie hinsichtlich der Zuständigkeiten der Kontrollstellen erforderlich sind, [...]." Der Erwägungsgrund verdeutlicht zwei Elemente von Art. 9 und er konkretisiert ein weiteres Element: Er enthält zum einen eine kompetenzielle Öffnungsklausel[17] zugunsten der Mitgliedstaaten zur Regelung des Verhältnisses von Datenschutz und Meinungsfreiheit. Und er ermöglicht durch eine inhaltliche Öffnungsklausel, dass diese mitgliedstaatlichen Regelungen von den Festsetzungen der Richtlinie abweichen können.[18] Datenschutz kann (wohlgemerkt: muss nicht!) weniger stark ausgeprägt sein, wenn Belange der Meinungsfreiheit zu berücksichtigen sind. Die Konkretisierung erfolgt im Hinblick auf die Umschreibung dessen, was in Art. 9 als „Meinungsfreiheit" zu verstehen ist. Art. 9 selbst nennt nicht die Meinungsfreiheit, sondern den „Kontext der Meinungsfreiheit", deutet also bereits an, dass ein weites Verständnis zugrunde liegt. Erwägungsgrund 37 macht deutlich, dass man sich zum einen in der Definition an Art. 10 der Europäischen Konvention zum Schutze der Menschenrechte anlehnt, dass man zum anderen auf die Grundfreiheiten blickt und dass man nicht allein in engem Verständnis die eigentliche Meinungsäußerung geschützt wissen will, sondern darüber hinaus auch die begleitenden Freiheiten, insbesondere diejenige, Informationen zu erhalten oder weiterzugeben.

---

13 Hervorhebung durch die Autorin.

14 Hervorhebung durch die Autorin.

15 Hervorhebung durch die Autorin.

16 Hervorhebung durch die Autorin.

17 Zum Regelungs-/Anpassungsauftrag an die Mitgliedstaaten, *Benecke/Wagner*, DVBl. 2016, 600, 602 f.

18 *Kühling/Martini* et al., Die DSGVO und das nationale Recht, 2016, S. 286 ff.

Allen in der Datenschutz-Richtlinie enthaltenen Vorschriften ist aber gemeinsam, dass der entscheidende Passus für die Anwendbarkeit von Art. 9 nicht näher bestimmt wird: Was unter „*allein*[19] zu journalistischen [...] Zwecken" verstanden werden soll, bleibt unklar und offen. Da der Begriff die Weichen für die Öffnung der Vorschriften der Datenschutz-Richtlinie enthält, ist die Definition, was darunter fällt, nicht den Mitgliedstaaten überlassen, sondern ist vom Europarecht zu bestimmen. Folglich ist der EuGH dazu berufen, letzte Klärung herbeizuführen.

Unter der Datenschutz-Grundverordnung ändert sich daran nicht viel. Art. 9 findet sich nunmehr in Art. 85. Nach Abs. 1 bleibt es bei der kompetenziellen Öffnungsklausel: Es obliegt weiterhin den Mitgliedstaaten, „durch Rechtsvorschriften das Recht auf den Schutz personenbezogener Daten gemäß dieser Verordnung mit dem Recht auf freie Meinungsäußerung und Informationsfreiheit, einschließlich der Verarbeitung zu journalistischen Zwecken [...], in Einklang" zu bringen. Art. 2 führt fort, dass „für die Verarbeitung, die zu journalistischen Zwecken [...] erfolgt, [...] die Mitgliedstaaten Abweichungen oder Ausnahmen von Kapitel II (Grundsätze), Kapitel III (Rechte der betroffenen Person), Kapitel IV (Verantwortlicher und Auftragsverarbeiter), Kapitel V (Übermittlung personenbezogener Daten an Drittländer oder an internationale Organisationen), Kapitel VI (Unabhängige Aufsichtsbehörden), Kapitel VII (Zusammenarbeit und Kohärenz) und Kapitel IX (Vorschriften für besondere Verarbeitungssituationen)" vorsehen, „wenn dies erforderlich ist, um das Recht auf Schutz der personenbezogenen Daten mit der Freiheit der Meinungsäußerung und der Informationsfreiheit in Einklang zu bringen."

Weggefallen ist scheinbar die Engführung auf „allein zu journalistischen Zwecken"; ergänzt bzw. angepasst wurde die inhaltliche Öffnungsklausel um zentrale neuere Vorschriften der Datenschutz-Grundverordnung wie etwa den Kohärenzvorschriften. Erwägungsgrund 153 stellt aber klar, dass keine Änderung gegenüber der Datenschutz-Richtlinie 95/46 gemeint ist, denn weiterhin geht es um „die Verarbeitung personenbezogener Daten *ausschließlich*[20] zu journalistischen Zwecken". Auch wenn die Auseinandersetzung mit dem Spannungsfeld von Meinungs-/Informationsfreiheit und Datenschutz in den Erwägungsgründen scheinbar mehr Platz einnimmt als bisher (Erwägungsgrund 153 ist mehrere Absätze lang), so enthalten die Ausführungen doch kaum relevante Abweichungen gegenüber dem bisherigen Rechtszustand. So wird etwa inhaltlich die Orientierung an der EMRK umformuliert und nunmehr auf – den bei Erlass der Datenschutz-Richtlinie noch nicht geltenden – Art. 11 der Grundrechte-Charta abgestellt. Dass die Auslegung der Grundrechte-Charta sich auch an der Auslegung der Menschenrechte der

19 Hervorhebung durch die Autorin.
20 Hervorhebung durch die Autorin.

EMRK orientiert und somit damit kaum eine inhaltliche Änderung einhergeht, muss hier nicht gesondert ausgeführt werden.[21]

Erwartet man nun angesichts der Bedeutung der Vorschrift eine Klarstellung, was unter den „journalistischen Zwecken“ zu verstehen ist, wird man enttäuscht. Auch weiterhin wird dieser zentrale Begriff nicht geklärt. Einzig ein methodischer Hinweis findet sich: „Um der Bedeutung des Rechts auf freie Meinungsäußerung in einer demokratischen Gesellschaft Rechnung zu tragen, müssen Begriffe wie Journalismus, die sich auf diese Freiheit beziehen, weit ausgelegt werden.“ Als Hilfe zur konkreten Definition taugt dieser Hinweis wenig.

Eine Neuerung erfährt der Anwendungsbereich. Neben dem bereits bekannten „audiovisuellen Bereich“ sind ausdrücklich auch Nachrichten- und Pressearchive genannt, allerdings ohne zu definieren, worum es sich dabei handelt.

Neu ist auch eine Kollisionsregelung. „Sollten [...] Abweichungen oder Ausnahmen von Mitgliedstaat zu Mitgliedstaat unterschiedlich sein, sollte das Recht des Mitgliedstaats angewendet werden, dem der Verantwortliche unterliegt.“ Auf diese soll hier nicht weiter eingegangen werden.

2. Der unausweichliche Konflikt

Im Rahmen dieses Beitrags kann nur übersichtsartig geschildert werden, wie Datenschutz und Meinungsfreiheit zueinander stehen. Die Überschrift deutet an, dass sich beide Grundrechte in einem Spannungsverhältnis befinden. Dies ist nicht immer so – es gibt genügend Situationen, in denen Datenschutz und Meinungsfreiheit Hand in Hand dasselbe Ziel verfolgen. Dies gilt immer dann, wenn Meinungsfreiheit auf Informations- und Informantenschutz gerichtet ist: Beide Grundrechte sind dann darauf gerichtet, Informationsverbreitung zu verhindern und einen effektiven Schutz von Informationen sicherzustellen.[22] Beide Grundrechte dienen zweifellos einer funktionierenden Demokratie als Wahrung kommunikativer Grundbedingungen.[23]

Gleichwohl ergeben sich fundamentale Unterschiede beider Grundrechte, die erkennen lassen, dass ein Konflikt zwischen ihnen schon in ihrer Ausrichtung angelegt ist. Erkennbar wird dies bereits bei der Bestimmung der Schutzbereiche: Das Recht auf informationelle Selbstbestimmung, Art. 2 Abs. 1 i.V.m. Art. 1 Abs. 1 GG, ist das Recht des Einzelnen, über Preisgabe und Verwendung seiner Daten selbst zu bestimmen.[24] Es handelt sich um ein

21 *Borowsky* in: Meyer (Hrsg.), Charta der Grundrechte der Europäischen Union, Art. 52 Rn. 29ff.; *Jarass*, Charta der Grundrechte der Europäischen Union, Art. 52 Rn. 64.

22 Datenschutz und Meinungsfreiheit als „Geschwister“, wenn Äußerungen nur unter dem Schutz der Anonymität erfolgen können: *Koreng/Feldmann*, ZD 2012, 311, 313.

23 Vgl. *Hoffmann-Riem*, AöR 123 (1998), S. 513, 519ff.

24 BVerfGE 65, 1, 43.

Selbstbestimmungsrecht des Individuums, das eine negative Stoßrichtung aufweist: Es soll verhindert werden, dass Informationen verbreitet werden. Die Meinungsfreiheit, Art. 5 Abs. 1 Satz 1 GG, dagegen schützt das Recht des Einzelnen, seine Meinung einschließlich Tatsachen frei zu äußern und zu verbreiten:[25] Es soll also gerade die Verbreitung von Informationen möglich gemacht werden. Auch wenn die Darstellung des Datenschutzrechts als Schutz von Privatheit zu kurz greift,[26] so macht dieser darin enthaltene Aspekt doch deutlich, dass es um den Ausschluss von Öffentlichkeit geht: Datenschutz will verhindern, dass eine Allverfügbarkeit von Informationen entsteht und der Einzelne zur öffentlichen, für jedermann einsehbaren Person wird. Deshalb besteht Datenschutz auch in der Öffentlichkeit und gegenüber der Öffentlichkeit. Der Selbstbestimmungsaspekt macht deutlich, dass Informationen dem Grundrechtsträger zugeordnet bleiben und er die Kontrolle über den Verbleib und die weitere Verwendung seiner Daten behalten soll. Demgegenüber geht es der Meinungsfreiheit gerade darum, Öffentlichkeit herzustellen und die Informationen und Meinungen der Öffentlichkeit zur Verfügung zu stellen. Die weitere Verwendung jenseits der Kontrolle des Meinungsinhabers ist bezweckt; als Element der demokratischen Auseinandersetzung sollen Äußerungen sich verselbstständigen und von ihrem Inhaber lösen können. Meinungsfreiheit ist also auch das Recht auf Herstellung von und Verbleib in der Öffentlichkeit, während das Recht auf informationelle Selbstbestimmung Entzug und Reduktion von Öffentlichkeit anstrebt.

Führt man sich diese Gegensätze vor Augen, ist offenkundig nicht zu verhindern, dass es zu Konflikten kommt, nämlich immer dann, wenn es um die Verbreitung von personenbezogenen Daten im Kontext der Meinungsfreiheit geht. Diesen Konflikt aufzulösen strebt das Medienprivileg der Datenschutz-Richtlinie und der Datenschutz-Grundverordnung an. Dessen Formulierung in Bezug auf die journalistischen Zwecke lässt erkennen, dass diesen zielgerichteten Meinungsmachern besonderer Schutz zuteilwerden soll, sie also in besonderer Weise Öffentlichkeit für sich beanspruchen dürfen. Dabei geht es um Ausgleich; der Begriff des „Medienprivilegs" ist insoweit irreführend.[27]

---

25 Statt vieler BVerfGE 85, 1 (15).

26 S. nur *Simitis* in: Simitis (Hrsg.), BDSG, Einleitung: Geschichte – Ziele – Prinzipien, Rn. 11 zu weitergehenden Zielen und Ausrichtungen.

27 Vgl. *Albrecht/Janson*, CR 2016, 500, 502, 506; *Schumacher/Spindler*, DuD 2015, 606, 607; differenzierend *Wolff/Brink*, BeckOK DatenSR, BDSG § 41, Rn. 10.

III. Die Entscheidung Satamedia des EuGH

Die Satamedia-Entscheidung des EuGH[28] hat – von der breiten Aufmerksamkeit allerdings kaum erfasst – das Medienprivileg in erheblicher Weise zugunsten der Medien gestärkt. In der Entscheidung hat der EuGH nämlich den Anwendungsbereich dessen, was unter „journalistischer Tätigkeit“ im Sinne der Datenschutz-Richtlinie zu verstehen ist und damit in besonderer Weise in die Abwägung mit dem Datenschutzrecht einzugehen hat, äußerst breit gefasst.

In dem Vorabentscheidungsersuchen nach Art. 234 EGV,[29] das von der Großen Kammer entschieden wurde, ging es um die datenrelevanten Aktivitäten zweier finnischer Unternehmen. Das Unternehmen Markkinapörssi erfasste seit vielen Jahren öffentliche Daten bei den Steuerbehörden, um diese jährlich auszugsweise in den Regionalausgaben der Zeitschrift „Veropörssi“ zu veröffentlichen. Diese Zeitschrift enthielt zwar auch Artikel, Zusammenfassungen sonstiger Art und Anzeigen; ihr Hauptzweck aber bestand in dieser Veröffentlichung persönlicher Steuerdaten. Die dort publizierten Informationen umfassten Namen und Vornamen von etwa 1,2 Millionen natürlichen Personen, deren Einkommen bestimmte Schwellenwerte überschritt, sowie auf 100 Euro genau deren Einkommen aus Kapital und Erwerbstätigkeit sowie Angaben zur Besteuerung ihres Vermögens. Diese Informationen wurden in Gestalt einer alphabetischen Liste nach Gemeinde und Einkommenskategorie geordnet veröffentlicht. Die in der Zeitschrift angegebenen personenbezogenen Daten konnten auf Antrag kostenfrei entfernt werden.[30]

Markkinapörssi gab zudem die in der Zeitschrift veröffentlichten personenbezogenen Daten auf einer CD-ROM an das Unternehmen Satamedia weiter, das die gleichen Anteilseigner hatte, um die Daten über einen Kurzmitteilungsdienst zu verbreiten. Zu diesem Zweck schlossen die beiden Gesellschaften eine Vereinbarung mit einem Mobilfunkunternehmen, das für Rechnung von Satamedia einen Kurzmitteilungsdienst einrichtete, der es Nutzern von Mobiltelefonen ermöglichte, sich gegen Zahlung von etwa zwei Euro die in der Zeitschrift veröffentlichten Daten auf ihr Telefon senden zu lassen. Auch diese Daten konnten auf Antrag der Betroffenen aus diesem Dienst entfernt werden.[31] Die Aktivitäten der beiden Unternehmen bestanden also darin, den Abonnenten und Nachfragern ihrer Dienste bereits vorhandene Informationen der öffentlichen Hand unverändert weiterzugeben. Dazu wurde so gut wie keine Selektion vorgenommen; der Dienst bestand im Wesentlichen darin, dass die Abonnenten die Informationen nicht selbst zusam-

28 EuGH, Rs. C-73/07, Satakunnan Markkinapörssi und Satamedia, Slg. 2008 I, 09831, ECLI:EU:C:2008:727.

29 Jetzt: Art. 267 AEUV.

30 Rn. 26 ff.

31 Rn. 29.

mentragen mussten, sondern sie ihnen übermittelt wurden. Eine inhaltliche Bearbeitung oder redaktionelle Zusammenfassung nach bestimmten Auswahlkriterien erfolgte nicht; es fand noch nicht einmal eine Anordnung oder andersartige Sortierung statt.

Zwischen den zuständigen finnischen Datenschutzbehörden war streitig, ob es sich dabei um eine Tätigkeit handelte, die als Verarbeitung personenbezogener Daten zu untersagen war.[32] Im Streit stand nicht etwa die originäre Weitergabe von öffentlichen Daten durch die finnischen Steuerbehörden oder der Abruf dieser Daten durch Markkinapörssi, sondern allein die spätere Verarbeitung dieser Daten durch die beiden Unternehmen durch Veröffentlichung in der Zeitschrift bzw. Weitergabe über einen Kurzmitteilungsdienst.[33]

Der Vorlagebeschluss enthielt verschiedene Fragen; für die Zwecke dieses Beitrags interessieren allerdings nur zwei davon.

Die eine Frage zielte darauf ab zu klären, ob womöglich Personendateien, die nur in Medien veröffentlichtes Material enthalten, überhaupt nicht in den Anwendungsbereich der Datenschutz-Richtlinie fallen. Dahinter stand die Überlegung, dass die Anwendung des Medienprivilegs womöglich dazu führte, dass schon Datenschutzrecht gar nicht anwendbar ist.

Hier macht das Gericht sich zum einen die Argumentation der (deutschen) Generalanwältin *Kokott* zu Eigen: Zwar sieht das Medienprivileg die Nicht-Anwendbarkeit bestimmter Artikel der Datenschutz-Richtlinie vor, dazu gehört aber gerade nicht der den Anwendungsbereich bestimmende Art. 3.[34] Das Medienprivileg führt also nicht zu einem generellen Zurücktreten des Datenschutzrechts, sondern lediglich zu einer – möglicherweise – veränderten Gewichtigkeit wegen des Abwägungserfordernisses mit der Medienfreiheit. Aus Sicht des Gerichts würde nämlich eine allgemeine Ausnahme von der Anwendung der Richtlinie zugunsten veröffentlichter Informationen die Richtlinie weitgehend leerlaufen lassen. Es würde dann ausreichen, dass die Mitgliedstaaten Daten veröffentlichen ließen, um diese dem von der Richtlinie vorgesehenen Schutz zu entziehen.[35]

Die zweite hier interessierende Frage betraf die Anwendbarkeit des Medienprivilegs selbst, nämlich ob die Richtlinie dahin auszulegen sei, dass die Tätigkeiten der beiden Unternehmen als „Verarbeitung personenbezogener Daten allein zu journalistischen Zwecken" im Sinne von Art. 9 der Datenschutz-Richtlinie angesehen werden können. Das vorlegende Gericht hatte daran offenbar Zweifel, weil Daten von mehr als einer Million Steuerpflichtiger auf der Grundlage von Daten erhoben wurden, die nach den nationalen Rechtsvorschriften öffentlich waren. Andererseits hatte das vorlegende Ge-

32 Rn. 30ff.
33 Vgl. Rn. 33.
34 Rn. 47.
35 Rn. 48.

richt auch noch einmal explizit darauf hingewiesen, dass der Hauptzweck der Tätigkeit in der Veröffentlichung bestand.

Hierzu befand der EuGH, dass die Tätigkeit der beiden Unternehmen vom Medienprivileg erfasst sei, also zu journalistischen Zwecken erfolge. Die Begründung dazu berücksichtigt zwei Aspekte: Zum einen wird ganz grundsätzlich die Bedeutung der Meinungsfreiheit, der auch der Journalismus dient, hervorgehoben und betont, dass der Datenschutz und die Meinungsfreiheit in einen Ausgleich gebracht werden müssen.[36] Die Datenschutz-Richtlinie verkenne diesen grundsätzlichen Konflikt nicht, sondern, wie Erwägungsgrund 37 deutlich mache, wolle sie mit ihrer Regelung des Medienprivilegs die beiden Grundrechte miteinander in Einklang bringen. Dies solle durch die Mitgliedstaaten erfolgen[37] und zwar dadurch, dass sie Ausnahmen und Einschränkungen vom Datenschutz in bestimmten Bereichen zulassen[38]. Der EuGH betont also noch einmal die kompetenzielle Ordnung, die der Datenschutz-Richtlinie zugrunde liegt.

Der zweite Teil der Argumentation befasst sich mit den Aspekten, die dazu führen, konkret eine journalistische Tätigkeit anzunehmen, wann also inhaltlich davon ausgegangen werden kann, dass Raum für das Medienprivileg besteht. Dazu genügt nach Auffassung des EuGH nicht irgendeine journalistische Zielrichtung, sondern die Ausnahme muss gerade und gezielt allein zur Sicherung der journalistischen Zwecke erfolgen.[39] Ferner müssen diese Zwecke der Freiheit der Meinungsäußerung dienen und die Ausnahmen müssen – in Wiederholung des Richtlinientextes – notwendig sein, um den Ausgleich zwischen Datenschutz und Meinungsfreiheit zu bewirken.[40]

Klingt dies zunächst noch nach einer engen Auslegung der Begrifflichkeit, sind die konkreten Hinweise, wann eine journalistische Tätigkeit anzunehmen ist bzw. was jedenfalls nicht zum Ausschluss einer solchen Annahme führt, durchaus weit gefasst. So ist beispielsweise das naheliegende Kriterium, dass für die Annahme einer journalistischen Tätigkeit eine gewisse Professionalität erforderlich ist, abgesichert z. B. durch die Eigenschaft als ein Medienunternehmen, für den EuGH ersichtlich ohne Relevanz.[41] Es gelte das Medienprivileg eben nicht nur für Medienunternehmen, sondern für jeden, der journalistisch tätig sei.[42] Dies hat insbesondere erhebliche Auswirkungen auf die vielfältigen Äußerungsformen im Internet: Nach dieser Auslegung, die auch die Generalanwältin vertreten hatte, ist jeder, auch der nur gelegentlich journalistisch Tätige, von der Privilegierung erfasst; einer Kommerzialisie-

---

36 Rn. 53: [...] die genannten Grundrechte in einem gewissen Maße mit dem Grundrecht der Freiheit der Meinungsäußerung in Einklang gebracht werden müssen.

37 Rn. 54.

38 Rn. 55.

39 Vgl. Rn. 55.

40 Vgl. Rn. 55.

41 Vgl. Rn. 58.

42 Vgl. Rn. 58.

rung seiner Tätigkeit oder aber einer professionellen Organisation, wie es ein „Medienunternehmen“ zwangsläufig mit sich brächte, bedarf es dazu offenbar nicht. Dies erschwert dann die Abgrenzung, wann eine persönliche Veröffentlichung denn nicht mehr als journalistisch zu verstehen ist.

Umgekehrt ist die Gewinnerzielungsabsicht nach Ansicht des EuGH aber auch kein Hinderungsgrund, eine journalistische Tätigkeit anzunehmen. Meinungsfreiheit darf also auch organisiert und professionalisiert und vor allem gewinnorientiert stattfinden; sie ist nicht beschränkt auf private oder persönliche Tätigkeiten. Dahinter stand der potentielle Einwand, dass ein ausschließlicher journalistischer Zweck dann nicht gegeben sein könnte, wenn gleichzeitig auch ein wirtschaftlicher Zweck verfolgt wird. Der EuGH verweist darauf, dass ein gewisser kommerzieller Erfolg sogar die unverzichtbare Voraussetzung für den Fortbestand eines professionellen Journalismus sein kann[43]. Diese Argumentation ist gegenwärtig von besonderer Bedeutung bei den Erörterungen über die Zulässigkeit eines Leistungsschutzrechts zugunsten der Verlage, da diese gerade mit der Bedrohung ihrer wirtschaftlichen Existenz argumentieren, die letztlich zu einer faktischen Einschränkung der Meinungsvielfalt und Meinungsfreiheit führe.[44]

Dass der EuGH in seiner weiten Auslegung durchaus die Möglichkeiten und Herausforderungen des Internets erkannt hat, wird an seinem dritten Argument deutlich. Darin macht er nämlich deutlich, dass eine Einschränkung der journalistischen Zwecke nicht darüber vorgenommen werden könne, dass nur bestimmte Mittel bzw. Medien geschützt sein sollen. Vielmehr soll der Träger, mit dem die verarbeiteten Daten übermittelt werden – ob es sich um einen klassischen Träger wie Papier oder Radiowellen oder aber um einen elektronischen Träger wie das Internet handelt –, nicht ausschlaggebend sein.[45]

Eher in einem Nebensatz wird dann deutlich, dass der EuGH als „journalistische Tätigkeit“ auch solche Vorgänge als erfasst ansieht, bei denen lediglich Informationen verbreitet werden, die bereits vorhanden sind und nicht weiter aufbereitet werden. Die Weitergabe von Daten, die aus Dokumenten stammen, die nach den nationalen Rechtsvorschriften öffentlich sind, fällt demnach unter die geschützten Bereiche der Verbreitung von Informationen, Meinungen oder Ideen.[46] Journalistische Tätigkeit setzt also demnach keine Sortierung, Selektion oder Umarbeitung voraus, solange sie den Zweck hat,

43 Vgl. Rn. 59.

44 S. nur *Zenefels/Peters*, Podiumsdiskussion zum Thema „Brauchen wir ein Leistungsschutzrecht für Verleger?“, in: Leible (Hrsg.), Der Schutz des geistigen Eigentums im Internet, 2012, S. 237 ff.; *Rieger*, Ein Leistungsschutzrecht für Presseverleger, 2013, S. 84 f.

45 Vgl. Rn. 60.

46 Vgl. Rn. 61 und 62.

Informationen in der Öffentlichkeit zu verbreiten, mit welchem Übertragungsmittel auch immer[47].

Diese eher beiläufig geäußerte Ansicht verhilft der Anwendung des Medienprivilegs im Rahmen der Datenschutz-Richtlinie damit zu einer erheblichen Breite: Solange nämlich die Verbreitung in der Öffentlichkeit bezweckt ist – genauer: alleine bezweckt ist –, hat eine Abwägung mit den Belangen des Datenschutzes stattzufinden. Weder gibt es inhaltliche Beschränkungen (etwa auf Meinungsäußerungen oder auf eine meinungsbildende Tendenz[48]) noch Beschränkungen nach der Art der Datenverwendung (bspw. nur bei Änderung/Sortierung/Aufarbeitung) noch Beschränkungen wegen des Zwecks (etwa weil gleichzeitig eine Gewinnerzielung beabsichtigt ist) noch Beschränkungen aus der Person des Verarbeiters heraus (etwa wegen mangelnder journalistischer Professionalität/Dauerhaftigkeit o. Ä.).

Nicht ganz grundlos ist daher diese Entscheidung des EuGH kaum beachtet worden. In der Konsequenz führte sie dazu, dass faktisch fast jede Veröffentlichung von personenbezogenen Daten, gerade auch solche im Internet, das Medienprivileg ausgelöst hätte. Folglich wäre dann nicht mehr der vereinheitlichende Standard der Datenschutz-Richtlinie heranzuziehen gewesen, sondern das mitgliedstaatliche Recht. Da internetbasierte Dienste fast immer für sich in Anspruch nehmen können, sie verbreiteten Informationen, Meinungen oder Ideen, wäre faktisch dieser gesamte Bereich der datenschutzrechtlichen Kontrolle der Datenschutz-Richtlinie und damit auch des EuGH entzogen.

IV. Die Entscheidung Google Spain des EuGH

Dass dies offenbar der EuGH selbst auch erkannt hat und als kritisch ansieht, lässt sich der Entscheidung des Gerichts im Fall Google Spain[49] entnehmen. Diese Entscheidung hat aus ganz anderen Gründen Furore gemacht, auf die hier nicht weiter eingegangen werden soll; die Literatur hierzu ist fast uferlos zu nennen. Hier interessiert ein Entscheidungsbestandteil, der bisher wenig Aufmerksamkeit erfahren hat: Ähnlich still und im Nebensatz, wie die weite Auslegung des Medienprivilegs in Satamedia erfolgt ist, wird sie in Google Spain wieder, jedenfalls teilweise, zurückgenommen.

Google Spain lag ein Rechtsstreit zwischen dem spanischen Tochterunternehmen Google Spain des US-amerikanischen Informationsdienstleisters

47 Vgl. Rn. 61; jedoch nicht so weitgehend wie der EuGH in dieser Entscheidung. Zum funktionalen Pressebegriff BGH NJW 2011, 2285, 2289, *Herb* in Hahn/Vesting, Rundfunkrecht, 3. Aufl. 2012, RStV § 57 Rn. 3; *Schumacher/Spinder*, DuD 2015, 606 ff.

48 So etwa *Spiecker gen. Döhmann*, CR 2010, 313; *Moritz*, jurisPR-ITR 13/2010 Anm. 2.

49 EuGH, Rs. C-131/12, Google Spain und Google, ECLI:EU:C:2014:317.

Google Inc. mit der spanischen Datenschutzaufsichtsbehörde bzw. einem privaten Antragsteller auf Löschung zugrunde. Eine Privatperson – Mario Costeja Gonzàles – hatte zunächst erfolglos verlangt, dass Google bestimmte Informationen über ihn in deren Suchmaschinenergebnissen lösche. Diese Informationen bestanden in der Anzeige der Versteigerung eines Costeja Gonzàles' gehörenden Grundstücks im Zusammenhang mit einer erfolgten Pfändung unter Nennung seines Namens.

Gleichzeitig hatte Costeja Gonzàles verlangt, dass die Zeitung, die diese Informationen ursprünglich veröffentlicht hatte, gleichfalls die Information über ihn aus ihren auch online zugänglichen Archiven lösche. Während – unstreitig – der letzte Anspruch gegenüber der Zeitung nicht befriedigt wurde und auch nicht Gegenstand des Verfahrens vor dem EuGH war, urteilte der EuGH, dass ein solcher Löschungsanspruch gegenüber Mutter- und Tochterunternehmen in Bezug auf die Suchmaschinenergebnisse bestehe. Auf die komplizierten Argumentationen des EuGH, warum die Datenschutz-Richtlinie überhaupt Anwendung findet, wann eine Niederlassung vorliegt und was Verarbeitung ist, für die das Urteil vor allem bekannt geworden ist, soll hier nicht eingegangen werden.

Fast angelegentlich hat der EuGH sich dann auch zur Stellung der Medien im Verhältnis zum Datenschutz geäußert und wichtige Konkretisierungen im Hinblick auf Art. 9 der Datenschutz-Richtlinie vorgenommen. Diese Passagen haben bisher kaum Aufmerksamkeit gefunden. Dies sollte sich ändern, zumal sie für die nahezu wortgleiche Privilegierung im Rahmen von Art. 85 Abs. 1 und Abs. 2 der Datenschutz-Grundverordnung auch zukünftig von Bedeutung sein werden.

In der Google Spain Entscheidung macht der EuGH vor allem durch sein gefundenes Ergebnis und weniger durch eine umfassende Argumentation deutlich, dass eben nicht, wie es bei Satamedia der Fall zu sein schien, jegliche Informationstätigkeit dem Medienprivileg unterfällt. Denn er unterscheidet zwischen der Veröffentlichung der Informationen über Costeja Gonzales durch die Website der Zeitung und der Veröffentlichung dieser Informationen durch den Suchmaschinenbetreiber. Während die Zeitung vom Medienprivileg besonders geschützt sein könne, sei dies „bei einer vom Betreiber einer Suchmaschine ausgeführten Verarbeitung nicht der Fall“ [50]. Die Verarbeitung personenbezogener Daten, die im Rahmen der Tätigkeit einer Suchmaschine ausgeführt wird, unterscheide sich von derjenigen, die von den Herausgebern von Websites, die diese Daten auf einer Internetseite einstellen, vorgenommen werde.[51] Daher könnten Löschungsrechte wegen derselben Information gegenüber einem Suchmaschinenbetreiber bestehen, während sie gegenüber der originalen Website erfolglos blieben.[52] Der EuGH entzieht sich damit zwar

50 Rn. 85.
51 Vgl. Rn. 35 und 83.
52 Vgl. Rn. 85.

der Feststellung, ob die Archiv- und Abrufdienste der spanischen Zeitung dem Medienprivileg unterfallen, allerdings bezog sich der Fragenkatalog der Vorlage auch nicht darauf, sodass er sich nur in einem obiter dictum dazu hätte äußern können. Immerhin aber macht das Gericht sehr deutlich, dass jedenfalls eine Online-Suchmaschine sich nicht auf das Medienprivileg berufen kann, hier keine journalistische Tätigkeit vorliegt.[53]

Der Entscheidung fehlt, wie Satamedia auch, eine positive Bestimmung als Grundlage für die Abgrenzung von schutzwürdigen journalistischen und sonstigen öffentlichkeitsbezogenen Informationsverbreitungen. Damit setzt der EuGH die in Satamedia begonnene Ausrichtung fort: Auch dort hat er eher negativ argumentiert, dass eine Gewinnerzielungsabsicht nicht hindere, allein journalistische Zwecke anzunehmen – ohne aber zu klären, was genau die journalistischen Zwecke ausmacht.

Immerhin aber macht der EuGH nunmehr deutlich, dass nicht jegliche Informationsverbreitung für die Annahme des Medienprivilegs genügt. Eine Zeitung – das klassische Medium schlechthin – samt ihres Online-Archivs ist demnach offenbar grundsätzlich geeignet, journalistischen Zwecken zu unterfallen. Eine Suchmaschine ist es demnach eindeutig nicht.

V. Fazit und Ausblick: Wann das Medienprivileg gilt

Was lässt sich aus der Rechtsprechung des EuGH für das Medienprivileg folgern? Wann können sich Blogbetreiber, Nutzer von sozialen Netzwerken, Bewertungsportale[54] oder Email- und SMS-Versender als journalistisch Tätige verstehen und in der Folge für sich in Anspruch nehmen, von wesentlichen Anforderungen des Bundesdatenschutzgesetzes und zukünftig der Datenschutz-Grundverordnung entbunden zu sein?

Für die Annahme einer journalistischen Tätigkeit bedarf es nach Ansicht des EuGH zwar keines professionellen Umgangs mit Informationsverbreitung im Sinne eines Medienunternehmens. Es genügt aber andererseits auch nicht, dass lediglich vorhandene Informationen weitergegeben werden, selbst wenn diese erst gesucht und dann geordnet werden. Damit wird deutlich, dass der weite Begriff aus Satamedia nunmehr eingeschränkt ist, und zwar offenbar in Richtung eines wertenden Beurteilens der Tätigkeit selbst. Zur reinen Weitergabe der Informationen muss ersichtlich noch ein Mehr hinzutreten. Worin dieses Mehr indes besteht, wird durch den EuGH nicht näher bestimmt; hier ist auch nach den beiden Entscheidungen ein weit offenes Feld für Interpretationen und Spekulationen gegeben.

---

53 Zustimmend *Schumacher/Spindler*, DuD 2015, 606, 608.

54 So – mit erheblicher Kritik – BGH MMR 2009, 608 – spickmich.

Im Umkehrschluss darf man aber festhalten, dass jedenfalls klassische Medientätigkeit dem journalistischen Zweck genügt[55] und auch die Archive solcher klassischen Medien weiterhin Sonderregelungen unterfallen. Datenschutz als ein wesentlicher Garant von Demokratie muss dann auch Meinungs- und Informationsfreiheit als weiteren wesentlichen Garanten von Demokratie ermöglichen. Da die Informationen über Costeja Gonzàles ersichtlich nur noch über die Archivfunktion einer Zeitung aufrufbar und da sie mehr als ein Jahrzehnt alt waren, lässt sich ferner daraus schließen, dass eine reine Informationsverbreitung jedenfalls dann noch vom Medienprivileg erfasst sein kann, wenn sie der Vorbereitung/Nachbereitung/Verbreitung einer echten journalistischen Tätigkeit entspricht. Was also einmal journalistisch war, bleibt es auch, jedenfalls solange es in demselben organisatorischen Umfeld des Publizisten auffindbar ist.

Die Google Spain Entscheidung des EuGH hat damit die Stellung der journalistischen Archive gegenüber den Suchmaschinen als einem zentralen Ort des Wissensspeichers erheblich gestärkt.[56] Galt bisher noch, dass die Inanspruchnahme einer Suchmaschine die – umständliche – Suche bei einzelnen Archiven häufig ersetzen konnte, so kann davon jetzt nicht mehr ausgegangen werden. Denn nach Google Spain sind die Suchergebnisse einer Suchmaschine zwangsläufig nicht mehr vollständig. Das waren sie auch bisher nicht, aber bislang konnten die Suchmaschinenbetreiber dies zu Recht als ihr Ziel bezeichnen und damit die beständige Optimierung ihrer Ergebnisse hin zu immer mehr und immer konkreteren Verweisen legitimieren. Nunmehr ist klar, dass Suchen mit Bezug auf personenbezogene Daten nicht zwangsläufig erfolgreich sein werden, auch wenn die Information tatsächlich in den Tiefen des Internets sehr wohl verfügbar ist. Dezentrale Suche wird damit aufgewertet, und dies stärkt die Bedeutung der Archive der klassischen Medien, die möglichst umfassende Informationen vorhalten können, weil sie umfassend berichtet haben. Ob damit auch einhergeht, wie es das BVerwG jüngst entschieden hat, dass das Medienprivileg in einem Unternehmen nur bei einer organisatorisch in sich geschlossenen Einheit gilt,[57] bleibt europarechtlich aber offen.

Der EuGH hat mit Satamedia zunächst die Meinungs- und Medienfreiheit erheblich gegenüber dem Datenschutz aufgewertet. Mit Google Spain hat er diese Ausrichtung wieder etwas zurückgenommen. Wo genau die Trennlinie verläuft, bleibt aber weiterhin unklar und muss im Einzelfall stets ermittelt werden. Angesichts beständig neuer Kommunikationsformen gerade im Internet verlangt dies einen präzisen Blick auf deren genaue Zwecke. Sich dabei

---

55 So auch die ganz h. M., siehe etwa *Dix* in: Simitis (Hrsg.), BDSG, § 41 Rn. 9; *Spindler* in: Spindler/Schuster/Nink (Hrsg.), Recht der elektronischen Medien, BDSG § 41 Rn. 3.

56 Vgl. dazu auch schon *Spiecker gen. Döhmann*, A new framework for information markets: Google Spain, CMLR 52 (2015), 1033, 1048 f.

57 BVerwG ZD 2016, 193.

vor Augen zu halten, dass ein Ausgleich zwischen Datenschutz und Meinungs-/Medienfreiheit fast zwangsläufig erfolgen muss, weil die beiden Grundrechte häufig in unterschiedliche Richtungen weisen, mag zwar die Bestimmung nicht unbedingt präjudizieren. Aber immerhin kann sie helfen, einen Konflikt dadurch zu entschärfen, dass die Unvermeidbarkeit des Konflikts und damit die Notwendigkeit einer Mediation zwischen beiden akzeptiert wird.

Eine Entscheidung mit Donnerhall – Zum Urteil des Hamburgischen Verfassungsgerichts vom 4. Mai 1993

Gerhard Strate

Am 4. Mai 1993 betraten gegen 11 Uhr acht Richter des Hamburgischen Verfassungsgerichts den Plenarsaal des Hanseatischen Oberlandesgerichts. Kaum einer hatte mit der Entscheidung, die kurze Zeit später verkündet werden sollte, gerechnet. Der ernste Blick des Vorsitzenden Richters *Helmut Plambeck* wirkte jedoch bedeutungsschwanger. Nach vier Minuten bat er die Fotografen und Kameraleute hinaus. Um 11.05 Uhr verkündete er alsdann die Entscheidungsformel:

> *„Auf die Wahlbeschwerden werden die Wahlen vom 2. Juni 1991 zur Hamburgischen Bürgerschaft und zu den Bezirksversammlungen Altona, Eimsbüttel, Hamburg-Mitte, Hamburg-Nord und Wandsbek für ungültig erklärt".*

Die „CDU-Rebellen" *Markus Wegner, Hans Schirren, Gerhard Orgaß, Peter Koch* und *Ursula Hoffmann*[1] hatten sich mit ihren Beschwerden gegen die undemokratischen Machenschaften der damaligen Führung des Hamburger CDU Landesverbandes durchgesetzt. In der anschließenden anderthalbstündigen Urteilsbegründung geißelte Plambeck die Satzungsbestimmungen der CDU Hamburg und die mit ihr verbundenen Praktiken schonungslos. Das Gericht habe zwar alle Möglichkeiten *„unterhalb der Schwelle zu Neuwahlen"* bedacht, sei jedoch nach dem Ergebnis der Beweisaufnahme zu dem Ergebnis gekommen, dass Ermahnungen nicht mehr ausreichten, ebenso wenig wie bloße Satzungsänderungen. *„Die Entscheidung ist im wahrsten Sinne des Wortes bitter, aber sie war bitter nötig"*, schloss *Plambeck* seine Urteilsbegründung.

In den Sog dieser Entscheidung gerieten nicht nur die CDU-Abgeordneten der Hamburger Bürgerschaft, sondern auch die Abgeordneten der anderen Parteien, die am 2. Juni 1991 gewählt worden waren, deren Kandidatur zur Bürgerschaft in einem ordnungsmäßen (jedenfalls nicht beanstandeten) Verfahren zustande gekommen war. Doch dazu sogleich, zunächst eine kleine Abschweifung:

1 Sie hatten als Prozessbevollmächtigte die Rechtsanwälte *Siegfried H. Rummel* und *Trutz Graf Kerssenbrock* sowie den Verfasser an ihrer Seite. Außerdem trat *Prof. Dr. Winfried Steffani* als Beistand für *Hans Schirren* auf.

I. Die Hamburger und ihr Verfassungsgericht

Die Bürger Hamburgs wähnen sich gerne als Bewohner einer „Metropole". Besucher Hamburgs, kommen sie aus New York City (oder einer anderen wirklich großen Stadt), sprechen eher von einer „beautiful little town", wenn sie zum Ärger der Hamburger etwas Nettes über deren Stadt sagen wollen. Die Fehleinschätzung, (jedenfalls ein bisschen) zum Nabel der Welt zu gehören, prägte auch den Umgang der Hamburger mit dem Urteil ihres höchsten Gerichts. Für sie war das Urteil des Hamburgischen Verfassungsgerichts am Tag seiner Verkündung ein Donnerschlag, in den folgenden zwei Wochen das vorrangige und lautstark geführte Stadtgespräch. Was rundherum geschah, trat zeitweise in den Hintergrund – so bundespolitisch der am 3. Mai 1993 erfolgte Rücktritt des *Björn Engholm* von allen Ämtern und weltpolitisch der eskalierende Krieg in Bosnien.

Denn ebenso, wie die Bürgerschaft der Freien und Hansestadt Hamburg ein Feierabendparlament ist, gehört auch das Hamburgische Verfassungsgericht gewissermaßen zum „Feierabend". Keines seiner Mitglieder ist im Hauptamt oder Hauptberuf Verfassungsrichter. Keiner von ihnen erhält dafür ein festes Salär. Wer dorthin berufen wird, für den ist dieses Amt eine Ehrensache. Ämter dieser Art sind in Hamburg zahlreich. Zum Zeitpunkt der Verhandlung bestand das Hamburgische Verfassungsgericht aus neun Richtern. Sein „geborener" Präsident war der Präsident des Hanseatischen Oberlandesgerichts, weiterhin gehörten ihm an zwei hamburgische Richter, die vom Senat auf fünf Jahre ernannt wurden, und sechs Beisitzer, die von der Bürgerschaft auf ebenfalls fünf Jahre gewählt wurden[2]. Für jeden Richter und Beisitzer war auf die gleiche Weise ein ständiger Vertreter zu bestellen. Die enumerativ in Art. 65 Abs. 2 der Hamburgischen Verfassung aufgezählten Aufgaben des Hamburgischen Verfassungsgerichts gaben seinen Mitgliedern in den Anfangsjahren wenig zu tun[3]. Erst durch das Gesetz vom 18. Februar 1971[4], mit dem die Rechte der Opposition gestärkt wurden (z. B. durch den neu eingeführten Anspruch auf Erteilung von Auskünften und auf Aktenvorlage in Art. 32 HmbVerf[5]), wurden zunehmend auch politisch bedeutsame Sachverhalte vor dem Hamburgischen Verfassungsgericht verhandelt. Dennoch blieb auch in der jüngeren Vergangenheit eine Hauptbeschäftigung des Hamburgi-

---

2 Die Verfassungsreform von 1996 (genauer: das Sechste Gesetz zur Änderung der Verfassung der Freien und Hansestadt Hamburg vom 20.06.1996 – GVBl. S. 129) hat das bis dahin bestehende gemischte System der Bestellung der Richter beseitigt. Nunmehr werden alle Richter durch die Bürgerschaft gewählt. Die Amtsidentität zwischen dem Präsidenten des Hanseatischen Oberlandesgerichts und dem des Hamburgischen Verfassungsgerichts wurde aufgehoben. Die Amtszeit wurde auf sechs Jahre verlängert.

3 Zwischen 1953 bis 1972 hat es insgesamt sieben Urteile erlassen: so *Drexelius/Weber*, Die Hamburger Verfassung, 2. Aufl., 1972, Anm. 15 zu Art. 65.

4 GVBl. S. 21.

5 Seit 2001: Art. 30 HmbVerf.

schen Verfassungsgerichts die Prüfung von Beschwerden gegen Entscheidungen der Bürgerschaft, welche die Gültigkeit der Wahl betreffen (Art. 65 Abs. 2 Nr. 5 HmbVerf).

II. Die Prüfung der Wahlbeschwerden durch das Hamburgische Verfassungsgericht: Offenbarung eines Jammers

Bevor am Schluss dieses Beitrages noch einige weitere Hamburger Besonderheiten angesprochen werden, sei zunächst die Prüfung der Wahlbeschwerden zur Bürgerschaftswahl vom 2. Juni 1991 in den Fokus gerückt. Sie wurde vom Hamburgischen Verfassungsgericht sehr ernst genommen. In den Wochen vor der Verhandlung füllten sich die Akten der Verfahrensbeteiligten mit den Ergebnissen von vorbereitenden Aufklärungsverfügungen des Präsidenten und des Berichterstatters. Die Verhandlung war dicht und ganztägig terminiert auf drei Sitzungstage am 28. April 1993, 29. April 1993 und am 30. April 1993. Am 20. April 1993 übersandte der Präsident des Gerichts einen dreiseitigen Verhandlungsplan, in dem insgesamt zehn Fragen aufgelistet waren, zu denen das Gericht teilweise durch Anhörung der Landeswahlleiterin und von Zeugen, vor allem aber im Rechtsgespräch mit den Verfahrensbeteiligten Klarheit gewinnen wollte. Unter 5a und 5b des Verhandlungsplans formulierte es die zentralen Punkte:

> *„Können etwaige Mängel bei der Kandidatenfindung innerhalb einer Partei überhaupt auf die Gültigkeit der Wahl selbst durchschlagen?*
>
> *Beeinflussen solche Mängel ggf. nur die Zusammensetzung der betreffenden Fraktion?“*

Noch vor der Verhandlung musste das Hamburgische Verfassungsgericht über drei Fälle der Inhabilität entscheiden. In der kleinen Großstadt Hamburg kennt unter den Juristen von Rang fast jeder jeden. Immer wieder gibt es Vernetzungen und Interessenübereinstimmungen, die tatsächlich Interessenkollisionen sind, aber gerne camoufliert werden. So meinte allen Ernstes ein Mitglied des Verfassungsgerichts, dass er in dem gegen die Präsidentin der Bürgerschaft gerichteten Wahlbeschwerdeverfahren unbefangen mitwirken könne, obwohl er selbst in einem parallel beim Bundesverfassungsgericht anhängigen und dort noch andauernden Organstreitverfahren als Anwalt ebendiese Präsidentin der Bürgerschaft vertrat. Ein weiteres Mitglied des Verfassungsgerichts war Sozius eines Anwalts, der in dem Wahlbeschwerdeverfahren die CDU vertrat. Er hielt immerhin schon von sich aus eine Besorgnis der Befangenheit für naheliegend und zeigte diese an. In beiden Fällen (und in einem dritten Fall) wurde die Besorgnis der Befangenheit durch das Gericht bejaht. Dies führte dazu, dass das Hamburgische Verfassungsgericht nur mit acht, statt ordnungsgemäß mit neun Richtern auftreten konnte, da zwei Befangenheitsentscheidungen sowohl den erstrangigen Richter als auch dessen Stellvertreter ausscheiden ließen.

In der Verhandlung trat der Jammer der CDU in Hamburg grell zutage. In der schriftlichen Urteilsbegründung wird der entscheidende Punkt wie folgt beschrieben:

> *„2.4.2. Einen sehr schweren Verstoß gegen die Wahlfreiheit und speziell den aus dem Demokratiegebot folgenden Minderheitenschutz sieht das Gericht jedoch in den für die Vertreterversammlung am 26. Januar 1991 geltenden Satzungsbestimmungen zur Beschränkung von Gegenvorschlägen zu den Vorschlägen der Wahlausschüsse.*
>
> *In § 24 Abs. 1 bis 3 der Satzung war geregelt, daß Gegenvorschläge aus der Mitte der Vertreterversammlung durch 15 Vertreter erst für den dritten Wahlgang zugelassen werden, wenn nämlich zweimal nacheinander die Wahlvorschläge der Wahlausschüsse für den jeweiligen Wahlabschnitt abgelehnt worden waren. Diese Regelung beschränkt das Initiativ- und Antragsrecht der Mitglieder der Vertreterversammlung so weitgehend, daß von einer freien Wahl i. S. einer Auswahl von Kandidaten keine Rede mehr sein kann.*
>
> *Indem die gewählten Vertreter selbst keine Gegenlisten zu den Wahlvorschlägen der Wahlausschüsse zur Abstimmung stellen und auch keine Änderungsvorschläge zu den einzelnen Positionen der Wahlvorschläge der Wahlausschüsse anbringen durften, ehe nicht zwei Wahlgänge erfolglos abgeschlossen waren, wurden sie in dem ihnen als Wahlberechtigten zustehenden grundsätzlich freien Wahlvorschlagsrecht und damit in ihrer Wahlfreiheit erheblich beeinträchtigt (vgl. BVerfGE 47, 253, 282f.). Es fehlte zudem an der Gleichheit der Wahl.*
>
> *Diese ohnehin schon undemokratische Beeinträchtigung des freien Wahlvorschlagsrechts wirkte sich als sehr schwerer Wahlrechts- und Demokratieverstoß bei der Wahl der Bürgerschaftskandidaten der Beigeladenen ab Platz 6 ihrer Landesliste aus, die jeweils in festen Zehner-Blöcken zur Abstimmung gestellt wurden. Das gleiche gilt für die Listenvorschläge für die Bezirksversammlungen, die jeweils geschlossen zur Abstimmung gestellt wurden. Zwar ist gegen die Abstimmung über „Zehner-Blöcke“ von Kandidaten für bestimmte Listenplätze wahlrechtlich nichts einzuwenden, solange kein abweichender Vorschlag vorliegt, er aber rechtlich zulässig und tatsächlich möglich wäre. Das Wahlsystem der Abstimmung über Zehner-Blöcke gemäß § 24 Abs. 2 der Satzung der Beigeladenen vom 28. August 1990 zusammen mit der dort geregelten Beschränkung des Gegenvorschlags- und Abänderungsrechts der Vertreter führte wegen der damit verbundenen, das Abstimmungsverhalten beeinflussenden Rücksichtnahmen und Abhängigkeiten im Ergebnis jedoch dazu, daß Gegenvorschläge noch zuverlässiger abgeblockt wurden als bei der Abstimmung*

über Einzelkandidaten. Entsprechendes gilt bei den geschlossenen Abstimmungen über die Wahlvorschlagslisten für die Bezirksversammlungen.“[6]

Gegenvorschläge zu den Vorschlägen der Wahlausschüsse waren erst zulässig, wenn deren Vorschläge zuvor *zweimal* hintereinander abgelehnt wurden. Das war faktisch eine Abschaffung des freien Wahlvorschlagsrechts. Da half es auch nicht, dass *Ole von Beust*, damals noch als Justitiar der CDU[7], darauf hinwies, die fragliche Satzungsbestimmung sei inzwischen geändert worden: das Gegenvorschlagsrecht entstehe nunmehr bereits nach einer *einmaligen* Ablehnung der Vorschläge der Wahlausschüsse. Insgesamt kam das Hamburgische Verfassungsgericht zu dem Ergebnis:

> *„Somit steht zur Überzeugung des Gerichts fest: Es liegen schwere, teilweise sehr schwere und seit langem eingefahrene Verstöße gegen Wahlrechtsgrundsätze (Art. 38 GG) und das Gebot innerparteilicher Demokratie nach Art. 21 Abs. 1 Satz 3 des Grundgesetzes vor. Das von der Beigeladenen entsprechend ihrer Satzung praktizierte Verfahren bei der Aufstellung der Kandidaten für die Bürgerschaftswahl und für die Wahlen zu den Bezirksversammlungen am 2. Juni 1991 war keine Wahl im Sinne des § 24 Abs. 1 BüWG. Die festgestellten schweren, teilweise sehr schweren Wahlrechtsverstöße hätten der Zulassung dieser Wahlvorschläge entgegengestanden.“*[8]

Warum aber wurde die Wahl insgesamt für ungültig erklärt? Hätte es nicht ausgereicht, lediglich die Wahl der CDU-Abgeordneten in der Bürgerschaft und den Bezirksversammlungen für ungültig zu erklären? Was war mit den Abgeordneten, die ihr Mandat einer verfassungsrechtlich einwandfreien (jedenfalls im Wahlprüfungsverfahren nicht beanstandeten) Aufstellung verdankten?[9]

---

6 HmbVerfG in NVwZ 1993, 1083, 1086, 1087.

7 Der damalige Parteivorsitzende *Dirk Fischer* und sein Stellvertreter *Martin Willich* blieben der Verhandlung wohlweislich fern. Sie hatten das öffentliche Desaster für ihren Landesverband wahrscheinlich vorausgesehen. Sie überließen es *Ole von Beust*, seinen Kopf für eine Sache hinzuhalten, die nicht die seine war. Das war den selbstkritischen Zwischentönen in seinen Bemerkungen und Stellungnahmen während der Verhandlung unüberhörbar anzumerken.

8 HmbVerfG (Fn. 6), S. 1087.

9 *Claus Arndt*, Sohn des SPD-Kronjuristen *Adolf Arndt* und ebenfalls ein begnadeter Staatsrechtler, hat dies in einer klugen Anmerkung zu dem Urteil des Hamburgischen Verfassungsgerichts (NVwZ 1993, 1066) zum Thema gemacht. Die Entscheidung des 1. Senats des Bundesverfassungsgerichts vom 23. Oktober 1952 zum Verbot der SRP (BVerfGE 2, 1 ff.) war – so die nicht unberechtigte Vermutung von *Arndt* – dem Hamburgischen Verfassungsgericht nicht in den Blick gerückt. Das Bundesverfassungsgericht hatte seinerzeit den ersatzlosen Wegfall der Mandate von Abgeordneten, die zum Zeitpunkt des Verbots noch Angehörige dieser Partei waren, verfügt (BVerfGE 2, 1. 77), und zwar *„im Bundestag und in den Landtagen (Bürgerschaften)“*. Nach *Arndt* werde die vom BVerfG gefundene Lösung dem Organstatus der ordnungsgemäß gewählten Abgeordneten eher gerecht als der unterschiedslose Wegfall aller Mandate durch die Ungültigkeitserklärung der gesamten Wahl. Auch entspreche es einem Gebot „innerer Gerechtigkeit“, dass die Folgen verfassungswidriger Manipulationen nur diejenige Partei treffe, die sich dieser Handlungen zum Mandatserwerb bedient haben.

Das Hamburgische Verfassungsgericht sah eine nicht ausreichende Prüfungsintensität bei den staatlichen Zulassungsinstanzen. Die Bedenken gegen den demokratischen Charakter der Kandidatenfindung im CDU-Landesverband seien der Landeswahlleiterin bereits seit Jahren bekannt gewesen. Vor diesem Hintergrund sei eine „Grobrasterprüfung" – diese nahm die damalige Landeswahlleiterin in der Verhandlung für sich in Anspruch – nicht mehr ausreichend. Die Zulassung der CDU-Kandidaten habe beim Wähler das Vertrauen geschaffen, dass diese Kandidaten in einem demokratischen Wahlverfahren aufgestellt worden sind, was aber tatsächlich nicht der Fall war. Hätten die Wähler um die tatsächlichen Umstände bei der Kandidatenaufstellung der CDU gewusst, hätten sie entweder keiner oder einer anderen Partei ihre Stimme gegeben. Dies hätte mit hoher Wahrscheinlichkeit zu einer anderen Mandatsverteilung geführt. Das Hamburgische Verfassungsgericht hält die Mängel der Kandidatenfindung für so gewichtig, dass sie zur Ungültigkeit der Wahlen führen mussten:

> *„Würden die für die hamburgischen Wahlen und deren Prüfung zuständigen Organe so schwere und mandatsrelevante Mängel bei der Kandidatenfindung, wie sie hier vorliegen, auch weiterhin sanktionslos lassen, dann könnte dies zu einer Gefährdung für die Demokratie selbst werden."*[10]

All das ist detailliert nachzulesen in den wenige Wochen nach der Urteilsverkündung veröffentlichten schriftlichen Urteilsgründen. Es wurde aber in *allen* wesentlichen Gründen schon vorgetragen in der sehr konzentrierten und sorgfältigen mündlichen Urteilsbegründung durch den Präsidenten des Verfassungsgerichts *Helmut Plambeck*.

III. Nach dem Urteil: kurze Identitätskrise eines Landesparlaments

Und so kommen wir von dem kurzzeitigen Ausflug in die Höhen des Staatsrechts wieder zurück in die Niederungen des kleinen Stadtstaates Hamburg und seinem Verfassungsgericht des Feierabends. Während bei den professionellen Kollegen in Karlsruhe schon seit Jahrzehnten mit der mündlichen Verkündung eines Urteils taggleich auch die schriftliche Begründung veröffentlicht wird, arbeitet das Hamburgische Verfassungsgericht wie ein Strafgericht, dessen schriftliche Urteilsbegründung erst nach der Verkündung von dem Berichterstatter niedergeschrieben und dessen Textfassung vor der Unterzeichnung noch beraten wird. Es kann also in der Regel noch Wochen dauern, bis die schriftlichen Urteilsgründe vorliegen. Das hätten die Hausjuristen des Senats und der Bürgerschaft eigentlich wissen müssen. Die waren

10 HmbVerfG (Fn. 6), S. 1089.

bei der Urteilsverkündung am 4. Mai 1993, offenbar in der Erwartung, dass nichts Spektakuläres passieren werde, jedoch alle ferngeblieben. Auch ein Stenograph war nicht zugegen. Das wäre nützlich gewesen, denn die mündliche Urteilsbegründung war gut vorbereitet und enthielt weitgehend vollständig die Erwägungen, die später auch in den schriftlichen Urteilsgründen nachzulesen waren. Die selbstverschuldete Unwissenheit über die Erwägungen des Gerichts führte zu absurden Diskussionen:

Am Tag nach der Urteilsverkündung hatte die Bürgerschaft, deren Wahl nun ungültig war, wieder eine turnusmäßige Sitzung. Das stellte die Abgeordneten vor Identitätsprobleme. Der damalige Bürgermeister *Henning Voscherau* nannte die Gesellschaft, die am Mittwoch des 5. Mai 1993 um 16 Uhr zusammenkam, eine „intakte Bürgerschaft“. Aber hatte er damit Recht? „Eine informelle Zusammenkunft ehemaliger Abgeordneter, eine Art Party also“ – mehr wollte der damalige FDP-Chef *Robert Vogel* dem Treffen im Saal der Bürgerschaft als Status nicht zuerkennen.[11].

Henning Voscherau – in Hamburg unvergessen – hatte Recht. Und *Helmut Plambeck* nutzte schließlich am 7. Mai 1993 die Pause des Wartens auf den verspäteten Festredner zum Überseetag (*Theo Waigel*), um im Überseeclub unvermittelt das Mikrophon zu ergreifen und der Hamburger Noblesse das Gerichtsurteil kurz zu erläutern sowie zu bekräftigen, dass alle Institutionen weiterhin ihre Funktionen bis zu einer Neuwahl wahrnehmen könnten. Das war ein ungewöhnlicher Akt, aber offenbar erforderlich in einer Stadt, in der mündliche Urteilsbegründungen nur selten kundige und aufmerksame Zuhörer haben.

IV. Tacheles und Tatkraft

Das Urteil des Hamburgischen Verfassungsgerichts vom 4. Mai 1993 hat in der Bekräftigung der Wahlrechtsgrundsätze aus Art. 38 des Grundgesetzes und des Gebots der innerparteilichen Demokratie nach Art. 21 Abs. 1 Satz 3 des Grundgesetzes nichts Neues gesagt[12]. Neu war allein, dass es über die schwerwiegenden Verstöße gegen die Wahlrechtsgrundsätze nicht nur Tacheles geredet hat, sondern ihnen mit Tatkraft und richterlicher Entscheidungsfreude entgegengetreten ist[13]. *Helmut Plambeck* und den anderen Mitgliedern des Hamburgischen Verfassungsgerichts gebührt bleibender Dank.

---

11 Alle Zitate sind dem SPIEGEL vom 10. Mai 1993 entnommen.

12 Vgl. die vom Hamburgischen Verfassungsgericht zitierten Entscheidungen in BVerfGE 11, 266, 272; 60, 162, 167; 78, 350, 357.

13 Das gilt nicht unbedingt für die Wahlbeschwerdeverfahren bei anderen Landesverfassungsgerichten; vgl. nur SaarlVerfGH, NVwZ 2011, 169 ff.

Die Atomausstiegsentscheidung des Bundesverfassungsgerichts – Neues und Bekanntes zur Eigentumsdogmatik

Michael Uechtritz

I. Vorbemerkung

Das Urteil des Bundesverfassungsgerichts vom 6. Dezember 2016 zum Atomausstieg[1] hat in der Öffentlichkeit breite Resonanz gefunden, markiert es doch einen Schlusspunkt in dem seit Jahrzehnten geführten Streit um den Ausstieg aus der friedlichen Nutzung der Kernenergie. Auch für Verfassungsrechtler ist das Urteil von erheblichem Interesse. Es reiht sich ein in die lange Liste der Judikate, in denen das Bundesverfassungsgericht sein Verständnis des Eigentumsgrundrechts aus Art. 14 GG entwickelt hat.[2] Jenseits der politischen Bedeutung des Urteils stellt sich für den Verfassungsrechtler die Frage, inwieweit das Urteil neue Akzente zur Dogmatik des Art. 14 GG setzt oder ob das Urteil lediglich Aktbekanntes bestätigt. Schon in der Diskussion vor Ergehen des Urteils war die Frage gestellt worden, ob der Atomausstieg einen „Paradigmenwechsel beim Eigentumsschutz" bewirke.[3] Der Jubilar war in seiner Funktion als langjähriger Vorsitzender des Verfassungsrechtsausschusses der Bundesrechtsanwaltskammer (BRAK) mit dem Verfahren befasst, da die BRAK zu den Institutionen zählt, deren Stellungnahme das Bundesverfassungsgericht im Verfahren eingeholt hatte.[4] Auch in anderen bedeutsamen Verfahren zu Art. 14 GG, so etwa bei der Garzweiler-Entscheidung des Bundesverfassungsgerichts[5], war der Jubilar für die BRAK beteiligt. Dies lässt hoffen, dass der Beitrag das Interesse des Jubilars findet und erklärt die Wahl des Themas.

---

1 Urt. v. 06.12.2016 – 1 BvR 2821/11 u. a.; s. zu dieser Entscheidung die Anmerkungen von *Frenz*, DVBl 2017, 121; *Knappe/Seibert*, NuR 2017, 32 ff.; *Ziehm*, ZUR 2017, 172; *Froese*, NJW 2017, 444 ff. und *Roller*, ZUR 2017, 277 ff.; s. a. noch die zusammenfassende Wiedergabe dieser Entscheidung durch *Sachs*, JuS 2017, 569 ff.

2 Ohne Anspruch auf Vollständigkeit: BVerfGE 24, 367 (Hamburger Deichordnungsgesetz); BVerfGE 38, 175 (Rückenteignung); BVerfGE 45, 297 (Hamburger U-Bahn); BVerfGE 52, 1 (Kleingärten); BVerfGE 56, 249 (Dürkheimer Gondelbahn); BVerfGE 58, 137 (Pflichtexemplar); BVerfGE 58, 300 (Nassauskiesung); BVerfGE 70, 191 (Fischereirechte); BVerfGE 74, 264 (Boxberg); BVerfGE 83, 201 (Vorkaufsrecht); BVerfGE 100, 226 (Denkmalschutz); BVerfGE 101, 239 (Restitutionsausschluss); BVerfGE 102, 1 (Altlasten); BVerfGE 110, 141 (Kampfhunde); BVerfGE 114, 1 (Bestandsübertragung); BVerfGE 126, 331 (Miterben) und BVerfGE 134, 242 (Garzweiler).

3 So die Formulierung von *Ludwig*, NVwZ 2016, 1.

4 Urt. v. 06.12.2016 – 1 BvR 2821/11 u. a., Rn. 155.

5 BVerfGE 134, 242.

Bei der Entscheidung für dieses Thema ergab sich für den Verfasser allerdings das Problem der „Befangenheit", da er am Verfahren als Rechtsanwalt einer der Beschwerdeführerinnen beteiligt war. Guten wissenschaftlichen Usancen entspricht es, auf Publikationen „in eigener Sache" zu verzichten. Ein Prozessbeteiligter sollte regelmäßig nicht wissenschaftliche Foren nutzen, um eine von ihm erstrittene (oder „erlittene") Entscheidung im Nachhinein zu loben oder zu kritisieren. Diesen Bedenken wird im vorliegenden Beitrag insofern Rechnung getragen, als es nicht um die Frage gehen soll, inwieweit das Bundesverfassungsgericht *den konkreten Sachverhalt* nach Meinung des Verfassers zutreffend gewürdigt hat. Auch ist die Frage auszublenden, wie der Gesetzgeber seiner im Urteil festgestellten Nachbesserungspflicht nachkommen kann. Vielmehr beschränken sich die nachfolgenden Ausführungen auf die Frage, welchen Stellenwert die Entscheidung zum Atomausstieg für die Eigentumsdogmatik und speziell für den Enteignungsbegriff besitzt.[6] Darüber hinaus soll erörtert werden, welche Zweifelsfragen sich nach den Maßstäben dieser Entscheidung für künftige Eigentumseingriffe ergeben.

II. Gegenstand der Entscheidung

Im Urteil vom 6. Dezember 2016 hatte das Bundesverfassungsgericht über die Verfassungsbeschwerden der Energieversorger E.ON, RWE und Vattenfall zu entscheiden, die sich gegen den (beschleunigten) Atomausstieg wandten, den der Gesetzgeber mit der 13. AtG-Novelle im Juli 2011 beschlossen hatte – wenige Monate nach dem nuklearen Unfall im japanischen Kernkraftwerk Fukushima im März 2011, der durch einen Tsunami ausgelöst worden war.[7] Zum besseren Verständnis der Regelungen der 13. AtG-Novelle und deren Beurteilung durch das Bundesverfassungsgericht bedarf es eines kurzen Überblicks über die rechtlichen Etappen der friedlichen Nutzung der Kernenergie in Deutschland.

---

6 Aus Platzgründen können im Rahmen dieses Beitrags weitere verfassungsprozessual und materiell-rechtlich „spannende" Fragen, die das Urteil behandelt, nicht thematisiert werden. Dies gilt vor allen Dingen für die Verfassungsbeschwerdebefugnis einer erwerbswirtschaftlich tätigen inländischen juristischen Person des Privatrechts, die vollständig von einem Mitgliedsstaat der Europäischen Union getragen wird (Vattenfall), und für die Frage, ob und gegebenenfalls in welchem Umfang eine Sachaufklärungs- und Begründungspflicht des Gesetzgebers bei Grundrechtseingriffen besteht.

7 Zum Sachverhalt s. die Ausführungen im Urt. v. 06.12.2016 – 1 BvR 2821/11 u.a., Rn. 2ff.; zusammenfassend *Mann/Sieven*, VerwArch 106 (2015), 184f.

1. Die Entwicklung bis zum Ausstiegsgesetz 2002

Das Atomgesetz vom 23. Dezember 1959[8] in seiner ursprünglichen Fassung verfolgte das Ziel, die Erforschung, Entwicklung und Nutzung der Kernenergie zu friedlichen Zwecken zu fördern sowie Leben, Gesundheit und Sachgüter vor den mit ihr verbundenen Gefahren zu schützen. Auf Grundlage dieses Gesetzes begann die kommerzielle energetische Nutzung von Kernkraftwerken in den 70er Jahren. Voraussetzung für den Betrieb von Kernkraftwerken war nach § 7 AtG 1959 die Erteilung einer (atomrechtlichen) Betriebsgenehmigung. Der Inhaber einer entsprechenden Betriebsgenehmigung war grundsätzlich befugt, das Kernkraftwerk zeitlich unbefristet zur Stromerzeugung zu nutzen.

Nach der Bundestagswahl 1998 strebte die neue rot-grüne Bundesregierung den Ausstieg aus der friedlichen Nutzung der Kernenergie an. Im Jahr 2001 kam es zur sogenannten „Atomkonsensvereinbarung“, in der sich die Beteiligten darauf verständigten, die künftige Nutzung der vorhandenen Kernkraftwerke zu befristen. In inhaltlicher Übereinstimmung mit dem Atomkonsens wurde im Jahr 2002 das (erste) Ausstiegsgesetz[9] verabschiedet. Mit diesem Gesetz wurden den einzelnen Kernkraftwerken jeweils Reststrommengen zugewiesen, die von den Betreibern auf andere Kernkraftwerke übertragen werden konnten.[10] Eine zeitliche Befristung der bestehenden atomrechtlichen Genehmigungen sah das Ausstiegsgesetz 2002 *nicht* vor. Vielmehr sollten die Genehmigungen (erst) erlöschen, wenn die den einzelnen Kraftwerken zugeteilten Kontingente erzeugt worden waren.

2. Die „Laufzeitverlängerung“ des Jahres 2010 und die Kehrtwende nach Fukushima

Im Jahr 2010 setzte die neue CDU/FDP-Bundesregierung die 11. AtG-Novelle durch, die der Sache nach eine teilweise Korrektur des Atomausstiegs aus dem Jahr 2002 darstellte. Den bestehenden Kernkraftwerken wurden weitere (zusätzliche) Reststrommengen zugewiesen, die deren Restlaufzeiten um durchschnittlich zwölf Jahre verlängern sollten. Die Atomenergie wurde mit der 11. AtG-Novelle als „Brückentechnologie“ eingestuft, die übergangsweise

8 BGBl I, S. 814.

9 BGBl I, S. 1351; zu den Problemen eines derartigen konsensualen Regierungshandelns siehe – speziell mit Blick auf den Atomkonsens *Michael*, Rechtssetzende Gewalt im kooperierenden Verfassungsstaat, 2002, S. 105 ff.; *Huber*, Konsensvereinbarung und Gesetzgebung, in: 11. Deutsches Atomrechtssymposium, S. 329 ff.; *Langenfeld*, DÖV 2000, 929 und *Sauer*, Der Staat 43 (2004), S. 563 ff.

10 Zur Streitfrage, ob auch Reststrommengen von jüngeren Kraftwerken auf ältere Kraftwerke übertragbar sind, um deren Laufzeit zu verlängern, vgl. *Mann*, Rechtsfragen der Elektrizitätsmengenübertragung nach § 7 Abs. 1b Satz 2 Atomgesetz, 2009, S. 17 ff; zum Sonderfall der Übertragbarkeit der Mülheim-Kärlich Strommengen, BVerwG, NVwZ 2009, 921.

weitergenutzt werden sollte, bis eine ausreichende Energieerzeugung aus regenerativen Energieträgern sichergestellt werden konnte.[11]

Nach dem Unfall im japanischen Kernkraftwerk Fukushima vollzog die Regierung mit der 13. AtG-Novelle im Jahr 2011 eine radikale Kehrtwendung. Die zusätzlichen Strommengen, die wenige Monate zuvor mit der 11. AtG-Novelle zugewiesen worden waren, wurden kassiert. Darüber hinaus wurden für die einzelnen Kernkraftwerke erstmals individuell festgelegte Abschaltdaten bestimmt. Acht Kernkraftwerke mussten ihren Betrieb sofort einstellen.[12] Die Betriebsgenehmigung für die letzten Kernkraftwerke endet zum 31. Dezember 2022.

3. Rüge einer Verletzung des Art. 14 GG und Entscheidungsinhalt

Gegen die 13. AtG-Novelle erhoben die Energieversorger RWE, E.ON und Vattenfall Verfassungsbeschwerde. Gerügt wurde primär eine Verletzung der Eigentumsgarantie aus Art. 14 GG. Nach Auffassung der Beschwerdeführerinnen ergab sich die Verfassungswidrigkeit schon daraus, dass die Regelungen als Enteignungen i. S. d. Art. 14 Abs. 3 GG zu qualifizieren waren, das Ausstiegsgesetz aber keine Entschädigung vorsah. In seinem Urteil vom 6. Dezember 2016 hat das Bundesverfassungsgericht den Beschwerden nur teilweise stattgegeben. Das Bundesverfassungsgericht nahm an, die 13. AtG-Novelle stehe weitgehend im Einklang mit den verfassungsrechtlichen Vorgaben. Es qualifiziert die Regelungen des Gesetzes *nicht* als Enteignung, sondern als Bestimmung von Inhalt und Schranken des Eigentums der Kernkraftwerksbetreiber. Diese Regelungen seien im Hinblick auf die gesetzlich festgelegten Restlaufzeiten im Hinblick auf zwei Energieversorger unverhältnismäßig und unzumutbar, soweit diese dazu führten, dass die betroffenen Beschwerdeführerinnen wesentliche Teile ihrer (alten) Reststrommengen des Jahres 2002 nicht konzernintern nutzen könnten. Weiter rügte das Bundesverfassungsgericht, dass der Gesetzgeber keine Regelungen getroffen hatte, um frustrierte Aufwendungen, die im Hinblick auf die „Laufzeitverlängerung“ des Jahres 2010 getätigt worden seien, zu entschädigen.

---

11 Zum Streit, ob die 11. AtG-Novelle wegen fehlender Zustimmung des Bundesrates als verfassungswidrig einzustufen ist, bejahend *Papier*, NVwZ 2010, 1113; verneinend *Moench/Ruttloff*, DVBl 2010, 865.

12 Tatsächlich waren die Kernkraftwerke durch das sogenannte „Moratorium“ bereits kurz nach dem Unfall in Fukushima stillgelegt worden; zur Einstufung des Moratoriums (als rechtswidrig) VGH Kassel, DVBl 2013, 726 und BVerwG, ZUR 2014, 236.

III. Schutzbereich des Art. 14 Abs. 1 GG

1. Art. 14 GG als Prüfungsmaßstab für die 13. AtG-Novelle

Das Bundesverfassungsgericht prüft die angegriffenen Bestimmungen der 13. AtG-Novelle primär am Maßstab des Art. 14 GG. Im Rahmen dieser Prüfung befasst sich das Urteil mit den einzelnen Rechtspositionen, hinsichtlich derer die Beschwerdeführerinnen geltend gemacht hatten, diese seien durch die Eigentumsgarantie des Art. 14 GG geschützt. Die Bundesregierung und weitere Äußerungsberechtigte hatten dies entweder insgesamt oder zumindest bezüglich einzelner Positionen (speziell der Betriebsgenehmigungen und der Reststrommengen) bestritten. Die entsprechenden Ausführungen des Bundesverfassungsgerichts verdienen über den konkreten Einzelfall hinaus Beachtung. Auch wenn sich die Entscheidung (weitgehend) auf den Bahnen vorangegangener Judikate bewegt, präzisiert sie doch bisherige Aussagen. Teilweise, so mit Blick auf die Frage des Eigentumsschutzes der atomrechtlichen Genehmigungen, finden sich Klarstellungen, die für die Eigentumsdogmatik durchaus „Neuigkeitswert“ besitzen.

Die einleitenden (allgemeinen) Ausführungen *zum Schutzbereich der Eigentumsgarantie* referieren die tradierte (und weithin unstreitige) Rechtsprechung: Das Bundesverfassungsgericht betont die freiheitssichernde Funktion der Eigentumsgarantie.[13] Es erinnert daran, dass sich die konkrete Reichweite des Schutzes aus der Bestimmung von Inhalt und Schranken des Eigentums durch den Gesetzgeber ergibt. Insoweit ist die Gestaltungsfreiheit des Gesetzgebers aber nicht schrankenlos, da dieser die Freiheitssphäre des Einzelnen mit dem Wohl der Allgemeinheit in ein ausgewogenes Verhältnis bringen muss. Auch die Betonung, dass die Befugnis des Gesetzgebers zur Inhalts- und Schrankenbestimmung umso weiterreicht, je stärker der soziale Bezug des Eigentumsobjekts ist[14], entspricht der ständigen Judikatur.[15] Bei diesem Ausgangspunkt ist die konkrete Schlussfolgerung naheliegend, der Gesetzgeber habe bei der Ausgestaltung des Atomrechts einen besonders weiten Gestaltungsspielraum auch gegenüber bestehenden Eigentumspositionen besessen. Entsprechendes dürfte generell im Bereich der Energieversorgung gelten. Bedeutsam für die konkrete Entscheidung (aber auch generell im Hinblick auf die Eigentumsdogmatik) ist die Feststellung des Gerichts, dass dann, wenn das Eigentum bereits zum Zeitpunkt seiner Begründung einem öffentlich-rechtlichen Nutzungsregime unterliegt, der verfassungsrechtliche Schutz der Eigentumsnutzung gegenüber späteren Eingriffen und Ausgestaltungen im Grundsatz auf das danach Erlaubte begrenzt ist.[16] Eigentumsdogmatisch

13 BVerfG, Urt. v. 06.12.2016 – 1 BvR 2821/11 u.a., Rn. 216.
14 BVerfG, Urt. v. 06.12.2016 – 1 BvR 2821/11, Rn. 218.
15 Vgl. nur BVerfGE 21, 73, 83; 50, 290, 339f. und 100, 226, 241.
16 BVerfG, Urt. v. 06.12.2016 – 1 BvR 2821/11 u.a., Rn. 229f.

„neu" ist dies nicht. Vielmehr ist es seit der Nassauskiesungsentscheidung des Bundesverfassungsgerichts[17] gesicherte Erkenntnis, dass die öffentlich-rechtliche Benutzungsordnung gleichberechtigt mit dem bürgerlich-rechtlichen (Grundstückseigentum) Inhalt und Schranken des Eigentums markiert. Art. 14 Abs. 1 GG besitzt einen normgeprägten Schutzbereich.[18]

2. Schutz des Anlageneigentums und der Möglichkeit, dies zu nutzen

Auf diesen rechtlichen Maßstäben baut die nachfolgende Prüfung auf, welche Eigentumspositionen der Beschwerdeführerinnen durch die Ausstiegsnovelle betroffen sind:

a) Vom Schutz des Eigentums nach Art. 14 Abs. 1 Satz 1 GG umfasst ist das *zivilrechtliche Sacheigentum*, also das Eigentum an den bestehenden Kernenergieanlagen sowie die Möglichkeit, diese Anlagen zu nutzen. Die Gegenauffassung, das Eigentum an den Kernenergieanlagen werde nicht tangiert[19], konnte schwerlich Plausibilität in Anspruch nehmen. Wenn der Schutzumfang des Eigentums durch die konkrete Ausgestaltung bestimmt wird, die der Gesetzgeber vorgenommen hat, dann gehört auch die *bestimmungsgemäße Nutzung* des (Sach-) bzw. Anlageneigentums im Einklang mit den gesetzlichen Maßgaben und im Einklang mit erteilten Genehmigungen zum geschützten Eigentum – andernfalls bliebe von der freiheitssichernden Funktion des Eigentums wenig übrig.[20] Diese Feststellung gilt – selbstverständlich – nicht nur für Kernenergieanlagen, sondern auch für andere Anlagen (auch solche umweltbelastender Art) und für jedwedes private Eigentum. So wäre auch eine gesetzgeberische Anordnung, bestimmte (zugelassene) Kraftfahrzeuge ab einem bestimmten Stichtag stillzulegen, ein Eigentumseingriff. Die Sachgründe, die möglicherweise den Eingriff *rechtfertigen* können, müssen bei Ermittlung und Abgrenzung des *Schutzbereichs* unberücksichtigt bleiben.

b) Die 13. AtG-Novelle betraf also das Anlageneigentum und dessen Nutzungsmöglichkeiten in der konkreten Ausgestaltung durch das Atomgesetz bzw. der Genehmigungen, die aufgrund des AtG erteilt worden waren. Geschützt war die Nutzungsbefugnis in diesem gesetzlich vermittelten und genehmigungsrechtlich konkretisierten Umfang. Die Eigentumsposition der Eigentümer der Kernanlagen erstreckte sich also darauf, diese *zeitlich grundsätzlich unbegrenzt* zu nutzen und in diesen die jeweils zugewiesenen Rest-

---

17 BVerfGE 58, 300, 336 f.

18 *Depenheuer*, in: Merten/Papier, Handbuch der Grundrechte, Band V 2013, § 111, Rn. 44.

19 So aber die Argumentation der Bundesregierung im Verfassungsbeschwerdeverfahren, die auch bezüglich der Nutzungsmöglichkeiten am Anlagen- bzw. Grundstückseigentum eine Prüfung des Eingriffs ausschließlich am Maßstab des Art. 12 GG, nicht an der Eigentumsgarantie als geboten ansah.

20 So zutreffend *Depenheuer* (Fn. 18), § 111, Rn. 56.

strommengen zu erzeugen – und zwar sowohl die noch nicht verbrauchten „Altstrommengen“ aus dem Jahr 2002, als auch die „Neustrommengen“, die erst im Jahr 2010, im Zuge der 11. AtG-Novelle zugewiesen worden waren.[21]

3. Kein eigenständiger Schutz der atomrechtlichen Genehmigungen

Streitig war, ob die atomrechtliche Genehmigung zur Errichtung und zum Betrieb der Kernkraftanlagen nach § 7 AtG eine eigenständige, durch Art. 14 GG geschützte Rechtsposition darstellt, in die durch die 13. AtG-Novelle eingegriffen wurde.[22]

a) In der bisherigen verfassungsrechtlichen Judikatur war die Frage nach dem Eigentumsschutz öffentlich-rechtlicher Genehmigungen nicht eindeutig beantwortet worden. Mit Blick auf eine apothekenrechtliche Betriebserlaubnis hatte es das Bundesverfassungsgericht offengelassen, ob diese als solche Gegenstand des Eigentumsschutzes sein könne oder ob (nur) die Verbindung der Betriebserlaubnis mit den Gegenständen, die zur Führung des Betriebs notwendig seien, Eigentumsschutz genießt.[23] Ein Kammerbeschluss[24], der sich auf eine immissionsschutzrechtliche Genehmigung bezog, legte die Interpretation nahe, die Genehmigung selbst unterfalle dem Schutz des Art. 14 GG. In dem fraglichen Beschluss hieß es:

> *„Anknüpfungspunkt für den verfassungsrechtlichen Eigentumsschutz ist das zivilrechtliche Sacheigentum an der Anlage. Hierauf beschränkt sich der Schutz des Art. 14 allerdings nicht. Der Anlagenbetreiber tätigt seine (erheblichen) Investitionen in die Anlagen gerade auf der Grundlage der den Anlagenbetrieb erst gestattenden immissionsschutzrechtlichen Genehmigung. Aufgrund dieser Verknüpfung der verwaltungsrechtlichen Grundlagen des Anlagenbetreibers umfasst der verfassungsrechtliche Eigen-*

21 BVerfG, Urt. v. 06.12.2016 – 1 BvR 2821/11 u.a., Rn. 240; allerdings war die bei Genehmigung und Errichtung der Anlagen ursprünglich gegebene – unbegrenzte – Nutzungsmöglichkeit der Anlagen nicht mehr vom Schutzumfang des Art. 14 GG umfasst. Insoweit war die Reichweite des Eigentumsschutzes bereits durch das erste Ausstiegsgesetz im Jahr 2002 begrenzt; dies betont zutreffend *Sachs*, JuS 2017, 569, 570.

22 Dies wurde von der überwiegenden Auffassung im Schrifttum verneint, vgl. nur *Bruch/Greve*, DÖV 2011, 794, 795; *Däuper/Michaels/Voß*, ZNER 2011, 375, 377; *Ewer*, NVwZ 2011, 1035, 1037; *Mann/Sieven*, VerwArch 2015, 184, 196f. und *Kloepfer*, DVBl 2011, 1437, 1438; im Ergebnis auch *Ossenbühl*, DÖV 2012, 697, 699 und *ders.*, Verfassungsrechtliche Fragen eines beschleunigten Ausstiegs aus der Kernenergie, 2012, 24f.; a.A. *Schwarz*, DVBl 2013, 133, 135; aus der früheren Diskussion im Zusammenhang mit der Ausstiegsdiskussion der Jahre 2001/2002 *Schmidt-Preuss*, NJW 2000, 1524 und *Wagner*, NVwZ 2001, 1089, 1095.

23 BVerfGE 17, 232, 247.

24 BVerfE(K), Beschl. v. 14.01.2010 – 1 BvR 1627/09, NVwZ 2010, 771, 772; zum Eigentumsschutz einer wasserrechtlichen Erlaubnis BVerfG(K), Beschl. v. 24.02.2010 – 1 BvR 27/09, SächsVBl 2010, 140, 142.

tumsschutz grundsätzlich auch die durch die immissionsschutzrechtliche Genehmigung vermittelte Rechtsposition.“

b) Die Atomausstiegsentscheidung klärt die bisher offene Frage. Die atomrechtliche Genehmigung zur Errichtung und zum Betrieb einer Kernkraftwerksanlage ist nach Auffassung des Gerichts kein von Art. 14 GG geschütztes (selbstständiges) Eigentumsrecht. Genehmigungen zum „*Betrieb gefährlicher Anlagen*“ seien staatliche Erlaubnisse, „*mit denen je nach Ausgestaltung repressive oder präventive Verbote mit Erlaubnisvorbehalt überwunden werden.*“ Eine Vergleichbarkeit mit den subjektiven öffentlichen Rechten, denen in der bisherigen verfassungsrechtlichen Rechtsprechung Eigentumsschutz zuerkannt worden sei, bestehe nicht. Derartige Rechte seien durch eine zumindest eingeschränkte Verfügungsbefugnis und durch einen in nicht unerheblichem Umfang auf Eigenleistung beruhenden Erwerb gekennzeichnet. Beides fehle bei den atomrechtlichen Genehmigungen.[25] Auch wenn atomrechtliche Genehmigungen erst nach erheblichen Investitionen des Anlagenbetreibers in Grundstück und Anlage erteilt würden oder die Erteilung Voraussetzung für solche Investitionen sei, würden sie hierdurch nicht zum Eigentum in der Hand des Genehmigungsinhabers. Art. 14 GG schütze nicht die öffentliche Genehmigung als solche, sondern nur die aufgrund der Genehmigung geschaffenen privaten Vermögenspositionen.[26]

c) Diese Argumentation, die teilweise auf die Spezifika der atomrechtlichen Genehmigung abstellt (Genehmigung zum Betrieb „gefährlicher Anlagen“ und „eingeschränkte Verfügungsbefugnis“) wirft die Frage auf, ob *generell* öffentlich-rechtliche Genehmigungen, also auch solche, die nicht die vom Gericht angesprochenen spezifischen Merkmale einer atomrechtlichen Betriebsgenehmigung besitzen, keinen Eigentumsschutz genießen. Diese Frage stellt sich etwa aktuell im Hinblick auf die Neuregelungen des Glückspielrechts. Umstritten ist, ob Spielhallenerlaubnisse nach § 33i GewO dem Schutz des Art. 14 Abs. 1 GG unterfallen.[27] Auch eine Baugenehmigung oder eine wasserrechtliche Genehmigung betreffen typischerweise keine „gefährliche Anlage“; darüber hinaus besteht an der grundsätzlichen Übertragbarkeit dieser Genehmigung (also an der Verfügungsbefugnis) kein Zweifel[28], da

25 BVerfG, Urt. v. 06.12.2016 – 1 BvR 2821/11, Rn. 231.

26 BVerfG, Urt. v. 06.12.2016 – 1 BvR 2821/11, Rn. 232.

27 Hierzu *Stephan*, Verfassungsrechtlicher Vertrauensschutz bei Politikänderungen, 2015, 18 f., der einen eigentumsrechtlichen Schutz der Genehmigung als solchen verneint: dies entspricht auch der Judikatur, vgl. nur BayVerfGH, NVwZ 2014, 141, 146; OVG Saarlouis, Beschl. v. 14.03.2014 – 1 B 102/14, juris und nunmehr BVerwG, NVwZ 2017, 791, 802 – unter ausdrücklicher Bezugnahme auf die Atomausstiegsentscheidung des Bundesverfassungsgerichts.

28 Vgl. z. B. zur Übertragbarkeit der Rechtsstellung des Inhabers einer Baugenehmigung bzw. eines Antragstellers auf Erteilung einer Baugenehmigung HessVGH, BRS 42 Nr. 16; VGH BW, VBlBW 1990, 304 und HessVGH, BauR 2011, 1315.

diese Genehmigungen nicht an bestimmte persönliche Qualifikationen anknüpfen. Auch diese Genehmigungen sind aber nicht *„durch einen in nicht unerheblichem Umfang auf Eigenleistung beruhenden Erwerb gekennzeichnet*". Auch wenn die Erlangung der Genehmigung nicht selten einen erheblichen Aufwand verursachen wird und deren Erteilung typischerweise eine gebührenpflichtige behördliche Handlung ist, kann man die Genehmigung schwerlich als „Gegenleistung" für die entsprechenden Aufwendungen qualifizieren. Aufwendungen für die Erlangung einer Genehmigung sind nicht mit Einzahlungen in Rentenkassen vergleichbar, bei denen der durch die Zahlung begründete Anspruch gewissermaßen in einem synallagmatischen Verhältnis zu den vorangegangenen Einzahlungen steht. Hinzu kommt folgende Überlegung:[29] Eine atomrechtliche Genehmigung (aber auch eine baurechtliche Genehmigung) „vermittelt" keine Nutzungsbefugnis. Es handelt sich hierbei nicht um *konstitutive* Genehmigungen, sondern um deklaratorische. Mit der Genehmigung wird festgestellt, dass die gesetzlichen Voraussetzungen für die Nutzung vorliegen.

d) Fraglich ist, ob die Verneinung des Eigentumsschutzes für öffentlichrechtliche Genehmigungen unterschiedliche Auswirkungen hat – je nachdem, ob ein Genehmigungsentzug ausgenutzte oder noch nicht umgesetzte bzw. realisierte Genehmigungen betrifft: Bei der ausgenutzten Genehmigung konkretisiert diese die eigentumsrechtlich geschützte Nutzungsbefugnis. Die Genehmigung genießt zwar keinen *isolierten* Eigentumsschutz, besitzt aber maßgebliche Bedeutung für den Umfang der Nutzungsbefugnisse an technischen Anlagen oder Gebäuden, die im Einklang mit der erteilten Genehmigung errichtet bzw. betrieben werden. Wegen dieses Zusammenhangs zwischen der durch Art. 14 GG geschützten Nutzung und der Genehmigung kommt es im Ergebnis nicht darauf an, ob letztere eine eigenständige Eigentumsposition darstellt.[30]

Aber auch für den Fall der nicht realisierten Genehmigung, etwa für die Konstellation, dass nach Erteilung einer baurechtlichen oder immissionsschutzrechtlichen Genehmigung deren Ausnutzung durch ein gesetzliches Verbot unterbunden wird, ergibt sich im Ergebnis (jedenfalls bei einer grundstücksbezogenen Genehmigung) nichts anderes: Eine derartige Genehmigung konkretisiert bzw. verfestigt die im Grundstückseigentum liegenden Nutzungsmöglichkeiten. Eine Beschneidung dieser Möglichkeiten im Fall des gesetzlichen „Entzugs" einer Genehmigung, betrifft eine eigentumsrechtlich geschützte Position. Anders stellt sich die Situation dar, wenn die Genehmigung nicht die Nutzungsmöglichkeit von Sacheigentum, also einem Grundstück oder einer Anlage ausgestaltet, etwa im Fall einer Personal-Konzession, wie im Fall einer wirtschaftsverwaltungsrechtlichen Genehmigung. Eine

29 *Ossenbühl*, Verfassungsrechtliche Fragen (Fn. 22), S. 25.
30 So im Ergebnis auch *Ossenbühl*, Verfassungsrechtliche Fragen (Fn. 22), S. 25.

derartige Erlaubnis kann aber *Vertrauen* schaffen mit der Konsequenz, dass gegebenenfalls Aufwendungen, die für die Erlangung und die Realisierung einer derartigen Genehmigung getätigt wurden und die im Fall eines „Entzugs“ der Genehmigung „frustriert“ werden, zu entschädigen sein können.[31] Eigentumsqualität besitzt die Genehmigung auf Basis der Wertung des Bundesverfassungsgerichts nicht.

4. Kein eigenständiger Schutz der Reststrommengen

a) Einen Kernpunkt des Streits betraf die Frage, ob die nach § 7 Abs. 1a Satz 1 AtG i. V. m. Anlage 3 Spalte 2 den einzelnen Kernkraftwerken zugeordneten Reststrommengen dem Schutz des Art. 14 GG unterfallen.[32] Dies war die Auffassung der Beschwerdeführer, die den vollständigen Entzug der im Jahr 2010 gewährten „Neustrommengen“ als entschädigungspflichtige Enteignung i. S. d. Art. 14 Abs. 3 GG einstuften. Die Bundesregierung bestritt die Eigentumsqualität der Reststrommengen mit vergleichbaren Argumenten wie bei den Betriebsgenehmigungen. Diese stellten eine öffentlich-rechtliche Gewährung dar, die nicht auf einer Eigenleistung der Kernkraftwerksbetreiber beruhe. Weiter wurde auf die Funktion der Reststrommengen hingewiesen: Diese seien als Übergangsregelungen zur Beendigung der Kernenergienutzung zur gewerblichen Elektrizitätserzeugung zu qualifizieren und hätten ausschließlich beschränkenden Rechtscharakter. Teilweise wurde auch zwischen Altstrommengen und Neustrommengen differenziert, wobei jedenfalls letzteren die Eigentumsqualität abgesprochen wurde.

b) Das Bundesverfassungsgericht beurteilt die Reststrommengen ebenso wie die atomrechtlichen Genehmigungen. Diese genießen *keinen eigenständigen Schutz* durch Art. 14 Abs. 1 GG, haben aber *„Teil an dem verfassungsrechtlichen Eigentumsschutz, den Art. 14 GG für die Nutzung des Eigentums an einer zugelassenen kerntechnischen Anlage gewährt“*. Die den Kernkraftwerken zugewiesenen Reststrommengen prägen die unter den Schutz von Art. 14 Abs. 1 GG fallende Nutzung der Kernkraftwerke; ihnen fehlen jedoch nach Einschätzung des Gerichts wesentliche Merkmale selbstständig eigentumsfähiger Rechtspositionen.[33] Das Urteil betont die *Doppelnatur* der Reststrom-

31 So auch *Stephan* (Fn. 26), S. 37 ff.; s. auch *Schulze-Fielitz*, Die Verwaltung, 1987, 307, 313.

32 Bejahend *Bruch/Greve*, DÖV 2011, 794, 795; *Kloepfer*, DVBl 2011, 1437, 1438 und *Schwarz*, DVBl 2013, 133, 135; a. A. *Däuper/Michaels/Voß*, ZNER 2011, 375, 377; *Wallrabenstein*, HFR 2011, 109, 115; *de Witt*, UPR 2012, 281, 284 und *Mann/Sieven*, VerwArch 106 (2015), 185, 197 f.; im Ergebnis ebenso mit ausführlicher und differenzierter Begründung *Ossenbühl*, Verfassungsrechtliche Fragen (Fn. 22), S. 17 ff.; ob das Bundesverwaltungsgericht in seinem Mühlheim-Kärlich-Urteil (NVwZ 209, 921, 923) die Eigentumsqualität jenseits der Reststrommengen des Kernkraftwerks Mühlheim-Kärlich bejaht hat, ist umstritten (auch hierzu näher *Ossenbühl*, Verfassungsrechtliche Fragen, Fn. 22, S. 18).

33 BVerfG, Urt. v. 06.12.2016 – 1 BvR 2821/11 u. a., Rn. 233 f.

mengen: Diese fungieren seit dem (ersten) Atomausstieg als *Einschränkung des Anlageneigentums.*[34] Bis zur Novelle 2002, mit der den einzelnen Kernkraftwerken erstmals bestimmte Reststrommengen zugewiesen wurden, konnten die jeweiligen Eigentümer diese Anlagen *unbegrenzt* zur Stromerzeugung nutzen. Die Reststrommengen bewirken also insoweit eine Einschränkung der Nutzungsbefugnisse am Anlageneigentum. Andererseits sind die Reststrommengen, die auch als „*Produktionsrechte*" bezeichnet wurden, entscheidender Faktor für den Umfang der Nutzungsbefugnis. Die eigentumsrechtlich geschützte Nutzungsbefugnis an den einzelnen Kernkraftwerksanlagen hängt *entscheidend* vom Umfang der zugewiesenen Reststrommengen ab.[35] Diese sind also nicht nur *ein* privatnütziges Wertbestimmungsmerkmal.[36] Genauer ist es, diese als das maßgebliche Wertbestimmungsmerkmal zu qualifizieren. Auch der Umstand, dass die Reststrommengen als „*Produktionsrechte*" (unter Einschränkungen) übertragbar sind, macht diese nach Auffassung des Gerichts nicht frei verfügbar, was für Eigentumsrechte kennzeichnend sei. Darüber hinaus beruht nach Einschätzung des Bundesverfassungsgerichts die Gewährung der Reststrommengen nicht unmittelbar auf erheblichen Eigenleistungen der Beschwerdeführerinnen.[37] (Mit-)entscheidend für die fehlende Eigentumsqualität ist also (ebenso wie bei den atomrechtlichen Betriebsgenehmigungen), dass öffentlich-rechtliche Rechtspositionen nur dann als verfassungsrechtlich geschütztes Eigentum qualifiziert werden können, wenn sie auf Eigenleistung beruhen. Genauer: Es muss eine *unmittelbare Verknüpfung* zwischen Eigenleistung und öffentlich-rechtlicher Rechtsposition bestehen. Und zwar dahingehend, dass die Eigenleistung gerade mit der Zweckrichtung erbracht wird, die entsprechende öffentlich-rechtliche Rechtsposition zu erhalten, wie dies etwa für Sozialversicherungsansprüche zutrifft. Es reicht für das Bundesverfassungsgericht also nicht, dass die Nutzung der Reststrommengen selbstverständlich wesentliche Eigenleistungen der Anlageneigentümer voraussetzt. Erst die Errichtung, die Unterhaltung und der Betrieb der Anlagen setzt die Anlageneigentümer in die Lage, „zu produzieren", also die Reststrommengen zu erzeugen. Für eine Einstufung als eigenständige Eigentumsposition i. S. v. Art. 14 reicht dies nach Auffassung des Bundesverfassungsgerichts nicht.[38]

---

34 Ebenso *Ossenbühl*, Verfassungsrechtliche Fragen (Fn. 22), S. 23: „*Gesetzlich angeordnete Begrenzung des Umfangs der verfassungsrechtlich geschützten Nutzung des Eigentums*"; im Ergebnis ebenso *de Witt*, UPR 2012, 281, 284.

35 *Ossenbühl*, Verfassungsrechtliche Fragen (Fn. 22), S. 19, nimmt an, die Strommengen hätten nach ihrem Erscheinungsbild Ähnlichkeit mit der im Wirtschaftsverwaltungsrecht bekannten Figur des Herstellungskontingentes.

36 So BVerfG, Urt. v. 06.12.2016 – 1 BvR 2821/11 u. a., Rn. 235.

37 BVerfG, Urt. v. 06.12.2016 – 1 BvR 2821/11 u. a., Rn. 237.

38 Das Bundesverfassungsgericht formuliert, die Reststrommengen seien „*nicht als direkte Kompensation für die mit dem Ausstieg wertlos werdenden Investitionen konzipiert*", Urt. v. 06.12.2016 – 1 BvR 2821/11 u. a., Rn. 237.

c) Diese – je nach Sichtweise – Präzisierung bzw. Verengung der Voraussetzungen, unter denen öffentlich-rechtliche Rechtspositionen, speziell staatliche festgelegte „Produktionsrechte" bzw. Herstellungskontingente, selbstständig dem Schutz von Art. 14 Abs. 1 GG unterfallen, dürfte auch für künftige Konflikte relevant sein, wenn der Gesetzgeber mit Instrumenten, die den Reststrommengen vergleichbar sind, die Nutzung technischer Anlagen beschränkt. Für die betroffenen Anlageneigentümer dürfte aber nicht die Versagung des *selbstständigen Eigentumsschutzes* der jeweiligen Produktionsrechte maßgeblich sein. Auch mit Blick auf die hier erörterte Fragestellung („Zuweisung" von Produktionsrechten) bleibt es dabei, dass die *konkrete Modalität der Eigentumsausgestaltung*, also auch der Umfang der eingeräumten Produktionsrechte, Teil hat am Schutz der Eigentumsgewährleistung. Das jeweilige Nutzungsregime ist in derartigen Konstellationen wesentliches Element des verfassungsrechtlichen Eigentumsschutzes i.S. einer Konkretisierung der vom Eigentumsschutz umfassten Nutzungsbefugnis.[39] Verfehlt ist es also in derartigen Konstellationen, den Schutzbereich von vornherein mit der Erwägung zu verengen, die entsprechenden Nutzungsbefugnisse beruhten auf staatlicher „Gewährung" bzw. „Zuweisung" und seien kein unmittelbares Äquivalent von Eigenleistungen.[40] Auch das in der Diskussion verwendete Amortisationsargument, mit dem ein Eigentumsschutz für die Kernkraftanlagen mit der Erwägung verneint wurde, die Investitionen in diese hätten sich längst amortisiert[41], ist untauglich – und zwar nicht nur im Atomausstiegsfall. Derartige Erwägungen können im Einzelfall Bedeutung gewinnen, wenn es um die Frage geht, inwieweit ein gesetzgeberisches Handeln, das den Schutzbereich des Art. 14 GG berührt, nur dann verhältnismäßig ist, wenn eine Entschädigung gewährt wird. Für die *Bestimmungen des Schutzbereichs* sind sie untauglich.

39 Verfehlt ist daher die Annahme, eine gesetzgeberische Regelung, die die Nutzung einer dem Eigentumsschutz unterfallenden Anlage beschränke, betreffe allein oder primär den Bereich der Berufsfreiheit, so aber *Wallrabenstein*, HFR 2011, 109, 115; dies zu Recht kritisierend *de Witt*, UPR 2012, 281, 283; siehe auch *Ossenbühl*, Verfassungsrechtliche Fragen (Fn. 22), S. 21, der die Nutzungsbefugnis als „*essenziellen Bestandteil des verfassungsrechtlich geschützten Privateigentums*" bezeichnet; in der Sache ebenso *Depenheuer* (Fn. 18), § 111, Rn. 56.

40 *Ossenbühl*, Verfassungsrechtliche Fragen (Fn. 22), S. 21 f., betont zutreffend, dass das Eigentum (speziell gilt dies für Produktionsanlagen) in seinen Grenzen, namentlich hinsichtlich der Art und Weise der Ausübung und Nutzung hoheitlicher Regelungen bedarf. Die Tatsache, dass der Gesetzgeber die entsprechenden Nutzungsbefugnisse ausgestaltet hat und dass entsprechende Ausgestaltungsregelungen – selbstverständlich – kein Äquivalent für Eigenleistungen darstellen, bedeutet nicht, dass die entsprechenden Nutzungsbefugnisse als öffentlich-rechtliche Gewährungen eingestuft werden könnten, denen – mangels Eigenleistung – der Schutz aus Art. 14 GG zu versagen wäre.

41 Zum Amortisationsargument, allerdings im Zusammenhang mit der Verhältnismäßigkeitsprüfung des Eingriffs *Ewer*, NVwZ 2011, 1035, 1037 f.

5. Sonderstatus der Mühlheim-Kärlich-Reststrommengen?

Keine abschließende Festlegung trifft das Bundesverfassungsgericht hinsichtlich der Reststrommengen, die der Gesetzgeber im Rahmen des Atomausstiegs im Jahr 2002 dem damals bereits stillgelegten Kernkraftwerk Mühlheim-Kärlich zugewiesen hatte.[42] Die Besonderheit ist hier – wie das Bundesverfassungsgericht hervorhebt –, dass die Zuschreibung dieser Menge „*im Rahmen eines Vergleichs als Gegenleistung für die Beendigung des Amtshaftungsprozesses gegen das Land Rhein-Land und für die Rücknahme des Antrags auf Erteilung einer (neuen) atomrechtlichen Betriebsgenehmigung für das Kernkraftwerk Mühlheim-Kärlich erfolgte*".[43] Das Bundesverfassungsgericht hält es für möglich, dass diesen Reststrommengen eine Sonderstellung zukommt, die für eine eigenständige eigentumsrechtliche Position ausreichen könnte. Für diese Annahme spricht folgende – einfache – Kontrollüberlegung: Hätten die Beteiligten seinerzeit die Rechtsstreitigkeiten um das Kernkraftwerk Mühlheim-Kärlich im Vergleichswege nicht durch Zuweisung von Reststrommengen geregelt, sondern durch die Gewährung einer finanziellen Entschädigung, dann wäre die eigentumsrechtliche Qualität dieses Entschädigungsanspruchs, über die die Begünstigte, die Betreiberin des Kernkraftwerks Mühlheim-Kärlich, frei hätte verfügen können, außer Frage gestanden. Warum etwas anderes gelten soll, wenn anstelle eines betragsmäßigen Entschädigungsanspruchs ein wertmäßiges Äquivalent an (auf andere Kraftwerke übertragbare) Reststrommengen eingeräumt wird, ist schwerlich plausibel.

6. Schutz des eingerichteten und ausgeübten Gewerbebetriebs

Keiner vertieften Erörterung bedürfen die – knappen – Ausführungen, mit denen das Bundesverfassungsgericht auf den Vortrag der Beschwerdeführerinnen eingeht, der Schutzbereich des Art. 14 GG sei auch wegen eines Eingriffs in einem eingerichteten und ausgeübten Gewerbebetrieb betroffen.[44] Das Bundesverfassungsgericht nimmt an, mit dem Eigentumsschutz für die Betriebsgrundstücke und die Kraftwerksanlagen sowie für deren Nutzung, insbesondere in ihrer Konkretisierung durch die Reststrommengen, seien alle wesentlichen Eigentumsbelange der Beschwerdeführerinnen erfasst. Über die Rechtsfigur des eingerichteten und ausgeübten Gewerbebetriebes bestehe

---

42 Zu deren Bewertung siehe auch BVerwG, NVwZ 2009, 921 ff.

43 BVerfG, Urt. v. 06.12.2016 – 1 BvR 2821/11 u.a., Rn. 238.

44 In der Judikatur des BGH (BGHZ 111, 349) und des Bundesverwaltungsgerichts (BVerwGE 81, 49, 51) wird angenommen, das Recht am eingerichteten und ausgeübten Gewerbebetriebs sei eine durch Art. 14 GG geschützte Eigentumsposition; das Bundesverfassungsgericht hat diese Frage bisher offengelassen, vgl. nur BVerfGE 68, 193, 222 f. und BVerfGE 105, 252, 277. Zum Meinungsstand siehe auch *Papier*, in Maunz/Dürig/Herzog, GG, Stand Juli 2010, Art. 14 Rn. 95 m. w. N.

kein weitergehender verfassungsrechtlicher Eigentumsschutz, da dieser jedenfalls nicht weiter reiche als der Schutz, den seine wirtschaftlichen Grundlagen genießen.[45] Ausdrücklich lässt es das Bundesverfassungsgericht weiterhin offen, ob und inwieweit im Einzelnen das im Fachrecht als sonstiges Recht gemäß § 823 Abs. 1 BGB anerkannte Recht am eingerichteten und ausgeübten Gewerbebetrieb dem verfassungsrechtlichen Schutz des Art. 14 GG unterfällt. Insoweit liefert das Atomausstiegsurteil also keine neuen Erkenntnisse.

IV. Enteignung oder Inhaltsbestimmung – Güterbeschaffung als Voraussetzung für das Vorliegen einer Enteignung

1. Der bisherige Meinungsstand

Mit besonderer Spannung war die Positionierung des Bundesverfassungsgerichts zu der Frage erwartet worden, ob die Bestimmungen der 13. AtG-Novelle eine *Enteignung* der Beschwerdeführerinnen nach Art. 14 Abs. 3 GG bewirkt hatten oder ob nur eine Inhalts- und Schrankenbestimmung i. S. d. Art. 14 Abs. 1 GG vorlag, bei der sich lediglich im Einzelfall – ausnahmsweise – die Frage stellen kann, ob diese nur dann als verhältnismäßig anzusehen ist, wenn sie zur Abmilderung der Eingriffsfolgen einen Ausgleich vorsieht. „Spannend" war die Klärung dieser Frage zunächst für die Beschwerdeführerinnen: Hätte das Gericht eine Enteignung angenommen, wäre die 13. AtG-Novelle insgesamt verfassungswidrig gewesen, da der Gesetzgeber für die Eingriffe in die eigentumsrechtlich geschützten Rechtspositionen der Beschwerdeführerinnen keinerlei Ausgleichsregelungen vorgesehen hatte – was nach Art. 14 Abs. 3 GG zwingend erforderlich gewesen wäre. Über den konkreten Streitfall hinaus bestand die Erwartung an einer Klärung der Voraussetzungen für eine Enteignung.

In der wissenschaftlichen Kontroverse, die den Atomausstieg und das Verfahren vor dem Bundesverfassungsgericht begleitete, kam der Frage, ob eine Enteignung vorlag, zentrale Bedeutung zu.[46] Im Vordergrund stand dabei die Frage, ob eine Enteignung i. S. d. Art. 14 Abs. 3 GG stets und zwingend einen *Güterbeschaffungsvorgang* voraussetzte.[47] Falls diese Annahme zutref-

---

45 BVerfG, Urt. v. 06.12.2016 – 1 BvR 2821/11 u. a., Rn. 240.

46 Vgl. nur – ohne Anspruch auf Vollständigkeit – eine Enteignung (mit teilweise differierender Begründung) bejahend *Schwarz*, DVBl 2013, 133 ff. und *Ossenbühl*, Verfassungsrechtliche Fragen (Fn. 22), S. 31 ff.; a. A. *Däuper/Michaels/Voß*, ZNER, 2011, 375, 378; *Bruch/Greve*, DÖV 2011, 794, 797; *Kloepfer*, DVBl 2011, 1437, 1439 und *Mann/Sieven*, VerwArch 106 (2015), 184, 198.

47 Speziell hierzu *Krappel*, DÖV 2012, 640 ff.; *Schwarz*, DVBl 2013, 133 ff. und *Röcker*, Enteignung = Aneignung? Zum Verständnis der Enteignung als Mittel hoheitlicher Güterbeschaffung, in: Scheffczyk/Wolter, Linien der Rechtsprechung des Bundesverfassungsgerichts, Band 4, S. 291 ff.

fen sollte, konnten die Regelungen der 13. AtG-Novelle schwerlich eine förmliche Enteignung nach Art. 14 Abs. 3 GG darstellen, da die gesetzlich aufgehobenen Nutzungsmöglichkeiten (bei den sofort abzuschaltenden Kernkraftanlagen) bzw. deren Beschränkung durch die Befristung des weiteren Anlagenbetriebs bei den übrigen Anlagen keinen Akt hoheitlicher Güterbeschaffung darstellen. Die Streitfrage war bisher nicht endgültig geklärt. Zwar hatte das Bundesverfassungsgericht in seiner Baulandumlegungsentscheidung aus dem Jahr 2001[48] ausgeführt, nicht jeder Entzug konkreter Rechtspositionen sei eine Enteignung i. S. v. Art. 14 Abs. 3 GG. Diese beschränke sich auf Fälle, in denen Güter hoheitlich beschafft würden, mit denen ein konkretes, der Erfüllung öffentlicher Aufgaben dienendes Vorhaben durchgeführt werden solle. In nachfolgenden Judikaten wurde auf die Entscheidung zur Baulandumlegung verwiesen, ohne dass nochmals entscheidungserheblich auf das Vorliegen eines Güterbeschaffungsvorgangs abgestellt worden wäre.[49] Im Schrifttum waren die Meinungen geteilt. Während teilweise die Baulandumlegung als „Kehrtwende" und als Rückkehr zum (engen) „klassischen" Enteignungsbegriff verstanden wurde[50], wurde dies von anderen Stimmen in Zweifel gezogen.[51] Hingewiesen wurde darauf, dass bei einer entsprechenden Kehrtwende der Rechtsprechung eine Befassung mit der vorangegangenen – anders lautenden – Judikatur zu erwarten gewesen wäre.[52] Darüber hinaus erinnere die Sachmaterie Baulandumlegung, was die Umgestaltung der Grundstückseigentumsordnung betreffe, unmittelbar an die klassische Enteignung. Letztlich sei es in der Baulandumlegungsentscheidung auf das Kriterium des Güterbeschaffungsvorgangs nicht angekommen, da die Enteignung in diesem Fall schon daran scheiterte, dass hier der Entzug bestehender Rechtspositionen dem Ausgleich privater Interessen diente, derartiges aber stets nur eine Inhalts- und Schrankenbestimmung sein könne.[53] Inhaltlich wurde geltend gemacht, eine Rückkehr zum klassischen Enteignungsbegriff des 19. Jahrhunderts sei verfehlt, da sie heute zu einem zu engen Verständnis von Art. 14 Abs. 3 GG führe. Ein derartig verengter Enteignungsbegriff hielte weite Teile des eigentumsrelevanten staatlichen Handelns aus dem Enteignungsbegriff heraus und ordne sie dem Bereich der Inhalts- und Schrankenbestimmung zu.[54]

---

48 BVerfGE 104, 1; zu dieser Entscheidung *Uechtritz*, ZfBR 2001, 722; *Haas*, NVwZ 2002, 272 ff. und *Maurer-Appel*, NordÖR 2002, 50.

49 Vgl. die Nachweise bei *Röcker* (Fn. 47), S. 302.

50 In diesem Sinne etwa *Papier* (Fn. 44), Art. 14 Rn. 355; für ein derartiges Verständnis der Entscheidung zur Baulandumlegung auch *Kloepfer*, DVBl 2011, 1437, 1439 und *Lege*, JZ 2011, 1084, 1089.

51 Vgl. nur *Krappel*, DÖV 2012, 640 ff.; *Schwarz*, DVBl 2013, 133 ff. und *Ossenbühl*, Verfassungsrechtliche Fragen (Fn. 22), S. 36 ff.

52 *Krappel*; DÖV 2012, 640, 643 und *Ossenbühl*, Verfassungsrechtliche Fragen (Fn. 22), S. 38.

53 *Ossenbühl*, Verfassungsrechtliche Fragen (Fn. 22), S. 38.

54 *Röcker* (Fn. 49), S. 311 f.; ähnlich *Krappel*, DÖV 2012, 640, 644.

2. Entscheidung der Streitfrage

Die Atomausstiegsentscheidung klärt nunmehr diese Streitfrage. Das Gericht weist zunächst selbst darauf hin, dass die Frage, ob das Kriterium der „Güterbeschaffung" konstitutiv für das Vorliegen einer Enteignung sei, in der Rechtsprechung des Bundesverfassungsgerichts bisher nicht einheitlich beantwortet sei.[55] Auch Wortlaut und Entstehungsgeschichte des Eigentumsgrundrechts gestatteten keine eindeutige Beantwortung der Frage. Die Geschichte des Eigentumsbegriffs und sein vorherrschendes Verständnis zum Zeitpunkt der Schaffung des Grundgesetzes sei ambivalent.[56] Für ein Festhalten am „klassischen, eine Güterbeschaffung verlangenden Enteignungsbegriff" sprechen nach Auffassung des Bundesverfassungsgerichts *vor allem funktionale Gründe* des Eigentumsschutzes. Das Bundesverfassungsgericht verweist auf die Ausweitung des verfassungsrechtlichen Eigentumsbegriffs. Mit dieser Erstreckung der Eigentumsgarantie auf ganz unterschiedliche Ausprägungen subjektiver Rechtsposition gingen vielschichtige Anforderungen an die gesetzliche Ausgestaltung einer gerechten Eigentumsordnung einher, die Gemeinwohlbelange und subjektive Rechtspositionen in angemessenen Einklang bringen müsse. Hierfür benötige der Gesetzgeber einen „*weiten Gestaltungsspielraum*". Diesen gewähre das Grundgesetz bei der Bestimmung von Inhalt und Schranken des Eigentums, nicht aber bei einer Enteignung.[57] Ferner besteht nach Auffassung des Bundesverfassungsgerichts ein praktischer Bedarf für den bloßen Eigentumsentzug (der nicht zugleich eine Enteignung darstelle), wenn das Eigentumsrecht in weitestem Sinne bemakelt sei oder in sonstiger Weise als Gemeinwohllast wahrgenommen werde. Das Gericht verweist auf das Beispiel einer Entziehung deliktisch erlangten Eigentums.[58] Zu nennen wäre auch die Tötungsanordnung für einen tollwütigen Hund.[59]

55 BVerfG, Urt. v. 06.12.2016 – 1 BvR 2821/11 u.a., Rn. 247.

56 BVerfG, Urt. v. 06.12.2016 – 1 BvR 2821/11 u.a., Rn. 250 – unter Verweis auf *Wieland* in: Dreier, GG, Band 1, 3. Aufl. 2013, Art. 14 Rn. 1 ff.

57 BVerfG, Urt. v. 06.12.2016 – 1 BvR 2821/11 u.a., Rn. 252; die Gründe, die in der Literatur also (teilweise) gegen die Rückkehr zum „klassischen Enteignungsbegriff" angeführt werden (vgl. die Nachweise in Fn. 54), sprechen nach dieser „funktionalen" Betrachtungsweise des Gerichts also gerade für den engen Enteignungsbegriff.

58 BVerfG, Urt. v. 06.12.2016 – 1 BvR 2821/11 u.a., Rn. 253; das Argument, das rechtspraktische Gründe für ein formales, leicht handhabbares Abgrenzungskriterium zwischen Inhaltsbestimmung und Enteignung sprächen, spielte bereits in der mündlichen Verhandlung vor dem Bundesverfassungsgericht eine Rolle.

59 BVerfGE 20, 351 im Anschluss an BGHZ 43, 196.

3. Konsequenzen der Einschränkung des Enteignungsbegriffs

Die – endgültige – Rückkehr des Bundesverfassungsgerichts zum „klassischen" Enteignungsbegriff ist in mehrfacher Hinsicht bedeutsam.

a) In *rechtspraktischer* Hinsicht ist das formale Kriterium der Güterbeschaffung als konstitutives Begriffsmerkmal einer Enteignung geeignet, künftig die Abgrenzung zwischen einer grundsätzlich entschädigungslos zulässigen Inhalts- und Schrankenbestimmung einerseits und einer regelmäßig entschädigungspflichtigen Enteignung andererseits zu erleichtern. Auch wenn das Bundesverfassungsgericht bereits in der Vergangenheit den Enteignungsbegriff formalisiert und von der Frage, wie „schwer" ein Eingriff den betroffenen Grundrechtseigentümer traf, abgekoppelt hatte[60], verblieben Abgrenzungsschwierigkeiten. Nach der ständigen Formel des Bundesverfassungsgerichts, die auch im Atomausstiegsurteil nochmals wiederholt wird[61], ist Kriterium für eine Enteignung ein vollständiger oder teilweiser Entzug von Eigentumspositionen und der dadurch bewirkte Rechts- und Vermögensverlust.[62] Ausgehend hiervon konnten Nutzungs- und Verfügungsbeschränkungen von Eigentümerbefugnissen, etwa aus naturschutzrechtlichen oder denkmalschutzrechtlichen Überlegungen regelmäßig *keine* Enteignungen sein – selbst wenn sie die Nutzung des Eigentums nahezu oder vollständig entwerteten. Dies schloss aber Abgrenzungsprobleme nicht aus.[63] Zu nennen ist das Beispiel des vollständigen Verlusts von Nutzungsmöglichkeiten, also die Konstellation einer „Totalentleerung des Rechts".[64] Jedenfalls in derartigen Konstellationen wurde im Schrifttum die Frage nach der „Aufweichung" des formalen Enteignungsbegriffs durch materielle Kriterien aufgeworfen.[65] Schwierigkeiten bestehen auch, weil das Bundesverfassungsgericht annimmt, es sei dem Gesetzgeber nicht verwehrt, im Zuge einer Umgestaltung eines Rechtsgebietes (also einer Inhaltsbestimmung) nicht nur neue Rechte einzuführen und das Entstehen von Rechten, die nach bisherigem Recht möglich waren, für die Zukunft auszuschließen. Selbst die völlige Beseitigung bisher bestehender, durch die Eigentumsgarantie geschützter Rechtspositionen (im Zuge der Neuordnung eines Rechtsgebietes) stelle – wie in der Ausstiegsentscheidung nochmals betont wird – unter bestimmten Voraussetzungen eine

---

60 Vgl. nur *Depenheuer*, in: von Mangold/Klein/Starck, Art. 14 Rn. 204; *Papier* (Fn. 44), Art. 14 Rn. 355 und *Jarass*, in: Jarass/Pieroth, GG, 14. Aufl. 2016, Art. 14 Rn. 78 jeweils m. N. für die Entwicklung der Rechtsprechung des Bundesverfassungsgerichts.

61 BVerfG, Urt. v. 06.12.2016 – 1 BvR 2821/11 u. a., Rn. 245.

62 Zur Handhabung dieses Kriteriums vgl. den Überblick bei *Röcker* (Fn. 49), S. 296 ff.

63 Hierzu nur *Ossenbühl/Cornils*, Staatshaftungsrecht, 6. Aufl. 2013, S. 205 ff.

64 *Ossenbühl*, AöR 124 (1999), 1, 19.

65 Hierzu *Lege*, JZ 1994, 431, 432; *Roller*, NJW 2001, 1003, 1007 und *Bryde*, in: von Münch/Kunig, Grundgesetz, Band 1, 6. Aufl. 2012, 414, Rn. 54 f., der betont, auch auf der Linie des Bundesverfassungsgerichts sei die Abgrenzung der Institute Inhaltsbestimmung und Enteignung nicht rein begrifflich möglich.

zulässige Inhalts- und Schrankenbestimmung dar.[66] Zukünftig dürften derartige Konstellationen einfacher zu klassifizieren sein, da die formale Frage, ob der fragliche Entzugsvorgang auch einer *Güterbeschaffung* dient, regelmäßig leicht beantwortbar sein dürfte.[67] Das vorliegende Urteil bestätigt diesen Befund. Zwar verneint das Gericht die Enteignung auch deshalb, weil die Bestimmung der 13. AtG-Novelle nicht zu einem Entzug konkreter selbstständiger Rechtspositionen führe.[68] Voraussetzung für diese Einstufung ist aber, dass das Gericht die Reststrommengen und die Betriebsgenehmigungen *nicht* als eigenständige Rechtsposition qualifiziert hatte. Bei den Mühlheim-Kärlich-Reststrommengen will sich aber auch das Bundesverfassungsgericht nicht eindeutig festlegen, ob hier eine selbstständige Eigentumsposition in Rede stand. Sofern man diese Frage bejaht, ist aber bei dieser Rechtsposition ein „Entzug" schwerlich zu verneinen. Folglich stellt das Bundesverfassungsgericht bei seiner Verneinung einer Enteignung jedenfalls mit Blick auf die Mühlheim-Kärlich-Reststrommengen maßgeblich darauf ab, dass auch bei diesen der *„unverzichtbare Güterbeschaffungsvorgang"* einer Qualifizierung als Enteignung entgegenstünde.[69]

b) In rechtskonstruktiver Hinsicht erleichtert das Kriterium des Güterbeschaffungsvorgangs die Verneinung einer Entschädigungspflicht in Fällen, in denen der Staat im öffentlichen Interesse „bemakeltes" Eigentum entzieht. Zu nennen sind die Beispiele der Entziehung deliktisch erlangten Eigentums[70] oder die hoheitlich angeordnete Tötung eines tollwütigen Hundes.[71] In derartigen Konstellationen stand das *Ergebnis* außer Streit. Die Auffassung, die Einziehung des bei einem „Dealer" beschlagnahmten Kokains sei der Entzug einer konkreten Rechtsposition und folglich regelmäßig entschädigungspflichtig, wurde von niemandem vertreten. Allerdings war der Argumentationsaufwand, um rechtskonstruktiv in derartigen Konstellationen eine Enteignung zu verneinen, erheblich (und nicht ohne Weiteres überzeugend).[72] Diese Schwierigkeit entfällt künftig: Der Staat will sich weder das Eigentum am beschlagnahmten Kokain noch das am tollwütigen Hund beschaffen. Mangels

---

66 BVerfG, Urt. v. 06.12.2016 – 1 BvR 2821/11 u.a., Rn. 269.

67 Auch wenn man das Kriterium „Güterbeschaffung" als konstitutiv für eine Enteignung ansieht, verbleiben Zweifelsfälle; vgl. z.B. BVerfG(K), Beschl. v. 25.01.2017 – 1 BvR 2297/10; der Kammerbeschluss lässt die Frage offen, ob eine vorläufige Besitzeinweisung eine Enteignung oder eine Inhalts- und Schrankenbestimmung darstellt.

68 BVerfG, Urt. v. 06.12.2016 – 1 BvR 2821/11 u.a., Rn. 262.

69 BVerfG, Urt. v. 06.12.2016 – 1 BvR 2821/11 u.a., Rn. 265.

70 BVerfGE 110, 1, 24f.

71 BVerfGE 20, 351.

72 Dies gilt etwa für die Entscheidung des BGH zur hoheitlich angeordneten Tötung eines Hundes, BGHZ 43, 196, aber auch für den vom Bundesverwaltungsgericht entschiedenen Fall der Tötung seuchenbedächtiger Tiere aufgrund einer viehseuchenpolizeilichen Enteignung, BVerwGE 7, 257.

eines Güterbeschaffungsvorgangs liegt keine (entschädigungspflichtige) Enteignung vor.

c) Fraglich ist aber, ob nicht die Unklarheit hinsichtlich der Abgrenzung Enteignung/Inhalts- und Schrankenbestimmung der Sache nach fortlebt, wenn auch in modifizierter Gestalt.[73] Das formale Enteignungsverständnis des Bundesverfassungsgerichts führte bereits bisher dazu, dass mit der Einstufung einer Maßnahme als Enteignung einerseits oder als Inhalts- und Schrankenbestimmung andererseits keine Festlegung über die Schwere der Betroffenheit des jeweiligen Eigentümers verbunden war.[74] Das Bundesverfassungsgericht hat bereits bisher anerkannt, dass es Inhalts- und Schrankenbestimmungen gibt, die wie eine Enteignung wirken und folglich die Frage aufwerfen, ob diese nur dann verhältnismäßig seien, wenn eine Kompensation der Eingriffsfolgen durch Übergangsregelungen oder Entschädigungsgewährungen erfolgt.[75] Beispiele sind naturschutzrechtliche oder denkmalschutzrechtliche Nutzungsbeschränkungen, die so weitreichend sind, dass der hiervon betroffene Eigentumsgegenstand keine privatnützige, freiheitssichernde Funktion mehr erfüllen kann, sondern sich die sachenrechtliche Zuordnung für den jeweiligen Eigentümer nur noch als Belastung darstellt.

Allerdings konnte bisher als gesichert gelten, dass die Rechtsfigur der ausgleichspflichtigen Inhalts- und Schrankenbestimmung nur in *Ausnahmefällen* gegeben war[76] (speziell in solchen, in denen der Eingriff hinsichtlich der Schwere seiner Folgen mit einer Enteignungsmaßnahme vergleichbar war). Da das Kriterium der Güterbeschaffung als zwingende Voraussetzung einer Enteignung dazu führt, dass es künftig in vermehrtem Umfang Fälle von Eigentumsentziehungen geben wird, die *keine* Enteignung i. S. d. Art. 14 Abs. 3 GG darstellen, stellt sich in derartigen Konstellationen nunmehr regelmäßig die Frage, ob eine solche Maßnahme als Inhalts- und Schrankenbestimmung von Art. 14 GG nur dann Bestand haben kann, wenn angemessene Ausgleichsregelungen vorgesehen sind.[77] Das Gericht selbst betont bei seinen Ausführungen, die sich mit dem Entzug von Eigentum befassen, ohne dass eine Enteignung vorliegt, zwar nochmals, dass die finanziell ausgleichspflich-

---

73 In diesem Sinne *Froese*, NJW 2017, 444, 447: „Rückkehr der Schweretheorie in neuem Gewand".

74 *Jarass* (Fn. 60), Art. 14 Rn. 78; aus der Rechtsprechung BVerwG, NVwZ-RR 1991, 133 und BVerfGE 100, 226, 240.

75 BVerfGE 83, 201, 213; BVerfGE 100, 226, 241 ff. und BVerfGE 102, 1, 23.

76 *Froese*, NJW 2017, 444, 445; dies betont auch das Bundesverfassungsgericht in der Atomausstiegsentscheidung, Urt. v. 06.12.2016 – 1 BvR 2821/11 u. a., Rn. 260; zu den Anwendungsfällen und offenen Fragen bei der ausgleichspflichtigen Inhaltsbestimmung *Ossenbühl/Cornis* (Fn. 63), S. 212 ff.

77 Diese Frage wirft auch *Froese*, NJW 2017, 444, 446, auf; der Sache nach ähnlich *Frenz*, DVBl 2017, 122, der die Frage stellt, ob eine Kompensation tatsächlich in den Entzugsfällen ohne Enteignungscharakter weiterhin eine Ausnahme sein soll oder immer dann notwendig werde, wenn zu einer Enteignung (nur) die Güterbeschaffung fehle.

tige Inhalts- und Schrankenbestimmung die Ausnahme sei.[78] In der hieran anschließenden Randnummer formuliert das Gericht dann aber wie folgt:

> *„Mit der Begrenzung der Enteignung auf Fälle der Güterbeschaffung sind allerdings auch jene Eigentumsbelastungen aus dem Bereich der entschädigungspflichtigen Enteignung ausgenommen, in denen der Staat konkrete Eigentumspositionen nur entzieht und die damit ein besonderes Eingriffsgewicht haben. In diesen Fällen hat der Gesetzgeber besonders sorgfältig zu prüfen, ob ein solcher Entzug nur dann mit Art. 14 Abs. 1 GG vereinbar ist, wenn für den Eigentümer ein angemessener Ausgleich vorgesehen ist. Bei der hierfür gebotenen Zumutbarkeitsprüfung wird jeweils von besonderer Bedeutung sein, inwieweit der Eigentümer die den Entzug des Eigentums legitimierenden Gründe zu verantworten hat oder sie ihm jedenfalls zuzurechnen sind."*

Mit dieser Formel werden sich zwar Fälle leicht lösen lassen, in denen es um den Entzug „bemakelten" Eigentums geht. Für sonstige Konstellationen bedarf es aber weiterer Kriterien. Typischerweise dürfte die Frage nach der Schwere der Eingriffsfolgen und dem Vertrauen des Eigentümers bei der Beurteilung heranzuziehen sein, ob eine ausgleichspflichtige Inhalts- und Schrankenbestimmung vorliegt. Der Verengung des Enteignungsbegriffs korrespondiert also eine Zunahme der ausgleichspflichtigen Inhalts- und Schrankenbestimmungen – verbunden mit den Abgrenzungsschwierigkeiten, in welchen Konstellationen künftig eine Ausgleichspflicht besteht. Der Gewinn an Rechtsklarheit im Umgang mit Art. 14 Abs. 3 GG wird durch einen Anstieg von Zweifelsfällen erkauft, ob eine ausgleichspflichtige Inhalts- und Schrankenbestimmung – eine „Enteignung light"[79] – vorliegt.

d) Gewichtiger als die *rechtspraktischen* Folgen dürften die Konsequenzen für die Gestaltungsmöglichkeiten des Gesetzgebers mit Blick auf die Eigentumsgarantie sein bzw. spiegelbildlich hierzu die Konsequenzen für die Eigentümer, auf deren Eigentum der „gestaltende" Staat zugreift. Das Bundesverfassungsgericht lässt keinen Zweifel, welche Gründe für sein Festhalten am klassischen Enteignungsbegriff ausschlaggebend sind. Es sind dies *„vor allem funktionale Gründe des Eigentumsschutzes"*.[80] Es betont, dass sich unter der Geltung des Grundgesetzes die bereits in der Weimarer Republik begonnene

---

78 BVerfG, Urt. v. 06.12.2016 – 1 BvR 2821/11 u.a., Rn. 260.

79 *Froese*, NJW 2017, 444. Auch *Roller* (ZUR 2017, 277, 280) nimmt an, in Fällen, in denen der Staat aus Gemeinwohlgründen Eigentum entziehe ohne (mangels Güterbeschaffung) zu enteignen, müsse sich der Gesetzgeber „stets" der Frage stellen, ob eine angemessene Ausgleichsregelung erforderlich sei. Grundsätzlich sind die Fragen und Probleme, die sich hinsichtlich der Kategorie der ausgleichspflichtigen Inhaltsbestimmung ergeben (vgl. hierzu *Ossenbühl/Cornis* (Fn. 63), S. 220 ff., nicht neu. Sie werden sich aber künftig in einer zunehmenden Zahl von Fällen stellen.

80 BVerfG, Urt. v. 06.12.2016 – 1 BvR 2821/11 u.a., Rn. 251.

Ausweitung des verfassungsrechtlichen Eigentumsbegriffs fortgesetzt habe. Mit dieser Erstreckung der Eigentumsgarantie auf ganz unterschiedliche Ausprägungen subjektiver Rechtspositionen gingen vielschichtige Anforderungen an die gesetzliche Ausgestaltung einer gerechten Eigentumsordnung einher, die Gemeinwohlbelange und subjektive Rechtspositionen in angemessenen Einklang bringen müsse. Die Konsequenz aus dieser Erkenntnis formuliert das Bundesverfassungsgericht mit bemerkenswerter Klarheit:[81]

> *„Hierfür benötigt der Gesetzgeber einen weiten Gestaltungsspielraum, den ihm das Grundgesetz bei der Bestimmung von Inhalt und Schranken des Eigentums lässt, nicht aber bei der in ihren Voraussetzungen und Rechtsfolgen streng fixierten Enteignung.“*

Im Klartext: Die Einengung des Enteignungsbegriffs ist geboten, weil andernfalls der Gesetzgeber seine vielschichtigen Anforderungen an die gesetzliche Ausgestaltung einer gerechten Eigentumsordnung nicht erfüllen kann. Das Bundesverfassungsgericht geht davon aus, dass sich Staat und Gesellschaft der Bundesrepublik im 21. Jahrhundert vielfältigen Herausforderungen und dynamischen Veränderungsprozessen ausgesetzt sehen. Zur Wahrung von Gemeinwohlbelangen (zu ergänzen wäre: zum Ausgleich konfligierender Interessen) bedarf es nach Einschätzung des Gerichts eines aktiven Gesetzgebers der *Gestaltungsspielräume* besitzt. Die Flexibilität des Gesetzgebers wäre – wesentlich – erschwert, wenn jedweder Entzug subjektiver Rechtspositionen zwingend oder jedenfalls im Regelfall Entschädigungspflichten auslösen würde. Der Gesetzgeber soll in die Lage versetzt werden, von Fall zu Fall zu prüfen, ob hinreichend gewichtige Gemeinwohlbelange für eine gesetzgeberische Entziehung von Eigentumspositionen sprechen – ohne stets dem Risiko ausgesetzt zu sein, wegen des Vorliegens einer Enteignung mit Entschädigungspflichten konfrontiert zu werden. Weitere Konsequenz dieser „funktionalen“ Betrachtungsweise ist aber auch, dass es letztlich das Gericht selbst ist, das in derartigen Konfliktfällen das letzte Wort darüber behält, ob eine Ausgleichspflicht zuzusprechen ist oder nicht. Anders formuliert: Der Bewertungsspielraum des Gerichts nimmt korrespondierend mit der Verengung des Enteignungsbegriffs zu.

Betrachtet man die Sache aus dem Blickwinkel eines Eigentümers, der einen Entzug seines Eigentums ohne Übertragung auf einen Dritten (also ohne „Güterbeschaffung“) hinnehmen muss, dann sind die Konsequenzen dieser Rechtsprechung negativ. Die Einengung des Enteignungsbegriffs bewirkt zumindest tendenziell einen geringeren Grundrechtsschutz.[82] Schon in der

81 BVerfG, Urt. v. 06.12.2016 – 1 BvR 2821/11 u. a., Rn. 252.

82 Derartiges nimmt jedenfalls *Röcker* (Fn. 49), S. 312, an; *Frenz*, DVBl 2017, 122, formuliert, der Charakter von Art. 14 GG als klassisches Freiheitsrecht werde *„ein Stück weit zurückgenommen“*; anders *Roller* (ZUR, 277, 281), der annimmt, mit der Betrachtung des Bundesverfassungsgerichts sei „keineswegs“ ein Verlust an Grundrechtsschutz verbunden.

Diskussion über die 13. AtG-Novelle war argumentiert worden, es sei für den Eigentümer gleichgültig, ob der Entzug seines Eigentums mit oder ohne anschließende Übertragung auf einen Dritten erfolge.[83] Eine plausible Feststellung, da die Wirkungen für den Eigentümer, der den Entzug eines freiheitssichernden Eigentumsobjekts hinnehmen muss, nicht davon abhängen, ob es zu einer neuen sachenrechtlichen Zuordnung des entzogenen Eigentums kommt. Das Bundesverfassungsgericht hält dieser Argumentation entgegen, sie übersehe, dass das Institut der Enteignung vom Grundgesetz nicht nur aus der Sicht des betroffenen Eigentümers, sondern gerade auch mit Blick auf die Allgemeinheit konzipiert sei, die aus Gemeinwohlgründen auf privates Eigentum zugreife, wofür strenge Voraussetzungen und Grenzen bestimmt seien. Insoweit mache es durchaus einen Unterschied, ob Eigentumspositionen etwa wegen sozialer Unverträglichkeit entzogen würden oder deswegen, weil die öffentliche Hand sie auf sich selbst oder Dritte überleiten will, um sie zur Aufgabenwahrnehmung zu nutzen.[84] Ob mit diesen Erwägungen tatsächlich die genannten Bedenken ausgeräumt sind, die gegen die Einengung des Enteignungsbegriffs angeführt worden sind, ist fraglich. Der Zugriff „aus Gemeinwohlgründen auf privates Eigentum" kennzeichnet eben nicht nur die Enteignung. Auch die Inhalts- und Schrankenbestimmung erfolgt – wie im Atomausstiegsfall – aus Gemeinwohlgründen. Der vom Bundesverfassungsgericht auch an dieser Stelle erwähnte Sonderfall des Entzugs wegen sozialer Unverträglichkeit (also letztlich der Entzug „bemakelten" Eigentums) beschreibt kaum die Mehrzahl der Konfliktkonstellationen, in denen sich (künftig) die Frage stellen wird, ob der Entzug (ohne Enteignungscharakter) ausgleichspflichtig ist.

Anders gewendet: Wenn Eigentümer bisher im Falle eines Eigentumsentzugs zur Erfüllung einer öffentlichen Aufgabe *regelmäßig* mit einer Entschädigung rechnen durften, künftig aber eine *fallweise* Prüfung geboten ist, ob der Entzug ausgleichspflichtig ist, dann zeigt dies die „Kehrseite" der gestiegenen Handlungsfreiheit des Gesetzgebers: Die Risiken für die betroffenen Eigentümer sind gestiegen. Dies gilt nicht primär für die Bedeutung der Eigentumsgarantie als *Bestandsgarantie*, da unverändert jeder Entzug, sei es in Form einer Enteignung, sei es in Form einer Inhalts- und Schrankenbestimmung, einer hinreichenden Rechtfertigung bedarf. Anders stellt sich die Situation aber für die Bedeutung des Eigentums als *Wertgarantie* dar.[85] Bei Entzugsmaßnahmen in Form einer Enteignung greift diese Wertgarantie regelmäßig ein, während dies bei sonstigen Entzugsmaßnahmen unter Abwägungsvorbehalt steht.

---

83 *Krappel*, DÖV 2012, 640, 644 und *Schwarz*, DVBl 2013, 133, 138f.

84 BVerfG, Urt. v. 06.12.2016 – 1 BvR 2821/11 u.a., Rn. 256.

85 Zum Verhältnis von Bestandsgarantie und (Vermögens-)wertgarantie durch Art. 14 GG *Ossenbühl/Cornils* (Fn. 63), S. 163f.

V. Kriterien für eine ausgleichspflichtige Inhalts- und Schrankenbestimmung

1. Keine Kriterien für „Entzugsfälle“ ohne Enteignungscharakter

Das Bundesverfassungsgericht qualifiziert die Eingriffe in die Nutzungsbefugnisse der Kraftwerksbetreiber als (nur teilweise) ausgleichspflichtige Inhalts- und Schrankenbestimmungen. Hinsichtlich der Strommengen differenziert das Gericht zwischen den noch nicht verbrauchten Mengen, die durch das Ausstiegsgesetz 2002 zugewiesen worden waren und den Zusatzmengen, die der Gesetzgeber erst im Jahr 2010, wenige Monate vor der Kehrtwende durch die 13. AtG-Novelle, eingeräumt hatte. Über die Bewertung des konkreten Sachverhalts hinaus (die hier nicht vorzunehmen ist), enthalten die Aussagen des Bundesverfassungsgerichts verallgemeinerungsfähige Aussagen, die Hinweise dafür geben, in welchen Fällen eine ausgleichspflichtige Inhalts- und Schrankenbestimmung anzunehmen ist. Zu beachten ist insoweit allerdings, dass dem Urteil nicht unmittelbar Maßstäbe für die Entschädigungspflicht von Entzugsvorgängen entnommen werden können, die in der Folge des verengten Enteignungsbegriffs nicht mehr von Art. 14 Abs. 3 GG erfasst werden. Dies schon deshalb, weil das Bundesverfassungsgericht annimmt, die Regelungen der 13. AtG-Novelle stellten keinen Entzug konkreter selbstständiger Rechtspositionen dar. Nach seinem Verständnis hatte das Bundesverfassungsgericht also keinen „Entzugsfall“ zu bewerten.[86]

2. Keine Ausgleichspflicht für die „Neustrommengen“

Das Gericht verneint eine Ausgleichspflicht für die Neustrom- bzw. Zusatzstrommengen des Jahres 2010. Maßgeblich ist die fehlende Eigenleistung[87] und das fehlende berechtigte Vertrauen auf den Bestand dieser Mengen.[88] Darüber hinaus verweist das Bundesverfassungsgericht auf die den Kernkraftwerksanlagen „*generell innewohnende Gemeinwohllast*“. Bei entsprechenden Anlagen besteht nach Auffassung des Gerichts regelmäßig ein besonders

86 BVerfG, Urt. v. 06.12.2016 – 1 BvR 2821/11 u.a., Rn. 262; selbst wenn man mit Blick auf die Mühlheim-Kärlich-Reststrommengen etwas anderes annehmen wollte, stellen diese einen speziell gelagerten Sachverhalt dar, sodass aus dessen Bewertung schwerlich verallgemeinerungsfähige Maßstäbe abgeleitet werden können. Zudem hat das Gericht diesen „Entzugsfall“ – jedenfalls im Ergebnis – als entschädigungspflichtig gewertet.

87 BVerfG, Urt. v. 06.12.2016 – 1 BvR 2821/11 u.a., Rn. 300; insoweit stellt sich aber grundsätzlich die Frage nach der Tauglichkeit dieses Kriteriums, wenn der Gesetzgeber ein zunächst „großzügig“ gestaltetes Nutzungsregime im Zuge einer Reformgesetzgebung einschränkt. Gesetzgeberische Regelungen, die die Nutzungsbefugnis konkretisieren bzw. ausgestalten, werden – wie oben (III. 4) ausgeführt – regelmäßig nicht auf einer Eigenleistung desjenigen beruhen, dessen Eigentum (z.B. eine Produktionsanlage) ausgestaltet wird.

88 BVerfG, Urt. v. 06.12.2016 – 1 BvR 2821/11 u.a., Rn. 302.

weiter Gestaltungsspielraum. Jedenfalls mit dieser Annahme bezieht sich das Gericht auf seine ständige Rechtsprechung. Danach genießt das Eigentum einen besonders ausgeprägten Schutz, soweit es um die Sicherung der persönlichen Freiheit des Einzelnen geht. Die Befugnisse des Gesetzgebers zur Inhalts- und Schrankenbestimmung ist umso weiter, je stärker der soziale Bezug des Eigentumsobjekts ist.[89] Auch wenn dies außer Streit steht, stellt sich die Frage nach der Belastbarkeit dieses Kriteriums bei dem (hier nach Auffassung des Gerichts nicht vorliegenden) Entzug ohne Ausgleichsleistung. Die Sozialrelevanz einer Eigentumsposition rechtfertigt es, eine weite Gestaltungsfreiheit des Gesetzgebers anzunehmen bzw. diesem unter erleichterten Bedingungen eine Eingriffsmöglichkeit zuzusprechen. Für die Folgefrage, ob dieser Zugriff ohne finanziellen Ausgleich erfolgen kann, ist aber die Bedeutung des Kriteriums der „Sozialrelevanz" der betroffenen Eigentumsposition im Einzelfall zu prüfen und zu bewerten. Jedenfalls dürfte es ein Missverständnis der Aussagen des Bundesverfassungsgerichts zum entschädigungslosen Entzug der Neustrommengen sein, hieraus allgemein abzuleiten, es spreche eine Vermutung dafür, dass sozialrelevante Nutzungsmöglichkeiten regelmäßig entschädigungslos entzogen werden könnten. Schon die unterschiedliche Bewertung der (teilweise nicht mehr verstrombaren) Altmengen macht dies deutlich. Die „Altmengen" sind nicht weniger „sozialrelevant" als die Neumengen.

In einer der ersten Stellungnahmen zum Atomausstiegsurteil des Bundesverfassungsgerichts ist bereits die Frage nach den Folgen dieser Entscheidung für einen möglichen Kohleausstieg aufgeworfen worden. Die Annahme, die Atomgesetz-Entscheidung sei eine „Blaupause" für dessen verfassungsrechtliche Bewertung, ist mit der Erwägung verneint worden, die Kohlenutzung stelle keine „*Hochrisikotechnologie*" dar, die nicht die grundrechtliche Schutzpflicht aus Art. 2 Abs. 2 GG und auch nicht die Umweltstaatszielebestimmung nach Art. 20a GG berühre. Daher sei der Sozialbezug nicht so stark, dass er ohne Weiteres eine Inhalts- und Schrankenbestimmung i. S. einer Beendigung der Nutzung vorhandener Tagebau- und Kraftwerke tragen würde.[90]

Diese Einschätzung verdient im *Ergebnis* Zustimmung, überzeugt aber nicht in der Begründung. Auch die Kohlenutzung weist eine hohe Sozialrelevanz aus und verursacht erhebliche Umweltbelastungen. Entscheidend dafür, dass der Gesetzgeber nicht – wie im Fall des Atomausstiegs – gewissermaßen „über Nacht" eine entschädigungslose Stilllegung von Kohlekraftwerken und Tagebau anordnen kann, dürfte das stärker ausgeprägte Vertrauen der betroffenen Eigentümer sein. Die Eigentümer der entsprechenden Kraftwerke sind aufgrund der bestehenden Rechtslage grundsätzlich ohne mengenmäßige und zeitliche Beschränkung zur Nutzung der jeweiligen Anlagen berech-

89 BVerfGE 21, 73, 83; 50, 290, 339f. und 100, 226, 241.
90 *Frenz*, DVBl 2017, 123.

tigt. Die konkrete Ausgestaltung der Eigentumspositionen unterscheidet sich also von der der Kernkraftwerksbetreiber, deren Rechtsposition von dem Ausstiegsgesetz des Jahres 2011 bereits geprägt – man könnte auch formulieren – „vorgeschädigt“ war.

3. Ausgleichspflicht für nicht verstrombare Altstrommengen

Für die vom Gericht bejahte Ausgleichspflicht für die (teilweise) nicht mehr verstrombaren Reststrommengen aus dem Jahr 2002 waren – neben den hier nicht zu betrachtenden Gleichheitserwägungen des Bundesverfassungsgerichts – noch folgende Gründe maßgeblich, die eine verallgemeinerungsfähige, über den Fall hinausgehende Aussage enthalten: Das Gericht betont das besondere Vertrauen in den Fortbestand einer begrenzten Übergangsvorschrift, die der Gesetzgeber aus Vertrauensschutzgründen erlassen hat. Typischerweise sei in einer derartigen Konstellation das Interesse des Betroffenen am Fortbestand der Regelung in besonderer Weise schutzwürdig, sodass nur schwere Nachteile für wichtige Gemeinschaftsgüter einen Eingriff in die Übergangsregelung rechtfertigen könnten.[91] Da die Atomstrommengen des Jahres 2002 ein rechtstechnisches Mittel waren, um seinerzeit die Folgen des ersten Atomausstiegs abzumildern, lag der vom Bundesverfassungsgericht konstatierte Eingriff in eine derartige Übergangsregelung vor.

Verallgemeinernd kann folgende Schlussfolgerung gezogen werden: Nimmt der Gesetzgeber eine Inhalts- und Schrankenbestimmung vor, indem er ein Rechtsgebiet umgestaltet und dabei alte Rechte befristet, dann können die von dieser Umgestaltung betroffenen Eigentümer grundsätzlich darauf vertrauen, dass es nicht zu weiteren (Folge-)eingriffen kommt. Wollte man dies anders bewerten, stünde es dem Gesetzgeber frei, einen Eigentumseingriff, der „gerade noch“ durch Übergangs- oder Ausgleichsregelung verhältnismäßig ist, „nachzubessern“ i.S. einer weiteren Schwächung der bereits umgestalteten Eigentumsposition – und dies ohne Ausgleichspflicht.

VI. Anspruch auf Vertrauensschaden

Aufmerksamkeit verdienen letztlich noch die Ausführungen des Bundesverfassungsgerichts zur Verletzung des Art. 14 Abs. 1 GG durch die 13. AtG-Novelle, weil diese keinerlei Ausgleich für Investitionen in Kernkraftwerke vorsah, die im Vertrauen auf die „Laufzeitverlängerung“ durch die im Jahr 2010 zugeteilten Zusatzstrommengen getätigt worden waren und die – jeden-

91 BVerfG, Urt. v. 06.12.2016 – 1 BvR 2821/11 u.a., Rn. 336.

falls bei den Kernkraftwerken, die mit Inkrafttreten des Gesetzes sofort stillzulegen waren – entwertet wurden.

Das Bundesverfassungsgericht betont[92], dass Art. 14 Abs. 1 GG unter bestimmten Voraussetzungen berechtigtes Vertrauen in den Bestand der Rechtslage als Grundlage von Investitionen in das Eigentum und seine Nutzbarkeit schützt.[93] Auch wenn keine „Garantie" für die Erfüllung aller Investitionserwartungen besteht und Art. 14 Abs. 1 GG kein Schutz gegen eine Änderung der rechtlichen Rahmenbedingungen vermittelt, hält das Gericht die 13. AtG-Novelle insoweit für verfassungswidrig, als sie keinerlei Regelungen über den Ausgleich für frustrierte Investitionen vorsieht. Das Bundesverfassungsgericht begründet dies mit der expliziten Bekundung des Gesetzgebers im Zusammenhang mit der 11. AtG-Novelle, die Nutzung der Kernenergie (für einen *bestimmbaren*) Zeitraum als „Brückentechnologie" zu nutzen. In dieser Sondersituation liegt also für das Bundesverfassungsgericht der maßgebliche Grund für die Entschädigungspflicht der frustrierten Investitionen[94].

Aus dieser besonderen Konstellation kann nicht – in Abkehr von der ständigen Rechtsprechung des Bundesverfassungsgerichts – gefolgert werden, es bestehe *regelmäßig* ein Anspruch auf Entschädigung frustrierter Investitionen bzw. auf Ersatz von „Planungsschaden"[95], wenn Unternehmen Investitionen im Vertrauen auf eine bestehende Rechtslage tätigen, die der Realisierung künftiger Gewinnchancen dienen sollen und der Gesetzgeber die entsprechende Rechtslage später ändert. Für den Atomausstieg war der radikale „Zickzack-Kurs" des Gesetzgebers ausschlaggebend: Wenn der Gesetzgeber zunächst eine bestehende Rechtslage (mit zeitlich beschränkten Nutzungsmöglichkeiten) korrigiert, um die weitergehenden Nutzungsmöglichkeiten auch aus Gründen des Gemeinwohls (Klimaschutz/Versorgungssicherheit) für einen längeren (bestimmbaren) Zeitraum einzuräumen, dann liegt die Annahme nahe, die hiervon Begünstigten könnten darauf vertrauen, dass diese Entscheidung nicht wenige Monate später korrigiert wird. Die Umstände, die im Fall des Atomausstiegs für die Gewährung einer Ausgleichspflicht hinsichtlich frustrierter Investitionen sprechen, sind also sehr spezifisch. Sie dürften in dieser Klarheit und Kumulation von vertrauensbegründenden Umständen nur selten vorliegen. Im Ergebnis kann der Atomausstiegsentscheidung also keine Abkehr von der grundsätzlich restriktiven Beurteilung eines Investitionsschutzes bei Rechtsänderungen entnommen werden.

92 BVerfG, Urt. v. 06.12.2016 – 1 BvR 2821/11 u. a., Rn. 371.

93 Zur verfassungsrechtlichen Basis des Investitionsschutzes näher *Schröder*, NVwZ 2013, 105 ff. m. w. N.

94 BVerfG, Urt. v. 06.12.2016 – 1 BvR 2821/11 u. a., Rn. 376.

95 Hierzu näher *Ossenbühl/Cornils* (Fn. 63), S. 271.

Verfassungsfragen der Bundesrichterwahl

Joachim Wieland[1]

Die Rechtsprechung der obersten Bundesgerichte ist von nicht zu unterschätzender Bedeutung für die Rechtsentwicklung in Deutschland. Auch die obersten Bundesgerichte sind zwar gemäß Art. 20 Abs. 3 GG an Gesetz und Recht gebunden. Die vom Parlament beschlossenen Gesetze bedürfen jedoch der verbindlichen Auslegung durch die Bundesgerichte, damit sie einheitlich auf die einschlägigen Sachverhalte angewendet werden können. Die Bundesrichterinnen und Bundesrichter, die in den Senaten der fünf obersten Bundesgerichte die Anwendung des Bundesrechts steuern, haben eine hohe Verantwortung und demensprechend ein hohes Ansehen. So verwundert es nicht, dass die Personalauswahl für die obersten Bundesgerichte von Auseinandersetzungen und politischen Bemühungen um Einflussnahme geprägt ist. Das Grundgesetz hat nicht ohne Grund die Wahl der Bundesrichter einem politisch besetzten Richterwahlausschuss und dem Bundesjustizminister anvertraut. Das Bundesverfassungsgericht hat 2016 in einer Grundsatzentscheidung die verfassungsrechtlichen Vorgaben für die Bundesrichterwahl verdeutlicht (I.). Der Beschluss des Bundesverfassungsgerichts verdient Zustimmung, weil er den Besonderheiten der Wahlentscheidung angemessen gerecht wird (II.).

I. Der Beschluss des Bundesverfassungsgerichts

Das Bundesverfassungsgericht geht davon aus, dass auch die Berufung von Richtern an den obersten Gerichtshöfen des Bundes an Art. 33 Abs. 2 GG zu messen ist.[2] Die Wahl durch den Richterwahlausschuss führt nach dem Beschluss jedoch zu Modifikationen im Vergleich zu Auswahl- und Beförderungsentscheidungen der Exekutive.[3] Das dem gerichtlichen Rechtsschutzverfahren vorgelagerte Verwaltungsverfahren darf aber nicht so ausgestaltet sein, dass es den gerichtlichen Rechtsschutz vereitelt oder unzumutbar erschwert.[4] Die durch Art. 95 Abs. 2 GG mit Richterwahlausschuss und zuständigem Bundesminister vorgegebene kondominiale Struktur sowie die Wahl

1 Der Verfasser hat die Bundesregierung in dem geschilderten Verfahren vor dem Bundesverfassungsgericht vertreten.

2 BVerfG, Beschluss des Zweiten Senats vom 20. September 2016 – 2 BvR 2453/15, Rn. 17–21.

3 BVerfG (Fn. 2), Rn. 27–35.

4 BVerfG (Fn. 2), Rn. 20.

der Bundesrichter rechtfertigen zwar Modifikationen der Dogmatik des Art. 33 Abs. 2 GG zu den exekutivischen Auswahlverfahren.[5] Würde man den Richterwahlausschuss strikt an Art. 33 Abs. 2 GG binden, trüge das dem Wahlverfahren nicht ausreichend Rechnung. Art. 33 Abs. 2 GG ist nach dem Beschluss auf eine Bestenauswahl ausgerichtet, während sich Wahlen gerade durch Wahlfreiheit auszeichnen, für die es nur Mindestvoraussetzungen der Wählbarkeit gibt.[6] Der mit der Wahl einhergehende legitimatorische Mehrwert könnte jedoch nicht erreicht werden, wenn es eine Pflicht zur Wahl eines bestimmten Kandidaten gäbe.[7] Dementsprechend müssen sich zwar auch die Mitglieder des Richterwahlausschusses von Art. 33 Abs. 2 GG leiten lassen, ihre Wahlentscheidung selbst ist aber nach Auffassung des Bundesverfassungsgerichts nicht isoliert gerichtlich überprüfbar.[8] Der zuständige Bundesminister ist hingegen bei seiner Zustimmungsentscheidung nach § 13 RiWG an Art. 33 Abs. 2 GG gebunden.[9]

Entscheidend hebt das Bundesverfassungsgericht darauf ab, dass ein erfolgreiches Berufungsverfahren von Verfassungs wegen mit einem faktischen Einigungszwang zwischen dem zuständigen Bundesminister und dem Richterwahlausschuss verbunden ist: „Beide agieren nicht unabhängig voneinander, sondern aufeinander bezogen. Aufgrund dieser geteilten Verantwortung müssen sie bei ihren Entscheidungen die Bindungen, aber auch die verfassungsrechtlichen Freiräume beachten, die für den jeweils anderen Akteur bestehen.“[10] Das Gericht sieht ein zwischen beiden Organen bestehendes „institutionelles Treueverhältnis“, das den Richterwahlausschuss verpflichtet, nur jemanden zu wählen, dessen Wahl der zuständige Minister zustimmen kann.[11] Umgekehrt ist der zuständige Minister nicht verpflichtet, der Wahl nur dann zuzustimmen, wenn der nach seiner Auffassung Beste gewählt worden ist.[12] Daraus folgert das Bundesverfassungsgericht, dass sich der zuständige Minister bei seiner Entscheidung den Ausgang der Wahl grundsätzlich zu eigen zu machen hat.[13] Etwas anderes würde nur gelten, wenn die formellen Ernennungsvoraussetzungen nicht gegeben oder wenn die verfahrensrechtlichen Vorgaben nicht eingehalten sind oder wenn das Ergebnis nach Abwägung aller Umstände und insbesondere vor dem Hintergrund der Wertungen des Art. 33 Abs. 2 GG nicht mehr nachvollziehbar erscheint.[14]

5 BVerfG (Fn. 2), Rn. 27.
6 BVerfG (Fn. 2), Rn. 28.
7 BVerfG (Fn. 2), Rn. 28.
8 BVerfG (Fn. 2), Rn. 28.
9 BVerfG (Fn. 2), Rn. 29.
10 BVerfG (Fn. 2), Rn. 30.
11 BVerfG (Fn. 2), Rn. 31.
12 BVerfG (Fn. 2), Rn. 32.
13 BVerfG (Fn. 2), Rn. 32.
14 BVerfG (Fn. 2), Rn. 32.

In diesem Zusammenhang hebt der Senat auch die Bedeutung der Stellungnahmen des Präsidialrats hervor, die ebenso wie die dienstlichen Beurteilungen zu berücksichtigen, allerdings nicht bindend seien.[15] Er stellt auf die Bedeutung des Verfahrens ab, dass eignungs- und leistungsorientiert „eingehegt" werden müsse.[16] Der Richterwahlausschuss müsse sich aus den Zeugnissen, dienstlichen Beurteilungen und Stellungnahmen der Präsidialräte einen Eindruck von der Eignung, Befähigung und fachlichen Leistung der Kandidatinnen und Kandidaten machen können.[17] Die Beachtung dieser Verfahrensanforderungen muss dokumentiert werden.[18] Zudem treffen den zuständigen Minister, nicht aber den Wahlausschuss, in bestimmten Konstellationen Begründungspflichten.[19] Erforderlich ist eine Begründung dann, wenn „sich aufdrängt, dass der Richterwahlausschuss offenkundig relevante Aspekte zur Eignung, Befähigung und fachlichen Leistung der Vorgeschlagenen in einer den Spielraum des Art. 95 Abs. 2 GG überschreitenden Weise missachtet hat".[20] Begründen muss der Minister wegen des institutionellen Treueverhältnisses auch, warum er seine Zustimmung verweigert. Schließlich muss der Minister seine Entscheidung dann begründen, wenn er der Wahl eines nach der Stellungnahme des Präsidialrats oder den dienstlichen Beurteilungen nicht Geeigneten zustimmt, weil der Grundsatz der Bestenauslese verlangt, Entscheidungen durch eine Begründung nachvollziehbar zu machen, „wenn sie derart weit von grundlegenden Eignungsanforderungen entfernt zu sein scheinen."[21]

II. Grundlagen der Bundesrichterwahl

Mit seinem Beschluss hat das Bundesverfassungsgericht eine salomonische Lösung für die verfassungsrechtlichen Anforderungen an die Bundesrichterwahl gefunden. Das wird deutlich, wenn man sich den gesetzlich geregelten Ablauf des Wahlverfahrens (1.), die Besonderheiten der Bundesrichterwahl (2.) und die Bedeutung der Rechtsfortbildung durch die obersten Bundesgerichte (3.) vor Augen führt. Richterlichen Stellungnahmen und Beurteilungen kommt insoweit nur begrenzte Bedeutung zu (4.).

15 BVerfG (Fn. 2), Rn. 32.
16 BVerfG (Fn. 2), Rn. 33.
17 BVerfG (Fn. 2), Rn. 33.
18 BVerfG (Fn. 2), Rn. 20.
19 BVerfG (Fn. 2), Rn. 35.
20 BVerfG (Fn. 2), Rn. 35.
21 BVerfG (Fn. 2), Rn. 35.

1. Das Wahlverfahren

Die Einzelheiten des Wahlverfahrens ergeben sich aus §§ 8 ff. Richterwahlgesetz (RiWahlG)[22]. Während der Bundesminister der Justiz und für Verbraucherschutz den Richterwahlausschuss spätestens eine Woche vor der Sitzung einberuft (§ 8 RiWahlG), führt den Vorsitz im Ausschuss der für den jeweiligen Gerichtsbereich zuständige Bundesminister, der aber über kein Stimmrecht verfügt (§ 9 Abs. 1 RiWahlG). Über die nichtöffentlichen Sitzungen des Ausschusses wird ein Protokoll geführt (§ 9 Abs. 2 und 3 RiWahlG). Das Vorschlagsrecht für die Wahl zum Bundesrichter steht den Mitgliedern des Richterwahlausschusses und dem zuständigen Bundesminister zu (§ 10 Abs. 1 RiWahlG). Sie können einen einmal gemachten Vorschlag in jeder Phase des Wahlverfahrens auch wieder zurücknehmen.

Der Ausschuss prüft, ob der oder die für ein Richteramt Vorgeschlagene die sachlichen und persönlichen Voraussetzungen für dieses Amt besitzt (§ 11 RiWahlG). Dafür sind gemäß Art. 33 Abs. 2 GG die Eignung, Befähigung und fachliche Leistung der Kandidatinnen und Kandidaten maßgeblich. Grundlage für die Prüfung sind die Personalakten der jeweils Vorgeschlagenen. Allen Ausschussmitgliedern wird eine Zusammenstellung an Personalunterlagen über jeden Kandidaten übersandt, die unter anderem auch alle diejenigen Informationen aus der Personalakte enthält, aus denen sich Rückschlüsse auf die Eignung, Befähigung und fachliche Leistung der Kandidatinnen und Kandidaten ergeben.

Im Einzelnen enthält der Wahlvorschlagsbogen eines/einer jeden Kandidat/in – soweit im Einzelfall vorhanden – Angaben über: Namen, Titel/akad. Grad, Wohnort, Dienststellung, Beruf, Geburtstag und –ort, den/die Vorschlagende/n, Tag, Ort und Ergebnis der Prüfungen, bisherige berufliche Tätigkeiten, wissenschaftliche Betätigung, Veröffentlichungen, Nebentätigkeiten, Nebenämter, Wehrdienst, Gesundheitszustand , ggf. Schwerbehinderung und weitere Besonderheiten. Zudem werden Abdrucke aller fachlichen und dienstlichen Beurteilungen, die zeitlich nach dem 2. Staatsexamen liegen, sowie vorhandene Präsidialratsvoten des jeweiligen obersten Bundesgerichts beigefügt. Die Personalakten im Übrigen liegen beim zuständigen Bundesminister für alle Ausschussmitglieder zur Einsicht bereit.

Dem Richterwahlausschuss steht zudem die Stellungnahme des Präsidialrats des Bundesgerichtes zur Verfügung, in das eine Richterin oder ein Richter gewählt werden soll (§§ 55, 57 DRiG). Der Präsidialrat hat binnen eines Monats die Möglichkeit, eine schriftlich begründete Stellungnahme über die persönliche und fachliche Eignung des Vorgeschlagenen abzugeben, die zu den Personalakten zu nehmen ist (§ 57 Abs. 1 bis 3 DRiG). In der Praxis machen die Präsidialräte der obersten Bundesgerichte von diesem Recht stets Gebrauch. Sie geben ihre Stellungnahme regelmäßig in Form eines bewerte-

22 Zum Wahlverfahren *Bowitz*, DÖV 2016, 638 ff.

ten Votums ab, das bislang mit einer der vier Bewertungsstufen „besonders geeignet", „gut geeignet", „geeignet" oder „nicht geeignet" abschloss. In der im laufenden Jahr 2016 durchgeführten Bundesrichterwahl wurde erstmals das für die Zukunft geltende neue zweistufige Bewertungssystem mit den Stufen „geeignet", „nicht geeignet" angewandt. Unter den Mitgliedern des Richterwahlausschusses besteht dem Vernehmen nach jedoch Übereinstimmung darüber, dass Kandidatinnen und Kandidaten, die ein Präsidialratsvotum mit der Bewertung „nicht geeignet" erhalten haben, nicht gewählt werden.[23]

Für jedes Bundesgericht wird ein Stimmzettel erstellt, auf dem alle für das jeweilige Bundesgericht vorgeschlagenen Kandidatinnen und Kandidaten aufgeführt sind. Jedes Mitglied im Richterwahlausschuss hat so viele Stimmen, wie Richterinnen und Richter für das jeweilige Bundesgericht zu wählen sind. Jedes Mitglied kann nur eine Stimme pro Kandidat/in vergeben. Der Richterwahlausschuss entscheidet in geheimer Wahl mit der Mehrheit der abgegebenen Stimmen über die jeweils zur Wahl gestellten Vorgeschlagenen (§ 12 Abs. 1 RiWahlG). Vor dem Termin der Richterwahl finden Koordinierungstreffen statt, die von den großen Parteien initiiert werden. Der Richterwahlausschuss ist beschlussfähig, wenn die Mehrheit sowohl seiner gewählten Mitglieder als auch seiner Mitglieder kraft Amtes anwesend ist (§ 12 Abs. 2 RiWahlG). Während der Sitzung des Richterwahlausschusses eröffnet der zuständige Bundesminister die Aussprache. Er gibt den Ausschussmitgliedern Gelegenheit zur Stellungnahme und Rücknahme von den einzelnen Wahlvorschlägen, die er zuvor namentlich vorträgt. Danach werden die Stimmzettel ausgeteilt. Wenn der zuständige Bundesminister der Wahl eines Vorgeschlagenen oder einer Vorgeschlagenen zustimmt, muss er die bzw. den Gewählte(n) dem Bundespräsidenten zur Ernennung vorschlagen (§ 13 RiWahlG). Zuvor legt er dem Kabinett die Namen der Gewählten gemäß § 15 Abs. 2 Buchst. c) der Geschäftsordnung der Bundesregierung zur Beratung ohne Beschlussfassung vor. In der Praxis stimmt der zuständige Bundesminister in aller Regel der Wahlentscheidung des Ausschusses zu.

2. Besonderheit der Bundesrichterwahl

Die Bundesrichterwahl wirft besondere inhaltliche Schwierigkeiten bei der vergleichenden Bewertung der Kandidaten auf. Zum einen scheitert ein präzises „Ranking" der zur Wahl an ein oberstes Bundesgericht vorgeschlagenen Richterinnen und Richter nach ihren Beurteilungen an der fehlenden präzisen Vergleichbarkeit dieser Beurteilungen. Die unterschiedlichen Länder und Institutionen sind je durch ihre eigene Beurteilungspraxis und -kultur ge-

23 So auch bereits *Scholz*, Die Wahl der Bundesrichter, in: Festgabe 50 Jahre Bundesverwaltungsgericht, 2003, S. 151 ff. (163).

prägt, was eine lediglich rechnerische Sortierung ausschließt. Hinzu kommt, dass Bundesrichterinnen und -richter nicht nur aus der Richterschaft gewonnen werden können und sollen, sondern auch etwa aus der Anwaltschaft oder der Verwaltung. Hier stellt sich nicht nur die Frage nach der exakten Vergleichbarkeit der heranzuziehenden Beurteilungen, sondern – im Falle der Anwaltschaft – sogar die nach der Existenz solcher Beurteilungen überhaupt.

Zum anderen ist nicht objektiv bestimmbar, welche Kenntnisse, Fähigkeiten und Persönlichkeitsmerkmale mit präzise welchem Gewicht eine gute Bundesrichterin oder einen guten Bundesrichter ausmachen. Vielmehr können mit jeweils guten Gründen unterschiedliche Auffassungen dazu vertreten werden, ob im Zweifel etwa Rechtsdogmatik in einem obersten Bundesgericht „wichtiger" ist als Sensibilität für die gesellschaftlichen Auswirkungen einer bestimmten Rechtsprechungslinie. Näheres wird hierzu noch auszuführen sein. Insgesamt lehrt die Erfahrung, dass praktisch alle Vorgeschlagenen zur Spitzengruppe ihres jeweiligen Berufsstandes zählen. Welche Vorgeschlagenen aus dieser ohnehin schon besonders qualifizierten Gruppe die sachlichen und persönlichen Voraussetzungen für das zu besetzende Amt im Sinne von Art. 33 Abs. 2 GG „am allerbesten" erfüllen, lässt sich aber nicht gleichsam objektiv und für alle Ausschussmitglieder verbindlich feststellen. Die Wahlentscheidung hängt vielmehr notwendig von persönlichen Einschätzungen und Wertungen ab, die nicht „bewiesen" werden können, sondern verantwortet werden müssen. Dies ist der Grund für die Einschaltung des Richterwahlausschusses gemäß Art. 95 Abs. 2 GG. Das von den Landesministern vertretene bundesstaatliche Element und die demokratische Legitimation vor allem, aber nicht nur der vom Bundestag gewählten Mitglieder des Richterwahlausschusses bieten aus der Sicht der Verfassung die Gewähr dafür, dass letztlich die Personen zu Bundesrichterinnen und Bundesrichtern gewählt werden, die nach der Einschätzung der Mehrheit der Mitglieder des Ausschusses mit ihren unterschiedlichen Vorverständnissen und Bewertungskriterien den Anforderungen des Art. 33 Abs. 2 GG an Eignung, Befähigung und fachliche Leistung am besten entsprechen. Jedes Mitglied des Wahlausschusses muss sich ein eigenständiges Urteil darüber bilden, ob der für ein Richteramt Vorgeschlagene die sachlichen und persönlichen Voraussetzungen für dieses Amt besitzt (§ 11 RiWahlG).

3. Rechtsfortbildung und Richterwahl

Das Grundgesetz hat für die Bestellung der Richterinnen und Richter der obersten Bundesgerichte das Wahlverfahren gemäß Art. 95 Abs. 2 GG vorgeschrieben, weil sie wesentlich stärker als andere Richterinnen und Richter zur Rechtsgestaltung und Rechtsfortbildung berufen sind (a.). Dementsprechend ist die Bestellung der Richterinnen und Richter der obersten Bundesgerichte der Sache nach nicht Personalverwaltung, sondern Personalpolitik und muss dieser Sachgesetzlichkeit entsprechend ausgestaltet werden (b.).

a) Rechtsgestaltung und Rechtsfortbildung

Die Regelung der Richterwahl in Art. 95 Abs. 2 GG findet ihre innere Rechtfertigung in der Besonderheit der Aufgabe der Mitglieder der obersten Gerichtshöfe des Bundes. Sie nehmen stärker als andere Richterinnen und Richter – wenn man von denen am Bundesverfassungsgericht absieht – an der Rechtsfortbildung und Rechtsgestaltung teil.[24] Die Mitglieder der obersten Gerichtshöfe des Bundes wirken damit – über die bloße Anwendung von Gesetzen hinaus – bei der Schöpfung von Recht mit, weshalb ihrer Tätigkeit besondere gesellschaftliche Bedeutung zukommt. Dementsprechend bestimmt etwa § 11 Abs. 4 VwGO ausdrücklich, dass Fragen von grundsätzlicher Bedeutung dem Großen Senat zur Entscheidung vorgelegt werden können, wenn das zur Rechtsfortbildung erforderlich ist. Wenn oberste Gerichtshöfe des Bundes das Recht fortbilden, rückt ihre Rechtsprechung in eine inhaltliche Nähe zur Gesetzgebung.[25] Sie enthält dann ein erhebliches Moment rechtspolitischer Entscheidung und sozialer Gestaltung.[26] Anders als die Gesetzgebung ist sie allerdings gemäß Art. 20 Abs. 3 GG durch die Bindung an Gesetz und Recht eingeschränkt. Sie ist an die im System des gesetzlichen und außergesetzlichen Rechts enthaltenen Regelungen gebunden. Diese kann sie fortentwickeln und konkretisieren, aber nicht konterkarieren oder außer Kraft setzen.[27]

Das Bundesverfassungsgericht betont in ständiger Rechtsprechung, dass richterliche Rechtsfortbildung zulässig ist. Sie darf nur nicht dazu führen, dass der Richter seine eigene materielle Gerechtigkeitsvorstellung an die Stelle derjenigen des Gesetzgebers setzt: „Angesichts des beschleunigten Wandels der gesellschaftlichen Verhältnisse und der begrenzten Reaktionsmöglichkeiten des Gesetzgebers sowie der offenen Formulierung zahlreicher Normen gehört die Anpassung des geltenden Rechts an veränderte Verhältnisse zu den Aufgaben der Dritten Gewalt."[28]

Der damalige Präsident des Bundesgerichtshofs *Hirsch* hat 2006 betont: „Richtersprüche schaffen materielles Recht, das neben dem formellen Recht der Gesetze steht. Richterrecht prägt die Rechtswirklichkeit nicht weniger als die gesetzten Normen."[29] *Hirsch* hat zugleich ausdrücklich darauf hingewiesen, dass die Persönlichkeit eines Richters und sein Vorverständnis großen Einfluss auf seine Rechtsprechung haben können:

---

24 Näher dazu *Böckenförde,* Verfassungsfragen der Richterwahl, 2. Aufl. 1998, S. 92 ff. m. w. N.

25 Vgl. *Böckenförde* (Fn. 24), S. 93.

26 *Böckenförde* (Fn. 24), S. 94 ff.

27 *Böckenförde* (Fn. 24), S. 94.

28 BVerfGE 128, 193 (210); st. Rspr.

29 *Hirsch,* ZRP 2006, 161.

„Richtig daran ist, dass der Richter in der Tat mit seiner Persönlichkeit in all ihrer Subjektivität (ihrem „Vorverständnis") für die Rechtsfindung steht. Aber er darf nicht einfach seine Auffassung von richtig und falsch an die Stelle derjenigen des Gesetzgebers setzen, er ist nicht frei in der Auslegung und Fortbildung des Rechts. Er muss den Zweck des Gesetzes, den ihm immanenten Telos ermitteln, er muss danach fragen, was der Gesetzgeber mit der Regelung im Hinblick auf das konkret zu lösende Sachproblem bezweckt hat, er muss seine Entscheidung an grundrechtlichen Wertentscheidungen ausrichten. Kurz gesagt: Der Richter ist an bestimmte Methoden der Rechtsfindung sowie an verfassungsrechtliche Vorgaben gebunden. Dass dieser Rahmen des bewertenden Erkennens Raum gibt für „willenhafte Elemente", ist systemimmanent und verfassungsrechtlich nicht zu beanstanden. Die Rechtsfindung in Fällen, in denen man dem Gesetz keine Antwort auf die gestellte Rechtsfrage entnehmen kann („Lücke im Gesetz"), in denen die gesetzgeberische Werteentscheidung aktualisiert werden muss (z.B. nichtehelicher Lebenspartner als Familienangehöriger i.S.d. Mietrechts) oder im Gesetz keinen ausreichenden, ablesbaren Niederschlag gefunden hat, ist die eigentliche Last, nicht die Lust des Richterseins."[30]

Die Bedeutung der Persönlichkeit der Richterinnen und Richter der obersten Bundesgerichte für die Rechtsfortbildung erklärt, warum das Grundgesetz ihre Berufung dem Richterwahlausschuss und dem zuständigen Bundesminister anvertraut. Das Zusammenwirken der unterschiedlich geprägten Ausschussmitglieder mit dem zuständigen Bundesminister vermag Ergebnisse zu gewährleisten, welche die gesellschaftliche und politische Vielfalt Deutschlands in den obersten Gerichten des Bundes widerspiegeln.

b) Charakter und Ausgestaltung der Bundesrichterbestellung

Ausgehend von der zutreffenden Erkenntnis, dass richterliche Rechtsgestaltung auch in der Bindung an Gesetz und Recht sachlich Rechtspolitik ist, hat *Böckenförde* die Konsequenz aufgezeigt, dass die Berufung der Richterinnen und Richter der obersten Gerichtshöfe des Bundes der Sache nach Personalpolitik ist.

„Als solche kann sie aus dem Medium der Politik, und das heißt in einer parteienstaatlichen Demokratie immer auch Parteipolitik, nicht herausgelöst werden. Würde man versuchen, sie zu entpolitisieren, einer neutralen, unpolitischen Instanz zu übertragen, etwa der Richterschaft oder einem von ihr gewählten Gremium, so würde dadurch nicht die Richterpersonal-

30 *Hirsch*, JZ 2007, 853 (855), Hervorhebung im Original.

politik entpolitisiert, sondern nur die damit betraute Instanz zu einer politischen Instanz umgebildet und selbst der Politisierung ausgesetzt.“[31]

Deshalb müssen die politischen Kräfte, die Einfluss auf die Richterbestellung ausüben wollen, balanciert und damit neutralisiert werden. Böckenförde hat damit Gedanken von *Adolf Arndt* aufgenommen: Der „pouvoir neutre“ der Justiz kann nur durch eine „Neutralisierung der ins Gleichgewicht gebrachten Kräfte“ gesichert werden.[32]

Als Balancierungselemente bieten sich Exekutive und Legislative sowie die bundesstaatliche Machtverteilung an. Auf dieser Erkenntnis beruht die Regelung in Art. 95 Abs. 2 GG. Sie vertraut die Berufung der Richter der obersten Bundesgerichte dem zuständigen Bundesminister gemeinsam mit einem Richterwahlausschuss an. Schon die Zusammensetzung des Richterwahlausschusses aus den zuständigen Landesministern auf der einen und vom Bundestag gewählten Mitgliedern auf der anderen Seite garantiert politische Vielfalt und damit eine Balance zwischen den politischen Kräften, die bei der Richterberufung ihre personalpolitischen Vorstellungen durchsetzen wollen. Zu den checks and balances, die Vielfalt und damit letztlich im Ergebnis politische Neutralität sichern, gehört weiter der zuständige Bundesminister, der nicht wie sonst seine eigenen Personalvorstellungen durchsetzen kann, sondern von der Verfassung auf ein gemeinsames Handeln mit dem politisch ausbalancierten Richterwahlausschuss verpflichtet wird.

Der Bundestag war sich dementsprechend bei der Beratung des Richterwahlgesetzes 1950 einig, dass entsprechend dem Willen des Verfassungsgebers „die als dritte Gewalt sachlich und persönlich nur dem Recht unterworfene, von den übrigen Gewalten unabhängige Rechtsprechung durch die **Auswahl der obersten Bundesrichter** von der übrigen Beamtenschaft in einem spezifisch politischen Sinne unterschieden“ sein sollte: Sie sollte „durch die Mitwirkung maßgeblicher politischer Faktoren bei ihrer Berufung mit den demokratischen Grundbedingungen des Verfassungslebens in Einklang gebracht, vor parteipolitischer oder standesmäßiger Einseitigkeit bewahrt und so in ihrer demokratischen Autorität und Legitimation gestärkt werden.“[33] Bei dem Beschluss des Richterwahlausschusses soll es sich nach dem Verfassungsverständnis des Parlaments „um eine politische Vertrauensentscheidung handeln …, so daß an die politische Legitimation der im Richterwahlausschuß beschließenden Mitglieder besondere Anforderungen zu stellen sind. Insbesondere soll verhindert werden, daß im Richterwahlausschuß Ministerialbeamte tätig sind.“[34]

---

31 *Böckenförde* (Fn. 24), *S.* 100 f.

32 *Arndt,* Verhandlungen des 40. Deutschen Juristentages, Bd. 2, 1954, S. C 47, 50 ff.

33 So der Abgeordnete *Dr. von Merkatz* als Berichterstatter, BT-PlenProt 75. und 76. Sitzung am Freitag, dem 14. Juli 1950, S. 2727 (D), Hervorhebung im Original.

34 Abgeordneter *Dr. von Merkatz* als Berichterstatter, BT-PlenProt 75. und 76. Sitzung am Freitag, dem 14. Juli 1950, S. 2729 (B).

Das Grundgesetz hat sich damit in Art. 95 Abs. 2 GG unter Absage an eine ministerielle Zuständigkeit für eine politische Ausbalancierung der an der Berufung der Richter der obersten Gerichtshöfe interessierten politischen Kräfte und gegen eine Kooptation durch die Richterschaft entschieden, die zu deren Politisierung geführt hätte.[35]

4. Richterliche Stellungnahmen und Beurteilungen

Die maßgebliche Handhabung der Auswahlkriterien aus Art. 33 Abs. 2 GG ist von Verfassungs wegen dem Richterwahlausschuss und dem zuständigen Bundesminister zugewiesen. Die Stellungnahmen der Präsidialräte[36] und die dienstlichen Beurteilungen werden dem zuständigen Minister und dem Richterwahlausschuss zur Kenntnis gebracht. Welches Gewicht Ausschuss und Bundesminister ihnen zumessen, ist nur von ihnen zu verantworten. Dabei verfügen sie über den aufgezeigten breiten Beurteilungsspielraum. Wie sie diesen Spielraum nutzen, verantworten nur sie.

Zwar sehen §§ 55 ff. DRiG die Beteiligung des Präsidialrats des jeweiligen Gerichts vor. Dessen schriftlich begründete Stellungnahme über die persönliche und fachliche Eignung einer Richterin oder eines Richters entfaltet jedoch angesichts der Vorgabe des Art. 95 Abs. 2 GG, der jegliches Kooptationselement bei der Berufung der Richter der obersten Gerichtshöfe des Bundes ausschließt, keine bindende Wirkung für das Berufungsverfahren. Es steht den Mitgliedern des Richterwahlausschusses ebenso wie dem zuständigen Bundesminister frei, ob und wie sie die Stellungnahme bei ihren Berufungsentscheidungen berücksichtigen.

Dieser Spielraum gegenüber den Präsidialratsvoten wird durch die jüngst einvernehmlich erfolgte Änderung ihrer Ausgestaltung unterstrichen. Inhalt des Votums ist nicht länger eine von vier Eignungsstufen, sondern nur noch eine Unterscheidung zwischen „geeignet“ und „nicht geeignet“. Die Präsidialräte sehen damit jetzt bewusst davon ab, innerhalb der Gruppe der als „geeignet“ angesehenen Kandidatinnen und Kandidaten weiter (nämlich nach „gut“ oder „besonders gut“ geeigneten) zu differenzieren. Hinter dieser Zurücknahme des Anspruchs, dem Wahlausschuss auch insoweit Empfehlungen geben zu wollen, steht der Umstand, dass zwar das Votum „nicht geeignet“ von den Ausschussmitgliedern in aller Regel respektiert wird, dass aber die Ausschussmitglieder das Ausmaß der Eignung der Kandidatinnen und Kandidaten nicht notwendig aus genau derselben Perspektive beurteilen wie die Präsidialräte. So ist es naheliegend und legitim, dass die Präsidialräte aus Gesichtspunkten etwa der richterlichen Vorerfahrung, dem Durchlaufen

35 Statt aller *Jachmann*, Art. 95 Rn. 127, in: Maunz/Dürig, Grundgesetz, Kommentar, (Stand 2011) m. w. N.

36 Zum Votum der Präsidialräte *Bowitz*, DÖV 2016, 648 (640 ff.).

einer „klassischen“ Richterlaufbahn und möglicherweise auch Senioritätserwägungen unterschiedliche Grade der Eignung ableiten. Genauso legitim ist es aber, dass die Ausschussmitglieder solche Abstufungen in der Eignung nicht immer genauso beurteilen. Dem trägt die veränderte aktuelle Praxis jetzt Rechnung. Ein vergleichbarer Spielraum muss auch hinsichtlich dienstlicher Beurteilungen bestehen. Problematisch erscheint deshalb die Auffassung des Oberverwaltungsgerichts Schleswig, dass bei einer Auswahlentscheidung von Richterwahlausschuss und zuständigem Minister „in erster Linie auf die aktuellen dienstlichen Beurteilungen zurückzugreifen“ sei.[37] Denn das liefe – ungeachtet der bereits dargestellten Vergleichbarkeitsprobleme – bei konsequenter Handhabung darauf hinaus, dass die beurteilende Stelle ganz erheblichen Einfluss auf die Berufung erhielte. Besonders deutlich wird das, wenn die richterdienstlichen Beurteilungen ausdrücklich zur Eignung für das angestrebte Amt Stellung nehmen.[38]

Der Richterwahlausschuss und der zuständige Bundesminister müssten dann gleichsam nur noch ein Ergebnis beurkunden, das sich wesentlich aus den aktuellen dienstlichen Beurteilungen ergäbe. Letztlich führte auch das zu einer Kooptationslösung, die Art. 95 Abs. 2 GG gerade ausschließt. Der weite Beurteilungsspielraum von Richterwahlausschuss und zuständigem Bundesminister, den die Verfassung gebietet,[39] würde in verfassungswidriger Weise eingeschränkt.

III. Perspektiven

Das Bundesverfassungsgericht hat mit seinem Beschluss die verfassungsdogmatischen Grundfragen der Bundesrichterwahl geklärt. Es hat die Anforderungen aus Art. 33 Abs. 2 GG den Besonderheiten des Wahlverfahrens angepasst und damit die gebotene praktische Konkordanz mit Art. 95 Abs. 2 GG hergestellt. Das Wahlverfahren würde seine politische Bedeutung und damit seinen von der Verfassung gewollten Sinn verlieren, wenn es ebenso wie eine exekutivische Auswahlentscheidung auch die Auswahl zwischen verschiedenen Bewerberinnen und Bewerbern für ein Bundesrichteramt strikt an Art. 33 Abs. 2 GG binden würde. Es gibt für die Mitglieder des Richterwahlausschusses keine Pflicht zur Wahl eines bestimmten Kandidaten oder einer bestimmten Kandidatin, sondern sie können im Rahmen ihrer Wahlfreiheit zu unterschiedlichen Bewertungen kommen, solange sie sich dabei von den Anforderungen des Art. 33 Abs. 2 GG leiten lassen. Die Betonung des institutionellen Treueverhältnisses zwischen dem Richterwahlausschuss und dem

37 OVG Schleswig, NJW 2001, 3210.
38 OVG Schleswig, NJW 2001, 3210 (3211).
39 So auch VG Schleswig, NJW 2002, 2657.

zuständigen Bundesminister beschreibt das kondominiale Verhältnis zwischen beiden Verfassungsorganen treffend. Die verfassungsrechtlichen Bindungen, aber auch die von der Verfassung gewährleistete Autonomie beider Organe werden zu einem sachgerechten Ausgleich gebracht. Die Zeugnisse und die dienstlichen Beurteilungen der Bewerberinnen und Bewerber müssen ebenso in Auswahlentscheidung einfließen wie die Stellungnahmen der Präsidialräte. Sie sind aber nicht etwa allein maßgebend. Vielmehr bleibt ausreichend Raum für die umfassende Bewertung der Persönlichkeit jedes einzelnen Bewerbers und jeder einzelnen Bewerberin durch die Wahlorgane. Entscheidend ist die legitimatorische Kraft der Wahlentscheidung, nicht allein die Summe der sich aus den Personalakten ergebenden justizinternen Beurteilungen. Wie die Entscheidungen der obersten Bundesgerichte rechtspolitische Elemente enthalten, so ist auch die Wahl der Bundesrichterinnen und Bundesrichter durch ein personalpolitisches Element mitgeprägt. Dieses politische Element bringt das Grundgesetz durch die Anordnung der Richterwahl zum Ausdruck. Es ist nicht nur legitim, sondern auch konstitutionell abgesichert. Indem das Bundesverfassungsgericht das nachdrücklich betont hat, hat es auch einen Beitrag zum Rechtsfrieden geleistet. Es kann erwartet werden, dass auf dieser Grundlage die Zahl der Konkurrentenklagen abnehmen und die Funktionsfähigkeit der Bundesgerichte auch in Zukunft gewährleistet sein wird.

Die Bedeutung der Verfassung für Staaten und für die Entwicklung von Staaten – Das Beispiel der Verfassung Tunesiens

Michaela Wittinger*

I. Staat und Verfassung und die Aufgaben von Verfassungen

Der Bonner Staatsrechtler *Josef Isensee* hat einmal treffend formuliert, dass eine „Verfassung nicht zu verstehen (ist) ohne Staat. Dieser ist ihr Gegenstand und ihre Voraussetzung.“[1] Denn die Verfassung ist die Grundordnung des Staates mit grundlegenden Vorschriften zur Staatsorganisation und zu den Grundrechten. Diese verfassungsrechtlichen Regelungen, die die Grundlagen des Staates enthalten, sind überwiegend regelmäßig in der förmlichen Verfassung eines Staates enthalten, in dem Verfassungsdokument (bei uns das Grundgesetz); sie können, zu einem meist geringeren Anteil, auch in weiteren Vorschriften zu finden sein (z. B. in Wahlgesetzen, Staatsangehörigkeitsgesetzen etc.) und ergeben somit das materielle Verfassungsrecht.

Verfassungen erfüllen in einem Staat verschiedene Aufgaben.[2] Zum einen wird einer Verfassung eine Einigungsfunktion zugeschrieben: Die Gesellschaft einigt sich auf grundlegende Werte, die nicht immer wieder neu verhandelt werden müssen; daraus ergibt sich auch eine entlastende Funktion. Zum anderen hat die Verfassung eine Rechtfertigungsfunktion: Die Verfassung legt die Befugnisse der staatlichen Organe fest; es steht damit fest, dass und wann sie handeln dürfen. Ferner kommt einer Verfassung eine Schutzfunktion zu: Die Verfassung verbrieft Grund- und Menschenrechte und schützt damit die Menschen und Bürger z. B. vor Eingriffen des Staates. Schließlich erfüllt sie auch eine Ordnungsfunktion: Die Verfassung ordnet

---

* Der Beitrag ist dem Jubilar in freundschaftlicher Verbundenheit gewidmet, eingedenk des gemeinsamen Interesses am ausländischen Verfassungsrecht und des vielfältigen Engagements des Jubilars auf dem Gebiet der Verfassungsvergleichung und u. a. auch für die Deutsche Stiftung für Internationale Rechtliche Zusammenarbeit (IRZ).
Die Verfasserin war von 2013–2015 als Expertin für die IRZ im Rahmen von Kolloquien zur Ausbildung von Richtern, Verwaltungsbeamten und Rechtsanwälten an der Universität Sousse und in Hammamet tätig, als Bestandteil der tunesisch-deutschen Kooperationspartnerschaft zur Stärkung der Demokratie nach der Revolution. In den Beitrag sind auch Erfahrungen aus diesen Veranstaltungen eingeflossen; er gibt insoweit nur eine persönliche Auffassung wieder.

1 *Isensee*, Handbuch des Staatsrechts Bd. II, 3. Aufl. 2004, § 15 Rn. 1.

2 Hierzu *Isensee* (Fn. 1), § 15 Rn. 185 f.

das Zusammenleben der Gesellschaft und die Befugnisse der staatlichen Organe. Die folgenden beiden Verfassungsauszüge verdeutlichen, welche Funktion der jeweiligen Verfassung für den Staat als wesentlich angesehen wird: Art. 16 der französischen Erklärung der Menschen- und Bürgerrechte vom 26. August 1789 und Teil der Verfassung von 1792 lautet: „Eine Gesellschaft, in der die Verbürgung der Rechte nicht gesichert und die Gewaltenteilung nicht festgelegt ist, hat keine Verfassung.“ Art. 1 der Verfassung von Saudi-Arabien v. 1992 formuliert: „... God's Book and the Sunnah of His Prophet, ... are its (= des Staates, *Anm. der Autorin*) constitution; ...“.[3] Die französische Erklärung erhebt damit die Gewaltenteilung und den Schutz von Rechten zur Basis des Staates – ein Grundbekenntnis, das die Entwicklung insbesondere der europäischen Verfassungen bis heute beeinflusst. Die saudi-arabische Verfassung wählt als Fundament des Staates den Islam und seine Quellen und zementiert damit den Islam als Staatsreligion.

Typischerweise steht die Ausarbeitung einer Verfassung am Anfang, wenn Staaten neu entstehen oder sich nach Zusammenbrüchen oder Revolutionen neu orientieren. Dies konnte man z. B. in den arabischen Staaten beobachten, etwa im Irak – und auch in Tunesien; in Tunesien, von dem der sog. Arabische Frühling ausging, wurde eine neue Verfassung erarbeitet, die sich, wie im Folgenden zu zeigen sein wird, an europäischen Verfassungen orientiert. Nicht selten spielt in diesen Staaten gerade auch die Frage nach dem Stellenwert der Religion in der Verfassung eine Rolle[4]; hier wird also die oben dargestellte Einigungsfunktion einer Verfassung deutlich. Von Bedeutung ist hierbei bereits, wie das Organ, das die Verfassung ausarbeitet (die Verfassungsgebende Versammlung), ins Amt kommt und wie es zusammengesetzt ist. In Tunesien wurde die Verfassung, wie im Folgenden auszuführen sein wird, von einer gewählten Versammlung ausgearbeitet und angenommen; die Verfassung bekennt sich zum Islam – ohne aber die Scharia einzubeziehen – und garantiert die Freiheit der Religion.

II. Die tunesische Verfassung v. 26. Januar 2014[5]

1. Politische Vorgeschichte und Verfassungsentwicklung

Am 17. Dezember 2010 begann mit der Selbstverbrennung des Gemüseverkäufers *Mohamed Bouazizi* in der tunesischen Stadt Sidi Bouzid der sog. Arabische Frühling; *Mohamed Bouazizi* wollte auf seine schikanöse Behand-

3 Näher zu dieser Verfassung http://www.auswaertiges-amt.de/DE/Aussenpolitik/Laender/Laenderinfos/SaudiArabien/Innenpolitik_node.html (Stand Oktober 2016).
4 Generell hierzu *P. Kirchhof*, Handbuch des Staatsrechts Bd. II (Fn. 1), § 21, Rn. 14.
5 Abrufbar in französischer Sprache unter http://www.legislation.tn/fr (Stand Oktober 2016).

lung durch Beamte und Polizei und damit auf die alltäglichen Demütigungen in der Diktatur des damaligen Staatspräsidenten *Ben Ali* aufmerksam machen. Der sog. Arabische Frühling breitete sich von Tunesien auf andere arabische Staaten, wie Ägypten, Libyen und die Golfstaaten, aus und war verbunden mit der Hoffnung, die bisherigen Systeme in den arabischen Staaten zu verändern und demokratische Strukturen zu entwickeln.[6] In Tunesien gelang der Umbruch, anders als bisher z. B. im Nachbarland Libyen.

Mit der Flucht des Staatspräsidenten *Ben Ali* am 14. Januar 2011 begann in Tunesien eine Phase des politischen Umbruchs und Übergangs. Die Ausarbeitung und Entwicklung einer neuen Verfassung spielte dabei von Beginn eine zentrale Rolle in diesem Prozess. Die neue Verfassung sollte ein Bestandteil des Reformprozesses sein, in dem es galt, die Diktatur *Ben Alis* zu überwinden. Am 23. Oktober 2011 wurde eine Verfassungsgebende Nationalversammlung gewählt. Einer Bewegung, bestehend aus Gewerkschaften, Arbeitgebern, der Rechtsanwaltskammer und einer Menschenrechtsorganisation, gelang es, in der Versammlung einen Konsens zu erzielen.[7] Am 26. Januar 2014 nahm die Verfassungsgebende Versammlung die neue Verfassung mit 200 von 215 Stimmen an. Ihre Präambel formuliert im zweiten Absatz ein wesentliches Ziel der Verfassung: „endgültig zu brechen mit Ungerechtigkeit, Korruption und Tyrannei" – also dem System *Ben Alis*.

2. Staatsorganisationsrechtlicher Aufbau

Tunesien ist laut seiner aus 149 Artikeln bestehenden Verfassung ein freier, unabhängiger und souveräner Staat mit der Regierungsform der Republik. Staatsorganisationsrechtlich legt die Verfassung ein gemischtes Regierungssystem fest. Der Regierungschef (Premierminister) wird vom Staatspräsidenten mit der Regierungsbildung beauftragt und muss vom Parlament bestätigt werden (Art. 89). Der Premierminister bestimmt die Richtlinien der Politik (Art. 91). Die Regierung, bestehend aus Premierminister, Ministern und Staatssekretären (Art. 89) ist dem Parlament verantwortlich (Art. 95); Art. 97 sieht ein konstruktives Misstrauensvotum vor, das dem des Art. 67 GG vergleichbar ist. Die Außen-, Sicherheits- und Verteidigungspolitik liegt allerdings in der Zuständigkeit des Staatspräsidenten, der auch Oberbefehlshaber der Streitkräfte ist (Art. 77); der Außen- und der Verteidigungsminister können nur in Übereinstimmung mit dem Staatspräsidenten ernannt werden. Der Staatspräsident ist der Staatschef (Art. 72) und wird vom Volk direkt, für fünf

6 Hierzu näher z. B. die Publikationen der Stiftung Wissenschaft und Politik, z. B. die von *Asseburg* (Hrsg'in.), Proteste, Aufstände und Regimewandel in der arabischen Welt, 2011, abrufbar unter http://www.swp-berlin.org/de (Stand Oktober 2016).

7 Die Verleihung des Friedensnobelpreises an diese tunesischen Gruppen (das sog. „Quartett für den nationalen Dialog") im Oktober 2015 bestätigte ihre Verdienste im politischen Reformprozess Tunesiens.

Jahre, gewählt (Art. 75). Wählbar ist jeder, der von Geburt an die tunesische Staatsangehörigkeit besitzt[8] und muslimischen Glaubens ist (Art. 74). Der Staatspräsident kann den Ausnahmezustand verhängen (Art. 80): Seit den Terroranschlägen 2015 auf das Bardo-Museum in Tunis und am Strand von Sousse gilt übrigens der Ausnahmezustand. Der Staatspräsident unterzeichnet außerdem völkerrechtliche Verträge und hat das Recht, Orden zu verleihen sowie das Begnadigungsrecht (Art. 77). Ferner verkündet er die Gesetze und ordnet ihre Veröffentlichung im Amtsblatt an (Art. 81). Bestimmte Gesetzesvorschläge, etwa zu Menschenrechtsabkommen, kann er einer Volksabstimmung unterziehen (Art. 82).

Die präsidialen Reglungen, einschließlich etwa der Oberbefehlsherrschaft über die Armee und das Recht, den Notstand zu verhängen, zeigen die Verbindung zum französischen Präsidialverfassungsmodell; generell ist die tunesische Rechtsordnung als Resultat des kolonialen Erbes stark vom französischen Rechtssystem geprägt bzw. sieht sie das französische Modell als Bezugspunkt. Nach Wahrnehmung der Autorin besteht aber auch ein zunehmendes Interesse der Zivilgesellschaft daran, andere Modelle kennenzulernen und daran, sich von einer Fixierung auf das französische Vorbild zu lösen. Speziell ein Interesse an der deutschen Verfassung und der deutschen Rechtsordnung wurde formuliert; außerdem betonten die tunesischen Gesprächspartner besonders den Bezug zur deutschen Geschichte mit der Überwindung von zwei Diktaturen und insbesondere ihr Interesse zu Regelungen im Kontext der Wiedervereinigung etwa zum Umgang z. B. mit früheren Funktionären oder Geheimdienstlern der DDR.

In den Verfassungsvorschriften über die Legislative wird das Volk als die legislative Gewalt bezeichnet, das diese über Parlamentsabgeordnete oder per Volksabstimmung ausübt (Art. 50); bereits Art. 3 legt diese Rolle des Volkes als Souverän fest. Das Parlament wird „allgemein, frei, unmittelbar, geheim, ehrlich und transparent auf Grundlage des Wahlgesetzes" gewählt (vgl. Art. 55). Die Verfassung garantiert ausdrücklich eine Opposition und die Ausübung von Oppositionsrechten; für die Opposition wird der Vorsitz im Finanzausschuss sowie im Ausschuss für auswärtige Angelegenheiten reserviert und das Recht gewährt, Untersuchungsausschüsse zu gründen und zu leiten; zugleich hat die Opposition die Pflicht, sich aktiv und konstruktiv in die Parlamentsarbeit einzubringen (Art. 60).

Vom Staatsaufbau her handelt es sich um einen zentralistisch organisierten Staat, der sich auch hier am französischen Modell orientiert. Die Verfassung verpflichtet zugleich aber auch zur Dezentralisierung (Art. 14).

---

8 Hat der Kandidat – gemeint ist wohl *noch* – eine andere Staatsangehörigkeit, muss er in den einzureichenden Kandidaturunterlagen den Verzicht auf diese im Falle der Wahl erklären (Art. 74 Abs. 2).

3. Das erste Kapitel der „allgemeinen Prinzipien“: Verwaltungsprinzipien und militärische Vorschriften

Im Hinblick auf die Exekutive legt die Verfassung im ersten Kapitel, in den „allgemeinen Prinzipien“ die Rolle der öffentlichen Verwaltung fest. Sie hat dem Bürger und dem allgemeinen Interesse zu dienen (Art. 15). Organisation und Funktionieren der Verwaltung sind danach an den „Prinzipien der Neutralität, der Gleichheit und Beständigkeit der öffentlichen Dienste auszurichten, nach den Regeln der Transparenz, Integrität, Effektivität und den Verpflichtungen des Bürgers gegenüber der Verwaltung („redevabilité“)“. Im Kontext der Steuerpflicht wird vermerkt, dass der Staat über die gute Verwaltung der öffentlichen Gelder zu wachen hat (Art. 10).

Ferner gehören zum ersten Kapitel der „allgemeinen Prinzipien“ Vorschriften mit militärischem Bezug. Das Monopol des Staates zur Schaffung der Armee und nationaler Sicherheitskräfte wird festgelegt (Art. 17) und die Armee als republikanische Armee definiert, die auf eine strikte Neutralität verpflichtet wird (Art. 18). Ferner wird die Wehrpflicht zementiert (Art. 9).

Im ersten Kapitel der „allgemeinen Prinzipien“ findet sich darüber hinaus die Betonung der Familie für Gesellschaft und Staat, der sie zu schützen hat (Art. 7), eine Aussage, die auch z. B. in der Afrikanischen Charta der Menschenrechte und der Rechte der Völker enthalten ist, deren Mitglied Tunesien ist.[9] Weiter wird die Bedeutung der Jugend als „lebendige Kraft“ für die Entwicklung der Nation bezeichnet (Art. 8), welche der Staat sozial, wirtschaftlich, kulturell und politisch zu fördern hat; zugleich wird später die Neutralität der Bildungseinrichtungen, die frei von jeder Instrumentalisierung durch Parteigänger („instrumentalisation partisane“) zu sein hat, eingefordert (vgl. Art. 16). Dies ist eine Reminiszenz an die Erfahrungen unter der Diktatur Ben Alis.

Der Staat muss ferner für soziale Gerechtigkeit sorgen (Art. 12); in derselben Vorschrift wird auch die Ausbeutung von Rohstoffen angesprochen, um die sich der Staat zugunsten aller Regionen zu kümmern hat; dabei wird explizit das Prinzip der „positiven Diskriminierung“ für benachteiligte Regionen festgelegt; diese Regelung steht im Zusammenhang mit der unterschiedlichen Wirtschaftsfähigkeit der Regionen Tunesiens, insbesondere der ländlichen, nicht touristischen Gebiete – jedenfalls vor den Terrorangriffen 2015 – und der Regionen, die über Rohstoffe, wie bestimmte Edelmetalle und Phosphor, verfügen. Generell werden die natürlichen Ressourcen als Eigentum des tunesischen Volkes begriffen (Art. 13), die vom Staat im Namen des Volkes ausgebeutet werden.

Die „allgemeinen Prinzipien“ schließen mit der Festlegung zum Rang völkerrechtlicher, vom tunesischen Parlament angenommener Verträge. Ihnen

---

9 Näher zu Art. 18 Afrikanische Charta *Wittinger*, Familien und Frauen im regionalen Menschenrechtsschutz, Saarbrücker Studien zum Internationalen Recht Bd. 12, 1999, S. 62 ff.

wird ein Rang über den Gesetzen, aber unterhalb der Verfassung zugewiesen (Art. 20). Im GG hingegen haben völkerrechtliche Verträge „nur" den Rang von Parlamentsgesetzen (Art. 59 Abs. 2 GG). Die tunesische Lösung entspricht aber der Regelung im GG zum Völkergewohnheitsrecht (Art. 25 GG), dem überwiegend ein Rang unterhalb der Verfassung, aber über den Gesetzen zuerkannt wird.[10]

4. Grundrechte und Grundfreiheiten

Bereits die tunesische Verfassung von 1959 hatte die Grund- und Menschenrechte auf dem Papier garantiert und eine unabhängige Justiz vorgesehen. Die Verfassung von 2014 enthält in Art. 21 bis Art. 49 einen Grundrechtekatalog, der klassische bürgerlich-politische Individualrechte festlegt, aber auch soziale und wirtschaftliche Rechte mit der Pflicht des Staates, die hierfür nötigen Mittel zur Verfügung zu stellen. Ferner schützt die Verfassung Gruppen.

Der Katalog beginnt mit dem Prinzip der Gleichheit von Bürgern und Bürgerinnen in ihren Rechten und Pflichten und ihrer Gleichheit vor dem Gesetz sowie dem Verbot der Diskriminierung (Art. 21), gefolgt von dem Lebensrecht (Art. 22), dem Schutz der Würde des Menschen und seiner körperlichen Unversehrtheit. Das Verbot der Folter schließt sich an (Art. 23). Ein Defizit der tunesischen Verfassung ist, dass sie kein Verbot der Todesstrafe enthält.

Geschützt wird weiter das Privatleben, die Wohnung und die Vertraulichkeit persönlicher Daten (Art. 24), das Recht vor Verlust der tunesischen Staatsangehörigkeit und es wird ein Verbot statuiert, Staatsangehörige auszuweisen oder an der Einreise in ihr Land zu hindern (Art. 25). Ferner garantiert Art. 26 das Recht auf Asyl. Die Unschuldsvermutung wird verfassungsrechtlich zementiert (Art. 27), eine Verurteilung an ein bereits existierendes Gesetz geknüpft (Art. 28 außer für den Fall der Verbesserung durch ein neueres Gesetz), eine Inhaftierung vom Vorliegen einer richterlichen Entscheidung abhängig gemacht und es werden Gefangenenrechte postuliert (Art. 29). Ausdrücklich ist verankert, dass jeder Gefangene das Recht auf eine Behandlung hat, die seine Würde wahrt und dass der Staat im Falle von Freiheitsstrafen „das Interesse der Familie, die Rehabilitierung und die Wiedereingliederung des Strafgefangenen in die Gesellschaft" beachten muss (vgl. Art. 30). Darüber hinaus werden die Meinungs-, Gedanken-, Ausdrucks-, Informations- und Veröffentlichungsfreiheit und ein Zensurverbot für diese Freiheiten garantiert (Art. 31). Der Zugang zu Informationen wird gewährt (Art. 32) und die Akademische Freiheit und die Forschungsfreiheit festgelegt sowie geregelt, dass der Staat die nötigen Mittel zur Entwicklung der wissenschaftlichen und technischen Forschung liefert (Art. 33).

---

10 Dazu z. B. *Jarass*, in: ders./Pieroth (Hrsg.), GG-Kommentar, München, 13. Aufl. 2014, Art. 25 GG, Rn. 14 m. w. N.

Das aktive und passive Wahlrecht sind gegeben und es wird bestimmt, dass der Staat darauf achtet, die Repräsentation von Frauen in den gewählten Versammlungen sicherzustellen (Art. 34). Das Recht, politische Parteien und Gewerkschaften zu gründen, wird verbrieft; politische Parteien und Gewerkschaften müssen u.a. die Verfassungsvorschriften respektieren und auf Gewalt verzichten (Art. 35 Abs. 2). Das Gewerkschafts- und das Streikrecht sind in Art. 36 geschützt, welches aber nicht für die Streitkräfte, die nationalen Sicherheitskräfte und für den Zoll gilt (Art. 36). Das Versammlungsrecht und das Recht auf friedliche Kundgebungen schützt Art. 37.

In Art. 38 wird das Recht auf Gesundheit festgelegt; der Staat garantiert Gesundheitsvorsorge und Gesundheitsleistungen für jeden Bürger und stellt die nötigen Mittel bereit, um die Qualität der Gesundheitsdienste zu sichern. Art. 39 regelt, dass Bildung bis zum Alter von 16 Jahren zwingend ist; das Recht auf ein öffentliches und kostenloses Schulsystem wird niedergelegt und die staatliche Pflicht, für die Qualität von Schulen und Erziehung die nötigen Mittel bereitzustellen. Außerdem hat der Staat darauf zu achten, dass die arabisch-muslimische Identität und die nationale Zugehörigkeit in den jungen Generationen verankert wird; der Gebrauch der arabischen Sprache ist staatlich zu unterstützen, wie aber auch „die Offenheit für ausländische Sprachen, für die menschliche Zivilisation und für die Verbreitung der Kultur der Menschenrechte" (vgl. Art. 39).

Das Recht auf Arbeit der Bürgerinnen und Bürger wird festgelegt, einschließlich des Rechts auf gleichen Lohn (Art. 40). Das Eigentumsrecht und das Urheberrecht sind gegeben (Art. 41), ferner werden das Recht auf Kultur und die Schaffensfreiheit garantiert, der Staat schützt das kulturelle Erbe und das Recht der künftigen Generationen hierauf (Art. 42). Der Staat unterstützt den Sport und hat hierfür die nötigen Mittel zu liefern (Art. 43).

Desweiteren wird das Recht auf Wasser garantiert, seine Bewahrung und der vernünftige Gebrauch werden als Aufgabe des Staates und der Gesellschaft definiert (Art. 44) – ein Recht, das auch in anderen afrikanischen Verfassungen genannt wird.[11] Das Recht auf eine gesunde Umwelt und auf Teilhabe an einem sicheren Klima findet sich, ebenso wie auch hier wieder die Pflicht des Staates, durch die Zurverfügungstellung nötiger Mittel die Umweltverschmutzung zu eliminieren (Art. 45). Verfassungsrechtlich unklar ist bei solchen sozio-ökonomischen Grundrechten und bei Rechten der sog. Dritten Generation, wie Wasser und Umwelt, was sie konkret bedeuten und inwieweit die Verpflichtungen des Staates konkret vom Einzelnen durchsetzbar sind.

Art. 46 bis Art. 48 schützt Gruppen – Frauen, Kinder und Behinderte – und legt dem Staat entsprechende Verpflichtungen auf; der Schutz bestimmter

---

11 Zu Südafrika *Trilsch*, Verfassung und Recht in Übersee 2009, Jg. 42, Heft 4, S. 552 ff.

gesellschaftlicher Gruppen ist eine für den jüngeren Menschenrechtsschutz typische Entwicklung:

Art. 46 Abs. 1 legt fest, dass der Staat die erreichten Rechte von Frauen schützt, sie unterstützt und daran arbeitet, sie zu verbessern; bereits 1957 hatte ein fortschrittliches Personenstandsgesetz Monogamie, Zivilehe und Ehescheidung sowie die Gleichberechtigung der Frau eingeführt[12]; Art. 46 ist als ausdrückliche Bestätigung dieser Errungenschaften zu verstehen. Die Vorschrift hat eine besondere Bedeutung, da nach der Revolution konservative Kräfte der damaligen islamistischen Regierungspartei Ennahdha versuchten, eine Relativierung der Frauenrechte durchsetzen. Nach Protesten der Zivilgesellschaft kam es dazu nicht. Wie der Autorin 2014 berichtet wurde, stand u. a. insbesondere zur Debatte, Frauen vom Richteramt auszuschließen, das nach strenger islamischer Vorstellung, wie das Priesteramt, Männern vorbehalten sein müsse sowie ferner die Polygamie zuzulassen. Der Staat garantiert in Art. 46 ferner die Chancengleichheit von Frauen und Männern und arbeitet daran, die Parität der Geschlechter in gewählten Gremien zu realisieren. Ferner ergreift der Staat Maßnahmen, um Gewalt gegen Frauen auszumerzen.

In Art. 47 werden die Rechte von Kindern „auf ihre Eltern und auf den Staat als Grundlage der Würde, Gesundheit, Pflege, Erziehung und Bildung" genannt (vgl. Art. 47). Der Staat soll Kindern in jeder Hinsicht Schutz gewähren, frei von Diskriminierung und entsprechend der „höheren Interessen des Kindes". Art. 48 legt den Schutz Behinderter vor jeglicher Diskrimination durch den Staat fest und das Recht jedes Behinderten, in den Genuss staatlicher Maßnahmen zur Realisierung der Integration Behinderter zu gelangen.

Der Grundrechtskatalog schließt mit einer üblichen Schrankenklausel; das Gesetz fixiert danach die Ausübung der Grundrechte und Freiheiten (Art. 49 Abs. 1); der Wesensgehalt wird geschützt, Gesetze müssen in einem demokratischen Staat notwendig sein und zum Schutz von Rechten Dritter oder aus Gründen der öffentlichen Sicherheit, der nationalen Verteidigung, der öffentlichen Gesundheit oder öffentlichen Moral erfolgen und unter Beachtung der Verhältnismäßigkeit. Die Gerichtsinstanzen werden dazu aufgefordert, über den Schutz der Rechte und Freiheiten vor jeder Verletzung zu wachen (Art. 49 Abs. 1 Satz 2). Verfassungsänderungen, die den in der Verfassung erreichten Stand im Bereich der geschützten Grund- und Menschenrechte antasten, sind ausgeschlossen (Art. 49 Abs. 2).

12 Dazu www.auswaertigesamt.de (Stand Oktober 2016).

5. Die Bedeutung der Religion und des Islam in der tunesischen Verfassung

Tunesien ist ein fast ausschließlich muslimisch geprägtes Land. Es gibt christliche und jüdische Minderheiten, deren Anteil weniger als ein Prozent der rund 11,1 Millionen Bevölkerung ausmacht. Es erstaunt daher kaum, dass die neue Verfassung den Islam[13] bzw. den muslimischen Glauben mehrfach erwähnt. Die islamistischen Kräfte, insbesondere der früheren Regierungspartei Ennahdha, konnten sich allerdings mit ihrer Forderung nach einer Verankerung des islamischen Rechtssystems, der Scharia, in der Verfassung nicht durchsetzen: Sie kommt in der neuen Verfassung nicht vor.

Bereits in der Präambel, die mit „im Namen des heiligen und barmherzigen Gottes" überschrieben ist, wird „die Bindung des Volkes an die Lehren des Islam" genannt und an „seine charakteristische Zweckbestimmung durch die Offenheit und Mäßigung, durch seine edlen menschlichen Werte und die hohen Prinzipien der universellen Menschenrechte" (vgl. Absatz 3 der Präambel) angeknüpft.[14] Die Verfassung beginnt in Art. 1 mit der Feststellung, dass Tunesien ein freier, unabhängiger und souveräner Staat ist und dass der Islam seine Religion und seine Sprache das Arabische ist (Art. 1 Abs. 1); eine Verfassungsänderung insoweit wird ausgeschlossen (Art. 1 Abs. 2). Es wird kein religiöses Staatsmodell niedergelegt, sondern das Prinzip eines zivilen Staates (Art. 2). Als Devise der tunesischen Republik werden ferner festgehalten: Freiheit, Würde, Gerechtigkeit und Ordnung (Art. 4). Die Verfassung bestimmt außerdem, dass der Staatspräsident den Mufti der Republik Tunesien ernennt und entlässt (Art. 78).

Die neue Verfassung garantiert, wie schon die Verfassung von 1959, die Religionsfreiheit, ebenso wie die Gewissensfreiheit und die Ausübung religiöser Riten („cultes") (Art. 6 Abs. 1 Satz 2); der Staat ist der „Wächter der Religion" (Art. 6 Abs. 1 Satz 1), er ist der Garant für die Neutralität der Moscheen und anderer religiöser Stätten im Hinblick auf jede „Instrumentalisierung durch Parteigänger" („instrumentalisation partisane") (Art. 6 Abs. 1 Satz 3). Wie bereits oben für die Bildungseinrichtungen festgehalten, spiegeln sich auch hier die Erfahrungen der Ära Ben Ali wider. Auffallend ist, dass diese Vorschrift zugleich den Staat in die Pflicht nimmt, die Werte der Mäßigung und der Toleranz zu verbreiten und Kampagnen, die zu Apostasie-An-

---

13 In der Wissenschaft wird die Frage, ob es „*den* Islam" gibt und welche Inhalte er hat, kontrovers beurteilt. Meist wird davon ausgegangen, dass der Islam zwei Aspekte hat: Er bezieht sich auf Texte (Koran und Sunna), die die Ansichten und das Handeln der Muslime bestimmen; er ist ferner eine Religion und darüber hinaus aber auch ein weitergehendes Phänomen, als eine religiös bestimmte Gesamtordnung, die alle menschlichen Beziehungen einer Gesellschaft und eines Staates regelt; dazu auch *Bock*, NVwZ 2007, 1250 m. w. N.

14 Zum Thema Menschenrechte und Islam – ein innerer Widerspruch? Die Antworten der Arabischen Charta der Menschenrechte näher *Wittinger*, Christentum, Islam und Menschenrechte, 2008, S. 45 ff.

klagen und zur Aufstachelung zu Hass und Gewalt führen, zu verbieten. Der Staat engagiert sich danach auch, sich gegen solche Entwicklungen zu stellen. Diese Regelungen sind von Bedeutung, wenn man an andere rechtliche Regelungen und innerstaatliche Praktiken in islamischen Staaten und die eingeschränkte Vorstellung von Religionsfreiheit denkt: So ahnden manche islamische Staaten drastisch den Abfall vom islamischen Glauben, um die „Gemeinschaft der Gläubigen", die umma, zu schützen, denn dies erfolgt aus islamischer Perspektive zum Schutz der öffentlichen Sicherheit oder Ordnung. Offenkundig wird diese Vorstellung, wenn wie in Afghanistan einem sog. Abtrünnigen wegen „Abfalls" vom muslimischen Glauben die Todesstrafe drohte[15] – ein Fall, der zu europäischen und gerade auch deutschen Interventionen geführt hat. Gleiches gilt für den Fall einer britischen Lehrerin, die im Sudan an einer englischen Schule unterrichtete und zu fünfzehn Tagen Haft verurteilt wurde, da sie zugelassen hatte, dass das Bärenmaskottchen ihrer Klasse Mohammed heißen durfte; dies wurde als Verunglimpfung des Islam bewertet; nach diplomatischen Interventionen der britischen Regierung wurde die Lehrerin vom sudanesischen Präsidenten – gegen den Zorn der Volksmassen – begnadigt und durch ein sudanesisches Gericht des Landes verwiesen.[16] Auch die „Kairoer Erklärung der Menschenrechte im Islam" von 1990[17], ein völkerrechtliches Dokument, statuiert eine Vorrangstellung des Islam und das Verbot, einen Muslim zu einer anderen Religion zu bekehren.[18] Dies gründet sich auf die Scharia, die keine Rechtsgleichheit für Nichtmuslime vorsieht und nur das Verhältnis zu Anhängern der anderen beiden Buchreligionen, Juden und Christen, regelt, nicht aber etwa zu Hinduisten oder Buddhisten und erst Recht nicht zu „neuen Religionen" (etwa den Baha'i); Juden und Christen, sind nach den schariatischen Vorschriften von bestimmten öffentlichen Ämtern ausgeschlossen, z. B. dem Richteramt.[19] Da dieses Amt, weil dort die Scharia als göttliches Recht anzuwenden ist, auch selbst religiös geprägt ist, kann dies aus der Logik des Islam zwar nicht verwundern. Dem Gleichheitsgrundsatz und einer freien Religionswahl und Religionsausübung entspricht dieser Ausschluss aber nicht. Anders hält es die tunesische Verfassung, die die Religionsfreiheit und Ausübungsfreiheit ohne Bezug zur Scharia, die in der ganzen Verfassung nicht vorkommt, sichert.

Auffällig ist, dass die Religionsfreiheit in der tunesischen Verfassung nicht im Grundrechtskatalog der Art. 21 bis 49 vorkommt, sondern vorab bereits zu Beginn der Verfassung im Kapitel über die „allgemeinen Prinzipien". Dies

---

15 Hierzu auch *Fischer/Diab*, NJW 2007, 2973.

16 Näher dazu FAZ v. 04.12.2007 Nr. 282, S. 7.

17 Dazu näher *Wittinger* (Fn. 14), S. 60ff.

18 Art. 10 Kairoer Erklärung der Menschenrechte im Islam von 1990.

19 Näher *Krämer*, Islam, Menschenrechte und Demokratie, Anmerkungen zu einem schwierigen Verhältnis, 2003, S. 29f.; *Nagel*, Das islamische Recht, 2011, S. 94ff.

ändert allerdings nichts an der Qualität und Ausgestaltung des Art. 6 Abs. 1 Satz 2 als Menschenrecht.

Auch weitere Bezüge zum muslimischen Glauben finden sich in der Verfassung. So muss, wie oben bereits genannt, der Staatspräsident muslimischen Glaubens sein (Art. 74), für den Regierungschef und die Abgeordneten fordert dies die Verfassung nicht. Die Eidesformeln des Regierungschefs und des Staatspräsidenten, die die Verfassung festhält, formulieren ferner einen Gottesbezug: „Gott der Allmächtige“ (Art. 89 letzter Absatz und Art. 74) – übrigens nicht „Allah“.

6. Verfassungsgericht

Die tunesische Verfassung sieht die Gründung eines Verfassungsgerichts vor (Art. 118). Es besteht aus 12 Mitgliedern, die mindestens eine je 20-jährige Erfahrung haben müssen, die in der Verfassung aber nicht präzisiert wird; Zweidrittel müssen Juristen sein. Ein Drittel kann daher mit Nichtjuristen, z. B. Vertretern bestimmter Gesellschaftsgruppen, besetzt werden, eine Regelung, die sehr strittig war, auch unter dem Aspekt etwaiger „Ämtervergabe“. Die Richter werden vom Parlament für eine Dauer von neun Jahren gewählt. Die Verfassung hält eine strikte Unvereinbarkeit mit anderen öffentlichen Ämtern fest (Art. 119).

Die Zuständigkeiten des tunesischen Verfassungsgerichts sind insbesondere in Art. 120 geregelt: Es ist zuständig, die Verfassungsmäßigkeit von Gesetzentwürfen zu überprüfen, bevor diese in Kraft treten und vom Staatspräsidenten unterzeichnet werden. Die Regelung unterscheidet sich von der deutschen abstrakten Normenkontrolle (Art. 93 Abs. 1 Ziff. 2 GG), die nach der Rechtsprechung des Bundesverfassungsgerichts nicht als präventive Kontrolle möglich ist[20] und ein in Kraft getretenes Gesetz voraussetzt; hinter der tunesischen Regelung steckt die Vorstellung, dass ein verfassungswidriges Gesetz gar nicht erst in Kraft treten sollte. Das tunesische Verfassungsgericht kann ferner Gesetzentwürfe, die die Verfassung ändern, überprüfen, ebenso wie völkerrechtliche Verträge vor ihrer Annahme durch das Parlament. [21]

Vor allem ist das Gericht auch zuständig für die Überprüfung eines Gesetzes, das ihm durch ein Gericht vorgelegt wird: Voraussetzung hierfür ist, dass eine Partei im Prozess die Verfassungsmäßigkeit des Gesetzes bezweifelt. Die Verfassung sieht ferner vor, dass das Verfassungsgericht in diesem Fall innerhalb von drei Monaten entscheiden muss (Art. 123). Die tunesische Verfassung kennt keine Verfassungsbeschwerde. Die Rüge der Verfassungswidrig-

20 BVerfGE 1, 396 (400 ff.).

21 Vgl. zu den verschiedenen Arten der Normenkontrollen in der Verfassungsgerichtsbarkeit (abstrakte, konkretem vorbeugenden, völkerrechtliche) *Häberle*, Europäische Verfassungslehre, 2. Aufl. 2004, S. 462 ff.

keit eines Gesetzes vor den Instanzen, ist damit die einzige Möglichkeit für den Einzelnen, die Befassung des Verfassungsgerichts im Hinblick auf eine Verfassungswidrigkeit zu erreichen, mithilfe des Prozessgerichts, wobei die Verfassung darüber schweigt, ob das Gericht das Gesetz vorlegen muss.[22] Aus deutscher Sicht mit der „Allgegenwärtigkeit" der Verfassungsbeschwerde ist dies eine schwache Position des Individuums. Weltweit betrachtet und speziell außerhalb von (Ost-)Europa, ist die Verfassungsbeschwerde – ebenso wenig wie eine selbstständige Verfassungsgerichtsbarkeit überhaupt – allerdings kein Standard[23] und eröffnet die tunesische Verfassung es dem Einzelnen wenigstens, ein staatliches Handeln – Gesetze – zur Überprüfung zu bringen. Möglicherweise hat hier auch der Einfluss der französischen Tradition und einer dort fehlenden Verfassungsbeschwerde eine Rolle gespielt. Das tunesische Modell kopiert im Ergebnis die in Frankreich seit 2008 gegebene Möglichkeit des Einzelnen, im Wege der nachträglichen Normenkontrolle im Verfahren die Verfassungswidrigkeit eines Gesetzes zu rügen und über das Kassationsgericht vor den Conseil d'Etat zu bringen.[24] Im Ganzen hat damit das tunesische Verfassungsgericht nach der neuen Verfassung eine Rolle, die für die Bedeutung der Verfassung insgesamt und für die der Verfassungsmäßigkeit von Gesetzen in der Praxis entscheidend sein kann – vorausgesetzt, der Einzelne macht von diesem Instrument und Recht im Prozess auch Gebrauch.

Abgesehen vom Verfassungsgericht schafft die neue Verfassung weitere unabhängige Verfassungseinrichtungen, „die die Demokratie schützen sollen" (vgl. Art. 125), z.B. eine Wahlbehörde (Art. 126), eine Instanz zum Schutz der Menschenrechte, die im Gesetzgebungsverfahren gehört werden muss (Art. 128) sowie eine Instanz der „guten Verwaltung" und des Kampfes gegen Korruption (Art. 130).

III. Staaten, ihre Verfassung und die Verfassungswirklichkeit

Die Existenz einer Verfassung alleine ist noch kein Garant für ihre Geltung in der Wirklichkeit; aber es ist der erste entscheidende Schritt, damit aus der Verfassung auf dem Papier auch in der Praxis Realität werden kann. Tunesien ist der bisher einzige Staat des sog. Arabischen Frühlings, der die Transformation von einer Diktatur in eine Demokratie bewerkstelligt hat – auch mit-

22 In Art. 53 des Entwurfs des Gesetzes über das Verfassungsgericht (Projet de loi organique relative à la Cour constitutionnelle v. August 2015, noch unveröffentlicht) ist allerdings eine Vorlagepflicht statuiert.

23 Näher *Wittinger*, Der Europarat, 2005, S. 285 ff. (290 m. w. N.).

24 Art. 61-1 Französische Verfassung, abrufbar über http://www.conseil-constitutionnel.fr/. (Stand Oktober 2016).

hilfe der Erarbeitung einer Verfassung. Eine Verfassung, die – bis auf das fehlende Verbot der Todesstrafe – modern ist, demokratischen und rechtsstaatlichen Anforderungen entspricht und den Spagat hinbekommen hat, die muslimische Prägung der Gesellschaft und den Bezug zum Islam in das Dokument aufzunehmen und sich zugleich zu Offenheit, Toleranz und zur Universalität der Menschenrechte zu bekennen.

Die Verfassungswirklichkeit wird wesentlich durch die Behörden und Gerichte gestaltet werden müssen. Die Gerichte werden von der Verfassung selbst dazu aufgerufen, über den „Schutz der Rechte und Freiheiten zu wachen" (vgl. Art. 49 Abs. 1 Satz 2). Eine besondere Rolle wird hierbei auch weiterhin den Verwaltungsgerichten zukommen, die bereits bisher – mangels einer früher noch fehlenden Verfassungsgerichtsbarkeit – mit Grundrechtsfragen befasst waren. Ein weiterer wichtiger Pfeiler müsste das zu schaffende Verfassungsgericht sein, mit seiner Möglichkeit, Gesetzentwürfe zu überprüfen oder auf Rüge einer Partei im Verfahren mittels Vorlage durch das Prozessgericht die Verfassungsmäßigkeit von Gesetzen zu kontrollieren. In beiden Fällen wird das tunesische Verfassungsgericht die immanente Befugnis haben, die Verfassung auszulegen und sie damit mit Leben zu füllen und auch weiterzuentwickeln. Denn Verfassungswandel vollzieht sich mittels Interpretation. Für das GG und das Bundesverfassungsgericht ist dies schon lange anerkannt; bereits 1976 hielt *Rudolf Smend* fest: „Das Grundgesetz gilt nunmehr praktisch so, wie das Bundesverfassungsgericht es auslegt."[25] Das Bundesverfassungsgericht selbst hat bekanntlich mehrere Methoden definiert, nach denen es vorgeht, um die Verfassung zu interpretieren: die grammatische, systematische, teleologische und historische Auslegung[26]. Die tunesische Verfassung legt fest, dass die Verfassungsvorschriften auszulegen sind wie „ein ganzes Harmonisches" („comme un tout harmonieux", Art. 146). Die „Harmonie" der Verfassungsbestimmung, im Sinne einer Einheit, als übergreifendes Prinzip ist auch der deutschen Verfassungsinterpretation vertraut, wonach das Gebot besteht, bei der Auslegung von Verfassungsbestimmungen die Einheit der Verfassung zu wahren; zugleich müssen Grundrechtskonflikte im Sinne „praktischer Konkordanz"[27], also im Sinne eines schonenden Grundrechtsausgleichs, gelöst werden. Dies wäre ein Weg, den auch das tunesische Verfassungsgericht beschreiten könnte, um die Grundrechte in der tunesischen Verfassung zu stärken.

Bislang hat sich der Aufbau des Verfassungsgerichts allerdings verzögert.[28] Insgesamt zur politischen und verfassungsrechtlichen Entwicklung besteht

25 In *Häberle* (Hrsg.), Verfassungsgerichtsbarkeit, 1976, S. 330; dazu auch *Lamprecht*, NJW 2009, 1454.

26 BVerfGE 11, 126 (130).

27 *Hesse*, Grundzüge des Verfassungsrechts der Bundesrepublik Deutschland, Neudruck 20. Aufl. 1995, Rn. 72.

28 Dazu näher unter www.auswaertigesamt.de (Stand Oktober 2016).

die Sorge, dass die junge Demokratie durch die Terrorakte 2015 auf das Bardo-Museum in Tunis und in Sousse sowie durch diverse Angriffe auf das tunesische Militär längerfristig erschüttert wird und die Beibehaltung des Ausnahmezustands der Festigung der Grund- und Menschenrechte abträglich ist. Wie so mancher Staat derzeit weltweit wird Tunesien, das mit der gemeinsamen Grenze zu Libyen einer besonderen Bedrohung im Hinblick auf einsickernde IS-Kämpfer unterliegt, entscheiden müssen, wie sein weiterer Weg zwischen dem Schutz der Freiheitsrechte und der Festigung der Demokratie, die das Ziel der Revolutionsbewegung seit 2010 waren, und der Bekämpfung des Terrorismus aussehen soll. Hinzu kommt die Verschlechterung der wirtschaftlichen Lage nach den diversen Terroranschlägen 2015 durch das Ausbleiben der Touristen. Es ist den Tunesiern zu wünschen, dass sich angesichts dieser Herausforderungen die noch junge Verfassung auch in der Praxis und im tunesischen Alltag bewährt.

Allgemeine Rechtsgrundsätze als verfahrensrechtliche Kontrollmaßstäbe dienstlicher Maßnahmen der Europäischen Patentorganisation

Rüdiger Zuck*

I. Fragestellung

1. Aufgaben des Europäischen Patentamts

Die Europäische Patentorganisation („EPO")[1] dient dem Zweck der Errichtung eines einheitlichen Patentüberwachungssystems im europäischen Raum sowie der Schaffung einheitlicher Vorschriften für die nach diesem Verfahren erteilten Patente. Diese Aufgaben obliegen dem Europäischen Patentamt („EPA"), vgl. Art. 4 II lit. a EPÜ. Das EPA hat seinen Sitz in München (Art. 6 I EPÜ). Seine Leitung obliegt dem Präsidenten (Art. 5 III, 10 EPÜ). Die Tätigkeit des EPA wird vom Verwaltungsrat überwacht (Art. 4 III 2, 26 ff. EPÜ).[2]

2. Organisationsstruktur

Als nichtstaatliches Völkerrechtssubjekt ist die EPO originärer Träger völkerrechtlich verbindlicher Rechte und Pflichten.[3] Die damit einhergehende Organisationsgewalt schließt die Möglichkeit ein, die Rechtsverhältnisse mit ihren Bediensteten „eigenständig und unabhängig vom nationalen Recht der Mitgliedsstaaten zu regeln."[4] Das ist im EPO-Beamtenstatut („BS"), erlassen vom

---

* Mit *Christian Kirchberg*, meinem Nachfolger im Vorsitz des BRAK-Verfassungsrechtsausschusses, verbindet mich eine lange Zeit gemeinsamer anwaltlicher Berufspolitik. Da wir außerdem beide in großem Maße in Verfassungsbeschwerdeverfahren vor dem BVerfG tätig sind, teilen wir auch die Notwendigkeit umfangreicher und intensiver Beschäftigung mit verfassungsrechtlichen und verfassungsprozessualen Fragestellungen. Der Zufall will es, dass wir gerade unabhängig voneinander und für unterschiedliche Auftraggeber Verfassungsbeschwerdeverfahren vor dem BVerfG führen, die die deutsche Rechtskontrolle von Entscheidungen der Beschwerdekammern der Europäischen Patentorganisation zum Gegenstand haben. Ich hoffe deshalb, dass meine – diese Verfahren nicht betreffende – Erörterung der Rechtskontrolle dienstlicher Maßnahme der Europäischen Patentorganisation das Interesse des Jubilars finden wird.

1 Sie beruht auf dem Übereinkommen über die Erteilung europäischer Patente vom 5.1.1973 („EPÜ"), ratifiziert von der Bundesrepublik durch das IntPatGÜ vom 21.6.1976 (BGBl. II S. 679) i.d.F. von BGBl. II 2007, S. 1082. Die Bundesrepublik hat der EPO im Rahmen des Art. 24 I GG die zur Erfüllung ihrer Aufgaben erforderliche Hoheitsgewalt übertragen, vgl. *Schäfers* in: Benkard, EPÜ, 2. Aufl. 2012, Art. 5 Rn. 3 ff.

2 Der Verwaltungsrat ist neben dem EPA das zweite Organ der EPO (Art. 4 II EPÜ).

3 *Kunz-Hallstein* in: Singer/Stauder, EPÜ, 6. Aufl. 2013, Art. 4 Rn. 10; *Zuck*, GRUR Int. 2011, 302.

4 BVerfGK 8, 266 (267).

Verwaltungsrat (gestützt auf Art. 33 II lit. b EPÜ), erfolgt. Das BS gilt für die Beamten des EPA, Art. 1 I BS. Beamter im Sinne des BS ist jeder EPA-Bedienstete, „der durch eine Urkunde der Anstellungsbehörde zum Beamten auf Probe oder zum Beamten auf Lebenszeit ernannt worden ist." (Art. 1 II BS).[5]

3. Dienstrechtliche Maßnahmen

a) Disziplinarmaßnahmen

Kommt gegen einen EPA-Bediensteten wegen Verstoß gegen Art. 14 BS (allgemeine Beamtenpflichten) oder Art. 24 BS (Verantwortung für dienstliche Maßnahmen) die Verhängung einer Disziplinarstrafe in Betracht (Art. 93 I BS), so wird von der Anstellungsbehörde ein Disziplinarverfahren (Art. 100 ff. BS) vor dem Disziplinarausschuss (Art. 97 ff. BS) eingeleitet. Der Disziplinarausschuss entscheidet nicht selbst über die zu verhängende Disziplinarstrafe, sondern gibt gegenüber der Anstellungsbehörde lediglich eine Stellungnahme dazu ab, welche Disziplinarstrafe nach seiner Auffassung verhängt werden müsste (Art. 102 I 1 BS). Die Anstellungsbehörde trifft dann die aus ihrer Sicht gebotene Entscheidung. Für die erforderlichen Untersuchungen zur Einleitung von Disziplinarverfahren gelten die Richtlinien für Ermittlungen im EPA vom 30.11.2012 („RS 342").[6]

b) Sonstige Maßnahmen

aa) Einzelentscheidung

Ein EPA-Bediensteter kann auch durch dienstrechtliche Maßnahmen berührt werden, die sein Anstellungsverhältnis betreffen, aber außerhalb eines Disziplinarverfahrens liegen. Das betrifft die ganze Palette des Anstellungsverhältnisses, also alle daraus folgenden Rechte und Pflichten. Bei den Bediensteten belastenden Maßnahmen kann er eine auf sich bezogene Einzelentscheidung durch die Anstellungsbehörde verlangen (Art. 107 I BS), um eine Überprüfung zu seinen Gunsten zu erreichen.

bb) Internes Beschwerdeverfahren

Dieses Überprüfungsverfahren ist regelmäßig zwingende Voraussetzung für die Durchführung des internen Beschwerdeverfahrens (Art. 109 I BS). Ist der EPA-Bedienstete im Überprüfungsverfahren erfolglos geblieben, kann er über

---

5 Das BS gilt außerdem für sonstige Vertragsbedienstete insoweit, als das in ihren Beschäftigungsbedingungen ausdrücklich vorgesehen ist, Art. 1 VII BS.

6 In Kraft getreten am 1.1.2013, vgl. Art. 20 I RS 342. S. a. Art. 5 I des Rundschreibens Nr. 341 vom 11.12.2012 „Politik zur Verhinderung von Mobbing und zur Lösung von Konflikten im EPA."

den Beschwerdeausschuss eine interne Beschwerde an die Anstellungsbehörde richten, die die entsprechende Entscheidung getroffen hat (Art. 110 I 1 BS). Zu dieser Beschwerde gibt der Beschwerdeausschuss eine Stellungnahme ab (Art. 110 III BS). Ebenso wie der Disziplinarausschuss ist der Beschwerdeausschuss aufgrund seiner Zusammensetzung und seiner begrenzten Vorschlagskompetenzen kein Entscheidungsgremium. Er liefert nur vorbereitende Erkenntnisse für die von der Anstellungsbehörde zu treffende endgültige Entscheidung (Art. 110 IV BS).

4. Streitigkeiten

a) Streitgegenstände

Allein in München beschäftigt das EPA rund 3.900 Bedienstete.[7] Es liegt auf der Hand, dass es schon aufgrund der großen Zahl der Bediensteten eine ganze Reihe von dienstrechtlichen Auseinandersetzungen gibt. Hinzu kommt, dass das Verhältnis zum (französischen) Präsidenten des EPA, Batistelli, angespannt ist. Das betrifft zum einen den Disziplinarsektor. Schwerpunkt sind dabei die Differenzen zwischen dem Präsidenten und der in der EPO tätigen Gewerkschaft („SUEPO“), die ihren Höhepunkt in der Entlassung der Personalratsvorsitzenden durch den Präsidenten wegen ihrer – aus seiner Sicht rechtswidrigen – gewerkschaftlichen Betätigung gefunden hat.[8] Aber neben diesem auch öffentlich ausgetragenem Streit gibt es den ständigen Fluss von Alltagsproblemen im Rahmen der bestehenden Dienstverhältnisse. Das betrifft dann auch die Besonderheiten des öffentlichen Dienstrechts, wie etwa den Grundsatz hauptberuflicher Tätigkeit, die Anwesenheitspflicht des Bediensteten, die Amtsverschwiegenheit, und auf Seiten des Dienstherrn die Angemessenheit der gewährten Alimentation, die Versorgungsgewährleistungen und die Realisierung allgemeiner Fürsorgepflichten.[9]

b) Streit-Rechtsschutz

aa)

Gegen ihn belastende Entscheidungen der Anstellungsbehörde kann der Bedienstete das ILOAT[10] anrufen.[11] Als allgemeine Rechtsgrundlage für dessen

---

7 Die EPO unterhält neben einem Verbindungsbüro in Brüssel weitere Dienststellen in Den Haag, Wien und Berlin. Insgesamt gibt es rund 6.000 EPO-Bedienstete.

8 Das interne Beschwerdeverfahren ist noch anhängig. Weder dieses Verfahren noch die dahinterstehende allgemeine Gewerkschaftsthematik sind Gegenstand dieses Beitrags.

9 *Ullrich*, Das Dienstrecht der internationalen Organisationen, 2009, S. 154 ff. Zum deutschen Recht siehe übersichtlich den Dienstpflichtenkatalog des OVG Münster, NVwZ 2012, 890.

10 International Labour Organisation-Administrative Tribunal.

11 Voraussetzung für die Anrufung des ILOAT ist die Erschöpfung des internen Beschwerdewegs (Art. 13 II EPO).

Tätigkeit dient die „ILO-Constitution", die die Organisation der ILO regelt. Das AT, ursprünglich eine Einrichtung des Völkerbundes, ging im Jahr 1946 auf die ILO über. Die Aufgaben des ILOATs ergeben sich aus Art. 2 II 1 des ILOAT-Statuts i. d. F. vom 9.10.1946 (mit mehreren späteren Ergänzungen). Die Verfahrensregelungen des ILOAT finden sich in den ILOAT-Rules vom 24.11.1993 i. d. F. vom 9.11.2011. Das ILOAT veröffentlicht seine Entscheidungen in der Reihe „Judgements of the Administrative Tribunal of the International Labour Organisation". Die wichtigsten Entscheidungen der jeweiligen Session finden sich im Internet in englischer und französischer Sprache.

bb)

Die Frage ist, nach welchen Rechtsregeln das ILOAT seine Entscheidungen trifft. Dass das ILOAT nationales Recht nicht anwenden kann, ist offenkundig. Das ILOAT hat aber in ständiger Rechtsprechung hinzugefügt, es sei auch nicht an die EMRK oder das Unionsrecht gebunden. Deshalb folge es durchweg eigenen Regeln.[12] Da das ILOAT als Gericht entscheidet und da die Bediensteten, durchweg garantiert durch die menschenrechtliche Gewährleistung der Menschenwürde, auf einen Grundbestand unveräußerlicher Rechte zurückgreifen können, können die „eigenen Regeln" des ILOAT keine beliebigen Regeln sein. Sie müssen vielmehr auf einem rechtsstaatlichen Fundament allgemein verbindlicher Regeln beruhen. Aber was ist ein solcher allgemeiner Rechtsgrundsatz? (II. 1.) Wo finden sich solche allgemeinen Rechtsgrundsätze? (II. 2.). Auf welche von ihnen muss das ILOAT zurückgreifen? Diese Thematik wird hier jedoch nur in Bezug auf den Sektor verfahrensrechtlicher Gewährleistungen erörtert (II. 3.).

II. Allgemeine Rechtsgrundsätze

1. Was versteht man unter einem allgemeinen Rechtsgrundsatz?

Es setzt allgemeine Gültigkeit voraus. Sie bedeutet, dass es für seine Geltung eine allgemeine Überzeugung gibt. Das bedeutet jedoch nicht, dass alle Rechtsordnungen die fraglichen Rechtsgrundsätze kennen oder akzeptieren müssen. Es genügt, wie das auch für die allgemeinen Regeln des Völkerrechts angenommen wird[13], dass es eine überwiegende rechtliche Anerkennung gibt. Sie ist nicht allein quantitativ zu bestimmen, sondern auch vom Gewicht

12 Judgement Nr. 3138, Cons. 7.

13 BVerfGE 117, 141 (148); *Kleinlein*, NJW 2007, 2591.

der jeweiligen Rechtsordnung her.[14] Es gibt aber noch weitere Klassifizierungskriterien. Die internen EPO-Verfahren und der ILOAT-Rechtsschutz stehen nicht in weltweitem Zusammenhang. Es kann infolgedessen nicht darauf ankommen, ob es entsprechende allgemeine Rechtsgrundsätze z.B. in afrikanischen, arabischen oder asiatischen Rechtsordnungen gibt. Maßgeblich ist vielmehr das Vorhandensein allgemeiner Rechtsgrundsätze im europäischen Rechtsraum.[15] „Allgemein" weist außerdem noch auf eine Rangkomponente. Mit ihr wird ausgesagt, dass die Regelung des allgemeinen Rechtsgrundsatzes inhaltlich über den konkreten, für ein Verfahren maßgeblichen Rechtsnormen angesiedelt ist. Der allgemeine Rechtsgrundsatz bestimmt, soweit das möglich ist, Auslegung und Anwendung der – sonst ohne die allgemeinen Rechtsgrundsätze – anzuwendenden Norm. Soweit Kongruenz nicht hergestellt werden kann, haben die allgemeinen Rechtsgrundsätze Vorrang. Die sperrenden Rechtsschutzgewährleistungen müssen weichen. Im hier gegebenen Zusammenhang ist deshalb ein allgemeiner Rechtsgrundsatz ein solcher, dem im europäischen Rechtsraum nach überwiegender Überzeugung als einfachrechtlichen Gewährleistungen zugeordneter Satz Bedeutung zukommt. Ob das zu verbindlicher Rechtsgeltung führt oder nur als Auslegungshilfe in Betracht kommt, ist fallbezogen zu klären.

2. Wo lassen sich solche allgemeinen Rechtsgrundsätze finden?

a) Kodifizierte Rechtsgrundsätze

Der naheliegende Rückgriff auf die UN-Charta vom 26.6.1945[16] scheidet ebenso aus wie eine Bezugnahme auf die Allgemeine Erklärung der Menschenrechte („AEMR") vom 10.12.1948[17] oder etwa den Internationalen Pakt über bürgerliche und politische Rechte, in Deutschland ratifiziert durch Gesetz vom 15.11.1973 (BGBl. II, S. 1533).[18] Als allgemeine menschenrechtliche Gewährleistungen fehlt ihnen aber die unmittelbare rechtliche Verbindlich-

14 *Streinz* in: Sachs, GG, 7. Aufl. 2014, Art. 25 Rn. 24.

15 Das schließt die Anerkennung außereuropäischer allgemeiner Grundsätze, etwa aus dem US-Rechtskreis, nicht aus.

16 Aktuelle Fassung BGBl. II 1980, S. 129.

17 Siehe dazu *Nettesheim*, Die Allgemeine Erklärung der Menschenrechte und ihre Rechtsnatur, in: HGR VI/2, 2009, § 173 Rn. 59. Zu den Verfahrens- und Justizgarantien vgl. etwa Art. 8 (Rechtsschutzanspruch) und den Anspruch auf rechtliches Gehör (Art. 10).

18 *Vedder*, Die allgemeinen UN-Menschenrechtspakte und ihre Verfahren, in: HGR VI/2, 2009, § 174 Rn. 11ff., Rn. 46ff. Art. 14 enthält alle wesentlichen rechtsstaatlichen Garantien für ein faires gerichtliches Verfahren.

keit. Auch wenn man sie als soft law einstuft, kommt ihnen nur der Charakter einer Auslegungshilfe zu.[19]

Unmittelbar rechtsverbindlich ist zwar Art. 47 GRCh, der das Gebot des effektiven Rechtsschutzes enthält[20] und konkretisiert: „Jede Person hat ein Recht darauf, dass ihre Sache von einem unabhängigen unparteiischen und zuvor durch Gesetz errichteten Gericht in einem fairen Verfahren, öffentlich und innerhalb angemessener Frist verhandelt wird“ (Art. 47 II 1 GRCh). Aber da die EPO keine Organisation des Unionsrechts ist, ist Art. 47 GRCh nicht unmittelbar anwendbar. Das gilt auch für Art. 6 EMRK, der das Recht auf ein faires Verfahren statuiert: Die EMRK ist nur für ihre Mitgliedsstaaten unmittelbar verbindlich.[21]

b) Allgemeine Rechtsgrundsätze als Auslegungshilfe

Dass allgemeine (Verfahrens-)Grundsätze nicht unmittelbar anwendbares Recht darstellen, schließt es nicht aus, ihnen rechtliche Bedeutung als Auslegungshilfe beizumessen. Das hat insbesondere der EGMR immer wieder betont, wenn er mit dem Problem des richtigen Verständnisses der EMRK befasst war.[22] Der EGMR verwendet in diesem Zusammenhang die Auslegungsregeln der Art. 31–33 Wiener Vertragskonvention. Das hat ihn veranlasst, die EMRK so auszulegen, „dass ihre Garantien praktisch und wirksam sind.“[23] Für die EMRK als Ganzes gilt, „dass der innere Zusammenhang ihrer Vorschriften und die Harmonie zwischen ihnen zur Entfaltung kommen.“ Darüber hinaus betont der EGMR, er habe die Vorschriften der EMRK „nie als ausschließlichen Bezugspunkt bei der Anwendung der in ihr garantierten Rechte und Freiheiten angesehen. Er müsse im Gegenteil auch die Regeln und Grundsätze des Völkerrechts berücksichtigen, die zwischen den Vertragsstaaten gelten“ und das unter Berücksichtigung der heutigen Verhältnisse. Das führe zu Rückgriffen auf UN-Konventionen, ILO-Konventionen, allgemeine

19 Die Zuordnung asiatischen oder afrikanischen Verständnisses zu einer „westlichen“ Betrachtungsweise ist – gerade unter Rechtsphilosophie – bislang nicht gelungen, vgl. als jüngstes Beispiel *Höffe*, Konfuzius, der Koran und die Gerechtigkeit, EuGRZ 2016, 1 (5 f.). Wie weit entfernt solche Überlegungen von der Rechtsdiskussion entfernt sind, wird deutlich, wenn *Höffe* meint, der Westen verstehe „heute unter Gerechtigkeit vornehmlich die soziale Gerechtigkeit“ und dem hinzufügt, mit dem Zusatz „Ge“ werde lediglich das Kennwort „Recht“ verstärkt, EuGRZ 2016, 1 (2). Die Widerlegung dieser doppelten Vereinfachung lohnt nicht.

20 Art. 47 I GRCh greift auf Art. 13 EMRK, Art. 8 AEMR zurück, vgl. *Eser* in: Meyer (Hrsg.), Charta der Grundrechte der Europäischen Union, 4. Aufl. 2014, Art. 47 Rn. 2.

21 *Meyer-Ladewig*, EMRK, 3. Aufl. 2011, Einl. Rn. 32.

22 Signifikant EGMR, Urt. v. 12.11.2008 – 34503/97, Demir u. Baykara/Türkei, NZA 2010, 1425 (1426 mit Rn. 65 ff.).

23 Wiederholt in der Entscheidung vom 6.1.2015 – Nr. 415/07 – Klausecker/Deutschland, Rn. 65. Der EGMR hebt, gerade im Zusammenhang mit der Gewährleistung effektiven Rechtsschutzes und dem Gebot des fairen Verfahrens hervor, von diesen Grundsätzen könnten sich die EMRK-Vertragsstaaten auch nicht dadurch dispensieren, dass sie ihre Hoheitsrechte an eine internationale Organisation übertragen.

von den zivilisierten Staaten anerkannte Rechtsgrundsätze (Art. 38 I lit. c Statut des IGH). Der EGMR berücksichtigt überdies auch (rechtlich) nicht bindende Empfehlungen und Entschließungen des Europarats. Im Schrifttum hat man diesen weit gespannten Schirm von Auslegungshilfen so verstanden, dass damit die Aufgabe gestellt werde, einheitliche Grundsätze für die europäische Verfassungsgerichtsbarkeit im Wege der Rechtsvergleichung zu entwickeln.[24]

3. Allgemeine Verfahrensgrundsätze

Beschäftigt man sich mit allgemeinen Verfahrensgrundsätzen, sei es als kodifizierte Grundsätze, sei es als Auslegungshilfen, die die Rechtskontrolle dienstrechtlicher Maßnahmen der EPO gegenüber ihren Bediensteten betreffen, so ergibt sich folgender Befund:

a) Gerichtliche Verfahren

Gesichert ist das Gebot des fairen Verfahrens für die Durchführung gerichtlicher Verfahren. Damit verbindet sich die Gewährleistung rechtlichen Gehörs und das Gebot des effektiven Rechtsschutzes (Art. 6 I EMRK, Art. 47 ff. GRCh, Art. 10 AEMR). Davon wird auch das Dienstrecht von Beamten erfasst. Dieses ist zwar dem öffentlichen Recht zuzuordnen. Der EGMR hat jedoch die Anwendung des Art. 6 I EMRK auf alle Streitigkeiten ausgedehnt, die dem Kernbereich des öffentlichen Rechts zuzuordnen sind.[25] Für dienstrechtliche Streitigkeiten von Beamten geht der EGMR grundsätzlich davon aus, dass Art. 6 I EMRK anwendbar ist. Das gilt im Übrigen auch für disziplinarrechtliche Streitigkeiten.[26]

b) Verwaltungsverfahren

Es darf jedoch nicht übersehen werden, dass der EGMR – etwa – im Rahmen der Prüfung, ob eine Sache „innerhalb angemessener Frist verhandelt wird" (Art. 6 I EMRK), auch das Verhalten der Behörden außerhalb eines Gerichts-

24 Zur Problematik siehe *Giegerich* in: Dörr/Grote/Marauhn, EMRK/GG, Konkordanz Kommentar, 2. Aufl. 2013, Kap. 2; *von Bogdandy/Grabenwarter/Huber*, Verfassungsgerichtsbarkeit im europäischen Rechtsraum, in: *dies.* (Hrsg.) IPE VI, 2016, § 95.

25 *Grabenwarter/Pabel* in: Dörr/Grote/Marauhn (Fn. 24), Kap. 14 Rn. 15 m.w.Nw.; *Meyer* in: *Karpenstein/Mayer*, EMRK, 2. Aufl. 2015, Art. 6 Rn. 15.

26 EGMR vom 16.7.2009, Nr. 8453/04 – Bayer; NVwZ 2010, 1015. S. dazu auch *Meyer* (Fn. 25), Art. 6 Rn. 20. S. auch die Nachweise bei *Meyer-Ladewig* (Fn. 22), Art. 6 Rn. 17; *Peukert* in: Frowein/Peukert, EMRK, 3. Aufl. 2009, Art. 6 Rn. 26 ff.; Entscheidung des EGMR vom 6.1.2015 – Nr. 415/07 – Klausecker, Rn. 52 ff.

verfahrens kontrolliert.[27] Das mag zunächst nur den besonderen Aspekt des Gebots des effektiven Rechtsschutzes betreffen. Aber selbst wenn man Art. 6 I EMRK, was seine unmittelbare Anwendbarkeit angeht, nur eingeschränkt heranziehen könnte, ist doch von einer Anstoßfunktion[28] der verfahrensrechtlichen, auf allgemeinen Rechtsgrundsätzen beruhenden Gewährleistungen in Bezug auf den Gerichtsverfahren vorausgehende Verwaltungsverfahren auszugehen. Das folgt aus dem allgemeinen Rechtsstaatsprinzip. Gerichtlicher Rechtsschutz darf durch die Gestaltung oder Handhabung von Verwaltungsverfahren nicht praktisch unmöglich gemacht oder erschwert werden. Da der Grundsatz des fairen Verfahrens seinen Grund im Rechtsstaatsprinzip hat[29], sind auf diesem Weg auch die Grundsätze des fairen Verfahrens als menschenrechtliche Gewährleistung für Verwaltungsverfahren anwendbar. Das bedeutet, dass auch hier niemand zu einem bloßen Verfahrensobjekt gemacht werden darf.[30] Zum Gebot des fairen Verfahrens gehört auch, dass sich ein Verfahrensbeteiligter zu allen erheblichen Rechts- und Tatsachenfragen rechtzeitig muss äußern können.[31]

IV. Umsetzung der allgemeinen Verfahrensgrundsätze auf die ILOAT-Verfahren

1. Unterschiedliche Rechtsstandpunkte

a) ILOAT

Es ist schon darauf hingewiesen, dass das ILOAT nach eigenen Rechtsregeln entscheidet (siehe oben I. 4b). Es geht davon aus, dass es weder – unmittelbar – an die EMRK oder an die GRCh gebunden ist, noch an die Rechtsprechung des EGMR oder des EuGH.[32]

27 S. dazu die Nachweise bei *Meyer* (Fn. 25), Art. 6 Rn. 81; *Sauer*, in: Karpenstein/Mayer (Fn. 25), Art. 13 Rn. 66.

28 EuGH, Slg. 199, I-579 Rn. 25; siehe auch EGMR, Entscheidung vom 21.7.2005 – Nr. 77098/01 Rn. 18, *Jarass*, Charta der Grundrechte der Europäischen Union, 2. Aufl. 2013, Art. 47 Rn. 48 ff.; Entscheidung des EGMR vom 6.1.2015 – Nr. 415/07 – Klausecker, Rn. 67.

29 EGMR vom 24.7.03, Nr. 52854/99 – Ryabykh/Russland, Rn. 51; *Grabenwarter/Pabel* (Fn. 25), Kap. Rn. 2, 94.

30 *Meyer-Ladewig* (Fn. 22), Art. 6 Rn. 91.

31 EGMR vom 27.10.93, Nr. 1448/88 – Dombo Behar B.V., Rn. 33, st. Rspr.; *Grabenwarter/Pabel* (Fn. 25), Kap. 14 Rn. 98.

32 Judgement Nr. 2292, Cos. 11; Judgement Nr. 3138, Cons. 7, st. Rspr.

b) EGMR

In ständiger Rechtsprechung hat der EGMR zwar bestätigt, dass Art. 6 I EMRK keine absoluten Gewährleistungen enthält, dass aber jede Beschränkung dieser Gewährleistungen die Frage beantworten muss, ob mit ihnen ein vernünftiges Ziel verfolgt wird und ob das Prinzip der Verhältnismäßigkeit eingehalten wird.[33] Der EGMR fügt hinzu: „The Court is of the opinion that where States establish international organisations in order to pursue or strengthen their cooperation in certain fields of activities, ... there may be implications as to the protection of fundamental rights. It would be incompatible with the purpose and object of the Convention, however, if the Contracting States were thereby absolved from their responsibility under the Convention in relation to the field of activity covered by such attribution ...[34] Diese Feststellungen beziehen sich zwar nur auf die jeweiligen Vertragsstaaten. Aber da auch das ILOAT eine völkerrechtliche Grundlage hat[35], beschränkt das den ILOAT-Freiraum (nur) nach eigenen Regeln zu entscheiden. Das gilt entsprechend für das Handeln der EPO-Organe.

c) Folgerungen

Natürlich können weder das ILOAT noch die EPO unmittelbar an die kodifizierten Verfahrensgrundsätze der EMRK gebunden sein. Sie sind es aber an die Rechtsprechung des EGMR. ILOAT und EPO müssen deshalb die allgemeinen Verfahrensgrundsätze des Art. 6 I EMRK beachten.

2. Was bedeutet das im Einzelnen?[36]

Das soll hier unter zwei Aspekten erörtert werden, nämlich zum einen in Bezug auf die Gewährleistung rechtlichen Gehörs (a), zum andern hinsichtlich der Notwendigkeit, die anhängige Rechtssache in angemessener Zeit zu entscheiden (b).

a) Rechtliches Gehör

Aus der due process-Klausel des US-Rechts stammend hat der Grundsatz des fairen Verfahrens seinen zentralen Standort in Art. 6 Abs. 1 EMRK. Der EGMR versteht darunter, dass niemand zum bloßen Objekt eines Verfahrens werden

---

33 Entscheidung vom 6.1.2015 – Nr. 415/07 – Klausecker, Rn. 62.

34 Entscheidung vom 6.1.2015 – Nr. 415/07 – Klausecker, Rn. 63.

35 S. dazu ausführlich BVerfGE 59, 63 (91 f.) – Eurocontrol II und dazu *Wurm*, Asking National Courts to Correct the Overflight Charges of Eurocontrol, in: Reinisch (ed.), Challenging Acts of International Organisations Before National Courts, 2010, 157 ff.

36 Auf die Schwierigkeiten, die Geltung allgemeiner Verfahrensgrundsätze festzustellen, weist zu Recht *von Bogdandy* hin, vgl. HStR, Bd. XI, § 232 Rn. 48.

darf, dass den Verfahrensbeteiligten angemessene Mitwirkungsrechte zur Verfügung stehen müssen und dass die getroffene Entscheidung frei von Willkür ist[37].

Die Gewährleistung des fairen Verfahrens umfasst auch die Sicherung des rechtlichen Gehörs. Im deutschen Verfassungsrecht ist dieser Grundsatz (in seiner Ausprägung durch Art. 103 I GG) allgemeingültig in drei Elemente aufgefächert worden. Informationspflicht, Stellungnahmerecht, Befassungspflicht.[38]

Von besonderer praktischer Bedeutung ist es, ob in diesem Zusammenhang mit der Gewährleistung rechtlichen Gehörs ein Anspruch auf mündliche Verhandlung begründet werden kann. Für das deutsche Recht steht fest, dass es einen solchen Anspruch nicht gibt[39]. Es ist vielmehr der Entscheidung des Gesetzgebers überlassen, ob und inwieweit er in einem bestimmten Verfahren einen Anspruch auf die Möglichkeit zu einer mündlichen Anhörung geben will. Wenn insoweit keine verbindliche Entscheidung getroffen worden ist, liegt die dann zu treffende Entscheidung im Ermessen des Gerichts[40]. Die EMRK geht jedoch deutlich weiter. Art. 6 I schreibt vor, dass die Rechtssache in einer öffentlichen Verhandlung erörtert wird. Das deutet auf das grundsätzliche Erfordernis einer mündlichen Verhandlung. Der EGMR prüft insoweit, ob nach den Umständen eine öffentliche Verhandlung notwendig ist. Es dürfen dabei Gesichtspunkte der Effektivität und Wirtschaftlichkeit berücksichtigt werden, wenn dies erforderlich ist, um ein Verfahren rasch erledigen zu können[41]. Von einer mündlichen Verhandlung kann nach der EGMR-Rechtsprechung abgesehen werden, wenn nur über Rechtsfragen zu entscheiden ist, die nicht besonders schwierig sind und keine Fragen von allgemeiner Bedeutung aufwerfen[42]. Es gilt aber der Grundsatz, dass von einer mündlichen Verhandlung dann nur unter außergewöhnlichen Umständen abgesehen werden darf, wenn das Gericht die erste und einzige Instanz ist.[43] Eine Rolle spielt dabei, in welchem Umfang ein Verfahrensbeteiligter Gelegenheit zur schriftlichen Stellungnahme hatte. Allgemeiner Gradmesser ist, wie sich die Nicht-Durchführung einer mündlichen Verhandlung auf das Verfahrensergebnis auswirken könnte. Wendet man diese Grundsätze auf die Judikatur des ILOAT an, so ergibt sich:

Auszugehen ist insoweit von Art. IV des ILOAT-Statuts, der es dem Gericht überlässt, auch in Bezug auf einen entsprechenden Antrag eines Verfahrens-

---

37 S. dazu die Nachweise bei *Meyer-Ladewig* (Fn. 22), Art. 6 Rn. 90 ff. S. auch Rn. 96.

38 Übersicht über die Rechtsprechung des BVerfG bei *Lechner/Zuck*, BVerfGG, 7. Aufl. 2015, § 90 Rn. 79b.

39 BVerfGE 112, 183 (206), st. Rspr.

40 BVerfGE 89, 381 (391); BVerfGK 8, 128 (132).

41 EGMR, 1992, Serie A, Bd. 235, S. 82 f.; 1993, Serie A, Bd. 263, S. 20; Entscheidung vom 6.12.2001, Nr. 31178/96, NJW 2003, 1921 (1923).

42 *Morscher/Christ*, EuGRZ 2010, 272 (273); *Meyer-Ladewig* (Fn. 22), Art. 6 Rn. 171.

43 *Meyer* (Fn. 25), Art. 6 Rn. 64.

beteiligten zu entscheiden, ob eine mündliche Verhandlung stattfinden soll oder nicht. Die Möglichkeit der mündlichen Verhandlung ist also von Rechts wegen eingeräumt. In der ILOAT-Praxis scheitern Anträge auf Durchführung einer mündlichen Verhandlung jedoch regelmäßig. Das ist grundsätzlich bedenklich, weil die Klärung der Sach- und Rechtslage im EPO-Verfahren selbst nicht durch ein Gericht erfolgt, sondern – letzten Endes sogar unabhängig von den Empfehlungen der in die Verfahren eingeschalteten Gremien – vom Präsidenten nach seinem (wenn auch pflichtgemäßen) Ermessen getroffen werden. Hinzu kommt, dass das ILOAT in all diesen Verfahren die einzige Gerichtsinstanz ist. Das gibt Veranlassung, die Praxis des ILOAT zu hinterfragen. Zum einen darf nicht übersehen werden, dass die Öffentlichkeit eines Gerichtsverfahrens ein universaler Grundsatz ist. Die Regel ist infolgedessen nicht der Ausschluss einer mündlichen Verhandlung, sondern ihre Durchführung. Zum andern mag die mit mündlichen Verhandlungen verbundene Verzögerung angesichts der Überlastung des ILOATs zwar durchaus ein Argument sein, um – wenigstens einigermaßen – für zeitgerechte Entscheidungen zu sorgen. Wenn das aber praktisch zum Ausschluss der mündlichen Verhandlung führt, ist das ein außerhalb des Verantwortungsbereichs der Verfahrensbeteiligten liegender Umstand, eines Umstands also, auf den der Verfahrensbeteiligte nicht den geringsten Einfluss hat. Der Ausschluss der mündlichen Verhandlung beruht dann allein auf den vom ILOAT angenommenen organisatorischen Notwendigkeiten (also nicht auf den unmittelbar verfahrensbezogenen Notwendigkeiten). Das macht den Verfahrensbeteiligten generell zu einem bloßen Verfahrensobjekt. Und schließlich ist zu beachten, dass die ILOAT-Verfahren immer wieder durchaus Anlass bieten, etwa die Anwendung allgemeiner Rechtsgrundsätze konkret zu prüfen, und damit Rechtsfragen, die – zumindest teilweise – einerseits ungeklärt, andererseits allgemein bedeutsam sind. Die Konsequenzen dieser Ausführungen können allerdings zunächst nur fallbezogen gezogen werden. Das ILOAT hat den Grundsatz des rechtlichen Gehörs durchaus anerkannt, ihn allerdings auf das „right to reply“ verkürzt.[44] Aber auch wenn man dem Erfordernis einer mündlichen Verhandlung mit Art. 6 I EMRK ein besonderes Gewicht beimisst, ändert das doch nichts daran, dass auch nach der Rechtsprechung des EGMR die einzelfallbezogene Handhabung des Verzichts auf eine mündliche Verhandlung durch das ILOAT per se nicht zu beanstanden ist.[45] Die hier diskutierte Problematik liegt aber nicht in der – ermessensgebundenen – Beurteilung von Einzelfällen, sondern in der Tatsache, dass es, sieht man sich die Entscheidungen des ILOAT in den einzelnen Sessionen an, feststeht, dass es – bezogen auf die gesamte ILOAT-Rechtsprechung – praktisch kein Verfahren mehr mit mündlicher Verhandlung gibt. Das deutet auf einen generellen

---

44 *Ullrich*, Das Dienstrecht der Internationalen Organisation, 2009, 160f.

45 Entscheidung vom 6.1.2015, Nr. 415/07 – Klausecker, Rn. 74 unter Hinweis auf die Entscheidung vom 12.5.2009, Nr. 10750/03 – Gasparini.

rechtsstaatswidrigen Ermessensfehlgebrauch bei der Entscheidung darüber, ob eine mündliche Verhandlung stattfinden soll oder nicht, hin. Darin liegt ein Verstoß gegen den allgemeinen Verfahrensgrundsatz der Gewährung rechtlichen Gehörs.

b) Überlange Verfahrensdauer

Eine besondere Rolle bei der Gewährleistung eines fairen Verfahrens spielt das in Art. 6 I EMRK enthaltene Gebot, die Sache „innerhalb angemessener Frist" zu verhandeln und zu entscheiden.[46] Für das, was in diesem Sinne angemessen ist, gibt es keine fixierte Zeitvorgabe.[47] Maßgebend sind vielmehr alle Umstände des Einzelfalls. Folgte man der Rechtsprechung des BVerfG, so wäre maßgeblich „insbesondere die Natur des Verfahrens und die Bedeutung der Sache für die Parteien, die Auswirkungen einer langen Verfahrensdauer für die Beteiligten, die Schwierigkeit der Sachmaterie, das den Beteiligten zuzurechnende Verhalten, insbesondere Verfahrensverzögerungen durch sie sowie die gerichtlich nicht zu beeinflussende Tätigkeit Dritter, vor allem der Sachverständigen."[48] Vergleichbare Grundsätze wendet der EGMR an.[49] Das hat den EGMR jedoch nicht an der Feststellung gehindert, eine Instanz solle nicht länger als ein Jahr dauern.[50] Zwei Grundsätze sind unter diesen Vorgaben besonders zu beachten.

aa) Grundrechtsgerechte Organisation

So sind die Vertragsstaaten eines internationalen Gerichts verpflichtet, dieses so einzurichten, dass es den Anforderungen des Art. 6 EMRK entspricht.[51] Das führt im Ergebnis zum Ausschluss der Argumentation des ILOAT, es müsse grundsätzlich auf eine mündliche Verhandlung verzichtet werden, weil andernfalls nicht mehr innerhalb angemessener Zeit entschieden werden könne. Geht man einmal davon aus, dass, wie noch zu zeigen sein wird, auch unter dieser Vorgabe viele Fälle vom ILOAT nicht in angemessener Zeit entschieden werden, beruht die ganze Argumentation auf einem von den Verfahrensbeteiligten nicht zu vertretenden Mangel in der Organisationsstruktur des ILOAT. Andere, mit vergleichbaren Überlastungsproblemen be-

---

46 S. dazu *Meyer* (Fn. 25), Art. 6 Rn. 72 ff., *Lechner/Zuck* (Fn. 38), § 97 a Rn. 5.

47 S. dazu die Nachweise bei *Meyer* (Fn. 25), Art. 6 Rn. 76 ff. So auch die Rechtsprechung des BVerfG und der in gefestigter Rechtsprechung entwickelte Katalog der maßgeblichen Einzelumstände, vgl. *Lechner/Zuck* (Fn. 38), § 97 a Rn. 51.

48 BVerfGK 20, 65 (71), Rn. 23, st. Rspr. Zu diesem Katalog s. ausf. *Schenke*, in: FS f. Kim, 2016, 441 (446 ff.).

49 S. dazu Urt. v. 2.9.2010 – Nr. 46344/06, Rumpf; Urt. v. 21.10.2010 – Nr. 43155/08 – Grumann, Rn. 26.

50 S. etwa EGMR, Entscheidung vom 26.11.2009 – 13591/05, Rn. 126 – Nazarov. Zu deutschen Faustregeln s. *Lechner/Zuck* (Fn. 28), § 97 a Rn. 52 m. w. N.

51 EGMR, Entscheidung vom 25.2.2000 – 29357/95, Rn. 75, NJW 2001, 211.

fasste Gerichte, wie etwa das BVerfG oder der EGMR, haben dazu längst Lösungsmöglichkeiten entwickelt.

bb) Einbeziehungen des EPO-Verfahrens

Und dann ist zu beachten, dass in die Beurteilung der maßgeblichen Gesamtumstände auch die Verfahrenslaufzeiten eines vorausgegangenen Verwaltungsverfahrens (hier also: des EPO-Verfahrens) einzubeziehen sind.[52] Im deutschen Recht ist die Einbeziehung des Verwaltungsverfahrens umstritten.[53] Die Zurechnung der Zeiträume des EPO-Verfahrens ist hier auf jeden Fall deshalb geboten, weil die EPO-Verwaltungsentscheidung zwingende Voraussetzung für die Anrufung des ILOAT ist.[54]

cc) Folgerungen

Das hat erhebliche Konsequenzen. Es gibt EPO-Verfahren von fünf oder mehr Jahren. ILOAT-Verfahren dauern durchschnittlich drei bis vier Jahre. Das kann dann zu Gesamtverfahrenszeiten von bis zu acht Jahren führen, im Allgemeinen bezogen auf bloße Routinefälle. Dass das ILOAT-Verfahren unter andauernder, d. h. nicht nur zeitlich begrenzter Überlastung beruht, ist angesichts des Umstands, dass das einen organisatorischen Mangel zur Ursache hat, bedeutungslos. Länger bestehende Fallrückstände entlasten nämlich ein Gericht nicht. Die Vertragsstaaten eines internationalen Gerichts sind vielmehr verpflichtet, das Gericht so einzurichten, dass es den Erfordernissen des Art. 6 EMRK entspricht.[55] Natürlich gilt auch hier, dass die Verfahrensdauer einzelfallbezogen aufgrund der Gesamtumstände zu beurteilen ist. Durchschnittliche Verfahrenslaufzeiten von vier bis acht Jahren deuten aber darauf hin, dass in einer großen Zahl von Einzelfällen von einer gegen die Grundsätze des Art. 6 I EMRK verstoßenden Entscheidung des ILOAT auszugehen ist.[56]

---

52 S. dazu *Meyer-Ladewig* (Fn. 22), Art. 6 Rn. 194. Siehe etwa EGMR, Entscheidung vom 21.7.2015, Nr. 77098/01, Rn. 18.

53 Verneint von BVerwG, NJW 2014, 96 (98); *Ott* in: Steinbeiß-Winkelmann/Ott, Rechtsschutz bei überlangen Gerichtsverfahren, 2013 § 198 GVG Rn. 37, bejaht dagegen, wenn im Verwaltungsverfahren schon eine irreparable Verzögerung eingetreten ist, BGH, NJW 2014, 220 (222); NJW 2014, 1967 (1968 f.). Siehe dazu auch *Schenke*, Rechtsschutz bei überlanger Dauer verwaltungsgerichtlicher Verfahren, in: FS f. Kim, 2016, 441 (447).

54 S. etwa EGMR, Entscheidung vom 21.7.2015, Nr. 77098/01, Rn. 18.

55 *Meyer-Ladewig* (Fn. 22), Art. 6 Rn. 206, 207 m.w.N.; *Meyer* (Fn. 25), Art. 6 Rn. 77 ff.; NJW 2011, 2694 – Kudla/Polen; NJW 2006, 2389 – Sürmeli/Deutschland, NJW 2010, 3355 – Rumpf/Deutschland.

56 Die Frage, ob und in welchem Umfang das Gegenstand nationaler Rechtskontrolle sein könnte, ist nicht Gegenstand dieses Beitrags.

V. Zusammenfassung

Der Umstand, dass eine völkerrechtliche Organisation wie die EPO Streitigkeiten mit ihren Bediensteten nach eigenem Recht entscheidet, und dass das auch nach dessen Rechtsverständnis für die Gerichtskontrolle durch das ILOAT gilt, wirft die Frage auf, ob das unbeschränkt der Fall sein kann. Das wird hier für die Geltung allgemeiner Rechtsgrundsätze – beschränkt auf den Sektor des Verfahrensrechts – verneint. Allgemeine Rechtsgrundsätze sind, bezogen auf die Rechtskontrolle dienstrechtlicher Maßnahmen der EPO gegenüber ihren Bediensteten, solche, die im europäischen Rechtsraum nach überwiegender Überzeugung als einfachrechtliche Gewährleistungen überragende Sätze rechtsverbindliche Geltung zukommen. Sie finden sich kodifiziert oder als anerkannte und insoweit rechtsverbindliche Auslegungsregeln. Kodifizierte allgemeine Verfahrensgrundrechte gibt es für die EPO nicht, ebenso wenig für das ILOAT, wohl aber anerkannte rechtsstaatliche Auslegungsregeln, wie sie der EGMR entwickelt hat. Für die hier untersuchten Fallgruppen des fairen Verfahrens, nämlich die Gewährleistung rechtlichen Gehörs und die innerhalb angemessener Verfahrensdauer zu treffende Entscheidung, bedeutet das, sowohl für die EPO-Entscheidungen als auch für die Entscheidungen des ILOAT, dass es gegen allgemeine Verfahrensgrundrechte verstößt, wenn das ILOAT in beiden Fallvarianten gleichermaßen gestützt auf die Überlastung des Gerichts, generell auf die Durchführung einer mündlichen Verhandlung verzichtet und seine Entscheidung erst nach einer durchschnittlichen Verfahrensdauer von vier bis acht Jahren trifft.

II. Öffentliches Baurecht

Das Umlegungsverfahren nach dem sofort vollziehbaren Umlegungsbeschluss

Hans-Jörg Birk

Den Empfänger dieser Festschrift und den Verfasser dieser Zeilen verbinden viele und langjährige freundschaftliche Kontakte in berufsständischen[1] und in fachlichen Aufgaben und Tätigkeiten, nicht zuletzt im Meinungsaustausch auf zahlreichen Veranstaltungen. Fachlich interessieren wir uns beide, neben manch anderem, für das Recht der Bodenordnung der §§ 45 ff. BauGB in ihrer gesetzlichen und vertraglichen Ausgestaltung[2]. Deshalb geht der Beitrag im Sinne all dieser freundschaftlich-beruflichen Kontakte einer bisher wenig behandelten Frage nach, nicht zuletzt, um zwischen uns den belebenden kritischen Diskus unterschiedlicher Ansichten aufrechtzuerhalten; nicht nur, aber auch deshalb: ad multos annos!

I. Die Fragestellung

Mit dem EAG Bau vom 24.06.2004[3] wurden die Regelungen der §§ 212 Abs. 2 Ziff. 1 und 224 Satz 1 Ziff. 1 BauGB[4] eingeführt, wonach der Widerspruch[5] bzw. Antrag auf gerichtliche Entscheidung gegen den Umlegungsbeschluss[6] keine aufschiebende Wirkung haben. Die gesetzliche Regelung beruht auf einem Vorschlag im Bericht des Sachverständigengremiums zur „Fortentwicklung des Rechts der Bodenordnung nach dem Baugesetzbuch“ aus dem

1 Dazu gehört die langjährige Zusammenarbeit im Prüfungsausschuss für Fachanwalt Verwaltungsrecht der vier Rechtsanwaltskammern Baden-Württembergs.

2 Zuletzt *Kirchberg*, Umlegung, in: Redeker/Üchtritz (Hrsg.), Kölner Handbuch Verwaltungsverfahren, 3. Aufl. 2017 und *Birk* in: BeckOK BauGB, §§ 45 – 60 und §§ 80 – 84 BauGB.

3 BGBl I 1359.

4 Paragraphen ohne Gesetzesangabe sind solche des BauGB.

5 Die Einführung bzw. Aufrechterhaltung des Widerspruchsverfahrens kann durch die Landesregierungen durch Rechtsverordnung bestimmt werden, § 212 Abs. 1 BauGB. Die geltenden Vorverfahrensregelungen finden sich in BeckOK BauGB, *Horrmann*, § 212 Rn. 5; Bremen, Baden-Württemberg, Nordrhein-Westfalen, Saarland und Sachsen haben von dieser Ermächtigung keinen Gebrauch gemacht. In diesen Ländern findet kein Vorverfahren statt. Rechtsmittel gegen den Umlegungsbeschluss und den Umlegungsplan ist der Antrag auf gerichtliche Entscheidung.

6 §§ 212 Abs. 2 Ziff. 1 und 224 Ziff. 1 verweisen jeweils nur auf den Umlegungsbeschluss nach § 47 Abs. 1. Mit *Kalb* in: Ernst/Zinkahn/Bielenberg/Krautzberger, BauGB, § 224 Rn 16 wird davon ausgegangen, dass ein Rechtsmittel gegen den Umlegungsbeschluss auch dann keine aufschiebende Wirkung hat, wenn der Bebauungsplan zum Zeitpunkt des Erlasses des Umlegungsbeschlusses noch nicht in Kraft getreten ist.

Jahre 2002[7]. In der Sachverständigenkommission wurde diskutiert, dem Gesetzgeber den Vorschlag zu unterbreiten, Rechtsmittel gegen den Umlegungsbeschluss entfallen und eine Gesamtüberprüfung von Umlegungsbeschluss und Umlegungsplan in nur einem Rechtsmittelverfahren vorzusehen. Darauf konnte sich das Sachverständigengremium nicht verständigen und führte deshalb aus: *„Auch aus verfahrensökonomischen Gründen würde es sich daher zumindest für konfliktträchtige Fälle anbieten, an der Erforderlichkeit des Umlegungsbeschlusses festzuhalten. Die jetzige Regelung hat für diese Fälle den Vorteil, dass die Abgrenzung des Umlegungsgebiets von den Regelungen im Umlegungsplan abgeschichtet werden kann, wenn sie frühzeitig für alle Beteiligten verbindlich entschieden wird. Nach den Erfahrungen der Praxis sind Widerspruch und Anfechtung gegen Umlegungsbeschlüsse auch zumeist nicht erfolgreich. Um eine zügige Durchführung auch solcher Verfahren sicherzustellen, die durch Widerspruch oder Anfechtungsklage angegriffen werden, erscheint es zweckmäßig, die aufschiebende Wirkung solcher Rechtsbehelfe für den Umlegungsbeschluss auszuschließen. Ein solcher Entfall des Suspensiveffekts sollte auch auf Rechtsbehelfe gegen die Bekanntmachung des Inkrafttretens des Umlegungsplans (§ 71 BauGB) erstreckt werden.“*[8]

Mit dem Wegfall der aufschiebenden Wirkung eines Rechtsmittels gegen den Umlegungsbeschluss stellt sich die Frage, wie weit (mit dem Blick auf den Verfahrensfortgang) das Umlegungsverfahren fortgeführt werden kann, bevor der Umlegungsbeschluss unanfechtbar geworden ist, also die Rechtsmittel hiergegen erschöpft sind. Es ist interessant, dass die einschlägigen Kommentare zum BauGB hier im Ungefähren bleiben und in aller Regel nur festhalten, dass § 51 und die §§ 208 und 209 Abs. 1[9] trotz des eingelegten Rechtsmittels Anwendung finden können.[10] Nur bei Kirchberg findet sich eine klare Aussage, wie weit das Umlegungsverfahren auf der Basis eines sofort vollziehbaren Umlegungsbeschlusses fortgeführt werden kann: *„Denn der Wegfall des Suspensiveffektes bedeutet (nur), dass das Umlegungsverfahren trotz Anfechtung des Umlegungsbeschlusses grundsätzlich seinen Fortgang nehmen kann, einschließlich Vorkaufsrecht nach § 24 Abs. 1 Satz 1 Nr. 2 BauGB (…), Verfügungs- und Veränderungssperre nach § 51 BauGB (…), Eintragung des Umlegungsvermerks nach § 54 Abs. 1 und 2 BauGB bishin zur Erörterung der vorgesehenen Regelung des Umlegungsplans mit den Eigentümern nach § 66 Abs. 1 Satz 1 BauGB, es sei denn, es gelingt dem Widersprecher/Antragsteller gegen den Umlegungsbeschluss einen Sofortrechtschutz-*

---

7 Veröffentlicht durch das BMVBW, 2002. Der Verfasser dieses Beitrags war Mitglied des Sachverständigengremiums.

8 Bericht Sachverständigengremium Seite 9f.

9 Vgl. z.B. *Dösing*, BeckOK BauGB, § 224 Rn 2.

10 Offen im Sinne eines weitergehenden weiteren Verfahrens *Kukk* in: Schrödter (Hrsg.) BauGB, 8. Aufl. 2015, § 224 Rn. 6.

antrag in entsprechender Anwendung des § 80 Abs. 4 bzw. 5 VwGO durchzusetzen (§§ 212 Abs. 2 Satz 1, 224 Satz 2 BauGB). An der Voraussetzung für die Aufstellung des Umlegungsplans, dass das Umlegungsverfahren bestandskräftig eingeleitet worden sein muss, ändert der Wegfall des Suspensiveffektes von Rechtsmitteln gegen den Umlegungsbeschluss jedoch nichts[11]*.“*

Der Beitrag will den Versuch unternehmen, dem Empfänger dieser Festschrift mit der These gegen die vorstehend zitierte, zuletzt formulierte Ansicht zu begegnen, dass der Wegfall der aufschiebenden Wirkung des Rechtsmittels gegen den Umlegungsbeschluss das weitere Umlegungsverfahren mit dem Blick auf die Aufstellung des Umlegungsplans (§ 66), Bekanntmachung (§ 69) und der Zustellung des Umlegungsplans (§ 70) nicht hindert. Allein die Feststellung der Unanfechtbarkeit des Umlegungsplans und dessen Veröffentlichung (§ 71 Abs. 1) setzen voraus, dass beide Verwaltungsakte, der Umlegungsbeschluss und der Umlegungsplan, unanfechtbar geworden sind. Dieser These soll im Einzelnen nachgegangen werden. Ob ein solches Vorgehen mit dem Blick auf die Verfahrensökonomie einerseits und dem Umgang mit den Grundstückseigentümern andererseits sinnvoll ist, muss im jeweiligen Einzelfall überprüft werden. Dies ist nicht Gegenstand der nachstehenden Überlegungen.

II. Die Bodenordnung in den Verfahren der Umlegung und der vereinfachten Umlegung

Blicken wir auf § 45 Satz 1, so finden wir dort als Ziel der Umlegung die Schaffung von Grundstücken, die nach Lage, Form und Größe unter Einschluss der erforderlichen Erschließung bebaubar sein sollen. Mit diesem Anspruch steht die Privatnützlichkeit[12] im Vordergrund, verfassungsrechtlich konzipiert als eigentums- und bestandserhaltendes Rechtsinstitut[13]. § 45 BauGB definiert den Zweck und damit das Ziel der Umlegung, regelt selbst jedoch nichts mit dem Blick auf das Verfahren, mit dem dieses Ziel erreicht werden kann und soll.

Das Recht der Bodenordnung nach dem BauGB unterscheidet einen Ersten Abschnitt mit „Umlegung“[14] und einen Zweiten Abschnitt mit „Vereinfachte Umlegung“[15] überschrieben. Die Umlegung ist als zweistufiges Verfahren mit Umlegungsbeschluss und Umlegungsplan, die vereinfachte Umlegung, deren

11 *Kirchberg* (Fn. 2), Teil 3 C, S. 404.
12 Vgl. statt aller *Birk* (Fn. 2), § 45 Rn. 1 mit zahlreichen Nachweisen aus der Rechtsprechung.
13 Vgl. dazu eingehend *Breuer* in: Schrödter (Fn. 10), § 45 Rn 22ff.
14 §§ 45ff.
15 §§ 80ff.

Voraussetzungen hier nicht interessieren[16], (nur) als ein einstufiges Verfahren, mit einem (1) „Beschluss über die vereinfachte Umlegung“ (§ 82) ausgestaltet, der die Neuordnung in einem einheitlichen Rechtsakt durchführt[17]. Der Beschluss über die vereinfachte Umlegung beinhaltet den Umlegungsbeschluss und Umlegungsplan, sieht also von zwei Verfahrensschritten ab.

Ohne auf die Besonderheiten und die Abgrenzung beider Verfahren, der Umlegung und der vereinfachten Umlegung, hier eingehen zu müssen, kann festgestellt werden, dass die im BauGB vorgegebenen Regelungsunterschiede rein verfahrensrechtlicher Natur und nicht auf verfassungsrechtliche oder andere materiell-rechtliche Gründe zurückzuführen sind. Die Umlegung ist zweistufig angelegt, um mit dem Umlegungsbeschluss Flächen und Beteiligte abschließend zu definieren, mit denen das Verfahren bis zum Umlegungsplan weitergeführt werden soll. Die Zweistufigkeit will Störungen vermeiden und die Rechtssicherheit erhöhen. Es handelt sich um einen rechtstechnischen, besser verfahrenstechnischen Unterschied, nicht um materielle Gründe, die die beiden Verfahrensarten der Bodenordnung prägen und unterscheiden. Dies ist für die hier behandelte Frage der Reichweite des weiteren Verfahrensablaufs bei dem Rechtsmittel gegen den Umlegungsbeschluss von Bedeutung.

III. Der Umlegungsbeschluss

Der Umlegungsbeschluss nach § 47 ist ein Verwaltungsakt; streitig ist, ob es sich um einen Verwaltungsakt in der Form der Allgemeinverfügung[18] oder um einen Gesamtverwaltungsakt[19] handelt[20]. Diese Frage ist für die hier behandelten Überlegungen ohne Bedeutung und kann deshalb dahingestellt bleiben. Der Umlegungsbeschluss bestimmt abschließend (nur!) die am Umlegungsverfahren beteiligten Grundstücke (insgesamt oder als Teilflächen). Die im Umlegungsgebiet gelegenen Grundstücke sind einzeln aufzuführen, § 47 Abs. 1 Satz 2. Materiell-rechtlich hat der Umlegungsbeschluss abschließend die Aufgabe, das Umlegungsgebiet so zu begrenzen, dass die (vorrangig

---

16 Vgl. *Birk* (Fn. 2), § 80 ff.

17 Vgl. dazu z. B. *Birk* (Fn. 2), § 82 Rn. 4.1.

18 So: BGH (10.01.2002) III ZR 212/01, ZfBR 2002, 256, zuvor schon *Dieterich* (4. Aufl. und) 5. Aufl. 2005, Rn. 126.

19 So mit ausführlicher Begründung: *Otte* in: EZBK, § 47 Rn. 9; zur Abgrenzung Verwaltungsakt – Allgemeinverfügung vgl. auch *U. Stelkens* in: Stelkens/Bonk/Sachs, VwVfG, 8. Aufl. 2014, § 35 Rn. 280.

20 Offengelassen oder nicht behandelt von *Köster in:* Schröder (Fn. 10.), § 47 Rn. 4, *Kirchberg* (Fn. 2), Rn. 31; *Birk* (Fn. 2), § 47 Rn. 11; *Reidt* in: Battis/Krautzberger/Löhr, BauGB, 13. Aufl. 2016, § 47 Rn. 4.

privatnützige[21]) Umlegung zweckmäßig durchgeführt werden kann, § 52 Abs. 1. Mit der Bestimmung der im Umlegungsgebiet gelegenen Grundstücke werden gleichzeitig und abschließend die Beteiligten im Umlegungsverfahren im Sinne des § 48 bestimmt und benannt.

Mit dem Umlegungsbeschluss ist damit räumlich und personell definiert, welche Flächen und welche Personen abschließend in dieses Verfahren einbezogen sind. Mit diesen Flächen und Personen wird das weitere Verfahren mit dem Ziel der Neuordnung durchgeführt, um gem. § 45 Abs. 1 zur Bebauung nach Lage, Form und Größe zweckmäßig gestaltete und erschlossene Grundstücke entstehen zu lassen.

Der Umlegungsbeschluss als gesetzlich vorgegebener Verfahrensschritt bestimmt abschließend für das weitere Verfahren, die Flächen und Beteiligten am Verfahren; er ist deshalb erst dann unanfechtbar, wenn die Rechtsmittel aller Beteiligten erledigt sind. Anpassungen der Fläche des Umlegungsgebietes und der Beteiligten unterliegen ausdrücklichen Regelungen, die entweder an der abschließenden Bestimmung von Flächen und Beteiligten nichts ändern[22], oder das Verfahren erneut eröffnen, also die Präklusion aufheben.

IV. Das Umlegungsverfahren nach dem Rechtsmittel gegen den Umlegungsbeschluss

Das Rechtsmittel gegen den Umlegungsbeschluss hat nach §§ 212 Abs. 2 Ziff. 1 und 214 Satz 1 Ziff. 1 keine aufschiebende Wirkung; diese kann durch einen erfolgreichen Antrag auf Herstellung der aufschiebenden Wirkung vermieden werden[23]. Darauf ist hier nicht einzugehen.

Die fehlende aufschiebende Wirkung eines Rechtsmittels ermöglicht die Anwendung des Umlegungsbeschlusses als Rechtsgrundlage für das Vorkaufsrecht nach § 24 Abs. 1 Satz 1 Ziff. 2, die Genehmigung nach § 51 genauso wie die anderen das Verfahren prägenden Schritte[24]. Der nächste eigentliche Verfahrensschritt ist die Aufstellung des Umlegungsplans durch die Umlegungsstelle nach § 66 Abs. 1 Satz 1. Diese Aufstellung ist für sich genommen kein Verwaltungsakt, sondern eine verfahrensinterne Entscheidung[25], die erst mit ihrer öffentlichen Bekanntmachung und Zustellung nach

21 Vgl. Fn. 12.

22 §§ 52 Abs. 3 für Flächen, 49 für Beteiligte.

23 Erfahrungen mit diesem Rechtsmittel liegen nicht vor. Es wird vermutet, dass ein solcher Antrag weniger aus Gründen der Umlegung und mehr aus formellen Gesichtspunkten (z. B. Befangenheit, fehlerhafte Umlegungsanordnung) Erfolg haben dürfte.

24 Dies entspricht der allgemeinen in den Kommentaren vertretenen Ansicht. So auch *Kirchberg* (Fn. 2), Rn. 31.

25 *Grziwotz*, BeckOK BauGB, § 66 Rn. 14; *Köster* in: Schrödter (Fn. 10.), § 66 Rn. 6.

§§ 69 und 70 zum Verwaltungsakt wird[26]. Der angegriffene Umlegungsbeschluss hindert die Umlegungsstelle nicht an der Aufstellung des Umlegungsplans, sie darf aufgrund der aufschiebenden Wirkung eines Rechtsmittels von der Geltung des Umlegungsbeschlusses ausgehen und diesen ihren weiteren Entscheidungen zugrunde legen. Die Aufstellung ist materiell-rechtlich durch die mögliche Rechtswidrigkeit des Umlegungsbeschlusses belastet, aber dadurch nicht ausgeschlossen. Diese Belastung kennen wir aus vielen parallelen oder mehrstufigen gerichtlichen Überprüfungen[27].

Der aufgestellte Umlegungsplan wird rechtlich erst durch seine Bekanntmachung und Zustellung nach §§ 69 und 70 zum Verwaltungsakt. Scheitert die Zulässigkeit des Erlasses dieses Verwaltungsaktes an dem noch rechtsmittelbelastenden Umlegungsbeschluss? Dafür sind keine rechtlichen Gründe erkennbar. Die einschlägigen Vorschriften der §§ 212 Abs. 2 Ziffer 1 und 224 Satz 1 Ziffer 1 beschränken nach ihrem Text das weitere Verfahren nicht; der Umlegungsplan, seine öffentliche Bekanntmachung und die Zustellung an die einzelnen Beteiligten stützen sich auf den sofort vollziehbaren Umlegungsbeschluss. Es sind auch keine materiellen Rechtsgründe erkennbar, die diesen weiteren Verfahrensschritt aus Gründen des Rechtsschutzes[28] oder der rechtlichen Folgen ausschließen. Dies ergibt sich aus der Regelungssystematik der §§ 71 und 72: Die Unanfechtbarkeit des Umlegungsplanes, die nach § 71 (nur) deklaratorisch bestätigt wird, setzt die Unanfechtbarkeit des Umlegungsbeschlusses voraus, weil nur dann das Gebiet der Neuordnung und die Beteiligten abschließend und über die Unanfechtbarkeit bindend festgestellt sind. Erst diese „doppelte Unanfechtbarkeit" führt zu einer weiteren Voraussetzungen unterliegenden vollzugsfähigen Einheit. Dabei ist in Erinnerung zu rufen, dass die Unanfechtbarkeit des Umlegungsbeschlusses wie des Umlegungsplanes voraussetzt, dass die Rechtsmittel sämtlicher Beteiligter erledigt sind. Die Unanfechtbarkeit des Umlegungsplans ist öffentlich bekanntzumachen, § 71 Abs. 1 Satz 1. Erst eine rechtmäßige Bekanntmachung, also eine solche, die die Unanfechtbarkeit materiell-rechtlich korrekt bestätigt, löst die Rechtswirkungen des Wechsels des Rechtszustandes gem. § 72 aus.

Eine andere Einordnung der nicht eintretenden aufschiebenden Wirkung durch das Rechtsmittel gegen den Umlegungsbeschluss ergibt sich auch nicht aus dem Wortlaut des § 71 Abs. 1 Satz 1, weil dieser allein auf die Unanfechtbarkeit des Umlegungsplanes abhebt. Die Unanfechtbarkeit des Umlegungsbeschlusses ist die Voraussetzung des Eintritts der Unanfechtbarkeit des Umlegungsplans[29], ist also dessen Vorbedingung. Diese Konsequenzen wür-

---

26 *Reith* (Fn. 20), § 66 Rn. 4.

27 Die Normenkontrolle gegen einen Bebauungsplan schließt eine Baugenehmigung, die sich auf den Bebauungsplan stützt, nicht aus; die Normenkontrolle hat keine aufschiebende Wirkung.

28 Vgl. nachstehend V.

29 Deshalb wird die Rechtmäßigkeit des Umlegungsbeschlusses nach dessen Unanfechtbarkeit im weiteren Verfahren nicht mehr geprüft. Diese Überprüfung präkludiert.

den i.Ü. auch eintreten, wenn der Umlegungsbeschluss aus irgendwelchen Gründen nichtig oder überhaupt nicht gefasst worden wäre.

Rechtsfolge dieser Gesamtansicht ist: Die Sonderregelungen der §§ 71 Abs. 1 Satz 2 (Geldabfindung) und des Abs. 2 (Teilinkraftsetzung) können keine Anwendung finden, solange der Umlegungsbeschluss nicht seinerseits unanfechtbar geworden ist. Beide genannten Vorschriften des § 71 gehen von einer Teilunanfechtbarkeit des Umlegungsplans aus, die ihrerseits stets die Unanfechtbarkeit des Umlegungsbeschlusses voraussetzt, weil nur dadurch das Umlegungsgebiet und die Beteiligten abschließend bestimmt sind und die (eingeschränkten) Rechtsfolgen des Umlegungsplans eintreten können.

Etwas anderes ergibt sich auch nicht daraus, dass ein Rechtsmittel gegen den Umlegungsplan aufschiebende Wirkung hat. Diese gesetzliche Vorgabe leitet sich aus der Regelungsfolge der §§ 71 und 72 ab: Die Unanfechtbarkeit des Umlegungsplans und seine Bekanntmachung führen „automatisch" zur Rechtsänderung, § 72.

§§ 212 Abs. 2 Ziffer 2 und 224 Satz 1 Ziffer 2 bestimmen, dass Rechtsmittel gegen die Bekanntmachung der Unanfechtbarkeit des Umlegungsplans nach § 71 Abs. 1 keine aufschiebende Wirkung haben. Auch dies schließt die hier vertretene Ansicht nicht aus, das Verfahren nach einem Rechtsmittel gegen den Umlegungsbeschluss bis zur Bekanntmachung und Zustellung des Umlegungsplans weiter zu führen. Die Bekanntmachung nach § 71 Abs. 1 Satz 1 ist ein Verwaltungsakt, der eigenständig mit der Begründung angefochten werden kann, die Unanfechtbarkeit liege nicht vor. Im Falle der fehlenden Unanfechtbarkeit des Umlegungsplans, aus welchem Grund auch immer, wird auf Antrag die aufschiebende Wirkung hergestellt werden[30].

V. Verfahrensfragen

Die vorstehenden Ausführungen verdeutlichen, dass den betroffenen Beteiligten keine Einschränkung des doppelten Rechtschutzes – gegen den Umlegungsbeschluss und gegen den Umlegungsplan – widerfährt.

Der Blick auf die verschiedenen prozessualen Situationen soll abschließend aufzeigen, dass der hier vertretenen Ansicht auch prozessuale Problemstellungen nicht entgegenstehen. Zu behandelnde Fragen tauchen nur dann auf, wenn Rechtsmittelverfahren gegen den Umlegungsbeschluss nicht vor Erlass des Umlegungsplanes mit dessen Unanfechtbarkeit abgeschlossen sind.

Sind die Rechtsmittel gegen den Umlegungsbeschluss und den Umlegungsplan bei derselben Rechtsmittelinstanz anhängig (Widerspruchsbe-

---

30 *Reidt* (Fn. 20), § 212 Rn. 6; *Hornmann*, BeckOK, § 212, Rn 15.

hörde, Baulandkammer usw.), können die Verfahren zur gemeinsamen Verhandlung und Entscheidung verbunden werden, § 221 Abs. 1 i. V. m. § 147 ZPO. Ein Verbindungsverbot ist nicht erkennbar.

Sind die Rechtsmittel gegen den Umlegungsbeschluss und Umlegungsplan in unterschiedlichen Rechtsmittelinstanzen anhängig, z. B. der Umlegungsbeschluss beim Baulandsenat des OLG, der Umlegungsplan bei der Baulandkammer, ist stets das Verfahren gegen den Umlegungsplan nach § 221 Abs. 1 i. V. m. § 148 ZPO auszusetzen. Die in § 148 ZPO angesprochene Vorgreiflichkeit ist gegeben. Diese ist im Übrigen im Verhältnis Antrag auf gerichtliche Entscheidung gegen den Umlegungsplan und bei paralleler Normenkontrolle gegen den Bebauungsplan anerkannt.

Werden gegen den Umlegungsbeschluss Rechtsmittel eingelegt, gegen den Umlegungsplan jedoch nicht, stellt sich die Frage, ob dadurch das Rechtschutzinteresse für die (Fort-) Führung des Verfahrens gegen den Umlegungsbeschluss entfällt. Dies dürfte zu verneinen sein, weil der Umlegungsbeschluss die flächenmäßige und damit personelle Beteiligung abschließend bestimmt, die der Umlegungsplan voraussetzt. Erfolgt in diesem Verfahren die Aufhebung des Umlegungsbeschlusses, kann der Umlegungsplan nicht unanfechtbar werden, weil die Bekanntmachung nach § 71 und deren Rechtswirkung nach § 72 nicht eintreten können.

Die Anwendung des § 73 mit der Möglichkeit der Änderung des Umlegungsplanes scheidet nach der hier vertretenden Ansicht aus, weil der Umlegungsplan erst dann unanfechtbar werden kann, wenn auch der Umlegungsbeschluss unanfechtbar ist.

VI. Schlussbetrachtung

Die bestehenden Überlegungen zeigen, dass die Sofortvollziehbarkeit des Umlegungsbeschlusses weit reicht und geeignet ist, die Umlegungsverfahren weit mehr zu beschleunigen, als bisher angenommen wurde. Die dadurch erreichte Verfahrenskonzentration ist zudem geeignet, das Verfahren für die Betroffenen verständlicher zu machen: Manch ein Rechtsmittel gegen den Umlegungsbeschluss motiviert sich allein aus dem Nichtwissen der Betroffenen, was sie im weiteren Verfahren an Flächenabzügen und Kosten erwartet. Die Praxis der vereinbarten gesetzlichen Umlegung[31] verdeutlicht dies; hier wird der Umlegungsbeschluss im Regelfall erst gefasst, wenn die Konditionen des Umlegungsplans vereinbarungsfähig oder gar vereinbart sind.

---

31 § 56 Abs. 2, vgl. dazu *Birk* (Fn. 2), § 56 Rn 7 ff.

Städtebaulich unerwünschte Vorhaben – Handlungsoptionen der Gemeinde bei abgelaufener Veränderungssperre

Thomas Burmeister

I. Einleitung

Die Veränderungssperre (§§ 14–18 BauGB) ist in der Praxis das entscheidende Mittel der Gemeinde, die Bauleitplanung zu sichern. Soweit die Gemeinde die Aufstellung eines Bebauungsplans beschlossen hat, kann sie gemäß § 14 Abs. 1 BauGB für den künftigen Planbereich eine Veränderungssperre erlassen. Die Regelungen der §§ 14–18 BauGB bilden eine Inhalts- und Schrankenbestimmung i. S. d. Art. 14 Abs. 1 S. 2 GG und begrenzen zum Schutz der gemeindlichen Planungshoheit insoweit den Inhalt des Eigentums.[1] Folgender Beispielsfall kommt in der anwaltlichen Praxis häufig vor: Der Eigentümer eines Grundstücks beantragt eine Baugenehmigung – beispielsweise für die Errichtung einer Spielhalle. Die Gemeinde möchte die Baugenehmigung nicht erteilen, da sie für das Gebiet, in dem sich das Grundstück befindet, eine andere städtebauliche Planung verfolgt, mit der die Errichtung einer Spielhalle nicht vereinbar ist. Um die Planung abzusichern, erlässt die Gemeinde im nächsten Schritt eine Veränderungssperre und lehnt die beantragte Baugenehmigung des Grundstückseigentümers ab. Dies ist legitim, solange den städtebaulichen Planvorstellungen ein positives Nutzungskonzept zugrunde liegt und sich die städtebaulichen Planvorstellungen nicht auf das städtebaulich Unerwünschte beschränken.[2] Die Gemeinde darf einen Bauantrag, der nach der bestehenden Rechtslage positiv beschieden werden muss, zum Anlass nehmen, ändernde Planungsmaßnahmen einzuleiten und bis zu dem Zeitpunkt, zu dem die ordnungsgemäße, ermessensfehlerfreie und zügige Bearbeitung des Gesuchs abgeschlossen sein muss, die geänderte Planung nach Maßgabe der §§ 14, 15 BauGB sichern.[3]

Gemäß § 17 Abs. 1 S. 1 BauGB tritt die Veränderungssperre nach Ablauf von zwei Jahren außer Kraft. Die Gemeinde kann die Frist gemäß § 17 Abs. 1 S. 3 BauGB um ein Jahr verlängern. Gemäß § 17 Abs. 2 BauGB kann die Gemeinde die Frist bis zu einem weiteren Jahr nochmals verlängern, wenn besondere Umstände dies erfordern. Insgesamt tritt eine Veränderungssperre

---

1 BVerwGE 51, 121, 136; BGHZ 73, 161; *Stock* in: Ernst/Zinkahn/Bielenberg, BauGB, Januar 2011, § 14 Rn. 143; *Schäling*, Die selbständige andere Veränderungssperre als Mittel einer dauerhaften Planungssicherung?, NVwZ 2003, 149.

2 BVerwG, BauR 1990, 335, 336; *Stock* (Fn. 1), § 14 Rn. 47; *Hager/Kirchberg*, Veränderungssperre, Zurückstellung von Baugesuchen und faktische Bausperren, NVwZ 2002, 400, 401.

3 BGH, NVwZ 1993, 299, 300.

deshalb nach spätestens vier Jahren außer Kraft, sofern die Gemeinde nicht zuvor einen rechtsverbindlichen Bebauungsplan erlässt. Gemäß § 17 Abs. 5 BauGB tritt die Veränderungssperre außer Kraft, sobald und soweit die Bauleitplanung rechtsverbindlich abgeschlossen ist.

Gelingt es der Gemeinde nicht, die Planung innerhalb der Maximaldauer von vier Jahren nach Erlass der Veränderungssperre abzuschließen oder hat die Gemeinde das Bebauungsplanverfahren nach Rücknahme des ursprünglichen Bauantrages aufgrund der entgegenstehenden Veränderungssperre nicht mehr weiter verfolgt, kann der Grundstückseigentümer oder sein Rechtsnachfolger nach vier Jahren erneut einen Bauantrag auf Genehmigung des ursprünglich vorgesehenen Bauvorhabens (z. B. einer Spielhalle) oder eines anderen unerwünschten Vorhabens stellen. Solche Folgeanträge sind in der Praxis nicht selten und kommen für die Gemeinde meist unerwartet und ungelegen. Dann stellt sich die Frage, welche Handlungsmöglichkeiten die Gemeinde hat, um ein ihren städtebaulichen Zielvorstellungen widersprechendes Bauvorhaben erneut abzuwehren, insbesondere, ob die Gemeinde eine weitere Veränderungssperre erlassen kann, um ihre städtebaulichen Zielvorstellungen durchzusetzen. Mit dieser Frage beschäftigt sich der vorliegende Beitrag.

II. Erneute Veränderungssperre und neue (selbstständige) Veränderungssperre

Zu unterscheiden ist zwischen dem Beschluss einer erneuten Veränderungssperre und dem Erlass einer neuen (selbstständigen) Veränderungssperre.

1. Erneute Veränderungssperre (§ 17 Abs. 3 BauGB)

a) Ein Beschluss einer **erneuten Veränderungssperre** liegt vor, wenn die Veränderungssperre **dieselbe Planung** sichert und es sich deshalb um eine Neuinkraftsetzung derselben Veränderungssperre handelt. Die Gemeinde fasst in diesem Fall keinen neuen Beschluss über die Aufstellung eines Bebauungsplans.[4]

b) Ob und unter welchen Voraussetzungen eine erneute Veränderungssperre von der Gemeinde beschlossen werden kann, ist in § 17 Abs. 3 BauGB geregelt. Danach kann die Gemeinde eine außer Kraft getretene Veränderungs-

4 OVG Münster, BRS 49 Nr. 113; VGH München, BRS 73 Nr. 114; VG München, Urt. v. 30.6.2016 – M 11 K 15.2224; *Lemmel* in: Berliner Kommentar zum BauGB, Dezember 2008, § 17 Rn. 13; *Sennekamp* in: Brügelmann, BauGB, Mai 2012, § 17 Rn. 60; *Stock* (Fn. 1), § 17 Rn. 56.

sperre ganz oder teilweise erneut beschließen, wenn die Voraussetzungen für ihren Erlass vorliegen, d.h. ein Beschluss über die Aufstellung eines Bebauungsplans gefasst ist und eine konkrete künftige Planung gesichert werden soll (§ 14 Abs. 1 BauGB). Die Gemeinde kann eine Veränderungssperre, die durch Zeitablauf außer Kraft getreten ist, entgegen dem Wortlaut des § 17 Abs. 3 BauGB, nach ständiger Rechtsprechung[5] und einhelliger Literaturmeinung[6] nur unter den Voraussetzungen des § 17 Abs. 2 BauGB erneut beschließen. Sinn und Zweck des Gesetzes, die systematische Bedeutung der einzelnen Regelungen in § 17 BauGB und eine verfassungskonforme Interpretation (Art. 14 Abs. 3 S. 1 GG) zwingen zu einer einschränkenden Auslegung des § 17 Abs. 3 BauGB.[7] Ein erneuter Beschluss derselben Veränderungssperre unterliegt deshalb denselben Beschränkungen wie ihre Verlängerung. Dies bedeutet, dass die Veränderungssperre nach Ablauf von drei Jahren nur erneut beschlossen werden kann, wenn **besondere Umstände** den erneuten Beschluss erfordern. Nach Ablauf von vier Jahren darf dieselbe Veränderungssperre nur erneut beschlossen werden, wenn besondere Umstände von nochmals gesteigertem außergewöhnlichem Gewicht vorliegen.[8] Die Anforderungen an die besonderen Umstände steigern sich somit mit zunehmendem Zeitablauf.[9]

c) Besondere Umstände i.S.d. § 17 Abs. 2 BauGB liegen vor, wenn „ein Planverfahren durch eine sich vom allgemeinen Rahmen der städtebaulichen Planungstätigkeit wesentlich abhebende Ungewöhnlichkeit gekennzeichnet wird, die für die Verzögerung der Planaufstellung ursächlich ist und nicht auf einem zurechenbaren Fehlverhalten der Gemeinde beruht."[10] Liegen Umstände vor, die im Einflussbereich der Gemeinde auftreten, wird widerleglich vermutet, dass die Gemeinde diese Umstände zu vertreten hat. Beispielhaft zu nennen sind: eine zu Verzögerungen führende Überforderung der mit der Planung beschäftigten Dienstkräfte, eine fehlerhafte Einschätzung der finanziellen Auswirkungen des Planverfahrens oder ein sich als zu umfangreich erweisender Zuschnitt des Plangebiets.[11] Die Gemeinde kann jedoch darlegen, dass sie sich objektiv vernünftig verhalten und die Umstände deshalb nicht zu vertreten hat. Ist die konkrete Planung durch außergewöhnliche

---

5 BVerwGE 51, 121, 136; BVerwG, DVBl 1993, 115, 116; OVG Saarland, BauR 1981, 251, 253; OVG Lüneburg, BauR 2003, 1085.

6 *Lemmel* (Fn. 4), § 17 Rn. 12; *Hornmann* in: Spannowsky/Uechtritz, BauGB, 2. Aufl. 2014, § 17 Rn. 17; *Hager/Kirchberg* (Fn. 2), S. 404.

7 OVG Saarland, BauR 1981, 251, 253.

8 BVerwGE 51, 121, 137; OVG Münster, BRS 49 Nr. 113; VGH München, BRS 73 Nr. 114; *Lemmel* (Fn. 4), § 17 Rn. 12; *Schiller* in: Bracher/Reidt/Schiller, Bauplanungsrecht, 8. Aufl., Rn. 2566.

9 BVerwGE 51, 121 Rn. 43; *Stock* (Fn. 1), § 17 Rn. 33; *Hager/Kirchberg* (Fn. 2), S. 404.

10 BVerwGE 51, 121, 138; OVG Saarland, BauR 1981, 251, 254; VGH Baden-Württemberg, NVwZ-RR 1995, 135; OVG Nordrhein-Westfalen, Urt. v. 5.6.2000 – 10 A 696/96; *Hager/Kirchberg* (Fn. 2), S. 404.

11 OVG Saarland, BauR 1981, 251, 254.

Schwierigkeiten gekennzeichnet, hat dies die Gemeinde nicht zu vertreten.[12] Hat die Gemeinde die besonderen Umstände nicht zu vertreten, muss die Ungewöhnlichkeit des Falles gerade ursächlich dafür sein, dass das Bauleitplanverfahren nicht innerhalb der in § 17 Abs. 1 und 2 BauGB genannten Fristen zu Ende geführt wird.[13] An der Ursächlichkeit fehlt es, wenn die Gemeinde eine Planung einfach „liegen lässt", auch wenn die Planung an sich durchaus komplex ist.

2. Neue (selbstständige) Veränderungssperre

Eine **neue (selbstständige) Veränderungssperre** liegt hingegen vor, wenn eine **andere Planung** gesichert werden soll[14]. Unter welchen Voraussetzungen eine neue Veränderungssperre für eine neue Planung erlassen werden kann, ist im Gesetz nicht geregelt. Nach der Rechtsprechung gelten die Regelungen über eine erste Veränderungssperre, d.h. §§ 14–18 BauGB.[15] Die Geltungsdauer der neuen Veränderungssperre beginnt neu. Die Zeiten, während derer die erste Veränderungssperre in Kraft war, sind nicht zu addieren.[16] Daher kommt es entscheidend darauf an, unter welchen Voraussetzungen eine neue Planung gegeben ist.

III. Voraussetzungen für eine neue Planung

1. Verfahrensmäßig und materiell andere Planung

a) Nach der Rechtsprechung und der einhelligen Literaturmeinung liegt eine **neue Planung** vor, wenn es sich **verfahrensmäßig und materiell** um eine **andere Planung** handelt. [17] Die Frage, ob eine neue Planung vorliegt, ist nicht nur anhand formeller Kriterien zu beantworten. Eine lediglich verfahrensmäßig neue Planung, das heißt ein neuer Planaufstellungsbeschluss durch die

12 *Stock* (Fn. 1), § 17 Rn. 35, 39 mit Beispielen aus der Rechtsprechung.

13 VGH Baden-Württemberg, NVwZ-RR 1995, 135.

14 OVG Münster, BRS 49 Nr. 113; VGH München, BRS 73 Nr. 114; OVG Nordrhein-Westfalen, Urt. v. 5.6.2000 – 10 A 696/96; *Sennekamp* (Fn. 4), § 17 Rn. 61; *Schäling* (Fn. 1), S. 150.

15 BVerwG, NVwZ 2007, 954; VGH München, BRS 73 Nr. 114; OVG Münster, BRS 49 Nr. 113; OVG Berlin-Brandenburg, OVGE BE 34, 11; *Gatz*, jurisPR-BVerwG 15/2007 Anm. 2; *Schiller* (Fn. 8), Rn. 2569.

16 *Sennekamp* (Fn. 4), § 17 Rn. 60; *Schiller* (Fn. 8), Rn. 2569.

17 OVG Münster, BRS 49 Nr. 113; OVG Saarland, BauR 1981, 251, 252; OVG Nordrhein-Westfalen, Urt. v. 5.6.2000 – 10 A 696/96; OVG Berlin-Brandenburg, OVGE BE 34, 11; VG München, Urt. v. 30.6.2016 – M 11 K 15.2224 ; *Gatz* (Fn. 15), *Lemmel* (Fn. 4), § 17 Rn. 13; *Stock* (Fn. 1), § 17 Rn. 57.

Gemeinde[18], reicht für sich genommen nicht für eine neue Planung aus, die durch eine neue selbstständige Veränderungssperre gesichert werden kann. Dies ergibt sich daraus, dass die Fristenregelungen des § 17 Abs. 1 bis 3 BauGB nicht umgangen werden dürfen, wenn die Gemeinde eine weitere Veränderungssperre für ein im Wesentlichen identisches Plangebiet für eine im Wesentlichen inhaltsgleiche Planung erlässt. Das Fristensystem dient dazu, die verfassungsrechtlichen Anforderungen an Veränderungssperren im Hinblick auf Art. 14 GG zu sichern. Durch die Regelungen in § 17 Abs. 1 bis 3 BauGB wird die Gemeinde dazu angehalten, ihre städtebaulichen Zielsetzungen in einem angemessenen Zeitraum umzusetzen. Daher ist eine weitere Veränderungssperre für ein im Wesentlichen identisches Plangebiet unwirksam, wenn die Veränderungssperre weder die Voraussetzungen für einen erneuten Erlass nach § 17 Abs. 3 BauGB erfüllt noch eine selbstständige neue Planung sichert.[19] Nach der Rechtsprechung des Bundesverwaltungsgerichts ist es unverhältnismäßig, dieselbe Planung wiederholt durch jeweils neue Veränderungssperren zu sichern.[20]

b) Eine materiell neue Planung liegt stets dann vor, wenn die nachfolgende Planung **inhaltlich und zeitlich** in keinem Zusammenhang mit der vorhergehenden Planung steht.[21] In welchen Fällen dies im Einzelnen anzunehmen ist, ist in der Rechtsprechung und Literatur jedoch nicht abschließend geklärt.[22] Zur näheren Spezifizierung bietet es sich an, einzelne Fallgruppen herauszuarbeiten.

2. Neue Veränderungssperre nach unwirksamem Bebauungsplan

a) Nach der Rechtsprechung des Bundesverwaltungsgerichts[23] liegt eine **neue Planung** vor, wenn die Gemeinde einen **neuen Aufstellungsbeschluss** fasst, nachdem der die Bauleitplanung abschließende **Bebauungsplan** vom Oberverwaltungsgericht für **insgesamt unwirksam** erklärt wurde. In dem vom Bundesverwaltungsgericht entschiedenen Fall trat eine wirksam erlassene Veränderungssperre nach § 17 Abs. 5 BauGB außer Kraft, da die Gemeinde einen Bebauungsplan erlassen und ortsüblich bekannt gemacht hatte. Die Bauleitplanung war somit rechtsverbindlich abgeschlossen. Später wurde der Bebauungsplan im Normenkontrollverfahren rechtskräftig für unwirksam

18 OVG Berlin-Brandenburg, OVGE BE 34, 11.

19 OVG Berlin-Brandenburg, OVGE BE 34, 11; vgl. auch die Ausführungen unter V.

20 BVerwG, NVwZ 2007, 954; OVG Berlin-Brandenburg, Beschl. v. 14.4.2011 – OVG 2 A 16.09.

21 OVG Saarland, BauR 1981, 251; OVG Berlin-Brandenburg, OVGE BE 34, 11; VG München, Urt. v. 30.6.2016 – M 11 K 15.2224 ; *Stock*, (Fn. 1), § 17 Rn. 57; *Hager/Kirchberg* (Fn. 2), S. 405.

22 *Schäling* (Fn. 1), S. 150.

23 BVerwG, NVwZ 2007, 954; OVG Berlin-Brandenburg, OVGE BE 34, 11; VGH München BRS 73 Nr. 114.

erklärt. Die Veränderungssperre lebt in einem solchen Fall nicht wieder auf.[24] Daher erließ die Gemeinde, nachdem sie einen neuen Beschluss zur Aufstellung eines Bebauungsplans nach § 2 Abs. 1 BauGB gefasst hatte, eine Veränderungssperre für dasselbe Plangebiet mit denselben Festsetzungen. Lediglich die vom Oberverwaltungsgericht beanstandeten Festsetzungen wurden geändert.

b) Das Bundesverwaltungsgericht hat entschieden, dass die Planung auch dann insgesamt eine andere sei, wenn die Gemeinde für das Gebiet eines wegen der Unwirksamkeit einzelner Festsetzungen insgesamt für unwirksam erklärten Bebauungsplans einen neuen Aufstellungsbeschluss fasst mit dem **Ziel, nur die im Normenkontrollverfahren beanstandeten Festsetzungen zu ändern** und es im Übrigen bei den bisherigen Festsetzungen zu belassen.[25] Maßgebliche Erwägung des Bundesverwaltungsgerichts war es, dass die geänderten und nicht geänderten Festsetzungen in einem untrennbaren Zusammenhang stünden. Dies ergebe sich daraus, dass der gesamte Bebauungsplan vom Oberverwaltungsgericht für unwirksam erklärt worden sei. Es liege daher insgesamt eine neue Planung vor – ebenso wie der ursprüngliche Bebauungsplan insgesamt für unwirksam erklärt worden ist.[26] In dem dem Urteil zugrunde liegenden Fall bestand zudem die Besonderheit, dass der Planbereich neu zugeschnitten und der bisher plangebietsübergreifende Zusammenhang aufgelöst wurde. Nach der Rechtsprechung des Bundesverwaltungsgerichts liegt auch in diesem Fall eine neue Planung vor. Dem stand nach Ansicht des Bundesverwaltungsgerichts nicht entgegen, dass die bisherigen, vom Oberverwaltungsgericht nicht beanstandeten und deshalb nicht geänderten Festsetzungen in den neuen Bebauungsplan unverändert übernommen werden sollten.[27] Nach einem Urteil des Oberverwaltungsgerichts Berlin-Brandenburg ist es jedoch nicht erforderlich, dass die Gemeinde im Anschluss an einen unwirksamen Bebauungsplan die Planbereiche neu zuschneidet oder die Gemeinde beschließt, mehrere Bebauungspläne – anstelle des für unwirksam erklärten Bebauungsplans – aufzustellen.[28]

c) Der Verwaltungsgerichtshof München hat die Rechtsprechung des Bundesverwaltungsgerichts in der Weise weiterentwickelt, dass es sich nicht nur um eine neue Planung handelt, wenn der Bebauungsplan vom Oberverwaltungsgericht in einem Normenkontrollverfahren für unwirksam erklärt wor-

---

24 BVerwG, NVwZ 2007, 954; OVG Lüneburg, BauR 2007, 2024; OVG Berlin-Brandenburg, Beschl. v. 14.4.2011 – OVG 2 A 16.09 .

25 BVerwG, NVwZ 2007, 954; VGH München, BRS 73 Nr. 114.

26 BVerwG, NVwZ 2007, 954; VGH München, BRS 73 Nr. 114.

27 BVerwG, NVwZ 2007, 954.

28 OVG Berlin-Brandenburg, Beschl. v. 14.4.2011 – OVG 2 A 16.09 .

den ist, sondern auch dann, wenn sich die Unwirksamkeit bei einer gerichtlichen, inzidenten Überprüfung des Bebauungsplans herausgestellt hat.[29]

3. Konkretisierung der ursprünglichen Planung

a) Nach der Rechtsprechung einiger Oberverwaltungsgerichte handelt es sich dagegen materiell um **dieselbe Planung**, wenn die durch die zweite Veränderungssperre zu sichernde Planung die durch die erste Veränderungssperre gesicherte Planung lediglich **konkretisiert, fortschreibt** oder **weiterentwickelt**. Die Bauleitplanung sei eine dynamische, nicht von vornherein auf bestimmte Inhalte festgelegte Tätigkeit, die immer durch eine Konkretisierung und Weiterentwicklung gekennzeichnet sei.[30] Nach einem Urteil des Oberverwaltungsgerichts des Saarlandes liegt eine Konkretisierung der Planung vor, wenn der bisherige Planbereich durch einen neuen Planaufstellungsbeschluss in einzelne Teilabschnitte zerlegt wird und nur für einen dieser Teilabschnitte ein neuer Bebauungsplan erlassen werden soll. Zwar sind in dem der Entscheidung zugrunde liegenden neuen Planung einzelne Festsetzungen über das Nutzungsmaß, über die Stellung der Baukörper, über die überbaubaren Grundstücksflächen und über die Verkehrsflächen nicht unerheblich modifiziert worden. Dies begründete nach Auffassung des Oberverwaltungsgerichts des Saarlandes aber keine neue Planung [31] Nach einem Urteil des Oberverwaltungsgerichts Lüneburg liegt eine bloße Konkretisierung der Planung auch dann vor, wenn die Gemeinde mit der alten und mit der neuen Planung lediglich jeweils das Ziel verfolgt, ein konkretes Bauvorhaben eines Grundstückseigentümers abzuwehren.[32]

b) Das Oberverwaltungsgericht Nordrhein-Westfalen hat in einem Urteil für folgende Fallgestaltung eine **neue Planung**, und nicht lediglich eine Konkretisierung angenommen: Die erste Veränderungssperre sicherte nur das städtebauliche Ziel der Gemeinde, einen **bestehenden Bebauungsplan** um eine textliche Festsetzung zum Ausschluss von Spielhallen in den festgesetzten Kerngebieten zu **ergänzen**. Dieser Bebauungsplan stellte sich jedoch als nichtig heraus. Das Oberverwaltungsgericht Nordrhein-Westfalen hat jedoch nicht auf die Nichtigkeit abgestellt. Maßgeblich für die Annahme einer neuen Planung war für das Gericht vielmehr die Erwägung, dass die zweite Veränderungssperre der Sicherung einer **umfassenden Neuplanung** diente, bei der ein

29 VGH Baden-Württemberg, VBlBW 2012, 381, 383.

30 OVG Saarland, BauR 1981, 251; OVG Lüneburg, BauR 2003, 1085; OVG Lüneburg, BauR 2007, 2024; OVG Berlin-Brandenburg, OVGE BE 34, 11.

31 OVG Saarland, BauR 1981, 251, 252.

32 OVG Lüneburg, BauR 2003, 1085.

nach § 34 BauGB zu beurteilendes Plangebiet insgesamt neu überplant werden sollte.[33]

4. Neuzuschnitt des Plangebiets

a) Grenzt die Gemeinde das Plangebiet für den neu aufzustellenden Bebauungsplan gegenüber dem früheren Bebauungsplanverfahren anders ab, kann dies zu einer inhaltlich anderen Planung führen. Nach einem Urteil des Oberverwaltungsgerichts Berlin-Brandenburg genügt es aber nicht, dass die Gemeinde das Plangebiet um eine Fläche vergrößert, die insgesamt ca. 15 % des gesamten Plangebiets ausmacht. Es müsse eine **qualitativ neue Planung** gegeben sein, d. h. die Plangebietsvergrößerung müsse dazu führen, dass die Planungsabsichten in Bezug auf das bisherige Plangebiet geändert bzw. angepasst werden.[34] Umgekehrt ist auch eine Zersplitterung in kleinere Teilbereiche nur ausreichend, wenn dadurch jeweils neue Einzelplanungen entstehen.[35]

b) In einem Bebauungsplanverfahren aus der Praxis des Verfassers hat die Gemeinde zunächst das neue Betriebsgelände eines bestehenden Abfallentsorgungsbetriebs sowie hieran angrenzende, bislang unbeplante Gewerbeflächen in das Plangebiet einbezogen. Der Gemeinde ist es nicht gelungen, den Bebauungsplan innerhalb von vier Jahren in Kraft zu setzen. Die erlassene Veränderungssperre konnte deshalb nicht mehr verlängert werden. Auch hier stellte sich die Frage, welche Voraussetzungen für eine neue Planung gegeben sein müssen. Für eine neue Planung hätte es nicht genügt, den Planbereich um die angrenzenden, bislang unbeplanten Gewerbeflächen zu verkleinern, d. h. einen Planaufstellungsbeschluss mit den gleichen Festsetzungen und Planungszielen nur für das neue Betriebsgelände des Abfallentsorgungsbetriebs zu erlassen. Damit die Gemeinde eine neue Veränderungssperre erlassen konnte, wurde auch das alte Betriebsgelände des Abfallentsorgungsbetriebs in die Planung einbezogen, für das ebenfalls ein Planungsbedürfnis gegeben war. Zusätzlich wurden inhaltlich neue Festsetzungen getroffen. Für die Art der baulichen Nutzung wurde anstelle eines eingeschränkten Industriegebiets ein Sondergebiet Abfallentsorgung festgesetzt.

5. Ergänzendes Verfahren (§ 214 Abs. 4 BauGB)

Leidet der Bebauungsplan an Fehlern, die in einem ergänzenden Verfahren nach § 214 Abs. 4 BauGB mit Rückwirkung geheilt werden können, ist die

33 OVG Nordrhein-Westfalen, Urt. v. 5.6.2000 – 10 A 696/96.
34 OVG Berlin-Brandenburg, OVGE BE 34, 11.
35 *Stock* (Fn. 1), § 17 Rn. 58.

Veränderungssperre nach § 17 Abs. 5 BauGB außer Kraft getreten. Auch hier stellt sich die Frage, ob die Planung, die durch das ergänzende Verfahren getroffen wird, eine neue Planung ist, für die eine neue Veränderungssperre erlassen werden kann, oder ob die Planung dieselbe ist, sodass § 17 Abs. 3 BauGB und seine ungeschriebenen Voraussetzungen gelten.

a) Nach einem Urteil des Verwaltungsgerichtshofs Baden-Württemberg handelt es sich bei der Durchführung eines ergänzenden Verfahrens zur Mängelbehebung von Fehlern, die im Rahmen einer inzidenten Normenkontrolle gerügt wurden, um eine **formell und materiell andere Planung**. § 17 Abs. 3 BauGB gelte nicht. Das ergänzende Verfahren sei ein neues Bebauungsplanverfahren, sodass ein neues Sicherungsbedürfnis bestehe. Es bestehe deshalb nicht die Gefahr der Umgehung von § 17 Abs. 2 und 3 BauGB.[36]

b) Nach einer in der Literatur vertretenen Ansicht gilt hingegen **§ 17 Abs. 3 BauGB analog**, wenn eine Veränderungssperre erlassen wird, um eine Planung im ergänzenden Verfahren zu sichern. § 17 Abs. 3 BauGB sei zwar nicht unmittelbar anwendbar, da die Regelung nur für Fälle gelte, in denen eine erste Veränderungssperre wegen Zeitablaufs außer Kraft getreten ist, nicht für Fälle, in denen das Bebauungsplanverfahren rechtsverbindlich abgeschlossen wurde. Eine analoge Anwendung des § 17 Abs. 3 BauGB ergebe sich aber daraus, dass das ergänzende Verfahren aufgrund seiner rückwirkenden Wirkung zum ursprünglichen Bebauungsplanverfahren gehöre und deshalb dieselbe Planung vorliege.[37] Nach einem Urteil des Oberverwaltungsgerichts Lüneburg handelt es sich um dieselbe Planung, soweit die Mängel des Bebauungsplanverfahrens den Aufstellungsbeschluss nicht berühren, der Aufstellungsbeschluss also weiterhin gilt. Denn die Gemeinde müsse das Planverfahren nicht vollständig wiederholen, wenn der Plan vom Normenkontrollgericht für unwirksam erklärt worden ist. Das durch § 214 Abs. 4 BauGB ermöglichte ergänzende Verfahren brauche vielmehr erst an der Stelle einzusetzen, welche das Normenkontrollgericht als fehlerhaft angesehen hat.[38]

c) Aus Sicht einer Gemeinde ist die erstgenannte Auffassung praktisch vorzugswürdig. Dies ergibt sich daraus, dass der Erlass einer Veränderungssperre nach § 17 Abs. 3 BauGB analog ausscheidet, wenn – wie nicht selten der Fall – die Veränderungssperre bis zum Abschluss des ursprünglichen Bebauungsplanverfahrens schon zeitlich verbraucht ist.

---

36 VGH Baden-Württemberg, VBlBW 2012, 381, 383.
37 *Lemmel* (Fn. 4), § 17 Rn. 13a.
38 OVG Lüneburg, BauR 2007, 2024.

IV. Bauverbotsfreies Zeitfenster zwischen erster und zweiter Veränderungssperre?

Selbst wenn es sich bei der durch eine zweite Veränderungssperre zu sichernden Planung inhaltlich um eine andere Planung handelt, stellt sich die Frage, ob die Gemeinde einen Zeitabstand einhalten muss, bevor sie eine neue Veränderungssperre erlässt.

1. Zeitabstand

Teilweise wird in der Literatur gefordert, dass zwischen dem Außerkrafttreten der alten Veränderungssperre und dem Erlass der neuen Veränderungssperre ein ausreichender Zeitraum liegen muss, der es dem Grundstückseigentümer ermöglicht, ein Baugenehmigungsverfahren durchzuführen. Es werden Zeiträume zwischen einem Jahr und entsprechend § 42 Abs. 2 BauGB bis zu sieben Jahren diskutiert.[39] *Rieger* fordert zwischen erster und zweiter Veränderungssperre einen Zeitabstand, der lang genug ist, damit Grundstückseigentümer Vorhaben planen und ein Baugenehmigungsverfahren anstrengen können – in der Regel ein bis zwei Jahre.[40] Es solle verhindert werden, dass Gemeinden Grundstücke auf diesem Wege über lange Zeit mit einem entschädigungslosen Bauverbot belegen können. Eine Frist von sieben Jahren würde die Planungstätigkeit der Gemeinde hingegen unangemessen erschweren und sei auch mit Blick auf die Interessen der Eigentümer nicht gerechtfertigt. Den Eigentümerinteressen werde mit einem kürzeren Zeitraum hinreichend Rechnung getragen.[41] Nach dieser Ansicht handelt es sich materiell nicht um eine andere Planung, falls kein ausreichender Zeitabstand eingehalten wird. Die zweite, sich unmittelbar an die erste anschließende Veränderungssperre ist nach dieser Ansicht unwirksam. Nach der Ansicht von *Hager/Kirchberg* ist eine zweite Veränderungssperre, die sich unmittelbar an eine durch Zeitablauf außer Kraft getretene erste Veränderungssperre anschließt, wirksam, wenn die Voraussetzungen des § 17 Abs. 2 BauGB analog vorliegen.[42]

2. Kein Zeitabstand

a) Die überwiegende Ansicht in der Literatur spricht sich jedoch dafür aus, dass kein bauverbotsfreies Zeitfenster eingehalten werden muss, wenn es sich

39 *Schmaltz* in: Schrödter, 6. Aufl., § 17 Rn. 11; *Hager/Kirchberg* (Fn. 2), S. 405.
40 *Rieger* in: Schrödter, BauGB, 8. Aufl. 2015, § 17 Rn. 15.
41 *Rieger* (Fn. 40), § 17 Rn. 15; *Schäling* (Fn. 1), S. 152.
42 *Hager/Kirchberg* (Fn. 2), S. 405.

um eine verfahrensmäßig und inhaltlich neue Planung handelt.[43] Das BauGB erfordere keinen Zeitabstand. Die Sicherung einer **anderen Planung** könne sich **unmittelbar an die Sicherung der aufgegebenen Planung anschließen**.[44] Übersteigt die Gesamtdauer der beiden unterschiedlichen Sperren vier Jahre, könne dies aber eine **Entschädigungspflicht** auslösen, wenn zwischen den Sperren kein Zeitraum ohne Veränderungssperre liegt, der lang genug ist, um dem Eigentümer zu erlauben, Vorhaben zu planen und Genehmigungen einzuholen.[45]

b) In der Rechtsprechung ist die Frage noch nicht abschließend entschieden, ob eine neue (selbstständige) Veränderungssperre nahtlos an die vorherige Veränderungssperre anknüpfen darf. Die Frage nach einem bauverbotsfreien Zeitfenster ist lediglich für den Fall geklärt, dass eine zweite Veränderungssperre erlassen wird, nachdem der ursprüngliche Bebauungsplan rechtskräftig für unwirksam erklärt wurde.[46] Ein zeitlicher Abstand der neuen Veränderungssperre zu der vorausgegangenen Veränderungssperre, der es dem Grundstückseigentümer ermöglicht, ein Baugenehmigungsverfahren durchzuführen, ist nach der Rechtsprechung des Bundesverwaltungsgerichts in diesem Fall nicht erforderlich. Es bestehe aufgrund des rechtskräftigen Ausspruchs der Unwirksamkeit nicht die Gefahr, dass die Gemeinde die Voraussetzungen des § 17 Abs. 2 und 3 BauGB umgeht. Die Einhaltung eines zeitlichen Abstands würde die städtebauliche Planungstätigkeit unangemessen erschweren.[47]

V. Folgen des Erlasses einer neuen Veränderungssperre für dieselbe Planung

1. Neue Veränderungssperre für dieselbe Planung

Hat die Gemeinde bereits eine Veränderungssperre, die dieselbe Planung sichern soll, erneut beschlossen, obwohl die zusätzlichen Voraussetzungen des § 17 Abs. 2 BauGB nicht vorlagen, oder hat die Gemeinde einen neuen Planaufstellungsbeschluss gefasst und eine neue Veränderungssperre erlassen, obwohl es sich inhaltlich um dieselbe Planung handelt, stellt sich die Frage, ob die zweite Veränderungssperre Wirkungen entfaltet und als Grundlage für die Ablehnung des Baugenehmigungsantrags herangezogen werden kann.

43 *Stock* (Fn. 1), § 17 Rn. 59; *Schiller* (Fn. 8), Rn. 2569; *Schäling* (Fn. 1), S. 151.
44 *Stock* (Fn. 1), § 17 Rn. 59; *Sennekamp* (Fn. 4), § 17 Rn. 61.
45 *Stock* (Fn. 1), § 17 Rn. 59; vgl. auch die Ausführungen unter VI. 2.
46 BVerwG NVwZ 2007, 954.
47 BVerwG NVwZ 2007, 954; OVG Berlin-Brandenburg, Beschl. v. 14.4.2011– OVG 2 A 16.09; *Gatz* (Fn. 15).

Eine **Veränderungssperre**, die **nicht rechtmäßig** ist, ist **unwirksam**. Dies gilt auch für den Fall, dass die Gemeinde eine zweite Veränderungssperre für dieselbe Planung erlässt, nachdem die erste Veränderungssperre durch Zeitablauf außer Kraft getreten ist, ohne dass besondere Umstände i. S. d. § 17 Abs. 2 BauGB vorliegen.[48]

2. Nichtigkeit auch bei Unkenntnis der Gemeinde

Im Anschluss an die Rechtsprechung reicht es für die Nichtigkeit der Veränderungssperre, dass sich eine Gemeinde bei der Erneuerung einer Veränderungssperre der Beschränkung ihrer Satzungsmacht überhaupt nicht bewusst gewesen ist. Geht die Gemeinde davon aus, es handele sich um eine neue Planung, obwohl es sich um dieselbe Planung handelt, und erlässt sie eine neue Veränderungssperre, so bewirke allein dies schon die Nichtigkeit der Veränderungssperre.[49]

VI. Entschädigungspflicht bei Erlass einer neuen Veränderungssperre?

1. § 18 BauGB

Nach § 18 BauGB ist die Gemeinde entschädigungspflichtig, wenn eine Veränderungssperre länger als vier Jahre über den Zeitpunkt ihres Beginns hinaus dauert und dem Betroffenen dadurch Vermögensnachteile entstanden sind. Die Entschädigungspflicht setzt in der Regel einen erneuten Beschluss nach § 17 Abs. 3 BauGB voraus. Maßgeblich ist die tatsächliche Gesamtdauer. § 18 Abs. 1 BauGB erfasst alle Veränderungssperren, Zurückstellungen und faktische Zurückstellungen, die eine Einheit bilden. Danach ist § 18 Abs. 1 BauGB im Fall einer neuen (selbstständigen) Veränderungssperre nicht anwendbar, da die beiden Veränderungssperren keine Einheit bilden.[50]

2. Erweiterte Auslegung

Jedoch wird in der Literatur eine **erweiterte Auslegung des § 18 Abs. 1 BauGB** befürwortet. Danach besteht auch im Falle einer neuen (selbstständigen) Veränderungssperre eine Entschädigungspflicht, wenn die erste und die zweite Veränderungssperre sich auf dasselbe Planungsvorhaben und densel-

48 OVG Berlin-Brandenburg, OVGE BE 34, 11.
49 OVG Saarland, BauR 1981, 251, 254; aA *Stock* (Fn. 1), § 17 Rn. 60.
50 *Runkel* in: Ernst/Zinkahn/Bielenberg, BauGB, April 2009, § 18 Rn. 12; *Schiller* (Fn. 8), Rn. 2577.

ben Planbereich beziehen, eine Gesamtdauer von vier Jahren überschreiten und die übrigen Voraussetzungen des § 18 BauGB vorliegen.[51] Um die widerstreitenden Interessen zwischen öffentlichem Plansicherungsinteresse und privatnützigem Eigentumsinteresse auszugleichen, ist dieser Ansicht nach im Falle der selbstständigen Veränderungssperre nicht auf die Einheitlichkeit der gesicherten Planung abzustellen, sondern auf die Einheitlichkeit des Ausschlusses der Bebauungsmöglichkeit der betroffenen Grundstücke. Aus der Sicht eines Eigentümers mache es keinen Unterschied, ob die Veränderungssperren auf einer einheitlichen Planung beruhen oder nicht.[52] Eine entschädigungsfreie neue Veränderungssperre sei nur dann anzunehmen, wenn zwischen den Veränderungssperren ein ausreichend großer Zeitraum bemessen ist, der es dem Eigentümer ermöglicht, ein Baugenehmigungsverfahren durchzuführen – in der Regel ein bis zwei Jahre.[53] Teilweise wird bei einer vorherigen vierjährigen Veränderungssperre eine Zeitspanne von sieben Jahren entsprechend § 42 Abs. 2 BauGB verlangt.[54] Nach der Rechtsprechung ist es nicht ausgeschlossen, dass mehrere Veränderungssperren eine einheitliche eigentumsbeschränkende Maßnahme darstellen, wenn sie sich auf denselben Planbereich und dasselbe Planvorhaben beziehen.[55] Der Fall der Entschädigungspflicht im Falle einer sich unmittelbar an eine Veränderungssperre anschließenden selbstständigen Veränderungssperre wurde von der Rechtsprechung allerdings noch nicht entschieden.

VII. Ergebnis: Kriterien für die Abgrenzung

Die Frage, wie die Gemeinde städtebaulich unerwünschte Vorhaben abwehren kann, hat in der Praxis große Bedeutung. Ist eine Veränderungssperre durch Zeitablauf außer Kraft getreten, hat die Gemeinde zwei Möglichkeiten, ihre städtebaulichen Zielvorstellungen abzusichern. Entweder sie beschließt die Veränderungssperre gemäß § 17 Abs. 3 BauGB erneut. In diesem Fall müssen jedoch besondere Umstände vorliegen, die einen Abschluss der Bauleitplanung innerhalb der Maximaldauer einer Veränderungssperre von vier Jahren verhindert haben. Die Gemeinde kann aber auch einen neuen Aufstellungsbeschluss fassen und eine neue Veränderungssperre für eine neue Planung erlassen.

---

51 *Schäling* (Fn. 1), S. 151 f.; *Runkel* (Fn. 50), § 18 Rn. 13; *Scharmer* in: Brügelmann, BauGB, April 2016, § 18 Rn. 13.

52 *Schäling* (Fn. 1), S. 151 f.; *Runkel* (Fn. 50), § 18 Rn. 13.

53 *Schäling* (Fn. 1), S. 151 f.; *Runkel* (Fn. 50), § 18 Rn. 13; *Scharmer* (Fn. 51), § 18 Rn. 13.

54 *Halama* in: Berliner Kommentar zum BauGB, Dezember 2008, § 18 Rn. 36.

55 BGH, NVwZ 1982, 329.

Nach der Rechtsprechung lässt sich nicht abschließend und eindeutig beantworten, unter welchen Voraussetzungen eine inhaltlich neue Planung anzunehmen ist. Die Rechtsprechung tendiert dazu, die Zulässigkeit neuer Veränderungssperren eher zurückhaltend zu beurteilen, um der Gefahr vorzubeugen, dass die Gemeinde die Fristenregelungen umgeht.

Bei der Beurteilung, ob rechtlich dieselbe Planung oder eine neue Planung gegeben ist, sind **die Grundzüge der jeweiligen Festsetzungen, die jeweiligen Planungsziele** und **der Zuschnitt des jeweiligen Plangebiets** heranzuziehen. Die Einstufung als materiell neue Planung liegt nahe, wenn die Gemeinde neue, gegenüber der ursprünglichen Planung eigenständige städtebauliche Ziele verfolgt[56], wenn bei gleichbleibender städtebaulicher Zielsetzung andere, ihrerseits inhaltlich hinreichend gewichtige Festsetzungen getroffen werden[57] oder wenn sich der Zuschnitt des Plangebiets spürbar ändert. Die Wahrscheinlichkeit, dass eine neue Planung auch im Rechtssinne als neue Planung anzusehen ist steigt, je mehr der vorgenannten Kriterien verwirklicht werden. Bei einer wertenden Gesamtbetrachtung darf es sich also **nicht** nur um eine **bloße Wiederholung** der bisherigen inhaltlichen Planung oder eine im Wesentlichen unveränderte Planung handeln.[58] Ob dies der Fall ist, lässt sich abschließend nur anhand der jeweiligen Umstände des Einzelfalls beurteilen.

Im Falle einer verfahrensmäßig und materiell neuen Planung muss zwischen der ersten und zweiten Veränderungssperre **kein bauverbotsfreies Zeitfenster** eingehalten werden. Der Rechtsprechung lässt sich die Beantwortung der Frage eines bauverbotsfreien Zeitfensters nicht entnehmen, da die Rechtsprechung nur für den besonderen Fall des vorhergehenden unwirksamen Bebauungsplans gilt. Die besseren Gründe sprechen jedoch gegen ein bauverbotsfreies Fenster. Zunächst lässt sich ein solcher Zeitabstand nicht aus dem BauGB ableiten. Auch der Eigentumsschutz nach Art. 14 Abs. 1 GG erfordert ein solches Zeitfenster nicht. Eine Gefahr der Umgehung der Fristenregelungen des § 17 BauGB besteht nicht. Die Umgehungsgefahr ist schon dadurch ausgeschlossen, dass die Gemeinde eine neue Veränderungssperre nur dann erlassen kann, wenn es sich materiell um eine neue Planung handelt.

Unabhängig davon, dass zwischen der ersten und zweiten Veränderungssperre kein bauverbotsfreies Zeitfenster eingehalten werden muss, bildet der **zeitliche Abstand** zwischen den Planungen ein **weiteres Kriterium für die Abgrenzung** zwischen derselben und einer neuen Planung. Liegt ein größerer

56 OVG Berlin-Brandenburg, OVGE BE 34, 11; *Hager/Kirchberg* (Fn. 2), S. 405.

57 *Sennekamp* (Fn. 4), § 17 Rn. 61.

58 *Rieger* (Fn. 40), § 17 Rn. 14; es darf also mit anderen Worten keine inhaltliche Kontinuität zwischen den beiden Planungen bestehen, vgl. *Schäling* (Fn. 1), S. 151.

Zeitabstand zwischen der ersten und zweiten Veränderungssperre[59], spricht dies für eine neue Planung. Dagegen deutet ein enger zeitlicher Zusammenhang, z. B. wenige Monate, zwischen den beiden Veränderungssperren auf dieselbe Planung hin.

Auch wenn rechtlich eine neue Planung anzunehmen ist, sind **Entschädigungsansprüche** für den Eigentümer aufgrund einer erweiterten Auslegung des § 18 Abs. 1 BauGB **nicht ausgeschlossen**. Liegt zwischen der ersten und zweiten Veränderungssperre kein hinreichend langer Zeitraum, der es Grundstückseigentümern ermöglicht, ein Vorhaben zu planen und ein Baugenehmigungsverfahren durchzuführen, kann dies zu einer Entschädigungspflicht der Gemeinde führen.

59 OVG Nordrhein-Westfalen, Urt. v. 5.6.2000 – 10 A 696/96; *Stock* (Fn. 1), § 17 Rn. 59; *Lemmel* (Fn. 4), § 17 Rn. 13.

Fische stellen keine Eilanträge

Volker Ellenberger und Michael Hoppe

Der vorläufige Rechtsschutz im Normenkontrollverfahren geht nicht zuletzt auf den 2. Senat des Verwaltungsgerichtshofs Baden-Württemberg zurück. Dieser war – soweit ersichtlich – der erste Senat eines Oberverwaltungsgerichts, der einen Antrag auf Erlass einer einstweiligen Anordnung im Rahmen eines Normenkontrollverfahrens vor Schaffung einer gesetzlichen Regelung als statthaft erachtete.[1] Der Verwaltungsgerichtshof sah in der fehlenden gesetzlichen Regelung des Eilrechtsschutzes eine planwidrige und nicht hinzunehmende Gesetzeslücke.

In der Tat ist die Gewährung vorläufigen Rechtsschutzes gegen hoheitliche Maßnahmen in vielen Fällen notwendig, um einen in tatsächlicher und rechtlicher Hinsicht wirksamen Rechtsschutz sicherzustellen. Für den verwaltungsgerichtlichen Eilrechtsschutz in Anwendung der §§ 80, 80a VwGO oder § 123 Abs. 1 bis 3 VwGO ist dies verfassungsrechtlich – unbestritten – anerkannt. In jeder Hinsicht schwer zu greifen ist der vorläufige Rechtsschutz im Normenkontrollverfahren. Dies gilt schon deshalb, weil das Hauptsacheverfahren als objektives Beanstandungsverfahren ausgestaltet ist und sich damit die Frage aufdrängt, wessen Rechte vorläufig geschützt werden müssen. Dieser Beitrag beschäftigt sich mit neueren Entwicklungen im Verfahren nach § 47 Abs. 6 VwGO und will dazu dienen, etwas Klarheit an die Stelle eines gewissen Rechtsschutznebels zu bringen, der den Blick auf das Wesentliche des „Normenkontrolleilverfahrens“ zu trüben droht.

I. Grundgesetz und Grundrechte

Einstweiliger Rechtsschutz dient dazu, die Effektivität des Rechtsschutzes, die in Art. 19 Abs. 4 GG verbürgt ist, in der Hauptsache zu sichern. Allein der Zeitablauf soll nicht dazu führen, dass Rechtsschutz hinfällig wird und vor Abschluss des Verfahrens bereits vollendete Tatsachen geschaffen werden.[2] Nicht zufällig bezeichnet der Jubilar diesen Rechtsschutz deshalb als „Sofortrechtsschutz“.[3] Auch im Unionsrecht kommt dem vorläufigen Rechtsschutz eine zentrale Bedeutung zu, denn „die volle Wirksamkeit des Gemeinschaftsrechts würde auch dann abgeschwächt, wenn ein mit einem nach

---

1 VGH Baden-Württemberg, ESVGH 11, 22 (Beschluss vom 30.06.1961 – II 543/61).

2 BVerfGE 35, 263.

3 *Kirchberg*, Verwaltungsgerichtsbarkeit heute, NVwZ 1998, 441.

Gemeinschaftsrecht zu beurteilenden Rechtsstreit befasstes Gericht durch eine Vorschrift des nationalen Rechts daran gehindert werden könnte, einstweilige Anordnungen zu erlassen, um die volle Wirksamkeit der späteren Gerichtsentscheidung über das Bestehen der aus dem Gemeinschaftsrecht hergeleiteten Rechte sicherzustellen.[4] Allerdings geben das Grundgesetz ebenso wie Art. 13 EMRK und Art. 47 Abs. 1 GRCh nur das Ziel der Effektivität vor.[5] Zur Zielerreichung ist allen zitierten Vorgaben „jedes Mittel recht".[6] Eine Sonderstellung nimmt im Rahmen des verwaltungsgerichtlichen Eilrechtsschutzes der in § 47 Abs. 6 VwGO verankerte vorläufige Rechtsschutz in Normenkontrollverfahren ein, da bereits die Einrichtung des Instituts der prinzipalen Normenkontrolle nicht verfassungsrechtlich geboten ist und somit auch der vorläufige Rechtsschutz in diesen Verfahren nicht von Art. 19 Abs. 4 GG gefordert sein kann.[7]

Einen Teil der Sonderstellung macht die nur fragmentarische gesetzliche Regelung dieses Rechtsschutzverfahrens aus. Es heißt in § 47 Abs. 6 VwGO lapidar: „Das Gericht kann auf Antrag eine einstweilige Anordnung erlassen, wenn dies zur Abwehr schwerer Nachteile oder aus anderen wichtigen Gründen dringend geboten ist." Es liegt auf der Hand, dass dieser Wortlaut nicht das gesamte gerichtliche Prüfprogramm wiedergibt, denn dem Normverständnis des § 123 VwGO folgend sind mit den schweren Nachteilen oder anderen wichtigen Gründen Anforderungen an den Anordnungsgrund gestellt, ohne dass Aussagen über den Anordnungsanspruch gemacht werden.[8] Dass es sowohl in der Rechtsprechung als auch in der Literatur verschiedene Wege gibt, diese Regelungslücke zu schließen, vermag nicht zu überraschen. In der Rechtsprechung ist die Vielfalt der – hier in der Folge näher zu beleuchtenden – Lösungswege insbesondere darauf zurückzuführen, dass für Verfahren nach § 47 Abs. 6 VwGO regelmäßig die Oberverwaltungsgerichte als Gericht der Hauptsache zuständig sind,[9] deren Beschlüsse nach § 152 Abs. 1 VwGO nicht mit einer Beschwerde zum Bundesverwaltungsgericht angegriffen werden können und eine Rechtsvereinheitlichung durch Entscheidungen des Bundesverwaltungsgerichts im einstweiligen Rechtsschutz daher grundsätzlich nicht möglich ist.[10] Gerade zwei Entscheidungen des Bundesverwaltungsgerichts als Gericht der Hauptsache[11] haben in der jüngsten Vergangenheit die

---

4 EuGH, NJW 1991, 2271 Rn. 21 (Factortame I).

5 Nichts Anderes gilt für die in Art. 67 Abs. 1 LV landesverfassungsrechtlich für Baden-Württemberg verankerte Garantie des effektiven Rechtsschutzes, die inhaltlich mit derjenigen aus Art. 19 Abs. 4 GG identisch ist (vgl. VerfGH Baden-Württemberg, VBlBW 2016, 241).

6 *Schoch* in: Schoch/Schneider/Bier, VwGO, Stand: September 2011, § 80 Rn. 24.

7 Vgl. Bayerischer VGH, NVwZ-RR 2000, 469; *Schoch* (Fn. 6, Stand: Februar 2016), § 47 Rn. 131.

8 *Dombert* in: Finkelnburg/Dombert/Külpmann, Vorläufiger Rechtsschutz im Verwaltungsstreitverfahren, 6. Aufl. 2011, Rn. 553 f.

9 Vgl. *von Albedyll* in: Bader u. a., VwGO, 6. Aufl. 2014, § 47 Rn. 138.

10 S. zu Reformüberlegungen, etwa der Vorlage von Fragen an das BVerwG: *Rennert*, Wo steht die Verwaltungsgerichtsbarkeit, VBlBW 2015, 45 (47).

11 Vgl. BVerwG, NVwZ 1998, 1065.

Frage nach dem einschlägigen Prüfungsmaßstab erneut im das Zentrum der Diskussion gerückt. Die Reichweite der Aussagen der beiden Beschlüsse wird unterschiedlich beurteilt, teils wird ihnen die Gefolgschaft offen versagt. In der Folge soll dieser potenzielle Konflikt untersucht und nach Auswegen gesucht werden.

II. Gesetz und Geschichte

Der Wortlaut des § 47 Abs. 6 VwGO lässt eindeutig mehr Fragen offen als er Antworten gibt.[12] Der Blick in die Begründung des Gesetzes, mit dem die Bestimmung über einstweilige Anordnungen im Normenkontrollverfahren als § 47 Abs. 7 VwGO[13] in die Verwaltungsgerichtsordnung eingefügt wurde,[14] bringt auch nur wenig Licht in das Dunkel. Es heißt dort[15], dass die immer noch streitige Frage, ob in Verfahren nach § 47 eine einstweilige Anordnung erlassen werden könne, in positivem Sinne entschieden werde. Die Fassung sei an § 32 BVerfGG angelehnt.

Die Nähe zum verfassungsgerichtlichen Eilverfahren war dabei keine eigene Idee des Gesetzgebers. In der eingangs erwähnten Entscheidung des Verwaltungsgerichtshofs aus dem Jahr 1961 heißt es, dass es zwar keine gesetzliche Regelung zu einstweiligen Anordnungen im Normenkotrollverfahren gebe, dies aber eine Lücke sei, die durch die Anwendung von § 25 StGHG[16] zu schließen sei. Diese Norm wiederum regelte in ihrem Absatz 1 inhaltlich weitgehend identisch mit § 32 Abs. 1 BVerfGG, dass der Staatsgerichtshof in einem anhängigen Verfahren einen Zustand durch einstweilige Anordnung vorläufig regeln kann, wenn es zur Abwehr schwerer Nachteile, zur Verhinderung drohender Gewalt oder aus einem anderen wichtigen Grunde zum gemeinen Wohl dringend geboten ist. Der Verwaltungsgerichtshof entschied, dass auch im Normenkontrollverfahren nur aufgrund gerechter Abwägung der widerstreitenden Interessen entschieden werden könne, ob eine einstweilige Anordnung zum gemeinen Wohl geboten sei. Bei dieser Abwägung müssten beide Möglichkeiten, dass die Norm gültig oder unwirksam sei, berücksichtigt werden, da eine Entscheidung über die Hauptsache noch nicht ergehen könne.[17] 1963 entschied der 1. Senat des Verwaltungsge-

---

12 *Windthorst*, Der verwaltungsgerichtliche einstweilige Rechtsschutz, 2009, S. 78.

13 In § 47 Abs. 6 VwGO findet sich die – wortgleich gebliebene – Bestimmung seit der Änderung der Vorschrift durch das Sechste Gesetz zur Änderung der Verwaltungsgerichtsordnung und anderer Gesetze (BGBl. I. 1996, 1626), zwischenzeitlich fand sich die Vorschrift in § 47 Abs. 8 VwGO (Art. 2 Nr. 9 c) des Gesetzes über das Baugesetzbuch vom 08.12.1986 (BGBl. I, 2191).

14 Gesetz zur Änderung verwaltungsprozessualer Vorschriften vom 24.08.1976 (BGBl. I, 2437).

15 BT-Drs. 7/4324 S. 12.

16 GBl. 1954, 171.

17 VGH Baden-Württemberg, ESVGH 11, 22 (25).

richtshofs sodann im Rahmen eines Erledigungsbeschlusses, dass nicht auf § 25 StGHG oder § 32 BVerfGG, sondern auf § 123 VwGO zurückzugreifen sei.[18] Diese Senatsrechtsprechung fortführend heißt es dann in einem Beschluss aus dem Jahr 1966, dass es keiner Interessenabwägung bedürfe, wenn sich schon im Anordnungsverfahren die Erfolgsaussichten des Verfahrens zur Hauptsache übersehen ließen. Ergebe die Prüfung, dass der Antragsteller in der Hauptsache nicht durchdringen könne, sei eine einstweilige Anordnung nicht „nötig". Umgekehrt sei sie dann immer „nötig", wenn sich im Anordnungsverfahren feststellen lasse, dass das Verfahren in der Hauptsache zum Erfolg führen müsste.[19] Andere Oberverwaltungsgerichte standen der Statthaftigkeit von Eilrechtsschutzanträgen in Normenkontrollverfahren bestenfalls skeptisch, teils klar ablehnend gegenüber.[20] Die Literatur sprach sich zunächst weit überwiegend gegen die Zulässigkeit von einstweiligen Anordnungen im Normenkontrollverfahren aus.[21]

Gerade mit Blick auf diese disparate Ausgangslage vor Einführung des § 47 Abs. 7 VwGO überrascht es, dass der Gesetzestext und die Begründung des Gesetzesentwurfs so dürftig ausgefallen sind und der Gesetzgeber es letztlich der Rechtsprechung überlassen hat, Maßstäbe für die Prüfung der einstweiligen Anordnungen im Normenkontrollverfahren zu entwickeln.

III. Rechtsprechung und Rechtsfindung

1. Meinungsvielfalt

In den vergangenen über 40 Jahren seit der Einführung der gesetzlichen Regelung einer einstweiligen Anordnung in Normenkontrollverfahren haben sich in der Rechtsprechung verschiedene Ansätze herausgebildet, die nicht vollständig kompatibel sind.[22] Viele Entscheidungen stellen das Abwägungsmodell, wie es vom Bundesverfassungsgericht zu § 32 BVerfGG entwickelt worden ist, sowie die Betonung eines besonders strengen Maßstabs in den Vordergrund, wobei die Frage der (Un-)wirksamkeit der Norm nur bei offen-

---

18 VGH Baden-Württemberg, ESVGH 13, 81 (82).

19 VGH Baden-Württemberg, ESVGH 16, 102 (103 f.).

20 OVG Lüneburg, OVGEMüLü 17, 343 (unzulässig); Bayerischer VGH München, VerwRspr 20, 1022 (jedenfalls unzulässig, wenn Vollziehung eines bestandskräftigen Verwaltungsakts verhindert werden soll); Hessischer VGH, DÖV 1970, 99 (Zweifel, ob Raum für eine einstweilige Anordnung bleibt).

21 Als ausgewählte Stimmen seien genannt: *Eyermann-Fröhler*, VwGO, 4. Aufl. 1965 § 47 Rn. 37; *Redeker-von Oertzen*, VwGO 3. Aufl. 1969 § 47 Rn. 15; *Klinger*, VwGO, 2. Aufl. 1964 § 47 Nr. C7; für die Zulässigkeit *Klein/Kupfer*, DÖV 1970, 73; *Quaritsch* DÖV 1966, 186.

22 *Schoch* (Fn. 6, Stand: Februar 2016), § 47 Rn. 162.

sichtlichen Fällen eine Rolle spielen soll.[23] Auch in der Literatur hat dieses Modell eine große Anhängerschaft gefunden.[24] Ein anderer Ansatz stellt „in erster Linie" auf die Erfolgsaussichten des Normenkontrollantrags ab.[25] Teilweise wird auch ein sehr weit gefasster Begriff der offensichtlichen Begründetheit verwendet und damit der Sache nach eine Abkehr von der Abwägung zur Prüfung der Erfolgsaussicht hin verfolgt.[26] Insgesamt ist der Meinungsstand nur schwer zu überblicken.[27] In der Literatur wird kritisiert, dass eine nähere Begründung für die Voraussetzungen der Begründetheit zuletzt häufiger gar nicht mehr gegeben werde und allein die mangelnde dogmatische Herleitung dazu führe, dass vermehrt die Begründetheitsprüfung allein auf die Erfolgsaussichten des Hauptsacheverfahrens ausgerichtet seien.[28] Es mögen die Unsicherheiten hinsichtlich des Prüfungsmaßstabs hauptverantwortlich dafür sein, dass teilweise allein die Frage des schweren Nachteils oder des Vorliegens anderer wichtiger Gründe untersucht wird, in diesem Rahmen sodann aber eine offensichtliche Fehlerhaftigkeit oder eine schwerwiegende Beeinträchtigung rechtlich geschützter Positionen des Antragstellers als Prüfprogramm angesehen wird.[29] Die Vielfalt der Maßstäbe und auch ihre inhaltliche Verschiedenheit führen dazu, dass die Rechtsprechung in diesem Bereich als „kasuistische Billigkeitsjurisprudenz" gegeißelt wird.[30]

2. Leipziger Meinung

Das Bundesverwaltungsgericht hatte 2015 in zwei Verfahren des vorläufigen Rechtsschutzes[31] Gelegenheit, den Prüfungsmaßstab im Verfahren nach § 47 Abs. 6 VwGO zu präzisieren. Die zwei Entscheidungen stammen von dem

23 OVG Mecklenburg-Vorpommern, Beschluss vom 19.07.2016 – 2 M 61/16 – juris; Thüringer OVG NVwZ-RR 2016, 872; OVG Saarlouis, KommJur 2016, 194; VGH Kassel, BauR 2015, 1101; OVG Bautzen, VD 2008, 21; Bayerischer VGH, NVwZ 2010, 268; VGH Baden-Württemberg, VBlBW 2009, 257.

24 *von Albedyll* in: Bader u. a., VwGO, 6. Aufl. 2014, § 47 Rn. 141 ff.; *Schmidt* in: Eyermann, VwGO, 14. Aufl. 2014, § 47 Rn. 106; *Ziekow* in: Sodan/Ziekow, VwGO, 4. Aufl. 2014, § 47 Rn. 395; *Bosch/Schmidt/Vondung*, Praktische Einführung in das verwaltungsgerichtliche Verfahren, 9. Aufl. 2012, Rn. 1534; *Giesberts* in: Posser/Wolff, BeckOK VwGO, Stand: 01.10.2016, § 47 VwGO Rn. 92; *Wysk*, VwGO, 2. Aufl. 2016, § 47 Rn. 95 f. differenzierter: *Kopp/Schenke*, VwGO, 21. Aufl. 2015 § 47 Rn. 153.

25 Byerischer VGH, NVwZ-RR 2000, 416; in der Sache ähnlich OVG Sachsen-Anhalt, Beschluss vom 06.10.2004 – 2 R 488/03 – juris.

26 So etwa bei VGH Baden-Württemberg, VBlBW 2007, 415.

27 Eine gute Aufarbeitung der Auffassungen findet sich bei: *Kalb/Külpmann* in: Ernst/Zinkhan/Bielenberg/Krautzberger, BauGB, Stand: November 2014, § 10 BauGB Rn. 338 ff.

28 *Dombert* in: Finkelnburg/Dombert/Külpmann, Vorläufiger Rechtsschutz im Verwaltungsstreitverfahren, 6. Aufl. 2011, Rn. 597.

29 Vgl. etwa VGH Baden-Württemberg, VBlBW 2015, 249.

30 *Jäde*, Rechtsschutzaspekte der einstweiligen Anordnung im verwaltungsgerichtlichen Normenkontrollverfahren gegen Bebauungspläne, UPR 2009, 41 (44).

31 BVerwG, ZfBR 2015, 381 und Beschl. vom 16.09.2015 – 4 VR 2.15 – juris.

u. a. für das Bauplanungsrecht zuständigen 4. Senat, der seine Ausführungen in beiden Verfahren dahingehend begrenzte, dass diese „jedenfalls bei Bebauungsplänen" Geltung beanspruchten. Nach Auffassung des Bundesverwaltungsgerichts sollen zunächst die Erfolgsaussichten des anhängigen Normenkontrollverfahrens Maßstab sein. Ergebe die Prüfung, dass der Normenkontrollantrag voraussichtlich unzulässig oder unbegründet sein werde, sei der Erlass einer einstweiligen Anordnung nicht im Sinne von § 47 Abs. 6 VwGO zur Abwehr schwerer Nachteile oder aus anderen wichtigen Gründen dringend geboten. Erweise sich dagegen, dass der Antrag zulässig und (voraussichtlich) begründet sein werde, so sei dies ein wesentliches Indiz dafür, dass der Vollzug des Bebauungsplans bis zu einer Entscheidung in der Hauptsache suspendiert werden müsse. In diesem Fall könne eine einstweilige Anordnung ergehen, wenn dessen (weiterer) Vollzug vor einer Entscheidung im Hauptsacheverfahren Nachteile befürchten lasse, die unter Berücksichtigung der Belange des Antragstellers, betroffener Dritter und/oder der Allgemeinheit so gewichtig seien, dass eine vorläufige Regelung mit Blick auf die Wirksamkeit und Umsetzbarkeit einer für den Antragsteller günstigen Hauptsacheentscheidung unaufschiebbar sei. Ließen sich die Erfolgsaussichten des Normenkontrollverfahrens nicht abschätzen, sei über den Erlass einer beantragten einstweiligen Anordnung im Wege einer Folgenabwägung zu entscheiden.[32]

Diese Obersätze wirken sehr apodiktisch. Die Entscheidungsgründe lassen nicht erkennen, dass die Frage des Prüfungsmaßstabs so klar und fest zementiert ist (oder war), wie die beiden Beschlüsse dies suggerieren mögen, zumal der 6. Senat des Bundesverwaltungsgerichts 2010 noch – ohne nähere Begründung – davon ausgegangen war, dass die Entscheidung nach § 47 Abs. 6 VwGO eine Folgenabwägung verlange und damit dem § 32 BVerfGG entliehenen Abwägungsmodell folgte[33] und der 4. Senat 1998 nicht dahin tendierte, die Erfolgsaussichten der Normenkontrolle zu prüfen.[34]

3. Leipzig als Meinungsführer?

Die Rezeption dieser beiden höchstrichterlichen Judikate durch Rechtsprechung und Literatur ist bislang eher verhalten ausgefallen. Der 10. Senat des Oberverwaltungsgerichts für das Land Nordrhein-Westfalen stellt sich – in knappen Worten – ausdrücklich gegen die beiden Leipziger Entscheidungen und betont, dass der Erlass einer einstweiligen Anordnung nur in Betracht komme, wenn dies zur Abwehr schwerer Nachteile oder aus anderen wichtigen Gründen dringend geboten sei. Der Antragsteller müsse auch bei einer

32 BVerwG, ZfBR 2015, 381 Rn. 12.
33 BVerwG, Beschluss vom 20.05.2010 – 6 VR 1.10 – juris.
34 BVerwG, NVwZ 1998, 1065.

offensichtlichen Unwirksamkeit der Norm so beeinträchtigt sein, dass eine einstweilige Anordnung dringend geboten sei.[35] Das Niedersächsische Oberverwaltungsgericht hat es ausdrücklich offen gelassen, ob es „sich empfiehlt", den Grundsätzen zu folgen, „welche das Bundesverwaltungsgericht ohne jede Auseinandersetzung mit anderslautender Rechtsprechung" aufgestellt habe.[36] Hingegen hat der 10. Senat des Oberverwaltungsgerichts Berlin-Brandenburg sein Prüfprogramm „präzisiert" und folgt den Maßstäben des Bundesverwaltungsgerichts mit der leichten Abwandlung, dass ein Außervollzugsetzen der Norm bereits dann aus wichtigem Grund geboten sein könne, wenn die Rechtsvorschrift offensichtlich rechtsfehlerhaft sei, wobei offensichtlich mit „im Verfahren des einstweiligen Rechtsschutzes erkennbar" gleichzusetzen sei.[37] Der 2. Senat desselben Gerichts bleibt hingegen bei den bisherigen Maßstäben zur Folgenabwägung, [38] der 2. Senat aus Saarlouis beschäftigt sich mit der neuen Rechtsprechung erst gar nicht.[39]

Der 5. Senat des Verwaltungsgerichtshofs Baden-Württemberg hat sich der neuesten Leipziger Rechtsprechung ausdrücklich angeschlossen und weitergehend entschieden, dass der Erlass einer einstweiligen Anordnung unabhängig von möglichen Beeinträchtigungen des Antragstellers dringend geboten sei, wenn dies zur Gewährleistung der praktischen Wirksamkeit von Unionsrecht erforderlich sei.[40] Im konkreten Fall ging es um die (mögliche) unionsrechtliche Pflicht zur Umweltprüfung aus Art. 3 Abs. 1 RL 2001/42/EG,[41] die im Falle einer Überbauung des Plangebiets vor Ergehen einer Hauptsacheentscheidung gegenstandslos oder unmöglich werde. Auch der 6. Senat des Verwaltungsgerichtshofs folgt den neuen Maßstäben.[42] Literaturstimmen zur neuen Rechtsprechungslinie des BVerwG gibt es kaum; soweit sich eine Stellungnahme findet, ist sie zustimmend.[43]

IV. Wertungen und Vorgaben

Zu untersuchen ist zunächst die These, dass im Geltungsbereich des Unionsrechts das Prüfprogramm vorgegeben sei und seine praktische Wirksamkeit es erfordern kann, dass eine – letztlich allein – am Maßstab der Rechtmäßigkeit der angegriffenen Norm orientierte Entscheidung zu ergehen hat. Davon

35 OVG Nordrhein-Westfalen, NJW-Spezial 2016, 270.
36 Niedersächsisches OVG, BauR 2016, 1726.
37 OVG Berlin-Brandenburg, LKV 2016, 270.
38 OVG Berlin-Brandenburg, Beschluss vom 09.06.2016 – 2 S 3.16 – juris Rn. 8.
39 OVG Saarland, KommJur 2016, 194.
40 VGH Baden-Württemberg, BauR 2016, 2073.
41 Umgesetzt in § 2 Abs. 4 BauGB.
42 VGH Baden-Württemberg, Beschluss vom 26.10.2016 – 6 S 2041/16 – juris.
43 Etwa: *Schoch*, in Schoch/Schneider/Bier, VwGO, Stand: Februar 2016 § 47 Rn. 162.

losgelöst ist zu überlegen, ob der zutreffend als materiell-akzessorisch[44] beschriebene Ansatz, der die Frage der Rechtmäßigkeit der Norm in das Zentrum der Betrachtung stellt, nicht insgesamt vorzugswürdig erscheint.

1. Von Fischen und Ferraris aus Luxemburg

Bei der Auslegung des Begriffs des „weiten Zugangs zu Gerichten" im Sinne der Aarhus-Konvention erläuterte Generalanwältin *Sharpston*, dass eine sorgfältige und umfassende Überprüfung von Verwaltungsentscheidungen mit einem hohen Schutzniveau für die Rechte Einzelner dann wenig helfen würden, wenn das System als solches für bestimmte Kategorien von Klagen nicht zugänglich sei. Es stelle sich insoweit wie ein Ferrari mit verschlossenen Türen dar,[45] ein großartiges Produkt also, zu dem nur Wenige Zugang haben. Präsentiert sich aus unionsrechtlicher Perspektive der Rechtsschutz nach § 47 Abs. 6 VwGO auch als verschlossener Ferrari, wenn über die – offensichtliche – Rechtswidrigkeit der Norm hinaus noch drohende schwere Nachteile und andere wichtige Gründe für den Erlass einer einstweiligen Anordnung für erforderlich gehalten werden? Oder ist, um in einem anderen Bild von *Sharpston* zu bleiben, möglicherweise die Rechtswidrigkeit der Norm bereits hinreichend für einen erfolgreichen Eilantrag, weil Fische nicht vor Gericht ziehen können,[46] es also möglicherweise nicht unbedingt der Antragsteller ist, der einen schweren Nachteil zu erleiden droht, aber dennoch ein schwerer Nachteil für Rechtsgüter droht, die keinen Repräsentanten vor Gericht haben, der mit eigenen Rechten ausgestattet ist?

Diese Fragen zu stellen heißt, sie auch zu bejahen, ganz so, wie es der 5. Senat des Verwaltungsgerichtshofs Baden-Württemberg getan hat.[47] Denn die Durchsetzung der praktischen Wirksamkeit des Rechts der Europäischen Union darf nicht an einem erheblichen Auseinanderfallen der Rechtsschutzmöglichkeiten zwischen Eilrechtsschutzverfahren und Hauptsacheverfahren scheitern.

Dies lässt sich an einem praktischen Beispiel gut erläutern: Wendet sich ein Antragsteller, dessen Grundstück außerhalb des Plangebiets liegt, zulässigerweise gegen einen Bebauungsplan mit dem Hauptargument, es sei unzutreffend von dem Verfahren nach den §§ 13a, 13 BauGB Gebrauch gemacht worden, weil es sich tatsächlich nicht um einen Bebauungsplan der Innenentwicklung handelt,[48] so beruft er sich – auch – auf eine unzutreffende

---

44 *Kalb/Külpmann* in: Ernst/Zinkhan/Bielenberg/Krautzberger, BauGB, Stand: November 2014, § 10 Rn. 343.

45 Schlussanträge GAin *Sharpston*, C-115/09, ECLI:EU:C:2010:773 (Trianel) Rn. 77.

46 Äußerung von GAin *Sharpston* in der mündlichen Verhandlung des Verfahrens C-115/09 (Trianel), zitiert nach: *Lidbetter/Depani*, Judicial Review 2014, 30.

47 S. Fn. 40.

48 S. zu den Maßstäben: BVerwGE 153, 74 Rn. 25.

Anwendung von Unionsrecht, nämlich insbesondere Art. 3 Abs. 2 bis 5 RL 2001/42/EG mit den Vorgaben zum zulässigen Absehen von einer Umweltprüfung.[49] Während ein solcher Antragsteller sowohl bei einer reinen an § 32 BVerfGG orientierten Folgenabwägung als auch bei der Prüfung eines eigenen schweren Nachteils mit hoher Wahrscheinlichkeit erfolglos bleiben muss und es ihm also nicht gelingen würde, eine einstweilige Anordnung zu erwirken, wird er in der Hauptsache dennoch Erfolg haben. Wird der Bebauungsplan in der Hauptsache zu einem Zeitpunkt für unwirksam erklärt, zu dem er im Wesentlichen realisiert ist, hat dies aber zur Folge, dass sich die Umweltprüfung und die damit verbundene Untersuchung, ob es vertretbar ist, den bisherigen Außenbereich zu überplanen, erledigt hat, sie also nicht mehr sinnvoll stattfinden kann. Denn der bisherige Außenbereich ist nun zweifelsfrei bebauter Innenbereich. Jedenfalls für die Natur und die praktische Wirksamkeit des Unionsrechts ist der Erfolg im Normenkontrollverfahren damit wert- und bedeutungslos. Dies widerspricht augenfällig den wesentlichen unionsrechtlichen Grundprinzipien, zumal die „effet-utile-Rechtsprechung" des Gerichtshofs der Europäischen Union im Recht der Umweltverträglichkeitsprüfung eine besondere Ausprägung erfahren hat. Dort sind nämlich die nationalen Gerichte verpflichtet, alle allgemeinen oder besonderen Maßnahmen zu ergreifen, um dem Unterbleiben einer solchen Prüfung abzuhelfen.[50] Eine solche Maßnahme ist nicht nur die Aufhebung, sondern auch die Aussetzung des Plans.[51]

Es zeigt sich also, dass Unionsrecht jedenfalls im Umweltrecht eine an den Erfolgsaussichten im Hauptsacheverfahren orientierte Prüfung eines Antrags auf einstweilige Anordnung gebietet. Insoweit ist die Absage an ein Modell der reinen Folgenabwägung und die Anwendung des materiell-akzessorischen Ansatzes des Bundesverwaltungsgerichts rechtlich zwingend vorgegeben, wobei in diesen Fällen der „schwere Nachteil" für die Allgemeinheit darin begründet liegt, dass ein nachträglicher Rechtsschutz in der Hauptsache für das im Unionsrecht geschützte Rechtsgut regelmäßig zu spät kommen wird. Der schwere Nachteil oder andere wichtige Grund im Sinne des § 47 Abs. 6 VwGO ist deshalb nicht nur bezogen auf den Antragsteller, sondern auch auf nicht verfahrensbeteiligte Dritte und die Allgemeinheit zu beziehen. Denn Fische ziehen nicht nur mit Hauptsacherechtsbehelfen nicht vor Gericht, Fische stellen auch keine Eilanträge!

49 S. hierzu auch: VGH Baden-Württemberg, VBlBW 2015, 244.

50 EuGH, NVwZ-RR 2013, 503 Rn. 43 (L.).

51 EuGH, NVwZ 2012, 553 Rn. 45 f. <Inter-Environnement Wallonie>.

2. Strukturen und Vorhersehbarkeit

Erweist sich ein an den Erfolgsaussichten orientierter Ansatz unionsrechtlich als unabdingbar, lässt schon dieser Umstand es zweifelhaft erscheinen, ob in Fällen, die nicht in den Anwendungsbereich des Unionsrechts fallen, ein anderer Ansatz hilfreich oder angemessen sein kann. Eine harmonisierende Auslegung des Rechts, also eine Angleichung der Auslegung des nicht supranational geprägten Rechts an die durch Unionsrecht präjudizierte Auslegung, ist dem deutschen Verwaltungsrecht nicht fremd.[52] Es sprechen aber mehr Gründe als allein die Praktikabilität für den vom Bundesverwaltungsgericht gewählten Ansatz, wohingegen die wenigen für die Beibehaltung des strikten Folgenabwägungsansatzes streitenden Argumente letztlich nicht den Ausschlag geben können.

a) Erkennbare und entwickelte Strukturen

Anordnungsanspruch und Anordnungsgrund sind die Strukturelemente der einstweiligen Anordnung nach § 123 Abs. 1 VwGO, wie auch bei der einstweiligen Verfügung nach §§ 935, 940 ZPO Verfügungsanspruch und Verfügungsgrund den Rechtsschutz strukturieren.[53] Der um Rechtsschutz Nachsuchende muss einen Anspruch auf eine (vorläufige) Sicherung oder Regelung innehaben. Für diese Sicherung oder Regelung muss es auch einen Grund, der in der Regel die Eilbedürftigkeit sein wird, geben. Will man diese Struktur nun auf die einstweilige Anordnung nach § 47 Abs. 6 VwGO übertragen, bedeutet dies, dass die Frage der Rechtmäßigkeit der angegriffenen Norm im Rahmen des Anordnungsanspruchs zu prüfen ist. Der Anordnungsanspruch ist also ein ungeschriebenes, nur – über den Begriff der einstweiligen Anordnung – mitgedachtes Tatbestandsmerkmal des § 47 Abs. 6 VwGO. Ein Anordnungsgrund ist hingegen gegeben, wenn der Erlass der einstweiligen Anordnung zur Abwehr schwerer Nachteile oder aus anderen wichtigen Gründen dringend geboten ist. Dies zeigt die Schwäche des materiell-akzessorischen Ansatzes auf: Der Wortlaut des § 47 Abs. 6 VwGO legt ihn nicht nahe! Denn der Weg hin zur gesetzlichen Regelung einer einstweiligen Anordnung zeigt, dass es nicht eine bloße Laune des Gesetzgebers gewesen ist, die Vorschrift an § 32 BVerfGG anzulehnen, sondern dass es gerade der Verwaltungsgerichtshof Baden-Württemberg war, der in Ermangelung einer gesetzlichen Regelung die Nähe zur verfassungsgerichtlichen einstweiligen Anordnung suchte.[54] Deswegen ist es keine Überinterpretation,[55] aufgrund der Gesetzesmaterialien den Prüfungsmaßstab aus § 32 Abs. 1 BVerfGG abzuleiten.

---

52 S. BVerwGE 130, 20 zum maßgeblichen Zeitpunkt für die Beurteilung der Rechtmäßigkeit einer Ausweisung.

53 *Schoch* (Fn. 6, Stand: Februar 2016) § 47 Rn. 159.

54 S. noch einmal den Ansatz bei: VGH Baden-Württemberg, ESVGH 11, 22.

55 So aber: *Schoch* (Fn. 6, Stand: Februar 2016) § 47 Rn. 137.

Indes: Der Wortlaut des § 47 Abs. 6 VwGO schließt aufgrund seiner Bezugnahme auf die einstweilige Anordnung nicht aus, die Begründetheitsprüfung nach Anordnungsanspruch und Anordnungsgrund zu strukturieren. Überdies sprechen systematische Gründe in einer Weise für den materiell-akzessorischen Ansatz, dass die historische Auslegung das Ergebnis nicht maßgeblich bestimmen kann. So vermag dieser Ansatz einen gewissen Gleichlauf des Eil- zum Hauptsacheverfahren herzustellen, indem er die – objektive – Rechtmäßigkeit der angegriffenen Norm in das Zentrum der Betrachtung im Eilverfahren stellt, ganz so, wie in der Hauptsache die Vereinbarkeit der Norm mit höherrangigem Recht ohne Rücksicht auf subjektive Rechte des Antragstellers zu überprüfen ist.[56] Dieser Gleichlauf ist ebenso wünschenswert wie geboten. Denn der einstweilige Rechtsschutz dient dazu sicherzustellen, dass das Rechtsschutzbegehren in der Hauptsache nicht „unzumutbar behindert“ wird.[57] Je größer die Kongruenz zwischen den Prüfungsmaßstäben im Eilverfahren und im Hauptsacheverfahren ist, desto besser ist das Eilverfahren geeignet, zu garantieren, dass die Entscheidung in der Hauptsache nicht zu spät kommt.

Bei der Abkehr von der reinen Folgenabwägung ist auch zu berücksichtigen, dass im Normenkontrollverfahren vor den Oberverwaltungsgerichten allein materielle Gesetze, nämlich Satzungen und Rechtsverordnungen nach dem Baugesetzbuch sowie von anderen im Rang unter dem Landesgesetz stehenden Vorschriften, verfahrensgegenständlich sein können, also von der Exekutive erlassene Gesetze. Diese sind, wenn sie gegen Rechtsvorschriften verstoßen, unwirksam und von jedem Richter – unabhängig von etwaigen Normenkontrollverfahren – (inzident) zu verwerfen und außer Anwendung zu lassen.[58] Die Prüfung der Wirksamkeit dieser Normen gehört zum gleichsam täglichen Prüfprogramm einer Verwaltungsrichterin und eines Verwaltungsrichters. Im Unterschied dazu betritt das Bundesverfassungsgericht bei der Prüfung formeller Gesetze regelmäßig Neuland, die Abschätzung der Erfolgsaussichten in einem Eilverfahren ist hier weitaus schwieriger als beispielsweise bei der Kontrolle von Bebauungsplänen.[59] Es sprechen also zwei erheblich systematische Gründe für ein Abweichen der Prüfungsmaßstäbe von § 32 Abs. 1 BVerfGG einerseits und § 47 Abs. 6 VwGO andererseits: Inhaltlich ist die Prüfung einer untergesetzlichen Norm in aller Regel weniger komplex als die eines formellen Gesetzes. Prozessual ist jedes Verwaltungsgericht in der Hauptsache und in einem Eilverfahren berechtigt und verpflichtet, von ihm als rechtswidrig erkannte untergesetzliche Normen nicht anzuwenden, hingegen sind verfassungswidrige formelle Gesetze dem Bun-

56 Vgl. *Panzer* in: Schoch/Schneider/Bier, VwGO, Stand: Februar 2016, § 47 Rn. 88.

57 *Kirchberg/Zuck*, Die Nobody-Organklagen gegen die Bundestagsauflösung, NJW 2005, 3401 (3403).

58 *Panzer* (Fn. 56), Vor § 47 Rn. 7 ff.

59 *Kalb/Külpmann* (Fn. 44), § 10 Rn. 343.

des- oder Landesverfassungsgericht nach Art. 100 Abs. 1 GG bzw. – für Baden-Württemberg – Art. 68 Abs. 1 Satz 2 Nr. 3 LV vorzulegen, dem jeweils das Verwerfungsmonopol zusteht. Deshalb ist es im Ansatz überzeugend, bei der Gewährung vorläufigen Rechtsschutzes durch das Verfassungsgericht einen zurückhaltenden Maßstab anzuwenden, wohingegen im verwaltungsgerichtlichen Normenkontrollverfahren ein solcher Maßstab für das Oberverwaltungsgericht systematisch kaum begründbar erscheint, zumal es in einem Beschwerdeverfahren des vorläufigen Rechtsschutzes etwa gegen einen Beitragsbescheid oder eine Baugenehmigung zu einer vollen Kontrolle der Norm verpflichtet sein kann.

b) Rationalität und richterliche Vorhersehbarkeit

Der vom Bundesverwaltungsgericht vorgezeichnete und hier als richtig erkannte Weg der konsequenten Umorientierung beim Prüfungsmaßstab im Verfahren nach § 47 Abs. 6 VwGO ist ein wesentlicher Baustein, der den Verfahrensausgang einfacher vorhersehbar werden lässt. Während eine reine Folgenabwägung im Bereich untergesetzlicher Normen systemimmanent dem zur Entscheidung berufenen Gericht einen erheblichen Wertungsspielraum überlässt, führt die klare Vorgabe eines zu prüfenden Anordnungsanspruchs und eines festzustellenden Anordnungsgrundes zu objektiv besser vorhersehbaren Parametern einer Entscheidung. Zutreffend betont *Schoch*, dass die Strukturierung der materiellen Entscheidungsvoraussetzungen den Entscheidungen Form, Rationalität und Transparenz vermitteln kann.[60]

Lassen sich die Erfolgsaussichten im Verfahren des vorläufigen Rechtsschutzes nach § 47 Abs. 6 VwGO abschätzen, geben diese den Ausschlag für den Anordnungsanspruch: Erweist sich die Norm als rechtswidrig und wird die Normenkontrolle in der Hauptsache daher (voraussichtlich) Erfolg haben, ist der Anordnungsanspruch zu bejahen; ist die Norm nicht zu beanstanden, schließt dies den Anordnungsanspruch aus. Auch wenn die Erfolgsaussichten nicht abschließend zu beurteilen sind, weil etwa eine umfangreiche Beweisaufnahme erforderlich sein sollte oder etwa weil bundesrechtliche Fragen im Streit stehen, die einer abschließenden Klärung durch das Bundesverwaltungsgericht harren, ist der Anordnungsanspruch nach diesem Modell zu bejahen. Denn auch in diesem Fall gibt es einen – potenziell – zu sichernden Anspruch darauf, bis zu einer endgültigen gerichtlichen Entscheidung nicht durch den Vollzug der – hinsichtlich ihrer Rechtmäßigkeit augenblicklich nicht abschließend zu beurteilenden – Norm durch Zeitablauf vor vollendete Tatsachen gestellt und der Effektivität des eröffneten Eilrechtsschutzverfahrens beraubt zu werden.

---

60 *Schoch* (Fn. 6, Stand: Februar 2016) § 47 Rn. 171.

Der Anordnungsgrund wird bei einer Bejahung des Anordnungsanspruchs aufgrund (voraussichtlicher) Rechtswidrigkeit der Norm indiziert.[61] Denn die Rechtswidrigkeit einer Norm stellt regelmäßig einen wichtigen Grund dar, sie außer Vollzug zu setzen. Oder umgekehrt gewendet besteht an der Vollziehung einer rechtswidrigen Norm kein öffentliches Interesse.[62] Anderes gilt allein dann, wenn der Erlass der einstweiligen Anordnung nicht dringend geboten ist, es also keinen Anlass für eine gerichtliche Entscheidung gibt, etwa weil aus tatsächlichen oder rechtlichen Gründen ein (Teil-)vollzug eines Bebauungsplanes derzeit nicht bevorsteht. Wird der Anordnungsanspruch unabhängig von Aussagen zur voraussichtlichen Rechtswidrigkeit einer Norm bejaht, ist hingegen sowohl bei der Frage der Dringlichkeit als auch der Frage des schweren Nachteils notwendiger Raum für eine Folgenabwägung, bei der immer im Blick zu behalten ist, dass die schweren Nachteile auch solche der Allgemeinheit sein können und nicht für den Antragsteller selbst drohen müssen. Auch hier gilt: Fische stellen keine Eilanträge!

V. Kongruenzen und Konsequenzen

Mit dem materiell-akzessorischen Ansatz wird also im Bereich des Unionsrechts teilweise eine zwingende rechtliche Vorgabe umgesetzt und mit der Übernahme der Maßstäbe auch für das rein nationale Recht eine harmonisierende Auslegung vorangetrieben, die auch der Rechtssicherheit dient. Denn wenn die Frage, ob eine Fallkonstellation vom Unionsrecht erfasst wird, bereits den Prüfungsmaßstab präjudizieren würde, wäre dies der Rechtssicherheit und auch der Überzeugungskraft einer richterlichen Entscheidung nicht zuträglich.

Zusammenfassend lässt sich feststellen, dass das eindeutige Leipziger Bekenntnis zu dem materiell-akzessorischen Prüfungsmaßstab einen großen Gewinn bringen kann. Klare Prüfungsstrukturen und eine Steigerung der Rechtsschutzeffektivität gehen nämlich mit ihm Hand in Hand. Sollte er sich bei den Oberverwaltungsgerichten durchsetzen, dürfte er dazu beitragen, dass das Rechtsschutzinstrument der einstweiligen Anordnung im Normenkontrollverfahren für den Rechtsschutzsuchenden attraktiver, weil berechenbarer, wird und Aussagen, die einstweilige Anordnung spiele in der Praxis keine große Rolle[63], bald der Vergangenheit angehören könnten. Ob ein Anstieg der Verfahrenszahlen in diesem Bereich der Verwaltungsgerichtsbarkeit „gelegen" käme, ist ohne Bedeutung, auch wenn die Kontrolle der Rechtmäßigkeit von Satzungen, insbesondere von Bebauungsplänen, meist zeitintensiv ist

61 So auch: BVerwG, ZfBR 2015, 381 Rn. 12.

62 *Jäde* (Fn. 30), S. 45.

63 *Schoch* (Fn. 6, Stand: Februar 2016) § 47 Rn. 133.

und also mit einem erheblichen Anstieg hier auch ein höherer Personalbedarf einherginge. Denn es ist nicht Maßstab für eine Gerichtsbarkeit, ob ihr Fälle „gelegen“ kommen oder nicht. Vielmehr geht es um die Gewährung effektiven Rechtsschutzes und dies ist die Kernaufgabe jeden Gerichts.

Höher, dichter, lauter – Das Urbane Gebiet als neuer Gebietstyp der Baunutzungsverordnung

Werner Finger

I. Einleitung

„Brauchen wir eine BauNVO?“ Diese ketzerische Frage hat *Christian Kirchberg* im Jahr 2010 in einem Aufsatz zum Thema „Alternative Überlegungen zur Reform der BauNVO“ aufgeworfen[1]. Anlass für diese Frage waren schon damals die Überlegungen des Jubilars zur Notwendigkeit, eine Wandlung zu vollziehen von der „gegliederten und aufgelockerten Stadt“ hin zur verdichteten bzw. gemischten „europäischen Stadt“. Eine solche gemischte bzw. verdichtete europäische Stadt postulierte der Jubilar als Leitbild der Städtebaupolitik, wie sie im Interesse der Nachhaltigkeit, des sparsamen Umgangs mit Grund und Boden und des Nebeneinanders sich gegenseitig ergänzender unterschiedlicher Nutzungen erforderlich ist[2]. Das Mittel zur Umsetzung dieses gewandelten Leitbilds der Städtebaupolitik – und damit zugleich die eingangs angesprochene Frage selbst beantwortend – sah der Jubilar darin, „...dass die BauNVO künftig nur noch als Orientierungsmaßstab oder allenfalls als Sollvorgabe mit umfassenden Abweichungsmöglichkeiten Wirksamkeit beanspruchen kann bzw. darf.“[3].

Der Gesetz- bzw. in diesem Fall Verordnungsgeber hat bislang keine Zweifel daran erkennen lassen, dass er die BauNVO als zentrales Element zur Herstellung bzw. zur Bewahrung einer städtebaulichen Ordnung für erforderlich hält. Im Gegenteil: Mit einer Ergänzung der BauNVO um einen neuen Baugebietstyp Urbanes Gebiet dokumentiert der Verordnungsgeber, dass er die BauNVO nicht als „Hemmschuh“, sondern als passendes Werkzeug bzw. Nutzungsschablone für das städtebauliche Leitbild bzw. die städtebauliche Notwendigkeit einer „nutzungsgemischten Stadt der kurzen Wege“[4] sieht. Nachfolgend werden die einzelnen Regelungsinhalte des Urbanen Gebiets dargestellt und es wird der Frage nachgegangen, ob überhaupt ein Bedarf für solche Regelungsinhalte besteht. Weiter wird geprüft, welche Regelungen des Baugebietstyps tatsächlich Lösungen für die derzeitigen Problemlagen versprechen, aber auch, welche neuen Probleme durch das Urbane Gebiet möglicherweise entstehen können. Schließlich wird Stellung bezogen, ob mit der

1 *Kirchberg/König*, Alternative Überlegungen zur Reform der BauNVO, BauR 2010, S. 1686/1697.
2 *Kirchberg/König* (Fn. 1), S. 1701.
3 *Kirchberg/König* (Fn. 1), S. 1701.
4 Gesetz zur Umsetzung der Richtlinie 2014/52/EU im Städtebaurecht und zur Stärkung des neuen Zusammenlebens in der Stadt vom 4.5.2017, BGBl. 2017 Teil I Nr. 25, S. 1057 ff.

Schaffung des neuen Baugebietstyps tatsächlich der Forderung des Jubilars, den Kommunen auf dem Weg zur verdichteten bzw. gemischten europäischen Stadt mehr Handlungsfreiheit einzuräumen, Rechnung getragen worden ist.

II. Entstehungsgeschichte und Regelungsinhalte des Urbanen Gebietes

Am 02.12.2016 hat die Bundesregierung einen Gesetzesentwurf (Entwurf zur Umsetzung der Richtlinie 2014/52/EU im Städtebaurecht zur Stärkung des neuen Zusammenlebens in der Stadt) mit umfassenden Änderungen des BauGB, der BauNVO sowie der TA-Lärm und der Sportanlagenlärmschutzverordnung (18. BImSchV) beschlossen. Dieses Gesetz wurde sodann vom Deutschen Bundestag am 09.03.2017 verabschiedet und anschließend vom Bundesrat am 31.03.2017 bestätigt. Das Gesetz verfolgt das Ziel, zur Erleichterung des Bauens in stark verdichteten städtischen Gebieten mehr Flexibilität einzuräumen, ohne dabei das grundsätzlich hohe Lärmschutzniveau aufzugeben.

Mit der Städtebaurechtsnovelle wird auf die Entwicklung zur Urbanisierung reagiert: Immer mehr Menschen möchten bzw. müssen aus Arbeitsplatzgründen in den Innenstädten der Ballungszentren der Bundesrepublik wohnen, mit der Folge, dass dort Wohnraum knapp wird. Zudem ist eine weitere Inanspruchnahme bisher unbebauter Gebiete im Außenbereich gesetzgeberisch nicht gewünscht. So dienten bereits die Städtebaurechtsnovellen von 2007 und 2013 dem Ziel, die Innenentwicklung gegenüber einer Inanspruchnahme von Flächen „auf der grünen Wiese" zu stärken[5]. Neben den Wohngebäuden müssen in den Stadtkernen jedoch auch Bürogebäude, Versorgungs- und Freizeiteinrichtungen, Gaststätten und vieles mehr Platz finden. Die Konzentration auf Innenentwicklungspotenziale hat dabei auch in den Blick zu nehmen, dass bei zunehmender Verdichtung in Innenstadtlagen Nutzungskonkurrenzen sowie konfliktgierende Nutzungsansprüche und damit zunehmend auch Lärmschutzkonflikte auftreten können, insbesondere bei einem dichten Nebeneinander von Wohnnutzung und gewerblicher Nutzung. Leitbild dieses neuen Gebietstypus ist ein „funktionsgemischtes Gebiet der kurzen Wege"[6]. Dieser Typus sieht eine räumliche Nähe von wichtigen Funktionen wie Wohnen, Arbeiten, Versorgung, Bildung, Kultur und Erholung vor,

---

5 Begründung im Gesetzentwurf der Bundesregierung, Drucksache 806/16, S. 24, http://www.bundesrat.de/SharedDocs/beratungsvorgaenge/2016/0801–0900/0806–16.html.

6 Begründung im Gesetzentwurf der Bundesregierung, Drucksache 806/16 (Fn. 6).

die aber nicht in einer bestimmten Gewichtung zueinander bestehen müssen. Damit wird insbesondere der städtebauliche Handlungsspielraum der Kommunen zur Schaffung zusätzlichen Wohnraums erweitert. Kernbestandteil dieser gesetzgeberischen Zielsetzung ist die Schaffung der neuen Baugebietskategorie Urbanes Gebiet (MU). Dieses in § 6a BauNVO verortete Gebiet dient dem Wohnen sowie der Unterbringung von Gewerbebetrieben und sozialen, kulturellen und anderen Einrichtungen, welche die Wohnnutzung nicht wesentlich stören. Die Nutzungsmischung muss nicht gleichgewichtig sein. Gerade letztgenannter Zusatz bewirkt, dass anders als beispielsweise in Mischgebieten zulässig, die Wohnnutzung die übrigen weiteren Nutzungen weit überwiegen kann. Gänzlich einschränkungslos sind Wohnnutzungen aber auch im Urbanen Gebiet nicht zulässig. Dies wird mit Abs. 4 klargestellt. Mit diesem Absatz werden den Kommunen Festsetzungsmöglichkeiten an die Hand gegeben, mit denen eine vertikale Gliederung des Gebiets hinsichtlich der Nutzungsart in den einzelnen Gebäuden (Abs. 4 Ziff. 1 und 2) ebenso eingeräumt wird wie eine an die zulässige Geschossfläche anknüpfende quantitative Beschränkung entweder der Wohnnutzung oder der gewerblichen Nutzung (Abs. 4, Ziff. 3 und 4).

Flankiert wird dieser neue Gebietstyp durch eine Änderung das Maß der baulichen Nutzung betreffend. § 17 Abs. 1 BauNVO sieht demnach für das Urbane Gebiet eine Grundflächenzahl (GRZ) von max. 0,8 (entsprechend einem Gewerbegebiet) und eine Geschossflächenzahl (GFZ) von max. 3,0 (entsprechend einem Kerngebiet) vor.

Das mit dem Urbanen Gebiet ermöglichte und gewünschte verdichtete Nebeneinander von unterschiedlichen Nutzungen wird außerhalb des Baurechts durch eine Änderung des Immissionsschutzrechts vollzogen werden. Geplant war im – vom Bundestag beschlossenen – Regierungsentwurf, für das Urbane Gebiet in Ziff. 6.1 TA-Lärm Immissionsrichtwerte von 63 dB(A) tags und 48 dB(A) nachts festzulegen. Dies wurde jedoch vom Bundesrat für den Nachtzeitraum als „zu laut“ bewertet mit der Folge, dass der Immissionsrichtwert nachts auf 45 dB(A) abgesenkt wurde[7].

---

7 Zur Begründung der Absenkung heißt es, der für Urbane Gebiete vorgeschlagene Immissionsrichtwert von 48 dB(A) nachts sei mit den vorliegenden wissenschaftlichen Erkenntnissen des Gesundheitsschutzes nicht zu vereinbaren. Das bestehende Rechtssystem sehe zudem für Mischgebiete als lauteste Gebiete, in denen dauerhaft und von jedermann gewohnt werden dürfe, einen Höchstwert von 45 dB(A) in der Nacht vor. Dieser Wert werde von der einschlägigen Fachliteratur als Effektgrenze definiert, ab der negative gesundheitliche Einflüsse nicht mehr auszuschließen seien. Außerdem sei davon auszugehen, das Urbane Gebiete auch mit einem Immissionsrichtwert von 45 dB(A) nachts ausreichende Entwicklungsmöglichkeiten hätten; Beschluss des Bundesrates zur Änderung wieder TA Lärm vom 31.03.2017, http://www.bundesrat.de/SharedDocs/beratungsvorgaenge/2016/0801–0900/0806–16.html, Stand: 03.04.2017.

III. Bedarf für einen neuen Gebietstyp Urbanes Gebiet

Es sind nun 40 Jahre vergangen, seit zuletzt die Baunutzungsverordnung um einen zusätzlichen Gebietstyp ergänzt worden ist[8]. Wenn nun zum zweiten Mal der Kanon der ursprünglichen Baugebietstypen um eine weitere Gebietsart ergänzt wird, führt dies zu der Frage, ob dies „lediglich" dem gesetzgeberischen Willen zur Fortentwicklung des Städtebaus dient bzw. der Verpflichtung zur Umsetzung einer EU-Richtlinie entspringt oder ob für diesen Gebietstyp auch ein ganz realer Bedarf existiert. Aufschlussreich ist insofern der Endbericht zum „Planspiel zur Städtebaurechtsnovelle 2016/2017" vom Deutschen Institut für Urbanistik gGmbH im Auftrag des Bundesinstitutes für Bau-, Stadt- und Raumforschung im Bundesamt für Bauwesen und Raumordnung[9]. An diesem Planspiel haben die Kommunen Bamberg, Köln, Leipzig, Sylt, Tübingen und Zingst teilgenommen; aufgrund des beschränkten Kreises der mitwirkenden Kommunen können die Ergebnisse selbstverständlich keine Allgemeingültigkeit beanspruchen; gleichwohl sind die gewonnenen Erkenntnisse gleichsam pars pro toto von Interesse. Die „Planspielkommunen" haben geprüft, in welchen der bei ihnen relevanten Fallkonstellationen die Festsetzung eines Urbanen Gebietes in Betracht käme. Dabei wurden insbesondere auch die für das Urbane Gebiet kennzeichnende Nutzungsmischung sowie die Frage, ob Gebäuden, die ausschließlich dem Wohnen dienen, sowie Wohnungen im straßenseitigen Erdgeschossbereich allgemein oder nur ausnahmsweise zulässig sein sollten, thematisiert. Auch sollte geklärt werden, welche Gründe bei entsprechenden Planungszielen für oder gegen die Ausweisung eines urbanen Baugebietes als Alternative zur Festsetzung von allgemeinen Wohngebieten, Misch- oder Kerngebieten sprechen[10]. Alle beteiligten Kommunen bestätigten, dass eine kleinteilige Nutzungsmischung – wie sie mit dem Urbanen Gebiet angestrebt wird – ein für die Planungspraxis relevantes städtebauliches Ziel darstellt. Diese Übereinstimmung ist angesichts der Unterschiedlichkeit der teilnehmenden Kommunen hinsichtlich Größe bzw. Urbanität bereits bemerkenswert. Die Vorzüge eines Urbanen Gebiets gegenüber den bereits existierenden Gebietstypen werden vor allem in Folgendem gesehen:

- Abweichend vom Mischgebiet sei im Urbanen Gebiet keine gleichwertige/gleichgewichtige Nutzungsmischung erforderlich. Dies könne die Schwierigkeiten reduzieren, die sich in Mischgebieten oftmals im Hinblick auf die Anwendung des § 15 Abs. 1 Satz 1 BauNVO ergeben würde.

---

8 So wurde mit der ÄndVO 1977 erst- und bisher letztmals in § 4 a BauNVO mit dem „besonderen Wohngebiet" ein Gebiet zur Erhaltung und Entwicklung der Wohnnutzung eingefügt.

9 Deutsches Institut für Urbanistik, Planspiel zur Städtebaurechtsnovelle 2016/2017 https://difu.de/publikationen/2017/planspiel-zur-staedtebaurechtsnovelle-2016-2017.html, Stand: 28.03.2017.

10 Deutsches Institut für Urbanistik (Fn. 10). https://difu.de/publikationen/2017/planspiel-zur-staedtebaurechtsnovelle-2016-2017.html.

- Der Nutzungskatalog des Urbanen Gebiets komme in den zentralen Lagen den tatsächlich existierenden Bedürfnissen in der Praxis stärker entgegen als derjenige des Mischgebietes. So bestünde in zentralen Lagen üblicherweise kein Bedarf an Gartenbaubetrieben oder an Tankstellen. Oftmals seien bereits Nutzungsmischungen anzutreffen, die dem im Mischgebiet Geforderten nicht entsprechen würden[11].
- Die nach § 6a Abs. 4 BauNVO mögliche Feindifferenzierung erlaube es, den Erhalt oder die Förderung von Wohnnutzung in einem festgesetzten Umfang zu sichern, und trage damit zum Erhalt der Nutzungsvielfalt bei, ohne dass städtebauliche Gründe für diese Festsetzung nachgewiesen werden müssten[12].
- Schließlich erweise sich von besonderer Bedeutung die in § 17 BauNVO vorgesehene Ergänzung im Hinblick auf die Festlegung einer regulären GFZ von 3,0 für ein Urbanes Gebiet.[13]

Als tatsächlichen Vorteil eines Urbanen Gebiets gegenüber den bisher vorhandenen Gebietstypen sahen die beteiligten Kommunen die zum Zeitpunkt des Planspiels auch für den Nachtzeitraum noch vorgesehene Anhebung der Immissionsrichtwerte um 3 dB(A) gegenüber den Immissionsrichtwerten eines Mischgebietes. So wurde die Erwartung formuliert, dass mit Einführung eines Urbanen Gebietes auch immissionsschutzrechtliche Nutzungskonflikte im Zusammenhang mit heranrückenden schutzwürdigen Nutzungen reduziert werden können[14]. So wird befürwortet, dass die Kommunen in Urbanen Gebieten auch bei gewerblichen Lärmvorbelastungen mehr Gestaltungsspielraum haben, als dies bislang im Mischgebiet der Fall ist, wobei andererseits auch auf die Bedeutung des Lärmschutzes für innerstädtische Wohnstandorte hingewiesen wurde. Insofern ist zu konstatieren, dass die vom Bundesrat veranlasste Herabsetzung der Immissionsrichtwerte für den Nachtzeitraum auf die Werte eines Mischgebietes (45 dB(A), siehe oben) im Widerspruch zu den Wünschen bzw. Hoffnungen der „Planspiel-Kommunen“ steht.

Insgesamt sehen die beteiligten Kommunen in der Analyse ihrer jeweiligen städtebaulichen Situationen einen „Anwendungsbedarf“ für die Festsetzungsmöglichkeit eines Urbanen Gebietes und begrüßen ausdrücklich dessen Einführung[15].

Nicht außer Acht gelassen werden sollte, dass – soweit ersichtlich – alle mit dem Städtebau befassten Verbände, Vereine und Ausschüsse die Einführung des Baugebietstyps Urbanes Gebiet befürworten. So heißt es in der Stellungnahme der Bundesvereinigung der kommunalen Spitzenverbände, die

---

11 Deutsches Institut für Urbanistik (Fn. 10), S. 96.

12 Deutsches Institut für Urbanistik (Fn. 10), S. 96. https://difu.de/publikationen/2017/planspiel-zur-staedtebaurechtsnovelle-2016-2017.html.

13 Deutsches Institut für Urbanistik (Fn. 10), S. 96.

14 Deutsches Institut für Urbanistik (Fn. 10), S. 97.

15 Deutsches Institut für Urbanistik (Fn. 10), S. 92.

Einführung der Gebietskategorie Urbane Gebiete werde ausdrücklich begrüßt, weil sie dazu beitragen könne, dem in der Leipzig-Charta niedergelegten Primat der Innenentwicklung und Nutzungsmischung Rechnung zu tragen sowie einen Beitrag dazu zu leisten, den Trennungsgrundsatz zwischen unterschiedlichen, aber sich zueinander im Rahmen gesunder Wohn- und Arbeitsbedingungen verträglich verhaltender Nutzungen zu überwinden[16]. Auch der Deutsche Anwaltsverein begrüßt durch eine Stellungnahme des Ausschusses Verwaltungsrecht die Einführung einer neuen Baugebietskategorie „Urbanes Wohnen", um damit das Nebeneinander von Wohnnutzungen und Gewerbe, insbesondere in dicht besiedelten Ballungsräumen, besser zu steuern, durch gewerbliche Nutzungen und Verkehrssachen vorgeprägte Brach- und Konversionsflächen für die Wohnbebauung zu mobilisieren und damit zur Schaffung dringend benötigten und preisgünstigen Wohnraums beizutragen[17]. Ebenso befürwortet die Bundesrechtsanwaltskammer in ihrer Stellungnahme den neuen Baugebietstyp, weil sich Mischgebiete nach § 6 BauNVO nicht immer zur Verwirklichung eines Konzepts der Mischung von Wohnen, Arbeiten, Bildung, Versorgung und Freizeitgestaltung in innerstädtischen Quartieren als Folge eines zunehmenden Trends „Zurück in die Stadt" eignen würden[18]. Diese Auffassung teilt auch die Bundesarchitektenkammer in ihrer Stellungnahme zur Einführung der neuen Baugebietskategorie Urbanes Gebiet und führt aus, auch aus Sicht der Architekten bedürfe es in stark verdichteten städtischen Gebieten dringend eines flexibleren öffentlichen Baurechts, um auf die vielfältigen Probleme des Zusammenlebens in der modernen Stadt angemessen reagieren zu können. Um weiteres Bauland, insbesondere im Innenbereich, für den Wohnungsbau zu mobilisieren, fehle bisher ein Baugebietstyp für Wohnnutzung in der Nachbarschaft von störendem Gewerbe. Der neue Baugebietstyp schließe die Lücke zwischen Wohnnutzungen im Mischgebiet und im Gewerbegebiet. Zugleich werden durch die an den Baugebietstyp „Kerngebiet" angelehnte Erhöhung der Geschossflächenzahl auf bis zu 3,0 von der Bundesarchitektenkammer als besonders wirkungsvoll angesehen[19]. Als Zwischenergebnis kann festgehalten werden, dass der vom Jubilar im Jahr 2010 gesehenen Notwendigkeit, für die Kommu-

---

16 Bundesvereinigung der kommunalen Spitzenverbände, Stellungnahme vom 13.02.2017, S. 2 https://www.bundestag.de/blob/493268/df69fdd55df843e379d6a6bf5b832b80/18-16-523-a_anhoerung_baugb_bundesvereinigung_der_kommunalen_spitzenverbaende-data.pdf, Stand: 28.03.2017.

17 Stellungnahme des Deutschen Anwaltvereins durch den Ausschuss Verwaltungsrecht vom Juli 2016, S. 10, https://anwaltverein.de/de/newsroom/sn-35-2016-zur-baugb-novelle, Stand: 28.03.2017.

18 Stellungnahme der Bundesrechtsanwaltskammer durch den Ausschuss Verwaltungsrecht vom Juli 2016, S. 6, http://www.brak.de/zur-rechtspolitik/stellungnahmen-pdf/stellungnahmen-deutschland/2016/juli/stellungnahme-der-brak-2016-20.pdf, Stand: 28.03.2017.

19 Stellungnahme der Bundesarchitektenkammer vom Juli 2017, S. 4, https://www.bak.de/bundesarchitektenkammer/stellungnahmen-1/pool-stellungnahmen/gesetz-zur-umsetzung-der-richtlinie-2014-52-eu-im-staedtebaurecht.pdf, Stand: 28.03.2017.

nen Rahmenbedingungen für eine verdichtete bzw. gemischte „Europäische Stadt“ zu schaffen[20], ein entsprechender Bedarf auch in tatsächlicher Hinsicht gegenübersteht.

IV. Möglichkeiten und Grenzen des Urbanen Gebietes

Fraglich ist, welche Bedeutung das Urbane Gebiet künftig neben den bereits etablierten Gebietstypen einnehmen wird. Dies hängt davon ab, ob die konkrete Ausgestaltung des Urbanen Gebietes mit seinen konkreten Regelungen die „richtigen“ Lösungen für den festgestellten Bedarf bereithält bzw. nicht umgekehrt neue Fragen und Probleme aufwirft, die den Anwendungsbereich des neuen Gebietstyps beschränken oder bei Anwendung zu neuen, anderen städtebaulichen Konflikten führen.

Die nachstehenden Überlegungen befassen sich nicht mit allen, wohl aber den zentralen Regelungsinhalten des Urbanen Gebiets, die die „Essenz“ des neuen Gebietstyps ausmachen und voraussichtlich darüber entscheiden werden, ob dem Urbanen Gebiet zukünftig die vom Gesetzgeber gewünschte Bedeutung zukommen wird.

1. Flexible Durchmischung

Vergleicht man die Auflistung zulässiger Nutzungen im Urbanen Gebiet mit dem des Mischgebiets (§ 6 BauNVO), so sind keine gravierenden Unterschiede feststellbar. In beiden Gebieten sind Wohngebäude (Ziff. 1), Geschäfts- und Bürogebäude (Ziff. 2), Einzelhandelsbetriebe, Schank- und Speisewirtschaften sowie Betriebe des Beherbergungsgewerbes (Ziff. 3), sonstige Gewerbebetriebe (Ziff. 4) und Anlagen für Verwaltungen sowie für kirchliche, kulturelle, soziale, gesundheitliche und sportliche Zwecke (Ziff. 5) allgemein zulässig. Unterschiede bestehen lediglich insoweit, als Tankstellen und Vergnügungsstätten im Urbanen Gebiet nur ausnahmsweise zulässig sind (§ 6a Abs. 3), während diese im Mischgebiet allgemein zulässig sind (§ 6 Abs. 2 Ziffern. 7 und 8)[21]. Außerdem sind im Mischgebiet auch Gartenbaubetriebe zulässig (§ 6 Abs. 2 Ziff. 6), während diese Nutzung im Urbanen Gebiet auch nicht ausnahmsweise zulässig ist.

Der wesentliche Unterschied des neuen Baugebiets besteht gegenüber dem Mischgebiet (aber auch gegenüber dem Kerngebiet, § 7) daher nicht im Wesentlichen darin, **was** zugelassen ist, sondern **in welchem Verhältnis** die zu-

20 *Kirchberg/König* (Fn. 1), S. 1701.

21 Vergnügungsstätten allerdings nur, soweit sie nicht kerngebietstypisch sind und nur in solchen Teilen des Gebiets, die überwiegend durch gewerbliche Nutzungen geprägt sind.

gelassenen Nutzungen zueinander stehen müssen bzw. können. Denn für das Mischgebiet hatte die Rechtsprechung schon sehr frühzeitig die Vorgabe statuiert, dass die beiden „Hauptnutzungen“, nämlich das Wohnen einerseits und das Gewerbe andererseits im Sinne einer Gleichwertigkeit und Gleichgewichtigkeit beider Nutzungsarten zueinander stehen müssen[22]. Diese Vorgabe war sodann in der Weise durch die Rechtsprechung weiter konkretisiert worden, dass die Bandbreite der typischen Eigenart des Mischgebiets nicht erst dann verlassen wird, wenn eine der beiden Hauptnutzungsarten als eigenständige Nutzung im Gebiet völlig verdrängt wird; dies (eine Unvereinbarkeit mit einem Mischgebiet) sei vielmehr schon dann anzunehmen, wenn eine der beiden Hauptnutzungsarten nach Anzahl und/oder Umfang beherrschend und in diesem Sinne „übergewichtig“ in Erscheinung trete[23]. Das Urbane Gebiet stellt gleichsam den Gegenentwurf zu einer solchen qualitativen und quantitativen Durchmischung dar. Dies war dem Verordnungsgeber so wichtig, dass dies ausdrücklich in § 6a Abs. 1 Satz 2 in der Weise normiert worden ist, dass die Nutzungsmischung nicht gleichgewichtig sein muss[24].

Die Vorgabe, dass die Nutzungsmischung nicht gleichgewichtig sein muss, wirft allerdings einige Fragen auf, die wohl künftig durch die Rechtsprechung beantwortet werden müssen. Zunächst ist insofern zu konstatieren, dass Bautätigkeiten in den Städten und Gemeinden in der Regel zu über 70 % aus Wohnungsbau bestehen[25]. Damit wird deutlich, dass die verfolgte Mischung von Nutzungen in aller Regel maßgebend durch Wohnungsbau geprägt sein wird. Aus diesem Grund wäre es plausibler gewesen, die Entwicklung einer neuen Gebietskategorie aus den Wohnbauflächen anstatt aus den Mischbauflächen den Vorzug zu geben. Dies hätte einerseits deutlicher auf den aller Voraussicht nach erheblich überwiegenden Anteil von Wohnen im Hinblick auf die allgemeine Zweckbestimmung hingedeutet. Andererseits hätte dies die Entwicklung aus den im Flächennutzungsplan dargestellten Wohnbauflächen erleichtert.

Dies führt zu der Frage, in welchem Mischungsverhältnis die unterschiedlichen Nutzungen im Urbanen Gebiet zukünftig vorhanden sein müssen. Fest steht, dass im Urbanen Gebiet nicht einzelne Gebäude gemischt genutzt wer-

---

22 BVerwG, Urteil vom 28.04.1972, Az. 4 C 11.69, juris, st. Rspr., bestätigt in: Beschluss vom 11.04.1996, Az. 4 B 51.96, NVwZ-RR 1997, 463.

23 BVerwG, Urteil vom 25.11.1983, NJW 1984, 1572.

24 Im Referentenentwurf hatte es hierzu noch weniger eindeutig und insofern auch kritikwürdig geheißen, das Urbane Gebiet diene dem Wohnen und der Unterbringung von Gewerbebetrieben sowie sozialen, kulturellen und anderen Einrichtungen in kleinräumiger Nutzungsmischung, soweit diese Betriebe und Einrichtungen die Wohnnutzung nicht wesentlich stören. Referentenentwurf vom 16.06.2017, http://www.bmub.bund.de/themen/stadt-wohnen/staedtebaurecht/downloads/, Stand 03.04.2017.

25 Bundesvereinigung der kommunalen Spitzenverbände, Stellungnahme vom 13.02.2017, S. 7 https://www.bundestag.de/blob/493268/df69fdd55df843e379d6a6bf5b832b80/18-16-523-a_anhoerung_baugb_bundesvereinigung_der_kommunalen_spitzenverbaende-data.pdf, Stand: 28.03.2017.

den müssen. Dies ergibt sich schon aus den Festsetzungsmöglichkeiten von § 6a Abs. 4, die dem Satzungsgeber Festsetzungen ermöglichen, die in einzelnen Geschossen oder Geschossflächen zu einer Nutzungsmischung führen. Dies bedeutet im Umkehrschluss, dass „im Regelfall" eine Durchmischung innerhalb einzelner Gebäude nicht gefordert ist[26]. Die „Öffnung" des Urbanen Gebiets für reine Wohngebiete entspricht sicherlich den rein praktischen Bedürfnissen, in erheblichem Umfang Wohnungsbau zu ermöglichen, und ist insofern deshalb zu begrüßen, weil es den Kommunen die nötige Flexibilität gestattet. Es enthebt die Kommunen aber nicht der Verantwortung, in der Planung Urbaner Gebiete eine Festlegung treffen zu müssen, bis zu welchem Umfang eine andere als Wohnnutzung noch vorgesehen werden muss, damit „noch" von einer Durchmischung im Sinne eines Urbanen Gebiets auszugehen ist.

Besondere Herausforderungen hätten sich zukünftig auch im Hinblick auf „faktische" Urbane Gebiete im Sinne von § 34 Abs. 2 BauGB i.V.m. § 6a BauNVO ergeben können. Denn aufgrund der vom Verordnungsgeber ermöglichten flexiblen Durchmischung unterschiedlicher Nutzungen kommen grundsätzlich viele bislang unbeplante Gebiete als potentielle „faktische" Urbane Gebiete in Betracht. Dies wurde von den „Planspiel-Kommunen" gerade im Hinblick auf die in den Urbanen Gebieten zumindest ausnahmsweise zulässigen Vergnügungsstätten als problematisch angesehen. Denn auf die nach der Baunutzungsverordnung ausnahmsweise zulässigen Vorhaben wie die Vergnügungsstätten im Sinne von § 6a Abs. 3 Ziff. 1 BauNVO ist § 31 Abs. 1 BauGB entsprechend anzuwenden. Die Sorge der „Planspiel-Kommunen" in den „faktischen" Urbanen Gebieten zukünftig unerwünschte Vergnügungsstätten, so insbesondere Spielhallen, zulassen zu müssen, führte zu der Forderung, gesetzgeberisch die Anwendung des § 34 Abs. 2 BauGB für Urbane Gebiete auszuschließen[27]. Dabei ist es nicht nur die Sorge um unerwünschte Vergnügungsstätten, die die Kommunen zu dieser Forderung veranlasst. Auch wird die Befürchtung gesehen, dass in entsprechend vorgeprägten Gebieten vorhandene, dass Wohnen störenden Nutzungen entspre-

---

26 Dies ergibt sich im Übrigen auch aus der „Entstehungsgeschichte" des Gesetzes. Denn im Referentenentwurf hieß es noch in § 6 a Abs. 2 Ziff. 1, dass zulässig nur solche Gebäude sind, die zu einem erheblichen Anteil, aber nicht ausschließlich dem Wohnen dienen. Korrespondierend dazu enthielt § 6 a Abs. 3 eine Regelung, dass ausnahmsweise Gebäude zugelassen werden können, die ausschließlich dem Wohnen dienen, Referentenentwurf vom 16.06.2017, http://www.bmub.bund.de/themen/stadt-wohnen/staedtebaurecht/downloads/, Stand 03.04.2017. Diese das Wohnen beschränkenden Vorgaben wurden aufgrund kritischer Stellungnahmen im Gesetzgebungsverfahren (so beispielsweise der Bundesvereinigung der kommunalen Spitzenverbände vom 05.07.2016, dort S. 7, https://www.bundestag.de/blob/493268/df69fdd55df843e379d6a6bf5b832b80/18-16-523-a_anhoerung_baugb_bundesvereinigung_der_kommunalen_spitzenverbaende-data.pdf, Stand: 28.03.2017) wieder entfernt.

27 Deutsches Institut für Urbanistik, Planspiel zur Städtebaurechtsnovelle 2016/2017 https://difu.de/publikationen/2017/planspiel-zur-staedtebaurechtsnovelle-2016-2017.html, S. 101 ff., Stand: 28.03.2017.

chende weitere Nutzungen nach sich ziehen könnten, die sich in den „faktischen“ Urbanen Gebieten wegen der jedenfalls für den Tag-Zeitraum um 3 dB gegenüber einem Mischgebiet erhöhten Immissionsrichtwerte gerade in solchen Gebieten ansiedeln könnten. Dies könne zu einer Verdrängung von Wohnen aus der Innenstadt führen[28].

Das Gleiche könnte allerdings auch umgekehrt eintreten: Denn bei einem allzu starken Übergewicht von Wohnnutzungen könnten faktische Urbane Gebiete möglicherweise sogar in allgemeine Wohngebiete im Sinne von § 4 BauNVO „umkippen“ mit allen daran anknüpfenden Folgewirkungen im Hinblick auf die zulässigen Nutzungen und den Lärmschutz (zum Lärmschutz siehe Ziff. 4).

Bis in die Endphase des Gesetzgebungsverfahrens war – um den Bedenken der Kommunen einerseits Rechnung zu tragen und andererseits, um dem Urbanen Gebiet im unbeplanten Innenbereich Geltung zu verschaffen – in § 245 c Abs. 3 BauGB eine Übergangsregelung enthalten, nach der § 34 Abs. 2 BauGB auf den neuen Gebietstyp (also ein faktisches Urbanes Gebiet) bis zum 30.06.2019 nicht anzuwenden war. Auf eine Beschlussempfehlung des Ausschusses für Umwelt, Naturschutz, Bau und Reaktorsicherheit vom 08.03.2017 wurde dies noch einmal geändert. In der Neufassung zu § 245 c Abs. 3 BauGB wurde nunmehr die Anwendbarkeit von § 34 Abs. 2 BauGB auf die Urbanen Gebiete grundsätzlich ausgeschlossen.[29] Zur Begründung heißt es hierzu: „Aufgrund von Erkenntnissen aus dem begleitenden Planspiel zu diesem Gesetzentwurf wird die Anwendung des § 34 Absatz 2 BauGB auf Gebiete, die im Sinne eines urbanen Gebiets geprägt sind, in der Praxis als problematisch angesehen und die Nichtanwendbarkeit von § 34 Absatz 2 BauGB auf faktische urbane Gebiete befürwortet.“[30]

Der Verordnungsgeber hat mit dem grundsätzlichen Ausschluss „faktischer“ Urbaner Gebiete den Anwendungsbereich dieses neuen Gebietstyps ganz erheblich – aus Sicht des Verfassers zu stark – begrenzt. Denn natürlich kann es für die Kommunen durchaus interessant sein, bislang unbeplante innerstädtische Flächen (beispielsweise Konversionsflächen) als Urbane Gebiete festzusetzen oder entsprechende Festsetzungen für bebaute Gebiete zu treffen, um möglicherweise aufgrund heterogener Nutzungen bereits bestehenden Immissionskonflikten einen rechtlichen Rahmen zu geben. Voraussichtlich aber wäre das faktische Urbane Gebiet – hätte der Verordnungsgeber dies ermöglicht – der Hauptanwendungsfall für die neue Regelung geworden. Dass es dabei sicherlich eine Vielzahl klärungsbedürftige Fragen aufgeworfen

28 Deutsches Institut für Urbanistik (Fn. 10), S. 102.

29 Beschlussempfehlung des Ausschusses für Umwelt, Naturschutz, Bau und Reaktorsicherheit vom 08.03.2017, http://dip21.bundestag.de/dip21/btd/18/114/1811439.pdf (abgerufen am 03.06.2017).

30 Beschlussempfehlung des Ausschusses für Umwelt, Naturschutz, Bau und Reaktorsicherheit vom 08.03.2017, http://dip21.bundestag.de/dip21/btd/18/114/1811439.pdf, S. 21 (abgerufen am 03.06.2017).

hätte – etwa in welchem Verhältnis unterschiedliche Nutzungen vorhanden sein müssen, um (noch) von einem „faktischen" Urbanen Gebiet sprechen zu können, ebenso wie die Fragen dazu, ob Immissionskonflikte in solchen Gebieten durch Anpassung der emittierenden Betriebe (Betreiberpflichten) oder der Ruhe suchenden Bewohner (architektonische Selbsthilfe) aufgelöst werden sollen – wäre problematisch, aber nicht unlösbar gewesen. Wenn es dem Verordnungsgeber mit dem städtebaulichen Leitbild einer „nutzungsgemischten Stadt der kurzen Wege" ernst gewesen wäre, hätte er – zumindest mit einer Übergangsfrist – dem Urbanen Gebiet auch in seiner „faktischen Wirkung" Geltungsmöglichkeit einräumen müssen. Den Hauptanwendungsfall für den Gebietstyp hingegen grundsätzlich auszuschließen, ist zu kurz gegriffen. Es bleibt abzuwarten, ob der Gesetzgeber – wenn er feststellen sollte, dass die Festsetzung Urbaner Gebiete durch die Kommunen weit hinter seinen Erwartungen zurückgeblieben ist – mit einer der nächsten Baurechtsnovellen das Urbane Gebiet auch als faktisches Gebiet im unbeplanten Innenbereich (doch noch) ermöglichen wird.

2. Detaillierte Festsetzungsmöglichkeiten

Eine Besonderheit des Urbanen Gebiets sind die in Absatz 4 enthaltenen Feindifferenzierungen für bestimmte Festsetzungen. Demnach kann für Urbane Gebiete oder Teile solcher Gebiete festgesetzt werden, dass in Gebäuden

- im Erdgeschoss einer Straßenseite eine Wohnnutzung nicht oder nur ausnahmsweise zulässig ist (Ziff. 1),
- oberhalb eines im Bebauungsplan bestimmten Geschosses nur Wohnungen zulässig sind (Ziff. 2),
- ein im Bebauungsplan bestimmter Anteil der zulässigen Geschossfläche oder eine im Bebauungsplan bestimmte Größe der Geschossfläche für Wohnungen (Ziff. 3) oder für gewerbliche Nutzungen (Ziff. 4) zu verwenden ist.

Eine solche Feindifferenzierung findet sich ansonsten bei den Baugebietstypen der Baunutzungsverordnung nur in den Regelungen zum Kerngebiet (§ 7 Abs. 4 BauNVO). Dort gilt allerdings, dass solche Festsetzungen durch „besondere städtebauliche Gründe" gerechtfertigt sein müssen (§ 9 Abs. 3 BauGB), was einerseits stets einem besonderen Begründungsaufwand erfordert und andererseits die Anwendbarkeit der Festsetzungen deutlich einschränkt.

Dass im Urbanen Gebiet darauf verzichtet wird, die für die dort aufgeführten detaillierten Festsetzungsmöglichkeiten eine besondere städtebauliche Rechtfertigung zu verlangen, ist zu begrüßen. Denn dies ermöglicht den Kommunen die ja gerade gewünschte Durchmischung in einer den spezifischen Anforderungen des Gebiets Rechnung tragenden Feinjustierung regeln zu können, ohne in diese Handlungsoption durch die Darlegung „besonderer städtebaulicher Gründe“ im Sinne von § 9 Abs. 3 BauGB – deren Darlegung in der Praxis oftmals erhebliche Schwierigkeiten bereitet – „ausgebremst“ zu werden.

Bedenken begegnen die detaillierten Festsetzungsmöglichkeiten aus § 6 a Abs. 4 allerdings insofern, als diese auf einer seitens des Verordnungsgebers ersonnenen Typizität eines bestimmten Festsetzungsbedarfs beruhen. So dürfte typischerweise in der Tat eine Notwendigkeit bestehen, Wohnnutzung im Erdgeschoss einer Straßenseite nicht oder nur ausnahmsweise zulässig zu erklären. Dies schließt aber nicht aus, dass eine Kommune im Einzelfall auch den Bedarf sieht, beispielsweise eine Wohnnutzung im Erdgeschoss nicht nur an der Straßenseite, sondern auch an der rückwärtigen Seite auszuschließen. Insofern hätte der Verordnungsgeber den planenden Kommunen durchaus noch mehr zutrauen dürfen und die Festsetzungsmöglichkeiten in Absatz 4 allgemeiner fassen können und nicht auf bestimmte von ihm für maßgeblich erachtete „typische“ Fälle beschränken müssen.

3. „Verdichtung“

Eine wesentliche Zielrichtung der Baurechtsnovelle besteht in der Schaffung von Wohnraum durch „Verdichtung“ der Bebauung im Urbanen Gebiet. Damit soll den Begehrlichkeiten zur Schaffung von Wohnbauflächen außerhalb bereits bebauter Gebiete entgegengewirkt und zugleich dem gesetzgeberischen Auftrag zur „Wiedernutzbarmachung von Flächen, Nachverdichtung und anderen Maßnahmen zur Innenentwicklung“ (§ 1a Abs. 2 S. 2 BauGB) Rechnung getragen werden.

Um eine entsprechende „Verdichtung“ zu erreichen, was im Übrigen wohl auch Voraussetzung für eine gewünschte Durchmischung des Gebiets ist, wird in der Neufassung von § 17 Abs. 1 BauNVO für das Urbane Gebiet jeweils im Höchstmaß eine Grundflächenzahl (GRZ) von 0,8 und eine Geschossflächenzahl (GFZ) von 3,0 geregelt. Damit wird die GRZ für ein Mischgebiet (0,6) um noch einmal 0,2 erhöht und die in der Baunutzungsverordnung für das Kerngebiet vorgesehene höchstmögliche Geschossflächenzahl von 3,0 aufgenommen.

Die im Hinblick auf das angestrebte Ziel („Verdichtung“) logische Vorgabe zu extensiven Maximalwerten bei Grundflächenzahl und Geschossflächenzahl wirft allerdings auf der anderen Seite auch Fragen auf:

Ganz allgemein und nicht nur bezogen auf das Urbane Gebiet stellt sich die Frage, ob es überhaupt sachgerecht ist, von der kleinsten Kommune bis hin zu den großen und bereits jetzt dicht besiedelten Metropolen die gleichen Obergrenzen für GRZ und GFZ vorzuschreiben. Denn während in kleineren Kommunen diese Obergrenzen aufgrund der spezifischen Siedlungsstrukturen ohnehin nie ausgeschöpft werden, werden die gleichen Obergrenzen in den Großstädten bereits jetzt regelmäßig überschritten, wobei diese Überschreitungen gemäß § 17 Abs. 2 BauNVO städtebaulich begründet und ausgeglichen werden müssen[31]. Gerade bezogen auf das Urbane Gebiet hätte der Verordnungsgeber aber durchaus – ganz im Sinne des eine Deregulierung fordernden Jubilars – insgesamt auf eine Festlegung von Obergrenzen zur Grundflächenzahl und Geschossflächenzahl für das Urbane Gebiet verzichten können. Hier überwog aber offensichtlich die Sorge, die Kommunen könnten sich möglicherweise der Avancen von Investoren im Hinblick auf städtebaulich nicht vertretbare Verdichtungen nicht erwehren[32]. Dabei besteht in den Abwägungsgrundsätzen des § 1 Abs. 5–7 BauGB eigentlich ein hinreichendes Korrektiv im Hinblick auf ausufernde Begehrlichkeiten von Investoren.

Weiter stellt sich die Frage, in welcher Weise bzw. in welche Richtung eine weitere „Verdichtung" der Bebauung, insbesondere im Hinblick auf die sehr großzügige Obergrenze einer GFZ von 3,0 erreicht werden kann. Da die Grundflächenzahl nicht gleichsam proportional großzügig bemessen ist[33], bedeutet dies, dass die extensivere Bebauung des Grundstücks in die Höhe erfolgen muss. Dies führt außer in Gebieten mit geschlossener Bauweise automatisch zu Konflikten im Hinblick auf die nach den jeweiligen Landesbauordnungen einzuhaltenden Abstandsflächen. Dies dürfte selbst bei Landesbauordnungen mit geringen Abstandsflächen (0,4 der Wandhöhe) wie in Baden-Württemberg zu Problemen führen[34]. Dies gilt erst recht für Bauordnungen solcher Bundesländer, in denen größere Abstandsflächen einzuhalten sind, namentlich Nordrhein-Westfalen (0,8 der Wandhöhe) und Bayern (1,0 der Wandhöhe)[35]. Dabei dürfte gerade in Nordrhein-Westfalen als dem bevölkerungsreichsten Bundesland aber auch in Bayern und dort München als eine der Städte mit dem größten Wohndruck in Deutschland Bedarf für die mit dem Urbanen Gebiet bezweckte „Verdichtung" bestehen. Gerade dort kann dann aber wegen der Abstandsflächenregelungen das Potenzial des Urbanen Gebiets nicht bzw. nur eingeschränkt nutzbar gemacht werden[36]. Nun steht

---

31 So weisen die im Planspiel beteiligten Kommunen Zingst und Sylt darauf hin, dass die Einhaltung der Obergrenzen kein Problem darstellt, während die „Planspiel-Städte" Köln und Leipzig die vorgesehene Festlegung einer extensiven Obergrenze als dringend erforderlich ansehen und begrüßen, Deutsches Institut für Urbanistik(Fn. 10), S. 105 ff.

32 In diesem Sinne auch *Walter*, Bau und Überbau – Kommentar zur Ergänzung der BauNVO, Bauwelt 35.2016 S. 32 http://www.bauwelt.de/themen/betrifft/Produktive-Stadt-BauNVO-2659316.html, Stand 03.04.2017.

33 Dies ist wiederum nachvollziehbar, weil auf den Grundstücken nicht nur Stellplätze für PKW und Fahrräder nachgewiesen werden müssen (s. für Baden-Württemberg: § 37 LBO BW), sondern gegebenenfalls auch Platz für Kinderspielplätze und Grünflächen vorgehalten werden muss (s. für Baden-Württemberg: § 9 LBO BW).

34 S. § 5 Abs. 7 LBO BW.

35 S. Art. 6 Abs. 5 S. 1 BayBO und § 6 Abs. 5 S. 1 LBO NRW.

36 Darauf weist insbesondere die „Planspiel-Kommune" Köln ausdrücklich hin: Deutsches Institut für Urbanistik (Fn. 10), S. 108; s. auch *Pflüger*, Geplante Gesetzesänderung im Städtebaurecht: Urbane Gebiete. In: Legal Tribune Online, 29.08.2016, http://www.lto.de/recht/hintergruende/h/referentenentwurf-aenderung-gesetz-staedtebau-giebetstypus-urbane-gebiete/(Stand: 26.02.2017).

es dem Bundesgesetz- bzw. Verordnungsgeber (selbstverständlich) nicht zu, mit der Baurechtsnovelle zugleich auch die Abstandsflächenregelungen in den Bauordnungen der Bundesländer zu ändern. Allerdings könnte zumindest in die Gesetzesbegründung der Hinweis an die Kommunen aufgenommen werden, dass bei der Planung eines Urbanen Gebietes jedenfalls erwogen werden kann und sollte, ob nicht zur Ausschöpfung des Potenzials einer GFZ-Obergrenze von 3,0 ohne Grenzabstand oder mit geringerem Grenzabstand geplant werden sollte. Denn eine solche bauplanungsrechtliche Festsetzung würde nach allen Bauordnungen der Länder auch zu einer Reduzierung der Abstandsflächen – gegebenenfalls auf null – führen[37].

4. Bewältigung der Lärmproblematik in der „verdichteten Stadt“

Wenn nun heterogene Nutzungen (beispielsweise Wohnen einerseits und Gewerbe bzw. Gaststätten andererseits) aufeinandertreffen und dies zudem in einer baulich verdichteten Situation geschieht, so entstehen notwendigerweise Immissionskonflikte. Nicht ohne Grund hat der Verordnungsgeber in dem, was unterschiedliche Nutzungen betrifft, am stärksten durchmischten und zugleich baulich dichtesten Gebiet, dem Kerngebiet (§ 7 BauNVO), zur Entschärfung des Immissionskonfliktes das Wohnen nur betriebsbezogen (§ 7 Abs. 2 Ziff. 6 BauNVO) bzw. nur nach Maßgabe von Festsetzungen des Bebauungsplans (§ 7 Abs. 2 Ziff. 7 BauNVO) zugelassen. Wenn nun im Urbanen Gebiet mit vergleichbarer Nutzungsvielfalt und baulicher „Verdichtung“ zukünftig diese unterschiedlichen Nutzungen auf engem Raum „aufeinanderprallen“, müsste für diese Immissionskonflikte (vornehmlich die Lärmimmissionen) eine Lösung gefunden werden. Der Gesetzgeber hat sich diesbezüglich dazu entschlossen, für das Urbane Gebiet in Ziff. 6.1 TA Lärm den für den Tag-Zeitraum vergleichsweise hohen Immissionsrichtwert von 63 dB(A) und nachts den Wert eines Mischgebietes (45 dB(A)) festzusetzen. Damit befinden sich die zulässigen Höchstwerte für den Tag-Zeitraum 3 dB(A) über denjenigen des Misch-, Dorf-Kerngebiets und nur 2 dB(A) unter denjenigen des Gewerbegebiets, während nachts die Bewohner des Urbanen Gebietes solche Lärmimmissionen hinnehmen müssen, die für das lauteste Gebiet, in dem regulär gewohnt werden darf (Mischgebiet), vorgesehen sind. Mit anderen Worten: Der Gesetzgeber löst den Immissionskonflikt zulasten der Wohnruhe auf und mutet den (künftigen) Bewohnern der Urbanen Gebiete ein Mehr an Lärm zu.

Dieser Ansatz des Gesetzgebers ist auf deutliche Kritik gestoßen[38]. Moniert wird dabei keineswegs, dass die Immissionsrichtwerte hochgesetzt werden;

---

37 S. beispielsweise § 6 Abs. 1a LBO NRW bzw. Art. 6 Abs. 1 S. 3 BayBO.

38 *Schmidt-Eichstätt*, Die Baunutzungsverordnung und das Immissionsschutzrecht oder: Wird ein »urbanes Gebiete« als neues Baugebiet in der Baunutzungsverordnung benötigt?, DVBl 2016, 950 ff.

dies wird allgemein als eine zwangsläufige Notwendigkeit eines dichten Nebeneinanders unterschiedlicher Nutzungen gesehen[39]. Als problematisch wird hingegen angesehen, dass nicht zugleich Möglichkeiten geschaffen worden sind, die Bewohner Urbaner Gebiete durch Festsetzungsmöglichkeiten zum passiven Schallschutz im Bebauungsplan vor den Lärmimmissionen zu schützen. Denn es mag ja durchaus so sein, dass die Bewohner eines Urbanen Gebiets bereit sind, eine höhere Geräuschkulisse in Kauf zu nehmen, um in einem attraktiven urbanen Umfeld mit seinen vielfältigen Möglichkeiten leben zu können. Diese Duldsamkeit dürfte allerdings wohl nicht bei allen Bewohnern, nicht in allen Gebieten (vor allem nicht den „faktischen" Gebieten) und nicht zu allen Zeiten vorausgesetzt werden. Nachts beispielsweise dürften die Ansprüche nicht anders sein als im Wohngebiet, nämlich nur mit solchem Lärm konfrontiert zu werden, dass ein gesunder Nachtschlaf gewahrt wird, wofür die Lärmmedizin als Orientierungswert Innenschallpegel von 25–30 dB(A) am Ohr des Schläfers bei zumindest halb geöffnetem Fenster vorschlägt. Berücksichtigt man bei dem für ein urbanes Gebiet festgelegten (Außen-)Richtwert von 45 dB(A) nachts, dass ein herkömmliches halbgeöffnetes Fenster eine Pegeldifferenz von ca. 15 dB(A) innen/außen gewährleistet, wird deutlich, dass mit diesem Außenpegel in der Regel ein gesunder Nachtschlaf bereits beeinträchtigt werden kann[40].

Dies führt zu der Frage, weshalb der Verordnungsgeber nicht zugleich auch Festsetzungsmöglichkeiten für passiven Schallschutz geschaffen hat. Diese Frage wird vom zuständigen Ministerium wie folgt beantwortet: Zum einen seien passive Schallschutzmaßnahmen in BauGB grundsätzlich nicht machbar, weil das Bundesimmissionsschutzgesetz keine passiven Schallschutzmaßnahmen gegenüber den vom Gewerbe- oder Sportlärm Betroffenen zulasse. Zum anderen würde die Anerkennung passiven Schallschutzes (insbesondere durch zu öffnende Schallschutzfenster bzw. sogenannte „Hamburger Fenster") dazu führen, dass die Betreiberpflichten, Lärmminderungsmaßnahmen zu ergreifen und notfalls Betriebs- bzw. Nutzungsbeschränkungen ihrer Anlagen hinzunehmen, aufgegeben würden und das Problem auf die schutzwürdige Nachbarschaft verlagert werde[41]. Beide vom Ministerium benannten Argumente vermögen jedoch nicht zu überzeugen: Das erstge-

39 Wenngleich durchaus angemerkt wird, dass die Anhebung der Mischgebietswerte um 3 dB(A) mit dem gesetzlichen Schutzauftrag gerade noch vereinbar ist, Stellungnahme des DAV, Juli 2016, S. 11.

40 Stellungnahme der Bundesrechtsanwaltskammer vom Juli 2016, http://www.brak.de/zur-rechtspolitik/stellungnahmen-pdf/stellungnahmen-deutschland/2016/juli/stellungnahme-der-brak-2016-20.pdf, Stand: 28.03.2017, S. 6 ff. allerdings zum Entwurf, bei dem ein Immissionsrichtwert nachts von 48 dB(A) vorgesehen war.

41 Beantwortung häufig gestellter Fragen zur Bauplanungsrechtsnovelle durch das Bundesministerium für Umwelt, Naturschutz, Bau und Reaktorsicherheit, http://www.bmub.bund.de/service/buergerforum/haeufige-fragen-faq/faq-detailansicht/?no_cache=1&tx_irfaq_pi1[cat]=48 (abgerufen am 24.03.2017).

nannte Argument, dass passive Schallschutzmaßnahmen grundsätzlich mit dem BauGB Beziehung zu dem Immissionsschutzrecht inkompatibel seien, ist in dieser Pauschalität nicht haltbar. So wird bereits mit beachtlichen Argumenten in der Literatur die Auffassung vertreten, passiver Lärmschutz könne auch nach den derzeitigen Rechtsgrundlagen des BauGB zulässigerweise festgesetzt werden[42]. Unstreitig sind jedenfalls solche Maßnahmen passiven Schallschutzes im Sinne einer „architektonischen Selbsthilfe" zulässig, bei denen mit dem Regelwerk der TA Lärm vereinbare Gestaltungsmittel oder bauliche Vorkehrungen getroffen werden[43]. Allerdings greift das damit zur Verfügung stehende Instrumentarium zu kurz, weil es nach herrschender Auffassung jedenfalls öffenbare Schallschutzfenster ausschließt, da diese als maßgebliche Immissionsorte nach TA Lärm anzusehen sind. Allerdings ist nichts dafür ersichtlich, dass es dem Gesetzgeber verwehrt wäre, eine Festsetzungsmöglichkeit für passiven Lärmschutz gerade auch für öffenbare Schallschutzfenster zu schaffen. Rechtsgrundlage hierfür wäre eine ausdrückliche ergänzende Regelung in § 9 Abs. 1 Nr. 24 BauGB[44] sowie eine entsprechende (klarstellende) Regelung in der TA Lärm. Mit dieser Rechtsetzungsmöglichkeit kann zugleich auch der zweite Einwand des Ministeriums entkräftet werden, dass nämlich mit einer entsprechenden Festsetzungsmöglichkeit die Betreiberpflicht zu Lärmminderungsmaßnahmen aufgegeben oder zumindest auf Kosten von passiven Lärmschutzmaßnahmen, die den Bewohnern aufgebürdet würden, geschwächt würde. Denn wenn eine Rechtsgrundlage für passiven Lärmschutz geschaffen würde, so könnte darin ohne Weiteres festgelegt werden, dass Maßnahmen des passiven Lärmschutzes nur in der Weise im Bebauungsplan festgesetzt werden können, dass zuvor alle zum maßgeblichen Zeitpunkt möglichen Lärmminderungsmaßnahmen bereits umgesetzt worden sind. Die Befürchtung einer Verantwortungsumkehr vom Verursacher zum Schutzbedürftigen würde damit hinfällig.

Ein weiteres, allerdings gravierendes Problem der Lärmbewältigung beim Urbanen Gebiet soll an dieser Stelle nur kurz angesprochen werden: Es kann keineswegs ausreichen, nur die Immissionsrichtwerte der TA Lärm für das Urbane Gebiet anzuheben, wenn andererseits der Verkehrslärm außen vor

---

42 *Schmidt-Eichstätt*, Die Baunutzungsverordnung und das Immissionsschutzrecht oder: Wird ein »urbanes Gebiet« als neues Baugebiet in der Baunutzungsverordnung benötigt?, DVBl 2016, 950/955 f.

43 BVerwG, Urteil vom 29.11.2012, NVwZ 2013, 372; *Rappen/Küas*, Neue Herausforderungen für die Innenentwicklung von Städten – Möglichkeiten der Konfliktbewältigung durch aktive Schallschutzmaßnahmen, Baurecht 2013,874/877 ff.; *Oerder/Beutling*, Bewältigung des Gewerbelärmkonflikts in der Vorhabenzulassung und Bauleitplanung, Baurecht, 2013, 1196/1205 ff.

44 So auch *Schmidt-Eichstätt*, Die Baunutzungsverordnung und das Immissionsschutzrecht oder: Wird ein »urbanes Gebiet« als neues Baugebiet in der Baunutzungsverordnung benötigt? DVBl 2016, 950/956; Stellungnahme der Bundesrechtsanwaltskammer vom Juli 2016, S. 7.

bleibt[45]. Denn eine entsprechende Anhebung der Werte der 18. BImSchV wurde bei der Gesetzesnovelle nicht vorgenommen. Dabei bedeuten in der Planungspraxis die Anforderungen an Lärmschutz vor Verkehrslärm ebenso hohe Hürden wie beim Schutz vor Gewerbelärm[46]. In der Praxis kann das Problem des Lärmschutzes vor Verkehrslärm häufig nur durch vorgehängte Fassaden gelöst werden; dass dies jedenfalls für die Mehrzahl der Anwendungsfälle des Urbanen Gebiets keine in praktischer Hinsicht umsetzbare bzw. kostenadäquate Lösung ist, liegt auf der Hand.

Es zeigt sich daher, dass mit dem Urbanen Gebiet richtigerweise auch das Problem der Lärmkonflikte bei dicht nebeneinanderliegenden heterogenen Nutzungen aufgegriffen worden ist. Dies allerdings noch nicht vollständig bzw. zufriedenstellend. Denn die auf Betreiben des Bundesrates im Gesetzgebungsverfahren erfolgte Begrenzung der Immissionsrichtwerte nachts auf diejenigen des Mischgebietes (45 dB(A)) beschränkt die Anwendungsmöglichkeiten des Urbanen Gebietes erheblich. In innerstädtischen Gebieten mit beispielsweise einer Vielzahl gastronomischer Betriebe dürfte nachts ein Immissionsrichtwert von 45 dB(A) kaum einzuhalten sein; hier hätte der ursprünglich vorgesehene Immissionsrichtwert von 48 dB(A) – kombiniert mit passiven Lärmschutzmöglichkeiten – Abhilfe schaffen können.

Ohne Schaffung einer Rechtsgrundlage für passiven Lärmschutz auch durch öffenbare Fenster und ohne Einbeziehung der Problematik des Verkehrslärms wird den Kommunen ein neuer Gebietstyp an die Hand gegeben, der in bestehenden oder erwartbar immissionskonfliktträchtigen Lagen aus rechtlichen bzw. praktischen Gründen nicht festsetzungsfähig ist.

V. Fazit

Bereits 2010 hatte der Jubilar mit folgenden Worten zur Anpassung des bestehenden städtebaulichen Instrumentariums zur Umsetzung des Leitbildes einer verdichteten bzw. gemischten Stadt aufgefordert:

„Aus Sicht eines Anwalts wird deshalb wenigstens im Bereich der Bauleitplanung für einen Befreiungsschlag dahingehend plädiert, dass die BauNVO künftig nur noch als Orientierungsmaßstab oder allenfalls als Sollvorgabe mit umfassenden Abweichungsmöglichkeiten Wirksamkeit beanspruchen kann bzw. darf. Schluss also mit der retortenmäßigen Idealtypisierung des Städte-

45 Dies betrifft im Übrigen auch die in der Baurechtsnovelle nicht angepasste Regelung zum Schallschutz im Städtebau, DIN 18005, worauf zu Recht die „Planspiel-Kommune“ Köln hinweist: Deutsches Institut für Urbanistik (Fn. 10), S. 97.

46 Stellungnahme des Deutschen Anwaltvereins durch den Ausschuss Verwaltungsrecht vom Juli 2016, S. 12 f., https://anwaltverein.de/de/newsroom/sn-35-2016-zur-baugb-novelle Stand: 28.03.2017; Stellungnahme der Bundesrechtsanwaltskammer durch den Ausschuss Verwaltungsrecht vom Juli 2016, S. 7, Stand: 28.03.2017.

baus nach Maßgabe der Baugebiets- und Maßvorschriften der BauNVO, weg von der ‚gegliederten und aufgelockerten Stadt' und Mut zu einer verdichteten bzw. gemischten ‚Europäischen Stadt', wie sie im Interesse der Nachhaltigkeit, des sparsamen Umgangs mit Grund und Boden und des Nebeneinanders sich gegenseitig ergänzender unterschiedlicher Nutzung künftig das Leitbild der Städtepolitik sein sollte!"[47].

Der Gesetz- bzw. Verordnungsgeber hat das Plädoyer von *Christian Kirchberg*, den Kommunen Handlungsmöglichkeiten für eine „verdichtete bzw. gemischte ‚europäische Stadt" zu eröffnen, aufgegriffen. Die Umsetzung erfolgt aber nicht wie vom Jubilar vorgeschlagen, im Wege einer Deregulierung, sondern durch Implementierung eines neuen Baugebietstyps in die Baunutzungsverordnung. Ob dies der richtige Weg ist, den Herausforderungen eines stetig wachsenden Raumbedarfs in den Zentren und den damit einhergehenden Nutzungskonflikten zu begegnen oder ob dies nicht – wie *Christian Kirchberg* gefordert hat – durch eine Deregulierung der Baunutzungsverordnung, mit der „Freiheit der eigenen selbstverantwortlichen Gestaltung auf kommunaler Ebene"[48] besser erreicht werden kann, wird man erst in der Zukunft – möglicherweise aber bereits schon zum nächsten runden Geburtstag des Jubilars – absehen können.

47 *Kirchberg/König* (Fn. 1), S. 1701.
48 *Kirchberg/König* (Fn. 1), S. 1700 f.

Windkraft und Zielabweichung – Anmerkungen aus der Praxis

Alexandra Fridrich

I. Einleitung

Der Ausbau regenerativer Energien, insbesondere der Windkraft, ist zentraler Bestandteil der Energiewende. Sie hat durch den endgültigen Ausstieg aus der Nutzung der Kernenergie bis 2022 erheblich an Bedeutung gewonnen. Die baden-württembergische Landesregierung hat sich zum Ziel gesetzt, bis 2020 mindestens 10 % des Stroms im Land aus heimischer Energie bereitzustellen. Hierfür ist ein erheblicher Ausbau der Windkraft auch in Baden-Württemberg notwendig.

Ihren Niederschlag hat diese Zielsetzung u. a. im Windenergieerlass Baden-Württemberg vom 09.05.2012[1], aber auch in diversen Änderungen landesrechtlicher Vorschriften gefunden. An erster Stelle ist – zumal im vorliegenden Zusammenhang – die Änderung des Landesplanungsgesetzes Baden-Württemberg vom 22.05.2012 zu nennen.[2] Während das Landesplanungsgesetz in der Fassung vom 10.07.2003[3] in § 11 Abs. 7 Satz 1 2. HS vorsah, dass in den Regionalplänen die Standorte für regional bedeutsame Windenergieanlagen als Vorranggebiete und die übrigen Gebiete der Region als Ausschlussgebiete, in denen regional bedeutsame Windkraftanlagen nicht zulässig sind, festzulegen waren (sog. „Schwarz-Weiß-Planung"), sind die Regionalverbände nach der Gesetzesänderung nur noch befugt, Vorranggebiete festzulegen, in denen der Windkraftnutzung der Vorrang vor anderen Nutzungen eingeräumt wird.[4] Das Änderungsgesetz hob zudem die bisherigen Festlegungen in den Regionalplänen der Regionalverbände zu Vorrang- und insbesondere Ausschlussgebieten für regional bedeutsame Windenergieanlagen zum 01.01.2013 per Gesetz auf. Ansonsten hätte – so der Windenergieerlass Baden-Württemberg – das Ziel eines deutlichen und zeitnahen Ausbaus der Windenergie nicht erreicht werden können.[5] Betroffen waren die Festlegungen in den Regionalplänen des Verbands Region Stuttgart sowie der Regionalverbände Heilbronn-Franken, Ostwürttemberg, Mittlerer

1 Gemeinsame Verwaltungsvorschrift des Ministeriums für Umwelt, Klima und Energiewirtschaft, des Ministeriums für Ländlichen Raum und Verbraucherschutz, des Ministeriums für Verkehr und Infrastruktur und des Ministeriums für Finanzen und Wirtschaft vom 09.05.2012 – Windenergieerlass Baden-Württemberg, Az. 64-4583/404, S. 5.

2 GBl. 285.

3 GBl. 385.

4 Vgl. § 11 Abs. 7 S. 1 LplG.

5 (Fn. 1), S. 9.

Oberrhein, Südlicher Oberrhein, Schwarzwald-Baar-Heuberg, Hochrhein-Bodensee und Bodensee-Oberschwaben. Nicht erfasst wurden die grenzüberschreitenden Regionalverbände Donau-Iller und der Verband Region Rhein-Neckar, da diese besonderen staatsvertraglichen Regelungen unterliegen. Von der Möglichkeit, auf Basis der neuen Rechtslage Vorranggebiete für regional bedeutsame Windkraftanlagen festzulegen, hat beispielsweise der Regionalverband Heilbronn-Franken mit seiner Teilfortschreibung Windenergie des Regionalplans Heilbronn-Franken 2020 Gebrauch gemacht.[6] Die Regionalversammlung des Verbands Region Stuttgart hat am 30.09.2015 insgesamt 41 Vorranggebiete für regional bedeutsame Windkraftanlagen beschlossen. Bei der Feststellung der Vorranggebiete soll es sich entsprechend der Abstimmung mit dem Ministerium für Verkehr und Infrastruktur als oberster Landesplanungsbehörde nur um einen sog. „qualifizierten Zwischenbeschluss" im Rahmen des laufenden Verfahrens zur Fortschreibung des Regionalplans handeln, da bei einzelnen Vorranggebieten noch Landschaftsschutzgebietsverordnungen aufgehoben werden müssen, damit die Regionalplanänderung in Kraft treten kann.[7] Gerade und erst Recht in den Verbandsgebieten, in denen bisher noch keine erneuten Festlegungen zur Windkraft erfolgt sind,[8] haben Zielabweichungsverfahren eine wahre Renaissance erfahren. Liegen geplante Windkraftanlagen beispielsweise in Regionalen Grünzügen oder in Vorranggebieten für Forstwirtschaft und widersprechen diese gemäß § 35 Abs. 3 BauGB diesen Zielen der Raumordnung, ist regelmäßig ein Zielabweichungsverfahren zumindest in Erwägung zu ziehen.

Daneben hat das Gesetz zur Förderung des Klimaschutzes in Baden-Württemberg vom 23.07.2013[9] in Art. 2 zu mehreren Änderungen des Landespla-

---

6 Regionalverband Heilbronn-Franken, „Teilfortschreibung des Regionalplans Heilbronn-Franken 2020 – Windenergie" vom 25.07.2014, öffentlich bekannt gemacht im Staatsanzeiger Baden-Württemberg vom 09.10.2015; ebenfalls bereits in Kraft getreten: Regionalverband Ostwürttemberg „Teilfortschreibung Erneuerbare Energien des Regionalplans Ostwürttemberg" vom 16.10.2013, öffentlich bekannt gemacht im Staatsanzeiger Baden-Württemberg vom 05.09.2014.

7 S. Verband Region Stuttgart www.region-stuttgart.org/wind/; ebenso Satzungsbeschluss erfolgt, Änderung aber noch nicht in Kraft getreten: Regionalverband Mittlerer Oberrhein http://www.region-karlsruhe.de/regionalplan/aktuelle-verfahren/teilfortschreibung-windenergie/?L=0&no_cache=1&sword_list%5B0%5D=windenergie&cHash=bf01a9321c2838fefbf9178b6cf9d783, letzter Abruf: 15.03.2017.

8 Im Verfahren, aber ohne Satzungsbeschluss Region Nordschwarzwald, http://www.nordschwarzwald-region.de/regionalplan/im-verfahren/teilregionalplan-windenergie/; Region Südlicher Oberrhein http://www.region-suedlicher-oberrhein.de/de/regionalplanung/fortschreibung-regionalplan/20141113_Offenl_RPl_Kap_Wind.php; Region Hochrhein-Bodensee http://www.hochrhein-bodensee.de/index.php?id=22&tx_ttnews[tt_news]=37&cHash=dc2048c8221da3404cfe783b8e5e7a10; Regionalverband Schwarzwald Baar-Heuberg http://www.regionalverband-sbh.de/index.php?id=83; Regionalverband Neckar-Alb http://www.rvna.de/,Lde/Startseite/Regionalplanung/Windkraft.html; Regionalverband Bodensee-Oberschwaben http://www.rvbo.de/RVBO/Planung/Teilregionalplan-Windenergie (integriert in die Gesamtfortschreibung), letzter Abruf 15.03.2017.

9 Gesetz zur Förderung des Klimaschutzes in Baden-Württemberg vom 23.07.2013, GBl. 2013, S. 229.

nungsgesetzes geführt. So wurde beispielsweise in § 11 Abs. 2 LplG der neue Satz 2 eingefügt, wonach bei der Konkretisierung der Grundsätze nach § 2 Abs. 2 Nr. 6 Satz 7 und 8 ROG die Vorgaben des Klimaschutzgesetzes für Baden-Württemberg ergänzend zu berücksichtigen sind.[10] Die Änderungen des Landesplanungsgesetzes entsprechen nicht dem Raumordnungsgesetz, so dass sie als ergänzendes Landesrecht anzusehen sind. Insofern ist auch das KSG BW für Windkraftprojekte von Bedeutung. Nach § 5 KSG BW kommt dem Ausbau erneuerbarer Energien bei der Verwirklichung der Klimaschutzziele eine besondere Bedeutung zu. Dies gilt auch, wenn es sich im Einzelfall um geringe Beiträge zur Treibhausgasminderung handelt (vgl. § 5 Abs. 2 KSG BW). Nach § 4 Abs. 1 KSG BW soll die Gesamtsumme der Treibhausgasemissionen in Baden-Württemberg bis zum Jahr 2020 um mindestens 25 % im Vergleich zu den Gesamtemissionen des Jahres 1990 verringert werden. Bis zum Jahr 2050 wird eine Minderung um 90 % angestrebt auch hier im Vergleich zu den Gesamtemissionen des Jahres 1990.

In die Rechtsprechung hat das KSG BW bei Windkraftprojekten ebenfalls Eingang gefunden.[11] Danach stellt das im Erneuerbaren-Energien-Gesetz zum Ausdruck gekommene Ziel des Bundesgesetzgebers, den Ausbau der erneuerbaren Energien rasch zu fördern und der mit dem KSG BW verfolgte Zweck, die Treibhausgasemissionen zu reduzieren, ein besonderes öffentliches Interesse im Sinne des § 80 Abs. 2 Satz 1 Nr. 4 VwGO für die Anordnung der sofortigen Vollziehbarkeit einer immissionsschutzrechtlichen Genehmigung zur Errichtung und zum Betrieb von Windkraftanlagen dar.

Mit Zielabweichungsanträgen für Windkraftprojekte aus Sicht der Praxis beschäftigt sich der nachfolgende Beitrag. Dem Jubilar ist insbesondere für seine ausgezeichneten und hilfreichen Ausführungen zu § 24 LplG im Kommentar zum Landesplanungsrecht von Hager besonders zu danken.[12]

II. Allgemeines

1. Bundesrechtliche Vollregelung

Ermächtigungsgrundlage für die Zulassung einer Abweichung von Zielen der Raumordnung ist § 6 Abs. 2 ROG. Danach kann von Zielen der Raumordnung abgewichen werden, wenn die Abweichung unter raumordnerischen Gesichtspunkten vertretbar ist und die Grundzüge der Planung nicht berührt werden (§ 6 Abs. 2 Satz 1 ROG). Antragsberechtigt sind nach § 6 Abs. 2 Satz 2

10 (Fn. 9), Art. 2.

11 VGH BW, Beschl. v. 06.07.2015, 8 S 534/15, Juris, LS 1, Rn. 23 ff. m. w. N.

12 *Kirchberg* in: Hager (Hrsg.), Kommentar zum Landesplanungsrecht in Baden-Württemberg, 2015, § 24; *Kirchberg*, VBlBW 2006, 297 ff., s. a. das Schriftenverzeichnis.

ROG die öffentlichen Stellen und die Personen des Privatrechts, die das Ziel, von dem eine Abweichung zugelassen werden soll, zu beachten haben. Mit § 6 Abs. 2 ROG hat der Bund von seiner konkurrierenden Gesetzgebungskompetenz nach Art. 72 Abs. 2, 74 Abs. 1 Nr. 34 GG Gebrauch gemacht. Damit sind die materiellen Anforderungen an und die Antragsbefugnis für die Zulassung einer Zielabweichung bundesrechtlich geregelt. Für die Anwendbarkeit inhaltsgleichen Landesrechts besteht kein Raum mehr, erst recht nicht für der bundesrechtlichen Regelung widersprechendes Landesrecht. Soweit allerdings am 30.06.2009 geltendes Landesrecht die bundesrechtlichen Regelungen zur Zielabweichung ergänzt, bleibt dies nach § 28 Abs. 3 ROG unberührt. Das ist der Fall bei den sonstigen verfahrensrechtlichen Bestimmungen des § 24 Satz 1, 1. HS LplG zur Zuständigkeit und zum Beteiligungsverfahren in § 24 Satz 3 LplG. Diese gelten als ergänzende Regelungen i. S. v. § 28 Abs. 3 ROG fort.[13]

2. Beachtenspflicht

§ 4 ROG regelt abschließend die Beachtenspflicht von Zielen der Raumordnung. Der inhaltsgleiche § 4 LplG wird insoweit durch die bundesrechtliche Vollregelung verdrängt. Nach § 4 Abs. 1 ROG haben öffentliche Stellen bei raumbedeutsamen Planungen und Maßnahmen die Ziele der Raumordnung zu beachten sowie Grundsätze und sonstige Erfordernisse der Raumordnung in Abwägungs- oder Ermessensentscheidungen zu berücksichtigen. Entsprechendes gilt nach § 4 Abs. 2 Satz 2 ROG bei raumbedeutsamen Planungen und Maßnahmen, die Personen des Privatrechts in Wahrnehmung öffentlicher Aufgaben durchführen. Die Erfordernisse der Raumordnung sprechen damit zunächst raumbedeutsame Planungen und Maßnahmen öffentlicher Stellen oder bestimmter Privater an. Eine unmittelbare Bindungswirkung kommt den Zielen der Raumordnung gegenüber raumbedeutsamen Planungen und Maßnahmen Privater damit zunächst nicht zu.[14] Das trifft für viele Windkraftplanungen zu, da diese häufig von privaten Vorhabenträgern geplant, errichtet und betrieben werden.

Die Erfordernisse der Raumordnung, die auch die Ziele der Raumordnung umfassen, entfalten aber dann eine zumindest mittelbare Bindungswirkung, wenn dies in dem für die Entscheidung über eine Maßnahme einschlägigen Fachgesetz in allgemeiner Form oder durch eine sog. Raumordnungsklausel vorgesehen ist. Nach § 4 Abs. 2 ROG sind nämlich bei sonstigen Entscheidungen öffentlicher Stellen über die Zulässigkeit raumbedeutsamer Planungen

---

13 *Kirchberg* (Fn. 12), § 24 Rn. 4 m. w. N.; *Schmitz* in: Bielenberg/Runkel/Spannowsky, Raumordnungs- und Landesplanungsrecht des Bundes und der Länder, Stand 2016, L, § 6 Rn. 196.

14 *Kirchberg* (Fn. 12), § 4, Rn. 5; *Runkel* in: Bielenberg/Runkel/Spannowsky, Raumordnungs- und Landesplanungsrecht des Bundes und der Länder, Stand 2016, L, § 4 Rn. 242, Rn. 30.

und Maßnahmen von Personen des Privatrechts die Erfordernisse der Raumordnung nach den für diese Entscheidungen geltenden Vorschriften zu berücksichtigen. Ist umgekehrt im einschlägigen Fachgesetz also keine entsprechende Regelung enthalten, die eine Berücksichtigung öffentlicher Belange und/oder der Erfordernisse der Raumordnung anordnet, entfalten die Erfordernisse der Raumordnung gegenüber raumbedeutsamen Maßnahmen und Planungen Privater keine Bindungswirkung. Das Bundes-Immissionsschutzgesetz enthält zwar keine entsprechende Raumordnungsklausel für Private, zum Tragen kommen aber über § 6 Abs. 1 Nr. 2 BImSchG die Raumordnungsklauseln des § 35 Abs. 3 Satz 2 und 3 BauGB.[15] Insofern ist auch bei raumbedeutsamen Windkraftprojekten Privater eine mittelbare Bindungswirkung über die Raumordnungsklauseln in § 35 Abs. 3 Satz 2 und 3 BauGB gegeben.

III. Abgrenzung zu anderen Instrumenten

Das Instrument der Zielabweichung ist von mehreren anderen raumordnerischen abzugrenzen:

1. Ausnahme

Nach § 6 Abs. 1 ROG können von Zielen der Raumordnung Ausnahmen im Raumordnungsplan selbst festgelegt werden. Der Planungsträger kann danach von sich aus die Bindungswirkung der von ihm selbst festgelegten Ziele im entsprechenden Plan regeln und damit relativieren. Erforderlich ist allerdings, dass es sich bei der im Sinne eines Regel-Ausnahme-Verhältnis strukturierten Regelung auch tatsächlich um ein Ziel der Raumordnung handelt, das den Anforderungen des § 3 Abs. 1 Nr. 2 ROG gerecht wird, insoweit also abschließend abgewogen sein muss. Dies bedeutet, dass es sich einerseits um eine abschließend abgewogene Festlegung handeln muss, andererseits sowohl die Regel- als auch die Ausnahmevoraussetzungen mit hinreichender tatbestandlicher Bestimmtheit oder mindestens Bestimmbarkeit selbst durch den Planungsträger festgelegt werden müssen.[16] Ein solches Regel-Ausnahme-Verhältnis sieht beispielsweise der Regionalplan Heilbronn-Franken 2020 – Teilfortschreibung Windenergie außerhalb der Vorranggebiete für regional bedeutsame Windkraftanlagen in Regionalen Grünzügen und Gebieten für Forstwirtschaft vor. Danach sind beispielsweise in Regionalen Grünzügen ausnahmsweise Standorte für regional bedeutsame Windkraftanlagen zulässig, sofern eine ausreichende Windgeschwindigkeit und eine gute Standort-

15 *Jarass*, BImSchG, 11. Aufl. 2015, § 6 Rn. 37.
16 BVerwG, Urt. v. 08.09.2003, 4 CN 20/02, BVerwGE 119, 54; *Schmitz* (Fn. 13), L, § 6 Rn. 74.

eignung gegeben sind, keine freiraumschonenderen Alternativen bestehen, insbesondere die Funktion des Regionalen Grünzugs „Siedlungsgliederung", „Naturschutz und Landschaftspflege", „Erholung" und „Orts- und Landschaftsbild" durch das Vorhaben einzeln oder in Zusammenwirken mit anderen Planungen und Maßnahmen nicht in Frage gestellt und teilräumliche Überlastungen vermieden werden.[17] Liegen geplante, regional bedeutsame Windkraftanlagen in einem solchen Regionalen Grünzug, ist eine Auseinandersetzung mit den Ausnahmevorschriften bereits bei der Einreichung des Antrags auf immissionsschutzrechtliche Genehmigung zu empfehlen. Dabei sind die konkreten Festlegungen des jeweils betroffenen Regionalen Grünzugs mit seinen wichtigsten Funktionen in den Blick zu nehmen. Bei der Zielabweichung wird hingegen keine Ausnahmeregelung, die im Raumordnungsplan selbst vorgesehen ist, in Anspruch genommen, sondern es soll nach Planaufstellung im Einzelfall von der Bindungswirkung suspendiert werden, über die in Form eines Verwaltungsakts entschieden wird.

2. Zieländerung

Die Zieländerung greift unabhängig vom konkreten Einzelfall in das Planwerk selbst durch Änderung seiner Ziele ein. Bei der Änderung von geltenden Raumordnungszielen sind die verfahrensrechtlichen Anforderungen nach § 7 Abs. 7 ROG einzuhalten. Grund für eine Zieländerung sind häufig neue Erkenntnisse oder eine Änderung der der Zielfestlegung zugrundeliegenden Sachlage und der sich hieraus ergebende Handlungsbedarf.[18] Die Zielabweichung hingegen entbindet die der Zielbindung unterworfene Stelle oder Person von der Bindungswirkung des Ziels, ohne dass der Bestand des Ziels und die Fortgeltung seiner Beachtenspflicht im Übrigen in Frage gestellt werden.

3. Raumordnungsverfahren

Abzugrenzen ist das Zielabweichungsverfahren schließlich vom Raumordnungsverfahren nach § 15 ROG/§ 18f. LPlG. Ziel des Raumordnungsverfahrens ist es zu prüfen, ob bzw. unter welchen Voraussetzungen eine raumbedeutsame Planung oder Maßnahme mit den Erfordernissen der Raumordnung in Übereinstimmung steht. Das Ergebnis des Raumordnungsverfahrens ist die landesplanerische Beurteilung, die von den zuständigen Stellen bei den nachfolgenden behördlichen Entscheidungen, Genehmigungen oder Planfeststellungen zu berücksichtigen ist. Unmittelbare Bindungswirkung gegenüber

17 Regionalverband Heilbronn-Franken (Fn. 6), Plansatz 3.1.1 (Z), 3. Absatz.
18 *Schmitz* (Fn. 13) § 6 Rn. 46f.; *Kirchberg* (Fn. 12), § 24 Rn. 9.

dem Vorhabenträger oder dem Einzelnen entfaltet das Ergebnis des Raumordnungsverfahrens im Gegensatz zur Zielabweichungsentscheidung allerdings nicht. Im Zielabweichungsverfahren soll vielmehr darüber entschieden werden, ob im Kollisionsfall das Ziel der Raumordnung dem Vorhaben entgegensteht oder eine Befreiung von der Beachtenspflicht des jeweiligen Ziels erteilt werden kann.[19]

IV. Raumordnungsklauseln des § 35 Abs. 3 S. 2 und 3 ROG

Nach § 35 Abs. 3 S. 2 1. HS BauGB dürfen raumbedeutsame Vorhaben nach § 35 Abs. 1 und Abs. 2 BauGB den Zielen der Raumordnung nicht widersprechen. Neben der insoweit negativen, vorhabenhindernden Vorschrift regelt § 35 Abs. 3 S. 1 2. HS BauGB, dass öffentliche Belange raumbedeutsamen Vorhaben nach § 35 Abs. 1 BauGB nicht entgegenstehen, soweit die Belange bei der Darstellung dieser Vorhaben als „Ziele der Raumordnung“ in Raumordnungsplänen abgewogen worden sind. Die insoweit positive, vorhabenfördernde Wirkung ist im Rahmen der Zielabweichung allerdings nicht relevant, weshalb im Folgenden ausschließlich § 35 Abs. 3 S. 2 1. HS BauGB in den Blick genommen wird. Dies gilt vor allem und erst Recht vor dem Hintergrund der bereits dargestellten Änderung des § 11 Abs. 7 S. 1 LPlG. Bei Windkraftprojekten sind anknüpfend hieran regelmäßig die beiden folgenden Aspekte von besonderer Bedeutung:

1. Raumbedeutsamkeit

§ 35 Abs. 3 S. 2 1. HS BauGB greift nur bei raumbedeutsamen Vorhaben. Nach § 3 Nr. 6 ROG sind bedeutsam solche Vorhaben, durch die Raum in Anspruch genommen oder die räumliche Entwicklung oder Funktion eines Gebiets beeinflusst wird. Nach den Gesetzesmaterialien[20] soll es sich hierbei in erster Linie um Windkraftparks oder raumbedeutsame einzelne Windkraftanlagen an besonders hervorgehobenen Standorten handeln. Bei der vor allem in Windparks auftretenden Häufung von Windkraftanlagen ist dies wegen ihrer erheblichen räumlichen Ausbreitung nachvollziehbar[21]. Eine entsprechende Unter- oder Obergrenze bzw. Anlagenzahl kann hier aber ebenso wenig festgelegt werden wie die Raumbedeutsamkeit von Einzelanlagen nicht allgemein angenommen werden kann. Es kommt vielmehr auf die konkreten

19 *Kirchberg* (Fn. 12), § 24 Rn. 12; *Schmitz* (Fn. 16), § 6 Rn. 49ff.
20 BT-Drs. 13/4978, S. 7.
21 *Lührs*, ZfBR 1996, 297, 299.

Umstände des Einzelfalls an[22]. Als Kriterien sind beispielsweise die Dimension der Anlage (Höhe, Rotordurchmesser), ihr Standort oder ihre Auswirkungen auf bestimmte Ziele der Raumordnung (Schutz von Natur und Landschaft, Erholung und Fremdenverkehr) zu nennen. Jedenfalls bei Windkraftanlagen mit einer Nabenhöhe von 100 m dürfte eine Raumbedeutsamkeit regelmäßig zu bejahen sein.[23]

Berücksichtigt man die heute gängigen Nabenhöhen von Windkraftanlagen, spricht zwar viel dafür, auch bei einzelnen Anlagen von einer Raumbedeutsamkeit auszugehen. Dies ist allerdings im jeweils konkreten Fall anhand der oben dargestellten Kriterien zu prüfen und im Antrag auf Zielabweichung darzustellen. Für den Fall, dass eine einzelne Windkraftanlage aus Sicht des Antragstellers nicht raumbedeutsam ist, sollte dies bereits im Antrag auf immissionsschutzrechtliche Genehmigung mit den Gründen, auf die sich diese Einschätzung stützt, dargestellt werden, damit dies frühzeitig gemeinsam mit den Behörden geklärt werden kann. Einer Zielabweichung bedarf es bei fehlender Raumbedeutsamkeit dann nicht.

2. Widerspruch zu Zielen der Raumordnung

Des Weiteren muss die konkrete Windkraftplanung Zielen der Raumordnung widersprechen. Ist dies nicht der Fall oder liegt kein Ziel vor, ist kein Zielabweichungsverfahren erforderlich.

a) Ziele der Raumordnung i.S.d. § 3 Abs. 1 Nr. 2 ROG sind verbindliche Vorgaben in Form von räumlich und sachlich bestimmten oder bestimmbaren, vom Träger der Raumordnung abschließend abgewogenen textlichen oder zeichnerischen Festlegungen in Raumordnungsplänen zur Entwicklung, Ordnung und Sicherung des Raums. Raumordnungspläne sind nach § 3 Abs. 1 Nr. 7 ROG zusammenfassende, überörtliche und fachübergreifende Pläne nach den §§ 8, 17 ROG. Darunter fallen nach § 8 Abs. 1 Satz 1 ROG sowohl der Raumordnungsplan für das Landesgebiet (landesweiter Raumordnungsplan), der in Baden-Württemberg die Bezeichnung „Landesentwicklungsplan“ (§ 6 Abs. 1 Nr. 1 LplG) trägt, als auch die Raumordnungspläne für Teilräume der Länder (Regionalpläne) gemäß § 11 LplG. Bei der Ausarbeitung eines Antrags auf Zielabweichung für Windkraftanlagen ist deshalb auch zu prüfen, inwieweit das Windkraftprojekt im Landesentwicklungsplan 2002

22 BVerwG, Urt. v. 13.03.2003, BVerwG 4 C 4.02; BVerwGE 118, 33, 35.

23 OVG Rheinland-Pfalz, Urt. v. 13.01.2016, 8 A 10535/15, Juris Rn. 84 unter Bezugnahme auf *Rieger* in Schröter, BauGB, 8. Aufl. 2015, § 35, Rn. 151; OVG Niedersachsen, Beschl. v. 12.11.2011, 2 LA 2119/10, Juris Rn. 10; BVerwG, Beschl. v. 02.05.2002, 4 B 36.02 und Urt. v. 13.03.2003, 4 C 4.02, bejaht bei einer Höhe von 100 m; BayVGH, Urt. v. 17.11.2011, 2 BV 10.2295 bejaht bei einer Gesamthöhe von 172,5 m auf Stahlgittermast; *Gatz*, Windenergieanlagen in der Verwaltungs- und Gerichtspraxis, 2. Aufl. 2013, Rn. 47 m.w.N.

Baden-Württemberg (LEP BW 2002) enthaltene Ziele möglicherweise tangiert.

b) Zwar besteht die Pflicht, die Ziele der Raumordnung in den Raumordnungsplänen zu kennzeichnen. Der Kennzeichnung als Ziel nach § 7 Abs. 4 ROG kommt aber lediglich Indizwirkung zu.[24] Sie stellt keinen konstitutiven Qualifikationsakt dar. Ob tatsächlich ein Ziel der Raumordnung vorliegt, das auch für die Windkraftplanung relevant sein könnte, ist vielmehr im Rahmen einer objektiven Betrachtung anhand der begrifflichen Merkmale des § 3 Abs. 1 Nr. 2 ROG zu ermitteln. Entscheidend ist allein der materielle Gehalt der raumordnerischen Festlegung. Da nur von Zielen und nicht von Grundsätzen der Raumordnung eine Zielabweichung in Betracht kommt, ist bei der Ausarbeitung eines Zielabweichungsantrags sehr viel Sorgfalt auf die Prüfung zu verwenden, ob tatsächlich ein Ziel der Raumordnung vorliegt oder nicht. Dabei sollten zur besseren Nachvollziehbarkeit eines Zulassungsantrags sowohl der Wortlaut der konkreten Zielfestlegung als auch die entsprechende Begründung im Zielabweichungsantrag angegeben werden. Denn letztendlich bestimmt sich der Gegenstand der zu beantragenden Zielabweichung daraus, welche Ziele durch das raumbedeutsame Windkraftprojekt tangiert sind. Schwierigkeiten können in praktischer Hinsicht dann auftreten, wenn geklärt werden muss, ob die geplanten Windkraftanlagen innerhalb oder außerhalb beispielsweise eines Regionalen Grünzugs liegen. Dies liegt daran, dass die Planungen auf Ebene der Raumordnung in den Raumnutzungs- oder Übersichtskarten in weit gröberem Maßstab erfolgen, als dies bei der Windkraftplanung der Fall ist. Teilweise orientieren sich die räumlichen Grenzen der raumordnerischen Festlegungen nicht immer z. B. an vorhandenen Straßen oder Wegen. Im Zweifel ist aus Gründen der Rechtssicherheit davon auszugehen, dass die Windkraftplanung innerhalb liegt.

Das Ziel muss zudem tatsächlich wirksam festgelegt worden sein. So ist beispielsweise bei der noch nicht in Kraft getretenen Teilfortschreibung des Regionalplans des Verbands Region Stuttgart zur Ausweisung von Vorranggebieten für die Windkraft noch nicht von einem Ziel der Raumordnung auszugehen, selbst wenn beantragte Windkraftanlagen in einem geplanten Vorranggebiet liegen sollten. Es handelt sich vielmehr um ein in Aufstellung befindliches Ziel der Raumordnung und damit um ein sonstiges Erfordernis der Raumordnung nach § 3 Abs. 1 Nr. 4 ROG, das allerdings unter bestimmten Voraussetzungen nach allgemeinen Grundsätzen als öffentlicher Belang im Sinne des § 35 Abs. 3 Satz 1 BauGB in Betracht kommt.

c) In Betracht kommt bei Windkraftprojekten beispielsweise die Prüfung des Plansatzes 4.2.2 (Z) LEP BW 2002. Allerdings wird durch Windkraftanlagen

24 BVerwG, Urt. v. 18.09.2003, 4 CN 20.02, Juris Rn. 28.

gerade der Einsatz regenerativer Energieträger gefördert und der Verbrauch fossiler Energieträger reduziert, sodass ein Widerspruch zwischen Windkraftplanung und Plansatz 4.2.2 (Z) LEP BW 2002 in der Regel nicht vorliegt. Allerdings empfiehlt es sich aus Gründen der Verständlichkeit bzw. Übersichtlichkeit oder aber im Zusammenhang mit dem Plansatz 5.3.2 (Z) ff. LEP BW 2002 diese insoweit in den Blick zu nehmen und abzuarbeiten.

In Bezug auf die Regionalen Grünzüge enthält der LEP BW 2002 in Plansatz 5.1.3 (Z) ein weiteres Ziel. Dieses richtet sich allerdings an die Regionalverbände, die diesen Plansatz bei der Festlegung u.a. der Regionalen Grünzüge, Grünzäsuren und schutzbedürftiger Bereiche zu beachten haben. Dies ergibt sich einerseits aus der Formulierung des Plansatzes selbst, der auf die Ausweisung in den Regionalplänen verweist. Aus der Begründung ergibt sich andererseits, dass in den Regionalplänen die im LEP BW 2002 ausgewiesenen, überregional bedeutsamen naturnahen Landschaftsräume durch die Freirauminstrumente der Regionalplanung ergänzt werden sollen, zu denen wiederum Regionale Grünzüge, Grünzäsuren und schutzbedürftige Bereiche gehören. Insofern entfaltet Plansatz 5.1.3 LEP BW 2002 keine Windkraftprojekten entgegenstehende Wirkung. Vielmehr sind die konkreteren Regelungen auf Regionalplanebene enthalten, beispielsweise im Regionalplan der Region Stuttgart vom 22.07.2009 in Plansatz 3.1.1 (Z) Regionale Grünzüge.

Eine Besonderheit stellt insoweit Plansatz 4.2.7 (Z) des LEP BW 2002 zur Windkraft dar. Nach § 11 Abs. 2 Satz 4 LplG in der Fassung des Gesetzes zur Änderung des Landesplanungsgesetzes vom 22.05.2012 wurde den Regionalverbänden die Ausformung dieses Ziels in räumlicher und sachlicher Hinsicht quasi untersagt. Nach § 11 Abs. 7 Satz 1, HS 2 LplG sind in der Regionalplanung damit nur noch Vorranggebiete für regional bedeutsame Windkraftanlagen zulässig.

d) Gleichwohl bedeutet die Lage einer geplanten Windkraftanlage innerhalb des räumlichen Geltungsbereichs eines Ziels der Raumordnung nicht automatisch, dass auch ein Widerspruch zu der Zielfestlegung gegeben ist. Ein Widerspruch zwischen der beabsichtigten raumbedeutsamen Windkraftplanung und dem Ziel der Raumordnung liegt nur dann vor, wenn zwischen beiden eine Gegensätzlichkeit im Sinne einer Unvereinbarkeit besteht.[25] Maßgeblich dafür, ob ein Widerspruch vorliegt, ist also nicht, ob das raumbedeutsame Vorhaben den Zielen der Raumordnung entspricht. Es ist durchaus denkbar, dass ein Windkraftprojekt zwar den Zielen der Raumordnung nicht entspricht, aber auch nicht widerspricht. Insoweit kommt es entscheidend auf den jeweiligen Inhalt des Ziels der Raumordnung sowie das konkrete Windkraftvorhaben und die Intensität, mit der das Vorhaben den Zielen der Raumordnung tangiert, an.[26] Dies hat zur Konsequenz, dass bei der Ausarbei-

25 *Söfker* in: Ernst/Zinkahn/Bielenberg/Krautzberger, BauGB, Stand Oktober 2016, § 35 Rn. 119.
26 *Runkel* in: Spannowsky/Runkel/Goppel, ROG, 2010, § 4 Rn. 175; *Söfker* (Fn. 25), § 35 Rn. 119.

tung des Zielabweichungsantrags neben der konkreten Darstellung der Inhalte der jeweiligen Ziele der Raumordnung auch die Wirkungen des geplanten Windkraftprojekts auf die konkreten Ziele darzustellen sind. Dabei kann auf die Gutachten und Erkenntnisse aus dem immissionsschutzrechtlichen Antrag zurückgegriffen werden. Dort ist insbesondere im landespflegerischen Begleitplan oder aber in den regelmäßig vorzulegenden speziellen artenschutzrechtlichen Prüfungen die Wirkung des Vorhabens schutzgutbezogen dargestellt. Bei Windkraftvorhaben im Wald sind dies zum Beispiel die Auswirkungen auf den Wald und die Waldfunktionen, ggf. auch in Bezug auf den Generalwildwegeplan, sollte ein Vorranggebiet für Forstwirtschaft mit Zielqualität tangiert sein. Entsprechendes gilt für Boden, Biotope und Biotopverbund, Naturschutz und Landschaftspflege mit Schutzgebieten, Artenschutz und Landschaft, Freiraumverbundsystem, Naherholung, Klima etc. Es empfiehlt sich, dem Zielabweichungsantrag die vollständigen Unterlagen aus dem immissionsschutzrechtlichen Antrag beizufügen und im Zielabweichungsantrag selbst unter Bezugnahme auf diese zusammenfassend die Auswirkungen des geplanten Windkraftvorhabens auf die konkreten Ziele darzustellen. Ist kein Widerspruch im dargestellten Sinne feststellbar, ist auch kein Zielabweichungsverfahren erforderlich.

V. Voraussetzungen der Zielabweichung im Einzelnen

1. Antrag

Für die Durchführung eines Zielabweichungsverfahrens bedarf es eines Antrags (vgl. § 24 Satz 1 1. HS LplG). Nach § 6 Abs. 2 Satz 2 ROG sind befugt, eine Zielabweichung zu beantragen, zunächst die öffentlichen Stellen sowie die Personen des Privatrechts, die genauso wie öffentliche Stellen das Ziel, von dem eine Abweichung beantragt werden soll, zu beachten haben. Dies sind bei Windkraftvorhaben regelmäßig die zuständigen immissionsschutzrechtlichen Genehmigungsbehörden, in Baden-Württemberg also die Landratsämter, die die entsprechenden Anträge bei der höheren Raumordnungsbehörde, also den Regierungspräsidien, stellen. Obwohl nicht selbst antragsbefugt, sind die privaten Vorhabenträger bei Windkraftvorhaben nicht von jeglicher Mitwirkung entbunden. Üblicherweise verlangen die zuständigen Landratsämter die Ausarbeitung einer entsprechenden Begründung, die diese mit dem Antrag auf Abweichung von Zielen der Raumordnung beim zuständigen Regierungspräsidium einreichen.

2. Raumordnerische Vertretbarkeit

Die Zielabweichungsvoraussetzungen der raumordnerischen Vertretbarkeit sind sehr offen gehalten. Bei ihrer Anwendung ist darauf abzustellen, ob die Abweichungen im Hinblick auf den Zweck der Zielfestlegung planbar gewesen wäre, wenn der Weg der Planung statt der Abweichung bestritten worden wäre, die Planung somit selbst Inhalt eines Regionalplans sein könnte, von dessen Zielfestlegungen im Einzelnen abgewichen wird.[27] Wegen der dieser Norm gleichgelagerten Konzeption des § 6 ROG ist ein Rückgriff auf die höchstrichterliche Rechtsprechung zu § 31 Abs. 2 BauGB möglich. Zur Frage, was im Sinne des § 31 Abs. 2 Nr. 2 BauGB städtebaulich vertretbar ist, stellt das Bundesverwaltungsgericht darauf ab, ob die Abweichung zulässiger Inhalt eines Bebauungsplans sein könnte. Diese Betrachtung muss die konkrete Anlage am konkreten Ort erfassen. Die Frage darf nicht abstrakt beurteilt werden, sondern anhand der konkreten Gegebenheiten und danach, ob das Leitbild der geordneten städtebaulichen Entwicklung gewahrt bleibt, das dem konkreten Plan zugrunde liegt, von dessen Festsetzungen abgewichen werden soll. Bezogen auf die Zielabweichung kommt es darauf an, ob die Planung selbst Inhalt eines Regionalplans sein könnte, von dessen Zielfestlegung im Einzelnen abgewichen werden soll. Maßstab für die raumordnerische Vertretbarkeit ist damit die Abwägung nach den Maßstäben des § 7 Abs. 2 Satz 1 ROG u. a. unter Berücksichtigung der bundesrechtlichen Grundsätze des § 2 Abs. 2 ROG.

Bei der Beurteilung des jeweiligen Einzelfalls sind vor allem der beabsichtigte Zweck und das Ausmaß der Inanspruchnahme des schutzbedürftigen Freiraums sowie der damit verbundenen Auswirkungen des Windkraftvorhabens im Detail zu ermitteln und zu erläutern. Dies sollte vor allem die in § 2 Abs. 2 ROG, insbesondere in Nr. 4 und 6 genannten Grundsätze einbeziehen.

Bei der Berücksichtigung des Grundsatzes in § 2 Abs. 2 Nr. 2 ROG, der die Begrenzung der Flächeninanspruchnahme im Freiraum vorsieht, ist insbesondere von Bedeutung, ob der Flächenverbrauch für das Windkraftvorhaben so weit wie möglich minimiert und auf das unbedingt Notwendige begrenzt worden ist. Dies gilt beispielsweise auch für die Erschließungswege.

Nach § 2 Abs. 2 Nr. 4 ROG ist den räumlichen Erfordernissen für eine kostengünstige, sichere und umweltverträgliche Energieversorgung einschließlich des Ausbaus von Energienetzen Rechnung zu tragen. Insofern kommt den erneuerbaren Energien, nicht zuletzt durch das Klimaschutzgesetz Baden-Württemberg für eine umweltverträgliche Energieversorgung ebenfalls eine erhebliche Bedeutung zu.

---

27 *Goppel* in: Spannowsky/Runkel/Goppel, ROG, 2010, § 6 Rn. 2; *Spannowsky/Goppel*, UPR 2006, 296, 298; BVerwG, Urt. v. 17.12.1998, 4 C 16/97; VG Stuttgart, Urt. v. 05.02.2013, 2 K 287/12, Juris Rn. 54.

Bei Windkraftprojekten ist insbesondere auch auf § 2 Abs. 2 Nr. 6 ROG hinzuweisen. Danach ist der Raum in seiner Bedeutung für die Funktionsfähigkeit der Böden, des Wasserhaushalts, der Tier- und Pflanzenwelt sowie des Klimas einschließlich der jeweiligen Wechselwirkungen zu entwickeln, zu sichern oder, soweit erforderlich, möglich und angemessen, wiederherzustellen. Den räumlichen Erfordernissen des Klimaschutzes ist Rechnung zu tragen, sowohl durch Maßnahmen, die dem Klimawandel entgegenwirken, als auch durch solche, die der Anpassung an den Klimawandel dienen. Dabei sind die räumlichen Voraussetzungen für den Ausbau der erneuerbaren Energien, für eine sparsame Energienutzung sowie für den Erhalt und die Entwicklung natürlicher Senken für klimaschädliche Stoffe und für die Einlagerung dieser Stoffe zu schaffen. Zur Konkretisierung der Grundsätze in § 2 Abs. 2 Nr. 6 S. 7 und 8 ROG sind nach § 11 Abs. 2 S. 2 LPlG die Vorgaben des Klimaschutzgesetzes ergänzend zu berücksichtigen. Für den Antrag auf Zielabweichung ist vor diesem Hintergrund vor allem darzustellen, durch welche Maßnahmen beispielsweise die Auswirkungen auf die Tier- und Pflanzenwelt zunächst vermieden bzw. minimiert und falls dies nicht möglich ist, ausgeglichen werden sollen. Insoweit sind vor allem negative Auswirkungen des Windkraftprojekts darzustellen, die in der Regel eine erhebliche Beeinträchtigung, beispielsweise eines Regionalen Grünzugs in seinen Funktionen, ausschließen. Empfehlenswert ist auch, auf die Windhöffigkeit des jeweiligen Windkraftstandortes einzugehen. Soweit vorhanden, ist es zur Darstellung des Beitrags des Vorhabens für den Ausbau der erneuerbaren Energien sinnvoll, die voraussichtliche Menge der erzeugten elektrischen Energie zu nennen.

3. Grundzüge der Planung

Des Weiteren darf die Zielabweichung nicht dazu führen, dass die Grundzüge der Planung berührt werden. Weder das LplG noch das ROG enthalten eine eigenständige Definition des Begriffs der Grundzüge der Planung. Allerdings ist § 6 Abs. 2 ROG dem Muster der Befreiungsvorschrift des § 31 Abs. 2 BauGB angeglichen.[28]

Ob die Grundzüge der Planung berührt werden, hängt nach ständiger Rechtsprechung des Bundesverwaltungsgerichts – ergangen zu § 31 BauGB – von der jeweiligen Planungssituation ab. So führt das Bundesverwaltungsgericht in seinem Urteil vom 16.12.2010 (4 C 8/10, Rn. 26, Juris) Folgendes aus:

> *„Wie auch im Fall des § 31 Abs. 2 BauGB beurteilt sich die Frage, ob eine Abweichung die Grundzüge der Planung berührt oder von minderem Gewicht ist, nach dem im Plan zum Ausdruck gebrachten planerischen Wol-*

28 Vgl. *Schmitz* (Fn. 16), § 6 Rn. 118.

len. Bezogen auf dieses Wollen darf der Abweichung vom Planinhalt keine derartige Bedeutung zukommen, dass die dem Plan zugrunde gelegte Planungskonzeption („Grundgerüst") in beachtlicher Weise beeinträchtigt wird. Die Abweichung muss – soll sie mit den Grundzügen der Planung vereinbar sein – durch das planerische Wollen gedeckt sein; es muss – mit anderen Worten – angenommen werden können, die Abweichung liege noch im Bereich dessen, was der Plangeber gewollt oder gewollt hätte, wenn er den Grund für die Abweichung gekannt hätte (Urteile vom 04.08.2009 – BVerwG, 4 CN 4.08 – BVerwGE 134, 264 Rn. 12; vom 29.01.2009 – BVerwG 4 C 16.07 – BVerwGE 133, 98 Rn. 23 und vom 09.03.1990 – BVerwG 8 C 76.88 – BVerwGE 85, 66, 72)."

Je tiefer die Befreiung in das Interessengeflecht der Planung eingreift, desto eher liegt der Schluss auf eine Änderung der Planungskonzeption nahe, die nur im Wege der Umplanung möglich ist. Maßgeblich sind die Umstände des Einzelfalls. Im Zielabweichungsantrag ist insbesondere darzustellen, welche Aspekte der Planungskonzeption z.B. des Regionalplans möglicherweise tangiert sind, und weiter zu begründen, warum die beantragte Zielabweichung für das geplante Windkraftvorhaben die Planungskonzeption insbesondere des Regionalplans nicht erheblich beeinträchtigt. Dazu müssen alle konkreten Inhalte und Funktion der Ziele, von denen abgewichen werden soll, detailliert dargestellt werden. Bedeutung erlangt hier auch die Stellungnahme des Trägers der Regionalplanung, der gem. § 24 S. 3 LplG im Verfahren zu beteiligen ist. Signalisiert dieser, die Abweichung von seinem Ziel der Raumordnung mitzutragen, spricht viel dafür, dass er die Grundsätze der Planung nicht als berührt ansieht. Daraus, dass dem konkreten Zielabweichungsantrag auch nur ein konkretes Windkraftvorhaben zugrunde liegt, kann auch der Schluss gezogen werden, dass durch die Zulassung der Zielabweichung keine unzulässige Vorwegnahme einer Regionalplanteilfortschreibung erfolgt.

4. Einzelfall

Zwar enthält § 6 Abs. 2 ROG explizit keine Beschränkung auf einen Einzelfall. Die Zulassung einer Zielabweichung ist nach § 24 Satz 1 LplG allerdings nur „im Einzelfall" zulässig. Dadurch soll verhindert werden, dass der die Zielfestsetzung enthaltende Raumordnungsplan durch wiederholbare, sich gleichende Fälle „unterlaufen" wird, weil den Abweichungen Sachverhalte zugrunde liegen, die überall im Plangebiet anzutreffen sind. Das Zielabweichungsverfahren soll hingegen nur aus Anlass eines konkreten Sachverhalts mit Entscheidungsbedarf geboten sein.[29] Es soll also durch das Zielabwei-

29 Vgl. *Kirchberg* (Fn. 12), § 24 Rn. 21 m.w.N.

chungsverfahren eine nur im Einzelfall ausnahmsweise Abweichung von ansonsten aufrechterhaltenen regionalplanerischen Zielen ermöglicht werden. Eine Atypik ist nach der Rechtsprechung des BVerwG nicht erforderlich. So führt das Bundesverwaltungsgericht in seinem Urteil vom 16.10.2010 Folgendes aus:

> *„Das Zielabweichungsverfahren ist nicht auf den atypischen Fall, sondern gerade auf den Härtefall ausgerichtet, bei dem die Planaussage in Gestalt der Regelvorgabe dem Vorhaben zunächst entgegensteht, gleichwohl eine Zulassung vertretbar erscheint."*[30]

Nach einer weiteren Entscheidung des Bundesverwaltungsgerichts vom 02.05.2013[31] hat die zuständige Behörde im Zielabweichungsverfahren „lediglich zu prüfen, ob mit dem Antrag auf Zielabweichung Besonderheiten im Hinblick auf das konkrete Vorhaben vorgetragen werden, die einen Härtefall begründen können". Mit der vorgenannten Entscheidung wird eine Parallele zu dem Merkmal des Härtefalls im Sinne des § 31 Abs. 2 Nr. 3 BauGB hergestellt, wonach eine Befreiung unter anderem auch dann gewährt werden kann, wenn die Durchführung des Bebauungsplans zu einer offenbar nicht beabsichtigten Härte führen würde.[32]

Im Ergebnis müssen die Besonderheiten des konkreten Vorhabens den Schluss zulassen, dass die Zielabweichung angemessen ist, weil das Festhalten an den gültigen Zielen zu einer nicht beabsichtigten Härte führen würde. Dabei ist bei Windkraftprojekten wiederum auf die besondere regionalplanerische Situation der jeweiligen Region einzugehen. So steht beispielsweise für die Region Stuttgart angesichts der noch nicht in Kraft getretenen Teiländerung des Regionalplans zur Windkraft die Umsetzung insbesondere der Ziele des Klimaschutzgesetzes in § 4 Abs. 1 und § 5 aufgrund der Tatsache, dass der Außenbereich nahezu flächendeckend Regionale Grünzüge aufweist, in Frage. Mit den beschlossenen, aber noch nicht in Kraft getretenen Vorranggebieten für Windkraft hat der Verband Region Stuttgart deutlich gemacht, dass er ein erhebliches Potential für die Windkraft sieht und sein entsprechender Wille auch dahingeht, insgesamt 41 Vorranggebiete in Kraft zu setzen. Ein Abwarten beispielweise bis zum Inkrafttreten der Teilfortschreibung Windenergie des Regionalplans des Verbands Region Stuttgart würde den Beitrag Baden-Württembergs am Gelingen der Energiewende gefährden. Selbstverständlich ist dies unter Berücksichtigung des jeweiligen Windkraftvorhabens und dessen Beitrag zum Klimaschutz im Antrag auf Zielabweichung konkret darzustellen.

---

30 Vgl. BVerwG, Urt. v. 16.12.2010, 4 C 8/10, Juris Rn. 27; VGH BW, Urt. v. 15.11.2012, 8 S 2525/09, Juris Rn. 36.

31 BVerwG, Urt. v. 02.05.2013, 4 B 59/12, Juris Rn. 5 am Ende.

32 Vgl. so auch VG Stuttgart, Urt. v. 05.02.2013, 2 K 287/12, Juris Rn. 66 m.w.N.

5. Ermessen

Nach § 6 Abs. 2 S. 1 ROG kann die höhere Raumordnungsbehörde die Zielabweichung im Einzelfall auf Antrag zulassen. Den höheren Raumordnungsbehörden, in Baden-Württemberg den Regierungspräsidien, steht daher bei der Entscheidung über die Zulassung der Zielabweichung ein Ermessen zu.[33]

VI. Antrag auf Anordnung der sofortigen Vollziehung

Über die Zulassung einer Zielabweichung wird durch Verwaltungsakt entschieden. Eine gegen die Entscheidung erhobene Anfechtungsklage hat zunächst nach § 80 Abs. 1 VwGO aufschiebende Wirkung.[34] Der Vollzug des Zielabweichungsbescheides kann dann nicht erfolgen und die geplanten Windkraftanlagen können nicht immissionsschutzrechtlich genehmigt werden. Gerade bei umstrittenen Windkraftprojekten ist deshalb zu prüfen, ob das Landratsamt mit dem Antrag auf Zielabweichung zugleich einen Antrag auf Anordnung der sofortigen Vollziehung nach § 80a Abs. 1 Nr. 1 VwGO i. V. m. § 80 Abs. 2 Nr. 4 VwGO stellt, der besonders zu begründen ist.[35] Das zuständige Regierungspräsidium kann den Zielabweichungsbescheid für sofort vollziehbar erklären, wenn die sofortige Vollziehung der Zielabweichung im öffentlichen und/oder im Interesse eines Beteiligten liegt. Auch dies ist besonders zu begründen. Die Anordnung der sofortigen Vollziehung kann erfolgen, wenn das Interesse des Antragstellers und/oder der Allgemeinheit an der sofortigen Vollziehbarkeit der Zielabweichungsentscheidung gegenüber dem Interesse der Allgemeinheit bzw. eines Dritten an der aufschiebenden Wirkung bzw. der Beibehaltung des bisherigen Zustandes bis zur rechtskräftigen Entscheidung der Hauptsache überwiegt, d. h. wenn ein besonderes Interesse an der sofortigen Vollziehbarkeit besteht. Die Anordnung der sofortigen Vollziehung erfordert eine umfassende Interessenabwägung des an der Anordnung des Sofortvollzugs bestehenden Interesses mit dem gegenläufigen Suspensivinteresse. In die Interessenabwägung sind vor allem die Sicherung der Energieversorgung, die Umsetzung der Energiewende, der Ausbau erneuerbarer Energien bzw. Windkraft, die Ziele des jeweiligen Regionalplans, ggf. der Stand eines Verfahrens zur Teilfortschreibung sowie die Wirkung der Windkraftanlagen auf die Ziele der Raumordnung einzustellen. Ein besonderes individuelles Interesse des beteiligten Vorhabenträgers ist zu berücksich-

33 VGH BW, Urt. v. 04.07.2012, 3 S 351/11, VBlBW 2013, 115 = Juris Rn. 87; VG Stuttgart, Urt. v. 05.02.2013, 2 K 287/12, Juris Rn. 73 f.

34 Zur Rechtsmittelbefugnis s. *Kirchberg* (Fn. 12), § 24 Rn. 28 f.

35 VGH BW (Fn. 11), Juris, LS 1, Rn. 23 ff. m. w. N.; zur Rechtsmittelbefugnis sh. *Kirchberg* (Fn. 12), § 24 Rn. 28 f.

tigen. Schließlich sind mögliche Erfolgsaussichten einer Klage gegen die Zielabweichungsentscheidung in den Blick zu nehmen, bei der die Stellungnahmen im Verfahren zur Zielabweichung einzubeziehen sind.

VII. Fazit

Bei der Ausarbeitung eines Antrags auf Zielabweichung für Windkraftvorhaben ist neben den allgemeinen, in allen Zielabweichungsverfahren zu berücksichtigenden Aspekten, besonderes Augenmerk auf eine umfassende Darstellung der raumordnerischen Festlegungen zu richten, die dem Windkraftprojekt möglicherweise widersprechen. Das gilt auch für Grundsätze in Regionalplänen, die oftmals zu erneuerbaren Energien und insbesondere der Windkraft positive Festlegungen enthalten. Dies führt zum Teil zu einem erheblichen, aber leistbaren Begründungsaufwand. Besonders einzugehen ist auf die Auswirkungen der Windkraftplanung auf die Ziele der Raumordnung. Von Vorteil ist allerdings, dass sich die häufig schon gestellten Anträge auf immissionsschutzrechtliche Genehmigung bereits ausführlich mit den geplanten Vorhaben selbst, vor allem aber mit deren Auswirkungen befassen. Diese sollten bei der Ausarbeitung der Begründung neben den vielen weiteren Aspekten, beispielsweise der Raumbedeutsamkeit des Windkraftvorhabens und der konkreten Zielfestlegungen, von denen die Zielabweichung beantragt werden soll, detailliert auf- und ausgearbeitet werden. Je besser die Begründung ausgearbeitet ist, umso schneller kann die Zielabweichung zugelassen werden und der Ausbau der Windkraft zumindest insoweit voranschreiten.

Schweinemast im Irrgarten? – 40 Jahre drittschützendes Gebot der Rücksichtnahme im Baurecht

Malte Graßhof

Wenige Gerichtsentscheidungen dürften die rechtsanwaltliche Tätigkeit unseres Jubilars in vergleichbarer Weise wie der „Schweinemäster-Fall" des Bundesverwaltungsgerichts[1] geprägt haben. Nach wie vor stellt diese Entscheidung vom 25. Februar 1977 die Grundlage für den baurechtlichen Nachbarschutz dar, ihre zentralen Passagen zum Gebot der Rücksichtnahme werden von den Verwaltungsgerichten gerne und unverändert zitiert[2] und daher ist sie auch für jeden im Baurecht aktiven Rechtsanwalt immer noch Dreh- und Angelpunkt der beratenden und forensischen Tätigkeit. Da dieses Urteil im Jahr 2017 ebenfalls einen runden „Geburtstag" hat, drängt es sich geradezu auf, im Rahmen der vorliegenden Festschrift an die Entstehung des drittschützenden Gebots der Rücksichtnahme zu erinnern und eine „historisch-kritische" Lektüre dieser Entscheidung zu versuchen.[3]

Zunächst sollen dabei die rechtlichen Rahmenbedingungen des Schweinemäster-Falls rekonstruiert und das Urteil vor dem Kontext der historischen Diskussion um den baurechtlichen Nachbarschutz gewürdigt werden. Da der Ruf der Schweinemäster-Entscheidung gerade auch auf der außergewöhnlichen Kritik beruht, die an ihr in der Literatur geübt worden ist[4], wird sodann exemplarisch die insoweit wirkmächtigste Stimme in den Blick genommen, der Aufsatz *„Das baurechtliche Gebot der Rücksichtnahme – ein Irrgarten des Richterrechts"* von Rüdiger Breuer aus dem Jahr 1982.[5] Abschließend soll noch kurz nach den weiteren Perspektiven des drittschützenden Gebots der Rücksichtnahme gefragt werden.

---

1 Urteil vom 25.02.1977 – IV C 22.75, BVerwGE 52, 122.

2 Allein für das Jahr 2016 ergibt eine Juris-Recherche in der Rubrik Verwaltungsgerichtsbarkeit und mit dem Text „Gebot der Rücksichtnahme" 464 Treffer.

3 Für einen allgemeinen Überblick über das Gebot der Rücksichtnahme s. etwa *Dürr/Leven/Speckmaier*, Baurecht Baden-Württemberg, 15. Aufl. 2016, S. 162 f.; *Hoppenberg/Paar/Schäfer*, Öffentlich-rechtlicher Nachbarschutz, in: Hoppenberg/de Witt, Handbuch des öffentlichen Baurechts, Band 2, 2016, Rn. 102 ff.; *Reidt* in: Battis/Krautzberger/Löhr, BauGB, 13. Aufl. 2016, Vorb §§ 29–38, Rn. 46 ff. sowie *Voßkuhle*, Grundwissen – Öffentliches Recht: Das baurechtliche Rücksichtnahmegebot, JuS 2010, 497 ff.

4 *„Wohl kaum ein Produkt richterlicher Rechtsfortbildung ist auf eine derart vehemente und fundamentale Ablehnung gestoßen wie das bauplanungsrechtliche Gebot der Rücksichtnahme"*, *Mampel*, Drittschutz durch das bauplanungsrechtliche Gebot der Rücksichtnahme, DVBl 2000, 1830.

5 *Breuer*, Das baurechtliche Gebot der Rücksichtnahme – ein Irrgarten des Richterrechts, DVBl 1982, 1065 ff.

Als Erstes gilt es aber, sich noch einmal den Sachverhalt des Urteils aus dem Jahr 1977 vor Augen zu führen: Die Kläger waren Eigentümer von vier Einfamilienhäusern, die an einem Genossenschaftsweg inmitten landwirtschaftlich genutzter Flächen lagen. Auf der anderen Seite des Weges, gegenüber den Gebäuden der Kläger, befand sich der Hof des Beigeladenen, bestehend u.a. aus einem Wohn- und einem Wirtschaftsgebäude sowie einem Schweinestall, in dem bereits zuvor ca. 100 Schweine gehalten wurden. Verfahrensgegenstand war eine Baugenehmigung aus dem Jahr 1970, aufgrund derer der Beigeladene in einer Entfernung von etwa 25 m von den Wohngebäuden der Kläger einen „Schweinestall neuzeitlicher Art" für die Mast von bis zu 350 Schweinen errichtete und in Betrieb nahm. Hiergegen erhoben die Kläger nach erfolglosem Widerspruchsverfahren Klage und trugen im Wesentlichen vor, dass die von dem Schweinestall ausgehenden Gerüche unerträglich und gesundheitsgefährdend seien. Ihre Grundstücke würden durch die übelriechende Anlage stark entwertet; zwei Kläger hätten bereits ihre Häuser aufgegeben, fänden aber keine Käufer. Der Schweinestall hätte unschwer weiter entfernt von ihren Häusern errichtet werden können.

I. Der historische Kontext. Baurechtlicher Drittschutz im Jahr 1977

Dass die Kläger mit ihrer Klagebegründung prononciert eine unerträgliche und gesundheitsgefährdende Geruchsimmission sowie die daraus resultierende Unverkäuflichkeit ihrer Grundstücke hervorhoben, beruhte sicherlich auch auf ihren damals begrenzten Möglichkeiten, als Nachbarn Rechtsschutz gegen eine Baugenehmigung zu erhalten.[6] Denn ihre einzige Aussicht auf Erfolg bestand darin, eine Verletzung in ihrem durch Art. 14 Abs. 1 GG geschützten Grundrecht auf Eigentum geltend zu machen. Nach der damaligen, mit Urteil vom 13.06.1969 etablierten, Rechtsprechung des BVerwG verletzten Baugenehmigungen, die „*die vorgegebene Grundstückssituation nachhaltig verändern und dadurch den Nachbarn schwer und unerträglich treffen*" das durch Art. 14 Abs. 1 GG geschützte Eigentumsrecht des Nachbarn.[7] Geschützt werden sollte der Nachbar dadurch aber nur gegen Eingriffe, die sich (aus damaliger Sicht) im Ergebnis wie eine Enteignung auswirkten (das BVerwG hatte im Jahr 1968 zunächst den maßgeblichen Verstoß in dem Feh-

6 Zur Rekonstruktion der Rechtslage im Jahr 1977 und zur Entwicklung des baurechtlichen Nachbarschutzes siehe insbesondere: *Kraft*, Entwicklungslinien im baurechtlichen Nachbarschutz, VerwArch 89 (1998), 264 ff.; *Wolf*, Drittschutz im Bauplanungsrecht, 2012, 23 ff. Aus der zeitgenössischen Literatur s. etwa *Kübler/Speidel*, Handbuch des Baunachbarrechts, 1970, und *Bender/Dohle*, Nachbarschutz im Zivil- und Verwaltungsrecht, 1972.

7 BVerwGE 32, 173, 179.

len einer Entschädigungsregelung gesehen[8], bevor es ein Jahr später eine schwere und unerträgliche Eigentumsverletzung unmittelbar an Art. 14 Abs. 1 GG maß).

Dem BVerwG ging es ausdrücklich nicht darum, über Art. 14 Abs. 1 GG einen allgemeinen Nachbarschutz gegen rechtswidrige Baugenehmigungen einzuführen; im Gegenteil, das Gericht betonte, dass rechtswidrige Genehmigungen „*in aller Regel das durch Art. 14 GG geschützte Eigentum eines Nachbarn nicht verletzen*".[9] Der über Art. 14 Abs. 1 GG ermöglichte Nachbarschutz sollte daher nur „*grobe Missgriffe der Genehmigungsbehörden*" erfassen. Unterhalb dieser Ebene der Enteignung negierte das BVerwG weitgehend einen Drittschutz zugunsten der Nachbarn. In dem Urteil vom 13.06.1969 stellte es für § 34 BBauG apodiktisch fest: „*§ 34 BBauG vermittelt dem Nachbarn ... keine Rechte.*"[10] Für die Außenbereichsvorschrift des § 35 Abs. 2 BBauG hatte der Senat dies bereits zwei Jahre zuvor klargestellt: „*Die sich aus § 35 Abs. 2 BBauG ergebenden Baubeschränkungen, denen Grundstücke wegen ihrer Lage im Außenbereich unterliegen, haben mithin ihren Grund in den „öffentlichen Belangen", nicht hingegen in entgegenstehenden privaten Rechten. Die öffentlichen Belange, deren Beeinträchtigung nach § 35 Abs. 2 BBauG ein Vorhaben unzulässig macht, ... dienen damit lediglich Interessen der Allgemeinheit und nicht des einzelnen*".[11]

Grundlage dieser sehr zurückhaltenden Rechtsprechung war die vom BVerwG auch schon damals in ständiger Rechtsprechung herangezogene Schutznormtheorie, wonach ein subjektives öffentliches Recht erfordert, „*dass ein Rechtssatz des öffentlichen Rechts nicht nur öffentlichen Interessen, sondern – zumindest auch – Individualinteressen derart zu dienen bestimmt ist, dass die Träger der Individualinteressen die Einhaltung des Rechtssatzes sollen verlangen können*".[12] An sich bestand damit kein grundlegendes Hindernis gegenüber der Anerkennung drittschützender baurechtlicher Normen[13], insbesondere konnten diese bei entsprechender Auslegung in Bebauungsplänen gefunden werden. Das BVerwG signalisierte auch bereits im Jahr 1967 in Vorwegnahme des späteren Gebietserhaltungsanspruchs, dass „*Ausweisungen besonders geschützter Gebiete in einem Bebauungsplan, insbesondere Ausweisungen reiner Wohngebiete*" als drittschützend verstanden

8 BVerwG, DÖV 1969, 144.

9 BVerwGE 32, 173, 179 (dort auch das folgende Zitat).

10 BVerwG, DÖV 1969, 144.

11 BVerwGE 28, 268, 274.

12 BVerwGE 72, 226, 229f. In diesem Urteil aus dem Jahr 1985 findet sich – soweit ersichtlich – zum ersten Mal die Bezeichnung „Schutznormtheorie". Als Nachweis aus der bisherigen Rechtsprechung wird dabei nur die Schweinemäster-Entscheidung zitiert, die sich – wie unten dargelegt wird – ihrerseits in die Tradition der früheren baurechtlichen Entscheidungen zum Drittschutz stellt.

13 Zumal spätestens mit Urteil des BVerwG vom 05.10.1965 (BVerwGE 22, 129) die Zulässigkeit der öffentlich-rechtlichen Nachbarklage in Form der Anfechtungsklage gegen eine Baugenehmigung geklärt war.

werden könnten, weil „*wegen der beschränkten Ausnutzbarkeit der Grundstücke in einem solchen klar abgegrenzten Gebiet möglicherweise den diesem Gebiet rechtlich Verbundenen erkennbar von der Norm als Ausgleich eine Rechtsstellung gewährt wird, die zur Abwehr erheblicher Verletzungen des Charakters eines geschützten Gebietes berechtigt*".[14] In der Praxis wurden aber an die Erkennbarkeit eines drittschützenden Charakters hohe Anforderungen gestellt, die nur selten erfüllt werden konnten.[15]

Schon von Teilen der zeitgenössischen Literatur wurde die Rechtsprechung zum baurechtlichen Nachbarschutz des zuständigen 4. Senats insbesondere hinsichtlich des unbeplanten Innenbereichs und des Außenbereichs als „*besonders restriktiv*" empfunden.[16] Andere Senate wendeten die Schutznormtheorie auch deutlich großzügiger an: Der 7. Senat hatte etwa schon im Jahr 1961 ohne großen argumentativen Aufwand § 11 Abs. 1 Buchst. b Gaststättengesetz, wonach Auflagen über die Sperrstunde „*zum Schutz der Nachbarn gegen erhebliche Nachteile oder Belästigungen*" ergehen konnten, als drittschützend angesehen.[17] Hiermit kontrastierte deutlich die etwas bemühte Argumentation, mit welcher der 4. Senat etwa 1967 eine nachbarschützende Funktion von § 11 Abs. 1 Satz 1 Reichsgaragenordnung, wonach Garagen so angeordnet werden müssen, „*dass ihre Benutzung … die Ruhe und die Erholung in der Umgebung durch Lärm oder Gerüche nicht erheblich stört*", ablehnte: „*Die Verleihung einer solchen Rechtsposition lässt sich weiter nicht daraus herleiten, dass die Vorschrift auf erhebliche Störungen gerade ‚in der Umgebung' abstelle …; auch wenn diese Worte in § 11 Abs. 1 Satz 1 RGaO fehlen würden, könnte der durch die Vorschrift gewahrte objektiv-rechtliche Schutz aus rein tatsächlichen Gründen nur in der Umgebung wirken; aus der Beifügung dieser Worte kann daher schwerlich etwas für eine besondere subjektive Rechtsstellung hergeleitet werden.*"[18]

Der 4. Senat sah sich in dieser Entscheidung daher dazu veranlasst, seine Rechtsprechung offensiv von derjenigen des 7. Senats abzugrenzen: Gerade im Baurecht komme es für die Einräumung subjektiver Rechte durch eine Norm besonders darauf an, dass ein „*von der jeweiligen Norm her bestimmter und abgrenzbarer Kreis der Berechtigten*" existiere. Dies sei erforderlich, „*weil der Schutz zugunsten eines oft nicht mehr übersehbaren Kreises von*

---

14 BVerwGE 27, 33.

15 „*Diese strikt auf den konkreten, durch individuelle Auslegung zu ermittelnden Planinhalt abstellende Auffassung führte zu einer sehr restriktiven Zubilligung subjektiv-öffentlicher Rechte, da der Normgeber … sich nur in den seltensten Fällen Gedanken über eventuelle subjektivrechtliche Gehalte der geschaffenen Vorschrift macht und die herkömmlichen Auslegungsmethoden deshalb kaum weiterhelfen.*", *Kraft* (Fn. 6), S. 269.

16 So die Beschreibung der Kritik bei *Sendler*, Der Nachbarschutz im Städtebaurecht Teil 2 – Nachbarschutz im nicht beplanten Innenbereich, im Außenbereich und im Genehmigungsverfahren zum Bodenverkehr, BauR 1970, 74, 75 m. w. N.

17 BVerwGE 11, 331.

18 BVerwGE 27, 29, 32.

angeblich Berechtigten, der keineswegs auf die Nachbarn im eigentlichen Sinne des Wortes beschränkt ist, den Bauherrn .... einem für ihn ... nicht mehr übersehbaren Risiko aussetzt und ihn ... oft über Jahre hinweg im Ungewissen lässt."[19]

Horst Sendler, damals Mitglied des 4. Senats, sprach das durch die Beschränkung des Nachbarschutzes auf die „*letzte Barriere*"[20] des Art. 14 GG verfolgte Anliegen einer Verteidigung des Bauherrn gegenüber einem zu hohen Risiko von Nachbarklagen noch deutlicher aus: „*Der nicht geringen Zahl von nahezu querulatorischen Nachbarstreitigkeiten, von sonstigen Zänkereien unter Nachbarn und von gelegentlich massiven Pressionsversuchen eines Nachbarn gegenüber dem Bauherrn, die die öffentlich-rechtliche Nachbarklage dem Praktiker nicht nur der Verwaltung, sondern auch der Gerichte manchmal zum Ärgernis werden lassen, ist ... die Spitze abgebogen*". Sendler stellte den Weg des BVerwG, Nachbarschutz über Art. 14 GG zu gewährleisten, als einen sinnvollen Kompromiss zwischen extremen Positionen dar: „*Er erspart die sterile und im Ergebnis wenig erfreuliche Alternative des Alles oder Nichts, d. h. die Notwendigkeit, bei Bejahung einer nachbarschützenden Wirkung des § 34 BBauG zu Lasten des Bauherrn auch bei einer für diesen nicht erkennbaren geringfügigen Verletzung dieser Vorschrift dem Nachbarn alles oder nahezu alles geben zu müssen, bei Verneinung hingegen überhaupt nichts gewähren zu können, auch nicht in den vielleicht seltenen, aber gewiss nicht auszuschließenden groben Verstößen gegen § 34, die nach Remedur schreien.*"

Der Aufsatz von Sendler erschien im Jahr 1970, demselben Jahr, in dem die Baugenehmigung erging, mit der sich der Senat sieben Jahre später im Schweinemästerfall befasste. Für die betroffenen Nachbarn ging es in rechtlicher Hinsicht allerdings doch um „Alles oder Nichts": Im Fall einer enteignenden Wirkung konnten sie sich auf Nachbarschutz berufen, unterhalb dieser Schwelle wurde ihnen schon die Rechtsschutzmöglichkeit versagt.

Der letztere Fall trat zunächst ein: Das VG Oldenburg und – nach Einholung eines Sachverständigengutachtens zu den Geruchsimmissionen – das OVG Lüneburg kamen in den Jahren 1971 und 1974 zu dem Ergebnis, dass keine „*besonders tiefgreifenden Einwirkungen, die eine Weiterbenutzung des Grundstücks ausschlössen oder doch erheblich erschwerten*" vorlägen (so die Wiedergabe der Entscheidungsgründe durch das BVerwG).

Ein Jahr später äußerte sich mit *Felix Weyreuther* aber ein weiteres Mitglied des 4. Senats in der wissenschaftlichen Öffentlichkeit. Gleich im ersten Absatz seines Aufsatzes legt er seine Zielrichtung offen: „*Es gibt ein ... ungeschriebenes eigentumsrechtlich-bebauungsrechtliches Gebot der Rücksichtnahme*", das „*so allgemein keine drittschützende Funktion [besitzt]. Sein Gehalt ist jedoch wandelbar. Es gewinnt oder verliert an Bedeutung je nach*

19 BVerwGE 27, 29 33.
20 *Sendler* (Fn. 16), S. 79 (dort finden sich auch die folgenden Zitate).

der rechtlichen oder tatsächlichen Situation, auf die es trifft. Es spitzt sich unter Umständen entscheidend zu, wo auf eine besonders geschützte Rechtsposition Rücksicht genommen werden muss. Und im Zusammentreffen mit einem solchen (Schutz-)Privileg ist es dann auch, vorsichtig ausgedrückt, für eine drittschützende Funktion empfänglich.“[21] Bereits in dieser Einleitung wird der zurückhaltende, von Andeutungen und in ihrer Abstraktheit oft wenig greifbaren Argumenten geprägte Stil dieses Aufsatzes deutlich. Ersichtlich ging es Weyreuther hier darum, sich für die künftigen Senatsberatungen Manövrierraum zu belassen und seinen Senatskollegen wenige Angriffspunkte zu bieten. Schließlich befand er sich in der schwierigen Situation, öffentlich für eine Änderung der in der Literatur heftig kritisierten Rechtsprechung seines Spruchkörpers einzutreten. Rhetorisch geschickt schlug sich Weyreuther daher gerade nicht auf die Seite der Kritiker, sondern stellte die Rechtsprechung als so „*hinreichend klar und hinreichend bekannt*“ dar, dass sie „*hier nicht gegen die ihr von einigen Autoren zuteil gewordene Kritik verteidigt werden soll.*“[22] Die Solidarisierung mit den Kollegen wird hier durch das Stilmittel der Paralipse[23] verstärkt, denn tatsächlich teilt Weyreuther in den Fußnoten durchaus heftig gegen die Kritiker der Senatsrechtsprechung aus.

Das zentrale Argument des Senats – die Unmöglichkeit, in dem Wortlaut der §§ 34, 35 BBauGB hinreichende Anknüpfungspunkte für die notwendige Eingrenzung des Kreises subjektiv berechtigter Dritter zu finden – wird also gerade nicht in Frage gestellt. Stattdessen bietet Weyreuther an, den Normgehalt durch den ungeschriebenen Grundsatz der Rücksichtnahme anzureichern. Das objektiv-rechtliche „*Gebot der Rücksichtnahme auf die mit der baurechtlichen Gesamtsituation übereinstimmende Nutzung der benachbarten Grundstücke*“ war durch den Senat bereits mehrfach als baurechtlicher Grundsatz anerkannt worden, zum Teil allerdings nur im Rahmen beiläufiger Erwähnungen.[24] Den genauen Inhalt dieses Gebots ließ Weyreuther aber bewusst im Unklaren: „*Für den Begriff der Rücksichtnahme ist … eine eigenartige Relativität kennzeichnend … Rücksichtnahme auf die Umgebung kann vieles bedeuten und bedeutet Unterschiedliches je nachdem, auf welche Rechtsgüter und in welchem Maß auf diese Rechtsgüter Rücksicht genommen werden muss*“[25]. Den entscheidenden Mehrwert dieses Gebots sah Weyreuther nicht in seinem materiellen Gehalt, sondern darin, dass mit dem

21 *Weyreuther*, Das bebauungsrechtliche Gebot der Rücksichtnahme und seine Bedeutung für den Nachbarschutz, BauR 1975, 1 ff.

22 *Weyreuther* (Fn. 21), S. 7.

23 Rhetorisches Stilmittel, mit dem ein Redner vorgibt, ein Thema nicht ansprechen zu wollen, und es dadurch besonders unterstreicht, vgl. *von Wilpert*, Sachwörterbuch der Literatur, 7. Aufl. 1989.

24 *Weyreuther* beruft sich u. a. auf BVerwG, BauR 1971, 246; DVBl 1972, 684; Buchholz 406.11 § 34 BBauG Nr. 23; BVerwGE 45, 309.

25 *Weyreuther* (Fn. 21), S. 4.

Gebot der Rücksichtnahme ein besonderer Drittbezug impliziert wird: „*Denn dass die Pflichterfüllung vor allem demjenigen nützt, auf dessen Interessen damit im konkreten Zusammenhang Rücksicht genommen wird, ist so offenkundig, dass sich dazu weitere Worte nicht lohnen.*"[26] Hier ist es die rhetorische Figur der Evidenz, die zur Absicherung gegenüber Kritik eingesetzt wird. Sogleich stellt Weyreuther aber wieder Kontinuität zur bisherigen Rechtsprechung her, indem er im Anschluss an diese sentenzartig festhält, dass das allgemeine Gebot der Rücksichtnahme doch keine drittschützende Funktion habe. Im Unterschied zu dem starren Wortlaut der §§ 34, 35 BBauG, der einer Auslegung als drittschützend entgegensteht, bietet das Gebot der Rücksichtnahme aber die Flexibilität, die es erlaubt, dass sich in besonderen Fällen bei seiner Anwendung ein Nachbargrundstück „*aus der Anonymität der nur allgemeinen Bebauung heraushebt und auf diese Weise ‚sichtbar' wird.*"[27] Über diese Metapher der Sichtbarkeit wird die Funktion des Gebots der Rücksichtnahme anschaulich vermittelt: Die allgemeinen baurechtlichen Normen werfen auf die Umgebung ein zu diffuses Licht, als dass ein hinreichend begrenzter Kreis rechtlich begünstigter Nachbaren hervortreten könnte; erst wenn das Gebot der Rücksichtnahme als zusätzliche (normative) Lichtquelle hinzutritt, erhöht sich der Kontrast und lassen sich die relevanten Unterschiede erkennen, welche die Eingrenzung ermöglichen. Ein erhöhtes Schutzbedürfnis führt also dazu, dass „*eine zugleich qualifizierte wie individualisierte Rücksichtnahme geboten ist.*"[28]

Wie *Weyreuther* hier eine Rechtsprechungsänderung vorbereitet, kann nur als taktische Meisterleistung bezeichnet werden: Das zentrale bisherige Argument des Senats – der Wortlaut der bauplanungsrechtlichen Vorschriften – bleibt unverändert, aber die Kombination mit einem von dem Senat bereits anerkannten Topos – dem Gebot der Rücksichtnahme – erlaubt es, das Ergebnis – Gewährung von Drittschutz – geradezu umzudrehen, wobei durch die betonte Unschärfe und Kontextbezogenheit dieses zusätzlichen Elements der Senat alle Freiheiten behält, den Bedenken der Kollegen gegen eine Alles-oder-Nichts-Lösung situationsbezogen weiterhin Rechnung zu tragen.

II. Das Urteil des Bundesverwaltungsgerichts vom 25.02.1977

Diese sorgfältige Vorbereitung trug Früchte: Mit seinem Urteil vom 25.02.1977 übernahm der Senat (in inzwischen etwas veränderter Besetzung, da Sendler 1976 den Vorsitz des 7. Senats übernommen hatte) ganz weitgehend die Po-

26 *Weyreuther* (Fn. 21), S. 6 f.
27 *Weyreuther* (Fn. 21), S. 7.
28 *Weyreuther* (Fn. 21), S. 9.

sition Weyreuthers, bis hin zu einzelnen Argumentationsschritten und Formulierungen:

Zunächst wird das Gebot der Rücksichtnahme in seiner objektiv-rechtlichen Ausprägung in Fortführung der bisherigen Rechtsprechung als öffentlicher Belang im Sinne des § 35 Abs. 3 BBauG eingeordnet.[29] Dann erfolgt anhand der Schutznormtheorie die Prüfung, ob sich hieraus zugleich ein subjektives Recht der Kläger ergibt. Wie schon Weyreuther beginnt der Senat diese Untersuchung mit der apodiktischen Feststellung, dass die *„auf das Gebot der Rücksichtnahme … zu richtende Frage nach dem Vorliegen einer drittschützenden … Wirkung … grundsätzlich zu verneinen“* sei[30]. In leichter Abwandlung gegenüber Weyreuther wird dann mit dem Stilmittel der Prokatalepsis[31] das Gegenargument mit der ganzen Kraft seiner scheinbaren Evidenz vorweggenommen: *„Es versteht sich allerdings nicht von selbst. Denn das Gebot der Rücksichtnahme auf die Interessen anderer dient so offenkundig den Interessen eben dieser anderen, dass sich die Annahme einer daraus folgenden Berechtigung der Begünstigten aufzudrängen scheint.“*[32] Demgegenüber beharrt der Senat auf seiner bisherigen Rechtsprechung, wobei die vorgebliche Evidenz der Gegenmeinung durch die Betonung eigener argumentativer Sorgfalt entwertet wird: *„Dem ist jedoch bei näherer Betrachtung nicht so. Die Annahme einer schlechthin drittschützenden Funktion des Gebotes der Rücksichtnahme verbietet sich deshalb, weil zumindest im Baurecht einer Vorschrift drittschützende Wirkung nur dann zukommen kann, wenn sie einen bestimmten und abgrenzbaren, d.h. individualisierbaren und nicht übermäßig weiten Kreis der hierdurch Berechtigten erkennen lässt. … Daran fehlt es, soweit sich das Gebot der Rücksichtnahme auf eine nicht weiter personifizierbare Rücksichtnahme ‚im allgemeinen‘ richtet.“*[33] Unter Hervorhebung der Kontinuität der eigenen Rechtsprechung zitiert der Senat

---

29 Im Unterschied zu *Weyreuther* verortet der 4. Senat das Rücksichtnahmegebot allerdings nicht in Art. 14 Abs. 1 GG, sondern sieht es als Bestandteil der einfach-rechtlichen Vorschriften an, vgl. hierzu *Schlichter*, Baurechtlicher Nachbarschutz, NVwZ 1983, 641, 643. Der genaue rechtliche Charakter des Gebots und seine Verortung hat Rechtsprechung und Literatur lange beschäftigt und ist weiterhin streitig, vgl. etwa *Bönker*, Baurechtlicher Nachbarschutz aus Art. 14 Abs. 1 Satz 1 GG?, DVBl. 1994, 506; *Dürr/Leven/Speckmaier* (Fn. 3), S. 164; *Fickert/Fieseler*, Baunutzungsverordnung, 12. Auflage 2014, Vorbem. §§ 2–9, 12–14, Rn. 25; *Mampel*, Art. 14 GG fordert sein Recht, NJW 1999, 975; *Parodi*, Baurechtlicher Nachbarschutz an Art. 14 GG gemessen, BauR 1985, 415; *Seibel*, Das Rücksichtnahmegebot im öffentlichen Baurecht, BauR 2007, 1831, 1832 ff.; *Stühler*, Zur Geschichte und methodologischen Einordnung des Gebots der Rücksichtnahme im privaten und öffentlichen Nachbarrecht, VBlBW 1987, 126 ff.; *ders.*, Das Gebot der Rücksichtnahme als allgemeines Rechtsprinzip im öffentlichen Nachbarrecht und die Bildung von Fallgruppen nach Konfliktfeldern – in Erinnerung an Josef Esser zu seinem zehnjährigen Todestag (12.3.1910 bis 21.7.1999), BauR 2009, 1076 ff.

30 BVerwGE 52, 122, 128.

31 Vgl. *von Wilpert* (Fn. 23): Prokatalepsis als Stilmittel der Vorwegnahme und Widerlegung möglicher Einwendungen eines gedachten Gegners.

32 BVerwGE 52, 122, 128 f.

33 BVerwGE 52, 122, 129.

dann die oben wiedergegebene Passage aus dem Urteil zur Reichsgaragenordnung über die besondere Schutzbedürftigkeit des Bauherrn.

Als Nächstes folgt der entscheidende Schritt: Unter Zitierung des Aufsatzes von *Weyreuther* wird die Möglichkeit anerkannt, dass *„bei einem Hinzutreten besonderer, die Pflicht zur Rücksichtnahme qualifizierender und damit zugleich individualisierender Umstände dem Gebot der Rücksichtnahme eine drittschützende Wirkung zuerkannt werden muss.“*[34] Geschwind werden noch die wenigen bisherigen Fälle, in denen baurechtlicher Nachbarschutz gewährt wurde, als Beispiele einer derartigen qualifizierenden Verdichtung des Gebots der Rücksichtnahme deklariert: Bei dem Nachbarschutz zugunsten von im Außenbereich privilegierten Vorhaben ist es die normative Privilegierung als solche, durch die das Gebot der Rücksichtnahme angereichert wird; bei der Nachbarklage unmittelbar aus Art. 14 GG wirkt die *„außergewöhnliche Schwere des Eingriffs hinreichend individualisierend“*. Wie ist es aber, wenn der Nachbar sich auf nichts als eben seine Nachbarschaft berufen kann? Damit steht doch erneut das Evidenz-Argument zur Debatte und mit einer Passivkonstruktion, die in ihrer Gewundenheit rhetorisch als retardierendes Moment wirkt, wird der Konflikt zugespitzt: *„Zu fragen ist … ob die nach dem Wesen des Gebotes der Rücksichtnahme ohnehin nicht fernliegende Annahme einer drittschützenden Wirkung auch dort an dem Gesichtspunkt einer ungenügenden Abgrenzbarkeit des Kreises der Begünstigten scheitern kann, wo zwar die Rechtsposition der Betroffenen – darin nicht hervorragend und darin auch nicht prinzipiell von der sonstigen Umgebung unterschieden – ‚nur' auf § 35 Abs. 2 BBauG beruhen, sie aber nach Lage der Dinge als praktisch einzig Betroffene mit ihren Bauwerken sozusagen vor der Tür des Genehmigungsempfängers liegen und deshalb für diesen nicht ernstlich zweifelhaft sein kann, auf wen er (objektivrechtlich) Rücksicht zu nehmen hat.“* Nun, auf dem Höhepunkt des so aufgebauten Spannungsbogens, führt der bislang anonym schreibende Senat sich erstmalig selbst als Akteur in das rechtliche Geschehen ein, wodurch der letztlich dezisionistische Charakter der nunmehr nicht länger zu camouflierenden Rechtsprechungsänderung betont wird, und scheut sich auch nicht, durch eine Anapher für gebührendes Pathos zu sorgen: *„Der erkennende Senat meint, dass die so gestellte Frage zugunsten eines Nachbarschutzes beantwortet werden muss. Er meint, dass eine drittschützende Wirkung des Gebotes der Rücksichtnahme nicht unter Berufung auf die Anonymität des Kreises der Begünstigten und auf ein daraus folgendes Schutzbedürfnis des Bauherrn verneint werden kann, wenn wegen der Sachlage ein derartiges Schutzbedürfnis offensichtlich nicht besteht.“*[35] Damit war die drittschützende Funktion des Gebots der Rücksichtnahme geschaffen.

34 BVerwGE 52, 122, 130f (dort auch die beiden folgenden Zitate).
35 BVerwGE 52, 122, 131.

Anders als *Weyreuther* in seinem Aufsatz musste der Senat aber den materiellen Inhalt des Gebots der Rücksichtnahme näher umreißen. Dem ausgeprägten rhetorischen Charakter seiner Entscheidung bleibt er auch hierbei treu und findet eine denkwürdige Formulierung, die seither zum Kernrepertoire baurechtlicher Verwaltungsgerichtsentscheidungen gehören wird: „*Je empfindlicher und schutzwürdiger die Stellung derer ist, denen die Rücksichtnahme im gegebenen Zusammenhang zugute kommt, um so mehr kann an Rücksichtnahme verlangt werden. Je verständlicher und unabweisbarer die mit dem Vorhaben verfolgten Interessen sind, um so weniger braucht derjenige, der das Vorhaben verwirklichen will, Rücksicht zu nehmen.*“[36] Auch hier sorgt eine Anapher für ein gewisses Pathos und unterstreicht durch den parallelen Satzbau die abstrakte Gleichwertigkeit der gegenläufigen Interessen, die abgewogen werden müssen. Auffällig sind die Adjektive, mit denen diese Interessen beschrieben werden: Die Position des Rücksichtnahme Einfordernden, also die passive, gewissermaßen unter einem Bauvorhaben leidende Rolle des Nachbarn (dem auch kein „Interesse“ zugeschrieben wird, sondern – passend zur geographischen Gebundenheit des Grundstückseigentums – eine statische „Stellung“) erscheint als „empfindlich“ und „schutzwürdig“; die Notwendigkeit von Rücksichtnahme wird hier schon sprachlich evident, sie wird emotional begründet und erscheint geradezu aus mitfühlender Sorge heraus geboten. Dabei wird durch den Verzicht auf eine nähere inhaltliche Klärung, um welche konkreten baurechtlichen Konstellation es gehen könnte, eine Abstraktheit erreicht, die in diesem Kontext Voraussetzung für eine solche besondere Emotionalität ist – denn „empfindlich und schutzbedürftig“ sind keine typischen Adjektive für Grundstückseigentümer. Der Bauherr, um dessen Rücksichtnahme es geht, also der aktive, handelnde Gegenpart, erscheint nicht weniger positiv als Vertreter der Ratio, er „verfolgt“ (d. h. er handelt zielgerichtet und bewusst) „Interessen“, die „verständlich“ und „unabweisbar“ (als Ergebnis einer rationalen Bewertung) sein können. Das Gebot der Rücksichtnahme, das schon einen ausgesprochen positiv konnotierten Namen trägt, erscheint so als der geglückte Ausgleich zwischen Rationalität und Emotionalität, zwischen Veränderung und Konstanz, zwischen homo faber und homo sentimentalis. Die rechtsgebietsspezifische Konkretisierung des Abwägungsgebots gewinnt durch ihre Formulierung eine Dignität und Universalität, die dem gelegentlich prosaischen Baurecht ansonsten fernliegt.[37]

36 BVerwGE 52, 122, 126.

37 Mit den Niederungen der konkreten Schweinemast musste sich der Senat dann auch nicht weiter befassen, sondern verwies die Sache an das Berufungsgericht zurück, damit dieses die Prüfung einer Verletzung des Gebots der Rücksichtnahme nachholen konnte.

III. Durch den Irrgarten zum Klassiker – die Kritik an der Schweinemäster-Entscheidung

Von derartiger rhetorischer Emphase getragen, etablierte sich das Gebot der Rücksichtnahme in der Rechtsprechung schnell als „*archimedischer Punkt*“[38] des Nachbarschutzes im öffentlichen Baurecht; vor allem überstand es eine schon bald einsetzende Phase außergewöhnlich heftiger wissenschaftlicher Kritik.[39] Als Hauptrepräsentant kann Rüdiger Breuer angesehen werden, der im Jahr 1982 mit einem fulminanten Aufsatz aus Seite 1 der November-Ausgabe des Deutschen Verwaltungsblatts unter dem eindeutigen Titel „*Das baurechtliche Gebot der Rücksichtnahme – ein Irrgarten des Richterrechts*“[40] einen massiven Frontalangriff auf die Rechtsprechung[41] startete. Mit der starken Metapher des Irrgartens scheint Breuer an die ausgeprägte Rhetorik der

38 Oft zitiert: *Ziegert*, Konfliktsituationen zwischen gewerblicher Wirtschaft und Wohnen als Problem des Städtebaurechts im Außenbereich und im nicht beplanten Innenbereich, BauR 1984, 15, 19.

39 Vgl. etwa, ohne Anspruch auf Vollständigkeit: *Hauth*, Das Gebot der Rücksichtnahme – vom Irrgarten in die Sackgasse, BauR 1993, 673 ff.; *Kleinlein*, Das System des Nachbarrechts, 1987, S. 182 f.; *Lenz*, Das baurechtliche Gebot der Rücksichtnahme in der täglichen Praxis, BauR 1985, 401 ff. (wonach sich das Gebot der Rücksichtnahme zu einem „konturlosen ‚Ungeheuer‘“ entwickelt habe); *Martens*, Der verwaltungsrechtliche Nachbarschutz – eine unendliche Geschichte?, NJW 1985, 2302 ff.; *Menger*, Zum baurechtlichen Nachbarschutz, VerwArch 1978, 313 ff.; *Müller*, Das baurechtliche Gebot der Rücksichtnahme, NJW 1979, 2378; *Redeker*, Das baurechtliche Gebot der Rücksichtnahme, DVBl 1984, 870 ff.; *Peine*, Das Gebot der Rücksichtnahme im baurechtlichen Nachbarschutz, DÖV 1984, 963 ff.; *Schröer*, Naht das Ende des Gebotes der Rücksichtnahme im Baurecht?, BauR 1985, 406 ff.; *Schulte*, Die dogmatischen Grundlagen des Rücksichtnahmegebots im Baurecht, UPR 1984, 212 ff.; *Wahl*, Der Nachbarschutz im Baurecht, JuS 1984, 584 ff.; *Wasmuth*, Überlegungen zur Dogmatik des öffentlichen Nachbarrechtsschutzes, NVwZ 1988, 322.
Das Gebot der Rücksichtnahme erfuhr aber auch Zuspruch oder wurde jedenfalls akzeptiert, vgl. etwa die ersten Reaktionen bei *Dolde*, Die Entwicklung des öffentlichen Baurechts 1977/78, NJW 1979, 896, 898 und *Schrödter*, Anmerkung zum Urteil des BVerwG vom 25.02.1977 – IV C 22.75, DVBl. 1977, 726 sowie – aus der „heißen Phase“ der Kritik *Alexy*, Das Gebot der Rücksichtnahme im baurechtlichen Nachbarschutz, DÖV 1984, 953 ff. Aktuell vgl. etwa *Hoppenberg/Paar/Schäfer* (Fn. 3), Rn. 113
Für weitere Nachweise zur Rezeption siehe etwa *Dürr*, Das Gebot der Rücksichtnahme – eine Generalklausel des Nachbarschutzes im öffentlichen Baurecht, NVwZ 1985, 719 Fn. 3, und *Wolf* (Fn. 6), S. 68 ff.
Inzwischen hat sich das Gebot der Rücksichtnahme etabliert, *Dürr* konstatiert, dass „seit mindestens 20 Jahren eigentlich nicht mehr über die Berechtigung dieses Rechtsinstituts diskutiert“ werde (Aktuelle Probleme im öffentlichen Baunachbarrecht, VBlBW 2015, 319, 321).

40 *Breuer* (Fn. 5).

41 Und deren spiritus rector *Weyreuther*, dessen Kompendium „Bauen im Außenbereich“ aus dem Jahr 1979 *Breuer* etwas süffisant als „gleichsam authentisch(e)“ Darstellung des Gebots der Rücksichtnahme bezeichnet und sogleich in der ersten Fußnote und vor der Schweinemäster-Entscheidung zitiert. *Weyreuther*, der seit Ende 1980 nicht mehr dem 4. Senat angehörte, reagierte zurückhaltend und bezeichnete den Aufsatz von *Breuer* als „reich an Mißverständnissen“ (*Weyreuther*, Das Bundesbaurecht in den Jahren 1980, 1981 und 1982, DÖV 1983, 575, 584 Fn. 124).

Schweinemäster-Entscheidung anzuknüpfen; und in der Einleitung verwendet auch er das Stilmittel der vorgeblichen Evidenz, die hier durch eine markante Aufzählung positiver Adjektive unterstrichen wird: „*Auf den ersten Blick erscheint der Topos der gebotenen Rücksichtnahme vernünftig, ausgleichend, flexibel und allgemeingültig.*“[42] Die Qualifizierung des Rücksichtnahmegebots als „*Topos*“ soll bereits auf terminologischer Ebene die folgende inhaltliche Kritik vorwegnehmen: Das Gebot der Rücksichtnahme erscheint bei Breuer ein Produkt reiner richterlicher Rhetorik, es „*entbehrt einer tragfähigen rechtsdogmatischen Begründung*“[43].

Breuer erhebt gleich mehrere methodische Einwände: Zunächst hält er den Wortlaut der bauplanungsrechtlichen Normen auch unter dem Gesichtspunkt des Nachbarschutzes für hinreichend bestimmt und auslegungsfähig; der Rekurs auf das Gebot der Rücksichtnahme missachte daher die richterliche Bindung an das Gesetz.[44] Sodann greift er den „*Umschlag des objektivrechtlichen Gebotes in ein subjektivrechtliches Gebot der Rücksichtnahme*“[45] an; da sich der herrschenden Schutznormtheorie hierfür kein Anhaltspunkt entnehmen lasse, stütze das BVerwG tatsächlich den Nachbarschutz allein auf die faktische Betroffenheit des Nachbarn, was für die Begründung subjektiver Rechte gerade nicht ausreiche. Schließlich sei das Gebot der Rücksichtnahme, das sich in „*richterrechtlichen ‚Patentformeln‘*“ erschöpfe, „*praktisch verwirrend*“. Vor allem die „*perfektionistischen und optimierenden Umschreibungen des Rücksichtnahmegebots laden geradezu dazu ein, im Hinblick auf das Nebeneinander unterschiedlicher Nutzungen subjektivistische und idealistische Übersteigerungen sowie einseitige Wunsch- oder Angstvorstellungen als rechtliche Anforderungen zu propagieren*“[46]. Deutlich ist es hier gerade die oben dargestellte außergewöhnliche Formulierung des Rücksichtnahmegebots durch den 4. Senat, die bei Breuer Unbehagen auslöst, dem mit der Banalisierung als „Patentformel“ und dem Vorwurf superlativischer Rhetorik begegnet wird.

Als Kronzeuge für diese „*fatale ‚Offenheit‘ des praeterlegalen Gebots der Rücksichtnahme*“ führt Breuer allerdings in erster Linie ein ausführlich referiertes Urteil des VG Minden[47] an. Dieses war der Auffassung, dass der Bau eines Kohlekraftwerks das Gebot der Rücksichtnahme gegenüber einer in

42 *Breuer* (Fn. 5).

43 *Breuer* (Fn. 5), S. 1072.

44 „*Es stellt einen methodischen und systematischen Fehler dar, wenn die Rechtsprechung zum baurechtlichen Gebot der Rücksichtnahme die einschlägigen Tatbestände der §§ 34 und 35 BBauG und deren rechtsbegriffliche Merkmale übergeht, die richterrechtlich kreierten Grundsätze wie Rechtsnormen anwendet und schließlich je nach dem Ergebnis dieser verselbständigten Quasi-Subsumtion die eigentlich zu prüfenden gesetzlichen Tatbestandsmerkmale für erfüllt oder nicht erfüllt erklärt.*“ (Fn. 5), 1070.

45 *Breuer* (Fn. 5), S. 1072 (dort auch das folgende Zitat).

46 *Breuer* (Fn. 5), S. 1070 (dort auch das folgende Zitat).

47 VG Minden, Urteil vom 30.09.1981 – 5 K 1564/79 (unveröffentlicht).

2 km Entfernung und jenseits eines Flusses gelegenen Kurklinik aufgrund der optischen Beeinträchtigung der Kurgäste verletze; für diese seien die Kraftwerksbauten „*fensterlose Betonklötze, der geschweift-zylindrische Kühlturm ein gigantisch gesichtsloser Turm (eher aus einer unwirklichen Welt stammend)*“[48]; für den typischen Patienten erscheine das Kraftwerk „*als kalt und feindlich, wenn nicht sogar – wegen der hervorgerufenen Assoziationen mit in diesem Zusammenhang diskutierten Negativphänomenen wie ‚Smog‘, ‚saurer Regen‘, Krebsgefahr, GaU – als aggressiv, sicherlich als eine Festung des Fortschritts mit für ihn, den Kurpatienten, unheimlicher Bedeutung.*“

Zwar mag auch aus der heutigen historischen Distanz die Diagnose nachvollziehbar sein, dass „*die Entscheidungsgründe von einem apodiktischen Subjektivismus, einer auffälligen Emotionalität der Wertungen sowie von einem Vokabular und den Assoziationen eines technikfeindlichen Zeitgeistes geprägt sind*“[49]; jedoch handelt es sich eben auch nur um eine erstinstanzliche und damit korrigierbare Entscheidung von geringer Breitenwirkung, so dass sich der Eindruck nicht vermeiden lässt, Breuer ziehe hier mit Begeisterung in einen Kampf gegen Windmühlen. Vorsichtshalber erhebt er daher auch sogleich genau den gegenteiligen Einwand, dass in der Rechtsprechung der Obergerichte das Gebot der Rücksichtnahme materiell zu denselben Ergebnissen wie die frühere Prüfung unmittelbar an Art. 14 Abs. 1 GG führe, also gar keine Verbesserung des Nachbarschutzes eingetreten sei. Mit dem „*Hinüberschwenken zum baurechtlichen Gebot der Rücksichtnahme*“ sei die Rechtsprechung nur „*den Weg der bequemeren Argumentation mit den verführerisch glatten ‚Patentformeln*‘“[50] gegangen.

Dass ein Senat einen Aufsatz, in dem ihm unverblümt u.a. methodische und systematische Fehler, Missachtung der rechtsstaatlichen Bindung an das Gesetz sowie eine rechtsdogmatisch verfehlte und praktisch verwirrende Rechtsfortbildung vorgeworfen wird, gerade nicht zum Anlass nimmt, die ihm darin angeratene prinzipielle Kehrtwendung vorzunehmen, überrascht nicht. Im Gegenteil, mit seinem zum Schlagwort gewordenen markanten Titel dürfte der Beitrag langfristig maßgeblich dazu beigetragen haben, dass die Schweinemäster-Entscheidung als Grundlage des drittschützenden Gebots der Rücksichtnahme inzwischen als „Klassiker“ angesehen wird[51] – Erfolg ist schließlich immer besonders eindrucksvoll, wenn er auch auf der Überwindung von Widerstand basiert.

---

48 Zitate nach *Breuer* (Fn. 5), 1065 f.

49 *Breuer* (Fn. 5), S. 1066.

50 *Breuer* (Fn. 5), S. 1073.

51 Dieser Status wurde der Schweinemäster-Entscheidung kurz vor ihrem zwanzigjährigen Jubiläum durch die Aufnahme in die Reihe „Rechtsprechung Klassiker“ der Zeitschrift JA verliehen (*Walther*, Der ‚Schweinemäster-Fall‘, JA 1996, 282). Vgl. jüngst auch *Sperlich*, Ein Meilenstein des Verwaltungsrechts: 40 Jahre „Schweinemäster-Fall“ – zur nachbarschützenden Wirkung des Rücksichtnahmegebots, JA 2017, 38.

IV. Als Klassiker in der Gegenwart – Perspektiven des Gebots der Rücksichtnahme

Aus heutiger Perspektive haben sich die zentralen Befürchtungen Breuers nicht bestätigt: So ist das drittschützende Gebot der Rücksichtnahme nicht so verwirrend, dass seine Anwendung keine vorhersehbaren Ergebnisse erlauben würde. Jüngst hat Uechtritz dies durch die Bildung typischer Fallgruppen überzeugend verdeutlicht.[52] Auch das von Breuer erblickte Schreckgespenst eines hypertrophen Nachbarschutzes hat sich nicht mehr gezeigt. Vielmehr wird inzwischen sogar davor gewarnt, dass sich das drittschützende Gebot der Rücksichtnahme als *„Papiertiger entpuppt“*, *„dessen argumentativer Aufwand nicht ansatzweise im Verhältnis zum dogmatischen Ertrag in der Rechtspraxis stehen würde.“*[53] Vor allem der Ertrag der hohe Erwartungen weckenden Abwägungsformel des Bundesverwaltungsgerichts bleibt in der Praxis gering: Bei Immissionskonflikten wird sie entweder gänzlich durch strikte Grenzwerte oder jedenfalls weitgehend durch die Orientierung an nicht bindenden Regelwerken ersetzt.[54] Auch die in der Praxis verbreitete Berufung auf das Gebot der Rücksichtnahme wegen einer „erdrückenden Wirkung“ beim Zusammentreffen unterschiedlich dimensionierter Bebauung hat, wie Uechtritz nüchtern konstatiert, *„nur in den seltensten Fällen Erfolg.“*[55] Auch wenn die Rechtsprechung weiterhin gerne die pathetische „Je ... desto“ – Formel zitiert, welche auf eine umfassende Einzelfallabwägung abzuzielen scheint, die im Sinne der praktischen Konkordanz einen Ausgleich der gegenläufigen Interessen fordert, konzentriert sich die verwaltungsgerichtliche Anwendung des Gebots der Rücksichtnahme überwiegend auf den Zusatz zu dieser Formel, der sich bereits in der Schweinemäster-Entscheidung findet: *„Bei diesem Ansatz kommt es für die sachgerechte Beurteilung des Einzelfalls wesentlich auf eine Abwägung zwischen dem an, was einerseits dem Rücksichtnahmebegünstigten und andererseits dem Rücksichtnahmepflichtigen nach Lage der Dinge zuzumuten ist. Dabei muß allerdings demjenigen, der sein eigenes Grundstück in einer sonst zulässigen Weise baulich nutzen will, insofern ein Vorrang zugestanden werden, als er berechtigte Interessen nicht deshalb zurückzustellen braucht, um gleichwer-*

---

52 *Uechtritz*, Das baurechtliche Rücksichtnahmegebot: Konkretisierung von Reichweite und Inhalt durch Fallgruppen, DVBl 2016, 90. *Uechtritz* bezieht sich dabei immer noch explizit auf *Breuer* sowie die in dessen Nachfolge stehende zeitgenössische Kritik, etwa durch *Bracher* in: Bracher/Reidt/Schiller, Bauplanungsrecht, 8. Aufl. 2014, Rn. 2267. Eine Bewährung in der Praxis wurde auch schon in den neunziger Jahren festgestellt, vgl. *Mampel*, Nachbarschutz im öffentlichen Baurecht, 1994, S. 176.

53 *Stühler* (Fn. 29), BauR 2009, 1076, 1091.

54 S. hierzu *Uechtritz* (Fn. 52).

55 *Uechtritz* (Fn. 15). Ebenso zu § 15 Abs. 1 S. 2 und Abs. 2 BauNVO: *Dürr*, Aktuelle Probleme im öffentlichen Baunachbarrecht, VBlBW 2015, 319, 321.

tige fremde Interessen zu schonen.“[56] Im Mittelpunkt der praktischen Anwendung des Gebots der Rücksichtnahme steht daher regelmäßig die Prüfung der Unzumutbarkeit,[57] sodass sich das Gebot rücksichtsvoller Bebauung im Ergebnis nur als Verbot unzumutbarer Bebauung darstellt. An die Stelle des Ideals gegenseitiger Rücksichtnahme tritt die Realität einer Bebauung bis zur Grenze der Rücksichtslosigkeit.

Gerade in Zeiten politisch gewollter Nachverdichtung und sparsamen Flächenverbrauchs scheint es auch nicht völlig fernliegend, dass sich eine Behörde bei ihren Entscheidungen insbesondere an den Aussichten einer verwaltungsgerichtlichen Nachbarklage orientiert und damit etwa den Unterschied zwischen dem Maßstab des Einfügens nach § 34 Abs. 1 BauGB und dem Verbot unzumutbarer Beeinträchtigungen[58] ausnutzt. Schließlich gab schon in den Anfängen der Diskussion um den baurechtlichen Drittschutz Sendler in seinem oben zitierten Aufsatz zu bedenken, dass gegenüber der Exekutive eine „*wirksame Bremse*“ dagegen erforderlich sei, „*allzu großzügig mit § 34 BBauG – oder anderen Vorschriften des Baurechts – zugunsten eines Bauherrn umzugehen, eine Gefahr, die sich nicht ausschließen ließe, wenn die Behörden nur noch mit dem Bauwilligen, mit dem Nachbarn aber unter keinerlei Voraussetzungen mehr zu rechnen brauchten.*“[59] Wie gesehen, wollte Sendler dennoch den Drittschutz auf Fälle der Verletzung des Art. 14 Abs. 1 GG beschränken und auch Weyreuther ging es nur darum, „*Einseitigkeiten zurechtzurücken und auf diese Weise in bestimmten Fällen einen Nachbarschutz doch wenigstens zu ermöglichen, anstatt ihn schon bei der Konstruktion gleichsam vom Tisch zu wischen*“[60]. Vor diesem historischen Hintergrund einer beträchtlichen Skepsis gegenüber dem baurechtlichen Nachbarschutz, der auch in der gewundenen Argumentation des Bundesverwaltungsgerichts in der Schweinemäster-Entscheidung zum Ausdruck kommt, wird deutlich, dass das Gebot der Rücksichtnahme nicht nur eine rechtsschutzeröffnende, sondern auch eine rechtsschutzbeschränkende Funktion besitzt[61]: Einerseits öffnet es dem Nachbarn die Tür zu einer verwaltungsgerichtlichen Prüfung baurechtlicher Entscheidungen, andererseits erlaubt es ihm aber nicht, das objektive Recht in seiner ganzen Breite mit vor Gericht zu bringen.

Der historische Kontext einer verbreiteten Zurückhaltung gegenüber der Einräumung verwaltungsgerichtlicher Klagerechte hat sich allerdings funda-

---

56 BVerwGE 52, 122, 126.

57 Deutlich etwa *Dürr* (Fn. 55), S. 323: Die Verletzung des Rücksichtnahmegebots verlangt eine unzumutbare Beeinträchtigung der Belange des Nachbarn.

58 S. hierzu etwa *Dürr* (Fn. 55), S. 323 sowie *ders.* in: Brügelmann, Baugesetzbuch, § 34 BauGB, Rn. 154 m. w. N.

59 *Sendler* (Fn. 16), S. 79.

60 *Weyreuther* (Fn. 21), S. 8.

61 So auch deutlich *Finkelnburg/Ortloff/Otto*, Öffentliches Baurecht Band II: Bauordnungsrecht, Nachbarschutz, Rechtsschutz, 6. Aufl. 2010, 226.

mental gewandelt. Maßgebliche Faktoren sind dabei – schlagwortartig benannt – zum einen die Gewöhnung an den baurechtlichen Drittschutz selbst[62], zum anderen die Diskussion über eine unionsrechtlich induzierte Entsubjektivierung des Verwaltungsrechtsschutzes[63]; hiermit kontrastierend erscheint die weiterhin restriktive Operationalisierung des Gebots der Rücksichtnahme als *„stagnierender Prozess"*.[64] Aus heutiger Perspektive ist es historisch verdienstvoll, dass das Gebot der Rücksichtnahme einen über das verfassungsrechtliche Minimum hinausgehenden baurechtlichen Drittschutz eröffnet hat; seine überdifferenzierte Verwendung im öffentlichen Baurecht[65], die Drittschutz regelhaft nur in einem gegenüber der objektiven Rechtsbindung der Exekutive eingeschränkten Umfang gewährt, kann aber durchaus anachronistisch anmuten. Verstärkt wird dieser Eindruck durch die *„dogmatisches Unbehagen"* [66] auslösende Differenz zwischen dem durch das Bundesverwaltungsgericht zwischenzeitlich entwickelten Gebietserhaltungsanspruch[67], der aus Sicht des Nachbarn durchaus großzügig ist, und dem eher zurückhaltenden Rechtsschutz im Rahmen des Gebots der Rücksichtnahme. Gerade die historische Lektüre der Schweinemäster-Entscheidung gibt daher Anlass zu der Frage, ob das vierzig Jahre alte Gebot der Rücksichtnahme immer noch eine zeitgemäße Ausgestaltung des baurechtlichen Drittschutzes darstellt.

62 Zumal den Befürchtungen vor einer unzumutbaren Belastung der Bauherren gegenüber einer unüberschaubaren Anzahl zeitlich unbegrenzter Nachbarklagen zwischenzeitlich verfahrensrechtlich Rechnung getragen worden ist (Nachbarbenachrichtigung, materielle Präklusion, formelle Verwirkung), so dass dieses zentrale Argument der oben dargestellten frühen Entscheidungen des BVerwG für einen restriktiven Drittschutz weitgehend an Gewicht verloren hat.

63 S. etwa *Gärditz*, Funktionswandel der Verwaltungsgerichtsbarkeit unter dem Einfluss des Unionsrechts – Umfang des Verwaltungsrechtsschutzes auf dem Prüfstand, Gutachten D zum 71. Deutschen Juristentag, 2016; *Classen*, Unionsrechtlicher Einfluss auf die Funktion der deutschen Verwaltungsgerichtsbarkeit, NJW 2016, 2621 sowie *Schmidt-Aßmann*, Verwaltungsrechtliche Dogmatik, 2013, 107 ff.

64 *Wolf*, Drittschutz im Bauplanungsrecht – Zur Weiterentwicklung eines stagnierenden Prozesses, NVwZ 2013, 247 ff.

65 Der Übersicht bei *Dürr/Leven/Speckmaier* (Fn. 3), Rn. 299 ff. über nachbarschützende Normen des Bauplanungsrechts lassen sich neun unterschiedliche Konstellationen entnehmen, in denen das Gebot der Rücksichtnahme zum Tragen kommt (über die Kategorisierungen kann sicherlich gestritten werden).

66 *Stühler*, Der allgemeine und besondere Gebietserhaltungsanspruch und seine Abgrenzung zum Gebot der Rücksichtnahme nach § 15 Abs. 1 Satz 1 BauNVO, BauR 2011, 1576, 1589; siehe etwa auch *Dürr* (Fn. 55), S. 323; *Mampel* (Fn. 4), S. 1833; *Wolf* (Fn. 64), S. 251.

67 BVerwGE 94, 151.

Im Labyrinth der Abweichungsgesetzgebung – Am Beispiel der raumordnerischen Untersagung

Gerd Hager

I. Ausgangspunkt

Wir leben in einer komplizierten Welt. Zu dieser Welt gehört eine vielschichtige Rechtsordnung. Anschauungsunterricht liefert das bundesdeutsche Recht mit seiner Masse von in sich verschachtelten und untereinander verschränkten Normbefehlen, die eine mobile, detailverliebte und einzelfallorientierte Rechtsprechung beständig weiter auffaltet, sprachlich differenziert und damit weiter kompliziert. Des einen Last ist die Lust des anderen. Denn rastlose Dienstleister bieten den oftmals ratlosen Rechtsbetroffenen wertvolle Hilfe und die notwendige Orientierung. Zu ihren **bemerkenswertesten Vertretern** im öffentlichen Recht gehört der Jubilar. Er verbindet gedankliche Klarheit mit sprachlicher Prägnanz und hilft deshalb im Dickicht der Gesetze und Judikate seinen Mandanten bei der Rechtssuche, den beteiligten Behörden bei ihrer Entscheidungsfindung und den angerufenen Gerichten bei der Rechtsgewinnung.

Ein markantes Beispiel für die Unübersichtlichkeit unserer Rechtsordnung gibt die **konkurrierende Gesetzgebung mit Abweichungsbefugnis** (Art. 72 Abs. 3 GG). In der Föderalismusreform I wollte der verfassungsändernde Gesetzgeber Bundesrecht und Landesrecht entflechten und für klare Gesetzgebungssphären sorgen[1]. Tatsächlich ist ihm eine so intensive Verbindung beider Kompetenzwelten geglückt, dass für den Regelungsadressaten oft nur schwer auszumachen ist, an welche Norm er sich gerade halten soll. Gelegentlich geäußerte Einschätzungen, die Abweichungsmöglichkeiten der Länder brächten eher eine Vereinfachung und ein Gewinn an Übersichtlichkeit im Verhältnis von Bund und Ländern[2], haben sich in der Regelungswirklichkeit der Abweichungsmaterien nicht bewahrheitet. Dieses große Labyrinth soll in dem kleinen Beitrag an einer ausgewählten Stelle betreten werden. Als Ort der Untersuchung habe ich die raumordnerische Untersagung gewählt, eine noch leidlich überschaubare Gegend des Planungsrechts, in deren Kontext ich dem Jubilar hie und da begegnet bin.

1 BT-Drs. 16/813, 7 ff.

2 *Oeter* in: v. Mangoldt/Klein/Starck, Grundgesetz, Bd. II, 6. Aufl. 2010, Art. 72 Rn. 126; a. A. etwa *Häde* JZ 2006, 930; *Degenhart* NVwZ 2006, 1209.

II. Konkurrierende Gesetzgebung mit Abweichungsbefugnis

Die **Föderalismusreform I**[3] hat die Raumordnung der konkurrierenden Gesetzgebung mit Abweichungsbefugnis der Länder zugeordnet (Art. 72 Abs. 3 Satz 1 Nr. 4 GG iVm Art. 74 Abs. 1 Nr. 31 GG). Danach haben die Länder die Gesetzgebungsbefugnis, solange und soweit der Bund von seiner Gesetzgebungszuständigkeit nicht durch Gesetz Gebrauch macht. Sobald dies geschieht, können die Länder durch Gesetz davon abweichende Regelungen treffen. Eine Beschränkung der Abweichungsbefugnis, wie bei dem Jagdwesen, dem Naturschutz oder dem Wasserhaushalt (Art. 72 Abs. 3 Satz 1 Nr. 1, 2 und 5 GG), sieht die Kompetenznorm bei der Raumordnung nicht vor. Vorbehaltlich bundesverfassungsrechtlicher und europarechtlicher Grenzen kann der Landesgesetzgeber vollständig von Bundesrecht abweichen[4]. Eine vergleichbare Regelung formuliert das Grundgesetz für den landeseigenen Vollzug des Bundesrechts in den Regelungsmaterien Einrichtung der Behörden (Organisationsgewalt) und Verwaltungsverfahren[5].

Bund und Länder, beide Seiten besitzen für ihre Hoheitsbereiche eine **Vollkompetenz** zur Regelung der Raumordnung in den Ländern. Für die Raumordnung des Bundes bleibt es dagegen bei der ausschließlichen Bundeskompetenz kraft Natur der Sache[6]. Im Kollisionsfall, wenn Bund und Land dieselbe Materie regeln, denselben Sachbereich bearbeiten, tritt anstelle der klassischen Formulierung des Art. 31 GG („Bundesrecht bricht Landesrecht") die Klausel, im Verhältnis von Bundes- und Landesrecht geht das jeweils spätere Gesetz vor. An Stelle der hierarchischen Gliederung des Rechts im föderalen Staat tritt eine zeitliche Posterioritätsregelung. Das spätere Gesetz besitzt nur einen Anwendungsvorrang, keinen Geltungsvorrang, kollidierendes Recht wird lediglich verdrängt, es lebt wieder auf, sobald und soweit das vorgehende Recht aufgehoben wird[7].

Das Nacheinander von Bundesrecht und Landesrecht kennt keine Grenzen, ein gesetzgeberisches Pingpong-Spiel ist erlaubt. Schranken setzt das **Rechtsstaatsprinzip**[8]. Aus der Zusammenschau der rechtsstaatlichen Anforderungen zur Normklarheit und zur Normzugänglichkeit ergibt sich, dass der Inhalt von Rechtsnormen für den Bürger ermittelbar sein muss. Der Einzelne

---

3 Gesetz zur Änderung des Grundgesetzes vom 28.08.2006, BGBl. I S. 2034, dazu *Ipsen* NJW 2006, 2801.

4 Zur Diskussion abweichungsfester Kerne *Runkel* in: Spannowsky/Runkel/Goppel, Raumordnungsgesetz, 2010, § 1 Rn. 28 ff., und *ders.* in: Bielenberg/Runkel/Spannowsky, Raumordnungs- und Landesplanungsrecht des Bundes und der Länder, Band 2, L Vor §§ 1–29 Rn. 65 ff.; *Hangst*, Regionalplanung im Bundesstaat, 2015, S. 169 ff.

5 Dazu *Pieroth* in: Jarass/Pieroth, Grundgesetz, 14. Aufl. 2016, Art. 84 Rn. 4 ff.; *Hager*, Landesplanungsrecht BW, 2015, Einleitung Rn. 25.

6 Vgl. *Pieroth* (Fn. 5), Art. 74 Rn. 81.

7 Vgl. *Jarass/Pieroth* (Fn. 5), Art. 31 Rn. 5, Art. 72 Rn. 32.

8 Dazu *Hager*, BauR 2012, 31.

kann Normbefehle nur befolgen, wenn er das rechtlich Gebotene zu erkennen vermag (keine Bindung an undurchschaubare Vorschriften). Bei Abweichungsmaterien ermitteln sich die Rechtsbefehle erst im Zusammenspiel von Bundesrecht und Landesrecht in ihrer jeweiligen Zeitfolge. Durch eine umsichtige Gesetzgebungskultur können die Normgeber den Erhebungsaufwand minimieren, ihn aber nicht vollständig beseitigen[9]. Es sollte jedoch den Parlamenten im Bund und in den Ländern bewusst sein, dass sie nicht nur bürgerfreundlich handeln, wenn sie die Spielregeln der **Gesetzeskultur** beachten, sondern dass sie den Graubereich des Rechtsstaatswidrigen vermeiden. Zu den Belangen der Normadressaten treten die Interessen der Normgeber selbst. Nur eine saubere Textfassung und Textdokumentation zeigt den Landesgesetzgebern, welche bundesrechtlichen Vorgaben bestehen und ob sie diese wiederholen, ergänzen oder von ihnen abweichen. Der Bund muss bei seiner Gesetzesproduktion wissen, inwieweit gerade (im Zeitpunkt der Verkündung) Bundesrecht gilt und wo er mit seinen Neuregelungen landesrechtliche Vorschriften beseitigt. Ohne ausreichende Dokumentation und Transparenz über die aktuelle Gesetzeslage im Bund/Länder-Kontext unternehmen die Gesetzgeber legislatorische Blindflüge. Eine umfassende Darstellung wie im Naturschutzrecht[10] fehlt bisher im Recht der Raumordnung.

III. Gesetzgebungskompetenzen in der Raumordnung

Im Verhältnis von Bundesregelung und Landesregelungen können sich für einen Sachverhalt folgende **fünf Konstellationen** ergeben: Für ihn gilt

- nur Bundesrecht,
- Bundesrecht und gleichlautendes Landesrecht,
- Bundesrecht und ergänzendes Landesrecht,
- Bundesrecht und abweichendes Landesrecht,
- nur Landesrecht.

Für den Normanwender überschaubar bleiben die beiden Konstellationen, in denen für seinen Fall nur eine einschlägige Regelung vorhanden ist. Bei Doppelregelungen wächst der Normerhebungsaufwand deutlich.

Gleichlautend sind zwei Regelungen, wenn sie denselben Wortlaut verwenden (wortgleiche Fassung), und darüber hinaus, wenn sie so verwandte Formulierungen wählen, dass ihre Auslegung denselben Regelungsgehalt ergibt (gleichbedeutende oder inhaltsgleiche Fassung). Bisher blieb streitig, ob die Abweichungsbefugnis der Länder gleichlautende Regelungen mit um-

9 Dazu meine vier Vorschläge in BauR 2012, 31; *Petschulat*, Die Regelungskompetenzen der Länder für die Raumordnung nach der Föderalismusreform, 2015, S. 115 ff.

10 *Petschulat/Weghake/Dallmann/Schoen/Grotefels*, Abweichungsgesetzgebung im Naturschutzrecht, Anhang, 2015, S. 319 ff.

fasst. Folgen besitzt die Auseinandersetzung trotz derselben Inhalte für die Revisionsmöglichkeit bei gerichtlichen Streitigkeiten, nach § 137 Abs. 1 Nr. 1 VwGO findet alleine Bundesrecht den Revisionsweg zum Bundesverwaltungsgericht, und nur das Landesrecht unterliegt den Bindungen des Landesverfassungsrechts. Nach überwiegender, aber noch nicht verfassungsgerichtlich erhärteter Auffassung deckt die Abweichungsbefugnis nicht den Erlass gleichlautender Regelungen, da in diesem Fall das Landesrecht nicht von Bundesrecht abweicht[11]. Wegen der leichteren Verständlichkeit für den Rechtsanwender wird darüber hinaus die nachrichtliche Übernahme von Bundesrecht in Landesgesetze diskutiert. Gerade bei Raumordnungsplänen gehören nachrichtliche Übernahmen aus höherrangigen Normen zum besseren Verständnis der Regionalpläne (z.B. § 11 Abs. 6 LplG BW 2003) zum Standardrepertoire der Gestaltungsmöglichkeiten. Jedoch birgt selbst dieses Vorgehen bei der Abweichungsgesetzgebung seine Tiefenwirkungen. Denn die nachrichtliche Übernahme fixiert eine bestimmte (zeitliche) Fassung des Bundesrechts, die sich jederzeit ändern kann. Dem Rechtsanwender bleibt nicht erspart, sich zu vergewissern, ob das zitierte Bundesrecht (so) weiter folgtgilt. Nachrichtliche Übernahme sind verfassungsrechtlich zulässig, aber in ihrer pädagogischen und informatorischen Reichweite beschränkt[12].

Keine Kollision, sondern Addition der Normen bringt **ergänzendes** Recht. Ergänzen bedeutet „vervollständigen, Fehlendes hinzufügen", d.h. eine vorhandene Regelung näher bestimmen oder einen z.T. ungeregelten Sachbereich mit Vorschriften ausfüllen. Bei einer ergänzenden Regelung tritt die spätere Norm zu der vorhandenen Norm hinzu, während sie bei einer ersetzenden Regelung an ihre Stelle tritt. Ergänzen setzt eine Lücke im Normbestand voraus. Allerdings kann ein gesetzgeberisches Schweigen auch bedeuten, dass durch das Unterlassen positive Regelungen ausgeschlossen werden[13].

Abweichendes Landesrecht ersetzt eine vorhandene bundesrechtliche Regelung; an ihre Stelle tritt eine inhaltliche andere Regelung. Bisher kontrovers diskutiert findet sich die reine Negativgesetzgebung. In diesem Fall setzt der Landesgesetzgeber auf der Grundlage seiner Abweichungsbefugnis eine bundesrechtliche Regelung außer Kraft, platziert jedoch kein Landesrecht an ihre Stelle. Im Raumordnungskontext gehört der Verzicht auf das ungeliebte Planinstrument der Eignungsgebiete (§ 8 Abs. 7 Satz 1 Nr. 3 ROG 2008) zum praktischen Anwendungsfeld dieser Streitfrage. Weil mit der isolierten Aufhebung einer bundesrechtlichen Norm im Landesrecht inhaltlich eine andere Rechtslage geschaffen wird, ist die Negativgesetzgebung von der Abwei-

---

11 Vgl. *Pieroth* (Fn. 5), Art. 72 Rn. 30; *Kunig* in: v. Münch/Kunig, Grundgesetz, Band II, 6. Aufl. 2012, Art. 72 Rn. 29.

12 Positiver die Einschätzung von *Hangst* (Fn. 4), S. 158ff.

13 Sog. beredtes Schweigen, dazu BVerwGE 109, 272, 283, Urt. v. 25.08.1999 – 8 C 12.98; *Uhle* in: Maunz/Dürig, Grundgesetz, Band V, Art. 72 Rn. 83ff.; kritisch *Barczak*, ZG 2016, 154.

chungsbefugnis mit umfasst. Wie stets in dieser Materie, bleiben die bundesverfassungsrechtlichen und europarechtlichen Grenzen bestehen[14].

Im Recht der Raumordnung hat der Bund mit dem ROG 2008 vom 28.12.2008[15] im Rahmen der konkurrierenden Gesetzgebung ein Gesetz geschaffen, im föderalen Ping-Pong den ersten Aufschlag gemacht. Dabei hat er bundesrechtliche Vollregelungen nur in den Sachbereichen angestrebt, in denen sie aus fachlichen Gründen angezeigt sind; ansonsten jedoch **gesetzgeberische Zurückhaltung** zugunsten des Landesrechts geübt[16]. In dem für die raumordnerische Untersagung maßgebenden 2. Abschnitt des ROG 2008 bleiben gemäß der Anwendungsvorschrift für die Raumordnung in den Ländern in § 28 Abs. 3 ROG 2008 die am 30.06.2009 (Stichtag) geltenden ergänzenden landesrechtlichen Vorschiften unberührt. Von der Möglichkeit, während der Karenzzeit (Verkündungstag des ROG 30.12.2008, Stichtag 30.06.2009), die Art. 72 Abs. 3 Satz 2 GG einräumt, abweichendes Landesrecht zu erlassen, hat kein Bundesland Gebrauch gemacht.

Bei der Anwendung der Vorschriften zur raumordnerischen Untersagung müssen deshalb die Regelungen, die bereits vor dem **Stichtag** galten, unterschieden werden von denen, die erst danach in Kraft getreten sind. Bei vorlaufenden landesrechtlichen Regelungen besteht der Anwendungsvorrang des Bundesrechts bei gleichlautendem und abweichendem Föderalrecht. Ergänzendes Landesrecht gilt fort. Nach dem Stichtag in Kraft getretene landesrechtliche Vorschriften sind gültig, wenn sie ergänzende oder abweichende Regelungen treffen. Gleichlautendes nachlaufendes Landesrecht ist entsprechend der hier vertretenen Auffassung nicht in Kraft getreten.

IV. Untersagung raumbedeutsamer Planungen und Maßnahmen im Bundesrecht

Die Regelungen zur raumordnerischen Untersagung hat das Gesetz zur Neufassung des Raumordnungsgesetzes und zur Änderung anderer Vorschriften[17] erstmals als unmittelbar geltendes Bundesrecht eingeführt[18]. Seitdem blieb der Text unverändert. § 14 ROG 2008 enthält in den Voraussetzungen zwei verwandte, in den Steuerungswirkungen recht unterschiedliche Eingriffsermächtigungen (Sicherungsinstrumente) für die Raumordnungsbehörden: die unbefristete (Abs. 1) und die befristete (Abs. 2) Untersagung raumbedeutsamer Planungen und Maßnahmen. Zur Steigerung der Durchsetzungsfähigkeit

---

14 Eingehend *Petschulat* (Fn. 9), S. 202 ff.

15 BGBl. I S. 2986.

16 BT-Drs. 16/10292, 19.

17 GeROG vom 22.12.2008, BGBl. I S. 2986.

18 BT-Drs. 16/10292, 16/10332, 16/10900, BR-Drs. 906/08.

der Anordnungen versagt Abs. 3 dagegen gerichteten Rechtsbehelfen die aufschiebende Wirkung. Die **unbefristete Untersagung** dient der Durchsetzung bestehender Ziele der Raumordnung gegenüber davon abweichenden raumbedeutsamen Planungen (z.B. Bebauungsplan), Maßnahmen (z.B. Schließung eines Bahnhofs) und Einzelakten (z.B. immissionsschutzrechtliche Genehmigung) bestimmter öffentlicher Stellen (§ 4 ROG 2008). Mit der Anordnung realisiert die Raumordnungsbehörde eine bereits bestehende Zielbindung der Planungs- und Maßnahmenträger sowie der Zulassungsbehörden. Sie gewährt eine zusätzliche Handlungsmöglichkeit neben den parallel bestehenden Weisungsbefugnissen der Aufsichtsbehörden (Rechtsaufsicht, Fachaufsicht) gegenüber nach Ansicht der übergeordneten Behörden rechtswidrigem, da zielwidrigem Verhalten der nachgeordneten öffentlichen Stellen. Zum Anwendungskreis der unbefristeten Untersagung gehören nicht nur offenkundige Zielverstöße der Planungs- und Maßnahmenträger, sondern insbesondere Streitfälle in den Randbereichen der Zielbindung.

Beispiele: Auseinandersetzungen darüber, ob ein Plansatz Zielqualität besitzt, ob das Ziel bestimmt genug gefasst wurde, ob eine Ausnahmevoraussetzung eingreift, ob sich eine Planung noch im Zielausformungsspielraum bewegt, ein zielwidriges Verhalten raumbedeutsam ist.

Bei den Meinungsverschiedenheiten kann die Raumordnungsbehörde ihre Auffassung einseitig durchsetzen und – nach ihrer Meinung – zielwidrige Planungen, Maßnahmen und Zulassungsentscheidungen unterbinden. Danach kann der Adressat der Anordnung versuchen, seine Sicht der Dinge verwaltungsintern oder vor den Verwaltungsgerichten streitig zu verfolgen. Eine raumordnerische Untersagung darf die Raumordnungsbehörde unter drei **Voraussetzungen** aussprechen:

– der raumbedeutsamen Planung oder Maßnahme bzw. einer Entscheidung über deren Zulässigkeit (Untersagungsgegenstand),
– einer in § 4 ROG 2008 genannten öffentlichen Stelle (Untersagungsadressat),
– stehen Ziele der Raumordnung entgegen (Untersagungsgrund).

Rechtsfolge ist die Befugnis der Raumordnungsbehörde zur Anordnung einer unbefristeten Untersagung. Aus der Untersagungsanordnung folgt ein dauerhaftes Vollzugsverbot für den Untersagungsgegenstand durch den Untersagungsadressaten (Rechtswirkung).

Dagegen möchte eine **vorläufige Untersagung** in Aufstellung befindliche Ziele eines Raumordnungsplans sichern. Im Zentrum der Regelung steht der Faktor Zeit. Dem Planungsträger eröffnet § 14 Abs. 2 ROG 2008 ein Fenster, währenddessen er seine Planungsabsichten ungestört von größeren tatsächlichen Veränderungen entfalten kann. Dementsprechend ist die Sicherungsanordnung befristet auf zwei, maximal auf drei Jahre. Mit dieser Spanne hält sich der Gesetzgeber unterhalb der enteignungsrechtlich relevanten Frist von vier Jahren und formuliert eine von den privaten Grundeigentümern hinzunehmende Inhalts- und Schrankenbestimmung nach Art. 14 Abs. 1 Satz 2 GG. Vorbild waren die bauleitplanerischen Sicherungsmittel in §§ 14f. BauGB, die Veränderungssperre und die Zurückstellung von Baugesuchen[19]. Während die Veränderungssperre (§ 14 BauGB) materiell die Rechtslage im Plangebiet ändert, stellt § 15 BauGB mit der Zurückstellung von Baugesuchen dem Träger der Bauleitplanung eine verfahrensrechtliche Befugnis zur Sicherung seiner Planungsabsichten im Einzelfall zur Verfügung. Wegen ihrer rein **verfahrensrechtlichen Wirkungen** steht die befristete Untersagung der Zurückstellung nahe; sie wirkt punktuell, nur gegenüber der untersagten Planung, Maßnahme oder Zulassungsentscheidung und erfasst nicht, wie die Veränderungssperre, den gesamten in den Blick gefassten Planbereich. Aufgrund des weiträumigen Ansatzes von Raumordnungsplänen wäre ein – sei es auch nur zeitlich befristeter – Stillstand der tatsächlichen und planerischen Entwicklung in dem gesamten Gebiet eine unverhältnismäßige Ausdehnung des raumplanerischen Sicherungszwecks. Auch bei den inhaltlichen Voraussetzungen bestehen Parallelen zwischen der Zurückstellung von Baugesuchen und der vorläufigen Untersagung, die bis in die verwandten Formulierungen der materiellen Tatbestandsmerkmale reichen[20].

Eine vorläufige Untersagung darf die Raumordnungsbehörde unter folgenden **vier Voraussetzungen** aussprechen:
– Raumbedeutsame Planung oder Maßnahme bzw. Entscheidung über deren Zulässigkeit (Untersagungsgegenstand),
– einer in § 4 ROG 2008 genannten öffentlichen Stelle (Untersagungsadressat),
– solange sich ein Raumordnungsplan in Aufstellung befindet (Untersagungszeitraum) und
– zu befürchten ist, dass die Planung oder Maßnahme die Verwirklichung der vorgesehenen Ziele der Raumordnung unmöglich machen oder wesentlich erschweren würde (Untersagungsgrund).

Wenn die tatbestandlichen Voraussetzungen vorliegen, erhält die Raumordnungsbehörde die Befugnis zum Erlass einer befristeten Untersagung (Rechtsfolge). Die Rechtswirkung einer Anordnung besteht in einem zeitlich begrenzten (befristeten) Vollzugsverbot für den Untersagungsgegenstand durch den Untersagungsadressaten.

Tatsächlich finden beide Anordnungsoptionen nur eine **geringe Einsatzbreite**. In der Frühphase der bundesdeutschen Raumordnung, Vorläuferregelungen zu § 14 ROG 2008 gab es in den Ländern schon in den 1960er Jahren[21], handelten und verhandelten die Planungsakteure regelmäßig nur im Binnen-

19 Dazu *Hager/Kirchberg*, NVwZ 2002, 400.
20 S. § 15 Abs. 1 Satz 1 BauGB, dazu *Mitschang* in: Battis/Krautzberger/Löhr, Baugesetzbuch, 13. Aufl. 2016, § 15 Rn. 3.
21 Dazu *Schmitz* in: Bielenberg/Runkel/Spannowsky, Raumordnungs- und Landesplanungsrecht des Bundes und der Länder, L § 14 Rn. 8; *Niemeier*, RuR 1979, 121.

raum der Verwaltung. Ab Ende der 1990er Jahre produzierten die Windkraftplanung und die raumordnerische Steuerung des großflächigen (raumbedeutsamen) Einzelhandels verstärkt extern ausgetragene Streitfälle und brachten in der Folge zunehmend gerichtliche Auseinandersetzungen mit sich. Dagegen blieben Untersagungsverfügungen in der Praxis weiterhin seltene Ausnahmen. Noch heute setzen die Planungsträger vorwiegend auf Zusammenarbeit, Aushandeln und ein kritisch konstruktives Miteinander, weniger auf Konfrontation und Rechtsstreitigkeiten. Alleine die bloße Möglichkeit einer raumordnerischen Untersagung stärkt den Raumplanungsträgern und den Raumordnungsbehörden den Rücken in ihren alltäglichen Diskursen mit den Trägern der Bauleitplanung, ändert jedoch wenig an den realen Machtverhältnissen und dem faktischen Durchsetzungsvermögen. Raumordnung bleibt Steuern durch Überzeugen.

Eine weitere Vorschrift zur raumordnerischen Untersagung findet sich in § 22 ROG 2008. Sie betrifft Raumordnungspläne des Bundes (Abschnitt 3 des Gesetzes) und verweist auf § 14 Abs. 2, 3 ROG 2008 (befristete Untersagung). Die Regelung beruht auf der Kompetenz des Gesamtstaates kraft Natur der Sache. Eine Abweichungsbefugnis der Länder von den bundeseinheitlichen Vorgaben besteht nicht.

V. Landesrechtliche Vorschriften zur raumordnerischen Untersagung

1. Überblick

Föderale Vorschriften zur raumordnerischen Untersagung finden sich in **13 Regelungen** für 14 Bundesländer[22]. Der Landesplanungsvertrag Berlin/Brandenburg enthält in Art. 14 Vorgaben für beide Länder. Auf Grundlage der Stadtstaatenklausel in § 8 Abs. 1 Satz 2, 3 ROG 2008 haben Bremen und Hamburg auf landesplanerische Vorschriften generell verzichtet[23]. Regelungen zur raumordnerischen Untersagung, die bereits am 30.06.2009 (Stichtag des § 28 Abs. 3 ROG 2008) gegolten haben (vorlaufendes Landesrecht), bestehen nur noch in Baden-Württemberg (§ 20 LplG BW 2003), in Mecklenburg-Vorpommern (§ 16 LplG MV 1998) und in Rheinland-Pfalz (§ 19 LplG RP 2003). Alle anderen zehn Untersagungsvorschriften traten nach dem Stichtag in Kraft (Bayern Art. 28 BayLplG 2012, Berlin und Brandenburg Art. 14 LpLV 2011, Hessen § 12 HLPG 2012, Niedersachsen § 19 Abs. 3 NROG 2012, Nordrhein-Westfalen § 36 LPLG NRW 2010, Saarland § 2 SLPG 2010, Sachsen § 14 Sächs LPlG 2010, Sachsen-Anhalt § 12 LEntwG LSA 2015, Schleswig-Hol-

22 Dazu der Überblick bei *Runkel* in: Bielenberg/Runkel/Spannowsky (Fn. 21), L § 1 Rn. 101 ff.
23 Dazu *Goppel* in: Spannowsky/Runkel/Goppel, ROG, § 8 Rn. 17 ff.

stein §§ 18 ff. LaplaG SH 2014, Thüringen § 9 Thür LPLG 2012). Dabei bietet die föderale Vielfalt ein weites Spektrum an Lösungsangeboten: von der bayerischen Vollregelung in acht Absätzen bis zur verdeckten Minimalregelung der zuständigen Raumordnungsbehörde in § 2 Abs. 2 Satz 2 Nr. 4 SLPG an der Saar.

2 Vorlaufendes Landesrecht

a) Baden-Württemberg

Baden-Württemberg hat sein Landesplanungsrecht[24] nach dem Stichtag (30.06.2009) nur punktuell geändert und noch nicht generell an das ROG 2008 angepasst. § 20 LplG BW hat bisher keinen Wandel erfahren. Entsprechend der Übergangsregelung in Art. 125 b Abs. 1 Satz 2 GG blieb das Landesplanungsgesetz des Südweststaates über die Föderalismusreform I hinaus (Stichtag 01.09.2006) bestehen[25].

§ 20 Abs. 1, 2 LplG BW 2003 formuliert teils wortgleich mit § 14 Abs. 1, 2 ROG 2008, teils inhaltsgleich, teils leicht abweichend die Tatbestände der befristeten und der unbefristeten raumordnerischen Untersagung. Als gleichbedeutende bzw. abweichende landesrechtliche Regelungen sind sie aufgrund der **Sperrwirkung** der ausgeübten konkurrierenden Gesetzgebungsbefugnis des Bundes für die Länder[26] zum Stichtag weitgehend außer Kraft getreten[27]. Überlebt haben nur zwei Satzteile am Anfang von § 20 Abs. 1 LplG BW 2003. Als zuständige Behörde für die raumordnerische Untersagung nennt das Gesetz die höhere Raumordnungsbehörde. Damit konkretisiert das Landesrecht die halboffenen Zuständigkeitsregelungen in § 14 Abs. 1, 2 ROG 2008. Der Bund hat nicht generell auf eine Zuständigkeitsvorschrift verzichtet, sondern „die Raumordnungsbehörde" genannt. Offen bleibt, welche Raumordnungsbehörde die Anordnungen erlassen darf. Das Landesrecht konkretisiert diese ergänzungsfähige Bundesregelung. Erst im Zusammenspiel mit § 30 Abs. 2 LplG BW 2003 lässt sich die konkret sachlich zuständige Verwaltungseinheit ermitteln: Höhere Raumordnungsbehörden im Südweststaat sind die Regierungspräsidien. Daran anschließend trifft § 20 Abs. 1 LplG BW 2003 eine Verfahrensregelung. Die raumordnerische Untersagung ergeht „im Benehmen mit den berührten öffentlichen Stellen". § 14 ROG 2008 hält sich bei den Verfahrensregelungen bewusst zurück, ist ergänzungsoffen formuliert. Entsprechend § 28 Abs. 3 ROG 2008 bleiben die beiden Regelungen als ergänzendes Landesrecht weiter in Kraft[28].

---

24 LplG BW idF vom 10.06.2003, GBl. S. 385.

25 Dazu *Hager*, Landesplanungsrecht BW, Einführung Rn. 26.

26 Dazu *Pieroth* (Fn. 5), Art. 72 Rn. 11 ff.

27 Ebenso *Dreier* in: Hager (Fn. 25), § 20 Rn. 2; *Schmitz* (Fn. 21), L § 14 Rn. 146a, b.

28 Ebenso *Dreier* in: Hager (Fn. 25), § 20 Rn. 2; *Schmitz* (Fn. 21), L § 14 Rn. 146a.

Inmitten des zum überwiegenden Teil ungültigen Absatzes 1 bleiben zwei weitergeltende Satzbestandteile als **Regelungstorsi** zurück. Sie sind aus sich heraus sprachlich verständlich und ergeben rechtlich eine eindeutige Aussage. Die teilgültige Norm lässt bei der rechtsstaatlich gebotenen Normklarheit Wünsche offen; im Wege der Auslegung kann der Rechtsanwender dennoch eindeutige Ergebnisse erzielen. In Baden-Württemberg sollte der Gesetzgeber durch eine Anpassungsnovelle an das ROG wieder für rechtsstaatlich einwandfreie Verhältnisse sorgen[29].

Als teils wortgleiche, teils inhaltsgleiche, teils abweichende Vorschriften sind die Absätze 3 und 4 am Stichtag (30.06.2009) außer Kraft getreten. Dagegen findet die Entschädigungsvorschrift in Absatz 5 keine Entsprechung im ROG 2008. Als ergänzendes Landesrecht gilt sie über den Stichtag hinaus, ihr Anwendungsbereich ist jedoch gering[30]. Streit besteht darüber, ob § 20 Abs. 5 LplG BW über den Stichtag hinweg in Kraft geblieben ist[31]. Er erklärt eine befristete Untersagung (automatisch) in dem Zeitpunkt für unwirksam, in dem der Raumordnungsplan, in dem die zu sichernden Zielsetzungen enthalten sind, verbindlich wird. Dagegen normiert § 14 Abs. 2 ROG 2008 keinen Verfallsautomatismus, anders als § 17 Abs. 5 BauGB für die Veränderungssperre. *Schmitz*[32] folgert aus der ROG-Formulierung „Raumordnungsplan, der sich in Aufstellung befindet“ eine **Verfallsautomatik**. Dem kann nicht gefolgt werden. Denn mit dieser Formulierung legt das Gesetz den Zeitraum fest, in dem die befristete Untersagung erlassen werden kann (Untersagungszeitraum). Mit dem Ablauf des Zeitraums endet lediglich die Untersagungsmöglichkeit und damit eine tatbestandliche Voraussetzung für die raumordnerische Anordnung. Rechtsfolge ist u.a. die Pflicht zur Aufhebung der Untersagung. Bis dahin bleibt die Anordnung wirksam[33]. Mit dem Verfallsautomatismus trifft das Landesrecht eine vom Bundesrecht abweichende Regelung; sie ist zum Stichtag außer Kraft gesetzt[34]. Aufgrund der unklaren Rechtslage führen drei verschiedene Interpretationen zu drei unterschiedlichen Ergebnissen über Inhalt und Gültigkeit einer Vorschrift. Diese Rechtsunsicherheit sollte der Landesgesetzgeber so bald als möglich beseitigen.

---

29 Die Darstellung der einzelnen Paragrafen in der Kommentierung zum Landesplanungsrecht (*Hager* Fn. 25) mit einem Wechsel von Fettdruck und Normaldruck vermindert Unsicherheiten, ohne sie ganz zu beseitigen.

30 Dazu *Dreier* in: Hager (Fn. 25), § 20 Rn. 65 ff.

31 Bejahend *Dreier* in: Hager (Fn. 25), § 20 Rn. 3 ff.; verneinend *Schmitz* (Fn. 21), L § 14 Rn. 146b.

32 Fn. 21, L § 14 Rn. 146b.

33 *Dreier* (Fn. 25), § 20 Rn. 3; zur Zurückstellung *Stock* in: Ernst/Zinkahn/Bielenberg/Krautzberger, Baugesetzbuch, 122. Ergänzungslieferung, § 15 Rn. 51.

34 A. A. insoweit *Dreier* (Fn. 25), § 20 Rn. 3, gleicher Ansicht trotz abweichender Begründung *Schmitz* (Fn. 21), L § 14 Rn. 146b.

b) Mecklenburg-Vorpommern

Das Landesplanungsgesetz von Mecklenburg-Vorpommern[35] stammt noch aus der Zeit vor dem ROG 2008. Punktuelle Änderungen nach dem Stichtag haben § 16 LplG MV nicht einbezogen, die Klausel zur raumordnerischen Untersagung ist gegenüber der Bundesregelung vorlaufendes Landesrecht. § 16 Abs. 1 LplG MV 1998 bestimmt die beiden **Untersagungstatbestände**. Als z. T. wortgleiches, inhaltsgleiches und leicht abweichendes Landesrecht ist er zum Stichtag des § 28 Abs. 3 ROG 2008 außer Kraft getreten. Das gleiche Schicksal teilen § 16 Abs. 4 LplG MV 1998 als inhaltsgleiches und § 16 Abs. 2 Satz 2 LplG MV 1998 als teils inhaltsgleiches und teils abweichendes Landesrecht[36]. Dagegen blieben die Vorschriften über die Zuständigkeit und das Verfahren als ergänzendes Landesrecht, die Regelungen zur Entschädigung als ausschließliches Landesrecht (§ 16 Abs. 3 Satz 2, Abs. 3 Satz 1, 3 und Abs. 5 LplG MV 1998) weiterhin in Kraft[37]. Schwieriger gestaltet sich die Suche nach dem geltenden Recht bei § 16 Abs. 2 Satz 1 LplG MV. Er bestimmt, dass die befristete raumordnerische Untersagung **wiederholt** werden kann. § 14 Abs. 2 Satz 3 ROG 2008 sieht zwar vor, dass die Raumordnungsbehörde die Untersagung verlängert, nicht aber, dass sie diese wiederholt. Da es sich bei der Anordnung um eine belastende Regelung handelt, die in die kommunale Planungshoheit, das Grundeigentum oder die allgemeine Handlungsfreiheit eingreifen kann und damit dem Vorbehalt des Gesetzes unterliegt, müssen sich für eine Eingriffsgrundlage klare Anhaltspunkte aus dem Gesetz und seiner Regelungshistorie anhand des Regelungszusammenhangs entnehmen lassen. Sowohl der Normwortlaut als auch die Entstehungsgeschichte[38] liefern keine Anhaltspunkte für eine Wiederholungsmöglichkeit. Die ausdrückliche Regelung in § 16 Abs. 2 Satz 1 LplG MV 1998 spricht dagegen, dass der Bundesgesetzgeber eine vergleichbare Klausel stillschweigend mit erlauben wollte[39]. § 14 Abs. 2 ROG 2008 gewährt der Raumordnungsbehörde deshalb keine wiederholte Anordnungsmöglichkeit und § 16 Abs. 2 Satz 1 LplG MV 1998 ist als abweichendes Landesrecht zum Stichtag außer Kraft getreten. Interessant ist in diesem Kontext die (nach der hier vertretenen Auslegung nicht entscheidende) Frage danach, ob eine im Wege der Auslegung gewonnene, nicht im Wortlaut der bundesrechtlichen Norm enthaltene Regelung eine im Landesrecht enthaltene ausdrückliche gleichbedeutende Regelung als wiederholendes Landesrecht verdrängt oder als zulässige Klarstellung[40] fortgelten lässt. Da die Wiederholung eines textlich nicht vorhandenen (gleichsam virtuellen) Wortlauts eine denkbare, jedoch durchaus

35 In der Fassung vom 05.05.1998, GVOBl. S. 503, ber. S. 613.

36 Vgl. *Schmitz* (Fn. 21), L § 14 Rn. 152a.

37 Ebenso *Schmitz* (Fn. 21), L § 14 Rn. 152a.

38 Vgl. BT-Drs. 16/10292, 26.

39 A. A. aufgrund des Verhältnismäßigkeitsgrundsatzes *Schmitz* (Fn. 21), L § 14 Rn. 152a.

40 *Schmitz* (Fn. 21), L § 14 Rn. 152a.

kühne juristische Argumentationsfigur präsentiert, sollte in diesem Fall zugunsten des Rechtsanwenders und im Interesse der Normklarheit die **„wiederholende“ Klarstellung** als orientierende Konkretisierung zugelassen werden.

c) Rheinland-Pfalz

Als **dritter Nachzügler** im Landesplanungsrecht firmiert das Land Rheinland-Pfalz. Das Landesplanungsgesetz[41] datiert vor dem ROG 2008; § 19 LplG RP 2003, der u.a. die raumordnerische Untersagung festlegt, wurde nach dem Stichtag (30.06.2009) nicht geändert und seine Geltungskraft folgt den Regeln des vorlaufenden Landesrechts. § 19 Abs. 3, Abs. 4 Satz 1 LplG RP 2003 formuliert die beiden Untersagungstatbestände, teils wortgleich, teils inhaltsgleich, teils leicht abweichend im Vergleich zum Bundesrecht. Als wiederholendes und abweichendes vorlaufendes Landesrecht traten sie am Stichtag der ROG-Übergangsregelung außer Kraft[42]. Das gleiche rechtliche Schicksal teilt § 19 Abs. 5 LplG RP 2003 als partiell das Bundesrecht (§ 14 Abs. 3 ROG 2008) wiederholendes Landesrecht. Die zuständige Behörde zur raumordnerischen Untersagung bestimmt § 19 Abs. 3 LplG RP 2003 (oberste Landesplanungsbehörde). Er füllt die ergänzungsbedürftigen Regelungen in § 14 Abs. 1, 2 ROG 2008 und hat als ergänzendes Landesrecht den Stichtag überstanden. Daneben normiert Abs. 3 eine verfahrensrechtliche Verknüpfung mit dem **landesplanerischen Einspruch** des § 19 Abs. 1 LplG RP 2003. Wegen der legislatorischen Zurückhaltung des Bundes bei Verfahrensfragen und der gleichlautenden Voraussetzungen für den Erlass des landesplanerischen Einspruchs und der raumordnerischen Untersagung blieb die Verknüpfung der beiden Sicherungsinstrumente über den Stichtag hinaus in Kraft[43]. Nach § 19 Abs. 4 Satz 2 LplG RP 2003 ist die Untersagung ganz oder teilweise aufzuheben, soweit ihre Voraussetzungen weggefallen sind. Anders als § 20 Abs. 5 LplG BW 2003 besteht kein Unwirksamkeitsautomatismus bei der Untersagung, wenn die tatbestandlichen Voraussetzungen für ihre Anordnung wegfallen. Diese Regelung entspricht der mittels Auslegung erarbeiteten Rechtslage in §§ 14 Abs. 1, 2 ROG 2008 und besteht als klarstellende Konkretisierung fort über den Stichtag hinaus[44].

41 In der Fassung vom 10.04.2003, GVBl. S. 41.

42 Ebenso *Schmitz* (Fn. 21), L § 14 Rn. 155a; *Bäumler*, Landesplanungsgesetz Rheinland-Pfalz, 2. Aufl. 1995, 8. Nachlieferung Oktober 2013, § 19, 2.

43 Ebenso *Schmitz* (Fn. 21), L § 14 Rn. 155a; *Bäumler* (Fn. 42), § 19, 2.

44 A. A. *Schmitz* (Fn. 21), L § 14 Rn. 155a, nichtig.

3. Nachlaufendes Landesrecht

a) Allgemeines

Regelmäßig sehr viel leichter orientieren kann sich der Rechtsanwender, der im Abweichungsrecht stets ein Rechtssuchender im eigentlichen Wortsinn bleibt, in den Bundesländern, die nach dem ROG 2008 ihr Landesplanungsrecht überarbeitet haben. Bei den Novellen standen das Bestreben um Rechtseinheit, nach Beschränkung des Regelungsumfangs, nach Rechtsklarheit und das Verständnis für die Anwender der Vorschriften im Vordergrund der gesetzgeberischen Überlegungen. Als **positive Beispiele** einer anwenderfreundlichen Gesetzgebungskultur in der schwierigen Abweichungsmaterie seien genannt:

- § 1 Abs. 1 ThürLPlG 2012: „Dieses Gesetz ergänzt, soweit im Folgenden nichts anderes bestimmt ist, die Bestimmungen des ROG vom 22.12.2008 in der jeweils geltenden Fassung für die Raumordnung in Thüringen" (Klarstellung der Ergänzung, dynamische Verweisung).
- § 4 Abs. 3 SPLG 2010: „Abweichend von § 12 Abs. 5 Satz 1 des Raumordnungsgesetzes setzt die Unbeachtlichkeit einer Verletzung der dort genannten Vorschriften ihre schriftliche Geltendmachung voraus" (eindeutige und klare Regelung).
- § 1 HLPLG 2012: „Dieses Gesetz enthält Regelungen, die das Raumordnungsgesetz vom 22.12.2008, zuletzt geändert durch Gesetz vom 31.07.2009, ergänzen" (gesetzgeberische Zurückhaltung).

Mit der Beschränkung auf zweifelsfrei gültige Regelungen und landesrechtliche Besonderheiten erleichtern die föderalen Staaten die Rechtsfindung, ohne eigene Vorstellungen, den föderalen Wettbewerb und Spezifika der Entwicklung in den einzelnen Teilgebieten der Bundesrepublik Deutschland aus dem Blick zu verlieren. Der niedersächsische Gesetzgeber hat seine Regelungsmaxime auf den Punkt gebracht: Mit seiner Novelle wollte er Klarheit für die Rechtsanwender schaffen und nur dort vom Bundesrecht abweichen, wo dieses „niedersachsentypischen Besonderheiten" nicht ausreichend Rechnung trägt[45].

Klar und anwenderfreundlich ist auch die **Überschriftenlösung** im Landesnaturschutzrecht, bei der in den Überschriften der betroffenen Paragrafen der Gesetzgeber Abweichungen vom BNatSchG einzeln aufführt (z. B. Art. 23 BayNatSchG 2011). Eine weitere Verbesserung für die Rechtsanwender wäre zusätzlich ein Vermerk über den Abweichungszeitpunkt in der Kopfzeile.

45 Nds. LT-Drs. 16/4476, 13 f.

b) Berlin, Brandenburg

Der Landesplanungsvertrag zwischen den Ländern Berlin und Brandenburg gilt in der Fassung vom 1.11.2011[46]. Art. 14 Abs. 1 LplV BB 2011 normiert die zuständigen Behörden nach § 14 Abs. 1, 2 ROG 2008 und ein Einvernehmenserfordernis für die Untersagungsanordnung. Beide Aussagen ergänzen das Bundesrecht, das sich bei Zuständigkeitsfragen und dem Verfahren bewusst zurückgehalten hat. Auch Art. 14 Abs. 2 LplV BB 2011 bringt ergänzende Verfahrensvorschriften. Die **Aufhebungsverpflichtung** bei Wegfall der Untersagungsvoraussetzungen (kein Aufhebungsautomatismus) entspricht nach der hier vertretenen Auffassung dem Bundesrecht und ist als klarstellende Klausel in Kraft getreten. Entschädigungsvorschriften wie in Art. 15 LplV BB 2011 finden sich nicht im Bundesrecht. In dieser Materie greift alleine Landesrecht.

c) Hessen

Das Hessische Landesplanungsgesetz vom 12.12.2012[47] **verzichtet** bewusst auf eine abweichende **Sondergesetzgebung**[48]. Konsequent legt es nur die zuständige Raumordnungsbehörde für die Anordnung der Untersagungen (§ 14 Abs. 1, 2 ROG 2008) fest. § 12 Abs. 1 Satz 2 Nr. 6 HLPLG 2012 nennt die oberste Landesplanungsbehörde bei landesweit raumbedeutsamen Planungen und Maßnahmen, § 12 Abs. 2 Satz 2 Nr. 3 Hs. 1, 1. Alt. HLPLG 2012 die obere Landesplanungsbehörde für regional raumbedeutsame Planungen und Maßnahmen.

d) Niedersachsen

Gesetzgeberische Zurückhaltung übt das Niedersächsische Raumordnungsrecht vom 18.07.2012[49]. Es beschränkt sich bei der raumordnerischen Untersagung auf eine Bestimmung der (sachlich) zuständigen Raumordnungsbehörde gemäß § 14 Abs. 1, 2 ROG 2008. Darüber hinaus legt es ein Zustimmungserfordernis und eine Selbsteintrittsbefugnis fest zugunsten der obersten Landesplanungsbehörde bei Unvereinbarkeit des Untersagungsgegenstandes sowohl mit einem Regionalen Raumordnungsprogramm als auch mit dem Landesraumordnungsprogramm. Als ergänzendes Landesrecht ist § 19 Abs. 3 NROG 2012 in Kraft getreten[50].

---

46 Berlin GVBl. 2012 S. 2, Brandenburg GVBl. I Nr. 14.
47 GVBl. S. 590.
48 HessLT-Drs. 18/5833, 16.
49 GVBl. S. 252.
50 Ebenso *Schmitz* (Fn. 21), L § 14 Rn. 153.

e) Nordrhein-Westfalen

Das LPLG NRW gilt in der Fassung vom 03.05.2005[51] und wurde durch das Änderungsgesetz vom 15.03.2010[52] an das ROG 2008 angepasst. Mit dem Änderungsgesetz wollte der Gesetzgeber vom Bund offen gelassene **Spielräume** mit ergänzendem Landesrecht **ausfüllen**[53]. In § 36 LPLG NRW 2010 hat er die raumordnerische Untersagung grundlegend überarbeitet[54]. § 36 Abs. 1 Satz 1 LPLG NRW 2010 wiederholt die beiden Untersagungstatbestände in § 14 Abs. 1, 2 ROG 2008. Als nachfolgendes, wiederholendes Landesrecht ist er nicht in Kraft getreten. Ergänzende Regelungsteile bringen die Konkretisierung der Raumordnungsbehörde nach § 14 Abs. 1, 2 ROG 2008 („Landesplanungsbehörde") und das Einvernehmenserfordernis mit dem fachlich zuständigen Landesministerium (landesrechtliche Verfahrensregelung). Sie sind aus sich heraus verständlich und deshalb als isolierte Satzteile in Kraft getreten. § 36 Abs. 1 Satz 3 LPLG NRW 2010 (Unterrichtungspflicht) ist ebenfalls eine landesrechtliche Verfahrensregelung und als ergänzendes Recht anwendbar[55].

Dies gilt entsprechend für die Entschädigungsvorschriften in § 36 Abs. 3 bis 6 LPLG NRW 2010[56]. Die Anweisungsbefugnis der Bezirksregierungen an die Baugenehmigungsbehörden in § 36 Abs. 2 LPLG NRW 2010 gehört zum Bauverfahrensrecht und basiert als bauordnungsrechtliche Vorschrift auf der ausschließlichen Gesetzgebungskompetenz des Landes (Art. 70 GG). Auslegungsfragen verursacht § 36 Abs. 1 Satz 2 LPLG NRW 2010. Mittels einer **gesetzlichen Fiktion** bestimmt er den Beginn des Untersagungszeitraums (Erarbeitungsbeschluss) und konkretisiert die insoweit unbestimmte bundesrechtliche Regelung. Er wirft jedoch eine verfassungsrechtliche Frage auf. Wenn der Erarbeitungsbeschluss noch kein in Aufstellung befindliches Ziel nennt, fehlt das Sicherungsinteresse und damit eine Voraussetzung für den Eingriff in die Grundrechte der Adressaten der vorläufigen Untersagung. Deshalb ist Voraussetzung der Anordnung, dass das in Aufstellung befindliche Ziel der Raumordnung dem Grunde nach erkennbar ist, Subsumtionsreife erlangt hat (verfassungskonforme Auslegung).

Das Änderungsgesetz vom 24.05.2016[57] ist für unsere Untersuchung ohne Bedeutung.

---

51 GV. NRW. S. 430.

52 GV. NRW. S. 212.

53 NRW LT-Drs. 14/10088, 1 f.

54 NRW LT-Drs. 14/1088, 94 f., nachlaufendes Landesrecht.

55 Ebenso *Schmitz* (Fn. 21), L § 14 Rn. 154a.

56 Ebenso *Schmitz* (Fn. 21), L § 14 Rn. 154a; *Keller* in: Keller/von Kraack/Garrelmann, 2011, Landesplanungsgesetz NRW, § 36, 5.

57 GV. NRW. S. 259, dazu NRW LT-Drs. 16/9809, 46.

f) Saarland

Sehr **konzentriert** bringt das saarländische Landesplanungsgesetz vom 18.11.2010[58] Bundesrecht ergänzendes und in wenigen, ausdrücklich gekennzeichneten Fällen vom Bundesrecht abweichendes Landesplanungsrecht[59]. Zur raumordnerischen Untersagung legt es nur in § 2 Abs. 2 Satz 2 Nr. 4 SLPG 2010 die Landesplanungsbehörde (Ministerium) als zuständige Raumordnungsbehörde im Sinne von § 14 des Raumordnungsgesetzes [2008] fest.

g) Sachsen

Gemäß § 1 Abs. 1 SächsLPlG 2010[60] regelt das Gesetz Ergänzungen zum ROG 2008 für die Raumordnung im Freistaat Sachsen. Mit der Neufassung möchte der Gesetzgeber ein durch das Inkrafttreten des GeROG entstehendes Rechtsvakuum vermeiden und die bisherige bewährte Rechtslage erhalten[61]. Eine spezielle Bestimmung der für die Untersagung zuständigen Raumordnungsbehörde iSv § 14 Abs. 1, 2 ROG 2008 findet sich nicht im SächsLPlG 2010. Deshalb bleibt es bei der **allgemeinen Auffangzuständigkeit** der oberen Raumordnungsbehörde gemäß § 19 Abs. 3 SächsLPlG 2010. § 14 SächsLPlG 2010 ermächtigt die öffentliche Stelle nach § 4 ROG 2008 zur Aussetzung einer (Zulässigkeitsentscheidung) für die Geltungsdauer einer befristeten raumordnerischen Untersagung. Mit dieser Ermächtigungsgrundlage reagierte der Gesetzgeber auf eine Entscheidung des SächsOVG[62], in dem das Gericht in einem nichttragenden Begründungsteil die Frage aufgeworfen hat, ob eine aufgrund des Vorbehalts des Gesetzes notwendige Ermächtigungsgrundlage für die Umsetzung einer Untersagungsverfügung der Raumordnungsbehörde durch eine Aussetzungsentscheidung der Genehmigungsbehörde besteht[63]. Unabhängig davon, ob die Bedenken wirklich durchgreifen, enthält die Vorschrift eine ergänzende Regelung zu § 14 Abs. 2 ROG 2008. Als ergänzendes Landesrecht ist § 14 SächsLPlG 2010 in Kraft getreten[64].

h) Sachsen-Anhalt

Sachsen-Anhalt hat sein Landesentwicklungsgesetz am 23.04.2015 neu gefasst[65]. Der Normgeber wollte Doppelregelungen entfernen und die **Schnitt-**

58 Amtbl. I S. 2599.
59 SaarLT-Drs. 14/267, 11.
60 Vom 11.06.2010, GVBl. S. 174.
61 SächsLT-Drs. 5/859, 2.
62 U. v. 20.06.2007 – 1 B 14/07 – ZNER 2007, 351.
63 Im Anschluss an *Reidt*, ZfBR 2004, 430 [438].
64 Ebenso *Schmitz* (Fn. 21), L § 14 Rn. 157.
65 GVBl. S. 170.

stellen zwischen Bundes- und Landesgesetzgebung **klar formulieren**[66]. § 12 Abs. 1 LEntwG LSA 2015 bestimmt die zuständigen Behörden für die raumordnerische Untersagung bei Planungen und Maßnahmen, die den Plänen nach § 7 Abs. 1 LEntwG LSA 2015 entgegenstehen. Die für die Planaufstellung verantwortlichen Stellen sollen diese auch im Wege der Untersagung sichern können[67]. Darüber hinaus verlangt § 12 Abs. 1 LEntwG LSA 2015 das Benehmen mit dem fachlich zuständigen Ministerium. Beide Regelungen sind als das Bundesrecht ergänzende Zuständigkeitsregelung bzw. als landesrechtliche Verfahrensregel in Kraft getreten. § 12 Abs. 2 Satz 1 LEntwG LSA 2015 bestimmt, dass den Regionalen Planungsgemeinschaften die Aufgaben nach Abs. 1 im übertragenen Wirkungskreis obliegen. Diese regionalverfassungsrechtliche Regelung enthält eine Festlegung im Rahmen der Organisationsgewalt der Länder. Der nachfolgende Satz 2 schließt für diesen Fall das Vorverfahren aus. Kompetentielle Grundlage dafür bildet die Ermächtigung in § 68 Abs. 1 Satz 2 VwGO (konkurrierende Bundesgesetzgebung).

Zwei **bemerkenswerte Neuerungen** enthält § 12 Abs. 3 LEntwG LSA 2015. Zunächst liefert er eine Ermächtigungsgrundlage für die Aussetzung von Zulässigkeitsentscheidungen aufgrund einer befristeten Untersagung[68]. Überraschenderweise trifft nicht die verfahrensführende Zulassungsbehörde (öffentliche Stelle nach § 14 Abs. 2 Satz 1 ROG 2008) die Entscheidung, sondern die zuständige Landesentwicklungsbehörde, die zuvor bereits die befristete Untersagungsanordnung ausgesprochen hat (Doppelentscheidung, Zuständigkeitsverschiebung). Darüber hinaus beträgt die Höchstdauer für die Befristung der Zulässigkeitsentscheidung lediglich zwei Jahre. Keine Berücksichtigung fand die Verlängerungsmöglichkeit nach § 14 Abs. 2 Satz 3 ROG 2008. Mit der verkürzten Aussetzungsfrist hat der Landesgesetzgeber eine vom Bundesrecht abweichende Fristregelung getroffen, obwohl er auf abweichendes Landesrecht eigentlich verzichten wollte[69]. Angesichts des klaren Normwortlauts ist die Grenze der Gesetzesinterpretation erreicht. § 12 Abs. 3 LEntwG LSA 2015 ist als ergänzendes, bei der Fristverkürzung als (unerkannt) abweichendes Landesrecht in Kraft getreten.

i) Schleswig-Holstein

Das Gesetz über die Landesplanung gilt in Schleswig-Holstein in der Fassung der Bekanntmachung vom 27.01.2014[70]. Es regelt ergänzende und abweichende Vorschriften zum ROG 2008 (§ 1 LaplaG SH 2014). Soweit möglich und verfassungsrechtlich zulässig, hat der Landesgesetzgeber **Zurückhaltung**

66 LSA LT-Drs. 6/2923, 3.
67 LSA LT-Drs. 6/2923, 40.
68 Dazu oben 5.3.7.
69 Vgl. LSA LT-Drs. 6/2923, 5, 40.
70 GVOBl. SH S. 8.

geübt und auf einschlägige Vorschriften des ROG verwiesen[71]. § 18 Abs. 1 LaplaG SH 2014 bestimmt die zuständige Raumordnungsbehörde nach § 14 Abs. 1, 2 ROG 2008 (Landesplanungsbehörde). Hinzu kommt eine Entschädigungsvorschrift in § 19 Abs. 3 LaplaG SH 2014. Die Zuständigkeitsregelung ist als ergänzendes Landesrecht, die Entschädigungsregelung als ausschließliches Landesrecht in Kraft getreten.

Nach dem neu gefassten § 18 Abs. 2 LaplaG SH 2015[72] kann die Landesplanungsbehörde raumbedeutsame Planungen und Maßnahmen zur Windenergienutzung sowie Entscheidungen über deren Zulässigkeit in ganzen Planungsräumen befristet allgemein untersagen. Befreiungen sind möglich. Die generelle Sicherungsuntersagung nähert sich inhaltlich der Veränderungssperre (§ 14 BauGB). Aus Wortlaut und Begründung des Gesetzes[73] lässt sich nicht eindeutig ableiten, ob eine vom Bundesrecht abweichende oder eine das Bundesrecht ergänzende Regelung getroffen werden sollte. Dass § 28 Abs. 3 ROG 2008 ergänzendes Landesrecht zulässt und sich der Bundesgesetzgeber im 2. Abschnitt des ROG 2008 auf grundlegende Regelungen beschränkt hat, spricht für eine lediglich ergänzende Norm. Darüber hinaus erklärt § 18 a Abs. 1 LaplaG SH 2015 bis zum 5.06.2017 raumbedeutsame Windkraftanlagen im gesamten Landesgebiet für vorläufig unzulässig. Der temporäre Ansiedlungsstopp soll landesweit neue Windkraftplanungen sichern[74].

j) Thüringen

Als zeitlich nachfolgendes Landesgesetz ergänzt das Thüringische Landesplanungsgesetz vom 11.12.2012[75] das ROG 2008 in der jeweils geltenden Fassung, soweit nichts anderes bestimmt ist (§ 1 Abs. 1 ThürLPlG 2012). Auf **abweichende Regelungen** hat der Landesgesetzgeber **weitgehend verzichtet**[76]. § 9 Satz 1 ThürLPlG 2012 legt die zuständige Raumordnungsbehörde nach § 14 Abs. 1, 2 Satz 1 ROG 2008 fest (oberste/obere Landesplanungsbehörde). Nach § 9 Satz 2 ThürLPlG 2012 hat aufgrund einer Untersagungsanordnung die öffentliche Stelle im Sinne des § 3 Abs. 1 Nr. 5 ROG 2003 die Zulässigkeitsentscheidung über ein Vorhaben auszusetzen. Mit dieser Ermächtigungsgrundlage möchte der Gesetzgeber den Zweifeln begegnen, die das Sächsi-

71 SH LT-Drs. 18/885, 30.

72 Windenergieplanungssicherstellungsgesetz – WEPSG – vom 22.05.2015, GVOBl. SH S. 132, Reaktion auf die Aufhebung von 2 Regionalplänen durch das OVG SH, Urt. v. 20.01.2015 – 1 KN 6/13 u.w., LT-Drs. SH 18/2983.

73 LT-Drs. SH 18/2983, 6, 11 „punktuelle Ergänzung des Bundesrechts“ einerseits „abweichend von § 14 Abs. 2 ROG“ andererseits.

74 Dazu LVerfG SH, Beschluss v. 17.06.2016 – LVerfG 3/15 und 1/16.

75 GVBl. S. 450.

76 ThürLT-Drs. 5/4297, 1.

sche OVG – nichttragend – in seinem Urteil vom 20.06.2007[77] angesprochen hat[78]. Das thüringische Recht erstreckt die Ermächtigung auf die befristete und die unbefristete Untersagung. Bei der unbefristeten Untersagung geht die Regelung **ins Leere**, da die Zulässigkeitsentscheidung bei einem entgegenstehenden Ziel der Raumordnung nicht nur temporär ausgesetzt, sondern dauerhaft versagt werden muss. Mit dieser Einschränkung ist die Vorschrift als das Bundesrecht ergänzende, aber weitgehend überflüssige Regelung in Kraft getreten[79].

k) Bayern

Als Ausdruck **eigenstaatlichen Selbstbewusstseins** hat der bayerische Gesetzgeber mit der Novelle vom 25.06.2012[80] als einziges Bundesland eine Vollregelung getroffen, um das Nebeneinander von ROG und BayLplG aufzuheben[81]. Während die anderen Landtage bewusst auf wiederholendes Landesrecht verzichteten, formuliert das BayLplG 2012 eine Vielzahl mit dem Bundesrecht inhaltsgleicher Regelungen[82].

Ziel des legislatorischen Aufwands ist ein **rechtklares und anwenderfreundliches Gesetz**[83]. Aufgrund der hier vertretenen Auffassung zu wiederholendem Landesrecht in der Abweichungsgesetzgebung, die überwiegend vertreten wird, aber noch nicht durch eine solide Rechtsprechungspraxis geerdet ist, hat der Landtag sein **Ziel nicht erreicht**. Zu den gesetzgeberischen Kollateralschäden gehören die zwei Untersagungstatbestände in Art. 28 Abs. 1, 2 BayLplG 2012[84]. Dagegen sind die beiden Zuständigkeitsregelungen als im sprachlichen Kontext verständliche und einen eigenständigen Regelungsgehalt aufweisende Bruchstücke als ergänzende Zuständigkeitsregelung über die Raumordnungsbehörde nach § 14 Abs. 1, 2 ROG 2008 in Kraft getreten[85]. Ebenso gültig sind die Einvernehmensregelung in Art. 28 Abs. 3 BayLplG 2012 (landesrechtliche Verfahrensklausel), die Einleitungsvorschrift (Abs. 4) und die Anhörungsanordnung (Abs. 5). Art. 28 Abs. 6, 7 BayLplG 2012 enthalten mit dem Bundesrecht wortidentische (Abs. 6 Satz 2), ansonsten inhaltsgleiche Formulierungen, sie sind ungültig. In Kraft getreten als

77 ZNER 2007, 351.

78 ThürLT-Drs. 5/4297, 23.

79 Ohne Einschränkungen *Schmitz* (Fn. 21), L § 14 Rn. 160.

80 GVBl. S. 254.

81 BayLT-Drs. 16/10945, 1, 16.

82 Vgl. *Schreiber*, BayVBl. 2012, 741, *Numberger/Kraus*, Raumordnung und Landesplanung in Bayern, 30. Ergänzungslieferung 05/15, vor Art. 1 Rn. 67 ff. und die Kontroverse von *Schmitz/Jornitz* und *Stegmüller* in DVBl. 2013, 741 und 1477.

83 BayLT-Drs. 16/10945, 16 f.

84 Ebenso *Schmitz* (Fn. 21), L § 14 Rn. 147a.

85 A. A. *Schmitz* (Fn. 21), § 14 Rn. 147a, logisch nicht teilbar.

reines Landesrecht ohne bundesrechtliche Entsprechung sind die Entschädigungsregelungen in Art. 28 Abs. 8 BayLplG 2012[86].

VI. Neues Bundesrecht

Am 04.11.2016 hat die Bundesregierung den Entwurf eines Gesetzes zur Änderung raumordnungsrechtlicher Vorschriften vorgelegt[87]. Mittlerweile wurde das Änderungsgesetz verkündet.[88] Anlass für die Novelle war die Umsetzung der Richtlinie 2014/89/EU zur Schaffung eines Rahmens für die maritime Raumplanung[89], der Gesetzesentwurf geht aber weit darüber hinaus und greift tief in die Struktur des ROG 2008 ein. Mit den Änderungen möchte die Bundesregierung den praktischen Erfahrungen beim Umgang mit dem Raumordnungsgesetz Rechnung tragen[90]. Unglücklicherweise ändert der Entwurf die Nummerierung der Paragraphen und erschwert die Vergleichbarkeit der verschiedenen Gesetzesfassungen und der darauf aufbauenden Rechtsprechung nochmals erheblich. Rechtsgewinnung im Raumordnungsrecht bleibt ein mühsames Unterfangen.

Für die raumordnerische Untersagung bringt das Änderungsgesetz Neues en detail. Aus § 14 ROG 2008 wird wortgleich § 12 ROG 2017. Allerdings wechselt die Vorschrift aus dem Abschnitt 2 – alt (Raumordnung in den Ländern) in Abschnitt 1 – neu (Allgemeine Vorschriften). Aus § 22 ROG 2008 (Planerhaltung bei Raumordnungsplänen des Bundes) wird § 20 ROG 2017 und sein Anwendungsbereich auf alle Bundesraumordnungspläne erstreckt. Zudem ändert sich der Verweis auf die allgemeine Regelung (§ 14 ROG 2008 zu § 12 ROG 2017).

In unserem Kontext ist § 27 ROG 2017, die neue Überleitungsvorschrift über die Anwendung für die Raumordnungsvorschrift in den Ländern, von einigem Interesse. Am Stichtag für das Inkrafttreten des ROG 2017 geltendes Landesrecht, das § 12 ROG 2017 ergänzt, bleibt unberührt. Mit dieser Übergangsklausel führt der Bundesgesetzgeber das Bund-Länder Ping-Pong-Spiel fort. Alle abweichenden Regelungen (z. B. § 12 Abs. 3 LEntwG LSA 2015) der Länder nach dem 30.09.2009 (Stichtag ROG 2008) und vor dem neuen Stichtag räumt der Bundesgesetzgeber mit einem Federstrich beiseite. Für die (geringe) föderale Gesetzgebungskultur ist es bezeichnend, dass der Regierungsentwurf kein einziges Wort zu den betroffenen Landesregelungen verliert und eine Übersicht über die bundesstaatliche Flurbereinigung dort

86 Ebenso *Schmitz* (Fn. 21), L § 14 Rn. 147a, b.

87 BR-Drs. 656/16.

88 Gesetz vom 23.05.2017, BGBl. I S. 1245.

89 ABl. L 257 vom 28.08.2014, 135.

90 BR-Drs. 656/16, 2.

gänzlich fehlt[91]. Beinahe im Blindflug beseitigt der Bundesgesetzgeber über Jahre gewachsenes, abweichendes Landesrecht in toto. Es bleibt abzuwarten, ob einzelne Länder ihre abweichenden Vorschriften mit einer Schnellgesetzgebung innerhalb der verfassungsrechtlich vorgegebenen Karenzzeit von sechs Monaten (Art. 72 Abs. 3 Satz 2 GG) retten oder neue abweichende Vorschriften erst nach und nach wieder entstehen. Eine Sternstunde hat die Abweichungsgesetzgebung mit dem vorgesehenen ROG-Änderungsgesetz nicht erlebt.

VII. Endpunkt

Unser kleiner Rundgang im Labyrinth der konkurrierenden Gesetzgebung mit Abweichungsbefugnis in einer nicht zu komplexen Regelungsmaterie (raumordnerischen Untersagung) hat gezeigt, wie **viele Rechtsrätsel** die neue Kompetenzform im Bund-Länder-Verhältnis aufgibt. Bei einiger legislatorischen Disziplin und dem Verzicht auf zu starke Profilierung auf beiden Seiten (föderal, bundesstaatlich) überschreiten die Vorschriften nicht die Grenze des rechtsstaatlichen Verfassungsgebots zur Normklarheit. Unerfreulich bleiben der gestiegene Rechercheaufwand, Gesetzeslektüre alleine genügt längst nicht zur Rechtsfindung, die vielen dogmatischen Streitfragen und die Tatsache, dass doch ein beachtlicher Teil der landesrechtlichen Vorschriften außer Kraft getreten sind oder gar nicht in Kraft treten konnten, obwohl sie weiterhin im Gesetzestext stehen, gleichsam over cover agieren. Rechtsstaatlich ungenügend bleibt weiter, dass sich das geltende Recht aus einer Melange teilgültiger Vorschriften zusammensetzt, die sich nicht bei der Lektüre des Gesetzestextes erschließt, sondern nur mit kriminalistischem Spürsinn aufdecken lässt. Rechtspolitisch wünschenswert ist eine deutliche **Verbesserung der Gesetzgebungskultur**. Denn für die Adressaten der Normen, für die Rechtssuchenden, bleibt der Gang durch die Rechtsmaterie ein unübersichtliches Projekt. Für die forensische Praxis stellen sich viele offene Fragen, die der weitere rechtswissenschaftliche Diskurs und die Gerichte künftig klären dürfen. In seinem nächsten Lebensjahrzehnt ist der Jubilar aufgefordert, mit klaren Wegweisungen weiterhin zur allseitigen Orientierung im Dickicht einer unübersichtlichen Rechtsmaterie beizutragen.

---

91 S. die sehr kurz gefasste Begründung in BR-Drs. 656/16, 56.

Bauen im Außenbereich

Eva Stüer und Bernhard Stüer*

Ein Häuschen im Grünen. Ein Blick in Wiesen, Felder und Wälder, soweit das Auge reicht. Kein Straßenlärm, kein Gewerbelärm oder surrende Windmühlen mit Diskoeffekt, keine streitsüchtigen Nachbarn – wer wollte das nicht? Aber es liegt auf der Hand, dass dieser Traum in aller Regel nicht zu erfüllen ist. Der Landverbrauch wäre immens, die Umwelt nicht nur durch eine vervielfachte Erschließung stark geschädigt und die Ausgaben für die Infrastruktur nicht darstellbar. Deshalb galt schon vor Inkrafttreten des Bundesbaugesetzes der Grundsatz:

„Das Bauen ist überall verboten. Ausnahmen bestimmt der Stadtbaurat." So oder so ähnlich lautete wohl schon vor Inkrafttreten des BBauG 1960 die Praxis in vielen Bauämtern. Heute lässt sich das Bauen nicht mehr auf eine so einfache Formel bringen. Die rechtlichen Voraussetzungen für das Bauen werden vielmehr allgemein als kompliziert empfunden. Und sie sind es wohl auch. Das gilt nicht zuletzt auch für das Bauen im Außenbereich. Das Bauen ist dort zwar vom Prinzip her allgemein verboten. Der Siedlungsdruck nimmt allerdings zu. Unterschiedliche Nutzungsansprüche und Interessen treffen im Außenbereich wohl mindestens ebenso hart wie in bebauten Bereichen aufeinander: Es ist das Interesse, den Außenbereich nach Möglichkeit von einer baulichen Nutzung freizuhalten. Es sind die Interessen einer sich wandelnden Landwirtschaft, die gewerblichen, standortgebundenen Vorhaben, die Windenergie mit ihren um sich greifenden Ansprüchen im Rahmen der Energiewende, die Biogasanlagen oder die Nutzung der solaren Energie, um nur die wichtigsten zu nennen. Auch bei der Flüchtlingsunterbringung gerät der Außenbereich in den Blick.

Zugleich sind aber auch die Belange des Naturschutzes und des Umweltschutzes zu wahren. Dies will die bei Außenbereichsvorhaben voll anwendbare Eingriffsregelung gewährleisten. Zudem treten europäische Vorgaben wie die FFH- und Vogelschutz-RL sowie der in der Praxis inzwischen ebenfalls wichtige europäische Artenschutz in das Blickfeld.

Nach einem Rundgang durch die gesetzlichen Regelungen stellt sich in diesem Beitrag die Frage: Sind die teilweise doch recht komplizierten Rege-

---

* Der *Christian Kirchberg* gewidmete Beitrag steht im Zusammenhang mit *Stüer/Stüer*, Bauen im Außenbereich, Planungs- und Naturschutzrecht in der Praxis, München 2017: vgl. bereits *Eva-Maria Stüer* in: Bernhard Stüer, Handbuch des Bau- und Fachplanungsrechts, 5. Aufl. München 2015, Rn. 2831; *dies.*, in Bernhard Stüer, Der Bebauungsplan, 5. Aufl. München 2015, Rn. 1584; *dies.*, Außenbereichsschutz in Gesetzgebung und Rechtsprechung, Münster 1997. Grundlegend vor allem *Weyreuther*, Bauen im Außenbereich, Köln 1979.

lungen für das Bauen im Außenbereich eigentlich noch zeitgemäß oder müssen sie nicht grundlegend reformiert werden? Aber in welche Richtung? Soll das Bauen im Außenbereich weiter erleichtert werden oder gilt es gerade umgekehrt, die wichtigen Funktionen des Außenbereichs gegenüber einer weiteren Landinanspruchnahme zu schützen?

I. Das geltende Recht

Aber zunächst zur Bestandsaufnahme: Die Zulässigkeit von Vorhaben im Außenbereich richtet sich nach § 35 BauGB. Es wird zwischen privilegierten Vorhaben (§ 35 I BauGB), nicht privilegierten Vorhaben (§ 35 II BauGB) und teilprivilegierten Vorhaben (§ 35 IV BauGB) unterschieden. Hinzu treten die Außenbereichssatzungen nach § 35 VI BauGB.

1. Außenbereichsvorhaben

Im Außenbereich ist zwischen privilegierten Vorhaben (§ 35 I BauGB), nicht privilegierten Vorhaben (§ 35 II BauGB) und teilprivilegierten Vorhaben (§ 35 IV BauGB) sowie den Außenbereichssatzungen (§ 35 VI BauGB) zu unterscheiden. Privilegierte Vorhaben sind unter den in § 35 I BauGB genannten Voraussetzungen zulässig, wenn öffentliche Belange nicht entgegenstehen. Es handelt sich um Vorhaben, die einem landwirtschaftlichen Betrieb dienen und einen untergeordneten Teil der Betriebsfläche einnehmen, Gartenbaubetriebe, Einrichtungen der öffentlichen Versorgung und ortsgebundene Betriebe, Anlagen der Wind- und Wasserenergie, Biogasanlagen, Vorhaben, die der Erforschung, Entwicklung oder Nutzung der Kernenergie zu friedlichen Zwecken dienen sowie zur Nutzung solarer Strahlungsenergie. Allerdings können die Gemeinden und die Regionalplanung durch konkrete standortbezogene Aussagen im Flächennutzungsplan oder im Regionalplan (Gebietsentwicklungsplan) eine nach § 35 I Nr. 2 bis 6 BauGB an sich bestehende Privilegierung aus städtebaulichen oder regionalplanerischen Gründen im Einzelfall unterbinden. Nicht privilegierte Außenbereichsvorhaben sind grundsätzlich unzulässig, weil öffentliche Belange in der Regel beeinträchtigt werden. Teilprivilegiert (begünstigt) zulässig sind Vorhaben, wenn einer der Teilprivilegierungstatbestände nach § 35 IV 1 Nr. 1 bis 6 BauGB gegeben ist. Die Gemeinde kann unter den Voraussetzungen des § 35 VI BauGB eine Außenbereichssatzung erlassen. Es handelt sich um bebaute Bereiche im Außenbereich, die nicht überwiegend landwirtschaftlich geprägt sind und in denen eine Wohnbebauung von einigem Gewicht vorhanden ist. Es dürfen allerdings keine UVP-pflichtigen oder vorprüfungspflichtigen Vorhaben nach Anlage 1 zum UVPG „Liste der UVP-pflichtigen Vorhaben“ zugelassen sein.

2. Privilegierte Vorhaben nach § 35 I BauGB

Die privilegierten Außenbereichsvorhaben teilen sich in acht Gruppen: Vorhaben die einem land- oder forstwirtschaftlichen Betrieb dienen (Nr. 1), der gartenbaulichen Erzeugung dienen (Nr. 2), dem Fernmeldewesen, der öffentlichen Versorgung mit Elektrizität, Gas, Wärme und Wasser, der Abwasserwirtschaft oder einem ortsgebundenen gewerblichen Betrieb dienen (Nr. 3), wegen ihrer besonderen Anforderung an die Umgebung nur im Außenbereich ausgeführt werden sollen (Nr. 4), der Erforschung, Entwicklung oder Nutzung der Wind- oder Wasserenergie dienen (Nr. 5), der energetischen Nutzung von Biomasse (Nr. 6), der Erforschung, Entwicklung oder Nutzung der Kernenergie zu friedlichen Zwecken oder der Entsorgung radioaktiver Abfälle (Nr. 7) oder der Nutzung solarer Strahlungsenergie in, an und auf Dach- und Außenwandflächen von zulässigerweise genutzten Gebäuden (Nr. 8) dient, wenn die Anlage dem Gebäude baulich untergeordnet ist. Bei allen Vorhaben dürfen keine öffentlichen Belange entgegenstehen. Die ausreichende Erschließung muss gesichert sein.

a) Land- oder forstwirtschaftliche Betriebe

Die planungsrechtliche Zulässigkeit von Vorhaben nach § 35 I Nr. 1 BauGB setzt voraus, dass dieses einem land- oder forstwirtschaftlichen Betrieb (§ 201 BauGB) dient. Das ist nur gegeben, wenn sich das Vorhaben dem Betrieb unterordnet und auch von ihm wirtschaftlich getragen wird.

b) Gartenbaubetriebe

Bei Gartenbaubetrieben ist das Vorhaben auch dann zulässig, wenn es nicht nur einen untergeordneten Teil der Betriebsfläche einnimmt (§ 35 I Nr. 2 BauGB).

c) Anlagen zur Öffentlichen Versorgung sowie ortsgebundene gewerbliche Betriebe

Privilegiert sind auch Vorhaben, die der öffentlichen Versorgung mit Elektrizität, Gas, Telekommunikationsdienstleistungen, Wärme und Wasser, der Abwasserwirtschaft oder einem ortsgebundenen gewerblichen Betrieb dienen. Erforderlich sind auch hier eine besondere Zweckausrichtung und eine Unterordnung unter diesen gemeinwohlbezogenen Zweck (§ 35 I Nr. 3 BauGB).

d) Tierhaltungsanlagen

Die Privilegierung von Tierhaltungsbetrieben nach § 35 I Nr. 4 BauGB ist nicht mehr auf Tierhaltungsanlagen anwendbar, die einer Pflicht zur Durchführung einer standortbezogenen oder allgemeinen Vorprüfung oder einer Umweltverträglichkeitsprüfung nach dem Gesetz über die Umweltverträglichkeitsprüfung unterliegen. Dabei reicht bereits aus, dass eine Vorprüfungspflicht besteht. Der Ausschluss der Privilegierung ist daher auch dann gegeben, wenn eine Vorprüfung ergeben würde, dass UVP-Belange nicht erheblich beeinträchtigt sind. Derartige Tierhaltungsanlagen bedürfen daher einer Ausweisung in einem Bauleitplan. Die Ausweisung in einem Flächennutzungsplan reicht allerdings nicht aus, da hier nur Belange des § 35 III Nr. 2 BauGB einer solchen Anlage nicht mehr entgegenstehen würden.[1].

Tierhaltungsanlagen können durch das Darstellungsprivileg nach § 35 III 3 BauGB gesteuert werden. Auch kann die Planungsabsicht, in etwa drei Fünfteln des Gemeindegebiets die Ansiedlung von Tierhaltungsanlagen zu steuern, bei entsprechender Konkretisierung der Planungsabsichten mit den Mitteln der §§ 14 und 15 BauGB flankiert werden.[2] Eine Einschränkung der Tierhaltung in Konzentrationszonen bedarf einer besonderen Rechtfertigung. Je weiter die Tierhaltung in einem für sie nach § 35 III 3 BauGB im Flächennutzungsplan dargestellten Vorranggebiet eingeschränkt werden soll, desto gewichtiger müssen die städtebaulichen Gründe sein, welche die Gemeinde für einen Bebauungsplan anführen kann, in dem sie diese Nutzung reglementiert.[3]

e) Windenergieanlagen

Nach § 35 I Nr. 5 BauGB sind Anlagen privilegiert, die der Erforschung, Entwicklung oder Nutzung der Wind- oder Wasserenergie dienen.[4]

---

1 Zur planerischen Steuerung von Tierhaltungsanlagen *Mitschang* in: Bau- und Fachplanungsrecht, FS für Stüer, 2013, 219; Intensivtierhaltung im Außenbereich *Eva-Maria Stüer* in: Bau- und Fachplanungsrecht, FS für Stüer, 2013, 135 (138). BVerwG, Urt. v. 20.12.2011 – 9 A 31.10 – BVerwGE 141, 282 = NVwZ 2012, 575, *Schink*, I+E 2012, 194, *Christ*, jurisPR-BVerwG 12/2012 Anm. 6 – A 3/A 44 – BUND A 3 – A 44 Vorprüfung.

2 OVG Lüneburg, B. v. 14.11.2011 – 1 ME 181/11 – Tierhaltungsanlagen.

3 OVG Lüneburg, B. v. 19.12.2012 – 1 MN 164/12 – DVBl 2013, 249 = BauR 2013, 922-926 = NuR 2013, 350.

4 *Ogiermann*, Rechtsfragen der Errichtung von Windkraftanlagen 1992; *Berghaus*, ZNER 2008, 187; *Quambusch*, VBlBW 2005, 264. *Lahme*, ZNER 2006, 176; *Stüer/Vildomec*, BauR 1998, 427; *Scheidler*, NWVBl 2009, 409; *Zeiler*, NuR 2009, 526; *Gatz*, DVBl 2009, 737; *Hornmann*, NVwZ 2006, 969; *Mayer-Metzner*, BayVBl 2005, 129; *Middeke*, DVBl 2008, 292; *Regenfus*, ZfIR 2007, 866; *Wustlich*, ZUR 2007, 16; *Quambusch*, NdsVBl. 2006, 265; *Sydow*, NVwZ 2010, 1534. Zu Windkraftanlagen *Karpenstein/Rüppel*, ZNER 2010, 24; *Schmehl*, Jura 2010, 832; *Köck*, ZUR 2010, 507; *Fest*, Die Errichtung von Windenergieanlagen in Deutschland und seiner ausschließlichen Wirtschaftszone, Diss. iur 2010. Zur Konzentrationsplanung von Windkraftanlagen durch Flächennutzungsplan *Brand/Pöhlmann*, ZNER 2010, 467. Zum Windpark *Meyer*, JA 2010, 456. Zu Kleinwindanlagen *Bovet*, ZUR 2010, 9; *Fest*, ZNER 2010, 253. Zu Windenergieanlagen im Wald *Lietz*, UPR 2010, 54. Zum Repowering von Windenergieanlagen KommunalPraxis spezial 2010, 199. Zum Artenschutz *Rolshoven*, ZNER 2010, 156. Zum Spannungsfeld zwischen Klima- und Umweltschutz *Weidemann/Krappel*, DÖV 2011, 19.

Ausgangspunkte. Die Privilegierung von Windenergieanlagen war bereits durch die Novelle 1996 bewirkt und in § 35 I Nr. 7 BauGB 1996 geregelt worden.[5] Durch das BauROG 1998 wurde die Privilegierung der Wind- und Wasserenergie aus redaktionellen Gründen in § 35 I Nr. 6 BauGB 1998 verschoben. Durch das EAG Bau 2004 ist die Privilegierung der Wind- und Wasserenergie nunmehr in § 35 I Nr. 5 BauGB geregelt. Vor ihrer Privilegierung durch die Novelle 1996 waren Windenergieanlagen als ortsgebundene gewerbliche Betriebe oder wegen ihrer besonderen Standortanforderungen nach § 35 I Nr. 3 oder 5 BauGB nicht allgemein privilegiert.[6] Sie konnten nur als Nebenanlagen an einer sonst bestehenden Privilegierung teilnehmen. So können Windenergieanlagen als Nebenanlagen eines landwirtschaftlichen Betriebes nach § 35 I Nr. 1 BauGB privilegiert sein, wenn sie der Energieerzeugung des landwirtschaftlichen Betriebes dienen.[7] Auch kann eine im Außenbereich gelegene private Windenergieanlage für die Versorgung eines nach § 35 I Nr. 4 BauGB privilegierten Betriebes als untergeordnete Nebenanlage von der Privilegierung des Betriebes gedeckt sein.[8]

Immissionsschutzrechtliche Genehmigung. Windkraftanlagen mit einer Gesamthöhe von mehr als 50 m bedürfen seit dem 1.7.2005 einer immissionsrechtlichen Genehmigung im vereinfachten Verfahren nach § 19 BImSchG.[9] Eine Klagebefugnis kann auch gegeben sein, wenn sich ein Dritter durch ein Vorhaben in seinen eigenen Bauabsichten gehindert sieht. Bei konkurrierenden Genehmigungsanträgen kann es in Betracht kommen, an die Priorität anzuknüpfen.[10]

Windfarm. Der dem Europarecht [11] entlehnte Begriff der Windfarm bezeichnet drei oder mehr Windkraftanlagen, die einander räumlich so zugeordnet werden, dass sich ihre Einwirkungsbereiche überschneiden oder wenigstens berühren. Die einzelnen Windkraftanlagen können mehreren Betreibern zu-

5 Gesetz zur Änderung des BauGB v. 30.7.1996 (BGBl. I 1189).

6 BVerwG, Urt. v. 16.6.1994 – 4 C 20.93 – BVerwGE 96, 95 = DVBl 1994, 1141 = NVwZ 1994, 288 – Windenergieanlage.

7 OVG Schleswig, Urt. v. 5.8.1993 – 1 L 23/92 –. Die Privilegierung nach § 35 I Nr. 1 BauGB besteht aber nicht, wenn lediglich die Absicht besteht, die Erlöse aus der Einspeisung des in einer privaten Windenergieanlage erzeugten Stroms in das öffentliche Versorgungsnetz zum Ausbau eines landwirtschaftlichen Betriebes zu verwenden, so VGH München, B. v. 25.3.1996 – 14 B 94.119 –.

8 BVerwG, Urt. v. 18.2.1983 – 4 C 10.82 – BVerwGE 67, 41 = NJW 1983, 2718 = RzB Rn. 441 – Windenergieanlage Hundezuchtbetrieb.

9 Zur Übergangsregelung VGH Mannheim, Urt. v. 16.5.2006 – 3 S 914/05 – VBlBW 2006, 476 = ESVGH 56, 226 = ZfBR 2006, 576 = DÖV 2006, 788 = NuR 2006, 574 = BauR 2006, 2024 = DVBl 2006, 1058 (LS) – Windkraftanlage innerhalb des militärischen Hubschrauber-Sicherheitskorridors.

10 OVG Greifswald, B. v. 28.3.2008 – 3 M 188/07 – NordÖR 2008, 266 = BauR 2008, 1562.

11 So erstmals UVP-Änderungsrichtlinie 97/11/EG des Rates vom 3.3.1997 <ABl EG Nr. L 73 S. 5>.

geordnet sein.[12] Die Errichtung und der Betrieb einer Windfarm (mit Anlagen mit einer Gesamthöhe von jeweils mehr als 50 m) unterliegen nach Nr. 1.6 der Anlage 1 zu § 3 UVPG der UVP-Pflicht.[13] Bei der Berechnung der Tiefe der Abstandsfläche für eine Windkraftanlage ist von deren Gesamthöhe (Nabenhöhe und Rotorradius) auszugehen.[14] Die Abstandsfläche einer Windkraftanlage ist einzuhalten ab einem Kreis um die Mittelachse der Anlage, dessen Radius durch den Abstand des senkrecht stehenden Rotors vom Mastmittelpunkt bestimmt wird. Eine atypische Fallgestaltung als Grund für eine Abweichung kann in der Eigenart der zu errichtenden Anlage und dem mangelnden Angebot an geeigneten Grundstücken im Außenbereich für die dort privilegiert zulässige Anlage liegen.[15]

Wasserkraft. Auch Anlagen zur Erforschung und Entwicklung der Wasserenergie (§ 35 I Nr. 5 BauGB) sind weiterhin privilegiert. Geändert sind allerdings die Finanzierungsregelungen. § 50 EEG hat die Vergütung von Strom aus Wasserkraft auf der Grundlage entsprechender Empfehlungen der wissenschaftlichen Berichte neugefasst.[16]

Gesamtkonzept. Der Planvorbehalt des § 35 III 3 BauGB ermöglicht es der Gemeinde, die in § 35 I Nrn. 2 bis 6 BauGB genannten Vorhaben durch Darstellung im Flächennutzungsplan auf bestimmte Standorte zu konzentrieren. Es ist der Gemeinde aber nicht erlaubt, das gesamte Gemeindegebiet für diese Vorhaben zu sperren oder lediglich Flächen auszuweisen, die für die vorgesehene Nutzung objektiv ungeeignet sind oder sich in einer Alibifunktion erschöpfen. Der Konzentrationsplanung muss vielmehr ein schlüssiges gesamträumliches Planungskonzept zugrunde liegen. Die Gemeinde muss allerdings nicht sämtliche Flächen, die sich für Vorhaben nach § 35 I Nrn. 2 bis 6 BauGB eignen, im Flächennutzungsplan darstellen. Bei der Gebietsauswahl und dem Gebietszuschnitt braucht sie die durch § 35 I Nrn. 2 bis 6 BauGB geschützten Interessen in der Konkurrenz mit gegenläufigen Belangen nicht vorrangig zu fördern. Sie darf diese Interessen nach den zum Abwägungsgebot entwickelten Grundsätzen zurückstellen, wenn hinreichend gewichtige städtebauliche Gründe dies rechtfertigen. Außerhalb der Konzentrationsflächen können Abweichungen von der Regel des § 35 III 3 BauGB nur zugelas-

---

12 OVG Berlin-Brandenburg, B. v. 9.9.2005 – 11 S 14.05 – Windfarm – Heilung eines Zuständigkeitsmangels, mit Hinw. auf BVerwG, Urt. v. 30.6.2004 – 4 C 9/03 – NVwZ 2004, 1235; *Gatz*, DVBl 2009, 737.

13 BVerwG, B. v. 8.5.2007 – 4 B 11.07 – Begriff der Windfarm.

14 Zur Abstandsflächenberechnung bei Windkraftanlagen *Jäde*, KommPraxis 2009, 338.

15 VGH München, Urt. v. 28.7.2009 – 22 BV 08.3427 – ZNER 2009, 317 – immissionsschutzrechtliche Genehmigung für Windkraftanlage.

16 Gesetz für den Ausbau erneuerbarer Energien (Erneuerbare-Energien-Gesetz 2014/2017).

sen werden, wenn sie die planerische Konzeption der Gemeinde nicht infrage stellen.[17]

Stufensystem. Die Ausarbeitung des Planungskonzepts vollzieht sich abschnittsweise. In einem ersten Arbeitsschritt sind diejenigen Bereiche als „Tabuzonen“ zu ermitteln, die für die Nutzung der Windenergie nicht zur Verfügung stehen. Dazu ist eine entsprechende Überprüfung des gesamten Planungsraumes vorzunehmen (Stufe 1). Die Tabuzonen lassen sich in „harte“ (Stufe 2) und „weiche“ (Stufe 3) untergliedern. Der Begriff der harten Tabuzonen dient der Kennzeichnung von Gemeindegebietsteilen, die für eine Windenergienutzung, aus welchen Gründen immer, nicht in Betracht kommen, mithin für eine Windenergienutzung „schlechthin“ ungeeignet sind (nicht der Abwägung unterliegende Planungshindernisse). Mit dem Begriff der weichen Tabuzonen werden Bereiche des Gemeindegebiets erfasst, in denen nach dem Willen der Gemeinde aus unterschiedlichen Gründen die Errichtung von Windenergieanlagen „von vornherein“ ausgeschlossen werden „soll“ (der Abwägung unterliegende Belange). Die Potenzialflächen, die nach Abzug der harten und weichen Tabuzonen übrig bleiben, sind in einem weiteren Arbeitsschritt zu den auf ihnen konkurrierenden Nutzungen in Beziehung zu setzen, d.h. die öffentlichen Belange, die gegen die Ausweisung eines Landschaftsraums als Konzentrationszone sprechen, sind mit dem Anliegen abzuwägen, der Windenergienutzung an geeigneten Standorten eine Chance zu geben, die ihrer Privilegierung nach § 35 I Nr. 5 BauGB gerecht wird (Stufe 4).[18] Schließlich muss eine substanzielle Nutzung der privilegierten Vorhaben gewährleistet sein (Stufe 5). Nur ein schlüssiges Plankonzept, das sich auf den gesamten Außenbereich erstreckt[19], dem Abwägungsgebot

---

17 BVerwG, Urt. v. 17.12.2002 – 4 C 15.01 – BVerwGE 117, 287 = DVBl 2003, 797 = NVwZ 2003, 733 – Feigenblatt; m. Bespr. *Mayer-Metzner*, BayVBl 2005, 129; *Schäling*, IBR 2003, 272; *Hans-Thilo Becker*, KommunalPraxis BY 2005, 66; *Egner*, NuR 2003, 737; *Kment*, NVwZ 2004, 314; *Brietzke*, StG 2012, 497; *Tigges*, ZNER 2003, 43; *von Nicolai*, ZUR 2004, 74 – Konzentrationszone im Flächennutzungsplan; im Anschluss an BVerwG, Urt. v. 13.3.2003 – 4 C 4.02 – BVerwGE 118, 33 = DVBl 2003, 1064 = NVwZ 2003, 738 – Luftballon; vgl. auch Urt. v. 13.12.2012 – 4 CN 1.11, 2.11 – BVerwGE 145, 231 = DVBl 2013, 507, *Stüer*, 509 = NVwZ 2013, 519, *Wiggers*, NJW spezial 2013, 556, *Scheidler*, NuR 20913, 869, *Schröer*, NZBau 2013, 563, *Gatz*, jurisPR-BVerwG 7/2013 Anm. 6 – Windenergieplanung „harte und weiche“ Kriterien; B. v. 2.4.2013 – 4 BN 37.12 – BauR 2013, 1253; Urt. v. 31.1.2013 – 4 CN 1.12 – BVerwGE 146, 40 = NVwZ 2013, 1011 = ZfBR 2013, 475, *Gatz*, jurisPR-BVerwG 11/2013 Anm. 5, *Reicherzer*, IR 2013, 183, *Gatz*, jurisPR-BVerwG 11/2013 Anm. 5, *Schübel-Pfister*, JuS 2013, 990, *Bringewat*, NVwZ 2013, 984 – Höhenbegrenzung im Flächennutzungsplan; Urt. v. 20.6.2013 – 4 C 2.12 – BVerwGE 147, 37 = NVwZ 2013, 1288, *Gatz*, jurisPR-BVerwG 19/2013 Anm. 3, *Muckel*, JA 2014, 397 = Mobilfunkanlage.

18 BVerwG, Urt. v. 13.12.2012 – 4 CN 2.11 – BVerwGE 145, 231 = DVBl 2013, 507, m. Hinw. auf Urt. v. 21.10.2004 – 4 C 2.04 – BVerwGE 122, 109 = DVBl 2005, 379 = NVwZ 2005, 211 – weiße Flächen; Urt. v. 15.9.2009 – 4 BN 25.09 – m. Bespr. *Stüer* DVBl 2013, 509 – abschnittsweise Ausarbeitung des Planungskonzepts.

19 BVerwG, B. v. 15.9.2009 – 4 BN 25.09 – BauR 2010, 82 = ZfBR 2010, 65, m. Bespr. *Scheidler*, KommJur 2012, 367; *Brietzke*, StG 2012, 497; *Raschke*, ZfBR 2013, 632 – Konzentrationszone und öffentliche Belange.

genügt[20] und die substanzielle Nutzung der privilegierten Windenergie gewährleistet, kann nach der Rechtsprechung des BVerwG die Ausschlusswirkung erzielen.

Planungsgrundsätze. Auf diesen allgemeinen Grundlagen hat sich zur planungsrechtlichen Zulässigkeit von Windenergieanlagen eine umfangreiche Rechtsprechung entwickelt.[21] Die Gemeinden haben keine besondere Pflicht zur Förderung der Windenergie. Sie sind auch nicht verpflichtet, einen wirtschaftlich optimalen Ertrag der Windenergienutzung sicherzustellen.[22] Die Ermittlung und Festlegung von Vorrangzonen für Windenergieanlagen setzt allerdings auf der Grundlage des Darstellungsprivilegs ein schlüssiges, hinreichend städtebaulich motiviertes Plankonzept für das gesamte Gemeindegebiet voraus.[23] Dieses kann an global und pauschalierend festgelegten Kriterien für die Ungeeignetheit der von der Ausschlusswirkung erfassten Bereiche ausgerichtet werden. Bei der Festlegung von Tabu-Zonen aus Gründen des Immissionsschutzes können pauschale Abstände zu jeder schützenswerten Wohnbebauung angesetzt werden. Diese Abstände können zulässigerweise auch auf einen vorbeugenden Immissionsschutz ausgerichtet werden und konkret für weitere Entwicklungen in den Blick genommene potenzielle Siedlungserweiterungsflächen mitberücksichtigen. Auch aus Gründen des Naturschutzes und der Landschaftspflege [24] einschließlich der Erholungsfunktion

---

20 BVerwG, B. v. 23.7.2008 – 4 B 20.08 – ZfBR 2008, 808; vgl. BVerwG, Urt. v. 24.1.2008 – 4 CN 2.07; BVerwG, Urt. v. 13.3.2003 – 4 C 4.02 – BVerwGE 118, 33 = DVBl 2003, 1064 = NVwZ 2003, 738 – Luftballon.

21 BVerwG, Urt. v. 19.7.2001 – 4 C 4.00 – BVerwGE 115, 17 = DVBl 2001, 1855 = NVwZ 2002, 476 – Gipsabbau; B. v. 15.10.2001 – 4 B 69.01 – BauR 2002, 1052 BRS 64 (2001) Nr. 100 – Verunstaltung; Urt. v. 13.12.2001 – 4 C 3.01 – NVwZ 2002, 1112 = DVBl 2002, 706 = DÖV 2002, 574; B. v. 2.8.2002 – 4 B 36.02 – BauR 2003, 837; Urt. v. 19.9.2002 – 4 C 10.01 – BVerwGE 117, 44 = DVBl 2003, 201 = NVwZ 2003, 214 – Wangerland; Urt. v. 17.12.2002 – 4 C 15.01 – BVerwGE 117, 287 = DVBl 2003, 797 = NVwZ 2003, 733 – Feigenblatt; Urt. v. 13.3.2003 – 4 C 3.02 – BauR 2003, 1172 = NVwZ 2003, 1261 – Entwürfe von Regional- und Flächennutzungsplänen; Urt. v. 13.3.2003 – 4 C 4.02 – BVerwGE 118, 33 = DVBl 2003, 1064 = NVwZ 2003, 738 – Luftballon; B. v. 18.3.2003 – 4 B 7.03 – Buchholz 406.11 § 35 BauGB Nr. 358 – Verunstaltung des Landschaftsbildes; B. v. 22.10.1993 – 4 B 84.03 – NVwZ 2004, 343 = BauR 2004, 262 – Konzentrationszone; OVG Münster, Urt. v. 30.11.2001 – 7 A 4857/00 – NuR 2002, 431 = BauR 2002, 886 – Tabuflächen; OVG Lüneburg, Urt. v. 24.3.2003 – 1 LB 3571/01 – RdL 2003, 234 = BauR 2003, 1443 – Windpark Borsum; Urt. v. 19.2.2004 – 4 CN 13.03 – NVwZ 2004, 984 = ZfBR 2004, 464 – Steinau; OVG Koblenz, Urt. v. 20.2.2003 – 1 A 11406/01 – NuR 2003, 556; VGH Kassel, Urt. v. 20.2.2003 – 3 N 1557/02 – NuR 2003, 434 = ZfBR 2003, 482 – Vorranggebiet; Stüer DVBl 2003, 1030.

22 BVerwG, Urt. v. 17.12.2002 – 4 C 15.01 – BVerwGE 117, 287 = DVBl 2003, 797 = NVwZ 2003, 733 – Feigenblatt.

23 OVG Koblenz, Urt. v. 20.2.2003 – 1 A 11406/01 – NuR 2003, 556; Krautzberger in: BKL, § 35 BauGB Rn. 75.

24 Zur Zulässigkeit einer Windenergieanlage in einem Landschaftsschutzgebiet BVerwG, B. v. 2.2.2000 – 4 B 104.99 – ZfBR 2000, 428 = BauR 2000, 1311; zum Klagerecht einer Nachbargemeinde VG Koblenz, B. v. 24.7.2000 – 1 L 1756/00 – BauR 2000, 1714; zu den (mangelnden)

der Landschaft können bestimmte „Tabu-Flächen“ aus der weiteren Prüfung ausgesondert werden.[25]

Repowering. § 249 I BauGB will die Planung des Repowerings durch eine Vermutungsregelung erleichtern. Werden in einem Flächennutzungsplan zusätzliche Flächen für die Nutzung von Windenergie dargestellt, folgt daraus nicht, dass die vorhandenen Darstellungen des Flächennutzungsplans zur Erzielung der Rechtswirkungen des § 35 III 3 BauGB nicht ausreichend sind. Das gilt auch bei der Änderung oder Aufhebung von Darstellungen zum Maß der baulichen Nutzung. Die vorgenannten Regelungen gelten für Bebauungspläne, die aus den Darstellungen des Flächennutzungsplans entwickelt werden, entsprechend (§ 249 I BauGB).

§ 249 II BauGB stellt für das Repowering von Windkraftanlagen das Baurecht auf Zeit zur Verfügung. Nach § 9 II 1 Nr. 2 BauGB kann danach auch festgesetzt werden, dass die im Bebauungsplan festgesetzten Windenergieanlagen nur zulässig sind, wenn nach der Errichtung der im Bebauungsplan festgesetzten Windenergieanlagen andere im Bebauungsplan bezeichnete Windenergieanlagen innerhalb einer im Bebauungsplan zu bestimmenden angemessenen Frist zurückgebaut werden und dies entsprechend sichergestellt ist. Die Standorte der zurückzubauenden Windenergieanlagen können auch außerhalb des Bebauungsplangebiets und auch außerhalb des Gemeindegebiets liegen. Darstellungen im Flächennutzungsplan mit den Rechtswirkungen des § 35 III 3 BauGB können mit Bestimmungen entsprechend den Sätzen 1 und 2 mit Wirkung für die Zulässigkeit der Windenergieanlagen nach § 35 I Nr. 5 BauGB verbunden sein. Die in der Bauleitplanung einzuräumenden Fristen werden sich in aller Regel an den Vorgaben des EEG orientieren.

§ 249 III BauGB enthielt bis Ende 2015 eine Länderöffnungsklausel. Die Länder können durch Landesgesetz bestimmen, dass § 35 I Nr. 5 auf Vorhaben, die der Erforschung, Entwicklung oder Nutzung der Windenergie dienen, nur anzuwenden ist, wenn sie einen bestimmten Abstand zu den im Landesgesetz bezeichneten zulässigen baulichen Nutzungen einhalten.[26]

f) Biomasseanlagen

Die Anforderungen an die planungsrechtliche Zulässigkeit von Biogasanlagen sind in § 35 I Nr. 6 BauGB 2011/2013 präzisiert worden. Biomasseanlagen, die der energetischen Nutzung von Biomasse im Rahmen eines Tierhaltungsbetriebs nach § 35 I Nr. 1, 2 oder 4 BauGB, sowie dem Anschluss solcher

---

Beurteilungsgrundlagen für Störungen durch Windenergieanlagen für Personen in der freien Landschaft OVG Hamburg, B. v. 28.8.2000 – 2 Bs 180/00 – NuR 2001, 52 = NVwZ 2001, 98.

25 OVG Münster, Urt. v. 30.11.2001 – 7 A 4857/00 – DVBl 2002, 723 = ZUR 2002, 300.

26 VGH München, Urt. v. 9.5.2016 – Vf. 14-VII-14 u. a. – DVBl 2016, 1259 – m. Anm. *Krautzberger/Stüer*, 1268 – Länderöffnungsklausel.

Anlagen an das öffentliche Versorgungsnetz dient, sind unter folgenden Voraussetzungen privilegiert: (a) das Vorhaben steht in einem räumlich-funktionalen Zusammenhang mit dem Betrieb, (b) die Biomasse stammt überwiegend aus dem Betrieb oder überwiegend aus diesem und aus nahe gelegenen Betrieben nach den Nrn. 1, 2 oder 4, soweit letzterer Tierhaltung betreibt, (c) es wird je Hofstelle oder Betriebsstandort nur eine Anlage betrieben und (d) die Kapazität einer Anlage zur Erzeugung von Biogas überschreitet nicht 2,3 Millionen Normkubikmeter Biogas pro Jahr, die Feuerungswärmeleistung anderer Anlagen überschreitet nicht 2,0 Megawatt.

g) Atomenergie

Nach der mit dem Atomausstieg verbundenen Energiewende war es folgerichtig, die Atomkraftwerke im Außenbereich nicht mehr uneingeschränkt für privilegiert zulässig zu erklären. Die Neuerrichtung von Anlagen zur Spaltung von Kernbrennstoffen zur gewerblichen Erzeugung von Elektrizität ist vielmehr aus der Außenbereichsprivilegierung ausgenommen (§ 35 I Nr. 7 BauGB 2011). Damit hat der Gesetzgeber einen bereits mit dem Atomausstieg des Jahres 2000 sich abzeichnenden Schritt in das Städtebaurecht übernommen. Die Ausnahme erfasst lediglich die Neuerrichtung von Atomkraftwerken (§ 7 I 2 AtG), nicht jedoch die Veränderung von Anlagen oder ihres Betriebes (§ 7 I 3 AtG). Auch Anlagen, die der Erforschung und Entwicklung der Kernenergie sowie der Entsorgung radioaktiver Abfälle dienen, sind weiterhin privilegiert.

h) Sonnenenergie

Erstmals privilegiert wurde durch § 35 I Nr. 8 BauGB 2011 auch die Nutzung solarer Strahlungsenergie in, an und auf Dach- und Außenwandflächen von zulässigerweise genutzten Gebäuden, wenn die Anlage dem Gebäude baulich untergeordnet ist. Die Privilegierung bezieht sich auf Flächen von zulässigerweise genutzten Gebäuden, nicht auf sonstige bauliche Anlagen. Gebäude sind dabei selbstständig benutzbare, überdeckte bauliche Anlagen, die von Menschen betreten werden können und vorrangig dazu bestimmt sind, dem Schutz von Menschen, Tieren oder Sachen zu dienen (§ 51 EEG 2014). Durch die Gesetzesänderung werden zugleich Fragen beantwortet, die sich in der Praxis stellen.

3. Sonstige Vorhaben gem. § 35 II BauGB

Sonstige nicht privilegierte Vorhaben können nach § 35 II BauGB im Einzelfall zugelassen werden, wenn ihre Ausführung oder Benutzung öffentliche Belange nicht beeinträchtigt und die Erschließung gesichert ist. Die Voraussetzung der gesicherten Erschließung ist eine klarstellende Ergänzung, da die Erschließung, auch wenn sie nicht ausdrücklich genannt wird, zu den allgemeinen Zulässigkeitsvoraussetzungen des Bauplanungsrechts gehört. Trotz der Formulierung „können im Einzelfall" ist § 35 II BauGB keine Ermessensvorschrift. Wenn die Zulässigkeitsvoraussetzungen erfüllt sind, ist das Vorhaben planungsrechtlich zulässig.

Im Gegensatz zu den privilegierten Vorhaben, bei denen öffentliche Belange nicht entgegenstehen durften, sind die sonstigen Vorhaben bereits unzulässig, wenn sie öffentliche Belange beeinträchtigen. Dies hebt die besondere Stellung der privilegierten Vorhaben hervor. Die beachtlichen Belange sind in § 35 III BauGB beispielhaft aufgezählt, durch das BauROG sind diese Belange neu gegliedert worden, zum Teil aber auch inhaltlich ergänzt worden. Weitere Anforderungen sind in § 35 III 2, 3 BauGB geregelt.

4. Darstellungsprivileg (§ 35 III 3 BauGB)

Nach § 35 III 3 BauGB stehen öffentliche Belange einem privilegierten Vorhaben in der Regel auch dann entgegen, soweit hierfür durch Darstellungen im Flächennutzungsplan oder als Ziele der Raumordnung eine Ausweisung an anderer Stelle erfolgt ist. Ausgenommen von diesem Darstellungsprivileg waren schon damals die land- und forstwirtschaftlichen Nutzungen (§ 35 I Nr. 1 BauGB). Die Atomkraft (§ 35 I Nr. 7 BauGB) und die Solaranlagen (§ 35 I Nr. 8 BauGB) sind inzwischen als dem Darstellungsprivileg entzogene privilegierte Vorhaben hinzugetreten.

Ist eine gemeindliche Bauleitplanung unwirksam, so hat dies traditionell die Folge, dass Vorhaben in aller Regel planungsrechtlich unzulässig sind, weil sie sich nicht auf eine entsprechende Plangrundlage stützen können. Beim Darstellungsprivileg nach § 35 III 3 BauGB ist dies genau umgekehrt. Sind die Darstellungen des Flächennutzungsplans auch nur an einer Stelle des Plangebietes nicht richtig abgewogen, zerplatzt das gesamte Steuerungssystem wie ein mit einer feinen Nadel angestochener Luftballon.

Standortbezogene Ausweisungen können sich sowohl aus der gemeindlichen Flächennutzungsplanung als auch aus der Regionalplanung ergeben.[27]

a) Flächennutzungsplanung

Im Flächennutzungsplan kann durch eine Kombination von Zulassung und Ausschluss eine Bündelung von privilegierten Anlagen erreicht werden. Die Ausweisung kann vergleichbar dem Modell des § 8 VII ROG vor allem durch Vorrangflächen oder durch Eignungsflächen erfolgen.[28] Vorrangflächen geben

27 *Stüer/Vildomec*, BauR 1998, 427.
28 So § 5 II Nr. 11 BauGB-Regierungsentwurf.

den Anlagen eine besondere Bevorrechtigung. Bei Eignungsflächen können sich andere Nutzungsinteressen in der nachvollziehenden Abwägung noch eher behaupten. Die mit diesen Standortausweisungen verbundenen Ausschlusswirkungen für das übrige Gemeindegebiet sind allerdings nicht strikt, sondern gelten nur für den Regelfall. Auch in den Ausschlussbereichen kann daher ein privilegiertes Vorhaben zulässig sein, wenn es sich im Ausnahmefall gegenüber der gemeindlichen Planung durchsetzt. Dabei darf allerdings die Gesamtkonzeption des Flächennutzungsplans nicht infrage gestellt werden.

Die negativen und die positiven Komponenten der Darstellungen bedingen einander. Das Zurücktreten der Privilegierung in Teilen des Plangebiets lässt sich nach der Wertung des Gesetzgebers nur dann rechtfertigen, wenn die Gemeinde sicherstellt, dass sich die betroffenen Vorhaben an anderer Stelle gegenüber konkurrierenden Nutzungen durchsetzen. § 35 III 3 BauGB bietet der Gemeinde die Möglichkeit, privilegierte Vorhaben, mit Ausnahme von land- und forstwirtschaftlichen Betrieben, auf bestimmte Standorte zu konzentrieren. Der Gemeinde ist es aber grundsätzlich verwehrt, eine vom Gesetzgeber privilegiert zugelassene Nutzung für das gesamte Gemeindegebiet auszuschließen, damit von der Gemeinde insgesamt fernzuhalten und in andere Planungsräume zu verweisen. Sie darf jedoch öffentliche Belange formulieren, die einem an sich privilegierten Vorhaben in bestimmten Bereichen des Gemeindegebietes entgegenstehen können, wenn dies durch eine nachvollziehbare Konzeption gerechtfertigt ist.[29]

Eine Beeinträchtigung öffentlicher Belange liegt gem. § 35 III 1 Nr. 1 BauGB insbesondere dann vor, wenn das Vorhaben den Darstellungen des Flächennutzungsplans widerspricht (unmittelbar widersprechende Darstellungen).[30] Dem Vorhaben entgegenstehen können öffentliche Belange nur dann, wenn die der Errichtung widersprechenden Darstellungen im Einzelfall bereits vorhandene entgegenstehende Belange unterstützen und die Darstellungen hinreichend konkret sind. Auch im Rahmen der nach § 35 BauGB erforderlichen „nachvollziehenden Abwägung“ können sich die Darstellungen eines Flächennutzungsplans nur dann gegen die Zulässigkeit eines privilegierten Vorhabens durchsetzen, wenn sie dieser Nutzung an dieser Stelle sachlich und räumlich eindeutig widersprechen. Das ist nicht schon dann der Fall, wenn an der beantragten Stelle eine Fläche für Land- oder Forstwirtschaft nach § 5 II Nr. 9 BauGB dargestellt ist, da dem Außenbereich ohnehin vorrangig diese Funktion zukommt. Nur eine konkrete andere Nutzungszuweisung, die auch in der Begründung zum Ausdruck gekommen ist – beispielsweise die Darstellung einer Fläche zum Schutz, zur Pflege und zur Entwicklung von Natur und Landschaft nach § 5 II Nr. 10 BauGB – vermag

---

29 BVerwG, Urt. v. 17.12.2002 – 4 C 15.01 – BVerwGE 117, 287 = DVBl 2003, 797 = NVwZ 2003, 733 – Feigenblatt.

30 BVerwG, B. v. 8.11.1999 – 4 B 85.99 – BauR 2000, 1171 – Bebauungszusammenhang.

einen Widerspruch zwischen dem privilegierten Vorhaben und Flächennutzungsplan zu begründen. Das ist aber nur dann der Fall, wenn das konkrete Vorhaben die im Flächennutzungsplan vorgesehene Nutzung unmöglich machen würde. Sind beide Nutzungen nebeneinander möglich, so widersprechen sie sich nicht.

Zwar hat auch die positive Darstellung einer konkreten Nutzung im Flächennutzungsplan eine lediglich unterstützende Wirkung für diese Nutzungsform, doch werden einer beantragten Windenergieanlage unter Berücksichtigung ihrer Privilegierung i.d.R. keine öffentlichen Belange mehr entgegenstehen, wenn der beantragte Standort im Flächennutzungsplan für die Windkraftnutzung ausgewiesen ist (unterstützender Darstellungen). Im Rahmen der Standortplanung durch die Gemeinden sind etwa für Windenergieanlagen folgende Kriterien zu berücksichtigen: die Windverhältnisse, die anzustrebende Konzentration der Anlagen, günstige Einspeisemöglichkeiten in das Stromnetz, die leichte Erschließbarkeit durch bereits vorhandene Wege und die vorrangige Nutzung solcher Standorte, die schon durch technische Anlagen vorbelastet sind.[31] Ausgeschlossen ist die Errichtung von Windkraftanlagen in der Regel in Natur- und Vogelschutzgebieten[32] oder Nationalparks. In Landschaftsschutzgebieten ist die Windkraftnutzung nur unter besonderen Voraussetzungen ausnahmsweise zulässig.[33]

Für Darstellungen des Flächennutzungsplans mit den Rechtswirkungen des § 35 III 3 BauGB können sachliche Teilflächennutzungspläne aufgestellt werden (§ 5 II a BauGB). Der Teilflächennutzungsplan ist damit in seinem Schicksal nicht von der Wirksamkeit des Ursprungsflächennutzungsplans abhängig. Allerdings ist offen, ob und in welchem Umfang das Darstellungsprivileg des § 35 III 3 BauGB die Ausschlusswirkung auch dann entfalten kann, wenn es sich auf räumliche Teile des Gemeindegebietes bezieht. Es spricht einiges dafür, den Gemeinden auf der Grundlage dieser Regelung die Möglichkeit zu geben, die Ausschlusswirkung der Darstellungen auch dann auf bestimmte Teile des Gemeindegebietes zu erstrecken, wenn sich das gemeindliche Konzept noch nicht abschließend auf das gesamte Gemeindegebiet erstreckt.

b) Regionalplanung

Neben der kommunalen Flächennutzungsplanung kann auch die Regionalplanung standortbezogene Aussagen zu an sich privilegierten Vorhaben nach § 35 I Nr. 2 bis 6 BauGB enthalten. Bei der räumlichen Steuerung durch einen

---

31 *Wagner*, UPR 1996, 373 m.w.N.; Runderlass NRW, II. 3.4.

32 Vgl. dazu die EG-Vogelschutz-Richtlinie abgedruckt bei *Stüer*, Bau- und Fachplanungsgesetze 1999, 881.

33 Die Reichweite der Bindungen einer Landschaftsschutzverordnung regelt das jeweilige Landesrecht, OVG Münster, Urt. v. 11.1.1999 – 7 A 2377/96 – NuR 1999, 704 = BauR 2000, 62 – Landschaftsplan.

Regionalplan ist zwischen der Festlegung von Zielen und Grundsätzen der Raumordnung zu unterscheiden. Ziele der Raumordnung sind verbindliche Vorgaben in Form von räumlich und sachlich bestimmten und bestimmbaren, vom Träger der Landes- oder Regionalplanung abschließend abgewogenen textlichen oder zeichnerischen Festlegungen in Raumordnungsplänen zur Entwicklung, Ordnung und Sicherung des Raumes (§ 3 I Nr. 2 ROG). Ziele der Raumordnung entfalten gegenüber der kommunalen Bauleitplanung gem. § 1 IV BauGB Bindungswirkung in Form einer Anpassungspflicht. Grundsätze der Raumordnung sind hingegen allgemeine Aussagen zur Entwicklung, Ordnung und Sicherung des Raums in oder aufgrund von § 2 ROG als Vorgaben für nachfolgende Abwägungs- oder Ermessensentscheidungen (§ 3 I Nr. 3 ROG).[34] Sie sind im Rahmen der kommunalen Bauleitplanung gem. § 1 V, VI BauGB als öffentliche Belange in die Abwägung einzustellen und dort nach Lage des Einzelfalls durch andere, überwiegende Belange überwindbar. Sowohl Ziele als auch Grundsätze entfalten zudem gegenüber konkreten Außenbereichsvorhaben Bindungswirkung.[35]

c) Abwägungsabschichtungsklausel

Raumbedeutsamen privilegierten Vorhaben (§ 35 I BauGB) können nach § 35 III 2 HS 2 BauGB öffentliche Belange nicht entgegengehalten werden, soweit sie bereits bei der Darstellung des Vorhabens als Ziele der Raumordnung in den Plänen i. S. der §§ 8 oder 9 ROG abgewogen worden sind. Dadurch kann das Ergebnis einer landesplanerischen Prüfung über die Abwägung überörtlicher bedeutsamer Standortfragen übernommen werden.

5. Teilprivilegierte Außenbereichsvorhaben (§ 35 IV BauGB)

Nach § 35 IV BauGB sind bestimmte Vorhaben im Außenbereich insoweit begünstigt, als ihnen einzelne öffentliche Belange nicht entgegengehalten werden können. Dies gilt allerdings nur für den Widerspruch zu den Darstellungen des Flächennutzungsplans oder eines Landschaftsplans, die Beeinträchtigung der natürlichen Eigenart der Landschaft und der Befürchtung der Entstehung, Verfestigung oder Erweiterung einer Splittersiedlung. Die Beeinträchtigung aller übrigen, insbesondere der sonstigen in § 35 III BauGB genannten Belange bleibt weiterhin bedeutsam. Dies wird durch den Zusatz „soweit sie im Übrigen außenbereichsverträglich i. S. d. § 35 III BauGB sind" klargestellt. Die Begünstigungen sind in § 35 IV 1 BauGB in sechs Fallgruppen untergliedert: Nutzungsänderung landwirtschaftlicher Gebäude (§ 35 IV

34 *Runkel*, S. 4; Runderlass NRW, III. 2.1.

35 Zum verbleibenden Konkretisierungsspielraum der Gemeinden: *Stüer/Vildomec*, BauR 1998, 427.

Nr. 1 BauGB), Ersatzbau (§ 35 IV Nr. 2 BauGB), Wiederaufbau zerstörter Gebäude (§ 35 IV Nr. 3 BauGB), Erhaltenswerte Gebäude (§ 35 IV Nr. 4 BauGB), Erweiterung von Wohngebäuden (§ 35 IV Nr. 5 BauGB) und Erweiterung von gewerblichen Betrieben (§ 35 IV Nr. 6 BauGB). Durch das GeROG 2009 können die Länder die Nutzungsänderung landwirtschaftlicher Gebäude (§ 35 IV Nr. 1 BauGB) auch über die Siebenjahresfrist nach Aufgabe der landwirtschaftlichen Nutzung zulassen.

§ 35 IV 1 Nr. 1 a) BauGB begünstigt Nutzungsänderungen bei Vorliegen einer erhaltenswerten Bausubstanz. § 35 IV 2 BauGB 2013 hat das auf Fälle einer optisch intakten Bausubstanz erweitert, die aber so marode ist, dass nur eine Neuerrichtung in Betracht kommt. In begründeten Einzelfällen gilt danach die Rechtsfolge des § 35 IV 1 BauGB auch für die Neuerrichtung eines Gebäudes im Sinne des § 35 I Nr. 1 BauGB, dem eine andere Nutzung zugewiesen werden soll, wenn das ursprüngliche Gebäude vom äußeren Erscheinungsbild auch zur Wahrung der Kulturlandschaft erhaltenswert ist, keine stärkere Belastung des Außenbereichs zu erwarten ist als in Fällen des Satzes 1 und die Neuerrichtung auch mit nachbarlichen Interessen vereinbar ist; § 35 IV 1 Nr. 1 b) bis g) BauGB gilt entsprechend. Für diese Fälle soll im Einzelfall auch eine Neuerrichtung von Gebäuden begünstigt werden. Grundvoraussetzung hierfür ist allerdings, dass das ursprüngliche Gebäude vom äußeren Erscheinungsbild zur Wahrung der Kulturlandschaft erhaltenswert erscheint und bei der Neuerrichtung der Außenbereichsschutz und nachbarliche Interessen gewahrt bleiben. Durch die entsprechende Anwendbarkeit der Voraussetzungen für die Nutzungsänderung bei Beibehaltung des Gebäudes (§ 35 IV 1 Nr. 1 b) bis g) BauGB) wird zudem verlangt, dass sich der Neubau im Wesentlichen an der äußeren Gestalt des bisherigen Gebäudes, einschließlich der Kubatur, orientiert.

Entsprechendes gilt bis Ende 2019 auch für Vorhaben, die der Unterbringung von Flüchtlingen oder Asylbegehrenden dienen. Das Vorhaben muss im unmittelbaren räumlichen Zusammenhang mit nach §§ 30 oder 34 BauGB zu beurteilenden baulichen Flächen innerhalb des räumlichen Siedlungsbereichs erfolgen.

6. Außenbereichssatzung

Nach § 35 VI BauGB kann die Gemeinde in nicht überwiegend landwirtschaftlich geprägten Bereichen mit einer Wohnbebauung von einigem Gewicht eine Außenbereichssatzung aufstellen. Wohnbauten i. S. d. § 35 II BauGB kann dann nicht entgegengehalten werden, dass sie einer Darstellung im Flächennutzungsplan über Flächen für Landwirtschaft oder Wald widersprechen oder die Entstehung oder Verfestigung einer Splittersiedlung befürchten lassen (Satz 1). Dies kann auch für kleinere Handwerks- und Gewerbebetriebe bestimmt werden (Satz 2). In der Satzung können nähere

Bestimmungen über die Zulässigkeit getroffen werden (Satz 3). Die Satzungen müssen mit einer geordneten städtebaulichen Entwicklung vereinbar sein, dürfen keine Vorhaben umfassen, die einer UVP unterliegen oder vorprüfungspflichtig sind (Anlage 1 zum UVPG), oder Belange des Habitat- oder Vogelschutzes berühren (Satz 4). Die Öffentlichkeits- und Behördenbeteiligung wird im vereinfachten Verfahren durchgeführt (§ 13 BauGB); eine Genehmigung durch die höhere Verwaltungsbehörde ist nicht erforderlich (Satz 6).

7. Sonderregelungen für Flüchtlingsunterkünfte (§ 246 BauGB)

Einen wichtigen Ausschnitt des Gesamtpakets zur Bewältigung der Flüchtlingsunterbringung bildet die BauGB-Novelle 2015, die an die BauGB-Novelle 2014 zur Flüchtlingsaufnahme anschließt. Mit der sich im Laufe des Jahres 2015 abzeichnenden massiven Zunahme der Flüchtlingszahlen begannen im August 2015 unter Federführung des Bundesministeriums des Innern (BMI) – unter Einbindung der Staatskanzleien und Innenressorts der Länder – ressortübergreifende Vorbereitungen für ein umfassendes „Asylpaket". Von Anfang an sollten hierbei auch „bau- und vergaberechtliche Hemmnisse" bei der Schaffung von Flüchtlingsunterkünften, einschließlich des Bauplanungsrechts, in den Blick genommen werden. Das gilt vor allem für Flüchtlinge und Asylsuchende mit Bleibeperspektive.

Die bis Ende 2019 befristeten ergänzenden Regelungen sind in § 246 VIII, XI bis XVII BauGB enthalten. Die Ausnahmen in Baugebieten nach § 34 IIIa BauGB werden auf alle baulichen Anlagen erweitert. Soweit in Baugebieten nach §§ 2 bis 7 BauNVO Ausnahmen für soziale Zwecke zugelassen werden können, gilt dies auch für Aufnahmeeinrichtungen und Gemeinschaftsunterkünfte für Flüchtlinge und Asylbegehrende (§ 246 XI BauGB). Für längstens 3 Jahre kann die Errichtung mobiler Unterkünfte für Flüchtlinge und Asylbegehrende sowie Nutzungsänderungen baulicher Anlagen in Gewerbe- und Industriegebieten sowie in Sondergebieten (§§ 8 bis 11 BauNVO) durch Befreiung zugelassen werden (§ 246 XII BauGB). Ebenfalls auf drei Jahre befristet können im Außenbereich mobile Unterkünfte für diesen Zweck zugelassen werden oder auch längerfristig im Falle von Nutzungsänderungen von den Festsetzungen in Gewerbe-, Industrie- und Sondergebieten befreit werden (§ 246 XIII BauGB).

Reichen diese Maßnahmen nicht aus, kann bei Gemeinschaftseinrichtungen, Gemeinschaftsunterkünften und sonstigen Unterkünften für Flüchtlinge oder Asylbegehrende von den planungsrechtlichen Vorschriften nach dem Vorbild des § 37 BauGB abgewichen werden. Die Zeit für die Entscheidung über das gemeindliche Einvernehmen nach § 36 BauGB wird auf einen Monat verkürzt. Auch bei Außenbereichsvorhaben muss die Naturschutzbehörde sich innerhalb eines Monats äußern, wenn sie vermeiden will, dass die Belange des Naturschutzes und des Landschaftsschutzes als nicht berührt angesehen werden (§ 246 XV BauGB, § 18 II 2 BNatSchG). Die Befristungen auf Ende 2019 beziehen sich auf den Zeitpunkt der baurechtlichen Zulassung. Deren Geltungsdauer kann darüber hinausgehen. Die Regelungen betreffen (vom Ansatz her vorübergehende) Flüchtlingsunterkünfte, nicht Gebäude oder Räume für die Bereitstellung einer (dauerhaften) Wohnnutzung. Der vorübergehende Charakter der Unterbringung von Flüchtlingen und Asylbegehrenden ist daher vom Ausgangspunkt her Gegenstand der BauGB-Flüchtlingsnovelle 2014 und der ergänzenden bis Ende 2019 befristeten Regelungen in § 246 BauGB 2014/2015.

II. Reformbedarf

Kann das dargestellte gesetzliche Konzept so beibehalten werden oder bedarf es einer Reform? Aber in welche Richtung sollen die Vorschriften novelliert werden? Ist angesichts des starken Siedlungsdrucks eine weitere Öffnung des Außenbereichs für vor allem weitere bauliche Nutzungen angemessen oder ist es im Gegenteil eher erforderlich, die Zügel straffer anzuziehen und einer weiteren Inanspruchnahme von Freiflächen entgegenzuwirken?

„Das Bauen im Außenbereich soll erleichtert werden." Dieses Motto zieht sich wie ein roter Faden durch die verschiedenen Gesetzesänderungen, die das BBauG seit seinem Inkrafttreten 1960 durch die Novellen 1976 und 1979, durch das BauGB 1986 und das BauGB-MaßnG 1990 und 1993 sowie durch die weiteren Novellen erfahren hat. Von der lediglich aus drei kurzen Absätzen bestehenden Ursprungsfassung des § 35 BBauG hat sich durch zahlreiche Gesetzesänderungen eine Fassung des Außenbereichsparagraphen herausgebildet, die zu einer erheblichen Erweiterung der Bebauungsmöglichkeiten im Außenbereich und gelegentlich auch zu einem gesetzgeberischen Aktionismus[36] geführt hat.

Im Interesse eines wirksamen Außenbereichsschutzes können diese Erweiterungstendenzen nicht fortgeschrieben werden. Vielmehr muss es darum gehen, das Bauen im Außenbereich auf ein sinnvolles Maß zu begrenzen. Zugleich gilt es, die kompliziert gewordenen Regelungen auf eine überschaubarere und für die Praxis einfacher zu handhabende rechtliche Basis zurückzuführen. Es ist daher eine inhaltliche Rückführung der Bebauungsmöglichkeiten im Außenbereich sowie eine sprachlich übersichtlichere Fassung des Außenbereichsparagraphen empfehlenswert.

---

36 *Scharmer,* Das Bebauungsrecht im unbeplanten Innenbereich, 1992, 127, der auf „situative Steuerungs- und Gegensteuerungsimpulse" verweist und sich auch auf Rupp, Politische Anforderungen an eine zeitgemäße Gesetzgebungslehre, 1986, 42, beruft.

1. Konzept

Der Novellierungsbedarf für Vorhaben im Außenbereich steht in einem größeren Zusammenhang einer städtebaulichen Gesamtkonzeption. Reformvorstellungen zu § 35 BauGB müssen daher eingebunden sein in ein städtebauliches Modell, das einen sachgerechten Ausgleich zwischen berechtigten baulichen Nutzungen einerseits und den Belangen des Natur- und Landschaftsschutzes sowie Umweltschutzes andererseits beinhaltet. Eine Novelle des Städtebaurechts sollte dabei an Zielvorstellungen ausgerichtet werden, die sich etwa in folgenden Thesen zum Städtebau zusammenfassen lassen:[37]

1. Für den Außenbereich müssen die Hauptfunktionen eines naturnahen Landschaftsraumes mit einer land- und forstwirtschaftlichen Nutzung im Vordergrund stehen. Andere, vor allem bauliche Nutzungen, sind nur in dem Umfang zuzulassen, wie sie unbedingt erforderlich sind und die Außenbereichs-Hauptfunktionen nicht erheblich beeinträchtigen.
2. Im Außenbereich ist zwischen Neubaumaßnahmen, Ersatzbau, Nutzungsänderungen mit baulichen Maßnahmen und Erweiterungen zu unterscheiden. Neubaumaßnahmen sind nur in unabweisbaren Privilegierungsfällen zuzulassen. Ersatzbauten können im Sinne eines erweiterten Bestandsschutzes vor allem bei Gebäudezerstörungen durch außergewöhnliche Ereignisse zugelassen werden. Nutzungsänderungen, die von baulichen Maßnahmen begleitet sind, und Erweiterungen von vorhandenen baulichen Anlagen setzen ein dringendes Erfordernis und berechtigtes Anliegen voraus. Im Übrigen hat der Schutz des Außenbereichs Vorrang.
3. Zugleich muss das Städtebaurecht als Instrument zur Bereitstellung von ausreichendem Bauland verstanden werden. Nur so kann gewährleistet werden, dass das Bauen insgesamt auf einem tragbaren Kostenniveau stattfindet und nicht an überhöhten Baulandpreisen scheitert. Auch einkommensschwachen Haushalten muss die Eigentumsbildung ermöglicht werden.
4. Das Städtebaurecht muss daher von unnötigem Ballast bei der Aufstellung und Änderung der Bauleitpläne und bei der Durchführung der Verfahren entlastet werden. Die Bestandskraft der Bauleitpläne muss gestärkt werden. Die Vorschriften über die planungsrechtliche Zulässigkeit von Vorhaben müssen für die Praxis klare und einfach anzuwendende Vorgaben enthalten.
5. Der angestrebte sparsame Flächenverbrauch und der Außenbereichsschutz muss durch eine stärkere Nutzung der bebaubaren Flächen unterstützt werden. Sinnvolle Nachverdichtungsmaßnahmen dürfen nicht an Versiegelungsklauseln oder anderen überzogenen Forderungen scheitern.

---

37 *Eva-Maria Stüer*, Der Außenbereichsschutz, S. 227.

6. Wohnen und Arbeit müssen im Sinne der kurzen Wege stärker als bisher zusammengeführt werden. Die Auflockerung der strikten Trennung von Gewerbe- und Wohngebieten und ein Miteinander von nicht störender gewerblicher Nutzung und Wohnnutzung vermindert endlose Pendlerströme und ist damit auch unter ökologischen Gesichtspunkten erforderlich.
7. Der städtebauliche Vertrag muss als eigenständiges Instrument der Kooperation zwischen Verwaltung und Bürger ausgebaut werden. Gemeinde und Bauherr müssen in die Lage versetzt werden, einzelfallbezogene Regelungen zu treffen, die an die Stelle eines strikten Gesetzesvollzuges treten, wenn diese Regelungen sachlich angemessen sind. Zugleich sollte die Bestandskraft der vorhabenbezogenen Bebauungspläne und der sie begleitenden städtebaulichen Verträge gesichert werden.
8. Belange des Wohnbedarfs oder der Gewerbe- und Industrieansiedlung haben ebenso wie Natur- und Umweltschutzbelange keinen absoluten oder relativen Vorrang. Sie unterliegen vielmehr einer Abwägung im Einzelfall, in die alle betroffenen prinzipiell gleichwertigen Belange einzustellen und zum Ausgleich zu bringen sind. Ein stärkerer Schutz des Außenbereichs wird sich letztlich nur erreichen lassen, wenn er kompensiert und flankiert wird durch stärkere Nutzung der vorhandenen Siedlungsräume einschließlich von Nachverdichtungsmaßnahmen [38]. Dabei müssen durch eine Abwägungsklausel im Naturschutzrecht auch Erleichterungen bei den Ausgleichsmaßnahmen zugelassen werden.
9. Der Bebauungsplan darf sich nicht als starres Vollzugsinstrument verstehen. Die vereinfachte Änderung von Bebauungsplänen muss erleichtert und eine Abweichung von den Festsetzungen im Rahmen einer städtebaulichen Vertretbarkeit gewährleistet werden. Auch die Vorschriften zum nicht beplanten Innenbereich sind so auszugestalten, dass sie einen flexiblen Rahmen für sich einfügendes Baugeschehen und die Entwicklung gewachsener Strukturen gewährleisten.
10. Das Städtebaurecht des Bundes ist auf flankierende Maßnahmen der Länder angewiesen. Die Landesbauordnungen haben mit den Genehmigungsfreistellungen Verfahrenserleichterungen gebracht, allerdings auch eine Kluft zwischen landesrechtlich verfügten Freistellungen und nach wie vor zu wahrenden baurechtlichen Anforderungen entstehen lassen.
11. Die Außenbereichsvorschrift in § 35 BauGB muss stärker als bisher zu einem zentralen Umweltschutzparagraphen des Städtebaurechts entwickelt werden. Eine bauliche Nutzung ist nur dort zuzulassen, wo sie auch unter Berücksichtigung der Freiraumfunktion des Außenbereichs unverzichtbar ist. Die Privilegierungstatbestände des § 35 I BauGB müssen auf das unbedingt erforderliche Maß reduziert und auch die Teilprivilegie-

38 *Scholtissek*, DWW 1991, 99.

rungen auf diejenigen Fallgestaltungen begrenzt werden, in denen die Inanspruchnahme des Außenbereichs für außenbereichsfremde Nutzungen unabweisbar ist.

12. Das Städtebaurecht muss allerdings auch das erforderliche Instrumentarium für die Bereitstellung von Bauland zur Verfügung stellen. Anderseits muss den Belangen des sparsamen Flächenverbrauchs und den Natur- und Umweltbelangen ausreichend Rechnung getragen werden [39]. Der in diesen heterogenen Zielvorstellungen angelegte Konflikt kann wohl nur dadurch sachgerecht gelöst werden, dass die weitere städtebauliche Entwicklung vorwiegend auf die Innenentwicklung konzentriert wird, während der Außenbereich stärker als bisher von der Freiraumfunktion bestimmt ist. Dies würde auch dem Staatsziel Umweltschutz in Art. 20a GG gerecht werden, das Gesetzgebung, Verwaltung und Rechtsprechung verpflichtet, bei ihren Entscheidungen Belangen des Umweltschutzes Rechnung zu tragen. Die Gemeinden müssen daher durch das Städtebaurecht in die Lage versetzt werden, in Gebieten mit Bebauungsplan Nachverdichtungen auszuweisen [40]. Auch im nicht beplanten Innenbereich muss eine intensivere Nachverdichtung ermöglicht werden. Dies könnte durch eine behutsame Erweiterung der Genehmigungstatbestände des § 34 BauGB geschehen. Es könnte auch einiges dafür sprechen, die Abweichungsregelung in § 31 I und II BauGB mit den danach möglichen Ausnahmen und Befreiungen behutsam zu erweitern und in der jeweiligen Einzelfallentscheidung der Baugenehmigungsbehörde als eigenständige Legitimationsquelle auszubauen, die neben die planerische Aussage des Bebauungsplanes tritt. Vergleichbare Erweiterungen könnten sich auch im nicht beplanten Innenbereich als zweckmäßig erweisen. Aus diesen Ausgangsüberlegungen leitet sich ein Reformbedarf sowohl des § 35 BauGB als auch flankierender Regelungen ab.

2. Stärkung der gemeindlichen Planungshoheit

Die Reform sollte den Planungsträgern eine vereinfachte Handhabung des Darstellungsprivilegs ermöglichen. Die vielschichtigen Anforderungen, die von der Rechtsprechung insbesondere bei der Konzentrationsplanung für Windenergieanlagen aufgestellt worden sind, sollten auf ein für die Träger der Planungshoheit erfüllbares Maß zurückgeführt werden. Nach der erheblichen Verringerung der Förderung der Windenergieanlagen durch das EEG 2017 ist der Druck derartiger Anlagen auf den Außenbereich ohnehin zurückgegan-

39 *Kauch*, DVBl 1993, 1033.

40 Hier könnte auch die Heraufsetzung der Höchstmaße der baulichen Nutzung in § 17 BauNVO und eine Erstreckung des § 20 III BauNVO für den Dachgeschoßausbau oder die Kellernutzung auch auf bereits vor dem Jahre 1990 bestehende Bebauungspläne hilfreich sein.

gen. Wird die Privilegierung der Windenergie beibehalten, sollten den Gemeinden und den regionalen Planungsträgern ein vereinfachtes Steuerungsinstrument bereitgestellt werden. Die Privilegierung der Windenergie könnte etwa bereits dann entfallen, wenn der gemeindliche oder regionale Planungsträger bestimmte Standorte für die privilegierte Nutzung ausweist. Das sollte auch dann gelten, wenn eine Untersuchung des gesamten Planungsraumes nicht erfolgt ist. Hierdurch könnte etwa mit anderen nach der BauNVO grundsätzlich zulässigen Nutzungen gleichgezogen werden, ohne dass der gesamte Planungsraum durch die Hand gehen muss. Auch bei der Ausweisung beispielsweise von Einzelhandelsnutzungen oder Vergnügungsstätten sind die kommunalen Planungsträger zur Zufriedenheit der Praxis und der Rechtsprechung bisher gut verfahren, ohne dass jeweils das große Rad eines alle Teile des Planungsraumes untersuchenden Konzeptes gedreht worden ist.

3. Redaktionelle Änderungen bei den öffentlichen Belangen (§ 35 II und III BauGB)

Die öffentlichen Belange wirken nach der gegenwärtigen Rechtslage in unterschiedlicher Weise auf die planungsrechtliche Zulässigkeit von Außenbereichsvorhaben ein. Die in § 35 I BauGB einem privilegierten Außenbereichsvorhaben entgegenstehenden Belange werden dort nicht benannt. Für die durch ein sonstiges Vorhaben beeinträchtigten öffentlichen Belange enthält § 35 II BauGB einen inzwischen recht umfangreichen Beispielskatalog. Im Sinne der Verkürzung der Vorschrift könnte es sich empfehlen, auf eine Aufzählung der einzelnen möglicherweise beeinträchtigten öffentlichen Belange zu verzichten. Das würde auch der früheren Fassung der Innenbereichsvorschrift des § 34 I BBauG entsprechen, in der die öffentlichen Belange ohne Aufzählung im Einzelnen erwähnt waren. Die Streichung des Katalogs könnte vor allem auch deshalb angezeigt sein, weil die Frage der Beeinträchtigung der öffentlichen Belange durch die Rechtsprechung geklärt ist und die Aufzählung ohnehin nicht abschließend ist.

4. Zurückführung der teilprivilegierten Vorhaben

Neben den privilegierten Vorhaben sollte es auch weiterhin eine Gruppe von Vorhaben geben, die unter bestimmten Voraussetzungen planungsrechtlich erleichtert zulässig sind. Allerdings erscheint die bisherige Gesetzesfassung aus den dargelegten Gründen als zu weitgehend. Die Teilprivilegierungsfälle müssen im Sinne eines wirksameren Außenbereichsschutzes auf ihren Kernbereich zurückgeführt werden [41]. Es empfiehlt sich daher, die Teilprivilegierungsregelungen mit neuen Strukturen zu versehen und die einzelnen Teilprivilegierungsfälle nach Gruppen zusammenzufassen. Dabei sind vier Bereiche zu unterscheiden: Neubau, Ersatzbau, Nutzungsänderung und Umbau sowie Erweiterungen.

Die bisherigen, in den Einzelvoraussetzungen teilweise recht unübersichtlichen Fallgestaltungen der Teilprivilegierungsregelungen in § 35 IV BauGB lassen sich in die vorgenannten vier Gruppen gliedern. Auf eine allgemeine Generalklausel muss allerdings ebenso wie bereits bei den privilegierten Vorhaben in § 35 I BauGB verzichtet werden [42]. Unter Neubaumaßnahmen wird dabei eine erstmalige Inanspruchnahme des Außenbereichs durch bauliche Anlagen verstanden. Ersatzbauten betreffen bauliche Anlagen, die als Ersatz für bereits vorhandene Gebäude erstellt werden. Eine weitere Gruppe bilden Nutzungsänderungen von baulichen Anlagen, wobei zumeist eine mehr oder weniger große Umbautätigkeit hinzutritt. Die vierte Gruppe teilprivilegierter Vorhaben sind Erweiterungen bestehender baulicher Anlagen für Wohnen und Gewerbe. Es empfiehlt sich, die künftigen Regelungen der Teilprivilegierungsmöglichkeiten nach diesen Gruppen und nicht nach den jeweils wechselnden städtebaulichen Einzelanliegen zu gliedern. Das Gesetz könnte dadurch nicht nur übersichtlicher gefasst, sondern auch durch eine Begrenzung auf diese Fälle besser als bisher zu einem wirksamen Außenbereichsschutz beitragen.

Außerdem könnte es sich empfehlen, die Innenbereichsregelungen mit einer eigenen Nachverdichtungsklausel sowie die Befreiungsregelungen § 31 II BauGB im Sinne der Stärkung der Innenentwicklung behutsam zu erweitern.

5. Artenschutz

Empfehlenswert ist die gesetzliche Regelung des Artenschutzes im Bereich des Städtebaurechts. Hier könnte durch eine Ergänzung des § 1a BauGB im Sinne einer Vermutungsklausel ein Beitrag dazu geleistet werden, dass in Bauleitplänen ausgewiesene oder im Außenbereich privilegierte Vorhaben in aller Regel nicht an den Anforderungen des Artenschutzes scheitern. Zugleich könnten Doppelprüfungen bei städtebaulichen Planungen und der sich anschließenden Einzelgenehmigung nach Möglichkeit vermieden werden. Zwingende Gründe des überwiegenden öffentlichen Interesses könnten etwa in der Regel angenommen werden, wenn das Vorhaben in einem Bauleitplan ausgewiesen ist, der Nachverdichtung im nicht beplanten Innenbereich dient oder im Außenbereich nach § 35 I BauGB privilegiert oder nach § 35 IV BauGB teilprivilegiert ist.

41 So bereits *Hoppe*, in: Hoppe/Grotefels, ÖffBauR § 8 Rn. 99.

42 So auch die Schlichter-Kommission, Rn. 069, S. 44.

6. Keine weitere Einschränkung der Landwirtschaft

Überlegungen, die Privilegierung der landwirtschaftlichen Nutzung weiter einzuschränken[43], sollten nicht weiterverfolgt werden. Dies gilt sowohl für die Ausdehnung der UVP- und UVP-Vorprüfungspflicht über die unionsrechtlichen Vorgaben hinaus, als auch für Vorschläge, den Begriff der Landwirtschaft in § 201 BauGB wieder auf seine Ursprungsfassung zurückzuschneiden. Die gegenwärtige Fassung des § 201 BauGB, wonach es für eine landwirtschaftliche ausreicht, dass das Futter überwiegend auf den zum landwirtschaftlichen Betrieb gehörenden, landwirtschaftlich genutzten Flächen erzeugt werden kann, sollte nicht verändert werden.

7. Behutsames Vorgehen angesagt

Bestrebungen, den Außenbereichsparagrafen im Sinne einer Ausweitung der Privilegierungstatbestände auszudehnen, sind aktuell nicht erkennbar. Vielmehr deutet alles darauf hin, dass der gegenwärtige Gesetzgebungsbestand bei einer kurzfristigen Betrachtung erst einmal unverändert erhalten bleibt. Das ist für die Praxis beruhigend. Denn nur eine weitgehende Bewahrung des Normenbestandes und allenfalls eine behutsame mittelfristige Anpassung des Städtebaurechts kann die Gewähr dafür bieten, dass die Planungsrechtsnormen in der Praxis ankommen und dort mit Leben erfüllt werden. Kleine wohlüberlegte Schritte, die den planenden Städten, Gemeinden und regionalen Planungsträgern die Anwendung des Planungsinstrumentariums erleichtern, sind im Städtebaurecht und vor allem auch bei den Außenbereichsregelungen wohl besser als ein großer Wurf.

---

43 Entsprechende Vorüberlegungen sind im Bundesministerium für Umwelt, Naturschutz, Bau und Reaktorsicherheit entwickelt worden, so *Hendricks*, Umweltrechtliche Perspektiven, Jahrestagung 2016 der Gesellschaft für Umweltrecht, *Stüer*, DVBl 2017, 29.

III. Berufsrecht

Zur Verfassungsmäßigkeit des Arztmonopols und anderen Unzulänglichkeiten des Deutschen Gesundheitssystems – Ein rechtspolitischer Blick auf einen gesellschaftlichen Brennpunkt

Ullrich Eidenmüller

Einleitung

Das Recht ordnet das Zusammenleben innerhalb einer Gesellschaft. Es hat dienende Funktion. Es soll ordnen, befrieden. Es kann aber auch einengen. Es kann überkommene Normen zementieren, wenn es nicht rechtzeitig auf Veränderungen reagiert. Und es kann genau dazu auch instrumentalisiert werden.

Der nachstehende Beitrag untersucht diese Grundsätze am Beispiel eines zentralen gesellschaftspolitischen Bereichs, dem Gesundheitswesen. Das Gesundheitswesen in Deutschland befindet sich in einer Art vordemokratischem Zustand. Aus nicht-kodifizierter Allzuständigkeit des Arztes ist ein Geflecht aus Heilserwartung, hierarchischen Strukturen und handfesten materiellen Interessen entstanden, das die Entfaltung anderer Gesundheitsberufe zu Lasten der Qualität der Patientenversorgung blockiert. Der Beitrag fordert, das Zusammenwirken der Gesundheitsberufe rechtlich neu zu ordnen. Das Ziel sollte es sein, die Berufe auf Augenhöhe zu vernetzen, wobei der jeweilige Beitrag ausschließlich von der beruflichen Qualifikation abzuleiten ist.

Der Beitrag versteht sich als rechtspolitische Handreichung eines Praktikers mit juristischem Hintergrund. Er setzt sich für eine Verlagerung von Verantwortung von der planerisch-verwaltenden Ebene in den operativ handelnden Bereich ein. Die Vertiefung der hier angeschnittenen verfassungsrechtlichen Fragen überlässt der Verfasser dem geschätzten und ausgewiesen kompetenten, hier zu laudierenden Jubilar.

I. Die Berufe des Gesundheitswesens ordnen sich neu

1. Die Selbstverwaltung als Ordnungsprinzip der Gesundheitspolitik

Das Gesundheitswesen ist in Deutschland nach dem Ordnungsprinzip der Selbstverwaltung organisiert.[1] Sie genießt, anders als die kommunale Selbstverwaltung, keinen verfassungsrechtlichen Schutz. Auf der Basis staatlicher Rahmengesetze übernehmen die Standesorganisationen der einzelnen Berufsstände die eigentlich staatliche Aufgabe einer effizienten Gesundheitsversorgung in Eigenverantwortung. In der Praxis hat sich die Selbstverwaltung in den vergangenen Jahrzehnten zu einem mächtigen, kaum durchschaubaren Geflecht von Berufsverbänden der Ärzte, Zahnärzte, Apotheker, Industrie, Krankenkassen, Sozialversicherungen, Arbeitsgemeinschaften, allfälligen Interessenverbänden und halbstaatlichen Strukturen entwickelt. Lenkende Eingriffe des Gesetzgebers zerschellen an den Klippen der Lobbys, gut gemeinte Jahrhundertreformen schrumpfen im Interessenkampf zu unbedeutenden Wegmarken. Allein in ihrer Rolle als Beschaffer neuer Mittel für das System ist die Politik unumstritten geliebter Partner.

2. Die Selbstverwaltung im Selbstverständnis der Ärzteschaft

Bei alldem gibt es eine Konstante, die scheinbar unverrückbar ist: die Rolle des Arztes als zentrale Schaltstelle. Und das hat Folgen.

Nun wird niemand daran rütteln wollen, dass es der Arzt ist, der aufgrund seiner Ausbildung eine Kernfunktion im Gesundheitswesen hat, schon immer gehabt hat und immer haben wird. Und doch muss erstaunen, wie selbstverständlich es die Gesellschaft hinnimmt, dass sich die organisierte Ärzteschaft bis heute eine monopolartige Zuständigkeit im Vergleich zu anderen Heilberufen bei der Behandlung von Patienten zuschreibt. Die medizinische Selbstverwaltung schrumpft im Selbstverständnis der Ärzteschaft zur ärztlichen Selbstverwaltung. Bei der Definition von Heilberufen tauchen die pflegerischen und therapeutischen Berufe nicht auf.[2] Medizinische Aufgaben werden gerne als ärztliche Aufgaben monopolisiert, begleitende Berufe als Dienstleister angesehen, an die Aufgaben allenfalls delegiert, nicht aber eigenständig übertragen werden können. Die Hierarchien sind klar gegliedert. Es mangelt dem arztzentrierten System an horizontaler Durchlässigkeit, an Zusammenarbeit der beteiligten Berufe auf Augenhöhe.

1 *Dr. Gerhard Vogt*, Selbstverwaltung als Ordnungsprinzip, Vortrag vor der medizinischen Fakultät der Universität zu Köln am 31.01.2002, m.w.N. in: Dokumentenarchiv der Ärztekammer Nordrhein.

2 *Vogt* (Fn. 1) m.w.N.

3. Wie kommt dieses ungerührte Selbstverständnis der Ärzteschaft zu Stande?

Den Außenstehenden überrascht immer wieder, dass die eigentliche Umschreibung dessen, was ein Arzt eigentlich tun darf, gesetzlich an keiner Stelle klar umrissen ist. Der allgemeine Arztvorbehalt der §§ 15 („Ärztliche Behandlung wird von Ärzten erbracht“) und 28 („Die ärztliche Behandlung umfasst die Tätigkeit des Arztes, die zur Verhütung, Früherkennung und Behandlung von Krankheiten nach den Regeln der ärztlichen Kunst ausreichend und zweckmäßig ist.“) des SGB V gelten nur für den Erstattungsbereich der gesetzlichen Krankenversicherung. Für den eigentlichen Schutz der Ausübung der Heilkunde durch den Arzt gibt es lediglich die negative Befugnisabgrenzung durch den Erlaubnisvorbehalt des Heilpraktikergesetzes, dort § 1 sowie die Aufgabenbeschreibung in Spezialgesetzen wie Arzneimittelgesetz, Betäubungsmittelgesetz oder Infektionsschutzgesetz. Sonderrechte gelten auch für Zahnärzte und Psychotherapeuten.

Nach § 1 HeilpraktikerG ist die Ausübung der Heilkunde „jede berufs- oder gewerbemäßig vorgenommene Tätigkeit zur Feststellung, Heilung oder Linderung von Krankheiten, Leiden oder Körperschäden bei Menschen“. Innerhalb dieser Definition dürfen medizinische Leistungen in Deutschland nur von Ärzten und Heilpraktikern erbracht werden. Die Sonderstellung der Heilpraktiker gegenüber den übrigen Berufen des Gesundheitswesens wird noch zu beleuchten ein.

Es verdient, festgehalten zu werden, auf welch schmaler kodifizierter Basis sich das auf den Arzt zugeschnittene Gesundheitswesen bewegt. In der Praxis ist der „Arztvorbehalt“ allerdings kaum hinterfragter Grundsatz für die Zuweisung von Kompetenzen und finanziellen Mitteln geworden.

4. Was sind die Folgen des arztzentrierten Systems?

Jedes System kann sich überkommene Strukturen leisten, solange sie effektiv und bezahlbar sind. Weder das eine noch das andere gilt allerdings heute für das Gesundheitssystem in Deutschland. Nie waren so viele Ärzte in Deutschland tätig; die Kosten des Gesundheitswesens steigen Jahr um Jahr, die Klage über Mangelversorgung ebenfalls.

Die Ärzteschaft allein kann eine geordnete Gesundheitsversorgung in Deutschland nicht länger aufrechterhalten, vor allem nicht im ambulanten Bereich, und dort nicht in ländlichen Gebieten. Die Gründe dafür liegen heute offen. Die Selbstverwaltung der Ärzteschaft allerdings hat sie nicht erkannt. Mit fatalen Folgen.

1. Das beginnt bei der demographischen Entwicklung der Gesellschaft. Niemandem, schon gar nicht den Organisationen mit einem gesellschaftlichen Versorgungsauftrag, konnte verborgen bleiben, dass die dem Pensionsalter

nahe Baby-Boomer-Generation im Zeitalter des wohlstandsbedingten Geburtenmangels nicht 1:1 zu ersetzen sein würde.

2. Das ist nicht das einzige Versäumnis. Die Augen wurden geschlossen vor einer Entwicklung, die in der Gesellschaft nahezu alle Bereiche längst erfasst hatte und nun auch auf das Gesundheitswesen einwirkt: der Trend zu größeren Einheiten, der Wille, vernetzt zu arbeiten. So wie „Tante Emma" im Einzelhandel vor Jahrzehnten bereits neue Geschäftsmodelle entwickeln musste, wie sich die freien Berufe der Architekten oder Rechtsanwälte seit Langem zu kooperativen Arbeitseinheiten zusammenschließen, ist auch im Gesundheitswesen der Trend zu größeren Einheiten, die den Patienten breites Fachwissen und den Ärzten kollegialen Austausch bieten, längst im Gange. Die traditionelle Einzelpraxis wird nur als Ausnahme überleben können. Und wurde dennoch von den Standesvertretern der Ärzteschaft und deren Organisationen bis zuletzt als Leitbild des freien Arztberufs gehandelt.
3. Und ein Drittes und Entscheidendes kommt hinzu: wie in allen anderen gesellschaftlichen Bereichen, wie in allen anderen Berufen sind auch junge Ärztinnen und Ärzte nicht mehr bereit, ihren Lebensinhalt am Vorbild der Vorgeneration auszurichten. Die Liebe zum Beruf bleibt durchaus erhalten; neben die Berufsausübung aber treten Familie und Freizeit als zumindest gleichwertige Teile des Lebens. Der Arbeitsalltag des liebenswerten Landarztes mit 60-Stunden-Woche und Nachtdiensten ist kein Vorbild mehr; er schreckt. Gesucht wird die geregelte (Teilzeit-) Arbeit, in kollegialer Vernetzung, ohne finanzielle Risiken und organisatorische Überlastung. Die Lebensarbeitszeit pro Arzt nimmt deutlich ab.

Daraus folgt: Aus der Kombination von Demographie, Strukturwandel und veränderter Berufsauffassung heutiger Jungärzte ergibt sich zwingend, dass der Arzt allein die Gesundheitsversorgung auf heutigem Stand nicht aufrechterhalten kann. Das arztzentrierte System überkommener Provenienz hat ausgedient.

Wenn aber der Arztstand alleine eine angemessene Versorgung nicht mehr garantieren kann, dann ist der Sicherstellungsauftrag auch bei der KV nicht mehr an der richtigen Stelle – zumal die KV, wie ausgeführt, diesem Auftrag ohnehin nicht angemessen nachgekommen ist. **Der Gesetzgeber ist gut beraten, der ärztlichen Selbstverwaltung den Sicherstellungsauftrag zu entziehen.**

Eine Übertragung an die Organisationen der Krankenversicherungen ließe indes nur Interessenkonflikte mit deren Auftrag der kostenbegrenzenden Mittelverwaltung befürchten. Naheliegend ist es, die Beplanung der Niederlassungs- und Versorgungsstrukturen komplett aufzugeben und sie, vergleichbar der Niederlassungsfreiheit im Bereich der Zahnärzte, den freien Vereinbarungen zwischen Gesundheitsberufen, Patienten und Krankenversicherungen zu überlassen.

Da die Bereitschaft zu einer solch fundamentalen Systemänderung wohl eher zurückhaltend zu beurteilen ist, sollte die Planungskompetenz zumindest auf die Ebene der **bürgerschaftlichen Selbstverwaltung übertragen** werden, die im Bereich der Gesundheitsämter kompetente Strukturen bereithält.

5. Begegnung auf Augenhöhe

Was aber wird an die Stelle des traditionellen, auf den Arzt zentrierten Versorgungssystems treten? Noch einmal soll betont werden, dass der Arzt auch in Zukunft der zentrale Player im Gesundheitswesen sein wird. Seine Kernkompetenz ist unersetzlich. Aber neben ihn müssen qualifizierte Berufe treten, die ihn entlasten. Das zu bejahen heißt gleichzeitig auch, zu erkennen, dass diese begleitenden Berufe ihre ganz eigenen Qualifikationen in den Versorgungsablauf einbringen, die das Handeln des Arztes ergänzen. Und zwar auch Qualifikationen, die der Arzt nicht hat – die der Arzt qua Ausbildung auch gar nicht haben kann, die für die Behandlung des Patienten aber ein ebenso wichtiger Beitrag sind. Wenn aber diese Berufe mit ihren eigenständigen Qualifikationen neben den Arzt treten, so kann ein Organisationssystem auch nur erfolgreich sein, wenn es die Begegnung der Berufe auf Basis der Gleichberechtigung, also auf Augenhöhe widerspiegelt. So erwartet es auch die heutige Gesellschaft, die das Prinzip der hierarchischen Ordnung grundsätzlich hinterfragt.

II. Auf dem Weg zur Lösung: Delegation oder Substitution

Für die Umsetzung dieses Ordnungsprinzips stehen die beiden Begriffe der Delegation, also der Übertragung ärztlicher Aufgaben an andere Dienstleister unter der Oberaufsicht des Arztes sowie der Substitution, der eigenverantwortlichen Erbringung medizinischer Leistungen durch andere Berufsträger. Während das Prinzip der Delegation zunehmend genutzt, ja aus der Ärzteschaft heraus sogar intensiv gefördert wird, wird das Mittel der Arztentlastung durch Substitution bei der überwiegenden Zahl der Ärztevertreter strikt abgelehnt. Als Begründung dafür dienen – naheliegend – Fragen zur Qualifikation und Berufsethik. Hinter dem Vorhang allerdings schimmert durch, dass delegierte Leistungen nach wie vor vom Arzt selbst liquidiert werden können, während bei der substituierenden Übertragung die Leistung vom arztersetzenden Beruf abgerechnet wird. Hony soit, qui mal y pense.

1. Die Position der organisierten Ärzteschaft: Verharren im Schützengraben

Zu Beginn der Suche nach Arztentlastung im Zeitalter des heraufziehenden Ärztemangels las sich die Stellungnahme der organisierten Ärzteschaft noch positiv-neutral. 2014 äußerte sich der Ärztetag zum Koalitionsvertrag abwartend: „Eine erweiterte Übertragung ärztlicher Aufgaben an Angehörige nichtärztlicher Berufe ist zu begrüßen, solange sie unter der Prämisse der Arztentlastung nach Kriterien der Gewährleistung und Verbesserung der Versorgungsqualität erfolgt.“[3]. Unter diesen Gesichtspunkten wäre auch der Weg zur Substitution offen. Ein Jahr später allerdings positionierte man sich bereits klarer: „Die Akademisierung von Gesundheitsfachberufen mit dem Ziel der Substitution ärztlicher Tätigkeit ist sowohl aus Gründen der Patientensicherheit als auch zur Vermeidung einer immer weitergehenden Fragmentierung der Versorgung abzulehnen.“[4] Und: „Die Delegation ärztlicher Leistungen in geeigneten Teilbereichen an besonders dafür qualifiziertes nicht ärztliches Personal kann Ressourcen schonen.“[5] 2016 heißt es schließlich unverhüllt: „Die Übernahme von ärztlichen Aufgaben durch Assistenzberufe wird abgelehnt. Eine Ausweitung von ärztlichen Assistenzberufen ist keine geeignete Lösung zur Bekämpfung des Ärztemangels.“[6]

Bei der Suche nach einer patientenorientierten Lösung beim neuen Zusammenspiel der Gesundheitsberufe ist die organisierte Ärzteschaft mithin derzeit kein zugänglicher oder gar undogmatischer Partner.

2. Delegation auf dem Vormarsch

Der Zug der Delegation ärztlicher Leistungen auf Assistenzpersonal ist nicht nur abgefahren, er fährt unter Volldampf. Die Vereinbarung über die Delegation ärztlicher Leistungen in der ambulanten vertragsärztlichen Versorgung ist seit 2013 in Kraft[7], die Abrechnung delegierter Leistungen ist in der GOÄ verankert[8], neue Ausbildungsgänge für Nichtärztliche Praxisassistenten („NäPAs“ – in den einzelnen Bundesländer heißen sie Verah, Moni oder Agnes) werden angeboten und genutzt. Die NäPAs entlasten den Arzt durch Übernahme von Hausbesuchen, setzen Spritzen und sind schon heute aus der ambulanten Arztpraxis nicht mehr wegzudenken. Mit In-Kraft-Treten der Delegationsvereinbarung am 1.1.2017[9] ist eine umfassende Übertragung von Behandlung und Begleitung älterer, chronisch Kranker oder Dementer in der Häuslichkeit oder in Heimen möglich.

3 Ärztetag 2014, Vorlage VII-16.
4 Ärztetag 2015, Beschluss VI-12.
5 Ärztetag 2015, Vorlage VI-65.
6 Ärztetag 2016, Entschließung IV-74.
7 S. Anlage 24 zum BMV-Ä.
8 § 4 Abs. 2 GOÄ.
9 Nach § 87 Abs. 2b Satz 5 SGB V.

Medizinische Aufgaben können auf Berufe der Medizinischen Fachangestellten oder auch Krankenpfleger übertragen werden – mit dem Zusatz allerdings, dass eine mindestens dreijährige Berufserfahrung in einer hausärztlichen Praxis nachgewiesen werden muss. Ein Hemmschuh, verbaut das doch in der Praxis den Pflegekräften den Zugang zu diesen ärztlichen Leistungen, obgleich sie im Umgang mit den zu betreuenden Patienten gewiss keine geringere Erfahrung haben als die Angestellten der Arztpraxis. Auch hier mag der Verbleib der Abrechnungsfähigkeit der Leistung beim Arzt selbst zumindest unterschwellig ein Regelungsgrund gewesen sein. Weniger gesetzliche Regulierung wäre mehr gewesen.

3. Substitution: Mit Vorliebe aufs Abstellgleis.

Dem gegenüber leistet die organisierte Ärzteschaft der Absicht, einer Substitution ärztlicher Tätigkeiten durch andere Medizinberufe zum Durchbruch zu verhelfen, seit nahezu einem Jahrzehnt hinhaltend und bislang erfolgreich Widerstand. Bereits 2008 hatte der Gesetzgeber den Beteiligten der Selbstverwaltung eingeräumt, in Modellvorhaben die „Übertragung definierter ärztlicher Tätigkeiten, bei denen es sich um selbstständige Ausübung von Heilkunde handelt und für die die Angehörigen der … Berufe auf Grund einer Ausbildung … qualifiziert sind, auf diese vorzusehen.“[10] Eine Konkretisierung sollte der Gemeinsame Bundesausschuss leisten. Nach jahrelanger und äußerst kontrovers geführter Auseinandersetzung innerhalb des G-BA trat 2012 zunächst einmal eine Richtlinie in Kraft, in der allerdings neben einem Katalog übertragbarer Tätigkeiten die Messlatte der Qualifikation an die berechtigten Berufe derart hoch gelegt wurde, dass bis zum heutigen Tag bundesweit nicht ein einziges Modellvorhaben in die Bewertung kam. Diagnose: bewusst auf das Abstellgleis manövriert. Und eine Änderung ist in diesem Zusammenhang nicht zu erwarten, heißt es doch in einer Entschließung des deutschen Ärztetags 2015 offen: „Der Ärztetag warnt vor der vorschnellen (sic!) Umsetzung solcher Maßnahmen. Zunächst müssen die laufenden Modellvorhaben zur Substitution von ärztlichen Leistungen abgeschlossen und ausgewertet werden, um valide Daten zu erhalten.“[11] Der Ärztetag 2017 schließlich gefällt sich sogar darin, die Tür zum Miteinander der Gesundheitsberufe endgültig zuschlagen zu wollen („Der 120. Deutsche Ärztetag lehnt die Substitution ärztlicher Leistungen und Aufgaben durch nichtärztliche Gesundheitsberufe konsequent ab.“ Beschluss 1b-27).

---

10 § 63 Abs. 3c SGB V.

11 Ärztetag 2015, Entschließung VI-62.

4. Der Arztvorbehalt auf dem Rückzug

Und dennoch: Die schleichende Erodierung des Arztvorbehalts hat eingesetzt. Der Weg der Gesundheitsberufe von der ehemaligen Stellung als Heilhilfsberufe hin zu fachlich eigenständigen Berufen ist bereits erkennbar. Traditionell schon haben die Hebammen das unbestrittene Recht, im Rahmen ihrer Ausbildung und Qualifikation ärztliche Leistungen zu erbringen und abzurechnen. In jüngerer Zeit kamen so unterschiedliche Berufe wie die nichtärztliche Chirurgieassistenz, Orthoptisten oder Rettungsassistenten, demnächst auch Physiotherapeuten hinzu, denen aus unterschiedlichen Gründen die eigenständige Verrichtung definierter, ehemals dem Arzt vorbehaltener Tätigkeit übertragen wurde und wird. Gemeinsam ist diesen Berufsfeldern, dass sie den Arzt jeweils nur sehr partiell ersetzen, und zwar dort, wo sie ihre **spezielle Ausbildung auf zumindest gleichem Niveau** einzubringen vermögen. Sie verfügen über Spezialwissen und Fähigkeiten, die der Arzt wegen der Breite seiner Ausbildung und der zunehmenden Spezialisierung nicht (mehr) haben kann. Wo das aber so ist, sprechen keine überzeugenden Argumente dagegen, von der Möglichkeit der **Arztsubstitution** dann auch **aktiv Gebrauch zu machen**, Änderungen des jeweiligen Berufsrechts eingeschlossen.

5. (Verfassungs-)Rechtliche Aspekte des Arztvorbehalts

Der Arztvorbehalt findet, wie ausgeführt, seine Grundlage in der Zuweisung der Heilkunde an Ärzte und Heilpraktiker in § 1 des HeilpraktikerG. Für den Arzt galt eine Bestallung, den Heilpraktiker hat das 1939 eingeführte Gesetz dem Erlaubnisvorbehalt samt einer Mindestqualifikation unterworfen. Nicht jeder, der sich zum Heilen berufen fühlte, sollte seine Dienste anbieten können. Eine Unterscheidung aber, welche Tätigkeiten ein Heilpraktiker, der auf Basis dieses Gesetzes mit einer Mindestqualifikation medizinische Tätigkeiten anbieten darf und welche dieser medizinischen Tätigkeiten spezifisch dem Arztstand vorbehalten bleibt, trifft das Gesetz nicht. Mit der Folge, dass der Heilpraktiker bis zum heutigen Tag ohne gesetzlich geregelte medizinische Ausbildung nach Beprüfung durch das Gesundheitsamt medizinisch tätig werden kann. Dabei darf er grundsätzlich weitgehend die medizinischen Dienstleistungen eines Arztes anbieten.

a) Wenn das aber so ist[12], dann stellt sich die Frage, ob diese Privilegierung des Heilpraktikers nicht gleichzeitig eine **unzulässige Diskriminierung ande-**

12 Man kann es auch grundsätzlich anders sehen, wie das absolute Verbot des Berufs eines Heilpraktikers in Österreich zeigt, das vom EuGH – EuGHE I 2002, 6515 – bestätigt wurde.

rer Gesundheitsberufe bedeutet. Immerhin öffnet die Rechtsordnung hier einem Beruf mit einer doch sehr überschaubaren, zudem staatlich nicht geregelten Ausbildung den Weg zur eigenständigen Erbringung und Abrechnung medizinischer Leistungen, den sie gleichzeitig staatlich geregelten – pflegerischen und therapeutischen – Ausbildungsberufen verschließt.

Es liegt mehr als nahe, dass hier eine Neubewertung zu erfolgen hat. Ein Gesetz, das auf dem Kenntnis- und Ausbildungsstand des Jahres 1939 beruht, ist kaum noch eine taugliche Grundlage für die Bewertung der Befugnisse von qualifizierten Gesundheitsberufen des Jahres 2017. Zumal das Gesetz 1939 nicht Qualifikationen ausschließen, sondern im Gegenteil Mindestqualifikationen einfordern wollte.

b) Soweit also Berufe des Gesundheitswesens qualifiziert in Tätigkeiten ausgebildet werden, die als Ausübung der Heilkunde im Sinne des § 1 Abs. 2 HeilpraktikerG einzuordnen sind, sollten sie auch die Berechtigung haben, diese Leistungen anzubieten. **Das Heilpraktikergesetz ist dann entweder erweiternd auszulegen oder an den Grundsätzen des Art. 12 GG neu zu justieren.** Diese Frage gewinnt gerade in den Zeiten Ausbildungsgängen Bedeutung, die diese Berufe bis zur Akademisierung qualifizieren.

c) Bejaht man in diesem Sinne eine freie Berufsausübung, dann verliert auch die derzeitige Debatte über eine Unterscheidung in Delegation oder Substitution bislang ärztlicher Leistungen ihre Bedeutung. Die Abgrenzung zu den beruflichen Belangen des Ärztestandes wäre nicht länger das entscheidende Kriterium. **Das einzige Zulassungsmerkmal ist dann die Qualifikation.**

d) Schließlich stellt sich die Frage, ob nach Bejahung einer grundsätzlichen Zugangsberechtigung aller Berufe mit definierter Qualifikation zum Gesundheitsmarkt die monopolartige Stellung der Ärzteschaft in Bezug auf den **Zugang zur kassenärztlichen Versorgung** noch aufrechterhalten werden kann. Auch hier wird der absolute Ausschluss, wie ihn die §§ 15 und 28 SGB V vorsehen, an Art. 12 GG zu messen sein. Der verfassungsrechtliche Anspruch auf Einbeziehung qualifizierter Leistungen von Gesundheitsberufen in die Versorgung auch gesetzlich Versicherter sollte gegen die widersprechende einfach-rechtliche Norm des Heilpraktikergesetzes überlagern.

Soweit ersichtlich, hat sich das Bundesverfassungsgericht bislang weder zur Sonderstellung der Heilpraktiker in Bezug auf konkurrierende Gesundheitsberufe noch zur Einbeziehung nichtärztlich erbrachter medizinischer Leistungen in die gesetzliche Krankenversicherung geäußert.

III. Das Recht und der Einsatz von IT im Gesundheitswesen

Im Folgenden soll unterstellt werden, dass in hoffentlich nicht allzu ferner Zukunft die aufgezeigten Maßnahmen zur Deregulierung berufsrechtlicher Schranken die intrinsischen Kräfte des Gesundheitsmarkts entfalten konnten. Dann stellt sich die Frage, ob und inwieweit diese befreiten Kräfte sich beim Umgang mit der neuen Kommunikationswelt auch dort vergleichbaren Hindernissen gegenüber sehen.

1. Smart medicine öffnet Tore

Medizinische Erkenntnisse beruhen bis zum heutigen Tag zu weiten Teilen auf Empirie. Das Innere des Menschen, die Bausteine des Lebens, bergen nach wie vor große Geheimnisse. Auch im Zeitalter der Entdeckung des Genoms und der Entschlüsselung der DNA sind es noch immer die Ergebnisse von langfristig angelegten vergleichenden Untersuchungsreihen, die neuen Therapieansätzen den Weg zeigen. Dabei bleibt es die Schwäche solcher Untersuchungsreihen, dass die zugrunde gelegten Parameter, der ausgesuchte Personenkreis und die individuelle Blickrichtung des Forscherteams die Ergebnisse und damit deren allgemeine Verwertbarkeit allzu oft relativieren. Um solche Effekte zu verifizieren und Korrelationen aufzuschlüsseln, sind große Datenmengen nötig. Hier öffnet sich das Einfallstor für Smart medicine. Die Sammlung von vielen Millionen Daten über digitale Kommunikationsmittel – vom PC über das Smartphone und deren Apps bis zu körpernahen oder gar körperintegrierten Datenträgern – kann der Medizin Siebenmeilenstiefel anziehen. Die Masse der Daten macht es, dass Smart Medicine den herkömmlichen Forschungsreihen weit überlegen ist. Fehlinterpretationen wird vorgebeugt, für die Behandlung auch seltenster Krankheiten wird ausreichend Datenmaterial geliefert und Wechselwirkungen werden erkennbar, die bislang nur vermutet werden können.

2. Die Daten und der Schutz

Wer in Deutschland das Wort Daten verwendet, denkt das Wort Schutz als Schere im Kopf mit. Und in der Tat ist die Würde des Menschen aufs Engste mit der unumschränkten und ausschließlichen Herrschaft über das Wissen um seine höchst persönlichen Daten verknüpft. Was aber, wenn er sich dieser Herrschaft freiwillig begeben will? Wenn er in vollem Bewusstsein seine Daten mit anderen teilen will? In den sogenannten sozialen Netzwerken ist das Preisgeben höchstpersönlicher Daten geradezu Kerninhalt. Wir sehen es, tadeln es – und dulden es. Im Bereich der Gesundheitsdaten aber sieht sich die Gesellschaft aufgerufen, strengste Maßstäbe an die Weitergabe von Daten zu richten. Das Ringen um die elektronische Gesundheitskarte ist ein aberwitziges Beispiel dafür. Gestartet als die Aussicht, auf diesem Wege eine verlässliche, umfassende und schnelle Kommunikation zwischen Patient und Behandlern zu ermöglichen, ist sie gelandet als Bettvorleger. Ein Geflecht aus beharrenden Standesinteressen und überhöhten Schutzzäunen hat es geschafft. Nach zehnjähriger Diskussion geht die eGK nun an den Start, inhaltlich reduziert auf die Eigenschaft als Berechtigungsausweis zur Inanspruchnahme von medizinischen Leistungen.

3. Der Datenschutz als Kampfschild

Das Hauptargument, mit dem die Gegner der eGK ins Feld zogen und das die Debatte jahrelang dominierte, war die vermutete Verletzung von Datenschutzvorschriften.

Bis zum Bundesverfassungsgericht führte der Weg die Gegner der eGK. Zuletzt musste das Gericht sogar eine Verfassungsbeschwerde zurückweisen, mit der der Beschwerdeführer das Ziel verfolgte, die Speicherung des Lichtbilds auf der eGK zu verhindern.[13] Zuvor hatte das Landessozialgericht Baden-Württemberg – E. v. 21.6.16; L 11 KR 2510/15 – feststellen müssen, dass bei Einwilligung des Versicherten die Verwendung der eGK nicht gegen das Recht auf informationelle Selbstbestimmung des Versicherten verstößt. Bis hin zu religiösen Gründen[14] reichten die Einwände, mit denen sich die Gerichte auseinanderzusetzen hatten. Größer könnte die Diskrepanz zwischen der Absicht des Gesetzgebers und dem gesellschaftlichen Umgang mit diesem Gesetz in der Praxis kaum sein. Denn im Gegensatz zur gesellschaftlichen Diskussion, die Signal zu ausschließlich damit befasst, die Daten selbst und ihre Übertragung zu schützen, hält der Gesetzgeber schon in § 1 des Bundesdatenschutzgesetzes fest, dass Adressat der Norm der Inhaber der Daten, der Mensch selbst ist: „Zweck dieses Gesetzes ist es, den Einzelnen davor zu schützen, dass er durch den Umgang mit seinen personenbezogenen Daten in seinem Persönlichkeitsrecht beeinträchtigt wird."[15] Er ist es auch, der auf das Recht, seine Daten nicht von Dritten erhoben und genutzt zu sehen, verzichten kann, § 4 DSHG. In der öffentlichen Diskussion haben sich die Daten freilich verselbstständigt, nicht ihr Träger steht im Mittelpunkt, sie selbst sind zur eigenen Rechtspersönlichkeit mutiert.

13 BVerG E. v. 17.10.16; 1 BvR 2183/16.

14 Vgl. SG Stralsund, E. v. 19.10.15; S 3 KR 235/15 ER.

15 § 1 Abs. 1 BDSG.

4. Digitalisierung im Gesundheitswesen – was nun?

Es ist festzuhalten: Es waren nicht Politik und Gesetzgeber, die die Luft aus der eGK gelassen haben. Es war die Kraft des gesellschaftlichen Widerstands, die ein Projekt zu Fall gebracht hat, dessen Nutzen im Grunde auf der Hand lag, aber am Ende gar nicht mehr diskutiert wurde. Man mag sich ausmalen, mit welcher Wucht diese innere Haltung der Gesellschaft sich gegen den Einbruch der digitalen Realität in das Gesundheitswesen, der gegenwärtig unter den Stichworten smart medicine und data sharing bereits Raum greift, zur Wehr setzen wird. In einer Gesellschaft, in der das Streben nach Sicherheit und die Angst vor den negativen Folgen von Veränderungen die Neugierde auf und die unbefangene Bewertung von künftigen Entwicklungen überwiegen, lässt sich mit dem Gespenst des gläsernen Menschen ohne große Mühe eine faktennegierende Grundstimmung schaffen und nutzen.

Der Gesetzgeber ist in diesem Zusammenhang zu allerletzt gefragt. Er hat mit den Datenschutzbestimmungen eine Grundlage geschaffen, die sowohl die Rechte des Einzelnen zu wahren geeignet ist als auch einer unzulässigen Verwertung privater Daten Einhalt gebieten kann. Der Appell geht in diesem Zusammenhang eher dahin, dass sich **der Gesetzgeber** in der anstehenden Debatte **nicht in die Defensive drängen** lässt und von einer **Verschärfung** der Bestimmungen **absieht**. Da das Recht den Menschen zu dienen hat, sollte es auch bereit sein, ins zweite Glied zurückzutreten, wenn es nicht gebraucht wird. Eine harte gesellschaftliche Debatte muss sowohl stattfinden als auch ertragen werden. Und nachlaufende Korrekturen einer als unvollständig erkannten Regelung sind allemal besser als ein vorbeugendes Netzwerk, das eine Entwicklung erstickt. Aufzuhalten ist die Entwicklung ohnehin nicht. Als Indiz mag die Leichtigkeit dienen, mit der sich Menschen rund um die Welt und auch in Deutschland der vielen Tausenden von Gesundheitsapps bedienen und Daten über die eigene Befindlichkeit dem Netz passiv oder auch ganz offen aktiv zur Verfügung stellten. Es ist nicht einzusehen, den Dres. Google und Apple alleine die Zukunft zu überlassen. Auch Data Sharing von Epic Systems („care everywhere“) und andere Anbieter sind lange schon aus den Startlöchern. Das weltweit dynamische Feld der Gesundheits-Software wartet nicht auf den Deutschen Ärztetag.

Als Grundlage jedes Datenaustauschs versteht sich im Übrigen von selbst, dass die Herausgabe persönlicher Daten freiwillig erfolgt, ihre Vertraulichkeit im Verhältnis zwischen Behandler und Patient gewahrt ist und eine Abgabe zur Auswertung in der großen „cloud“ nur anonymisiert möglich ist.

5. Der elektronische Patientenbrief

Liegen die Gestaltungsaufgaben im Bereich der Datennutzung eher nicht beim Gesetzgeber, sondern im Bereich der gesellschaftlichen Auseinandersetzung, so eröffnet die neue Kommunikationswelt in anderen Bereichen durchaus Felder, auf denen der Gesetzgeber gefragt ist. Im außerordentlich dynamischen Bereich des Einsatzes der Telemedizin im Gesundheitswesen zeigen sich viele Entwicklungen, denen flankierend Türen zu öffnen sind. Hier bremst der Gesetzgeber. Die Einführung des sogenannten elektronischen Patientenbriefs macht er mit Inkrafttreten des E-Health-Gesetzes zum 1.1.2016 davon abhängig, dass zunächst dessen finanzielle Auswirkungen, die Sicherheit der Datenübermittlung und die Einheitlichkeit der verwendeten Softwaresysteme abgesichert sein müssen. Nach bewährter Manier wird die Ausführung den Beteiligten der Selbstverwaltung in einer einzurichtenden Projektgruppe überlassen, vgl. § 291f SGB V. Mit anderen Worten: Der Patientennutzen wird überlagert, die Umsetzung auf die lange Bank geschoben, die Erfahrungen mit der eGK lassen nichts Gutes erwarten. Der Beschluss des Deutschen Ärztetags 2016, der die Leitung der Projektgruppe durch die gesetzlichen Krankenkassen „mit Nachdruck ablehnt“[16], hat das Tauziehen eröffnet.

Ein spürbares **Perfektionsstreben des Gesetzgebers verhindert** pragmatische Tageslösungen. Die Praxis bahnt sich, wie nicht anders zu erwarten, längst ihren eigenen Weg. Arztbriefe, Medikations- und Therapieanweisungen werden im offenen Mail- oder Faxaustausch zwischen den Beteiligten gewechselt. Unerfindlich, weshalb der Gesetzgeber nicht **Mindeststandards** vorgibt und ausreichen lässt, **anstatt** nach **der perfekten Lösung** zu streben, die doch gerade im stürmisch sich entwickelnden Bereich der Telematik der Wirklichkeit immer hinterher laufen wird.

6. Das Fernbehandlungsverbot

Ähnliches gilt im Bereich des sogenannten Fernbehandlungsverbots. Am Anfang stand und steht noch immer der Gedanke, dass sich Arzt und Patient bei der Behandlung unmittelbar begegnen. Auch in der jüngsten Fassung der Musterberufsordnung für Ärzte heißt es, „Ärztinnen und Ärzte dürfen individuelle ärztliche Behandlung, insbesondere auch Beratung, nicht ausschließlich über Print- und Kommunikationsmedien durchführen. Auch bei telemedizinischen Verfahren ist zu gewährleisten, dass eine Ärztin oder ein Arzt die Patientin oder den Patienten unmittelbar behandelt.“[17] Die Landesregierung Baden-Württemberg hat die MBO-Ä Ende 2016 um Modellprojekte zur Überprüfung des Verbots der aussschließlichen Fernbehandlung ergänzt und der Ärztetag 2017 hat bereits in Ansätzen darüber diskutiert, diesen Prozess begleiten zu wollen.

---

16 Beschluss IV-70 des 119. Deutschen Ärztetags.

17 § 7 Abs. 4 MBO-Ä in der Fassung des Beschlusses des 118. Deutschen Ärztetages 2015.

Damit ist der Telemedizin in Deutschland vorsichtig die Tür geöffnet, auf Wunsch der Bundesärztekammer: sehr vorsichtig. Arzt und Patient sollen sich nach Auffassung der BÄK durchaus am Bildschirm gegenübersitzen können. Aber nur dann, wenn es der behandelnde Arzt selbst ist, der noch dazu den Patienten in genau dieser Gesundheitsfrage bereits gesehen und untersucht hat. Der „unbekannte" Patient darf nicht versorgt werden. Erlaubt sollen im Übrigen lediglich ärztliche Beratungsgespräche sein, nicht aber konkrete diagnostische oder therapeutische Maßnahmen. Auch Rezepte dürfen online nicht ausgestellt werden.

Den ärztlichen Berufsverbänden ist hier ein **Entschlacken der Berufsordnung** anzuraten, dem **Gesetzgeber eine weitestgehende Zurückhaltung**. Weshalb soll es nicht dem freien Zusammenwirken zwischen Arzt und Patient überlassen bleiben, welche Inhalte ihr Gespräch hat? Wobei die derzeitigen Einschränkungen nicht nur den neuen, sondern auch den Stamm-Patienten treffen. Auch er (und sein Hausarzt!) hat ein Interesse, den direkten Rat einzuholen, wenn er etwa während des Aufenthalts im Winterhalbjahr im südlichen Ferienhaus oder aber im arztverlassenen ländlichen Raum erkrankt. Vorbehalte und Risiken einer Fernbehandlung lassen sich über Haftungsvereinbarungen klären, sie bedürfen keines Verbots.

Über den Rat der Entschlackung berufsrechtlicher Hindernisse aus rein lebensnahen Gründen hinaus aber stellt sich auch hier die Frage, ob denn dieses Berufsrecht (noch) mit den Grundsätzen der Verfassung übereinstimmt.

Sicher hat der Patient einen Anspruch auf fachliche Qualität der Dienstleistung, die er begehrt. Aber kann sie ihm aufgezwungen werden? Hat er nicht die Freiheit, selbst darüber zu entscheiden, in welcher Form er die Dienstleistung abruft? Zumal dann, wenn der Arzt selbst bereit ist, diesen Wunsch des Patienten – hier also der Ratschlag über die Entfernung hinweg – zu erfüllen und er dies auch mit seiner Verantwortung vor den beruflichen Grundsätzen vereinbaren kann? Die Tatsache, dass die Fernberatung und -handlung in anderen entwickelten Ländern Gang und Gäbe ist, deutete darauf hin, dass das Fernbehandlungsverbot keine Naturgesetzlichkeit darstellt. Man darf also mit guten Gründen die Frage stellen, ob nicht § 7 Abs. 4 der MBO-Ä **unzulässig in die Grundrechte des Arztes** sowie auch **des Patienten eingreift**. Bei der Prüfung dieser Frage ist die übliche Vermengung von Diskussionsebenen zu vermeiden. Es geht nicht um die abrechnungstechnische Frage, ob, wann und wie Krankenkassen solche Leistungen zu bezahlen haben. Es geht auch nicht um die Frage, ob sich die Inhalte der Fernsprechstunde und deren Ergebnisse mit den Grundsätzen der Datensicherheit vertragen. Auf dem Prüfstand steht allein die Frage, inwiefern der Einsatz neuer, hier technischer, Hilfsmittel bei der Ausübung und Entgegennahme einer im Übrigen mit nachgewiesener Qualität angebotenen Dienstleistung behindert werden darf.

IV. Schlussanmerkung

Am Ende dieser punktuellen Auseinandersetzung mit einem der wohl wichtigsten gesellschaftlichen Aktionsfelder steht eine doppelte Erkenntnis: Dem Gesetzgeber steht Zurückhaltung bei der Regelung von Sachverhalten, die man getrost den kompetenten Berufsträgern überlassen kann, gut an. Damit aber diese Berufe ihre jeweilige Qualifikation optimal zur Patientenversorgung einsetzen können, ist das Berufsrecht von überkommenen Einengungen zu befreien.

In dieser, erkennbar liberalen, Grundlinie weiß sich der Verfasser mit dem Adressaten der Festschrift verbunden. Indes versagt sich der Verfasser, die angeschnittenen verfassungs- und berufsrechtlichen Fragen an dieser Stelle rechtlich weiter zu vertiefen. Dies gebietet der Respekt vor der ausgewiesenen Kompetenz des hier zu Ehrenden, in dessen Hände die weitere Erörterung der Problemkreise vertrauensvoll gelegt wird. Allenfalls zur vertiefenden Diskussion über die fachlichen Aspekte hält sich der Verfasser gern – in dankbarer und bleibender Freundschaft – bereit.

Die Anwaltsgerichtsbarkeit als wichtiger Teil der anwaltlichen Selbstverwaltung – Eine Bestandsaufnahme

Doris Geiersberger

Wir Anwälte[1] sind der einzige freie Beruf in Deutschland der sich im Rahmen einer Gewaltenteilung weitgehend selbst verwaltet durch

- Satzungsversammlung und Kammerversammlung als Legislative,
- die Vorstände der Rechtsanwaltskammern als Exekutive und
- die Anwaltsgerichtsbarkeit als Judikative.

Als langjährige Präsidentin des Anwaltsgerichtshofes Mecklenburg-Vorpommern und ehemalige Vorsitzende der Arbeitsgemeinschaft der Präsidenten der Anwaltsgerichtshöfe Deutschlands möchte ich mich im Folgenden näher mit der Judikative unserer Selbstverwaltung auseinandersetzen.

Ein Herzensanliegen ist mir dies auch deshalb, weil sich in der Anwaltschaft sehr vieles in Bewegung befindet. Es seien nur die Schlagworte Syndikusrechtsanwalt, gesellschaftsrechtliches Berufsrecht, berufliche Zusammenarbeit mit anderen Berufsgruppen oder Fremdbeteiligung genannt. Vieles ist in Bewegung, das Bundesverfassungsgericht und der Europäische Gerichtshof mischen sich ein und in diesem Zusammenhang geraten auch die grundsätzlichen Fragen der anwaltlichen Selbstverwaltung immer wieder in den Fokus derer, die sich mit diesen Themen (kritisch) befassen. Darüber hinaus haben die Anwaltsorganisationen wie die Bundesrechtsanwaltskammer (BRAK) und der Deutsche Anwaltverein (DAV) in der jüngeren Vergangenheit erkannt, dass es nicht mehr ausreicht, nur noch auf Vorgaben „von außen" zu reagieren, sondern dass die Anwaltschaft selbst auf möglichst viele Eventualitäten vorbereitet sein und agieren muss, um auch in Zukunft als freier Beruf bestehen zu können.

Es ist seit einiger Zeit en vogue, in Publikationen, die durchaus eine breite Öffentlichkeit erreichen, auf Juristen im Allgemeinen und Anwälten im Besonderen „herumzuhacken". Es sei hierzu nur *Joachim Wagner* mit seinem Buch „Vorsicht Rechtsanwalt" und das Buch von *Norbert Blüm* mit dem Titel „Einspruch!" erwähnt.[2] Dazu passt, dass sich in der *Allensbacher Berufsprestige-Skala 2013*[3] der Rechtsanwalt nur noch auf Platz 9 wiederfindet. Seit

---

1 Natürlich sind damit auch Rechtsanwältinnen gemeint, was im Folgenden für jede „männliche" Anrede gilt.

2 *Joachim Wagner*, Vorsicht Rechtsanwalt, Ein Berufsstand zwischen Mammon und Moral, 2014; *Norbert Blüm*, Einspruch! Wider die Willkür an deutschen Gerichten. Eine Polemik, 2014.

3 Vgl. IFD Allensbacher Institut für Demoskopie, Allensbacher Berufsprestige-Skala 2013.

1991 ist der Prestigegrad von 38 Prozent auf nur noch 24 Prozent im Jahre 2013 gefallen.

Laut *Wagner* lebt angeblich ein

> *„... relevanter Teil des Berufsstandes teilweise in einer ethischen Parallelwelt ..., die im Widerspruch zu einigen Grundwerten unseres Rechtsstaates steht.“*[4]

Das ist in der Tat heftige Polemik – wir sind Organe der Rechtspflege – die noch durch die Sicht von Norbert Blüm auf das deutsche Rechtssystem im Allgemeinen und die Anwaltschaft im Besonderen übertroffen wird, die vom Vorsitzenden Richter am Bundesgerichtshof *Thomas Fischer* wie folgt zusammengefasst wurde:

> *„... es ist in den Händen einer faulen, selbstgefälligen, menschenfeindlichen Bande von Ignoranten, die sich Rechtsanwälte, Staatsanwälte und Richter nennen, diese Bezeichnung aber nicht verdienen.“*[5]

Mitschuldig an diesem angeblich so desaströsen Zustand (auch) der Anwaltschaft soll unsere Berufsgerichtsbarkeit sein, die laut Wagner

> *„lasch und langsam“*[6]

ist und eine

> *„Geheimjustiz mit beschränkter Wirkung“*[7]

darstellt. Ist es wirklich so schlimm um unseren Beruf und die Judikative unserer Selbstverwaltung bestellt? Ich meine nicht, auch wenn man Kritik immer ernst nehmen sollte und möchte zu obigen Thesen mit Fakten statt ebenfalls mit Populismus Stellung beziehen.

I. Von der Ehren- zur Anwaltsgerichtsbarkeit

Dabei lohnt sich zunächst ein Blick in die Geschichte. Im 18. Jahrhundert galten die „Advokaten“ dem preußischen König Friedrich Wilhelm I. noch als „Blutsauger und Spitzbuben“[8]. Eine einheitliche freie Anwaltschaft mit beruflicher Selbstverwaltung und sog. „Ehrengerichten“ wurde erstmals mit

---

4 *Wagner* (Fn. 2).

5 *Thomas Fischer* in: „Die Zeit“, Nr. 45/2014, 01.11.2014, Zeit online.

6 *Wagner* (Fn. 2), S. 270.

7 *Wagner* (Fn. 2), S. 293.

8 Vgl. *Rolf Winkler*, Die Entwicklung der Anwaltsgerichtsbarkeit in Deutschland, AnwBl 2004, 677 – 681; *Stephan Kopp*, BRAK-Mitteilungen 1998, 56 ff.; *Geiersberger*, Gelebtes Berufsrecht, AnwBl 2014, 292 f.

der Rechtsanwaltsordnung vom 01.07.1878 geschaffen[9]. Die Besetzung der Ehrengerichte bestand aus fünf Mitgliedern des Vorstands der Rechtsanwaltskammer und war zuständig in erster Instanz in Disziplinarangelegenheiten und für Verwaltungsentscheidungen des Vorstandes der Rechtsanwaltskammern wie etwa in Zulassungsverfahren. Vorstandsmitglieder der Rechtsanwaltskammern richteten somit über eigene Entscheidungen, die sie als Vorstände getroffen hatten. Im Nationalsozialismus wurde mit der Errichtung einer „Reichsrechtsanwaltskammer" die Organisation der Anwaltschaft später dem sog. Führerprinzip unterworfen.

Nach dem Zweiten Weltkrieg existierte zunächst keine einheitliche Berufsordnung für Anwälte. Die BRAO vom 01.08.1959 führte dann u.a. eine einheitliche Berufsgerichtsbarkeit in der „alten" Bundesrepublik ein und wandelte in diesem Zusammenhang die Anwaltsgerichtsbarkeit so um, dass sie den grundgesetzlichen Anforderungen an eine staatliche Gerichtsbarkeit entsprach. Dafür wurde sie organisatorisch von den Rechtsanwaltskammern getrennt und festgelegt, dass die Mitglieder als ehrenamtliche Richter der Ehrengerichte von der Landesjustizverwaltung zu berufen waren. Die Gerichtsbarkeit blieb ausschließlich für Angelegenheiten des anwaltlichen Berufsrechts zuständig.

In der DDR war das anwaltliche Disziplinarrecht im Musterstatut zur „Verordnung über die Bildung von Kollegien der Rechtsanwälte" geregelt (dort vor allem §§ 27 und 28).

Es folgte das „Gesetz zur Neuordnung des Berufsrechts der Rechtsanwälte und Patentanwälte" vom 02.09.1994, mit dem u.a. die Bezeichnungen von Ehrengericht in Anwaltsgericht, von Ehrengerichtshof in Anwaltsgerichtshof sowie von ehrengerichtlichen in anwaltsgerichtliche Verfahren geändert wurden. In den neuen Bundesländern trat ab 09.09.1994 die BRAO in Kraft.

Mit Gesetz vom 30.07.2009 wurden schließlich die verwaltungsrechtlichen Anwaltssachen der VwGO als Verfahrensordnung unterstellt.

II. Besetzung und Aufgabe der Anwaltsgerichtsbarkeit

Das Anwaltsgericht ist am Ort der jeweils zuständigen Rechtsanwaltskammer angesiedelt. Das Anwaltsgericht entscheidet als Kammer[10], die mit drei Anwälten besetzt ist. Geleitet wird das Anwaltsgericht von einem geschäftsführenden Vorsitzenden, der gleichzeitig Vorsitzender einer Kammer ist.

Der Anwaltsgerichtshof ist beim (einem der) Oberlandesgericht(e) errichtet. In jedem Bundesland gibt es nur einen Anwaltsgerichtshof. Er entscheidet in Senaten, die jeweils über fünf Mitglieder verfügen, davon zwei Richter am

9 Dazu auch *Gaier/Wolf/Göcken*, Anwaltliches Berufsrecht, 2. Aufl., vor § 92 BRAO, Rn. 14.
10 Vgl. zum Anwaltsgericht auch §§ 92 ff. BRAO.

Oberlandesgericht sowie drei Anwälte. Vorsitzender ist immer ein Anwalt. Ein Anwaltsgerichtshof kann über mehrere Senate verfügen[11].

Letzte Instanz in Anwaltssachen ist der Anwaltssenat des Bundesgerichtshofs unter dem „geborenen" Vorsitz seines jeweiligen Präsidenten. Er ist besetzt mit drei Berufsrichtern und zwei Anwaltsrichtern[12].

Die Anwaltsgerichtsbarkeit ist eine eigenständige staatliche Gerichtsbarkeit für besondere Sachgebiete, wie beispielsweise auch die Verwaltungs- oder Arbeitsgerichtsbarkeit. Bei anderen freien Berufen (wie etwa Architekten, Ärzten, Ingenieuren) ist hingegen in Disziplinarsachen das ordentliche Gericht und in Verwaltungssachen das Verwaltungsgericht oder einschlägige Fachgericht zuständig (für Steuerberater z. B. das Finanzgericht).

Das Anwaltsgericht ist vorwiegend zuständig für die Durchführung des anwaltsgerichtlichen Verfahrens in Disziplinarangelegenheiten im ersten Rechtszug. Bei beruflichen Pflichtverletzungen werden anwaltsgerichtliche Maßnahmen verhängt. Nach § 114 BRAO sind das gegenwärtig

- Warnung,
- Verweis,
- Geldbuße bis zu 25.000 Euro,
- Verbot, auf bestimmten Rechtsgebieten als Vertreter und Beistand für die Dauer von einem Jahr bis zu fünf Jahren tätig zu werden (Vertretungsverbot) oder schließlich
- Ausschließung aus der Rechtsanwaltschaft.

Der Anwaltsgerichtshof ist als Gericht erster Instanz in Verwaltungsstreitverfahren tätig sowie Beschwerde- und Berufungsinstanz im anwaltsgerichtlichen Verfahren. Er befasst sich z. B. mit Anträgen gegen Widerrufe der Zulassung oder auch Streitigkeiten im Zusammenhang mit der Zulassung als (Syndikus)Rechtsanwalt oder der Verleihung von Fachanwaltschaften.

Der Bundesgerichtshof schließlich ist insbesondere zuständig als Beschwerdeinstanz im Verwaltungsstreitverfahren sowie als Revisions- und Beschwerdeinstanz im anwaltsgerichtlichen Verfahren.

III. Fallzahlen und Effektivität

Während in der Justiz Ende 2014 knapp 20.300 Richter bundesweit tätig waren und 5.279 Staatsanwälte (davon jeweils ca. 42 % Frauen), gab es zum 01.01.2016 in der gesamten Bundesrepublik rund – Stand 1. Januar 2017[13] – 165.538 Anwälte, davon ca. 34 % Frauen.

11 Vgl. auch §§ 100 ff. BRAO.

12 Hierzu §§ 106 ff. BRAO.

13 Statistik der Bundesrechtsanwaltskammer zur Entwicklung der Gesamtzahlen der zugelassenen Rechtsanwälte – www.brak.de.

Im Jahre 1990 hatte die Zahl noch bei rund 57.000 gelegen. Die Anwaltszahlen in der ausgehenden DDR können in diesem Zusammenhang vernachlässigt werden. Dort waren (bei rund 18 Millionen dort lebenden Menschen) nur ca. 550 Anwälte tätig, meist in Kollegien auf Bezirksebene zusammengefasst.

Während sich die Anwaltszahlen zwischen 1990 und 2016 fast verdreifacht haben, ist der Geschäftsanfall des Senates für Anwaltssachen beim BGH mit insgesamt zwischen 80 und 90 Eingängen im Verwaltungsverfahren im Jahr in etwa gleich geblieben und hat sich bei den Neueingängen in Disziplinarsachen von ca. 30 auf etwa 10 bis 15 Neueingänge mehr als halbiert. In den Verwaltungsangelegenheiten lagen die Eingangszahlen vor Einführung der VwGO höher, bei zwischen 100 und 120 Sachen. Es bleibt abzuwarten, wie sich etwa Zulassungsverfahren für Syndikusrechtsanwälte hier auswirken werden. Im August 2016 gab es zu diesem Thema zwar nur rund 25 bei Anwaltsgerichtshöfen anhängige Verfahren; die Zahlen haben sich allerdings in den letzten Monaten – wohl auch wegen der in den meisten Bundesländern vorgeschalteten Widerspruchsverfahren – stark erhöht.

Die meisten Eingänge beim BGH betreffen immer noch den Widerruf oder die Versagung der Zulassung wegen Vermögensverfalls mit regelmäßig jährlich etwa 50 Neueingängen, gefolgt von Fachanwaltsproblematiken mit rund 10 bis 15 Eingängen.

Insgesamt hat sich der Geschäftsanfall bei Anwaltsgerichten und Anwaltsgerichtshöfen von knapp 500 im Jahre 1990 auf knapp 1.050 im Jahre 2014 mehr als verdoppelt.

Zusammen haben wir also im Jahre 2014 (Anwaltsgerichte, Anwaltsgerichtshöfe und BGH) knapp 1.150 Verfahrenseingänge verzeichnet. Das bedeutet, dass ca. 0,6 % der Anwaltschaft jährlich von anwaltsgerichtlichen Verfahren betroffen sind.

Meines Erachtens kann angesichts dieser Zahlen durchaus von einer funktionierenden Anwaltsgerichtsbarkeit gesprochen werden.

Wenn man sich nämlich im Vergleich – der natürlich ein stark hinkender ist – ansieht, wie viele Menschen insgesamt in Deutschland im Jahre 2014 strafrechtlich verurteilt worden sind (vgl. Statistisches Bundesamt 2016), so handelt es sich um etwa 750.000 Personen; knapp 1 % der deutschen Bevölkerung war demnach von einem Schuldspruch eines deutschen Strafgerichtes betroffen.

Da auch bei den anwaltsgerichtlichen Verfahren die allermeisten mit einer Verurteilung enden und bei den obigen Angaben die Beschwerdeverfahren bei den Rechtsanwaltskammern nicht mit einbezogen sind, folgt daraus, dass die anwaltsgerichtlichen Verfahrenszahlen zwar unter den strafrechtlichen Verurteilungszahlen liegen. Entsprechendes darf aber bei einem Berufsstand erwartet werden, der als Organ der Rechtspflege grundsätzlich seine Tätigkeit nach bestem Wissen und Gewissen und im Einklang mit rechtlichen Vorgaben und dem Berufsrecht ausübt.

Außerdem sind in den Statistiken die Fälle in der Anwaltschaft nicht berücksichtigt, in denen der betroffene Anwalt einem Widerruf oder einer Verurteilung durch Rückgabe der Anwaltszulassung zuvorkommt.

Dass die Zahl der Verfahren nicht entsprechend der Zahl der Anwälte in den vergangenen 20 Jahren gewachsen ist, ist schließlich auch der Liberalisierung des anwaltlichen Berufsrechtes (siehe z. B. Bastille-Beschlüsse des Bundesverfassungsgerichts) zu verdanken, die auf bestimmten Gebieten zu einer Reduzierung der anwaltsgerichtlichen Verfahren beigetragen haben (siehe etwa die weitgehende Abschaffung des Wettbewerbsverbotes, die Aufhebung des Zweigstellenverbotes, den liberaleren Umgang mit dem Sachlichkeitsgebot, den Wegfall der Singularzulassung und die Aufhebung des Lokalisationsgebotes). Zu einer weiteren Reduzierung führt bei den Verwaltungsverfahren das in vielen Bundesländern vorgeschaltete Widerspruchsverfahren, dass es für gerichtliche Entscheidungen auf den Zeitpunkt der letzten Tatsachenentscheidung ankommt (Widerspruchsverfahren) und dass nach anwaltsgerichtlichen Entscheidungen relativ selten ein Berufungsverfahren folgt.

IV. Verfassungsmäßigkeit und Europarechtskonformität der Anwaltsgerichtsbarkeit

Die *Verfassungskonformität* wird zwar immer wieder einmal gerade durch die „üblichen Verdächtigen“, wie den renommierten Berufsrechtler Rechtsanwalt *Kleine-Cosack*[14], in Frage gestellt, ist aber mehrfach durch das Bundesverfassungsgericht bestätigt worden.[15] So hat das Bundesverfassungsgericht unter anderem in der Entscheidung vom 26.06.2006 dazu festgestellt, dass die Anwaltsgerichtshöfe der Aufsicht durch die Landesjustizverwaltungen unterliegen, die u. a. über die Besetzung entscheiden, die Senate (immerhin) mit zwei Berufsrichtern besetzt sind und die ehrenamtliche Richtertätigkeit unvereinbar ist mit einer Funktion im Vorstand oder einer Tätigkeit im Haupt- oder Nebenberuf bei einer Rechtsanwaltskammer (§§ 103 Abs. 2 S. 1, 94 Abs. 3 S. 2, 104 BRAO).

Zu einem entsprechenden Ergebnis zur *Europarechtskonformität* ist im Hinblick auf die Vorgaben der Wilson-Entscheidung des EuGH vom 19.09.2006[16] eine Arbeitsgruppe der AGH-Präsidenten unter der Federführung der damaligen Präsidenten des AGH Baden-Württemberg, Rechtsanwalt Dr. Rolf M. Winkler, und des AGH Nordrhein-Westfalen, Rechtsanwalt und Notar Dr. Klaus Saerbeck, und unter meiner Mitarbeit gekommen. In einer

14 Z. B. im AnwBl 1999, 565 ff.

15 Vgl. nur BVerfG vom 26.06.2006, 2 BvR 609/06 – Rn. 17, 18, zitiert nach juris.

16 Rechtssache C-506/04, Sammlung der Rechtsprechung 2006, I-8613.

Stellungnahme an das Bundesjustizministerium haben wir uns ausführlich mit der genannten Entscheidung des EuGH befasst, insbesondere mit den Voraussetzungen, die an den „Gerichtsbegriff" – wie im Gemeinschaftsrecht definiert – gestellt werden.

Verlangt wird hierbei:
- eine gesetzliche Grundlage
- obligatorische Gerichtsbarkeit
- streitiges Verfahren und die Anwendung von Rechtsnormen
- Unabhängigkeit
- Unparteilichkeit und
- Dauerhaftigkeit

All diese Voraussetzungen sind – speziell bei den Anwaltsgerichtshöfen – erfüllt. Bei der Anwaltsgerichtsbarkeit handelt es sich um eine auf einer *gesetzlichen Grundlage* (nämlich der BRAO) basierende Gerichtsbarkeit für „besondere Sachgebiete" gemäß Art. 101 Abs. 2 GG. Die Gerichtsbarkeit ist auch *obligatorisch*, also zwingend und sieht *streitige Verfahren* vor, die der BRAO, ergänzt entweder durch die Verfahrensordnung der StPO (in Disziplinarangelegenheiten) oder der VwGO (in Verwaltungssachen) unterliegen (§§ 112 c, 116 BRAO). Die Richter und Richterinnen sind *unabhängig und unparteilich,* weil sie durch die Landesjustizverwaltung (§§ 94, 102, 103 BRAO) aufgrund einer Vorschlagsliste des Vorstandes der Rechtsanwaltskammer ernannt werden. Das anwaltliche Mitglied darf nicht Mitglied des Vorstandes einer Rechtsanwaltskammer oder der Satzungsversammlung sein und darf auch nicht haupt- oder nebenberuflich bei der Rechtsanwaltskammer arbeiten. Entscheidungen erfolgen mit Stimmenmehrheit bei allen Gerichten der Anwaltsgerichtsbarkeit. Im Einzelfall kann ein Richter, der nicht die Gewähr der Unparteilichkeit bietet, von der Ausübung des Amtes ausgeschlossen oder abgelehnt werden. Die Anwaltsrichter werden für fünf Jahre bestellt (§§ 94 Abs. 4, 102 Abs. 1 S. 1, 107 Abs. 1 BRAO), haben als ehrenamtliche Richter während der Dauer ihres Amtes die Stellung von Berufsrichtern und sind während ihrer Amtszeit praktisch nicht absetzbar. Damit ist auch die *Dauerhaftigkeit* gewährleistet.

V. Reformvorschläge

Dieser positive Zustandsbericht entbindet aber nicht von der Pflicht, in die Zukunft zu denken und sich auch mit der – zukünftigen – Gestaltung des anwaltsgerichtlichen Verfahrens zu befassen. Es ist zu diskutieren, inwieweit die eine oder andere Regelung noch zeitgemäß oder doch überholt erscheint und welche Änderungen wünschenswert wären.

1. Öffentlichkeit vs. Nichtöffentlichkeit

Bekanntermaßen gilt für alle Verfahren der Anwaltsgerichtsbarkeit der Grundsatz der Nichtöffentlichkeit gem. § 135 BRAO. In den Verwaltungsverfahren bei den Anwaltsgerichtshöfen und beim BGH ist das seit der Einführung der VwGO als Verfahrensordnung nicht mehr so. Hier herrscht jetzt der Grundsatz der Öffentlichkeit der Verhandlung.[17] Ein Ausschluss der Öffentlichkeit als Ausnahme von der Regel erfordert folglich einen besonderen Antrag und besondere Gründe. Nichtöffentlich sind allerdings nach wie vor die Verhandlungen in disziplinarischen Angelegenheiten bei allen Gerichten der Anwaltsgerichtsbarkeit – dies obwohl sehr häufig Strafverfahren vorausgegangen sind, die entsprechend der StPO in der Regel öffentlich sind.

Soweit diese Nichtöffentlichkeit nach wie vor mit den Besonderheiten des anwaltsgerichtlichen Verfahrens (welchen?) oder dem Schutz des Anwaltes begründet wird, erscheint mir dies (mit *Johnigk* in Gaier/Wolf/Göcken) nicht (mehr) nachvollziehbar. Dies gilt insbesondere auch deshalb, weil oft nur ein disziplinarischer Überhang nach einem vorangegangenen öffentlichen Strafverfahren verhandelt wird und weil auch jetzt schon (allerdings nur auf ausdrücklichen Antrag des Anwalts) die Öffentlichkeit hergestellt werden kann.

Selbst wenn es nicht um disziplinarische Überhänge, sondern andere Disziplinarangelegenheiten geht, die vorher nicht bereits in einem Strafverfahren abgehandelt worden sind, sollten schon aus Gründen der Transparenz diese Verfahren grundsätzlich öffentlich sein. Dagegen streitet im Zweifel (nur) die Verschwiegenheitspflicht des betroffenen Anwaltes und der Schutz des von einer Berufspflichtverletzung betroffenen Mandanten. Dem könnte dadurch Rechnung getragen werden, dass der Umfang der Öffentlichkeit vom Willen des Mandanten und nicht von dem des betroffenen Anwaltes abhängig gemacht wird. Zur Sprache kommende Pflichtverletzungen, die sich aus einem Mandat ergeben und im Zweifel der Verschwiegenheitspflicht des Anwaltes unterliegen und deren öffentliche Verhandlung können von einer Entbindung der Verschwiegenheitspflicht durch den Mandanten abhängig gemacht werden. Der Ausschluss der Öffentlichkeit sollte dann nicht mehr die Regel, sondern die Ausnahme von der Regel sein – immer unter Beachtung von § 203 StGB.

Überlegenswert wäre es u. U. auch, von anwaltlichen Pflichtverletzungen betroffenen Mandanten eine Art Nebenklägerstellung einzuräumen.

Mit Transparenz und Öffentlichkeit der Verfahren könnte auch viel besser den teilweise offenkundig nur „gefühlten" Behauptungen begegnet werden, es handele sich um „*Geheimverfahren*", die mit dem Gebot demokratischer

17 § 112c BRAO i. V. m. § 55 VwGO, § 169 GVG.

Transparenz nicht vereinbar seien und Anwälte würden Anwälten doch ohnehin aus falsch verstandener Kollegialität[18] nichts antun.

In diesem Zusammenhang noch ein Hinweis auf § 73 Abs. 3 BRAO. Es wäre wünschenswert, wenn die Kammern zu einer einheitlichen und ebenfalls möglichst transparenten und für Dritte nachvollziehbaren Regelung darüber kommen würden, wann und in welchem Umfange Beschwerdeführer von der Entscheidung der Kammern über die eingereichten Beschwerden in Kenntnis gesetzt werden. Die Verfahrensweisen sind gegenwärtig nach wie vor ziemlich unterschiedlich.

2. Anwälte entscheiden über Anwälte

Wie oben dargestellt, werden Richterinnen und Richter der Anwaltsgerichtsbarkeit einer Vorschlagsliste entnommen, die der Vorstand der Rechtsanwaltskammer beim Justizministerium einreicht. Die Ernennung erfolgt dann durch die Landesjustizverwaltungen[19].

Das Auswahlermessen der Landesjustizverwaltung ist etwa dann stark eingeschränkt, wenn nicht mehr Vorschläge eingereicht werden als Richter zu ernennen sind. Die Vorschlagspraxis könnte dazu im Vorfeld anders geregelt werden, indem nämlich die Kammermitglieder in die Vorauswahl der Vorschlagsliste, die die Kammer dann an die Landesjustizverwaltung gibt, mit eingebunden werden und eigene Vorschläge unterbreiten können, die dann nach bestimmten Kriterien (Stimmenmehrheiten) durch die Kammer gebündelt werden und bei der Landesjustizverwaltung einzureichen sind. Man könnte dabei mit Briefwahl agieren, die (endlich) zukünftig auch als Option für die Wahl der Kammervorstände möglich sein soll/wird und die für die Wahl der stimmberechtigten Mitglieder der Satzungsversammlung nach § 191 b BRAO jetzt schon gilt.

Auch dadurch könnte dem – ohnehin unberechtigten – Vorwurf der Kungelei zwischen Kammern und Anwaltsgerichtsbarkeit noch entschiedener entgegengetreten werden.

3. Veröffentlichung interessanter Urteile

Einzelne Anwaltsgerichtshöfe wie Bayern, Nordrhein-Westfalen oder Niedersachsen verfügen schon über eigene Homepages, auf denen die anonymisierten Entscheidungen abgefragt werden können. Dies gilt auch für die Homepage des BGH, auf der jederzeit die Rechtsprechung des Anwaltssenates abgerufen werden kann. Diese Beispiele sollten Schule machen. Weiter wer-

---

18 *Wagner* (Fn. 2)., S. 294.

19 §§ 94, 102, 103 BRAO.

den auch entsprechend einer Abrede zwischen den Präsidenten der Anwaltsgerichtshöfe und der Bundesrechtsanwaltskammer in den Senaten für interessant befundene Entscheidungen anonymisiert und mit Leitsätzen versehen auf der Homepage der BRAK ins Netz gestellt.

4. Eingliederung in die Verwaltungsgerichtsbarkeit

Da das bisherige System gut funktioniert, ist es immer einhellige Meinung unter den AGH-Präsidenten gewesen, dass auch nach Einführung der VwGO als Prozessordnung in Zulassungssachen es beim „Andocken" der Anwaltsgerichte bei den jeweiligen Oberlandesgerichten und zwar als eigenständige Gerichtsbarkeit bleiben soll. Prof. Rennert, der Präsident des Bundesverwaltungsgerichts, hat sich inzwischen mehrfach für die Zuordnung der Anwaltsgerichtsbarkeit zu den Verwaltungsgerichten ausgesprochen – sogar was die Disziplinarangelegenheiten anbelangt. Eine Notwendigkeit für einen solchen Paradigmenwechsel ist allerdings nicht vorhanden – was schon die geringe Zahl von durch den BGH aufgehobenen Urteilen der Anwaltsgerichtshöfe belegt.

„Never change a winning team!"

Überlegen könnte man höchstens, ob neben Berufsrichtern der ordentlichen Gerichtsbarkeit paritätisch auch Richter der Verwaltungsgerichtsbarkeit an der Entscheidungsfindung beteiligt werden sollten. In Flächenländern wie Mecklenburg-Vorpommern, Niedersachsen oder Bayern würde diese Änderung aber zu noch massiveren logistischen Problemen beim Finden von Verhandlungsterminen führen, als sie heute ohnehin schon bestehen.

5. Kenntnis und Wissen junger Juristen um die anwaltliche Selbstverwaltung

Es ist nicht sehr lange her, dass es weder im Studium noch in der Referendarzeit nennenswerte Veranstaltungen zum anwaltlichen Berufsrecht und zur anwaltlichen Selbstverwaltung gab. Hier ist seit einiger Zeit ein Umdenken im Gange. So werden an den Universitäten (meist immer noch auf freiwilliger Basis) jetzt entsprechende Veranstaltungen angeboten. Gerade die 9-monatige Anwaltsstation im Referendariat bietet sich ebenfalls dazu an, entsprechendes Wissen in einer Arbeitsgemeinschaft oder in den Kanzleien zu vermitteln.

Leider wurde durch das „Gesetz zur Umsetzung der Berufsanerkennungsrichtlinie und zur Änderung weiterer Vorschriften im Bereich der rechtsberatenden Berufe" keine Regelung in die BRAO mit aufgenommen, wonach ein junger Rechtsanwalt zukünftig die Teilnahme an einer Lehrveranstaltung zum Berufsrecht hätte nachweisen müssen.

VI. Ausblick

Zusammenfassend meine ich, dass die Anwaltsgerichtsbarkeit nach wie vor gut funktioniert und gegenwärtig und in der Zukunft das Ihre dazu beiträgt und beitragen wird, dass unser Berufsstand „sauber" gehalten wird und die Mandanten zu ihren Rechten kommen, die auf der 90. Hauptversammlung der Bundesrechtsanwaltskammer am 26.10.2001 in München wie folgt verabschiedet worden waren::

„Charta of core principles of the European legal profession

Der Mandant hat

1. *das Recht auf anwaltlichen Beistand eines von ihm frei gewählten Anwaltes seines Vertrauens zu jeder Zeit, auch wenn er nicht über ausreichende Mittel verfügt,*
2. *das Recht auf einen persönlich und wirtschaftlich, auch von staatlicher Gewalt unabhängigen Anwalt,*
3. *das Recht auf einen Anwalt, der von Weisungen und Einflüssen Dritter frei ist,*
4. *das Recht auf einen der absoluten Verschwiegenheit – auch gegenüber Gerichten und Behörden – verpflichteten Anwalt, dessen Vertraulichkeit im persönlichen, telefonischen und schriftlichen Verkehr gewährleistet ist,*
5. *das Recht auf einen Anwalt, der sorgfältig und ausschließlich die Interessen des Mandanten und keine widerstreitenden Interessen vertritt,*
6. *das Recht auf vollständige Berücksichtigung des Vorbringens seines Anwalts,*
7. *das Recht auf einen qualifizierten und fachlich geprüften Anwalt, der für fehlerhafte Dienstleistungen haftet,*
8. *das Recht auf eine prüfbare Abrechnung der anwaltlichen Dienstleistung."*

Über die Organisationsstruktur der deutschen Anwaltschaft

Stephan Göcken

I. Einleitung

Drei Jahrzehnte sind seit den Bastille-Beschlüssen des Bundesverfassungsgerichts vom 14. Juli 1987[1] vergangen und noch immer weht über ihnen der Hauch mystischer Bedeutung. Der bis heute in Anwaltskreisen allein dem Datum geschuldete Vergleich mit der historischen Bedeutung der Bastille Erstürmung in der Französischen Revolution am 14.7.1780 mag zwar plakativ und schon deswegen populär sein. Es ist aber dennoch überraschend, mit welcher selbstverständlichen Unbekümmertheit dreißig Jahre nach dieser grundlegenden Entscheidung unseres höchsten Gerichts der anwaltlichen Selbstverwaltung Rückständigkeit vorgehalten wird. Wenn zum Beispiel *Michael Kleine-Cosack*[2] den Rechtsanwaltskammern und der Bundesrechtsanwaltskammer auch noch in seiner aktuellen Auflage seines Berufsrechtskommentares Agonie und Stillstand bis hin zu absoluter Unfähigkeit vorwirft und keine Ansätze erkennt, dass sie endlich das Heft das Handelns in die Hand nehmen und konkrete Berufspolitik im Interesse der Anwaltschaft betreiben, dann mag der geneigte Leser diese Formulierungen in Anbetracht der weiteren Ausführungen *Kleine-Cosacks* zur Selbstverwaltung noch als Aufwärmphase empfinden.

Insbesondere was die Entwicklung der anwaltlichen Selbstverwaltung in Deutschland in den zurückliegenden dreißig Jahren betrifft, geht dieser Vergleich an der Sache nicht nur vorbei, sogar krachend daneben. Dass *Michael Kleine-Cosack* sich sogar nicht scheut, den bis November 2016 beim Bundesverfassungsgericht für das Recht der Freien Berufe zuständigen Berichterstatter Richter *Reinhard Gaier* für seine Formulierung „ein effizienter Rechtsstaat ist ohne anwaltliche Selbstverwaltung undenkbar" als geschichts- und faktenblind zu bezeichnen[3], hat mit der ihm von *Christian Kirchberg*[4] und auch von dem Autor zugestandenen Rolle als (unbequemer) Mahner und Dränger nichts mehr zu tun. Dieser Beitrag, der dem mit dieser Festschrift geehrten *Christian Kirchberg* gewidmet ist, widerspricht diesen zum Populismus neigenden Anwürfen und wird in der gebotenen Kürze die Entwicklung der Organisation der anwaltlichen Selbstverwaltung in den zurückliegenden dreißig Jahren darstellen und deren verfassungsrechtliche Bedeutung behan-

1 BVerfGE 76, 171 ff. und 196 ff.

2 *Kleine-Cosack*, BRAO-Kommentar, Einl. Rn. 21, 25.

3 *Kleine-Cosack* (Fn. 2), Rn. 19.

4 *Kirchberg*, Grundgesetz und Anwaltschaft, BRAK-Mitt. 2009, 95, 97.

deln. *Christian Kirchberg* hat diese Entwicklung ehrenamtlich als langjähriger Vorsitzender des Verfassungsrechtsausschusses und des Menschenrechtsausschusses der Bundesrechtsanwaltskammer aktiv begleitet. Seinem unermüdlichen ehrenamtlichen Einsatz sind wichtige mit der ihm eigenen Brillanz verbundene Impulse und Ergebnisse bei der Durchsetzung der Interessen der deutschen Anwaltschaft zu verdanken.

II. Die Organisationsstruktur der Anwaltschaft seit 1987

1. Die Einrichtung der Satzungsversammlung

Der sogenannte Urknall mag das Jahr 1987 gewesen sein, die grundlegenden Änderungen in Folge dieser Entscheidung traf der Gesetzgeber allerdings erst mit der Novellierung der Bundesrechtsanwaltsordnung vom 2.9.1994, also immerhin sieben Jahre später. Die Verzögerung erklärt sich in der Wiedervereinigung, die Arbeiten an der Novellierung dauerten lediglich zwei Jahre von 1992 an. Mit einem Urknall hatte diese Entscheidung des Gesetzgebers allerdings nichts zu tun. Es hat zwar einen Knall gegeben, der Beginn des Universums waren jedoch weder die Beschlüsse noch die weiteren Entwicklungen[5]. Bereits die Bastille-Beschlüsse haben die Selbstverwaltungsautonomie der Berufskörperschaften bestätigt[6]. Für die Selbstverwaltung bedeuteten die Beschlüsse und das Ergebnis der Novellierung nicht den einem Urknall immanenten Neuanfang, sondern im Gegenteil eine Stärkung ihrer bestätigten Strukturen.

Die durch das Bundesverfassungsgericht eingeforderte demokratische Legitimation für die verfassungsrechtlich zu rechtfertigende autonome Rechtsetzung durch die Selbstverwaltungskörperschaft wurde durch die Einrichtung der Satzungsversammlung hergestellt. Durch das Stufenverhältnis zwischen zentralen statusbegründenden Berufspflichten in § 43 a BRAO und der Begründung einer Satzungskompetenz in § 59 b BRAO für die Konkretisierung bestimmter beruflicher Pflichten und der Einrichtung der Satzungsversammlung bei der Bundesrechtsanwaltskammer in § 191 a BRAO hat der Gesetzgeber eine demokratische Legitimationskette begründet, die in ihrer einfachen Klarheit ein deutliches Vertrauen in die Selbstverwaltung der Anwaltschaft und damit deren Stärkung bedeuten. Der Gesetzgeber hätte die Kompetenz auch ganz an sich ziehen können. Er tat dies aus gutem Grund nicht, sondern setzte auf das Konzept der Selbstverwaltung: Also Entlastung des Staats durch Einbeziehung des Sachverstandes der Berufsgruppe und

5 *Singer*, Urknall Bastille-Beschlüsse-Auswirkungen auf die Unabhängigkeit der Anwaltschaft, BRAK-Mitt. 2012, 145 ff.

6 *Singer* (Fn. 5), S. 145, 149.

dadurch Akzeptanz der Entscheidungen in der Berufsgruppe. Auf diese Weise kann die Anwaltschaft nun für sich selbst rechtlich verbindliche Berufsregeln schaffen. Ganz gleich, was die Kritiker der Satzungsversammlung[7] zu deren Beratungen und Beschlüssen meinen: Die Einrichtung der Satzungsversammlung und deren Satzungskompetenz waren 1994 eine Stärkung der Selbstverwaltungsorganisation der Anwaltschaft und sind es bis heute. Nicht jedem müssen die Entscheidungen der Satzungsversammlung berufspolitisch gefallen. Aber jeder Anwalt kann sich mit seiner Meinung einbringen und beteiligen. Diese durch demokratischen Wahlen zur Satzungsversammlung gewährleisteten Beteiligungsrechte, dann die Rechtsaufsicht bei Überschreitung der Satzungsautonomie und letztlich die Kontrollmöglichkeit durch die Rechtsprechung geben der Satzungsversammlung Stabilität und Legitimation. Die Bastille-Beschlüsse haben mit ihren Wirkungen der teilweisen Fundamentalkritik[8] an der Selbstverwaltung de facto den Boden entzogen[9] und der Gesetzgeber hat die Selbstverwaltung durch die Einräumung der Satzungsautonomie gestärkt.

2. Die Übertragung der Zulassungsverfahren

Ein weiterer Schritt zur Stärkung der anwaltlichen Selbstverwaltung war 1998 die Übertragung der Zulassungsverfahren auf die Rechtsanwaltskammern. Dieses durch den damaligen Präsidenten der Bundesrechtsanwaltskammer *Eberhard Haas* nachhaltig betriebene rechtspolitische Projekt war zunächst nur ein erster Schritt, denn der Bundesgesetzgeber entschied sich für eine Öffnungsklausel zugunsten der Länder. Diese übertrugen dann aber sehr schnell das Zulassungsverfahren umfänglich auf die Rechtsanwaltskammern. Das Bestreben von Eberhard Haas lag erklärtermaßen in einer Stärkung der Selbstverwaltung, denn es entspricht dem modernen anwaltlichen Selbstverständnis, die Zulassung und die damit einhergehenden Fragen frei von staatlicher Mitwirkung in eigener Verantwortung und Zuständigkeit zu regeln[10]. Die Fragestellung, ob der Staat zur Anwaltschaft zulassen muss[11], beantwortete er nicht allein mit dem Entlastungsfaktor für den Staat, sondern in erster Linie mit dem anwaltlichen Selbstverständnis und dass dieses keine staatliche Konzession braucht[12].

Die Antwort auf die umstrittene verfassungsrechtliche Frage, ob durch den Übertragungsakt die Stellung der Anwaltschaft als Organ der Rechtspflege

7 *Kleine-Cosack*, (Fn. 2), § 191a, Rn. 1 ff.; *Hartung*, Satzungsversammlung: Ein kritischer Parforceritt durch 20 Jahre, AnwB 2014, 703 ff.

8 *Kleine-Cosack* (Fn. 2), Einl. Rn. 7.

9 *Singer* (Fn. 5), S. 145, 149.

10 *Haas*, Mehr Unabhängigkeit, BRAK-Mitt. 1998, 157.

11 *Haas*, Muß der Staat zur Anwaltschaft zulassen, BRAK-Mitt. 1996, 89.

12 *Haas* (Fn. 11), S. 89.

verloren geht, gab damals *Christian Kirchberg* in der 79. Hauptversammlung der Bundesrechtsanwaltskammer in Stuttgart am 3.5.1996. Die Organschaft – so *Christian Kirchberg* – ändert nichts daran, dass sich die Zulassung zur Anwaltschaft ausschließlich an Art. 12 GG messen lassen muss und deshalb nur aus den in der BRAO bezeichneten Gründen abgesprochen oder verweigert werden darf[13]. Deshalb kann nicht zwingend auf die Zweckmäßigkeit oder gar rechtliche Notwendigkeit der Zulassung von Anwälten durch die Landesjustizverwaltungen gefolgert werden[14]. So einfach kann Verfassungsrecht sein, jedenfalls wenn *Christian Kirchberg* es erklärt. Den Gesetzgeber überzeugte er auch. Ein Bonbon aus den Schlusssätzen von *Kirchberg*: „In erster Linie ist es die bisherige Tradition der Anwaltszulassung, die einer Neubesinnung oder einem Umdenken entgegenstehen. Rechtsdogmatische oder gar verfassungsrechtliche Bedenken können gegen eine Zulassung der Anwaltschaft durch die Anwaltschaft demgegenüber nicht geltend gemacht werden“[15]. Wer also den Vertretern der Selbstverwaltung ein Festhalten an Tradition vorwirft, sei mit diesen Ausführungen von *Christian Kirchberg* eines Besseren belehrt.

3. Die Einrichtung der Schlichtungsstelle

Die Einrichtung der unabhängigen Schlichtungsstelle bei der Bundesrechtsanwaltskammer in § 191f BRAO zum 1.1.2011 ist aktuelles Beispiel dafür, dass die Selbstverwaltung bereit und in der Lage ist, auf Entwicklungen zu reagieren. Der Stellenwert der Schlichtungsstelle für die Anwaltschaft und ihre Selbstverwaltung kann nicht hoch genug eingeschätzt werden. Ihre Etablierung durch den Gesetzgeber ist Ergebnis einer mehrjährigen Diskussion, die innerhalb der Bundesrechtsanwaltskammer und den Rechtsanwaltskammern geführt wurde und in der berufspolitischen Forderung nach einer Einrichtung dieser Institution mündete[16]. Sie basiert auf der Erkenntnis, dass es einer unabhängigen Stelle bedarf, um Verwerfungen im Vertrauensverhältnis zwischen dem Anwalt und seinem Mandanten zu behandeln und, soweit möglich, im Wege der Schlichtung zu heilen.

Der Hintergrund dieser Überlegungen waren zum einen Bestrebungen, Befriedung in Auseinandersetzungen zu bringen, bevor diese den Rechtsweg beschreiten. Zum anderen dort Mandanten und Rechtsuchenden in gestörten und mit Meinungsverschiedenheiten belasteten Mandatsverhältnissen zu helfen, in denen der Mandant sich gar nicht oder zu spät traut, seine Betroffenheit und Unzufriedenheit zu äußern. Maßgeblicher weiterer Grund waren

---

13 *Kirchberg*, Zulassung zur Anwaltschaft durch die Anwaltschaft aus verfassungsrechtlicher Sicht, BRAK-Mitt. 1996, 90, 92.

14 *Kirchberg* (Fn. 13), S. 92.

15 *Kirchberg* (Fn. 13), S. 92.

16 *Filges*, Schlichten statt richten, BRAK-Mitt. 2008, 41.

Entwicklungen in Großbritannien, das Beschwerdemanagement und die Regulierung weg von der Law Society auf eine neue, nicht mehr in die anwaltliche Selbstverwaltung eingebundene Behörde auszulagern. Diesen Entwicklungen, die sich in England und Wales mittlerweile durch den Legal Services Act von 2007 realisiert haben, wollte die Bundesrechtsanwaltskammer mit einer in die anwaltliche Selbstverwaltung eingebundenen und zugleich eigenständigen Einrichtung entgegenwirken. Denn vordergründiges Argument in England und Wales für diese einschneidende Maßnahme lag in Vorwürfen einer zunehmenden Unzufriedenheit der rechtsuchenden Bevölkerung in England und Wales mit der Dienstleistung der dortigen Anwaltschaft und der behaupteten Unfähigkeit der Law Society, das öffentliche Interesse gegenüber der Berufsgruppe zufriedenstellend wahrzunehmen. Dass damit die Axt an die anwaltliche Selbstverwaltung in Großbritannien gelegt werden würde, war vorauszusehen. Diesen Entwicklungen, die in England zu einer außerhalb der Anwaltschaft stehenden mehrheitlich nicht von Anwälten besetzten Kontroll- und Aufsichtsbehörde geführt hat, wollte die Bundesrechtsanwaltskammer in Deutschland in der Präsidentschaft von *Axel C. Filges* entgegenwirken.

Der DAV hingegen sprach sich zunächst für eine privatrechtliche Lösung aus, weil nach seiner Auffassung durch das Fehlen jeder institutionellen Nähe zu Einrichtungen der Selbstverwaltung der Anwaltschaft sich die Chance auf eine möglichst hohe Akzeptanz sowohl bei den Mandanten als auch den Anwälten und schließlich in der Öffentlichkeit erhöht hätte[17]. Der Gesetzgeber hingegen folgte mit dem Gesetz zur Errichtung einer Schlichtungsstelle der Rechtsanwaltschaft von 2009 der Argumentation der Bundesrechtsanwaltskammer, dass die Vermittlung und Schlichtung im Mandatsverhältnis in die Hände der Selbstverwaltung gehört und bei der Bundesrechtsanwaltskammer angesiedelt werden soll, weil diese alle Anwälte repräsentiert. Dadurch ist gewährleistet, dass die Schlichtungsstelle bei Streitigkeiten mit sämtlichen Berufsangehörigen eröffnet ist[18]. Das Vertrauen der Öffentlichkeit in die Rechtsanwaltschaft soll hierdurch gestärkt und Rechtsstreitigkeiten vor den Gerichten sollen vermieden werden[19]. Diese Entscheidung des Gesetzgebers war von grundlegender Bedeutung, denn nach der Beschlussfassung über die Einrichtung der Satzungsversammlung bei der Bundesrechtsanwaltskammer von 1994 stärkte er erneut 15 Jahre später die anwaltliche Selbstverwaltung durch die Hinzufügung einer weiteren Einrichtung, die im Fall der Schlichtungsstelle sogar von öffentlichem Interesse ist. Schließlich bestätigte er den Gesamtvertretungsanspruch der Bundesrechtsanwaltskammer, nämlich deren Aufgabe, die Interessen aller An-

---

17 *Dahns* in: Gaier/Wolf/Göcken, Anwaltliches Berufsrecht, § 191 f Rn. 5.

18 *Dahns* (Fn. 17).

19 Amtl. Begründung; BT-Drs. 16/11385, S. 71; *Dahns* (Fn. 17), § 191 f Rn. 3.

wälte zu vertreten. Diese von *Hartung*[20] immer noch angezweifelte zentrale Aufgabenstellung der Bundesrechtsanwaltskammer ist damit geklärt.

Die Befürchtungen des DAV sind nicht eingetreten. Die Schlichtungsstelle hat sich in den zurückliegenden sechs Jahren unbestritten als anerkannte Anlaufstelle sowohl für Mandanten als auch für Anwälte in zivilrechtlichen Streitigkeiten etabliert und geholfen, verloren gegangenes Vertrauen in dem sensiblen Mandatsverhältnis zurückzugewinnen. Ihre Unabhängigkeit ist nicht in Frage gestellt, erst recht nicht deren sachliche Arbeit. Es darf deshalb auch nicht verwundern, wenn der Staatssekretär im Bundesministerium der Justiz und für Verbraucherschutz Gerd Billen der Schlichtungsstelle in seinen Grußworten für den Tätigkeitsbericht 2015 „Verbraucherschutz im allerbesten Sinne" attestiert. Seit dem 1.4.2016 ist die Schlichtungsstelle anerkannte Verbraucherschlichtungsstelle nach dem Verbraucherstreitbeilegungsgesetz. Das ist eine Bestätigung der guten Arbeit der Schlichtungsstelle und zugleich Bestätigung der Leistungsfähigkeit der anwaltlichen Selbstverwaltung.

III. Verfassungsrechtliche Bedeutung der anwaltlichen Selbstverwaltung

Vor einer verfassungsrechtlichen Einordnung sollte zunächst die Frage erörtert werden, welche grundsätzliche Bedeutung die anwaltliche Selbstverwaltung für die Berufsgruppe hat? Ist sie ein alter Zopf standespolitischen Denkens, den es abzuschneiden gilt? Die Kammer, die „vergangenheitsorientiert im Cocon tradierter Berufsbildideale verharrt"[21], dieser Zopf gehörte in der Tat abgeschnitten, wenn unsere Selbstverwaltung denn einer wäre. Aber wer unreflektiert allein unter Bezugnahme auf die Bastille-Entscheidung urteilt, sollte dann schon etwas mehr bieten. Allein das Beklagen reicht jedenfalls nicht. Und zeigt denn nicht die oben dargestellte Entwicklung seit 1987, dass die Selbstverwaltung Verantwortung übernimmt und berufspolitisch in die Zukunft plant? Von einem Verharren in Traditionen kann gewiss nicht die Rede sein. Aber anders herum gefragt: Was wäre denn die Alternative zur anwaltlichen Selbstverwaltung, wie wir sie in Deutschland kennen? Diese Alternative muss nicht unbedingt Staatsverwaltung bedeuten.

Weltweit gibt es verschiedene Organisationssysteme anwaltlicher (Selbst) Verwaltung und das Beispiel von England und Wales, wo die Law Society zwar noch die Interessenvertretung der englischen Anwaltschaft wahrnimmt, die Regulierungsfunktion aber an eine durch die Anwaltschaft zu finanzierende neu eingerichtete Behörde abgeben musste, zeigt aktuell, dass gerade in einem Land, das für seine Traditionen steht, nichts in Stein gemeißelt ist.

---

20 *Hartung* in: Henssler/Prütting (Hrsg.), BRAO-Kommentar, § 177 Rn. 7.
21 *Kleine-Cosack* (Fn. 2), Einl. Rn. 29.

Diese Entwicklungen in England und Wales belegen plakativ, dass die Bedeutung der Selbstverwaltung mit dem Selbstverständnis einer Anwaltschaft und deren Stellenwert in der Gesellschaft eng verknüpft ist. In England und Wales unterliegt die Anwaltschaft gesellschaftspolitisch einer überwiegend ökonomischen Betrachtungsweise. Natürlich soll sie als Berufsgruppe Recht liefern, also Mandanten beraten und vor Gericht vertreten. Aber anders als in Deutschland ist diese Anwaltschaft nicht Organ der Rechtspflege, sondern Marktteilnehmer in einem Rechtsberatungsmarkt, dem Wachstum durch die Ökonomen verordnet ist. Kurz gesagt: Die Ökonomie beherrscht das Recht. Das ist in Deutschland anders. Das Recht wird, von Sparmaßnahmen auf Länderebene abgesehen, der Ökonomie nicht untergeordnet, sondern ist durch unsere Verfassung abgesichert. Auch der Anwalt muss in Deutschland Geld mit seinem Beruf verdienen, aber als nicht als bloßer Marktteilnehmer, sondern als Organ der Rechtspflege, also Träger von besonderen Rechten und Pflichten, die für die Rechtspflege zur Wahrung des Rechts wesentlich sind.[22]

Gibt es deshalb einen aus unserer Verfassung rührenden Anspruch der Anwaltschaft auf eine vom Staat unabhängige Selbstverwaltung? Zwar hat das Bundesverfassungsgericht bereits vor bald 45 Jahren in seinem Fachärzte-Beschluss ein Bekenntnis zur autonomen Selbstverwaltung abgegeben[23], aber eine klare Ermächtigung gibt das Grundgesetz außerhalb des Spezialfalls der kommunalen Selbstverwaltung nicht. Herkömmlich wird von der sogenannten funktionalen Selbstverwaltung gesprochen. Der Staat bedient sich zur Erledigung öffentlicher Aufgaben der besonderen Organisationsform der Selbstverwaltung. Er entlastet dadurch die Exekutive und aktiviert den besonderen Sachverstand der betroffenen Berufsgruppe durch Mitspracherechte. In seinem Wasserverbandsbeschluss[24] hat das Bundesverfassungsgericht diese Organisationsform der Selbstverwaltung als konform mit dem Demokratieprinzip bezeichnet[25] und damit den Begriff der funktionalen Selbstverwaltung geprägt. Aber kann es richtig sein, die Anwaltschaft mit Handwerkskammern, Sozialversicherungsträgern, gar mit Abwasserverbänden in einen „Funktionstopf" zu werfen? Diese Frage wird von *Reinhard Gaier* klar verneint. In einem Vortrag, den *Gaier* auf der Veranstaltung „Starke Anwaltschaft – Starker Rechtsstaat" der Bundesrechtsanwaltskammer am 24.5.2012 gehalten hat[26], stellt dieser auf die notwendige Distanz zum Staat ab und vergleicht den Schutz der Unabhängigkeit des Anwalts mit dem Schutzzweck der in Art. 5 Abs. 3 GG garantierten Wissenschaftsfreiheit. Damit ein Anwalt zu einem funktionierenden rechtsstaatlichen System beitra-

22 *Wolf* in Gaier/Wolf/Göcken, Anwaltliches Berufsrecht, § 1 Rn. 1.

23 BVerfGE 33, 125, 157.

24 BVerfGE 107, 59 ff.

25 *Griga*, Verfassungsrechtliche Grundlagen der selbstverwalteten Anwaltschaft, Schriftenreihe der Bundesrechtsanwaltskammer Band 18, S. 104.

26 *Gaier*, Der verfassungsrechtliche Rahmen für die Organisation der Anwaltschaft, BRAK-Mitt. 2012, 142 ff.

gen kann ist es notwendig, dass er tatsächlich die Interessen seines Mandanten vertritt. Dies zu sichern, ist die eigentliche Aufgabe der anwaltlichen Unabhängigkeit, auch gegen gegenläufige Belange des Staates[27]. Im Ergebnis leitet *Gaier* aus Art. 12 Abs. 1 GG in Verbindung mit dem Rechtsstaatsprinzip ein derivates Leistungsrecht des einzelnen Anwalts gegen den Staat her auf solche organisatorischen Maßnahmen, die zur Wahrung seiner Aufgaben im System des Rechtsstaats unerlässlich sind [28]. Auf ein bestimmtes System will *Gaier* den Staat nicht verpflichten. Wegen der grundlegenden rechtsstaatlichen Bedeutung der freien Advokatur bedarf es aber einer Organisationsform, die größtmögliche Staatsferne sicherstellt[29].

Dieser verfassungsrechtlichen Argumentation von *Gaier* folgend, ist anwaltliche Selbstverwaltung nicht allein um eine funktionale, sondern eine das Rechtsstaatsprinzip effektivierende Selbstverwaltung. Deren Aufgabe ist es, über ihre autonom-selbstverwaltende Organisationsstruktur den grundrechtlich geschützten Justizgewährleistungsanspruch insgesamt zu sichern[30]. Damit wird deutlich, dass unsere anwaltliche Selbstverwaltung weit über das hinausgeht, was die Bedeutung einer funktionalen Selbstverwaltung betrifft. Allein die Entlastung des Staates, seiner Exekutive und die des Steuerzahlers, und die Einbeziehung des verwaltungsexternen Sachverstandes der Betroffenen reichen nicht aus. Mit den beiden Kriterien „Entlastung des Staates" und „Sachkunde des Berufs" ist dem Rechtsstaatsprinzip nicht hinreichend Genüge getan. Entscheidendes Kriterium ist die Sicherung der Staatsferne. Nur mit dieser kann die in §§ 1 und 3 BRAO verankerte für die Rechtspflege notwendige Funktion des Anwalts als Organ der Rechtspflege gewährleistet werden. Das unterscheidet anwaltliche Selbstverwaltung fundamental von Handwerkerkammer, Industrie- und Handelskammern und erst recht von Abwasserverbänden.

IV. Sicherung der Staatsferne

Es ist festzuhalten: Einen Anspruch auf eine konkrete Organisationsform der Selbstverwaltung gibt es nicht. Aber es besteht über Art. 12 Abs. 1 GG in Verbindung mit dem Rechtsstaatsprinzip ein subjektives Grundrecht eines jeden Anwalts auf eine möglichst freie und von staatlichen Einflüssen entfernte Organisationsstruktur. Was bedeutet dies für die Struktur der Organisation? Der Staat muss sich grundsätzlich heraushalten. Der Rahmen ist eindeutig und wird durch Anfang und Ende anwaltlicher Berufsausübung

27 *Gaier* (Fn. 26), S. 144.
28 *Gaier* (Fn. 26), S. 145.
29 *Gaier* (Fn. 26), S. 145; *Griga* (Fn. 25), S. 213.
30 *Griga* (Fn. 25), S. 213.

gesetzt. Eine vom Staat unabhängige Selbstverwaltung beginnt also mit der Zulassung zum Beruf und hört bei Widerruf oder Rücknahme der Zulassung auf. Dies ist Gegenstand der exekutiven Aufgabenübertragung. Auf der anderen Seite gehört es zwangsläufig zu den Aufgaben der Selbstverwaltung, die Berufsfreiheiten zu verteidigen. Diese auf das Rechtsstaatsprinzip bezogene Interessenvertretung ist besonders dann gefordert, wenn es um die Abwehr staatlicher Eingriffe geht. Damit liegt auf der Hand, dass dem Staat nur die Kontrolle der Rechtmäßigkeit des Handelns der Selbstverwaltung bleibt. Diese darf weder über das Ziel der berufsbezogenen Interessenvertretung hinausschießen – sie hat kein allgemeinpolitisches Mandat –, noch darf sie sich außerhalb der ihr durch den Gesetzgeber übertragenden Aufgaben bewegen.

Im Ergebnis heißt dies, dass alles, was den Anwalt und seine Berufsausübung betrifft, in die Hände der anwaltlichen Selbstverwaltung gehört. Die Aufgaben des Staates reduzieren sich auf die Kontrolle der Rechtmäßigkeit. Auch die Beteiligung von Nichtanwälten, wie dies in einigen Rechtsordnungen geregelt ist und auch bei den Reformen in England und Wales eine erhebliche Rolle spielt, dürfte in Deutschland nur schwer zu rechtfertigen sein. Schließlich handelt es sich nur um eine andere Form der Ersetzung staatlicher Einflussnahme. Weder wäre der berufsgruppenbezogene Sachverstand garantiert noch die gebotene Staatsferne zum Schutz der Unabhängigkeit der Anwaltschaft gewährleistet. Allenfalls eine Minderbeteiligung von Nichtanwälten wäre diskutierbar. Die Entscheidungen müssten aber immer in den Händen der Anwaltschaft bleiben.

Dies festgestellt, bleibt die Frage, wie es sich mit der Organisationsstruktur der deutschen Selbstverwaltung verhält. Den Anspruch an eine anwaltliche Selbstverwaltung, nämlich größtmögliche Staatsferne zum Schutz der Unabhängigkeit der Anwaltschaft und Aufgabenwahrnehmung zur Durchsetzung des Justizgewährleistungsanspruchs erfüllt die derzeitige Organisation der Selbstverwaltung in Deutschland ohne Zweifel. Die regulative Aufgabenwahrnehmung durch die regionalen 28 Rechtsanwaltskammern, die auch die berufspolitischen Interessen ihrer Mitglieder auf Landesebene gegenüber den Landesjustizverwaltungen und Landesparlamenten vertreten, die gerichtliche Aufgabenkontrolle durch die Anwaltsgerichtsbarkeit, die Interessenvertretung der Gesamtheit der Anwaltschaft durch die Bundesrechtsanwaltskammer, die Kompetenz der Satzungsversammlung bei der Bundesrechtsanwaltskammer zur Schaffung verbindlicher Berufsregeln und die Tätigkeit der unabhängigen Schlichtungsstelle zur Vermittlung im Mandatsverhältnis zeichnen in ihrem Gesamtbild eine in sich geschlossene und stringente Struktur einer durch die Anwaltschaft verantworteten Selbstverwaltung. Diese Struktur erfüllt die durch unsere Verfassung geforderten Voraussetzungen einer auf größtmögliche Staatsferne bedachten das Rechtsstaatsprinzip effektivierenden Selbstverwaltung.

V. Ausblick und These

Ein perfektes System der anwaltlichen Selbstverwaltung kann es nicht geben, wohl aber eines, das den verfassungsrechtlichen Anforderungen gerecht wird. *Martin Griga* hat in seiner Dissertation die verfassungsrechtlichen Grundlagen der selbstverwalteten Anwaltschaft umfassend untersucht. Sein Ergebnis, dass die anwaltliche Selbstverwaltung auch im 21. Jahrhundert einen verfassungskonformen Platz in der deutschen Staatsordnung hat, ist mit der Mahnung verknüpft, dass der Gesetzgeber keinen Freibrief hat, diese Selbstverwaltung in seinem Ermessen zu gestalten. Vielmehr bedarf jede Abweichung vom Regelprinzip einer verfassungsimmanenten Rechtfertigung[31]. Mit Blick auf die Bedeutung der anwaltlichen Selbstverwaltung für das Rechtsstaatsprinzip und die Bedeutung der Staatsferne zur Sicherung rechtsstaatlicher Verfassungswerte dürften deshalb die Anforderungen an Eingriffe und Änderungen unserer bestehenden Selbstverwaltung hoch sein.

Das hat Konsequenzen für den Entzug bestehender Aufgaben. Der Staat kann nicht einfach das nehmen, was er gegeben hat, sondern es braucht einer besonderen Rechtfertigung, die sich an der Wertentscheidung der Verfassung messen lassen muss. Auch die Anwaltschaft verfügt deshalb nicht über einen Freibrief. Diese muss die ihr übertragenen und eingeräumten Aufgaben natürlich ordnungsgemäß, insbesondere den demokratischen Verfassungswerten folgend ausüben. Relativ leicht verhält es sich mit der übertragenen Aufgabenwahrnehmung. Korrektive bestehen durch die Beteiligungsrechte der Mitglieder, auch Kritiker können sich beteiligen, die Rechtsaufsicht und die Kontrolle der Entscheidungen der Selbstverwaltung durch die Anwaltsgerichtsbarkeit bis hin zum Bundesverfassungsgericht hinreichend.

Bedeutsam hingegen ist die Pflicht der anwaltlichen Selbstverwaltung, sich gegen Eingriffe durch den Staat zu wehren. Gegen Eingriffe in die Ausübung der freien und unabhängigen Advokatur und gegen Angriffe gegen die grundsätzlich freie, staatsferne Berufsorganisation. Die anwaltliche Selbstverwaltung kann und darf Entscheidungen des Gesetzgebers nicht einfach akzeptieren, nur weil dieser solche gesellschafts- oder rechtspolitisch für richtig oder wünschenswert erachtet. Hierin unterscheidet sich die deutsche Selbstverwaltung fundamental von anderen Organisationssystemen in der Welt. Dass beispielsweise die Englische Anwaltschaft den Legal Services Act von 2007, der das regulative Element ihrer traditionellen Selbstverwaltung auf eine externe Behörde verlagerte, nicht nur akzeptierte, sondern diese grundlegende Entscheidung des Englischen Parlaments gehorsam unterstützte, kann und darf in Deutschland nach unserem Verfassungsverständnis nicht passieren. Hiergegen müssten die deutsche Anwaltschaft und ihre Selbstverwaltung sich auf das Energischste wehren.

---

31 *Griga* (Fn. 25), S. 330.

Die überzeugenden Ausführungen von *Reinhard Gaier*[32] und *Martin Griga*[33], dass die anwaltliche Selbstverwaltung nicht allein eine funktionale, sondern eine das Rechtsstaatsprinzip effektivierende Selbstverwaltung sein muss, geben Anlass für die These, dass dem Gesetzgeber eine Pflicht obliegt, neu entstehende Aufgaben auf die anwaltliche Selbstverwaltung zu übertragen. Alles, was den Anwalt und seine Berufsausübung betrifft, gehört in die Hände der Selbstverwaltung. Neue Aufgaben können nicht nolens volens auf andere außerhalb der anwaltlichen Selbstverwaltung befindliche Strukturen verteilt werden.

Ein jüngeres anschauliches Beispiel ist die zum 1.7.2014 erfolgte Erweiterung des Aufgabenkatalogs der Bundesrechtsanwaltskammer in § 177 Abs. 2 Nr. 7 BRAO zur Unterstützung des Elektronischen Rechtsverkehrs und die damit gem. § 31a BRAO korrespondierende Pflicht der Bundesrechtsanwaltskammer, für jeden Anwalt ein besonderes elektronisches Anwaltspostfach einzurichten. Der Gesetzgeber hätte dazu neigen können, die Pflicht zur Einrichtung des elektronischen Anwaltspostfachs auch jedem Anwalt selbst, den zuständigen Rechtsanwaltskammern oder den Justizverwaltungen aufzuerlegen. Dass diese Aufgabe jedoch unter dem Gesichtspunkt einer funktionierenden Rechtspflege im Rahmen der Regelung des elektronischen Rechtsverkehrs in die Hände der anwaltlichen Selbstverwaltung gehört und aus Effizienzgründen einheitlich durch die Bundesrechtsanwaltskammer aufgebaut und organisiert wird, liegt auf der Hand.

Ein aktuelles und problematisches Beispiel ist schließlich die Forderung der Bundesrechtsanwaltskammer zur Einrichtung eines unabhängigen Datenschützers bei ihr. Die gegenläufigen Überlegungen in dem Gesetzesentwurf zur Umsetzung der Datenschutzgrundrechtsverordnung, der den Datenschutzbehörden weitreichende Kontroll- und Eingriffsbefugnisse in Anwaltskanzleien einräumen will, dürften verfassungsrechtlich kaum zu rechtfertigen sein. Die Auslagerung von Kontroll- und Eingriffsbefugnissen auf eine externe Behörde bedürfen als Ausbruch aus dem bestehenden System unserer Selbstverwaltung einer besonderen Rechtfertigung. Die derzeit aufgeführten Argumente, der enge Zeitrahmen einer auslaufenden Legislaturperiode und die Begrenzung bereichsspezifischer Ausnahmen ließen eine Aufgabenübertagung dieser klassischen Selbstverwaltungsaufgabe nicht zu, sind untauglich und Ausdruck schlechter Gesetzgebung. Auch die Unabhängigkeit der Datenschutzbehörde und in dem Entwurf vorgesehene Beweisverwertungsverbote sind keine geeignete Rechtfertigung für eine Kompetenzverlagerung. Schließlich geht es um den Schutz des Mandatsgeheimnisses, also eines Kernelements der Rechtsstaatsverwirklichung. Diese aktuelle Diskussion über eine bereichsspezifische Datenschutzkontrolle durch die anwaltliche Selbstverwaltung zeigt, dass unser Organisationssystem einer echten anwaltlichen

---

32 *Gaier* (Fn. 26), S. 144.
33 *Griga* (Fn. 25), S. 213.

Selbstverwaltung kein Selbstläufer ist. Die Anwaltschaft muss für dieses System kämpfen, will sie sich und die Besonderheiten ihres Berufs für den Rechtsstaat erhalten.

Hören und gehört werden – Die Europäische Vereinigung der Anwaltschaften bei den Obersten Gerichtshöfen

Norbert Gross

Seit jeher folgt Recht den Kaufleuten und macht an Grenzen nicht halt. Die Justiz hingegen war und ist ein von festen Grenzen umsäumtes Instrument nationaler Rechtsdurchsetzung, das sich nur gelegentlich Ausblicke zu und Handreichungen mit den Justizbehörden anderer Länder erlaubt. Die nationale Prägung der Justiz bedingt, dass die Vertretung vor den Obersten Gerichtshöfen in Europa bis heute keinem einheitlichen Grundmuster folgt, sondern aufgrund nationaler Traditionen völlig unterschiedliche Formen des anwaltlichen Zugangs zu den Obersten Gerichtshöfen entwickelt hat. Der Blick auf die Vielgestaltigkeit der nationalen Lösungen belegt, dass diese stets Ausdruck fester Rechtsüberzeugungen und gelebter Rechtstraditionen sind, die in naher Zukunft wohl kaum den Lockungen einer Einheitslösung erliegen werden. Unterschiede haben ihre Gründe und wirken belebend.

Das gilt vor allem für die besonderen Anwaltschaften bei den Obersten Gerichtshöfen in Frankreich, Belgien, Deutschland und den Niederlanden, denen einerseits gemeinsame gesetzgeberische Vorstellungen von Funktion und Zielen zugrunde liegen, andererseits deutliche Unterschiede hinsichtlich Tätigkeitsbereich und Struktur nicht übersehen werden können. Vertrautheit im Grundsatz und Fremdheit im Detail haben vor bald drei Jahrzehnten zur Gründung der „*Europäischen Vereinigungen der Anwaltschaften bei den Obersten Gerichtshöfen*" geführt, deren Zweck, auf nationaler und europäischer Bühne zu hören und gehört zu werden, sich auf Dauer nicht nur in der Funktion eines *Horchpostens*, sondern gewiss auch der eines *Sprachrohrs* verwirklichen wird.

I. Unterschiedliche Modelle

So bunt wie Europas Landschaften, so unterschiedlich sind die Regeln der Prozessvertretung vor den Obersten Gerichtshöfen in den Mitgliedsstaaten der Europäischen Union[1]. Neben dem Jedermann-Zugang zu den Obersten Gerichtshöfen treten der allgemeine Anwaltszwang und schließlich die besonderen Anwaltschaften bei den Obersten Gerichtshöfen. Drei unterschied-

1 *Norbert Gross*, Rechtsanwälte in Europa – Die Vertretung vor den Obersten Gerichtshöfen, in: FS Günter Hirsch, 2008, 483.

liche Modelle und deren Varianten haben sich entwickelt, die teils historisch, teils politisch und teils pragmatisch begründet werden[2].

1. Das französische Modell und seine belgischer Variante

Das klassische französische Modell[3] geht historisch auf die Zeit vor der Französischen Revolution, in seiner heutigen Ausgestaltung jedoch auf die napoleonische und nachnapoleonische Zeit zurück. In Frankreich gilt bis heute die Verordnung vom 10. September 1817 als der eigentliche Gründungsakt einer besonderen, zahlenmäßig beschränkten, in einer eigenen Anwaltskammer – *Ordre* genannt – zusammengefassten Anwaltschaft. Diese *avocats au Conseil d'État et à la Cour de cassation* werden bis heute in Anlehnung an die beiden Conseils du Roi der vorrevolutionären Zeit in der Kurzfassung noch immer *Avocats aux Conseils* genannt.

Seit zwei Jahrhunderten nimmt dieser auf 60 Kanzleien beschränkte und heute 111 Mitglieder umfassende kleine Kreis der Kassationsanwälte im französischen Justizsystem eine herausragende Stellung ein. Von wenigen Ausnahmen abgesehen, obliegt allein ihnen der Zugang zu allen Obersten Gerichtshöfen Frankreichs auf allen Rechtsgebieten, also nicht nur auf dem Gebiet des Zivil- und Handelsrechts, sondern auch im Straf-, Arbeits- und Sozialrecht und auf den weiten Gebieten des dem *Conseil d'État* vorbehaltenen Verwaltungsrechts. Diesem Vertretungsmonopol vor den beiden Obersten Gerichtshöfen Frankreichs steht gegenüber die Inkompatibilität mit jeder anderen anwaltlichen oder nichtanwaltlichen Betätigung mit Ausnahme der Vertretung vor den Berufungsgerichten der Verwaltungsgerichtsbarkeit. Als ausgesprochene Spezialisten des Kassationsrechts, denen schon der legendäre *Dalloz* im Jahre 1847 „methodische Eloquenz, rechtswissenschaftliche Vertiefung auch auf dem Gebiet des öffentlichen Rechts und die Kunst des Schreibens" als besondere Eigenschaften zusprach[4], haben diese *avocats aux conseils* eine Aufgabe zu erfüllen, die in einer Zusammenschau des gesamten Prozess- und materiellen Rechts auf höchst unterschiedlichen Rechtsgebieten besteht. Kompetenz und Unabhängigkeit geben diesen Spezialisten des Kassationsrechts die Möglichkeit, im Wege einer strengen Aussichtenprüfung von vornherein einen großen Teil an Kassationsbeschwerden auszusondern

---

2 *Gross* (Fn. 1).

3 *Jean Barthélmy*, Les avocats aux Conseils in: FORTITUDO TEMPERANTIA, Die Rechtsanwälte am Reichsgericht und beim Bundesgerichtshof, Festgabe zu 50 Jahren Bundesgerichtshof, 2000, 161; *Jean Pascale* Gonod (dir.), Les Avocats au Conseil d'État et à la Cour de cassation, 2002 ; *Norbert Gross*, Die Anwaltschaft beim französischen Kassationshof, FS Nirk 1992, 405 ; *René Koering-Joulin, Pascal, Lemoine, Christophe Soulhard*, in: Réseau des Présidents des Cours Suprêmes de l'Union Européenne 2004, 277, 297.

4 DALLOZ, Rep. jur. DALLOZ 1847, 587.

und mit dieser Filterwirkung einen erheblichen Beitrag zur Entlastung von *Cour de cassation* und *Conseil d'État* zu bewirken.

Die Ernennung eines Kassationsanwalts erfolgt durch den Justizminister. Bewerben kann sich nur, wer die förmlichen Voraussetzungen erfüllt, die in den 1990er-Jahren im Hinblick auf die hohen wissenschaftlichen Anforderungen reformiert worden sind. Danach muss der junge Anwalt eine zusätzliche dreijährige Spezialausbildung zum Kassationsanwalt unter der Leitung der Pariser Kassationsanwaltschaft durchlaufen und eine anspruchsvolle Eignungsprüfung ablegen. Damit ist ein eigener Ausbildungsweg zum Kassationsanwalt bei *Cour de cassation* und *Conseil d'État* geschaffen worden, der auch jüngeren Bewerbern den Zugang ermöglicht.

Auch in Belgien hat sich das französische System seit Gründung des Königsreichs Belgien im Jahre 1831 bis heute erhalten[5]. Abweichungen bestehen insoweit, dass in Straf- und Steuersachen jeder Rechtsanwalt beim belgischen Kassationshof auftreten kann, während das gesamte Zivil- und Handelsrecht sowie das Sozial- und Disziplinarrecht nur den beim Kassationshof zugelassenen Rechtsanwälten vorbehalten bleibt. Die Zahl der zugelassenen Kassationsanwälte wird durch königliche Verfügung festgelegt. Die insgesamt 20 Kassationsanwälte sind in einer eigenen kleinen Anwaltskammer organisiert. Auswahl und Ernennung unterscheidet sich hingegen nicht unerheblich von dem französischen Modell. Bewerber müssen mindestens zehn Jahre anwaltliche Erfahrung haben. Ein spezielles Ausbildungs- oder Prüfungssystem gibt es nicht. Über die Bewerbungen entscheiden die Richter des Kassationshofs in einer Vollversammlung. Nicht selten werden auch Hochschullehrer als Kassationsanwälte zur Ernennung vorgeschlagen und berufen, die ihre Lehrtätigkeit beibehalten können. Die geringen Fallzahlen beim Kassationshof bringen es mit sich, dass die dort zugelassenen Anwälte auch vor den unteren Instanzen tätig sein können. Der hohe Spezialisierungsgrad auf das Verfahrensrecht hat auch für die belgische Kassationsanwaltschaft zu einer effektiven Praxis der Aussichtenprüfung mit deutlichen Filterwirkungen und einem besonderen Qualitätsanspruch geführt.

2. Kompromisse: Italien und Griechenland

Wenngleich das französische Modell historisch als Vorbild gedient hat, haben sich die Verhältnisse in Italien und Griechenland inzwischen völlig anders entwickelt[6]. Beide Länder kennen eine besondere Zulassung zum Kassationshof bzw. dem Areopag und damit eine spezielle Liste der Anwälte, die vor den Obersten Gerichtshöfen aufzutreten berechtigt sind. Für Italien gilt, dass

5 *Thomas Delahaye*, Les Avocats à la Cour de cassation de Belgique, in: FORTITUDO TEMPERANTIA (Fn. 3), 175; *Ivan Verougstraete*, in Réseau des Présidents (Fn. 3), 199, 213.

6 Zu Italien und Griechenland s. *Gross* (Fn. 1), 491 mN.

jeder Rechtsanwalt nach zwölf Jahren Tätigkeit automatisch und sogar nach nur fünf Jahren und einer bei seiner örtlichen Anwaltskammer abgelegten Eignungsprüfung auf die Kassationsanwaltsliste gesetzt wird, deren geschätzte Zahl von rund 60.000 Kassationsanwälten gewiss nicht zu einer Qualitätssteigerung oder einer Filterwirkung und schon gar nicht zu einem eigenständigen Berufsprofil beiträgt. Die Klagen der Kassationsrichter über die allzu häufig mangelnde Qualifikation sind bis heute nicht verstummt und nähren deren neidvolle Blicke auf die Verhältnisse in Frankreich und Deutschland.

Auch in Griechenland erfolgt die Zulassung als Rechtsanwalt beim Areopag ohne weiteres Zutun in zwei Stufen. Nach fünf Jahren Tätigkeit als Rechtsanwalt beim Landgericht erfolgt die Zulassung beim Berufungsgericht und nach weiteren vier Jahren automatisch die Zulassung beim Areopag. Die einzige Einschränkung besteht darin, dass die Zahl der Kassationsanwälte jährlich auf die Hälfte der insgesamt zugelassenen Rechtsanwälte beschränkt wird. Die Hälfte aller griechischen Rechtsanwälte ist demnach beim Obersten Gerichtshof, daneben aber auch bei allen anderen Gerichten zugelassen. Der Automatismus der Zulassung führt dazu, dass auch die Ernennung nicht durch den Minister, sondern routinemäßig durch die jeweilige regionale Anwaltskammer erfolgt.

Obwohl Italien und Griechenland abstrakt von einem qualifizierten Anwaltszwang durch beim Obersten Gerichtshof eigens zugelassene Rechtsanwälte ausgehen, hat die praktische Ausgestaltung dieses Systems mit zigtausenden von Kassationsanwälten zu zweifelhaften Kompromissen und zu einer völligen Umkehrung des Systems geführt, das ein eigenes Profil und damit seine Rechtfertigung völlig vermissen lässt.

3. Das deutsche Modell

Die Vertretung vor den Obersten Gerichtshöfen in Deutschland unübersichtlich zu nennen, dürfte eher untertrieben sein[7]. Während sich der Gesetzgeber für das schriftliche Verfahren der Verfassungsbeschwerde für die Jedermann-Beschwerde, in der mündlichen Verhandlung jedoch für den Anwaltszwang entschieden hat, schließt das Gesetz vor den vier obersten Fach-Bundesgerichten für Arbeits-, Verwaltungs-, Steuer- und Sozialrecht die Jedermann-Klage aus. Die Beteiligten müssen sich vielmehr grundsätzlich durch einen Rechtsanwalt vertreten lassen. Die Beschränkung der Vertretungsbefugnis auf *Fachanwälte* des jeweiligen Fachgebiets findet nicht statt. Für die Vertretung vor dem Bundesfinanzhof auch durch Steuerberater oder Wirtschaftsprüfer und für juristische Personen des öffentlichen Rechts und Behörden beim BFH, BVerwG und BSG gelten besondere Bestimmungen.

---

7 Näher *Gross* (Fn. 1), 494.

Auch beim *Bundesgerichtshof* folgt die Vertretungsbefugnis keinem einheitlichen Regime[8]. Keineswegs selbstverständlich, aber deutscher Tradition folgend, ist die Selbstvertretung des Rechtsanwalts vor dem Anwaltssenat des Bundesgerichtshofs. Besonderheiten gelten für die übrigen berufsrechtlichen Senate, den Kartellsenat und den Patentsenat des Bundesgerichtshofs in sog. Nichtigkeitssachen, in denen als Berufungsverfahren jeder Rechtsanwalt, aber zudem auch jeder Patentanwalt auftreten kann, während die Rechtsbeschwerde oder das Patentverletzungsverfahren zwingend die Vertretung durch einen bei Bundesgerichtshof zugelassenen Rechtsanwalt voraussetzen.

In allen sonstigen Zivilsachen sind Einlegung und Begründung des Rechtsmittels der Nichtzulassungsbeschwerde, Revision und Rechtsbeschwerde sowie das Auftreten in der mündlichen Verhandlung vor den Zivilsenaten des Bundesgerichtshofs ausschließlich den beim Bundesgerichtshof zugelassenen Rechtsanwälten vorbehalten. An diesem Konzept hat sich seit Errichtung des Reichsgerichts im Jahre 1879 nichts geändert. Die damals geführten heißen Debatten um die Freiheit der Advokatur galten weniger der Schaffung einer besonderen, auf die Tätigkeit bei den Zivilsenaten des Reichsgerichts beschränkten Anwaltschaft, die den Richtern des Reichsgerichts auf gleicher Augenhöhe entgegentreten sollten. Umstritten waren vielmehr Auswahl und Ernennung dieser am Reichsgericht zugelassenen Rechtsanwälte, die schließlich im Wege eines politischen Kompromisses in die Hand des Präsidiums des Reichsgerichts gelegt wurde, das über Anzahl und Auswahl der Rechtsanwälte am Reichsgericht zu entscheiden hatte. Hierin sahen die Abgeordneten des Reichstags die objektivste und in jeder Hinsicht unverdächtigste Instanz.

Mit der Errichtung des Bundesgerichtshofs in Karlsruhe im Oktober 1950 wurde an die Tradition der Anwaltschaft am Reichsgericht nahtlos angeknüpft[9]. Anders als in Frankreich und Belgien, die einen formalen Numerus clausus kennen, wurde hierauf beim Bundesgerichtshof verzichtet. Maßgebend sind vielmehr bis heute die Eignung und der Bedarf aus der Sicht der Justiz. Die Bedarfsprüfung wird durch den Präsidenten des Bundesgerichtshofs eingeleitet, obliegt aber wie die Wahl der Rechtsanwälte beim Bundesgerichtshof einem besonderen Wahlausschuss unter dem Vorsitz des Präsidenten des Bundesgerichtshofs. Das seit dem Jahre 1879 geltende Postulationsmonopol blieb allerdings auf die Zivilsenate des Bundesgerichtshofs beschränkt. Eine Erstreckung auf die Strafsenate und die übrigen vier obersten Bundesgerichte wurde nie ernsthaft verfolgt. Bundesverfassungsgericht und Bundesgerichtshof haben die Singularzulassung der Rechtsanwälte beim Bundesgerichtshof vor allem mit dem *Gemeinwohlinteresse* an einer Stär-

8 Näher *Gross* (Fn. 1), 496.

9 Zu den Traditionslinien s. *Norbert Gross*, Die Anwaltschaft am Reichsgericht – Herkunft, Entwicklung, Untergang und Die Anwaltschaft beim Bundesgerichtshof – Neuanfang, Funktion, Bestand in: Anwälte und ihre Geschichte, 2011, 141 und 369 (Hrsg. DAV).

kung der Rechtspflege durch eine leistungsfähige und in Revisionssachen besonders qualifizierte Anwaltschaft begründet und als legitim anerkannt. Die seit der letzten Wahl (2013) insgesamt 46 Rechtsanwälte beim Bundesgerichtshof sind in einer eigenen Rechtsanwaltskammer zusammengefasst, der kleinsten deutschen und zudem neben der Bundesrechtsanwaltskammer der einzigen *Rechtsanwaltskammer* des Bundes.

4. Der niederländische Sonderweg

Die Niederlande haben einen völlig anderen, selbständigen und pragmatischen Weg eingeschlagen[10]. Der Hoge Raad und die Kassation als Rechtsmittel waren grundsätzlich der französischen Cour de cassation und der Kassationsbeschwerde nachgebildet und stammen noch aus der napoleonischen Zeit der Zugehörigkeit der Niederlande zu Frankreich. Bis in die jüngste Zeit galt, dass die Postulationsfähigkeit beim Hoge Raad sich allein aus der Zugehörigkeit zu der Den Haager Anwaltskammer ableitet. Damit hat das neue Recht seit 1.07.2012 gebrochen[11]. Nunmehr gilt, dass eine besondere Zulassung als Kassationsanwalt Voraussetzung für die Vertretung vor dem Hoge Raad in allen Zivil- und Handelssachen ist. Die Zulassung erfolgt nach einem Bewerbungs- und Auswahlverfahren mit Ablegung einer besonderen Eignungsprüfung, die in 3-Jahreszeiträumen zu wiederholen ist. Die beim Hoge Raad anfallenden geringen Fallzahlen führen auch in den Niederlanden dazu, dass die zugelassenen Kassationsanwälte neben ihrer Tätigkeit beim Hoge Raad auch vor den unteren Gerichten auftreten können, nicht nur in Den Haag, sondern überall in den Niederlanden ihr Büro unterhalten können und ihren Beruf auch in Zusammenarbeit mit anderen Rechtsanwälten, Wirtschaftsprüfern, Steuerberaten oder Notaren ausüben können. Auch wenn die niederländischen Kassationsanwälte (noch) keine eigene Rechtsanwaltskammer bilden, sondern ihrer jeweiligen regionalen Anwaltskammer angehören, haben sie sich seit 2012 zu einem Verein der zivilen Kassationsanwälte, der *Vereniging van Civiele Cassatieadvokaten*, zusammengeschlossen. Die Landkarte Europas hätte kaum bunter ausfallen können. Nicht ein Idealplan, eher das Spiegelbild der Verhältnisse, die sich in den einzelnen Justizkulturen entwickelt haben, steht für diese Vielfalt Pate.

---

10 Zur Rechtslage bis zur Neuregelung 2012 s. *Gross* (Fn. 1), 493; *Sicco V. Langeveld*, Die Kassationsbalie beim Hoge Raad der Niederlande, in: FORTITUTO TEMPERANTIA (Fn. 3), 193.

11 De wet versterking van de cassatierechtspraak (Kassationsanwaltsgesetz) vom 15.03.2012, s. Staatsblad (Stb) 2012, 116, und het Koninklijk Besluit (het KB) vom 18.04.2012, s. Stb. 2012, 175.

II. Der Weg zu einer „Europäischen Vereinigung"

Seit Langem stehen die vor allem wirtschaftsrechtlich und international tätigen Rechtsanwälte mit ihren ausländischen Kollegen in einem natürlichen Kooperationsverhältnis. Das gilt in gleicher Weise für die internationalen und europäischen Anwaltsvereinigungen. Die deutsche Anwaltschaft ist über die Bundesrechtsanwaltskammer (BRAK) und den Deutschen Anwaltverein (DAV), aber auch über die regionalen Rechtsanwaltskammern und die örtlichen Anwaltsvereine international und europäisch bestens vernetzt[12]. Die über 160.000 deutschen Rechtsanwälte haben ihr Ohr in Brüssel und der Welt und werden dort auch gehört. Demgegenüber sind die bei den obersten nationalen Gerichtshöfen zugelassenen Rechtsanwälte praktisch ausschließlich mit Akten ihrer nationalen Berufungsgerichte befasst. Der Kontakt mit vergleichbaren ausländischen Anwaltschaften mag nützlich und förderungswürdig sein. Zwingend war er jahrzehntelang nicht. Das führte zwangsläufig zu einer eher nationalen Nabelschau.

1. Initiativen

Diese Sicht änderte sich schlagartig, als durch die Dienstleistungsrichtlinie für Rechtsanwälte Mitte der 1980er-Jahre die Frage aufgeworfen wurde, ob die Dienstleistungsfreiheit in Europa auch die Zulassung der einer besonderen Anwaltschaft angehörigen Revisions- bzw. Kassationsanwälte erfasse, dass zwar der EU-ausländische Rechtsanwalt auch vor dem Bundesgerichtshof bzw. Kassationshof auftreten könne, sein inländischer Kollege jedoch nicht. In zwei Verfahren gegen die Bundesrepublik und Frankreich machte die Kommission geltend, Deutschland und Frankreich hätten gegen ihre Verpflichtungen aus dem EWG-Vertrag und der Richtlinie verstoßen und damit den freien Dienstleistungsverkehr der Rechtsanwälte beeinträchtigt[13]. Erst in der mündlichen Verhandlung vor dem Europäischen Gerichtshof vom 8.07.1987 räumte die Kommission ein, dass die für das Vertragsverletzungsverfahren vorgetragenen Argumente *„auf die besondere Situation spezialisierter Rechtsanwaltschaften wie der Rechtsanwalt beim Bundesgerichtshof nicht anwendbar sind*"[14].

Nicht nur die eigens bei den Obersten Gerichtshöfen zugelassenen Revisions- und Kassationsanwälte, auch deren Richter waren von der Vorstellung entsetzt, dass bei absoluter Geltung der Dienstleistungsfreiheit jeder ausländische Rechtsanwalt aus einem Mitgliedsstaat der Union vor dem Bundesge-

---

12 Die Bundesrechtsanwaltskammer (BRAK) hat seit 1991 eine ständige Vertretung in Brüssel, Ave. des Nerviens 85, bte 9, B – 1040 Brüssel, der Deutsche Anwaltverein (DAV) ebenfalls eine Geschäftsstelle Rue Joseph II, 40, bte 7B, B – 1000 Brüssel.

13 EuGH, Urt. v. 25.02.1988, Rs 427/85, Slg. 1988, 1154.

14 EuGH, Urt. v. 25.02.1988 (Fn. 13) Erwggrd. 44.

richtshof auftreten könnte. Einschränkend muss allerdings hinzugefügt werden, dass der Kommission wohl schlicht die Existenz kleiner, aber besonders geregelter Revisions- bzw. Kassationsanwaltschaften in Europa entgangen war und dass darüber hinaus den mühsam zu verfolgenden Geburtswehen einer Europäischen Richtlinie kaum ein gesteigertes professionelles Interesse entgegengebracht wurde. Hinzu kommt, dass damals auch unter den unmittelbaren Betroffenen keine oder nur schemenhafte Vorstellungen über entsprechend organisierte Anwaltschaften in den Nachbarländern bestanden.

Vor diesem Hintergrund nahmen es die französischen Kassationsanwälte Mitte 1989 in die Hand, zunächst für einen Austausch der Kenntnisse über die unterschiedlich organisierten Anwaltschaften bei den Obersten Gerichtshöfen zu sorgen und alsdann eine Struktur dafür zu entwickeln, wie gemeinsame Interessen erkannt und gebündelt werden können.

Die Zulassung von Rechtsanwälten bei den Obersten Gerichtshöfen in Europa ist höchst unterschiedlich geregelt[15]. In manchen Ländern ist eine besondere Zulassung erforderlich, die teilweise von einem aufwendigen Wahlverfahren, teilweise von einem anspruchsvollen Prüfverfahren und teilweise von einem Vorschlags- und Berufungsverfahren abhängt. In anderen Ländern erfolgt lediglich eine berufszeitabhängige Formzulassung, die z. B. in Italien zur Zulassung von bis zu 60.000 Kassationsanwälten führt. Unter Führung der Pariser Kassationsanwälte *Jaques Boré* und *Charles Choucroy* unter Einbeziehung der belgischen Kassationsanwaltschaft unter ihren Kammerpräsidenten *Lucien Simont* und *Ludovic de Gryse* und ihrer deutschen Partner *Dr. Klaus und Friederike Weiser* und *Dr. Herbert Messer,* wurde alsbald Einigkeit darüber erzielt, dass lediglich die durch ihre Strukturen und ihre Funktion besonders gestalteten Anwaltschaften in Frankreich, Belgien und Deutschland in einen engeren Kontakt treten sollen. Allen drei Anwaltschaften war gemeinsam, dass sie, durch die Jahrhunderte geprägt, eine eigene öffentlich-rechtliche Organisation, Rechtsanwaltskammern, bildeten, zahlenmäßig beschränkt waren und nach einer strengen Auswahl einer besonderen ministeriellen Zulassung bedurften. Damit war die Idee einer *Europäischen Vereinigung der Anwaltschaften bei den Obersten Gerichtshöfen* geboren, als deren Geburtshelferin sich die vorstehend beschriebene partielle Fehlleistung der Kommission darstellte.

2. Die Umsetzung

Die Vorbereitungsarbeiten zogen sich über ein Jahr hin und belegen, wie mit gegenseitigem Respekt ausgeglichene Lösungen gefunden werden, die auch praktisch handhabbar sind. Vor allem drei Punkte mussten geklärt werden, die in wechselnder Gestalt bei allen derartigen europäischen Vereinigungen,

15 Näher hierzu *Gross* (Fn. 1).

insbesondere den sehr viel später gegründeten *Netzwerken* der Präsidenten und der Generalstaatsanwälte bei den Obersten Gerichtshöfen der EU in gleicher Weise aufgetreten sind.

Im Vordergrund stand zunächst die Sprachenfrage. Bei einer kleinen dreiköpfigen Struktur sollte dies kein unüberwindliches Hindernis sein[16]. Während die französischen Kollegen auf Französisch als Arbeitssprache bestanden, die belgischen Kassationsanwälte flämisch als Arbeitssprache nicht einmal in Erwägung zogen und als perfekte Zweisprachler mit Französisch einverstanden waren, hatte die deutsche Delegation Bedenken gegen den Ausschluss von Deutsch als Arbeitssprache. Schließlich einigte man sich darauf, dass man in den Statuten auf eine zwingende Sprachenregelung überhaupt verzichtete. Die Arbeitssprache sollte vielmehr nach den Umständen und Kenntnissen der Gesprächsteilnehmer und den Bedürfnissen des Einzelfalls festgelegt werden. In den folgenden Jahrzehnten hat die ungeregelte Sprachenfrage nie wieder eine praktische Rolle gespielt. Alle Beteiligten haben ihre jeweilige Sprachkompetenz erfolgreich eingesetzt. Die zweite zu regelnde Frage war, an welchem Ort und nach welchem Recht die neue Vereinsstruktur angesiedelt werden sollte[17]. Paris als Sitz wurde als zu sehr national und zu wenig europäisch angesehen, so dass als Sitz eine Europastadt, also Straßburg, Luxemburg oder Brüssel ins Gespräch kam. Die naheliegende Lösung war, dass am 7.05.1991 in der Europastadt Luxemburg die nach belgischem Recht errichtete Satzung für die *„Europäische Vereinigung der Anwaltschaften bei den Obersten Gerichtshöfen“* unterzeichnet und mit Genehmigung des belgischen Königs vom 13.08.1990 die *Association Européenne des Barreaux des Cours Suprêmes* in französischer Fassung und deutscher Übersetzung am 30.05.1991[18] im Anhang zum *Moniteur Belge* veröffentlicht wurde[19]. Der dritte offene Punkt betraf die Frage, wer erster Präsident der neugeschaffenen Europäischen Vereinigung werden sollte. Im allseitigen Einverständnis wurde dessen geistigen Urheber, *Jacques Boré,* erster Präsident, wobei der vorgesehene jährliche Wechsel im Präsidentenamt im Folgejahr zur deutschen Präsidentschaft führte. Mit dieser *diplomatischen* Lösung, die Vereinssitz, Sprachenregime und Präsidentschaft sensibel austarierte, war

16 Näher auch zum Vergleich mit den *Netzwerken*, s. *Norbert Gross*, Europäische Horchposten der Justiz, in: FS Christian Müller-Graff, 2015, 1287.

17 Der Entwurf sah in Art. 1 eine nach französischem Vereinsrecht (1901) gebildete privatrechtliche Vereinigung vor. Art. 3 des Entwurfs bestimmte, dass der Sitz Paris ist, Im Justizpalast, dort in der Bibliothek der Kammer der Kassationsanwälte, 5, Quai de l'Horloge, Paris 1er.

18 Association Européenne des Barreaux des Cours suprêmes, Association Internationale, IDNr. 8049/91. Sitz des Vereins sind die Amtsräume der Anwaltskammer beim belgischen Kassationshof, Im Justizpalast, Place Poelaert, B – 1000 Brüssel (Art. 3 Abs. 1). Dieser Sitz kann auch an einen anderen Ort (in Belgien) verlegt werden (Art. 3 Abs. 2).

19 Annexe au Moniteur belge vom 30.05.1991 Nr. 8049–8058 S. 3737 mit abgedruckter deutscher Übersetzung: Europäischer Verband der Rechtsanwaltskammern bei den Obersten Gerichtshöfen.

das große Werk zustande gekommen, der erste privatrechtlich organisierte Verband der Anwaltschaften bei den Obersten Gerichtshöfen in Europa.

Damit war zugleich auch ein Modell entstanden, das Nachahmer ganz anderer Art finden sollte und das mit fast mathematischer Genauigkeit all jene Fragen widerspiegelte, die sich bei der Gründung der später gegründeten Vereinigungen ebenfalls stellen sollten[20]. Aus Anlass der Feierlichkeiten zu 200 Jahren Code Civil wurden im März 2004 in Paris das *Netzwerk* der Präsidenten der Obersten Gerichtshöfe der Europäischen Union[21] und im Februar 2009 ebenfalls in Paris das Netzwerk der Generalstaatsanwälte der Obersten Gerichtshöfe der Europäischen Union[22] gegründet. Viel breiter aufgestellt und naturgemäß mit anderen Zielen ausgestattet, bilden alle drei doch zum ersten Mal Plattformen, auf denen Gemeinsamkeiten und Unterschiede der jeweiligen Organisationsformen kenntlich gemacht werden mit dem Ziel, sich zu einem europäischen Sprachrohr der Justiz fortzuentwickeln.

3. Ziel und Anspruch

Von Anfang an fanden zwischen der französischen, belgischen und deutschen Kassationsanwaltschaft mindestens einmal jährlich Kontaktaufnahmen statt, die dem Verständnis sowohl der Besonderheiten und Unterschiede als auch der Gemeinsamkeiten dieser drei Kassationsanwaltschaften diente. In ihrer Festgabe zu 50 Jahren Bundesgerichtshof hat die BGH-Anwaltschaft erstmals auch einen Querschnitt über die in Europa existierenden Kassationsanwaltschaften vorgelegt[23]. In der Folge wurde zu den jährlichen Treffen stets auch ein Vertreter der niederländischen Kassationsanwaltschaft beim Hoge Raad als Gast eingeladen. Mit der Kenntnis der Gemeinsamkeiten und der Unterschiede entwickelte sich auch ein Gespür dafür, wie Ziel und Anspruch einer besonderen Anwaltschaft bei den Obersten Gerichtshöfen in Einklang zu bringen sind.

Während die Dienstleistungsrichtlinie des Jahres 1977 die Dienstleistungsfreiheit für Rechtsanwälte noch recht unspezifisch angegangen hatte und erst im Rahmen eines EuGH-Verfahrens klarstellend korrigiert werden musste, sah nunmehr Art. 5 Abs. 3 der Richtlinie 98/5/EG des Europäischen Parla-

---

20 Zu dem Netzwerk der Präsidenten der Obersten Gerichtshöfe der EU (2004) und dem Netzwerk der Generalstaatsanwälte der Obersten Gerichtshöfe der EU (2009) näher *Gross* (Fn. 16), 1291 und 1294.

21 Überblick in dem Arbeitsbericht aus Anlass der Gründungsversammlung der Vereinigung der Präsidenten der Obersten Gerichtshöfe der Europäischen Union vom 10.03.2004 in Paris, in: Actes de l'Assemblée constitutive du Réseau d*es Présidents des Cours Suprêmes Judicaires de l'Union Européenne* du 10 mars 2004, Cour de cassation 2004 (frz./engl.) Journaux officiels.

22 Näher *Gross* (Fn. 16), 1294.

23 FORTITUTO TEMPERANTIA, Die Rechtsanwälte am Reichsgericht und beim Bundesgerichtshof, Festgabe zu 50 Jahren Bundesgerichtshof, 2000.

ments und des Rates vom 16.02.1998 zur Erleichterung der ständigen Ausübung des Rechtsanwaltsberufes in einem anderen Mitgliedsstaat als dem, in dem die Qualifikation erworben wurde[24], ausdrücklich vor:

> *„Um das ordnungsgemäße Funktionieren der Rechtspflege sicherzustellen, können die Mitgliedsstaaten jedoch besondere Regeln für den Zugang zu den höchsten Gerichten vorsehen und z.B. nur spezialisierte Rechtsanwälte zulassen".*

Die maßgeblichen Beschlüsse des Bundesverfassungsgerichts vom 31.10.2002 und vom 27.02.2008[25] wurden den französischen und belgischen Anwaltschaften in Übersetzungen zugänglich gemacht, zeitnah erörtert und haben ihre Wirkung über die Grenzen Deutschlands hinaus nicht verfehlt. Nicht zuletzt der Europäische Gerichtshof für Menschenrechte[26], aber auch der belgische Kassations- und der belgische Verfassungsgerichtshof[27] haben die entsprechenden Regelungen in Frankreich und Belgien als völlig zweifelsfrei menschenrechts- und verfassungskonform angesehen.

Der 20. Jahrestag der Gründung der Europäischen Vereinigung wurde unter Mitwirkung der *Association Henri Capitant des amis de la culture juridique française* und der altehrwürdigen Gesellschaft für Rechtsvergleichung (*Société de législation comparée 1869*) am 10.03.2011 im Kassationshof in Paris mit einer Tagung zu Aufgaben, Filterwirkung, Revisionstechnik und Entscheidungsfindung im Kassationsverfahren gefeiert, deren Ergebnisse – ein einmaliger europäischer Querschnitt unter Mitwirkung von Spitzenvertretern aus mehreren Ländern – in einem Tagungsband veröffentlicht wurden[28].

2013 fand unter Beteiligung auch der niederländischen Vertreter ein Treffen im belgischen Kassationshof in Brüssel statt, um vor allem die gesetzliche und praktische Neuausrichtung der niederländischen Kassationsanwaltschaft kennenzulernen. Ende Juni 2014 wurden im Rahmen der Feierlichkeiten zum Ende des niederländischen Justizjahres im Hoge Raad in Den Haag erneut Unterschiede und Gemeinsamkeiten in Frankreich, Belgien, Deutschland und den Niederlanden dargestellt und im Anschluss daran die *Vereniging van Civiele Cassatieadvokaten* einstimmig als viertes Mitglied aufgenommen. Die

---

24 Art. 5 Abs. 3 Richtlinie 98/5/EG des Europäischen Parlaments und des Rates vom 16.02.1998, in der Bundesrepublik Deutschland umgesetzt durch §§ 6 Abs. 1 und 27 Abs. 1 S. 2 EuRAG.

25 BVerfG, Beschl. v. 21.10.2002 – 1 BvR 819/02 – = NJW 2002, 3765 (BGH-Singularzulassung) und Beschl. v. 27.02.2008 – 1 BvR 1295/07 – = NJW 2008, 1293 (BGH-Wahlverfahren).

26 Für das entsprechende französische Modell EGMR, Urt. v. 8.02.2000, Voisine/Frankreich, Rs 27362/95, Rz. 27–29; EGMR, Urt. v. 23.01.2003, Ricken und Gaucher/Frankeich, Rs 31520/96 u. 34359/97, Rz. 35; EGMR, Urt. v. 26.07.2002, Meftah u. a./Frankreich, Rs 32911/96, 35237/97 und 34595/97, Rz. 29ff.

27 Urt. des belgischen Kassationshofs vom 16.12.2011 – D.11,0014.f; Urt. des belgischen Verfassungsgerichtshofs vom 20.12.2012 Nr. 160/2012; Urt. des belgischen Verfassungsgerichtshofs vom 21.11.2013 – Nr. 161/2013.

28 Le Juge de cassation en Europe (Dir. Ordre des avocats au Conseil d'Etat et à la Cour de cassation), DALLOZ, Paris, 2012.

Neuregelung in den Niederlanden hatte zu einer zahlenmäßig beschränkten, durch Prüfung und Auswahl ermittelten und nur für Zivilsachen vorgesehenen besonderen Anwaltschaft geführt, die zwar (noch) nicht in einer eigenen öffentlich-rechtlichen Anwaltskammer, wohl aber in einem privatrechtlich organisierten Verein zusammengeschlossen ist[29]. Vor allem der Präsident und der Vizepräsident des Hoge Raad hoben bei dieser Tagung die Funktion dieser besonderen Anwaltschaft hervor, die mit dem alten, noch napoleonisch geprägten Modell einer am Sitz des Hoge Raad ansässigen und damit automatisch dort zugelassenen Anwaltschaft brach. Ersichtlich standen die besonderen Kassations- und Revisionsanwaltschaften in Frankreich, Belgien und Deutschland Pate, wobei vor allem die Richter am Hoge Raad mit ihrem Expertenrat dem neuen Modell des Gesetzgebers zum Durchbruch verhalfen. Diese seit 1.07.2012 in Kraft getretene Anwaltsordnung hat in den Niederlanden die modernste europäische Kassationsanwaltschaft aus der Taufe gehoben, deren Pragmatismus, Kompetenz und Zukunftsorientierung die Europäische Vereinigung bereichern wird.

Zum 25. Jahrestag der Gründung fand Ende Mai 2015 beim Bundesgerichtshof in Karlsruhe ein deutsch-französisch-belgisch-niederländisches Forum statt, in dem ganz konkret und anschaulich am Fall einer aktuellen Revisionsakte unter Mitwirkung eines Vorsitzenden Richters am Bundesgerichtshof die Besonderheiten der Zulassungspraxis, des Revisionsrechts und die Rolle der Revisionsanwälte in den durchaus unterschiedlich geprägten Rechtsordnungen dargestellt wurde. Die Ergebnisse sind inzwischen in dem Jahresbericht 2016 der französischen Kassationsanwälte veröffentlicht worden[30].

Daneben konnten die Erfahrungen aus dieser Europäischen Vereinigung auch über den rein anwaltlichen Bereich hinaus in die Erörterung allgemeiner Fragen der Justiz auf der Ebene der Obersten Gerichtshöfe eingebracht werden. Bei der Gründungsversammlung des Netzwerkes der Präsidenten der Obersten Gerichtshöfe der EU am 10.03.2004[31], bei der Tagung in Rom 2011 zu europäischen Erfahrungen bei der Regulierung des Zugangs zu den Obersten Gerichtshöfen[32], bei der Tagung im März 2011 in Paris zur Stellung des Kassationsrichters in Europa[33] und schließlich bei der Tagung der Société de législation comparée im Juni 2015 in der altehrwürdigen Rechtsfakultät in

---

29 Vereniging van Civiele Cassatieadvokaten (VCCA) gemäß notarieller Urkunde des Notars mr. M. D. P. Anker, Amsterdam, vom 22.06.2012.

30 *Norbert Gross*, 25 ans d'Association européenne des barreaux des cours suprêmes, in Justice & cassation, 2016, 429, und Länderberichte Deutschland (*Peter Baukelmann*), ebenda, 436, Frankreich (*Hélène Farge*), 444, und Niederlande (*Freerk Vermeulen*), 455.

31 Réseau des Présidents (Fn. 3).

32 Giurisdizioni di legittimità e regole di accesso. Esperienze Europee a confronto (Dir. Guido Alpa e Vincenzo Carbone), Milano, 2011.

33 Le Juge de cassation en Europe (Fn. 28).

Paris am Panthéonplatz zum Zugang zum Kassationsgericht[34], in allen Fällen wurden die Tagungsergebnisse zum Teil mehrsprachig veröffentlicht und zeichnen ein Bild des Zugangs zu den Obersten Gerichtshöfen, das zwar unterschiedlichen Detailvorgaben und manchen unterschiedlichen Zielvorstellungen unterliegt, dennoch aber von dem Bedürfnis nach einem Ausgleich zwischen individuellem Justizgewährungsanspruch, Gemeinwohlinteressen und praktischer Funktionsfähigkeit lebt.[35]

4. Von Horchposten zum Sprachrohr der Justiz

Das Zusammenrücken von nunmehr vier nationalen Anwaltschaften bei den Obersten Gerichtshöfen unter einem europäischen Dach ist schon für sich gesehen ein Erfolg. Das gilt noch mehr dadurch, dass es gelungen ist, mit den Niederlanden einen ersten „Exporterfolg" zu bilanzieren. Gleichwohl bleiben tiefgreifende Unterschiede, die einzuebnen der Europäischen Vereinigung fernliegt. Ziel ist, neben den Gemeinsamkeiten vor allem die Unterschiede aufzuzeigen, die belegen, dass die reale Welt der Justiz noch immer und auf Jahre und Jahrzehnte hinaus von nationalen Vorgaben geprägt ist, die alles andere als ein einheitliches Schema wiedergeben. Die Wahrnehmung dieser nationalen *Justizdenkmäler* wirkt ebenso weiterführend wie die selbstverständliche Unterstellung der Gemeinsamkeiten. Ohne den durchaus auch national motivierten Einsatz und den Einfallsreichtum der französischen Spitzenvertreter beim Kassationshof hätten sich weder die Europäische Vereinigung der Anwaltschaften bei den Obersten Gerichtshöfen als *Horchposten der Justiz* noch die Netzwerke der Präsidenten und Generalstaatsanwälte bei den Obersten Gerichtshöfen der EU entwickeln können. Diese drei *Horchposten* zu einem wirklichen europäischen *Sprachrohr der Justiz* fortzuschreiben[36], wird die Aufgabe der Zukunft sein.

---

34 L'accès au juge de cassation (Dir. Guillaume Drago, Bénédicte Fauvarque-Cosson, Marie Goré) Collection Colloques Vol. 26, Paris, 2015.

35 Zu dem Gegensatz zwischen reinem Dienstleister und Gemeinwohlanspruch vgl. *Rolf Stürmer*, Die Anwaltschaften an den Obersten Gerichtshöfen in Europa und ihre Zukunft, in: FS 200 Jahre Carl Heymanns Verlag, 2015, 137.

36 Hierzu *Gross* (Fn. 16).

Möglichkeiten und Grenzen der Zweitberufswahl und Zweitberufsausübung bei Rechtsanwältinnen und Rechtsanwälten

Frank Johnigk

I. Einleitung

Als ich am 01.12.1992 als neuer Geschäftsführer der Bundesrechtsanwaltskammer (BRAK)[1] die Betreuung des Verfassungsrechtsausschusses übernahm, war *Christian Kirchberg* bereits seit 23 Monaten dessen Vorsitzender.[2] Der allererste Paukenschlag war die Zweitberufsentscheidung des Bundesverfassungsgerichts (BVerfG) vom 04.11.1992.[3] Das BVerfG hatte die frühere auf § 7 Nr. 8 BRAO a. F. gestützte Praxis, regelmäßig von der Unvereinbarkeit des Zweitberufes auszugehen, wenn der Zweitberuf keine „gehobene Position" vermittelt[4] oder wenn er als Angestellter die geschäftsmäßige Rechtsbesorgung für Dritte im Auftrag eines dem anwaltlichen Berufsrecht nicht verpflichteten Arbeitgebers zum Gegenstand hat[5] oder wenn er kaufmännisch-erwerbswirtschaftlich ausgerichtet ist,[6] für verfassungswidrig erklärt, weil sie eine übermäßige Beschränkung der Freiheit der Berufswahl nach Art. 12 GG darstellt. Das BVerfG hat zur Abwendung von Interessenkollisionen die Versagung der Anwaltszulassung nur dann für verhältnismäßig erachtet, wenn sich diese Gefahr abzeichnet und wenn ihr nicht mit Berufsausübungsregelungen – insbesondere §§ 45, 46 a. F.[7] 47 BRAO – wirksam begegnet werden kann. Außerdem hat das BVerfG es für bedenklich erachtet, dass nach § 7 Nr. 8 BRAO a. F. die Zulassung auch davon abhängen sollte, ob ein gleichzeitig ausgeübter Beruf mit dem „Ansehen der Rechtsanwaltschaft" vereinbar

---

1 Der Beitrag enthält – selbstverständlich – nur meine persönliche Auffassung.

2 Seit dem 01.01.1984 war *Christian Kirchberg* schon einfaches Mitglied.

3 BVerfGE 87, 287 = NJW 1993, 317 = BRAK-Mitt. 1993, 50 = JZ 1993, 466 mit Anm. *Zuck*.

4 BGH NJW 1987, 3011 = BRAK-Mitt. 1987 150; BRAK-Mitt. 1988, 51.

5 BGH NJW 1991, 2289 = BRAK-Mitt. 1991, 224; BRAK-Mitt. 1990, 110. Begründet wurde dies mit der Doppelrolle gegenüber dem Publikum, nämlich einmal als weisungsunterworfener Angestellter und andererseits als freiberuflich tätiger RA.

6 BGH BRAK-Mitt. 1991, 226 (Tätigkeit eines gesamtvertretungsberechtigten Vorstandsmitgliedes einer AG ist unvereinbar); BGH BRAK-Mitt. 1991, 227 (Die Unvereinbarkeit einer kaufmännisch-erwerbswirtschaftlichen Tätigkeit mit dem Beruf des RA gilt gerade für den Syndikusanwalt); andererseits: BGH BRAK-Mitt. 1990, 50 (Die Geschäftsführertätigkeit für eine GmbH, die als Einrichtung eines Vereins für dessen Mitglieder ohne Gewinnabsicht Bürgschaften für Bankkredite übernimmt, ist ebenso vereinbar wie die Tätigkeit eines Rechtsbeistandes als Geschäftsführer einer Steuerberatungs-GmbH).

7 In der bis 31.12.2015 geltenden Fassung vor Einführung der Neuregelungen zum Syndikusrechtsanwalt.

ist, zumal nicht erkennbar sei, was das bedeuten solle und somit nicht ausreichend bestimmt sei. Die Möglichkeiten und Grenzen der Zweitberufswahl und Zweitberufsausübung bei Rechtsanwältinnen und Rechtsanwälten hat auch den Jubilar immer wieder beschäftigt, sei es als Vorsitzender des Verfassungsrechtsausschusses oder als Richter und später als Präsident des Anwaltsgerichtshofes Baden-Württemberg.

Bei nach wie vor ungebremstem, wenn auch verlangsamtem Zustrom weiterer Juristen in die Anwaltschaft kommt zunehmend der Frage Bedeutung zu, ob der Anwalt Erwerbsdefizite durch einen Zweitberuf ausgleichen kann, und wenn ja, welche Zweitberufe ihm zur Verfügung stehen und welche Voraussetzungen an die Zweitberufsausübung zu knüpfen sind. Die ab 01.01.2016 geltende Neuregelung für Syndikusrechtsanwälte in den §§ 46–46c BRAO soll hierbei ebenso außer Betracht bleiben wie die Versagung und der Widerruf der Zulassung bei Beamtenstellung nach §§ 7 Nr. 10, 14 Abs. 2 Nr. 5 BRAO.

Die BRAO geht grundsätzlich von einer Zweitberufsfreiheit aus, wonach die Anwaltszulassung nur dann den Zugang zu einem Zweitberuf und dessen Ausübung verbietet, wenn einer der enumerativ in §§ 7, 14 BRAO genannten Hinderungsgründe vorliegt. Sie berücksichtigt damit, dass das Grundrecht der Berufsfreiheit aus Art. 12 GG im Grundsatz auch dazu berechtigt, mehrere Berufe zu wählen und nebeneinander auszuüben. Die Beschränkung dieses Grundrechts mit dem Ziel, die Verbindung bestimmter beruflicher Tätigkeiten auszuschließen, ist nur durch Gesetz oder aufgrund eines Gesetzes und nur zum Schutz eines besonders wichtigen Gemeinschaftsgutes im Rahmen der Verhältnismäßigkeit zulässig. Berufswahlbeschränkungen und Berufsausübungsbeschränkungen dürfen sich nur auf wichtige Gemeinwohlbelange stützen, die in der Regel ausschließlich mandantenzentriert oder rechtspflegeorientiert sind. Konkurrenzschutzgesichtspunkte zählen dazu nicht.

Vorab ist einem Missverständnis vorzubeugen: Wenn hier von *Zweitberuf* gesprochen wird, ist dies umgangssprachlich zu verstehen. Die §§ 7 Nr. 8, 14 Abs. 2 Nr. 8 BRAO kennen diesen Begriff nicht, sondern verwenden die Worte „wenn der Bewerber (oder der Rechtsanwalt) eine (andere) Tätigkeit ausübt, die mit dem Beruf des Rechtsanwalts, insbesondere seiner Stellung als unabhängiges Organ der Rechtspflege, nicht vereinbar ist oder das Vertrauen in seine Unabhängigkeit gefährden kann.“[8] Deshalb kommt es nicht darauf an, ob die *andere Tätigkeit* ein echter Zweitberuf ist oder lediglich temporär ausgeübt wird. Beide Konstellationen fallen unter die §§ 7 Nr. 8, 14 Abs. 2 Nr. 8 BRAO.[9]

---

8 Im Falle des Widerrufs der Zulassung gibt es in § 14 Abs. 2 Nr. 8 BRAO noch die Einschränkung „dies gilt nicht, wenn der Widerruf für ihn eine unzumutbare Härte bedeuten würde.“

9 BGH, Urt. v. 12.05.2016 – IX ZR 241/14 –, insb. Tz. 21–28 = BRAK-Mitt. 2016, 184. In dem Fall war ein Anwaltsvertrag im Einzelfall mit einem Maklervertrag für Lieferverträge (über Rohstoffeinkäufe für Hackschnitzel und Landschaftspflegeholz) verwoben, ohne dass die Rechtsanwälte

II. Berufsrecht der Steuerberater und Wirtschaftsprüfer

Bevor auf die einzelnen Hinderungsgründe für Wahl und Ausübung eines Zweitberufes eingegangen wird, lohnt ein Blick auf das Berufsrecht der Steuerberater und Wirtschaftsprüfer. Dieses ist beim Zweitberuf restriktiver als das anwaltliche Berufsrecht, was gerne übersehen wird. Jede gewerbliche Tätigkeit und Angestelltentätigkeit sowohl privater wie öffentlich-rechtlicher Natur außerhalb der freien rechtsberatenden Berufe war bis 2008 mit dem Beruf als Steuerberater unvereinbar (§§ 57 Abs. 4 Nr. 1 und 2 StBerG a.F. 2008). Erst durch das 8. Steuerberatungsänderungsgesetz wurde der Syndikussteuerberater zugelassen (§ 58 Satz 2 Nr. 5a StBerG). Die Anwaltschaft kennt den Syndikusanwalt hingegen schon seit den 1920er-Jahren. Bei Steuerberatern war anders als bei Rechtsanwälten jede gewerbliche Tätigkeit mit dem Steuerberaterberuf unvereinbar (§§ 57 Abs. 4 Nr. 1 StBerG a.F.). Im Jahre 2008 wurde das Verbot durch einen Erlaubnisvorbehalt aufgelockert: Die Steuerberaterkammer kann von diesem Verbot Ausnahmen zulassen, soweit durch die Tätigkeit eine Verletzung von Berufspflichten nicht zu erwarten ist (§ 57 Abs. 4 Nr. 1 Halbsatz 2 StBerG).[10] Bei den Wirtschaftsprüfern gilt nach wie vor das ausnahmslose Verbot gewerblicher Tätigkeit ohne Erlaubnisvorbehalt (§ 43a Abs. 3 Nr. 1 WPO).[11] An diesem Verbot wird nach wie vor festgehalten, obwohl ein absolutes Verbot gewerblicher Tätigkeit als Zweitberuf zumindest stark rechtfertigungsbedürftig ist, da es gewerbliche Zweitberufe gibt, die vom Hauptberuf als Steuerberater oder Wirtschaftsprüfer so weit entfernt sind, dass Auswirkungen auf den Hauptberuf durch die Ausübung des Zweitberufs kaum denkbar sind.

Allerdings hat das BVerfG im Jahre 1967[12] das Verbot gewerblicher Tätigkeit bei Steuerberatern und Wirtschaftsprüfern bestätigt und einen Gemeinwohlbelang geliefert, der nicht von der Hand zu weisen ist. Die Tätigkeit des Steuerberaters bringe es mit sich, dass er von höchst internen Geschäftsvorgängen der Betriebe seiner Mandanten Kenntnis erlange. Übe er gleichzeitig im Zweitberuf eine gewerbliche Tätigkeit aus, könne er seinen eigenen Mandanten **mit dem dort erworbenen Wissen Konkurrenz machen**, sich also ge-

---

regelmäßig derartige Maklerdienstleistungen anboten. Die auf Zahlung der Anwaltsvergütung verklagte Partei wandte ein, der Anwaltsvertrag sei wegen § 14 Abs. 2 Nr. 8 BRAO – unvereinbare Maklertätigkeit – gem. § 134 BGB nichtig. Der BGH ließ dieses Argument zu Recht nicht gelten, weil die Rechtsanwaltskammer von einem Widerruf absehen kann, wenn dieser für den Rechtsanwalt eine unzumutbare Härte bedeuten würde. Ein gesetzliches Verbot i.S.v. § 134 BGB könne aber nicht von einer Ermessensentscheidung einer Behörde abhängen (Tz. 27).

10 Zum Verbot der gewerblichen Tätigkeit s. Kuhls/*Maxl*, StBerG, 3. Aufl. 2011, § 57 StBerG Rn. 325–375. Auch der gemeinsame Vertrieb einer einheitlichen Produktlinie – Steuerratgeber – mit einem Gewerbetreibenden fällt unter das Verbot, BGH, Urt. v. 16.03.2011 – StBSt (R) 3/10, DB 2011, 869 = DStR 2011, 1099 m. Anm. *Klaeren*.

11 Zum Verbot der gewerblichen Tätigkeit bei Wirtschaftsprüfern s. Hense/Ulrich/*Uhlmann*, WPO, 2. Aufl. 2013, § 43a Rn. 63–94.

12 BVerfGE 21, 227 = NJW 1967, 1317 für Steuerbevollmächtigte und 1747 für Steuerberater.

wissermaßen auf dem Rücken seiner Mandanten im Zweitberuf einen Vorteil verschaffen.[13] Diese Auffassung hat das BVerfG noch 1995 bestätigt.[14] 2011 wurde eine Verfassungsbeschwerde anhängig, bei der das BVerfG den angehörten Berufsorganisationen erneut die Frage gestellt hat, ob die Besonderheiten des Steuerberaterberufes nach wie vor ein Verbot gewerblicher Tätigkeit bei Steuerberatern im Unterschied zu Rechtsanwälten rechtfertigen können. Die Stellungnahme der BRAK[15] geht weiterhin davon aus, dass nur der Steuerberater typischerweise einen umfassenden Einblick in interne Geschäftsvorgänge seiner Mandanten hat, da die klassische Steuerberatung – eventuell sogar mit Übernahme der Buchhaltung – von Rechtsanwälten praktisch nicht betrieben wird. Anwaltliche Beratung und Prozessvertretung benötigen hingegen in der Regel keinen umfassenden Einblick in die Geschäftsvorgänge der Mandanten. Der Beschwerdeführer ist gelernter Versicherungskaufmann und seit längerer Zeit Geschäftsführer bzw. Vorstand verschiedener juristischer Personen, die insbesondere auf dem Gebiet der Beratung von Ärzten und Zahnärzten in Versicherungs- und Finanzfragen, in der Kooperations- und Niederlassungsberatung sowie der Vermittlung von Versicherungen tätig sind. Er ist darüber hinaus Prokurist einer Steuerberatungsgesellschaft, in der er jedoch keiner steuerberatenden Tätigkeit nachgeht. Sein Tätigkeitsfeld beschränkt sich auf kaufmännische und verwaltende Aufgaben. Mit einer Ausnahmegenehmigung nach § 50 Abs. 3 StBerG war ihm erlaubt worden, Geschäftsführer oder persönlich haftender Gesellschafter der Steuerberatungs-GmbH zu werden. Die Erteilung erfolgte unter dem Vorbehalt, dass sich die GmbH auf die Beratung von Ärzten spezialisiere und die weiteren Voraussetzungen für die Anerkennung als Steuerberatungsgesellschaft vorlägen. Als Befähigungsnachweis wurde im Bescheid der Steuerberaterkammer auf die Vortätigkeiten des Beschwerdeführers abgestellt. Seinen unter Berufung auf die Ausnahmegenehmigung nach § 50 Abs. 3 StBerG gestellten Antrag auf Zulassung seines Eintritts als Geschäftsführer in die Steuerberatungs-GmbH und die Zulassung des Erwerbs von Geschäftsanteilen mit der Maßgabe, dass eine Vertretung der GmbH in Steuersachen durch den Beschwerdeführer aufgrund von Bestimmungen in der Satzung, der Geschäftsordnung, der Geschäftsführung und/oder des Geschäftsführeranstellungsvertrages ausgeschlossen werde, wurde von der Steuerberaterkammer abgelehnt.

---

13 Ähnlich BGH, Urt. v. 04.03.1996 – StbSt (R) 4/95 = NJW 1996, 1833 = JZ 1996, 1183 m. krit. Anm. *Henssler;* Urt. v. 25.11.2013 – AnwZ (Brfg) 10/12, Tz. 8 = BRAK-Mitt. 2014, 102 = NJW-RR 2014, 498; Urt. v. 11.01.2016 – AnwZ (Brfg) 36/15, Tz. 17.

14 BVerfG, B. v. 21.11.1995–1 BvR 784/94 = DB 1996, 89 = WPK-Mitt. 1996, 116, für sich an jedermann richtende Fortbildungsseminare von Wirtschaftsprüfern gegen Entgelt, weil der WP dort Insiderwissen aus Prüfungen preisgeben könne, um die Seminare erfolgreich zu vermarkten. Vorinstanz LG Düsseldorf WPK-Mitt. 1994, 118.

15 BRAK-Stellungnahme-Nr. 22/2012.

Das BVerfG[16] hat der Verfassungsbeschwerde stattgegeben. Das BVerfG hält § 57 Abs. 4 Nr. 1 StBerG für verfassungsgemäß, sieht aber keine konkrete Gefahr einer Interessenkollision, da der Beschwerdeführer in seiner gewerblichen Tätigkeit Ärzte betreut und es deshalb nicht ersichtlich sei, inwieweit er mit seinen aus der Tätigkeit als Geschäftsführer einer Steuerberatungsgesellschaft erlangten Kenntnissen den Ärzten Konkurrenz machen könnte. Zudem sei ihm schon früher die Tätigkeit als Prokurist einer Steuerberatungsgesellschaft genehmigt worden, ohne dass es Beanstandungen gegeben hätte. Eine gesetzlich vorgesehene Ausnahme vom Verbot gewerblicher Tätigkeit könne nicht mit allgemeinen und abstrakten Gefährdungen versagt werden, da anderenfalls die gesetzlich vorgesehene Ausnahmegenehmigung ins Leere laufen würde. Die Gefährdung müsse daher konkret belegt werden.

Im Gegensatz zu den generalklauselartigen §§ 7 Nr. 8, 14 Abs. 2 Nr. 8 BRAO sind die Unvereinbarkeitsnormen für eine **Tätigkeit als Arbeitnehmer oder Angestellter** für Steuerberater (§ 57 Abs. 4 Nr. 2 StBerG) und Wirtschaftsprüfer (§ 43 a Abs. 3 Nr. 2 WPO) wesentlich detaillierter und präziser gefasst. Dort wird enumerativ geregelt, welche Tätigkeit als Arbeitnehmer oder Angestellter mit dem Beruf des Steuerberaters oder Wirtschaftsprüfers vereinbar oder unvereinbar ist. Vereinbar sind vor allem solche Tätigkeiten als Arbeitnehmer oder Angestellter, die bei **berufsnahen Institutionen** ausgeübt werden. Bei Rechtsanwälten lässt sich eine solche gesetzlich definierte Trennung zwischen vereinbaren und unvereinbaren Tätigkeiten wohl nicht durchführen, weil Rechtsanwälte im Gegensatz zu Steuerberatern und Wirtschaftsprüfern eben i. d. R. keinen umfassenden Einblick in die betrieblichen Kalkulationen und evtl. auch Geschäftsgeheimnisse erhalten, sodass sie nicht per se den Mandanten Konkurrenz machen könnten.

III. Verhältnis der Unvereinbarkeitsnormen der §§ 7 Nr. 8, 14 Abs. 2 Nr. 8, 46a Abs. 1 Nr. 2, 46b Abs. 2 Satz 1 BRAO zu den Tätigkeitsverboten der §§ 45 Abs. 1 Nr. 4 und Abs. 2 Nr. 2 BRAO17

Eine eher stiefmütterliche Behandlung findet sich in der Kommentarliteratur zu der in der Überschrift aufgeworfenen Frage.[18] Die Unvereinbarkeitsnor-

16 NJW 2013, 3357.

17 Zum Verhältnis zu § 47 BRAO (Rechtsanwälte im öffentlichen Dienst) vgl. nachfolgend IV.1. Die Unvereinbarkeitsvorschriften für Syndikusrechtsanwälte sollen auch hier nicht behandelt werden.

18 Beiläufige Erwähnung bei Gaier/Wolf/Göcken/*Schmidt-Räntsch*, Anwaltliches Berufsrecht, 2. Aufl. 2014, § 7 BRAO Rn. 68; *Henssler*/Prütting, BRAO, 4. Aufl. 2014, § 7 BRAO Rn. 77 und 83; etwas konkreter Feuerich/Weyland/*Vossebürger*, BRAO, 9. Aufl. 2016, § 7 BRAO Rn. 117.

men betreffen die *parallele und zeitgleiche* Ausübung einer *anderen Berufstätigkeit neben* dem Anwalts*beruf allgemein* („wenn der Bewerber oder Rechtsanwalt eine Tätigkeit *ausübt*"), während das Tätigkeitsverbot des § 45 Abs. 1 Nr. 4 BRAO (nichtanwaltliche Berufstätigkeit in derselben Angelegenheit) eine *zeitliche Reihenfolge* und eine tätigkeitsbezogene Verengung nennt: Die außeranwaltliche Berufstätigkeit muss früher begonnen haben, darf sich aber nicht mit der Anwaltstätigkeit in derselben Angelegenheit *zeitlich überlappen („*tätig *war").* Ist die außeranwaltliche Berufstätigkeit beendet, bevor die Anwaltstätigkeit einsetzt, gilt das Tätigkeitsverbot nicht (§ 45 Abs. 1 Nr. 4 letzter Halbsatz BRAO). Die Unvereinbarkeitsnormen kennen zudem keine tätigkeitsbezogene Verengung auf *dieselbe Angelegenheit* wie in § 45 BRAO.

In umgekehrter Stoßrichtung sieht es etwas anders aus: § 45 Abs. 2 Nr. 2 BRAO (Vorbefassung als Rechtsanwalt und anschließende außeranwaltliche Berufstätigkeit) kennt keinen Ausschluss des Tätigkeitsverbotes bei bereits beendeter Anwaltsvortätigkeit. Eine zeitliche Limitierung des Tätigkeitsverbots entsprechend § 45 Abs. 1 Nr. 4 letzter Halbsatz BRAO besteht nicht, um zu verhindern, dass Kenntnisse aus der anwaltlichen Tätigkeit (z. B. aus einer Akteneinsicht nach § 147 StPO) im Zweitberuf genutzt werden können.[19]

Insoweit besteht trotz dieses Befundes eine *Teilkongruenz mit dem Regelungsgehalt von §§ 7 Nr. 8, 14 Abs. 2 Nr. 8 BRAO in zeitlicher Hinsicht,* weil es bei diesen Unvereinbarkeitsnormen nicht darauf ankommt, ob der außeranwaltliche Zweitberuf zeitlich parallel zu einer Anwaltstätigkeit ausgeübt wird. § 45 BRAO regelt die abstrakte Interessenkollisionslage bei der Ausübung anwaltlicher und nichtanwaltlicher *Tätigkeiten in derselben Angelegenheit,* während die Unvereinbarkeitsnormen nicht zwei Tätigkeiten in Relation setzen, sondern die Vereinbarkeit einer nichtanwaltlichen Zweitberufstätigkeit mit dem *Anwaltsberuf als solchem* regeln. Die außeranwaltliche Zweitberufstätigkeit etwa als Makler ist daher auch dann mit dem Beruf des Rechtsanwalts unvereinbar, wenn dieser zeitlich parallel zu seiner Maklertätigkeit den Anwaltsberuf gar nicht ausübt. Die Unvereinbarkeitsnormen knüpfen an den Berufsstatus an, nicht aber an eine konkrete anwaltliche Tätigkeit. Die *Berufswahlbeschränkungen* der Unvereinbarkeitsnormen stellen darauf ab, ob die zweitberufliche Tätigkeit des Rechtsanwalts bei objektiv vernünftiger Betrachtungsweise von Seiten der Mandantschaft die Wahrscheinlichkeit von Pflichten- und Interessenkollisionen nahelegt.[20] Deshalb ist es zumindest missverständlich, wenn der BGH von den Berufswahlbeschränkungen die *Berufsausübungsbeschränkungen* des § 45 BRAO quasi subtrahiert.[21] Eine auf einer abstrakten Interessenkollisionsprognose beru-

19 Henssler/Prütting/*Kilian*, § 45 BRAO Rn. 43; Feuerich/Weyland/*Träger*, § 45 BRAO Rn. 37.

20 BGH, B. v. 13.10.2003 – AnwZ (B) 79/02, BRAK-Mitt. 2004, 79 m. w. N.

21 BGH, B. v. 13.10.2003 – AnwZ (B) 79/02, BRAK-Mitt. 2004, 79 m. w. N.: Dabei bleiben solche Pflichtenkollisionen außer Betracht, die sich ergäben, wenn der Rechtsanwalt in ein und derselben Angelegenheit sowohl als Rechtsanwalt als auch in seinem Zweitberuf tätig würde. Denn

hende Berufswahlbeschränkung des Gesetzgebers, die nicht auf ein und dieselbe Angelegenheit und damit auf eine konkrete Tätigkeit im anwaltlichen und außeranwaltlichen Bereich abstellt, kann die weitergehende Berufswahlbeschränkung nicht eingrenzen. Anders gesagt: Die auf einer abstrakten Gefahrenprognose beruhenden Berufswahlbeschränkungen der Unvereinbarkeitsnormen könne nicht durch konkret umrissene Tätigkeitsverbote eingeschränkt werden. Die Unvereinbarkeitsnormen sind unabhängig von konkreten Tätigkeitsverboten wie § 45 BRAO auszulegen.

IV. Versagung der Zulassung wegen unvereinbarer Tätigkeit nach § 7 Nr. 8 BRAO und Widerruf der Zulassung wegen unvereinbarer Tätigkeit nach § 14 Abs. 2 Nr. 8 BRAO

Nach § 7 Nr. 8 BRAO ist die Zulassung zur Rechtsanwaltschaft zu versagen, wenn der Bewerber eine Tätigkeit ausübt, die mit dem Beruf des Rechtsanwalts, insbesondere seiner Stellung als unabhängiges Organ der Rechtspflege nicht vereinbar ist **oder** das Vertrauen in seine Unabhängigkeit gefährden kann. Die Regelung greift in die Freiheit der Berufswahl (Art. 12 Abs. 1 GG) ein, die grundsätzlich auch das Recht umfasst, mehrere Berufe zu wählen und nebeneinander auszuüben[22]. Gegen die gesetzliche Beschränkung der Berufswahl durch die Zulassungsschranken in § 7 Nr. 8 BRAO bestehen von verfassungswegen keine Bedenken; sie dient – wie die entsprechende Vorschrift über den Widerruf der Zulassung in § 14 Abs. 2 Nr. 8 BRAO – der Funktionsfähigkeit der Rechtspflege[23]. Das Ziel der Regelungen besteht darin, die fachliche Kompetenz und Integrität sowie ausreichenden Handlungsspielraum der Rechtsanwälte zu sichern sowie die notwendigen Vertrauensgrundlagen der Rechtsanwaltschaft zu schützen. Daher kommt es bei der Frage der Vereinbarkeit des Anwaltsberufs mit anderen Tätigkeiten nicht nur auf die Interessen des einzelnen Bewerbers und die Besonderheiten seiner beruflichen Situation an; selbst wenn diese im Einzelfall durchaus günstig beurteilt werden könnten, muss darüber hinausgehend berücksichtigt werden, ob die Ausübung des zweiten Berufs beim rechtsuchenden Publikum begründete Zweifel an der Unabhängigkeit und Kompetenz eines Rechtsanwalts wecken müsste und dadurch das Ansehen der Rechtsanwaltschaft insgesamt in Mitleidenschaft gezogen würde[24].

---

insoweit greifen die Tätigkeitsverbote der §§ 45 Abs. 1 Nr. 4 und Abs. 2 Nr. 2, 46 Abs. 2 BRAO ein.

22 BVerfGE 87, 287 (316).

23 BVerfGE 87, 287 (321); Senat, B. v. 15.05.2006 – AnwZ(B) 41/05 – NJW 2006, 2488, 2489.

24 BVerfGE 87, 287 (320 f.); BGH, B. v. 08.10.2007 – AnwZ(B) 92/06 – in: AnwBl. 2008, 85 = BRAK-Mitt. 2008, 25.

Das Eingehen von Beschäftigungsverhältnissen hat der RA dem Vorstand der RAK ungefragt unverzüglich anzuzeigen ebenso wie eine wesentliche Änderung eines bestehenden Beschäftigungsverhältnisses (§ 56 Abs. 2 Nr. 1 BRAO). Auf Verlangen der RAK sind dieser die Unterlagen über ein Beschäftigungsverhältnis vorzulegen (§ 56 Abs. 2 Satz 2 BRAO). Nicht geregelt ist eine Anzeigepflicht bei der Ausübung eines selbständigen Zweitberufs.

1. Anstellungsverhältnis im öffentlichen Dienst unterhalb der Beamtenebene

Der Zulassung von aktiven Angehörigen des öffentlichen Dienstes zur Anwaltschaft steht die BRAO grundsätzlich ablehnend gegenüber. Die Zulassung von aktiven Angehörigen des öffentlichen Dienstes zur Anwaltschaft widerspricht dem Schutzgedanken des § 7 Nr. 8 und des § 14 Abs. 2 Nr. 8. Eine deutliche Trennung des Rechtsanwaltsberufs von einer Tätigkeit im öffentlichen Dienst ist erforderlich, weil die Mittel der Berufsaufsicht Abhängigkeitsverhältnisse nicht zuverlässig ausschließen können oder jedenfalls in den Augen der Öffentlichkeit nicht gleich wirksam sind.[25] Nach der im Gesetz zum Ausdruck gekommenen Wertung des Gesetzgebers widerspricht es dem Grundsatz der freien Advokatur, wenn der Rechtsanwalt in irgendeiner Weise vom Staat abhängig ist. Ausdrückliche Regelungen hat der Gesetzgeber – wie wir sehen – aber nur in Bezug auf die Richter, Beamten und Soldaten geschaffen. Eine entsprechende ausdrückliche Regelung für die aufgrund privatrechtlicher Anstellung tätigen Angehörigen des öffentlichen Dienstes und vergleichbaren oder ähnlichen Aufgabenkreis fehlt. Insoweit werden aber nach der Vorstellung des Gesetzgebers die speziellen Vorschriften des § 7 Nr. 10 durch § 7 Nr. 8 ergänzt.[26] Bei aufgrund privatrechtlicher Anstellung tätigen Angehörigen des öffentlichen Dienstes ist insbesondere das Ziel des Gesetzgebers zu beachten, wonach das Erscheinungsbild einer von staatlichen Einflüssen freien Advokatur nicht dadurch beeinträchtigt werden soll, dass Rechtsanwälte in einem zweiten Beruf beamtenähnliche Funktionen ausüben. Zum Erreichen dieses Zieles ist eine deutliche Trennung der beruflichen Sphären erforderlich, weil die Mittel der Berufsaufsicht Abhängigkeitsverhältnisse nicht zuverlässig ausschließen können oder jedenfalls in den Augen der Öffentlichkeit nicht gleich wirksam sind.[27]

Für die Betroffenen ist die Beschränkung ihrer Berufswahlfreiheit allerdings nur dann zumutbar, wenn der Unvereinbarkeitsgrundsatz nicht starr gehandhabt wird. Der gerade auch aufgrund privatrechtlicher Anstellung

25 BGH BRAK-Mitt. 2004, 38.
26 BVerfGE 87, 287, 321 unter Bezugnahme auf BT-Drucks. 3/120, S. 78 zu § 59; BGH BRAK-Mitt. 2004, 38.
27 BGH BRAK-Mitt. 2004, 38.

ausgeübte öffentliche Dienst ist weit gefächert, seine vielfältigen Ausformungen und Dienstleistungen verlangen eine differenzierte Bewertung. Dem wird die Rechtsprechung, die auch auf die Art des Aufgabenbereiches und die Bedeutung der Anstellungskörperschaft abstellt, in der Regel gerecht. Sie verlangt eine Prüfung im Einzelfall aufgrund der Gestaltung des Anstellungsverhältnisses und der ausgeübten Tätigkeit, ob also die gleichzeitige Aufübung des Anwaltsberufs und eine Tätigkeit im öffentlichen Dienst die Belange der Rechtspflege gefährden kann. Eine derartige Gefahr ist gegeben, wenn der RA öffentliche Aufgaben von einer Art wahrnimmt, dass das rechtsuchende Publikum den Eindruck gewinnen kann, die Unabhängigkeit des Anwaltes sei durch Bindung an den Staat beeinträchtigt. Das kann insbesondere dann der Fall sein, wenn der RA in seinem Zweitberuf hoheitlich tätig wird. Die Belange der Rechtspflege sind auch dann gefährdet, wenn bei dem Rechtsuchenden die Vorstellung entstehen kann, der RA könne wegen seiner Staatsnähe mehr als andere Rechtsanwälte für sie bewirken oder – umgekehrt – der Gegner eines solchen Rechtsanwalts den Eindruck der Benachteiligung gewinnen kann. Ob derartige Gefahren gegeben sind, muss anhand der konkreten Ausgestaltung des Angestelltenverhältnisses und der ausgeübten Tätigkeit geprüft werden.

a) Eine **Gefährdung der Unabhängigkeit** des RA durch ein Daueranstellungsverhältnis[28] im öffentlichen Dienst hat die Rechtsprechung unter Beachtung der eben angeführten Grundsätze in folgenden Fällen bejaht:

- Sachbearbeiterin bei einer Universitätsverwaltung, die nach dem Organisationsplan der Universität dem Vertreter des Kanzlers zugeordnet ist mit den Aufgaben „Bearbeitung von Widersprüchen im Einzelfall, Prozessführung auch in Personalangelegenheiten nach Einzelzuweisung und mit Zeichnungsbefugnis innerhalb ihres Aufgabengebietes[29]
- Tätigkeit als Sachbearbeiterin bei der Bundesagentur für Arbeit für die unterhaltsrechtliche Beratung der Hilfeempfänger einschließlich der Prüfung von Selbsthilfemöglichkeiten und mit der Berechtigung, zur Festsetzung und Einforderung von Unterhaltsansprüchen zur Erfüllung ihrer Aufgaben Verwaltungsakte und Widerrufsbescheide zu erlassen[30]
- Hauptgeschäftsführer oder Geschäftsführer einer Kreishandwerkerschaft[31]
- Oder einer Handwerkskammer[32], es sei denn, dass im konkreten Fall jegliche hoheitliche Tätigkeit ausgeschlossen ist.[33]

---

28 Ein freiberuflicher Dauerberatungsvertrag mit öffentlich-rechtlichen Institutionen gefährdet Unabhängigkeit nicht, AGH Baden-Württemberg BRAK-Mitt. 1996, 164.

29 BVerfGE 87, 287.

30 AGH NRW BRAK-Mitt. 2009, 188.

31 BGH BRAK-Mitt. 1994, 42.

32 BGH BRAK-Mitt. 1994, 43; NJW-RR 1999, 571.

33 AGH Niedersachsen, B.v. 13.02.1995 – AGH 16/94.

- Geschäftsführer oder stellvertretender Geschäftsführer einer öffentlich-rechtlichen Körperschaft wie z. B. einer Industrie- und Handelskammer[34],
- Tätigkeit als angestellter Leiter des Personal-, des Haupt-, des Ordnungs-, des Standes- und des Bauamts einer Gemeinde[35],
- Halbtagstätigkeit im Rechtsamt einer Stadt[36]
- einer Landesärztekammer[37] oder Referent der Hauptgeschäftsführung einer IHK[38] oder Chefjustiziar einer Verwaltungsberufsgenossenschaft[39]
- Geschäftsführer einer Berufskammer mit Ausnahme der Rechtsanwalts- und Patentanwaltskammer, die den Status einer Körperschaft des öffentlichen Rechts hat und deren Aufgabe es sich, die Berufspflichten der Mitglieder in einer Berufsordnung festzulegen und die Erfüllung dieser Pflichten zu überwachen, wenn der Geschäftsführer nicht lediglich als interner Berater des Kammervorstandes wirkt, sondern auch als Repräsentant der Berufskammer nach außen in Erscheinung tritt.[40]

Diese Entscheidungen sind aber mit Vorsicht zu genießen, weil zur Begründung der hoheitlichen Aufgabenwahrnehmung teilweise auch auf die Anstellungsverträge zurückgegriffen wird. Darauf kommt es aber nicht entscheidend an. Entscheidend ist vielmehr, ob der Geschäftsführer einer Berufskammer tatsächlich und rechtlich wirksam Hoheitsaufgaben wahrnimmt. Daran fehlt es beispielsweise bei Geschäftsführern von Steuerberaterkammern und der Wirtschaftsprüferkammer, weil ebenso wie bei Rechtsanwaltskammern ausschließlich der ehrenamtlich tätige Vorstand hoheitlich tätig wird, nicht aber die Geschäftsführung, die Hoheitsentscheidungen lediglich verwaltungstechnisch umsetzt.

b) Keine Gefährdung der Unabhängigkeit

Eine Gefährdung der Unabhängigkeit des RA durch die gleichzeitige Dauertätigkeit im öffentlichen Dienst wurde etwa verneint bei

- einem Syndikus eines öffentlich-rechtlichen Bankinstituts,[41]
- ausschließlich wissenschaftlicher Tätigkeit im öffentlichen Dienst an Hochschulen.[42] Das gilt aber nur dann, wenn die wissenschaftliche Tätig-

---

34 BGHZ 66, 283; BGHZ 68, 59 = NJW 1977, 807, stärker differenzierend danach, ob es sich um eigene hoheitliche Befugnisse oder lediglich um interne Unterstützungstätigkeiten ohne sachliche Entscheidungsbefugnis handelt, BGH NJW 2012, 534 = BRAK-Mitt. 2012, 30 (LS): Die Tätigkeit als Geschäftsführer beschränkte sich auf die Leitung der Abteilung „Recht, Steuern, Zentrale Dienste".

35 BGH, B.v. 26.11.2007 – AnwZ (B) 99/06.

36 BGH BRAK-Mitt. 2009, 238.

37 BGH BRAK-Mitt. 2001, 44.

38 AGH NRW, B.v. 21.01.2005–1 ZU 108/04.

39 AGH Hamburg, B.v. 17.04.2000 – ZU 13/99.

40 BGH BRAK-Mitt. 2004, 38.

41 BGHZ 71, 138 = NJW 1978, 1587.

42 BVerfG NJW 1995, 951; BGH BRAK-Mitt. 1998, 200.

keit keinen hoheitlichen Einschlag hat. Entscheidend ist daher, ob die an der Hochschule tätige Person rechtsverbindlich Prüfungsnoten festlegen kann oder nicht.

- einem Leiter einer evangelischen Kirchenverwaltung,[43]
- einem Geschäftsführer einer RAK oder der Patentanwaltskammer[44], da diese Kammern im Gegensatz zu anderen öffentlich-rechtlichen Körperschaften im Wege der Selbstverwaltung Aufgaben der Rechtspflege erfüllen und die BRAO dem Geschäftsführer keine hoheitlichen Aufgaben zuweist,
- der Tätigkeit des Leiters einer Landesgeschäftsstelle der WPK, weil die hoheitlichen Aufgaben der bundesunmittelbaren WPK ohne föderalen Unterbau bei Geschäftsführung und Vorstand der WPK in Berlin liegen.[45] Die bloße Aushändigung der Zulassungsurkunde stellt keine spezifisch hoheitliche Tätigkeit dar. Gleiches gelte für die Abnahme des Wirtschaftsprüfereides, dessen Form und Inhalt gesetzlich zwingend vorgeschrieben sind; die Wahl der zulässigen Eidesform steht allein dem Bewerber zu. Die Leitung der Landesgeschäftsstelle hat den Eid lediglich für die WPK entgegenzunehmen. Hoheitliches Handeln ist damit nicht verbunden, weshalb mit der Abnahme des Eides nach § 17 Abs. 1 WPO im Einzelfall auch eine andere Stelle beauftragt werden kann. Hoheitliche Aufgaben nimmt die Leitung einer Landesgeschäftsstelle auch nicht bei der Durchführung des Wirtschaftsprüfungsexamens wahr. Dieses wird vor der Prüfungskommission der WPK abgelegt und von dieser auch organisiert. Der Leiter der Landesgeschäftsstelle gehört dieser Prüfungskommission nicht an. Auch wenn die Prüfungsklausuren in den Räumen der Landesgeschäftsstellen angefertigt und überwacht werden, liegt keine hoheitliche Tätigkeit vor. Zwar berichten die Landesgeschäftsstellen über Täuschungsversuche und andere prüfungstypische Fragestellungen, jedoch entscheidet hierüber allein die Prüfungskommission bei der WPK in Berlin. Dieser allein obliegt die Sachverhaltsfeststellung und die Bekanntgabe der Entscheidung der Prüfungsstelle. Die Landesgeschäftsstellen und ihre Mitarbeiter leisten hier nur technische Hilfestellung. Entsprechendes gilt für die Beauftragung der Landesgeschäftsstellen mit der Erfassung der Prüfungsergebnisse und der Erstellung und Versendung der Prüfungsbescheide. Auch hier führt die Landesgeschäftsstelle lediglich die von der Prüfungsstelle und ihren Prüfungskommissionen getroffene Entscheidung technisch aus. Daran ändert es nichts, dass die Landesgeschäftsstelle im Fall eines Widerspruchs gegen die Prüfungsentscheidung den Entwurf des Widerspruchsbescheids anfertigt. Das setzt zwar eine inhaltliche Befassung mit der angefochtenen Prüfungsentscheidung und dem Vorbringen des Kandidaten voraus. Das Ergebnis bleibt aber bloße Arbeitshilfe für die Widerspruchskommission, die

43 BVerfG BRAK-Mitt. 2007, 122.
44 BGH BRAK-Mitt. 2001, 44 = NJW 2000, 3004.
45 BGH B. v. 25.02.2008 – AnwZ (B) 23/07, BRAK-Mitt. 2008, 137.

unabhängig und in eigener Verantwortung zu entscheiden hat. Schließlich hat der Leiter einer Landesgeschäftsstelle der WPK auch nicht die Aufgabe, die WPK in den Ländern zu repräsentieren, da diese Aufgabe dem Landespräsidenten der WPK obliegt (§ 9 Abs. 1 der WPK-Satzung).

- geschäftsführendes Vorstandsmitglied eines Gemeinde- und Städtebundes als kommunaler Spitzenverband in der Rechtsform eines eingetragenen Vereins, der die ihm angeschlossenen Städte und Gemeinden in rechtlicher Hinsicht berät sowie deren Interessen gegenüber anderen staatlichen Ebenen und insbesondere auch im Gesetzgebungsverfahren vertritt.[46] Der Gemeinde- und Städtebund ist privatrechtlich organisiert und hat keine hoheitlichen Befugnisse. Es handelt sich um eine beratende Tätigkeit gegenüber den Mitgliedern, denen gegenüber das geschäftsführende Vorstandsmitglied keine Weisungen erteilen kann.
- Die Tätigkeit als „Job Coach“ beim Landkreis ist keine unzulässige hoheitliche Tätigkeit, wenn den Teilnehmern einer Jobakademie bei ihren Bewerbungsprozessen geholfen wird.[47]

2. Kaufmännisch-gewerbliche Tätigkeit

Ein Grundsatz, wonach anwaltliche und erwerbswirtschaftliche Tätigkeiten grundsätzlich unvereinbar sind, kommt in der BRAO nicht zum Ausdruck.[48] Allerdings können die Unabhängigkeit und Integrität eines RA sowie dessen maßgebende Orientierung am Recht und an den Interessen seiner Mandanten durch die erwerbswirtschaftliche Prägung eines Zweitberufs gefährdet werden. Interessenkollisionen, die das Vertrauen in die anwaltliche Unabhängigkeit gefährden, liegen aber nicht schon dann vor, wenn das Wissen aus der einen oder anderen Tätigkeit für jeweils andere von Interessen und vorteilhaft ist.[49] Dass der Bewerber für den Anwaltsberuf in seinem anderen Beruf Informationen gewinnen kann, die ihm bei einer anwaltlichen Tätigkeit nützlich sind, ist bei keinem Zweitberuf auszuschließen und reicht daher nicht aus, ihm den Zugang zur Anwaltschaft zu versperren oder ihn aus der Anwaltschaft auszuschließen. Eine solche Beschränkung der Freiheit der Berufswahl ist erst gerechtfertigt, wenn zu erwarten ist, dass es durch den Zweitberuf in erhöhtem Maße zu Interessenkonflikten kommt, denen durch Beschränkung der Berufsausübung nicht ausreichend begegnet werden kann. Für die Berufswahlbeschränkung des § 7 Nr. 8 ist jeweils im Einzelfall darauf abzustellen, ob die zweitberufliche Tätigkeit des RA bei objektiv vernünftiger Betrachtungsweise von Seiten der Mandantschaft die Wahrscheinlichkeit von Pflich-

46 BGH BRAK-Mitt. 2011, 141.
47 AGH Hessen, Urt. v. 03.06.2013–2 AGH 21/12, NJW-RR 2013, 1468 = BRAK-Mitt. 2013, 299 (LS).
48 BVerfGE 87, 287, 329; BVerfG, B.v. 05.11.2001–1 BvR 1523/00, AnwBl 2002, 182.
49 BGH BRAK-Mitt. 2006, 225.

tenkollisionen nahelegt. Erwerbswirtschaftliche Tätigkeit rechtfertigt daher nur dort den Ausschluss einer Zulassung als Anwalt, wo die Gefahr einer Interessenkollision sich deutlich abzeichnet und in geeigneter Weise nur mit einer Berufswahlschranke begegnet werden kann.[50] Eine Berufswahlbeschränkung für einzelne Berufsgruppen ist allenfalls dort erforderlich und zumutbar, wo – ungeachtet der persönlichen Integrität des Betroffenen – die Gefahr einer Interessenkollision sich deutlich abzeichnet und nicht mit Hilfe von Berufsausübungsregeln beseitigt werden kann.[51] Dabei bleiben solche Pflichtenkollisionen außer Betracht, die sich ergeben, wenn der RA in ein und derselben Angelegenheit sowohl als Rechtsanwalt wie auch in seinem Zweitberuf tätig würde. Denn insoweit greifen schon die Tätigkeitsverbote der §§ 45, 46 BRAO als Berufsausübungsbeschränkung ein. Nur wenn diese Tätigkeitsverbote nicht ausreichen, der Gefahr von Interessenkollisionen und der hieraus resultierenden Gefahr von Vertrauensverlusten wirksam zu begegnen, ist von der Unvereinbarkeit des Zweitberufs mit dem Anwaltsberuf auszugehen.[52]

Unabhängigkeit und Integrität eines Rechtsanwalts sowie dessen maßgebliche Orientierung am Recht und an den Interessen seiner Mandanten können nach der Rechtsprechung des Senats insbesondere bei einer erwerbswirtschaftlichen Prägung des Zweitberufs gefährdet sein; mit der anwaltlichen Berufsausübung unvereinbare Interessenkollisionen liegen vor allem dann nahe, wenn ein kaufmännischer Beruf die Möglichkeit bietet, Informationen zu nutzen, die aus der rechtsberatenden Tätigkeit stammen. Angesichts der Vielfalt kaufmännischer Betätigungen kommt es insoweit darauf an, ob sich der erwerbswirtschaftlich ausgerichtete Zweitberuf von der Tätigkeit des Rechtsanwalts, zumindest mit Hilfe von Berufsausübungsregelungen unschwer trennen lässt und ob sich die Gefahr einer Interessenkollision deutlich abzeichnet und nicht mit Hilfe von Berufsausübungsregelungen bannen lässt. Insoweit ist es Aufgabe der Rechtsprechung, die denkbaren Gefahren für die Rechtspflege, die von einer Erwerbstätigkeit des Rechtsanwalts ausgehen, zu erfassen und je nach ihrer Wahrscheinlichkeit den verschiedenen Berufsgruppen zuzuordnen.[53]

Nach Maßgabe der vorgenannten Voraussetzungen sind Tätigkeiten eines Rechtsanwalts im Versicherungs-, Finanzdienstleistungs- und Maklergewerbe in der Regel mit dem Anwaltsberuf unvereinbar[54]. Mit Beschluss vom 15.05.2006[55] hat der Senat diese Voraussetzungen auch auf die Angestellten-

---

50 BGH BRAK-Mitt. 2001, 90.

51 BGH BRAK-Mitt. 1994, 43, 44.

52 BGH NJW 1995, 1031 = BRAK-Mitt. 1995, 163.

53 BVerfGE 87, 287; B. v. 08.10.2007 – AnwZ(B) 92/06 – AnwBl. 2008, 65 = BRAK-Mitt. 2008, 25.

54 Senatsbeschluss vom 14.06.1993 – AnwZ(B) 15/03 – BRAK-Mitt. 1994, 43; vom 13. Oktober 2003, – AnwZ(B) 79/02 – in NJW 2004, 212; vom 15. Mai 2006 – AnwZ(B) 41/05 – BRAK-Mitt. 2006, 222.

55 BGH, B. v. 15.05.2006 – AnwZ(B) 41/05 – BRAK-Mitt. 2006, 222.

tätigkeit bei einer Bank erstreckt. Dem Antragsteller oblag die Vermögensbetreuung (Private Banking) und die Rechtsberatung der Bankkunden in Bezug auf deren Vermögensnachfolge mit dem Tätigkeitsscherpunkt „Erbschafts- und Stiftungsmanagement". Eine solche Rechtsberatung gegenüber dem Bankkunden, die im Geschäftsinteresse der Bank vorgenommen wird, hält der Senat für mit dem Anwaltsberuf unvereinbar. Die dem Antragsteller weiter obliegende Rechtsberatung des Bankkunden in Bezug auf dessen Vermögensnachfolge lasse sich vom Geschäftsinteresse der Bank, Kunden für die Anlage- und Dienstleistungsprodukte des Geschäftsbereichs Private Banking zu gewinnen, nicht trennen. Die Rechtsberatung durch den Antragsteller und die Anlageberatung durch den Kundenbetreuer gingen Hand in Hand. Insoweit bestehe die Gefahr, dass das Wissen, das der Berufsträger als Rechtsanwalt aus der Beratung seiner Mandanten auch über deren Vermögensverhältnisse erlange, dazu benutzt werden könnte, diesen eine Vermögensanlage bei der Bank zu empfehlen, die er als unabhängiger Rechtsanwalt nicht empfehlen dürfte.[56]

Einen solchen „Wissenstransfer", der zu einer für die Vereinbarkeit mit dem Anwaltsberuf schädlichen Interessenkollision führen könne, nahm der Senat auch bei einem Angestellten eines Versicherungsunternehmens an. Zwar reiche es nicht aus, wenn das Wissen aus der einen Tätigkeit für die jeweils andere von Interesse und ihr vorteilhaft sei. Bei der Tätigkeit in einem Versicherungsunternehmen bestehe jedoch die Fahr einer Interessenkollision, weil der Antragsteller bei der anwaltlichen Beratung gerade typischerweise Informationen erhalte, die für seine nicht anwaltliche Tätigkeit von Bedeutung seien. Dem stehe nicht entgegen, dass der Angestellte nicht im eigenen „Courtage-Interesse" handele und etwaige Vertragsabschlüsse durch die – von ihm betreuten – Außendienstmitarbeiter der Konsortialpartner erfolgten.[57]

Aus ähnlichen Erwägungen hält der Senat die Ausübung einer **Maklertätigkeit**[58] für mit dem Anwaltsberuf grundsätzlich unvereinbar.[59] Allerdings hat der Senat die Unvereinbarkeit mit dem Beruf des Rechtsanwalts bei einem Immobilienmakler nicht allein aus dessen kaufmännisch werbender Tätigkeit

---

56 BGH, B. v. 15.05.2006 – AnwZ(B) 41/05 – BRAK-Mitt. 2006, 222. Bestätigt durch BGH, B. v. 21.03.2011 – AnwZ(B) 36/10, NJW-RR 2011, 856 = BRAK-Mitt. 2011, 143 (LS) für den Fall, dass der Bankjurist eine vom Geschäftsinteresse der Bank nicht zu trennende und damit nicht unabhängige, sondern von einem fremden wirtschaftlichen Interesse mitbestimmter Rechtsberatung der Bankkunden vornehmen soll.

57 BGH, B. v. 15.05.2006 – AnwZ(B) 53/05 – BRAK-Mitt. 2006, 225 (nur LS).

58 Vgl. auch *Detler Fischer*, NJW 2016, 3220.

59 BGH, B. v. 08.10.2007 – AnwZ(B) 92/06 – AnwBl. 2008, 65 = BRAK-Mitt. 2008, 25; Urt. v. 11.01.2016 – AnwZ (Brfg) 35/15, NJW-RR 2016, 814 = DStR 2016, 2245 m. Anm. *Ueberfeldt*; Urt. v. 11.01.2016 – AnwZ (Brfg) 36/15 (Berufungsentscheidung zu AGH Berlin, Urt. v. 25.03.2015 – II AGH 6/14, BRAK-Mitt. 2015, 200) betreffend den gewerblichen Handel mit Immobilien; AGH Berlin, Urt. v. 05.05.2015 – I AGH 16/14, BRAK-Mitt. 2015, 200 (LS) für die Tätigkeit eines Immobilienhändlers und -entwicklers.

hergeleitet, sondern mit der strukturellen Gefährdung der Mandanten im Hinblick auf die parallele Wahrnehmung beider Tätigkeiten begründet. Insoweit ist zwar die Tätigkeit des Bewerbers als Angestellter eines Maklerunternehmens dann mit dem Beruf des Rechtsanwalts vereinbar, wenn dem Angestellten eine akquirierende Tätigkeit untersagt ist.[60] In dem am 08.10.2007 entschiedenen Fall war indessen der Antragsteller Geschäftsführer der Gesellschaft, die sich (auch) mit der Vermittlung von Immobilien befasst. Insoweit kam es auf die Unterscheidung, ob dem bei dem Maklerunternehmen angestellten Bewerber eine akquirierende Tätigkeit untersagt war, nicht an. Zwar könne – wie in einem Anstellungsvertrag – in einem Geschäftsführervertrag des Geschäftsführers einer GmbH eine Beschränkung aufgenommen werden, dass der betreffende Angestellte nicht akquirierend tätig werden dürfe. Durch eine derartige Aufteilung der Geschäfte könne die Verantwortlichkeit des nicht betroffenen Geschäftsführers nach innen und außen beschränkt werden. Gleichwohl verblieben dem nicht betroffenen Geschäftsführer in jedem Fall kraft seiner Allzuständigkeit gewisse Überwachungspflichten. Er sei darüber hinaus als Mitgesellschafter gemäß §§ 46 Nr. 5 und 6 GmbHG für die Bestellung und die Abberufung der im Akquisitionsgeschäft tätigen Geschäftsführer sowie deren Entlastung verantwortlich. Der Antragsteller könne deshalb eine Interessenkollision nicht durch eine Beschränkung seines Zuständigkeitsbereiches als Geschäftsführer vermeiden. Die Erwägungen zur Tätigkeit von Immobilienmaklern treffen auf den Immobilienhändler und -entwickler ebenso zu wie auf den Immobilienmakler. Beide haben ein erhebliches Interesse daran, dass der Mandant mit ihnen ein Immobiliengeschäft tätigt. Im Fall des Immobilienhändlers und -entwicklers ist das wirtschaftliche Interesse am Vertragsschluss angesichts des angestrebten Gewinns noch weit höher als das Provisionsinteresse des Maklers.[61] Die Vermittlung von Kapitalanlagen ist mit dem Anwaltsberuf ebenfalls grundsätzlich unvereinbar, weil sich hier die Gefahr von Interessenkollisionen deutlich abzeichnet, wenn der Rechtsanwalt an der Umschichtung des Vermögens verdient. Es besteht die Gefahr, dass er im eigenen Courtageinteresse dem Mandanten eine derartige Umschichtung empfiehlt, was er als unabhängiger Rechtsanwalt nicht darf.[62] Die reine Immobilienverwaltung hingegen gefährdet nicht die berufliche Unabhängigkeit und ist deshalb mit der Anwaltstätigkeit vereinbar.[63]

Die Beschäftigung im Versicherungs-, Finanzdienstleistungs- und Maklergewerbe ist nur dann mit der Anwaltstätigkeit vereinbar, wenn der RA in

60 Senat, B. v. 15.05.2006 – AnwZ(B) 41/05 – NJW 2006, 2488 (2489).

61 BGH, Urt. v. 11.01.2016 – AnwZ (Brfg) 35/15, NJW-RR 2016, 814 = DStR 2016, 2245 m. Anm. *Ueberfeldt*; Urt. v. 11.01.2016 – AnwZ (Brfg) 36/15 – Berufungsentscheidung zu AGH Berlin, Urt. v. 25.03.2015 – II AGH 6/14, BRAK-Mitt. 2015, 200 (LS).

62 AGH Berlin, B. v. 23.06.2016 – II AGH 17/15, BRAK-Mitt. 2016, 255 (LS).

63 Bayerischer AGH, Urt. v. 24.10.2016 – III-4–1/16, BRAK-Mitt. 2017, 30.

diesem Zweitberuf mit der akquisitorischen oder maklerischen Tätigkeit des betreffenden Unternehmens selbst nicht befasst ist.[64] Als Faustformel kann man festhalten, dass die Tätigkeit in diesen Gewerben umso eher mit der Anwaltstätigkeit vereinbar ist, je mehr der RA im Backofficebereich tätig ist.

Eine durch Tätigkeitsverbote nicht ausreichend zu bannende Gefahr von Interessenkollisionen sieht der Anwaltssenat insbesondere dann, wenn der Rechtsanwalt zweitberuflich als Versicherungsmakler[65], auch als Angestellter eines Versicherungsmaklerunternehmens[66], als angestellter Niederlassungsleiter[67], als Handlungsbevollmächtigter[68] oder als Geschäftsführer eines Versicherungsmaklerunternehmens[69] tätig ist. Dies wird damit begründet, dass gerade die Berufsgruppe der Versicherungsmakler darauf angewiesen ist, Informationen zu erhalten, welche die Vermittlung von Geschäftsabschlüssen aussichtsreich erscheinen lassen und die bei der Rechtsberatung typischerweise anfallen können.

Diese Ausführungen dürfen aber nicht überdecken, dass nicht die Tätigkeit als solche verboten ist, sondern nur die Tätigkeit als Zweitberuf. Einem Rechtsanwalt ist es nicht generell untersagt, im Einzelfall als Grundstücksmakler tätig zu werden und sich für die erfolgreiche Vermittlung eines Geschäfts eine Provision versprechen zu lassen.[70] So kann beispielsweise der RA im Rahmen eines Mandats für ein Grundstücksunternehmen – etwa bei einer Sanierungsberatung – den Auftrag übernehmen, auch bestimmte Grundstücke zu veräußern und damit die Gesellschaft wieder liquide zu machen. Bei der Beratung von Berufssportlern kann der RA ohne Weiteres auch für seinen Mandanten einen neuen Arbeitgeber suchen. Gleiches gilt für die Beratung von Managern, die eine neue Arbeit suchen. Voraussetzung für die Zulässigkeit dieser Tätigkeiten ist aber immer, dass sie *im Einzelfall im Rahmen der Mandatsbearbeitung ausgeübt werden* und sich nicht als echter – wenn auch nur temporär ausgeübter – Zweitberuf herausstellen.

Auch die Tätigkeit als Berater und Akquisiteur für eine **Unternehmensberatungsgesellschaft** ist mit dem Anwaltsberuf unvereinbar.[71] Es liege die Gefahr nahe, dass der Berater und Akquisiteur einer Unternehmensberatungs-

---

64 BGH NJW 1995, 1031 = BRAK-Mitt. 1995, 163; NJW 1996, 2378 = BRAK-Mitt. 1996, 78; BRAK-Mitt. 2001, 90.

65 B.v. 13.10.2003 – AnwZ (B) 79/02; B.v. 10.07.2000 – AnwZ (B) 55/99.

66 B.v. 13.02.1995 – AnwZ (B) 71/84 – BRAK-Mitt. 1995, 123.

67 B.v. 21.07.1997 – AnwZ (B) 15/97 = BRAK-Mitt. 1997, 253.

68 BGH BRAK-Mitt. 1995, 123; 1994, 44.

69 B.v. 18.10.1999 – AnwZ (B) 97/98.

70 BGH NJW 2001, 1569.

71 BGH, B.v. 26.11.2007 – AnwZ (B) 111/06 = BRAK-Mitt. 2008, 73 = NJW 2008, 1318 = ZIP 2008, 562. Ähnlich AGH Hessen, Urt. v. 12.12.2011 – BRAK-Mitt. 2012, 125; bestätigt durch BGH, Urt. v. 25.11.2013 – AnwZ (Brfg) 22/12 = BRAK-Mitt. 2014, 106 (LS) = NJW-RR 2014, 500; für den Geschäftsführer eines Unternehmens, das die Personal- und Unternehmensberatung, die Personalvermittlung sowie alle damit zusammenhängenden Dienstleistungen mit Ausnahme der Rechts- und Steuerberatung zum Gegenstand hat.

gesellschaft zu einer unabhängigen Beratung, wie sie von einem RA zu verlangen ist, nicht imstande ist, wenn er bei der Akquisition von Kunden und der damit verbundenen Beratung der zu gewinnenden Kunden das wirtschaftliche Interesse der Unternehmensberatungsgesellschaft verfolgt, das er als Angestellter dieses Unternehmens zu verfolgen hat. Diese Gefahr werde noch dadurch verstärkt, dass der Zulassungsbewerber als Mitgesellschafter des Unternehmens unmittelbar am wirtschaftlichen Erfolg des Unternehmens interessiert ist. Die Aufgabe des Zulassungsbewerbers bestand darin, Unternehmen, die **Beratungsbedarf in Personalfragen** haben, als Kunden zu akquirieren und diese zu beraten. Der Bewerber analysiert die Situation der Kunden und teilte ihnen mit, welche Beratungsmöglichkeiten er in ihrem Fall sieht und mit welchen Beratungsleistungen die Unternehmensberatung dem Kunden helfen könne. Die vorzunehmende Beratung in Personalangelegenheiten diente unmittelbar und zielgerichtet den Vertriebsinteressen der Unternehmensberatung und hat zwangsläufig auch rechtliche Aspekte zum Gegenstand, etwa Personalentwicklung und Möglichkeiten, Wege und Kosten einer Trennung von Mitarbeitern aufzuzeigen. Wobei arbeits- und sozialrechtliche Fragen einzubeziehen sind. Eine rechtliche Beratung potentieller Kunden des Unternehmens, die nicht ausschließlich im Interesse des neu zu gewinnenden Kunden, sondern im Vertriebsinteresse des Unternehmens erfolgt, stellt keine unabhängige Beratung dar und ist mit dem Berufsbild des RA und seiner Stellung als unabhängiges Organ der Rechtspflege nicht vereinbar. Dadurch unterscheidet sich die Tätigkeit auch von der eines Syndikusanwalts, der sein Anstellungsunternehmen rechtlich zu beraten hat, nicht aber die rechtliche Beratung von Kunden des Unternehmens und erst recht nicht die Akquirierung solcher Kunden im Wege rechtlicher Beratung vornimmt.

Zum anderen bestehe die Gefahr, dass der Zulassungsbewerber das Wissen, dass er als RA aus der Beratung seiner Mandanten auch über deren berufliche Situation oder – im Falle von Unternehmen – über deren Personalangelegenheiten erlangt, dazu nutzen könnte, seine Mandanten als Kunden für die Beratungsleistung seines Arbeitgebers zu gewinnen, was er als unabhängiger Rechtsanwalt nicht tun dürfe. Rechtsanwälte erhalten bei Ausübung ihres Berufs vielfach Kenntnisse von beruflichen Angelegenheiten oder von Personalangelegenheiten ihrer Mandanten. Wer mit dem Vertrieb von Unternehmensberatungsleistungen seines Arbeitgebers befasst ist, steht objektiv – unabhängig von der persönlichen Integrität des Antragstellers – in der Gefahr, dass der Zulassungsbewerber seinen Mandanten die Beratungsleistung seines Arbeitgebers empfehlen könnte. Diese Gefahr lasse sich mit Berufsausübungsbeschränkungen allein nicht beherrschen. Zwar könne auch ein Syndikusanwalt, der etwa im Rahmen seiner selbständigen Anwaltstätigkeit „nebenbei" auf vorteilhafte Produkte seines Arbeitgebers hinweisen könnte, ohne dass dabei ein Zusammenhang mit seinem Aufgabenbereich bei seinem Arbeitgeber besteht. Das sei aber bei einem Syndikusanwalt lediglich eine theoretische Gefahr, während eine arbeitsvertragliche Verpflichtung zur Akquise diese Gefahr gewissermaßen automatisch mit sich bringe.

Wie schmal der Grat zwischen unvereinbarer Personalberatung und -vermittlung einerseits und vereinbarer Personalvermittlung andererseits sein kann, zeigt die Entscheidung des Anwaltssenats zum sog. *Headhunter*.[72] In beiden Entscheidungen schuldete der RA bzw. der Zulassungsbewerber weder seinen Kunden noch den Arbeitsplatzbewerbern eine Rechtsberatung. Im Falle des Zulassungsbewerbers[73] wurde maßgeblich auf die vormaligen Erfahrungen als Wirtschaftsanwalt in Großkanzleien im sog. „Kündigungsmanagement", d.h. der Begleitung des Bewerbers bei der Beendigung des bisherigen Arbeitsverhältnisses sowie bei der Begleitung der Integration eines ausgewählten Bewerbers in die auftraggebende Rechtsanwaltskanzlei oder das auftraggebende Unternehmen abgestellt. Im Widerrufsfall des sog. *Headhunters*[74] fehlten solche anwaltlichen Vorerfahrungen. Der RA war in seinem Zweitberuf als *Headhunter* ausschließlich mit der Vermittlung von Juristen an Juristen befasst.[75] Und betreute in seiner Anwaltskanzlei nach seinen Angaben vornehmlich Verbrauchermandanten und betrieb keine auf arbeitsrechtliche Fragen – wie bei Personalvermittlung förderlich – zugeschnittene Praxis. Vor diesem Hintergrund könne keine Rede davon sein, „dass der Kl. im Rahmen seiner anwaltlichen Tätigkeit typischerweise Informationen erhalten würde, die ihn bzgl. seiner Personalvermittlungstätigkeit in Interessenkonflikte führen könnte. Eine solche Gefahr ist zwar nicht völlig auszuschließen, aber so fernliegend, eher theoretisch, dass sie im Rahmen der durch Art. 12 Abs. 1 GG gebotenen restriktiven Anwendung des § 14 Abs. 2 Nr. 8 BRAO nicht in ausschlaggebender Weise berücksichtigt werden kann."[76]

Diese Differenzierung überzeugt nicht. In dem Fall des (Wieder-)Zulassungsbewerbers wird dem Kl. seine frühere anwaltliche Tätigkeit im „Kündigungsmanagement" zum Verhängnis, während im Widerrufsfall dem Kl. seine unbestrittene Behauptung zugutegehalten wird, er vertrete in seiner Anwaltskanzlei vornehmlich Verbraucher, berate aber nicht in arbeitsrechtlichen Fragen. Die entscheidende RAK kann dies letztlich nur mit Nichtwissen bestreiten, da sie – zu Recht – keinen Einblick in die konkrete anwaltliche Tätigkeit des Kl. hat und haben kann. Damit hängt die Frage der Zulassung zum Anwaltsberuf bzw. die Frage nach dem Widerruf der Anwaltszulassung von dem mehr oder weniger geschickten Prozessvortrag ab. Das ist nicht im Sinne

---

72 BGH, Urt. v. 25.11.2013 – AnwZ (Brfg) 10/12 – BRAK-Mitt. 2014, 102 = NJW-RR 2014, 498, die am gleichen Tage wie die in Fn. 71 erwähnte Entscheidung AnwZ (Brfg) 22/12 ergangen ist, in der die Personalvermittlung für unvereinbar mit dem Beruf des RA erklärt wurde.

73 BGH, Urt. v. 25.11.2013 – AnwZ (Brfg) 22/12 = NJW-RR 2014, 500 = BRAK-Mitt. 2014, 106 (LS) Tz. 2 und 10.

74 BGH, Urt. v. 25.11.2013 – AnwZ (Brfg) 10/12 – BRAK-Mitt. 2014, 102 = NJW-RR 2014, 498.

75 BGH, a.a.O., Tz. 2, 14 und 16.

76 BGH, Urt. v. 25.11.2013 – AnwZ (Brfg) 10/12 – BRAK-Mitt. 2014, 102 = NJW-RR 2014, 498 Tz. 16.

der auf abstrakte Gefährdungen abstellende Vorschriften der §§ 7 Nr. 8, 14 Abs. 2 Nr. 8 BRAO.

Keine Gefahr einer Interessenkollision sah die Rechtsprechung insbesondere unter Berücksichtigung der Tätigkeitsverbote aus §§ 45, 46 a. F. BRAO im Einzelfall bei gleichzeitiger Tätigkeit des Rechtsanwalts als

- geschäftsführender Gesellschafter von Kapitalgesellschaften und persönlich haftender Gesellschafter von Personengesellschaften[77]
- Leiter der Rechtsabteilung einer Aktiengesellschaft[78]
- Mitglied der Geschäftsleitung eines Wohn- und Gewerbebauunternehmens, dass auch den An- und Verkauf von Grundstücken einschließlich der Vermittlung solcher Geschäfte betreibt, wobei der Antragsteller im Hinblick auf die Maklertätigkeit jedoch nur insoweit eingeschaltet ist, als es um die Durchsetzung der dem Unternehmen zustehenden Maklerprovisionen geht.[79]
- Syndikusanwalt mit Prokura eines Immobilienunternehmens, der jedoch nicht selbst makelnd tätig ist und auch nicht mit den von der Firma getätigten Maklergeschäften in Berührung kommt, sondern dem nur die Rechtsberatung in allen Angelegenheiten der Hausverwaltung sowie in Personalsachen und darüber hinaus die Überwachung des baulichen Zustands der Wohnanlagen obliegt,[80]
- Geschäftsführer einer VerwaltungsGmbH,[81]
- Gesellschafter und Einzelvertretungsberechtigter Geschäftsführer einer Steuerberatungs-GmbH[82]
- Geschäftsführerin eines Arbeitgeberverbandes[83]
- Versicherungsberater,[84]
- Sachbearbeiter in der Rechtschutzversicherung, dem eine akquisitorische Tätigkeit untersagt ist.[85]
- mit Prokura versehener Leiter der Finanzdienstleistungsdirektion einer Zweigniederlassung der Kolonia VersicherungsAG[86]
- Leiter der Finanzdienstleistungsdirektion einer Versicherungsgesellschaft[87]

---

77 BVerfGE 87, 287; BGH BRAK-Mitt. 1995, 213 (Geschäftsführer einer Genossenschaft-Treuhand GmbH mit Inkassotätigkeit).

78 BVerfGE 87, 287.

79 BGH, B.v. 10.07.2000 – AnwZ (B) 55/99.

80 BGH BRAK-Mitt. 2001, 90.

81 BVerfGE 87, 287.

82 BGHZ 114, 343 = NJW 1991, 2287.

83 BGH NJW 1996, 2377 = BRAK-Mitt. 1996, 77.

84 BGH BRAK-Mitt. 1997, 199.

85 BGH B.v. 21.11.1994 – AnwZ (B) 44/94 = BRAK-Mitt. 1995, 163 = NJW 1995, 1031; anders bei Anstellung im Vertriebsteam einer Rechtschutzversicherung: BGH NJW 2006, 3717 m. Anm. Römermann = BRAK-Mitt. 2006, 225 (LS).

86 BGH BRAK-Mitt. 1996, 78.

87 BGH NJW 1996, 2378 = BRAK-Mitt. 1996, 78.

- Schadensabteilungsleiter einer Versicherung,[88]
- Taxiunternehmer[89]

Die positiven Entscheidungen zu den Versicherungsangestellten könnten den Eindruck erwecken, als sei die Rechtsprechung hier inkonsequent und beliebig. Das ist aber nicht der Fall, weil die Gefährdung der Unabhängigkeit in den konkreten Entscheidungen deshalb als ausgeschlossen angesehen wurde, weil den Zulassungsbewerbern keinerlei akquisitorische Tätigkeit gestattet war. Die Bewerber hatten keinen Außenkontakt mit Kunden, sondern waren allein für die interne Schadenabwicklung bzw. Entscheidung über die Annahme von Versicherungsverträgen zuständig.

V. Zusammenfassung

Das Verbot gewerblicher Tätigkeit und einer Tätigkeit als Arbeitnehmer oder Angestellter ist bei Steuerberatern und Wirtschaftsprüfern deutlich restriktiver ausgestaltet als bei Rechtsanwälten. Der Grund hierfür liegt in dem Umstand, dass Steuerberater und Wirtschaftsprüfer regelmäßig einen umfassenden Einblick in die betrieblichen Abläufe und Kalkulationen erlangen und dieses Wissen nutzen könnten, um in Wettbewerb zum Geschäft ihrer Mandanten zu treten. Die typische Anwaltstätigkeit hingegen erfordert i. d. R. einen solchen tiefen Einblick in Geschäftsinterna der Mandanten nicht, so dass die unvereinbaren Tätigkeiten nicht so restriktiv und detailliert wie bei Steuerberatern und Wirtschaftsprüfern geregelt werden müssen. Bei den Steuerberatern und Wirtschaftsprüfern stehen das Konkurrenzverbot (gewerbliche Tätigkeit) und die Gefährdung der Unabhängigkeit (Angestelltentätigkeit) im Vordergrund, während bei Rechtsanwälten die abstrakte – gleichwohl naheliegende – Gefahr von Interessenkollisionen und die Gefährdung der anwaltlichen Unabhängigkeit die Rechtfertigung für die Unvereinbarkeitsvorschriften sind.

---

88 BGH, B.v. 13.02.1995 – AnwZ (B) 56/94 = NJW-RR 1995, 949 = BRAK-Mitt. 1995, 212.
89 BGH BRAK-Mitt. 1993, 171.

Zur Unabhängigkeit des Syndikus-Rechtsanwalts

Michael Krenzler

I. Ausgangslage

1. Gesetz und Rechtsprechungsgrundlagen

Die Unabhängigkeit des Rechtsanwalts stellt seit der ersten deutschen Rechtsanwaltsordnung vom 01.07.1878 das zentrale Element seiner Stellung im System der Rechtspflege dar. Sie kennzeichnet sowohl seinen Status (§ 1 BRAO) als auch sein Handeln (§ 3 Abs. 1 BRAO und § 43 a Abs. 1 BRAO). Der Status eines Angestellten ist demgegenüber derjenige eines abhängig Beschäftigten und sein Handeln typischerweise dem Weisungsrecht seines Arbeitgebers unterworfen. Anwaltliche Tätigkeit und Anstellungsverhältnis schließen sich bei einer solchen kategorialen Betrachtung gegenseitig aus und können nur nebeneinander ausgeübt werden[1].

Von dieser Vorstellung ging auch der Gesetzgeber der BRAO vom 01.08.1959[2] aus und bestätigte sie anlässlich der Verabschiedung der BRAO-Novelle vom 02.09.1994, indem er eine von den Unternehmensjuristen betriebene „Klarstellung" in § 46 BRAO, dass Syndikusanwälte auch bei ihrer Tätigkeit für ihren Arbeitgeber rechtsanwaltlich tätig sind, abgelehnt hat[3]. Das Bundesverfassungsgericht bekräftigte die Unvereinbarkeit des anwaltlichen Berufsbildes mit einem abhängigen Dienstverhältnis zum Beispiel in seinem Beschluss vom 04.11.1992[4], der BGH folgte dieser „Doppelberufstheorie" in ständiger Rechtsprechung[5]. Schließlich hat auch der Europäische Gerichtshof in seinen beiden Entscheidungen vom 14.09.2010[6] und vom 06.09.2012[7] die Auffassung vertreten, dass das Erfordernis der Unabhängigkeit des Rechtsan-

---

1 Die Frage, ob eine Tätigkeit in einem Anstellungsverhältnis mit dem Beruf des Rechtsanwalts vereinbar ist oder der Zulassung zur Rechtsanwaltschaft entgegensteht, wurde mit dem Aufkommen des angestellten Unternehmensjuristen in der Weimarer Zeit zwar lebhaft diskutiert, von dem Ehrengerichtshof aber in den Jahren 1925 und 1926 in einer Reihe von Entscheidungen im Sinne einer Vereinbarkeit bejaht und seither nicht mehr problematisiert. Vgl. z. B. Entscheidungen des EGH 12/25 Bd XIX S. 23 und 54/25 in EGH Bd XX S. 39.

2 S. BT-Drucks. III, 120 S. 56 f. und S. 77.

3 S. Beschlussempfehlung und Bericht des Rechtsausschusses BT-Drucks. 12/7656 S. 49.

4 Sog. Zweitberufsentscheidung BVerfGE 87, 287 ff., 327.

5 Vgl. etwa BGH in BGHZ 141, 69, 71 zum anwaltlichen Tätigkeitsverbot gemäß § 46 Abs. 2 Nr. 1 BRAO und BGH in NJW 2011, 1517 Rn. 6 zur Betätigung eines niedergelassenen europäischen Rechtsanwalts als Syndikus.

6 EuGH C-550/07 P-Akzo-Nobel NJW 2010, 3557.

7 EuGH C-422/11 P und C-423/11 P – Polnisches Amt für elektronische Kommunikation in AnwBl 2012,1003.

walts „das Fehlen jedes Beschäftigungsverhältnisses zwischen dem Rechtsanwalt und seinem Mandanten voraussetzt“[8].

In allen diesen Entscheidungen hat die Rechtsprechung nicht verkannt, dass die sachliche und fachliche Tätigkeit der Syndikusanwälte durchaus derjenigen der niedergelassenen Anwälte vergleichbar ist. Ausschlaggebend war für ihre Entscheidungen aber nicht diese Gleichartigkeit der Tätigkeit, sondern der sich aus dem Anstellungsverhältnis des Rechtsanwalts ergebende Status, also derjenige eines wirtschaftlich von seinem Arbeitgeber abhängigen und organisatorisch, funktional und strukturell eingebundenen Arbeitnehmers.

2. Neuere Entwicklungen

In der Literatur war und ist diese Sicht auf die Tätigkeit der Syndici nicht unumstritten. In einer sorgfältigen Dissertation kommt *Bissel* im Jahre 1995 schon nach der damaligen Rechtslage zu dem Ergebnis:

> *„Die axiomatische Behauptung der Abhängigkeit des Syndikusanwalts von seinem Dienstherrn in Rechtsprechung und Literatur hält einer rechtlichen Überprüfung nicht stand. Der Syndikusanwalt ist berechtigt, auch im ständigen Dienstverhältnis die für die Ausübung des Anwaltsberufs erforderlichen und unabdingbaren Berufspflichten zu erfüllen. Die im Arbeitsvertrag begründete Arbeitspflicht, insbesondere das Weisungsrecht des Arbeitgebers, steht dem nicht entgegen. Den äußeren anwaltlichen Berufspflichten ist regelmäßig der Vorrang gegenüber den zivilrechtlichen Verpflichtungen des Syndikusanwalts einzuräumen. Auch aus der Rechtsnatur des Vertragsverhältnisses mit dem Dienstherrn und dem Recht des Auftraggebers, das Vertragsverhältnis zu beenden, ergibt sich nicht, dass der Syndikusanwalt von seinem Arbeitgeber weniger unabhängig ist als der frei praktizierende Rechtsanwalt gegenüber seinen Mandanten. Für eine Differenzierung zwischen Syndikusanwalt und frei praktizierendem Rechtsanwalt, die Gesetzgeber und Rechtsprechung bei Berufszulassung und– Ausübung getroffen haben, gibt es keine Rechtfertigung.“*[9]

Im gleichen Sinne äußern sich zahlreiche Autoren in Kommentaren[10] und Aufsätzen[11]. Das Bundessozialgericht setzte sich in seinen Entscheidungen vom 03.04.2014 zur Möglichkeit einer Befreiung von Syndikusanwälten von

---

8 C-550/07 P-Akzo-Nobel Rn. 44.

9 *Carsten Bissel*, Die Rechtsstellung des Syndikusanwalts und die anwaltliche Unabhängigkeit, 1996, S. 120/121.

10 S. etwa *Kleine-Cosack*, Kommentar zur BRAO 7. Aufl. Rn. 103f. zu § 7.

11 *Offermann-Burckart*, AnwBl 2012, 778, 781; *Kilger*, AnwBl 2012, 818; *Prütting* AnwBl 2013, 78ff., 82 und 683ff.; *Merkt* AnwBl 2014, 278ff.

der gesetzlichen Rentenversicherungspflicht[12] jedoch nicht einmal damit auseinander, sondern lehnte eine Befreiung der Syndikusanwälte von ihrer Beitragspflicht in der gesetzlichen Rentenversicherung unter ausführlicher Bezugnahme auf die überkommene Rechtsprechung des Bundesverfassungsgerichts und des BGH schlicht und einfach mit der Begründung ab, dass „die Erwerbstätigkeit des Syndikus von vorne herein nicht dem Berufsfeld der Rechtsanwältin/des Rechtsanwalts zugeordnet werden kann, weil die anwaltliche Berufsausübung in der äußeren Form der Beschäftigung gar nicht möglich ist“[13]. Allerdings führten diese Entscheidungen nun zu einem erheblichen Druck auf den Gesetzgeber, die mit ihnen verbundenen sozialpolitischen Folgen so rasch wie möglich im Sinne einer Befreiungsmöglichkeit für die Syndikusanwälte zu korrigieren. Nichts hätte nähergelegen als dies auf dem sozialrechtlichen Wege durch eine Änderung der maßgeblichen Vorschrift des § 6 Abs. 1 Satz 1 Nr. 1 SGB VI zu bewerkstelligen[14]. Die eindeutig ablehnenden Signale aus dem Bundesministerium für Arbeit und Soziales zwangen jedoch dazu, die Lösung in den berufsrechtlichen Regelungen der BRAO zu suchen.

II. Lösungsansätze

1. Status und Tätigkeit

Angesichts der Unterschiede zwischen den Syndikusanwälten einerseits und den externen niedergelassenen Anwälten andererseits verbot sich dabei aber eine schematische Gleichstellung in der von dem Deutschen Anwaltverein favorisierten Art und Weise, lediglich durch eine Korrektur des § 46 Abs. 1 BRAO und Ergänzung dieser Vorschrift durch einen neuen Abs. 4 „klarzustellen“, dass auch die Syndizi bei ihrer Tätigkeit für ihre Arbeitgeber anwaltlich tätig sind[15]. Denn der Status der Syndici ist nun einmal nicht durch ein Werk-, sondern durch einen Dienstvertrag mit ihrem – nicht anwaltlichen – Arbeitgeber als ihrem einzigen Mandanten und die daraus resultierende wirtschaftliche Abhängigkeit gekennzeichnet. Gesteigert wird diese Abhängigkeit noch dadurch, dass die Syndici über keine eigene Infrastruktur wie

12 NJW 2014, 2743.

13 NJW 2014, 2743 Rn. 21.

14 Beschluss der BRAK-HV vom 02.12.2014 BRAK-NR. 544/2014 S. 23 und 24 und Stellungnahme der BRAK Nr. 9/2015 (März 2015) zum „Eckpunktepapier“ des Bundesministeriums für Justiz und Verbraucherschutz. Ebenso *Singer*, BRAK-Mitt. 2014, 282 ff., 290.

15 Befürwortend etwa *Prütting*, AnwBl 2013, 78 ff., 84; wie hier aber schon *Kleine-Cosack* in seiner Auseinandersetzung mit dem Beschluss des BGH vom 07.02.2011 (AnwBl 2011, 473 ff.) zur Zulassung europäischer Rechtsanwälte in AnwBl 2011, 467 ff., 472 und in seinem Kommentar zur BRAO, 7. Aufl., Rn. 107 und 108 zu § 7 BRAO.

Büroräume, Bibliothek, EDV, Personal etc. verfügen und bei der Annahme, Niederlegung und Ablehnung von Mandaten auf die Vorgaben ihres Arbeitgebers beschränkt sind. Schließlich sind sie sowohl organisatorisch als auch funktional in die Unternehmensstruktur eingegliedert. Inhaltlich sind die Tätigkeiten der Syndici als Unternehmensjuristen zudem nicht schon durch ihren Status als anwaltliche definiert, sondern können in Abhängigkeit von dem jeweiligen Aufgabengebiet alle denkbaren Mischformen bis hin zu einer rein wirtschaftlichen Betätigung zum Gegenstand haben. Infolgedessen stellte sich für eine gesetzliche Annährung der Syndikusanwälte und der niedergelassenen Anwälte nicht zuletzt die verfassungsrechtliche Frage, in welchem Maße der Gesetzgeber im Hinblick auf das Berufsgrundrecht des Art. 12 GG die Berufsbilder der Unternehmensjuristen und der niedergelassenen Rechtsanwälte vereinheitlichen darf.

Der Verfassungsrechtsausschuss der Bundesrechtsanwaltskammer, dessen Vorsitz der Jubilar, Herr Kollege *Kirchberg*, innehat, machte dazu in einer internen Stellungnahme deutlich, dass der Gesetzgeber im Rahmen seiner Gestaltungsbefugnisse zur Regelung von Berufsbildern von Verfassungs wegen auch zwei Berufe vereinheitlichen dürfe. Allerdings sei dafür ein Regelungskonzept erforderlich, das die Pflichtenkollisionen, die mit der Doppelfunktion der Syndici als Arbeitnehmer einerseits und als Rechtsanwalt andererseits verbunden sind, auflöst und den Syndici die Einhaltung der wesentlichen Berufspflichten der niedergelassenen Rechtsanwälte erlaube. Eine bloße Zulassung der Syndici zur Anwaltschaft im Wege einer Ergänzung des § 6 BRAO, wie sie von dem Berufsrechtsausschuss der BRAK angedacht war (sogenanntes Zulassungsmodell), reiche deshalb nicht aus. Auch die von dem BRAO-Ausschuss der BRAK diskutierte Alternative, das Berufsbild des Rechtsanwalts in § 2 BRAO ausdrücklich um eine – überwiegende – Rechtsbesorgung für einen nicht anwaltlichen Arbeitgeber zu erweitern (sogenanntes Tätigkeitsmodell), konnte dementsprechend ebenfalls nicht als ausreichendes Regelungskonzept angesehen werden.

Vielmehr bedurfte es umfassender Regelungen, die sowohl den Status als auch die Tätigkeit der Syndici zum Gegenstand hatten, wobei sichergestellt werden musste, dass die Grundwerte anwaltlicher Tätigkeit und hier natürlich insbesondere auch die Unabhängigkeit soweit wie möglich in das Berufsfeld der Syndici implementiert werden.

2. Funktionsbezogener Maßstab

Um dieses Ziel zu erreichen, ist es notwendig, sich zunächst über den Sinn der Unabhängigkeit des Rechtsanwalts Klarheit zu verschaffen. *Wolf* sieht ihn zutreffend darin, dass der Rechtsanwalt frei von allen Einflüssen sein soll, die seiner Funktion für die Rechtspflege zuwiderlaufen würden, und eröffnet mit diesem funktionsbezogenen Maßstab den Weg „für einen differenzierten Umgang mit der Unabhängigkeit."[16] Denn es erübrigen sich damit die bisherigen abstrakten Diskussionen über die typischen Abhängigkeiten in einem Anstellungsverhältnis, und es tritt die Überprüfung möglicher Einflussnahmen anhand der konkreten Ausgestaltung des jeweiligen Anstellungsverhältnisses an deren Stelle. Allerdings bedarf es dazu noch einer vorherigen Verständigung über die Funktion des Rechtsanwalts für die Rechtspflege. Diese sieht § 1 Abs. 2 Satz 2 BORA richtigerweise allgemein in seinem Dienst an „der Verwirklichung des Rechtsstaats", der in zwei Bereiche unterteilt werden kann: zum einen die Tätigkeit als Berater und Vertreter des Mandanten, wie sie in § 1 Abs. 3 BORA beschrieben ist, zum anderen aber auch in der Aufgabe, den Bestand der Rechtsordnung nicht nur innerhalb eines Mandatsverhältnisses, sondern ganz allgemein zu wahren und zu verteidigen, wie dies jede Rechtsanwältin und jeder Rechtsanwalt bei Ablegung ihres Berufseides geschworen haben. Die Berufsbezeichnung des Rechtsanwalts macht dies, anders als zum Beispiel die Bezeichnung des „Fürsprechs" oder auch des „Advokaten", unmittelbar sinnfällig: denn sie bedeutet bei wörtlichem Verständnis nichts anderes als „Anwalt des Rechts" – nicht mehr und nicht weniger. *Hellwig* hat diesen Aspekt anwaltlicher Aufgaben, der in den letzten 20 Jahren im Berufsverständnis der Anwaltschaft leider mehr und mehr in den Hintergrund getreten ist, dankenswerterweise wiederholt in Erinnerung gerufen und deutlich gemacht:

> *„Auch das Recht braucht seinen Anwalt. Einen Anwalt, der losgelöst vom einzelnen konkreten Fall die Interessen des Rechts im Auge hat und wahrnimmt. Es wäre zu eng, wenn wir unsere Aufgabe nur im einzelnen Mandat eines einzelnen Mandanten sehen würden. Wir sind Anwälte und nicht Techniker des Rechts. Wir stehen als Anwälte für den Erhalt unserer verfassungsmäßigen freiheitlich-demokratischen Grundordnung in einer systemischen Pflicht."* [17]

Dieser Aufgabe wird der Rechtsanwalt am besten gerecht werden können, wenn zwischen ihm und seinen Mandanten nicht nur eine innere, sondern auch eine äußere Distanz gegeben ist, sie dagegen um so schwerer erfüllen können, je mehr er, wie ein Syndikus, organisatorisch, wirtschaftlich und strategisch in die Struktur des arbeitgebenden Unternehmens eingebunden ist. Allerdings haben die Unternehmensjuristen dies schon für die Rechtslage vor Verabschiedung des Gesetzes zur Neuordnung des Rechts der Syndikusanwälte[18] in Abrede gestellt und betont, dass sie nicht nur nach ihrem Selbstverständnis, sondern auch nach den von ihnen mit ihren Arbeitgebern getroffenen Vereinbarungen über die notwendigen Freiräume verfügen, um die jeweiligen rechtlichen Aspekte einer Angelegenheit in ihrer ganzen Breite

---

16 *Wolf* in Gaier/Wolf/Göcken, Anwaltliches Berufsrecht, 2. Aufl. Rn. 47 zu § 1 BRAO.

17 AnwBl 2013, 840 ff., 844, AnwBl 2016, 858 ff., 865.

18 BGBl 2015 Teil I S. 2517 ff.

und nicht nur einseitig verengt auf die Vorgaben ihres Arbeitgebers zum Tragen zu bringen. Dies ist aus Unternehmenssicht für die Organhaftung von zentraler Bedeutung, wollen sich die Organe eines Unternehmens doch verständlicherweise mit dem Hinweis auf eine Beratung durch ihre Syndici von einer möglichen Haftung exkulpieren können und für diesen Zweck nicht noch einen externen Berater in Anspruch nehmen müssen. Wie der BGH entschieden hat, ist dafür aber eben Voraussetzung, dass der von dem Unternehmensorgan eingeholte Rechtsrat von einem fachlich qualifizierten und unabhängigen Berater erteilt worden ist.[19] Dies dürfte aber wohl nur für die Mitglieder gesonderter Rechtsabteilungen mit eigenem Personal uneingeschränkt zutreffend sein, und auch sie werden die Ziele des Unternehmens, für das sie jeweils tätig sind, mit der Folge verinnerlicht haben, dass sie eben nicht den zumindest neutralen oder besser noch distanzierten Blick auf eine Rechtsfrage haben wie ein externer Rechtsanwalt.

Allerdings dürften die möglichen Konflikte in der Beratung der Syndikusrechtsanwälte und ihrer Arbeitgeber weniger bei der unmittelbaren rechtstechnischen Um- und Durchsetzung der jeweiligen individuellen Unternehmensziele als vielmehr bei einer Kollision dieser Ziele mit den Vorschriften der allgemeinen, die Rechtsbeziehungen von Unternehmen nicht unmittelbar berührenden Rechtsordnung auftreten. So bringt die Pflicht des Rechtsanwalts, das Recht zu wahren, zum Beispiel auch die Pflicht mit sich, die Geltung der Grund- und Menschenrechte stets im Blick zu haben und deren Beachtung einzufordern – nötigenfalls auch gegen den Willen des Mandanten. Dass es dabei zu massiven Konfliktlagen kommen kann, zeigen die in der globalisierten Wirtschaft immer wieder bekanntwerdenden Diskriminierungen von Frauen, die Nutzung von Kinderarbeit oder die Produktion unter menschenunwürdigen Arbeitsbedingungen. Selbstverständlich werden auch externe Rechtsanwälte ihre Mandanten nicht daran hindern können, derartige Verstöße gegen die Menschenrechte trotz des entgegenstehenden Rates ihrer Anwälte zu begehen, doch ist der externe Berater dann immerhin in der Lage, die weitere Zusammenarbeit mit einem solchen Mandanten zu beenden. Der Syndikus-Rechtsanwalt sieht sich demgegenüber vor die Frage gestellt, ob er sich in einem solchen Fall bei einer Fortsetzung seiner Tätigkeit für seinen Arbeitgeber durch Duldung oder Schweigen möglicherweise sogar einer Mithilfe bei gravierenden Rechtsverletzungen schuldig macht oder seinen – meist gut dotierten – Anstellungsvertrag kündigen und damit seine wirtschaftliche Existenz aufs Spiel setzen soll.

---

19 BGH DB 2011, 2484 ff. = ZIP 2011, 2097 ff.

III. Ausreichende Sicherung der Unabhängigkeit im Gesetz?

Das Gesetz zur Neuordnung des Rechts der Syndikusanwälte vom 21.12.2015[20] erkennt deshalb gemäß § 46 Abs. 3 BRAO die Tätigkeit von Syndici in ihrem Unternehmen nur dann als anwaltliche an, wenn sie durch die in Nr. 1–4 dieser Vorschrift näher beschriebenen Tätigkeiten geprägt ist und „fachlich unabhängig und eigenverantwortlich" ausgeübt wird. Was sich der Gesetzgeber unter „fachlicher Unabhängigkeit" vorstellt, wird in § 46 Abs. 4 S. 1 BRAO konkretisiert, und gemäß Satz 2 dieser Vorschrift will der Gesetzgeber die fachliche Unabhängigkeit nicht nur (arbeits-) vertraglich, sondern auch „tatsächlich gewährleistet" wissen. Nach der Vorstellung des Gesetzgebers bedeutet die fachliche Unabhängigkeit, dass der Syndikusrechtsanwalt „die Durchführung einer ihm vom Arbeitgeber im Rahmen des Anstellungsverhältnisses erteilten Weisung aus fachlichen oder berufsrechtlichen Gründen ablehnen können soll, ohne dass hieran arbeitsrechtliche Konsequenzen geknüpft werden können."[21]

1. Funktionsbedingte Autonomie

Ob die Gesetz gewordenen Vorschriften ausreichen, um den Syndikusrechtsanwälten die für die Wahrnehmung ihrer Funktion als „Anwalt des Rechts" im Unternehmen notwendige Unabhängigkeit tatsächlich zu gewährleisten, erscheint jedoch eher zweifelhaft. Denn auch wenn dem Syndikus aus einer fachlichen Kontroverse mit seinem Arbeitgeber formal keine arbeitsvertraglichen Konsequenzen drohen dürfen, so bleiben dem Arbeitgeber doch genügend andere Möglichkeiten, den Syndikusrechtsanwalt indirekt zu benachteiligen oder ihm – aus ganz anderen, vorgeschobenen – Gründen mit Kündigung des Anstellungsverhältnisses zu drohen, wobei er, sofern er leitender Angestellter ist, nicht einmal Bestandsschutz genießt. Mit gutem Grund hat der Berufsrechtsausschuss der BRAK deshalb schon in seiner Stellungnahme zum Referentenentwurf[22] in Erwägung gezogen, für den Syndikusrechtsanwalt einen besonderen Kündigungsschutz vorzusehen. Auch *Wolf* hat bei seiner Anhörung im Rechtsausschuss am 01.07.2015 sowie in seiner schriftlichen Stellungnahme zum Gesetzentwurf darauf hingewiesen, dass die Sicherung der Unabhängigkeit des Syndikusrechtsanwalts insbesondere im Vergleich mit anderen abhängig Beschäftigten, für die in einem Unternehmen eine funktionsbedingte Autonomie gesichert werden muss, sehr schwach ausgebildet ist. Als Beispiele hierfür hat er auf die Stellung des betrieblichen

20 BGBl 2015, Teil I, S. 2517 ff.
21 Vgl. BT-Drucks. 18/5201 S. 29.
22 Stellungnahme Nr. 09/2015 vom März 2015 Ziff. II, 3.

Datenschutzbeauftragten[23] oder eines Compliance-Beauftragten verwiesen[24] und es ist angesichts der Aufgaben der Syndikusrechtsanwälte und der Verantwortung, die sie zu tragen haben, in der Tat nicht nachvollziehbar, warum sie diesen anderen Wahrern des Rechts im Unternehmen nicht strukturell gleichgewichtig zur Seite gestellt worden sind.

2. Eigenverantwortlichkeit

Auffällig ist des Weiteren, dass die Regelung des § 46 Abs. 4 BRAO explizit nur die fachliche Unabhängigkeit des Syndikusrechtsanwalts, nicht aber auch seine Eigenverantwortlichkeit zum Gegenstand hat – und das, obwohl sie nach der einleitenden Formulierung des Abs. 3 zum wesentlichen Bestandteil anwaltlicher Tätigkeit gehört und gerade im Hinblick auf die geforderte Weisungsfreiheit des Syndikusrechtsanwalts logischerweise ebenfalls einer Regelung bedürfte. Der Berufsrechtsauschuss der BRAK hat auch dies in seiner Stellungnahme Nr. 17/2015 vom Mai 2015 zum Referentenentwurf des Gesetzes moniert und in Ziff. II, 6 ausgeführt:

„Insbesondere die Eigenverantwortlichkeit stärkt mehr noch als die fachliche Unabhängigkeit das Recht des Syndikus, einen ihm vom Arbeitgeber im Rahmen des Anstellungsverhältnisses erteilten Auftrag auch abzulehnen."

Darüber hinaus folgt aus der Eigenverantwortlichkeit des Syndikusrechtsanwalts ganz allgemein die Frage nach seiner Einbindung in die Hierarchie des jeweiligen Unternehmens, wobei das Maß seiner Eigenverantwortlichkeit mit der Zahl der Über- und Unterordnungsverhältnisse zwischen Syndikusrechtsanwalt und Geschäftsleitung massiv abnehmen dürfte. *Wolf* hat aus diesem Grund in seiner schon erwähnten Stellungnahme zum Entwurf eines Gesetzes zu Neuordnung des Rechts der Syndikusanwälte gegenüber dem Rechtsausschuss des Bundestages durchaus konsequent gefordert, dass der Syndikusrechtsanwalt unmittelbar der Unternehmensleitung unterstellt sein muss, die ihrerseits innerhalb der Unternehmensorganisation dann sicher stellen kann, dass er seine Aufgaben auch tatsächlich fachlich unabhängig und eigenverantwortlich erfüllen kann.[25] Mit diesen und weiteren Regelungsvorschlägen wollte er den Arbeitgeber der Syndikusrechtsanwälte in die Absicherung ihrer Unabhängigkeit im Unternehmen einbeziehen und die Syndikusrechtsanwälte mit der Durchsetzung ihrer Unabhängigkeit nicht „komplett allein lassen".[26]

---

23 Vgl. § 4f Abs. 3 BDSG.

24 Protokoll des Rechtsausschusses Nr. 18/61 S. 19 sowie in seiner schriftlichen Stellungnahme S. 10.

25 Stellungnahme S. 17.

26 Protokoll des Rechtsausschusses Nr. 18/61 S. 19.

3. Vergütungsregelungen

Bedenklich wäre unter dem Gesichtspunkt der Unabhängigkeit der Syndikusrechtsanwälte im Übrigen auch die Aussetzung einer erfolgsabhängigen Vergütung, weil auch den niedergelassenen Rechtsanwälten zur Sicherung ihrer Unabhängigkeit die Vereinbarung eines Erfolgshonorars, von außergewöhnlichen Ausnahmen einmal abgesehen, bekanntlich nicht erlaubt ist.[27] Keiner dieser Anregungen und Überlegungen ist der Gesetzgeber gefolgt, weshalb sich der Pfeiler des § 46 Abs. 4 BRAO für die anwaltliche Unabhängigkeit der Syndikusrechtsanwälte als nicht ausreichend tragfähig erweisen könnte, um die Gefährdungen, denen sie bei der Wahrnehmung ihrer Aufgaben als „Anwälte des Rechts“ im Unternehmen ausgesetzt sein können, mit dem erforderlichen Nachdruck begegnen zu können. Insoweit bleibt die Entwicklung der Praxis abzuwarten.

---

27 § 4a Abs. 1 RVG.

Der Bezugspunkt der Auswahl gemäß Art. 33 Abs. 2 GG und die Vermeidung von Besetzungsblockaden

Eine Kritische Auseinandersetzung mit der neuen Rechtsprechung des 2. Senats des Bundesverwaltungsgerichts

Wolfgang Kuhla

Einführung

Öffentliche Arbeitgeber und Dienstherrn unterliegen bei Beförderungsentscheidungen den aus Art. 33 Abs. 2 GG folgenden Bindungen. Der dort verankerte Grundsatz der Bestenauswahl soll bewirken, dass der am besten Geeignete die Aufgaben des zu besetzenden Amtes wahrnimmt. Öffentliche Ämter im verfassungsrechtlichen Sinne nehmen nicht nur Beamte und Richter in ihren öffentlich-rechtlichen Dienstverhältnissen, sondern auch Arbeitnehmer wahr. Umfasst sind grundsätzlich sämtliche von öffentlich-rechtlichen Körperschaften (Bund, Länder, Gemeinden; unmittelbare und mittelbare Staatsverwaltung) bereitgestellten Positionen.[1] Auf die konkrete Organisationsform kommt es nicht an.[2] Die Einheit der Verfassungsordnung gebietet ein gleichgerichtetes Verständnis des Begriffs vom „Amt“, das in all diesen Dienstverhältnissen Bezugspunkt der Bestenauslese ist. Dieses gleichgerichtete Verständnis hatten das Bundesverwaltungsgericht und das Bundesarbeitsgericht im Rahmen eines jahrzehntelangen Erkenntnisprozesses entwickelt. Es stand im Einklang mit der Judikatur des Bundesverfassungsgerichts. Neuere Entscheidungen des 2. Senats des Bundesverwaltungsgerichts stellten diese jedoch in Frage.[3]

In der verwaltungsgerichtlichen Judikatur konkurrieren nun zwei Ansichten, die sich mit Hilfe klassischer beamtenrechtlicher Begriffe beschreiben lassen: Das Bundesverwaltungsgericht und ihm folgend verschiedene Ober-

1 BAG, Urt. v. 2. April 2016 – 9 AZR 673/14 – Rn. 16; VGH München, Beschl. v. 23. Januar 2017 – 6 CE 16.2406 – (bei der Telekom AG beschäftigter Beamter).

2 BAG, Urt. v. 2. April 2016 – 9 AZR 673/14 – Rn. 16: Ein als Gesellschaft bürgerlichen Rechts organisierter Arbeitgeber kann im Hinblick auf seine Gesellschafter durch Art. 33 Abs. 2 GG gebunden sein; a. A. noch LAG Berlin, Urt. v. 24. Juli 2014 – 18 Sa 682/14 – Rn. 49; BAG, Urt. v. 12. Oktober 2010 – 9 AZR 554/09 – Rn. 44: Das Gericht neigt zu der Auffassung, dass eine staatlich anerkannte Hochschule in kirchlicher Trägerschaft nicht Adressat der öffentliche Arbeitgeber verpflichtenden Regelung des Art 33 Abs. 2 GG ist.

3 BVerwG, Urt. v. 20. Juni 2013 – 2 VR 1/13 – BVerwGE 147, 20; BVerwG, Urt. v. 19. Dezember 2014 – 2 VR 1/14; BVerwG, Beschl. v. 10. Mai 2016 – 2 VR 2/15 – NVwZ 2016, 1650; BVerwG, Beschl. v. 21. Dezember 2016 – 2 VR 1/16.

gerichte[4] sehen neuerdings im *beamtenrechtlichen Statusamt* den Bezugspunkt für die Bestenauslese. Andere Obergerichte[5] halten an der bisherigen Sicht fest, für sie liefern die mit dem *konkret funktionellen Amt* – dem Dienstposten – verbundenen Aufgaben die Kriterien für die Auswahlentscheidung.

Diese durch die Terminologie des (einfachen) Beamtenrechts geprägten Überlegungen drohen nicht nur die Rückbindung an den zunächst ausschließlich verfassungsrechtlich zu verstehenden Begriff des Amtes zu verlieren. So gerät ebenso außer Blick, dass das Gebot der Bestenauslese gem. Art. 33 Abs. 2 GG *zwei* im Einzelfall durchaus *konkurrierende Zwecke* verfolgt, die *in praxi* auszutarieren sind: Zum einen „dient Art. 33 Abs. 2 GG … dem öffentlichen Interesse der bestmöglichen Besetzung des öffentlichen Dienstes. Zum anderen trägt Art. 33 Abs. 2 GG dem berechtigten Interesse der Beamten an einem angemessenen beruflichen Fortkommen dadurch Rechnung, dass er ein grundrechtsgleiches Recht auf ermessens- und beurteilungsfehlerfreie Einbeziehung in die Bewerberauswahl begründet (sogenannter Bewerbungsverfahrensanspruch …)“.[6] Die gebotene Rückbesinnung auf den verfassungsrechtlichen Ausgangspunkt verspricht zweierlei: Die Rückgewinnung der verfassungsrechtlichen Rechtseinheit und die Konkretisierung der Kriterien für die Bestenauslese, die für *alle Dienstverhältnisse* gelten und *in der Praxis handhabbar* sind.

Unabhängig von den offenbar gewordenen unterschiedlichen materiellrechtlichen Ansätzen begünstigen die Besonderheiten des *Rechtsschutzes* in Konkurrentenstreitigkeiten eine divergierende Rechtsentwicklung. Die materiell-rechtliche Erörterung des relevanten Bezugspunkts der Bestenauslese hat daher mit einem steten Blick auf diesen prozessualen Kontext zu erfolgen. Auch hier bietet das Bundesverwaltungsgericht den Personalverwaltungen eine attraktive Option: Es entwickelte für Konkurrenzsituationen ein „Instrumentarium“ [7], dessen Verwendung den Grund für Anordnungen gem. § 123 VwGO entfallen lässt, sodass die Personalentwicklung nicht länger durch Stellenbesetzungsverbote gelähmt wird.

Um alle vom Bundesverwaltungsgericht entwickelten, neuen Erkenntnisse einordnen zu können, wird als Erstes der Rechtsschutz in Konkurrentenstreitigkeiten resümierend beschrieben (I.). Im Anschluss ist der Stand der Rechtsprechung zum Bezugspunkt der Auswahlentscheidung zu analysieren, wie sich dieser bis zu der ersten Entscheidung des Bundesverwaltungsgerichts entwickelte, die gemeinhin als Kehrtwendung verstanden wird (II.). Damit ist

---

4 OVG Saarlouis, Beschl. v. 5. September 2013 – 1 B 343/13 – Rn. 18; OVG Magdeburg, Beschl. v. 16. Juni 2014 – 1 M 51/14 – Rn. 10; OVG Weimar, Beschl. v. 19. März 2014 – 2 EO 252/13 – Rn. 5.

5 OVG Bautzen, Beschl. v. 21. Januar 2016 – 2 B 327/15 – Rn. 13; OVG Bremen, Beschl. v. 22. September 2016 – 2 B 123/16 – Rn. 35 ff.; OVG Lüneburg, Beschl. v. 1. Dezember 2016 – 5 ME 153/16 – Rn. 41.

6 BVerfG, Beschl. v. 16. Dezember 2015 – 2 BvR 1958/13 – Rn. 31.

7 So ausdrücklich *Kenntner*, Tagungsband der 23. Jahresarbeitstagung für Verwaltungsrecht 2017 des DAI, S. 288 im Hinblick auf BVerwG, Beschl. v. 21. Dezember 2016 – 2 VR 1/16, Rn. 14.

der Boden für eine kritische Betrachtung dieser Rechtsprechung des 2. Senats des BVerwG (III.) bereitet. Auf dieser Grundlage können mit der gebotenen verfassungsrechtlichen Rückbesinnung die Konsequenzen des dogmatischen Streits betrachtet werden (IV.).

I. Besonderheiten des Rechtsschutzes in Konkurrentenstreitigkeiten

Der Grundsatz der Bestenauslese gem. Art. 33 Abs. 2 GG gilt für alle Ämter, unabhängig von der Rechtsnatur des Dienstverhältnisses. Die spezifische Ausformung des Rechtsschutzes erfolgte zuerst im Hinblick auf konkurrierende Beamte (1.). Er gilt gleichermaßen für Richter (2.). Der Rechtsschutz im Arbeitsrecht hat eine im einschlägigen Prozessrecht angelegte besondere Prägung (3.). Effektiver Rechtsschutz besteht auch bei einer Konkurrenz von Beamten und Angestellten (4.)

1. Beamtenrecht

Die Geltung des Grundsatzes der Bestenauslese wird nach Art. 33 Abs. 2 GG unbeschränkt und vorbehaltlos gewährleistet. Die Vorschrift trägt dem berechtigten Interesse der Beamten an einem angemessenen beruflichen Fortkommen dadurch Rechnung, dass er grundrechtsgleiche Rechte auf ermessens- und beurteilungsfehlerfreie Einbeziehung in die Bewerberauswahl begründet (*Bewerberverfahrensanspruch*). [8] Im Beamtenrecht wird Verwaltungsakten, welche die Beförderung eines Beamten regeln, im Verhältnis zum konkurrierenden Bewerber zwar belastende Drittwirkung beigemessen.[9] Im Interesse der *Ämterstabilität* geht die Rechtsprechung aber davon aus, dass sich der *Bewerberverfahrensanspruch* des unterlegenen Konkurrenten mit der Ernennung des ausgewählten Beamten *erledigt* (Urkundsprinzip, Aushändigung der Ernennungsurkunde, vgl. § 8 Abs. 2 BeamtenstatusG).[10] Für eine der Bewerbung entsprechende Entscheidung ist dann mangels verfügbarer Stelle kein Raum mehr.[11] Der unterlegene Bewerber kann also keinen primären Rechtsschutz in der Hauptsache in Form der Bescheidungsklage

8 BVerfG (1. Kammer des Zweiten Senats), Beschl. v. 24. September 2002 – 2 BvR 857/02 – Rn. 9.

9 BVerwG, Beschl. v. 8. Dezember 2011 – 2 B 106/11 – Rn. 13.

10 BVerwG, Urt. v. 29. November 2012 – 2 C 6/11 – Rn. 11 = BVerwGE 145, 185.

11 Das gilt nicht, wenn dem Mitbewerber ein bestimmter Dienstposten (ein Amt im konkret-funktionellen Sinne) nur im Wege der *Umsetzung* übertragen worden ist, vgl. VGH Mannheim, Urt. v. 16. Oktober 2007 – 4 S 2020/07 – NVwZ-RR 2008, 550.

nach § 113 Abs. 5 Satz 2 VwGO in Anspruch nehmen.[12] Damit besteht auch kein Rechtsschutzbedürfnis für eine flankierende Drittanfechtung des Ernennungsaktes.[13] Der unterlegene Bewerber kann nach dem ihm nachteiligen Abschluss des Auswahlverfahrens zur Wahrung seines Bewerberverfahrensanspruchs also nicht nach § 80 Abs. 1 VwGO gegen die Ernennung eines Konkurrenten vorgehen.

Der übergangene Bewerber erlangt daher nur im Vorfeld der beabsichtigten Ernennung des Konkurrenten Rechtsschutz. Er kann *vorläufigen, vorbeugenden Rechtsschutz* in Anspruch nehmen. Konkret wird so dem Dienstherrn durch eine Anordnung gem. § 123 VwGO die Ernennung des Konkurrenten solange untersagt, bis über das Begehren des übergangenen Bewerbers erneut entschieden worden ist („Stellenbesetzungsverbot").[14] Der Anordnungsanspruch ergibt sich dabei unmittelbar aus Art. 33 Abs. 2 GG. [15] Das Besetzungsverbot kann sich nach Lage der Dinge auch auf mehrere Stellen erstrecken.[16]

Mangels wirksamen Rechtsschutzes in der Hauptsache übernimmt das Verfahren des vorläufigen Rechtsschutzes in diesen Fällen grundsätzlich die Funktion des Hauptsacheverfahrens. Deshalb muss es den Anforderungen – welche sich aus Art. 19 Abs. 4 GG ergeben – gerecht werden und darf nach Prüfungsmaßstab, -umfang und -tiefe nicht hinter einem Hauptsacheverfahren zurückbleiben. Vielmehr ist eine umfassende tatsächliche und rechtliche Überprüfung der Bewerberauswahl verfassungsrechtlich geboten, bei der die Anforderungen an einen Erfolg des unterlegenen Bewerbers nicht überspannt werden dürfen. Wird dabei eine Verletzung des Bewerbungsverfahrensanspruchs festgestellt, muss die Ernennung des ausgewählten Bewerbers bereits dann durch einstweilige Anordnung untersagt werden, wenn die Auswahl des Antragstellers bei rechtsfehlerfreier Auswahl jedenfalls *möglich* erscheint.[17]

Das Beamtenrecht macht regelmäßig die erfolgreiche *Erprobung* auf dem höherwertigen Dienstposten zur Voraussetzung der Beförderung, vgl. § 22 Abs. 2 BBG. Nur der erfolgreich Erprobte hat die Chance der Beförderung. Andere Interessenten, die bislang nicht auf einem höherwertigen Dienstposten erprobt worden sind, kommen für eine Beförderung aus laufbahnrechtlichen Gründen nicht in Betracht. Damit wird die Auslese für Beförderungsämter vorverlagert auf die Auswahl unter den Bewerbern um

---

12 BVerwG, Urt. v. 25. August 1988 – 2 C 62/85 – BVerwGE 80, 127, 129 f.; BVerfG (3. Kammer des Zweiten Senats), Beschl. v. 19. September 1989 – 2 BvR 1576/88 – NJW 1990, S. 501 f.; zu den Ausnahmen grundlegend BVerwG, Urt. v. 4. November 2010 – 2 C 16/09 – BVerwGE 138, 102 (Besetzung Präsident OLG Koblenz).

13 BVerwG, Urt. v. 25. August 1988 – 2 C 62/85 – BVerwGE 80, 127; OVG Bautzen, Beschl. v. 4. August 2011 – 2 B 34/11; OVG Lüneburg, Beschl. v. 8. Juni 2011 – 5 ME 91/11.

14 VGH München, Beschl. v. 5. April 2013 – 7 CE 13.348.

15 BVerwG, Beschl. v. 8. Dezember 2011 – 2 B 106/11.

16 BVerwG, Beschl. v. 22. November 2012 – 2 VR 5/12 – NVwZ-RR 2013, 267; OVG Münster, Beschl. v. 19. November 2015 – 1 B 980/15.

17 BVerfG (1. Kammer des Zweiten Senats), Beschl. v. 24. September 2002 – 2 BvR 857/02 – Rn. 13; BVerwG, Urt. v. 20. Juni 2013 – 2 VR 1/13 – Rn. 16 = BVerwGE 147, 20.

„Beförderungsdienstposten".[18] Diese Vorwirkung führt zu einer prozessualen Konsequenz: Sie eröffnet dem Unterlegenen in Fällen der Übertragung eines *Beförderungsdienstpostens* an einen Mitbewerber den gerichtlichen Rechtsschutz. In dieser Lage besteht bereits ein Anordnungsgrund für eine Anordnung gem. § 123 VwGO.

Der beamtenrechtliche Konkurrentenrechtsschutz ist durch Besonderheiten geprägt: Im Verfahren der einstweiligen Anordnung ist die Darlegungslast des antragstellenden, unterlegenen Bewerbers in Folge des auch für dieses Verfahren geltenden Amtsermittlungsgrundsatz erleichtert, § 86 VwGO.[19] Das verwaltungsprozessuale Institut der Beiladung gem. § 65 VwGO stellt sicher, dass es im Hinblick auf einen bestimmten Beförderungssachverhalt keine divergierenden Entscheidungen gibt.

Die fast vollständig auf den einstweiligen Rechtsschutz konzentrierte Judikatur begünstigt divergente Erkenntnisse der Obergerichte. Im einstweiligen Rechtsschutz ist kein Rechtsmittelweg zum Bundesverwaltungsgericht eröffnet. Hauptsachverfahren, die auch noch bis in die Revisionsinstanz geführt werden, sind selten. Das Bundesverwaltungsgericht kann seine Rechtsposition daher nur in den wenigen Verfahren begründen, in denen eine erstinstanzliche Zuständigkeit des Bundesgerichts gegeben ist, vgl. § 50 Abs. 1 Nr. 4 VwGO (Streitigkeiten, an denen Beamte des Bundesnachrichtendienstes beteiligt sind).

2. Richterrecht

Die für das Beamtenrecht entwickelten Grundsätze des Konkurrentenrechtsschutzes gelten gleichermaßen für das Richterrecht. [20]

3. Arbeitsrecht

Arbeitnehmern im öffentlichen Dienst steht bei der Besetzung von Ämtern des öffentlichen Dienstes ein verfassungsrechtlicher Bewerbungsverfahrensanspruch zu, der dem der Beamten entspricht: Er ist auf die chancengleiche Teilnahme am Bewerbungsverfahren nach Maßgabe der Kriterien Eignung, Befähigung und fachliche Leistung gerichtet. Auch hier gilt der Anspruch nicht nur für die Begründung von Dienst- und Arbeitsverhältnissen, sondern gleichermaßen für den Zugang zu Beförderungsämtern und -stellen. [21]

---

18 BVerwG, Urt. v. 20. Juni 2013 – 2 VR 1/13 – Rn. 15 = BVerwGE 147, 20; BVerwG, Beschl. v. 25. Oktober 2011 – 2 VR 4/11 – Rn. 11 = NVwZ-RR 2012, 241.

19 S. im Einzelnen zur Darlegungslast im Verfahren gem. § 123 VwGO *Kuhla* in: Posser/Wolff (Hrsg.), BeckOK VwGO, 41. Edition, § 123 Rn. 67 f.

20 BVerwG, Urt. v. 29. November 2012 – 2 C 6/11 – Rn. 22 ff. = BVerwGE 145, 185.

21 BAG, Urt. v. 19. Mai 2015 – 9 AZR 837/13 – Rn. 16.

Die arbeitsrechtliche Ausgangslage unterscheidet sich allerdings von der im Beamtenrecht. Das Verhältnis zwischen öffentlichem Arbeitgeber und dem Angestellten wird nicht durch ein dem Verwaltungsakt vergleichbares einseitiges Rechtsgeschäft geregelt, sondern ist Gegenstand einer zweiseitigen, vertraglichen Regelung. Die Parteien eines Vertrages haben von vorneherein nur die Rechtsmacht ihre Angelegenheiten zu regeln, die (belastende) Gestaltung eines fremden Rechtskreises bleibt ihnen verwehrt. Zwischen den unterschiedlichen Rechtsbeziehungen des öffentlichen Arbeitgebers zu den konkurrierenden Bewerbern gibt es also bereits aus diesem Grunde keine Verknüpfung; sie stehen unabhängig nebeneinander. Dementsprechend ist das Rechtsschutzziel des unterlegenen Bewerbers im Hauptsacheverfahren auf eine neue Auswahlentscheidung gerichtet sowie auf die nachfolgende Übertragung der Stelle einschließlich der gegebenenfalls erforderlichen Vertragsänderung.[22] Der unterlegene Bewerber richtet diesen Anspruch gegen den Arbeitgeber, von dem er beschäftigt werden will. Nur dieser wird durch Vertragsschluss gebunden, den der abgelehnte Bewerber im Wege des Konkurrentenschutzes letztlich anstrebt.[23]

Art. 19 Abs. 4 GG gebietet es sicher zu stellen, dass der ursprünglich erfolglose Bewerber eine solche zu seinen Gunsten ergehende neue Auswahlentscheidung auch noch nutzen kann. Hier erst kommt die parallele Rechtsbeziehung zum ausgewählten Bewerber in den Blick. Die Besetzung der Beförderungsstelle mit dem ausgewählten Bewerber würde dazu führen, dass der aus einer neuen Auswahlentscheidung zu Gunsten des ursprünglich erfolglosen Bewerbers folgende Beförderungsanspruch nicht mehr erfüllt werden könnte.[24] Eine Stelle ist endgültig besetzt, wenn dem ausgewählten Bewerber eine gesicherte Rechtsposition eingeräumt ist, die der Ausgestaltung dieses Amtes entspricht.[25]

Die Besetzung der Stelle mit dem ausgewählten Bewerber und seine vertragliche Höhergruppierung müssen also verhindert werden, um das Erreichen des Rechtsschutzziels in der Hauptsache offen zu halten. Der einstweilige Rechtsschutz – konkret der Antrag auf Erlass einer einstweiligen Verfügung gem. § 940 ZPO i. V. m. § 62 Abs. 2 ArbGG[26] – ist daher darauf zu richten, dem öffentlichen Arbeitgeber seine Vertragserklärung zu untersagen, bis eine erneute Auswahlentscheidung getroffen ist. Dabei kann offenbleiben, ob der Anspruch unmittelbar aus Art. 33 Abs. 2 GG oder aber aus Art. 33 Abs. 2 GG i. V. m. § 1004 BGB folgt.[27]

---

22 LAG Düsseldorf, 7. Mai 2004 – 18 (14) Sa 164/04 – NZA-RR 2005, 107.

23 BAG, Urt. v. 11. Juni 2013 – 9 AZR 668/11 – Rn. 16.

24 LAG Kiel, Urt. v. 8. Juni 2016 – 3 Sa 9/16 – Rn. 50; LAG Mainz, Urt. v. 27. September 2012 – 10 SaGa 8/12 – Rn. 20.

25 BAG Urt. v. 28. Mai 2002 – 9 AZR 751/00 – Rn. 22 ff.

26 LAG Mainz, Urt. v. 20. August 2015 – 2 SaGa 5/15 – Rn. 54; LAG Erfurt, Urt. v. 13. Januar 1997 – 8 Sa 232/96 – NZA-RR 1997, 234.

27 BAG, Urt. v. 22. Juni 1999 – 9 AZR 541/98 – BAGE 92, 112 = NZA 2000, 606.

Für den einstweiligen Rechtsschutz vor den Arbeitsgerichten gilt gleichermaßen wie für den vor den Verwaltungsgerichten: Das Verfahren darf nach Prüfungsmaßstab, -umfang und -tiefe nicht hinter einem Hauptsacheverfahren zurückbleiben.[28] Die einstweilige Verfügung zur Sicherung des Bewerbungsverfahrensanspruchs ist zu erlassen, wenn die Aussichten des antragstellenden Bewerbers, im Falle eines ordnungsgemäß durchgeführten Verfahrens zum Zuge zu kommen, offen sind; seine Auswahl muss *möglich* erscheinen.[29]

Der öffentliche Arbeitgeber verfügt regelmäßig über die Möglichkeit dem ausgewählten Bewerber den Beförderungsdienstposten zunächst probeweise zu übertragen, § 31 TVöD. [30] Fraglich ist, ob dem erfolglosen Bewerber auch in diesen Fällen ein Verfügungsanspruch zur Seite steht. Das ist stets zu bejahen, da dem ausgewählten Bewerber auf dem höherwertigen Dienstposten die Möglichkeit geboten wird, spezifische Erfahrungen zu gewinnen. Diese Chance zum Bewährungsvorsprung verschlechtert die Position des angreifenden Bewerbers, wenn es zu einer neuen Auswahlentscheidung kommt und schafft den Verfügungsgrund.[31]

Wie im Beamtenrecht, so gilt zugleich im Arbeitsrecht, dass die Stellenbesetzung die Erfüllung des Bewerberverfahrensanspruchs nur dann erledigt, wenn der nicht ausgewählte Bewerber vor der Beförderung des Konkurrenten (d.h. Vertragsänderung und Einweisung in die Stelle) Gelegenheit erhielt, einstweiligen Rechtsschutz in Anspruch zu nehmen. [32]

Im Gegensatz zum Verwaltungsprozess gilt im Zivilprozess der Beibringungsgrundsatz. Das Gericht darf seine Entscheidung grundsätzlich nur auf die Tatsachen stützen, die von den Parteien vorgetragen worden sind. Jede Partei trägt die Tatsachen vor, die für sie günstig sind. Der Antragsteller muss einen Sachverhalt dartun, der seinen Antrag rechtfertigt. Das stellt den erfolglosen Bewerber vor eine unmögliche Aufgabe: Er weiß zwar, dass er nicht ausgewählt worden ist, ihm ist aber bislang verborgen geblieben, aus welchen konkreten Gründen der Arbeitgeber meint, dass sein Konkurrent für die angestrebte Stelle besser geeignet sei. Die ZPO stellt ihm nicht das Recht zur Seite, sich durch eine Einsichtnahme in die Unterlagen des Prozessgegners (Personalakte des Konkurrenten, Besetzungsbericht) die erforderlichen Informationen zu verschaffen. Andererseits gebieten Art. 33 Abs. 2 und Art. 19 Abs. 4 GG, dass die Ausgestaltung des Verfahrens nicht nur einer formellen Wahrheit dient, sondern die Sachentscheidung als solche auf den Prüfstand kommt.

---

28 LAG Köln, Urt. v. 22. Dezember 2011 – 13 SaGa 10/11 – Rn. 25.

29 LAG Köln, Urt. v. 22. Dezember 2011 – 13 SaGa 10/11 – Rn. 25.

30 S. im Einzelnen: *Kuner* in: Beck'scher Online-Kommentar TVöD, Bepler/Böhle/Meerkamp/Russ, 39. Edition, Stand: 1. Oktober 2012, § 31 Rn. 1f.

31 LAG Berlin, Urt. v. 28. Juni 2012 – 25 SaGa 863/12 – Rn. 44.

32 BAG, Urt. v. 8. Mai 2002 – 9 AZR 751/00 – BAGE 101, 153.

Die Arbeitsgerichte tragen dem Rechnung und korrigieren die Verteilung der Darlegungslast: Ist der erfolglose Bewerber nicht in der Lage, die Gründe für die Fehlerhaftigkeit der Auswahlentscheidung des Arbeitgebers darzulegen, ist der Arbeitgeber verpflichtet, diese Umstände darzulegen.[33] Trägt der Arbeitgeber dazu nicht substantiiert vor, so ist der Vortrag des Klägers im Hinblick auf die Fehlerhaftigkeit der Auswahlentscheidung als zugestanden und damit als unstreitig anzusehen.[34]

Die Zivilprozessordnung ermöglicht es dem Gericht nicht, Dritte – hier den ausgewählten Bewerber – in das Verfahren einzubeziehen. Das ist allerdings unter Rechtsschutzgesichtspunkten auch nicht bedenklich, denn die ZPO eröffnet alternative Beteiligungsmöglichkeiten. Der Arbeitgeber kann dem ausgewählten Bewerber gem. § 72 ZPO den Streit verkünden.[35] Die Streitverkündung kann damit gerechtfertigt werden, dass der Arbeitgeber einen Schadensersatzanspruch des ausgewählten Bewerbers für den Fall des Unterliegens befürchte, der mit einer pflichtwidrigen Prozessführung des Arbeitgebers begründet wird.

Wenn der Arbeitgeber von einer Streitverkündung absieht, hat der ausgewählte Bewerber die Möglichkeit, sich gem. § 66 ZPO als Nebenintervenient auf Seiten des Arbeitgebers am Prozess zu beteiligen. Hieraus ergibt sich allerdings möglicherweise ein tatsächliches Problem: Wie erfährt der ausgewählte Bewerber von dem Verfahren, wenn der Arbeitgeber von einer Streitverkündung absieht und ihn über das Verfahren auch nicht informiert? Hier ist das Arbeitsgericht gefragt. Es besitzt zwar nicht das Recht von sich aus durch eine gerichtliche Entscheidung den Kreis der Prozessbeteiligten zu erweitern. Es hat jedoch die Pflicht, den ausgewählten Bewerber über das anhängige Verfahren zu informieren.[36]

Die Wirkungen der Streitverkündung und Nebenintervention sind identisch, vgl. §§ 68, 71 ZPO.

---

33 Im Hauptsacheverfahren kann das Arbeitsgericht ggf. darüber hinaus die Vorlage bestimmter Urkunden (z. B. Besetzungsbericht) gem. § 142 ZPO verlangen.

34 LAG Chemnitz, Urt. v. 8. Juli 2011 – 3 Sa 507/10 – Rn. 65; LAG Erfurt, Urt. v. 13.1.1997 – 8 Sa 232/96 – NZA-RR 1997, 234.

35 So offensichtlich geschehen in dem Verfahren BAG, Urt. v. 5. März 1996 – 1 AZR 590/92 (A), 1 AZR 590/92 – BAGE 82, 211 = NJW 1996, 2529.

36 Vgl. *Vollkommer* in: Zöller, Zivilprozessordnung, 30. Aufl. 2014, vor § 64 Rn. 2: „Verallgemeinernd wird das Gericht Dritte, die erkennbar von dem Verfahren keine Kenntnis haben, immer dann beiladen müssen, wenn ihnen im Fall ihres Beitritts die Stellung als streitgenössischer Nebenintervenient zukäme.“ *Vollkommer* versteht Beiladung hier als Ladung, d. h. Information über den Prozess, nicht als gerichtliche Entscheidung über die Beteiligung.

4. Statusübergreifender Rechtsschutz

In der Praxis werden Positionen im öffentlichen Dienst häufig alternativ für Beamte und Arbeitnehmer ausgeschrieben,[37] wobei regelmäßig vorgesehen ist, dass die Stelle mit einem Beamten oder einem Arbeitnehmer besetzt werden kann. Im Vordergrund steht in diesen Fällen die Frage, auf welchem *Rechtsweg* der erfolglose Bewerber seinen Rechtsschutz suchen muss. Maßgeblich ist das Begehren des antragstellenden Bewerbers, konkret die *Rechtsnatur des angestrebten Dienstverhältnisses.*[38] Der Angestellte, der seine Karriere als Angestellter fortsetzen will, ruft das Arbeitsgericht an; das gilt auch dann, wenn es darum geht, einstweilen die Beförderung eines Beamten zu verhindern.[39] Der Angestellte dagegen, der im Rahmen der Beförderung die Ernennung zum Beamten anstrebt, muss sich an das Verwaltungsgericht wenden; das gilt auch dann, wenn er die Beförderung eines konkurrierenden Angestellten verhindern will. Dieselben Erwägungen gelten für den Rechtsschutz suchenden Beamten.[40] Für die Bestimmung des Rechtswegs, ist dagegen unerheblich, in welcher Art von Dienstverhältnis der ausgewählte Konkurrent befördert werden soll.

Auch in den Fällen der statusübergreifenden Konkurrenz, ist die Dringlichkeit für den einstweiligen Rechtsschutz regelmäßig gegeben. Sie folgt aus der *drohenden Erledigung*, die eintritt, wenn der Dienstposten endgültig besetzt worden ist, z. B. die Behörde für eine ausgeschriebene Stelle mit einem Angestellten einen unbefristeten Arbeitsvertrag abschließt. Damit erledigt sich das im einstweiligen Rechtsschutz verfolgte Begehren des unterlegenen Beamtenbewerbers.[41]

Im Übrigen gibt es keine prozessualen Besonderheiten, welche diese Verfahren von den soeben beschriebenen unterschieden.

---

37 Vgl. im Einzelnen zur statusübergreifenden Konkurrenz *Kuhla* in: Festschrift für Peter Raue, 2006, S. 173; zur Dienstpostenkonkurrenz zwischen Beamten und Soldaten s. BVerwG, Urt. v. 16. Oktober 2008 – 2 A 9/07 – Rn. 54 = BVerwGE 132, 110; zur entsprechenden Anwendung der Regelungen über die Beiladung in der VwGO s. BVerwG, Beschl. v. 9. Februar 2011 – 1 WB 59/10 = BVerwGE 139, 11.

38 VG Sigmaringen, Urt. v. 1. September 2003 – 8 K 1370/03 – juris; *Zimmerling* RiA 2002, 165; s. a. BVerwG, Urt. v. 25.3.1982 – 2 C 30/79 – NVwZ 1983, 220 zum Abschluss eines Dienstvertrages für ein öffentlich-rechtliches Ausbildungsverhältnis.

39 OVG Koblenz, Urt. v. 10. Dezember 1997 – 2 E 12965/97 – NVwZ-RR 1999, 51.

40 OVG Lüneburg, Urt. v. 17. November 1994 – 2 M 5371/94 – NVwZ 1996, 501; örtlich zuständig für Konkurrentenverfahren ist gem. § 52 Nr. 4 Satz 2 VwGO regelmäßig das für den Sitz der Dienstbehörde zuständige Verwaltungsgericht; unzutreffend insoweit *Zimmerling* RiA 2002, 165 (Gericht am Wohnsitz des Antragstellers).

41 VGH München, Beschl. v. 3. November 2016 – 3 CE 16.1812 – Rn. 3; OVG Schleswig, Beschl. v. 11. Dezember 2014 – 2 MB 28/14 – NVwZ-RR 2015, 588 (nur Ls.).

II. Bisherige Rechtsprechung zum Bezugspunkt der Auswahlentscheidung

1. Bundesverwaltungsgericht

a) Beamtenrecht

Die beamtenrechtliche Auswahlentscheidung beruht auf einem Leistungsvergleich. Das Bundesverwaltungsgericht nahm diesen durch Art. 33 Abs. 2 GG gebotenen Vergleich in ständiger Rechtsprechung des seit jeher für das Beamtenrecht zuständigen 2. Senats und des Wehrdienstsenats stets im Hinblick auf den zu besetzenden *Dienstposten* wahr.[42] Bezugspunkt der Entscheidung waren also weder das Amt im statutsrechtlichen Sinne noch das abstrakt-funktionelle Amt, sondern das *konkret-funktionelle Amt.*[43] Das Gericht räumte dabei dem Organisationsermessen[44] des Dienstherrn entscheidende Bedeutung ein, das in dem für den zu besetzenden Dienstposten entwickelten *Anforderungsprofil* zum Ausdruck kommt:[45] „Danach kann der Dienstherr einem Bewerber, der nicht das beste Gesamturteil des Bewerberfeldes aufweist, im Hinblick auf das Anforderungsprofil dann den Vorrang einräumen, wenn er spezifische Anforderungen des Dienstpostens voraussichtlich am besten erfüllt."[46] Das wurde im soldatenrechtlichen Bereich ebenso gesehen: „Es ist rechtlich nicht zu beanstanden, dass als Ergebnis des Eignungsvergleichs auf der Grundlage der Aufgaben- und Tätigkeitskurzbeschreibung für den Dienstposten (... dem Beigeladenen) die bessere Eignung für den Dienstposten zugesprochen wurde."[47] Die Obergerichte sind dieser Rechtsprechung ausnahmslos gefolgt: „Welches Anforderungsprofil der Dienstherr einer zu besetzenden Stelle zugrunde legt, liegt grundsätzlich in dessen Organisationsermessen."[48]

Bei der Festlegung eines Anforderungsprofils steht dem Dienstherrn im Rahmen seiner Organisationsgewalt ein Einschätzungsspielraum zu. Weil es mit der Formulierung des Anforderungsprofils zu einer teilweisen Vorwegnahme der Auswahlentscheidung kommt, setzt allerdings bereits hier die gerichtliche Kontrolle an: Ein Fehler im Anforderungsprofil führt grundsätzlich zur Fehlerhaftigkeit des Auswahlverfahrens, da die Auswahlerwägungen

42 BVerwG, Beschl. v. 25. Oktober 2011 – 2 VR 4/11 – Rn. 11 = NVwZ-RR 2012, 241.

43 Zur terminologischen Differenzierung s. *Wieland/Seulen* in: Eiding/Hofmann-Hoeppel (Hrsg.), Verwaltungsrecht, 2013, § 51 Beamtenrecht Rn. 2; VG Karlsruhe, Beschl. v. 10. November 2016 – 9 K 4614/16 – Rn. 3 ff.

44 S. dazu BVerwG, Urt. v. 16. Oktober 2008 – 2 A 9/07 – Rn. 54 = BVerwGE 132, 110.

45 BVerwG, Beschl. v. 19. Dezember 2011 – 1 WDS-VR 5/11 – Rn. 47 ff. = BVerwGE 141, 271; BVerwG, Beschl. v. 25. Oktober 2011 – 2 VR 4/11 – Rn. 17 = NVwZ-RR 2012, 241.

46 BVerwG, Beschl. v. 25. Oktober 2011 – 2 VR 4/11 – Rn. 18 = NVwZ-RR 2012, 241.

47 BVerwG Urt. v. 16. Dezember 2008 – 1 WB 39/07 – Rn. 44 ff. = BVerwGE 133, 1, (Textergänzung in den Klammern vom Verfasser).

48 OVG Münster, Beschl. v. 27. November 2001 – 1 B 1075/01 – Rn. 5.

in der Folge auf sachfremden, nicht am Leistungsgrundsatz orientierten Gesichtspunkten beruhen würden.[49]

b) Richterrecht

Der Bezugspunkt des Vergleichs der Leistungen von Richtern ist seit jeher *kein konkret zu besetzender Dienstposten* (Vorsitzender der ZK 12 des Landgerichts, Vorsitzender einer bestimmten Großen Strafkammer). Dies ergibt sich daraus, dass das Präsidium des Gerichts gem. § 21e GVG unabhängig und autonom über die Besetzung der Spruchkörper und über die Verteilung der dem Gericht obliegenden Rechtsprechungsaufgaben auf diese Spruchkörper entscheidet. Mitglieder des Präsidiums sind neben dem Präsidenten gewählte Richter. Das Präsidium ist in Beförderungsentscheidungen nicht eingebunden, diese werden grundsätzlich von der Landesjustizbehörde getroffen. Wenn es aber nicht in der Organisationsgewalt der Justizbehörde (bzw. des mitwirkenden Parlaments) liegt, die konkreten, sachlichen Zuständigkeiten von Spruchkörpern zu bestimmen, dann kann der Leistungsvergleich im Hinblick auf die verfassungsrechtlichen Auswahlkriterien gem. Art. 33 Abs. 2 GG nur im Hinblick auf die Anforderungen stattfinden, die das zu besetzende *statusrechtliche Amt* stellt. Ein solches Kriterium ist z.B. die Verwendungsbreite, die in besonderer Weise den Organisationsbefugnissen des Präsidiums Rechnung trägt.[50] Dabei ist es denkbar, dass unmittelbar aus Art. 33 Abs. 2 GG auch unterschiedliche Anforderungen für Ämter abgeleitet werden können, deren Inhaber gleich besoldet werden (Richter am Oberlandesgericht einerseits und Vorsitzender Richter am Landgericht andererseits).

Auch im richterrechtlichen Konkurrentenschutzverfahren wird allerdings der konkrete Dienstposten zum Bezugspunkt, wenn es um die Besetzung eines bestimmten Postens in der hierarchischen Gerichtsorganisation geht.[51]

2. Bundesarbeitsgericht

Der Bezugspunkt im arbeitsgerichtlichen Konkurrentenschutzverfahren ist das *Anforderungsprofil für die zu besetzende Stelle*. In diesem Profil werden die Anforderungen konkretisiert, die nach der Entscheidung des Arbeitgebers ein Bewerber erfüllen muss. Die Grenzen der Gestaltungsfreiheit des öffentlichen Arbeitgebers bei der Festlegung des Anforderungsprofils und der

49 BVerfG (1. Kammer des Zweiten Senats), Beschl. v. 26. 11. 2010 – 2 BvR 2435/10 – NVwZ 2011, 746; OVG Magdeburg, Beschl. v. 15. September 2014 – 1 M 76/14; OVG Münster, Beschl. v. 26. September 2011 – 1 B 555/11; s.a. *Kuhla* in: BeckOK VwGO, Stand 1. April 2016, § 123 Rn. 94a ff.

50 OVG Bautzen, Beschl. v. 26. Mai 2005 – 3 BS 48/05 – Rn. 5.

51 OVG Münster, Beschl. v. 15. April 2014 – 1 B 29/14 – DRiZ 2015, 34 (Präsident eines Landgerichts).

Eignungsmerkmale ergeben sich daraus, dass das Prinzip der „Bestenauslese" für die zu besetzende Stelle gewährleistet werden soll. Das Anforderungsprofil muss deshalb im Hinblick auf die zu besetzenden Stelle sachlich nachvollziehbar sein, d.h. es dürfen keine sachfremden Erwägungen zugrunde liegen.[52] Danach ist eine in der konkreten Aufgabe nicht angelegte Verengung oder Konkretisierung des Anforderungsprofils unzulässig. So darf der öffentliche Arbeitgeber keine Qualifikationsanforderungen stellen, wenn es dafür keine nachvollziehbaren Gründe im Hinblick auf die zu besetzende Stelle gibt.[53] Der Arbeitgeber hat im Verfahren sachlich nachvollziehbar darzulegen, dass das konkrete Anforderungsprofil der sachgerechten Stellenbesetzung dient und auf keinen sachfremden Erwägungen beruht.[54] Ein Verweis auf die in der Ausschreibung genannte Vergütungs-/Entgeltgruppe ist unzureichend. Allein aus der angestrebten Eingruppierung kann nicht der Schluss gezogen werden, die zu besetzende Stelle erfordere tatsächlich sämtliche für die angestrebte Eingruppierung notwendigen Merkmale.[55]

3. Bundesverfassungsgericht

Die bisherige Rechtsprechung des Bundesverwaltungsgerichts und die des Bundesarbeitsgerichts entspricht der Linie des Bundesverfassungsgerichts: „Die Ermittlung des – gemessen an den Kriterien der Eignung, Befähigung und fachlichen Leistung – am besten geeigneten Bewerbers hat stets in Bezug auf das konkret angestrebte Amt zu erfolgen. Maßgeblich ist insoweit der Aufgabenbereich des Amtes, auf den bezogen die einzelnen Bewerber untereinander zu vergleichen sind und anhand dessen die Auswahlentscheidung vorzunehmen ist. Die Kriterien der Eignung, Befähigung und fachlichen Leistung können vom Dienstherrn für den Aufgabenbereich eines Amtes durch die Festlegung eines Anforderungsprofils bereits im Vorfeld der Auswahlentscheidung konkretisiert werden."[56]

4. Bisheriges gemeinsames Verständnis vom Bezugspunkt (und Maßstab) der Auswahlentscheidung

Die beiden zuständigen obersten Bundesgerichte und das Bundesverfassungsgericht haben die Frage im Kern identisch beantwortet, was der Bezugspunkt

52 BAG, Urt. v. 10. Februar 2015 – 9 AZR 554/13 – Rn. 16 = ZTR 2015, 448.
53 BAG, Urt. v. 10. Februar 2015 – 9 AZR 554/13 – Rn. 16 = ZTR 2015, 448.
54 BAG, Urt. v. 6. Mai 2014 – 9 AZR 724/12 – Rn. 14 = BAGE 148, 123.
55 BAG, Urt. v. 6. Mai 2014 – 9 AZR 724/12 – Rn. 16 = BAGE 148, 123.
56 BVerfG, Beschl. v. 16. Dezember 2015 – 2 BvR 1958/13 – Rn. 32 = BVerfGE 141, 56, u.a. unter Verweis auf BVerfG (1. Kammer des Zweiten Senats), Beschl. v. 4. Oktober 2012 – 2 BvR 1120/12 – Rn. 11.

des durch Art. 33 Abs. 2 GG verfassungsrechtlich determinierten Leistungsvergleichs und der darauf beruhenden Auswahlentscheidung ist: Es geht um die Anforderungen für die konkret zu besetzende Stelle, wie diese in einem Anforderungsprofil konkretisiert sind. Im Rahmen seiner Organisationsgewalt ist der öffentliche Arbeitgeber bzw. Dienstherr allerdings bei der Konkretisierung von Anforderungen nicht frei; zulässig sind nur Anforderungen, die der sachgerechten Besetzung der Stelle dienen.

In der beschriebenen Weise wird im konkreten Fall ein Ausgleich zwischen den beiden Zwecken hergestellt, denen Art. 33 Abs. 2 GG dient: Dem öffentlichen Interesse an der bestmöglichen Besetzung des konkreten Dienstpostens und dem berechtigten Interesse der Bediensteten an einem angemessenen beruflichen Fortkommen.

Abweichendes gilt nur im Richterrecht aufgrund der beim Präsidium des Gerichts liegenden Organisationsgewalt.

III. Neue Rechtsprechung des Bundesverwaltungsgerichts zum Bezugspunkt der Auswahlentscheidung und Reaktionen

Der 2. Senat des Bundesverwaltungsgerichts stellte seit 2013 zentrale Erkenntnisse in Frage, die über Jahrzehnte Grundlage der Beurteilung von Konkurrentenstreitigkeiten waren. Auslöser für die Entwicklung neuer Lösungsansätze war offensichtlich, dass die tradierten Rechtsüberzeugungen *in praxi* immer wieder langandauernde Besetzungsblockaden bewirken. Diese können die effektive Wahrnehmung wichtiger öffentlicher Aufgaben phasenweise verhindern. Das gilt nicht nur dann, wenn hochrangige Dienstposten betroffen sind.[57] Diese Rechtsprechung des 2. Senats (dazu 1.) ist höchstrichterlich noch nicht aufgegriffen worden (2.). Die Reaktionen der Obergerichte sind sehr kontrovers (3.).

1. Rechtsprechung des 2. Senats des Bundesverwaltungsgerichts

Der 2. Senat des Bundesverwaltungsgerichts hat sich vom einheitlichen Verständnis des Bezugspunktes einer an Art. 33 Abs. 2 GG zu messenden Auswahlentscheidung abgewandt. Für diese Änderung der Rechtsprechung gab es einen Beweggrund. Es ging darum, „die Verfahren zur (funktionalen) Dienstpostenvergabe und zur (statusrechtlichen Ernennung) zu entflechten."[58]

57 *Kenntner,* ZBR 2016, 181, 194, 199.
58 *Kenntner* (Fn. 7), S. 286.

a) Bezugspunkt: das statusrechtliche Amt

Die Wende in der Rechtsprechung des 2. Senats des Bundesverwaltungsgerichts markiert die Entscheidung vom 20. Juni 2013.[59] Das Gericht entschied, dass die an Art. 33 Abs. 2 GG zu messende Auswahlentscheidung grundsätzlich nicht anhand der Anforderungen eines konkreten Dienstpostens erfolgen. Sie sei vielmehr auf das Amt im statusrechtlichen Sinne zu beziehen:[60] „Denn der ausgewählte Bewerber soll der am besten geeignete für jeden Dienstposten sein, der für einen Inhaber des höheren Statusamts amtsangemessen ist.“ [61] „Hiermit ist eine Einengung des Bewerberfeldes aufgrund der besonderen Anforderungen eines bestimmten Dienstpostens grundsätzlich nicht vereinbar.“ [62] Den rechtlichen Grund für diesen Wechsel des Bezugspunkts sieht das Gericht im Laufbahnprinzip. Danach wird ein Beamter aufgrund seiner Befähigung für eine bestimmte Laufbahn regelmäßig als geeignet angesehen, jedenfalls diejenigen Dienstposten auszufüllen, die seinem Statusamt entsprechen oder dem nächsthöheren Statusamt zugeordnet sind.[63] Eine Ausrichtung an den Anforderungen des konkreten Dienstpostens ließe überdies außer Acht, dass die Betrauung des Beamten mit einem bestimmten Dienstposten nicht von Dauer sein muss. Der Dienstherr könne den Aufgabenbereich des Beamten nach seinen organisatorischen Vorstellungen und Bedürfnissen jederzeit ändern, sofern ein sachlicher Grund hierfür vorliegt.[64]

Ausnahmen von diesem streng auf die Anforderungen des statusrechtlichen Amts bezogenen Leistungsvergleich sind nach Auffassung des Gerichts allerdings zulässig. Sie sollen zum Tragen kommen, wenn die Wahrnehmung der Dienstaufgaben des ausgeschriebenen Dienstpostens zwingend besondere Kenntnisse oder Fähigkeiten voraussetzt, die ein Laufbahnbewerber regelmäßig nicht mitbringt und sich in angemessener Zeit und ohne unzumutbare Beeinträchtigung der Aufgabenwahrnehmung auch nicht verschaffen kann.[65] Diese Voraussetzungen sind durch den Dienstherrn darzulegen; sie unterliegen voller gerichtlicher Kontrolle.[66]

---

59 BVerwG, Beschl. v. 20. Juni 2013 – 2 VR 1/13 – BVerwGE 147, 20; nachfolgend BVerwG, Beschl. v. 19. Dezember 2014 – 2 VR 1.14.

60 BVerwG, Beschl. v. 20. Juni 2013 – 2 VR 1/13 – Rn. 18 ff. = BVerwGE 147, 20.

61 BVerwG, Beschl. v. 20. Juni 2013 – 2 VR 1/13 – Rn. 22 = BVerwGE 147, 20.

62 BVerwG, Beschl. v. 20. Juni 2013 – 2 VR 1/13 – Rn. 24 = BVerwGE 147, 20.

63 BVerwG, Beschl. v. 20. Juni 2013 – 2 VR 1/13 – Rn. 28 = BVerwGE 147, 20.

64 BVerwG, Beschl. v. 20. Juni 2013 – 2 VR 1/13 – Rn. 29 = BVerwGE 147, 20.

65 S. dazu auch BVerwG, Beschl. v. 19. Dezember 2014 – 2 VR 1.14.

66 BVerwG, Beschl. v. 20. Juni 2013 – 2 VR 1/13 – Rn. 31 ff. = BVerwGE 147, 20.

b) Entkopplung von Dienstpostenvergabe und Auswahlentscheidung: die „fiktive Fortschreibung" in der dienstlichen Beurteilung

Schließlich betonte der Senat, ein Leistungsvergleich sei nicht erforderlich, wenn der Dienstherr „die Dienstpostenvergabe von der Auswahlentscheidung für die Vergabe des Statusamts entkoppelt."[67] In einer Entscheidung aus dem Jahre 2016[68] beschrieb das Gericht dann, wie diese „Entkoppelung" funktionieren soll. In dem vom Gericht zu beurteilenden Fall erhielt ein Mitbewerber der Rechtsschutz suchenden Antragstellerin durch eine rechtswidrige Umsetzung auf den Beförderungsdienstposten eine Bewährungschance. Das Gericht entschied, die auf dem höherwertigen Dienstposten gezeigten Leistungen dürften weder in der dienstlichen Beurteilung noch in dem Leistungsvergleich gem. Art. 33 Abs. 2 GG berücksichtigt werden. Stattdessen sei die Leistungsbeurteilung des Bewerbers entsprechend § 33 Abs. 3 Bundeslaufbahnverordnung (BLV) „fiktiv fortzuschreiben". Dies habe so zu geschehen, dass die aus der Aufgabenwahrnehmung eines höherwertigen Dienstpostens folgenden Besonderheiten unberücksichtigt bleiben, die aus der Höherwertigkeit des Dienstpostens folgenden Tätigkeiten seien bei der Beurteilung auszublenden. Die „fiktive Fortschreibung" bewahre die Antragstellerin davor, dass sich ihre Position im Auswahlverfahren verschlechterte, die ihr durch eine rechtswidrige Bevorteilung eines Mitbewerbers drohte.

Die Entscheidung schließt mit einem *obiter dictum*, in dem das Gericht die „fiktive Fortschreibung" als wirksames Mittel gegen Stellenblockaden vorstellt, die zum Leidwesen von Personalverwaltungen Begleiterscheinung vieler Konkurrentenschutzstreitigkeiten sind: „Da durch das Ausblenden der höherwertigen Aufgabenwahrnehmung eine Vorwirkung auf künftige Auswahlentscheidungen für die Vergabe von Statusämtern vermieden werden kann, ermöglicht die Verwendung des Rechtsinstituts der fiktiven Fortschreibung auch die Vergabe von Funktionsämtern während des Laufs von beamtenrechtlichen Konkurrentenverfahren und vermeidet damit das in der vorliegenden Fallgestaltung offenkundig werdende Problem einer Stellenblockade. Die Aufgaben des ausgeschriebenen Dienstpostens bedürfen zur Sicherstellung des öffentlichen Interesses an einer ordnungsgemäßen Aufgabenwahrnehmung einer ununterbrochenen Wahrnehmung. Die Vergabe des Funktionsamtes selbst unterliegt dabei auch nicht den Vorgaben aus Art. 33 Abs. 2 GG, solange eine Vorwirkung auf die nachfolgende Statusamtsvergabe vermieden wird. Die Antragsgegnerin ist daher zur vorläufigen Besetzung des höherwertigen Dienstpostens befugt. Sie muss die Auswahlentscheidung aber ggf. nachträglich korrigieren, wenn sie sich im gerichtlichen Verfahren als rechtswidrig erweist. Für diese Überprüfung darf nicht auf einen ggf. erziel-

67 BVerwG, Beschl. v. 20. Juni 2013 – 2 VR 1/13 – Rn. 26 = BVerwGE 147, 20.

68 BVerwG, Beschl. v. 10. Mai 2016 – 2 VR 2/15 = NVwZ 2016, 1650; krit. *Hermann*, NVwZ 2017, 105; *Lorse*, ZBR 2017, 11.

ten Bewährungsvorsprung des Mitbewerbers zurückgegriffen werden, der auf der Höherwertigkeit des übertragenen Dienstpostens beruht. Steht die Vergabe des höherwertigen Aufgabenbereichs im Streit, muss derjenige Teil der aktuellen dienstlichen Beurteilung daher unberücksichtigt bleiben, der die Wahrnehmung spezifisch höherwertiger Aufgaben betrifft." [69]

In einer späteren Entscheidung erläuterte der Senat schließlich, dass der Dienstherr das Instrument der „fiktiven Fortschreibung" nur in Einzelfällen oder allgemein anwenden dürfe: Dies könne allgemein durch die Beurteilungsrichtlinien oder durch entsprechende Festlegungen in der Stellenausschreibung und auch durch Zusagen gegenüber den Bewerbern im Auswahlverfahren geschehen. Es müsse jeweils ausdrücklich festgestellt werden, dass der etwaige Bewährungsvorsprung des ausgewählten und umgesetzten Beamten im Falle der Rechtswidrigkeit der Dienstpostenvergabe bei einer nachfolgenden Auswahlentscheidung zur Vergabe des Statusamts durch eine Ausblendung der spezifisch höherwertigen Aufgabenwahrnehmung unberücksichtigt bliebe.[70]

2. Rechtsprechung des Wehrdienstsenats des Bundesverwaltungsgerichts

Der Wehrdienstsenat des Gerichts hält im Gegensatz zum 2. Senat an der bisherigen Rechtsprechung fest, d. h. Bezugspunkt bleibt danach der Dienstposten bzw. im Soldatenrecht die konkrete Verwendung.[71] Der Wehrdienstsenat bejaht in Konkurrentenstreitigkeiten um die Besetzung eines Dienstpostens auch weiterhin regelmäßig den Anordnungsgrund für den Erlass einer einstweiligen Anordnung.[72] Er greift folglich nicht die Erwägung des 2. Senats auf, der Anordnungsgrund könne entfallen, weil der Bewährungsvorsprung des umgesetzten Bewerbers im Ergebnis einer „fiktiven Fortschreibung" in der dienstlichen Beurteilung ausgeblendet werden kann.

3. Obergerichtliche Rechtsprechung

Die Oberverwaltungsgerichte reagierten unterschiedlich auf die neue Rechtsprechung des 2. Senats des Bundesverwaltungsgerichts.

---

69 BVerwG, Beschl. v. 10. Mai 2016 – 2 VR 2/15 – Rn. 33 = NVwZ 2016, 1650.

70 BVerwG, Beschl. v. 21. Dezember 2016 – 2 VR 1/16 – Rn. 14.

71 BVerwG, Beschl. v. 24. Juni 2016 – 1 WB 26/15 – Rn. 39 f.

72 BVerwG, Beschl. v. 8. Februar 2016 – 1 WDS-VR 10/15 – Rn. 19 f.

a) Bezugspunkt des Leistungsvergleichs

Das *OVG Bautzen* äußerte zunächst nur Bedenken gegen die Rechtsprechung des 2. Senats des Bundesverwaltungsgerichts[73] und hat sich dann entschieden, ihr nicht zu folgen[74].

Das *OVG Bremen* betonte in einer viel beachteten Entscheidung[75], es gebe keinen feststehenden Bezugspunkt für den Leistungsvergleich und die Auswahlentscheidung. Der Bezugspunkt ändere sich vielmehr im gestuften Auswahlverfahren: Auf der Stufe des Vergleichs der Gesamturteile sei grundsätzlich allein das angestrebte Statusamt der maßgebliche Bezugspunkt. Grundlage des Vergleichs sind die (auf das Statusamt bezogenen) dienstlichen Beurteilungen. Ausnahmsweise könne es auf dieser Stufe aber auch zulässig sein, eine spezifische Anforderung des zu besetzenden Dienstpostens zu berücksichtigen, sofern dies im öffentlichen Interesse (Funktionsfähigkeit der Verwaltung) geboten sei. Die nach Lage der Dinge im nächsten Schritt vorzunehmende Binnendifferenzierung sei ebenfalls auf das Statusamt bezogen. Wenn die Bewerber im Ergebnis dieser Vergleiche im Wesentlichen gleich geeignet beurteilt werden, so wechsele auf der nächsten Stufe der Auswahlerwägungen der Bezugspunkt der Entscheidung. Maßgeblich sei nunmehr das Amt im funktionellen Sinne. Das geschehe durch einen Vergleich anhand von Einzelmerkmalen. Deren Gewichtung sei nicht mehr, wie bei der Bildung des Gesamturteils, anhand des Statusamtes vorzunehmen. Vielmehr dürfe der Dienstherr diesen Vergleich nunmehr leistungsbezogen an den Anforderungen des angestrebten Amtes im funktionellen Sinne ausrichten.[76] Wenn so noch keine sichere Auswahlentscheidung getroffen werden könne, weil sich kein Vorsprung eines Bewerbers ergibt, so werde auf einer letzten Stufe das angestrebte Amt als Bezugspunkt der Auswahl aufgegeben. Die Entscheidung erfolge dann anhand von Hilfskriterien, die leistungsfremde Zwecke verfolgen. Das *OVG Lüneburg* ist dieser differenzierenden Rechtsprechung ausdrücklich gefolgt.[77]

Das *OVG Saarlouis*[78], das *OVG Magdeburg*[79] und das *OVG Weimar*[80] folgen der Rechtsprechung des 2. Senats des Bundesverwaltungsgerichts uneingeschränkt, das *OVG Berlin* folgt ihr im Ergebnis.[81]

---

73 OVG Bautzen, Beschl. v. 21. Januar 2016 – 2 B 327/15 – Rn. 13.

74 OVG Bautzen, Beschl. v. 2. September 2016 – 2 B 95/16 – Rn. 12 f.

75 OVG Bremen, Beschl. v. 22. September 2016 – 2 B 123/16 – Rn. 35 ff.; s. auch bereits OVG Berlin, Beschl. v. 23. Oktober 2015 – 7 S 34.15 – Rn. 8 ff.

76 So wohl schon OVG Koblenz, Beschl. v. 14. Oktober 2014 – 2 B 10648/141 – Rn. 23.

77 OVG Lüneburg, Beschl. v. 1. Dezember 2016 – 5 ME 153/16 – Rn. 41; s. a. VGH Kassel, Beschl. v. 3. März 2016 – 1 B 1064/15 – zu einer ähnlichen Stufenfolge.

78 OVG Saarlouis, Beschl. v. 5. September 2013 – 1 B 343/13 – Rn. 18.

79 OVG Magdeburg, Beschl. v. 16. Juni 2014 – 1 M 51/14 – Rn. 10.

80 OVG Weimar, Beschl. v. 19. März 2014 – 2 EO 252/13 – Rn. 5.

81 OVG Berlin, Beschl. v. 23. Mai 2014 – 7 S 20.14 – Rn. 6.

b) Entkopplung von Dienstpostenvergabe und Auswahlentscheidung

Nach der bisherigen Rechtsauffassung aller Oberverwaltungsgerichte ist für eine einstweilige Anordnung gegen die Besetzung einer Beförderungsstelle mit einem Konkurrenten regelmäßig ein *Anordnungsgrund* gegeben. Dieser Grund wird angenommen, weil die Chance des Konkurrenten steigt, im Falle der Bewährung auf der höherrangigen Stelle befördert zu werden. Diese Beförderung wäre (grundsätzlich) unumkehrbar, Rechtsschutz muss daher im Vorfeld eröffnet werden. Verschiedene Oberverwaltungsgerichte halten an dieser Rechtsauffassung fest.[82] Das *OVG Lüneburg* begründet seine Bedenken letztlich damit, dass § 33 Abs. 3 BLV auf Konkurrenzsachverhalte nicht analog anwendbar sei: Eine rechtliche unzulässige Verwertbarkeit tatsächlich erbrachter Leistungen bei einer rechtswidrigen Dienstposteninhaberschaft mit der Folge eines „Hinwegdenkens" dieser Leistungen sei mit dem Fehlen tatsächlich erbrachter Leistungen mit der Folge eines „Hinzudenkens" von Leistungen nicht ohne Weiteres vergleichbar.[83] Im Übrigen verweist das Gericht darauf, es sei bei lebensnaher Betrachtung nicht vorstellbar, dass in dem die nachfolgende Beförderung betreffenden Auswahlverfahren die Erfahrungen tatsächlich völlig „ausgeblendet" werden könnten, die der umgesetzte Beamte auf dem höher bewerteten Dienstposten erlangte.[84] Ohnehin bleibt fraglich, ob dieser Beamte aufgrund von Art. 33 Abs. 2 GG nicht sogar verlangen kann, dass sein Leistungsniveau prägenden Erfahrungen und Erkenntnisse berücksichtigt werden, die er im Ergebnis einer rechtmäßigen Personalmaßnahme gewonnen hat.

Andere Spruchkörper äußerten sich zunächst abwartend. So betont der 6. Senat des *OVG Münster* die Rechtsprechung des Bundesverwaltungsgerichts werfe für eine Vielzahl unterschiedlicher Fallkonstellationen Fragen auf, die der weiteren Vertiefung bedürften. Das Gericht wolle der insoweit notwendigen Rechtsfortbildung nicht vorgreifen und bejahe einstweilen weiterhin auch in den Fällen der Dienstpostenkonkurrenz aus Gründen effektiver Rechtsschutzgewährung den Anordnungsgrund.[85]

Der *VGH Mannheim*[86] und der *VGH München*[87] sind dagegen dem BVerwG gefolgt. Sie haben ihre Rechtsprechung ausdrücklich geändert und für den Fall der Dienstpostenkonkurrenz den Anordnungsgrund für ein Besetzungsverbot verneint.

---

82 OVG Koblenz, Beschl. v. 16. März 2017 – 10 B 11626/16; OVG Lüneburg, Beschl. v. 3. Januar 2017 – 5 ME 157/16 – Rn. 17; OVG Münster, Beschl. v. 21. Juni 2016 – 1 B 201/16 – Rn. 47.

83 So OVG Lüneburg, Beschl. v. 3. Januar 2017 – 5 ME 157/16 – Rn. 21.

84 So OVG Lüneburg, Beschl. v. 3. Januar 2017 – 5 ME 157/16 – Rn. 22.

85 OVG Münster, Beschl. v. 14. Juli 2016 – 6 B 653/16 – Rn. 13.

86 OVG Mannheim, Beschl. v. 27. Juli 2016 – 4 S 1083/16 – Rn. 9; zur Auslegung eines Eilrechtsantrags, wenn das Auswahlverfahren die Vergabe sowohl des (Beförderungs-)Dienstpostens als auch des (Beförderungs-)Statusamts betrifft s. OVG Mannheim, Beschl. v. 28. September 2016 – 4 S 1578/16 – Rn. 3.

87 VGH München, Beschl. v. 9. Januar 2017 – 6 CE 16.2310 – Rn. 14.

IV. Verfassungsrechtliche Rückbesinnung und praktische Konsequenzen

Dreh- und Angelpunkt der durch die Entscheidungen des 2. Senats des Bundesverwaltungsgerichts angestoßenen Kontroverse in der Rechtsprechung und in der Literatur ist ein klarer und knapper Satz in der Verfassung: „Jeder Deutsche hat nach seiner Eignung, Befähigung und fachlichen Leistung gleichen Zugang zu jedem öffentlichen Amte."

Bezugspunkt ist das „öffentliche Amt", das nach allgemeiner Auffassung auch ein Amt sein kann, das nicht in einem Beamtenverhältnis wahrgenommen wird. Der weite Anwendungsbereich der verfassungsrechtlichen Norm gebietet also ein Verständnis des Amtsbegriffs, das unabhängig von der Ausgestaltung des Dienstverhältnisses zu weitestgehend identischen Erkenntnissen führt. Das spricht dagegen im Beamtenrecht auf das statusrechtliche Amt abzustellen, weil dies im Arbeitsrecht des öffentlichen Dienstes keine Entsprechung findet. Dagegen ist das konkret-funktionelle Amt, der Dienstposten, ein Begriff der als Ausdruck der Organisationsgewalt, der öffentlichen Rechtsträger grundsätzlich in allen Dienstbereichen gebräuchlich ist. Nur der Dienstposten als Bezugspunkt des gem. Art. 33 Abs. 2 GG gebotenen Leistungsvergleichs und der nachfolgenden Auswahlentscheidung ist geeignet, die alle Dienstverhältnisse überspannende Rechtseinheit zuverlässig zu sichern.

Diese Rückbesinnung auf die Verfassung muss sich allerdings mit der berechtigten Sorge auseinandersetzen, dass bei diesem Bezugspunkt die Manipulation der Auswahlentscheidung erleichtert wird. Es handelt sich dabei um ein Problem, für das die bisherige Rechtsprechung der Verwaltungs- und Arbeitsgereichte bereits eine praktikable Lösung entwickelt hat. Konkret geht es um die Überprüfung des Anforderungsprofils, an Hand dessen der Dienstherr seine Auswahlentscheidung trifft. Wenn und soweit dieses nicht sachgerecht im Hinblick auf die Aufgaben entwickelt worden ist, die auf dem Dienstposten wahrzunehmen sind, hat die Auswahlentscheidung keinen Bestand.

Bei genauer Betrachtung nähern sich diese bisherige Rechtsprechung und die des 2. Senats des Bundesverwaltungsgerichts dem Problem von zwei unterschiedlichen Seiten: Die bisherige Rechtsprechung fragt danach, ob der Kreis der Bewerber um einen Dienstposten, der durch diesen Bezug von vorneherein *kleiner* gefasst ist, durch ein sachwidriges Anforderungsprofil eingeengt worden ist und daher *erweitert* werden muss. Der 2. Senat des Bundesverwaltungsgerichts fragt dagegen, ob der Kreis der Bewerber um ein statusrechtliches Amt, der durch diesen Bezug *weit* gefasst ist, im Ausnahmefall im Hinblick auf die besonderen Anforderungen des Dienstpostens *eingeengt* werden darf. Es ist gut denkbar, dass die beiden unterschiedlichen Wege in den allermeisten Fällen zu derselben Erkenntnis führen. Aus verfassungsrechtlicher Sicht ist dies geboten, denn Art. 33 Abs. 2 GG verlangt den *beiden* Ansätzen eigenen Ausgleich zwischen dem öffentlichen Interesse der bestmöglichen Besetzung des „Amtes“ und dem Individualinteresse des Bewerbers an seinem beruflichen Fortkommen.

Das Verfahrensrecht, das der Sicherung des grundrechtsgleichen Rechts aus Art. 33 Abs. 2 GG in der Konkurrenzsituation dient, hat in den letzten vier Jahrzehnten insbesondere durch die Rechtsprechung eine höchst ziselierte Ausprägung erfahren. Das gilt im Beamten-, Richter- und Soldatenrecht gleichermaßen für das Verwaltungsverfahren wie für den Verwaltungsprozess. Die in diesen Dienstrechtsbereichen gewonnenen Erkenntnisse sind im Kern von der arbeitsgerichtlichen Rechtsprechung rezipiert worden. Das fachgerichtliche Verständnis von Art. 33 Abs. 2 GG wurde vom Bundesverfassungsgericht geteilt. Die Rechtsprechung des 2. Senats des Bundesverwaltungsgerichts stellt diesen allgemeinen Konsens in Frage. Es ist gut nachvollziehbar, dass verschiedene Oberverwaltungsgerichte auf die höchstrichterlichen Erwägungen reserviert reagieren, wenn der neue Ansatz in der Rechtsprechung des Bundesverwaltungsgerichts die Rechtseinheit im öffentlichen Dienstrecht in Frage stellt, ohne dass das im Ergebnis zu einer anderen Beurteilung der Konkurrenzsachverhalte führen wird.

Losgelöst von der Frage des Bezugspunkts des Leistungsvergleichs gem. Art. 33 Abs. 2 GG entwickelte der 2. Senat des Bundesverwaltungsgerichts ein Instrument, mit dem der Dienstherr künftig leidige Stellenblockaden verhindern können soll. Durch entsprechende Erklärungen gegenüber dem Bewerberkreis soll die Dienstpostenvergabe die Vorwirkung für die spätere Auswahlentscheidung verlieren, sodass der Grund für eine Anordnung nach § 123 VwGO entfällt. Die Frage, ob diese Entkoppelung gelingen kann, steht und fällt damit, ob der Dienstherr die Rechtsmacht hat, in diesen Fälle die vom umgesetzten Beamten auf dem höherrangigen Dienstposten gezeigten Leistungen im Rahmen einer fiktiven Fortschreibung seiner Beurteilung auszublenden, sodass sie bei der Auswahlentscheidung unberücksichtigt bleiben. Wie kann gegenüber dem umgesetzten Beamten im Hinblick auf Art. 33 Abs. 2 GG gerechtfertigt werden, dass der Dienstherr bestimmte Leistungen „ausblendet“? Die Position, auf welcher der Beamte die Leistungen gezeigt hat, ist nicht bemakelt, er nimmt sie im öffentlichen Interesse wahr. Warum sollte er es hinnehmen, dass diese Leistungen bei der Entscheidung über sein berufliches Fortkommen nicht berücksichtigt werden? Wir werden erfahren, ob diese „Entkoppelung“ geeignet ist Besetzungsblockaden zu vermeiden. Einige Oberverwaltungsgerichte haben den Erlass von einstweiligen Anordnungen inzwischen unter diesem Aspekt mangels Anordnungsgrund abgelehnt. Es bleibt abzuwarten, ob das Bundesverfassungsgericht meint, dass die „Entkopplung durch fiktive Fortschreibung“ mit Art. 33 Abs. 2 GG vereinbar sei. Zweifel sind angebracht.

Der Widerruf der Zulassung zur Rechtsanwaltschaft wegen Vermögensverfall

Winfried Porsch

I. Einleitung

Christian Kirchberg ist eine Anwaltspersönlichkeit mit einem außergewöhnlich breiten Tätigkeitsspektrum sowohl im Beruf als auch im Ehrenamt. In ehrenamtlicher Funktion ist er Präsident des Anwaltsgerichtshofs Baden-Württemberg und Vorsitzender des II. Senats dieses Gerichts, der für die verwaltungsrechtlichen Anwaltssachen zuständig ist. Der Verfasser dieses Beitrags arbeitet seit 2010 mit großer Freude als „einfaches" Senatsmitglied mit dem Jubilar zusammen.

Die Einführung des wegen angeblich mangelhafter Funktionserfüllung häufig kritisierten Widerspruchsverfahrens[1] bei den verwaltungsrechtlichen Anwaltssachen durch das Gesetz zur Modernisierung von Verfahren im anwaltlichen und notariellen Berufsrecht vom 30.07.2009[2] hat im Hinblick auf die Entlastungsfunktion für den Anwaltsgerichtshof Baden-Württemberg alle Erwartungen übertroffen. Die Eingangszahlen sind stark zurückgegangen. Dominierend sind bei den verwaltungsrechtlichen Anwaltssachen aber nach wie vor Fälle des Widerrufs der Rechtsanwaltszulassung wegen Vermögensverfall.

Die Gründe für den Vermögensverfall einer Rechtsanwältin oder eines Rechtsanwalts sind vielfältig. Häufig sind persönliche Schicksalsschläge wie Krankheit oder Scheidung Grund für den Vermögensfall. Manchmal geben die Betroffenen auch an, sich bei Immobilienprojekten oder Geldanlagen verspekuliert zu haben oder Opfer unseriöser Anlageberater geworden zu sein. Anderen Betroffenen ist es nicht gelungen, sich mit guten anwaltlichen Leistungen im Wettbewerb durchzusetzen. So vielfältig die Gründe für den Vermögensverfall auch sein mögen, so vergleichbar und einheitlich sind die Strategien und Argumente, mit denen sich die betroffenen Klägerinnen und Kläger vor dem Anwaltsgerichtshof gegen die Widerrufsverfügungen der Rechtsanwaltskammern verteidigen. Um eine möglichst hohe Qualität der Entscheidungen des Anwaltsgerichtshofs zu sichern, hatte *Christian Kirchberg* deshalb die Idee, den häufig vorgebrachten Argumenten der Klägerinnen

---

1 Vgl. dazu *Kirchberg/Herrmann*, Verwaltungs- und Widerspruchsverfahren, in: Quaas/Zuck (Hrsg.), Prozesse in Verwaltungssachen, 2. Aufl. 2011, § 2 Rn. 338; *Dolde/Porsch*, in: Schoch/Schneider/Bier, VwGO, Stand: Juni 2016, Vorb. § 68 Rn. 16 ff.

2 BGBl. I, S. 2449; dazu *Johnigk/Kirchberg*, Die Neuregelung der verwaltungsrechtlichen Anwaltssachen, BRAK-Mitt. 2009, 214.

und Kläger in einer Synopse eine auf die Rechtsprechung des BGH in Anwaltssachen gestützte Antwort entgegenzusetzen. Die Synopse soll eine Arbeitshilfe für die Abfassung der Urteile sein. Die Erstellung dieser Synopse wurde dem Verfasser dieses Beitrags als seinerzeit jüngstes Mitglied im II. Senat übertragen. Er hat sie bei einer Fortbildungsveranstaltung des Anwaltsgerichtshofs in Tübingen vorgestellt. Allzu lange harrte der Beitrag auf seine Veröffentlichung. Diese Festschrift ist jetzt der passende Rahmen, um das große Engagement des Jubilars für das anwaltliche Berufsrecht mit der Veröffentlichung zu würdigen.

II. Verfahrensfragen

1. Antrag auf Terminsverlegung wegen Verhandlungsunfähigkeit

Vortrag des Klägers (Eingang per Fax am Vormittag des Verhandlungstages): Der Kläger bittet darum, den für heute Nachmittag anberaumten Termin zur mündlichen Verhandlung aufzuheben und einen neuen Termin zu bestimmen. Der Kläger ist akut ernsthaft erkrankt und deshalb verhandlungsunfähig. Ein Attest des Hausarztes ist beigefügt.

Urteil des Anwaltsgerichtshofs: Der Kläger hat mit dem vorgelegten hausärztlichen Attest keine erheblichen Gründe für eine Terminsverlegung im Sinne des § 227 Abs. 2 ZPO glaubhaft gemacht. Wird ein Terminsänderungsantrag erst kurz vor dem anberaumten Termin gestellt und mit einer plötzlichen Erkrankung begründet, ist der Beteiligte verpflichtet, die Gründe für die Verhinderung so genau anzugeben und zu untermauern, dass das Gericht die Frage der Verhandlungsunfähigkeit selbst zu beurteilen vermag. Im Hinblick auf die durch den Vermögensverfall indizierte Gefährdung der Interessen der rechtssuchenden Mandanten sind dabei an den Verhinderungsgrund und dessen Glaubhaftmachung strenge Anforderungen zu stellen.[3]

Die notwendigen Angaben hat der Kläger nicht gemacht. Auf der Grundlage des vorgelegten hausärztlichen Attests kann der Anwaltsgerichtshof die Verhandlungsfähigkeit des Klägers nicht beurteilen, weil es keine Diagnose enthält.[4] Der Kläger hätte ein amtsärztliches Attest oder mindestens ein aussagekräftiges Attest seines Hausarztes vorlegen müssen. Der Kläger musste auch davon ausgehen, dass die mündliche Verhandlung am vorgesehenen Tag stattfinden würde. Ihm war bereits in der Ladungsverfügung mitgeteilt worden, dass bei seinem Nichterscheinen auch ohne ihn verhandelt werden würde. Zudem hätte für den Kläger wegen des kurzfristigen Verlegungsan-

3 BGH, B. v. 08.12.2011 – AnwZ (Brfg) 15/11, juris Rn. 12 f.; BGH, B. v. 04.07.2009 – AnwZ (B) 14/08, juris Rn. 12.

4 BGH, B. v. 18.05.2012 – AnwZ (Brfg) 19/12, juris Rn. 3 f.

trags auch Anlass bestanden, von sich aus telefonischen Kontakt mit dem Gericht aufzunehmen und sich durch eine Rückfrage über die Entscheidung zu seinen Antrag zu informieren. Auch dies hat der Kläger nicht getan. Vielmehr sind Versuche des Vorsitzenden, den Kläger telefonisch zu erreichen, ohne Erfolg geblieben.[5]

2. Befangenheitsrüge

a) **Vortrag des Klägers:** Die Rechtsanwälte A, B und C, die dem Senat als anwaltliche Mitglieder angehören, werden wegen Besorgnis der Befangenheit abgelehnt. Die abgelehnten Richter sind als Rechtsanwälte und damit erwerbswirtschaftlich im finanziellen Eigeninteresse tätig. Sie stehen zum Kläger im deutschen Rechtsberatungsmarkt in einem direkten wettbewerblichen Konkurrenzverhältnis.

Beschluss des Anwaltsgerichtshofs: Über das Ablehnungsgesuch entscheidet der Anwaltsgerichtshof nach § 112c Abs. 1 BRAO, § 54 Abs. 1 VwGO, § 46 Abs. 1 ZPO durch Beschluss. Das Ablehnungsgesuch ist rechtsmissbräuchlich und deshalb als unzulässig zu verwerfen. Über das offensichtlich missbräuchliche Ablehnungsgesuch, das im Sinne einer „Globalablehnung" alle anwaltlichen Mitglieder des Senats trifft, durfte der Senat unter Mitwirkung der betroffenen anwaltlichen Mitglieder entscheiden.[6]

Nach § 112c Abs. 1 BRAO, § 54 Abs. 1 VwGO, § 42 ZPO kann nur ein einzelner Richter, nicht aber das Gericht als solches oder ein ganzer Senat abgelehnt werden. Dies gilt folgerichtig auch für die Ablehnung aller anwaltlichen Mitglieder des Senats. Bei der Ablehnung eines Richters müssen ernsthafte Umstände angeführt werden, die die Befangenheit des einzelnen Richters aus Gründen rechtfertigen, die in persönlichen Beziehungen dieses Richters zu den Parteien oder der zur Verhandlung stehenden Streitsache liegen. Daran fehlt es bei dem Ablehnungsgesuch des Klägers. Das Ablehnungsgesuch gibt sich zwar den Anschein, als sollten die einzelnen namentlich benannten Richter abgelehnt werden, richtet sich jedoch in der Sache gegen alle anwaltlichen Mitglieder des Anwaltsgerichtshofs. Dies ergibt sich aus dem Umstand, dass der Kläger die Besorgnis der Befangenheit allein aus dem Beruf der anwaltlichen Mitglieder als Rechtsanwälte herleitet.[7]

---

5 BGH, B. v. 08.12.2011 – AnwZ (Brfg) 15/11, juris Rn. 13.

6 BVerfG, NJW 2005, 3410, 3412; NJW-RR 2008, 512; NVwZ-RR 2013, 583; BVerwG, NJW 2014, 953; *Hüßtege*, in: Thomas/Putzo, ZPO, 36. Aufl. 2015, § 45 Rn. 1 m. w. N. Über zulässige Ablehnungsgesuche entscheidet der Anwaltsgerichtshof nach § 112c Abs. 1 BRAO, § 54 Abs. 1 VwGO und § 45 Abs. 1 ZPO ohne Mitwirkung des abgelehnten Richters.

7 BGH, BRAK-Mitt. 2008, 171f.

b) **Vortrag des Klägers:** Das anwaltliche Mitglied X wird wegen Befangenheit abgelehnt. Er hat vor ca. zehn Jahren einen Zivilprozess gegen den Kläger geführt und als Vertreter des Geschädigten eine Strafanzeige gegen den Kläger erstattet.

Beschluss des Anwaltsgerichtshofs: Das Ablehnungsgesuch ist nicht begründet. Misstrauen in die Unparteilichkeit eines Richters ist gerechtfertigt, wenn der Ablehnende bei verständiger Würdigung des ihm bekannten Sachverhalts Grund zu der Annahme hat, dass der abgelehnte Richter ihm gegenüber eine innere Haltung einnimmt, die die Unparteilichkeit und Unvorgenommenheit störend beeinflussen kann. Dabei kommt es auf den Standpunkt des Ablehnenden an, nicht aber auf seinen möglicherweise einseitigen subjektiven Eindruck. Der Ablehnende muss daher Gründe für sein Ablehnungsbegehren vorbringen, die jedem unbeteiligten Dritten einleuchten. Sofern das anwaltliche Mitglied in dem Zivilprozess nicht pflichtwidrig gehandelt hat und auch die Strafanzeige nicht leichtfertig ohne hinreichende Prüfung der Verdachtsmomente erstattet hat, sind keine Umstände zu erkennen, die geeignet sind, Misstrauen gegen die Unparteilichkeit des anwaltlichen Mitglieds zu begründen.[8]

c) **Vortrag des Klägers:** Der gesamte Spruchkörper wird abgelehnt, weil die Anwaltsgerichtsbarkeit gegen Verfassungs- und Unionsrecht verstößt. Die Anwaltsgerichtshöfe sind nicht unabhängig von den Rechtsanwaltskammern und verfolgen eigene berufspolitische Interessen. Die Mitglieder des Anwaltsgerichtshofs sind statusbedingt unfähig zu verfassungsgemäßer Rechtserkenntnis. Der Anwaltsgerichtshof erfüllt auch nicht die unionsrechtlichen Anforderungen an ein unabhängiges Gericht, die der Europäische Gerichtshof aufgestellt hat.[9]

Beschluss des Anwaltsgerichtshofs: Das Ablehnungsgesuch ist offensichtlich unzulässig, weil nicht das Gericht als solches oder ein ganzer Senat abgelehnt werden kann. Soweit der Antrag mit der „statusbedingten Unfähigkeit zu verfassungsgemäßer Rechtserkenntnis" begründet wird, ist er zudem offensichtlich rechtsmissbräuchlich.[10]

Der Antrag bliebe auch in der Sache erfolglos. Gegen die Anwaltsgerichtsbarkeit bestehen keine verfassungsrechtlichen Bedenken. Der Anwaltsgerichtshof ist ein staatliches Gericht im Sinne von Art. 92 i. V. m. Art. 20 GG, dessen Bildung auf einem Gesetz beruht (§§ 100 ff. BRAO). Die Unabhängig-

---

8 AGH Schleswig, BRAK-Mitt. 2010, 172 f.

9 Vgl. EuGH, U. v. 19.09.2006 – Rs. C-406/04 = NJW 2006, 3697, 3699 Rn. 54 ff. – Wilson; EuGH, U. v. 17.07.2014 – Rs. C-58/13 u. a. = NJW 2014, 2849 – Torresi; dazu *Kilian*, Konzentration der Berufsgerichtsbarkeit der regulierten Freiberufe bei den Verwaltungsgerichten?, NJW 2016, 137 ff.

10 BGH, B. v. 22.11.2010 – AnwZ (B) 12/10, juris Rn. 6.

keit von den Rechtsanwaltskammern ist durch die Aufsicht der Landesjustizverwaltung (§§ 100 Abs. 1 S. 2, 92 Abs. 3 BRAO) gewährleistet, die u. a. über die Besetzung entscheidet (§§ 101 Abs. 3, 102 Abs. 2, 103 Abs. 1 BRAO). Weitere Belege für die Unabhängigkeit der Anwaltsgerichtshöfe sind die Besetzung der Senate mit drei anwaltlichen Mitgliedern und zwei Berufsrichtern (§ 104 BRAO) sowie die Unvereinbarkeit der ehrenamtlichen Richtertätigkeit mit einer Funktion im Vorstand, der Satzungsversammlung oder im Haupt- oder Nebenberuf bei einer Rechtsanwaltskammer (§§ 103 Abs. 2, § 94 Abs. 3 S. 2 BRAO).[11] Der Anwaltsgerichtshof ist auch kein Ausnahmegericht im Sinne des Art. 101 Abs. 1 S. 1 GG, sondern ein Gericht für besondere Sachgebiete im Sinne des Art. 101 Abs. 2 GG.

Unionsrechtliche Bedenken gegen den Anwaltsgerichtshof bestehen nicht. Der Europäische Gerichtshof hat die unionsrechtlichen Anforderungen an ein staatliches Gericht speziell für die Berufsgerichtsbarkeit der Anwälte in den Verfahren *Wilson*[12] und *Torresi*[13] konkretisiert. Der Europäische Gerichtshof stellt für die Einordnung eines Spruchkörpers als Gericht im Sinne von Art. 267 AEUV auf mehrere Merkmale ab, wie gesetzliche Grundlage der Einrichtung, ständiger Charakter, obligatorische Gerichtsbarkeit, streitiges Verfahren, Anwendung von Rechtsnormen durch die Einrichtung sowie deren Unabhängigkeit. Die Unabhängigkeit setzt voraus, dass die Einrichtung vor Interventionen oder Druck von außen geschützt ist, die die Unabhängigkeit des Urteils ihrer Mitglieder im Hinblick auf die ihnen unterbreiteten Rechtsstreitigkeiten gefährden könnten. Diese Anforderungen sind beim Anwaltsgerichtshof erfüllt. Der Anwaltsgerichtshof ist eine auf gesetzlicher Grundlage errichtete ständige und obligatorische Gerichtsbarkeit. Er entscheidet im streitigen Verfahren nach Maßgabe der Bestimmungen der Bundesrechtsanwaltsordnung und der Verwaltungsgerichtsordnung (§ 112c Abs. 1 S. 1 BRAO). Sowohl die Berufsrichter als auch die anwaltlichen Mitglieder des Anwaltsgerichtshofs sind unabhängig. Die anwaltlichen Mitglieder haben ebenfalls die Befähigung zum Richteramt. Sie üben ihre richterliche Tätigkeit unabhängig und weisungsfrei aus. Damit sind auch die Anforderungen des Unionsrechts an ein unabhängiges Gericht erfüllt.[14] Insbesondere kann dem Urteil des Europäischen Gerichtshofs im Verfahren *Torresi* nicht in verallgemeinerungsfähiger Form entnommen werden, dass die anwaltlichen Mitglieder nicht Mitglied der Rechtsanwaltskammer sein dürfen, über deren Verwaltungsakt der Anwaltsgerichtshof zu entscheiden hat.[15] Vielmehr hat der EuGH zwar im konkreten Fall festgestellt, dass nach der italienischen Praxis

---

11 Zur Verfassungsmäßigkeit der Anwaltsgerichtsbarkeit vgl. BVerfGE 26, 186, 195 ff.; 48, 300, 315 ff. zu den früheren anwaltlichen Ehrengerichtshöfen, BVerfG, NJW 2006, 3049 zum Anwaltsgerichtshof; dazu *Kilian* (Fn. 9), NJW 2016, 137, 138 f.

12 EuGH, U. v. 19.09.2006 – Rs. C-506/04 = NJW 2006, 3697, 3699 Rn. 54 ff.

13 EuGH, U. v. 17.07.2014 – Rs. C-58/13 u. a. = NJW 2014, 2849 Rn. 15 ff.

14 So im Ergebnis auch *Kilian* (Fn. 9), NJW 2016, 137, 139 ff.

15 Vgl. dazu EuGH, U. v. 17.07.2014, Rs. C-58/13 u. a. = NJW 2014, 2849 Rn. 24.

ein Mitglied der Rechtsanwaltskammer, über deren Entscheidung das Gericht entschieden hat, dem Spruchkörper nicht angehört. Diese Feststellung ist allerdings nicht im Sinne einer Voraussetzung für die Unabhängigkeit entscheidungstragend gewesen.[16]

III. Vermögensverfall

1. Voraussetzungen und maßgeblicher Beurteilungszeitpunkt

Vortrag des Klägers: Der Kläger hat zwar Schulden und es gibt auch einige Vollstreckungstitel gegen ihn, allerdings nur wegen kleinerer Forderungen, jeweils unter 1.000,00 €. Wegen einer Forderung des Finanzamts ist der Kläger auch noch in das Schuldnerverzeichnis eingetragen. Diese Forderung wurde letzte Woche von der Ehefrau des Klägers ausgeglichen. Der Überweisungsbeleg ist beigefügt. Den Kläger trifft kein Verschulden an seinen finanziellen Problemen, er ist vielmehr das Opfer eines kriminellen Anlageberaters, der mittlerweile rechtskräftig verurteilt wurde. Der Kläger hat hohe Einnahmen aus seiner Anwaltstätigkeit. Allein die offenen Forderungen des Klägers gegen Mandanten betragen mehr als 100.000,00 €. Eine Forderungsaufstellung ist beigefügt. Schließlich hat der Kläger Immobilienvermögen. Er hat eine ihm gehörende Wohnung verkauft, der Kaufpreis wird demnächst fällig. Nach Zahlung des Kaufpreises kann der Kläger alle noch offenen Forderungen bezahlen.

Urteil des Anwaltsgerichtshofs: Gemäß § 14 Abs. 2 Nr. 7 BRAO ist die Zulassung zur Rechtsanwaltschaft zu widerrufen, wenn der Rechtsanwalt in Vermögensverfall geraten ist, es sei denn, dass dadurch die Interessen der Rechtssuchenden nicht gefährdet sind. Ein Vermögensverfall liegt vor, wenn der Rechtsanwalt in ungeordnete, schlechte finanzielle Verhältnisse geraten ist, die er in absehbarer Zeit nicht ordnen kann, und außer Stande ist, seinen Verpflichtungen nachzukommen. Dies muss dem Rechtsanwalt grundsätzlich nachgewiesen werden. Beweisanzeichen hierfür sind insbesondere die Erwirkung von Schuldtiteln und Vollstreckungsmaßnahmen gegen ihn[17]. Der Vermögensverfall wird vermutet, wenn ein Insolvenzverfahren über das Vermögen des Rechtsanwalts eröffnet ist oder der Rechtsanwalt in das vom Vollstreckungsgericht zu führende Verzeichnis (§ 26 Abs. 2 der Insolvenzordnung, § 882b der Zivilprozessordnung) eingetragen ist. Für die Beurteilung der Rechtmäßigkeit des Widerrufs der Zulassung zur Rechtsanwaltschaft ist dabei allein auf den Abschluss des behördlichen Widerrufsverfahrens, mithin

16 So im Ergebnis auch *Kilian* (Fn. 9), NJW 2016, 137, 141.

17 Ständige Rechtsprechung, vgl. BGH, BRAK-Mitt. 1991, 102; BGH, NJW 2003, 577; BGH, B. v. 29.07.2016 – AnwZ (Brfg) 60/15, juris Rn. 7.

auf den Erlass des Widerspruchsbescheids, abzustellen. Die Beurteilung danach eingetretener Entwicklungen ist dem Wiederzulassungsverfahren vorbehalten.[18]

Nach diesen Maßgaben wird der Vermögensverfall gesetzlich vermutet, weil der Kläger zum Zeitpunkt des Widerspruchsbescheids mit einer Forderung in das Schuldnerverzeichnis eingetragen war. Für die Beurteilung der Rechtmäßigkeit der Widerrufsverfügung und des Widerspruchsbescheids ist es unerheblich, dass diese Forderung mittlerweile von der Ehefrau des Klägers bezahlt wurde. Ausweislich des Überweisungsträgers erfolgte die Bezahlung nach Erlass des Widerspruchbescheids. Damit ist die Zahlung nicht geeignet, die Vermutung des Vermögensverfalls durch den Eintrag im Schuldnerverzeichnis zu widerlegen. Es ist vielmehr im Wiederzulassungsverfahren zu klären, ob die Vermögensverhältnisse des Klägers nunmehr geordnet sind.

Der Kläger hat die gesetzliche Vermutung bis zum Erlass des Widerspruchsbescheids auch nicht widerlegen können. Ein Rechtsanwalt, der im Schuldnerverzeichnis eingetragen ist, muss zur Widerlegung der Vermutung des Vermögensverfalls ein vollständiges und detailliertes Verzeichnis seiner Gläubiger und der Verbindlichkeiten vorlegen und konkret darlegen, dass seine Vermögens- und Einkommensverhältnisse nachhaltig geordnet sind.[19] Insoweit ist der Kläger im Widerrufs- und Widerspruchsverfahren trotz entsprechender Aufforderung durch die Beklagte seinen Mitwirkungspflichten aus § 32 S. 1 BRAO i. V. m. § 26 Abs. 2 VwVfG nicht ausreichend nachgekommen. Eine Aufstellung sämtlicher gegen ihn erhobener Forderungen hat der Kläger bisher nicht vorgelegt.

Soweit der Kläger darauf verweist, dass offene Forderungen gegen Mandanten in erheblicher Höhe vorhanden sind, reicht dies zur Widerlegung der Vermutung nicht aus, da die Bonität der Gläubiger nicht feststeht und damit nicht ersichtlich ist, dass diese Ansprüche dem Kläger als liquider Vermögenswert zur Tilgung seiner Verbindlichkeiten zur Verfügung gestanden haben. Auf die Liquidität entsprechender Vermögenswerte kommt es aber entscheidend an.[20] Auch das Immobilienvermögen des Klägers war nach diesen Grundsätzen nicht zu berücksichtigen, weil es dem Kläger zum maßgeblichen Zeitpunkt des Widerspruchsbescheids nicht als liquider Vermögenswert zur Tilgung seiner Verbindlichkeiten zur Verfügung gestanden hat. Der Verkauf der Wohnung erfolgte erst nach Abschluss des behördlichen Widerrufsverfahrens.

---

18 BGHZ 190, 187, 190ff.; BGH, B. v. 29.07.2016 – AnwZ (Brfg) 60/15, juris Rn. 7. Sehr kritisch zu dieser Rechtsprechung *Kleine-Cosack*, Massive Rechtsschutzverkürzung beim Widerruf der Anwaltszulassung, AnwBl. 2011, 939.

19 Ständige Rechtsprechung, vgl. BGH, BRAK-Mitt. 2014, 164, 165; BGH, B. v. 04.02.2016 – AnwZ (Brfg) 59/15, juris Rn. 5.

20 BGH, B. v. 10.02.2015 – AnwZ (Brfg) 53/14, juris Rn. 6.

Im Übrigen ist der Vermögensverfall des Klägers auch aufgrund der in der Widerrufsverfügung genannten Beweisanzeichen erwiesen. Es ist dem Kläger nicht gelungen, die in der Erwirkung von Schuldtiteln und Vollstreckungsmaßnahmen gegen ihn liegenden Beweisanzeichen für seinen Vermögensverfall durch geeigneten Vortrag auszuräumen.[21] Bis zum Erlass des Widerspruchsbescheids konnte der Kläger die Forderung des Finanzamts nicht bezahlen, sodass es zur Eintragung in das Schuldnerverzeichnis gekommen ist. Die Forderung des Finanzamts wurde erst kürzlich von der Ehefrau des Klägers bezahlt. Darüber hinaus kam es – wie der Kläger auch einräumt – zu weiteren Vollstreckungsmaßnahmen. Zwar erfolgte die Vollstreckung jeweils wegen geringerer Verbindlichkeiten, dies stellt die Eignung der Vollstreckungsmaßnahmen als Beweisanzeichen für den Vermögensverfall nicht in Frage.[22] Der Kläger war nicht in der Lage, die Einleitung von Vollstreckungsmaßnahmen, die sein berufliches Ansehen massiv belasten können, durch rechtzeitige Zahlung der kleineren Beträge zu verhindern.

Der Kläger hat sich damit zum maßgeblichen Zeitpunkt des Widerspruchsbescheids im Vermögensverfall befunden. Dabei spielt es keine Rolle, welche Gründe zu dem Vermögensverfall geführt haben. Insbesondere ist es ohne Bedeutung, ob der Rechtsanwalt den Vermögensverfall verschuldet hat.[23]

2. Außergerichtliche Schuldenbereinigung

Vortrag des Klägers: Gegen den Kläger sind zwar Vollstreckungstitel erwirkt worden und er ist auch in das Schuldnerverzeichnis eingetragen. Dennoch sind die Vermögensverhältnisse des Klägers geordnet. Der Kläger hat bereits im Widerspruchsverfahren einen Zahlungsplan vorgelegt. Er hat sich mit allen Gläubigern, die seine Eintragung in das Schuldnerverzeichnis erwirkt haben, auf einen konkreten Tilgungsplan geeinigt und bisher alle Ratenzahlungen pünktlich geleistet.

Urteil des Anwaltsgerichtshofs: Der Kläger hat die Widerlegung der gesetzlichen Vermutung darzulegen und zu beweisen. Hat der Kläger seine Vermögensverhältnisse durch Ratenzahlungsvereinbarungen mit seinen Gläubigern geordnet und ist er nach seinen Einkommens- und Vermögensverhältnissen auch in der Lage, die eingegangenen Ratenverpflichtungen zu erfüllen und außerdem noch die laufenden Kosten seiner Lebenserhaltung aufzubringen, ist der Widerrufsgrund des Vermögensverfalls beseitigt. Dies setzt allerdings voraus, dass alle bekannten Gläubiger eingebunden sind und alle Schulden

21 BGH, B. v. 19.07.2016 – AnwZ (Brfg) 60/15, juris Rn. 12.
22 BGH, B. v. 31.05.2010 – AnwZ (B) 118/09, juris Rn. 5.
23 BGH, B. v. 03.06.2015 – AnwZ (Brfg) 11/15, juris Rn. 7.

erfasst werden, damit keine Vollstreckung aus noch unbekannten Titeln droht.[24]

Der Kläger konnte damit die durch die Eintragung im Schuldnerverzeichnis begründete Vermutung des Vermögensverfalls nicht widerlegen. Er hat sich schon nach seinem eigenen Vortrag nicht mit allen Gläubigern geeinigt, sondern nur mit den Gläubigern, die durch ihre Vollstreckungsmaßnahmen die Eintragung des Klägers in das Schuldnerverzeichnis erwirkt haben. Der Kläger hätte deshalb schon im Widerrufsverfahren ein umfassendes Vermögensverzeichnis vorlegen müssen, aus dem sich sämtliche gegen ihn erhobenen Forderungen ergeben.

3. Insolvenzantrag

Vortrag des Klägers: Der Kläger hat noch während des laufenden Widerspruchsverfahrens einen Insolvenzantrag gestellt. Das Insolvenzverfahren wurde eröffnet, die Verwaltungs- und Verfügungsbefugnis über das Vermögen des Klägers ist auf den Insolvenzverwalter übergegangen (§ 80 Abs. 1 InsO). Der Insolvenzverwalter wird die Vermögensverhältnisse ordnen, weitere Zwangsvollstreckungsmaßnahmen sind auch aus der Zeit bis zu einem Monat vor dem Insolvenzantrag unwirksam (§ 88 InsO). Wegen dieser Sicherungsmaßnahmen sind die Vermögensverhältnisse des Klägers als geordnet anzusehen.

Urteil des Anwaltsgerichtshofs: Nach § 14 Abs. 2 Nr. 7 BRAO begründet die Eröffnung des Insolvenzverfahrens die gesetzliche Vermutung des Vermögensverfalls. Von geordneten Vermögensverhältnissen kann mit der Eröffnung eines Insolvenzverfahrens nicht schon deshalb ausgegangen werden, weil mit dem Übergang der Verfügungsbefugnis des insolventen Rechtsanwalts auf einen Vermögensverwalter die Vermögensverhältnisse als geordnet anzusehen wären. Eine solche formale Ordnung ist nicht ausreichend. Vielmehr unterliegt das gesamte Vermögen der Insolvenzbeschlagnahme (§ 35 Abs. 1 InsO). Die Voraussetzungen für die gesetzliche Vermutung des Vermögensverfalls sind damit grundsätzlich für die gesamte Dauer des Insolvenzverfahrens erfüllt.

Nach Eröffnung des Insolvenzverfahrens sind geordnete Vermögensverhältnisse erst wieder hergestellt, wenn das Insolvenzverfahren aufgehoben wird und der Schuldner dadurch das Recht erhält, über die vormalige Insolvenzmasse wieder frei zu verfügen (§ 259 Abs. 1 S. 2 InsO). Dasselbe gilt, wenn dem Schuldner durch Beschluss des Insolvenzgerichts die Restschuldbefreiung angekündigt wird (§ 287a InsO) oder ein vom Insolvenzgericht bestätigter Insolvenzplan (§ 248 InsO) oder ein angenommener Schuldenbe-

24 BGH, BRAK-Mitt. 1995, 29f.; BGH, B. v. 16.06.2004 – AnwZ (B) 3/03, Rn. 20.

reinigungsplan (§ 308 InsO) vorliegt, bei dessen Erfüllung der Schuldner von seinen übrigen Forderungen gegenüber den Gläubigern befreit wird. Auch insoweit ist der Erlass des Widerspruchsbescheids maßgeblicher Zeitpunkt für die Beurteilung der Sach- und Rechtslage.[25] Erst wenn diese Voraussetzungen vorliegen, besteht begründete Aussicht, dass das Insolvenzverfahren in absehbarer Zeit beendet wird und eine Wiederherstellung geordneter Vermögensverhältnisse erwarten lässt. Diese Voraussetzungen lagen hier nicht vor, zum Zeitpunkt des Widerspruchsbescheids war das Insolvenzverfahren gerade erst eröffnet.

IV. Gefährdung der Interessen der Rechtssuchenden

1. Voraussetzungen und maßgeblicher Beurteilungszeitpunkt

Vortrag des Klägers: Rechtsanwälte sind nicht per se gemeingefährlich, weil sie unverschuldet in Vermögensverfall geraten sind. Die Rechtsanwaltskammer hat den Kläger zum potenziellen Kriminellen abgestempelt, ohne die verfassungsrechtlich gebotene Gefährdungsprognose anhand von aussagekräftigen Indizien anzustellen. Die Fortführung der Rechtsanwaltstätigkeit durch den Kläger führt nicht zu einer Gefährdung von Mandanteninteressen. Der Kläger hat sich bisher und wird sich auch weiterhin berufsrechtlich einwandfrei verhalten. Er wird sich nicht an Mandantengeldern vergreifen und schon gar nicht des Betrugs oder der Untreue schuldig machen.

Urteil des Anwaltsgerichtshofs: Nach der ständigen Rechtsprechung des Bundesgerichtshofs ist nach der in § 14 Abs. 2 Nr. 7 BRAO zum Ausdruck gekommenen Wertung des Gesetzgebers mit einem Vermögensverfall eines Rechtsanwalts grundsätzlich auch eine Gefährdung der Interessen der Rechtssuchenden verbunden. Diese Annahme ist regelmäßig schon im Hinblick auf den Umgang des Rechtsanwalts mit Fremdgeldern und den darauf möglichen Zugriff von Gläubigern gerechtfertigt. Im nach der gesetzlichen Wertung vorrangigen Interesse der Rechtssuchenden kann die Annahme nur in seltenen Ausnahmefällen verneint werden, wobei den Rechtsanwalt dafür die Feststellungslast trifft.[26] Auch für die Beurteilung der Rechtmäßigkeit des Widerrufs im Hinblick auf die Gefährdung der Interessen der Rechtssuchenden kommt es auf den Zeitpunkt des Abschlusses des behördlichen Widerrufsverfahrens an.

Die Annahme einer Gefährdung eines Rechtssuchenden verstößt nicht gegen das Grundrecht der Berufsfreiheit aus Art. 12 Abs. 1 GG. Die gesetzli-

---

25 BGH, NJW 2005, 1271 f.; BGH, B. v. 18.10.2010 – AnwZ (B) 21/10, juris Rn. 7; BGH, B. v. 28.10.2011 – AnwZ (Brfg) 20/11, juris Rn. 8.

26 BGH, NJW 2007, 2924; BGH, B. v. 29.07.2016 – AnwZ (Brfg) 60/15, juris Rn. 15.

che Regelung des § 14 Abs. 2 Nr. 7 BRAO steht im Einklang mit dem Grundgesetz.[27] Die Berufsfreiheit kann unter Wahrung des Grundsatzes der Verhältnismäßigkeit durch ein Gesetz eingeschränkt werden. Der Gesetzgeber geht nach dem eindeutigen Wortlaut des § 14 Abs. 2 Nr. 7 BRAO („...es sei denn...") grundsätzlich von einer Gefährdung der Interessen der Rechtssuchenden aus. Der Widerruf der Zulassung ist zwar eine subjektive Berufswahlbeschränkung, die strengeren verfassungsrechtlichen Anforderungen genügen muss als bloße Berufsausübungsregelungen.[28] Diese Anforderungen sind erfüllt. Der Widerruf erfolgt zum Schutz wichtiger Gemeinschaftsgüter, nämlich zum Schutz der Interessen der Rechtssuchenden und ihres Vermögens. Der Grundsatz der Verhältnismäßigkeit bleibt gewahrt. Der Kläger hat die Möglichkeit nachzuweisen, dass die Interessen der Rechtssuchenden nicht gefährdet sind. Er muss dazu Tatsachen vortragen, die die Annahme rechtfertigen, dass eine solche Gefährdung zum Zeitpunkt des Widerspruchsbescheids ausnahmsweise nicht bestand.[29]

2. Aufgabe der selbständigen Tätigkeit

Vortrag des Klägers: Eine Gefährdung der Interessen der Rechtssuchenden ist ausgeschlossen, weil der Kläger seine selbständige Tätigkeit während des laufenden Widerspruchsverfahrens aufgegeben hat. Er ist als angestellter Rechtsanwalt in einer Sozietät tätig. Die Verwaltung von Mandantengeldern obliegt den Sozien des Klägers, er selbst hat keine Kontovollmacht. Die anwaltliche Tätigkeit des Klägers wird von einem erfahrenen Partner kontrolliert. Diese Kontrollrechte sind auch im Arbeitsvertrag geregelt. Der Arbeitsvertrag wurde der Anwaltskammer auch vorgelegt. Der Kläger hat seinen Beruf in den letzten Jahren tadellos ausgeübt. Soweit er vor über 20 Jahren dreimal wegen Untreue verurteilt wurde, kann dies heute nicht mehr berücksichtigt werden.

Urteil des Anwaltsgerichtshofs: Da nach der Wertung des § 14 Abs. 2 Nr. 7 BRAO der Vermögensverfall die Gefährdung der Interessen der Rechtssuchenden indiziert, kann der Ausschluss einer solchen Gefährdung nur in seltenen Ausnahmefällen angenommen werden. Die Feststellungslast trifft den Rechtsanwalt. [30] Ein solcher Ausnahmefall liegt vor, wenn der Rechtsanwalt die zum Schutz der Interessen der Rechtssuchenden in seiner Lage erforderlichen Vorkehrungen trifft sowie sowohl vertragsrechtlich als auch

27 BGH, B. v. 03.06.2015 – AnwZ (Brfg) 11/15, juris Rn. 9.

28 BVerfGE 72, 26, 33.

29 BGH, B. v. 19.05.2011 – AnwZ (Brfg) 12/10, juris Rn. 8; die Rechtsprechung des BGH ablehnend *Kleine-Cosack*, Widerruf der Zulassung: Vom Vermögensverfall zur Unzuverlässigkeit, AnwBl. 2011, 204 f.

30 BGH, NJW-RR 2013, 175, 176; BGH, B. v. 22.05.2013 – AnwZ (Brfg) 73/12, juris Rn. 5; BGH, B. v. 03.06.2015 – AnwZ (Brfg) 11/15, juris Rn. 8.

tatsächlich sicherstellt, dass diese Vorkehrungen eingehalten werden. Dies setzt regelmäßig die Aufgabe der Tätigkeit als Einzelanwalt und den Abschluss eines Anstellungsvertrags mit einer Anwaltssozietät voraus, der nach der Organisation der Sozietät, dem Umfang der Tätigkeitsverpflichtung gegenüber der Sozietät und den getroffenen vertraglichen und tatsächlichen Voraussetzungen einen effektiven Schutz der Interessen der Rechtssuchenden erwarten lässt.[31] Von einem Widerruf der Zulassung eines in Vermögensverfall geratenen Rechtsanwalts kann auch bei der Aufgabe der Selbständigkeit nur abgesehen werden, wenn im Zeitpunkt des Erlasses des Widerspruchsbescheids eine sichere Prognose dahingehend getroffen werden kann, dass sich im zu entscheidenden Einzelfall die typischen Gefahren, die mit dem Vermögensverfall verbunden sind, nicht realisieren werden. Grundlage einer solchen Prognose kann nicht nur der Abschluss eines – unter Umständen den einschlägigen BGH-Entscheidungen nachgebildeten – Anstellungsvertrags sein. Vielmehr entscheidet eine Gesamtwürdigung aller maßgeblichen Umstände darüber, ob die Gefährdung der Rechtssuchenden hinreichend sicher ausgeschlossen ist. Die arbeitsvertraglich vereinbarten Beschränkungen in der Ausübung der anwaltlichen Tätigkeit müssen nicht nur auf dem Papier stehen, sondern auch „gelebt und effektiv umgesetzt" werden.[32] Solche effektiven Kontrollen zeigt der vorgelegte Vertrag nicht auf.

Abgesehen davon erfordert die Annahme eines Ausnahmetatbestands in subjektiver Hinsicht, dass der Rechtsanwalt seinen Beruf bisher ohne jede Beanstandung („tadellos") geführt hat.[33] Auch daran fehlt es. Der Kläger wurde drei Mal rechtskräftig wegen Untreuehandlungen zu Geld- und Freiheitsstrafen auf Bewährung verurteilt. Dass diese Verurteilungen schon länger als 20 Jahre zurückliegen, steht ihrer Berücksichtigung nicht entgegen.[34]

3. Freigabe der selbständigen Anwaltstätigkeit durch den Insolvenzverwalter

Vortrag der Klägers: Der Insolvenzverwalter hat die Anwaltskanzlei nach § 35 Abs. 2 InsO aus der Insolvenzmasse freigegeben. Der Kläger darf nunmehr in seinem erlernten Beruf vollwertig tätig sein und ist durch das absolute Vollstreckungs- und Verwertungsverbot (§§ 89, 166 InsO) vor dem Zugriff der Gläubiger geschützt. Diese Maßnahmen schließen eine Gefährdung der Rechtssuchenden aus.

31 BGH, B. v. 18.10.2010 – AnwZ (B) 21/10, juris Rn. 9.

32 BGH, B. v. 18.10.2010 – AnwZ (B) 21/10, juris Rn. 12.

33 BGH, B. v. 29.07.2016 – AnwZ (Brfg) 60/15, juris Rn. 9.

34 Vgl. den Fall bei BGH, B. v. 03.06.2015 – AnwZ (Brfg) 11/15, juris Rn. 8. In diesem Fall berücksichtigte der BGH bei einer Widerrufsverfügung aus dem Jahr 2014 Verurteilungen aus den Jahren 1989, 1992 und 1994 zu Lasten des Rechtsanwalts.

Urteil des Anwaltsgerichtshofs: Der Umstand, dass der Insolvenzverwalter die Anwaltskanzlei des Klägers im laufenden Insolvenzverfahren freigegeben hat, hat keine Auswirkungen auf die Gefährdung der Interessen der Rechtssuchenden durch den Vermögensverfall. Maßgeblich für die Entscheidung des Insolvenzverwalters nach § 35 Abs. 2 InsO ist allein, welche der beiden dort aufgezeigten Alternativen für die Masse vorteilhafter ist. Entscheidet er sich für den Verbleib in der Masse, so fließen dieser die Erträge aus der selbständigen Tätigkeit zu. Sie haftet dann aber auch für die hieraus resultierenden Verbindlichkeiten (Miete, Löhne, Abgaben, Sozialversicherungsbeiträge usw.). Gibt er hingegen die selbständige Tätigkeit frei, so fließt zwar dem Insolvenzschuldner der neue Erwerb aus ihr zu. Der Insolvenzschuldner haftet jedoch nunmehr selbst für die entstehenden Neuverbindlichkeiten. Darüber hinaus unterliegt er der Ablieferungspflicht aus § 35 Abs. 2 S. 2 i. V. m. § 295 Abs. 2 InsO. Hieraus folgt, dass die Kanzleifreigabe regelmäßig dann erfolgen wird, wenn der Insolvenzverwalter die Einnahmen aus der selbständigen Tätigkeit eher niedrig einschätzt und das Risiko vermeiden will, dass die Masse mit Verbindlichkeiten aus dieser Tätigkeit belastet wird. Eine Gefährdung der Interessen der Rechtssuchenden wird daher allein durch die Freigabe weder ausgeschlossen noch vermindert.[35]

V. Fazit

Der Widerrufsgrund des Vermögensverfalls ist im Großen und Ganzen „ausgeurteilt". Für die meisten Einwände, die die Kläger gegen Widerrufsverfügungen vorbringen, gibt es eine durch die Rechtsprechung des BGH abgesicherte Entgegnung. Folge davon ist, dass Klagen gegen den Widerruf der Zulassung wegen Vermögensverfalls überwiegend erfolglos bleiben. Anlass zur Zulassung der Berufung wegen grundsätzlicher Bedeutung oder Divergenz (vgl. § 112 e S. 2 BRAO i. V. m. § 124 a Abs. 1 S. 1 VwGO) besteht für die Anwaltsgerichtshöfe bei diesem Widerrufsgrund regelmäßig nicht. Anträge auf Zulassung der Berufung beim BGH gegen klageabweisende Urteile der Anwaltsgerichtshöfe bleiben in den meisten Fällen erfolglos. Im Übrigen erledigt ein erfahrener Vorsitzender beim Anwaltsgerichtshof wie *Christian Kirchberg* die Fälle, in denen einmal begründeter Anlass zu Zweifeln an der Rechtmäßigkeit einer Widerrufsverfügung wegen Vermögensverfall besteht, nach Möglichkeit durch eine gütliche Einigung. Diese Vorgehensweise mag zwar im ein oder anderen Fall verhindern, dass rechtsgrundsätzliche Fragen durch den BGH geklärt werden, sie ist aber die schnellere und bessere Lösung für die Beteiligten.

35 BGH, B. v. 26.11.2007 – AnwZ (B) 96/06, juris Rn. 10; dazu *Klose*, der Widerruf der Anwaltszulassung in der Insolvenz des Rechtsanwalts, BRAK-Mitt. 2010, 6 ff.

Vom Unternehmensjuristen zum Syndikusrechtsanwalt – Die verfassungsrechtliche Perspektive

Michael Quaas

Christian Kirchberg ist ein begnadeter Jurist und ausgewiesener Spezialist in vielen Rechtsbereichen. Gäbe es dafür entsprechende Fachanwaltschaften, wäre er nicht nur Fachanwalt für Verwaltungsrecht. Mindestens kämen die Fachanwaltschaften für das anwaltliche Berufsrecht und das Verfassungsrecht hinzu. Doch er würde sie vermutlich gar nicht führen wollen: Als Präsident des Anwaltsgerichtshofs Baden-Württemberg und Vorsitzender des Verfassungsrechtsausschusses der Bundesrechtsanwaltskammer (BRAK) verfügt er über Bezeichnungen, die die Werbewirksamkeit eines Fachanwaltstitels in den Schatten stellen. Es kommt hinzu, dass sich *Christian Kirchberg* zeit seines (beruflichen) Lebens mit besonderer Hingabe diesen Rechtsgebieten gewidmet und sie mit Leben erfüllt hat. Das galt und gilt insbesondere für die Kombination von Teilbereichen dieser Gebiete, also bei Fragestellungen, die sowohl verwaltungsrechtliche, berufsrechtlich als auch verfassungsrechtliche Implikationen aufweisen. So ist es bei dem nachfolgenden Beitrag zu der Figur des Syndikusrechtsanwalt, die vom Gesetzgeber mit dem am 01.01.2016 in Kraft getretenen Gesetz zur Neuordnung des Rechts der Syndikusanwälte aus der Taufe gehoben wurde. Der Beitrag ist daher nicht nur dem Jubilar gewidmet; er hätte auch aus seiner Feder stammen können.

I. Der neue Rechtsstatus des Syndikusanwalts

1. Überblick

Mit der Neuregelung in den §§ 46, 46a–cff. BRAO[1] wird der Beruf des Rechtsanwalts[2] um eine „Ausübungsvariante“ angereichert und der ehema-

1 Vgl. zur Neuregelung durch das Gesetz zur Neuordnung des Rechts der Syndikusanwälte, das am 01.01.2016 in Kraft getreten ist (BGBl. I 2015, S. 2517) u.a. die Beiträge von *Dietzel/Malzahn*, BRAK-Mitt. 2016, 154; *Diller*, AnwBl. 2016, 413; *Hartmann/Horn*, BRAK-Mitt. 2016, 46; *Huber* AnwBl. 2016, 412; *Kleine-Cosack*, AnwBl. 2016, *Offermann-Burckart*, AnwBl. 2016, 125; *dies.*, AnwBl. 2016, 474; *Remmertz*, BRAK-Mitt. 2016, 47; 101; *Schafhausen*, AnwBl. 2016, 116; *Schuster*, AnwBl. 2016, 121 *Wolf*, BRAK-Mitt. 2016, 9, sowie – umfassend: – Die Neuregelung des Rechts der Syndikusanwälte in Theorie und Praxis in: Bundesverband der Unternehmensjuristen, BUJ (Hrsg.), 2016 (i.f. BUJ, Die Neuregelung des Rechts der Syndikusanwälte).

2 Zur besseren Lesbarkeit des Beitrags wird in Übereinstimmung mit dem Gesetzestext nur die männliche Berufsbezeichnung verwendet. Erfasst sind natürlich auch die weiblichen Berufsbezeichnungen „Rechtsanwältin“ bzw. „Syndikusrechtsanwältin“.

lige Syndikusanwalt, der nicht als Rechtsbegriff zu verstehen war [3], in den Status eines „Syndikusrechtsanwalt" erhoben:

a) Legaldefinition und Rechtsfolgen

Nach der Legaldefinition des § 46 Abs. 2 Satz 1 BRAO ist der Begriff des Syndikusrechtsanwalts dadurch gekennzeichnet, dass dieser im Rahmen seines Arbeitsverhältnisses für seinen Arbeitgeber „anwaltlich tätig" wird. Es handelt sich damit um einen Rechtsanwalt, dessen – berufsrechtliche – Besonderheit darin besteht, trotz Vorliegen eines Arbeitsverhältnisses, kraft dessen er bei einem Arbeitgeber angestellt ist, freiberuflich tätig zu sein:

a) Insoweit wird der Begriff des Syndikusrechtsanwalts tätigkeitsbezogen definiert und das in mehrfacher Hinsicht: Zunächst – und entscheidend – wertet der Gesetzgeber die Tätigkeit des Syndikus als anwaltliche Betätigung und stellt damit die vormals gegebene Rechtslage auf den Kopf: Zuvor ging die ständige Rechtsprechung des BGH[4] wie des BVerfG[5], der sich das BSG in drei grundlegenden Entscheidungen aus dem Jahr 2014 angeschlossen hat und die Grundlage und Anlass für die Neuregelung der §§ 46, 46a–c BRAO waren[6], davon aus, dass es sich bei der Tätigkeit des Syndikus im Aufgabenbereich seines Arbeitgebers nicht um eine anwaltliche Tätigkeit handelt. Das entsprach der von den Gerichten vertretenen sog. Doppelberufs-Theorie[7]. Die Tätigkeit des Syndikusanwalts, der auch über eine Zulassung als Rechtsanwalt verfügt, wurde deshalb in zwei Arbeitsbereiche unterteilt: Einen arbeitsvertraglich gebundenen und einen als freien Anwalt[8]. Ausschlaggebend für diese Unterscheidung ist die zentrale Bedeutung der Unabhängigkeit für das Leitbild des Anwaltsberufs. Würde man die Tätigkeit des Syndikus innerhalb des ständigen Beschäftigungsverhältnisses als anwaltliche begreifen, „wäre die Unabhängigkeit für den Rechtsanwaltsberuf nicht mehr wesentlich"[9].

b) Mit der Aufgabe der Unterscheidung der zwei Arbeitsbereiche eines Syndikus und der einheitlichen Bewertung seiner Tätigkeit als „anwaltliche" Berufsausübung (§ 46 Abs. 2, S. 1 BRAO) nimmt der Gesetzgeber aus-

---

3 *Quaas*, BRAK-Mitt. 2015, 2 (5).

4 BGH, B.v. 07.11.1960 – AnwZ (B) 2/60 in BGHZ 33, 266 ff. u. v. m.

5 BVerfGE 87, 287 ff.

6 BSG, U. v. 03.04.2014 – B 5 RE 13/14 R, B 5 RE 9/14 R und B 5 RE 3/14 R in NJW 2014, 2743; sa. nachfolgend BVerfG NJW 2016, 2731; sowie dazu *Deckenbrock/Henssler* in: BUJ, Die Neuregelung des Rechts der Syndikusanwälte (Fn. 1), S. 224 (225 f.).

7 Dazu BVerfGE 87, 287 (327); BGHZ 33, 276 (279 f.); *Deckenbrock/Henssler* in: BUJ, Die Neuregelung des Rechts der Syndikusanwälte (Fn. 1), S. 224 f.; *Wolf* ebd., S. 254 f.; zur Stellung des Syndikusanwalts nach Maßgabe dieser Rechtsprechung – s. u. a. *Burmann* in: FS Tolksdorf zum 65. Geburtstag, 2014, 443 ff.

8 BGHZ 33, 276 (279); 141, 69 (71).

9 So BGHZ 141, 69 (76); dazu u. a. *Simmer*, BRAK-Mitt. 2014, 282 (284).

drücklich von der Doppelberufstheorie Abstand[10]. Darüber hinaus führt die tätigkeitsbezogene Definition des Begriffs Syndikusrechtsanwalt dazu, dass die Befugnisse des Syndikusrechtsanwalts zur Beratung und Vertretung seines Arbeitgebers in dessen Rechtsangelegenheiten beschränkt sind (§ 46 Abs. 5 Satz 1 BRAO). Sie begrenzen damit auch die Reichweite der Zulassung mit der Folge, dass jede tätigkeitsbezogene Änderung des Arbeitsvertrages und jede wesentliche Änderung der Tätigkeit innerhalb des Arbeitsverhältnisses (sog. „Tätigkeitswechsel") der zuständigen Rechtsanwaltskammer (RAK) anzuzeigen ist und ggf. zu einem Widerruf der Zulassung „als Syndikusrechtsanwalt" führen kann (§ 46b BRAO n.F.). Auch mit dieser Beschränkung will der Gesetzgeber verhindern, dass die anwaltliche Unabhängigkeit durch das Einwirken fremder wirtschaftlicher Interessen gefährdet wird und zum Ausdruck bringen, dass an dem Fremdkapitalverbot und dem in § 49e BRAO geregelten Fremdbesitzverbot festgehalten wird[11].

c) Bei der Umschreibung dessen, was anwaltliche Tätigkeit eines Syndikus ist, greift der Gesetzgeber die Vier-Kriterien-Theorie der Deutschen Rentenversicherung Bund auf, die in § 46 Abs. 3 BRAO gesetzlich normiert wird und das anwaltliche Anstellungsverhältnis durch die nachfolgenden Merkmale prägt:
   (1.) die Prüfung von Rechtsfragen, einschließlich der Aufklärung des Sachverhalts, sowie das Erarbeiten und Bewerten von Lösungsmöglichkeiten;
   (2.) die Erteilung von Rechtsrat;
   (3.) die Ausrichtung der Tätigkeit auf die Gestaltung von Rechtsverhältnissen, insbesondere durch das selbstständige Führen von Verhandlungen oder auf die Verwirklichung von Rechten;
   und
   (4.) die Befugnis, nach außen verantwortlich aufzutreten.

d) Zusammengefasst ist nach der Legaldefinition des § 46 Abs. 2 u. 3 BRAO der zugelassene Rechtsanwalt ein Syndikusrechtsanwalt, wenn er im Rahmen seiner Anstellung fachlich unabhängig und eigenverantwortlich Tätigkeiten ausführt, die als anwaltliche Tätigkeit im Sinne von § 46 Abs. 3 BRAO zu bewerten sind.

b) Die Zulassung des Syndikusrechtsanwalts

Mit § 46 Abs. 2 BRAO wird nicht nur eine Definition des Begriffs des Syndikusrechtsanwalts vorgenommen. Satz 2 dieser Bestimmung stellt zusätzlich

10 Vgl. BT-Drs. 18/5201, 21: „Die Doppelberufstheorie wird aufgegeben".
11 BT-Drs. 18/5201, S. 30; *Offermann-Burckart*, AnwBl. 2016, 125 (131).

klar, dass die anwaltliche Tätigkeit des Syndikusrechtsanwalts der Zulassung bedarf.

a) Nach der amtlichen Begründung des Regierungsentwurfs handelt es sich bei dieser Zulassung um eine „von der Zulassung als Rechtsanwalt nach den §§ 4 ff. BRAO unabhängige und eigenständige Zulassung". Durch die Ausgestaltung der Zulassung werde dem Umstand Rechnung getragen, dass sich die Tätigkeit eines Rechtsanwalts auf die Tätigkeit als Syndikusrechtsanwalt beschränken kann und dass die Zulassung als Syndikusrechtsanwalt tätigkeitsbezogen ausgestaltet ist[12].

b) Gemäß § 46 a Abs. 1 BRAO n. F. erhält die Zulassung als Syndikusrechtsanwalt auf Antrag derjenige, der
   (1.) die allgemeinen Zulassungsvoraussetzungen gem. § 4 BRAO (Befähigung zum Richteramt oder Eingliederungsvoraussetzungen nach dem EuRAG) erfüllt;
   (2.) in dessen Person keine der in § 7 BRAO abschließend aufgeführten Gründe für eine Versagung der Zulassung vorliegen (z. B. keine Unwürdigkeit nach § 7 Nr. 5 BRAO wg. strafrechtlicher Vortaten); und
   (3.) die besonderen Voraussetzungen eines Syndikusrechtsanwalts nach den Bestimmungen des § 46 Abs. 2–5 BRAO erfüllt.

c) Insoweit findet sich eine wichtige Besonderheit für das Zulassungsverfahren der Syndikusrechtsanwälte in § 46 a Abs. 2 Satz 1 BRAO, wonach vor der Entscheidung über den Zulassungsantrag durch die RAK der Träger der Rentenversicherung anzuhören ist. Die Rentenversicherung soll die Möglichkeit erhalten, frühzeitig die Erwägungen, die im Einzelfall aus ihrer Sicht gegen eine Zulassung als Syndikusrechtsanwalt und die damit verbundene Befreiung von der Rentenversicherungspflicht sprechen, vorzubringen.

c) Doppelzulassung

Wie bereits ausgeführt, wird durch die Einführung einer gesonderten Zulassung als Syndikusrechtsanwalt die Doppelberufstheorie, soweit sie das Vorliegen einer anwaltlichen Tätigkeit im Rahmen der Beschäftigung im Unternehmen verneint, aufgegeben. Das bedeutet jedoch nicht, dass die Ausübung zweier oder mehreren Berufe in ein und derselben Person ausgeschlossen werden soll. Das wäre das Gegenteil von dem, was das Grundrecht der Berufsfreiheit gem. Art. 12 Abs. 1 GG dem Rechtsanwalt gemäß der sog. Zweitberufsentscheidung des BVerfG[13] erlaubt. Vielmehr kann sich der Syndikus-

12 BT-Drs. 18/5201, S. 31.
13 BVerfGE 87, 287 ff.

rechtsanwalt – wie sich auch aus einem Umkehrschluss zu § 46c Abs. 2 Satz 2 BRAO ergibt – neben seiner Tätigkeit in dieser Funktion auch als niedergelassener Rechtsanwalt zulassen[14]. Für diese Fälle stellt die Folgeänderung des § 33 Abs. 3 BRAO sicher, dass der betreffende Rechtsanwalt wie bisher nur Mitglied einer RAK ist und keine Doppelmitgliedschaft in der zuständigen RAK entsteht.

2. Ausübungsvarianten des Rechtsanwaltsberufs

a) Einheitliches Berufsbild des Rechtsanwalts

a) Die BRAO geht seit ihrem Bestehen (1959) von einem einheitlichen Berufsbild des Rechtsanwalt aus, das der Gesetzgeber als Leitbild in den §§ 1–3 BRAO umschrieben hat[15]. Die Bestimmungen bilden zugleich die „Magna Charta" des (materiellen) Berufsrechts[16]. Danach definiert § 1 i. V. m. § 2 Abs. 1 BRAO das überlieferte und seit über einem Jahrhundert durchgesetzte Berufsbild des Rechtsanwalts als Repräsentant einer „freien Advokatur"[17].

b) Nach § 1 BRAO ist der Rechtsanwalt ein unabhängiges Organ der Rechtspflege. Nach § 2 BRAO übt er einen freien Beruf aus; seine Tätigkeit ist kein Gewerbe. Nach § 3 Abs. 1 BRAO ist der Rechtsanwalt der freiberufene unabhängige Berater und Vertreter in allen Rechtsangelegenheiten. Diese drei Säulen bilden das gesetzliche Berufsbild des Rechtsanwalts, das allen Bestimmungen der BRAO und der auf sie gestützten Normen einschließlich Berufs- und Fachanwaltsordnung (BORA, FAO) zugrunde liegt.

b) Variationen

In der Rechtsprechung des BVerfG ist seit langem anerkannt, dass der Gesetzgeber befugt ist, bestimmte Berufsbilder normativ zu fixieren und ihnen einen gesetzlich vorgegebenen Inhalt zu geben[18]. Sind mit der normativen Fixierung eines Berufsbildes Eingriffe in die Berufsfreiheit verbunden, überprüft das BVerfG die gesetzliche Regelung anhand des Verhältnismäßigkeitsgrund-

---

14 BT-Drs. 18/5201, S. 32.

15 Zu diesem Berufsbild oder Leitbild: *Henssler/Prütting/Busse*, BRAO, 4. Aufl. 2014, § 1 BRAO Rdn. 21; *Feuerich/Weyland/Vosseburger*, BRAO, 8. Aufl. 2012, § 1 BRAO Rdnr. 1.

16 *Offermann-Burckart/Quaas*, Anwaltsrecht in der Praxis, 2010, § 11 Rdnr. 5.

17 BVerfGE 50, 26 (29); 63, 266; dazu *Mayen*, Die Freiheit der Advokatur im Spiegel des Verfassungsrechts in: Deutscher Anwaltsverein (Hrsg.) Anwälte und ihre Geschichte, 2011, 785 ff.

18 BVerfGE 13, 97 (106); 75, 246 (265 f.); 78, 179 (193); *Gaier/Wolf/Göcken*, Anwaltliches Berufsrecht, 2. Aufl. 2014, Art. 12 GG, Rdnrn. 17, 45.

satzes einschließlich der nach Art. 12 GG entwickelten Grundsätze der sog. Stufenlehre[19].

a) Von dieser Befugnis zur Prägung eines gesetzlichen Leitbildes hat der Gesetzgeber 1959 mit der Bestimmung des Rechtsanwaltberufs (§§ 1–3 BRAO) Gebrauch gemacht. Vor diesem Hintergrund hat der Gesetzgeber 2016 mit der vorliegenden Reform weitere Konkretisierungen dieses Berufsbildes vorgenommen, indem er in § 46 Abs. 1 BRAO die Ausübungsvariante des „angestellten Rechtsanwalts" und in den weiteren Bestimmungen nach §§ 46 Abs. 2–5, 46 a–c BRAO die des „Syndikusrechtsanwalts" näher konkretisiert und ausgestaltet hat.

b) Entsprechend lassen sich auf der Grundlage der BRAO die folgenden „Typen" von Rechtsanwälten unter dem einheitlichen Berufsbild des Rechtsanwalts unterscheiden[20]:
   (1.) Der „normale" (gelegentlich als „Kanzleianwalt" bezeichnete) Rechtsanwalt, der zur Rechtsanwaltschaft zugelassen ist (§ 4 BRAO), keinen Zweitberuf ausübt und entweder als „Einzelanwalt" oder in einer Berufsausübungsgemeinschaft (BAG) seinem Beruf nachgeht;
   (2.) der Rechtsanwalt, der zur Rechtsanwaltschaft zugelassen ist, (§ 4 BRAO) und als „angestellter" Anwalt seinen Beruf bei einem anwaltlichen Arbeitgeber (§ 46 Abs. 1 BRAO n. F.) ausübt;
   (3.) der Syndikusrechtsanwalt, der als Syndikusrechtsanwalt zur Rechtsanwaltschaft zugelassen ist (§ 46 a BROA n. F.) und (nur) Angestellter eines nicht-anwaltlichen Arbeitgebers ist und für diesen Arbeitgeber – ausschließlich – in dieser Eigenschaft anwaltlich tätig wird;
   (4.) der Syndikusrechtsanwalt, der zusätzlich als „normaler" Rechtsanwalt zugelassen ist und diesem Berufstypus entsprechend alleine oder als Teil einer BAG tätig wird;
   (5.) der Rechtsanwalt, der einen Zweitberuf ausübt, also bei einem nicht-anwaltlichen Arbeitgeber tätig ist, ohne Syndikusrechtsanwalt zu sein.

II. Verfassungsfragen rund um den Syndikusrechtsanwalt

Oben wurde gezeigt, dass dem Gesetzgeber die Befugnis obliegt, ein bestimmtes Berufsbild normativ zu fixieren und ggf. im Hinblick auf bestimmte Anwendungsbereiche zu modifizieren. Maßstab für die Verfassungsmäßigkeit solcher „Berufsbildregelungen" ist das Grundrecht der Berufsfreiheit nach Art. 12 Abs. 1 GG. Es gewährleistet nach der Rechtsprechung des BVerfG

19 *Gaier/Wolf/Göcken* (Fn. 18) m. w. N.
20 Vgl. *Offermann-Burckart*, AnwBl. 2015, 63 f.

auch, mehrere Berufe gleichzeitig auszuüben[21]. Das muss erst recht gelten, wenn der Betroffene – wie bei dem Beruf des Rechtsanwalts – mehrere „Modalitäten" ein und desselben Berufes ausübt. Beschränkt der Gesetzgeber diese Wahlfreiheit mit dem Ziel, die Verbindung bestimmter beruflicher Tätigkeiten auszuschließen, ist dies nur durch eine hinreichend bestimmte – gesetzliche – Ermächtigung und zum Schutz vernünftiger Erwägungen des Gemeinwohls im Rahmen des Verhältnismäßigkeitsprinzips zulässig[22].

Mit Rücksicht darauf, fragt sich zunächst, ob der Gesetzgeber überhaupt befugt war, den Rechtsanwalttypus „Syndikusrechtsanwalt" zu schaffen und dabei nach Maßgabe der Begriffsdefinition des § 46 Abs. 2 Satz 1 BRAO von dem vom gesetzlichen Leitbild des Rechtsanwalts als einen freien und unabhängigen Beruf abzuweichen (I.). Verfassungsrechtlich problematisch könnte weiter sein, dass der Gesetzgeber den „Beruf" des Syndikusrechtsanwalts von einer Zulassung zur Rechtsanwaltschaft gem. § 46 a BRAO abhängig gemacht und damit womöglich eine „Zweitzulassung" für die Berufsausübung vorgeschrieben hat (II.). Schließlich können verfassungsrechtliche Zweifelsfragen des Art. 12 GG bei der Anwendung der „Zulassungsbestimmungen" des § 46 a BRAO auftauchen, die insbesonders die Versagungsgründe des § 7 BRAO betreffen (III.).

1. Berufsbild des Syndikusrechtsanwalts und freie Advokatur

Nach der Konzeption des Gesetzgebers ist der Syndikusrechtsanwalt im Sinne der Einheit der Anwaltschaft Rechtsanwalt i. S. v. §§ 1–3 BRAO[23]. Das geht schon daraus hervor, dass gemäß § 46 c Abs. 1 BRAO für die Syndikusrechtsanwälte die Vorschriften über Rechtsanwälte gelten, soweit gesetzlich nichts anderes bestimmt ist. Uneingeschränkt anwendbar sind somit auch die §§ 1–3 BRAO, die „Magna Charta" des anwaltlichen Berufsrechts sowie die (allgemeinen) Zulassungsvoraussetzungen zum Beruf des Rechtsanwalts einschließlich der Versagungsgründe des § 7 BRAO. Insoweit fragt sich, ob die arbeitsvertraglichen Bindungen, denen der Sydikusrechtsanwalt im Verhältnis zu seinem (nicht anwaltlichen) Arbeitgeber unterliegt, der gesetzlich geforderten Unabhängigkeit des Rechtsanwalts als essentiellem Teil seines Berufsbildes entgegenstehen und der Gesetzgeber damit die ihm durch die Verfassung gezogenen Grenzen überschritten hat:

---

21 BVerfGE 21, 173; 87, 287; zum Beruf des Steuerberaters vgl. BVerfG, B. v. 23.08.2013 – 1 BvR 2912/11.

22 *Gaier/Wolf/Göcken* (Fn. 18), Art. 12 GG, Rdnrn. 43 ff.

23 BT-Drs. 18/5201, S. 18.

a) Verfassungsrechtliche Verortung des Rechtsanwaltsberufs

Nach dem in § 1 BRAO niedergelegten Leitbild zeichnet sich der Beruf des Rechtsanwalts durch zwei prägende Elemente aus, nämlich durch die dem Anwalt im Bereich der Rechtspflege zugewiesene Funktion („Organ der Rechtspflege") und durch seine Unabhängigkeit[24]. Ergänzt wird dieses Berufsbild u.a. durch § 3 Abs. 1 BRAO, der den Rechtsanwalt zum berufenen unabhängigen Berater in allen Rechtsangelegenheiten bestimmt:

a) Das diesen Regelungen zugrundeliegende, historisch gewachsene Verständnis des Anwaltsberufs hat das BVerfG in ständiger Rechtsprechung anerkannt und in die Werteordnung des GG integriert. Hierbei hat es die „fundamentale objektive Bedeutung der freien Advokatur" und damit deren Einbindung in das Rechtsstaatsprinzip (Art. 20 Abs. 3 GG) betont[25]. Weiter hat das BVerfG aus dem Grundsatz der freien Advokatur i. V. m. dem Grundrecht der Berufsfreiheit gem. Art. 12 Abs. 1 GG abgeleitet, dass die anwaltliche Berufsausübung einer staatlichen Kontrolle und Bevormundung grundsätzlich entzogen und unter der Herrschaft des Grundgesetzes der freien und unreglementierten Selbstbestimmung des Einzelnen überantwortet ist, soweit diese nicht durch verfassungsgemäße Regelungen beschränkt wird[26].

b) Anwaltliche Unabhängigkeit und „Organ der Rechtspflege" werden damit nicht als unauflösliche Gegensätze, sondern als unverzichtbare Bestandteile einer rechtsstaatlichen Anwaltschaft aufgefasst. Insoweit haben der Grundsatz der freien Advokatur und das Prinzip der anwaltlichen Unabhängigkeit als Garant einer rechtsstaatlichen Rechtspflege eine grundrechtliche und rechtsstaatliche Fundierung, die auch den einfachen Gesetzgeber bindet.

b) Beschränkungen der freien Advokatur

Nach diesen Grundsätzen würden die arbeitsvertraglichen Bindungen des Syndikusanwalts dem Grundsatz der freien Advokatur als Ausprägung der verfassungsrechtlich geforderten Unabhängigkeit des Rechtsanwalts entgegenstehen, wenn sie durch den Gesetzgeber im Rahmen der vorliegenden Reform nicht hinreichend aufgelöst wären:

a) Das erinnert an die seinerzeit gescheiterten Bestrebungen des Deutschen Anwaltvereins (DAV) im Gesetzgebungsverfahren zum Gesetz über die Neuordnung des Berufsrechts der Rechtsanwälte und der Patentanwälte vom 02.09.1994 (BGBl. I, 2278). Der damalige Vorstoß, durch eine Ände-

24 *Fetzer* in: FS für Tolksdorf zum 65. Geburtstag (Fn. 7), S. 451 ff.

25 BVerfGE 15, 226 (234); 63, 266 (282); *Gaier*, BRAK-Mitt. 2012, 142, 144; *Fetzer* (Fn. 24).

26 BVerGE 50, 16 (29); 110, 226 (251); *Fetzer* (Fn. 24).

rung des § 46 BRAO dem Syndikusanwalt einzuräumen, dass er auch im Angestelltenverhältnis als Rechtsanwalt tätig werden kann, konnte sich nicht durchsetzen. Der Rechtsausschuss des Bundestages hat diese Gesetzesinitiative unter Verweis auf die Zweitberufsentscheidung des BVerfG[27] mit der Überlegung verworfen, die von der freien und unreglementierten Selbstbestimmung geprägten Bindungen des Rechtsanwalts stünden der geänderten Regelung entgegen[28].

b) Was hat sich nun – ca. 20 Jahre danach – so geändert, dass sich der Gesetzgeber veranlasst sieht, dem Drängen eines großen Teils der verfassten Anwaltschaft nachzugeben und die seinerzeit noch zur Ablehnung bemühte Doppelberufstheorie expressis verbis aufzugeben? Die Gründe sind vielfältig und haben ihre wesentliche Ursache sicher darin, dass aufgrund der o. g. BSG-Urteile vom 03.04.2014 rund 40 000 Syndizi ihre rentenrechtlichen Versorgungsanwartschaften ohne gesetzliche Neuregelung gefährdet sahen. Das allerdings kann den Auffassungswandel des Gesetzgebers verfassungsrechtlich nicht hinreichend legitimieren. Von entscheidender Bedeutung dürfte sein, ob dem Gesetzgeber seine heutige Einschätzung, die Weisungsgebundenheit des Syndikus lasse sich bei entsprechenden gesetzlichen Vorkehrungen (noch) hinreichend in das (auch) durch die Verfassung geprägte Berufsbild des Rechtsanwalts einfügen, einer verfassungsrechtlichen Überprüfung standhält. Anders ausgedrückt: Ist die Doppelberufstheorie verfassungsrechtlich zwingend ein Hinderungsgrund für eine Neuregelung des Syndikusrechtsanwalts oder kann sie der Gesetzgeber „mit einem Federstrich" beseitigen?

c) Zur Beantwortung wird man auch insoweit sicherlich nicht auf die gewandelten gesellschaftlichen Verhältnisse oder sonstige sozioökonomische Änderungen im „Berufsbild" des Rechtsanwalts oder vergleichbare Argumentationsmuster verweisen können[29]. Richtig – und verfassungsrechtlich von maßgebender Bedeutung – ist allerdings die im Regierungsentwurf zum Tragen kommende Erwägung, die Unabhängigkeit des Rechtsanwalts beziehe sich auf die geistige Entscheidungsfreiheit und das selbstständige Handeln des Rechtsanwalts[30]. Sie sei nicht davon abhängig, ob der Beruf im Rahmen eines Angestelltenverhältnisses oder selbstständig ausgeübt werde. Wenn daher der Gesetzgeber hinreichende Sicherungen für die Wahrung einer solchen Entscheidungsfreiheit und Verwirklichung einer – auch – inneren Unabhängigkeit im Gesetz vorsieht, wird das Bestehen eines Arbeitsverhältnisses zwischen dem Syndikus und seinem Arbeitgeber und die ihm innewohnende Abhängigkeit des Angestellten zu seinem

27 BVerfGE 87, 287 ff.
28 BGH NJW 2011, 1517; *Burmann* in: FS für Tolksdorf zum 65. Geburtstag (Fn. 7), S. 444.
29 Vgl. *Burmann* in: FS für Tolksdorf zum 65. Geburtstag (Fn. 7), S. 444 ff.
30 BT-Drs. 18/5201, 21.

Dienstherrn allein nicht ausreichen, einer gesetzlichen Legitimierung des Syndikusrechtsanwalts die – verfassungsrechtliche – Anerkennung zu versagen.

d) Gemessen daran halten die Bestimmungen der §§ 46 Abs. 2 u. 3 BRAO, das Verfahren der Zulassung nach § 46a BRAO n. F. und die Vorkehrungen für das Erlöschen und die Änderung der Zulassung als Syndikusrechtsanwalt gem. § 46b BRAO im Grundsatz einer verfassungsrechtlichen Überprüfung Stand. Der Gesetzgeber belässt es nicht bei der Legaldefinition des § 46 Abs. 2 Satz 1 BRAO, wonach die Tätigkeit des Syndikus im Rahmen seines Anstellungsverhältnisses als anwaltlich qualifiziert wird. Diese Qualifikation muss sich auch inhaltlich erweisen, wofür der Gesetzgeber ein Zulassungsverfahren anordnet und die Entscheidungskriterien zur Beurteilung der geforderten „fachlich unabhängig und eigenverantwortlich auszufüllenden Tätigkeiten" – in Anlehnung an die anerkannten Merkmale der Deutschen Rentenversicherung – selbst festlegt. All dies unterliegt gerichtlicher Überprüfung, wobei von einer umfänglichen und uneingeschränkten Rechtskontrolle durch die Anwaltsgerichte auszugehen sein wird. Dies zusammengenommen, erscheint das Verfassungsprinzip der freien Advokatur durch die gesetzliche Neuregelung des Syndikusrechtsanwalts hinreichend gewahrt.

2. Verfassungsmäßigkeit der „Zweitzulassung als Syndikusrechtsanwalt"

Angestellte nicht anwaltliche Arbeitgeber, die im Rahmen ihres Arbeitsverhältnisses für ihren Arbeitgeber anwaltlich tätig sind und vom Gesetz als „Syndikusrechtsanwälte" bezeichnet werden, bedürfen nach § 46 Abs. 2 Satz 2 BRAO i. V. m. § 46a BRAO einer gesonderten Zulassung durch die RAK. Das wirft die Frage auf, ob eine solche „Zweitzulassung" im Hinblick auf die Berufsfreiheit und den darin enthaltenen Grundsatz der Verhältnismäßigkeit verfassungsmäßig ist, bzw. insbesondere für den „Syndikusanwalt", der bereits vor der Novelle als Syndikusanwalt tätig war und über eine Rechtsanwaltzulassung nach § 4 BRAO verfügt (sog. „Alt-Syndikus" oder „Alt-Syndizi"). Ob ein Zulassungserfordernis für Alt-Syndizi besteht, ist in der Literatur höchst umstritten.[31] Insoweit muss die Zulassungspflicht für Alt-Syndizi zunächst einfachrechtlich beantwortet werden, bevor sich – bei

---

31 Bejahend u. a. *Kury*, BRAK – Magazin 01/2016, 3; *Löwe*, BRAK – Magazin 01/2016, 7 f; *Wolf*, Stellungnahme zum Gesetzentwurf der Bundesregierung zur Neuartung des Rechts der Syndikusanwälte, S. 6, abrufbar unter www.bundestag.de; *ders.* in: BUJ, Die Neuregelung des Rechts der Syndikusanwälte (Fn. 1), S. 254; a. A. u. a. *Deckenbrock/Henssler* in: BUJ, Die Neuregelung des Rechts der Syndikusanwälte (Fn. 1), S. 224 (245 f.); Offermann-*Burckart*, AnwBl. 2015, 633, 642; *dies.*, AnwBl. 2016, 125 (134); *Remmertz*, BRAK-Mitt. 2016, 47.

ihrer Bejahung – die Frage nach der Verfassungsmäßigkeit einer solchen Tätigkeitsbeschränkung stellt:

a) Zulassungspflicht für Alt-Syndizi?

a) Bereits nach Bekanntwerden des Referentenentwurfs zum Gesetz zur Neuordnung des Rechts der Syndikusanwälte wurde heftig diskutiert, ob auch diejenigen zur Anwaltschaft zugelassenen „Alt-Syndizi", die über einen gültigen rentenversicherungsrechtlichen Befreiungsbescheid verfügen, gezwungen sind, einen Antrag auf Zulassung als Syndikusrechtsanwalt zu stellen. Dies wurde damals überwiegend abgelehnt. Man verwies insbesondere auf den – ebenfalls im Entwurf vorliegenden – Befreiungstatbestand des § 231 Abs. 4 b, S. 4 SGB VI–E, der lautete: „Die Befreiung wirkt jedoch auch für Zeiten vor dem 01. April 2014, wenn für diese Zeiten einkommensbezogene Pflichtbeiträge an ein berufsständisches Versorgungswerk gezahlt wurden". In der Begründung hierzu heißt es, Satz 4 regle, dass die Begrenzung der Rückwirkung der Befreiung auf April 2014 nicht in den Fällen gelte, in denen insbesondere in der Annahme des Bestehens einer gültigen Befreiung seinerzeit nur einkommensbezogene Pflichtbeiträge zur berufsständischen Versorgung gezahlt worden seien, nicht jedoch zur gesetzlichen Rentenversicherung: „Hiermit wird umfassend eine Rückabwicklung der zur berufsständischen Versorgung entrichteten Beiträge vermieden und im Ergebnis die tatsächliche Beitragszahlung nachträglich legalisiert".[32] Mit Rücksicht darauf besteht für „Alt-Syndizi" jedenfalls aus versorgungsrechtlichen Gründen keine Notwendigkeit, die Zulassung als Syndikusrechtsanwalt zu beantragen.

b) Das ist die eine – versorgungsrechtliche – Sicht. Das Berufsrecht sieht dies anders. § 46 Abs. 2 Satz 2 BRAO stellt eindeutig fest: „Der Syndikusrechtsanwalt bedarf zur Ausübung seiner Tätigkeit nach Satz 1 der Zulassung zur Rechtsanwaltschaft nach § 46 a BRAO". Dieser Gesetzesbefehl wird durch keine gesetzliche Regelung eingeschränkt oder in Frage gestellt. Vielmehr stellt das Gesetz die Zulassung als Syndikusrechtsanwalt bereits in der Bestimmung des § 46 Abs. 2 Satz 2 BRAO neben die Zulassung als niedergelassener Rechtsanwalt. Es handelt sich um einen Rechtsanwalt „mit zwei Hüten", die derselbe Kopf tragen darf, aber nicht gleichzeitig. Ein „Alt-Syndikusanwalt", der seinen Arbeitgeber rechtlich beraten will, bedarf somit der Zulassung nach § 46 a BRAO, ohne die er die Berufsbezeichnung „Syndikusrechtsanwalt" nicht führen darf. Es steht ihm kein „Wahlrecht" zu, sich für seine rechtsberatende Tätigkeit gegebenenfalls auf § 3 RDG zu berufen[33].

32 Begründung des Gesetzentwurfs der Bundesregierung vom 10.06.2015, BT-Drs.18/5201, S. 6.
33 *Wolf* in: BUJ, Die Neuregelung des Rechts der Syndikusanwälte (Fn. 1), S. 254 (257 ff.).

Dagegen lässt sich nicht einwenden, es gebe keinen Zulassungszwang. Selbstverständlich muss sich niemand, der die Zulassungsvoraussetzungen zur Rechtsanwaltschaft nach §§ 4, 6 BRAO erfüllt, auch als Rechtsanwalt zulassen. Das gleiche gilt für die Zulassung nach § 46 a BRAO. Daraus folgt allerdings, dass demjenigen, der nicht zugelassen ist, auch nicht die Rechtsberatungserlaubnis nach § 3 Abs. 1 und 2 BRAO bzw. § 46 Abs. 5 BRAO zur Seite steht[34]. Daraus folgt weiter, dass für Rechtsanwälte, die bereits über eine Zulassung als niedergelassener Rechtsanwalt verfügen, bei der Zulassung als Syndikusrechtsanwalt keine Erleichterungen gegenüber Bewerbern gelten, die noch keine Zulassung als Rechtsanwalt haben. Umgekehrt führt der Verlust der einen Zulassung nicht automatisch zum Verlust der anderen. Von einer „Doppelzulassung" lässt sich nur in dem Sinne sprechen, dass nur eine Mitgliedschaft in einer RAK besteht und jeder Rechtsanwalt immer nur Mitglied einer RAK sein kann.[35]

c) Befreiungsbescheide der Deutschen Rentenversicherung sind von dem berufsrechtlichen Zulassungserfordernis streng getrennt zu halten. Die Neuordnung des Rechts der Syndikusanwälte soll – wie gezeigt – aufgrund der Urteile des BSG vom 03.04.2014 der Reparatur und Erhaltung der Versorgungsbiografie dienen.[36]Insoweit sind die Syndikusrechtsanwaltstätigkeit und der Befreiungstatbestand von der Rentenversicherung zwar gedanklich miteinander verknüpft. Die Zulassungspflicht hängt aber nicht vom Vorliegen eines Befreiungsbescheides ab oder wird durch ihn ersetzt. Maßgebend ist allein die Tätigkeit bei einem nichtanwaltlichen Arbeitgeber, die vom Gesetz als „anwaltliche Tätigkeit" eingestuft wird.

b) Verfassungsrechtliche Bewertung

Da mithin für jeden Syndikusrechtsanwalt – auch für „Alt-Syndizi" – eine „Zulassungspflicht" nach § 46 Abs. 2 Satz 2 BRAO i. V. m. § 46 a BRAO in dem Sinne besteht, dass der seinen Arbeitgeber beratende Unternehmensjurist nach § 46 a BRAO der Zulassung bedarf, ist die Notwendigkeit einer solchen „Doppelzulassung" verfassungsrechtlich zu würdigen:

a) Die Verfassungsmäßigkeit des Zulassungserfordernisses für den Syndikusrechtsanwalt als solches wurde bereits oben bejaht. Der Gesetzgeber hat von seiner Befugnis, das Berufsbild des Syndikusrechtsanwalts zu normieren, zutreffend Gebrauch gemacht. Dazu gehört auch die Einführung einer Zulassungspflicht.

---

34 *Wolf*, ebd.; a. A. u. a. *Deckenbrock/Henssler* in: BUJ, Die Neuregelung des Rechts der Syndikusanwälte (Fn. 1), S. 224 (245 f.).

35 *Löwe*, BRAK-Magazin 2016, 7.

36 *Kury*, BRAK-Magazin 2016, 3.

b) Gleichwohl könnte sich als unverhältnismäßig die Einführung der Zulassungspflicht für Alt-Syndizi erweisen, da sich für sie durch die neue Rechtslage faktisch nichts ändert. Ihr Tätigkeitsbereich als Unternehmensjuristen bleibt vor und nach der Einführung des Syndikusrechtsanwalts gleich, sofern die Tätigkeit nicht inhaltlich und arbeitsvertraglich eine Änderung erfahren hat.

c) Gerade der letzte Gesichtspunkt unterstreicht indessen die Notwendigkeit einer „Zulassungsprüfung" (durch die RAK) und deren verfassungsrechtliche Rechtfertigung: Die Zulassung als Syndikusrechtsanwalt erfolgt – anders als die Zulassung als niedergelassener Rechtsanwalt – tätigkeitsbezogen; sie ist „quasi akzessorisch" zu einer ganz konkreten Tätigkeit bei einem bestimmten – nicht anwaltlichen – Arbeitgeber. Die Zulassung nach § 46a BRAO wird also nicht generell „als Syndikusrechtsanwalt" erteilt, sondern als „Syndikusrechtsanwalt für die Tätigkeit X im Unternehmen Y". [37] Eine solche Zulassung ist nur zu erteilen, wenn u. a. „die Tätigkeit den Anforderungen des § 46 Abs. 2–5 entspricht" (§ 46a Abs. 1 Nr. 3 BRAO). Bei einer wesentlichen Änderung der Tätigkeit oder dem Hinzutreten weiterer Arbeitsverhältnisse ist jeweils ein neuer Antrag – und damit eine neue Zulassung – erforderlich (§ 46b BRAO). Es kann zu einem Erlöschen der Zulassung als Syndikusrechtsanwalt kommen, weshalb die Tätigkeit als Syndikusrechtsanwalt einer fortwährenden Zulassungsüberprüfung durch die RAK unterliegt und Anzeigepflichten des Syndikusrechtsanwalts bestehen. All dies begründen vernünftige Erwägungen des Gemeinwohls, die eine Zulassungspflicht auch für Alt-Syndizi unter dem Gesichtspunkt der Berufsfreiheit nach Art. 12 Abs. 1 GG rechtfertigen.

3. Materielle Zulassungsfragen des (Syndikus-)Rechtsanwalts im Lichte seiner Berufsfreiheit

Abschließend ist auf einige materielle Zulassungsfragen bei Anwendung des § 7 BRAO im Rahmen der Zulassungsprüfung durch die RAK sowohl für den Syndikusrechtsanwalt als auch für den Bewerber, der zusätzlich seine Zulassung als „niedergelassener" Rechtsanwalt erstrebt, einzugehen. Auch hier können sich Besonderheiten bei der Anwendung der Bestimmungen insbesondere des § 7 Nr. 5 BRAO (Unwürdigkeit) oder des § 7 Nr. 8 BRAO (Unvereinbarkeit des Zweitberufs) im Lichte des Grundrechts aus Art. 12 Abs. 1 GG ergeben:

37 *Löwe*, BRAK-Magazin 2016, 7.

a) Die Zulassung des Syndikusrechtsanwalts

Die Zulassung des Syndikusrechtsanwalts ist von der eines „niedergelassenen“ Rechtsanwalts deutlich zu trennen. Während für die Zulassung des Rechtsanwalts insbesondere die allgemeinen und besonderen Voraussetzungen der §§ 4 ff. BRAO maßgebend sind, bestimmt sich die Zulassung des Syndikusrechtsanwalts ergänzend und einschränkend nach § 46 a–c BRAO. Für beide gilt das durch Art. 12 GG verbürgte Grundrecht der Berufsfreiheit, das dazu berechtigt, mehrere Berufe zu wählen und gleichzeitig nebeneinander auszuüben. Eine Festlegung von Inkompatibilitäten zwischen verschiedenen Berufen kann nach dem Gesetzesvorbehalt des Art. 12 Abs. 1 Satz 2 GG nur durch Gesetz oder aufgrund eines Gesetzes erfolgen. Eine solche Einschränkung findet sich für den anwaltlichen Bereich in § 7 Nr. 8 BRAO:

a) Nach § 7 Nr. 8 BRAO ist die Zulassung zur Rechtsanwaltschaft – hier in der „Ausübungsvariante“ des Syndikusrechtsanwalts – zu versagen, wenn der Bewerber eine Tätigkeit ausübt, die mit dem Beruf des Rechtsanwalts, insbesondere seiner Stellung als unabhängiges Organ der Rechtspflege nicht vereinbar ist oder das Vertrauen in seine Unabhängigkeit gefährden kann. Die Bestimmung ist an sich – wie § 46 a Abs. 1 Nr. 2 BRAO zeigt – „uneingeschränkt“ auf die Zulassung des Bewerbers als Syndikusrechtsanwalt anzuwenden. Allerdings ist der Umfang der Zulassung auf die Tätigkeit als Syndikusrechtsanwalt beschränkt. Nach § 46 Abs. 5 Satz 1 BRAO umfasst die Befugnis des Syndikusrechtsanwalts ausschließlich die Beratung und Vertretung in Rechtsangelegenheiten seines Arbeitgebers. Der Syndikusrechtsanwalt hat also nur ein bestimmtes Tätigkeitsfeld und nur einen Arbeitgeber, der seinen einzigen Mandanten darstellt. Dieser Besonderheit ist bei der Anwendung von § 7 Nr. 8 BRAO angemessen Rechnung zu tragen. Es dürfen nicht die gleichen Maßstäbe wie beim „niedergelassenen Rechtsanwalt“ angelegt werden.[38]

b) Daraus folgt, dass die Rechtsprechung des Anwaltssenats des BGH, die zur Inkompatibilitätsbestimmung des § 7 Nr. 8 BRAO ergangen ist, allenfalls restriktiv auf die Zulassung des Syndikusrechtsanwalts übertragen werden kann. Die Rechtsprechung setzt voraus, dass der Bewerber einen „echten“ Zweitberuf ausübt, der durch eine nicht anwaltliche Tätigkeit geprägt ist, die ihrerseits mit dem Gebot der Unabhängigkeit oder der Stellung des Rechtsanwalts als unabhängiges Organ der Rechtspflege in Konflikt geraten kann. Dies ist insbesondere der Fall, wenn die Gefahr eines Interessenkonflikts oder einer „Vermischung von Interessen“ gegeben ist, wie dies oft bei Maklern oder Finanzdienstleistern der Fall ist. [39] Eine solche „Interessen-

38 *Posegga*, AnwBl. 2016, 723; *Kleine-Cosack*, AnwBl. 2016, 101 (104).

39 Vgl. die Nachweise zur Rechtsprechung des BGH bei *Gaier/Wolf/Göcken/Schmidt-Ränsch* (Fn. 18), § 7 BRAO Rdnr. 66; § 14 BRAO Rdnr. 46.

kollision" kann bei einem Syndikusrechtsanwalt im Verhältnis zu seinem Arbeitgeber schon deshalb nicht auftreten, weil der Gesetzgeber selbst die Tätigkeit des Syndikusrechtsanwalt als „anwaltliche Tätigkeit" qualifiziert und dieser Anwalt nur seinen Arbeitgeber als einzigen Mandanten hat. Einer „Vermischung von Interessen", die die Unabhängigkeit des (Syndikus-)Rechtsanwalts gefährden, erscheint deshalb schon begrifflich ausgeschlossen. Zur Anwendung gelangt insoweit § 7 Nr. 8 BRAO allenfalls dann, soweit Syndikusrechtsanwälte einen echten Zweitberuf nichtanwaltlicher Art ausüben und damit ihre von § 46 Abs. 3 BRAO geforderte Unabhängigkeit gefährden.[40]

c) Die „Verbotsnorm" des § 7 BRAO ist auch im Übrigen im Hinblick auf ihren Zweck und am Maßstab des Art. 12 GG bei der Zulassung des Syndikusrechtsanwalts restriktiv zu interpretieren:

aa) Handelt es sich bei dem nichtanwaltlichen Arbeitgeber des Bewerbers um den Staat oder eine sonstige Beschäftigung im öffentlichen Dienst, würde dies nach der Rechtslage vor Inkrafttreten der Reform einer Zulassung als Rechtsanwalt grundsätzlich entgegenstehen. Eine Dauertätigkeit im öffentlichen Dienst kann Belange der Rechtspflege gefährden, wenn der Anwalt öffentliche Aufgaben von einer Art wahrnimmt, bei denen das rechtssuchende Publikum annehmen kann, die Unabhängigkeit des Anwalts sei durch Bindungen an den Staat beeinträchtigt. Dies gilt insbesondere dann, wenn der Rechtsanwalt hoheitlich tätig wird. Dann tritt der Gesichtspunkt der „Staatsnähe" einer Zulassung entgegen.[41]

Diese Gesichtspunkte können aber nicht gelten, wenn der Syndikusrechtsanwaltsbewerber nur einen Mandanten, nämlich den Staat hat, bei dem er angestellt ist. Gefahren einer Interessenkollision oder sonstiger Beeinträchtigungen für das rechtsschutzsuchende Publikum scheiden hier von vornherein aus. Die Zulassung als Syndikusrechtsanwalt ist zu erteilen.

bb) Entsprechendes gilt, wenn es bei der Anwendung des § 7 Nr. 8 BRAO um die Frage geht, ob dem Bewerber mit Rücksicht auf seinen „Zweitberuf" ausreichend Zeit bleibt, um den Rechtsanwaltsberuf mehr als nur gelegentlich zu betreiben, was gemäß der Rechtsprechung des BGH bei einem sog. „Feierabend-Rechtsanwalt" nicht der Fall ist.[42] Bei dem Syndikusrechtsanwalt wertet der Gesetzgeber dessen Tätigkeit für den Arbeitgeber unter den Voraussetzungen des § 46 Abs. 3–5 BRAO

---

40 *Kleine-Cosack*, AnwBl. 2016, 101 (104).

41 BGH, B.v. 26.11.2007, NJW-RR 2008, 793; B. v. 14.05.2009, BRAK-Mitt. 2009, 238; s.a. *Quaas*, BRAK-Mitt. 2010, 1 (5).

42 BGH, B. v. 09.11.2009, BRAK-Mitt. 2010, 29; dazu *Quaas*, BRAK-Mitt. 2010, 1 (5); *Feuerich/Weyland/Vossebürger* (Fn. 15), § 7 Rdnrn. 122, 128 ff.

als anwaltliche Berufsausübung, sodass auch insoweit die Bestimmung des § 7 Nr. 8 BRAO der Zulassung nicht entgegensteht.

cc) Eine restriktive Auslegung der Versagungsgründe des § 7 BRAO kann auch im Übrigen bei der Zulassung des Syndikusrechtsanwalts geboten sein. Der Arbeitgeber als einziger Mandant des Syndikusrechtsanwalts ist weniger schutzwürdig als das rechtsschutzsuchende Publikum. Ein straffällig gewordener Anwalt, dem seine Zulassung genommen wurde, wird bei entsprechendem Einverständnis seines Arbeitgebers deutlich früher zur Rechtsanwaltschaft zugelassen werden können, als dies bei der Zulassung als Rechtsanwalt nach den §§ 4, 7 Nr. 5 BRAO der Fall wäre.[43]

Mit Rücksicht darauf kommt auch die Vermögensverfallsvorschrift des § 7 Nr. 9 BRAO nur eingeschränkt zur Anwendung. Ein entsprechendes Schutzbedürfnis des rechtsschutzsuchenden Publikums vor einem „Griff in die Kasse" der Kanzlei fehlt bei einem Syndikusrechtsanwalt, da er bei seinem Arbeitgeber gegen eine entsprechende Vergütung fest angestellt und nur für diesen tätig ist .[44]

b) Zulassung als „niedergelassener Rechtsanwalt"

Bewirbt sich der Syndikusrechtsanwalt zusätzlich um die Zulassung zur Rechtsanwaltschaft als „niedergelassener" Rechtsanwalt, gelten uneingeschränkt die Bestimmungen der §§ 4 ff. BRAO. Das gilt auch in Ansehung der „Zweitberufsbestimmung" des § 7 Nr. 8 BRAO:

a) Wollte sich ein Syndikusanwalt vor Inkrafttreten der Reform als freier Rechtsanwalt niederlassen, bedurfte er dazu einer Nebentätigkeitserlaubnis seines Arbeitgebers, die ihn berechtigte, seine Arbeitsstätte zur Wahrnehmung anwaltlicher Termine zu verlassen, sofern dies seine Tätigkeit als Rechtsanwalt im Einzelfall zwingend erforderlich macht. Die Kanzlei des Rechtsanwalts musste in einer separat getrennten Arbeitsstätte unter Beachtung der berufsrechtlichen Vorgaben ausgeübt werden können. [45]

b) Eine solche Nebentätigkeitserlaubnis des Arbeitgebers dürfte für die Zulassung des Syndikusrechtsanwalts nach § 46a BRAO entbehrlich sein.[46] Es bedarf ihrer aber im Fall der Zulassung des Syndikusrechtsanwalts als „niedergelassener" Rechtsanwalt. Dem Rechtsanwalt muss es möglich sein, seiner Tätigkeit als niedergelassener Rechtsanwalt auch während der Arbeitszeit uneingeschränkt nachkommen zu können. Dafür muss ihn der

---

43 Vgl. zum vorbestraften Rechtsanwalt im Hinblick auf den „Unwürdigkeitstatbestand" des § 7 Nr. 5 BRAO, vgl. *Gaier/Wolf/Göcken/Schmidt-Räntsch* (Fn. 18), § 7 BRAO Rdnrn. 35 ff.

44 *Kleine-Cosack*, AnwBl. 2016, 101 (104).

45 BGH, B. v. 09.11.2009, BRAK-Mitt. 2010, 29; *Quaas*, BRAK-Mitt. 2010, 1 (5 f.).

46 *Posegga*, AnwBl. 2016, 723 (724 f.).

Arbeitgeber jederzeit unbefristet, unbedingt und unwiderruflich freistellen. Auch sonst dürfen mit Rücksicht auf die Art und den Inhalt der Beschäftigung des Syndikusrechtsanwalts bei seinem Arbeitgeber keine Tatbestände gegeben sein, die eine Unvereinbarkeit der Tätigkeit mit dem Beruf eines Rechtsanwalts und dessen Unabhängigkeit begründen könnten. Eine restriktive Auslegung des § 7 BRAO ist – auch unter Berücksichtigung des Grundrechts der Berufsfreiheit nach Art. 12 Abs. 1 GG – insoweit nicht geboten.

III. Zusammenfassung

Mit dem Gesetz zur Neuordnung des Rechts der Syndikusanwälte, das am 01.01.2016 in Kraft getreten ist, wird erstmals die Stellung des Syndikusanwalts als Rechtsanwalt gesetzlich geregelt. Mit der Legalisierung und Einstufung seiner Tätigkeit für seinen Arbeitgeber als „anwaltliche Tätigkeit" wird die zuvor von den Gerichten vertretene sog. Doppelberufstheorie aufgegeben. Andererseits ist die – mit dem Gesetz ebenfalls geforderte – Zulassung des Syndikusrechtsanwalts streng tätigkeitsbezogen. Die Befugnisse des Syndikusrechtsanwalts sind auf die Beratung und Vertretung seines Arbeitgebers in dessen Rechtsangelegenheiten beschränkt.

Verfassungsrechtlich stellt sich die Frage, ob die für den Syndikusrechtsanwalt vorgeschriebene Zweitzulassung den Anforderungen genügt, die sich aus dem Grundrecht der Berufsfreiheit nach Art. 12 Abs. 1 GG ergeben. Das ist im Grundsatz zu bejahen. Der Gesetzgeber ist befugt, ein von dem Rechtsanwalttypus abweichenden „Syndikusrechtsanwalt" zu schaffen und anderen Anforderungen zu unterwerfen, als dies bei der Zulassung eines „niedergelassenen" Rechtsanwalt der Fall ist. Das gilt auch in Ansehung der Tatsache, dass für sog. Alt-Syndizi ebenfalls eine Zulassungspflicht besteht. Die Reform lässt es nicht dabei genügen, dass den vormaligen Syndikusanwälten im Hinblick auf den Befreiungstatbestand des § 231 Abs. 4b SGB VI Bestandsschutz gewährt wird.

Materielle Verfassungsfragen stellen sich bei der Zulassung des Syndikusrechtsanwalts im Rahmen der – grundsätzlich anwendbaren – Bestimmung des § 7 BRAO. Die Verbotsnorm ist allerdings restriktiv auszulegen. Das gilt insbesondere im Hinblick darauf, dass Zulassung des Syndikusrechtsanwalts tätigkeitsbezogen erfolgt und er nur einen Mandanten hat. Die Rechtsprechung des Anwaltssenats des BGH zur „Zweitberufsbestimmung" des § 7 Nr. 8 BRAO ist daher nur sehr eingeschränkt anwendbar.

Zur Zukunft der Freien Berufe*

Klaus Rennert

Die Freien Berufe stehen unter Veränderungsdruck. Die Zeichen stehen auf Deregulierung und Liberalisierung, als Ziel winkt – oder droht – die allgemeine Gewerbefreiheit. Dabei haben sich die treibenden Kräfte der Liberalisierung abgelöst. Zunächst war es das Bundesverfassungsgericht, das solche Reglementierungen beseitigte, die sich unter den Grundrechten der deutschen Verfassungsordnung nicht länger rechtfertigen ließen.[1] Diese Arbeit ist weitgehend vollbracht, auch wenn die aktuellen Themen wie branchenübergreifende Sozietäten oder Mehrbesitzverbote bei Apotheken durchaus bedeutsam sind. Heute ist es vor allem die europäische Kommission, die auch die verbliebenen Regulierungen noch beseitigen möchte. Was sich unter den nationalen Grundrechten rechtfertigen lässt, ist offenbar unter den europäischen Grundfreiheiten noch lange nicht legitim.

Doch regt sich Widerstand, nicht nur hier in Deutschland. Man dürfe das Kind nicht mit dem Bade ausschütten; begründete Deregulierung bedeute noch keine blinde Gleichmacherei. Das nötigt zu genauerem Hinsehen. Dieser genauere Blick darf sich nicht auf den Horizont des geltenden Rechts beschränken, sondern muss auch rechtspolitisch Stellung beziehen.

I. Freie Berufe – reglementierte Berufe

1. Hauptgründe für die Reglementierung

Freie Berufe sind besonders reglementierte Berufe. In dem weitgehend anerkannten Begriff des Freien Berufs kommt das nicht zum Ausdruck. Anstelle einer festgefügten Definition wird allgemein ein Bündel von Merkmalen angeführt, die nicht immer alle erfüllt sein müssen; erst wenn eine kritische Mindestzahl vorliege, könne man von einem Freien Beruf sprechen.[2] So werden denn aufgezählt: höhere, regelmäßig akademische Ausbildung;

---

* Besonderer Dank gilt Frau Richterin am Verwaltungsgericht *Dr. von Daniels* für wertvolle Anregung und Mithilfe.

1 Aus jüngerer Zeit namentlich zu interprofessionellen Partnerschaften: BVerfG, Beschluss vom 14. Januar 2014, BVerfGE 135, 90; Beschluss vom 12. Januar 2016, NJW 2016, 700. – Im Jahr 2016 stehen Entscheidungen zur Pflichtmitgliedschaft in der IHK an: BVerfG, 1 BvR 2222/12 und 1 BvR 1106/13.

2 *Rennert*, Das Recht der Freien Berufe in der jüngeren Rechtsprechung des Bundesverwaltungsgerichts, DVBl 2012, S. 593 m. w. N.

höchstpersönliche Dienstleistung; besondere Vertrauensstellung; große Selbstständigkeit bei der Berufsausübung.[3] Diese Merkmale bündeln einen bunten Strauß; sie beschreiben eher als dass sie rechtlich ordnen. Den Umstand der besonderen Reglementierung verschweigen sie, deuten allenfalls rechtfertigende Gesichtspunkte an.

Die rechtliche Betrachtung stellt auf das Beschränkende, die Reglementierung ab und fragt nach der Rechtfertigung hierfür. In den Anfangsjahren der Bonner Republik waren viele Reglementierungen dem Verdacht ausgesetzt, sie dienten letztlich dazu, die Pfründe den Platzhirschen der Branche zu sichern und sie gegen unliebsame Konkurrenten – namentlich gegen jüngere und unkonventionelle Berufsträger – abzuschirmen. Das konnte vor den Grundrechten des Grundgesetzes nicht bestehen, und so hat das Bundesverfassungsgericht diesem Gesichtspunkt des Schutzes vor unliebsamer Konkurrenz denn auch im Laufe der Jahre das verdiente Ende bereitet. Damit ist die Liste der möglichen Rechtfertigungsgründe jedoch nicht erschöpft. Im Gegenteil hat das Ende des Konkurrenzschutzes erst den Blick auf die eigentlichen Gründe für die besondere Reglementierung der Freien Berufe freigegeben. Bei aller Verschiedenheit der Berufsbilder lassen sich zwei durchgängige Grundgedanken herausheben:[4]

Zum einen nehmen etliche Freie Berufe eine spezifische Funktion im Sozial- und Wirtschaftsleben wahr, woran ein dringendes öffentliches Interesse besteht. Regelmäßig stehen sie im Zentrum eines bestimmten umfassenderen Funktionszusammenhanges. So sind die Rechtsanwälte „Organe der Rechtspflege"; auch Notaren oder Steuerberatern sind bestimmte Funktionen innerhalb des übergreifenden Funktionszusammenhanges der öffentlichen Rechtspflege zugewiesen. Dass Ärzte[5] – auch als Kassenärzte – und Apotheker[6] im Kontext des Gesundheitswesens zentrale Funktionen ausüben, liegt auf der Hand. Architekten und Ingenieure sind tragende Stützen im Bauwesen;[7] Lotsen und Fluglotsen sind für Schiff- und Luftfahrt unverzichtbar; Wirtschaftsprüfer dienen einem geordneten Bilanz- und Rechnungswesen; und so ließe sich fortfahren. All dies führt dazu, dass die Freien Berufe für die Belange der Allgemeinheit besonders in die Pflicht genommen werden: Der Allgemeinheit kann nicht gleichgültig sein, ob und wie diese Dienstleistungen erbracht werden.

Daneben tritt das andere Motiv des Kunden-, Mandanten- oder Patientenschutzes. Das erschöpft sich nicht in dem auch sonst geläufigen Verbraucher-

---

3 So auch die Begriffsbestimmung durch den EuGH: Urteil vom 11.10.2001 – C 267/99, Slg. I-7482 (Adam), Rn. 39. Im Anschluss hieran dann die Begriffsbildung in der Berufsqualifikations-Richtlinie: RL 2005/36/EG (ABl. Nr. L 255, S. 22), zuletzt geändert durch RL 2013/55/EU (ABl. Nr. L 354, S. 132), Erwägungsgrund Nr. 43.

4 Vgl. *Kämmerer*, Gutachten H zum 68. DJT, 2010, S. 30, 49ff.

5 BVerwG, Buchholz 418.00 Ärzte Nr. 110 = NJW 2010, 547 (Rn. 17).

6 BVerwGE 137, 213 (Rn. 29f.).

7 BVerwG, Beschluss vom 28.09.2010 – BVerwG 8 B 5.10 – juris –.

schutz. Der Auftraggeber des Freiberuflers ist vielmehr in spezifischer Weise schutzbedürftig. Zum einen ist er auf die Dienstleistung des Freiberuflers oft dringend – mitunter sogar existentiell – angewiesen. Zugleich ist er ihm aber regelmäßig an Fach- und Sachkunde weit unterlegen; oft kann er schon Umfang und nähere Fachrichtung der in seiner Lage indizierten Dienstleistung nicht selbst einschätzen, geschweige denn die Güte und das Preis-Leistungs-Verhältnis der ihm angebotenen Dienste beurteilen. Kurz: Zwischen dem Freiberufler und seinem Auftraggeber besteht nicht die prinzipielle Gleichheit an Information, an Selbstständigkeit, an Entschlussfreiheit, mit der die liberale Marktordnung ansonsten rechnet und rechnen kann. Es besteht keine Symmetrie, sondern Asymmetrie.[8] Ihr darf und muss die Rechtsordnung durch spezifische Schutzvorschriften Rechnung tragen.

2. Arten der Reglementierung

Die genannten beiden Motive bieten die Grundlage für eine Reihe von Regulierungen, denen die Freien Berufe unterworfen sind und in denen sie sich vom Gewerbe abheben. Natürlich unterscheiden sich diese Regulierungen je nach Branche erheblich. Es lassen sich aber durchgängig drei Arten von Regulierung unterscheiden:

An erster Stelle stehen die Voraussetzungen für den Berufszugang. Die meisten Freien Berufe – und sämtliche Freien Berufe, von denen im Folgenden die Rede sein soll – setzen ein Hochschulstudium voraus, manche noch eine Praxisphase, ggf. mit einer abschließenden zweiten Prüfung.

Davon zu unterscheiden sind die Regelungen über die Art und Weise der Berufsausübung. Die Themen sind überaus vielfältig: von der Fort- und Weiterbildung über Preis- und Honorargestaltung bis zur Werbung, von der Abwehr von Interessenkollisionen über die Sicherung der Unabhängigkeit als Arbeitnehmer bis zu gesellschaftsrechtlichen Gestaltungen, und vieles andere mehr.

Schließlich kennt Deutschland in langer Tradition die Verkammerung der meisten Freien Berufe. Der Staat macht sich die Sachkunde, aber auch die besondere Selbstständigkeit und das besondere Ethos der Freiberufler zunutze und überträgt ihren Berufsorganisationen bestimmte Aufgaben der berufsbezogenen Verwaltung und auch der Rechtsprechung zu eigenverantwortlicher Wahrnehmung. Dahinter steht der Gedanke der Mobilisierung des Gemeinsinns von Bürgern für die Angelegenheiten der Allgemeinheit. Dieser Gedanke beschränkt sich nicht auf die Freien Berufe; er beherrscht auch andere Felder der öffentlichen Verwaltung, namentlich im Bereich der Kommunalverwaltung, aber auch etwa bei den Jagdgenossenschaften, den

---

8 BVerfGE 117, 163 (184) – dort freilich nur die hier zweitgenannte Besonderheit; vgl. noch BVerfGE 76, 196 (208).

Wasser- und Bodenverbänden oder den Universitäten bis hin zu den Sozialversicherungsträgern. Gerade bei den Freien Berufen besitzt er aber eine besondere Tradition, einen spezifischen Sinn und ein eigenes Ethos.

3. Ländervergleich in Europa

Mit all dem steht Deutschland nicht allein. Die Entwicklung hat vielmehr in den meisten Mitgliedstaaten der Europäischen Union – trotz mancher Unterschiede – einen ähnlichen Verlauf genommen. Der Europäische Wirtschafts- und Sozialausschuss hat jüngst einen Ländervergleich zu den Freien Berufen in Europa vorgelegt, der einen vorzüglichen Überblick bietet.[9]

Der Begriff des Freien Berufs ist zwar nur in Frankreich gesetzlich definiert,[10] aber in praktisch allen Mitgliedstaaten als berufsrechtliche Kategorie geläufig.[11] Darunter werden regelmäßig Berufsbilder zusammengefasst, denen bestimmte Merkmale gemeinsam sind.[12] Nach allgemeinem Verständnis zählen – gewissermaßen als Kernbereich – dazu: Rechtsanwälte, Steuerberater, Wirtschaftsprüfer, Notare, Ingenieure, Architekten, Ärzte, Zahnärzte und Apotheker.[13]

Diese Berufe unterliegen in den meisten Mitgliedstaaten einem spezifischen Berufsrecht.[14] Dabei differiert die Regelungsdichte nach Mitgliedstaaten ebenso wie nach Berufen: In den östlichen und nördlichen Ländern ist sie geringer als weiter westlich und südlich;[15] und sie ist regelmäßig[16] bei Rechtsanwälten, Wirtschaftsprüfern und den Heilberufen höher als bei Architekten, Ingenieuren[17] oder Steuerberatern.[18] Der beste Beleg hierfür sind die Bestimmungen über den Berufszugang: Während die „klassischen" Berufe des Rechtsanwalts, des Notars, des Wirtschaftsprüfers,[19] auch des Arztes,

---

9 *Europäischer Wirtschafts- und Sozialausschuss (EWSA)*, Die Lage der freien Berufe in ihrer Funktion und Bedeutung für die europäische Zivilgesellschaft, 2014.

10 Art. 29 des Gesetzes Nr. 2012-387 vom 22. März 2012.

11 *EWSA* (Fn. 9), S. 9, 2.3. In manchen Mitgliedstaaten ist der Begriff des Freien Berufs unbekannt, ebd. S. 11, 2.7.

12 *EWSA* (Fn. 9), S. 10, 2.4.

13 *EWSA* (Fn. 9), S. 11, 2.7, vgl. auch Europäische Kommission, Action lines for liberal professions, final report of the working group, 2015, S. 6 Nr. 2, und Europäische Kommission, Liberal professions, http://ec.europa.eu/growth/smes/promoting-entrepreneurship/we-work-for/liberal-professions (letzter Aufruf 12.10.2016).

14 Dabei gibt es zwei Regelungssysteme, die meist in Mischformen vorkommen: ein durch Normen geprägtes System (rules-based regulation) und ein durch Prinzipien geprägtes System (principles-based regulation), vgl. EWSA (Fn. 9), S. 53 f., 4.2.

15 *EWSA* (Fn. 9), S. 57, 5.1.

16 Bei manchen Berufen bestehen besonders unterschiedliche Regelungen, z. B. beim Notar: vgl. *EWSA* (Fn. 9), S. 59, 5.2.1.4.

17 *EWSA* (Fn. 9), S. 60, 5.2.1.6.

18 *EWSA* (Fn. 9), S. 58, 5.2.1.3. und S. 65, 5.3.4.3. sowie S. 87.

19 Die Berufszulassung der Wirtschaftsprüfer wurde – ebenso wie etliche Fragen der Berufsausübung – durch Unionsrecht weitgehend harmonisiert: EWSA (Fn. 9), S. 58, 5.2.1.2. Dadurch

Zahnarztes und Apothekers praktisch überall neben dem akademischen Abschluss zusätzlich eine durch eine weitere Prüfung abgeschlossene praktische Ausbildungszeit voraussetzen,[20] verbleibt es etwa beim Architekten vielfach beim bloßen Hochschulabschluss.[21] In Skandinavien unterliegt der Architekt auch keiner Registrierungspflicht.[22] Dasselbe Gefälle weist die Regelungsdichte zur Berufsausübung auf. Auch hier unterliegen praktisch durchweg die erwähnten „klassischen" Freien Berufe besonderen Regelungen zur Sicherung ihrer fachlichen Unabhängigkeit[23] und ihrer Verschwiegenheit,[24] die rechts- und wirtschaftsberatenden Berufe obendrein solchen zur Abwehr von Interessenkollisionen.[25] Dem Zweck der Qualitätssicherung dienen Fortbildungspflichten[26] oder Qualitätssicherungssysteme.[27] Werberestriktionen[28] und Honorarvorschriften[29] sind hingegen durchweg seltener geworden. Schließlich bestehen abgestufte Einschränkungen bei der interprofessionellen Zusammenarbeit[30] und Sonderregelungen im Gesellschaftsrecht.[31] Durchweg ist die Regelungsdichte im Süden und Westen höher als im Norden und Osten.

Sehr unterschiedlich gestaltet sich das Recht der Berufsorganisationen.[32] Neben Deutschland folgen Österreich sowie die romanischen Staaten des Südens: Frankreich, Italien, Spanien und Portugal dem Kammermodell.[33] Hier bestehen für einige der „klassischen" Freien Berufe öffentlich-rechtliche Berufskammern mit Pflichtmitgliedschaft, die zum einen im Wege der Selbstverwaltung bestimmte Berufsausübungsregelungen selbst treffen dürfen und denen der Staat zum anderen die nötige Berufsaufsicht übertragen hat, unter Einschluss der Disziplinargewalt.[34] Das liberale Gegenmodell findet sich in Skandinavien, wo es keine Kammern gibt; die Berufsregelung und die Berufsaufsicht obliegen hier allein dem Staat.[35] Die anderen Mitgliedstaaten kennen

wird allerdings nicht das Berufsbild eines Abschluss- oder gar eines Wirtschaftsprüfers abschließend fixiert: BVerwG, Urteil vom 23. März 2016 – 10 C 20.14 –, juris, Rn. 18.

20 *EWSA* (Fn. 9), S. 57, 5.2.1.

21 So in Frankreich und Spanien sowie in Dänemark und Finnland: *EWSA* (Fn. 9), S. 60, 5.2.1.5.

22 *EWSA* (Fn. 9), S. 62 f., 5.2.2. und 5.2.2.5.

23 *EWSA* (Fn. 9), S. 71, 5.4.1.

24 *EWSA* (Fn. 9), S. 72, 5.4.2.

25 *EWSA* (Fn. 9), S. 72 f., 5.4.3.

26 *EWSA* (Fn. 9), S. 77, 5.5.

27 *EWSA* (Fn. 9), S. 85, 5.8.

28 *EWSA* (Fn. 9), S. 73 f., 5.4.4.

29 *EWSA* (Fn. 9), S. 75 f., 5.4.5.

30 Verbote bestehen häufig bei Rechtsanwälten, *EWSA* (Fn. 9), S. 80, 5.6.5.1.

31 Sonderformen für Berufspartnerschaften bestehen neben Deutschland etwa in Polen, Italien, Frankreich und Spanien: *EWSA* (Fn. 9), S. 79, 5.6.5.1.

32 Zu den folgenden Ausführungen s. *EWSA* (Fn. 9), S. 54 f., 4.3.1.

33 *EWSA* (Fn. 9), S. 64, 5.3.

34 In Deutschland besteht für schwerere Disziplinarmaßnahmen ein Richtervorbehalt (Vorbehalt eines Disziplinargerichts). Vgl. hierzu noch Fn. 74.

35 *EWSA* (Fn. 9), S. 55.

abstufende Zwischenformen.[36] Überall aber – ggf. neben den Kammern – bestehen privatrechtliche Berufsverbände, welche die Interessenvertretung für die Berufsträger wahrnehmen und zudem an vielfältigen Aufgaben mitwirken, von der Berufsausbildung und Fortbildung bis hin zur Pflege der Berufsethik.[37]

II. Pläne der EU-Kommission

1. Ziele der Kommission

Die Europäische Kommission hat seit einigen Jahren besondere Aktivitäten mit dem Ziel entwickelt, die weitere Liberalisierung der Freien Berufe voranzutreiben – und dabei die nationalen Unterschiede immer weiter zu beseitigen. Die Kommission sieht, dass das Recht der Freien Berufe weitgehend nicht harmonisiert ist und damit der Regelungshoheit der Mitgliedstaaten obliegt. Nationale Regelungen dürfen aber den Marktzugang von Berufsträgern aus anderen Mitgliedstaaten nicht unverhältnismäßig beschränken. Die Kommission steht deshalb auf dem Standpunkt, dass die Mitgliedstaaten schon nach Art. 59 Absatz 3 der Berufsanerkennungs-Richtlinie[38] verpflichtet seien, bei allen ihren Berufsregulierungen eine Verhältnismäßigkeitsprüfung durchzuführen. Sie erkennt an, dass viele Vorschriften zur Regelung von Berufszugang und Berufsausübung ursprünglich öffentlichen Interessen oder dem Schutz der Dienstleistungsempfänger dienen sollten; sie meint aber, dass diese Vorschriften mittlerweile nicht mehr verhältnismäßig seien, sondern heute unnötige Hindernisse für die Mobilität von Freiberuflern darstellten und sich nachteilig auf die Produktivität auswirkten.[39]

Schon im Oktober 2013 hat die Kommission deshalb ein umfassendes Papier für die für nötig gehaltene Prüfung der Verhältnismäßigkeit vorgelegt.[40] Im Dezember 2013 wurde die Berufsanerkennungs-Richtlinie neu ge-

36 *EWSA* (Fn. 9), S. 55.

37 *EWSA* (Fn. 9), S. 64, 5.3.

38 Richtlinie 2005/36/EG über die Anerkennung von Berufsqualifikationen (ABl. 2005 Nr. L 255 S. 22-142, Berufsqualifikationsrichtlinie), geändert durch Richtlinie 2013/55/EU (ABl. 2013 Nr. L 354 S. 132-170). Die Europäische Kommission hat am 29.9.2016 Deutschland zur Umsetzung der geänderten Richtlinie aufgefordert. Europäische Kommission, Factsheet, 29.9.2016, http://europa.eu/rapid/press-release_MEMO-16-3125_de.htm (letzter Aufruf 8.10.2016), Nr. 7.

39 Europäische Kommission, Den Binnenmarkt weiter ausbauen: mehr Chancen für die Menschen und die Unternehmen, Mitteilung vom 28.10.2015 an das Europäische Parlament, den Rat, den Europäischen Wirtschafts- und Sozialausschuss und den Ausschuss der Regionen, COM (2015) 550 final, S. 9 f.

40 Europäische Kommission, Bewertung der nationalen Reglementierungen des Berufszugangs, Mitteilung vom 02.10.2013 an das Europäische Parlament, den Rat und den Europäischen Wirtschafts- und Sozialausschuss, COM (2013) 676 final.

fasst; darin wurden die Mitgliedstaaten zu Transparenz und zur Vorlage von Aktionsplänen verpflichtet.[41] Auf dieser Grundlage fand in den beiden folgenden Jahren eine gegenseitige mitgliedstaatliche Evaluierung der Freien Berufe statt.[42] Deren Ergebnisse führte die Kommission in der Folgezeit als Beleg für ihre Auffassung an, dass das unterschiedliche Maß der Regulierung der Freien Berufe in den Mitgliedstaaten und die unterschiedlichen Regelungen vergleichbarer Fragestellungen ein Hindernis für den freien Dienstleistungsverkehr darstellten, das nicht länger zu rechtfertigen sei. In diesem Sinne lesen sich die den Freien Berufen gewidmeten Passagen der sogenannten EU-Binnenmarktstrategie, welche die Kommission am 28. Oktober 2015 vorstellte.[43]

2. Maßnahmen zur Zielerreichung

Zur Umsetzung ihrer Pläne verfolgt die Kommission eine Art Doppelstrategie. Der Titel einer öffentlichen Konsultation Mitte 2016 zur Binnenmarktstrategie verrät die Ansatzpunkte: „Die Regulierung von Berufen: Verhältnismäßigkeit und nationale Aktionspläne der Mitgliedstaaten".[44]

Zum einen überzieht die Kommission ausgewählte Mitgliedstaaten mit einer Reihe von Vertragsverletzungsklagen. So hat sie gegen sechs Staaten Klagen wegen der Gebührenordnungen für Architekten, Ingenieure und Steuerberater erhoben.[45] Nachdem die Bundesregierung bezüglich der Steuerberater zugesagt hat abzuhelfen, wird das Verfahren gegen Deutschland noch wegen der HOAI fortgeführt.[46] Gegen Österreich klagt die Kommission wegen einzelner Regelungen zu interprofessionellen Kooperationen.[47] Die Liste ließe sich fortsetzen.

---

41 Richtlinie 2013/55/EU (ABl. 2013 Nr. L 354 S. 132).

42 Europäische Kommission (Fn. 39), S. 10.

43 Europäische Kommission (Fn. 39). Vgl. dazu auch das Commission Staff Working Document, A Single Market Strategy for Europe – Analysis and Evidence, SWD (2015) 202 final, Abschnitt 2.3.2., S. 32 – 39.

44 Europäische Kommission, Inception Impact Assessment – Regulation of professions: proportionality test (Consultation approach), S. 6.

45 Europäische Kommission, Pressemitteilung vom 18. Juni 2015, IP/15/5199, Unzureichende Einhaltung der Dienstleistungsrichtlinie bei reglementierten Berufen – Kommission leitet gegen sechs Mitgliedstaaten Vertragsverletzungsverfahren ein, http://europa.eu/rapid/press-release_IP-15-5199_de.htm; vgl. Arentz/Wambach, Mehr Freiheit für die Freien Berufe, FAZ v. 10.10.2015.

46 Europäische Kommission, Pressemitteilung vom 25.02.2016, IP/16/323, Binnenmarkt: Kommission fordert vier Mitgliedstaaten auf, die Bestimmungen der Dienstleistungsrichtlinie zu reglementierten Berufen einzuhalten, http://europa.eu/rapid/press-release_IP-16-323_de.htm; Ausschuss der Verbände und Kammern der Ingenieure und Architekten für die Honorarordnung e.V. (AHO), Mitgliederinformation vom 10.6.2016, EU-Vertragsverletzungsverfahren HOAI – Aktueller Sachstand, http://www.aho.de/pdf/AHO_Mitgliederinformation_20160610.pdf.

47 Die Klage betrifft Gesellschaften von Ziviltechnikern und Patentanwälten: Europäische Kommission, Pressemitteilung vom 25.02.2016, IP/16/323.

Diese judiziellen Maßnahmen stehen aber nur im Hintergrund; sie sollen gleichzeitigen politischen Maßnahmen lediglich den nötigen Nachdruck verleihen, mit denen die Kommission auf eigene Deregulierungsanstrengungen der Mitgliedstaaten hinwirken möchte.[48] Ansatzpunkt hierfür ist, dass die Mitgliedstaaten nach Art. 59 Abs. 6 der Berufsqualifizierungs-Richtlinie verpflichtet sind, nationale Aktionspläne aufzustellen und zu verwirklichen, um nationale Regulierungen abzubauen. Hierzu hat die Kommission am 16. Juni 2016 in einer sog. Road-map Leitlinien vorgegeben.[49] In einer ersten Phase will sie sich auf ausgewählte Berufe konzentrieren: auf Rechts- und Patentanwälte, auf Bauingenieure und Architekten, aber auch auf Buchprüfer, Immobilienmakler und Fremdenführer. Eine zweite Phase soll dann der Bewertung der Reformen und dem Abbau noch bestehender Hindernisse gewidmet sein.[50]

Um die erwarteten Maßnahmen der Mitgliedstaaten zielgenauer anzuleiten, hat die Kommission schon in ihrer Binnenmarkt-Strategie vom Oktober 2015 die Entwicklung eines Analyse-Rasters vorgeschlagen, um die Verhältnismäßigkeit mitgliedstaatlicher Regulierungen zu evaluieren. Darauf könnten auch die Mitgliedstaaten für ihre Selbstprüfung zurückgreifen. Nach Ansicht der Kommission sind die Mitgliedstaaten verpflichtet nachzuweisen, dass ihre Gemeinwohlziele ausschließlich durch Zugangsbeschränkungen oder Berufsausübungsregeln erreicht werden könnten.[51] Die erwähnte mitgliedstaatliche Evaluation von 2014 bis 2016 vermochte die Kommission aber nicht zu befriedigen, weshalb sie ihre Idee eines Analyse-Rasters weiterverfolgen und vorantreiben will. Im Juni 2016 präsentierte sie eine – noch unverbindliche – legislative Folgenabschätzung zur Verhältnismäßigkeitsprüfung,[52] und für Ende 2016 war hierzu ein Richtlinienvorschlag geplant.

Auch Deutschland hat einen Aktionsplan für eine weitere Deregulierung der Freien Berufe vorgelegt, der jedoch in den Augen der Kommission erwartungsgemäß keine Gnade fand. Dem hat sich der Rat der Europäischen Union angeschlossen – vielleicht weil die deutsche Wirtschaftspolitik von etlichen anderen Mitgliedstaaten ohnehin kritisch gesehen wird. So hat der Rat im Juli

---

48 Daneben plant die Kommission weitere Schritte der Deregulierung durch vorrangiges Unionsrecht. So hat sie Richtlinienvorschläge angekündigt, um das Recht der Freien Berufe zu bestimmten Einzelfragen zu harmonisieren, wie Rechtsformen, Beteiligungsverhältnissen an Gesellschaften oder interdisziplinären Zusammenschlüssen. Vgl. Europäische Kommission, COM (2015) 550 final, S. 10, und hierzu die Stellungnahme von *Seibel*, AnwBl 2016, 152.

49 Europäische Kommission, Roadmap – Guidance on reforms needs for Member States in regulation of professions, 16.06.2016, http://ec.europa.eu/smart-regulation/roadmaps/docs/2016_grow_059_guidance_reform_needs_en.pdf.

50 Europäische Kommission (Fn. 39), S. 9f.

51 Europäische Kommission (Fn. 39), S. 10.

52 Europäische Kommission, Inception Impact Assesment – Regulation of professions: proportionality test, 16.06.2016, http://ec.europa.eu/smart-regulation/roadmaps/docs/2016_grow_048_regulation_of_professions_en.pdf.

2016[53] auf Empfehlung der Kommission[54] bemängelt, dass die politischen Maßnahmen Deutschlands zur Belebung des Wettbewerbs insbesondere bei den freiberuflichen Dienstleistungen unzureichend gewesen seien. Deutschland sei ein Mitgliedstaat mit hohen regulatorischen Hürden im Dienstleistungssektor. Die Probleme erwüchsen aus Zulassungsanforderungen, Beschränkungen bei multidisziplinären Tätigkeiten, Versicherungspflichten und festen Vergütungssätzen. Auch für die Rechtsform und die Beteiligung am Gesellschaftskapital bestünden weiterhin Restriktionen, die für einen freien Wettbewerb hinderlich seien. Es bedürfe einer erheblichen Deregulierung. Gemessen hieran sehe der deutsche Aktionsplan nur unzureichende Maßnahmen vor, obwohl beträchtlicher Spielraum für ein ambitionierteres Programm bestehe.

3. Stellungnahme

Zur Binnenmarktstrategie der Kommission wurde von verschiedenen Seiten Stellung genommen. Von den verschiedenen Organen der Europäischen Union äußerte sich der Europäische Ausschuss der Regionen durchweg zustimmend.[55] Der Europäische Wirtschafts- und Sozialausschuss forderte eine in allen EU-Mitgliedstaaten geltende einheitliche Regelung für die Freien Berufe, unterstrich freilich, dass die Besonderheiten für Freiberufler gegenüber dem allgemeinen Dienstleistungsgewerbe beibehalten werden sollten.[56] Die abgewogenste Reaktion kam vom Europäischen Parlament.[57] Es stellte heraus, dass unterschiedliche Regulierungskonzepte nicht von sich aus ein Hindernis für die Vertiefung des Binnenmarkts darstellen, und betonte, dass Berufszugangs- und Berufsausübungsregelungen zur Wahrung von Gemeinwohlbelangen und zum Verbraucherschutz notwendig sein könnten und deren Bewertung nur eingebettet im jeweiligen nationalen Kontext sinnvoll sei. Es teilte allerdings die Einschätzung der Kommission, dass viele Regelungen

53 Rat der Europäischen Union, Empfehlung vom 12.07.2016 zum nationalen Reformprogramm Deutschlands 2016 mit einer Stellungnahme zum Stabilitätsprogramm Deutschlands 2016 (ABl. Nr. C 299, S. 21), Grund 9.

54 Europäische Kommission, Empfehlung für eine Empfehlung des Rates zum nationalen Reformprogramm Deutschland 2016 mit einer Stellungnahme des Rates zum Stabilitätsprogramm Deutschlands 2016, COM (2016) 326 final.

55 Europäischer Ausschuss der Regionen, Stellungnahme vom 08.04.2016, Den Binnenmarkt weiter ausbauen (ABl. Nr. C 240, S. 45).

56 Europäischer Wirtschafts- und Sozialausschuss, Stellungnahme vom 16.03.2016 zu COM (2015) 550 final, Den Binnenmarkt weiter ausbauen (ABl. C 177, S. 7), Punkt 5.3.1.

57 Europäisches Parlament, Binnenmarktstrategie (2015/2354 <INI>), v. 26.05.2016, P 8_TA-Prov (2016) 0237, http://www.europarl.europa.eu/sides/getDoc.do?pubRef=-//EP//TEXT+TA+P8-TA-2016-0237+0+DOC+XML+V0//DE&language=DE, Nr. 95 bis 100. Vgl. Europäisches Parlament, Nichttarifäre Handelshemmnisse im Binnenmarkt (2015/2346 <INI>), v. 26.05.2016, P8_TA-Prov (2016) 0236, http://www.europarl.europa.eu/sides/getDoc.do?pubRef=-//EP//TEXT+TA+P8-TA-2016-0236+0+DOC+XML+V0//DE&language=DE, Nr. 37.

der Mitgliedstaaten über den Zugang zu Freien Berufen und über deren Ausübung in keinem Verhältnis zu diesen Gemeinwohlbelangen stünden und Hemmnisse für den Binnenmarkt schüfen. Im Ergebnis begrüßt das Parlament daher die Maßnahmen der Kommission.

In Deutschland ist die Binnenmarktstrategie der Kommission überwiegend auf Kritik gestoßen. Von den Verbänden der Freien Berufe war das zu erwarten.[58] Es gilt aber auch für die offizielle Politik. Die Bundesregierung äußerte sich schon im November 2015 zurückhaltend zu den Vorschlägen, die die Freien Berufe betreffen.[59] Der Deutsche Bundestag befasste sich erstmals im Januar 2016 mit der Binnenmarktstrategie.[60] Im Juni 2016 fasste er eine Entschließung, derzufolge „die legitimen Schutzzwecke, insbesondere der Verbraucherschutz, die Qualitätssicherung und die Ausbildungsleistung, denen die Regelungen des Berufszugangs und der Berufsausübung dienen, weiter gewährleistet bleiben" müssten.[61]

Im Mittelpunkt der deutschen Kritik steht das von der Kommission entwickelte Raster zur Prüfung der Verhältnismäßigkeit nationaler Regulierungen.[62] Diese Methode schert alle Mitgliedstaaten, alle Berufsbilder und alle Regelungsgegenstände über einen Kamm; zudem zielt sie nicht auf eine ergebnisoffene Evaluierung, sondern von vornherein auf Beanstandung. Beide Kritikpunkte prägen auch die erwähnte Entschließung des Deutschen Bundestages, wenn er fordert, hinsichtlich „der reglementierten Berufe in den Mitgliedstaaten ergebnisoffene Prüfungen voranzustellen und daraus den sich ggf. ergebenden Reformbedarf abzuleiten. (...) Ein Prüfraster zur Verhältnismäßigkeit oder Empfehlungen, die auf eine Beschränkung oder gar das Infragestellen der Regelungskompetenz des nationalen Gesetzgebers im Bereich der reglementierten Berufe abzielen, sind abzulehnen."[63]

---

58 Bundesverband der Freien Berufe (BFB), Positionspapier vom 09.12.2015; Bundeszahnärztekammer (Peter Engel), Stellungnahme vom 01.06.2016 anlässlich des 11. Europatages der Bundeszahnärztekammer (in Kooperation mit dem Bundesverband der Freien Berufe); Landesverband der Freien Berufe Sachsen e.V., Erklärung vom 01.07.2016: EU-Regulierung der Freien Berufe – Denkzettel BREXIT; Landeszahnärztekammer Sachsen, Stellungnahme vom 02.09.2016 anlässlich des Europa-Nachmittags zur Zukunft der Freien Berufe.

59 Bundesministerium für Wirtschaft und Energie, Stellungnahme der Bundesregierung zur Binnenmarktstrategie 2015, November 2015.

60 BT-Drucksache 18/7395 vom 27.01.2016.

61 BT-Drucksache 18/8867 vom 23.06.2016.

62 Namentlich etwa Deutscher Anwaltverein, Stellungnahme 45/2016 vom 19.08.2016 zur Konsultation der Europäischen Kommission zur Regulierung von Berufen: Verhältnismäßigkeit und nationale Aktionspläne der Mitgliedstaaten.

63 BT-Drucksache 18/8867, S. 5 Nr. 8.

III. Bewertung

Der Versuch einer Bewertung sollte rechtliche Gegebenheiten und politische Wünschbarkeiten auseinanderhalten.

1. Rechtliche Bewertung

a) Die rechtliche Bewertung muss davon ausgehen, dass das Recht der Freien Berufe nicht harmonisiert ist: In Europa gilt kein einheitliches Berufsrecht; vielmehr gelten die nationalen Berufsrechtsordnungen in ihrer Vielgestaltigkeit.[64] Das gibt freilich keinen Freibrief zu nationaler Beliebigkeit. Die nationalen Bestimmungen stehen vielmehr unter dem Regime der allgemeinen Dienstleistungsfreiheit des Unionsvertrages, je nach Sachgestaltung zusätzlich auch unter der allgemeinen Niederlassungsfreiheit. Beide Grundfreiheiten gebieten, Dienstleistern aus anderen Mitgliedstaaten ungehinderten Zugang nach Deutschland zu denselben Bedingungen zu verschaffen, wie sie hier für Inländer gelten.[65] Reglementierungen jeder Art schaffen insofern ein potentielles Zugangshindernis. Deshalb sind sie nicht generell unzulässig; sie bedürfen aber eines rechtfertigenden Grundes, der vor dem Unionsrecht Bestand haben kann – praktisch gesprochen: nicht nur in den Augen der Kommission, sondern vor allem in den Augen des Gerichtshofs.

Für diese Rechtfertigung sind zwei Umstände von ausschlaggebender Bedeutung.

Zum einen kommt es auf die Gründe an, welche für eine bestimmte Regulierung angeführt werden. Eingangs wurde auf die beiden zentralen Gründe hingewiesen, die hierfür angeführt werden und auch weitgehend anerkannt sind: die Bedeutung der Dienstleistungen der diversen Freiberufler für die Belange des allgemeinen Wohls, also für die Rechtspflege, für das Gesundheitswesen oder das Bauwesen; und den Schutz der Kunden, Mandanten und Patienten, die auf die Dienstleistung des Freiberuflers oft existenziell angewiesen, diesem aber typischerweise unterlegen sind, sodass es an einer Grundbedingung für einen freien Wettbewerb fehlt. Alle berufsrechtlichen Reglementierungen sind immer wieder auf diese beiden Gründe zurückzu-

---

64 Vgl. EuGH, Urteil vom 16. April 2015 – Rs. C-477/13 –, juris, Rn. 47, 48. Die Berufsqualifikationsrichtlinie regelt weder die Voraussetzungen für den Zugang zum Beruf (hier: Architekt) noch legt sie die Art der Tätigkeiten fest, die von den Angehörigen dieses Berufs ausgeübt werden können.

65 Vgl. etwa EuGH, Urteil vom 17.12.2015 – Rs. C-342/14 – juris, Rn. 44. Der EuGH hat entschieden, dass Art. 56 AEUV es nicht zulässt, dass eine Regelung eines Mitgliedstaats die Dienstleistungsfreiheit einer Steuerberatergesellschaft beschränkt, ohne dass die Qualifikation, die diese Gesellschaft oder die natürlichen Personen, in anderen Mitgliedstaaten erworben haben, ihrem Wert entsprechend anerkannt und angemessen berücksichtigt wird. Dazu *Weberstaedt,* AnwBl. 2016, 208, und *Hellwig*, AnwBl. 2016, 201.

führen und an ihnen zu messen. Das erfordert argumentativen Aufwand und argumentative Sorgfalt.

Lässt sich aber für eine bestimmte Regelung einer dieser Gründe anführen, so ist nunmehr die Regelungsautonomie des Mitgliedstaates zu respektieren. Zwar kann der Mitgliedstaat nicht jede beliebige Regelung treffen; er muss vielmehr den Rahmen des Verhältnismäßigen einhalten.[66] In diesem Rahmen aber darf er selbst einschätzen, welches Maß an Reglementierung ihm erforderlich erscheint, namentlich welchen Effekt er sich von einer bestimmten Regelung verspricht und welche nachteiligen Wirkungen er befürchtet, wenn auf die Regelung verzichtet würde.

b) Auf diesem Hintergrund muss die Binnenmarktstrategie der Kommission in dreifacher Hinsicht bemängelt werden:

Zum einen achtet sie die Regelungsautonomie der Mitgliedstaaten gering. Namentlich ignoriert sie weitgehend, dass es Sache der Mitgliedstaaten ist, zu beurteilen, welche Regelungen zur Wahrung der anerkannten Gemeinwohlziele ihm geeignet und erforderlich erscheinen. Die Organe der Europäischen Union dürfen die Einschätzungen des Mitgliedstaates erst beanstanden, wenn sie schlechterdings unhaltbar sind. Regelungen auf solcherart unhaltbarer Grundlage wären aber wohl auch schon nach dem deutschen Grundgesetz verfassungswidrig.

Zum zweiten überspannt die Kommission die Beweislast des Mitgliedstaates. Zwar obliegt dem Mitgliedstaat, der sich zur Rechtfertigung einer nationalen Regelung auf ein zwingendes Erfordernis beruft, der Nachweis, dass seine Regelung angemessen und zur Erreichung des angestrebten legitimen Ziels erforderlich ist. Diese Beweislast geht jedoch nicht so weit, dass der Mitgliedstaat positiv belegen müsste, dass sich das Ziel mit keiner anderen vorstellbaren Maßnahme unter den gleichen Bedingungen erreichen lasse.[67] Davon geht aber die Binnenmarktstrategie der Kommission aus.[68]

Und drittens beruhen die tatsächlichen Annahmen, auf deren Grundlage die Kommission gerade Deutschland an den Pranger stellt, auf einer wenig tauglichen Grundlage. Die Kommission geht durchgängig davon aus, dass weniger Deregulierung automatisch zu mehr Wachstum führt. In tatsächlicher Hinsicht beruft sie sich hierfür auf vier Studien.[69] Eine davon betrifft speziell Deutschland,[70] und die Kommission stützt ihre Haltung zu Deutschland gerade auf diese Studie. Diese Studie bezieht sich aber gar nicht auf einen Freien Beruf, sondern auf das Handwerk. Das verfehlt nicht nur das Beweis-

---

66 St. Rspr; etwa EuGH, Urteil v. 10.02.2009 – Rs. C-110/05 – Slg. 2009 I-0519, Rn. 59.

67 EuGH, Urteil v. 10.2.2009 – Rs. C-110/05 – Slg. 2009 I-0519, Rn. 66.

68 Europäische Kommission, COM (2015) 550 final, S. 10.

69 Europäische Kommission, COM (2015) 550, final, S. 9 Fn. 20.

70 Europäische Kommission, Commission Staff Working Document, A Single Market Strategy for Europe – Analysis and Evidence, SWD (2015) 202 final, S. 36f.

thema, sondern zeigt auch, dass der Binnenmarktstrategie kein präziser Begriff des Freien Berufs zugrunde liegt.[71] Sie nimmt alle irgendwie reglementierten Berufe in den Blick, ignoriert aber deren gravierende Unterschiede.[72]

2. Politische Wünsche

Bei all dem bleibt aber fraglich, inwieweit sich die Kommission oder der Europäische Gerichtshof von den rechtlichen Einwänden beeindrucken lassen werden. Dabei muss in Rechnung gestellt werden, dass sich die Kommission von der ihr ursprünglich in den Verträgen zugedachten Rolle einer bloßen Rechtsaufsicht über die Vertragstreue der Mitgliedstaaten längst fortbewegt hat; sie ist politischer geworden. Gerade die Kommission Juncker verfolgt explizit eine politische Agenda. In dieser Perspektive steht Deutschland als ein Mitgliedstaat mit einer vergleichsweise hohen Regulierungsdichte massiv unter Druck. Das gilt nicht nur für die Regelungen zum Berufszugang und zur Berufsausübung, sondern über kurz oder lang auch für das Organisationsmodell der Verkammerung. Auf der anderen Seite besteht wiederum kein Anlass zum Pessimismus oder gar zu Kapitulation und vorauseilendem Gehorsam. Anlass zu einer gewissen Zuversicht hat die Binnenmarktkommissarin Elżbieta Bieńkowska jüngst geboten. Sie hat klargestellt, dass bei der Überprüfung der Reformbedürftigkeit einzelner Regelungen die spezifischen nationalen Zusammenhänge berücksichtigt werden sollen, also gerade kein „one size fits all" gelten solle.[73]

Wie dem auch sei: Es wäre jedenfalls falsch, die Dinge laufen zu lassen und abzuwarten, was die Zukunft bringen mag. Vielmehr gilt es, auf die weitere Entwicklung selbst aktiv einzuwirken. Argumentation ist gefragt, Überzeugungsarbeit – und Zutrauen in die Überzeugungskraft der eigenen Argumente. Und es gilt, sich für diese argumentative Auseinandersetzung möglichst gut aufzustellen. Welche Beiträge insofern Regierung und Parlament, Parteien und Verbände leisten können, mag jeder Zeitungleser für sich beurteilen. Es ist aber vorherzusehen, dass ein Gutteil der Debatte juristischer Natur sein wird. Sie wird nicht nur mit Rechtsargumenten geführt werden;

71 Anders etwa die von der Kommission eingerichtete Arbeitsgruppe zu den Freien Berufen: Europäische Kommission, Action lines for liberal professions, S. 5.

72 So wird nicht klar, weshalb die Binnenmarktstrategie der Kommission, COM (2015) 550 final, auf S. 10 vom Zugang zu „reglementierten Berufen" handelt, dagegen auf S. 11 vom Zugang zu „Dienstleistungen der freien Berufe". Bezeichnend auch, dass auf S. 10 in Fn. 26 unterschiedslos Bauingenieure, Architekten, Buchprüfer, Rechtsanwälte, Immobilienmakler, Fremdenführer und Patentanwälte nebeneinandergestellt werden. Vgl. auch *EWSA* (Fn. 9), S. 10. – Wie hier Bundesverband der Freien Berufe, Positionspapier zur Neuen EU-Binnenmarktstrategie, 2015, S. 6.

73 Rede der Binnenmarktkommissarin Bienkowska vom 18.05.2016 „Moving forward on regulation of professions", Abschnitt „How can we do more?" https://ec.europa.eu/commission/2014-2019/bienkowska/announcements/moving-forward-regulation-professions_en.

sie wird auch vor Gericht und durch Gerichte geführt werden. Gerade im Hinblick auf die Berufsgerichtsbarkeit ist Deutschland aber leider alles andere als gut aufgestellt. Hier besteht dringender Handlungsbedarf. Einige abschließende Bemerkungen mögen deshalb der Zukunft der Berufsgerichtsbarkeit gelten.

IV. Der mögliche Beitrag der Justiz

1. Die Bedeutung des justiziellen Dialogs

Zunächst sollte man sich vergegenwärtigen, welche große Bedeutung dem justiziellen Dialog bei der Fortentwicklung des Unionsrechts zukommt. Das gilt natürlich in erster Linie für den Dialog innerhalb des förmlichen Gerichtsverfahrens, im nationalen Kontext also im Wege des gerichtlichen Instanzenzuges, möglichst mit einer Zusammenführung und Vereinheitlichung der Rechtsprechung durch ein nationales Höchstgericht, dann aber auch zwischen der nationalen Gerichtsbarkeit und dem Europäischen Gerichtshof im Rahmen eines möglichen Vorabentscheidungsverfahrens. Jedoch darf nicht übersehen werden, dass dieser innerprozessuale Diskurs eingebettet ist in die dauernde Debatte in der juristischen Fachwelt, nicht nur zwischen nationalen und europäischen Richtern und Generalanwälten, sondern unter Einschluss von Rechtsanwälten, Verwaltungsbeamten und Rechtsprofessoren, auf vielfältigen Tagungen sowie in literarischen Beiträgen aller Art. So bilden sich „herrschende Meinungen“ heraus, und es ist sicherlich nicht ohne Nutzen, in dieser juridischen Debatte als bedeutender Akteur von sachlichem Gewicht wahrgenommen zu werden.

Eine einheitliche Berufsgerichtsbarkeit für die verkammerten Freien Berufe kann das Gewicht des deutschen Rechts in diesem Diskurs nur erhöhen. Unabhängig davon schafft sie in jedem Fall mehr Kohärenz und Konsistenz – erkennbar innerhalb, aber auch außerhalb Deutschlands. Sie könnte aus den Besonderheiten der diversen Berufsbilder das Gemeinsame der Freien Berufe, deren Regelungsmuster und Grundstrukturen herausarbeiten und auf tragende Grundgedanken zurückführen. Das ist auch möglich, da die hauptsächlichen Rechtfertigungsgründe für Regelungen der Freien Berufe berufsübergreifend im Kern dieselben sind. Eine derart konsistente Rechtsprechung würde den Begriff der Freien Berufe weiter verdeutlichen und ihm das verdiente Gewicht beilegen; die Anliegen des deutschen Berufsrechts würden damit auch in den Nachbarstaaten und in Europa besser verständlich, und seine Behauptungskraft würde erhöht.

2. Ungenügen des gegenwärtigen Zustands

Leider muss man aber feststellen: Für eine derartige konsistente Rechtsprechung fehlen die institutionellen Voraussetzungen. Der Rechtsschutz für die Berufsträger der verkammerten Freien Berufe ist sowohl für Disziplinar- als auch für Verwaltungssachen zersplittert. Das gilt praktisch in jeder Hinsicht: mit Blick auf den Träger der Gerichtsbarkeit, mit Blick auf den Rechtsweg, auch mit Blick auf die Besetzung der Richterbank. So gibt es bei den Rechtsanwälten echte Berufsgerichte, deren Träger die berufsständischen Kammern und deren Richter ausschließlich Berufsträger sind (was schon für sich genommen europarechtlich nicht frei von Bedenken ist). Alle anderen Berufsgerichte stehen in der Trägerschaft des Staates. Dort aber sind teilweise die Zivilgerichte, teilweise die Verwaltungsgerichte, teilweise auch andere Gerichtszweige zuständig. Des Öfteren trifft diese Rechtswegspaltung sogar denselben Beruf, namentlich wenn Disziplinarsachen bei den ordentlichen Gerichten laufen, Verwaltungssachen aber bei den Verwaltungsgerichten, mitunter – wie bei den Steuerberatern – wiederum gespalten zwischen diesen und den Finanzgerichten. Auch die Besetzung der Richterbank variiert, insbesondere hinsichtlich der Mitwirkung von Berufsträgern als Laienbeisitzer; bei Disziplinarsachen wirken Freiberufler regelmäßig mit, bei Verwaltungssachen nur bei einzelnen Branchen, bei anderen hingegen nicht. Über allem steht aber: Nirgends ist gewährleistet, dass das Berufsrecht branchenübergreifend in denselben Händen liegt.

3. Für eine einheitliche Berufsgerichtsbarkeit

Dieser Zustand ist ohnehin schwer erträglich. Soll das argumentative Gewicht der deutschen Rechtslage erhöht werden, ist er unhaltbar. Es ist daher dringend geboten, der Zersplitterung ein Ende zu bereiten und die diversen Zweige der Berufsgerichtsbarkeit zusammenzuführen. Dabei sollte darauf Bedacht genommen werden, eine fachlich niveauvolle und zugleich argumentationsstarke Berufsgerichtsbarkeit zu etablieren.

Deshalb sollte eine gemeinsame Berufsgerichtsbarkeit aller verkammerten Freien Berufe errichtet werden. Es sollte sich um besondere Spruchkörper bei den staatlichen Gerichten handeln, die durchgängig in allen drei Instanzen jeweils mit drei Berufsrichtern und zwei Laienrichtern aus der jeweiligen Branche besetzt sind. Die Mehrheit der Berufsrichter zerstreut von vornherein Bedenken, die von Seiten des Europarechts gegen eine Besetzung mit einer Mehrheit von Berufsträgern zu erwarten wären. Obendrein sollte dafür gesorgt werden, dass die drei Berufsrichter quer durch alle Branchen möglichst dieselben sind, um so das Gemeinsame der Freien Berufe, ihre Grundprinzipien und Grundstrukturen durchgängig hervorzuheben, während die wechselnden Berufsträger ihre fachliche Expertise einbringen und die Besonderheiten ihrer jeweiligen Branche, auch deren Berufsethos zur Geltung bringen.

Diese Berufsgerichte sollten für alle berufsbezogenen Verwaltungssachen und Disziplinarsachen der Angehörigen der verkammerten Freien Berufe zuständig sein. Außerdem spricht vieles dafür, ihnen auch die Angelegenheiten der Versorgungswerke zuzuweisen. Dabei handelt es sich zwar nicht im strengen Sinne um berufsrechtliche Streitigkeiten; der Sachbezug zu den Freien Berufen ist jedoch sehr eng, und die Versorgungswerke sind zumeist ebenfalls als Kammern organisiert.

Diese Berufsgerichte sollten bei den allgemeinen Verwaltungsgerichten eingerichtet werden; denn das Berufsrecht ist durchgängig öffentliches Recht. Für Verwaltungssachen und für die Angelegenheiten der Versorgungswerke liegt das auf der Hand. Es sollte aber auch für Disziplinarsachen gelten. Das Disziplinarrecht dem Strafprozessrecht zu unterstellen, ist mehr als überholt. Es stammt aus Kaisers Zeiten. Seit langem weiß man: Disziplinarrecht ist kein Strafrecht. So gilt bei den Beamten längst nicht mehr das Strafprozessrecht, sondern allgemeines Verwaltungsverfahrens- und Verwaltungsprozessrecht.[74] Auch die Freien Berufe sollten diesen Schritt ins 21. Jahrhundert jetzt vollziehen.

Dann könnte als oberste Instanz ein besonderer Senat für die Angelegenheiten der verkammerten Freien Berufe beim Bundesverwaltungsgericht In Leipzig eingerichtet werden. Darin läge noch eine besondere Pointe: Wo könnte das oberste Gericht für eine Berufsgruppe, die stolz ist auf ihre Unabhängigkeit und die ihre besondere Verantwortung für das gemeine Wohl gerne nach Regeln wahrnimmt, die sie sich zu guten Teilen selbst gibt, besser, passender angesiedelt sein als in der alten Handels- und Messestadt Leipzig? Das wäre für beide Seiten eine stimmige Allianz, die zugleich neue Perspektiven eröffnet: für die Freien Berufen ebenso wie für diese Stadt.

74 Zudem muss die Disziplinargewalt – auch für schwere Sanktionen – nicht unbedingt dem Richter vorbehalten sein. Das Gericht kann auch auf die Kontrolle von Disziplinarmaßnahmen beschränkt werden, welche die Verwaltung – auch etwa die Kammer – erlässt. So hat das Bundesverwaltungsgericht jüngst entschieden, dass die disziplinare Entfernung aus dem Beamtenverhältnis durch Verwaltungsakt nach dem Landesrecht in Baden-Württemberg verfassungskonform ist, BVerwG, Urteil vom 21.4.2016 – 2 C 4.15 – juris. Entsprechendes dürfte bei Freien Berufen gelten.

IV. Varia

Die „Abschaffung“ der Störerhaftung – Nach der Abschaffung ist vor der Abschaffung

Joachim Bornkamm

I. Einleitung

Den Jubilar und den Autor verbindet eine lange, etwa vierzig Jahre alte Freundschaft, die nicht zuletzt auf das gemeinsame Bewohnen einer Altbauetage in der Wiehre in Freiburg gegen Ende der siebziger Jahre zurückgeht. Nachdem wir beide dann den Mittelpunkt unserer beruflichen Tätigkeit in Karlsruhe gefunden hatten, haben sich auch in unseren juristischen Berufen Berührungspunkte ergeben, wobei das Interesse des Jubilars in erster Linie ein verfassungsrechtliches war und sich häufig daraus ergab, dass er, von der unterlegenen Partei beauftragt, urheberrechtliche Entscheidungen des Bundesgerichtshofs, an denen ich mitgewirkt hatte, – *horribile dictu* – mit der Verfassungsbeschwerde anzugreifen, oder – schon besser – solche Entscheidungen im Auftrag der obsiegenden Partei zu verteidigen hatte. Außerdem behandelte er in seiner – wiederholt als beste Lehrveranstaltung ausgezeichneten – Vorlesung an der Universität Karlsruhe zum öffentlichen Medienrecht stets auch privatrechtliche Bezüge.[1] Das Anschauungsmaterial hierfür lieferten nicht selten Fälle, die der I. Zivilsenat des BGH zu entscheiden hatte. Zur mündlichen Verhandlung vor dem Senat erschien dann regelmäßig der Jubilar mit den Studenten aus seiner Vorlesung. Vermutlich war dies auch bei dem Fall so, der den Ausgangspunkt der nachfolgenden Ausführungen darstellt: der Fall, der zur BGH-Entscheidung „Sommer unseres Lebens“ geführt und den Gesetzgeber letztlich dazu veranlasst hat, einen – letztlich gescheiterten – Versuch zu unternehmen, die Störerhaftung abzuschaffen, die man als Motor der sogenannten Abmahnindustrie und damit als Kern des Übels identifiziert hatte.

1 Vgl. *Kirchberg*, Öffentliches Medienrecht mit privatrechtlichen Bezügen – Ein Studienbuch in 12 Lektionen, 2016.

II. Der Ausgangsfall „Sommer unseres Lebens"[2]

1. Gegenstand der Entscheidung

In diesem ersten Fall, in dem sich der BGH mit der Verantwortlichkeit des Betreibers eines (privaten) drahtlosen lokalen Netzwerkes (Wireless Local Area Network oder WLAN) für Urheberrechtsverletzungen befassen musste, die mit Hilfe dieses Internet-Zugangs begangen worden waren, war festgestellt worden, dass über den fraglichen Internetanschluss des Beklagten der Tonträger „Sommer unseres Lebens" anderen Teilnehmern einer Tauschbörse zum Herunterladen angeboten worden war. Ferner stand fest, dass der Beklagte zu dem fraglichen Zeitpunkt, zu dem der Titel öffentlich zugänglich gemacht worden war, urlaubsabwesend war und dass sich sein PC in einem abgeschlossenen Raum befunden hatte. Anhaltspunkte dafür, dass der PC während der Abwesenheit des Beklagten mit dem Internet verbunden war, gab es nicht. Das Berufungsgericht war deshalb ohne Rechtsfehler davon ausgegangen, dass die urheberrechtsverletzende Handlung von einem Dritten begangen worden war, der die WLAN-Verbindung des Beklagten von außen genutzt hatte, um sich anonym Zugang zu dessen Internet-Anschluss zu verschaffen.

Das Berufungsgericht hatte die auf Unterlassung und Schadensersatz sowie die Erstattung der Abmahnkosten gerichtete Klage abgewiesen.[3] Der Bundesgerichtshof hat in Übereinstimmung mit dem Berufungsgericht eine Haftung des Beklagten als Täter oder Teilnehmer und damit einen Schadensersatzanspruch der Klägerin verneint, den Beklagten indessen als Störer angesehen, weil er es als Inhaber des WLAN-Anschlusses unterlassen hatte, die im Kaufzeitpunkt des Routers marktüblichen Sicherungsmaßnahmen zu ergreifen; im Rahmen der Störerhaftung könne ihn die Klägerin daher auf Unterlassung in Anspruch nehmen.

2. Die Störerhaftung

Die Störerhaftung, die unmittelbar aus § 1004 BGB abgeleitet wird, beruht auf der Vorstellung, dass der Eigentümer – oder der Inhaber eines eigentumsähnlichen (absoluten) Rechts – mit dem Unterlassungsanspruch gegen jede Beeinträchtigung seines Rechts vorgehen kann, die zu einer Verletzung seines geschützten Rechts beiträgt. Maßgeblich ist dabei, dass der Störer – anders als der Täter einer Urheberrechtsverletzung – auch dann auf Unterlassung haftet,

---

2 BGHZ 185, 330 = GRUR 2010, 633 mit Anm. Stang/Hühner = NJW 2010, 2061 mit Anm. *Nenninger*; Hornung, CR 2010, 461; *Schwartmann/Kocks*, K&R 2010, 433; *Borges*, NJW 2010, 2624; *Spindler*, CR 2010, 592; *Schäfer*, ZUM 2010, 699; *Mantz*, MMR 2010, 568; *Popescu*, VuR 2011, 327.

3 OLG Frankfurt GRUR-RR 2008, 279.

wenn sein Handlungsbeitrag keines der Merkmale eines der handlungsbezogenen Verletzungstatbestände des Urheberrechts (hier: des Öffentlich-Zugänglichmachens) erfüllt.[4]

3. Ausufernde Störerhaftung; zwei Beispiele aus der Rechtsprechung

Weil mit der Erstreckung der Haftung auf jeden, der einen adäquat-kausalen Beitrag zur Verletzung leistet, der Kreis der jeweils für eine Inanspruchnahme in Betracht kommenden Personen sehr weit gesteckt ist, hat die Rechtsprechung die Grundsätze der Störerhaftung teleologisch eingeschränkt. Für die ausufernde Störerhaftung, wie sie in der Rechtsprechung des BGH noch in den fünfziger Jahren des letzten Jahrhunderts fest etabliert war, seien zwei Beispiele genannt:

a) BGH-Entscheidung „Grundig-Reporter" aus dem Jahre 1955[5]

Zum einen ist dies die Entscheidung „Grundig-Reporter“. In dem zugrundeliegenden Fall hatte die GEMA den Tonbandgerätehersteller Grundig auf Unterlassung und Schadensersatz in Anspruch genommen, weil mit Hilfe der Grundig-Tonbandgeräte in großem Umfang urheberrechtlich geschützte Werke zum privaten Gebrauch vervielfältigt wurden, was nach damaligem Urheberrecht, das noch keine dem heutigen § 53 UrhG vergleichbare Schrankenbestimmung zugunsten der Vervielfältigung zum privaten und sonstigen eigenen Gebrauchs kannte, nur mit Zustimmung des Urheberberechtigten erlaubt war.

Wie weit der Unterlassungsanspruch reicht, wird deutlich, wenn der BGH betont, dass bereits eine Gefährdung des Urheberrechts ausreicht, um die Störerhaftung zu begründen:[6]

> *Rechtsgrundlage für den Unterlassungsanspruch ist § 1004 BGB, der auf jeden Eingriff in ein geschütztes Rechtsgut entsprechend anzuwenden ist (für Verletzung des Urheberrechts vgl. ...). Der Unterlassungsanspruch setzt kein Verschulden voraus. Er soll allein dazu dienen, gegenwärtige objektiv rechtswidrige Störungen zu beseitigen, wie auch künftigen vorzubeugen. Störer im Sinne des § 1004 BGB ist jeder, auf dessen Willen – wenn auch nur mittelbar – die Beeinträchtigung eines geschützten Rechtsgutes zurückzuführen ist (...).*

4 BGHZ 185, 330 = GRUR 2010, 633 Rn. 13 – Sommer unseres Lebens; BGH, Urt. v. 22.6.2011 – I ZR 159/10, GRUR 2011, 1018 = NJW 2011, 3443 Rn. 18 – Automobil-Onlinebörse; BGH, Urt. v. 9.11.2011 – I ZR 150/09, GRUR 2012, 304 Rn. 44 – Basler-Haar-Kosmetik; BGH, Urt. v. 15.11.2012 – I ZR 74/12, GRUR 2013, 511 = NJW 2013, 1441 Rn. 38 – Morpheus.

5 BGH, Urt. v. 18.5.1955 – I ZR 8/54, BGHZ 17, 266 = GRUR 1955, 492 – Grundig-Reporter.

6 BGHZ 17, 266, 292 = GRUR 1955, 492 – Grundig-Reporter.

> *Für den Unterlassungsanspruch genügt es, dass durch das Verhalten der Bekl. die Schutzrechte der Kl. gefährdet werden oder doch ein erheblicher Anlass zur Besorgnis solcher Gefährdung vorliegt (…).*

Freilich hatte in dem Fall auch die GEMA nicht verlangt, dass Grundig den Vertrieb der das Urheberrecht gefährdenden Geräte einstellt; sie wollte mit ihrem Unterlassungsantrag lediglich Grundig dazu bewegen, den Käufern eine Verpflichtungserklärung aufzuerlegen, die Geräte niemals ohne Zustimmung der Klägerin zur Vervielfältigung oder öffentlichen Wiedergabe geschützter Musikwerke aus dem GEMA-Repertoire zu verwenden. Aber auch eine solche Verpflichtung schien dem BGH zu weit zu gehen, wobei seine Begründung aus – in eine Interessenabwägung mündende – Zumutbarkeits- und Verhältnismäßigkeitserwägungen gespeist wurde, wie sie ein halbes Jahrhundert später für die sogleich darzustellende teleologische Begrenzung der Störerhaftung maßgeblich sein sollte:[7]

> *Bei Prüfung der nach Lage des Streitfalles gebotenen und der Beklagten* ***zumutbaren*** *Sicherungsmaßnahmen gegen eine urheberverletzende Benutzung ihrer Apparate musste berücksichtigt werden, dass eine Auflage, den Empfängern der Apparate eine Verpflichtungserklärung abzufordern, einerseits den Geschäftsbetrieb der Bekl. sehr erheblich belasten könnte, andererseits solche formlos abgegebenen Verpflichtungserklärungen der jeweiligen Abnehmer der Bekl. – also in der Regel der Großhändler – die Kl. nicht wesentlich wirksamer gegen Urheberrechtsverletzungen schützen würde als ein bloßer Hinweis auf die Rechtslage. Denn durch solche Verpflichtungserklärungen, die nach der Fassung des Klageantrags kein lückenloses Reverssystem ergeben hätten, würde nicht etwa eine Kontrolle der jeweiligen Letztabnehmer, also der privaten Benutzer der Geräte, ermöglicht. Bei dieser Sachlage war es bei* ***Abwägung der Parteiinteressen*** *als ausreichend aber auch geboten anzusehen, die Zulässigkeit des Vertriebs der Apparate der Bekl. von einer Belehrung der Abnehmer der Bekl. über die urheberrechtliche Lage abhängig zu machen.* [Hervorhebungen vom Verf.]

b) BGH-Entscheidung „Taeschner/Pertussin II" aus dem Jahre 1957[8]

Die zweite Entscheidung, die die ausufernde Reichweite der Störerhaftung unter Beweis stellt, ist die Entscheidung „Taeschner/Pertussin II". Der Fall, der dieser Entscheidung zugrunde liegt, führt uns ganz in die Zeit des kalten Krieges. Die Emil Taeschner, Chemisch-Pharmazeutische Fabrik oHG mit Sitz in Potsdam stellte u. a. ein Hustenmittel aus Thymian her, das unter der geschützten Bezeichnung „Pertussin" vertrieben wurde. Während des Krieges

7 BGHZ 17, 266, 293 = GRUR 1955, 492 – Grundig-Reporter.
8 BGH, Urt. v. 15.1.1957 – I ZR 56/55, GRUR 1957, 352 - Taeschner/Pertussin II.

wurden Warenvorräte und Geschäftspapiere der Firma Emil Taeschner nach Kipfenberg in Franken ausgelagert. Nach dem Kriege wurde dort die Klägerin unter Firma Taeschner & Co. als Kommanditgesellschaft neu gegründet und die Herstellung auch des Hustenmittels „Pertussin" an dem neuen Sitz der Gesellschaft wiederaufgenommen. 1948 – zu einem Zeitpunkt, als die vormaligen Geschäftsführer der Potsdamer Gesellschaft noch verfügungsbefugt waren – übertrug die Potsdamer Gesellschaft eine große Zahl von Warenzeichen und international registrierter Marken mit den kennzeichnenden Bestandteilen „Taeschner" und „Pertussin", darunter auch das für die Firma Emil Taeschner in Ceylon für pharmazeutische Präparate registrierte Zeichen „Pertussin", auf die westdeutsche Gesellschaft. Diese Zeichen wurden alle vom Deutschen Patentamt auf die westdeutsche Gesellschaft, also auf die Klägerin, umgeschrieben. Das Potsdamer Unternehmen wurde 1951 von der Stadtverwaltung Potsdam unter Treuhandschaft gestellt; es war weiterhin unter der alten Firma tätig und befasste sich auch fortan mit der Herstellung des Hustenmittels „Pertussin", das es unter dieser Bezeichnung in der Sowjetzone und im Exporthandel vertrieb. Anlass zu dem Rechtsstreit zwischen der Klägerin und einer Hamburger Spedition war eine größere Sendung von 2.500 kg Hustensirup „Pertussin", die für Colombo (Ceylon, heute Sri Lanka) bestimmt war. Da offenbar von den ostdeutschen Ostseehäfen kein Frachtraum nach Colombo gebucht werden konnte, veranlasste die Potsdamer Absenderin den Transport der Partie im zollamtlich plombierten Eisenbahnwagen in den Hamburger Freihafen, avisierte der beklagten Hamburger Spedition die bevorstehende Sendung und beauftragte sie, auf einem Colombo anlaufenden Dampfer entsprechenden Frachtraum zu notieren. Da die Klägerin hiervon Kenntnis erlangt hatte, gelang es ihr, am Tage vor dem Auslaufen des Dampfers beim Landgericht Hamburg eine einstweilige Verfügung zu erwirken, durch die der Beklagten die Verladung der Partie nach Colombo verboten wurde. Seitdem lagerte die Ware nun bei der beklagten Spedition zur Verfügung des als Sequester eingesetzten Gerichtsvollziehers.

Die Klägerin war in ihrem Begehren, die Weiterverwendung der Marken „Taeschner" und „Pertussin" durch das in Potsdam fortbestehende Unternehmen zu unterbinden, in zweifacher Weise vorgegangen: Zum einen mit der beschriebenen Klage gegen die Hamburger Spedition; hier ging es nicht um ihre deutschen Warenzeichen, sondern um die – mit dem Inverkehrbringen des mit dem Zeichen „Pertussin" versehenen Hustensirups in Ceylon drohende – Verletzung des der Klägerin zustehenden ceylonesischen Zeichens „Pertussin". Zum zweiten hatte sie aber auch Klage gegen das unter Treuhand gestellte Potsdamer Unternehmen Emil Taeschner oHG erhoben.[9] Mit dieser Klage hatte die Klägerin eine Verletzung ihrer westdeutschen Marke „Pertussin" geltend gemacht, die dadurch verletzt worden sei, dass die ostdeutsche

9 BGH, Urt. v. 15.1.1957 – I ZR 39/55, BGHZ 23, 100 = GRUR 1957, 231 = NJW 1957, 910 – Taeschner/Pertussin I.

Beklagte die mit dem Zeichen „Pertussin" markierte Ware durch den Transport nach Hamburg in Westdeutschland in Verkehr gebracht habe. Diesen Fall hat der Bundesgerichtshof dazu genutzt klarzustellen, dass ein bloßer Transitverkehr durch das Gebiet der Bundesrepublik Deutschland auch dann kein „Inverkehrbringen" im Sinne des deutschen Warenzeichenrechts darstellt, wenn die auf dem Landweg in den Freihafen (Hamburg) beförderte Ware durch einen Spediteur nach Abschluss eines Seefrachtvertrages auf ein Schiff verfrachtet wird.[10]

Blieb der Klägerin der Erfolg ihrer auf das deutsche Zeichen gestützten Klage mangels Inverkehrbringens versagt, kam nun alles auf die gegen die Hamburger Spedition gerichtete Klage an, die sich lediglich auf die bevorstehende Verletzung des der westdeutschen Klägerin ebenfalls zustehenden ceylonesischen „Pertussin"-Zeichens stützen konnte. Und wirklich: dieser Klage blieb der Erfolg nicht versagt, die beklagte Spedition wurde als Störerin angesehen. Der BGH betont zunächst, dass die Haftung des Störers kein Verschulden voraussetze. Es sei auch belanglos, so heißt es weiter in der Entscheidung,[11]

> *ob der Störer die beeinträchtigende Handlung aus eigenem Antrieb oder auf Veranlassung eines Dritten, z.B. auf Grund einer Anstiftung oder in Erfüllung eines Auftrages, ausgeführt hat oder auszuführen beabsichtigt (...). Die Beklagte kann sich also grundsätzlich nicht damit verteidigen, dass sie die mit dem für die Klägerin geschützten Zeichen versehenen Waren auf Weisung ...* [des Potsdamer Herstellers] *in Hamburg verladen habe. Sie kann sich gegenüber dem Unterlassungsanspruch auch nicht damit entlasten, dass sie das Inverkehrbringen der Waren nicht vollständig selbst verwirklicht habe. In jedem Fall hat die Beklagte an dem Inverkehrsetzen der Ware mitgewirkt. Wäre die Ware – unter Verletzung des deutschen Schutzrechtes – bereits mit der Übernahme in Hamburg in den Verkehr gelangt, so hätte die Beklagte am letzten Teil der Verletzungshandlung mitgewirkt. Wäre dagegen das Inverkehrbringen erst mit der Ankunft der Ware bei dem Empfänger in Ceylon vollendet, so hätte sich die Beklagte an einer Zwischenhandlung des Inverkehrsetzens beteiligt.*

Es sei auch dem Schutzrechtsinhaber nicht zuzumuten,[12]

> *vor Geltendmachung eines Abwehranspruches näher zu prüfen, wer etwa als der eigentlich wirtschaftlich Interessierte und wer nur als* ***Hilfsperson*** *tätig wird und wessen Willensbetätigung „maßgebende" oder nur „untergeordnete" Bedeutung hat. In dieser Richtung unternommene Versuche einer Einschränkung des Kreises der Störer (...) dürften auf der Erwägung*

10 BGHZ 23, 100, 104 – Taeschner/Pertussin I.

11 BGH, Urt. v. 15.1.1957 – I ZR 56/55, GRUR 1957, 352 - Taeschner/Pertussin II.

12 BGH, Urt. v. 15.1.1957 – I ZR 56/55, GRUR 1957, 352, 353 - Taeschner/Pertussin II.

> *beruhen, es könne unbillig erscheinen, bloße* ***Hilfspersonen*** *der Möglichkeit einer gerichtlichen Inanspruchnahme auszusetzen.*

Dem sei aber entgegenzuhalten, so fährt der BGH fort,[13]

> *dass gerade auch Fälle denkbar sind, in denen der Schutzrechtsinhaber einer Beeinträchtigung seines Rechtes nur dann wirksam begegnen kann, wenn er sofort gegen die „Hilfsperson" vorgehen kann. Hierfür bietet der vorliegende Fall ein Beispiel; hätte nämlich die Kl. keine einstweilige Verfügung gegen die Bekl. erwirken können, so wäre es ihr kaum möglich gewesen, durch geeignete gerichtliche Maßnahmen gegen die Streitgehilfinnen vorzugehen und die für Ceylon drohende Beeinträchtigung ihrer ausländischen Zeichenrechte zu verhindern.* [Hervorhebungen vom Verf.]

Der BGH hat auch schon damals die Frage erörtert, ob nicht dem Störer als Folge einer solchen Haftung unzumutbare Prüfungspflichten auferlegt würden, er hat diese Frage aber ohne Weiteres verneint:[14]

> *Es kann auch nicht anerkannt werden, dass der Spediteur durch die Möglichkeit einer gerichtlichen Inanspruchnahme auf Unterlassung in der Ausübung seines Gewerbebetriebes in unbilliger oder unzumutbarer Weise behindert werde. Die Möglichkeit einer derartigen Inanspruchnahme setzt* ***keine generelle Prüfungspflicht*** *der Spediteure in Bezug auf etwaige Schutzrechtsverletzungen hinsichtlich der von ihnen beförderten Waren voraus. Erst wenn ein Spediteur im Einzelfall auf Unterlassung in Anspruch genommen wird, ergibt sich für ihn eine Prüfungspflicht. Es ist dann seine Sache, sich wegen des geltend gemachten Anspruchs bei seinem Auftraggeber zu unterrichten. Er kann sich jedoch nicht schlechthin auf dessen Weisungen zurückziehen, sondern bleibt dem Schutzrechtsinhaber gegenüber selbst verantwortlich, wie er sich gegenüber der Klage verhalten will.* [Hervorhebungen vom Verf.]

Die Vorstellung des BGH, der Unterlassungsanspruch gegen den Spediteur löse keine Prüfungspflichten aus, erscheint nicht nur aus heutiger Sicht wirklichkeitsfremd. Zu bedenken ist, dass der Spediteur die Ware nicht selbst transportiert, sondern lediglich den Transport organisiert, der kausale Beitrag zur letztlich zu erwartenden Schutzrechtsverletzung also noch geringer erscheint. Vor allem könnten mit derselben Logik unendlich viele mittelbare Beiträge erfasst werden: Die Druckerei, die die Zeitung druckt, in der eine urheberrechtlich geschützte Fotografie ohne Zustimmung des Berechtigten wiedergegeben ist; der Austräger, der die Zeitung am frühen Morgen dem Abonnenten zustellt; die Bank, die die Überweisung ausführt, aufgrund deren bei vereinbarter Vorkasse die Auslieferung der schutzrechtsverletzenden

---

13 BGH, Urt. v. 15.1.1957 – I ZR 56/55, GRUR 1957, 352, 354 - Taeschner/Pertussin II.

14 BGH, Urt. v. 15.1.1957 – I ZR 56/55, GRUR 1957, 352, 354 - Taeschner/Pertussin II.

Ware erst veranlasst wird. Die Vorstellung erscheint abenteuerlich, der Frachtführer, der Drucker oder der Zeitungszusteller müssten sich vor Ausführung des jeweiligen Auftrags – wenn sie nicht Gefahr laufen wollen, als Störer auf Unterlassung in Anspruch genommen zu werden – Gewissheit verschaffen, ob das zu transportierende Stückgut, die zu druckende oder auszutragende Zeitung in irgendeiner Weise (etwa durch das Foto in einer Anzeige für einen Oldtimer, das der Inserent ohne Zustimmung des Leistungsschutzberechtigten verwendet) das Schutzrecht eines Dritten verletzt. Dass es dabei mit einer Anfrage beim Auftraggeber nicht getan wäre, zeigt der vom BGH entschiedene Fall; denn dort bestand erheblicher Streit darüber, ob die Übertragung der „Pertussin"- und „Taeschner"-Zeichen von der Potsdamer oHG auf die westdeutsche KG wirksam war; dies hatte das OLG Hamburg als Vorinstanz noch verneint. Auch der weitere Hinweis des BGH, der auf Unterlassung in Anspruch genommene Spediteur könne ja – wenn sein Auftraggeber die zeichenrechtliche Unbedenklichkeit nicht hinreichend darlege – eine Unterlassungsverpflichtungserklärung abgeben, erscheint schon deswegen naiv, weil den Spediteur dann immer noch die Abmahnkosten träfen[15]. Außerdem bedeutet die Unterlassungsverpflichtung gegenüber dem abmahnenden Schutzrechtsinhaber gleichzeitig die Erfüllungsverweigerung hinsichtlich des übernommenen Speditionsauftrags. Um nicht den Schadensersatzansprüchen des Auftraggebers ausgesetzt zu sein, bliebe dem Spediteur gar nichts anderes übrig, als sich nur dann zur Unterlassung zu verpflichten, wenn die in der Abmahnung behauptete Schutzrechtsverletzung außer Zweifel stünde. Die hierfür erforderliche Gewissheit ließe sich freilich im Hinblick auf das Zeitfenster, innerhalb dessen der fragliche Auftrag üblicherweise ausgeführt werden muss, im Regelfall nicht erreichen.

Die völlig unrealistische Aussage, der drohende Unterlassungsanspruch löse keine generelle Prüfungspflicht der Spediteure in Bezug auf etwaige Schutzrechtsverletzungen hinsichtlich der von ihnen beförderten Waren aus, hat der I. Zivilsenat inzwischen mehrfach korrigiert. Er hat die Augen nicht davor verschlossen, dass der Frachtführer oder Spediteur realistischerweise gar nicht umhinkann, die immaterialgüterrechtliche Unbedenklichkeit des

---

15 Die eine Haftung nicht voraussetzende, sondern diese Haftung erst auslösende Abmahnung kann allerdings keinen Anspruch auf Ersatz der Abmahnkosten auslösen. Eine Abmahnung, der kein Unterlassungsanspruch zugrunde liegt, begründet keinen Anspruch auf Ersatz der Abmahnkosten. In der Pertussin-II-Entscheidung verneint der BGH ausdrücklich eine proaktive Prüfungspflicht des Spediteurs oder Frachtführers. Eine Pflicht, nachzufragen und nachzuprüfen, hat der BGH erst angenommen, sobald der Spediteur auf die Schutzrechtsverletzung hingewiesen worden ist. Dieser Hinweis, der in der Regel in der Form einer Abmahnung erfolgt, kann weder aus Geschäftsführung ohne Auftrag noch aus § 97a Abs. 3 S. 1 UrhG noch aus § 12 Abs. 2 S. 2 UWG einen Kostenerstattungsanspruch nach sich ziehen; Köhler/Bornkamm/*Bornkamm*, UWG, 35. Aufl. 2017, § 12 Rn. 1.98; *E. Kirchberg*, Die Störerhaftung von Internetanschlussinhabern auf dem Prüfstand, ZUM 2012, 544, 550; OLG Hamburg, Urt. v. 4.2.2009 – 5 U 167/07, ZUM-RD 2009, 317, 325.

ihm erteilten Transportauftrags *ex ante* zu prüfen. Da dies wiederum aus nahe liegenden praktischen Gründen kaum jemals möglich sein wird, versetzt ihn eine Prüfungsobliegenheit, wie sie der BGH in der älteren Rechtsprechung angenommen hatte, in ein kaum lösbares Dilemma.

4. Teleologische Einschränkung der Grundsätze der Störerhaftung

Der I. Zivilsenat des BGH hat daher bereits 1996 in der Entscheidung „Architektenwettbewerb" für die Störerhaftung im Wettbewerbsrecht, wo sie inzwischen wegen der Beschränkung auf die Beeinträchtigung absoluter Rechte keine Anwendung mehr findet,[16] entschieden, dass eine uferlose Ausdehnung der Störerhaftung auf nahezu unbeteiligte Dritte, die die Merkmale des eigentlichen Verletzungstatbestandes gar nicht verwirklicht haben, zu vermeiden sei.[17] Der BGH hat daher als ein Korrektiv gefordert, dass die faktische Prüfungsobliegenheit, die zwingend aus der Möglichkeit folgt, als Störer auf Unterlassung in Anspruch genommen zu werden, noch zumutbar sein muss. Er hat in diesem Zusammenhang darauf hingewiesen, dass die in der Rechtsprechung festgefügte Einschränkung der Haftung des Zeitungsverlegers für wettbewerbswidrige Anzeigen, die in seiner Zeitung erscheinen, [18] letztlich auf derselben Erwägung beruhen. [19]

Diese Einschränkung der Störerhaftung hat der I. Zivilsenat in der Folge auf urheberrechtliche und markenrechtliche Fälle übertragen. Obwohl die „Pertussin-II"-Entscheidung eigentlich schon wegen der Einschränkung der Störerhaftung durch das Dogma von der Zumutbarkeit der Prüfungsobliegenheit spätestens seit Anfang des Jahrhunderts obsolet war, hat er außerdem die extrem weite Ausdehnung der Störerhaftung, wie sie in der „Pertussin-II"-Entscheidung zum Ausdruck gekommen ist, im Jahre 2012 ausdrücklich aufgegeben[20].

---

16 BGH, Urt. v. 22.7.2010 – I ZR 139/08, GRUR 2011, 152 Rn. 48 m. w. N. – Kinderhochstühle im Internet I; Urt. v. 12.7.1012 – I ZR 54/11, GRUR 2013, 301 Rn. 49 – Solarinitiative.

17 BGH, Urt. v. 20.20.2996 – I ZR 129/94, GRUR 1997, 313, 315 f. = NJW 1997, 2180 – Architektenwettbewerb.

18 BGH, Urt. v. 30.6.1972 – I ZR 1/71, GRUR 1973, 203, 204 – Badische Rundschau; Urt. v. 26.4.1990 – I ZR 127/88, GRUR 1990, 1012, 1014 – Pressehaftung I; Urt. v. 19.3.1992 – I ZR 166/90, GRUR 1993, 53, 54 – Ausländischer Inserent; Urt. v. 10.2.1994 – I ZR 316/91, GRUR 1994, 454, 455 f. – Schlankheitswerbung; Urt. v. 10.11.1994 – I ZR 147/92, GRUR 1995, 751, 752 – Schlussverkaufswerbung II).

19 BGH GRUR 1997, 313, 316 = NJW 1997, 2180 – Architektenwettbewerb.

20 BGH, Urt. v. 25.4.2012 – I ZR 235/10, GRUR 2012, 1263 Rn. 12 f. = NJW-RR 2013, 248 – Clinique happy.

5. Exkurs: Keine Störerhaftung in der Rechtsprechung des X. Zivilsenats

Die strenge „Pertussin-II"-Lehre lebt freilich im Patentrecht noch fort. Obwohl die Grundlagen der modernen Störerhaftung vom Reichsgericht im Patentrecht gelegt worden sind, wendet der für die technischen Schutzrechte zuständige X. Zivilsenat des Bundesgerichtshofs die Grundsätze der Störerhaftung nicht an, sondern sieht in jedem adäquat kausalen Beitrag zu einer Patentverletzung eine mittelbare Patentverletzung, für die derjenige, der diesen Beitrag leistet, auf Unterlassung und ggf. auf Schadensersatz haftet. In der Entscheidung „MP3-Player-Import"[21] hat sich der X. Zivilsenat[22] zwar mit der Rechtsprechung des I. Zivilsenats auseinandergesetzt, sich aber zu einer Änderung seiner festgefügten Rechtsprechung zur mittelbaren Patentverletzung nicht in der Lage gesehen. Auch eine – an sich gebotene – Vorlage an den Großen Senat für Zivilsachen ist nicht erfolgt. Bemerkenswert ist dies, weil der vom X. Zivilsenat entschiedene Fall ebenfalls die Haftung eines Spediteurs betraf, der lediglich den Transport der patentverletzenden Gegenstände besorgt hatte. Freilich legt auch der X. Zivilsenat insofern einen Zumutbarkeitsmaßstab an: Eine proaktive Prüfungspflicht oder -obliegenheit treffe den Spediteur oder Frachtführer nicht, weil er nicht in der Lage sei, das ihm anvertraute Transportgut generell auf Schutzrechtsverletzungen zu überprüfen; die Postulierung einer entsprechenden Rechtspflicht sei im Übrigen unzumutbar, weil sie die Tätigkeit des Spediteurs oder Frachtführers nicht nur erheblich verteuern und verkomplizieren würde; sie sei auch deswegen nicht zu rechtfertigen, weil sie zum Schutz des immateriellen Rechtsguts nicht erforderlich sei.[23] Ist Frachtführer oder Spediteur einmal auf die Schutzrechtsverletzung hingewiesen worden, legt der X. Zivilsenat letztlich einen Verschuldensmaßstab an, der dem durchaus vergleichbar ist, was der I. Zivilsenat dem auf die Schutzrechtsverletzung hingewiesenen Störer im Rahmen der Störerhaftung zumutet:[24]

> *Der Spediteur darf sich nur so lange ohne Weiteres darauf verlassen, dass von dem Versender oder Empfänger die absoluten Rechte Dritter beachtet werden, wie ihm nicht konkrete Anhaltspunkte dafür vorliegen, dass diese Rechte tatsächlich nicht beachtet worden sind und er – der Spediteur – folglich an der unerlaubten Handlung eines Dritten mitwirkt. Ergeben sich solche Anhaltspunkte, muss der Spediteur die* ***zumutbaren Maßnahmen*** *ergreifen, um den Verdacht der Schutzrechtsverletzung aufzuklären. Ergibt*

---

21 BGH, Urt. 17.9.2009 – Xa ZR 2/08, BGHZ 182, 245 = GRUR 2009, 1142 = NJW-RR 2010, 110 – MP3-Player-Import.

22 Genaugenommen stammt die Entscheidung – wie das Aktenzeichen zeigt – vom Xa-Zivilsenat (für die Jahre 2009 und 2010 gebildeter Hilfssenat zur Aufarbeitung von Rückständen). Die Patentsachen waren in dieser Zeit hälftig auf den Xa- und den Xb-Zivilsenat aufgeteilt.

23 BGHZ 182, 245 Rn. 41 – MP3-Player-Import.

24 BGHZ 182, 245 Rn. 45 – MP3-Player-Import.

die Aufklärung, dass eine Schutzrechtsverletzung vorliegt, darf der Spediteur die Mitwirkung an der objektiv rechtswidrigen Handlung des Dritten ebenso wenig fortsetzen, wie er sonst vorsätzlich eine Schutzrechtsverletzung unterstützen darf. Kann hingegen der Verdacht der Schutzrechtsverletzung ausgeräumt werden ***oder ist mit den ihm möglichen und zumutbaren Mitteln eine Klärung der Rechtslage nicht erreichbar*** *und eine Schutzrechtsverletzung mithin nicht positiv festzustellen, ist der Spediteur nicht gehindert, seinen Auftrag auszuführen, auch wenn dies objektiv die Förderung einer Patentverletzung bedeutet. Denn in diesem Fall fällt ihm nicht der Vorwurf zur Last, eine erkennbar rechtswidrige Handlung zu unterstützen.* [Hervorhebungen vom Verf.]

6. Die Störerhaftung in der Entscheidung „Sommer unseres Lebens“

Um zu der Entscheidung „Sommer unseres Lebens“ zurückzukehren: Der I. Zivilsenat wendet auch hier die inzwischen gefestigte Einschränkung der Störerhaftung an:[25]

Da die Störerhaftung nicht über Gebühr auf Dritte erstreckt werden darf, die nicht selbst die rechtswidrige Beeinträchtigung vorgenommen haben, setzt die Haftung des Störers nach der Rechtsprechung des Senats die Verletzung von Prüfpflichten voraus. Deren Umfang bestimmt sich danach, ob und inwieweit dem als Störer in Anspruch Genommenen nach den Umständen eine Prüfung zuzumuten ist (…).

In der Sache läuft dies – wie durch das Merkmal der Zumutbarkeit nahegelegt – darauf hinaus, dass eine Abwägung der Interessen des Schutzrechtsinhabers auf der einen und des als Störer Inanspruchgenommenen auf der anderen Seite erfolgt:[26]

Auch Privatpersonen, die einen WLAN-Anschluss in Betrieb nehmen, ist es zuzumuten zu prüfen, ob dieser Anschluss durch angemessene Sicherungsmaßnahmen hinreichend dagegen geschützt ist, von außenstehenden Dritten für die Begehung von Rechtsverletzungen missbraucht zu werden. Die Zumutbarkeit folgt schon daraus, dass es regelmäßig im wohlverstandenen eigenen Interesse des Anschlussinhabers liegt, seine Daten vor unberechtigtem Eingriff von außen zu schützen. Zur Vermeidung von Urheberrechtsverletzungen durch unberechtigte Dritte ergriffene Sicherungsmaßnahmen am WLAN-Zugang dienen zugleich diesem Eigeninteresse des Anschlussinhabers. Die Prüfpflicht ist mit der Folge der Störerhaftung verletzt, wenn die gebotenen Sicherungsmaßnahmen unterbleiben.

---

25 BGHZ 185, 330 = GRUR 2010, 633 Rn. 19 – Sommer unseres Lebens.
26 BGHZ 185, 330 = GRUR 2010, 633 Rn. 22 f. – Sommer unseres Lebens.

Welche konkreten Maßnahmen zumutbar sind, bestimmt sich auch für eine Privatperson zunächst nach den jeweiligen technischen Möglichkeiten (...). Es würde die privaten Verwender der WLAN-Technologie allerdings unzumutbar belasten und wäre damit unverhältnismäßig, wenn ihnen zur Pflicht gemacht würde, die Netzwerksicherheit fortlaufend dem neuesten Stand der Technik anzupassen und dafür entsprechende finanzielle Mittel aufzuwenden. Die Prüfungspflicht im Hinblick auf die unbefugte Nutzung eines WLAN-Routers konkretisiert sich vielmehr dahin, dass jedenfalls die im Kaufzeitpunkt des Routers für den privaten Bereich marktüblichen Sicherungen ihrem Zweck entsprechend wirksam einzusetzen sind (...).

III. Sind die Aussagen aus der Entscheidung „Sommer unseres Lebens" auf andere der Öffentlichkeit mehr oder weniger zugängliche Funknetze anwendbar?

Ausführungen zu anderen offenen Funknetzen hat der BGH in der Entscheidung „Sommer unseres Lebens" nicht gemacht. Gleichwohl sind die Aussagen des BGH zu dem privaten Funknetz so gelesen worden, als würden sie für sämtliche offene Funknetze, z. B. für Internetcafés, Hotels, Züge, Bahnhöfe, Flugzeuge oder Flughäfen und sonstige Hotspots, an öffentlichen Plätzen uneingeschränkt Geltung beanspruchen, solange sie einen Zugang ohne Registrierung ermöglichen, über keinen Passwortschutz verfügen und damit keine spätere Identifizierung des jeweiligen Nutzers erlauben. Hier offenbart sich ein Dilemma des Revisionsrichters: Indem er über einen Sachverhalt entscheidet, entscheidet er gleichzeitig über eine Reihe analoger Sachverhalte, die gelegentlich in der mündlichen Verhandlung, häufig aber auch nur in der Beratung Gegenstand der Diskussion sind. Es ist eine anspruchsvolle Aufgabe für den Revisionsrichter, diese analogen Sachverhalte, zu denen es häufig keinen Parteivortrag und in der Regel erst recht keine tatrichterlichen Feststellungen gibt, im Auge zu behalten, sie nach Möglichkeit mit den Parteien zu erörtern und bei der Abfassung der Urteilsgründe erkennen zu lassen, ob die für den zur Entscheidung stehenden Sachverhalt gefundene Lösung auch für diese analogen Sachverhalte Geltung beanspruchen kann. Im Verfahren „Sommer unseres Lebens" sind die analogen Sachverhalte, über die scheinbar mitentschieden wurde, nicht erörtert worden. Die Erörterung der Zumutbarkeit konkreter Schutzmaßnahmen passt überhaupt nicht für Funknetze, die mit dem Ziel eingerichtet worden sind, beliebigen Dritten ungehindert Zugang zum Internet zu verschaffen. Ich habe beispielsweise im Rahmen von Veranstaltungen die Entscheidung „Sommer unseres Lebens" stets so dargestellt, dass die Zumutbarkeitserwägungen vor allem darauf beruhen, dass aus der Sicht des Nutzers nichts dagegen spricht, die empfohlenen Sicherungsmaßnahmen zu ergreifen, die schon zum maßgeblichen Zeitraum im Jahre 2006 zum Mindeststandard privater Computernutzung gehörten und schon im vitalen Eigeninteresse aller berechtigten Nutzer lagen.[27] Es gab also schlicht kein anerkennenswertes Interesse auf der Seite des Netzinhabers, das im Rahmen der Interessenabwägung zu seinen Gunsten hätte berücksichtigt werden können. Ganz anders kann es sich demgegenüber beim Betreiber eines Internet-Cafés verhalten, zu dessen Geschäftsmodell es gehört, seinen Gästen eine kostenlose Internetnutzung mit leicht zu handhabendem Zugang zu gewährleisten.[28]

IV. Die Verankerung der Störerhaftung im europäischen Recht

Die Haftung des Störers kann im deutschen Recht freilich auch mit Hilfe von Zumutbarkeitserwägungen nicht beliebig eingeschränkt werden. Denn für die Störerhaftung gibt es seit einigen Jahren eine eigenständige europarechtliche Grundlage, die den Spielraum des deutschen Gesetzgebers und der deutschen Gerichte in dieser Frage beschränkt: So bestimmt Art. 8 Abs. 3 der Richtlinie 2001/29/EG zur Harmonisierung bestimmter Aspekte des Urheberrechts und der verwandten Schutzrechte in der Informationsgesellschaft vom 22. Mai 2001 (InfoSoc-Richtlinie), die Mitgliedstaaten hätten sicherzustellen,[29]

> *dass die Rechtsinhaber gerichtliche Anordnungen gegen Vermittler beantragen können, deren Dienste von einem Dritten zur Verletzung eines Urheberrechts oder verwandter Schutzrechte genutzt werden.*

Und ganz entsprechend sieht Art. 11 Satz 3 der Richtlinie zur Durchsetzung der Rechte des geistigen Eigentums 2004/48/EG vom 29. April 2004 (Durchsetzungs-Richtlinie) vor, die Mitgliedstaaten stellten (unbeschadet des Art. 8 Abs. 3 der Richtlinie 2001/29/EG) sicher,

---

27 BGHZ 185, 330 = GRUR 2010, 633 Rn. 40f. – Sommer unseres Lebens.

28 Zu kurz gegriffen ist es allerdings, wenn *Mantz/Sassenberg*, Rechtsfragen beim Betrieb von öffentlichen WLAN-Hotspots, NJW 2014, 3537, 3542, meinen, die Verschlüsselung eines an die Öffentlichkeit gerichteten WLANs habe den zwangsläufigen Effekt, dass Nutzer aus dem WLAN ausgeschlossen oder jedenfalls durch eine weitere Hürde an der Nutzung gehindert würden. Sie beeinträchtige bzw. widerspreche ebenso wie ein Registrierungserfordernis dem Geschäftsmodell und sei daher unzumutbar. Generell seien Identifikationspflichten unzumutbar. Bei derart undifferenzierten, pauschalen Aussagen bleibt das Interesse an der Verhinderung der Schutzrechtsverletzung völlig außer Betracht.

29 Der EuGH hat auch bereits entschieden, dass der Zugangs-Provider gerade auch als ein solcher Intermediär anzusehen ist: EuGH, Urt. v. 27.3.2014 – C-314/12, GRUR 2014, 468 Rn. 32, 40 = NJW 2014, 1577 – UPC Telekabel/Constantin Film.

dass die Rechtsinhaber eine Anordnung gegen Mittelspersonen beantragen können, deren Dienste von einem Dritten zwecks Verletzung eines Rechts des geistigen Eigentums in Anspruch genommen werden.

Die in der deutschen Fassung verwendeten Begriffe „Vermittler" und „Mittelsperson" könnten ohne Weiteres durch den Begriff „Störer" ersetzt werden. Da der Begriff der Störerhaftung im Englischen schwer zu vermitteln war,[30] wird auch im Deutschen zunehmend unter Heranziehung des in den englischen Sprachfassungen beider Richtlinien verwendeten Begriffs „Intermediary" von der Haftung des Intermediärs bzw. der Intermediäre gesprochen.[31]

Die Grundsätze, die die deutsche Rechtsprechung zur Störerhaftung entwickelt hat, entsprechen also – soweit Immaterialgüterrechte betroffen sind – dem, was ohnehin ins deutsche Recht hätte umgesetzt werden müssen, wenn es die Störerhaftung nicht bereits gegeben hätte.[32] Die Bundesregierung hat dementsprechend im Entwurf eines Gesetzes zur Verbesserung der Durchsetzung von Rechten des geistigen Eigentums festgestellt, dass Art. 11 Satz 3 der Durchsetzungsrichtlinie im deutschen Recht im Hinblick auf die Grundsätze der Störerhaftung keiner Umsetzung bedürfe[33].

Es lässt sich daher ohne Weiteres argumentieren, es sei im Hinblick auf die genannten Richtlinien europarechtlich zwingend geboten, dass die Schutzrechtsinhaber gegen den Betrieb eines privat oder gewerblich betriebenen Funknetzes vorgehen können, wenn auf diese Weise Dritten ermöglicht wird, urheberrechtlich geschützte Werke anonym im Internet öffentlich zugänglich zu machen.

---

30 Vgl. *Bornkamm*, E-Commerce Directive vs. IP Rights Enforcement - Legal Balance Achieved?, GRUR Int. 2007, 642.

31 Etwa *Spindler*, Haftung im IT-Bereich, in: Lorenz (Hrsg.), Karlsruher Forum 2010: Haftung und Versicherung im IT-Bereich (VersR-Schriften 44), 2011, S. 6 ff, 44 ff.; *Wielsch*, Die Zugangsregeln der Intermediäre: Prozeduralisierung von Schutzrechten, GRUR 2011, 665 ff.; *Neumann*, Die Haftung der Intermediäre im Internationalen Immaterialgüterrecht, Baden-Baden und Bern, 2014; *Nolte/Wimmer*, Wer stört? Gedanken zur Haftung von Intermediären im Internet – von praktischer Konkordanz, richtigen Anreizen und offenen Fragen, GRUR 20114, 16 ff.; *Peifer*, Konvergenz in der Störer- und Verbreiterhaftung – Vom Störer zum Verbreiter?, AfP 2014, 18 ff.; *Hofmann*, Markenrechtliche Sperranordnungen gegen nicht verantwortliche Intermediäre, GRUR 2015, 123 ff.; *Ohly*, Die Verantwortlichkeit von Intermediären, ZUM 2015, 308 ff.; *Jahn/Palzer*, Der Intermediär im Spannungsfeld zwischen digitaler Dynamik und Rechtsgüterschutz, K&R 2015, 767 ff.; *Fricke/Gerecke*, Haftung für Links: Neue Risiken für Inhalteanbieter, AfP 2017, 2017, 25, 27; Köhler/Bornkamm/*Köhler/Feddersen*, UWG, 35. Aufl. 2017 § 8 Rn. 2.12; Ohly/Sosnitza/*Ohly*, UWG, 7. Aufl. 2016, § 8 Rn. 120 ff.; MünchKomm.BGB/Wagner, 7. Aufl. 2017, § 823 Rn. 733 ff.; *Ohly*, Die Haftung von Internet-Dienstleistern für die Verletzung lauterkeitsrechtlicher Verkehrspflichten, GRUR 2017, 441, 442 (bei Fn. 8).

32 BGH, Urt. v. 19.4.2007 – I ZR 35/04, BGHZ 172, 119 = GRUR 2007, 708 Rn. 36 – Internet-Versteigerung II; BGH, Urt. v. 26.11.2015 – I ZR 174/14, BGHZ 208, 82 = GRUR 2016, 198 Rn. 22 = NJW 2016, 794 – Störerhaftung des Access-Providers.

33 BR-Drucks. 64/07, S. 75.

V. Versuch einer Abschaffung der Störerhaftung durch den TMG-Gesetzgeber

Diese in Deutschland nach „Sommer unseres Lebens" fest etablierte Haftung des privaten Betreibers eines lokalen Funknetzes hat sich schon bald zu einem politischen Ärgernis entwickelt, und zwar aus zwei Gründen: Zum einen stellte das Risiko, als Betreiber eines der für die Öffentlichkeit ohne große Schwierigkeiten zugänglichen WLANs wegen Schutzrechtsverletzungen anonym gebliebener Nutzer ein großes Hindernis bei dem Bestreben dar, in Deutschland eine möglichst flächendeckende Versorgung mit jedermann kostenlos und ohne bürokratischen Aufwand zugänglichen Internetzugängen zu schaffen. Bereits im Koalitionsvertrag zur 18. Legislaturperiode hatten sich die Koalitionsfraktionen von CDU, CSU und SPD im Rahmen der Digitalen Agenda darauf verständigt, dass die Potenziale von lokalen Funknetzen (WLAN) als Zugang zum Internet im öffentlichen Raum ausgeschöpft werden sollen.[34] Zum anderen wird die sog. Abmahnindustrie immer mehr als unzumutbare Fehlentwicklung empfunden, zumal die Abgeordneten in den Sprechstunden immer wieder mit den Klagen der betroffenen Netzbetreiber konfrontiert werden.[35] Dabei ist die Belastung mit den Abmahnkosten die einzige Sanktion, die den Störer letztlich trifft; dementsprechend haben die mit Verve ausgetragenen gerichtlichen Auseinandersetzungen um die Störerhaftung meist nur den Anspruch auf Zahlung der Abmahnkosten zum Gegenstand.

1. Zweite TMG-Novelle

Den ersten Versuch, die Störerhaftung abzuschaffen, unternahm die Bundesregierung Ende 2015 (nachdem bereits mehr als die Hälfte der Legislaturperiode verstrichen war) mit dem Entwurf eines Zweiten Gesetzes zur Änderung des Telemediengesetzes.[36] Dieser Entwurf enthielt zwei Komponenten, die zur Abschaffung der Störerhaftung beitragen sollten: Zum einen enthält der Entwurf – und insofern ist er Gesetz geworden – die Klarstellung in dem

---

34 „Deutschlands Zukunft gestalten", Koalitionsvertrag zwischen CDU, CSU und SPD vom 16.12. 2013, 18. Legislaturperiode (www.bundesregierung.de/Content/DE/StatischeSeiten/Breg/koalitionsvertrag-inhaltsverzeichnis.html [zuletzt besucht am 26.4.2017]), S. 48: „Wir wollen, dass in deutschen Städten mobiles Internet über WLAN für jeden verfügbar ist. Wir werden die gesetzlichen Grundlagen für die Nutzung dieser offenen Netze und deren Anbieter schaffen. Rechtssicherheit für WLAN-Betreiber ist dringend geboten, etwa durch Klarstellung der Haftungsregelungen (Analog zu Accessprovidern)."

35 Vgl. den Bericht des Abgeordneten *Axel Knoerig* in seiner Rede im Bundestag am 2.6. 2016 (Deutscher Bundestag, Stenographischer Bericht, 173. Sitzung, Sten.Prot. 18/173, S. 17059).

36 BT-Drucks. 18/8645. Kritisch dazu *Mantz/Sassenberg*, Die Neuregelung der Störerhaftung für öffentliche WLANs – Eine Analyse des TMG-RefE v. 11.3.2015 – Warum der Referentenentwurf die Verbreitung von WLANs nicht fördern wird, CR 2015, 298 ff.

neuen Absatz 3 von § 8 TMG, dem zufolge auch der private Betreiber eines drahtlosen lokalen Netzwerks, der Dritten den Zugriff auf sein Netz zur Verfügung stellt oder doch ermöglicht, dem Access Provider gleichsteht, sodass für ihn auch die Privilegierung gilt, die in Art. 12 E-Commerce-Richtlinie 2000/31/EG für den gewerblichen (kommerziellen) Access-Provider vorschreibt. Zum zweiten – und damit sollte die Störerhaftung „abgeschafft“ werden – sollte in einem neuen Absatz 4 von § 8 TMG bestimmt werden, dass Betreiber eines Netzes, die Nutzern einen Internetzugang über ein drahtloses lokales Netzwerk zur Verfügung stellen,

> *wegen einer rechtswidrigen Handlung eines Nutzers nicht auf Beseitigung und Unterlassung in Anspruch genommen werden [können], soweit sie zumutbare Maßnahmen ergriffen haben, um eine Rechtsverletzung zu verhindern.*

Dies sei insbesondere der Fall, wenn der Diensteanbieter

> 1. *angemessene Sicherungsmaßnahmen gegen den unberechtigten Zugriff auf das drahtlose lokale Netzwerk ergriffen hat und*
> 2. *Zugang zum Internet nur dem Nutzer gewährt, der erklärt hat, im Rahmen der Nutzung keine Rechtsverletzungen zu begehen.*

Nach langen Erörterungen vor allem innerhalb der Regierungsfraktionen wurde entschieden, den Gesetzentwurf lediglich mit der ersten soeben geschilderten Komponente (neuer § 8 Abs. 3 TMG) weiterzuverfolgen, während die zweite Komponente (neuer § 8 Abs. 4 TMG) aus dem Entwurf gestrichen wurde. Dementsprechend lautete der Vorschlag des (federführenden) Ausschusses für Wirtschaft und Energie.[37] Der vom Berichterstatter, dem Abgeordneten *Knorrig*, verfasste Bericht enthält hierzu folgende Begründung: [38]

> *Mit der Änderung wird klargestellt, dass auch die Anbieter von WLAN-Internetzugängen ohne jede Einschränkung Diensteanbieter i.S.d. § 8 TMG sind. Dabei ist die Haftung eines Diensteanbieters der reinen Durchleitung unter bestimmten kumulativen, aber abschließenden Voraussetzungen beschränkt. ... Der Wortlaut ... des Artikels 12 der Richtlinie 2000/31/EG und des § 8 TMG schließt weitere Voraussetzungen oder Prüfpflichten für deren Anwendung ausdrücklich aus. Deswegen wurden die im Gesetzentwurf der Bundesregierung in § 8 Abs. 4 TMG genannten Voraus-*

---

37 BT-Drucks. 18/8645, S. 3. Schon in der Öffentlichen Anhörung zum Regierungsentwurf eines 2. TMG-Änderungsgesetzes hatten die Sachverständigen, insbesondere *Gerald Spindler* und *Niko Härting*, auf die Europarechtswidrigkeit der im Entwurf vorgeschlagenen Änderung hingewiesen, Wortprotokoll der 61. Sitzung des Ausschusses für Wirtschaft und Energie am 16.12.2015, Protokoll-Nr. 18/61, S. 7.; vgl. auch *Spindler*, Die neue Providerhaftung für WLANs – Deutsche Störerhaftung adé?, NJW 20126, 2449, 2452, der auch schon vor der EuGH-Entscheidung deutlich auf die Lücken in der Argumentation des Generalanwalts hingewiesen hatte.

38 BT-Drucks. 18/8645, S. 10.

setzungen und Prüfpflichten gestrichen, weil diese mit den unionsrechtlichen Vorgaben unvereinbar sind und das Ziel des Gesetzentwurfs, Rechtssicherheit für WLAN-Anbieter zu schaffen, verfehlt hätten.

Da die Bestimmung, mit der im Regierungsentwurf die Störerhaftung ausdrücklich abgeschafft werden sollte, nicht mehr weiterverfolgt werden sollte, griffen die Abgeordneten der Regierungsfraktionen zu dem problematischen Mittel, das, was – aus welchen Gründen auch immer – keinen ausdrücklichen Niederschlag im Gesetzestext finden sollte, in die (amtliche) Begründung zu schreiben. Diese Übung beruht auf der die eigene Macht und die Bedeutung solcher Begründungen völlig überschätzenden Vorstellung, kein Mensch werde es wagen, sich über den klar zum Ausdruck gebrachten Willen des Gesetzgebers hinwegzusetzen, auch wenn er im Gesetzestext keinen Niederschlag gefunden haben sollte.[39] Dies brachte der Abgeordnete *Klingbeil* in der Plenardebatte zum Ausdruck:[40]

> *Weil ich in den letzten Tagen auch etwas über eine „Mogelpackung" gelesen habe, die wir hier angeblich auf den Weg bringen, will ich noch einmal vorlesen, was im Gesetz und in der Gesetzesbegründung explizit steht. Dort steht:*
>
> *‚Die Haftungsprivilegierung umfasst … auch die verschuldensunabhängige Haftung im Zivilrecht nach der sog. Störerhaftung und steht daher nicht nur einer Verurteilung des Vermittlers zur Zahlung von Schadenersatz, sondern auch seiner Verurteilung zur Tragung der Abmahnkosten und der gerichtlichen Kosten … entgegen.'*
>
> *Liebe Kolleginnen und Kollegen, ich will sagen: Wer diese Begründung nicht versteht, und wer diesen ausdrücklichen Wunsch des Gesetzgebers an dieser Stelle nicht versteht, der ignoriert bewusst das, was wir hier auf den Weg bringen, … der ignoriert bewusst das Mehr an Rechtssicherheit, das wir hier schaffen. Und dem kann ich leider keine guten Absichten unterstellen.*

Die Meinungsbildung der Abgeordneten wurde dabei entscheidend beeinflusst von den Schlussanträgen von Generalanwalt *Szpunar* vom 16. März 2016 im Verfahren C-484/14 (McFadden/Sony Music); der Generalanwalt

39 Dass nicht die in einer Gesetzesbegründung oder in einem Ausschussbericht niedergelegte subjektive Vorstellung der am Gesetzgebungsverfahren beteiligten Organe oder einzelner ihrer Mitglieder über die Bedeutung einer Bestimmung, sondern allein der objektivierte Wille des Gesetzgebers, der im Gesetzeswortlaut seinen Niederschlag gefunden haben muss, maßgeblich ist, entspricht ständiger Rechtsprechung des Bundesverfassungsgerichts und des Bundesgerichtshofs; BVerfGE 1, 299, 312; BGH, Urt. v. 20.5.1954 – GSZ 6/53, BGHZ 13, 265, 277; BGH, Beschl. v. 19.4.2012 I ZB 80/11, BGHZ 195, 257 Rn. 30 = GRUR 2012, 1026 =NJW 2012, 2958- Alles kann besser werden.

40 Sten.Prot. 18/173, S. 17061 unter Zitierung des Berichts des Abgeordneten *Knoerig* zur Beschlussempfehlung des Ausschusses für Wirtschaft und Energie, BT-Drucks. 18/8645, S. 10.

Szpunar hatte zum einen unter Hinweis auf Art. 12 Abs. 1 der E-Commerce-Richtlinie 2000/31/EG darauf hingewiesen, dass eine generelle Abschaffung des Unterlassungsanspruchs mit dem europäischen Recht nicht vereinbar sei.[41] Zum anderen hatte der Generalanwalt die Überzeugung geäußert, dass die Bedingungen, von denen der Regierungsentwurf in § 8 Abs. 4 TMG die Haftungsprivilegierung abhängig machen wollte, mit der E-Commerce-Richtlinie nicht vereinbar seien.[42]

Die erste peinliche Fehlleistung der Abgeordneten bestand darin, dass sie meinten, sie müssten nur ihre Vorstellung dessen, was sie regeln wollten, irgendwo in den Motiven zum Ausdruck bringen, die zweite Fehlleistung ist darin zu sehen, dass sie sich auf die Schlussanträge des Generalanwalts verlassen und nicht die Entscheidung des EuGH abgewartet haben.

2. (Vorläufiges) Scheitern der Abschaffung der Störerhaftung: EuGH-Entscheidung „McFadden/Sony Music“

Die McFadden-Entscheidung des EuGH, die kaum mehr als sechs Wochen nach dem Inkrafttreten der TMG-Novelle erging,[43] geht auf eine Vorlage des Landgerichts München I zurück. *Tobias McFadden*, ein Unternehmer, der Licht- und Tontechnik für Veranstaltungen aller Art verkauft und vermietet, hatte einen Internetzugang betrieben, der absichtlich ungeschützt war, um die Aufmerksamkeit der Kunden umliegender Geschäfte sowie von Passanten und Nachbarn des Geschäftslokals auf sich zu ziehen. Es geht darum, dass über den Internetzugang von *McFadden* ein Musiktitel ins Netz gestellt worden war, an dem Sony Music die Rechte des Tonträgerherstellers zustehen. Daraufhin wurde *McFadden* von Sony Music abgemahnt. Er erhob negative Feststellungsklage, während Sony Music im Wege der Widerklage Unterlassung, Schadensersatz und die Erstattung der Abmahnkosten verlangte.

Mit der Vorlage wollte das Landgericht vom EuGH wissen, ob und in welchem Umfang die Bestimmung des Art. 12 E-Commerce-Richtlinie, die die Privilegierung des Access-Providers betrifft, im Streitfall Anwendung findet.

Der EuGH hat zunächst entschieden, der Umstand, dass der Kläger McFadden den Nutzern den Netzzugang unentgeltlich zur Verfügung gestellt habe, stehe der Haftungsausnahme nach Art. 12 E-Commerce-Richtlinie nicht entgegen.[44] Von dem Haftungsausschluss erfasst ist auf jeden Fall der Schadens-

41 Schlussanträge von GA *Maciej Szpunar*, C-484/14 Rn. 69 u. 83.

42 Schlussanträge von GA *Maciej Szpunar*, C-484/14 Rn. 143.

43 EuGH, Urt. v. 15.9.2016 – C-484/14, GRUR 2016, 1146 = NJW 2016, 3503 – McFadden/Sony Music Entertainmant Germany GmbH. Ausführlich und erschöpfend hierzu: *J.B. Nordemann*, Nach TMG-Reform und EuGH „McFadden“ – Das aktuelle Haftungssystem für WLAN und andere Zugangsprovider, GRUR 106, 1097 ff.

44 EuGH GRUR 2016, 1146 Rn. 41 – McFadden/Sony Music.

ersatzanspruch.[45] Dass dies für den Unterlassungsanspruch nicht gilt, entnimmt der EuGH ganz zu Recht Art. 12 Abs. 3 E-Commerce-Richtlinie, wenn er ausführt:[46]

> *(76) Jedoch wird in Art. 12 Abs. 3 der Richtlinie 2000/31 klargestellt, dass dieser Artikel die Möglichkeit unberührt lässt, dass ein Gericht oder eine Verwaltungsbehörde vom Diensteanbieter verlangt, die Urheberrechtsverletzung abzustellen oder zu verhindern.*
>
> *(77) Daher läuft es, wenn ein Dritter eine Rechtsverletzung mittels eines Internetanschlusses begangen hat, der ihm von einem Diensteanbieter, der Zugang zu einem Kommunikationsnetz vermittelt, zur Verfügung gestellt worden ist, Art. 12 Abs. 1 der Richtlinie 2000/31 nicht zuwider, dass der dadurch Geschädigte bei … einem nationalen Gericht beantragt, es diesem Anbieter zu untersagen, die Fortsetzung dieser Rechtsverletzung zu ermöglichen.*
>
> *(78) Folglich ist davon auszugehen, dass es Art. 12 Abs. 1 der Richtlinie 2000/31 für sich genommen auch nicht ausschließt, dass der Geschädigte die Erstattung der Abmahnkosten und Gerichtskosten verlangen kann, die für einen Antrag wie die in den vorstehenden Randnummern genannten aufgewendet worden sind.*

Damit wird deutlich, dass die Abschaffung der Störerhaftung durch das Zweite TMG-Änderungsgesetz gescheitert ist: Sowohl die InfoSoc-Richtlinie als auch die Durchsetzungs-Richtlinie gebieten den Mitgliedstaaten, eine Haftung des Intermediärs, also des Störers, vorzusehen.[47] Dass damit gerade auch die Stellung des Zugangs-Providers als Intermediär angesprochen ist, ergibt sich aus der Bestimmung des Art. 12 Abs. 3 E-Commerce-Richtlinie, die für diese Konstellation eine Ausnahme von dem umfassenden Haftungsausschluss in Art. 12 Abs. 1 der Richtlinie vorsieht.

Der EuGH geht davon aus, dass für den Betreiber des WLAN drei Möglichkeiten in Betracht kommen, wie dem Schutz des geistigen Eigentums Rechnung getragen werden könne: erstens dadurch, dass sämtliche über den Internetanschluss übermittelten Informationen überprüft werden, zweitens durch das Abschalten des Anschlusses oder drittens dadurch, dass der Internetanschluss mit einem Passwort gesichert wird.[48] Die ersten beiden Möglichkeiten verwirft der EuGH, um dann in dem passwortgeschützten Zugang die angemessene Lösung zu erblicken:[49]

---

45 EuGH GRUR 2016, 1146 Rn. 74 – McFadden/Sony Music.

46 EuGH GRUR 2016, 1146 Rn. 76 – McFadden/Sony Music.

47 Dazu oben unter IV.

48 EuGH GRUR 2016, 1146 Rn. 85 – McFadden/Sony Music.

49 EuGH GRUR 2016, 1146 Rn. 96 ff. – McFadden/Sony Music.

(96) Insoweit ist festzustellen, dass eine Maßnahme, die in der Sicherung des Internetanschlusses durch ein Passwort besteht, die Nutzer dieses Anschlusses davon abschrecken kann, ein Urheberrecht oder verwandtes Schutzrecht zu verletzen, soweit diese Nutzer ihre Identität offenbaren müssen, um das erforderliche Passwort zu erhalten, und damit nicht anonym handeln können, was durch das vorlegende Gericht zu überprüfen ist.

(97) Fünftens ist darauf hinzuweisen, dass nach den Angaben des vorlegenden Gerichts außer den drei von ihm genannten Maßnahmen keine andere Maßnahme existiert, die ein Anbieter, der Zugang zu einem Kommunikationsnetz wie dem hier fraglichen vermittelt, in der Praxis ergreifen könnte, um einer Anordnung wie der im Ausgangsverfahren fraglichen nachzukommen.

(98) Da die beiden anderen Maßnahmen vom Gerichtshof verworfen worden sind, liefe die Auffassung, dass ein Anbieter, der Zugang zu einem Kommunikationsnetz vermittelt, seinen Internetanschluss nicht sichern muss, darauf hinaus, dem Grundrecht auf geistiges Eigentum jeden Schutz zu entziehen, was dem Gedanken eines angemessenen Gleichgewichts zuwiderliefe.

VI. Nach Abschaffung der Störerhaftung ist vor Abschaffung der Störerhaftung (Entwurf eines 3. TMGÄndG)

Fassen wir zusammen: So einfach, wie sich die Abgeordneten die Abschaffung der Störerhaftung vorgestellt hatten, ist sie nicht zu haben. Die praktische Konkordanz der beiden jeweils verfassungsrechtlich geschützten widerstreitenden Positionen kann nicht in der Weise erreicht werden, dass das geistige Eigentum schutzlos dem Zugriff anonym bleibender Netznutzer ausgesetzt bleibt. Andererseits steht das Erfordernis eines beschränkten Zugangs, der nur noch passwortgeschützt erfolgen kann und eine Registrierung und damit einen nicht ganz unerheblichen bürokratischen Aufwand erfordert, dem von Regierungsfraktionen wie von der Opposition verfolgten politischen Ziel diametral entgegen, den rechtssicheren Betrieb von offenen WLAN-Hotspots sicherzustellen, sodass sich jedermann jederzeit überall in Deutschland möglichst kostenlos und ohne Verwaltungsaufwand über ein Netz von Hotspots und privaten WLANs mit dem Internet verbinden kann. Nach den vollmundigen Ankündigungen verwundert es allerdings nicht, dass die Bundesregierung sich mit dem peinlichen Scheitern ihres Bemühens, die Störerhaftung abzuschaffen, nicht abgefunden hat. Vielmehr unternimmt sie einen erneuten Versuch, ihr Versprechen doch noch in der laufenden Legislaturperiode einzulösen. Im Februar 2017 veröffentlichte das Bundesministerium für Wirtschaft und Energie einen Referentenentwurf eines Dritten Gesetzes zur Änderung des Telemediengesetzes[50]. Obwohl die Stellungnahmen der angehörten interessierten Kreise nicht gerade ermutigend waren,[51] ist dieser Entwurf inzwischen (am 5. April 2017) von der Bundesregierung als Regierungsentwurf beschlossen worden.[52]

Der Entwurf sieht nunmehr vor,

> *dass die viel kritisierte Störerhaftung auf Unterlassung für Internetzugangsanbieter* ***rechtssicher im Gesetzestext abgeschafft*** *wird und dementsprechend auch keine mit der Störerhaftung in Zusammenhang stehenden Kosten (insbesondere Abmahnkosten) geltend gemacht werden können.*
>
> *Darüber hinaus dürfen WLAN-Betreiber nicht von einer Behörde verpflichtet werden, Nutzer zu registrieren, ihr WLAN zu verschlüsseln oder dauerhaft zu schließen. Auf freiwilliger Basis bestehen hingegen keinerlei Einschränkungen. …*
>
> ***Um auch das geistige Eigentum angemessen zu schützen und europarechtliche Vorgaben zu wahren****, erhalten Rechteinhaber die Möglichkeit, im Einzelfall Nutzungssperren gegen WLAN-Betreiber zu erwirken, wenn es darum geht, die Wiederholung einer konkreten Rechtsverletzung zu verhindern. Voraussetzung dafür ist aber, dass der Rechteinhaber keine andere Möglichkeit hat, der Verletzung seines Rechts abzuhelfen und dass die Sperrmaßnahme zumutbar und verhältnismäßig ist. Dadurch soll sichergestellt werden, dass eine Sperrmaßnahme nicht zu „Overblocking" führt und damit über ihr Ziel hinausschießt. Es handelt sich hierbei nicht um Netzsperren, denn es geht nicht darum, das WLAN zu sperren, sondern um Einstellungen am Router, die nur die Art der Nutzung einschränken. Möglich wäre z.B., dass der Zugriff für eine bestimmte Seite (beispielsweise einer illegalen Tauschbörse) oder der Down- oder Upload von Dateien beschränkt wird. Hierbei sollen WLAN-Betreiber aber keine vor- und außergerichtlichen Kosten tragen müssen.* [Hervorhebungen vom Verf.]

Der Entwurf räumt dem Berechtigten, dessen Urheberrecht von einem Nutzer verletzt worden ist und der keine andere Möglichkeit hat, der Verletzung abzuhelfen, in einem in das Gesetz einzufügenden § 7 Abs. 4 TMG das Recht ein, vom Diensteanbieter die Sperrung der Nutzung von Informationen zu verlangen, um eine Wiederholung der Rechtsverletzung zu verhindern, wobei die Sperrung zumutbar und verhältnismäßig sein muss. Ein Anspruch auf

---

50 Pressemitteilung des BMWi v. 23.2.1017: „Drittes Gesetz zur Änderung des Telemediengesetzes (neues WLAN-Gesetz – 3. TMGÄndG)".

51 https://www.bmwi.de/Navigation/DE/Service/Stellungnahmen/TMG-WLAN-3/stellungnahmen-wlan.html [zuletzt besucht am 3.5.2017].

52 Pressemitteilung des BMWi v.5.4.2017: „*Zypries*: Störerhaftung wird rechtssicher abgeschafft – Durchbruch für freies öffentliches WLAN in Deutschland".

Erstattung der vor- und außergerichtlichen Kosten für die Geltendmachung und Durchsetzung des Anspruchs werden nach § 7 Abs. 4 S. 3 TMG-E ausdrücklich ausgeschlossen.

Der Entwurf ist in mehrfacher Hinsicht wenig praktikabel, und man kann mit Fug daran zweifeln, dass es gelingen wird, den Entwurf noch in der laufenden Legislaturperiode durchs Parlament zu bringen. Ganz generell gilt, dass sich für die Netzpolitiker, die vor allem für die Abschaffung der Störerhaftung plädieren, eine Sperrung des Netzes oder Teilen davon stets als ein Schritt in die falsche Richtung erweist. Für die Handhabung des neuen Anspruchs stellen sich aber auch eine Reihe praktischer Fragen (erneut ist zu bemerken, dass hier nicht die mit den Feinheiten des Verfahrensrechts vertrauten Spezialisten des Bundesjustizministeriums am Werke waren):

(1) Da der Anspruch auf Sperrung offenbar mit der Schutzrechtsverletzung entstehen soll, stellt sich die Frage, ob er – ohne vorausgegangene Warnung – sogleich gerichtlich, etwa mit einem Antrag auf Erlass einer einstweiligen Verfügung, geltend gemacht werden kann. Hier müsste man erwägen, ob der in Anspruch genommene WLAN-Betreiber der drohenden Kostentragungslast mit einem sofortigen Anerkenntnis nach § 93 ZPO begegnen kann. Würde man den der gerichtlichen Geltendmachung vorgeschalteten Hinweis auf die erfolgte Schutzrechtsverletzung und damit die Aufforderung zur Sperrung derart zu einer Obliegenheit des Urheberberechtigten machen, stellt sich die Frage, warum er daran gehindert werden soll, die Erstattung der hierfür anfallenden Anwaltskosten nach den Grundsätzen der Geschäftsführung ohne Auftrag vom Diensteanbieter zu verlangen. Denn der Hinweis würde eindeutig im Interesse des Diensteanbieters erfolgen, der erst dadurch in die Lage versetzt würde, den bestehenden Anspruch auf Sperrung zu erfüllen und auf diese Weise ein für ihn im Blick auf die Kosten nachteiliges gerichtliches Verfahren zu verhindern.

(2) Wer verfügt über die Kenntnis, welcher Port und auf welche Weise zu sperren ist? Der Privatmann oder der kleine Gewerbetreibende, der ein WLAN betreibt, wird hierfür im Zweifel einen Spezialisten heranziehen müssen. Aber auch dem anspruchsberechtigten Schutzrechtsinhaber fehlen im Zweifel die notwendigen technischen Informationen, um die den Diensteanbieter treffende Verpflichtung etwa in einem Verfügungsantrag in hinreichend bestimmter Weise zu formulieren. Wird er hierfür nicht wissen müssen, was für einen Router der WLAN-Betreiber verwendet? Bedarf es womöglich noch eines Auskunftsanspruchs, um sich diese für die Durchsetzung des neuen Anspruchs erforderliche Information zu beschaffen?

(3) Ist die Schutzrechtsverletzung mit Hilfe des File-Sharing-Dienstes X begangen worden und ist der Zugang zu diesem Dienst aufgrund des neuen Anspruchs gesperrt worden, wird den Nutzer nichts daran hindern, sich nunmehr eines anderen File-Sharing-Dienstes für das Öffentlich-Zugänglich-

machen geschützter Musiktitel oder Filme zu bedienen, zumal er auch weiterhin unter dem Deckmantel vollkommener Anonymität handeln kann. Sollte dies der Fall sein, so wäre den in Art. 8 Abs. 3 der InfoSoc-Richtlinie 2001/29/EG und Art. 11 Satz 3 der Durchsetzungsrichtlinie 2004/48/EG genannten Anforderungen kaum genügt.

VII. Schluss

Man wird unter diesen Umständen bezweifeln müssen, ob es der Bundesregierung gelingt, dem neuen Gesetz noch vor Beginn der Sommerpause seinen Platz im Bundesgesetzblatt zu verschaffen. Denn Vorhaben, die bis zu diesem Zeitpunkt nicht abgeschlossen sind, fallen erfahrungsgemäß der Diskontinuität (§ 125 GeschO-BT) anheim.[53]

53 Wider Erwarten ist es doch gelungen, das 3. TMG-Änderungsgesetz noch in der laufenden 18. Legislaturperiode durchs Parlament zu bringen. Es ist am 30. Juni 2017 in dritter Lesung vom Bundestag verabschiedet worden; Pressemitteilung von Bundeswirtschaftsministerin Brigitte Zypries v. 30.6.2017, http://www.bmwi.de/Redaktion/DE/Pressemitteilungen/2017/20170630-zypries-weg-frei-fuer-offenes-wlan.html [zuletzt besucht am 5.7.2017].

Strafrechtsrevision Light – Zwei Augen plus X

Thomas Fischer

In einem Verwaltungsstreitverfahren war *Christian Kirchberg* mein Prozessbevollmächtigter.[1] Wir haben in diesem Verfahren[2] die Verwaltungsrechts-Dogmatik und die Betroffenheit mit seiner Hilfe und freundlichen Steuerung halbwegs so aufgeteilt, wie es sein sollte: Einerseits ein Überschuss von Engagement beim Mandanten, durch sanftes Bremsen des Anwalts unter Kontrolle gehalten; andererseits professionelle Distanz, vom Mandantenfuror beflügelt. Der Rest ist Schicksal, Evidenz oder Rechtswissenschaft.

Der Ausgang des Verfahrens führte zu Weiterungen, die ihren Weg bis zum Bundesverfassungsgericht fanden.[3] Sie sind unter dem ridikülen Schlagwort „Zehn-Augen-Prinzip" bekannt geworden.[4] Zur Ehre des Rechtsanwalts *Christian Kirchberg* folgt hier ein desillusionierter Rückblick, neutraler Gegenwartsblick und hoffnungsvoller Ausblick – mit größter Hochachtung und besten Wünschen für den Jubilar!

I. Historisches

Die praktische und vor allem rechtliche Bedeutung der angesprochenen Rechtsfrage[5] ist leider nur durch ein paar Hinweise auf das erwähnte Verfah-

---

1 Vgl. VG Karlsruhe, Beschl. v. 24. 10. 2011–4 K 2146/11, DRiZ 2012, 206; Beschl. v. 17.01.2013–1 K 2614/12, NvWZ 2013, 381.

2 Ein – am Rande bemerkt – schöner Begriff, dessen sprachliche und sinnhafte Konnotationen im Alltäglichen meist verloren sind. Das „Rechts-Verfahren" ist ja vieles zugleich: Methode, Regel, Ablauf, Kommunikation, Normativität, Sinn, Macht, Befriedung, Bürokratie, Reflexivität, Schicksal, Lebenswelt, Arbeit, Gewaltvermeidung durch Gewalt-Symbolisierung.

3 BVerfG, Beschl. v. 23. 05. 2012–2 BvR 610/12, 2 BvR 625/12 = NJW 2012, 2334 = NStZ 2012, 458 = StV 2012, 513 = HRRS 2012 Nr. 555 = DÖV 2012, 690.

4 Die etwas unernsthafte Ironie des Begriffs erschließt sich aus dem sprachlichen Zusammenhang mit dem bekannten „Vier-Augen-Prinzip" das als Begriff für besondere Sorgfalt dem Zusammenhang der sogenannten „Compliance" (Regelkonformität und Verfahren zu ihrer Sicherung) entnommen ist. „Vier-Augen" gilt hier als „besonders genaues" Verfahren zur Vermeidung von Fehlern oder Korruption. Die Verwendung des Begriffs suggeriert daher eine Erhöhung des Sorgfaltsmaßstabs. Beim „Vier-Augen-Prinzip" des Revisionsrechts geht es aber um das Gegenteil.

5 Vgl. dazu u. a. auch *Fischer*, Welche und wie viel Aufmerksamkeit schuldet die Strafjustiz der Revision? in: Limperg u. a. (Hrsg.), Recht im Wandel europäischer und deutscher Rechtspolitik, Festschrift 200 Jahre Carl Heymanns Verlag, 2015, S. 463; *Rissing-van Saan*, Festschrift für Werner Beulke, 2015, S. 963.

ren verständlich.[6] Daher noch einmal in aller Kürze: Als beim Bundesgerichtshof zum Februar 2011 eine Planstelle als Vorsitzende(r) Richter(in) frei und ausgeschrieben wurde[7], hielt der damalige Präsident des Gerichts[8] einen Bewerber für ungeeignet und erstellte eine ungünstige Anlassbeurteilung. Der Bewerber erhob gegen die von ihm als willkürlich angesehene Beurteilung Widerspruch und dann Klage zum Verwaltungsgericht. Im Verfahren auf einstweiligen Rechtsschutz ordnete das Verwaltungsgericht an, die Planstelle nicht zu besetzen, bevor in der Hauptsache entschieden worden sei.[9] Der Präsident erstellte eine weitere, noch schlechtere Beurteilung, welche bei einer anderen Kammer des Verwaltungsgerichts das gleiche Schicksal erlitt.[10] Der Bewerber bewarb sich unterdessen auf eine weitere inzwischen frei gewordene Planstelle.[11]

Wenn der Vorsitzende fehlt, wird er vom Stellvertreter vertreten. Im genannten Fall war Stellvertreter derjenige Richter, der als Bewerber unerwünscht war. Angesichts dessen kamen zunächst der Präsident[12] und dann das Präsidium[13] des BGH[14] zu der Erkenntnis, die Vertretung eines nicht

---

6 Es ist offensichtlich, dass eine Person sich nicht „neutral" zu einem Rechtsverfahren äußern kann, in dem sie selbst Partei ist oder war. Hieraus folgt aber wohl nicht zwangsläufig, dass auch jegliche Äußerung über systematische Folgerungen unzulässig wären oder unter dem Vorbehalt der Parteilichkeit stehen müssten.

7 Solche Ausschreibungen werden von der Gerichtsverwaltung – mit welcher Berechtigung auch immer – ausschließlich solchen Personen mitgeteilt, die seit mindestens fünf Jahren Mitglieder des Gerichts sind. Andere Bewerber sind rechtlich nicht ausgeschlossen, aber unwillkommen.

8 „Präsidenten" von Gerichten sind selbst Richter, in der Praxis jedoch vor allem Dienstvorgesetzte der Richter des jeweiligen Gerichts; sie nehmen also eine „Doppelrolle" ein, die verfassungsrechtlich „janusköpfig" ist, in der Praxis aber eine klare Dominanz des hierarchischen Verwaltungs-Anteils zeigt. Vgl. dazu *Wilke* in: Isensee/Kirchhof, Handbuch des Staatsrechts, 2007, § 112 Rdn. 40 ff.

9 VG Karlsruhe, Beschl. v. 24. 10. 2011–4 K 2146/11, DRiZ 2012, 206.

10 VG Karlsruhe, Beschl. v. 17. 01 2013–1 K 2614/12, NvWZ 2013, 381.

11 Die Presse verlor darüber Geduld und Überblick und verlegte sich auf Parameter, von denen sie etwas versteht: „Chaos", „Schlammschlacht", „Lähmung", „Richterkrieg". Sehr gern schrieb man das Wort „Blockade", als sei die aufschiebende Wirkung eines verwaltungsrechtlichen Rechtsmittels eine ganz neue Form der rechtlichen Unerhörtheit.

12 Erstaunlich legitimationslos ist die offenkundige Vermischung der personalen Rollen als Dienstvorgesetzter einerseits, Vorsitzender des Präsidiums andererseits in dem Fall, dass das (unabhängige) Richter-Präsidium unmittelbar oder mittelbar über eine Maßnahme oder Entscheidung des Präsidenten entscheidet.

13 Das Präsidium eines Gerichts wird nach Maßgabe von §§ 21a ff. GVG erschaffen. Den Vorsitz führt der Präsident. Gesetzliche Aufgabe des Präsidiums ist – ausschließlich – die Bestimmung des Geschäftsverteilungsplans (§ 21e GVG). Entgegen verbreiteter Meinung haben Präsidien nichts mit „Präsidialräten" zu tun, sie dienen somit genuin weder der Rechtspolitik noch der Karrieregestaltung von Richtern. Gleichwohl sind in der Praxis Besetzungs- und Personalfragen oft schwer zu trennen. Der oder die PräsidialrichterIn ist nicht Mitglied des Präsidiums, sitzt aber in dessen Beratungen dabei, da er/sie in Absprache mit dem/der PräsidentIn die Entwürfe aller vom Präsidium zu fassenden Beschlüsse vorbereitet, fertigt und verwaltungstechnisch umsetzt.

14 Beim BGH gibt es seit Jahrzehnten die *rechtsfern* anmutende Praxis, im Vorfeld von Präsidiumswahlen (§ 21b GVG) sogenannte „Listen" zu erstellen und – per Dienst-E-Mail und Umlaufmappe – an die wahlberechtigten Richter des Gerichts zu versenden. Legitimiert zur Erstellung

vorhandenen Senatsvorsitzenden durch einen Bundesrichter der Besoldungsgruppe R6, der nicht Vorsitzender Richter der Besoldungsgruppe R8 ist, sei verfassungsrechtlich nicht über das Ende eines Kalenderjahres hinaus zulässig. Bei Verstoß drohten sämtliche Entscheidungen des betreffenden Senats vom BVerfG aufgehoben zu werden. Diese Rechtslage sei eindeutig und höchstrichterlich bestätigt.[15] Daher wurde zum 1. Januar 2012 dem 2. Strafsenat ein Vorsitzender Richter zugeteilt. Dieser war und blieb allerdings auch Vorsitzender eines anderen Senats. Das Präsidium entschied, dass er zwei Senate gleichzeitig leiten könne.

Drei Mitglieder (von sieben) des 2. Strafsenats bezweifelten dies. Sie waren überdies der Ansicht, es komme für diese Frage keinesfalls auf die individuelle Bereitschaft und Selbsteinschätzung des betroffenen Richters an; vielmehr ergebe sich aus der Annahme, ein Vorsitzender Richter *könne* die Aufgabe erfüllen, notwendig auch eine gesetzliche *Pflicht*, dies zu tun, wenn es rechtlich geboten sei; und eine solche Pflicht sei mit der Verfassung nicht vereinbar. Um diesen nicht ganz einfachen – und daher bedauerlicherweise sowohl den meisten Juristen als auch der medialen Aufmerksamkeit in seiner Bedeutung schwer verständlichen – Zusammenhang von Wirklichkeit und Normativität zu verstehen, muss kurz dargestellt werden, was der tatsächliche Inhalt jener Tätigkeit ist, jenseits von nebelhaften Überhöhungen.[16]

---

solcher „Listen" (genauer gesagt: der Auflistung von als „besonders geeignet und zur Wahl empfohlen" bezeichneten Richterinnen und Richtern) ist jeder; in der Praxis werden sie von im Verborgenen wirkenden „Initiatoren"-Gruppen hervorgebracht, die vorgeben, ihre Legitimation aus den Interessen „aller Kolleginnen und Kollegen" sowie aus einem Prinzip der Ausgewogenheit zu schöpfen, welches sie – nach unbekannten Kriterien – selbst definieren. In den Anschreiben werden Listen von „zu wählenden" Richtern aufgeführt, verbunden mit der *Aufforderung*, dieser Liste mittels Unterzeichnung (!) zusätzliches Gewicht und eine Art von wahl-rechtstechnischem Anstrich zu verleihen. Ich halte diese Praxis für abwegig. Eine „ausgewogene Vertretung von Zivil- und Strafsenaten" ist das meistgenannte Motiv. Es ist freilich kleinrahmig: Zum einen unterstellt es Zivil- und Strafrichtern, jeweils nur das Interesse „ihres" Rechtsgebiets vertreten zu wollen. Das mag zutreffen, zeigt aber nur die Beschränktheit. Zum anderen überstülpt es dem demokratischen Rechtsgedanken der Selbstverwaltung die Komponente „partei"-politischen Dezisionismus. Das Vorhandensein solcher „Listen"-Empfehlungen in einer Wahl-Population von 130 Personen spricht schließlich dafür, dass Zweifel am katechetischen Credo der puren Sachgerechtigkeit nicht fernliegend sind. Das schönste Argument gegen Kritik ist der Hinweis, ein(e) veritable(r) Bundesrichter(in) werde sich keinesfalls von irgendwelchen „Vorschlägen" beeinflussen lassen. Es fragt sich, warum sonst sie gemacht werden.

15 BGH, Urt. v. 13.09.2005 – VI ZR 137/04, NJW 2006, 154; BSG, Beschl. v. 29.11.2006 – B 6 KA 34/06 B, NJW 2007, 2717; BVerwG, Urt. v. 25.07.1985–3 C 4/85, NJW 1986, 1366. Zwei Jahre später ereignete sich beim 5. Strafsenat Ähnliches: Der Vorsitzende ging zum 1. November 2014 in den Ruhestand, ein neuer Vorsitzender konnte wegen eines – ungleich ungewisseren – Konkurrentenstreit-Verfahrens nicht ernannt werden. Der Senat wurde vom stellvertretenden Vorsitzenden geleitet: über den Jahreswechsel 2014/15, über den Jahreswechsel 2015/16. Erst im November 2016 wurde dem Senat ein neuer Vorsitzender Richter zugewiesen. Von Verfassungswidrigkeit der Vertretung war in diesem Fall nicht mehr die Rede.

16 Die Personalisierung von gerichtlichen Entscheidungen durch Fokussierung auf die Person des/der Vorsitzenden des Spruchkörpers ist nicht allein ein Grundprinzip medialer Berichterstattung, sondern auch unter Berufskollegen, Rechtsanwälten und Rechtslehrern weit verbreitet.

II. Berichterstatter

Der/die Vorsitzende eines Strafsenats beim BGH muss, so sagt es die herrschende Meinung und ist es seit Jahrzehnten gängige Praxis, alle eingehenden Revisionsakten[17] „lesen“[18]. Dies sind pro Senat rund 600 Akten pro Jahr, also zwölf pro Woche. Der Umfang der inhaltlich wichtigen Teile dieses Konvoluts liegt erfahrungsgemäß meist zwischen 60 und 200 Blatt, die Lese-Obliegenheit des/der Vorsitzenden daher zwischen 720 und 2.400 Blatt Papier pro Woche. Ausreißer nach unten[19] und nach oben[20] sind selbstverständlich möglich und üblich; den quantitativen Durchschnitt substanziellen Akteninhalts kann man auf 70 Blatt beziffern.

Ob und wie intensiv der/die Vorsitzende diese „Lese“-Arbeit tatsächlich leistet, bleibt *notwendig* ein Geheimnis des Systems. Niemand kann es wissen, niemand beweisen. Der Verfasser hat in zwei Jahrzehnten Tätigkeit am Revisionsgericht alle denkbaren Varianten erlebt: Senatsvorsitzende, die sich in der Pflicht des „Lesens“ bis in Zustände völliger Erschöpfung und blanken Zynismus‘ aufrieben, solche, deren Dienstzimmer bei der Pensionierung im Halbschatten lag, da die Fensterbänke meterhoch mit sogenannten „Rückständen“ belegt waren, und solche, die treuherzig offenbarten, den Abschnitt

---

17 Gemeint sind die sogenannten „Senatshefte“, in die jeweils das angefochtene Urteil, die Revisionsschriften, die Stellungnahmen der Bundesanwaltschaft sowie Dokumente zum weiteren Gang des Revisionsverfahrens aufgenommen werden. Sie verbleiben nach Abschluss des Verfahrens beim Revisionsgericht und sein nach ständiger Rechtsprechung einer Akteneinsicht nicht zugänglich, da sie (angeblich) „höchstpersönliche“ Notizen der Revisionsrichter enthalten (können).

18 Damit ist selbstverständlich nicht eine bloße oberflächliche Lektüre, sondern ein fachliches „Durcharbeiten“ gemeint, in der Regel überdies eine Exzerpierung. Hierzu im Einzelnen weiter unten im Text.

19 Beispielhaft darf der sprichwörtliche „Schlucker-Fall“ (oft aus Urteilen des Landgerichts Frankfurt am Main) genannt werden: Irgendein(e) Beschuldigte(r) aus der weiten Welt hat nach unwiderlegten, nicht von vornherein unglaubhaften Einlassungen, also den „Feststellungen“ (einer meist minderen Art von Wahrheit), aber am Ende eben vielleicht doch eine kranke Mutter, ein Dutzend hungernder Geschwister, auf jeden Fall ein armseliges Leben. Er oder sie trifft zufällig einen meist „Pedro“, „Bill“ oder „Peter“ genannten Menschen am Hauptbahnhof von Lima oder am Strand von Punta Cana und schluckt in der Not ein Kilogramm Kokain-Bubbles, erhält Erlass irgendwelcher Schulden, ein Flugticket und 500 Dollar Spesen und startet Richtung Madrid mit Umsteigen in FraPort. Dort fördert die Ausscheidungs-Abteilung der Bundespolizei das Unrecht zutage. Es folgt ein „freimütiges“ Geständnis. Dies führt zu einer Freiheitsstrafe von ungefähr vier Jahren, einer vom Pflichtverteidiger eingelegten „allgemeinen Sachrüge“ und beim zuständigen BGH-Senat zu einem Senatsheft von erfreulicher Übersichtlichkeit. Einen „Schlucker-Fall“ (gern auch „schnelle Nummer“ genannt) kann man um 10.50 Uhr aufrufen, wenn um 10.58 Uhr zum gemeinsamen Cappuccino aufzubrechen ist. Der „Schlucker-Fall“ ist also die Traum-Erledigungsnummer des Berichterstatters, bringt ihm andererseits aber keine Ehre.

20 Senatshefte mit 1.000 bis 2.000 Seiten sind nicht häufig, aber auch nicht sensationell. Das inhaltliche Gewicht korreliert nicht ohne Weiteres mit dem Umfang. Da man niemals ausschließen kann/darf, dass nach 250 Seiten Langeweile ein völlig neues, aufrüttelndes und fallentscheidendes Argument folgt, ist man, aller Pseudo-„Routine“ und persönlichen „Bewältigungs“-Strategie zum Trotz, nichts weniger als verpflichtet, stets auch Seite 251 danach zu durchsuchen.

„Beweiswürdigung" in den angefochtenen Urteilen könne man ja nun wirklich nicht lesen, wenn man „auch mal fertigwerden" wolle.

Andererseits können auch diejenigen Bundesrichter, welche die Unmöglichkeit der Aufgaben-Erfüllung erkannt haben, in durchweg höherem Alter[21] und bei biologisch geringerer Leistungsfähigkeit durch bloße Beförderung das Mehrfache des in den Jahrzehnten des Aufstiegs Geleisteten zu vollbringen, erstaunlicherweise nur schwer mit der Vorstellung leben, der/die Vorsitzende ihres Senats könne sich unter Umständen ein *bequemes Leben* machen, während er/sie selbst im Schweiße des Angesichts arbeite.[22] Hier stoßen zwei (oder mehr) Prinzipien hart aufeinander. Erstens: Das allgemein geltende Prinzip des (im Weberschen Sinn: bürokratisierten) sogenannten Mittelstands: Hier, wo jeder mit aller verfügbaren Energie nach oben strebt, darf keiner sich bei der Ansicht erwischen lassen, er sei etwas Besseres. Zweitens: Vorsitzende sind Mächtige, die zur Verteilung von Gnade und Ungnade berufen sind. Zwischen diesen beiden Prinzipien liegt der Dschungel der kleinlichen Leidenschaften, der hart erarbeiteten Fachkunde und der mehr oder minder geglaubten Moral.[23]

Man muss zum genaueren Verständnis[24] freilich noch ein wenig konkreter werden: In einem Strafsenat des BGH hat – nach Regeln, die zu verstehen und zu hinterfragen sind – jeder Beisitzer pro Jahr maximal 100 Senatshefte zu „lesen" und – als „Berichterstatter/in" zu bearbeiten. Davon erledigt er/sie 90 Prozent durch Beschluss nach § 349 Abs. 2 StPO: durch einstimmigen Beschluss als „offensichtlich unbegründet". Eine Begründung ist in diesem Fall nicht erforderlich; die Entscheidung wird innerhalb von 30 Sekunden am Tisch von allen unterschieben. Dieses bestätigende Zustimmen stellen

21 Durchschnittliches Alter bei Beförderung zum Senatsvorsitzenden: 55 Jahre.

22 Dies steht in einer gewissen emotionalen und funktionalen Beziehung zu der Ansicht, bei dem jeweils amtierenden Vorsitzenden handle es sich um eine letzten Endes eher minder geeignete Persönlichkeit, die es vorwiegend durch geschicktes Taktieren oder parteipolitische Strippenzieherei auf den Lotsensetz gebracht habe. Diese Ansicht war in allen vom Verfasser jemals erlebten Senaten mindestens „gut vertretbar", wenn nicht gar „herrschende Meinung". Sie ändert sich individuell selbstverständlich schlagartig mit der eigenen Beförderung. Das zu sagen ist übrigens nicht Beschmutzung eines Nestes, sondern nur die Offenbarung, dass die kommunikativen Regeln bürokratischer Arbeitsstrukturen (öffentlicher und privater Art) selbstverständlich auch im Bereich der Justiz ohne Einschränkung gelten.

23 Vor mehr als 25 Jahren, als ich Wissenschaftlicher Mitarbeiter eines BGH-Strafsenats war, erläuterte mir ein Richter des Senats: Der Job ist eine Art Vorruhestand für 50-plus X-Jährige mit Verdiensten, aber abnehmender Kraft. Eine solche Einstellung passt heute selbstverständlich nicht mehr! Die Kraft und Frische der 60-Jährigen ist seit 1991 explodiert.

24 Es ist erfahrungsgemäß schwierig, dieses banale, aber selbstverständlich bürokratisch hochkomplexe Verfahren in umfassenderem Sinn zu vermitteln, selbst bei gutem Willen auf allen Seiten. Allzu oft scheitert es an schlichter Fantasielosigkeit: Der Rechtsanwalt kann sich Justiz „von innen" gar nicht als objektiv wirksames „System" denken, sondern nur als Zusammenhang von höchstpersönlich-bewusstem Dezisionismus. Umgekehrt können sich Justizjuristen freiberufliche Anwaltstätigkeit meist gar nicht anders vorstellen denn als unablässige Abfolge von Entscheidungen zwischen ungerechtem Interesse und besoldeter Gerechtigkeit.

sich Außenstehende und Kritiker leider oft vor wie eine rechts-missachtende Absprache oder eine bewusste Entscheidung gegen die Pflicht zur Entscheidung nach Recht und Gesetz. Das ist eine falsche, jedenfalls laienhaft-oberflächliche Deutung, welche die tatsächlichen Abgründe und Risiken gar nicht erkennt, sondern personalisiert und damit einer oberflächlichen Skandalisierbarkeit zuführt.

Es bleiben also etwa 15 Verfahren, in denen entweder ein Votum (ein Entscheidungsvorschlag) für eine Hauptverhandlung zu schreiben oder eine im Beschlussverfahren nach § 349 Abs. 4 StPO ergangene Entscheidung nachträglich zu formulieren ist. Gelegentlich kommen Weiterungen hinzu.[25]

III. Senatspräsidenten

Anders ist es mit der Tätigkeit des/der Vorsitzenden[26]: Er oder sie muss nicht 100, sondern 600 Verfahrensakten durcharbeiten. Das Ernennungsalter der Vorsitzenden liegt bei etwa 55 Jahren. In der Medien-Kommunikation ist bekanntlich alles, was danach folgt, das Leben eines sogenannten „Senioren", also eines Menschen, dessen Aufgabe es sein soll, sich emotional in bald bevorstehendes Ausklingen, abnehmende Kraft, neue Hobbys sowie das Näherrücken des unvermeidlichen Ablebens einzuschwingen. Beim BGH ist es aber das Alter, in welchem die Leistungsfähigkeit frisch ernannter Senatsvorsitzender explodiert, die daher im letzten Jahrzehnt ihres Dienstes 300 bis 500 Prozent mehr leisten können als in den zehn Jahren zuvor. Ein veritables Wunder!

Die Mehrleistung von mehreren Berichterstatter-Pensen kann, wie sich dem unbefangenen Betrachter aufdrängt, *unmöglich* der Schreibarbeit der Berichterstatter in 15 Verfahren pro Jahr entsprechen, zumal der oder die Vorsitzende ja „nebenbei" auch die Organisation der Senatsgeschäfts vorzu-

---

25 Text-Überarbeitungen, Anfragen, Stellungnahmen.

26 Bis Anfang der 1970er-Jahre hießen sie „Senatspräsidenten", was unzweifelhaft ein schöner Titel ist, da die Welt der Laien geneigt ist, jegliche Art von „Präsident" für ein Wesen mit unmittelbarem Zugang und Einfluss auf die Macht zu halten. Da die Umbenennung erst 45 Jahre her ist, hat sich die zur Festschriften-Reife gelangte Schicht der Justizpraxis noch nicht vollständig an die Nomenklatur des „Vorsitzender Richter am…" gewöhnt. Silberhaarige Rechtsanwälte fügen daher bis heute bisweilen den Titel „Senatspräsident" in die Anrede ihrer Schreiben ein. Vor allem aber hat einer/eine überlebt: Der/die „Chefpräsident(in)". Dies(e) ist der Chef oder die Chefin der Präsidenten. Ihm oder ihr nähern sich die Senatspräsidenten – oder die es werden möchten –, wie es sich gegenüber einem Chef gebührt; sie halten für die Möglichkeit, überraschend zu einem geladen zu werden, stets ein Sakko und einen Schlips im Dienst-Spind bereit. Ins kollektive Gedächtnis des Gerichtshofs gehen jeweils die Terminierungs-Usancen der Präsidenten ein. Der *Verfasser* kann bezeugen, dass bei Einzelnen von ihnen zwischen der telefonischen Bitte der Chefsekretärin, sich „ab 10 Uhr" für eine kurze Besprechung bereithalten, und dem Abruf zum Termin durchaus einmal acht Stunden vergehen durften.

nehmen, die Hauptverhandlungen vorzubereiten, zu organisieren und zu leiten, alle Entwürfe, Voten und sonstigen schriftlichen Entwürfe aller Berichterstatter sorgfältig zu lektorieren und schließlich und vor allem[27] auf die Rechtsprechung des Senats „bestimmenden Einfluss"[28] mittels umfassender Informiertheit, Lebens- und Rechtserfahrung zu nehmen hat.

Man darf getrost sagen, dass die angebliche (das heißt *normative*) Belastung des/der Senatsvorsitzenden zwischen 300 und 500 Prozent derjenigen eines/einer „normalen" BundesrichterIn liegt.[29] Diese Belastung ist, nach den üblichen Maßstäben und den gegebenen Umständen[30], schlechterdings nicht zu bewältigen. Sie ist – dem Anspruch und leider auch oft der Darstellung nach – eine Überbelastung der Vorsitzenden mit einer Pflicht, deren Erfüllung in der Wirklichkeit unmöglich ist.[31] Jede(r) Vorsitzende muss sich daher (angeblich) frühzeitig überlegen, ob er eine 100-Stunden-Woche mit Aktenlesen verbringen oder sein Leben irgendwie halbwegs erträglich für Körper, Geist, Familie und Lebenssinn einrichten möchte.

Eine dritte Möglichkeit gibt es. Von ihr ist hier die Rede. Sie gilt der „herrschenden Meinung" freilich als defaitistisch, wenn nicht als Gefährdung der „Funktionsfähigkeit", auf jeden Fall als gefährlich.

Nach Regel und Tradition bedarf es aus den angedeuteten Gründen kontinuierlicher Beweise[32] des Fleißes des/der Vorsitzenden. Diese(r) schuldet sie den Mitgliedern des Senats; sie werden allenfalls in Fällen offenen Aufruhrs[33] formell, in der Regel aber nur informell von diesen eingefordert. Dies liegt schon deshalb nahe, weil sich in jedem Senat Richter finden, die davon überzeugt sind, zur Vorsitzenden-Tätigkeit entweder schon immer besser oder jedenfalls demnächst besonders geeignet zu sein, vor allem im Vergleich mit dem jeweiligen Amtsinhaber.[34]

Der oder die Vorsitzende muss daher eine Methode entwickeln, die Erfüllung der unerfüllbaren Aufgaben jedenfalls teilweise zu simulieren. Denn dass die zugeschriebene Aufgabe tatsächlich nicht erfüllbar ist, ist recht evi-

---

27 BVerfG, 2 BvR 610/12, Rn. 25 ff. (= NJW 2012, 2334); BVerfGE 37, 210, 215 f.; 88, 1, 8 f.

28 BVerfG NJW 2012, 2334 = NStZ 2012, 458 = DÖV 2012, 690.

29 Hierfür erlangt er eine Mehrvergütung von ca. 850 € brutto. Dies ist kein ernsthaftes Motiv, eine solche „Beförderung" anzustreben. Der „Lohn", um den es geht, liegt weit jenseits der Besoldung: Selbstbestätigung, Nähe zur Macht, Herrschafts-Ausübung, äußere Reputation.

30 Vgl. sogleich.

31 Damit ist nicht gesagt, dass nicht – bis über die Grenze des Zumutbaren hinaus – versucht wird, der angeblichen Verpflichtung zu genügen, sei es aus Pflichtgefühl, Angst oder Selbstüberschätzung.

32 Es handelt sich um die zumindest den gesellschafts- und hierarchiebildenden Primaten eingeborene Notwendigkeit, Dominanz kommunikativ zu vermitteln (vgl. *de Waal*, Der gute Affe, 1993, S. 110 ff.).

33 Also in der subjektiven Sicherheit, sich auf der obsiegenden Seite zu befinden.

34 Dies wiederum hängt auf vertrackte Weise mit der Anerkennung des Leitungs-Systems zusammen: An dem/der eigenen Senatsvorsitzenden „vorbei" Vorsitzende(r) zu werden, ist möglich, aber meist schwierig. Diese(r) schreibt „Beurteilungsbeiträge", streut jahrelang informelle „Eindrücke", Meinungen und Einschätzungen.

dent: Es gibt auch für sehr begabte, sehr schnellbegreifende und sehr fleißige Menschen keine Möglichkeit, dauerhaft das Mehrfache dessen zu leisten, was ein ganz besonders befähigter und *daher* in eine Spitzenposition gelangter Mensch auf demselben Gebiet bei Anstrengung aller Kräfte zu leisten imstande ist.[35]

Wie beweist der oder die Vorsitzende die überragende Kenntnis? Die praktische Methode ist an sich schlicht, ihre Ausführung (selbstverständlich) hochkompliziert; das Modell entspricht im Ansatz der üblichen Alltagserfahrung[36]: Strafsenatsvorsitzende „lesen" die Revisionsakten. Dieses sogenannte „Lesen" ist nur ein Teil dessen, was verlangt wird, füllt die Arbeitskraft aber bis zur Erschöpfung aus. 600 Akten mit durchschnittlich[37] 70 Seiten Umfang ergeben 42.000 Seiten pro Jahr; das sind 800 Seiten pro Woche, 160 Seiten pro Arbeitstag. Tatsächlich bietet die Arbeitswoche aber nicht fünf Tage Zeit zum Lesen: Mindestens ein Tag wird vollständig für Verhandlungen und Beratungen verbraucht. Die Zahl der Beratungs- und Verhandlungstage wird in den Strafsenaten des BGH in einem intuitiv umgekehrten „Erfolgs"-Zusammenhang gesehen: Je weniger Tage, desto „besser".[38] Mindestens zehn Stunden pro Woche – also ein weiterer Arbeitstag – sind für senatsinterne Verwaltungs-, Kontroll-, Koordinierungsaufgaben sowie für die Pflege des sozialen Klimas aufzuwenden. Es bleiben also, mit viel Glück, drei Arbeitstage für 800 Seiten Revisionsakten. Da sich dieses Pensum beinahe nie innerhalb der üblichen Büroanwesenheitszeiten erledigen lässt, schleppen die Vorsitzenden zum Wochenende randvolle Pilotenkoffer mit Akten zum Parkplatz, die sie am folgenden Montag der Geschäftsstelle als „gelesen" übergeben. Im Dienstzimmer warten dann bereits die nächsten zehn Akten.

Regelmäßig und traditionell fertigt der/die Vorsitzende Exzerpte der Revisionsakte an. Die Form dieser Elaborate ist ebenso wenig vorgegeben wie ihr Umfang oder Inhalt; es handelt sich um rein private Aufzeichnungen. Als physische Unterlage dient in der Regel ein Überstück der vom Generalbundesanwalt übersandten Stellungnahme zum Revisionsvorbringen. Auf ihm werden handschriftliche Notizen angebracht, deren Umfang, Inhalt und Aussagekraft sehr unterschiedlich ist.[39]

---

35 Es ist dem *Verfasser* geläufig, dass diese Aussage von einer großen Mehrheit der Bundesrichter in öffentlichen Äußerungen bestritten und sogar als gleichsam ehrenrührig angesehen wird. Ein sachliches Argument hierfür fehlt jedoch bislang.

36 Diese ist selbstverständlich nicht „einfach", sondern ein hochkompliziertes Geflecht sozialer Regeln und Bewertungen.

37 Zurückhaltend geschätzt. Senatshefte unter 40 Seiten gibt es fast nicht. Andererseits gibt es pro Jahr im Durchschnitt 10 Verfahren, in denen die Senatshefte mehr als 1000 Seiten umfassen.

38 Der 2. Strafsenat hat in den Jahren 2012 bis 2016 besonders viele Sitzungstage – teilweise so viele wie die anderen vier Senate zusammen – durchgeführt. Die Beratungstage (Beschluss-Beratungen nach § 349 Abs. 1 bis 4) sind in den Senaten unterschiedlich; auch hier gilt die informelle Regel: Je weniger, desto "besser".

39 Der *Verfasser* hat Vorsitzende erlebt, deren Notizen sich auf zwei Zeilen beschränkten (Beispiel: „§ 21 problematisch; Strafe i.ü. angemessen"). Einzelne andere verfertigten in jedem einzelnen

Der Sinn dieser eintönigen und kräftezersetzenden Tätigkeit – es handelt sich, hieran darf erinnert werden, bei den dazu verpflichteten Personen um die Vorsitzenden der fünf Strafsenate des Obersten Gerichtshofs unseres Staats – ist letztlich nur verständlich, wenn man die Praxis der Entscheidungsweisen der Senate kennt und versteht, die sogleich darzustellen ist. An dieser Stelle reicht vorerst der Hinweis auf eine mittelbare, quasi reflexhafte Funktion: Die Exzerpte des/der Vorsitzenden stehen nicht etwa als Vermerke den anderen Senatsmitgliedern zur Verfügung, sondern gelten als höchstpersönliche Materialien. Zugriff erlangen die Beisitzer nur, wenn der Vorsitzende erkrankt oder in Urlaub ist; dann darf der Vertreter das irgendwo abgeheftete Exzerpt benutzen.[40] Der Vorsitzende wirkt in diesen Fällen also quasi als sechstes Mitglied der Spruchgruppe mittels „Notizen" aus der Ferne an der Entscheidung mit.

Der Vorsitzende hat also, wenn es gut läuft, beim Vortrag des Berichterstatters ein persönlich erstelltes Dokument in Händen, anhand dessen er den Vortrag korrigieren, steuern, hinterfragen, bezweifeln oder kritisieren kann – oder auch nicht. Er befindet sich damit in der Situation eines Lehrers, der beim Vortrag einer Inhaltsangabe durch einen Schüler anhand monatealter Notizen kontrolliert, ob etwas vergessen wird.

Parallel zur Anfertigung dieser Exzerpte gibt es Möglichkeit und Übung, dass die Vorsitzenden während des Lesens des Senatshefts dort persönliche Vermerke anbringen: Unterstreichungen, Unterkringelungen, Randbemerkungen zum Urteil, zur Revision oder zur Sache. Sie geben zum einen Auskunft über die vom Vorsitzenden „erkannten" oder der Diskussion für würdig erachteten – Fragen und somit über die Durchdringungstiefe; zum anderen geben sie den Berichterstattern Hinweise auf möglicherweise problematische und im Sachvortrag zu berücksichtigende Fragen.

Angeblich sind die Senatshefte „interne" oder gar „höchstpersönliche", daher dem Akteneinsichtsrecht nicht zugängliche Akten; Gesuche um Einsicht werden daher regelmäßig zurückgewiesen. Das erscheint zweifelhaft. Verfahrensakten, welches Gerichts auch immer, sind nicht höchstpersönliche Konvolute, wenn und weil sie eine Vielzahl von allgemein wichtigen verfahrensleitenden, auch beweiserheblichen Dokumenten enthalten. Sie zu geheimen Enklaven der Höchstpersönlichkeit zu erklären, wie es die ständige

---

Fall ein vielseitiges Zeugnis ihrer Anstrengung, einen „Aktenauszug", aus dem sich fast jedes einzelne Beweismittel oder Rechtsargument ergibt. In der überwältigenden Mehrzahl der Fälle hat sich niemand (!) im Senat für das eine oder das andere interessiert. Eine solche Sisyphos-Arbeit ins pure Dunkel aushalten zu lernen ist eine exzeptionelle Leistung. Die Mehrzahl der Vorsitzenden verfährt auf einem (jeweils persönlichen) Mittelweg: Der eine kritzelt mehr, die andere weniger auf den Zettel. Lesen und/oder verstehen kann es außer ihm/ihr meist sowieso niemand.

40 Die Erkenntnis scheitert in der Regel daran, dass die handschriftlichen Notizen nicht lesbar oder nicht verständlich sind. Überdies ist der Senat meist der Ansicht, auf die Eingebungen des Vorsitzenden, der an der Entscheidung gar nicht beteiligt ist, komme es nicht an.

Rechtsprechung tut, ist fragwürdig. Niemand käme auf die Idee, die „Sachakte“ des Landgerichts deshalb für geheim zu erklären, weil die Kammervorsitzende oder der Berichterstatter handschriftliche Bemerkungen in der Anklage oder Unterstreichungen in Vernehmungsprotokollen vorgenommen haben.[41] Was „öffentlich“ ist, muss und kann auch öffentlich diskutiert werden. Was „geheim“ ist, mag persönliches Wissen, Wollen und Eindruck des Richters sein, taugt aber nicht dazu, einem sogenannten „Vier-Augen-Prinzip“ eine rechtliche Legitimation zu verleihen.

Eine herkömmliche herrschafts-orientierte Logik verspricht demjenigen Vorsitzenden den höchsten Einfluss, der in der Akte keine Spuren hinterlässt, in seinem persönlichen Exzerpt aber möglichst viele Details erfasst. Er kann dann nämlich den Aktenvortrag des Berichterstatters zu Zeitpunkten mit Hinweisen oder Fragen unterbrechen, die weder der Vortragende ahnen noch einer der drei Nicht-Leser vorhersehen kann.[42]

Die Bedeutung der vorstehend geschilderten Abläufe ergibt sich aus einer Besonderheit in der Praxis der höchstrichterlichen Revision in Strafsachen, die bis zu den eingangs dargestellten Ereignissen vor wenigen Jahren fast unbekannt war. Sie beruht auf der heute üblichen und als zulässig angesehenen *exzessiven* Auslegung von § 349 Abs. 2 und Abs. 4 StPO.

IV. Beschlussverfahren

Das „Zehn-Augen-Prinzip“ ist das Prinzip, von welchem das Gesetz als Regel ausgeht. Der Begriff bezeichnet nichts anderes als den – jedem Leser des Gesetzestextes als selbstverständlich erscheinenden – Grundsatz, dass diejenigen Richter, die über die Rechtmäßigkeit oder Rechtsfehlerhaftigkeit eines Urteils in einem Rechtsbeschwerdeverfahren („Revision“) zu entscheiden haben, dieses Urteil auch – jeweils persönlich – *zur Kenntnis genommen* haben müssen. Fünf Richter(innen) – Zehn Augen: Nichts erscheint näherliegend, und nichts anderes erwarten die Bürgerinnen und Bürger, die dem Rechtsmittel, um das es hier geht, in einem beinahe unangreifbaren Maß

---

41 Wann immer der *Verfasser* diese Frage ansprach, erlangte er von Strafsenats-Mitgliedern die Antwort: „Dann schreibe ich ab sofort nichts mehr ins Senatsheft und mache mir meine Notizen persönlich.“ Dies soll – offenkundig – als Argument dafür gelten, es sei letztlich gleichgültig, ob die Akten offen oder geheim seien, da es „im praktischen Ergebnis“ darauf nicht ankomme. Das ist schlechterdings falsch.

42 Der *Verfasser* hat während seiner Tätigkeit als Senatsvorsitzender darauf verzichtet, Exzerpte anzufertigen. Stattdessen schrieb er alles, was ihm beim Durcharbeiten der Senatshefte einfiel, in diese hinein, damit der/die jeweilige Berichterstatter/in einen Hinweis auf möglicherweise diskussionswürdige Fragen erhalte. Dies führte dazu, dass von Mitgliedern des Senats das Gerücht verbreitet wurde, der Vorsitzende „lese die Akten nicht“, da er keine Exzerpte vorweisen könne.

ausgeliefert sind oder sein könnten. Eben dies bestreiten die Vertreter der herrschenden Meinung, die sich mit einem sogenannten „Vier-Augen-Prinzip“[43] begnügen will, ein solches Prinzip aber im Gesetz nicht finden kann und stattdessen mit dem gesunden Menschenverstand des sogenannten „erfahrenen Revisionsrichters“ Vorlieb nehmen muss.

Der Berichterstatter bereitet auch im Beschlussverfahren die Sache vor, nachdem sie ihm vom Vorsitzenden zugeleitet wurde.[44] Er bringt die Sache in die Beratung der zuständigen Sitzgruppe, wenn er sie für „vortragsreif“ hält. Wann dies der Fall ist, bestimmt ausschließlich er selbst. Er kann dadurch die Besetzung der konkret entscheidenden Sitzgruppe manipulieren, indem er etwa Urlaube oder dienstliche Abwesenheiten von Senatsmitgliedern einplant und bestimmte Fälle nur oder eben nicht in bestimmten Personen-Konstellationen vorträgt.[45]

Über den Gegenstand des Revisionsverfahrens kann nur entschieden werden, wenn alle Richter über seinen Inhalt informiert sind: „Voraussetzung jeder Beratung und Entscheidung eines Senats ist, dass alle ... Mitglieder des Spruchkörpers – und nicht etwa nur der Berichterstatter und der Vorsitzende – Kenntnis des Streitstoffs haben.“[46] Da die Aufgabe des strafrechtlichen Revisionsverfahrens (beinahe ausschließlich) darin besteht, die schriftlichen Urteilsgründe der angefochtenen Entscheidung anhand der Urteilsurkunde daraufhin zu prüfen, ob sie Rechtsfehler enthalten, ist es offenkundig, dass eine Entscheidung über die Revision die Kenntnisnahme dieser schriftlichen Urteilsgründe voraussetzt. Diese schlichte Regel führt beispielsweise bei den Zivilsenaten des BGH dazu, dass vor der Beratung alle beteiligten Richter – zusammen mit einem Votum des Berichterstatters – einen Abdruck des angefochtenen Urteils erhalten. Auch im Urteilsverfahren der strafrechtlichen Revision wird das Senatsheft für alle Richter kopiert und ihnen eine Woche vor dem Verhandlungstermin mit dem Votum des Berichterstatters zugeleitet. Der Sachbericht des Berichterstatters in der Hauptverhandlung beschränkt sich daher regelmäßig auf einige zusammenfassende Sätze über die „Feststel-

43 Vgl. oben Fn. 4.

44 Diese Zuleitung heißt bis heute „Zuteilung“: Der Begriff spielt darauf an, dass der/die Vorsitzende den Berichterstatter „bestimmt“, daher nach eigenem Ermessen (?) den oder die „Geeignete(n)“ benennen kann. Damit ist ein extrem hoher steuernder Einfluss verbunden, sowohl in der Bezeichnung der mehr und der weniger „Geeigneten“ als auch in der „Tendenz“. Der *Verfasser* hat Zeiten (und „Senatspräsidenten“) erlebt, in denen vor der „Zuteilung“ (oder sogar noch danach) bei den in Betracht kommenden Berichterstattern nachgefragt wurde, welche Meinung sie zu vertreten beabsichtigten.

45 Hierauf ist – auch vom *Verfasser* – schon mehrfach hingewiesen worden. Die wissenschaftliche, verfassungsrechtliche und praktische Antwort hierauf ist anhaltendes Schweigen sowie allenfalls der Hinweis, ein anständiger Bundesrichter tue so etwas nicht. Dass dieses Rechtsprinzip „Hoffnung“ mit dem GVG und Art. 101 Abs. 1 Satz 2 GG vollständig in Einklang steht, könnte bezweifelt werden.

46 BVerfG 2 BvR 610/11 (NJW 2012, 2334; NStZ 2012, 458), Rdn. 23.

lungen“ des Erstgerichts. Ein Bericht etwa über Einzelheiten der Beweiswürdigung findet nicht statt, da alle Beteiligten das Urteil gelesen haben.[47]

Ganz anders aber im Verfahren der Revisionsentscheidung durch Beschluss gem. § 349 Abs. 1, 2 und 4: Hier werden in der Beratung von den Berichterstattern reihum die Revisionssachen in freien mündlichen Vorträgen zur Kenntnis gegeben. Pro Revisionssache stehen dazu durchschnittlich zwischen zehn und neunzig Minuten zur Verfügung. Der Vorsitzende versucht (gelegentlich), den Vortrag anhand seiner oben genannten Aufzeichnungen mitzuverfolgen; im Übrigen verlässt er sich auf sein Gedächtnis oder auf die Bereitschaft des Berichterstatters, Anmerkungen im Senatsheft zu erwähnen.

Entscheidend ist: Drei Richter von fünf Richtern nehmen vom Inhalt des Senatshefts beim Vortrag des Berichterstatters *erstmals* – und in 95 Prozent aller Fälle *letztmals* – und *ausschließlich* durch Zuhören Kenntnis. Sodann wird entschieden. Pro Beratungstag werden auf diese Weise zwischen fünf und fünfzehn Revisionen erledigt. In der Spitze werden mehr als 20 Erledigungen pro Tag erreicht.

Diese vollkommen unterschiedliche Verfahrensweise in Urteils- und Beschluss-Sachen ist nicht durch inhaltliche Unterschiede, etwa die besondere Schwierigkeit der Urteils-Verfahren, zu erklären. Ob eine Revisionshauptverhandlung durchzuführen ist, ist oft zufällig und steht in keinem Zusammenhang mit Umfang und Schwierigkeit der Sache. Das ergibt sich schon daraus, dass Beschlussentscheidungen stets Einstimmigkeit voraussetzen und das Nichterreichen dieser Voraussetzung nicht vom Sachumfang abhängt.

V. Entscheidungsgrundlagen

Nach herrschender Meinung ist es zentrale Aufgabe des Vorsitzenden eines Revisionssenats, die „Richtlinien der Senatsrechtsprechung“ zu überschauen und zu prägen. Kraft seiner Kompetenz, Erfahrung und Kenntnis soll/muss er/sie zwischen verschiedenen Spruchkörpern vermitteln und einen „richtunggebenden Einfluss“ auf die Rechtsprechung haben. Im Beschluss des Bundesverfassungsgerichts vom 23. Mai 2012[48] hat das Gericht ausgeführt: „Die Entscheidung im Kollegialgericht (erfordert) uneingeschränkt, dass bei

47 Der Fall, dass ein Revisionsrichter sich weigert, das Urteil zu lesen, sondern auf einem mündlichen Komplett-Vortrag in der Hauptverhandlung besteht, ist nach Kenntnis des *Verfassers* noch nie vorgekommen, muss aber nach der Entscheidung des BVerfG vom 23. Mai 2012 ohne Weiteres möglich sein. In der Revisionshauptverhandlung anwesende Verteidiger werden oft darauf hingewiesen, alle Senatsmitglieder hätten „alles gelesen“. Ob das jeweils stimmt, wird nicht geprüft oder festgestellt. Eine interessante Frage ist, ob der Revisionsführer einen „Komplett“-Vortrag des Berichterstatters verlangen dürfte.

48 Oben Fn. 46.

der Beratung und Entscheidungsfindung alle Mitglieder des Spruchkörpers vollständig über den Sach- und Streitstand informiert sind."[49]

Man sollte meinen, hiermit sei eindeutig und evident, welche Anforderungen an die Kenntnisnahme der Revisionsrichter zu stellen sind. Denn wie anders als durch intellektuelle Kenntnisnahme des (geschriebenen) Urteilstextes, der allein Gegenstand der (einzigen) rechtlichen Überprüfung ist, sollte ein Richter „vollständig über den Sach- und Streitstand informiert" sein? Gibt es irgendeinen Fall oder Bereich des Rechts, in welchem jemand über den Inhalt und die Form eines Textes „vollständig informiert" sein könnte, den er oder sie niemals gelesen, sondern über dessen Inhalt er nur durch eine Nacherzählung informiert ist?

Oder, anders gefragt: Dürfte man das Zweitgutachten in der Juristischen Staatsprüfung auch auf der Grundlage eines „Berichts" des Erstgutachters über den Inhalt der Klausur erstatten, ohne sie selbst zu lesen? Dürfte sich ein Rechtsanwalt in den Verfahrensstoff eines hochkomplizierten Mandats auch ohne eigene Aktenlektüre auf der Grundlage eines kollegialen Berichts einarbeiten, um verfahrensentscheidende Schriftsätze zu fertigen? Dürfte ein Chirurg operieren, ohne den Patienten je gesehen zu haben, wenn ihm sein Assistent einen kurzen zusammenfassenden Bericht über die Diagnose übermittelt hat? Könnte ein Ergänzungsrichter (§ 192 Abs. 2 GVG) auch noch nachträglich ins Verfahren einrücken, wenn ihm ein zusammenfassender mündlicher Bericht des Berichterstatters (mit Billigung des Kammervorsitzenden) einen „uneingeschränkten Eindruck" von der bisherigen Beweisaufnahme vermittelt? Lauter Fragen, deren Analogie jeweils im Einzelnen bestritten werden mag, sich aber gleichwohl aufdrängt.

Anders sah es die 1. Kammer des 2. Senats des Bundesverfassungsgerichts – die 95 Prozent ihrer Sachen im Umlaufverfahren, also nach Vorlage eines Entscheidungsentwurfs eines Wissenschaftlichen Mitarbeiters und ohne Beratung erledigt: Eine Lektüre des Senatshefts, so entschied die Kammer, sei für eine „umfassende Information" nicht erforderlich: Die Fähigkeit des Vorsitzenden, auf die Rechtsprechung des ihm anvertrauten Spruchkörpers richtunggebenden Einfluss auszuüben, *könne* deshalb nicht von einer überlegenen inhaltlichen Kenntnis des konkret zur Entscheidung stehenden Falles abhängen"[50], *weil* alle Mitglieder des Spruchkörpers *uneingeschränkt und vollständig* über den Entscheidungsgegenstand informiert sein *müssen*.[51]

Dies ist – offenkundig – eine geradezu beispielhafte Demonstration des „*Palmström*"-Prinzips: Es kann nicht sein, was nicht sein darf; daher muss sein, was sein soll. Aus dem präskriptiven Gebot und dem faktischen Unwillen, es zu erfüllen, wird die empirische Aussage konstruiert, die Wirklichkeit entspreche dem Gebot. Das ist irrational und widerspricht nicht allein der

49 Ebd., Rdn. 24.
50 Ebd.
51 Ebd.

Lebenserfahrung, sondern auch der immanenten Logik justizförmiger Verfahren. Die Begründung des BVerfG legt daher ernsthaft die Frage nahe, ob sie nicht ihrerseits als „unernsthaft" abgetan werden muss. Denn dass das Bundesverfassungsgericht ernsthaft der Ansicht sein könnte, Richter seien über den Verfahrensstoff eines von ihnen zu entscheidenden Prozesses *deshalb* faktisch „umfassend informiert", weil das Recht dies verlange, kann als ausgeschlossen angesehen werden.

Der „Vortrag des Berichterstatters" in der Beschlussberatung gilt im Übrigen ja *gerade nicht* als Garantie einer *„uneingeschränkten und vollständigen"* Information. Warum sonst sollte das sogenannte „Vier-Augen-Prinzip" gelten? „Zwei Augen sehen mehr als vier" hat nur dort und deshalb einen Sinn, wo und wenn ein „Mehr" überhaupt denkbar ist. Der BGH geht hiervon aus. Es ist daher unverständlich, dass dieses Prinzip angezweifelt wird, sobald jemand behauptet, dass *zehn* Augen mehr sehen als *vier*: Wo ein denkbares Mehr für *vier* (gegen zwei) Augen von Bedeutung ist, da existiert es erst recht für *zehn* Augen (gegen vier).[52]

VI. Nestbeschmutzung

Niemand kann durch Anhören eines zusammenfassenden Aktenvortrags dasselbe Maß an Kenntnis einer Verfahrensakte gewinnen wie durch deren Lesen. Die gegenteilige Behauptung widerspricht gesicherten Erkenntnissen der Kognitions- und Gedächtnis-Psychologie sowie jeder Lebenserfahrung. Überdies ist offenkundig, dass die Wiedergabe von vergangenen Geschehnissen, fremden Gedanken und Schlussfolgerungen eine subjektiv gesteuerte produktive Leistung und nicht bloßes Spiegelbild einer entfernten oder vergangenen Wirklichkeit ist.[53]

Das weiß jeder. Die herrschende Meinung des BGH nimmt selbst immer wieder Bezug darauf, etwa indem sie die Kritiker darauf hinweist, „bei Bedarf" – also wenn irgendeine Schwierigkeit aufgefallen ist – werde das Senatsheft durchaus auch einmal von allen gelesen[54], oder es „stehe jedem Richter frei", die Akte zu lesen, wenn er dies wünscht.[55] *Rissing-van Saan* hat ausgeführt, es komme immer einmal wieder in Beschlussberatungen zu Dis-

---

52 Vgl. *Fischer*, FS Heymanns, 2015, S. 463, 480.

53 Vgl. dazu ebd. S. 472.

54 *Rissing-van Saan*, Das „Zehn-Augen-Prinzip" – Wunschvorstellung oder zwingendes Gebot? in: Festschrift für Werner Beulke, 2015, S. 963, 968.

55 *Basdorf* u. a. (NStZ 2013, 563, 564, Ziffer 6) wenden sich gegen die angebliche, tatsächlich nie erhobene Behauptung, „wir würden in unserer Funktion als Berichterstatter die Fakten auf ein bestimmtes Ergebnis hin manipulieren" (ebd., Ziffer 3). Das zeigt auch leider ein grundsätzliches Unverständnis des Problems.

kussionen und Nachfragen.[56] Diese Argumente sind in sich widersprüchlich, denn sie setzen voraus, was sie zu widerlegen versuchen: Dass das eigene Lesen bessere Information verspricht als das Anhören eines *notwendig* subjektiv gefärbten fremden Vortrags.

Eine vom Verf. durchgeführte empirische Untersuchung der Ergebnisse von Beschlussverfahren, bezogen auf die jeweiligen Berichterstatter, hat bestätigt, dass ein signifikanter Unterschied zwischen den Verfahrensergebnissen besteht.[57] Je nachdem, welcher Berichterstatter die Sache vorträgt, kann sich die Wahrscheinlichkeit eines (Teil)Erfolgs der Revision um das Fünffache unterscheiden.[58] Es wäre sehr zu begrüßen gewesen, wenn diese kleine empirische Studie durch eine unabhängige wissenschaftliche Untersuchung unter Einbeziehung aller Strafsenate hätte überprüft werden können. Ein entsprechendes Forschungskonzept zweier Strafrechtslehrer ist jedoch gescheitert, weil diesen unter Hinweis auf die „Höchstpersönlichkeit" möglicher Bearbeitungsvermerke in den Senatsheften die beantragte Akteneinsicht (in Altverfahren) verweigert wurde.[59]

Gegen das vom Verf. und anderen[60] vorgeschlagene Konzept ist aus den Reihen der Strafsenate heftig polemisiert worden.[61] Dabei sind drei Richtungen der Angriffe zu unterscheiden:

Zum Ersten wurde versucht, die Initiative als eine Art von willkürlicher, gar persönlich motivierter[62] „Nestbeschmutzung" darzustellen, verbunden

---

56 *Rissing-van Saan* (Fn. 54), S. 968.

57 *Fischer*, Der Einfluss des Berichterstatters auf die Ergebnisse strafrechtlicher Revisionsverfahren. Eine empirische Untersuchung, NStZ 2013, 425 ff. *Rissing-van Saan* hat die Gültigkeit bezweifelt (Fn. 54, S. 969, dort Fn. 36), Belege für ihre Einwände aber nicht mitgeteilt. Die Ergebnis-Signifikanz ist durch *Brodowski* HRRS 2013, S. 409 ff. (Heft 10/2013) und *Barton*, StRR 2014, 404 bestätigt worden.

58 *Fischer*, NStZ 2013, 425, 430 f.

59 Eine umso weniger nachvollziehbare Entscheidung, als gerade solche Bearbeitungsspuren statistisch überhaupt nicht hätten erfasst werden sollen, sondern sich die Auswertung ausschließlich auf allgemeine Verfahrensdaten beschränkt hätte. Dass eine wissenschaftliche Untersuchung zweier Professoren öffentlicher Hochschulen, die den möglichen Einfluss von Personenkonstellationen auf Verfahrensergebnisse untersuchen soll, von einer Bundesbehörde mit dem Argument verhindert wird, es könnten dabei den (zur Geheimhaltung verpflichteten) Wissenschaftlern Informationen über das pflichtgemäße Verhalten von justizangehörigen Personen offenbart werden, erscheint bemerkenswert. Abhilfe wäre überdies leicht möglich gewesen: Z. B. durch Delegation der Datenerhebung an wissenschaftliche Mitarbeiter der Senate, die stets – wie auch Kanzlei, Geschäftsstellen und andere Bedienstete – vollen Zugang zur Senatsakte und allen „höchstpersönlichen" Bearbeitungsspuren haben. Eigentlicher Grund der skandalösen Verhinderung der Untersuchung war, dass sie schlicht nicht *gewollt* war; schon der Antrag führte zu bemerkenswerter Aufgeregtheit in den Senaten.

60 *Fischer/Krehl*, Strafverteidiger 2012, 550; *Fischer/Eschelbach/Krehl*, Strafverteidiger 2013, 395; *Hamm/Krehl*, NJW 2014, 903; *Fischer* (Fn. 52), S. 463.

61 Vgl. *Brause*, JR 2013, 134; *Basdorf* „und die Mitglieder des 5. Strafsenats", NStZ 2013, 563; *Mosbacher*, NJW 2014, 124; *Rissing-van Saan* (Fn. 54), S. 963; *Nehm*, Legal Tribune Online 27.12.2013.

62 Eine erprobte Argumentationsfigur der Marginalisierung von Kritik.

mit der offensichtlichen Fehlvorstellung, es gehe um eine Skandalisierung persönlichen „Fehlverhaltens".[63]

Zum Zweiten wurde versucht, die empirischen Grundlagen der Kritik zu bestreiten. Hierzu gehören etwa die Hinweise, Revisionsrichter seien qua Amtes in der Lage, Akteninhalte vollständig neutral darzustellen, oder die Vorträge seien auf rein formale, „schematische" Angaben beschränkt.[64]

Zum Dritten wurde versucht, das sogenannte „Vier-Augen-Prinzip" als vorgeschrieben oder gesetzlich erlaubt sowie als zwingend erforderlich darzustellen. So haben etwa *Basdorf* u.a. auf § 8 Abs. 2 der Geschäftsordnung des BGH vom 3. März 1952[65] hingewiesen, wo es heißt: „Wird die Revision durch Beschluss erledigt, so genügt ein mündlicher Vortrag des Berichterstatters." Das geht in der Sache fehl, denn Abs. 2 regelt nur eine Ausnahme zu Abs. 1, wonach eine Woche vor dem Beratungstermin ein Votum vorzulegen ist. Im Übrigen könnte eine interne Geschäftsordnung gewiss nicht regeln, was von Gesetz wegen unzulässig ist.

Rissing-van Saan meint, niemand dürfe einem unabhängigen Richter eine bestimmte Form der Kenntnisnahme des Verfahrensstoffs vorschreiben; das Lesen der Revisionsakte könne vielmehr „allenfalls der Spruchkörper als Regel vorgeben."[66] Auch das ist unzutreffend, denn selbstverständlich kann schon der Disziplinarvorgesetzte einem Richter vorschreiben, dass er die Akten der von ihm zu entscheidenden Fälle lesen müsse; kein des Lesens mächtiger Richter kann verlangen, dass ihm die Akten von dritten Personen vorgelesen oder nacherzählt werden. Im Übrigen bleibt unklar, warum, wenn „niemand" das Lesen verlangen könnte, es möglich sein sollte, dies durch Mehrheitsbeschluss des Senatsplenums anzuordnen. Unvereinbar ist das Argument schließlich auch mit der – von der Mehrheit ersichtlich unbezweifelten – Annahme, der *Vorsitzende* des Strafsenats müsse alle Akten tatsächlich lesen, um seiner Führungs-Aufgabe mittels „überlegener Sachkunde" gerecht werden zu können.

Die Hinweise darauf, dass die Abwendung vom „Zehn-Augen-Prinzip" zwingend notwendig sei, bestätigen somit unfreiwillig die Berechtigung der Kritik. So hat *Rissing-van Saan* ausgeführt: „Wollte man eine *qualitativ gleiche* Befassung aller an der Entscheidung beteiligten Richter (...) erreichen, also eine Fünf-Fünftel-Gründlichkeit statt einer Zwei-Fünftel-Gründlichkeit, wäre es mit der Lektüre der Aktenteile ohnehin nicht getan. Denn alle lesen ja nach Auffassung der genannten Autoren[67] denselben Text wahrscheinlich anders oder verstehen ihn anders. Also müsste vorab offengelegt werden, wie

---

63 So insbesondere *Brause* und *Basdorf* (Fn. 60). Auch *Rissing-van Saan* (Fn. 54) merkte an, man sei „geneigt, das Ganze als Polemik abzutun", und gegen die Argumentation der Verfechter des Zehn-Augen-Prinzips spreche, dass sie nicht schon früher darauf gekommen sind.

64 So etwa *Brause,* JR 2013, 134 f.

65 Bundesanzeiger 1952 Nr. 83.

66 *Rissing-van Saan* (Fn. 54), S. 966.

67 Gemeint: *Fischer, Eschelbach, Krehl.*

die Einzelnen den Text verstehen…“[68] Das ist nicht allein absurd, sondern zugleich erhellend.

Als erstaunlich, teilweise auch deprimierend, können die Reaktionen in der Anwaltschaft beschrieben werden. In weiten Teilen der (organisierten) Strafverteidiger dürfte die Ansicht vorgeherrscht haben, es handle sich um ein „internes Justizproblem“, das die Interessen der Strafverteidigung nicht substanziell tangiere. Diese Haltung konnte sich insbesondere auch auf die Entscheidung des BVerfG vom 23. Mai 2012 stützen, die eine verfassungsrechtliche Bedeutung unter dem Gesichtspunkt des Gesetzlichen Richters und daher eine Anfechtungsmöglichkeit von im „Vier-Augen-Verfahren“ ergangenen Beschlüssen ausschloss. Damit war die Problematik aus Sicht der („pragmatischen“) Verteidigung in einen abstrakten, wissenschaftlichen Bereich verlagert.

Frappierend war, dass eine große Mehrheit der Strafverteidiger – und zwar auch langjährig erfahrene Revisions-Verteidiger – in Diskussionen über das Thema immer wieder bekundeten, die Verfahrensweise des „Vier-Augen-Prinzips“ sei ihnen bislang gänzlich unbekannt gewesen. Dieselbe Auskunft erteilten im Übrigen auch Instanzrichter sowie zahlreiche Mitglieder von Zivilsenaten des BGH. Dies offenbart eine beklagenswerte Unkenntnis von den Vorgängen und Abläufen im Raum der strafrechtlichen Revision, die in anderen Bereichen kaum toleriert würden.[69]

VII. Kapazitäten

Der Rest der Ablehnung gründet sich auf Kapazitäts-Argumente, die schon theoretisch naheliegen und in der Praxis bestätigt werden. Zwischen 2013 und 2015 hat der 2. Strafsenat nach intensiven Diskussionen ein „Probe-Modell Zehn-Augen-Prinzip (ZAP)“ durchzuführen versucht. Danach sollten

68 *Rissing-van Saan* (Fn. 54), S. 970, unter Ziffer V.

69 Es ist eine vielfache Erfahrung des Verfassers, dass schon Hinweise auf ganz normale Alltäglichkeiten im Beratungsablauf, die etwa im Rahmen von Vorträgen gegeben werden, als sensationelle „Enthüllungen“ oder gar als „provokativ“ aufgefasst und kolportiert werden. Die Berichterstatter-Vorträge der Beschlussberatungen etwa werden in der öffentlichen Darstellung als hochformalisierte, von tiefem Ernst und höchster Kompetenz getragene Kolloquien imaginiert. Die Erwähnung des Umstands, dass es durchaus nicht ganz selten auch schwer verständliche, schlecht oder gar nicht vorbereitete Vorträge geringer Durchdringungstiefe, versetzt mit allerlei Scherzen oder persönlichen Bekenntnissen und angereichert mit Vorurteilen gibt, gilt schon als „Nestbeschmutzung“. Umgekehrt wird eine realistische Sicht auf die Grenzen menschlicher *Möglichkeiten*, solche Fehler zu vermeiden, wiederum durch Legenden einer vorgeblich grenzenlosen „Willkür“ verhindert. Der Außenblick schwankt zwischen andächtiger Erwartung und resignativen Vermutungen, es herrschten beim BGH blanker Dezisionismus sowie eine „Chef“-Kultur der Senatsvorsitzenden. Beide Sichtweisen sind Ausdruck einer unangemessenen „Frosch“-Perspektive.

etwa zehn bis zwanzig Prozent der Beschluss-Sachen im ZAP-Modus entschieden werden. Die ZAP-Sachen wurden überwiegend vom Vorsitzenden anlässlich seiner Lektüre ausgewählt; im Übrigen konnte jeder Berichterstatter seine Sache ins ZAP-Verfahren geben. Die Erwartungen an den Versuch waren im Senat unterschiedlich; sie reichten von euphorischer Hoffnung bis zu skeptisch-ablehnender Erwartung.

Der Modellversuch kann aus heutiger Sicht (2017) als gescheitert angesehen werden. Die Gründe dafür sind vielfältig und nicht ausschließlich sachlicher Natur. Tatsächlich verursacht die Notwendigkeit, eine Mehrzahl von „fremden" Sachen zu lesen, bei den Berichterstattern (Beisitzern) eine Mehrarbeit, die nur durch Verkürzung der Beratungs-Gänge (Entfallen der Aktenvorträge; konzentriertere Diskussion) aufgefangen werden könnte. Um dies erfolgreich umzusetzen, bedürfte es mehrerer Voraussetzungen: Vorab-Terminierung der Beratungen,[70] Disziplin bei Vorbereitung und Beratung, Wille zum Erfolg. Wenn Letzterer bei erheblichen Teilen des Senats fehlt oder zweifelhaft ist und auch nicht erzwungen werden kann, erlangt jeder Fehler und jede unerwartete Schwierigkeit den Charakter einer Bestätigung der pessimistischen Erwartung, der Versuch werde scheitern.

Wichtiger sind die organisatorischen Momente: Ohne Vorab-Terminierung (wie sie in den Zivilsenaten üblich ist) kann nicht beraten werden. Dies stößt zum einen auf die Schwierigkeit, dass terminierte Verfahren in der zur Verfügung stehenden Beratungszeit nicht erledigt werden können und in die folgende Woche verschoben werden müssen, zum anderen auf die Unabsehbarkeiten von Erkrankungen und kurzfristigen Urlauben.[71]

VIII. (Vorläufige) Ergebnisse

Es bleibt bei Feststellungen, die schon an anderer Stelle getroffen wurden[72]: Das Verfahren, *drei von fünf* zur Entscheidung berufenen Richtern die Kenntnis des Streitstoffs allein über einen – von niemandem effektiv überprüfbaren

70 Eine Terminierung von Beschluss-Beratungen wurde vom Verfasser als Vorsitzendem des 2. Strafsenats vielfach vorgeschlagen, jedoch von der Senatsmehrheit als unpraktikabel zurückgewiesen. Nach dem Ausscheiden des Verfassers aus dem Dienst wurde sie alsbald eingeführt.

71 Es ist beim BGH (inzwischen) üblich, dass die Richter ihre Urlaubswünsche, obgleich diese „Anträge" heißen, dem Senatsvorsitzenden nur „anzeigen"; alle Anträge werden genehmigt. Vor zwanzig Jahren war dies teilweise noch anders. Würde heute ein Senatsvorsitzender einem Urlaubsantrag entgegentreten, führte dies zum Vorwurf autoritären Verhaltens. Tut er es nicht, hat er sich mit dem Vorwurf zu befassen, er „leite" den Senat nicht machtvoll genug. Beide Vorwürfe werden durchaus von denselben Personen und zugleich erhoben – je nachdem, ob ein eigener oder ein fremder Urlaubswunsch inmitten steht.

72 *Fischer* (Fn. 52), S. 463, 482.

– mündlichen Vortrag des Berichterstatters zu vermitteln, erfüllt die Voraussetzungen nicht, die seine Vertreter unterstellen.

Die Anforderungen an die Tiefe der Befassung mit dem Streitstoff hat das Bundesverfassungsgericht im Beschluss vom 23. Mai 2012 zutreffend beschrieben: *Alle* Richter des Revisionssenats müssen *dieselbe* umfassende Kenntnis vom Streitstoff haben. Hieraus folgt, dass die Revisionssenate ein Verfahren anzuwenden haben, welches diese Voraussetzung regelmäßig (und nicht nur durch glücklichen Zufall oder besondere, außergewöhnliche individuelle Leistungen) ermöglicht und nicht in der Mehrzahl der Fälle praktisch ausschließt.

Unter den gegenwärtigen Voraussetzungen ist es unmöglich, eine gleichmäßige, der gesetzlichen Regel entsprechende Information aller über die strafrechtliche Revision entscheidenden Richter sicherzustellen; ein „Zehn-Augen"-Verfahren lässt sich nur sehr schwer in das bestehende System (im Sinn einer Mischung) integrieren, wenn und da die Beharrungskräfte und jahrzehntealte organisatorische Übungen dem entgegenwirken.

Unmöglich ist es aber gewiss nicht. Ein Einstieg setzt voraus, dass das Prinzip der schnellstmöglichen Erledigung in Frage gestellt wird, das heute nicht allein mit einer Vielzahl normativer Anforderungen („Beschleunigung"; „Opferschutz", „Effektivität", Ressourcenschonung) unterfüttert ist, sondern sich auch auf ein lange gewachsenes Fundament informeller Hierarchie (schnelle Erledigung = guter Richter) stützen kann. Dieses Prinzip hat, über den BGH hinaus, zu teilweise besorgniserregenden Weiterungen geführt:

Dass heute, 25 Jahre nach der Wiedervereinigung, dieselbe Anzahl von Revisionsrichtern die Rechtssachen von 17 Millionen mehr Menschen erledigt wie vor 1990 und dass die Gesamtzahl der Revisionen heute so hoch ist wie vor 1990, hat nicht nur mit der Absprache-Praxis, sondern auch damit zu tun, wie die Strafsenate mit den Revisionen *verfahren*. Und wenn von Revisions-Dezernaten des Generalbundesanwalts eigentlich nur noch eine Reihe von Anträgen nach § 349 Abs. 2 StPO erwartet wird, weil alles andere die „Beschleunigung" stört, stimmt etwas Grundsätzliches nicht mehr.

Schlussfolgerung: Wenn die Mehrzahl der strafrechtlichen Revisionen nicht in einem Verfahren erledigt werden kann, das für eine sorgfältige Sachbehandlung „eigentlich" erforderlich wäre, muss man entweder diese Zahl oder die Anforderungen verändern.

Aus der Frühzeit der Zivilrechtsprechung des Bundesgerichtshofs

Achim Krämer

I. Ein schwieriger Beginn

1. Rückblick

Die ersten Jahre des Bundesgerichtshofs waren, wie der spätere Präsident *Robert Fischer* in seinem *„Rückblick“*[1] berichtete, durch mehrere ungewöhnliche Umstände geprägt: So fand das Gericht bei Beginn seiner Tätigkeit im Jahre 1950 eine drohende, vielfach schon eingetretene Rechtszersplitterung vor, die es erschwerte *„in ruhiger Entwicklung an die Rechtsprechung des Reichsgerichts anzuknüpfen“*[2]. Es galt daher, möglichst schnell die *„unterschiedlichen Auffassungen und Tendenzen zusammenzuführen und zusammenzufügen“*, die beim Neuanfang der Rechtsprechung des Revisionsgerichts berücksichtigt werden mussten[3]. Zahlreiche Richter mussten berufen werden, die über keine Revisionserfahrung verfügten, *„eine Erfahrung, die sich nicht etwa darin erschöpft, die Trennung von Tatfragen und Rechtsfragen formal und technisch zu beherrschen, sondern die sich namentlich in dem Gefühl und in dem Instinkt für die typischen Aufgaben des Revisionsgerichts, für die Wahrung der Rechtseinheit einerseits und für eine gesunde Fortentwicklung des Rechts andererseits, erweist“*[4]. Spezifische Probleme ergaben sich zudem bei der Aufarbeitung des nationalsozialistischen Unrechts, der Folgen des Krieges, aus dem Zusammenbruch und dem Währungsverfall sowie der Spaltung Deutschlands. Des Weiteren musste der BGH eine große Anzahl nicht erledigter Revisionen vom Obersten Gerichtshof der Britischen Zone übernehmen[5]. Aber auch die Altersstruktur der Richter wurde als Belastung empfunden: Ein Drittel der Richter war unter 50 Jahren, ein weiteres Drittel zwischen 50 und 60 Jahren, der Rest über 60 Jahre[6].

---

1 *Fischer*, Die Rechtsprechung des Bundesgerichtshofs. Ein Rückblick auf die ersten 10 Jahre, 1960, S. 6 ff.

2 *Fischer* (Fn. 1), S. 7.

3 *Fischer* (Fn. 1), S. 6/7.

4 *Fischer* (Fn. 1), S. 6.

5 *Fischer* (Fn. 1), S. 6.

6 *Fischer* (Fn. 1), S. 6.

2. Der Einfluss des ersten Präsidenten des BGH

Unter dem Einfluss des ersten Präsidenten des Bundesgerichtshofs *Dr. Hermann Weinkauff*[7] war das Gericht bestrebt, der *„Würde und Eigenständigkeit des einzelnen Menschen einen sinnvollen und rechtlich unantastbaren Ausdruck zu verleihen“*[8]. Dabei spielte das Grundgesetz eine herausragende Rolle; es wurde als eine den Richter bindende *„Wertordnung“* verstanden. Angesichts der vorhandenen Rechtszersplitterung stand dabei vor allem aber auch der Aspekt der Rechtssicherheit im Vordergrund. Das Gericht übte bei seiner Rechtsfindung, wie *Fischer* urteilte, *„Behutsamkeit und Zurückhaltung“* aus. Im Vordergrund stand nicht die Auseinandersetzung mit den seinerzeit im Schrifttum vertretenen unterschiedlichen Rechtstheorien, maßgeblich war vielmehr die revisionsrechtliche Bewertung des konkreten Sachverhalts. Die Revisionsrichter verstanden sich nicht als Wissenschaftler, sondern sie sahen ihre Aufgabe in der *„Beobachtung und Beurteilung der Rechtswirklichkeit anhand der einzelnen zur Entscheidung gestellten Tatbestände“*[9]. Diesem Ziel hatte gerade auch die Fortbildung des Rechts zu dienen. Die besondere Aufgabe des Revisionsgerichts bestand darin, *„den Zwiespalt zwischen der Rechtssicherheit und der notwendigen Berücksichtigung von Treu und Glauben Rechnung zu tragen“*[10]. Nicht so sehr rechtstheoretische Begründungen waren gefragt, es galt vielmehr, den wissenschaftlichen Positivismus der Pandektenzeit, des Gesetzespositivimus des 19./beginnenden 20. Jahrhunderts zu überwinden. Das *„nomokratische Ideal der Gesetzesexekution“* war verblasst, die Gesetzesanwendung nicht mehr allein Vollzug des Gesetzes, sondern *„Wertverwirklichung“*[11]. Die Richter verstanden sich als Mittler eines sozialen Ausgleichs[12]. Es bedurfte im Einzelfall einer Interessen- und Güterabwägung im Kontext der vom Grundgesetz vorgegebenen *„Wertordnung“*. Die Grundrechte wurden nicht mehr primär als Abwehrrechte gegen staatliche Ingerenz verstanden, sondern als normative Vorgaben im Rahmen herzustellender *„praktischer Konkordanz“*[13]. Sie strahlten daher auch, wie der BGH schon früh entschieden hat, im Privatrechtsbereich auf die Interessen- und Güterabwägung aus[14]. Schon das Reichsgericht

7 *Fischer* hebt die „starke und prägende Richterpersönlichkeit Weinkauffs hervor; ausführlich zur Person von Hermann Weinkauff: *Martin Grieß*, Im Namen des Rechts, 2015, S. 355 ff.; kritisch *Klaus Detlef Godau-Schüttke*, Der Bundesgerichtshof – Justiz in Deutschland – 2005, S. 217 ff.

8 *Fischer* (Fn. 1), S. 9; hierzu *Hermann Weinkauff*, Der Naturrechtsgedanke in der Rechtsprechung des Bundesgerichtshofs, NJW 1960, 1689 ff.

9 *Fischer* (Fn. 1), S. 11.

10 *Fischer* (Fn. 1), S. 13.

11 *Horst Schröder*, Gesetze und Richter im Staatsrecht, 1953, S. 14; andererseits *Hans Kelsen*, Was ist juristischer Positivismus?, JZ 1965, 465 ff.

12 *Wieacker*, Zur rechtstheoretischen Präzisierung des § 242 BGB, 1956, S. 14/15.

13 *Konrad Hesse*, Grundzüge des Verfassungsrechts, 20. Aufl., S. 317 ff.; *Bauer*, JZ 1957,193.

14 *Achim Krämer*, Der Einfluss der Grundrechte auf die Vertragsfreiheit, in Festschrift für Renate Jaeger, 2010, S. 507 ff.

hatte formuliert: *„Höher als der Wortlaut des Gesetzes steht sein Zweck und Sinn. Diesen im Einzelfall der Rechtsanwendung nutzbar zu machen und danach unter Berücksichtigung von Treu und Glauben im Streitfall einer vernünftigen und billigen Lösung zuzuführen, ist die Aufgabe des Richters“*[15]. In deutlichem Gegensatz hierzu vertrat *Wieacker*[16] die Auffassung, Grundlage richterlicher Rechtsauslegung und -fortbildung sei eine nicht sittliche Grundsatzwertung wie die Menschenwürde und die freiheitliche Grundordnung, sondern die *„Summe der praktischen Regeln guter richterlicher Urteilskunst.“* Dem widersprach *Fischer* mit dem Hinweis, allein die richterliche Urteilskunst sei kein ausreichender Bewertungsmaßstab für die Rechtsfortbildung; sie sei überhaupt kein Wertungsmaßstab. Vielmehr seien die Richter an die Wertvorstellungen des Grundgesetzes als freiheitlich demokratischer Grundordnung gebunden. Die Gerichte *„müssen den alleinigen Maßstab für die Wertverwirklichung ihres Urteils in der sittlichen Idee des Menschen finden, dessen Würde unantastbar ist und der nicht zum bloßen Objekt eines Machtwillens – welcher Art auch immer – depraviert werden darf“*[17].

3. Die Kritik von Hans Kelsen und Ernst Forsthoff

Dezidierter Kritiker dieser Rechtsentwicklung[18] sowohl des Bundesgerichtshofs wie auch des Bundesverfassungsgerichts war insbesondere *Ernst Forsthoff*. Diese Kontroverse hat dann zu einer intensiven Diskussion über das *„Wesen“* der Grundrechte geführt[19]. In einem Beitrag zum Thema *„Grundrechtstheorie und Grundrechtsinterpretation“*[20] hat *Ernst-Wolfgang Böckenförde* unterschieden: Die *liberale* (bürgerliche-rechtsstaatliche) Grundrechtstheorie, die vom Bundesverfassungsgericht in Anknüpfung an *Carl Schmitt* und an die Diskussion der Weimarer Reichsverfassung vertreten wurde, die *„Werttheorie der Grundrechte“*, die *„institutionelle Grundrechtstheorie“*, die *„demokratisch-funktionale Grundrechtstheorie“* sowie die *„sozialstaatliche Grundrechtstheorie“*. Keiner dieser Theorien haben sich Bundesverfassungsgericht und Bundesgerichtshof im Sinne ausschließlicher Geltung angeschlossen. Sie haben vielmehr immer wieder betont, jeder dieser Theorien könne – je nach Einzelfall – Bedeutung zukommen. Entscheidend sei, ihren objektiven Gehalt als Ausfluss der Wertgrundlage des staatlichen Gemeinwe-

---

15 RGZ 142, 40/41.

16 Gesetze und Richterkunst, 1958, S. 12.

17 RGZ 142, 40/41.

18 *Welzel*, Naturrecht und materiale Gerechtigkeit, 1951, S. 196; *Eberhard Schmidt*, Gesetze und Richter. Wert und Unwert des Positivums, 1952, S. 19; *Scheuner*, 100 Jahre Deutsches Rechtsleben, Festschrift zum 100-jährigen Bestehen des Deutschen Juristentages 1860–1960, II. Bd. S. 259.

19 Die Umbildung des Verfassungsgesetzes, Festschrift für Carl Schmitt, 1960, S. 37 ff.; *Carl Schmitt*, Die Tyrannei der Werte, Festschrift für Ernst Forsthoff, 1967, S. 31 ff.

20 NJW 1974, 1529 ff.

sens und Ausdruck einer Wertentscheidung zu verstehen, die das Gemeinwesen für sich selbst trifft. Das Bundesverfassungsgericht hat schon von Anfang an auf die Notwendigkeit verwiesen, bei der Auslegung von Grundrechten die Bedeutung einander gegenüberstehender Interessen des Einzelnen und der Gemeinschaft abzuwägen; dies sei ein Gebot der Differenzierung[21]. Dem ist der Bundesgerichtshof gefolgt. *Hans Kelsen*[22] hat freilich weiterhin die Theorie des juristischen Positivismus verteidigt und wie folgt gerechtfertigt: *„Unter juristischem Positivismus versteht man jene Rechtstheorie, die nur positives Recht als „Recht“ begreift und jede andere soziale Ordnung, auch wenn sie im Sprachgebrauch als „Recht“ bezeichnet wird, wie insbesondere das „Naturrecht“, nicht als „Recht“ gelten lässt“*[23]. Wesentliche Konsequenz des Rechtspositivismus ist nach *Kelsen* die *„Trennung des Rechts von der Moral“* und daher auch von dem Recht, das als Rechts-Metaphysik angesehen werden und das nicht durch menschliche Willensakte gesetzt, sondern – der Naturrechtslehre zufolge – aus der Natur deduziert werden kann. Dies sei jedoch nur unter der theologischen Annahme möglich, dass sich in der von Gott geschaffenen Natur der Wille Gottes manifestiert[24]. *Gustav Radbruch* hielt dem entgegen, der Rechtspositivismus führe zur *„Ersetzung der Rechtsphilosophie durch eine allgemeine Rechtslehre, zu einer „Euthanasie“ der Rechtsphilosophie“*[25]. In diesem Sinne hat der BGH in seinem Urteil aus dem Jahre 1953 formuliert: *„Das Recht hat dem Leben zu dienen und muß die entsprechenden Formen zur Verfügung stellen. Ein pflichtbewusster Richter kann sich der Aufgabe, das Recht notfalls fortzuentwickeln, nicht entziehen.“*[26]

4. Die Reaktion des BGH auf diese Kritik

Bereits in seinen ersten Entscheidungen hat der Bundesgerichtshof die von *Kelsen* und *Forsthoff* vertretene Auffassung zur Auslegung der Grundrechte im Sinne des „reinen“ Positivismus zurückgewiesen. Er betonte vielmehr nachdrücklich, die Gesetze müssten nach Sinn und Zweck im Kontext der verfassungsrechtlichen Wertordnung ausgelegt werden. Es bedarf damit einer Wertung der einander gegenüberstehenden Rechtspositionen unter Berücksichtigung des Gleichheitsgrundsatzes und des Prinzips der Verhältnismäßigkeit. Der Gesetzgeber ist zwar an die Wertvorstellungen des Grundgesetzes sowie an die obersten Grundwerte der freiheitlichen demokratischen Grund-

---

21 BVerfGE 11, 42; 13, 247; 14, 150.

22 Die Grundlage der Naturrechtslehre. Österreichische Zeitschrift für öffentliches Rechts, Bd. XIII, 1963.

23 *Hans Kelsen*, JZ 1965, 465 ff.

24 *Hans Kelsen* (Fn. 23).

25 *Gustav Radbruch*, Rechtsphilosophie, 3. Aufl., 1932, S. 21.

26 BGHZ 9, 164.

ordnung gebunden. Diese Bindung muss sich jedoch gerade bei der Rechtsanwendung durch die Gerichte bewähren. Die Rechtsprechung muss sich daher an den Grundvorstellungen des freiheitlichen und sozialen Rechtsstaates orientieren, die Gerichte müssen den alleinigen Maßstab für die Wertverwirklichung ihres Urteilens in der sittlichen Idee des Menschen finden, dessen Würde unantastbar ist und der nicht zum bloßen Objekt eines Machtwillens – welcher Art auch immer – reduziert werden darf. Hierin liegt die Wertvorstellung und Wertordnung begründet, die für die richterliche Rechtsfortbildung allein maßgeblich und verbindlich ist; an sie ist die Rechtsanwendung in den entscheidenden Grundsatzfragen gebunden.

5. Beispiel: Persönlichkeitsrecht

In einem Urteil vom 30.10.1951[27] hatte der I. Zivilsenat Gelegenheit, sich zu den Maßstäben richterlicher Rechtsfortbildung zu äußern. *„Die richtige, d.h. dem Rechte gemäße Anwendung des positiven Rechts, gestattet dem Richter nicht nur, das Recht im Sinne seiner Weiterentwicklung durch Auslegung des gesetzten Rechts fortzubilden, sondern sie verpflichtet ihn sogar hierzu, wenn die Findung einer gerechten Entscheidung dies erfordert“.* Dies ergebe sich aus Art. 20 Abs. 3 GG, wonach es Aufgabe der Gerichte ist, die Rechtsprechung an *„Gesetz und Recht“* zu orientieren.

In mehreren Entscheidungen zum Schutz des Persönlichkeitsrechts haben die jeweils zuständigen Senate diese Judikatur vertieft. Mit Urteil vom 25.5.1954 hat wiederum der I. Zivilsenat entschieden[28], dass Briefe oder sonstige private Aufzeichnungen in der Regel nicht ohne Zustimmung des noch lebenden Verfassers und nur in der vom Verfasser beabsichtigten Weise veröffentlicht werden dürfen. Dies folge aus Art. 1, 2 GG und gelte daher auch dann, wenn die Aufzeichnungen nicht die individuelle Formprägung aufweisen, die für einen Urheberrechtsschutz erforderlich ist[29]. Konsequent wurde dann auch eine analoge Anwendung des § 847 BGB mit der Begründung bejaht: *„Nachdem durch Art. 1, 2 GG das Recht zur freien Selbstbestimmung der Persönlichkeit als ein Grundwert der Rechtsordnung anerkannt ist, ist es gerechtfertigt, in analoger Anwendung des § 847 BGB auch dem durch die unbefugte Veröffentlichung seines Bildes Verletzten wegen eines hierdurch hervorgerufenen, nicht vermögensrechtlichen Schadens eine billige Entschädigung in Geld zu gewähren“*[30]. Im sog. Herrenreiter-Fall bezog sich der Senat auf sein Urteil vom 25.5.1954. Bereits dort sei ausgesprochen worden, dass die durch das Grundgesetz geschützte Unantastbarkeit der Menschenwürde

27 BGHZ 3, 308 ff.
28 BGHZ 3, 334/335.
29 BGHZ 3, 334, 337 f.
30 BGHZ 26, 349 ff.

und das Recht auf freie Entfaltung der Persönlichkeit als auch im bürgerlich rechtlichen Bereich für jedermann zu achtendes Recht anzuerkennen ist, soweit es nicht die Rechte anderer verletzt oder gegen die verfassungsmäßige Ordnung oder das Sittengesetz verstößt. Das Persönlichkeitsrecht genieße daher als *„sonstiges Recht“* den Schutz des § 823 Abs. 1 BGB[31]. *„Die Art. 1 und 2 GG schützen, und zwar mit bindender Wirkung auch für die Rechtsprechung, das was man die menschliche Personenhaftigkeit nennt; ja sie erkennen in ihr einen der übergesetzlichen Grundwerte der Rechtsordnung an. Sie schützen damit unmittelbar jenen inneren Persönlichkeitsbereich, der grundsätzlich nur der freien und eigenverantwortlichen Selbstbestimmung des Einzelnen untersteht und dessen Verletzung rechtlich dadurch gekennzeichnet ist, dass sie in erster Linie sog. immaterielle Schäden, Schäden, die sich in einer Persönlichkeitsminderung ausdrücken, erzeugt. Diesen Bereich zu achten und nicht unbefugt in ihn einzudringen, ist ein rechtliches Gebot, das sich aus dem Grundgesetz selbst ergibt“*[32]. Die Grenzen des Persönlichkeitsrechts verlaufen da, wo jener unantastbare persönliche Bereich des einzelnen, der sich in die Gemeinschaft einfügt und auf die rechtlichen Interessen anderer Rücksicht nehmen muss, endet[33]. Im Falle eines Konflikts, der sich daraus ergibt, dass das allgemeine Persönlichkeitsrecht eines jeden mit dem eines jeden anderen gleichen Rang hat und die freie Entfaltung der Persönlichkeit gerade in dem Hinaustreten des Einzelnen über sich selbst besteht, bedarf es im Streitfall einer Abgrenzung, für die das Prinzip der Güter- und Interessenabwägung maßgebend sein muss[34].

Zur Reichweite des Persönlichkeitsrechts hat der VI. Zivilsenat in einem Urteil vom 2.4.1957[35] Stellung genommen. Sie bemisst sich nach dem Prinzip der Güter- und Interessenabwägung, wobei der IV. Zivilsenat in einem Urteil vom 5.12.1958[36] zu Recht darauf hinweist, dass es stets auf die besondere Gestaltung der tatsächlichen Verhältnisse in jedem Einzelfall ankommt. Es sei daher nicht möglich, vorschnell allgemein geltende Grundsätze näher zu konkretisieren. Die Bedeutung der erforderlichen Güter- und Interessenabwägung ergebe sich daraus, dass der Begriff des allgemeinen Persönlichkeitsrechts von *„generalklauselartiger“* Weite und Unbestimmtheit geprägt sei. *„Demgemäß umschließt es im Einzelnen sehr verschiedene Güter, unter ihnen auch die Achtung von der Sphäre des privaten Lebens“*.

Fischer verweist in diesem Zusammenhang auf den durch die Rechtsprechung des BGH in den ersten 10 Jahre entwickelten umfassenden Urheber-

---

31 BGHZ 26, 354.

32 BGHZ 30, 11.

33 BGHZ 26, 354.

34 *Karl Larenz*, Das allgemeine Persönlichkeitsrecht im Recht der unerlaubten Handlung, NJW 1955, 521; ferner *Coing*, JZ 1954, 700; *von Gamm*, NJW 1955, 1825, 1827; BGHZ 13, 334, 335; 24, 80.

35 BGHZ 24, 72 ff.

36 BGH NJW 1959, 525.

rechtsschutz. Diese Rechtsprechung sei *„zunächst ein bemerkenswertes und überaus anschauliches Beispiel für die Aufgaben der Rechtsprechung unserer Zeit, für die Richterrechtsbildung, die nicht mehr Normanwendung zum Ziel der Verwirklichung eines geschützten Einzelinteresses, sondern Mittel zur Ordnung sozialer Interessen“* ist.

6. Beispiel: Enteignungs- und Aufopferungsrecht

Ein weiteres Beispiel für richterliche Rechtsauslegung- und -fortentwickung ist die Rechtsprechung zum Enteignungs- und Aufopferungsrecht. In diesen Fällen geht es um Rechtsbeziehungen des Einzelnen zum Staat bzw. zu einem öffentlichen Hoheitsträger. Hier zeigt sich exemplarisch die Entwicklung der Judikatur seit dem Ende des 1. Weltkriegs. Bedingt durch die zunehmende Übertragung von Aufgaben auf den Staat und die damit eingehende Erweiterung seines Zuständigkeitsbereichs ist der Bürger in seinem gesamten privaten Bereich Einfluss- und Eingriffsmöglichkeiten des Staates in hohem Maße ausgesetzt, denen er sich nicht entziehen kann. Bei dieser Sachlage sei es – so *Fischer*[37] – geboten, das *„Element der Mäßigung“* als Grundbestandteil des Rechtsstaats im Auge zu behalten. Auch diese Rechtsprechung ist durch den Rückgriff auf die vom Grundgesetz anerkannte Würde und Eigenständigkeit des einzelnen Menschen geprägt. Dies kommt in einem Grundsatzbeschluss des Großen Senats für Zivilsachen vom 10.6.1952[38] zum Ausdruck: *„Der in den Staat eingegliederte Einzelne bedarf, um unter seinesgleichen als Person, d.h. frei und selbstverantwortlich leben zu können und um nicht zum bloßen Objekt einer übermächtigen Staatsgewalt zu werden, also um seiner Freiheit und Würde willen einer rechtlich streng gesicherten Sphäre des Eigentums“*. Es *„gebietet die Stellung, die jeder Einzelne nach heutiger Anschauung zum Staat einnimmt, und der vom heutigen Rechtsstaat verfassungsmäßig garantierte Schutz seiner wichtigsten Lebensgüter, dass ein Schaden, der dem Einzelnen im Interesse der Allgemeinheit durch Eingriffe in diese Lebensgüter zugemutet wird, nicht von dem Einzelnen, sondern von der Allgemeinheit getragen wird.“* In einem Urteil vom 23.11.1951 formuliert der III. Zivilsenat wie folgt: *„Im demokratischen und sozialen Rechtsstaat erfährt das Verhältnis des Bürgers zu seinem Staat eine besondere Färbung: Wo es um politische Entwicklungen und politische Macht geht, mag Wachsamkeit, wo es um obrigkeitliches Handeln geht, mag mutiges Bestehen auf dem Recht am Platze sein; diesem Staat gegenüber ist aber im Bereich des Fürsorgerischen nicht Skepsis und Ressentiment am Platz, sondern Vertrauen und Bereitschaft zur freiwilligen und verantwortungsvollen Einordnung“*[39].

37 *Fischer* (Fn. 1), S. 26.
38 BGHZ 6, 270ff.
39 BGHZ 31, 190.

II. Fazit

Hermann Weinkauff hat in einem Beitrag anlässlich 100 Jahre Deutscher Juristentag *„Der Naturrechtsgedanke in der Rechtsprechung des Bundesgerichtshofes“* folgendes Fazit gezogen: *Überblickt man die vom Naturrechtsgedanken beeinflussten Entscheidungen des BGH in ihrem Zusammenhang, so erweisen sie sich – und das ist erstaunlich genug – als „Bruchstücke einer Großen Konfession“ das könnte hoffnungsvoll stimmen. Trotzdem sind die Schwierigkeiten, die sich einer Fortsetzung dieser Rechtsprechung entgegenstellen, sehr groß. Sie erwachsen nicht aus den objektiven Gegebenheiten, der Geltung und der Zugänglichkeit der Naturrechtsordnung, sondern aus dem Unvermögen weiter Schichten unseres Volkes und unserer Juristen, den naturrechtlichen Gedanken zu erfassen und zu handhaben, aus einem Unvermögen, in dem sich Relativismus, Skepsis, Wissenschaftsaberglaube und mangelndes Wertgefühl seltsam und einigermaßen hoffnungslos mischen.“*[40] *Fischer* ergänzt dieses Fazit *Weinkauffs*: *„Wir können die Zeit nicht zurückstellen, der absolute Gesetzespositivismus ist überwunden; die Rechtsprechung kann sich der ihr gestellten Aufgabe nicht entziehen, Rechtanwendung als Wertverwirklichung nach den Grundsätzen unseres demokratischen Rechtsstaats vorzunehmen und auf diese Weise der Rechtsanwendung ihren besonderen Inhalt und Beweis zu geben. Möge es Wirklichkeit werden, dass die Arbeit dieses Gerichts auf diese eigentliche und vornehmste, auf diese schwere und verantwortungsvolle Aufgabe beschränkt wird. Und möge dann diesem Gericht auch die sittliche Kraft gegeben sein, diese Aufgabe im Dienst des Rechts nachzukommen“*[41]. Die hier beispielhaft zitierten Urteile des Bundesgerichtshofs aus der „Frühzeit“ belegen, dass dem Gericht dies gelungen ist.

40 Der Naturrechtsgedanke in der Rechtsprechung des Bundesgerichtshofs, NJW 1960, 1696.
41 *Fischer* (Fn. 1), S. 35.

Das Landesinformationsfreiheitsgesetz Baden-Württemberg und die Transparenz im Hochschulbereich

Friedrich Schoch

I. Transparenz im öffentlichen Sektor

1. Verfassungsrechtliche Legitimität des Informationsfreiheitsrechts

Der „Siegeszug“ der Informationsfreiheitsgesetzgebung in Deutschland ist unaufhaltsam. Das betrifft die Bundesebene und die Landesebene gleichermaßen. Es geht um die Transparenz der Verwaltung. In Baden-Württemberg ist das Landesinformationsfreiheitsgesetz[1] am 30.12.2015 in Kraft getreten.[2] Nur noch vier Länder in Deutschland verfügen nicht über ein entsprechendes Gesetz.[3] Transparenz im öffentlichen Sektor ist dort immerhin – wie in den anderen zwölf Ländern – bereichsspezifisch hergestellt, sei es kraft Bundesrechts (z. B. Verbraucherinformationsrecht)[4] oder sei es mittels europarechtlicher Vorgaben (z. B. Umweltinformationsrecht).[5]

An der verfassungsrechtlichen Legitimität der Informationsfreiheitsgesetze gibt es keinen Zweifel. Der demokratische Staat des Grundgesetzes ist grundsätzlich „öffentlich“.[6] Im Demokratieprinzip wurzelt der „Grundsatz der Zugänglichkeit von Informationen zur öffentlichen Meinungsbildung“.[7] Die Rede ist von einem „allgemeinen Öffentlichkeitsprinzip in der Demokratie“.[8] Zum IFG des Bundes hat das BVerfG ausdrücklich betont, die Schaffung von Transparenz im öffentlichen Sektor sei ein legitimer Zweck der Gesetzgebung; in einer demokratischen Gesellschaft trügen amtliche Informationen

---

1 Gesetz zur Regelung des Zugangs zu Informationen in Baden-Württemberg (Landesinformationsfreiheitsgesetz – LIFG), erlassen als Art. 1 des Gesetzes zur Einführung der Informationsfreiheit vom 17.12.2015, GBl. S. 1201.

2 Art. 4 G vom 17.12.2015 (Fn. 1).

3 Bayern, Hessen, Niedersachsen, Sachsen. – Die Gesetzeslücke wird im kommunalen Bereich in jenen Ländern vielfach durch kommunale Informationsfreiheitssatzungen geschlossen; dazu *Schoch*, IFG, 2. Aufl. 2016, Einl. Rn. 245 ff.

4 Vgl. dazu Ausführungsgesetz BW zum VIG Bund vom 10.6.2008, GBl. S. 181.

5 §§ 22 ff. UmwVwG BW als Umsetzung der RL 2003/4/EG über den Zugang der Öffentlichkeit zu Umweltinformationen.

6 *Bröhmer*, Transparenz als Verfassungsprinzip, 2004, 18; ausführlich *Lederer*, Open Data – Informationsöffentlichkeit unter dem Grundgesetz, 2015, 56 ff. und 326 ff.

7 BVerfGE 103, 44, 65 = NJW 2001, 1633, 1636.

8 BVerfGE 70, 324, 358 = NJW 1986, 907, 908; BVerfGE 103, 44, 63 = NJW 2001, 1633, 1635; BVerfGE 130, 318, 344 = NVwZ 2012, 495 Tz. 108.

zum öffentlichen Meinungsbildungsprozess bei.[9] Exakt diesen Aspekt bringt § 1 Abs. 1 LIFG BW zum Ausdruck.

2. Informationsfreiheit in der parlamentarischen Demokratie

Soweit sich das Informationsfreiheitsrecht auf Regierungshandeln (d. h. auch auf die Tätigkeit einzelner Ministerien) erstreckt, sieht es sich vereinzelt staatsorganisationsrechtlicher Kritik ausgesetzt: Nach dem Demokratiekonzept des Grundgesetzes erfolge die Kontrolle der Regierung durch das Parlament und nicht durch das Volk, d. h. den einzelnen Bürger als Sachverwalter; folglich greife das IFG in die dem Parlament überantworteten Kontrollbefugnisse ein.[10]

Die Kritik übersieht, dass die Staatsform der repräsentativen Demokratie mit der parlamentarischen Verantwortung der Regierung keine Sperrwirkung gegenüber der Ermöglichung einer informellen öffentlichen Kontrolle auch des Regierungshandelns durch einen Informationszugang Einzelner entfaltet;[11] die Kontrollen ergänzen sich, und die öffentliche Meinung ist nun einmal auf fundierte Information angewiesen.[12] Das Informationsfreiheitsrecht stärkt die Demokratie und ist mit dem Demokratiekonzept der Verfassung vereinbar.[13]

3. Einbeziehung der mittelbaren Staatsverwaltung

Ist gegen die gesetzliche Schaffung von Transparenz im öffentlichen Sektor verfassungsrechtlich nichts einzuwenden, liegt die Einbeziehung der unmittelbaren Staatsverwaltung und – im Landesbereich – der Kommunalverwaltung auf der Hand. Die Erstreckung der Informationsfreiheitsgesetze auf die (sonstige) mittelbare Staatsverwaltung ist nicht selbstverständlich und wird unterschiedlich gehandhabt. Der Bund nimmt in seinem IFG insoweit keine Restriktion vor.[14] Landesgesetze, die diesem Konzept folgen, zeitigen bemerkenswerte Ergebnisse:

- Der WDR, Anstalt des Öffentlichen Rechts (§ 1 Abs. 1 S. 1 WDR-Gesetz), musste einem Pressejournalisten Zugang zu Informationen (ohne Bezug zum Redaktionsgeheimnis und zum Programmauftrag) gewähren; es ging

---

9 BVerfG-K, NJW 2008, 1435 Tz. 24.

10 *Dalibor*, Bundesregierung und Bundesministerien als Behörden i. S. d. § 1 Abs. 1 Satz 1 IFG Bund, DVBl. 2012, 933, 937 f.

11 Zumindest missverständlich in diesem Punkt die Gesetzesbegründung zu § 2 Abs. 1 LIFG BW: oberste Landesbehörden seien vom LIFG BW ausgenommen, soweit sie Regierungshandeln ausübten, LT-Drs. 15/7720 S. 59.

12 BVerwGE 141, 122 Rn. 22, 23; BVerwG, NVwZ 2012, 251 (m. Anm. *Schoch*) Tz. 22, 23.

13 *Assenbrunner*, Bürgerbeteiligung bei der Kontrolle der Ausübung von Regierungsgewalt, DÖV 2012, 547 ff.; *Roth*, Regierungstätigkeiten im Lichte der Informationsfreiheit, DÖV 2012, 717 ff.

14 *Schoch* (Fn. 3), § 1 Rn. 163 ff.

um Informationen über die Vergabe von Aufträgen an Unternehmen (z.B. Reinigungsfirmen), die mit Mitgliedern des Rundfunkrates in Verbindung standen.[15]

- Eine Landesmedienanstalt ist dem Grunde nach für informationspflichtig erachtet worden, soweit ein Rechtsanwalt die Überlassung eines Gutachtens über die aufsichtsrechtliche Verfolgbarkeit von Content-Providern begehrte.[16]
- Eine IHK, Körperschaft des Öffentlichen Rechts (§ 3 Abs. 1 IHK-Gesetz), musste einem Mitglied der Vollversammlung Zugang zu Wahlunterlagen einräumen, aus denen z.B. die Kriterien für die Einteilung der Wahlgruppen zur Wahl der Vollversammlung zu entnehmen waren.[17]
- Ein Sparkassen- und Giroverband, Körperschaft des Öffentlichen Rechts (§ 32 SpkG NRW), wurde verurteilt, einem Bürger Auskunft über die gegenüber den Sparkassen erfolgten Empfehlungen zur Höhe der Vergütung der Vorstandsmitglieder zu geben.[18]
- Eine Rechtsanwaltskammer, Körperschaft des Öffentlichen Rechts (§ 62 Abs. 1 BRAO), ist dem Grunde nach (ungeachtet der allgemeinen Verschwiegenheitspflicht der Vorstandsmitglieder, § 76 Abs. 1 BRAO) zur Herausgabe von Informationen über die Zulassung eines Rechtsanwalts, der früher Stasi-IM gewesen ist, verpflichtet.[19]

In Baden-Württemberg wären vergleichbare Gerichtsentscheidungen nicht zu erwarten. So sind öffentlich-rechtliche Rundfunkanstalten im Bereich der Wahrnehmung von Verwaltungsaufgaben nur informationspflichtig, soweit dies staatsvertraglich geregelt ist (§ 2 Abs. 2 Nr. 4 LIFG BW);[20] Sparkassen und ihre Verbände sowie Selbstverwaltungsorganisationen der Wirtschaft und der Freien Berufe sind vom Anwendungsbereich des Gesetzes komplett ausgenommen (§ 2 Abs. 3 Nr. 3 LIFG BW).[21]

---

15 OVG NRW, NVwZ 2012, 902 = ZD 2012, 288 (m. Anm. *Schnabel*) = ZUM 2012, 512 (m. Anm. *Degenhart*); bestätigt durch BVerwG, ZD 2014, 98.

16 OVG RP, MMR 2011, 210; im konkreten Fall bejahte das Gericht die Gefährdung der öffentlichen Sicherheit als entgegenstehenden Belang; dazu *Schnabel*, IFG-Ansprüche gegen Landesmedienanstalten, K&R 2010, 709.

17 OVG NRW, NWVBl 2007, 187; bestätigt durch BVerwG, NWVBl 2008, 59.

18 VG Düsseldorf, NVwZ 2013, 452.

19 OVG Bln-Bbg, NVwZ-RR 2015, 123; im konkreten Fall scheiterte der Informationszugang am Schutz personenbezogener Daten des Betroffenen.

20 Diese „SWR-Klausel“ findet ihre Entsprechung in § 3 Abs. 7 LTranspG RP; die auch dort angesprochene staatsvertragliche Regelung (zwischen Baden-Württemberg und Rheinland-Pfalz) ist nicht in Sicht.

21 Vgl. zur Begründung LT BW Drs. 15/7720 S. 62; die Tragfähigkeit der Argumentation analysierend *Sicko*, in Debus (Hrsg.), Informationszugangsrecht Baden-Württemberg, 2017, § 2 LIFG Rn. 59ff.

II. Anwendungsbereich des LIFG BW

1. Praktische Bedeutung für die Hochschulen

Die Praxisbeispiele zeigen, dass Existenz und Umfang von Transparenzpflichten im öffentlichen Sektor entscheidend vom Anwendungsbereich des jeweiligen IFG abhängen. Das gilt in Sonderheit für die Hochschulen. Drei Gerichtsentscheidungen jüngeren Datums bestätigen den Befund:

- In dem Streit um Zugang zu der Rahmenvereinbarung zwischen der Universität Köln und der Bayer Pharma AG über Forschungsprojekte und die Errichtung eines Graduiertenkollegs scheiterte die Klage an der landesgesetzlich (§ 2 Abs. 3 IFG NRW) vorgesehenen Bereichsausnahme für die Forschung.[22]
- Die erfolgreiche Klage auf Zugang zu Kooperationsvereinbarungen zwischen der Universität Mainz und der Boehringer Ingelheim Stiftung war nach Auffassung des Gerichts schon presserechtlich begründet (§ 6 LMedienG RP);[23] dem geltend gemachten Anspruch auf Überlassung von Kopien der Verträge konnte nicht unter Hinweis auf eine Bereichsausnahme entgegengetreten werden, es „half“ jedoch ein im Einzelfall anwendbarer Ausnahmetatbestand (§ 16 Abs. 3 LTranspG RP).[24]
- Erfolgreich war die Klage gegen die FU Berlin auf Einsicht in eine vor über einem Jahrzehnt vorgelegte – entgegen der Publikationsverpflichtung noch nicht veröffentlichte – Habilitationsschrift und in ein Gremienprotokoll; ausdrücklich wird in der Gerichtsentscheidung betont, dass das Gesetz für den Bereich der Prüfungen keine Bereichsausnahme vorsehe und ein Ausschlusstatbestand im konkreten Fall nicht eingreife.[25]

Die drei Beispiele zeigen, dass die Landesgesetzgeber bei der Austarierung des Spannungsverhältnisses zwischen Transparenz und Geheimhaltung im Hochschulbereich unterschiedliche Regelungstechniken einsetzen. Im ersten Fall ist für die Forschung eine Bereichsausnahme vom Anwendungsbereich des Landes-IFG einschlägig; dies ist ein weitgehender Schutz für die Hochschulen. Im zweiten Fall sieht das Gesetz einen im konkreten Fall geltend zu machenden relativen Ausnahmetatbestand speziell für Wissenschaft, For-

---

22 VG Köln, PharmR 2013, 70; bestätigt durch OVG NRW, NVwZ 2016, 1025 (m. Anm. *Sicko*) = JZ 2016, 516 (m. Anm. *Godt*).

23 VG Mainz, BeckRS 2016, 47427; dazu Analyse von *Dörr*, Presserechtlicher Auskunftsanspruch, JuS 2016, 956.

24 Nach § 16 Abs. 3 LTranspG RP bezieht sich der Anspruch auf Informationszugang „ausschließlich auf Informationen über den Namen von Drittmittelgebern, die Höhe der Drittmittel und die Laufzeit der mit Drittmitteln finanzierten abgeschlossenen Forschungsvorhaben“, außerdem sind die Schutzinteressen nach §§ 14 bis 16 LTranspG RP zu beachten; erläuternd dazu die Gesetzesbegründung LT RP Drs. 16/5173 S. 46f.

25 OVG Bln-Bbg, BeckRS 2016, 47296 Rn. 4.

schung und Lehre vor. Im dritten Fall ist die Universität auf hochschulunspezifische allgemeine Ausnahmetatbestände des Landes-IFG verwiesen, die in concreto jedoch nicht eingriffen.

2. Geltung des LIFG BW im Hochschulbereich

a) Unmittelbare und mittelbare Staatsverwaltung

Im Ausgangspunkt gilt das LIFG BW für die Stellen des Landes, der Gemeinden und Gemeindeverbände sowie der sonstigen der Aufsicht des Landes unterstehenden juristischen Personen des Öffentlichen Rechts. Die Hochschulen des Landes sind bekanntlich als rechtsfähige Körperschaften des Öffentlichen Rechts organisiert (§ 8 Abs. 1 S. 1 LHG BW),[26] und sie unterstehen der Aufsicht des Landes (§ 67 LHG BW), sodass sie vom Anwendungsbereich des LIFG BW erfasst werden.[27] Im Sinne des Informationsfreiheitsrechts sind sie damit „informationspflichtige Stellen" (§ 3 Nr. 2 LIFG BW).

b) Bereichsausnahme im Hochschulbereich

Das LIFG BW gilt allerdings nicht gegenüber Hochschulen (i.S.d. § 1 LHG BW), soweit Forschung, Kunst, Lehre, Leistungsbeurteilungen und Prüfungen betroffen sind (§ 2 Abs. 3 Nr. 2 LIFG BW). Damit normiert das Gesetz – ebenso wie andere Landes-IFG[28] – eine partielle Bereichsausnahme.[29] Die Regelung dient dem Schutz der Kunst- und Wissenschaftsfreiheit (Art. 5 Abs. 3 S. 1 GG, Art. 20 Abs. 1 LV BW).[30]

Juristisch unterscheidet sich eine Bereichsausnahme kategorial von einem bloßen Ausnahmetatbestand. Die Bereichsausnahme hat die Wirkung, dass das Gesetz in den betreffenden Bereichen von vornherein nicht anwendbar ist, unabhängig davon, ob die vom Antragsteller begehrte Information schützenswert ist oder nicht.[31] Der Ausnahmetatbestand hingegen normiert lediglich einen im Einzelfall potentiell relevanten Informationsverweigerungsgrund, der von der informationspflichtigen Stelle dargelegt werden muss und im Streitfall gerichtlich dahingehend überprüft wird, ob die betreffende Information von Gesetzes wegen als geheimhaltungsbedürftig eingestuft wird

26 Die Hochschulen sind „zugleich staatliche Einrichtungen"; näher zu dem Dualismus *Sandberger*, LHG BW, 2. Aufl. 2015, § 8 Rn. 3.

27 So ausdrücklich die Gesetzesbegründung, LT BW Drs. 15/7720 S. 59.

28 § 2 Abs. 2 S. 2 BbgAIG, § 2 Abs. 3 IFG NRW, § 1 S. 4 SaarlIFG, § 3 Abs. 1 Nr. 9 IZG LSA, § 2 Abs. 5 ThürIFG.

29 So zu dem gleichsinnigen § 2 Abs. 3 IFG NRW VG Köln, PharmR 2013, 70, 73; OVG NRW, NVwZ 2016, 1025 Tz. 35 und 47 = JZ 2016, 516 Tz. 42 und 61.

30 LT BW Drs. 15/7720 S. 61.

31 Zur Kategorie „Bereichsausnahme" im IFG *Schoch* (Fn. 3), Vorb § 3 Rn. 45 ff.

und im Falle des Informationszugangs für das Schutzgut nachteilige Auswirkungen eintreten können.[32]

Diese gesetzliche Zweiteilung der Abschottung von Hochschulen gegenüber Transparenzforderungen ist juristisch folgenreich. Geht es um Informationen zu Forschung, Kunst, Lehre, Leistungsbeurteilungen oder Prüfungen, sind die Hochschulen privilegiert; sie können sich von vornherein darauf berufen, dass das LIFG BW nicht anwendbar ist.[33] Sind Informationen zu sonstigen Bereichen des Hochschulwesens nachgefragt, besteht grundsätzlich eine Informationspflicht (§ 3 Nr. 2 i. V. m. § 2 Abs. 1 Nr. 3 LIFG BW); die begehrte Information kann ausnahmsweise versagt werden, wenn im konkreten Fall ein Ausschlusstatbestand (Verweigerungsgrund) eingreift.[34]

3. Vorrang abschließender Spezialregelungen

Die skizzierte Grundsystematik zur Anwendbarkeit des LIFG BW steht unter dem Vorbehalt der „lex specialis-Regel“. Sofern der Zugang zu amtlichen Informationen in anderen Rechtsvorschriften abschließend geregelt ist, gehen diese – mit Ausnahme des § 29 VwVfG und des § 25 SGB X – dem IFG-Anspruch vor (§ 1 Abs. 3 LIFG BW). Beispiele für vorrangige Spezialbestimmungen bieten das Umweltinformationsrecht (§ 24 UmwVwG BW), das Verbraucherinformationsrecht (§ 2 VIG Bund) und das Archivrecht (§ 6 LArchG BW).

Eine missverständliche Aussage zur Drittmittelforschung trifft in diesem Zusammenhang die Gesetzesbegründung zum LIFG BW. Dort heißt es, § 41 a LHG BW treffe eine differenzierte Transparenzregelung, „wodurch dieser Bereich abschließend normiert ist“.[35] Das klingt so, als sei das LIFG BW bei Informationsbegehren zur Drittmittelforschung kraft Landeshochschulrechts nicht anwendbar. Vorrangige spezialgesetzliche Informationszugangsregelungen gegenüber dem IFG sind indessen nur solche Rechtsvorschriften, „die in gleicher Weise wie dieses Regelungen ‚über den Zugang zu amtlichen Informationen‘ treffen“, also einen „insoweit identischen sachlichen Regelungsgehalt wie das Informationsfreiheitsgesetz“ aufweisen.[36] Das ist bei § 41a LHG BW mitnichten der Fall. Die Vorschrift stellt keine Zugangsregelung i. S. d. Informationsfreiheitsrechts dar, sondern zielt lediglich auf die Herstellung einer gewissen hochschulinternen Öffentlichkeit.[37] Auskunftsberechtigt sind nur der Senat und seine Mitglieder.[38] Das LIFG BW kennt auch keinen Vor-

---

32 Näher zu dieser Systematik *Schoch* (Fn. 3), Vorb § 3 Rn. 60 ff.

33 Dazu am Bespiel der Drittmittelforschung unten IV.

34 Zu den Ausschlusstatbeständen im IFG unten III. 2.

35 So LT BW Drs. 15/7720 S. 61.

36 So zu § 1 Abs. 3 IFG Bund BVerwG, NVwZ 2011, 235 Tz. 8; ähnlich VG Stuttgart, BeckRS 2011, 51234.

37 *Gurlit*, Transparenz in der Hochschulforschung, in: Festschrift für Hufen, 2015, 343, 345 f.

38 So die Begründung zu § 41a LHG BW, LT Drs. 15/4684 S. 213.

behalt zu Gunsten des § 41a LHG BW.[39] Folgerichtig scheitert ein Informationsbegehren zur Drittmittelforschung nicht etwa an der prinzipiellen Unanwendbarkeit des LIFG BW, sondern allenfalls an der Bereichsausnahme für die Forschung.[40]

III. Grundstrukturen des LIFG BW

Als Zwischenfazit kann festgehalten werden, dass sich die Hochschulen in Baden-Württemberg im Informationsfreiheitsrecht auf zwei Varianten einstellen müssen: auf die vollständige Anwendbarkeit des LIFG BW im Hochschulbereich und auf die Privilegierung durch einen Sondertatbestand, falls dessen Voraussetzungen vorliegen. Vor diesem Hintergrund ist wenigstens eine knappe Skizze zu den Grundstrukturen des LIFG BW[41] unabweisbar.

1. Anspruchsvoraussetzungen

a) Anspruchsberechtigung

Zugang zu Informationen des öffentlichen Sektors haben „Antragsberechtigte" (§ 1 Abs. 2 LIFG BW). Das sind „alle natürlichen und juristischen Personen des Privatrechts sowie deren Zusammenschlüsse, soweit diese organisatorisch hinreichend verfestigt sind" (§ 3 Nr. 1 LIFG BW). Auf die Staatsangehörigkeit einer Person oder ihren (Wohn-)Sitz kommt es nicht an.[42] Anspruchsberechtigt sind auch Bürgerinitiativen.[43] Ein berechtigtes oder gar ein rechtliches Interesse muss der Antragsteller nicht darlegen; materiellrechtlich ist der Anspruch voraussetzungslos.[44]

b) Anspruchsgegenstand

Gerichtet ist der Anspruch auf den „Zugang zu amtlichen Informationen" (§ 1 Abs. 2 LIFG BW). Darunter versteht das Gesetz „jede bei einer informations-

---

39 Anders z. B. § 1 Abs. 1a BremIFG: Zur Drittmittelforschung gilt für Veröffentlichungen das Bremische Hochschulgesetz (vgl. dort § 75).

40 So in Bezug auf § 71a LHG NRW: OVG NRW, NVwZ 2016, 1025 Tz. 48 = JZ 2016, 516 Tz. 64.

41 Näher dazu *Debus*, Das Gesetz zur Einführung der Informationsfreiheit in Baden-Württemberg, in: Informationsfreiheit und Informationsrecht, Jahrbuch 2016 (Hrsg. Dix/Franßen/Kloepfer/Schaar/Schoch/Voßhoff und DGI), 2017, 161; ferner *Schoch*, Informationsansprüche nach dem Umweltverwaltungsgesetz und dem Landesinformationsfreiheitsgesetz Baden-Württemberg, VBlBW 2017, 45.

42 BVerwG, NVwZ 2011, 1012 Tz. 12 (zum IFG Bund).

43 Grundlegend (zum UIG) BVerwGE 130, 223 Rn. 22 = NVwZ 2008, 791 Tz. 22.

44 LT BW Drs. 15/7720 S. 58.

pflichtigen Stelle bereits vorhandene, amtlichen Zwecken dienende Aufzeichnung, unabhängig von der Art ihrer Speicherung, außer Entwürfen und Notizen, die nicht Bestandteil eines Vorgangs werden sollen" (§ 3 Nr. 3 LIFG BW). Auf den Urheber, also die Herkunft der Information, kommt es nicht an.[45] Maßgebend ist nach dem Gesetz die amtliche Zweckbestimmung; diese richtet sich nach den Regeln ordnungsgemäßer Aktenführung.[46] Nur „vorhandene" Aufzeichnungen sind Gegenstand des IFG-Anspruchs; ein Informationsbeschaffungsanspruch besteht nicht.[47]

c) Anspruchsverpflichtung

Die Verpflichtung zur Erfüllung des Anspruchs trifft „informationspflichtige Stellen"; das sind alle Stellen im Anwendungsbereich des § 2 LIFG BW (§ 3 Nr. 2 LIFG BW).[48] Die Anspruchsverpflichtung und der Anwendungsbereich des Gesetzes decken sich folglich. Dies unterstreicht die Bedeutung, die der exakten Ermittlung des Anwendungsbereichs zukommt.

Die Anspruchserfüllung folgt keinem „alles-oder-nichts-Prinzip". Besteht der Anspruch nur zum Teil, ist dem Antrag in dem Umfang stattzugeben, in dem der Informationszugang ohne Preisgabe geheimhaltungsbedürftiger Informationen möglich ist; das gilt auch, wenn sich der Antragsteller mit einer Unkenntlichmachung schützenswerter Informationen einverstanden erklärt (§ 7 Abs. 4 LIFG BW). Der Informationszugang erfolgt mittels behördlicher Auskunftserteilung, Akteneinsicht des Anspruchsberechtigten oder in sonstiger Weise; der Antragsteller hat ein Wahlrecht, dem nur aus wichtigem Grund (insbesondere: deutlich höherer Verwaltungsaufwand) entgegengetreten werden kann (§ 7 Abs. 5 LIFG BW).

2. Ausschlusstatbestände

Das LIFG BW führt zu einer transparent[er]en Verwaltung, aber nicht etwa zu einem „gläsernen Staat". Schon Verfassungsrecht setzt der Transparenz Grenzen. Sowohl im Bundesrecht als auch im Landesrecht gilt das „Prinzip limitierter Transparenz".[49] Die Anspruchsgrenzen werden durch Ausschlusstatbestände (Ausnahmetatbestände) markiert. Geschützt werden durch die Informationsverweigerungsgründe bestimmte öffentliche Belange und private

---

45 *Schoch*, Die Rechtsprechung des Bundesverwaltungsgerichts zum Informationsfreiheitsgesetz, in: JB InfoR (Fn. 41), 27.

46 Dazu *Schoch* (Fn. 3), § 2 Rn. 41 ff.

47 BVerwGE 151, 1 Rn. 37 = NVwZ 2015, 669 (m. Anm. *Gurlit*) Tz. 37 (zum IFG Bund).

48 Zudem: Eingrenzung durch § 7 Abs. 1 S. 1 LIFG BW auf „die Stelle, die zur Verfügung über die begehrten Informationen berechtigt ist".

49 *Gusy*, Der transparente Staat, DVBl. 2013, 941; *ders.*, Informationszugangsfreiheit – Öffentlichkeitsarbeit – Transparenz, JZ 2014, 171.

rechte Reaktion des Antragstellers gilt der Antrag als zurückgenommen (§ 10 Abs. 2 S. 2 LIFG BW). Ist die Unterrichtung zur voraussichtlichen Kostenhöhe unterblieben, darf die Festsetzung der Gebühren und Auslagen 200 Euro nicht übersteigen; wurde eine Kostenschätzung übermittelt, darf deren Höhe nicht überschritten werden (§ 10 Abs. 2 S. 4 LIFG BW).

IV. Transparenz zur Drittmittelforschung

1. „Glanz und Elend" der Drittmittelforschung

Die vom Land gepflegte systematische Unterfinanzierung der Hochschulen hat der Einwerbung von Drittmitteln eine immer größere Bedeutung zuwachsen lassen. Ohne das Drittmittelaufkommen wären manche Hochschulen kaum konkurrenzfähig. In der Sache kann die Kooperation von Hochschulen mit Wirtschaftsunternehmen für beide Seiten von Nutzen sein. Gesetzlich ist die Drittmittelforschung in Baden-Württemberg Dienstaufgabe der in der Forschung tätigen Mitglieder der Hochschule (§ 13 Abs. 1 S. 2, Abs. 6 S. 1 und § 41 Abs. 1 S. 1 LHG BW). Zwischen der aus Haushaltsmitteln finanzierten Forschung und der Drittmittelforschung besteht rechtlich Gleichwertigkeit.[72] In der gegebenen Situation ist ein Verzicht der Hochschulen auf die Drittmittelforschung nur schwer vorstellbar und vor allem kaum realisierbar.

Auf der anderen Seiten dürfen die Gefährdungen der Forschungsfreiheit (und der Freiheit der Lehre) durch Einflussnahmen der Wirtschaft nicht ignoriert werden.[73] Wer etwa den – streng vertraulich zu behandelnden (Ziff. 7.1 des Vertrags) – Kooperationsvertrag zwischen der Universität Mainz und der Boehringer Ingelheim Stiftung studieren konnte, findet die Presseberichterstattung zur Veto-Möglichkeit der Stiftung im Rahmen von Berufungsverfahren[74] bestätigt (Ziff. 1.2.2 des Vertrags). Dies ist nur ein Beispiel für mögliche Fragwürdigkeiten im Bereich der Drittmittelforschung, das jedoch die ganze Brisanz aufzeigt.

Als ein probates Mittel zur Gewährleistung der Forschungsfreiheit gilt die Transparenz bezüglich der Kooperation zwischen Hochschulen und Wirt-

---

72 *Sandberger* (Fn. 26), § 41 Rn. 2.

73 *Wagner/Brink*, Informationsfreiheit und Transparenz in der Drittmittelforschung, LKRZ 2014, 1, 4, listen auf: Lehraufträge für Mitarbeiter der Drittmittelgeber, finanzielle Vorteile der jeweiligen Hochschulbediensteten, problematische Nebentätigkeitsabreden und Beraterverträge, Vetorechte bei der Veröffentlichung von Forschungsergebnissen, Mitspracherechte bei der Besetzung von Lehrstühlen, Einflussnahmen bei der Auswahl von Forschungsprojekten. – Kaum nachvollziehbar *Sandberger* (Fn. 26), § 41a Rn. 1, der in den Transparenzpflichten nach § 41a LHG BW eine verfassungsrechtlich bedenkliche „Diskriminierung gegenüber der grundfinanzierten Forschung" sieht.

74 FAZ Nr. 151 vom 17.8.2016 S. N4, mit Zitat einer Aussage des Mainzer Universitätspräsidenten, „ich glaube, dass wir es an der Stelle nicht gesehen haben".

schaft.[75] Die Konferenz der Informationsfreiheitsbeauftragten in Deutschland (IFK) proklamiert:[76]

> *„Einer verborgenen Einflussnahme auf Forschungsgegenstände, Forschungsergebnisse und auf deren Veröffentlichung kann nur durch eine konsequente Politik der Offenheit begegnet werden. Kooperationsverträge zwischen Wissenschaft und Unternehmen sind grundsätzlich offenzulegen. Eine solche Veröffentlichungspflicht sollte mindestens die Identität der Drittmittelgeber, die Laufzeit der Projekte, den Förderumfang und die Einflussmöglichkeiten der Drittmittelgeber auf Forschungsziele und -ergebnisse umfassen. Die Pflicht zur Veröffentlichung der Verträge darf nur zurücktreten, soweit und solange die Bekanntgabe gesetzlich geschützte Interessen beeinträchtigt. […] Eine reine Selbstverpflichtung der Universitäten und Forschungseinrichtungen ist […] nicht ausreichend. Es bedarf vielmehr konsequenter Regelungen in den Informationsfreiheitsgesetzen des Bundes und der Länder.“*

Andere Institutionen haben ähnliche Forderungen zur Transparenz bezüglich der Drittmittelforschung erhoben.[77]

2. Verweigerung von Transparenz durch das LIFG BW

Nach den Ausführungen zur Bereichsausnahme des LIFG BW im Hochschulbereich (oben II. 2. b) steht fest, dass in Baden-Württemberg der entgegengesetzte Weg eingeschlagen worden ist. Das Informationsfreiheitsrecht ist gegenüber Hochschulen nicht anwendbar, soweit die Forschung betroffen ist (§ 2 Abs. 3 Nr. 2 LIFG BW). Folglich gilt es, deren Schutzumfang zu bestimmen.

Ausweislich der Gesetzesbegründung[78] rezipiert das LIFG BW den Schutz der verfassungsrechtlichen Wissenschaftsfreiheit. Diese erstreckt sich gemäß Art. 5 Abs. 3 S. 1 GG auf jede wissenschaftliche Tätigkeit, d.h. auf alles, was nach Inhalt und Form als ernsthafter planmäßiger Versuch zur Ermittlung der Wahrheit anzusehen ist.[79] „Wissenschaft“ gilt als Oberbegriff von Forschung und Lehre; „Forschung“ ist definiert als „die geistige Tätigkeit mit dem Ziele, in methodischer, systematischer und nachprüfbarer Weise neue Erkenntnisse

---

75 *Gurlit* (Fn. 37), S. 344 f.

76 Entschließung der IFK vom 12.6.2012 „Mehr Transparenz bei der Wissenschaft – Offenlegung von Kooperationsverträgen“, in: 4. Tätigkeitsbericht des BfDI zur Informationsfreiheit für die Jahre 2012 und 2013, S. 105.

77 Überblick dazu bei *Wagner/Brink* (Fn. 73), 5.

78 LT BW Drs. 15/7720 S. 61.

79 BVerfGE 47, 327, 367 = NJW 1978, 1621.

zu gewinnen".[80] Geschützt sind auch die Zweckforschung und die Auftragsforschung. Umfänglich erfasst sind sämtliche Aktivitäten der Forschung, einschließlich der vorbereitenden und unterstützenden Tätigkeiten.[81]

Angesichts dieser Verfassungsrechtslage gibt es keinen Anhaltspunkt dafür, „unmittelbar wissenschaftsrelevante Angelegenheiten" (z.B. vorbereitende und begleitende Tätigkeiten, etwa Planung und Organisation) der gesetzlichen Bereichsausnahme für das Forschungsprivileg zu entziehen.[82] Alle Maßnahmen, die dem konkreten Forschungsvorhaben dienen, sind geschützt.[83] Dazu zählen auch Personalentscheidungen.[84] Nicht von der Forschungsfreiheit umfasst ist die kommerzielle Verwertung der Forschungsergebnisse.[85] Vor diesem Hintergrund ist das Kooperationsabkommen zwischen der Universität Köln und der Bayer Pharma AG dem Informationszugang entzogen. Zum Regelungsgehalt der Vereinbarung gehören etwa: Organisation und Auswahl von pharmazeutischen Forschungsvorhaben, Strukturbedingungen von deren Finanzierung sowie die Verwertung von deren Ergebnissen, wissenschaftsbezogene Organisationsentscheidungen (Graduiertenkolleg). Die Bereichsausnahme greift.[86]

3. Verfassungsmäßigkeit der Bereichsausnahme

Am Ende bleibt die Frage nach der Verfassungsmäßigkeit des Forschungsprivilegs in Gestalt einer gesetzlichen Bereichsausnahme im Informationsfreiheitsrecht. Die Frage ist relativ leicht zu beantworten, weil der Gesetzgeber insoweit über einen weiten Gestaltungsspielraum verfügt.[87] Daraus folgt:

- Die Wissenschaftsfreiheit legitimiert die Bereichsausnahme schon deshalb, weil eine Kontrolle der Drittmittelforschung nicht nur durch einen subjektiven Informationsanspruch für jedermann organisiert werden kann.[88]

---

80 BVerfGE 35, 79, 113 = NJW 1973, 1176. – Nach VerfGH BW, VBlBW 2017, 61 (62) ist die Wissenschaftsfreiheit gemäß Art. 20 Abs. 1 LV BW nach der Rechtsprechung des BVerfG zu Art. 5 Abs. 3 S. 1 GG auszulegen; zu dieser Entscheidung *Rademacher/Schneider*, VBlBW 2017, 155; ferner *Goerlich/Sandberger*, DVBl. 2017, 667.

81 *Britz*, in: Dreier, GG, Bd. III, 3. Aufl. 2013, Art. 5 III (Wissenschaft) Rn. 25.

82 So aber in Bezug auf § 2 Abs. 3 IFG NRW *Franßen/Seidel*, Das Informationsfreiheitsgesetz Nordrhein-Westfalen, 2007, Rn. 301.

83 *Sicko*, in: Debus (Fn. 21), § 2 LIFG Rn. 56; ferner VG Köln, PharmR 2013, 70, 72; *Maatsch*, in: Maatsch/Schnabel, Das Hamburgische Transparenzgesetz, 2015, § 5 Rn. 33 (zu § 5 Nr. 7 HmbTG).

84 BVerfGE 35, 79, 123 = NJW 1973, 1176.

85 BVerfG-K, NVwZ 2007, 571 Tz. 28; BVerfGE 128, 1, 67 = NVwZ 2011, 94 Tz. 241.

86 OVG NRW, NVwZ 2016, 1025 Tz. 42 = JZ 2016, 516 Tz. 54.

87 VG Mainz, BeckRS 2016, 47427.

88 OVG NRW, NVwZ 2016, 1025 Tz. 53 = JZ 2016, 516 Tz. 72.

- Die verfassungsrechtliche Informationsfreiheit (Art. 5 Abs. 1 S. 1 Alt. 2 GG) normiert kein Recht auf Eröffnung einer Informationsquelle, sodass die Bereichsausnahme insoweit kein Konfliktpotential aufweist.[89]
- Das Demokratieprinzip, das an sich für die Publizität staatlicher Vorgänge streitet, erlaubt nicht die Deduktion konkreter Transparenzpflichten, zumal der Gesetzgeber auch dem Schutz der Forschungsfreiheit Rechnung tragen muss und mit der Bereichsausnahme eine vertretbare Austarierung vorgenommen hat.[90]

Dass der Gesetzgeber auch anders hätte entscheiden können, ist keine verfassungsrechtliche, sondern eine rechtspolitische Frage.

V. Schlussbemerkung

Die Geltung des LIFG BW für die Hochschulen außerhalb der Bereiche Forschung, Lehre etc. ist eine Selbstverständlichkeit. Das Forschungsprivileg im Gesetz ist vertretbar, ließe sich aber abmildern (z. B. im Sinne von § 16 Abs. 3 LTranspG RP). Bei der Drittmittelforschung bleibt in der Sache ein Transparenzdefizit. § 41 a LHG BW schafft nur eine gewisse Binnentransparenz; andere Länder beziehen die Öffentlichkeit ein (z. B. § 77 Abs. 8 HmbHG, § 71 a LHG NRW). Es gibt aber auch weitergehende Regelungen: öffentlich zugängliche Forschungsdatenbank der Hochschule für Drittmittelprojekte; Veröffentlichung der Projekttitel, wesentlicher Inhalte und Zielsetzungen von Drittmittelprojekten, der Fördersumme, der Laufzeit der Projekte, der Identität der Drittmittelgeber; Veröffentlichung der Drittmittelverträge durch das Rektorat unter Beachtung gesetzlicher Geheimhaltungsvorschriften (§ 75 Abs. 6 und 7 BremHG). Ob diese hochschulrechtliche Lösung zur Schaffung von Transparenz der Drittmittelforschung Impulse für Baden-Württemberg zu setzen vermag, ist eine interessante Frage; sie betrifft jedoch ein anderes Thema und muss deshalb an dieser Stelle unbeantwortet bleiben.

89 OVG NRW, NVwZ 2016, 1025 Tz. 56 = JZ 2016, 516 Tz. 75.
90 OVG NRW, NVwZ 2016, 1025 Tz. 59 f. = JZ 2015, 516 Tz. 82 f.

Essay über Bildung

Gerhard Teufel

Welche Bildung hat die Nachkriegsgeneration in den 60er- und 70er-Jahren des letzten Jahrhunderts erworben und wie hat sich die Förderung durch die Studienstiftung des deutschen Volkes damals ausgewirkt? Christian Kirchberg hatte das Glück ein solches Stipendium zu erhalten und konnte so sorgenfrei studieren. Die Frage nach seiner Bildung ist auch die Frage einer ganzen Generation: geboren kurz nach dem zweiten Weltkrieg, aufgewachsen in materiell schwierigen Zeiten, aber mit dem Ausblick auf Besserung, das Wirtschaftswunder im Rücken und die Grenzen des Wachstums bereits im Blick. Es ist nicht die Generation der 68er, die noch im Krieg geboren später gegen ihre Eltern aufbegehren. Nein, wir sprechen über diejenigen, die nach diesen unruhigen Zeiten ihr Studium beginnen und an den Universitäten auf relativ günstige Bedingungen stoßen.

Unsere Reflexion über Bildung soll in Form eines Essays, also eines Versuchs, erfolgen, ganz in der Tradition von Montaigne, dem großen französischen Denker des 16. Jahrhunderts. Dies ist schon deshalb angezeigt, weil es in Europa keinen Konsens mehr zu geben scheint über die Ziele und Inhalte von Bildung im 20./21. Jahrhundert. Manfred Fuhrmann hat den Untergang des klassischen Bildungsideals in seinem Buch „Der europäische Bildungskanon“ in vorzüglicher Weise beschrieben.[1] So bleibt die Frage, ob die Nachkriegsgeneration vielleicht die letzte war, die noch in den Genuss einer solchen klassischen Bildung gekommen ist. Für Juristen stellt sich diese Frage in verschärfter Form. Das Studium der Jurisprudenz führt zweifelsohne zu einer fachlichen Vertiefung, die leicht alle anderen Aspekte von Bildung verdrängen kann. Wie konnte sich also diese Nachkriegsgeneration noch den Sinn für Literatur, Musik, Theater, Politik und Sozialwissenschaften bewahren?

Bildung ist ein deutscher Begriff, der sich kaum ins Englische oder Französische übersetzen lässt: „education“ oder „formation“ haben in ihrem Sinngehalt vielmehr die Perspektive des Erwachsenen, der einen jungen Menschen erziehen oder sogar formieren muss. Das deutsche Verb „sich bilden“ ist demgegenüber reflexiv und verweist stärker auf die eigenen Anstrengungen des Subjekts. Hier wird ein deutscher Sonderweg sichtbar, der den freien, sich selbst entfaltenden Menschen im Blick hat: ein großes Versprechen, das immer neu eingelöst werden muss.

---

1 *Fuhrmann*, Der europäische Bildungskanon, 2004, S. 205 ff.; *ders.*, Bildung – Europas kulturelle Identität, 2002, S. 47, vgl. aber auch *Schulze*, Die Erlebnisgesellschaft, 2005, S. 142.

Zum Mythos der europäischen Bildung gehört auch der „Aufbruch“. Man muss das Elternhaus verlassen, die Schulfreunde und die Heimat insgesamt. Aufbruch zu neuen Ufern! Das beschreibt schon Hermann Hesse in „Narziss und Goldmund“[2]: „Es lagen diesmal keine Bretter am Bach, er musste ohne Brücke hinüber. Er zog das Gewand aus und warf es ans andere Ufer, dann ging er nackt durch den tiefen, stark strömenden Bach, bis an die Brust im kalten Wasser... Heute hatte er, so fühlte er, ein Land betreten, in dem er die Wege alleine fand, in dem kein Narziss ihn mehr führen konnte.“

In der französischen Literatur findet sich der Mythos vom Aufbruch noch in anderer Form. Man muss die Heimat in der Provinz verlassen und nach Paris gehen, um dort sein Glück zu suchen. Pascal Bruckner beschreibt in seinem Buch „Un bon fils“ diesen Aufbruch so: „Inscrit au lycée Henri IV je preparais mon départ avec fébrilité, certain qu‘ une autre vie, plus dense, m’attendait á quelques heures du train. J’allais entrer dans l’avenir, prendre en main mon destin, quitter la glu provincale, le monotone enfer du papa-mama.“[3]

I. Das klassische Bildungsideal

Wenn wir Manfred Fuhrmann folgen, dann ruht der europäische Bildungskanon auf sieben Säulen:

- Griechisch und Latein am Gymnasium sind Ausgangspunkt der humanistischen Bildung.
- Ein fester Kanon in der Literatur fixiert das europäische Erbe: Goethes Faust, ein Werk von Kafka, Shakespeare, und vielleicht noch ein französischer Dichter, Moliere oder Montaigne.
- Philosophisches Grundwissen über Sokrates, Platon, Aristoteles bis hin zu Cicero, alle möglichst in der Originalsprache gelesen.
- Der Konzertsaal/das Theater als Kultorte der bürgerlichen Bildung: Der Zuhörer kann Noten lesen, kennt die Gattungen (z.B. Fuge oder Sonate), und weiß ein Andante von einem Allegro zu unterscheiden.
- Die Museen sind die Tempel der Gelehrsamkeit: ausgehend vom Louvre in Paris, wo die Revolutionäre alle Reiterdenkmale des gestürzten Königs unterbrachten, breiten sich in Europa im 19. Jahrhundert alle Arten von Museen aus. Die Museumsinsel in Berlin mit ihren (geraubten?) Kunstschätzen aus Ägypten ist dafür ein gutes Beispiel.

2 *Hesse*, Narziß und Goldmund, 1996 (1930), S. 87.
3 *Bruckner*, Un bon fils, 2014, S. 133.

- Die „Bildungsreise“ ist ein letzte wichtige Säule der klassischen Bildung. Wir denken dabei an Goethe, der Ende des 18. Jahrhunderts seine berühmte Italienreise unternahm und seine Erinnerungen später in einem Reisebericht dokumentierte (Sept. 1786 bis Mai 1788). In Wahrheit war dieser Reisetyp als Kavalierstour schon im 16. Jahrhundert erfunden worden und hat sich als sogenannte Grand Tour bis ins 18. Jahrhundert gehalten: junge Adlige wurden zur Vorbereitung auf die Regierungsgeschäfte, insbesondere auf eine Diplomatenkarriere, ins europäische Ausland geschickt und blieben dort nach dem Studium manchmal bis zu drei Jahren, meist begleitet von einem erfahrenen Mentor oder Reisebegleiter. Schon John Locke (1693) sieht darin eine gute Vorbereitung zum Gentleman und auch Rousseau äußert sich in seinem Bildungsroman „Emile“ positiv über die Wirkung einer solchen Reise.[4]

- Die Mathematik und die Naturwissenschaften nehmen eine Sonderstellung ein im europäischen Bildungskanon. Das humanistische Gymnasium gründet sich eigentlich nur auf die alten Sprachen. Erst Mitte des 19. Jahrhunderts kommt die Mathematik fest in den Lehrplan. Es dauert noch bis zur Jahrhundertwende, also bis 1900, bis die höheren Realschulen mit ihrem naturwissenschaftlichen Profil die allgemeine Hochschulreife vergeben dürfen. In dieser Zeit, daran sei erinnert, verändern zahlreiche Erfindungen den Alltag der Menschen, sei es die Erfindung der Glühlampe, des Automobils, der Photographie oder des Telefons. Jetzt erst wird an den Schulen ein besonderer Raum für Physik und Chemie eingerichtet und das Experiment wird zur Grundlage des Unterrichts.

Diese 7 Säulen haben im klassischen Bildungsideal aber noch einen „Überbau“. Bildung ist nicht bloßer Wissenserwerb, sondern in erster Linie Selbstfindung, eine autonome Veränderung des Individuums. Ganz nach dem Ideal der Aufklärung, das Kant beschrieben hat: Was ist Aufklärung? Antwort: der Ausgang des Menschen aus der selbst verschuldeten Unmündigkeit. Bildung ist also „Formung, Entfaltung von Körper, Geist und Seele“, die Entwicklung aller Talente und Begabungen.

Dieses Bildungsideal wurde auch in der Nachkriegsgesellschaft hochgehalten, obwohl einige kritische Entwicklungen damals schon sichtbar wurden:

- Immer weniger Schüler haben sich für Griechisch oder Latein als erste Fremdsprache entschieden.

- Das Aufkommen der Naturwissenschaften hat einen neuen Lehrplan erfordert. Das humanistische Gymnasium stand plötzlich nicht mehr unangefochten im Mittelpunkt.

---

4 Zitiert nach *Fuhrmann*, Bildungskanon (Fn. 1), S. 177/178.

- Religion und Humanismus haben ihre prägende Bedeutung für unsere Gesellschaft verloren.
- Das Bürgertum als Träger des klassischen Bildungsideals ist von anderen sozialen Schichten eingeholt worden.
- Auch die letzten Reformen von Gymnasium und Universität in jüngster Zeit haben sicher dazu beigetragen, dass weite Teile dieses Bildungsideals nicht mehr gelebt werden können. Man denke nur an die Verkürzung der Schulzeit an den Gymnasien oder die Einführung des Bachelors mit seinem rigiden Prüfungssystem an den Universitäten.

II. Das Bildungsideal der Studienstiftung

Die Studienstiftung ist das älteste und größte Begabtenförderwerk in der Bundesrepublik. Bei der Wiedergründung 1948 wurden ihre Ziele folgendermaßen umschrieben: „Die Studienstiftung fördert die Hochschulbildung junger Menschen, deren hohe wissenschaftliche oder künstlerische Begabung und deren Persönlichkeit besondere Leistungen im Dienst der Allgemeinheit erwarten lassen; sie ist bestrebt, zu einem über die Berufsausbildung hinausgehenden, umfassenden Studium hinzuführen“[5]. Bei dieser Formulierung fällt zunächst die Rückbindung an das Gemeinwohl auf, aber auch die Sehnsucht nach einem „umfassenden Studium“, wohl als Anklang an das klassische Bildungsideal zu verstehen. Ein Jurist soll nicht nur im Seminar seine Fälle lösen, sondern seine Sinne weiten, offen sein für Musik, Kultur und Sport. Der neue Präsident der Studienstiftung, Reinhard Zimmermann, hat dies zu Beginn seiner Amtszeit im Jahr 2012 folgendermaßen beschrieben: „Dem philosophischen Kopf (ihn hat die Studienstiftung im Auge) geht es nicht in erster Linie um Wissen, sondern um Verständnis; und Ausbildung ist für ihn Teil eines Bildungsweges. Bildung ist nicht am Nutzen orientiert, sondern ein Wert an sich. Konkrete Vorteile ergeben sich ganz ungeplant und gleichsam nebenbei. Doch alles was ein Mensch tut, erhält dadurch ein charakteristisches Kolorit“[6].

Zimmermann sieht auf der anderen Seite den „Brotgelehrten“, der nach Schiller sich einzig und allein bemühe, die Bedingungen zu erfüllen, unter denen er zu einem Amt fähig sei und der Vorteile desselben teilhaftig werden könne.“ Um ihre Stipendiaten zu umfassender Bildung zu führen, hat die Studienstiftung in den 60er- und 70er-Jahren ein dreiteiliges Förderangebot aufgebaut:

5 Vgl. § 2 der Satzung, zu finden auf der Homepage der Studienstiftung.
6 Vgl. Jahresbericht der Studienstiftung 2012, S. 4ff.

- Die Sommerakademien, ein zweiwöchiger Aufenthalt in den Bergen, waren von Anfang an auf interdisziplinären Austausch angelegt. Zwar arbeitete man morgens in fachlichen Arbeitsgruppen, aber der ganze Rest des Tages, vor allem die Abende, dienten dem wissenschaftlichen Austausch über die Fachgrenzen hinweg. Das Wandern in den Bergen war und ist durchaus ein Bildungsziel: „Auch die Berge vermitteln Distanz und Überblick, im wörtlichen und im übertragenen Sinne… In großer Höhe lerne man demütig zu sein. Auch das ist ein Gefühl, das jedem bekannt ist, dem es um Bildung zu tun ist – vor allem als Wissenschaftler. Denn die Wissenschaft sei immer nur „etwas noch nicht ganz Gefundenes und nie ganz Aufzufindendes“ und stimuliere zu unablässiger Suche.[7]

- Die Sprachkurse im europäischen Ausland waren so angelegt, dass die Teilnehmer in einheimischen Familien untergebracht wurden und so das Gastland hautnah erleben konnten. Fremde Sprachen zu lernen, sollte die Sinne für eine fremde Kultur öffnen, aber auch in Zeiten der aufkommenden Globalisierung den persönlichen Handlungsspielraum erweitern.

- Das Studium im Ausland wurde durch Extrastipendien gezielt gefördert. Anregungen für die beste Wahl des Studienorts konnte man von anderen Stipendiaten erhalten, die bereits Oxford, Cambridge, Harvard und Stanford erkundet hatten. Das Jahr im Ausland sollte keineswegs nur zur fachlichen Vertiefung eingesetzt werden. Es wurde zusätzlich zur normalen Studiendauer gefördert und konnte auch nach einem Studienabschluss in Deutschland noch in Angriff genommen werden. Studieren und Flanieren war angesagt, eine Bildungsreise im klassischen Sinne. Man löste sich vom eigenen Fach, von der eigenen Nation und erlebte andere Sitten und Gebräuche. Dieser Vorgang hilft einerseits eine kritische Distanz zur eigenen Identität aufzubauen, vielleicht auch eine Toleranz für das Fremde. Wer in der Nachkriegszeit in europäischen Nachbarländern unterwegs war, konnte im Gespräch mit älteren Einwohnern des Gastlandes immer wieder solche Erfahrungen machen.

Als kleiner Exkurs sei hier noch auf das Spannungsverhältnis zwischen Bildung und sozialer Herkunft eingegangen.[8] In den Auswahlverfahren der Studienstiftung kommt immer wieder die Frage auf, wie Kandidaten aus bildungsfernen Elternhäusern zu bewerten sind, die Defizite in ihrer Allgemeinbildung haben. Wer nicht Thomas Mann gelesen hat, sondern Science-fiction-Romane, wer seine Ferien am Strand verbringt und kein Museum von innen kennt, wer sich bei der Feuerwehr engagiert, nicht aber bei Amnesty International, der fällt zunächst durch das Raster der klassischen Bildung. Wie kann man hier zu gerechten Entscheidungen kommen? Richtig ist, die

---

7 *Wilhelm von Humboldt*, zitiert nach *Zimmermann*, Jahresbericht 2012, S. 6.
8 Vgl. hierzu ausführlich: Kirsten Meyer, Bildung, 2011, S. 160ff.

Fähigkeiten und Erfahrungen eines Kandidaten oder einer Kandidatin an deren Biographie zu messen: Was war in diesem sozialen Kontext möglich und was hat die infrage stehende Person aus ihren Talenten gemacht? Manchmal hilft auch die Frage, welches Potential hier aufscheint und was eine Förderung wohl bewirken könnte.

Die Studienstiftung hat seit Anbeginn nicht nur besondere Leistungen gefordert, sondern auch Engagement über das eigene Fach hinaus. Das kann eine Mitwirkung in gemeinnützigen Organisationen sein, ein Engagement in der universitären Selbstverwaltung oder auch in der großen Politik. Das Bildungsideal ist also nicht der Stubenhocker oder der Forscher im Elfenbeinturm. Die Stipendiaten sollen ihre Talente nicht nur für sich selbst, sondern auch für andere fruchtbar machen.[9]

III. Ausblick: Bildung im 21. Jahrhundert, Versuch einer Standortbestimmung

Jede Generation muss neu bestimmen, was Bildung soll, welche Art von Bildung wichtig ist. Unsere Umwelt verändert sich und stellt neue Anforderungen an den Menschen, in Studium und Beruf. Dies hat Auswirkungen auf den Inhalt einer angemessenen Bildung, vielleicht auch Auswirkungen auf die beteiligten Institutionen. Die folgenden Gedanken sollen deutlich machen, wohin die Reise gehen kann:

- Wissen bleibt wichtig, auch im Zeitalter des Internets. Unsere Generation hat zum ersten Mal in der Geschichte blitzschnellen Zugriff auf alle Wissensgebiete, und zwar weltweit. Spontan neigt man dazu, dass jetzt das Auswendiglernen, das Aneignen der Wissensgebiete im Gedächtnis, überflüssig sei. Damit hätte die gute alte Schule, in der das Pauken bzw. das Einüben im Vordergrund stand, ihre Existenzberechtigung verloren. Aber diese Annahme trifft nicht zu. Wir brauchen weiterhin vielfältiges Wissen aus verschiedenen Gebieten, um das neue Wissen einordnen, bewerten und weiterentwickeln zu können. Lernen bedeutet, das sagt die moderne Psychologie, immer die Verknüpfung des Neuen mit schon vorhandenem Wissen (bzw. Erfahrungen) im Gehirn. Anders ausgedrückt: wer nichts weiß, kann auch nichts dazulernen. Nur wer viel weiß, kann diese Basis durch vielfältige Methoden (Dialog, Unterricht, eigene Recherche im Internet) erweitern.

- Der Kanon muss sich ändern: Es ist klar, dass wir heute nicht bei den klassischen Wissensgebieten (griechische Philosophie, römische Staatskunst,

9 Vgl. zum Engagement für Flüchtlinge: Jahresbericht 2015, S. 22/23.

Aufklärung, französische Revolution) stehen bleiben können. Zu Recht haben die modernen Naturwissenschaften großen Anteil am schulischen Curriculum gewonnen. Heute muss es darum gehen, aktuelle Wissensgebiete, wie z. B. die Hirnforschung, in den Kanon einzubeziehen. Politik muss aktuelle Bürgerkriege behandeln und darf nicht beim zweiten Weltkrieg enden. Allerdings, wer Neues in den Kanon aufnehmen will, muss auch bereit sein, auf ältere Bildungsgüter zu verzichten. Dieser Prozess ist also ein Streit des Neuen gegen das Alte, ein Streit, den der Einzelne nicht führen kann, sondern nur die Gesellschaft als Ganzes.

- Allgemeinbildung und Habitus: Die Schule muss weiterhin eine gute Allgemeinbildung vermitteln. Mindestens gleich bedeutend ist aber die Vermittlung eines Habitus, einer inneren Haltung, die durch regelmäßiges Arbeiten im Unterricht und bei den Hausaufgaben entsteht. Die Schüler sollen lernen zu lernen und sich Techniken zur Schulung des Gedächtnisses aneignen. Lernen aus eigener Initiative, als selbstverständliche Grundhaltung! Der große französische Soziologe, Pierre Bourdieu, hat den Habitus als Gewohnheit bezeichnet, die durch das Lernen in einem bestimmten sozialen Umfeld entsteht. Ein gutes Beispiel ist für ihn der Fußballspieler: „Ein guter Fußballspieler ist immer dort, wo der Ball im nächsten Moment hinkommt. Er weiß, wie er sich zu bewegen hat, er kennt die zahllosen Tricks und Kniffs, die gerade noch erlaubt sind und den entscheidenden Vorteil gegenüber dem Gegenspieler verschaffen. All das beherrscht er unbewusst und körperlich." Übertragen auf Bildungsfragen könnten wir sagen: Die Schule lehrt uns, im Leben am richtigen Ort zu sein und im entscheidenden Moment auch ein Tor zu schießen.[10]

- Selbstbildung bleibt trotz alledem das große Ziel: Am Ende muss jeder junge Mensch seinen eigenen Weg gehen, Selbstvertrauen entwickeln und so seinen Platz in der Gesellschaft finden. Lust auf Neues, Motivation und Engagement sind nur Stichworte, Ziel bleibt die ganzheitliche Persönlichkeit.

---

10 Vgl. *Bourdieu*, Die feinen Unterschiede, 1987, S. 277 ff.

Der Ringtausch in Durlach – Christian Kirchberg als Berater der Kirchengemeinde Durlach und Förderer der Kirchenmusik

Jörg Winter

I. Die Vorgeschichte

In der Evangelischen Stadtkirche in Durlach werden häufiger Ringe getauscht. Bei dem „Ringtausch“, über den es hier zu berichten gibt, handelt es sich allerdings nicht um eine Hochzeit, sondern um einen Grundstückstausch zwischen der Evangelischen Kirchengemeinde Durlach und der Stadt Karlsruhe, an dessen Zustandekommen Christian Kirchberg als juristischer Berater der kirchlichen Seite maßgeblichen Anteil hatte.

Zur Ausgangssituation muss man zunächst Folgendes wissen: Bis zum Jahre 2001 bestanden in Durlach zwei nach kirchlichem Recht selbständige Pfarrgemeinden mit jeweils einer Pfarrstelle und einem Ältestenkreis als Leitungsgremium.[1] Beiden Gemeinden diente die zentral am Marktplatz neben dem Rathaus gelegene Stadtkirche, deren Geschichte bis in das 13. Jahrhundert zurückreicht, als Gottesdienstraum und Predigtstätte.[2] Die Nordpfarrei und die Südpfarrei waren zusammen mit der Luthergemeinde und der Melanchthongemeinde in der Kirchengemeinde Durlach als Körperschaft des öffentlichen Rechts zusammengeschlossen. Nach der Grundordnung der Evangelischen Landeskirche in Baden ist nur die Kirchengemeinde eine Körperschaft des öffentlichen Rechts. Sie kann mehrere Pfarrgemeinden als Körperschaften des kirchlichen Rechts umfassen, denen nach staatlichem Recht aber keine eigene Rechtsfähigkeit zukommt. [3]

Die Nordpfarrei und die Südpfarrei verfügten jeweils über ein eigenes Gemeindehaus. Die Nordpfarrei besaß das etwas abseits der Altstadt an der Pfinz gelegene 1965 erbaute „Oberlinhaus“ [4]. Zur Südpfarrei gehörte das wenige hundert Meter von der Stadtkirche entfernte Gemeindezentrum am Basler Tor mit einem großen Saal und einigen Nebenräumen aus dem Jahre

1 Die beiden Pfarrgemeinden wurden im Juli 2001 zu einer Pfarrgemeinde mit zwei Pfarrstellen und einem Ältestenkreis vereinigt. Seitdem besteht die Stadtkirchengemeinde Durlach.

2 Zu dieser Kirche vgl.: Freundeskreis Pfinzgaumuseum – Historischer Verein Durlach (Hrsg.), Die Stadtkirche, Durlachs zentraler Ort über viele Jahrhunderte, (Beiträge zur Geschichte Durlachs und des Pfinzgaues Bd. 6), 2014.

3 Vgl. dazu *Jörg Winter*, Die Grundordnung der Evangelischen Landeskirche in Baden, Kommentar, Köln 2011, Art. 15, Rd.Nr. 1.

4 Das Haus war benannt nach dem 1740 in Straßburg geborenen Johann Friedrich Oberlin, der als Begründer der organisierten Kleinkinderfürsorge in Europa gilt. Über ihn vgl.: *Erich Psczolla*, Johann Friedrich Oberlin, 1740–1826, Gütersloh 1979; *Thomas Weiß*, Oberlin. Waldersbach. Eine Begegnung, Tübingen 2014.

1968[5], in dessen Areal sich auch der evangelische Kindergarten befand. Darin untergebracht war außerdem die Wohnung des Hausmeisters der Stadtkirche. Im Obergeschoss waren Räume an die Diakoniestation vermietet. Beide Häuser hatten für das Gemeindeleben eine Reihe von Nachteilen. So beklagt der damalige Kantor der Stadtkirche Hans Martin Corrinth in seinen „Gedanken zum Gemeindehausverkauf" vom 31.12.1999[6] nicht nur die ungünstige geographische Lage des Oberlinhauses und die für Chorproben zu laute Akustik des dortigen Saales, sondern auch die schlechte Wärmeisolation, die unzweckmäßige Beleuchtung und die nicht ausreichenden Nebenräume des Zentrums am Basler Tor. Für die Kirchengemeinde ergab sich die Notwendigkeit, über ihren Immobilienbestand ernsthaft nachzudenken, aber nicht nur auf Grund der ungünstigen Lage und der baulichen Mängel der bestehenden Gebäude, sondern auf dem Hintergrund der allgemeinen Sparmaßnahmen und rückläufigen Finanzzuweisungen der Landeskirche vor allem aus der Einsicht, dass sie mit den erheblichen Investitions- und Unterhaltskosten auf Dauer finanziell überfordert sein würde.

Der Kirchengemeinde musste es daher sehr entgegenkommen, dass die Stadt Karlsruhe im Oktober 1999 ursprünglich mit dem Wunsch auf sie zugekommen ist, das Gemeindezentrum am Basler Tor für die Zeit der geplanten Sanierung des städtischen Kinder- und Jugendheims im nahe gelegenen Durlacher Weiherhof anzumieten. Dabei dürfte es auch eine Rolle gespielt haben, dass der damalige Pfarrer der Nordpfarrei, Gebhard Class[7], aus den oben genannten Gründen die Möglichkeit einer kommunalen Nutzung der kirchlichen Gebäude bereits früher gesprächsweise ins Spiel gebracht hatte.[8] Daraus entwickelte sich der Gedanke, das Zentrum am Basler Tor als Ersatz für das Gebäude im Weiherhof ganz an die Stadt abzugeben. Die Kirchengemeinde äußerte im Gegenzug den Wunsch, das im städtischen Besitz am Durlacher Saumarkt in unmittelbarer Nähe zur Stadtkirche befindliche historische Gebäude Am Zwinger 5 zu erwerben. Das Grundstück wurde seit 1312 als Stadthof des Klosters Lichtenthal in Baden-Baden genutzt und nach der Zerstörung Durlachs im Pfälzischen Erbfolgekrieg 1689 im Jahre 1702 mit dem heutigen

5 Vgl. dazu: Ev. Gemeindezentrum Baslertor Durlach, Festschrift zur Einweihung des Evangelischen Gemeindezentrums Baslertor Durlach am 18. Februar 1968.

6 Die nachfolgende Darstellung beruht im Wesentlichen auf dem in der Stadtkirchengemeinde vorhandenen Aktenordner „Zwinger 5" (AOKGD), in dem die Verhandlungen mit der Stadt Karlsruhe dokumentiert sind, sowie auf dem Bericht der damaligen Pfarrerin der Südpfarrei *Ulrike Beichert*, „Wenn der Herr nicht das Haus baut ..." Geschichte und Konzeption des Evangelischen Gemeindehauses Am Zwinger, in Hans-Georg Ulrichs (Hrsg.), Gottes Haus am Markt – Das Evangelische Gemeindehaus Am Zwinger, Beiträge zur Gegenwart und Geschichte der Stadtkirchen-Gemeinde Durlach, Karlsruhe 2006, S. 18 ff.

7 *Gebhard Class* war Pfarrer der Nordpfarrei von 1993 bis zum Eintritt in den Ruhestand im Juni 2000.

8 Mündliche Auskunft von *Sigurd Binkele*, der vom April 1999 bis Januar 2004 Vorsitzender des Kirchengemeinderats in Durlach gewesen ist.

Gebäude bebaut.[9] In der Folgezeit wurde es als privates Wohnhaus genutzt und 1844 von der Stadt Durlach erworben, um dort eine höhere Töchterschule einzurichten. Bis 1920 diente es als Schulhaus, danach als Polizeirevier. Zuletzt waren darin das Grundbuchamt und die Bezirksstelle des Hochbauwesens untergebracht. Auf dem Freigelände befand sich ein städtischer Bauhof sowie eine Trafostation der Stadtwerke.

Nachdem es zunächst so ausgesehen hatte, dass die Stadt den Erwerb dieses Geländes durch die Kirchengemeinde ablehnen würde, kam es dann doch ab dem Frühjahr 2000 zu ernsthaften Verhandlungen über einen wechselseitigen Austausch der genannten Liegenschaften, der alsbald als „Ringtausch" auf den Begriff gebracht wurde. Zur Vorbereitung der Verhandlungen beauftragte die Kirchengemeinde den in Durlach ansässigen Architekten Herman Rotermund mit der Erstellung einer Machbarkeitsstudie. Außer dem Umbau des unter Denkmalschutz stehenden Altbaues wurde dabei die Errichtung eines

9 Zur Geschichte des Anwesens vgl.: *Simon M. Haag*, Klosterhof, Bürgerhaus, Töchterschule, Zur Geschichte des Grundstücks „Am Zwinger 5" und seine Bebauung, in: Hans-Georg Ulrichs (Hrsg.), Gottes Haus am Markt – Das Evangelische Gemeindehaus am Zwinger, Karlsruhe 2006, S. 11 ff.

Gemeindesaales als Neubau auf dem Freigelände vorgesehen.[10] Da der Altbau auf Grund seines Alters unter Denkmalschutz stand, ergab sich die Notwendigkeit, diese Planungen mit dem Landesdenkmalamt Baden-Württemberg abzustimmen, das in einer ersten Stellungnahme vom 17. Mai 2000 eine Modifizierung der Planungen für unerlässlich hielt, um die nach dem Denkmalschutzgesetz notwendige Genehmigung zu erreichen.

Bereits in dieser frühen Phase der Verhandlungen kam es zu einem ersten Störfeuer, durch die Durlacher Geschäftswelt gegen das Projekt, die einen ebenfalls in Durlach ansässigen Architekten mit einer Studie zur Aufwertung und Belebung des Saumarktes beauftragt hatte, dessen Konzept das städtische Gelände einschließlich des sogenannten „Schoppengässle" mit einbezog. Der Oberbürgermeister der Stadt Karlsruhe, Heinz Fenrich äußert sich daher in einem Schreiben vom 18. April 2000 an die Kirchengemeinde noch sehr zurückhaltend, indem er darauf hinweist, es handele sich um ein „komplexes Vorhaben", bei dem dem städtischen Anwesen Am Zwinger 5 wegen seiner Lage am Saumarkt und nahe der Hauptgeschäftslage in Durlach eine Schlüsselfunktion zukomme. Deswegen müssten auch die Durlacher Geschäftsleute in die Planungsüberlegungen einbezogen werden. In dieser frühen Phase der Überlegungen – so schreibt der Oberbürgermeister – „können meines Erachtens beide Konzeptionen durchaus nebeneinanderstehen." Die Bitte um ein direktes Gespräch beschied er abschlägig mit dem Hinweis, der Zeitpunkt dafür sei zu früh gewählt.

II. Christian Kirchberg und die Durlacher Kirchenmusik

In dieser Situation erklärte sich Christian Kirchberg im Oktober 2000 bereit, die Kirchengemeinde Durlach bei den weiteren Verhandlungen anwaltlich zu beraten und gegenüber der Stadt Karlsruhe zu vertreten. In seinem Schreiben vom 06. Oktober 2000 teilt er ihr dazu mit, er verzichte abgesehen von einer pauschalierten „Anerkennungsgebühr" für den Büroaufwand im Sinne einer Spende auf das ihm zustehende Honorar, solange die Sache nicht in irgendeiner Weise streitig werde und vor behördlichen oder gerichtlichen Instanzen ausgetragen werden müsse.[11] Er begründet dieses Entgegenkommen aus-

10 Vgl. dazu.: *Herman Rotermund*, Gemeindehaus am Zwinger – Das architektonische Konzept, in: Hans-Georg Ulrichs (Hrsg.), Gottes Haus am Markt – Das Evangelische Gemeindehaus am Zwinger, Karlsruhe 2006, S. 27 ff.

11 Vgl. in AOKGD. Die Kirchengemeinde erklärt sich aber im Zusammenhang mit dem Beginn der eigentlichen Vertragsverhandlungen mit Schreiben vom 30.04.2001 nach Rücksprache mit dem Evangelischen Oberkirchenrat bereit, der Bitte zu entsprechen, zum Ausschluss eines nicht versicherten Haftungsrisikos auf eine Haftung zu verzichten, soweit ein Betrag von einer Million Deutsche Mark überschritten wird.

drücklich mit seinem außerberuflichen Engagement für die „Durlacher Kantorei“ und für den „Durlacher Förderkreis für Kirchenmusik e.V.“, der am 15. November 1989 gegründet worden ist. Ausweislich des Protokolls gehörte Christian Kirchberg zu dessen Gründungsmitgliedern.[12] Sein Engagement für die Kirchenmusik in Durlach gründet in der Tatsache, dass er sich selbst damals als aktiver Sänger im Bass an den Aufführungen der renommierten Durlacher Kantorei unter ihrem Dirigenten Hans-Martin Corrinth[13] beteiligt hat. Der Vorstand des Förderkreises berief ihn in den Beirat, deren Mitglieder das Recht haben, in beratender Funktion an allen Vorstandssitzungen teilzunehmen. Christian Kirchberg hat davon trotz seiner hohen beruflichen Inanspruchnahme immer wieder Gebrauch gemacht. Zu den großen Verdiensten das Förderkreises gehört vor allem die Renovierung der Stumm-Orgel in der Stadtkirche aus dem Jahre 1758/1759 durch die Schweizer Orgelbaufirma Goll aus Luzern in den Jahren 1997–1999[14], zu deren Finanzierung er einen hohen sechsstelligen Betrag beigesteuert hat. 2008 gehörte Christian Kirchberg auch zu den Gründungstiftern der Stiftung Continuo und ist bis heute Vorsitzender des Kuratoriums dieser Stiftung. Diese hat sich zur Aufgabe gemacht, in wirtschaftlich schwierigen Zeiten die Finanzierung der kirchenmusikalischen Arbeit in Durlach auf längere Sicht sicherzustellen. Auch nach seinem Ausscheiden als aktiver Chorsänger aus der Kantorei Ende 2013 ist Christian Kirchberg ein wirksamer Förderer der Kirchenmusik an der Durlacher Stadtkirche unter ihrem heutigen Bezirkskantor Johannes Blomenkamp[15] geblieben. Nicht zuletzt aus der Sicht der Kantorei musste die Vorstellung verlockend sein, ein in unmittelbarer Nähe zur Kirche gelegenes Gemeindezentrum zu haben, das sowohl die Chorproben als auch das Einsingen vor großen Konzerten erheblich erleichtern würde.

---

12 S. das Protokoll der Gründungsversammlung, Archiv der Stadtkirchengemeinde Durlach, Bd. 75. Zum ersten Vorsitzenden wählte die Versammlung *Prof. Dr. Wilhelm Leutzbach*, zu seinem Stellvertreter *Joachim Schubart.*, der später für einige Jahre den Vorsitz geführt hat.

13 *Hans-Martin Corrinth* war von 1976 bis 2006 Kantor und Organist an der Durlacher Stadtkirche. Seit 1980 lehrt er Orgelimprovisation an der Staatlichen Hochschule für Musik und Darstellende Kunst in Stuttgart. 1994 erfolgte seine Ernennung zum Professor. Die Landeskirche verlieh ihm im Jahre 2001 den Titel Kirchenmusikdirektor. Über ihn vgl. Wikipedia.Org/wiki/Hans_Martin_Corrinth (10. 01. 2017).

14 Zu dieser Orgel vgl. *Hans-Martin Corrinth*, Die Geschichte der Stumm-Orgel in der Stadtkirche, in: Freundeskreis Pfinzgaumuseum – Historischer Verein Durlach (Hrsg.), Die Stadtkirche, Durlachs zentraler Ort über viele Jahrhunderte, (Beiträge zur Geschichte Durlachs und des Pfinzgaues Bd. 6), Ubstadt-Weiher, Heidelberg, Basel, 2014, S. 55 ff.

15 *Johannes Blomenkamp* hat die Leitung der Kantorei zum 1. Januar 2007 von *Hans-Martin Corrinth* übernommen. Die Wiederbesetzung der Stelle mit einem A-Kantor ist auch dem finanziellen Engagement des Durlacher Förderkreises für Kirchenmusik zu verdanken.

III. Christian Kirchberg als juristischer Berater der Kirchengemeinde

In den vielen Besprechungen, an denen Christian Kirchberg als juristischer Berater der Kirchengemeinde in der Folgezeit teilgenommen hat, wurden zahlreiche Probleme erörtert, die im Zusammenhang mit einem eventuellen „Ringtausch“ zu klären waren. Dazu gehörte nicht nur die Frage der Genehmigungsfähigkeit der geänderten Nutzung der Gebäude, insbesondere der mögliche Konflikt zwischen einem städtischen Jugendhaus im Basler-Tor-Zentrum und der angrenzenden Wohnbebauung, sondern auch die künftige Unterbringung des Grundbuchamtes und der Bezirksstelle des Hochbauwesens, die Bereitstellung bzw. Ablösung der notwendigen Stellplätz, die Verlegung der Trafostation der Stadtwerke[16], die Beseitigung möglicher Altlasten, der Umgang mit archäologischen Funden[17] und natürlich die finanziellen Aspekte und die Koordination des Zeitplans für die wechselseitige Freigabe der Gebäude. Im Blick auf das von der Stadt zu übernehmende Gebäude am Basler Tor musste außerdem über die künftige Unterbringung der Diakoniestation – deren Verbleib im Balser Tor Zentrum von der Stadt bereits frühzeitig „definitiv abgelehnt“ ablehnt worden ist [18] –, die Wohnungsfrage für den Hausmeister und den Betrieb des Kindergartens entschieden werden. Für den Kindergarten war bald geklärt, dass er im Eigentum der Kirchgemeinde bleiben sollte[19], mit der Folge, dass er bis heute am alten Standort in der Baslertorstraße 3 betrieben wird.

IV. Die Absichtserklärung vom Mai 2001

Die Verhandlungen, die von kirchlicher Seite vor allem von der stellvertretenden Vorsitzenden des Kirchengemeinderates, Pfarrerin Ulrike Beichert[20], und von der Stadt vom Direktor des Amtes für Gebäudewirtschaft Landhäuser geführt worden sind, führten zunächst zu einer „Absichtserklärung zum Projekt Ringtausch Evang. Gemeindezentrum am Basler Tor/Anwesen Am Zwinger 5“. Zum Abschluss eines für sie rechtlich bindenden Vorvertrages sah sich die Stadt aus haushaltsrechtlichen Gründen nicht in der Lage, da für die notwendigen städtischen Investitionen und Folgekosten im laufenden Haus-

---

16 Die Station ist heute im Keller des Gemeindehauses untergebracht.

17 Vgl. dazu: *Günther Malisius*, Am Zwinger, Ein tausendjähriger Zufluchtsort?, in: Hans-Georg Ulrichs (Hrsg.), Gottes Haus am Markt – Das Evangelische Gemeindehaus am Zwinger, Karlsruhe 2006, S. 16 ff.

18 Vgl. Protokoll der Besprechung vom 15.02.2001, in AOKGD.

19 Vgl. ebd.

20 *Ulrike Beichert* war Pfarrerin der Nordpfarrei in den Jahren 1998 bis 2008.

halt keine Mittel zur Verfügung standen und die genauen Kosten durch das Hochbauamt erst noch ermittelt werden mussten. Für die dann notwendigen Beratungen in den verschiedenen kommunalen Gremien bis zur Verabschiedung eines Nachtragshaushalts wurden ca. 6. bis 8. Monate veranschlagt.[21] Dem Vorschlag der Stadt, den Vertrag über den „Ringtausch" zum Jahreswechsel 2001/2002 zu beurkunden, wollte die kirchliche Seite nicht folgen. Stattdessen einigte man sich auf Vorschlag von Christian Kirchberg auf eine beiderseitige „Absichtserklärung", in der die Ziele der Kirche und die Ziele der Stadt jeweils mit Nennung der einzelnen Maßnahmeschritte und zeitlichen Vorgaben festgehalten werden sollten. Diese von Christian Kirchberg konzipierte Erklärung ist im Mai 2001 vom damaligen Vorsitzenden des Kirchengemeinderates, Sigurd Binkele und seiner Stellvertreterin, Pfarrerin Ulrike Beichert, für die kirchliche Seite und für die Stadt von der für das Bauwesen zuständigen Bürgermeisterin Heinke Salisch unterzeichnet worden.[22]

In einer Vorbemerkung der Erklärung wird zunächst festgehalten, dass sich die Stadt vor der Notwendigkeit sieht, für das am „Weiherhof" in Durlach gelegene Kinder- und Jugendhaus nebst den ergänzenden Einrichtungen einen Ersatz zu finden, „da sich dieses Gebäude in einem sehr schlechten baulichen Zustand befindet und außerdem der weiteren städtebaulichen Entwicklung und Aufwertung des Weiherhof-Gebiets im Wege steht"[23]. Als Ziel der Evangelischen Kirchengemeinde wird angegeben, die beiden Gemeindehäuser der Nord- und Südpfarrei zusammenzufassen „und in ein gemeinsames Gemeindezentrum gleichzeitig das Pfarramt, beides möglichst nahe der Stadtkirche, zu integrieren"[24]. Zur Verwirklichung dieses Vorhabens wird ein „Ringtausch" des Evangelischen Gemeindezentrums am Basler Tor mit dem städtischen Anwesen „Am Zwinger 5" ins Auge gefasst. Dazu wird mitgeteilt, dass der Ortschaftsrat von Durlach in seiner Sitzung vom 24.01.2001 dazu „seine grundsätzliche Zustimmung" gegeben hat[25].

Im Folgenden wird die Absicht der Stadt festgehalten, von der Evangelischen Kirchengemeinde das Gemeindezentrum am Basler Tor mit einer Grundstücksfläche von 1.300 qm zu erwerben, wobei nach einem Gutachten der städtischen Grundstücksbewertungsstelle vom 11.07.2000 von einem Verkehrswert von 3.300.000,00 DM ausgegangen wird. Ausgenommen wird eine Restfläche von 942 qm mit dem Gebäude des Evangelischen Kindergartens, die im Eigentum der Kirchengemeinde verbleiben soll. Im Tausch dagegen veräußert die Stadt das Anwesen am Zwinger 5 mit 1.000 qm, wobei auch hier eine Teilfläche mit 415 qm zusammen mit den darauf befindlichen Ge-

21 Vgl. das Protokoll der Besprechung vom 08.03.2001, in AOKGD.
22 Ein Original befindet sich in AOKGD.
23 Ebd.
24 Ebd.
25 Dagegen gestimmt hat nur die Fraktion der SPD.

bäulichkeiten weiterhin im Eigentum der Stadt als „öffentliche Fläche" dienen soll. Als Verkehrswert hat die Grundstücksbewertungsstelle am 20.02.2000 einen Verkehrswert von 1.366.000,00 ermittelt.

Hinsichtlich der zeitlichen Abläufe sieht die Absichtserklärung vor, dass die Kirchengemeinde neben einem vorübergehenden Umzug der Gemeinderäume in das Oberlinhaus die Hausmeisterwohnung und die Diakoniestation bis zum Frühjahr 2002 freimacht, damit die Stadt nach der Bereitstellung der Mittel im Nachtragshaushalt 2001/2002 und der Genehmigung der Gesamtmaßnahme durch den Gemeinderat mit dem Umbau des Gemeindezentrums in ein städtisches Kinder- und Jugendzentrum beginnen kann.

Die Stadt erklärte sich bereit, die Nebengebäude und die Freifläche des Grundstücks „Am Zwinger 5" zum Jahreswechsel 2001/2002 zur Verfügung zu stellen, damit anschließend mit den Bauarbeiten für den geplanten Neubau hätte begonnen werden können. Die Nutzung des Altbaues für ihre Zwecke will sie frühestens im Mai 2003 und spätestens zum Jahreswechsel 2004 aufgeben. Nach dem Verkauf des Grundstücks an die Kirchengemeinde ist bis dahin vorgesehen, dass die Stadt den Altbau von der Kirchengemeinde zurückmietet. Der Evangelischen Oberkirchenrat hatte als kirchliche Aufsichtsstelle gegen den Wortlaut dieser Absichtserklärung „keine Bedenken"[26].

V. Finanzielle Schwierigkeiten der Stadt

Der „Ringtausch" schien damit eine beschlossene Sache zu sein. Die Umsetzung der vereinbarten Maßnahme und Schritte erwies sich in der Folgezeit allerdings aufgrund von finanziellen Schwierigkeiten der Stadt und politischer Widerstände im Gemeinderat als äußert schwierig. Zeitweise stand in Frage, ob der ganze Plan am Ende nicht doch noch scheitern würde. Der Dekan des Kirchenbezirks Karlsruhe und Durlach, Otto Vogel, teilte Oberbürgermeister Fenrich am 21. November 2001 sein „äußerstes Befremden" darüber mit, dass der „Ringtausch" sowohl von der Tagesordnung des Durlacher Ortschaftsrates als auch der Haushaltsberatungen im Gemeinderat genommen worden ist. Er verweist auf die erheblichen Planungskosten, die die Kirchengemeinde im Vertrauen auf die Absichtserklärung bereits getätigt habe,[27] und beklagt, dass sich die evangelische Kirche beim Ringtausch nicht mehr so wahrgenommen fühle, wie es Partnern, die im kulturellen, sozialen, und im Bildungsbereich eine Menge gemeinsamer Interessen verbinde, entsprechen

26 S. das Genehmigungsschreiben vom 10. Mai 2001 in AOKGD.

27 Die Baugenehmigung der Stadt für den Um- und Neubau des Objekts Am Zwinger 5 war bereits am 01.03.2001 erteilt worden; siehe das Schreiben von Christian Kirchberg an die Kirchengemeinde vom 14. März 2001 an die Kirchengemeinde, in AOKGD.

würde.[28] Der Oberbürgermeister teilt der Kirchengemeinde daraufhin mit, er habe Herrn Dekan Vogel in einem Gespräch dargelegt, „dass auch aus meiner Sicht der Ringtausch Vorteile gegenüber einem Neubau biete und ich deswegen dieses Vorgehen präferiere. Die Schwierigkeiten, die jetzt entstanden sind, liegen in der Finanzierbarkeit der mit dem Ringtausch zusammenhängenden Maßnahmen“ [29]. Er verweist auf die auch bei der Stadt Karlsruhe rückläufigen Gewerbesteuereinnahmen und die Tatsache, dass der Verwaltungshaushalt für 2002 nur durch Zuführung aus dem Vermögenshaushalt möglich sei. Ohne weitere Neuverschuldung seien neue Projekte im Vermögenshaushalt daher nicht mehr finanzierbar. In einem weiteren Schreiben vom 11. März 2002 setzt der Oberbürgermeister die Kirchengemeinde daher darüber in Kenntnis, dass er dem Gemeinderat den Abschluss von Verträgen, mit denen sich die Stadt für künftige Investitionen binde, zum heutigen Zeitpunkt nicht empfehlen könne. „Vor Abschluss dieser Verträge muss hinsichtlich dieser Investitionen Haushaltssicherheit gegeben sein. Diese erhalten wir, wenn die Gesamtmaßnahme in den nächsten Doppelhaushalt eingestellt ist und der Gemeinderat die Mitteleinstellung beschlossen hat; die Verwaltungsvorlage soll ab Sommer 2002 erarbeitet werden“.[30] Christian Kirchberg kommentiert diese Formulierung mit dem Hinweis, diese sei „zwar weniger als die von uns gewünschte bzw. von den Vertretern der Stadt bei unserer Besprechung ins Auge gefasste Zusage des Oberbürgermeisters, die Kosten des Ringtauschs in die Verwaltungsvorlage aufzunehmen“[31]. Mit Rücksicht auf die Tatsache, dass der Oberbürgermeister im gleichen Zusammenhang seine Präferenz für das Projekt und die Zuversicht für einen guten Abschluss der Verhandlungen zum Ausdruck gebracht habe, empfiehlt er aber der Kirchengemeinde, die Erklärung genügen zu lassen und nicht darauf zu bestehen, „dass der Oberbürgermeister hinsichtlich der Fertigstellung der Verwaltungsvorlage jetzt eine ‚glasklare‘ Zusicherung abgibt“.[32] Tatsächlich akzeptierte der Oberbürgermeister die Aufnahme der Investitionen für den Ringtausch in die Verwaltungsvorlage für den Doppelhaushalt 2003/2004. Grundlage dafür war die Vorgabe der Kommission für Haushaltskonsolidierung der Stadt, die zwar neue Projekte ausschloss, die für den Nachtragshaushalt 2002 geplanten, damals aber zurückgestellten, davon ausdrücklich ausnahm.[33] Dabei dürfte auch eine Rolle gespielt haben, dass sich der Direktor des Amtes für Gebäudewirtschaft entschlossen zeigte, nach wie vor für das Projekt zu kämpfen.[34]

28 Vgl. in AOKGD.
29 Schreiben vom 30. November 2001, in AOKGD.
30 Vgl. in AOKGD.
31 Schreiben vom 11.03.2002, in AOKGD.
32 Ebd.
33 Vgl. die Gesprächsnotiz von Pfarrerin *Beichert* vom 22.08.2002, in AOKGD.
34 Ebd.

VI. Politische Initiative gegen das Projekt

Nachdem sich die den Haushalt betreffenden Fragen zugunsten des Ringtauschs zur Zufriedenheit entwickelten, gab es allerdings neue Stolpersteine auf politischem Gebiet. Bei Christian Kirchberg hat es jedenfalls nach eigenem Bekunden Herzklopfen ausgelöst, als er bei der morgendlichen Zeitungslektüre[35] von den damit öffentlich gewordenen Überlegungen gehört hat, das Kinder- und Jugendhaus auf das „Pfaff-Areal" zu verlegen, um damit den Durlacher „Ringtausch" zu vermeiden.[36] Dahinter steckte eine von der Fraktion der SPD initiierte „Initiative aus der Mitte des Gemeinderates", die den Ringtausch zwischen der Stadt und der Kirchengemeinde mit den Überlegungen zur künftigen Nutzung des Geländes der ehemaligen Durlacher Nähmaschinenfabrik Pfaff in Verbindung brachte.[37] Unter dem Stichwort „Ringtausch 2" wurde dabei u.a. auch geprüft, ob der Investor des Pfaff-Geländes das Zentrum am Basler Tor übernehmen könnte, um dieses mit vertretbarem Aufwand und in einem städtebaulichen zulässigen Umfang in eine Wohnanlage für betreutes Wohnen umzubauen. Die dadurch eingetretene weitere Verzögerung brachte die Kirchengemeinde in erhebliche Schwierigkeiten, denn inzwischen hatte die Landeskirche den Gemeinden mitgeteilt, dass aufgrund der allgemeinen Finanzkrise und der daraus resultierenden Kürzungsmaßnahmen Neubauten, Ersatzbauten und Investitionsmaßnahmen mit sofortiger Wirkung – zunächst beschränkt auf die Haushaltszeiträume bis einschließlich 2005 – grundsätzlich nicht mehr aus zentralen Mitteln der kirchlichen Bauprogramme mitfinanziert werden könnten. Pfarrerin Beichert teilt dem Oberbürgermeister daher mit: „Für unser Projekt bedeutet dies, dass die Zusage der Mitfinanzierung durch die Landeskirche nur aufrechterhalten werden kann, wenn das Projekt noch im laufenden Haushaltzeitraum (d.h. im Jahre 2003) anläuft und bis Ende 2005 abgeschlossen ist. Dazu muss aber zuerst der Tauschvertrag mit der Stadt abgeschlossen sein, da er allein Rechtssicherheit gibt, sodass wir Aufträge vergeben können. Sollte dies nicht gelingen, wird die Kirchengemeinde Durlach das Projekt ‚Gemeindezentrum am Saumarkt' schweren Herzens aufgeben müssen, da sie es ohne Hilfe der Landeskirche nicht finanzieren kann. Der ‚Durlacher Ringtausch' (der ja schon sprachbildend gewirkt hat) wäre damit gestorben".[38]

---

35 Artikel in den BNN vom 16.03.2003.

36 Schreiben vom 28.Mai 2003 an die Kirchengemeinde, in AOKGD.

37 Unterstützt wurde der Ringtausch von den Fraktionen der CDU, der Grünen und der FDP.

38 Schreiben vom 26.03.2003, in AOKGD.

VII. Der Tauschvertrag von Dezember 2003

Dazu ist es aber dann doch nicht gekommen, nachdem eine Prüfung durch das Amt für Gebäudewirtschaft ergeben hatte, dass das Angebot für einen Umbau bzw. Neubau des Kinder- und Jugendhauses auf dem ehemaligen Pfaff-Areal kein gesichertes besseres wirtschaftliches Ergebnis erbringen würde und eine Umnutzung des Basler-Tor-Zentrums in eine Seniorenresidenz aus der Sicht des Investors sich als wirtschaftlich nicht darstellbar erwies.[39] Damit war der Weg frei, die Verhandlungen über einen endgültigen Vertrag zum Vollzug des „Ringtausches" voranzutreiben. Christian Kirchberg konnte daher der Kirchengemeinde am 07. August 2003 mitteilen, die Stadt habe ihn telefonisch informiert, das „nach Vorgabe des Oberbürgermeisters" der Ringtausch-Vertrag alsbald konzipiert und bis September 2003 in die erforderliche Form gebracht werden solle.[40] Unter seiner maßgeblichen Beteiligung konnten im Verlauf der Verhandlungen die zahlreichen noch offenen Fragen geklärt werden. Zur Verhandlung stand vor allem die Bemessung der Tauschwerte der Grundstücke. Aus den im Vertrag festgelegten Beträgen ergibt sich ein Differenzbetrag zugunsten der Kirchengemeinde in Höhe von 975.578 Euro. Zusammen mit dem Erlös aus dem Verkauf des Oberlinhauses an eine private Baugesellschaft, einem Zuschuss der Landeskirche und privaten Spenden aus der Gemeinde konnte die Kirchengemeinde damit die veranschlagten Gesamtkosten des Projekts in Höhe von knapp 2,4 Millionen Euro finanzieren.[41] Strittig war bei den Verhandlungen die Frage eines möglichen Rücktrittsrechts, das in § 5 des Entwurfs der Stadt bis zum Beginn der jeweiligen Bauarbeiten für den Fall vorgesehen war, „dass für die jeweils geplanten Umbau-, Sanierungs- und Neubaumaßnahmen eine Baugenehmigung nicht erteilt werden kann und/oder dem jeweiligen Bauherrn aus anderen rechtlichen Gründen verwehrt wird, die jeweils beabsichtigte Nutzung zu verwirklichen." In seiner Stellungnahme dazu hält Christian Kirchberg diese Rücktrittsrechte für entbehrlich: „Insbesondere habe ich der Einräumung eines Rücktrittsrechts an die Stadt für den Fall, dass die Verwirklichung des Kinder- und Jugendhauses im ehemaligen Gemeindezentrum am Balser Tor – aus welchen Gründen auch immer – scheitern sollte widersprochen und darauf hingewiesen, dass ich schon bei früheren Besprechungen der Gebäudewirtschaft die Auffassung vertreten hätte, dieses Risiko müsse bei der Stadt bleiben bzw. könne sich nicht zu Lasten der Evangelischen Kirchengemeinde

---

39 Schreiben des Oberbürgermeisters an die Evangelische Kirchengemeinde vom 23. Juli 2003, in AOKGD.

40 Vgl. in AOKGD.

41 Der veranschlagte Betrag wurde im Wesentlichen aufgrund von Auflagen für den Brandschutz nur geringfügig überschritten. Vgl. dazu: *Ulrike Beichert*, „Wenn der Herr nicht das Haus baut ..." Geschichte und Konzeption des Evangelischen Gemeindehauses Am Zwinger, in Hans-Georg Ulrichs (Hrsg.), Gottes Haus am Markt – Das Evangelische Gemeindehaus Am Zwinger, Beiträge zur Gegenwart und Geschichte der Stadtkirchen-Gemeinde Durlach, Karlsruhe 2006, S. 23f.

auswirken".[42] Der schließlich am 16. Dezember 2003 vor dem Notariat II in Karlsruhe Durlach abgeschlossene Vertrag über den Ringtausch[43], enthält eine modifizierte Rücktrittsklausel für den Fall, dass die bereits erteilte Baugenehmigung für das Anwesen Am Zwinger 5 oder die noch ausstehende Baugenehmigung für den Umbau des Zentrums am Basler Tor aufgrund gerichtlicher Sofortrechtsschutzentscheidungen rechtskräftig außer Vollzug gesetzt werden. Die Stadt behält sich außerdem ein Rücktrittsrecht vor, falls die Baugenehmigung für das Basler-Tor-Zentrum nicht erteilt wird. Die Umstände, die zu einem Rücktritt hätten führen können, sind dann glücklicherweise nicht eingetreten, so dass die Kirchengemeinde am 26. September 2005 die Grundsteinlegung des Neubaues und am 5. Februar 2006 jeweils in Anwesenheit des Oberbürgermeisters die Einweihung des neuen Gemeindezentrums feiern konnte.

Damit kam ein langwieriger Prozess zu einem guten Ende, dessen glücklicher Ausgang für die Kirchengemeinde nicht zuletzt dem außerordentlichen Engagement und dem aus langer Erfahrung gespeisten Geschick von Christian Kirchberg als Rechtsanwalt im Umgang mit kommunalen Behörden und Instanzen zu verdanken ist. Die Erwartungen, die die Kirchengemeinde mit dem Ringtausch und dem „Gemeindehaus am Zwinger" [44] verbunden hat, haben

42 Schreiben vom 11. August 2003 an die Kirchengemeinde, in AOKGD.

43 S. das Original in AOKGD.

44 Den Namen hat der Ältestenkreis nach einem Ideenwettbewerb festgelegt.

sich in vollem Umfang erfüllt. Damit steht ihr in unmittelbarer Nachbarschaft zur Stadtkirche ein modernes Zentrum zur Verfügung, in dem sich nicht nur die Aktivitäten der Gemeinde selbst optimal entfalten können. Das Haus steht auch der Erwachsenenbildung der Evangelischen Kirche in Karlsruhe zur Verfügung, die wöchentlich am Mittwoch- und Donnerstagvormittag für die „jungen alten“ im großen Saal Vorträge zu Themen aus den Bereichen Theologie, Politik, Medizin, Geschichte, Rechtswissenschaft, Literatur und Kunst, aber auch aus Wirtschaft und Technik anbietet. Die Vorträge sind in der Regel sehr gut besucht[45] und tragen auch dazu bei, im Sinne der Zielsetzungen der Geschäftswelt, das Durlacher Zentrum zu beleben. Vor allem aber profitiert die Durlacher Kirchenmusik, deren Interessen Christian Kirchberg vor allem am Herzen liegt, von den neuen Möglichkeiten. Im Gemeindehaus am Zwinger hat nicht nur die Durlacher Singschule mit ihren sechs Gruppen vom Spatzenchor bis zur Jugendkantorei und das Durlacher Bläser-Ensemble unter ihrem Leiter Peter Arestov ihr Domizil gefunden, sondern es ist auch die Übungsstätte für den Stadtkirchenchor und natürlich für die renommierte Durlacher Kantorei, an deren großen Aufführungen sich Christian Kirchberg selbst lange als Sänger beteiligt hat.

45 In der Regel werden die Veranstaltungen von ca. 40 bis 50 Personen besucht; in der Spitze werden auch über 100 erreicht.

Literaturverzeichnis von Christian Kirchberg
(Stand: April 2017)

A. Verfassungsrecht

„Das Ende der Ära Gaier beim Bundesverfassungsgericht" – BRAK-Mitt. 2016, 275

„Rechtsschutz Geistlicher vor staatlichen Gerichten" (zugl. Besprechung v. BVerwG, Urt. v. 27.2.2014 – 2 C 19/12, NVwZ 2014, 1101) – NJW 2014, 2763 (Rezension)

Lenz/Hansel, Bundesverfassungsgerichtsgesetz, Handkommentar, 1. Aufl. 2013 – NJW 2013, 3356 (Rezension)

„Staatlicher Rechtsschutz in Kirchensachen" – NVwZ 2013, 612 sowie NVwZ – Extra 10/2013

BVerfG, Beschl. v. 14.11.2012 – 1 BvR 2953/08 u. a. (Zulassung der Revision wegen grundsätzlicher Bedeutung bei nachträglicher Divergenz) – WuB VII A. § 543 ZPO 1.13, April 2013 (Anmerkung)

BVerfG, Urt. v. 28.3.2012 – 2 BvE 8/11 („Neunergremium" des Deutschen Bundestages) – WuB I L. 3. Art. 38 GG 1.12, Juli 2012 (Anmerkung)

BVerfG, Beschl. v. 8.12.2011 – 1 BvR 2514/11 (Haftung einer Bank aus Anlageberatung im Zusammenhang mit Rückvergütungen) – WuB I G 1. Anlageberatung 6.12, April 2012 (Anmerkung)

BVerfG, Urt. v. 7.9.2011 – 2 BvR 987, 1099/10 („Griechenland-Hilfe", „EURO-Rettungsschirm") – WuB I L 3. Art. 38 GG 1.11, Dezember 2011 (Anmerkung)

BVerfG, Beschl. v. 30.3.2011 – 1 BvR 1146/08 (Subsidiarität der Verfassungsbeschwerde) – WuB VII D. § 90 BVerfGG 1.11, Oktober 2011 (Anmerkung)

Lechner/Zuck, Bundesverfassungsgerichtsgesetz, Kommentar, 6. Aufl. 2011 – BRAK-Mitt 2011, 133 (Rezension)

„Renate Jaeger und die deutsche Abteilung des EGMR 2004–2010" – in: Hohmann-Dennhardt, Masuch, Villiger (Hsgr.), Grundrechte und Solidarität. Festschrift für Renate Jaeger, 2011, S. 37; auch veröffentlicht in: BRAK-Mitt. 2011, 122

„Die Anhörungsrüge – viel Aufwand, wenig Ertrag?" – in: Festschrift für Achim Krämer zum 70. Geburtstag, 2009, S. 43

Tanja Rippberger, Zur Frage der Kompetenz der Landesverfassungsgerichte zur Überprüfung formellen und materiellen Bundesrechts, 2006 – DVBl 2008, 706 (Rezension)

„Die Verfassungsbeschwerde aus anwaltlicher Sicht – ein Werkstattbericht in 3 Teilen", – JA 2007, 753

„Die Nobody-Organklagen gegen die Bundestagsauflösung – ein Erfahrungsbericht" – NJW 2005, 3401 (zusammen mit R. Zuck)

„Kehraus im Dezernat Jaeger" – BRAK-Mitt. 2005, 2

„Zur verfassungsrechtlichen Gewährleistung fachgerichtlichen Rechtsschutzes bei Verstößen gegen den Anspruch auf rechtliches Gehör", Anmerkung zum Beschluss des BVerfG v. 30.4.2003, BRAK-Mitt. 2003, 177 – BRAK-Mitt. 2003, 177

„Zivilprozessreform und Bundesverfassungsgericht" – BRAK-Mitt. 2000, 53

„Staatlicher Rechtsschutz in Kirchensachen" – NVwZ 1999, 734

„Was wird aus dem Bericht der Benda-Kommission?" – NVwZ 1999, 375

„Die Verfahrensgrundrechtsbeschwerde – Zur Diskussion über ein neues Modell zur Entlastung des Bundesverfassungsgerichts im Bericht der Benda-Kommission" – KritV 1998, 228

„Die Rechtsprechung des Bundesverfassungsgerichts im Jahre 1987" – AnwBl. 1989, 249 u. 306 (zusammen mit A. Krämer)

„Die Rechtsprechung des Bundesverfassungsgericht im Jahre 1986" – AnwBl. 1988, 186 (zusammen mit A. Krämer)

„Willkürschutz statt Grundrechtsschutz? Zum Bedeutungsverlust der Grundrechte im Verfahren der Verfassungsbeschwerde" – NJW 1987, 1988

„Die Rechtsprechung des Bundesverfassungsgerichts im Jahre 1985" – AnwBl. 1987, 106 (zusammen mit A. Krämer)

„Die Rechtsprechung des Bundesverfassungsgerichts im Jahre 1984" – AnwBl. 1986, 166 (zusammen mit A. Krämer)

„Die Rechtsprechung des Bundesverfassungsgerichts im Jahre 1983" – AnwBl. 1984, 578 (zusammen mit A. Krämer)

B. Medien-, Telekommunikations- und Informationsrecht

„Bewertungsportale vor Gericht" – DVBl 2016, 1289

„Öffentliches Medienrecht mit privatrechtlichen Bezügen. Ein Studienbuch in 12 Lektionen" – 1. Aufl. 2016

„Das Informationsweiterverwendungsgesetz im Spiegel der Rechtsprechung" – in: Dreier/Fischer u. a., Informationen der öffentlichen Hand – Zugang und Nutzung, 1. Aufl. 2016, S. 279

BVerfG, Urt. v. 25.3.2014 – 1 BvF 1/11 u. 1 BvF 4/11, DVBl 2014, 649 (ZDF-Staatsvertrag) – DVBl 2014, 1137 (Anmerkung)

BGH, Urt. v. 28.1.2014 – VI ZR 156/13, NJW 2014, 1235 = NVwZ 2014, 747 (Auskunftsanspruch gegenüber der SCHUFA) – NVwZ 2014, 751 (Anmerkung)

„Internet und Urheberrecht – eine verfassungsrechtliche Bestandsaufnahme" – in: Festschrift für Joachim Bornkamm zum 65. Geburtstag, 2014, S. 821

„Der Fall Brender und die Aufsicht über den öffentlich-rechtlichen Rundfunk" – Karlsruher Dialog zum Informationsrecht, Band 1, 2012

„Inhaltskontrolle, Verantwortlichkeiten und Regulierung im Netz – Entwicklungen und Perspektiven" – Die Verwaltung 2008, Heft 4, 512 ff.

„Zur Zukunft der Rasterfahndung. Randbedingungen und Perspektiven der Entscheidung des BVerfG vom 4.4.2006" – CR 2007, 10

„Der ‚große Lauschangriff' vor dem Bundesverfassungsgericht" – BRAK-Mitt. 2003, 157

„Fernsehberichterstattung aus dem Gerichtssaal? Eine Nachlese zum Urteil des BVerfG v. 21.1.2001, NJW 2001, 1633" – BRAK-Mitt. 2002, 252

C. Bau-, Planungs- und Umweltrecht

„Zur Problematik gebietsfremder Vorhaben nach der BauNVO" – VBlBW 2015, 225

Kommentierung des § 24 LplG („Zielabweichungsverfahren") – in: Hager (Hrsg.) Kommentar zum Landesplanungsrecht in Baden-Württemberg, 1. Aufl. 2015

Spannowsky/Büchner, Schnittmengen zwischen Planung und Planverwirklichung im Städtebaurecht. Festschrift für Hans-Jörg Birk zum 70. Geburtstag, 2013 – VBlBW 2014, 478 (Rezension)

Kommentierung der „BauNVO", in: Busch/Hager/Herrmann/Kirchberg/Schlotterbeck, Das neue Baurecht in Baden-Württemberg, Aktualisierung: 10/2013 (zusammen mit D. Herrmann)

Jäde/Dirnberger/Weiß, Baugesetzbuch (BauGB), Baunutzungsverordnung (BauNVO), Kommentar, 5. Aufl. 2010 – VBlBW 2011, 448 (Rezension)

„Alternative Überlegungen zur Reform der BauNVO" – BauR 2010, 1686 (zusammen mit H. König)

„Absolute Verkaufsflächenbeschränkungen" – Anm . z. Beschl. d. BVerwG v. 11.11.2009, DVBl 2010, 124

„Hans-Jörg Birk, Bauplanungsrecht in der Praxis, 5. Aufl. 2007" – VBlBW 2007, 439 (Rezension)

„Die Zielabweichung nach § 24 LPlG/§ 11 ROG – Voraussetzungen, Anwendungsbeispiele, Rechtsschutz – zugleich Anmerkung zum Normenkontrollurteil des VGH Baden-Württemberg vom 8.12.2005 – 3 S 2693/04" – VBlBW 2006, 297

„Veränderungssperre, Zurückstellung von Baugesuchen und faktische Bausperre – Voraussetzungen, aktuelle Probleme, Haftungsfragen" – NVwZ 2002, 400 (zusammen mit G. Hager)

„Chancen und Risiken des Bauens ohne Baugenehmigung" – in: RWS-Forum 19 „Immobilienrecht 2000", 2001, 209

„Vorhabenbedingter Verkehrslärm auf öffentlichen Straßen – Ansätze und Tendenzen der rechtlichen Bewertung, dargestellt am Beispiel der ‚Multiplexe'" – VBlBW 2000, 209

„Elektrosmog – und (k)ein Ende?" – NVwZ 1998, 375

„Verwaltungsgerichtsbarkeit heute – illustriert anhand der Rechtsprechung zum Elektrosmog. Eine Streitschrift" – NVwZ 1998, 441

Georg Schlez, Landesbauordnung für Baden-Württemberg, Kommentar, 4. Aufl. 1996 – NVwZ 1997, 883 (Rezension)

„Vom Toilettenhäuschen bis zum Festspielhaus – zur Standortproblematik im Großen wie im Kleinen" – in: Festschrift zum 50-jährigen Bestehen des Verwaltungsgerichts Karlsruhe, 1997.

Werner Hoppe/Bernhard Stüer, Die Rechtsprechung zum Bauplanungsrecht – RzB –, Nachschlagewerk mit Entscheidungsfundstellen und Sachverzeichnissen, 1995 – VBlBW 1996, 480 (Rezension)

„Die erleichterte Zulassung von Wohnbauvorhaben nach dem BauGB-MaßnahmenG" – VBlBW 1995, 297

„Kommunale Zusammenarbeit auf dem Gebiet der Abfallwirtschaft" – VBlBW 1994, 469

Hans-Jörg Birk, Bauplanungsrecht in der Praxis. Eine Einführung, 1. Aufl. 1990 – VBlBW 1990, 480 (Rezension)

„Schadensersatz wegen erfolgloser Erhebung der Baunachbarklage?" – VBlBW 1981, 169

D. Umlegung/Enteignung/Amtshaftung

„Das Mandat im Staatshaftungsrecht" – in: Johlen/Oerder (Hrsg.), Münchener Anwaltshandbuch Verwaltungsrecht, 2. Aufl. 2003, 3. Aufl. 2012 und 4. Aufl. 2017 (zusammen mit Curt M. Jeromin)

„Umlegungsverfahren" – in: Redeker/Uechtritz (Hrsg.), Kölner Handbuch Verwaltungsverfahren, 3. Aufl. 2017 (vorher: Anwalts-Handbuch Verwaltungsverfahren, 1. Aufl. 1991 u. 2. Aufl. 2012)

„Die Verzögerungsrüge: Eine verkappte Untätigkeitsbeschwerde? – Ein Beitrag zu Theorie und Praxis des Gesetzes über den Rechtsschutz bei überlangen Gerichtsverfahren" – in: Festschrift für Wolfgang Schlick zum 65. Geburtstag, 2015, 225

„Der naturschutzrechtliche Ausgleich in der Umlegung" – In: Festschrift für Bernhard Stüer zum 65. Geburtstag, 2013, S. 187

Tremml/Karger/Luber, Der Amtshaftungsprozess. Amtshaftung, Notarhaftung, Europarecht, 3. Aufl. 2009. NJW 2010, 586 (Rezension)

„Zur ‚Angemessenheit' bei der einvernehmlichen Umlegung", – in: Festschrift für Joachim Wenzel zum 65. Geburtstag, 2005, S. 327

„Haftungsfragen bei Veränderungssperre, Zurückstellung und faktischer Bausperre" – NVwZ 2002, 538 (zusammen mit Gerd Hager)

Checkliste „Amtshaftungsanspruch (§ 839 BGB/Art. 34 GG)" – Beilage zu Heft 2/2000 VA

Bernd Tremmel und Michael Karger, Der Amtshaftungsprozeß. Amtshaftung, Notarhaftung, Europarecht, 1998 – NVwZ 1999, 1852 (Rezension)

„Aktuelle Probleme der städtebaulichen Planverwirklichung durch Umlegung und Enteignung – dargestellt anhand der Rechtsprechung der baden-württembergischen Baulandgerichte und des Bundesgerichtshofs" – VBlBW 1986, 401; 1987, 81 und 1990, 161

Werner Rauball, Der Umlegungsausschuß in den Ländern Baden-Württemberg, Bayern, Niedersachsen und Nordrhein-Westfalen, 1982 – VBlBW 1982, 38 (Rezension)

E. (Anwaltliches) Berufsrecht

„Verfassungswidrigkeit der Anwaltsgerichtsbarkeit? – Eine Erwiderung auf Quaas, DVBl 2016, 1228" – DVBl 2017, 362

„Anwaltschaft und Menschenrechte in Deutschland" – BRAK-Mitt. 2016, 57

BVerfG, Beschl. vom 5.3.2015 – 1 BvR 3362/14 – („anwaltliche Schockwerbung") – BRAK-Mitt. 2015, 147 (Anmerkung)

„Die Anwaltsgerichtsbarkeit nicht auszehren! Oder: Gehören anwaltsrechtliche Verwaltungssachen in die Hände von Verwaltungsrichtern?" – AnwBl 2015, 44

„Berufsrechtliche Implikationen des NSA-Skandals" – BRAK-Mitt. 2014, 170

„Rechtsanwalts- und Patenanwalts-GmbH mit Doppelzulassung" – Anmerkung zum Beschluss des BVerfG v. 14.1.2014, BRAK-Mitt 2014, 99

„Anwaltschaft und Verfassungsrecht" – In: Deutscher Anwaltverein (Hrsg.), Ratgeber für junge Rechtsanwältinnen und Rechtsanwälte, 8. Aufl. 2000, S. 37; 9. Aufl. 2002, S. 39; 10. Aufl. 2004, S. 35; 11. Aufl. 2006, S. 37; 12. Aufl. 2008, S. 39; 13. Aufl. 2013, S. 37

„Die Neuregelungen der (überlangen) Verfahrensdauer in der BRAO" – BRAK-Mitt. 2012, 1

LG Köln, Urt. vom 9.8.2011 – 5 O 69/11 – („Amtshaftungsanspruch wegen überlanger Dauer des Verfahrens zur Verleihung der Fachanwaltsbezeichnung") – BRAK-Mitt. 2011, 260 (Anmerkung)

Susanne Offermann-Burckardt, Anwaltsrecht in der Praxis, 1. Aufl. 2010 – DVBl 2011, 1539 (Rezension)

Gaier/Wolf/Göcken, Anwaltliches Berufsrecht, Kommentar, 2010 – DVBl 2010, 1497 (Rezension)

Kleine-Cosack, Bundesrechtsanwaltsordnung, 5. Aufl. 2008 – DVBl 2009, 1439 (Rezension)

„Die Neuregelung der verwaltungsrechtlichen Anwaltssachen" – BRAK-Mitt. 2009, 214 (zusammen mit F. Johnigk)

„Grundgesetz und Anwaltschaft" – BRAK-Mitt. 2009, 59

„Pflichtmitgliedschaften und Gemeinschaftsrecht" Anmerkung zum Urteil des EuGH v. 5.3.2009, NJW 2009, 1313

„Keine Umgehung des Gegenanwalts bei Prozessvergleich/Lauf der Verfassungsbeschwerdefrist bei Gegenvorstellung", Anmerkung zum Beschluss des BVerfG v. 25.11.2008, BRAK-Mitt. 2009, 78

„Zugang zum Recht durch Erfolgshonorar – ein Plädoyer für den Verzicht auf Verbotsregelungen" – NJW-Sonderheft 4. Hannoveraner ZPO-Symposion, 2008, 13–17

„Keine Verfassungswidrigkeit der Wertgrenze von 30 Mio. Euro", Anmerkung zum Beschluss des BVerfG v. 13.2.2007, BRAK-Mitt. 2007, 165

„Zum Verbot anwaltlicher Erfolgshonorare" Anmerkung zum Beschluss des BVerfG v. 12.12.2006, BRAK-Mitt. 2007, 63 – BRAK-Mitt. 2007, 74

„Anwaltschaft heute – Anspruch und Wirklichkeit" – BRAK-Mitt. 2006, 7 = Jahrbuch des Kammer- und Berufsrechts 2005, 372

„Unter welchen Bedingungen können neue, qualitätsgeprüfte Fachanwaltsbezeichnungen geschaffen werden?" – BRAK-Mitt. 2004, 46

„Die Neuerungen der Fachanwaltsordnung im Kontext der Rechtsprechung" – NJW 2003, 1833

„Zum Gebührenabschlag Ost", Anmerkung zum Urteil des BVerfG v. 28.1.2003 – BRAK-Mitt. 2003, 74 – BRAK-Mitt. 2003, 78

„Zur Singularzulassung der Rechtsanwälte beim BGH", Anmerkung zum Beschluss des BVerfG v. 31.10.2002 – BRAK-Mitt. 2002, 271 – BRAK-Mitt. 2002, 273

„Anwaltshaftung und Verfassungsrecht" – BRAK-Mitt. 2002, 202

„Rechtliche Rahmenbedingungen der Mediation durch Psychologen", – in: Praxis der Rechtspsychologie. Organ der Sektion Rechtspsychologie im Berufsverband Deutscher Psychologinnen und Psychologen, Heft 1/2002, 35

„15 Jahre Fachanwaltschaften – eine kritische Rechtsprechungsbilanz“ – NJW 2002, 1386

„Anwaltliches Berufsrecht und Verfassungsrecht – Entwicklungen und Perspektiven“, – in: Festschrift für Alexander Hollerbach, 2001, S. 286

„Einheitliche Postulationsfähigkeit ab dem 1.1.2000“ – NJW 2000, 486

Markus B. Rick, Die verfassungsrechtliche Stellung des Rechtsanwalts, Schriftenreihe des Instituts für Anwaltsrecht an der Universität zu Köln, Bd. 30, Bonn 1998 – BRAK-Mitt. 1999, 181 (Rezension)

„Zulassung zur Anwaltschaft durch die Anwaltschaft aus verfassungsrechtlicher Sicht“ – BRAK-Mitt. 1996, 90

„Der Anwalt als Zugangshürde zum Bundesverfassungsgericht“ – NJW 1992, 3200

„Die Unvereinbarkeitsklausel des § 7 Nr. 8 BRAO und das Recht der Fachanwaltsbezeichnungen – eine verfassungsrechtliche Standortbestimmung“ – BRAK-Mitt. 1992, 118

F. Verwaltungsgerichtsbarkeit, Verwaltungsprozess- und Verwaltungsverfahrensrecht

„Überlange Verfahrensdauer in der Verwaltungsgerichtsbarkeit – wie wirksam ist der Rechtsschutz nach § 198 GVG?“ – DVBl 2015, 675

Mann/Sennekamp/Uechtritz, VwVfG, Kommentar, 1. Aufl. 2014 – DVBl 2014, 1315 (Rezension)

Eberhard Schmidt-Aßmann, Verwaltungsrechtliche Dogmatik. Eine Zwischenbilanz zu Entwicklung, Reform und künftigen Aufgaben, 2013 – VBlBW 2014, 359 (Rezension)

„Von der Konsolidierung zur Marginalisierung – Verwaltungsrechtspflege in Deutschland von der Jahrhundertwende bis zum Ende des ‚Dritten Reichs‘“ – in: VGH Baden-Württemberg (Hrsg.), Festschrift 150 Jahre Verwaltungsgerichtsbarkeit. Ursprung, Entwicklungslinien und Perspektiven im deutschen und im europäischen Kontext, 2014, S. 78 = Sonderbeilage „150 Jahre Verwaltungsgerichtsbarkeit“ zu den Thüringer, Sächsischen, Nordrhein-Westfälischen, Niedersächsischen und Bayerischen Verwaltungsblättern bzw. zu den Verwaltungsblättern Baden-Württemberg, Oktober 2013

„Das Verwaltungs- und Widerspruchsverfahren“ – in: Zuck/Quaas, Prozesse in Verwaltungssachen, 1. Aufl. 2008 und 2. Auflage 2011 (zusammen mit D. Herrmann)

Verein Deutscher Verwaltungsgerichtstag e.V. (Hrsg.), Dokumentation 15. Deutscher Verwaltungsrichtertag 2007 in Weimar, 2008 – VBlBW 2010, 171 (Rezension)

„Die Verwaltungsgerichtbarkeit unter dem Nationalsozialismus“ – BDVR-Rundschreiben 02/2007, S. 34

Verein Deutscher Verwaltungsgerichtstag e.V. (Hrsg.), Dokumentation zum 13. Deutschen Verwaltungsrichtertag 2001 in München, 2003 – VBlBW 2004, 397

„10. Baden-Württembergischer Verwaltungsrechtstag/140 Jahre Verwaltungsrechtspflege in Baden-Württemberg – Ein Tagungsbericht“ – VBlBW 2003, 345

Wolfgang Kuhla/Jost Hüttenbrink/Jan Endler, Der Verwaltungsprozess, 3. Aufl. 2002 – NVwZ 2003, 965 (Rezension)

Martin Montag, Die Entwicklung der Verwaltungsgerichtsbarkeit in Baden und Württemberg von 1945 bis 1960 – Unter besonderer Berücksichtigung des Verwaltungsgerichts Stuttgart und des Verwaltungsgerichtshofes für Südwürttemberg-Hohenzollern, 2001 – VBlBW 2002, 503 (Rezension)

„Sinn und Funktion des Verwaltungsprozesses für Bürgerinnen und Bürger" – RohR 2001, 3

Verein Deutscher Verwaltungsgerichtstag e.V. (Hrsg.), Dokumentation zum 12. Deutschen Verwaltungsrichtertag 1998 in Mainz, 1999 – VBlBW 2000, 454 (Rezension)

Wolfgang Kuhla/Jost Hüttenbrink, Der Verwaltungsprozeß, 2. Aufl. 1999 – NJW 1999, 556 (Rezension)

Verein Deutscher Verwaltungsgerichtstag (Hrsg.), Dokumentation zum 11. Deutschen Verwaltungsrichtertag 1995 in Dresden, 1996 – VBlBW 1998, 199 (Rezension)

„Entscheidungsfindung und -begründung im Verwaltungsprozeß" – VBlBW 1996, 321

Wolfgang Kuhla/Jost Hüttenbrink, Der Verwaltungsprozeß, 1. Aufl., 1995 – NVwZ 1996, 364 (Rezension)

Bund Deutscher Verwaltungsrichter (Hrsg.), Dokumentation zum 9. Deutschen Verwaltungsrichtertag 1989 in Aachen, 1989 – VBlBW 1991, 159 (Rezension)

„Die Selbstentmachtung der Verwaltungsgerichtsbarkeit im Dritten Reich" – VBlBW 1988, 379

Edgar Bosch/Jörg Schmidt, Praktische Einführung in das verwaltungsgerichtliche Verfahren, 2. Aufl. 1983 und 3. Aufl. 1985 – DVBl. 1985, 915 und 1987, 594 (Rezension)

„Die Kontrolle von Maßnahmen der politischen Polizei durch die Verwaltungsgerichte" – in: Rebentisch/Teppe (Hrsg.), Verwaltung kontra Menschenführung im Staate Hitlers. Studien zum politisch-administrativen System, 1985

Erwin Allesch, Die Anwendbarkeit der Verwaltungsverfahrensgesetze auf das Widerspruchsverfahren nach der VwGO, 1984 – NVwZ 1985, 331 (Rezension)

Ulrich Joeres, Die Rechtsstellung des notwendig Beigeladenen im Verwaltungsstreitverfahren, 1982 – DVBl. 1984, 1029 (Rezension)

Oskar Tschira/Walther Schmitt Glaeser, Verwaltungsprozeßrecht. Kurzlehrbuch mit Systematik zur Fallbearbeitung, 5. Aufl. 1982 – DVBl 1983, 603 (Rezension)

„Der Badische Verwaltungsgerichtshof im Dritten Reich" – VBlBW 1981, 3, 1982, 67 und 210 sowie 1983, 47

„Der Badische Verwaltungsgerichtshof im Dritten Reich. Eine Quellenstudie zur Justiz- und Verwaltungsgeschichte des ehemaligen Landes Baden unter dem Nationalsozialismus" – Berlin 1982 (Diss. Freiburg 1980)

G. Sonstiges

Hoppe/Uechtritz/Reck, Handbuch kommunale Unternehmen, 3. Aufl. 2012 – VBlBW 2014, 40 (Rezension)

„Die Ultra-Vires-Lehre als Anwendungsfall des deutschen Verwaltungsrechts, dargestellt am Beispiel kommunaler Zinsswap-Geschäfte" – in: Festschrift für Brun-Otto Bryde zum 70. Geburtstag, 2012, S. 393

„CMS Spread Ladder Swaps – kommt das Urteil des BGH für viele Geschädigte zu spät?" – Die Kommunalverwaltung Sachsen 2011, 182 = Die Fundstelle Baden-Württemberg 2011, 491 (zusammen mit M. Röder)

„Riskante Zinswetten: real und ruinös" – Anmerkung zum Urteil des BGH v. 22.3.2011 – XI ZR 33/10, in: PUBLICUS. Online-Spiegel für das Öffentliche Recht, Ausgabe 2011.4, publicus-boorberg.de

„Kommunale Derivatgeschäfte vor Gericht" – Anmerkung zum Urteil des OLG Stuttgart v. 27.10.2010, WM 2010, 2169, in: PUBLICUS. Der Online-Spiegel für das Öffentliche Recht, Ausgabe 2010.3, publicus-boorberg.de

Büchting/Heussen, Beck'sches Rechtsanwalts-Handbuch, 9. Aufl. 2007 – DVBl 2008, 1043 f. (Rezension)

„Rüdiger Zuck zum 75. Geburtstag" – NJW 2008, 36 f.

„Die unvordenkliche Verjährung – verjährt?" – VBlBW 2007, 401 (zusammen mit Marc Löbbecke)

„Kommunalpolitik und Rechtmäßigkeitskontrolle", – in: Festgabe anlässlich des 50-jährigen Bestehens der FDP – Karlsruhe, 1995

Hermann Reiff/Günther Wörle/Heinz Wolf, Polizeigesetz für Baden-Württemberg, Kommentar, 3. Aufl. 1984 – DVBl. 1985, 1027 (Rezension)

„Zur Sittenwidrigkeit von Verwaltungsakten" – NVwZ 1983, 141

„Mehrarbeitsvergütung bei Dienstreisen" – in: Der Kriminalist 1981, 432

Diemut Majer, „Fremdvölkische" im Dritten Reich. Ein Beitrag zur nationalsozialistischen Rechtssetzung und Rechtspraxis in Verwaltung und Justiz unter besonderer Berücksichtigung der eingegliederten Ostgebiete und des Generalgouvernements, 1981 – BNN v. 18.12.1981 sowie VBlBW 1983, 192 (Rezension)